MANDADO DE SEGURANÇA

DOUTRINA E JURISPRUDÊNCIA PARA UTILIZAÇÃO PROFISSIONAL

Coleção

USO PROFISSIONAL

Organizadores
**Leonardo Garcia
Alessandro Dantas
Roberval Rocha**

ALESSANDRO DANTAS

MANDADO DE SEGURANÇA

DOUTRINA E JURISPRUDÊNCIA PARA UTILIZAÇÃO PROFISSIONAL

2019

www.editorajuspodivm.com.br

www.editorajuspodivm.com.br

Rua Território Rio Branco, 87 – Pituba – CEP: 41830-530 – Salvador – Bahia
Tel: (71) 3045.9051
• Contato: https://www.editorajuspodivm.com.br/sac

Copyright: Edições *Jus*PODIVM

Conselho Editorial: Eduardo Viana Portela Neves, Dirley da Cunha Jr., Leonardo de Medeiros Garcia, Fredie Didier Jr., José Henrique Mouta, José Marcelo Vigliar, Marcos Ehrhardt Júnior, Nestor Távora, Robério Nunes Filho, Roberval Rocha Ferreira Filho, Rodolfo Pamplona Filho, Rodrigo Reis Mazzei e Rogério Sanches Cunha.

Capa e Diagramação: Marcelo S. Brandão *(santibrando@gmail.com)*

D192m   Dantas, Alessandro.
              Mandado de segurança/ Alessandro Dantas– Salvador: Editora JusPodivm, 2019.
              992 p. – (Uso profissional/ Organização Leonardo Garcia, Alessandro Dantas, Roberval Rocha)

              ISBN 978-85-442-2712-1.

              1. Direito Processual. 2. Direito Constitucional. I. Dantas, Alessandro. II. Garcia, Leonardo. III. Rocha, Roberval. V. Título.

                                                                                                  CDD 341.2742

Todos os direitos desta edição reservados à Edições JusPODIVM.

É terminantemente proibida a reprodução total ou parcial desta obra, por qualquer meio ou processo, sem a expressa autorização do autor e da Edições JusPODIVM. A violação dos direitos autorais caracteriza crime descrito na legislação em vigor, sem prejuízo das sanções civis cabíveis.

*Os limites do meu conhecimento
são os limites do meu mundo.*

Ludwig Wittgenstein

Tem brinquedo espalhado pela casa toda
E as paredes rabiscadas com o giz de cera
Mudou de tal maneira
Nossa vida já não é a mesma
A gente já não dorme mais a noite inteira
Na mesa tem dois copos e uma mamadeira
Mudou de tal maneira
Nossa vida já não é a mesma
Tem um pinguinho de gente correndo na sala
Com o sorriso banguelo, eu não quero mais nada
Sabe aquele amor que se multiplica?
Quem nunca sonhou ter isso na vida?
Ser herói de alguém e, melhor ainda
Ter do lado a Mulher Maravilha
Sabe aquele amor que se multiplica

À minha esposa, Izabella Rosa, *e ao maior presente que ela pôde me dar*: nossa MI, Mariazinha, Maria Izabel, nossa princesa e fenômeno que mudou minha vida de uma forma inimaginável e que me faz ser uma pessoa cada vez melhor.

AGRADECIMENTOS

Agradeço ao amigo e novo parceiro Leonardo Garcia pela confiança de me convidar para coordenar a coleção e atuar ativamente na mesma. Léo é um exemplo de profissional preocupado com a qualidade do ensino e dos materiais que são levados aos nossos leitores.

Agradeço aos meus grandes amigos e parceiros da advocacia, especialmente ao Dr. Getúlio, meu sócio, e à Thais Fernandes, esta que muito me ajudou nas pesquisas desta obra.

Agradeço à Editora Juspodivm e o faço neste momento na pessoa do amigo Vauledir pela confiança no projeto e sempre ser um grande incentivador.

ENTENDENDO MELHOR A ESTRUTURA DO LIVRO

A obra foi estruturada e pensada para facilitar ao máximo sua utilização pelos profissionais do direito, facilitando de forma muito efetiva a pesquisa sobre o ponto exato do tema que pretende utilizar em suas peças processuais.

A obra possui:

- ✓ Extenso e detalhado sumário para que o leitor consiga localizar com precisão o que ele de fato precisa utilizar;
- ✓ Índice remissivo para aumentar o êxito nas buscas;
- ✓ Comentários a todos os artigos da Lei 12.016/2009;
- ✓ **Mais de mil citações doutrinárias** prontas para serem usadas em peças processuais (petição inicial, recurso, sentença, voto, parecer etc.)
- ✓ **Mais de mil julgados, especialmente do STJ e STF**, contextualizados nos artigos da Lei do MS;
- ✓ Jurisprudência selecionada de diversos Tribunais Federais e Estaduais;
- ✓ Trechos dos Regimentos Internos dos Tribunais Superiores e dos Tribunais Regionais para que o operador do direito possa entender como funciona o trâmite do *mandamus* quando a impetração ocorre diretamente nestes Tribunais;
- ✓ Capítulo com trechos das Constituições Estaduais **de todos os Estados da Federação** para rapidamente saber se determinada Autoridade possui ou não prerrogativa de foro.
- ✓ Capítulo sistematizado explicando as normas do atual CPC que se aplicam subsidiariamente ao Mandado de Segurança;
- ✓ Quadro comparativo entre as Leis 12.016/2009 e 1.533/1951;
- ✓ **Organização sistemática de todas as Repercussões Gerais** julgadas pelo STF sobre Mandado de Segurança;
- ✓ **Organização sistemática de todos os Recursos Repetitivos julgados** pelo STJ sobre Mandado de Segurança;
- ✓ Organização sistemática de todas as Súmulas do STF e STJ sobre Mandado de Segurança;

DICA DE OURO: para facilitar ainda mais sua pesquisa, sugerimos que baixe em PDF o sumário da obra no site da Editora e abrindo o mesmo com qualquer leitor de PDF insira o comando Ctrl F para localizar alguma palavra ou expressão.

ENTENDENDO OS SÍMBOLOS PARA FACILITAR A PESQUISA

CONECTORES

(▶): refere-se a citações doutrinárias ou tópicos desenvolvidos pelo autor.

> ▶ Qualquer interpretação a respeito do mandado de segurança deve sempre levar em consideração que se trata de mecanismo de defesa do indivíduo contra o Poder Público e não o contrário.
>
> "Firma-se aqui, portanto, desde já, o princípio fundamental a nortear este ensaio, o princípio de espeque constitucional: como, a um só tempo, remédio processual e garantia constitucional, o mandado de segurança, em seu cabimento e amplitude, há de ser admitido de forma amplíssima, tendo-se por ilegítimo tudo que amesquinhe tal parâmetro." (FERRAZ, Sergio. *Mandado de Segurança*. São Paulo: Malheiros, 2006. p. 19.)
>
>> ▶ <u>No mesmo sentido:</u> "Ademais, convém esclarecer que a norma do mandado de segurança tem eficácia plena absoluta, e prescinde de legislação infraconstitucional para sua aplicação e desenvolvimento, conforme dispõe o § 1.º do art. 5.º da CF/1988. Logo, qualquer interpretação a respeito do mandado de segurança deve sempre levar em consideração que se trata de mecanismo de defesa do indivíduo contra o Poder Público e não o contrário." (BRITO DE MACÊDO, Potira Ferreira. *O mandado de Segurança e o prazo extintivo*. Revista de Processo. vol. 199. p. 375. São Paulo: Ed. RT, set. 2011.)

(◉): refere-se a citações jurisprudenciais (ementas, súmulas, repercussões gerais, repetitivos)

> ◉ Atos *interna corporis* e discussões de natureza regimental são de apreciação vedada ao Poder Judiciário e deve ser resolvido na esfera de atuação do próprio Congresso Nacional ou das Casas Legislativas que o compõem.
>
> "MANDADO DE SEGURANÇA – DENÚNCIA CONTRA A PRESIDENTE DA REPÚBLICA – PRINCÍPIO DA LIVRE DENUNCIABILIDADE POPULAR (Lei nº 1.079/50, art. 14) – IMPUTAÇÃO DE CRIME DE RESPONSABILIDADE À CHEFE DO PODER EXECUTIVO DA UNIÃO – NEGATIVA DE SEGUIMENTO POR PARTE DO PRESIDENTE DA CÂMARA DOS DEPUTADOS – RECURSO DO CIDADÃO DENUNCIANTE AO PLENÁRIO DESSA CASA LEGISLATIVA – DELIBERAÇÃO QUE DEIXA DE ADMITIR REFERIDA MANIFESTAÇÃO RECURSAL – IMPUGNAÇÃO MANDAMENTAL A ESSE ATO EMANADO DO PRESIDENTE DA CÂMARA DOS DEPUTADOS – RECONHECIMENTO, NA ESPÉCIE, DA COMPETÊNCIA ORIGINÁRIA DO SUPREMO TRIBUNAL FEDERAL PARA O

(‡) Artigos do CPC/2015 que se aplicam subsidiariamente ao Mandado de Segurança.

NORMAS DO CPC QUE SE APLICAM AO MANDADO DE SEGURANÇA

‡ As normas fundamentais do processo civil arroladas nos artigos 1º a 12, até porque muitas delas encontram correspondência com normas insertas na constituição federal que tratam do acesso à justiça, a razoável duração do processo, a publicidade do julgamento proferido pelos juízes e tribunais e o dever de fundamentação das decisões judiciais.

PARTE GERAL

LIVRO I
DAS NORMAS PROCESSUAIS CIVIS

Título Único
DAS NORMAS FUNDAMENTAIS E DA APLICAÇÃO DAS NORMAS PROCESSUAIS

Capítulo I
Das Normas Fundamentais do Processo Civil

Art. 1º O processo civil será ordenado, disciplinado e interpretado conforme os valores e as normas fundamentais estabelecidos na Constituição da República Federativa do Brasil, observando-se as disposições deste Código.

Art. 2º O processo começa por iniciativa da parte e se desenvolve por impulso oficial, salvo as exceções previstas em lei.

Art. 3º Não se excluirá da apreciação jurisdicional ameaça ou lesão a direito.

§ 1º É permitida a arbitragem, na forma da lei.

§ 2º O Estado promoverá, sempre que possível, a solução consensual dos conflitos.

§ 3º A conciliação, a mediação e outros métodos de solução consensual de conflitos deverão ser estimulados por juízes, advogados, defensores públicos e membros do Ministério Público, inclusive no curso do processo judicial.

(•) Trechos dos Regimentos Internos de todos os Tribunais Superiores (STF, STJ, TST, TSE, TSM) e Tribunais Regionais Federais sobre o trâmite do Mandado de Segurança originário e por recurso nos referidos pretórios.

EXCERTOS DE TODOS OS REGIMENTOS INTERNOS DE TODOS OS TRIBUNAIS PÁTRIOS DISPONDO SOBRE O PROCESSAMENTO DO MANDADO DE SEGURANÇA.

TRIBUNAIS SUPERIORES

• **Supremo Tribunal Federal**

Art. 200. Conceder-se-á mandado de segurança para proteger direito líquido e certo não amparado por habeas corpus, quando a autoridade responsável pela ilegalidade ou abuso de poder estiver sob a jurisdição do Tribunal.

Parágrafo único. O direito de pedir segurança extingue-se após cento e vinte dias da ciência, pelo interessado, do ato impugnado.

Art. 201. Não se dará mandado de segurança quando estiver em causa:

I – ato de que caiba recurso administrativo com efeito suspensivo, indepen – dente de caução;

(♦) Autoridades que possuem prerrogativa de foro para MS no STF, STJ e em todos os Tribunais Estaduais do País.

AUTORIDADES QUE POSSUEM PRERROGATIVA DE FORO EM MANDADOS DE SEGURANÇA

♦ SUPREMO TRIBUNAL FEDERAL

Art. 102. Compete ao Supremo Tribunal Federal, precipuamente, a guarda da Constituição, cabendo-lhe:

I – processar e julgar, originariamente:

d) o habeas corpus, sendo paciente qualquer das pessoas referidas nas alíneas anteriores; o mandado de segurança e o habeas data contra atos do Presidente da República, das Mesas da Câmara dos Deputados e do Senado Federal, do Tribunal de Contas da União, do Procurador-Geral da República e do próprio Supremo Tribunal Federal;

♦ SUPERIOR TRIBUNAL DE JUSTIÇA

Art. 105. Compete ao Superior Tribunal de Justiça:

I – Processar e julgar, originariamente:

b) os mandados de segurança e os habeas data contra ato de Ministro de Estado, dos Comandantes da Marinha, do Exército e da Aeronáutica ou do próprio Tribunal;

Sumário detalhado

LEI Nº 12.016, DE 7 DE AGOSTO DE 2009 13

Art. 1º

▶ Sobre o Mandado de Segurança e sua estatura constitucional 13

▶ Disciplina da ação "Mandado de Segurança" 13

▶ O mandado de segurança é, em si, uma das garantias constitucionais fundamentais. Esse berço de nascimento de pronto contamina o mandado de segurança com a marca indelével, que há de nortear seu estudioso, intérprete, usuário ou aplicador do instituto 14

▶ O mandado de segurança é uma ação com contornos próprios elencados na Constituição Federal, podendo ser vista como uma ação de natureza especial 15

Índice remissivo

» Administração Pública-juridicidade – *9*

» Adminsitração Pública-sua atuação só adquire licitude se o exercício do poder visar à satisfação do interesse público – *49*

» Afastamento da coisa julgada por MS-impossibilidade – *316*

» Afastamento da coisa julgada por MS-situações absolutamente excepcionais – *315, 316*

» Ato coator

» Ato coator- ato omissivo com efeitos de origem reiterada – *182*

» Ato coator omissivo- situações em que o silêncio da Administração não dá qualquer sinal sobre o acatamento ou não do pleito do administrado – *186*

» Ato coator omissivo-ausência de nomeação de aprovados em concurso público – *185*

» Ato coator omissivo-situação em que a omissão possa significar o deferimento ou indeferimento de um pedido – *185*

» Ato coator omissivo-situação em que a omissão tem caráter continuado renovando-se o prazo para a impetração do MS – *186*

» Ato coator omissivo-situação em que implicitamente a omissão gera efeitos práticos imediatos – *185*

A FORÇA NORMATIVA DO MANDADO DE SEGURANÇA

Ter feito este livro foi um grande desafio para mim!

Sacrifiquei muito de meu tempo com a família, amigos, minha filhinha maravilhosa recém-nascida, meu casamento, tudo! Afinal, fazer algo sério e, principalmente, levando a sério para que se possa obter um resultado digno, é algo que não se faz de um dia para outro, de uma hora para outra. Trabalho sério requer tempo, paciência, reflexão.

Minha vida se resume a duas coisas: família e trabalho! Amo os dois, que, infelizmente, muitas vezes são inconciliáveis. Dosar e controlar um vício é difícil! Sou, não sei se felizmente ou infelizmente, um *working holling*! Amo o que faço e sempre quero aprender mais, mais e mais. Sou um inconformado com o mundo jurídico! Não vejo, como regra, as pessoas estudando, se atualizando, se aprofundando. Depois de um certo estágio, fora poucas exceções, me parece que para grande parte dos operadores do direito a zona de conforto fala mais alto e ela tem razão para isso, pois, como já diz a expressão, é bem mais confortável não se sacrificar, seja de uma forma ou de outra.

Por outro lado, ainda existem pessoas que me inspiram a querer saber mais e, por consequência, ajudar mais aqueles que precisam de um suporte jurídico, mesmo que isso me custe um preço muito alto que poucos sabem que eu pago.

Estou dizendo isso por dois motivos! Primeiro, pelo fato de ainda existirem julgadores que se preocupam com a vida "por detrás dos autos de um processo" e que, de fato, buscam fazer justiça em meio de um ordenamento jurídico tão desorganizado. Poderia aqui citar inúmeros nomes de magistrados e advogados que me inspiram, mas me absterei neste momento de fazer isso.

O segundo motivo desta apresentação é ter constatado algo que me dói muito! Não se dá valor ao Mandado de Segurança. Esta "super ação constitucional" tem sido negligenciada – propositadamente ou não, pelos julgadores, muitas vezes em decisões padronizadas, não fundamentadas, utilizando frases feitas como a que a "estreita via do Mandado de Segurança" não comporta a pretensão autoral..., "que o Mandado de Segurança não admite instrução probatória" etc. São muitos jargões utilizados para simplesmente fazer uso do artigo 10 da Lei do MS ou, após anos de tramitação, extingui-lo sem julgamento de mérito!

Posso dizer, e agora com absoluta certeza, que tudo isso é falácia jurídica, muitas vezes decorrente de um círculo vicioso que causa no julgador a falsa percepção de que o Mandado de Segurança praticamente não serve para nada, porém o mais incrível é que na ampla pesquisa feita vi que os mesmos Tribunais e julgadores ora definham o instituto e ora enaltecem e concedem a ordem! Estou dizendo isso para casos similares! Se Backer estivesse vivo certamente chamaria isso de um verdadeiro "carnaval jurídico"!

O mandado de segurança é uma ferramenta incrível! Na prática, todos sabemos que, em regra, as provas que instruem uma demanda são documentais. O problema é duplo: muitos advogados não sabem manejar corretamente o *writ* constitucional, não instruindo a petição inicial com os documentos comprobatórios dos fatos que configuram o direito líquido e certo o impetrante e, com isso, cria-se, por tabela, uma jurisprudência viciada e maligna, pois o julgador passa a ter a sensação de que todo caso semelhante ao qual ele julgou – que, de fato, não foi devidamente instruído quando da impetração – são iguais e, por isso, merecem o mesmo destino: a morte processual.

Pior! Ainda temos um sério problema quanto à "denegação da ordem", "denegação da segurança" por falta de provas! Ora, se não há provas nos autos, mas elas existem e são possíveis de serem obtidas, e com elas há êxito na demanda, o caso é de se extinguir o mandado de segurança sem julgamento de mérito. Por outras palavras: deveria o julgador ser claro e expresso ao denegar a segurança se ele o faz extinguindo o processo com julgamento de mérito ou sem, pois a Lei 12.016/09, em seu artigo 14, *caput*, enuncia que "da sentença, denegando ou concedendo a segurança, cabe apelação". Já o parágrafo quinto do artigo 6º expressamente enuncia que **se denega** o mandado de segurança nos casos previstos pelo artigo 267 da Lei 5.869 de 11 de janeiro de 1973.

Logo, ao que parece, cabe ao intérprete, especialmente ao advogado, opor embargos de declaração para que seja suprida a omissão ou, não havendo tempo, por conta e risco, verificar se a denegação foi com o sem julgamento de mérito.

O termo "denegação" do mandado de segurança sempre teve interpretação ampla, de forma a abranger tanto o julgamento do mérito, com a denegação da ordem, como a decisão terminativa, com o julgamento do mandado de segurança sem a resolução do mérito. Por denegação deve ser entendida qualquer derrota do impetrante, tanto de natureza processual como de natureza material. O entendimento consagrado no Superior Tribunal de Justiça é de que haverá julgamento de mérito do mandado de segurança sempre que o mérito referente à própria existência do direito material alegado restar apreciado, e isso é muito importante em razão da coisa julgada material que poderá se formar.

Enfim: para fazer esta obra foram muitos livros, artigos e julgados que analisei. O sacrifício foi grande, mas acredito que o projeto da coleção é excelente e a compilação do material feito aqui ajudará, sem dúvidas, todos os operadores do direito.

Fico feliz em ser um dos coordenadores da coleção e, ao mesmo tempo, autor de algumas obras dela.

Brasília,
Outono de 2019.

SUMÁRIO GERAL

» Entendendo melhor a estrutura do livro V

» Entendendo os símbolos para facilitar a pesquisa VII

» Normas do CPC que se aplicam ao mandado de segurança VIII

» Excertos de todos os regimentos internos de todos os tribunais pátrios dispondo sobre o processamento do mandado de segurança IX

» A força normativa do mandado de segurança XI

» Sumário detalhado XV

» Lista de abreviaturas e siglas CXXIX

» Mandado de segurança para uso profissional 1

» Ideia geral sobre gestão pública e controle dos atos praticados no exercício da função pública 1

» Lei nº 12.016, de 7 de agosto de 2009 13

» Excertos de todos os regimentos internos de todos os tribunais pátrios dispondo sobre o processamento do mandado de segurança 645

» Índice alfabético-remissivo 811

» Bibliografia 833

SUMÁRIO DETALHADO

LISTA DE ABREVIATURAS E SIGLAS CXXXV

MANDADO DE SEGURANÇA PARA USO PROFISSIONAL 1

IDEIA GERAL SOBRE GESTÃO PÚBLICA E CONTROLE DOS ATOS PRATICADOS NO EXERCÍCIO DA FUNÇÃO PÚBLICA 1

- ▶ Ideia geral sobre gestão pública e controle dos atos praticados no exercício da função pública 1
- ◉ A própria Administração Pública no desempenho de suas funções pode – dentro dos limites impostos pelo Ordenamento Jurídico – rever seus atos com base no princípio da autotutela administrativa. 1
- ▶ Noção geral sobre o controle judicial dos atos praticados no exercício da função pública 2
- ▶ Controle sobre os atos da Administração pode ser prévio ou posterior 4
- ▶ O controle feito pelo Poder Judiciário não é feito de ofício. Depende de provocação. 5
- ▶ Nemo Iudex Sine Actore. Ne Procedat Iudex Ex Officio. 5
- ▶ Impulso Oficial. 5
- ▶ A ação é direito à tutela adequada, efetiva e tempestiva mediante processo justo 6
- ▶ Direito à Tutela Adequada. 6
- ▶ Direito à Tutela Efetiva. 7
- ▶ Controle judicial é o feito pelo Poder Judiciário em sua função típica ou precípua 8
- ▶ O controle feito pelo Poder Judiciário é um controle de juridicidade e não meramente de legalidade 8
- ▶ A noção de que a Administração Pública é meramente aplicadora das leis é tão anacrônica e ultrapassada quanto a de que o direito seria apenas um limite para o administrador 9
- ◉ Os limites do Poder Discricionário e seu controle jurisdicional 9
- ◉ Se a discricionariedade for exercitada de forma correta estamos no campo de sua liberdade de gestão, não cabendo controle jurisdicional 10
- ▶ A discricionariedade administrativa não se confunde com a vontade arbitrária 10

Art. 1°

▶ A discricionariedade baseia-se na ideia central de que seu eixo de atuação e suas balizas encontram-se umbilicalmente ligados às escolhas que afetam direitos e garantias fundamentais dos cidadãos 10

▶ Alargamento do controle jurisdicional dos atos administrativos 11

▶ A discricionariedade no estado Democrático de Direito está sempre vinculada à força normativa dos direitos fundamentais 11

◉ A discricionariedade administrativa deve basear-se no dever de boa-fé da Administração Pública, além de pautar-se por um incondicional respeito aos direitos fundamentais 11

▶ O mandado de segurança constitui-se numa das principais vias de controle judicial dos atos praticados no exercício de função pública 11

LEI N° 12.016, DE 7 DE AGOSTO DE 2009 .... **13**

Art. 1°

▶ Sobre o Mandado de Segurança e sua estatura constitucional 13

▶ Disciplina da ação "Mandado de Segurança" 13

▶ O mandado de segurança é, em si, uma das garantias constitucionais fundamentais. Esse berço de nascimento de pronto contamina o mandado de segurança com a marca indelével, que há de nortear seu estudioso, intérprete, usuário ou aplicador do instituto 14

▶ O mandado de segurança é uma ação com contornos próprios elencados na Constituição Federal, podendo ser vista como uma ação de natureza especial 15

▶ O mandado de segurança é ação constitucional, delineada no art. 5.°, LXIX, da CF/1988, tendo como objetivo precípuo a resolução célere e eficaz de demandas contra o Poder Público em alternativa ao arrastado procedimento ordinário 15

▶ O mandado de segurança é uma ação dotada de técnica processual diferenciada para a imediata e efetiva proteção do cidadão ameaçado e violado pelo Poder Público 15

▶ Qualquer interpretação a respeito do mandado de segurança deve sempre levar em consideração que se trata de mecanismo de defesa do indivíduo contra o Poder Público e não o contrário 15

▶ O Mandado de Segurança dota-se de toda carga hermenêutica positiva, de direito à proteção jurídica, a exigir que o intérprete sempre lhe confira o mais amplo e eficaz alcance 16

▶ É inconstitucional qualquer negligência do Estado em conferir ao Mandado de Segurança a mais ampla, irrestrita, eficaz e adequada aplicação 16

▶ Mostram-se insustentáveis todas as interpretações – muito comuns no Judiciário – tendentes a amesquinhar o instituto em exame 17

▶ A norma constitucional que determina que seja concedido o mandado de segurança é dirigida ao Poder Judiciário, enquanto órgão credenciado pelo ordenamento jurídico para exercer a função jurisdicional. 17

PRESSUPOSTOS ENSEJADORES DA IMPETRAÇÃO DO MANDADO DE SEGURANÇA 17

DIREITO LÍQUIDO E CERTO 17

▶ Requisito essencial do mandado de segurança é o chamado direito líquido e certo 17

▶ A liquidez e a certeza do direito exigidas ao mandado de segurança referem-se, exclusivamente, aos fatos, que, por essa razão, deverão ser provados de maneira incontestável e clara pelo impetrante 18

▶ O conceito de "liquidez e certeza" adotado pelo legislador é impróprio e mal expresso – alusivo à precisão e comprovação do direito, quando deveria aludir à precisão e comprovação dos fatos e situações que ensejam o exercício desse direito 18

▶ O que deve ser provado são as afirmações do fato. Prova-se a afirmação de fato para que se declare que o direito afirmado existe 19

▶ Direito líquido e certo como aquele incontestável, com fato certo e legalmente provado 19

▶ Direito líquido e certo como ausência de dúvida quanto à situação de fato que deve ser provada documentalmente 20

◉ O direito líquido e certo como um conceito processual 21

▶ Há direito líquido e certo quando o titular dispõe de documentos para provar, de plano, a situação fática que lhe permite invocar o direito objetivo ofendido ou ameaçado 21

▶ Liquidez e certeza do direito está relacionado à maior ou menor facilidade na demonstração dos fatos sobre os quais incide o direito 22

▶ Quanto à complexidade dos fatos e à dificuldade da interpretação das normas legais que contêm o direito a ser reconhecido ao impetrante, não constituem óbice ao cabimento do mandado de segurança, nem impedem seu julgamento de mérito 22

◉ Súmula 625 do STF: controvérsia sobre matéria de direito não impede concessão de mandado de segurança 23

> **Art. 1º**

VIOLAÇÃO OU JUSTO RECEIO: MANDADO DE SEGURANÇA REPRESSIVIO E PREVENTIVO 23

- ▶ Modalidades: preventivo e repressivo 23
- ▶ A impetração preventiva tem fundamento na máxima constitucional de que a lei não pode excluir da apreciação do Judiciário lesão ou ameaça a direito 23
- ▶ A ameaça que autoriza o cabimento do mandamus preventivo há de ser real e objetiva, traduzida em atos da Administração preparatórios ou ao menos indicativos da tendência da autoridade pública praticar o ato 23
- ◉ O mandado de segurança preventivo exige efetiva ameaça decorrente de atos concretos ou preparatórios por parte da autoridade indigitada coatora 24
- ◉ Ausente a prova da efetiva ameaça a direito, o mandado de segurança esbarrará na vedação da impetração contra lei em tese, sumulada pelo STF (Súmula 266) 24
- ◉ A segurança preventiva pressupõe existência de efetiva ameaça a direito, ameaça que decorre de atos concretos da autoridade pública 24
- ▶ A modalidade preventiva assume autêntica função inibitória, pois visa a impedir a consumação do dano 24
- ▶ O mandamus preventivo tem sido muito utilizado em matéria tributária, em especial para proteção contra a cobrança de tributos inconstitucionais ou contra legem 25
- ◉ É cabível o mandado de segurança preventivo em face de resposta desfavorável à consulta tributária diante de situação concreta, exsurgindo justo o receio do contribuinte de que se efetive a cobrança do tributo 25
- ▶ Transmudação do mandado de segurança preventivo em repressivo 25
- ◉ Mandado de segurança preventivo. A circunstância de a alegada ameaça de lesão ao direito pretensamente titularizado pelo impetrante ter-se convolado em ato concreto não acarreta perda de objeto da ação 26

A PROVA PRÉ CONSTITUÍDA E DOCUMENTAL DO DIREITO LÍQUIDO E CERTO 27

- ▶ O mandado de segurança, como remédio constitucional que tem por objetivo o resguardo de direito líquido e certo, pressupõe a existência de prova pré-constituída do alegado direito, sendo necessário que os documentos acompanhem a petição inicial 27
- ◉ A ação mandamental impõe a comprovação do direito invocado mediante prova pré-constituída, contemporânea à petição inicial 28

- ◉ O mandado de segurança possui rito especial. A ausência de documento essencial à demonstração do direito alegado impede o prosseguimento do feito 28
- ▶ Essa prova incontestável no processo deve ser feita no momento da impetração 28
- ◉ O mandado de segurança, como remédio constitucional que tem por objetivo o resguardo de direito líquido e certo, pressupõe a existência de prova pré-constituída do alegado direito, sendo necessário que os documentos acompanhem a petição inicial 28
- ▶ Tudo deve vir comprovado com a petição inicial, razão pela qual se diz não caber o mandado de segurança se for necessária a dilação probatória 28
- ▶ Possibilidade do manejo do Mandado de Segurança se a autoridade coatora, ao prestar informações, admitir verdadeiros aqueles fatos 29
- ▶ Impossibilidade de dilação probatória e prova pré-constituída 29
- ◉ Não se admite a juntada posterior de documentos no Mandado de Segurança 29
- ◉ A prova da existência do ato ilegal e abusivo deve ser demonstrada de plano, pois não se admite dilação probatória na ação mandamental 29
- ▶ Não importa a complexidade ou densidade do que se questiona, pois o que importa é a prova dos fatos 30
- ◉ Súmula n. 625 do STF: "Controvérsia sobre matéria de direito não impede concessão de mandado de segurança" 30
- ▶ A cognição empreendida no mandado de segurança é plena e exauriente secundum eventum probationis, ou seja, depende, apenas, dos elementos que acompanham a petição inicial 30
- ▶ Prova pré-constituída se restringe à prova documental? 30
- ▶ Diferenciação entre prova documental e prova documentada 30
- ▶ Qualquer prova que tenha sido produzida judicialmente e materializada em um documento, embora seja entendida como prova causal no processo em que foi produzida, será documental 31
- ▶ Entendimento que se contrapõe ao sistema de valoração da prova 32
- ▶ Ao aplicar-se o princípio do livre convencimento motivado do juiz, será impossível concluir que a prova documental é mais robusta e carrega em si uma força probatória maior do que qualquer outro meio de prova 32
- ▶ Outra crítica à admissão de prova documentada no mandado de segurança é fundada no contraditório 32
- ◉ A instrução de MS somente com laudo médico particular não configura prova pré-constituída da liquidez e certeza do direito do impetrante de obter

Art. 1º

▶ do Poder Público determinados medicamentos e insumos para o tratamento de enfermidade acometida por ele 33

▶ A depender do caso, a segurança deve ser concedida mesmo quando o impetrante não pode acostar à peça inicial, de plano, documentos que comprovem os fatos alegados, pois ele pode ser juntado pela Autoridade Coatora 34

◉ É possível embasar o mandado de segurança em curso com provas decorrentes de fatos supervenientes? 34

◉ A importância da práxis administrativa como fonte de direito 34

DA PLENA POSSIBILIDADE DO MANEJO DO MANDADO DE SEGURANÇA PARA CAUSAS PLEITEANDO A NOMEAÇÃO DE CANDIDATO APROVADO EM CONCURSO PÚBLICO, PORÉM PRETERIDO. COMO FAZER? 35

▶ Demandas pleiteando nomeação decorrente de preterição são demandas – ao contrário de um ato impensado – É DE FÁCIL COMPROVAÇÃO por quem entende o mínimo de gestão pública 35

▶ O fator PROVA 35

▶ O grande problema está na Generalização! 35

▶ A necessidade de o magistrado apreciar adequadamente os fundamentos e provas que instruem o Mandado de Segurança 36

▶ A prova de que o Mandado de Segurança é um instrumento incrível 36

▶ O que é necessário provar para que sua expectativa de direito se convole em direito subjetivo? 36

▶ Veja diversas decisões do Egrégio Tribunal Regional Federal da 1ª Região acatando, por meio de mandados de segurança, pedidos de nomeação quando o processo é bem instruído! 36

◉ A abertura de novo processo seletivo, para o mesmo cargo, no prazo de validade de certame anterior, indica a existência de vagas, revela o interesse da Administração Pública em seu provimento, ensejando assim o direito subjetivo a nomeação e posse do candidato aprovado no concurso anterior 36

◉ A aprovação em concurso público não gera direito à nomeação, senão expectativa de direito. Manifestadas, porém, de forma inequívoca, a necessidade e a conveniência no provimento do cargo, no prazo de validade do concurso, surge para o candidato aprovado e classificado o direito à nomeação 37

◉ A aprovação em concurso público não gera direito à nomeação, senão expectativa de direito. Manifestadas, porém, de forma inequívoca, a necessidade e a conveniência no provimento do cargo, no prazo de validade do concurso, surge para o candidato aprovado e classificado o direito à nomeação 38

DIREITO LÍQUIDO E CERTO DIZ RESPEITO À ADMISSIBILIDADE OU AO MÉRITO DO MANDADO DE SEGURANÇA?......... 38

▶ Direito líquido e certo como condição da ação 38

▶ Cumpre ressaltar que o direito líquido e certo é uma condição da ação criada no patamar constitucional, o que, inclusive, nos dispensa de digressões quanto ao maior ou menor acerto na escolha da expressão 40

▶ Direito líquido e certo como requisito processual para a validade da instauração do procedimento do Mandado de Segurança 40

▶ No processo de mandado de segurança, a cognição é plena e exauriente secundum eventum probationis 41

▶ A expressão 'direito líquido e certo' possui dois elementos distintos, enquadráveis em categorias processuais diversas. 41

▶ A dinâmica da liquidez e certeza do direito e o convencimento do julgador 41

▶ O direito líquido e certo aparece em dois momentos diferentes do procedimento 42

▶ Direito líquido e certo como mérito 42

ILEGALIDADE E ABUSO DE PODER 43

▶ Ilegalidade como sentido amplo para fins de cabimento do Mandado de Segurança 43

▶ Será cabível o manejo do Mandado de Segurança contra ato violador de princípios constitucionais e infraconstitucionais que regem a Administração Pública 44

O PRINCÍPIO DA LEGALIDADE COMO BASE JURÍDICA PARA IMPETRAÇÃO DO MANDADO DE SEGURANÇA 44

▶ Pedra angular e fundamental do Direito Administrativo é o princípio da legalidade administrativa 44

▶ A lei é tida como instrumento objetivo, democrático, impessoal e transparente do estabelecimento da vontade popular 44

▶ Todas as atividades da Administração Pública são limitadas pela subordinação à ordem jurídica, ou seja, à legalidade 45

▶ Administrar é aplicar a lei de ofício 45

▶ Além de a Administração Pública só poder fazer o que a lei autoriza, deverá também observar "quando e como autoriza 45

▶ O Poder Público não pode atuar contra ou praeter legem 45

Art. 1º

- A Administração não pode inovar na ordem jurídica por simples atos administrativos, não pode conceder direitos, criar obrigações, impor vedações, compelir comportamentos etc 46
- A feição mais clássica do princípio da legalidade, conatural à separação de poderes e cujo conteúdo consiste na supremacia da lei (e do Poder Legislativo), não mais subsiste isoladamente; atualmente, ela tem uma dimensão ampla (legalidade) e restrita (reserva de lei) 46
- Distinção entre princípio da legalidade e princípio da reserva de lei ou princípio da primazia (ou preferência da lei) e princípio da reserva de lei 46
- Legalidade não se confunde com legitimidade 48
- É a legitimidade que possibilita aferir o atendimento dos interesses da sociedade pela atuação da Administração 49
- Foi desacreditada a posição da Administração Pública reduzida à mera executora da lei ao se demonstrar que ela é um complexo voltado a satisfazer as necessidades e os interesses coletivos 49
- Não é apenas pela lei que o Executivo está ligado, mas ainda por regras de direito que não são obra do legislador: jurisprudência, princípios gerais do direito e costume 49
- A evolução do princípio da legalidade administrativo alcançou um sentido que admite outras formas de expressão jurídica. Por isso, se apresenta o princípio da juridicidade, expressão mais ampla que abarca Constituição, lei, princípios jurídicos, atos normativos de valor semelhante ou inferior à lei, e que se traduz na ideia de submissão da Administração ao Direito 49
- O princípio da juridicidade foi concebido como uma nova tendência doutrinária que outorga significativa importância aos princípios gerais de direito, os quais – junto com a lei – passam a constituir o marco de juridicidade que serve como fonte da atividade administrativa 50
- O princípio da juridicidade é uma expressão da vinculação da atuação da Administração Pública ao ordenamento jurídico unitária e inteiramente considerado 50
- O significado do princípio da legalidade na vinculação à totalidade das normas gerais, porém, salienta que "melhor do que a imagem de um 'bloco' muitas vezes invocada a seu propósito, a que convém a legalidade é a de uma pirâmide" 50
- Requisitos de acesso aos cargos públicos. 51
- Todos os requisitos de admissibilidade a cargos, empregos e funções públicas devem estar previstos em Lei 51
- ◉ Apenas a lei em sentido formal (ato normativo emanado do Poder Legislativo) pode estabelecer requisitos que condicionem ingresso no serviço público 51

- ◉ A vedação à existência de critérios discriminatórios de idade, sexo e altura, em sede concurso público, não é absoluta, em face das peculiaridades inerentes ao cargo em disputa, todavia, é imprescindível que mencionado critério esteja expressamente previsto na lei regulamentadora da carreira 52
- ▶ Não pode o edital inovar e criar exigências sem respaldo legal 52
- ▶ Exigência, imposta pelo edital, de especialização em Fisiologia do Exercício e Registro no Conselho Regional de Classe para o exercício da profissão 53
- ▶ A exigência de Prova Física deve possuir previsão legal... 53
- ◉ Admite-se a exigência de aprovação em exame físico para preenchimento de cargo público, desde que claramente previsto em lei, guarde pertinência com a função a ser exercida e seja pautado em critérios objetivos, possibilitando ao candidato o conhecimento da fundamentação do resultado 54
- ▶ A exigência de exame psicotécnico deve possuir previsão legal......................... 54
- ▶ O edital, sob nenhuma circunstância, pode impor em um concurso o exame psicotécnico como fase ou critério de aprovação do candidato sem que haja previsão legal. 55
- ◉ Súmula Vinculante 44 do Supremo Tribunal Federal: Só por lei se pode sujeitar a exame psicotécnico a habilitação de candidato a cargo público 55
- ▶ Há violação ao princípio da legalidade, segurança jurídica e vinculação ao instrumento convocatório quando ocorre inovação em certame em andamento possibilitando do uso da heterodeclaração quando o edital apenas prevê a autodeclaração 55
- ▶ A atribuição de competências discricionárias está necessariamente ligada ao princípio da legalidade e destina-se a dotar o administrador de um operacional apto a bem satisfazer o interesse público 55
- ▶ Não pode o edital inovar e criar exigências sem respaldo legal, a exemplo de critérios não previsto em lei para análise dos candidatos que se inscreveram como cotistas raciais 56
- ◉ Não é lícito à Administração Pública, após a aprovação dos candidatos nas provas objetiva e discursiva, introduzir inovação nas regras originais do certame para sujeitar os concorrentes a "entrevista" por comissão específica com o propósito de aferir a pertinência da condição de negros por eles assim declarada ao momento da inscrição no concurso 56
- ◉ A interpretação de cláusula de edital não pode restringir direito previsto em lei 57

PRINCÍPIO DA IMPESSOALIDADE COMO BASE JURÍDICA PARA IMPETRAÇÃO DO MANDADO DE SEGURANÇA 58

- ▶ O agente, quando está atuando, o faz na condição de Estado e é por isso que a responsabilidade civil é imputada a ele (Estado) 58

Art. 1º

▶ Outro enfoque dado ao princípio da impessoalidade liga-se ao fato de que está vedada qualquer conduta do gestor voltada para outro fim que não a satisfação do interesse coletivo, sob pena de desvio de poder e ilegalidade da conduta 58

▶ Normas de impedimento e suspeição, que são hipóteses em que o agente público não pode agir, pois há uma presunção de que não agirá com imparcialidade, o que poderá ensejar a quebra da impessoalidade estatal......... 59

◎ Tal princípio se assemelha ao da finalidade quando se enfoca o interesse público do ato, consubstanciando desvio de finalidade toda atitude que resulta em favoritismos ou perseguições 59

▶ A impessoalidade tem eficácia impeditiva aos fatores pessoais e subjetivos como verdadeiros móveis e fins das atividades administrativas 59

▶ A impessoalidade é decorrência do princípio de utilidade pública 60

▶ A impessoalidade tem como bases a objetividade e a neutralidade da atividade administrativa, traduzindo-se na ausência de marcas pessoais e particulares correspondentes ao administrador no exercício da função pública ... 60

▶ O fim, e não a vontade, domina todas as formas de administração 61

▶ A impessoalidade se aproxima da imparcialidade pela subordinação mútua de neutralidade e isenção administrativa 61

▶ Em decorrência do princípio da impessoalidade o ato ilegal praticado pelo agente público na condução do concurso é imputado ao Estado 61

▶ Outro enfoque dado ao princípio da impessoalidade liga-se ao fato de que está vedada qualquer conduta do gestor voltada para outro fim que não a satisfação do interesse coletivo, sob pena de desvio de poder e ilegalidade da conduta. 62

◎ Pelo princípio da impessoalidade, a Administração deve tratar a todos os administrados sem discriminações. Tal princípio se assemelha ao da finalidade quando se enfoca o interesse público do ato, consubstanciando desvio de finalidade toda atitude que resulta em favoritismos ou perseguições 62

◎ A exigência de concurso público para a investidura em cargo garante o respeito a vários princípios constitucionais de direito administrativo, entre eles, o da impessoalidade e o da isonomia 62

▶ Princípio da isonomia, impessoalidade e prova oral em concursos públicos   63

▶ A alteração do edital de um concurso público não pode ter efeitos retroativos. 63

▶ Influenciado pelo princípio da impessoalidade e para garantir que o agente não perca o foco, o ordenamento jurídico prevê, na Lei 9.784/1999, normas de impedimento e suspeição, que são hipóteses em que o agente público não pode agir 63

▶ Não é dado à banca examinadora, por mera conveniência e oportunidade, consagrar uma posição acadêmica isolada ou polêmica no bojo de uma prova 64

▶ Os critérios de avaliação das provas discursivas e orais são os parâmetros de valoração do desempenho dos candidatos nas provas. 64

▶ A avaliação da prova discursiva e oral deve ser embasada em critérios objetivos e padronizados. 64

▶ A fase de títulos nos concursos públicos deve apresentar o maior grau de objetividade possível 65

▶ Garantia de impessoalidade nos testes psicológicos em concursos públicos 65

▶ O teste de psicotécnico deve ser padronizado 66

▶ É vedado a prática de exames psicotécnicos com critérios sigilosos. 66

◉ Constatado que os critérios adotados pela banca examinadora com a finalidade de aplicar a avaliação psicológica são subjetivos e sigilosos deve se reconhecer ao candidato o direito de ser submetido à nova avaliação realizada de forma objetiva e revestida de publicidade 67

◉ O resultado da fase de entrevista, sem a divulgação de notas dos candidatos, bem como sem a exposição dos critérios avaliados, afronta os princípios de impessoalidade e da publicidade, previstos no artigo 37, da Constituição Federal 68

▶ Impessoalidade Vs Súmula Vinculante 13, que veda o nepotismo. 68

O PRINCÍPIO DA MORALIDADE COMO BASE JURÍDICA PARA IMPETRAÇÃO DO MANDADO DE SEGURANÇA 68

▶ Pelo princípio da moralidade o administrador deve agir com honestidade, lealdade e boa-fé 68

▶ São inconfundíveis os princípios da legalidade e da moralidade administrativa 69

▶ É importante registrar que o fato de o administrador seguir a lei não significa, necessariamente, que agiu com moralidade 69

▶ O dever de melhor administrar 69

▶ A ideia predominante do dever de boa administração é a finalidade do ato administrativo, cujo desvio o macula – seja para satisfação de interesses estranhos ao serviço (particulares próprios ou alheios ao agente público, de terceiros), seja para amparo de interesses públicos não expressos na regra de competência. 69

▶ O princípio da moralidade administrativa não pode ser reduzido como conjunto de regras deontológicas extraídas da disciplina interna da Administração 70

Art. 1º

▶ O princípio concretiza o direito subjetivo público a uma administração honesta. Ele se articula sobre qualquer forma de atuação administrativa 70

▶ O princípio da moralidade administrativa é fator de orientação do comportamento do agente público que deve primar pela honestidade para alcance do bem comum revelando sua plena habilitação para o desempenho das funções nas quais foi investido 70

▶ Tanto infringe a moralidade administrativa o administrador que, para atuar, foi determinado por fins imorais ou desonestos como aquele que desprezou a ordem institucional e, embora movido por zelo profissional, invade a esfera reservada a outras funções, ou procura obter mera vantagem para o patrimônio confiado à sua guarda 71

▶ O referido princípio está ligado ao dever de conhecer as fronteiras do lícito e do ilícito, do justo e do injusto, do honesto e do desonesto. 71

◉ O princípio da moralidade administrativa – enquanto valor constitucional revestido de caráter ético-jurídico – condiciona a legitimidade e a validade dos atos estatais 71

◉ O tratamento privilegiado a certas pessoas somente pode ser considerado ofensivo ao princípio da igualdade ou da moralidade quando não decorrer de uma causa razoavelmente justificada 72

◉ O princípio da moralidade administrativa enquanto valor constitucional revestido de caráter ético-jurídico condiciona a legitimidade e a validade dos atos estatais 72

▶ É importante termos em conta que a moralidade e a ética também condicionam, ou deveriam ao menos condicionar, o trabalho do legislador, de modo que os princípios axiológicos também servem de fundamento para a criação das normas jurídicas 73

O PRINCÍPIO DA PUBLICIDADE COMO BASE JURÍDICA PARA IMPETRAÇÃO DO MANDADO DE SEGURANÇA **74**

▶ O princípio da publicidade desponta como aquele que determina ao gestor prestar contas com a coletividade, ser transparente, pois, ao fim e ao cabo, administra algo que é da coletividade 74

▶ O princípio da publicidade está ligado a uma atuação transparente, sem ocultações de atos e muito menos sigilo em relação aos mesmos 75

▶ O novo estatuto político brasileiro – que rejeita o poder que oculta e não tolera o poder que se oculta – consagrou a publicidade dos atos e das atividades estatais como valor constitucionalmente assegurado 75

▶ A publicidade constitui um dever da Administração Pública e, ao mesmo tempo, um direito subjetivo da comunidade 75

- ▶ O princípio da publicidade administrativa consiste, no sentido positivo, na obrigação de divulgação oficial dos atos da Administração Pública e, no sentido negativo, na interdição de atos ou procedimentos secretos ou sigilosos salvo as exceções normativas ditadas pela proteção do interesse público ou de qualificados interesses particulares 75
- ▶ A publicidade revela-se em um direito fundamental à informação cujo conteúdo revela um substrato positivo consistente no "dever estatal de promover amplo e livre acesso à informação como condição necessária ao conhecimento, à participação e ao controle da Administração.. 76
- ▶ Em matéria de concurso público, saber quem são os membros da Banca Examinadora é um direito que deriva dos princípios da publicidade, transparência, segurança jurídica e eficiência 76
- ▶ Direito de saber quem elaborou as questões em concurso público. 77
- ▶ Direito de saber como são julgados os recursos em matéria de concurso público. 77
- ▶ Direito de saber a qualificação e a remuneração de todos os agentes envolvidos em matéria de concurso público 78
- ▶ A publicidade do ato, da conduta, da atividade é condição de eficácia dos mesmos. 78
- ▶ As Bancas Examinadoras não podem negar publicidade de seus atos, sob pena de nulidade dos mesmos 79
- ▶ A publicidade não fica restrita ao edital que regulamenta o concurso. 79
- ▶ Nos concursos públicos a publicidade significa a ampla e efetiva comunicação de todos os atos 79
- ◙ A publicidade, em concursos públicos, é uma defesa dos cidadãos contra os favoritismos ou protecionismos 80
- ▶ O princípio da publicidade também impõe a divulgação dos critérios levados em consideração na correção das provas 80
- ▶ O princípio da publicidade ordena que o gestor informe quais os critérios de correção (grade de correção) serão levados em consideração quando do julgamento de uma prova discursiva. 80
- ◙ A recusa da Banca Examinadora em franquear o acesso ao cartão-resposta ao candidato viola o princípio da publicidade 81
- ◙ Caso a Banca Examinadora seja omissa ao informar os critérios de correção, por exemplo, como poderia se obter isso em juízo? 81
- ◙ Ao alterar o caráter objetivo de apuração administrativa, passando-se à análise subjetiva com deliberação sobre questões particulares dos candidatos, torna indispensável a intimação dos interessados 81
- ◙ Apesar do julgado do Superior Tribunal de Justiça ser contra a possibilidade de se utilizar o Habeas Data para obter os critérios de correção de uma

prova discursiva o fato é que existem decisões em sentido contrário, admitindo o manejo do remédio constitucional para tal fim. 82

▶ Caso não se aceite Habeas Data, cabe Mandado de Segurança para obtenção dos critérios de correção de uma prova discursiva ou oral. 83

▶ Há violação ao princípio da publicidade quando há um longo lapso temporal entre as fases do concurso 83

◉ Fere o princípio da publicidade o ato de nomeação do candidato por diário oficial quando há cláusula editalícia que dispunha que todos os atos, editais e comunicados referentes ao concurso seriam publicados no site da empresa contratada para a realização do certame 84

▶ Publicidade por notificação pessoal 85

▶ O princípio da publicidade constitui o pressuposto lógico para a eficácia e a efetividade dos demais princípios e regras jurídicas 85

◉ A restrição da publicação do Edital de concurso apenas aos limites do próprio Município viola o princípio da publicidade, pois impede que seja conferida a mais ampla divulgação do certame e, consequentemente, fere o princípio da eficiência, ao impedir seja possibilitada a mais ampla competitividade entre os candidatos, violando, assim, o disposto no art. 37 da Constituição Federal 86

O PRINCÍPIO DA MOTIVAÇÃO COMO BASE JURÍDICA PARA IMPETRAÇÃO DO MANDADO DE SEGURANÇA 86

▶ A descrição de todos os dados, motivo de fato, indicação do artigo legal, da penalidade, a congruência vinculada ou discricionária da sanção aplicada, constitui o que a doutrina nomina de "motivação" 86

▶ Decorrência dos princípios de legalidade, transparência, controle e democracia, a motivação é marco de ruptura com o antigo modelo (autoritário, opaco e sigiloso) de Administração Pública, incompatível com o Estado Democrático de Direito – sedimentado na plena visibilidade dos motivos que orientaram a condução dos negócios públicos. 86

▶ Está relacionado à narrativa escrita dos fatos que ensejaram sua prática, identificando-se de modo claro e suficiente para o controle de sua validade a razão jurídica pela qual foram praticados 87

▶ A motivação dos atos jurídicos da Administração Pública se entrosa ao combate do desvio de poder e à exigência da proporcionalidade pela proibição do excesso através das teorias dos motivos determinantes nos atos discricionários 87

▶ Como formalidade essencial, a ausência ou imperfeição (v.g., insuficiência por obscuridade e contradição) da motivação é considerada vício de forma (em sentido lato), insanável (art. 2.º, b, da Lei 4.717/1965 c/c arts. 2.º, parágrafo único, VII, VIII, e 50, da Lei 9.784/1999) 87

▶ É irrelevante a natureza do ato (vinculada ou discricionária) porque a motivação constitui a regra (arts. 2.º, VII, e 50) 88

▶ A exigibilidade da motivação como o controle, o direito de informação, a impressão de caráter democrático à Administração Pública e a necessidade de contenção das prerrogativas administrativas com a adoção de restrições correlatas 88

▶ A dispensa legítima de motivação não se confunde a aparência de dispensa de motivação 88

◉ A exigência de motivação incide até mesmo na dispensa de servidor celetista. 89

▶ A exigência de motivação incide em ato relacionado à promoção de agente público por merecimento. 89

◉ Não atende a exigência de devida motivação imposta aos atos administrativos a indicação de conceitos jurídicos indeterminados 89

▶ A adoção da teoria do silêncio eloquente – não obstante constitua paradoxo em face do dever de tempestiva decisão motivada – depende da solução dada em cada ordenamento jurídico 90

▶ A explicitação é a evidenciação das particularidades relevantes da decisão, o material de ponderação e a própria ponderação, enquanto a suficiência se liga à clareza e à congruência do discurso 90

▶ A Lei 9.784/1999, que regula o processo administrativo no âmbito da Administração Pública Federal, expressamente enuncia a motivação como princípio regente do processo no caput de seu art. 2.º, sendo a matéria disciplinada em mais detalhes em seu art. 50 90

◉ A falta de exposição das razões da não concessão da licença-capacitação ao servidor viola o princípio da motivação dos atos administrativos e configura ato abusivo.. 91

◉ Mandado de segurança. Indeferimento de autorização para funcionamento de curso superior. Ausência de motivação do ato administrativo. Nulidade .. 91

▶ A motivação do ato deve ser explícita, clara e congruente, podendo consistir em declaração de concordância com fundamentos de anteriores pareceres, informações, decisões ou propostas 92

▶ Teoria dos motivos determinantes 92

◉ A Administração, ao justificar o ato administrativo, fica vinculada às razões ali expostas, para todos os efeitos jurídicos, de acordo com o preceituado na teoria dos motivos determinantes 93

◉ A Administração, ao justificar o ato administrativo, fica vinculada às razões ali expostas, para todos os efeitos jurídicos, de acordo com o preceituado na teoria dos motivos determinantes 93

Art. 1º

▶ Os atos administrativos que negam direitos devem ser devidamente fundamentados, pois a negativa sem qualquer justificativa não se coaduna com nosso Estado de Direito, retrocedendo à época em que vigorava o arbítrio. 94

◉ Indeferimento de autorização para funcionamento de curso superior. Ausência de motivação do ato administrativo. Nulidade 94

▶ Eliminação de candidato em concurso sem aa devida fundamentação em diversas fases 94

◉ Ausência de motivação da banca examinadora acerca dos recursos administrativos contra referida prova discursiva 94

◉ É nulo o ato administrativo consistente na reprovação de candidato em exame médico por falta de motivação e de acesso aos resultados no momento adequado. 95

◉ Exame psicotécnico: falta de critérios objetivos e de motivação da reprovação do candidato 95

◉ É ilegal a negativa de acesso à motivação do indeferimento de recurso administrativo interposto em prova discursiva 96

◉ É direito do candidato saber a motivação que gerou a subtração de pontos do mesmo em prova discursiva ou oral 96

◉ É ilegal o ato da Banca Examinadora que não informa a motivação referente aos recursos apresentados 96

◉ É ilegal a falta de motivação nos descontos da nota na prova oral 97

▶ Administração – atendendo ao princípio da motivação – deve explicar o porquê de não se efetivar a prorrogação 97

▶ Caso não seja prorrogado o prazo de validade do certame, deve o ato ser motivado 97

◉ Necessidade de motivação do ato de não prorrogar o prazo de validade do concurso em caso de necessidade permanente de contratação e inação estatal 98

PRINCÍPIO DA RAZOABILIDADE E PROPORCIONALIDADE COMO BASE JURÍDICA PARA IMPETRAÇÃO DO MANDADO DE SEGURANÇA 99

▶ Oito núcleos significativos da razoabilidade 99

▶ O princípio da proporcionalidade consiste, principalmente, no dever de não serem impostas, aos indivíduos em geral, obrigações, restrições ou sanções em medida superior àquela estritamente necessária ao atendimento do interesse público, segundo critério de razoável adequação dos meios aos fins . 99

▶ A noção de legalidade pressupõe a harmonia perfeita entre os meios e os fins, a comunhão entre o objeto e o resultado do ato jurídico 100

| SUMÁRIO DETALHADO | Art. 1º |

- ◉ O princípio da razoabilidade também tem serventia ao controle de atos administrativos combatendo o desvio de poder. Neste sentido, ele foi adotado em face da instauração de novo concurso público para provimento de cargos públicos, aliada à recusa de prorrogação do prazo de validade de certame anterior 100

- ▶ Da proporcionalidade como proibição do excesso em qualquer atividade pública, guiando-se pelo "controlo exercido pelos tribunais quanto à adequação dos meios administrativos (sobretudo coactivos) à prossecução do escopo e ao balanceamento concreto dos direitos ou interesses em conflito" 100

- ▶ Princípios como razoabilidade e proporcionalidade alargam a dimensão do controle judiciário da Administração Pública, facilitando a fiscalização da discricionariedade administrativa 101

- ◉ Os princípios da razoabilidade e da proporcionalidade devem nortear a Administração Pública como parâmetros de valoração de seus atos sancionatórios 101

- ▶ A Administração, quando for atuar, seja em um concurso público ou qualquer atividade, deve fazer uso de meios adequados e proporcionais aos fins que pretende alcançar 101

- ▶ Diferença entre proporcionalidade e razoabilidade 101

- ▶ O princípio da proporcionalidade desponta como grande limitador do poder discricionário dos agentes públicos 102

- ◉ É válido o controle das regras e das exigências dispostas em edital de concurso público quando ferem os princípios da razoabilidade ou proporcionalidade 102

- ◉ Em que pese o poder de autotutela, não poderá a administração violar regras editalícias bem como os princípios da razoabilidade e segurança jurídica. 102

- ◉ "Fere a razoabilidade estabelecer critério de correção em prova prático-profissional que exija do candidato formular pedido juridicamente impossível ... 102

- ◉ Fere a razoabilidade a não motivação dos descontos de nota em provas discursivas ou orais ou eliminação de candidato em outras fases, pois tal conduta inviabiliza o direito de defesa do candidato 103

- ◉ Fere a razoabilidade regra editalícia que atribuiu caráter eliminatório à fase de títulos. 103

- ◉ Fere a razoabilidade a eliminação de candidato pelo fato dele possuir colesterol alto quando da realização do exame, pois tal desnível é temporário e tratável. 103

- ◉ Fere a razoabilidade a eliminação do candidato que não obteve acesso aos fundamentos de sua reprovação 104

- ◉ As atribuições para o cargo de perito criminal da polícia civil demonstram que as atividades são eminentemente técnicas e científicas, não demonstran-

XXXVII

Art. 1º

- do a necessidade de teste de aptidão física, razão pela qual não é razoável sua aplicação e eliminação do candidato 104

- É possível haver violação à razoabilidade quando se fixa horários distintos para a realização da fase de prova física no concurso público 105

- Convocação do candidato aprovado apenas pelo diário oficial, sendo que já tinha se passado muito tempo desde a divulgação da etapa anterior, viola os princípios da razoabilidade e da publicidade 105

- Direito do autor a se submeter a nova verificação da condição de negro/pardo 105

- A nomeação ou a convocação para determinada fase de concurso público após considerável lapso temporal entre uma fase e outra, sem a notificação pessoal do interessado, viola os princípios da publicidade e da razoabilidade, não sendo suficiente a publicação no Diário Oficial 106

- Atenta contra os princípios da razoabilidade e proporcionalidade a negativa de viabilizar direito de o candidato ir para o final de fila na classificação do concurso 107

- A eliminação do candidato em decorrência de exame psiquiátrico firmado por médico não especialista, sendo o mesmo induzido a erro (o candidato), afronta aos princípios da razoabilidade e da proporcionalidade 107

- Avilta o princípio da razoabilidade eleger como critério de desempate o tempo anterior na titularidade do serviço para o qual se realiza o concurso público 108

▶ O princípio da proporcionalidade é um princípio constitucional implícito, decorrente do devido processo legal, conforme já salientou o Supremo Tribunal Federal 108

▶ O diferencial da proporcionalidade é que a exigência ou a conduta, se feitas corretamente, são válidas e permitidas pelo direito 108

▶ O princípio da proporcionalidade desponta como grande limitador do poder discricionário dos agentes públicos 108

▶ É o que ocorre, com frequência, em processos punitivos em geral. 109

▶ O administrador, analisando o caso concreto, as variantes que a lei traz, aplicará a sanção que melhor atenda ao interesse público no caso. Não é livre o gestor para aplicar qualquer penalidade sob o argumento de que todas estão na lei... 110

▶ O Judiciário não pode substituir o ato, mas apenas anulá-lo, sob pena de violação ao princípio da separação dos poderes 111

PRINCÍPIO DA ISONOMIA COMO BASE JURÍDICA PARA IMPETRAÇÃO DO MANDADO DE SEGURANÇA 111

▶ A realização de certame competitivo, prévio ao acesso aos cargos e empregos públicos, objetiva realizar os princípios consagrados em nosso sistema constitucional, notadamente os princípios da democracia e isonomia 111

▶ O concurso público deve assegurar a isonomia entre os interessados 112

◉ Viola o princípio constitucional da isonomia norma que estabelece como título o mero exercício de função pública 112

▶ Índices alarmantes de desvios e perseguições das bancas examinadoras 112

▶ A obrigatoriedade do concurso de ingresso no serviço público é uma decorrência do princípio da isonomia 112

▶ O princípio da igualdade reclama um fator externo à convivência humana para nivelar homens diferenciados cultural e economicamente 113

▶ Pela igualdade material, opera-se uma discriminação que a doutrina denomina discriminação inversa 113

▶ A reserva de vagas para PNE é uma forma de efetivar o princípio da isonomia 113

▶ A igualdade pode ser formal ou material. Quem são os iguais e os desiguais? 114

◉ Afigura desarrazoada e viola o princípio da isonomia em seu âmbito material a exigência do teste de barra fixa, na modalidade dinâmica, para as candidatas do sexo feminino 114

▶ Sem expressa previsão constitucional, qualquer discriminação, ainda que inversa, em matéria de concurso público, não se legitima 115

▶ Não se pode, por consequência, admitir a validade de discursos assistencialistas, que se revelam aparentemente oficiais, permitindo a utilização do instituto do concurso público como política de inclusão social 115

▶ Princípio da isonomia VS Princípio do amplo acesso à justiça 115

▶ O uso equivocado e retórico da isonomia. 115

◉ A igualdade das partes é imanente ao procedural due process of law 116

▶ Equívoco de percepção quanto à situação. 116

▶ Quando a anulação de um ato ilegal vai gerar lesão à isonomia? 116

▶ Se é que existe uma violação ao princípio da isonomia, o não amparo jurisdicional sob este fundamento também viola o princípio do amplo acesso à justiça 117

▶ O processo de ponderação de princípios envolve três etapas 117

XXXIX

Art. 1º

▶ O grau de compressão a ser imposto a cada um dos princípios em jogo na questão dependerá da intensidade com que o mesmo esteja envolvido no caso concreto 118

▶ Por que o princípio do amplo acesso à justiça prevalece, em regra, sobre o da isonomia? 118

▶ O problema se o princípio da isonomia prevalecer, em regra 119

◉ A falta de critérios homogêneos de correção da avaliação discursiva gera lesão ao princípio da isonomia 119

◉ Exigências distintas de altura para candidatos do sexo masculino e feminino, desde que prevista em lei, é forma de efetivar o princípio da isonomia em seu sentido material. 120

◉ Fere o princípio da isonomia em seu âmbito material a exigência do teste de barra fixa, na modalidade dinâmica, para as candidatas do sexo feminino 120

◉ Fere o princípio da isonomia a fixação para a realização de testes físicos em horário de meio-dia para uns e mais cedo ou mais tarde para outros 121

◉ A reserva de vagas para deficientes é uma forma de materializar o princípio da isonomia material 122

◉ Em decorrência da garantia da liberdade religiosa a realização de concurso em horário diverso não configura violação à isonomia, à igualdade e à moralidade 123

▶ Princípio da isonomia e prova oral 123

OS PRINCÍPIOS DO CONTRADITÓRIO E AMPLA DEFESA COMO BASE JURÍDICA PARA IMPETRAÇÃO DO MANDADO DE SEGURANÇA **124**

▶ Os princípios do contraditório e da ampla defesa, previstos no art. 5º, inciso LV, da Constituição Federal, revelam-se nos concursos públicos, entre outros casos, por ocasião da impetração de recursos contra o resultado das provas 124

▶ O princípio do contraditório tem íntima ligação com o da igualdade das partes e o do direito de ação 124

▶ O princípio do contraditório está ligado à possibilidade de as partes reagirem aos atos que lhes sejam desfavoráveis 125

▶ É proibida a negativa de vista da prova discursiva ao candidato. 125

▶ É ilegal qualquer regra do edital que proíba a interposição de recurso na fase de prova discursiva 126

▶ Condutas como a falta de motivação da correção das provas são atos passíveis de controle judicial, pois além de ferir o princípio enunciado impede o exercício da ampla defesa e contraditório 127

▶ O princípio do contraditório não admite a existência, para os litigantes e seus advogados, de procedimento ou processo secreto, seja no âmbito administrativo, seja no judicial 127

▶ Contraditório e Igualdade de armas 127

▶ Ampla defesa significa permitir às partes a dedução adequada de alegações que sustentem sua pretensão 127

▶ Ampla defesa e recurso administrativo 128

▶ É ilegal o julgamento imotivado dos recursos interpostos na fase de provas discursivas, sob pena de o contraditório viabilizado no recurso ser mera fachada. 128

◉ A motivação, nos recursos administrativos referentes a concursos públicos, é obrigatória e irrecusável, nos termos do que dispõe o art. 50, I, III e V, §§ 1º. e 3º. da Lei 9.784/99, não existindo, neste ponto, discricionariedade alguma por parte da Administração 128

◉ Disposição editalícia que não autoriza a interposição de recursos em relação ao resultado das provas, seja ela objetiva, discursiva, avaliação psicológica, teste físico, etc., fere o princípio do contraditório e da ampla defesa, previsto no art. 5º, inciso LV, da Constituição Federal 129

▶ Norma editalícia prevendo a impossibilidade de interposição de recursos em face do resultado das provas não se coaduna com o Estado Democrático de Direito 130

▶ Ilegalidade de interposição de recurso com número de caracteres limitados. 130

◉ É imperativo que exista na fase de prova oral uma chave de correção com espelho de quanto vale cada ponto da resposta esperada. 130

▶ Nas provas orais é fundamental a gravação da mesma para fins de possibilitar a ampla defesa e o contraditório do candidato na interposição do recurso 130

▶ Fere o contraditório qualquer regra do edital que impossibilidade o candidato de recorrer em qualquer fase do concurso 131

◉ É direito do candidato o conhecimento da fundamentação do resultado, bem como o exercício do contraditório e da ampla defesa do resultado da prova física. 132

▶ Para garantir a ampla defesa e o contraditório na fase de psicotécnico é necessário fornecer cópias dos testes ao candidato. 132

▶ Como decorrência da absoluta falta de motivação na deliberação pela comissão encarregada de julgar a validade da condição de indivíduo preto ou pardo dos candidatos, o candidato simplesmente fica amputado no exercício do contraditório e da ampla defesa quando da interposição dos recursos 132

XLI

Art. 1º

▶ É vedada resposta padrão aos recursos interpostos, onde, supostamente, houve a ampla defesa e o contraditório 133

▶ A oportunidade de reagir ante a informação seria vã, se não existisse fórmula de verificar se a autoridade administrativa efetivamente tomou ciência e sopesou as manifestações dos sujeitos 133

◉ A motivação é que permite a verificação da legalidade do ato e que permite ao examinando entender os motivos de sua eventual reprovação, caso não haja reconsideração 133

◉ Indeferimento de recurso com base em motivação genérica, desvinculada da impugnação apresentada e, assim, aplicável a todo e qualquer recurso que pudesse ser interposto pelos candidatos, equivale a falta de fundamentação 134

◉ Indeferimento geral dos pedidos de revisão apresentados. Carência de motivação das decisões administrativas 134

◉ Fundamentação genérica por parte dos examinadores que se aplica a todo e qualquer recurso interpostos pelos candidatos. Ofensa aos princípios constitucionais da ampla defesa, contraditório, devido processo legal, motivação ... 135

▶ Revogado, restringido ou negado a alguém um direito subjetivo qualquer, por ato administrativo, sem respeitar a referida garantia constitucional, a reação do titular alcançado pela ilegalidade pode, perfeitamente, se dar por meio do mandado de segurança 135

◉ Direta emanação da própria garantia constitucional do "due process of law" (CF, art. 5º, LIV) – independentemente, portanto, de haver previsão normativa nos estatutos que regem a atuação dos órgãos do Estado –, a prerrogativa indisponível do contraditório e da plenitude de defesa, com os meios e recursos a ela inerentes 136

◉ Nenhum ato administrativo pode ser invalidado pelo Poder Público sem que todos os alcançáveis pela invalidação, direta ou reflexamente, tenham tido oportunidade de se defender, segundo a garantia constitucional do devido processo legal e do contraditório 137

▶ Mandado de segurança e a teoria do fato consumado 137

◉ A teoria do fato consumado, contudo, não pode ser aplicada indiscriminadamente sem uma análise sobre as particularidades de cada caso. Há situações onde o princípio da boa-fé objetiva impõe o seu afastamento 138

◉ O STF em âmbito de Repercussão Geral já decidiu ser inaplicável a teoria do fato consumado para manutenção em cargo público de candidato não aprovado no concurso 138

▶ Caso específico da aplicação da teoria do fato consumado em razão de o candidato ter se aposentado dentro do longo prazo do processamento do feito 139

USO E ABUSO DE PODER **140**

▶ O abuso de poder é gênero e encerra duas espécies: a) excesso de poder e b) desvio de poder, este último também conhecido como desvio de finalidade do ato administrativo 140

▶ Poder discricionário... 140

▶ Limites do poder discricionário... 141

◉ O ato discricionário muitas vezes goza de uma precariedade que não confere direito adquirido ao seu destinatário, não cabendo, por isso, Mandado de Segurança que tem por objetivo a manutenção do ato 142

◉ É importante deixar claro que essa liberdade não é absoluta. Há limites que devem ser respeitados, sob pena de desvio ou excesso de poder. Assim, despontam como os principais limitadores do poder discricionário: a própria lei e os princípios constitucionais (tais como impessoalidade, moralidade, razoabilidade, proporcionalidade etc.) 143

◉ Controle do ato discricionário por meio de Mandado de Segurança com base na Teoria dos Motivos Determinantes 144

▶ Mérito do ato administrativo 144

▶ Controle da discricionariedade administrativa pelo Poder Judiciário 145

▶ Do controle da discricionariedade administrativa e separação dos Poderes.... 146

O CONTROLE JURISDICIONAL DE QUESTÕES OBJETIVAS, DISCURSIVAS E ORAIS DE CONCURSOS PÚBLICOS COM VÍCIOS DE LEGALIDADE E A POSSIBILIDADE DO USO DO MANDADO DE SEGURANÇA **148**

▶ A possibilidade e facilidade de fazer o controle jurisdicional de questões de concursos e a "jurisprudência equivocada" impensada 148

▶ Duas demandas questionando absolutamente o mesmo ato ou omissão e que tenham sido distribuídas ao mesmo julgador pode ter desfecho distinto? 148

▶ A sabedoria de fazer a correta distinção entre o campo de "imunidade jurisdicional" da Banca Examinadora e o seu campo plenamente sindicável 148

▶ O grande problema está na generalização!... 148

▶ Muitas vezes, percebe-se que as decisões judiciais sequer possuem um ponto de partida, ou seja, uma premissa sobre a qual haverá o desenvolvimento e julgamento do caso, sendo repetições irrefletidas de decisões proferidas da mesma forma 149

▶ Sentenças, acórdãos e decisões que apenas são bonitas, bem redigidas, mas que apenas ficam no processo, que não se concretizam no plano dos fatos muitas vezes não passa de "jogo jurisdicional", de trocas de folhas de papel, de petições etc 150

Art. 1º

- ▶ A efetividade do processo 150
- ▶ Introdução ao controle jurisdicional de provas de concursos públicos 150
- ▶ Da virada do jogo 150
- ▶ O sistema de fundamentos óbvios de ALFREDO ALGUSTO BACKER 151
- ▶ A força constitucional principiológica limitadora da atuação administrativa ... 151
- ▶ A possibilidade de questionamento de questões viciadas pelo Poder Judiciário 151
- ▶ Nota-se que não se trata de controle de mérito do ato! 151
- ▶ O argumento falso de impossibilidade de controle, separação de poderes e a disfarçada imunidade jurisdicional em alguns casos 152
- ▶ A verdade é que a repetição e aplicação sem reflexão da tese da "autonomia" que a Administração deve ter no concurso público ou em outros procedimentos seletivos estão criando uma zona de completa imunidade jurisdicional, chegando ao ponto de ficar mais restrita que os atos políticos, os atos interna corporis, etc 152
- ▶ Da evolução jurisprudencial 152
- ◉ Se se cuida de questão mal formulada – caso de erro invencível –, é lícita, então, a intervenção judicial. É que, em casos tais, há ilegalidade; corrigível, portanto, por meio de mandado de segurança 153
- ◉ Estando as questões mal formuladas, ensejando a duplicidade de respostas cabe controle jurisdicional 153
- ◉ Na hipótese de erro material, considerado aquele perceptível primo ictu oculi, de plano, sem maiores indagações, pode o Poder Judiciário, excepcionalmente, declarar nula questão de prova objetiva de concurso público 153

PROVA DISCURSIVA **154**

- ◉ Ilegalidade de cobrança de conteúdo fora do programa do edital. Anulação da questão 154
- ◉ Prova Prática da OAB com erro na elaboração em seu enunciado é nula ... 156
- ◉ A utilização de créditos distintos de correção na porva discursiva para situações idênticas é ilegal e sujeita ao controle jurisdicional 156
- ◉ A banca examinadora do certame, por ocasião da divulgação dos resultados desse tipo de avaliação, deve demonstrar, de forma clara e transparente, que os critérios de avaliação previstos no edital foram devidamente considerados, sob pena de nulidade da avaliação 157
- ◉ A vedação de acesso do candidato à prova discursiva de concurso público, impedindo, assim, o conhecimento dos critérios de correção utilizados pela banca examinadora, viola o direito de petição e à informação, bem como o direito ao contraditório e à ampla defesa, garantidos pela Constituição Federal 158

- Apesar de o critério subjetivo de correção das provas dissertativas já ser do conhecimento dos vestibulandos, os parâmetros utilizados para tanto não o são e a negativa desta informação no processo seletivo de vestibular realizado pelo impetrante fere frontalmente o princípio constitucional da publicidade 158
- Ao candidato deve ser assegurado o direito de vista de sua prova, bem como de interpor recurso administrativo contra o resultado da mesma 159
- Ilegalidade de cobrança de tema fora do programa do edital 160
- A motivação deve ser apresentada anteriormente ou concomitante à prática do ato administrativo, pois caso se permita a motivação posterior dar-se-ia ensejo para que fabriquem, forjem ou criem motivações para burlar eventual impugnação ao ato 162

PROVA ORAL **163**

- Distinção entre a irretratabilidade da nota atribuída ao candidato em prova oral e o execício do controle administrativo da legalidade. vinculação da administração às normas estabelecida no edital de concurso público............... 163
- Ilegalidade de cobrança de tema fora do programa do edital 164
- A negativa de disponibilização da prova oral fere o princípio constitucional da publicidade, além de retirar a possibilidade de revisão dos atos da banca examinadora, violando, assim, o disposto no art. 5º, XXXV da Constituição Federal, pois impede que o Judiciário exerça o controle jurisdicional sobre possível lesão a direito do candidato 165
- ▶ A doutrina e o tema 166
- O Julgamento pelo Supremo Tribunal Federal da matéria em âmbito de Repercussão Geral nos autos do Recurso Extraordinário n.º 632853, Relator(a): Min. GILMAR MENDES. Qual foi a tese firmada? 166
- Tese 485 do STF: Não compete ao Poder Judiciário substituir a banca examinadora para reexaminar o conteúdo das questões e os critérios de correção utilizados, SALVO OCORRÊNCIA DE ILEGALIDADE OU DE INCONSTITUCIONALIDADE 167
- É perfeitamente cabível o controle jurisdicional em caso de ilegalidade e inconstitucionalidade em provas de concursos públicos 167
- ▶ Controle jurisdicional sobre a peça processual no exame da OAB 167
- Imprecisão no enunciado de questão referente à segunda fase da OAB, culminando na incerteza do candidato em respondê-la por conta de uma dupla possibilidade de resposta 168
- Alternativa apontada como correta está dissociada do enunciado da questão e a segunda possui duas alternativas incorretas, forçoso reconhecer anulação de tais questões 168
- É nulo o quesito de avaliação da peça prático-profissional do Exame de Ordem realizado pela Ordem dos Advogados do Brasil, em razão da banca examinadora não ter fornecido o padrão de resposta para este quesito 169

Art. 1º

- Imprecisão no enunciado de questão induzindo o candidato a erro 170
- Há a possibilidade de intervenção Judicial quando, na prova prático-profissional, o enunciado levar o participante a uma dúvida razoável, em virtude de existir, naquele momento, a possiblidade de sustentar sua resposta de duas formas diferentes, porém ambas corretas 171
- ▶ Deixando claro os limites da Banca Examinadora 172
- ▶ A grande confusão criada na análise de pleitos relacionados ao controle de provas de concursos públicos 173
- ▶ Quando pode e quando não pode haver intervenção do Poder Judiciário em demandas que envolvem concurso público?.. 173
- ▶ O fato de o magistrado não compreender a questão não significa que ela foi confeccionada corretamente. Por isso a importância de um bom material probatório e uma perícia judicial para posterior confirmação do que se deduziu em juízo 173
- ▶ A elaboração de uma questão viciada, da mesma forma que os demais atos administrativos, é precária e pode ser objeto de aferição pelo Poder Judiciário que, seja pelo conhecimento deste magistrado, seja por meio de auxílio de prova pericial, se constatado o vício deve ser anulada 174
- ▶ É muito fácil alegar mérito e impedir logo de início o controle dessas atividades administrativas, principalmente pelo fato de que milhares de ações podem ser propostas sob o mesmo fundamento. 175
- ▶ Qual o papel do Judiciário?.. 175
- ▶ As opções possíveis... 175
- ▶ Conclusão.. 176

ATO COATOR 177

- ▶ Ato administrativo (que pode ou não ser coator) como espécie de ato jurídico 177
- ▶ O ato administrativo e as mutações decorrentes do regime jurídico administrativo 177
- ▶ Conceito de ato administrativo 177
- ▶ Nem todo ato praticado pela Administração é ato administrativo e mesmo não sendo é possível ser ato coator 178
- ▶ Fatos administrativos e a possibilidade de configuração, conforme o caso, em ato coator 178
- ▶ Atributos do ato administrativo 179
- ▶ A prova pré-constituída no Mandado de Segurança apta a refutar a presunção de legitimidade do ato administrativo coator 179

- ◉ Tratando-se da anulação de ato administrativo cuja formalização haja repercutido no campo de interesses individuais, a anulação não prescinde da observância do contraditório 180
- ▶ A presunção de legitimidade do ato administrativo gera a inversão do ônus da prova incumbindo ao impetrante, na inicial, provar documentalmente que o ato é ilegal 180
- ▶ **Omissões administrativas e seus efeitos jurídicos e Mandado de Segurança** **181**
  - ▶ Omissões administrativas podem ser equiparadas a atos de autoridade . 181
  - ▶ Ato omissivo (nomenclatura, omissão e efeitos da omissão) 181
  - ▶ Ato omissivo com efeitos de origem passada e omissão relacionada ao tempo 182
  - ▶ A omissão relacionada a prazo definido está normalmente antecedida pela prática do requerimento da providência e preenchimentos dos requisitos específicos por parte do detentor do direito à providência 182
  - ▶ Ato omissivo com efeitos de origem reiterada e aplicação do mandado de segurança para pretensões patrimoniais (súmulas e precedente do STF) 182
  - ▶ Ato omissivo com efeitos de origem futura 183
  - ▶ A omissão com efeitos de origem futura também pode ser de caráter reiterado ou repetitivo 183
  - ◉ A ausência de pagamento da reparação econômica pretérita configura ato omissivo continuado da autoridade coatora em cumprir integralmente a portaria anistiadora, situação que afasta a configuração de decadência da pretensão mandamental 183
  - ◉ a ausência de pagamento da reparação econômica pretérita configura ato omissivo continuado da autoridade coatora em cumprir integralmente a portaria anistiadora, situação que afasta a configuração de decadência da pretensão mandamental 184
  - ▶ Situação em que a omissão possa significar o deferimento ou indeferimento de um pedido 185
  - ▶ Situação em que implicitamente a omissão gera efeitos práticos imediatos contrários aos interesses do administrado, hipótese em que há a abertura do prazo decadencial para manuseio do mandado de segurança 185
  - ◉ Em se tratando de impetração contra a ausência de nomeação de aprovados em concurso público, a contagem do prazo decadencial de cento e vinte dias deve ser iniciada com o término do prazo de validade do certame 185
  - ◉ Situação em que a omissão tem caráter continuado renovando-se o prazo para o ajuizamento de ação judicial que vise questionar o ato omissivo   186

Art. 1º

- ▶ Situações em que o silêncio da Administração não dá qualquer sinal sobre o acatamento ou não do pleito do administrado. Cabimento do Mandado de Segurança objetivando que o Judiciário fixe um prazo para decidir o pleito do impetrante 186
- ▶ Situação excepcional em que o Judiciário, frente à omissão administrativa, já pode liminarmente autorizar ao impetrante o desenvolvimento precário da atividade 187
- ▶ Ato coator comissivo. 188
- ▶ Ato com efeitos de origem passada (ato e efeitos do ato) 188
- ▶ Se a ilegalidade se repete expressada em diferentes atos, caberá ao impetrante selecionar o ato para a impetração 188
- ▶ Impetrar o mandado de segurança contra os efeitos do ato e não contra o ato poderá resultar no não conhecimento do mandado de segurança ou no reconhecimento da decadência do direito de impetrar o mandado de segurança 189
- ▶ Ato com efeitos de origem reiterada 190
- ◉ O prazo decadencial para impetrar mandado de segurança contra redução do valor de vantagem integrante de proventos ou de remuneração de servidor público renova-se mês a mês 190
- ◉ Renova-se mês a mês o prazo decadencial para a impetração de mandado de segurança no qual se contesta o pagamento de pensão feito pela Administração em valor inferior ao devido. 192
- ◉ Em se tratando de impugnação a ato que não deságua em prestações continuadas, incide o prazo decadencial 192
- ◉ Em mandado de segurança impetrado contra redução do valor de vantagem integrante de proventos ou de remuneração de servidor público, os efeitos financeiros da concessão da ordem retroagem à data do ato impugnado ... 192
- ◉ No mandado de segurança impetrado por servidor público contra a Fazenda Pública, as parcelas devidas entre a data de impetração e a de implementação da concessão da segurança devem ser pagas por meio de precatórios, e não via folha suplementar 193
- ◉ Ato único de efeitos concretos e permanentes 194
- ▶ O ato ilegal ou abusivo, para ser combatido via mandado de segurança, deve ser praticado por autoridade pública ou agente de pessoa jurídica no exercício de atribuições do Poder Público 194
- ▶ Ato coator, para fins de mandado de segurança, indica ato ou omissão de autoridade pública – ou de quem a ela esteja equiparada – eivado de ilegalidade ou abuso de poder 195

AUTORIDADE COATORA... **195**

▶ Considera-se como autoridade, para a finalidade de impetração de mandado de segurança, o agente, público ou privado, que atue como representante do Estado e no desempenho de função pública 195

▶ A Autoridade Coatora é sempre aquela que decide, embora muitas vezes também execute sua própria decisão, que rende ensejo à segurança 195

▶ Se a autoridade não tiver atribuição para rever o ato, não poderá ser considerada autoridade coatora 196

▶ Autoridade coatora é sempre quem tem poder de decisão, poder de determinar algo que possa vir a provocar constrições a quem se sujeita à Administração, sendo tal autoridade competente também para desfazer o ato ou corrigi-lo, inclusive após determinação judicial decorrente do writ 197

▶ A fixação da autoridade coatora não depende de ela agir no âmbito de competência vinculada ou de concretizar comando normativo estipulado por superior hierárquico 197

▶ Praticado o ato por autoridade, no exercício de competência delegada, contra ele cabe o mandado de segurança ou medida judicial (Súmula 510/STF) 197

◉ Súmula 510 do Supremo Tribunal Federal: Praticado o ato por autoridade, no exercício de competência delegada, contra ela cabe o mandado de segurança ou a medida judicial 199

◉ Em se tratando de impetração contra ato omissivo, deve ser considerada autoridade coatora aquela que deveria ter praticado o ato buscado ou da qual deveria emanar a ordem para a sua prática 199

▶ Deve-se distinguir autoridade pública do simples agente público para fins da impetração do Mandado de Segurança 199

◉ Ato decisório e ato executório para fins de mandado de segurança 200

▶ A complexa estrutura dos órgãos administrativos nem sempre possibilita que o impetrante identifique de forma precisa a autoridade coatora 200

▶ A dificuldade criada pela própria estrutura da Administração Pública, que não permite distinguir, na maioria das vezes, a autoridade aparente da autoridade coatora efetiva 200

◉ Nos casos de equívoco facilmente perceptível na indicação da autoridade coatora, o juiz competente para julgar o mandado de segurança pode autorizar a emenda da petição inicial ou determinar a notificação, para prestar informações, da autoridade adequada – aquela de fato responsável pelo ato impugnado -, desde que seja possível identificá-la pela simples leitura da petição inicial e exame da documentação anexada 201

◉ A emenda à petição de Mandado de Segurança para retificação da autoridade coatora apenas será possível se não houver deslocamento de competência 202

XLIX

Art. 1º

▶ É necessário que autoridade erroneamente indicada faça parte da mesma pessoa jurídica de direito público a que se vincula a autoridade correta e desde que não haja alteração da competência judiciária em função da correção a ser efetuada 203

A TEORIA DA ENCAMPAÇÃO **203**

▶ Conceito 203

◉ Pressupostos 203

  ◉ Pressuposto 1 de sua aplicabilidade: a autoridade indicada como coatora apresentar defesa do mérito nas suas informações 204

  ◉ Pressuposto 2 de sua aplicabilidade: Existir subordinação hierárquica entre a autoridade efetivamente coatora e a apontada como tal pela inicial 204

  ◉ Pressuposto 3 de sua aplicabilidade: Ausência de modificação de competência 205

  ◉ Súmula 628 do Superior Tribunal de Justiça: A teoria da encampação é aplicada no mandado de segurança quando presentes, cumulativamente, os seguintes requisitos: a) existência de vínculo hierárquico entre a autoridade que prestou informações e a que ordenou a prática do ato impugnado; b) manifestação a respeito do mérito nas informações prestadas; e c) ausência de modificação de competência estabelecida na Constituição Federal... 206

CASOS PARTICULARES QUANTO À AUTORIDADE COATORA................... **206**

▶ Órgãos colegiados 206

▶ Atos complexos 207

▶ A autoridade coatora, nesses atos administrativos complexos, será a última que atuou na sua prática 207

◉ "Súmula nº 627 do STF: "No mandado de segurança contra a nomeação de magistrado da competência do Presidente da República, este é considerado autoridade coatora, ainda que o fundamento da impetração seja nulidade ocorrida em fase anterior do procedimento." 207

▶ Há quem, todavia, entenda que todos os que atuaram na formação do ato complexo deveriam figurar no mandado de segurança como coatores 207

▶ Atos compostos 209

  ▶ Em face do ato composto, a autoridade coatora será a que houver praticado o ato principal 209

▶ Atos de procedimento administrativo. 209

  ▶ Será coatora a autoridade que preside o procedimento 209

▶ Atos praticados pelas sociedades de economia mista e as empresas públicas sob o regime jurídico administrativo e o cabimento do Mandado de Segurança 210

▶ Em caso de avocação será coatora a autoridade superior que houver avocado o ato praticado de competência do subordinado 210

▶ Decisão de Conselho de Contribuintes 210

▶ Delegação de serviço federal a funcionário estadual ou municipal 211

▶ Atos do Ministério Público.. 211

HIPÓTESES DE NÃO CABIMENTO DO MANDADO DE SEGURANÇA **211**

▶ Existem restrições constitucionais, legais e outras criadas pela doutrina e jurisprudência 211

▶ Restrições constitucionais. O direito a ser tutelado pela via mandamental não pode ser tutelável por habeas corpus ou habeas data 212

▶ **Habeas data** **212**

   ▶ Finalidade do Habeas data... 212

   ▶ Possibilidade de manejo do habeas data para fins anotação nos assentamentos do interessado, de contestação ou explicação sobre dado verdadeiro, mas justificável e que esteja sob pendência judicial ou amigável .. 212

   ▶ Porque para tais finalidades não se poderia fazer uso do Mandado de Segurança?.. 212

   ▶ Caráter público do banco de dados como sendo todos aqueles que contêm informações que sejam ou possam ser transmitidas a terceiros ou que não sejam de uso privativo do órgão ou entidade produtora ou depositária das informações 213

   ◉ Habeas Data para fins de acesso a informações incluídas em banco de dados do Sistema de Conta Corrente da Pessoa Jurídica – SINCOR 213

   ▶ Não se pode confundir o direito geral à informação, do qual decorre o direito de petição junto à Administração Pública (art. 5.º, XXXIII, da CF/1988), com o direito ao habeas data 214

   ▶ O direito de petição pode servir para acesso a informações pessoais do próprio requerente.. 215

   ▶ Habeas data e ausência de recusa à prestação de informações.................. 215

   ◉ Súmula 2 do STJ: Não cabe o habeas data (CF, art. 5.º, LXXII, letra 'a', se não houve recusa de informações por parte da autoridade administrativa 215

Art. 1º

▶ O interessado deve requerer o acesso às informações ao órgão ou entidade depositária do registro ou banco de dados, que terá o prazo de 48 horas para decidir 215

▶ Competência para impetração do Habeas Data 215

▶ Petição inicial e despacho inicial no Habeas Data 216

▶ Medida liminar no Habeas Data 216

▶ Recursos e preferência de julgamento do Habeas Data 216

▶ Despesas processuais no Habeas Data 216

▶ **Habeas Corpus** **216**

▶ Definição de cada um dos componentes subjetivos do writ 217

▶ Legitimidade ativa 217

▶ Casuística sobre a legitimidade ativa para impetração do habeas corpus: 218

▶ Quem não pode impetrar habeas corpus sob pena de responsabilidade penal pelo crime descrito no art. 321 do CP (Advocacia Administrativa).. 218

▶ Legitimidade passiva 218

▶ Conceito de autoridade pública para fins de habeas corpus 218

▶ O habeas corpus também poderá ser impetrado no caso de constrangimento ilegal atinente à prisão civil 218

▶ Qualquer pessoa pode impetrar o habeas corpus, independentemente de habilitação legal ou representação por um advogado 219

▶ Pressupostos de admissibilidade e hipóteses de cabimento 219

▶ A ausência de justa causa. 219

▶ Formas especiais de impetração do habeas corpus 220

▶ Inadmissibilidade 220

▶ Nem toda exibição de dados pela Administração Pública por meio jurisdicional se dá por meio do habeas data, sendo cabível, quando a pretensão do autor não se exaurir na mera exibição do documento, a impetração do Mandado de Segurança. 220

▶ Recusa de certidões solicitadas 220

◉ Certidão requerida por ex-militar, expulso da força aérea, de ato pelo qual foi determinado o retorno aos quadros da corporação, de ex-companheiro de farda, também expulso, por envolvimento nos mesmos fatos que determinaram a sua punição 221

◉ Cabimento de Mandado de Segurança para determinar que a autoridade coatora se pronuncie acerca da exibição do demonstrativo-econômico financeiro solicitado pela parte impetrante 221

- ◙ Nos requerimentos que objetivam a obtenção das certidões a que se refere a Lei do Habeas Data, deverão os interessados fazer constar esclarecimentos relativos aos fins e razões do pedido 222
- ▶ Quando o objetivo final do autor é a liberdade de locomoção, o meio processual adequado é o habeas corpus, mas, sendo tal liberdade tão somente um meio para a obtenção de outra pretensão, o cabimento do mandado de segurança é indiscutível 223

RESTRIÇÕES LEGAIS AO CABIMENTO DO MANDADO DE SEGURANÇA 223

OUTRAS RESTRIÇÕES AO CABIMENTO DO MANDADO DE SEGURANÇA RECONHECIDAS PELA DOUTRINA E JURISPRUDÊNCIA 224

- ▶ Não cabe Mandado de Segurança contra lei em tese 224
- ▶ A lei em tese, como norma abstrata de conduta, não é atacável por mandado de segurança pela razão de que não lesa, em regra e por si só, qualquer direito individual 224
- ▶ Não se pode pleitear através de mandado de segurança a invalidação da lei, mas sim o desfazimento do ato que, escorado nela, tenha violado direito líquido e certo do impetrante 224
- ◙ Embora seja possível o reconhecimento da possibilidade de mandado de segurança invocar a inconstitucionalidade da norma como fundamento para o pedido, não se admite que a declaração de inconstitucionalidade, constitua, ela própria, pedido autônomo 225
- ◙ O mandado de segurança não é o instrumento processual adequado para o controle abstrato de constitucionalidade de leis e atos normativos 225
- ◙ É vedada utilização do Mandado de Segurança tão somente em face de lei em tese ou na hipótese em que a causa de pedir seja abstrata, divorciada de qualquer elemento fático e concreto que justifique a impetração 226
  - ◙ Súmula n.º 266 do STF: "Não cabe mandado de segurança contra lei em tese" 227
- ◙ Ato normativo do Supremo Tribunal Federal. 227
- ◙ Impugnação de Decreto 227
  - ◙ Súmula 474 do Supremo Tribunal Federal: "Não há direito líquido e certo, amparado pelo mandado de segurança, quando se escuda em lei cujos efeitos foram anulados por outra, declarada inconstitucional pelo Supremo Tribunal Federal 227
- ◙ Atos administrativos abstratos, como as notas e os pareceres da Advocacia-Geral da União 227
- ▶ Atos interna corporis 227

Art. 1º

▶ O que são atos interna corporis? 228

◉ Interpretação de dispositivos regimentais da casa legislativa não é sujeito ao controle judicial 228

◉ Não envio de Parecer da CCJ à publicação está relacionado à competência exclusiva da casa legislativa para impulso e elaboração da pauta de suas atividades internas 228

◉ A votação da lei e a respectiva sanção não constituem atos suscetíveis de controle através Mandado de Segurança 229

◉ As fases de tramitação dos projetos legislativos (emenda constitucional) são considerados como atos 'interna corporis' praticados pelo poder legislativo, pelo que insuscetíveis, em tese, de controle pelo poder judiciário 229

◉ Atos interna corporis e discussões de natureza regimental são de apreciação vedada ao Poder Judiciário e deve ser resolvido na esfera de atuação do próprio Congresso Nacional ou das Casas Legislativas que o compõem ... 229

◉ Denúncia contra o vice-presidente da república imputando crime de responsabilidade insuficiência documental e ausência de descrição adequada da conduta imputada ao denunciado 230

◉ O MS não substitui a Ação Civil Pública 230

◉ O mandado de segurança não pode ser usado como sucedâneo de ação popular.. 230

◉ Súmula n.º 101 do Supremo Tribunal Federal: O mandado de segurança não substitui a ação popular 231

◉ O mandado de segurança não é substitutivo de ação de cobrança................ 231

◉ Não é cabível o pleito para pagamento de juros e correção monetária na via mandamental, sob pena de assumir contorno de ação de cobrança 231

◉ Súmula 269 do Supremo Tribunal Federal: O mandado de segurança não é substitutivo de ação de cobrança 231

◉ Súmula 271 do Supremo Tribunal Federal: Concessão de mandado de segurança não produz efeitos patrimoniais em relação a período pretérito, os quais devem ser reclamados administrativamente ou pela via judicial própria 231

◉ O mandado de segurança é via imprópria para cumprimento de decisão de outro mandado de segurança 232

◉ O mandado de segurança é inadequado para aferir critérios adotados pelo Tribunal de Contas da União (TCU) em análise de superfaturamento de obra contratada com a Administração Pública 232

◉ Não cabe Mandado de Segurança objetivando o controle abstrato de constitucionalidade por parte do Supremo Tribunal referente ao mérito do veto aposto pela presidente da República a proposta legislativa votada pelo Congresso Nacional 232

- ◉ Não é cabível o pleito para pagamento de juros e correção monetária na via mandamental, sob pena de assumir contorno de ação de cobrança 233

CASOS ESPECIAIS DE CABIMENTO DO MANDADO DE SEGURANÇA CONFORME A PECULIARIDADE DO CASO **233**

- ▶ Leis ou atos normativos de efeitos concretos 233
  - ▶ Por "leis e decretos de efeitos concretos" entendem-se aqueles que trazem em si mesmos o resultado específico pretendido 233
  - ▶ São atos de efeitos concretos porque não conteriam mandamentos genéricos e nem apresentariam qualquer regra abstrata de conduta 234
  - ▶ No caso sua incidência é imediata sobre a situação concreta do impetrante, o qual não tem como deixar de cumprir, desde logo, o mandamento legal 234
  - ▶ Na hipótese de mandado de segurança contra lei de efeitos concretos, impugna-se, isto sim, o ato administrativo veiculado pela lei, e que, travestido sob sua roupagem não se reveste do caráter de generalidade e abstração que caracteriza a lei 234
  - ▶ A jurisprudência, todavia, acabou por adotar uma visão ampliativa da lei de efeito concreto 235
  - ▶ Trata-se de impedir sua incidência da lei para evitar o atingimento do direito subjetivo do impetrante 235
  - ▶ Os exemplos mais evidentes de leis de efeito concreto ocorrem no direito tributário, quando se cria ou se amplia imposto, ou se extinguem isenções 235
  - ▶ Não são, entretanto, somente as leis tributárias que se enquadram na categoria de normas de efeito concreto. De maneira geral, "as leis, decretos e demais atos proibitivos são sempre de efeitos concretos, pois atuam direta e imediatamente sobre seus destinatários 236
  - ◉ Ilegalidade do edital do processo seletivo ao EAOA – Estágio de Adaptação ao Oficialato da Aeronáutica 2011 fixou critérios de inscrição que extrapolou seu poder regulamentar 236
  - ◉ Ilegalidade de Portaria Normativa que determinou o pagamento aos servidores públicos de reajuste menor do que lhes é devido 237
  - ◉ Contagem do prazo decadencial para impetração contra de atos normativos de efeitos concretos 237
- ◉ É possível o controle via MS do ato interna corporis se o processo legislativo infringir disciplina constitucional 238
- ▶ As Câmaras Legislativas não estão dispensadas da observância da Constituição 238

Art. 1º

▶ Desnecessidade, em regra, do esgotamento da via administrativa para a impetração de Mandado de Segurança 238

◉ O prévio uso da via administrativa não é pressuposto essencial ao exercício do direito de interposição do mandado de segurança 238

▶ Essa regra não é absoluta, ou seja, comporta algumas poucas exceções:
▶ A primeira é quando se tratar de competição desportiva 239

▶ Habeas Data 239

▶ Reclamação constitucional 239

▶ Não se pode confundir exaurimento da via administrativa com desnecessidade de pedido administrativo 240

◉ Em recente julgamento, o STF entendeu ser necessário, para a concessão de benefício previdenciário, o prévio requerimento junto ao INSS. 240

◉ É possível a declaração incidental de inconstitucionalidade de lei ou ato normativo do Poder Público como prejudicial de mérito do mandado de segurança 241

◉ É possível a declaração incidental de inconstitucionalidade, em mandado de segurança, de quaisquer leis ou atos normativos do Poder Público, desde que a controvérsia constitucional não figure como pedido, mas sim como causa de pedir, fundamento ou simples questão prejudicial, indispensável à resolução do litígio principal 242

◉ Reconhecimento da inconstitucional de dispositivo do Regimento Interno do Conselho Nacional de Justiça – artigo 98 – prevendo a ciência ficta de quem pode ser alcançado por decisão administrativa 243

PROCESSO ADMINISTRATIVO DISCIPLINAR **243**

▶ **HIPÓTESES EM QUE É CABÍVEL** o controle por meio de Mandado de Segurança 243

◉ Não observância do prazo de 3 dias úteis entre a notificação do indiciado e a realização da prova ou diligência ordenada, nos termos do art. 41 da Lei 9.784/99, sendo evidenciado o prejuízo à defesa 244

◉ Indeferimento pela comissão processante do requerimento de produção de provas com base em fundamentação inidônea gerando cerceamento de defesa 244

◉ Em sede de processo administrativo disciplinar, o marco inicial da prescrição da pretensão punitiva estatal coincide com a data do conhecimento do fato pela autoridade com poderes para determinar a abertura do PAD, e não com a posterior data em que a autoridade vier a identificar o caráter ilícito do fato apurado 246

◉ Demissão em cargo distinto do qual foi praticada a falta disciplinar 246

- A autoridade julgadora pode aplicar sanção diversa daquela sugerida pela Comissão Processante, agravando ou abrandando a penalidade, ou até mesmo isentar o servidor da responsabilidade, desde que apresente a devida fundamentação 247

- Admite-se o exame da proporcionalidade e da razoabilidade da penalidade imposta ao servidor, porquanto se encontra relacionada com a própria legalidade do ato administrativo.. 248

▶ **HIPÓTESES EM QUE NÃO É CABÍVEL** o controle por meio de Mandado de Segurança 248

- Não cabe mandado de segurança para a discussão da proporcionalidade da pena nos casos de demissão por ato doloso de improbidade administrativa 248

- Se mostra inviável a análise das provas constantes no processo administrativo disciplinar a fim de adotar conclusão diversa daquela à qual chegou a autoridade administrativa competente.. 249

▶ O que foi alterado em relação à redação anterior?.. 249

▶ Os Atos praticados por representantes ou órgãos de partidos políticos.... 250

▶ Partido político é pessoa jurídica de direito privado (CC 44 V), mas os atos de seus dirigentes consideram-se de autoridade e podem ser sindicados pela via do MS. 250

▶ Atos decorrentes de delegação, concessão ou autorização do poder público também pode ser combatido mediante a impetração de Mandado de Segurança 251

- Cabimento de Mandado de Segurança em decorrência da suspensão de fornecimento de energia elétrica por concessionária 251

- A autoridade coatora é o dirigente de empresa concessionária de serviços públicos de energia elétrica 251

- A atividade notarial e de registro é função pública exercida por delegação do Poder Público, nos termos do art. 236, da Constituição Federal e, portanto, sujeitos seus atos (nesta condição) ao combate por meio de mandado de segurança 251

- Mandado de segurança para compelir hospital realizar cirurgia 252

- Para a impetração de Mandado de Segurança contra ato de entidade particular de ensino superior é necessário investigar a natureza do ato praticado 252

- Se o objeto da demanda se referir ao registro de diploma perante o órgão público competente – ou mesmo credenciamento da entidade perante o Ministério da Educação (MEC) é cabível Mandado de Segurança na Justiça Federal 252

▶ Atos de gestão comercial.. 253

LVII

Art. 1º

▶ Atos de gestão são aqueles praticados pela Administração sem fazer uso da supremacia sobre os destinatários do ato 254

▶ Distinção entre atos de império e atos de gestão para fins de cabimento de Mandado de Segurança 254

▶ Dificuldade prática em algumas circunstâncias para se distinguir ato de atividade-meio e atividade-fim, devendo o intérprete sempre se guiar pela espécie de norma que rege a relação jurídica de direito material ... 254

LEGITIMIDADE ATIVA PARA IMPETRAR MANDADO DE SEGURANÇA 255

▶ Qualquer pessoa, natural ou jurídica, privada ou pública, pode figurar como autora de um mandado de segurança 255

▶ Órgãos públicos despersonalizados, mas dotados de capacidade processual, como as Chefias dos Executivos, as Presidências das Mesas dos Legislativos que tenham prerrogativas ou direitos próprios ou coletivos a defender pode manejar Mandado de Segurança 255

▶ A legitimidade ativa é atribuída a alguém que sofra ou esteja na iminência de sofrer violação de direito seu em decorrência de ato abusivo ou ilegal .. 256

▶ O constituinte brasileiro não restringiu o uso do Mandado de Segurança apenas à pessoa humana (como fez com o habeas corpus) 256

▶ A alteração da expressão legislativa inaugura polêmica a respeito do sujeito legitimado para impetrar o mandamus. 256

▶ Nada impede que o impetrante seja pessoa jurídica de direito público, desde que titular de direito afetado por ato de autoridade pública 256

◉ Legitimidade da Fazenda pública para impetrar Mandado de Segurança 257

▶ Legitimidade do Ministério Público para impetrar Mandado de Segurança .. 257

▶ Órgãos públicos sem personalidade jurídica, mas titulares de prerrogativas próprias ou direitos a defender, poderão ser sujeitos ativos na relação processual do mandado de segurança 257

▶ Reconhece-se capacidade processual a esses órgãos em razão de estes possuírem personalidade judiciária 257

◉ Súmula 525 do STJ – A Câmara de Vereadores não possui personalidade jurídica, apenas personalidade judiciária, somente podendo demandar em juízo para defender os seus direitos institucionais. 257

▶ Agentes políticos que detenham prerrogativas funcionais específicas do cargo ou do mandato podem impetrar mandado de segurança contra ato de autoridade que tolher o desempenho de suas atribuições ou afrontar suas prerrogativas 258

▶ Impetração por titular de direito líquido e certo decorrente de direito de terceiro 258

- ▶ O estrangeiro não residente no Brasil também é parte legitimada a impetrar mandado de segurança 258
- ◙ O membro do Ministério Público que atua perante o Tribunal de Contas possui legitimidade e capacidade postulatória para impetrar mandado de segurança, em defesa de suas prerrogativas institucionais, contra acórdão prolatado pela respectiva Corte de Contas 259
- ▶ Quando o direito ameaçado ou violado couber a várias pessoas, qualquer delas poderá requerer o mandado de segurança 259
- ◙ Súmula 628 do STF: Integrante de lista de candidatos a determinada vaga da composição de tribunal é parte legítima para impugnar a validade da nomeação de concorrente 259
- ▶ Não é possível a sucessão de partes em processo de mandado de segurança, como regra 260
- ◙ Admite o Superior Tribunal de Justiça, todavia, a habilitação de herdeiros no caso excepcional de o mandamus estar em fase de execução 260
- ◙ Também se admite a sucessão em caso de sucessora de anistiado 261
- ◙ O Superior Tribunal de Justiça tem se manifestado no sentido de que os valores retroativos relacionados à reparação econômica devida em virtude da concessão de anistia política têm caráter indenizatório, ingressando na esfera patrimonial do espólio após o óbito do anistiado 261
- ▶ Litisconsórcio facultativo ativo 261

LEGITIMIDADE PARA FIGURAR NO POLO PASSIVO DO MANDADO DE SEGURANÇA..................... 262

- ▶ Doutrina e jurisprudência divergem sobre quem efetivamente deve figurar no polo passivo da demanda 262
  - ▶ A primeira sustenta que a legitimidade passiva é da pessoa jurídica a que pertence a autoridade coatora 262
  - ▶ A segunda corrente argumenta que o próprio agente coator seria o legitimado passivo..................... 262
  - ▶ A terceira corrente, por sua vez, entende que há um litisconsórcio passivo entre o agente coator e a pessoa jurídica a ele vinculada;..................... 262
  - ▶ A quarta corrente sustenta que o agente coator é mero informador no processo 263
- ▶ Tese predominante é que a legitimidade passiva é da pessoa jurídica de direito público a que pertence a apontada coatora 263

Art. 2°

INEXISTÊNCIA DE LITISCONSÓRCIO ENTRE A AUTORIDADE COATORA E PESSOA JURÍDICA INTERESSADA DA QUAL ELA PERTENCE.. **264**

▶ A legitimidade passiva no mandado de segurança cabe à pessoa jurídica interessada 264

▶ Não se pode falar em litisconsórcio entre quem é parte e quem não é parte no sentido jurídico 265

▶ O ato praticado é do ente público e não do funcionário 265

▶ Competências para julgamento de Mandado de Segurança estabelecidas na Constituição Federal 265

Art. 2°

COMPETÊNCIA PARA O JULGAMENTO DO MANDADO DE SEGURANÇA.............. **265**

▶ Competências para julgamento de Mandado de Segurança estabelecidas na Constituição Federal 265

Supremo Tribunal Federal 265

Superior Tribunal de Justiça 266

Tribunais Regionais Federais 266

Aos juízes federais 266

Justiça do Trabalho 266

Tribunais de Justiça 266

▶ Deve-se analisar, para a impetração do writ: (i) a qualificação da autoridade como federal ou local (competência ratione autoritatis); e (ii) o grau hierárquico do cargo ou da função ocupado pela autoridade (competência ratione muneris) 266

▶ A regra da ratione autoritatis será útil para a determinação se a competência para julgar o Mandado de Segurança é da Justiça Federal ou Estadual . 266

▶ A regra ratione muneris liga-se à estipulação de eventual competência originária dos tribunais para julgamento de Mandados de Segurança contra ato de determinadas autoridades 267

▶ Autoridades estaduais e, por vezes, municipais podem ter competência por prerrogativa determinada nas Constituições Estaduais. 267

◉ Quanto ao local de propositura do Mandado de Segurança contra ato praticando por autoridade ligada à União Federal existe a possibilidade de aplicação do artigo 109, § 2° da CF, ou seja, escolha por parte do impetrante quanto ao local da impetração?.. 268

SUMÁRIO DETALHADO   Art. 2º

- A regra do 109, § 2º é aplicável às Autarquias Federais em ações pelo rito comum 269
- Quanto ao Mandado de Segurança a jurisprudência tem sinalizado pela possibilidade de aplicar a regra do 109, § 2º da CF 269
- Compete à Justiça Federal o julgamento de mandado de segurança por ato decorrente de suspensão de fornecimento de energia elétrica por concessionária de serviços públicos 270
- Compete à Justiça Federal o julgamento de Mandado de Segurança questionando registro de diploma perante o órgão público competente – ou mesmo credenciamento da entidade perante o Ministério da Educação (MEC). . 270
- Compete à Justiça Federal o julgamento de Mandado de Segurança impetrado contra ato do presidente da Junta Comercial. (Recurso Repetitivo) 272
- ▶ Foro Privilegiado X Foro Comum... 272
- Quando o ato atacado pelo writ envolve várias autoridades, sujeitas a competências distintas 273
- O foro privilegiado de uma das autoridades prevalecerá sobre o foro comum das demais 273
- Quando na própria Constituição há uma competência privilegiada em função da autoridade e outra em relação a matéria sobre que versa o mandamus, o critério da categoria da autoridade deve prevalecer 273
- Justiça Federal x Justiça Estadual: Mandado de Segurança contra sociedade de economia mista" 273
- Conflito de competência: Justiça federal e trabalhista 274
  - Súmula nº 248 do STF: É competente, originariamente, o Supremo Tribunal Federal, para mandado de segurança contra ato do tribunal de contas da união 274
  - Súmula nº 330 do STF: O Supremo Tribunal Federal não é competente para conhecer de mandado de segurança contra atos dos tribunais de justiça dos estados 274
  - Súmula nº 433 do STF: É competente o tribunal regional do trabalho para julgar mandado de segurança contra ato de seu presidente em execução de sentença trabalhista 274
  - Súmula nº 510 do STF: Praticado o ato por autoridade, no exercício de competência delegada, contra ela cabe o mandado de segurança ou a medida judicial 275
  - Súmula nº 511 do STF: Compete à Justiça Federal, em ambas as instâncias, processar e julgar as causas entre autarquias federais e entidades públicas locais, inclusive mandados de segurança, ressalvada a ação fiscal, nos termos da Constituição Federal de 1967, art. 119, § 3º (CF/1988, art. 109, I) 275

LXI

Art. 3º

- Súmula nº 623 do STF: Não gera por si só a competência originária do Supremo Tribunal Federal para conhecer do mandado de segurança com base no art. 102, I, "n", da Constituição, dirigir-se o pedido contra deliberação administrativa do tribunal de origem, da qual haja participado a maioria ou a totalidade de seus membros 275

- Súmula nº 624 do STF: Não compete ao Supremo Tribunal Federal conhecer originariamente de mandado de segurança contra atos de outros tribunais 275

- Súmula nº 627 do STF: No mandado de segurança contra a nomeação de magistrado da competência do presidente da república, este é considerado autoridade coatora, ainda que o fundamento da impetração seja nulidade ocorrida em fase anterior do procedimento 275

- Súmula nº 736 do STF: Compete à Justiça do Trabalho julgar as ações que tenham como causa de pedir o descumprimento de normas trabalhistas relativas à segurança, higiene e saúde dos trabalhadores 275

- Súmula nº 41 do STJ: O Superior Tribunal de Justiça não tem competência para processar e julgar, originariamente, mandado de segurança contra ato de outros tribunais ou dos respectivos órgãos 275

- Súmula nº 177 do STJ: O Superior Tribunal de Justiça é incompetente para processar e julgar, originariamente, mandado de segurança contra ato de órgão colegiado presidido por ministro de estado 275

- Súmula nº 206 do STJ: A existência de vara privativa, instituída por lei estadual, não altera a competência territorial resultante das leis de processo 275

- Súmula nº 333 do STJ: Cabe mandado de segurança contra ato praticado em licitação promovida por sociedade de economia mista ou empresa pública 275

Art. 3º

LEGITIMAÇÃO DE TERCEIRO INTERESSADO **276**

▶ O art. 3º da Lei nº 12.016/2009 procura tutelar a expectativa legítima do terceiro de boa-fé que não pode ser obliterado em sua posição jurídica pela inação do titular.................. 276

▶ Trata-se, a bem da verdade, de uma hipótese interessante em que aquele que, eventualmente, poderia ter sido admitido em demanda já pendente na qualidade de assistente simples pode assumir a iniciativa da propositura da ação 276

- ▶ Às vezes o direito da parte é violado indiretamente, porquanto o ato abusivo ou ilegal da autoridade atinge o direito de outrem, do qual depende o do impetrante 277
- ▶ Sua legitimação é extraordinária e só se configurará depois de notificado o real titular do direito de ação 277
- ▶ A notificação deverá ocorrer antes do prazo decadencial? Como se poderia fazer essa exigência se, eventualmente, o interessado só terá conhecimento da não impetração, por óbvio, após o prazo de 120 dias?..................................... 277
- ▶ A notificação exigida pela Lei nº 12.016, art. 1º, § 3º, não amplia o prazo decadencial de 120 dias para a impetração do mandamus (art. 23) 278
- ▶ Se o último dia para impetração cair em feriado forense?............................ 278
- ▶ Necessidade de realizar a notificação do legitimado originário, dando-lhe o prazo de 30 dias para que afore a impetração. 278
- ▶ A notificação é pela via judicial. 278
- ▶ Ocorrendo manifestação expressa, em documento firmado pelo titular do direito originário, de que não irá propor a ação mandamental, não haverá necessidade de notificá-lo 279
- ▶ Prova... 279
- ▶ O que mudou em relação à regra anterior?.. 279
- ▶ Questão discutida em doutrina é a relativa à razoabilidade do prazo da inação do titular do direito originário, condição para exercício do direito pelo terceiro. 279
- ▶ O substituído possui legitimidade para interferir, a qualquer tempo, no processo 280
- ▶ Substituição processual autorizada em lei enseja a possibilidade de formação de coisa julgada perante o substituto e o substituído 280
- ▶ É necessário que ambos os direitos (o do substituto e o do substituído) se revistam das características reclamadas para a tutela mandamental. São requisitos da substituição processual 280
- ▶ O direito do substituto processual deve ser decorrente do direito do substituído 280

Art. 4º

MANDADO DE SEGURANÇA EM REGIME DE URGÊNCIA 281

- ▶ É necessário, contudo, que se observem os requisitos legais para que o emprego dessas modalidades de comunicação seja processualmente válido 281

Art. 5º

- Nos juízos em que o processo eletrônico já se achar implantado, a internet será o meio eletrônico mais singelo e eficiente para o ajuizamento de mandado de segurança urgente 282
- A Lei nº 12.016 também acolhe o documento eletrônico como útil e válido para o processamento do mandado de segurança 282
- Apresentação do original da petição nos cinco dias úteis seguintes 282

Art. 5º

RESTRIÇÕES AO CABIMENTO DO MANDADO DE SEGURANÇA 284

- Como toda ação, o mandado de segurança tem o seu cabimento subordinado a determinadas condições de procedibilidade 284
- Restrições de origem constitucional 285
- Restrições de origem infraconstitucional 285
- Restrições de origem jurisprudencial 285
- Entendimento que as restrições são inconstitucionais. 285
- O que se tem aí é uma vedação a priori da concessão de mandado de segurança, por força da qual se sabe, de antemão e em tese, que a demanda de mandado de segurança não poderia de maneira nenhuma ser acolhida 286
- Esta hipótese só se aplica a ato comissivo 286
- Não cabimento "temporário" do mandado de segurança quando o ato administrativo, porque objeto de recurso, não tem aptidão de produzir seus regulares 286
- ◉ Súmula Vinculante 21 do STF: É inconstitucional a exigência de depósito ou arrolamento prévios de dinheiro ou bens para admissibilidade de recurso administrativo 287
- Se o ato não estiver provocando algum efeito nocivo adveio para o interessado não cabe mandado de segurança por falta de interesse de agir 287
- Se o ato, mesmo que questionado na via administrativa, estiver provocando algum efeito nocivo adveio para o interessado cabe mandado de segurança 287
- Efeitos em que os recursos podem ser recebido 288
- O que se entende por efeito suspensivo? 288
- O efeito suspensivo pode ser atribuído diretamente pela lei ou pela Autoridade Pública 288
- Não é o recurso que suspende a eficácia da decisão, mas sim sua recorribilidade, ou seja, a mera previsão de um recurso que tenha como regra efeito suspensivo 289

- ▶ Interpor recurso, mesmo que recebido com efeito suspensivo, ou impetrar o Mandado de Segurança é uma escolha discricionária do impetrante 289
- ▶ Não é vedada à parte a escolha do mandado de segurança, mesmo quando exista no caso concreto a viabilidade de se resolver o conflito por meio de processo administrativo, sob pena de violação ao princípio na inafastabilidade da jurisdição 289
- ▶ Mesmo nos casos em que a lei expressamente atribua efeito suspensivo ao recurso administrativo a pessoa lesada não é obrigada a recorrer como condição para a impetração do Mandado de Segurança 290
- ◉ Súmula nº 429 do STF: A existência de recurso administrativo com efeito suspensivo não impede o uso do mandado de segurança 290
- ▶ Se o recurso administrativo for recebido com efeito suspensivo, porém há exigência de caução, cabe o manejo do Mandado de Segurança 290
- ▶ O que importa é constatar se o impetrante optou pela via administrativa e em que medida que sua insistência naquela sede, isto é, na fase recursal, não tem aptidão de lhe causar danos imediatos 290
- ▶ Recurso recebido com efeito suspensivo contra ato omissivo? Possibilidade de manejo do Mandado de Segurança 291
- ◉ Súmula 429/STF: A existência de recurso administrativo com efeito suspensivo não impede o uso do mandado de segurança contra omissão da autoridade".. 292
- ▶ Em regra, não é cabível mandado de segurança para conferir efeito suspensivo a recurso, contra letra expressa da lei 292
- ▶ Não se admite é a concomitância do recurso administrativo (com efeito suspensivo) com o mandado de segurança, porque se os efeitos do ato já estão sobrestados.. 292
- ▶ Caso seja interposto recurso administrativo superveniente ao processamento de mandando de segurança já impetrado, recebido aquele (o recurso) em seu efeito suspensivo, será este (o mandado de segurança) extinto por falta de interesse de agir superveniente 293
- ▶ A impetração de mandado de segurança concomitante à tramitação de recurso administrativo recebido em seu efeito suspensivo não acarreta a renúncia ao direito administrativo ou desistência de recurso já interposto e pendente de julgamento, mas sim a extinção do mandamus por falta de interesse de agir 293
- ▶ Durante o prazo de cabimento de recurso administrativo que é legalmente recebido sob o efeito suspensivo apenas poderá ser manejado o Mandado de Segurança caso o impetrante renuncie o referido prazo, pois, até então, o ato que se pretende embater está com sua eficácia suspensa 294

Art. 5º

- Pedido de reconsideração deduzido após o julgamento de recurso recebido sob o efeito suspensivo não impede o início da contagem do prazo decadencial para a impetração do Mandado de Segurança 295
- Súmula 430: Pedido de reconsideração na via administrativa não interrompe o prazo para o mandado de segurança 295
- A interposição de recurso administrativo destituído de efeito suspensivo, a teor do art. 61 da Lei n. 9.784/99, não tem o condão de interromper a fluência da decadência 295
- Mesmo que seja possível o manejo de recurso na via administrativa, caso o ele não venha a ser recebido em seu efeito suspensivo, o ato combatido é plenamente operante, como, por exemplo, em situação de demissão de servidor público 296
▶ A questão da exaustão da via administrativa para ingressar na via judicial 296
▶ É possível o ajuizamento de ação na pendência de julgamento de recurso administrativo interposto questionando o mesmo ato? 298
▶ A pressuposição da regra é a de que o recurso munido de efeito suspensivo tem aptidão para evitar lesão ou ameaça a direito do impetrante 299
▶ Não há necessidade – interesse jurídico – na impetração, na exata medida em que o recurso descrito e sistematicamente cabível tiver condições de tutelar eficaz e prontamente o direito do recorrente 299
- Não cabe ação de mandado de segurança contra ato judicial de que caiba recurso ao qual seja possível, nos termos dos arts. 995, parágrafo único, e 1.026, § 1.º, do CPC/2015, agregar efeito suspensivo 300
▶ Proferida decisão judicial impugnável por recurso dotado de efeito suspensivo, o ato judicial não será capaz de produzir efeitos e, pois, o recurso terá sido eficiente na defesa imediata do interesse do recorrente 301
▶ Efeito suspensivo ope legis e efeito suspensivo ope iudicis vs cabimento do Mandado de Segurança 301
▶ A expressão "recurso com efeito suspensivo" deve ser compreendida como recurso que tem aptidão de vir a receber efeito suspensivo 301
▶ A compreensão exata do dispositivo legal exige uma breve análise das diferentes espécies de efeito suspensivo existentes em nosso ordenamento jurídico 302
▶ Uma interpretação literal do dispositivo legal levará o operador a concluir, contrario sensu, que, sendo cabível da decisão recurso sem efeito suspensivo, passa a ser cabível o mandado de segurança 302
▶ Ao não aceitar essa interpretação seria retroceder no tempo e na história do "mandado de segurança contra ato judicial" 302
▶ O Mandado de Segurança contra atos judiciais não pode apresentar-se como um remédio alternativo à livre opção do interessado 303

- ◉ Súmula 267 do STF: Não cabe mandado de segurança contra ato judicial passível de recurso ou correição 303
- ▶ Para se compreender a possibilidade de impugnação de pronunciamento judicial por meio de mandado de segurança é preciso visualizar quatro situações 303
- ▶ Caso a decisão cause lesão grave, seja de difícil reparação e não esteja no rol de cabimento do agravo de instrumento é possível a impetração de Mandado de Segurança? 303
- ▶ Decisão judicial teratológica, o que acarreta a aberratio iuris e potencial da decisão de gerar grave dano de difícil ou incerta reparação pode ensejar, de forma excepciona, o manejo do Mandado de Segurança 304
- ◉ É cabível a impetração de mandado de segurança contra decisão judicial irrecorrível, desde que antes de gerada a preclusão ou ocorrido o trânsito em julgado 305
- ◉ Pleiteada ao juiz da causa a decretação da nulidade do feito, por alegada falta de intimação de atos processuais, a parte interessada deve aguardar a respectiva decisão, sendo manifestamente precipitado o mandado de segurança impetrado já no dia seguinte à entrega do requerimento, sem qualquer manifestação judicial a respeito 306
- ▶ Admissibilidade do mandado de segurança como sucedâneo recursal nos processos que tramitam perante os Juizados Especiais Cíveis, nos quais se tem considerado inadmissível a utilização do agravo de instrumento contra as decisões interlocutórias, as quais seriam irrecorríveis 306
- ▶ Tratando-se, portanto, de ato judicial irrecorrível, deverá ser admitida a utilização do mandado de segurança 307
- ◉ Em regra, o prazo para a impetração de mandado de segurança em face de decisão que converte agravo de instrumento em agravo retido é de 5 dias, a contar da data da publicação da decisão 307
- ◉ Na vigência do novo Código de Processo Civil é possível a impetração de mandado de segurança em caso de dúvida razoável sobre o cabimento de agravo de instrumento contra decisão interlocutória que examina competência 309
- ▶ Deve-se considerar também possível a impetração de mandado de segurança contra ato judicial impugnável por recurso que não tem (nem pode passar a ter ope iudicis) efeito suspensivo 309
- ▶ Caso excepcional de o juiz negar a segurança na sentença, porém manter a liminar 310
- ▶ O Superior Tribunal de Justiça tem entendimento consolidado pelo cabimento do mandado de segurança contra decisões interlocutórias proferidas nos Juizados Especiais, considerando-se que o procedimento sumaríssimo adota a irrecorribilidade imediata de tais decisões 311

Art. 5º

▶ Exceção à regra do cabimento de Mandado de Segurança contra decisão interlocutória proferidas em âmbito de Juizados Especiais Federais 311

◉ O Tribunal Regional Federal é competente para julgar Mandados de Segurança quando o objeto for discutir os limites da competência absoluta do Juizado Especial 311

◉ Turma Recursal dos Juizados Especiais é competente para julgar Mandados de Segurança impetrados contra atos de seus próprios membros 312

◉ Súmula 376 do STJ: Compete a Turma Recursal processar e julgar o mandado de segurança contra ato de juizado especial 313

▶ Mandado de Segurança contra decisão que altera de ofício ou determina que o autor adeque o valor da causa; 313

▶ Um processo judicial que se pretende ético e justo, não pode conviver com um modelo em que uma decisão judicial que causa gravame a parte não tenha qualquer possibilidade de impugnação capaz de obstar-lhe a imediata eficácia 313

▶ À hipótese não pode ser invocada a tese, para obstar o seu cabimento, de que o mandado de segurança não é substitutivo do recurso adequado e que no caso estaria substituindo a apelação que, por sua vez, é dotada de efeito suspensivo 314

▶ Distribuição dinâmica do ônus da prova e Mandado de Segurança. 314

▶ A razão de ser da regra 315

▶ O mandado de segurança não é um substitutivo da ação rescisória 315

◉ Súmula 268 do STF: Não cabe mandado de segurança contra decisão judicial com trânsito em julgado 315

▶ Impossibilidade de utilização do mandado de segurança como sucedâneo de "ação rescisória" 315

▶ Os casos de afastamento da coisa julgada são absolutamente excepcionais, e têm de ser interpretados restritivamente 315

▶ Excepcionalmente, deve-se admitir o afastamento da coisa julgada independentemente de "ação rescisória" nos casos em que é cabível a assim chamada "relativização" da coisa julgada 315

◉ A jurisprudência tem admitido o ajuizamento de mandado de segurança destinado a impugnar decisão judicial transitada em julgado destinado a provocar o controle da competência dos Juizados Especiais Cíveis. 316

◉ Outro caso em que se tem admitido o afastamento da regra que veda o mandado de segurança contra decisão judicial transitada em julgado é aquele em que o impetrante foi terceiro em relação ao processo em que a decisão impugnada foi proferida. 316

▶ Coisa julgada administrativa e Mandado de Segurança 317

- Súmula nº 101 do STF: O mandado de segurança não substitui a ação popular 318

- Súmula nº 267 do STF: Não cabe mandado de segurança contra ato judicial passível de recurso ou correição 318

- Súmula nº 268 do STF: Não cabe mandado de segurança contra decisão judicial com trânsito em julgado 318

- Súmula nº 269 do STF: O mandado de segurança não é substitutivo de ação de cobrança 318

- Súmula nº 330 do STF: O Supremo Tribunal Federal não é competente para conhecer de mandado de segurança contra atos dos Tribunais de Justiça dos Estados 318

- Súmula nº 429 do STF: A existência de recurso administrativo com efeito suspensivo não impede o uso do mandado de segurança contra omissão da autoridade 318

- Súmula nº 624 do STF: Não compete ao Supremo Tribunal Federal conhecer originariamente de mandado de segurança contra atos de outros tribunais 318

- Súmula nº 202 do STJ: A impetração de segurança por terceiro, contra ato judicial, não se condiciona a interposição de recurso 318

- Súmula nº 376 do STJ: Compete a turma recursal processar e julgar o mandado de segurança contra ato de juizado especial 319

Art. 6º

A IMPETRAÇÃO DO MANDADO DE SEGURANÇA 319

▶ A petição inicial é a peça processual por meio da qual o autor exerce o direito de ação in concreto, o direito de agir em juízo, em busca da prestação jurisdicional 319

PETIÇÃO INICIAL NO CÓDIGO DE PROCESSO CIVIL DE 2015 320

▶ Requisitos da petição inicial no CPC 320

▶ Indicação do juízo ou tribunal a que é dirigida 320

▶ Nome e qualificação das partes 321

▶ Fundamentos de fato. 321

▶ Fundamentos jurídicos 321

▶ Causa de pedir próxima e remota, ativa e passiva. 322

Art. 6º

- ▶ O autor tem o ônus de indicar na petição inicial os fatos e os fundamentos jurídicos do pedido. Deve apresentar, em outras palavras, a sua causa de pedir, que consiste no motivo pelo qual está em juízo, nas razões fático-jurídicas que justificam o seu pedido 323
- ▶ Iura novit curia . Da mihi factum dabo tibi ius. 324
- ▶ Normas jurídicas e relação com o caso 324
- ▶ Correlação entre pedido (e causa de pedir) e sentença. 325
- ▶ Comunidade Argumentativa de Trabalho. 325
- ▶ Ônus de alegar e dever de decidir. 326
- ▶ A petição inicial deve conter o pedido com as suas especificações. 326
- ▶ Pedidos imediato e mediato. 327
- ▶ Nosso sistema processual adotou a teoria da substanciação do pedido 327
- ▶ Pedido e tutela do direito. 328
- ▶ Pedido, sentença e o princípio da congruência. 328
- ▶ Valor da causa. 328
- ▶ Provas. 329
- ▶ Documentos substanciais e fundamentais. 330
- ▶ Audiência de conciliação ou mediação. 330
- ▶ Individuação do réu. 330
- ▶ Citação do réu 331
- ▶ Acesso às informações pessoais do réu 331
- ▶ Outros requisitos. 331

A PETIÇÃO INICIAL E SEUS REQUISITOS NO MANDADO DE SEGURANÇA 331

- ▶ Exige o art. 6º da Lei nº 12.016 que a impetração do mandado de segurança se dê por meio de petição inicial que observe "os requisitos legais". Acham-se estes enumerados nos arts. 319 e 320 e, ainda, nos arts. 103 e 106, todos do Código de Processo Civil. 331
- ▶ Indicação do agente que praticou, in concreto, o ato impugnado e a "pessoa jurídica", que a referida autoridade "integra", ou à qual "se acha vinculada", ou da qual "exerce atribuições" 332
- ▶ A petição inicial do mandado de segurança não pode deixar de nomear a pessoa jurídica que, afinal, é quem suportará as consequências jurídico-patrimoniais do ato impugnado e os consequentes efeitos do julgamento da ação mandamental 332

▶ A autoridade coatora é nomeada na impetração, porque é por seu meio que se identifica o ato discutido em juízo 332

▶ A presença da Autoridade Coatora em juízo não se dá para defender os interesses da pessoa jurídica, mas para "prestar informações" 333

▶ Indicação da pessoa jurídica a qual pertence a autoridade coatora 333

▶ Documentos indispensáveis que devem instruir a inicial. 333

▶ Os documentos indispensáveis no caso do mandado de segurança serão aqueles capazes de dar credibilidade ao argumento de liquidez e certeza do direito invocado pelo autor 333

▶ Exceções a essa imediata e categórica exigência dos documentos do autor necessários à sustentação do seu pleito. 334

▶ Duas vias com cópia de todos os documentos. 334

▶ Para os demais réus, isto é, os litisconsortes passivos, a lei não exige a apresentação dos documentos duplicados 334

▶ Com relação à apresentação dos documentos (o "direito líquido e certo"), importa destacar que sua autenticação respectiva pode ser feita com fundamento no art. 425, IV, do Novo Código de Processo Civil 334

▶ A petição inicial do mandado de segurança haverá de ser acompanhada, necessariamente, da procuração outorgada pelo autor ao advogado que a subscreve 335

▶ A declaração de ineficácia do ato de impetração da segurança, por falta de tempestiva exibição da procuração pelo advogado, acarreta extinção do processo sem resolução de mérito, por ausência de pressuposto processual 335

▶ O mandado de segurança pode ser utilizado para fins preventivos ou repressivos. No primeiro caso, o pedido será de uma ordem judicial que proíba a Administração de praticar o ato ilegal ou abusivo, temido pelo impetrante . 335

▶ Nos casos de atos omissivos, o pedido será de mandado que ordene a prática do ato omitido. 336

▶ Em todos os casos em que a obrigação questionada é de natureza continuada ou repetitiva, é muito importante que o pedido seja claro quanto à extensão do pleito. 336

▶ Impossibilidade de pedido que transforme o mandado de segurança em ação de cobrança 336

▶ Valor da causa 336

◉ Nos casos em que não se possa avaliar economicamente a pretensão deduzida em juízo, o valor do mandado de segurança será objeto de estimativa por parte do impetrante 337

▶ À falta, ou deficiência, de qualquer um deles, é causa de indeferimento da petição inicial, que, no entanto, não será decretado de imediato 337

Art. 6º

- ◉ Ofende, portanto, o art. 321 do CPC – segundo jurisprudência do STJ – a decisão "que declara extinto o processo, por deficiência da petição inicial, sem dar ao autor oportunidade para suprir a falha 337
- ◉ A jurisprudência dominante é no sentido de que a intimação para emendar ou completar a petição inicial, determinada pelo art. 321 do CPC, é de ser feita ao autor, na pessoa de seu advogado, não se exigindo que seja feita pessoalmente à parte, tal como se exige nas hipóteses de abandono da causa (CPC/2015, art. 485, II e III) 337
- ▶ No mandado de segurança a afirmação de existência do direito deve ser provada desde logo, ou melhor, mediante prova documental anexa à petição inicial 338
- ◉ Mandado de segurança versando o mesmo pedido de ação ordinária. Conexão 338
- ▶ Documento necessário à prova do alegado se ache em repartição ou estabelecimento público ou em poder de autoridade que se recuse a fornecê-lo por certidão ou de terceiro 339
- ▶ É necessário a recusa da autoridade 340
- ◉ Não cabe ao impetrante omitir-se na procura da documentação indispensável ao seu pleito 341
- ▶ Deferida a diligência, como será cumprida? 341
- ▶ Notificação à Autoridade coatora que não disponibiliza ao impetrante documentos necessários à demanda 341
- ▶ Deve-se distinguir autoridade pública do simples agente público para fins da impetração do Mandado de Segurança 342
- ▶ Autoridade, para fins de mandado de segurança, é o agente público investido de poder de decisão em certa escala hierárquica, que, nessa qualidade, praticou a omissão; ordenou e/ou executou o ato guerreado 342
- ▶ O que deve verificar-se é, no intuito de saber se a autoridade tem ou não legitimidade para ser apontada como coatora é se ela detém poder de decisão 342
- ▶ Reputa-se autoridade coatora aquela que tem o poder de decidir, não quem simplesmente executa o ato 343
- ▶ Coator é sempre aquele que decide, embora muitas vezes também execute sua própria decisão, que rende ensejo à segurança 343
- ◉ Ato decisório e ato executório para fins de mandado de segurança 343
- ▶ Se a autoridade não tiver atribuição para rever o ato, não poderá ser considerada autoridade coatora 344
- ▶ A complexa estrutura dos órgãos administrativos nem sempre possibilita que o impetrante identifique de forma precisa a autoridade coatora 344

- ◉ O art. 6.º, § 3.º, da Lei 12.016/2009 permite ao julgador, pela análise do ato impugnado na exordial, identificar corretamente o impetrado no mandado se segurança, não ficando restrito à eventual literalidade de equivocada indicação 345
- ▶ A correção do polo passivo pela falha na indicação da autoridade coatora é uma necessidade de ordem prática, imposta pela dificuldade criada pela própria estrutura da Administração Pública, que não permite distinguir, na maioria das vezes, a autoridade aparente da autoridade coatora efetiva 345
- ◉ Dada a essência constitucional do Mandado de Segurança, admite-se que o Julgador, em respeito ao citado art. 6.º, § 3º. da Lei 12.016/2009, processe e julgue o pedido mandamental pelo seu mérito, afastando a aparente ilegitimidade passiva da autoridade apontada na inicial, a fim de que o writ efetivamente cumpra seu escopo maior de proteção de direito líquido e certo 346
- ▶ Praticado o ato por autoridade, no exercício de competência delegada, contra ele cabe o mandado de segurança ou medida judicial (Súmula 510/STF) 346
- ◉ Em se tratando de impetração contra ato omissivo, deve ser considerada autoridade coatora aquela que deveria ter praticado o ato buscado ou da qual deveria emanar a ordem para a sua prática 348
- ▶ O termo "denegar" não traduz com exatidão o que pretende exprimir o § 5° do art. 6° da LMS 349
- ▶ O conceito de decisão denegatória não se coaduna com o atual estágio da legislação processual 349
- ▶ O termo "denegação" do mandado de segurança sempre teve interpretação ampla, de forma a abranger tanto o julgamento do mérito, com a denegação da ordem, como a decisão terminativa, com o julgamento do mandado de segurança sem a resolução do mérito 350
- ▶ O entendimento consagrado no Superior Tribunal de Justiça é de que haverá julgamento de mérito do mandado de segurança sempre que o mérito referente à própria existência do direito material alegado restar apreciado .. 350
- ◉ Entendimento do Superior Tribunal de Justiça que aponta, para a caracterização da sentença de mérito, seu conteúdo, e não sua forma, entendendo haver o julgamento de mérito sempre que o direito material é enfrentado . 350
- ▶ A denegação do mandado de segurança nem sempre se dá em razão da inexistência de violação ou ameaça a direito líquido e certo 351
- ▶ A expressão "denegar" a ordem ou a segurança, apesar de sua tradição, é inadequada. Como destaca autorizada doutrina processual 351
- ▶ Melhor seria o enunciado se substituísse o verbo "denegar" por "extinguir", pois assim se amoldaria, com exatidão, à linguagem do Código de Processo Civil. 351

> Art. 6º

▶ O mandado de segurança pode ser denegado sem decidir o mérito e denegado com decisão de mérito. Falta de harmonia entre o disposto nos §§ 5° e 6° do art. 6° da LMS... 352

▶ A discussão, longe de ser teórica, tem efeitos práticos indesmentíveis 352

▶ Trata-se de termo impreciso e ambíguo que dá margem a dúvidas sobre o objeto da decisão 353

▶ As questões preliminares que, segundo o art. 485 do CPC, conduzem à extinção do processo sem resolução de mérito são assim configuradas, são: ... 353

▶ A denegação do mandado de segurança, nos casos do art. 485 do CPC/2015, se a falha detectada for sanável, não deverá ser pronunciada pelo juiz sem antes ensejar oportunidade ao impetrante de emendar ou completar a petição inicial, no prazo de quinze dias, como permite o art. 321 do CPC/2015 353

▶ Somente não se facultará o suprimento dos requisitos de procedibilidade faltantes quando os vícios da postulação forem irremediáveis 353

▶ As chamadas "autênticas sentenças de mérito", faz coisa julgada (material), tenha acolhido ou rejeitado, no todo ou em parte, o pedido do impetrante 354

▶ O juiz poderá julgar liminarmente improcedente o pedido se verificar, desde logo, a ocorrência de decadência ou de prescrição 354

DESISTÊNCIA DO MANDADO DE SEGURANÇA.. 355

▶ Merece destaque a desistência da ação na medida em que é firme a jurisprudência do STF, inclusive submetida ao regime da repercussão geral, no sentido de que é possível a homologação do pedido de desistência a qualquer tempo 355

Divergência no próprio STJ 355

Entendendo que a desistência tem que ser antes da sentença 355

Mais recente, seguindo o entendimento do Supremo Tribunal Federal 355

▶ A criticável tradição de mencionar "decisão denegatória não lhe houver apreciado o mérito" somente pode ser compreendida como hipótese em que a sentença extinguiu o processo sem julgamento de mérito, em provimento meramente terminativo da relação processual 355

▶ A viabilidade de impetração de novo mandado de segurança depende da análise do fundamento central da sentença denegatória do anterior 356

▶ O § 6.º traz a possibilidade de ser ajuizado novo mandado de segurança, caso a decisão denegatória não tenha apreciado o mérito 356

COISA JULGADA... 356

▶ Extinção do processo sem julgamento de mérito e ausência de coisa julgada material 356

▶ É antigo e consolidado na linguagem da lei e da jurisprudência o emprego da expressão "denegar a segurança", de forma a abranger indistintamente os casos de resolução de mérito (sentenças definitivas), assim como aqueles fundados na ausência de requisitos do julgamento do mérito da causa (sentenças terminativas) 357

Art. 7º

DESPACHO DA PETIÇÃO INICIAL DO MANDADO DE SEGURANÇA **358**

Definição e Natureza Jurídica das Informações **358**

▶ Definição de notificação da autoridade coatora 358

▶ O que se requisita à autoridade coatora são "informações" acerca do conteúdo da petição inicial (Lei nº 12.016, art. 7º, I). 358

▶ Em sentido contrário: Apesar da nomenclatura empregada pelo legislador mais recente, posta em itálico, o caso deve ser entendido, para o sistema processual civil vigente, como dupla citação 358

▶ No sentido que as informações correspondem à peça de defesa da pessoa jurídica e assumem, nitidamente, o caráter de contestação. A apresentação da defesa constitui verdadeiro ônus processual 359

▶ Prazo para a apresentação de informações pela Autoridade Coatora é de (dez) dias e corre em dias úteis 360

- Enunciado 11 do I Fórum Nacional do Poder Público – Brasília/DF: "Os prazos processuais no mandado de segurança são contados em dias úteis, inclusive para as informações da autoridade coatora" 360

▶ O prazo para que a Autoridade Coatora preste informações tem início do recebimento da notificação pela mesma, e não de sua juntada aos autos. Aplica-se, a propósito, o disposto no § 3º do art. 231 do CPC 360

▶ Se esse prazo de10 (dez) dias úteis revelar-se insuficiente no caso concreto, o juiz pode, com apoio no art. 139, VI, do CPC, dilatá-lo 360

- Enunciado 5 do I Fórum Nacional do Poder Público – Brasília/DF: "A dilação de prazos processuais prevista no art. 139, VI do CPC é compatível com o mandado de segurança" 360

▶ As informações no mandado de segurança equivalem à prova judiciária, já que permite ao juiz aferir se as alegações do impetrante, na inicial, são ou não inverdades, distorções dos fatos 361

▶ A notificação, portanto, jamais poderá ser tratada como ato de citação para que a pessoa jurídica demandada responda à ação do impetrante. Essa res-

Art. 7º

▶ posta, quando houver, terá que partir do representante judicial legalmente credenciado para tanto, e não do coator 361

▶ Sua natureza jurídica não pode ser vista como a de um ato de defesa do sujeito passivo da ação 361

▶ Não se pode falar em revelia ou preclusão em caso de inobservância do prazo pela autoridade coatora, pois as informações não têm propriamente natureza de defesa 361

▶ A notificação deve ser recebida, pessoalmente, pela autoridade coatora 362

◉ A prestação de informações é uma responsabilidade pessoal e intransferível da autoridade coatora 362

▶ A ordem expedida à autoridade coatora pelo juiz é mandamental, criando--lhe o dever, e não apenas a faculdade, de prestar as informações requisitadas 362

▶ Poderá o magistrado inserir no ofício de requisição de informações a advertência de que a falta de envio das mesmas no prazo legal implicará em descumprimento de ordem judicial 363

▶ O descumprimento de decisão judicial pode acarretar graves implicações, cabendo ao magistrado aplicar as sanções de acordo com a gravidade da conduta 363

▶ Ao contrário do que se passa com a ré ("pessoa jurídica interessada", que responde ao mandado de segurança, "querendo", nos termos do art. 7º, II, da Lei nº 12.016), o coator, como já afirmado, não tem liberdade de prestar, ou não prestar, as informações requisitadas pelo juiz. Tem o dever legal de prestá-las, de forma adequada. 363

▶ Mesmo que não apresentadas as informações não se presumem verdadeiros os fatos alegados pelo impetrante 363

▶ Não há revelia ou confissão de fato em razão da não apresentação das informações 364

▶ Tem sido prática corrente a solicitação de prorrogação do prazo para envio das informações, o que não se apresenta de todo adequado em razão da natureza da ação, que visa, antes de tudo, prestar uma tutela jurisdicional célere 365

▶ A pessoa jurídica de direito poderá atuar como assistente litisconsorcial, já que a sua intervenção não é obrigatória 365

▶ Se a pessoa jurídica de direito tiver interesse na extração de cópias dos documentos, deverá diligenciar para tanto 365

▶ A pessoa jurídica interessada, da mesma forma que a autoridade coatora, possui 10 dias úteis para se manifestar 366

▶ A cientificação da impetração do Mandado de Segurança será feita na pessoa de algum dos procuradores integrantes da pessoa jurídica da qual pertence a autoridade coatora 366

▶ Consideram-se realizadas a notificação da autoridade coatora e a cientificação da pessoa jurídica ainda que estes tenham deixado de dar recibo nos ofícios respectivos ou mesmo quando tenham recusado o recebimento 366

▶ Medida liminar em mandado de segurança 367

◉ A concessão de liminar, em mandado de segurança, supõe, além do risco de ineficácia da futura decisão definitiva da demanda, a elevada probabilidade de êxito da pretensão, tal como nela formulada 367

▶ Para a concessão da liminar devem concorrer os dois requisitos legais, ou seja, a relevância dos motivos em que se assenta o pedido da inicial e a possibilidade da ocorrência de lesão irreparável ao direito do impetrante 368

▶ A relevância dos fundamentos do pedido não deve ser confundida com a mera aparência do bom direito (fumus boni iuris), como se passa com as medidas cautelares 368

▶ É necessário, portanto, para enfrentar o requerimento de liminar, verificar se o autor exibe documentos adequados e suficientes para a comprovação do suporte fático de sua pretensão 369

▶ Para se ter como relevante a fundamentação do pedido de segurança é necessária que a plausibilidade da pretensão deduzida em juízo se revele prima facie 369

▶ O que a determina o deferimento da liminar é a constataçãode que não sendo suspenso de imediato o ato impugnado a concessão da segurança pela sentença não seria capaz de proteger, com efetividade, o direito in natura 370

▶ "A liminar, portanto, na ação mandamental, se justifica de maneira própria e diversa daquela prevista para as medidas cautelares. O que a determina é a constatação, desde logo, de que, não sendo suspenso, de imediato, o ato impugnado, a concessão da segurança pela sentença não seria capaz de proteger, com efetividade, o direito in natura." (THEODORO JÚNIOR, Humberto. Lei do Mandado de Segurança comentada artigo por artigo. Rio de Janeiro: Gen/Editora Forense, 2ª edição, 2019. p. 257) 370

▶ A tutela de urgência em sede mandamental não se restringe ao pedido de suspensão da eficácia do ato administrativo atacado, podendo constituir-se em decisão mandamental ou impondo uma obrigação de fazer 371

▶ A impetração de Mandado de Segurança por ilegalidade decorrente de ato omissivo deve pleitear uma decisão no sentido de obrigar a autoridade coatora a fazer o que ela ilegalmente está quedando inerte 371

▶ Natureza meramente explicativa da norma, pois não se restringe a suspensão de ato 372

Art. 7º

▶ O momento processual da liminar no Mandado de Segurança 372

▶ A tutela antecipada é fundada na probabilidade de que o direito afirmado, mas ainda não provado, será demonstrado e declarado, enquanto que a liminar do mandado de segurança e a tutela da evidência são baseadas em prova dos fatos constitutivos 372

▶ A liminar concedida no procedimento da tutela cautelar antecedente difere nitidamente quanto ao grau de cognição em relação ao Mandado de Segurança 372

▶ No mandado de segurança a liminar é deferida com base no juízo de probabilidade de que a afirmação provada não será demonstrada em contrário pelo réu 373

▶ Inaplicabilidade da estabilização da tutela de urgência no rito do Mandado de Segurança 373

   ▶ A tutela de evidência pode ser concedida em mandado de segurança .. 373

   ▶ Tutela da evidência. 373

   ▶ Defesa inconsistente 374

   ▶ Precedentes. 374

   ▶ Prova contrária. 374

   ▶ Momento 374

   ◉ Enunciado 49 da I Jornada de Direito Processual Civil, do Conselho da Justiça Federal: "A tutela de evidência pode ser concedida em mandado de segurança" 375

◉ As vedações legais à tutela de urgência não se aplicam à tutela de evidência, com a ressalva da hipótese do inciso IV do art. 311 do CPC 375

▶ O deferimento da liminar em Mandado de Segurança constitui-se em verdadeira ordem que o coator tem que acatar imediatamente, sob pena de incorrer em responsabilidade criminal e disciplinar 375

▶ Qualquer omissão ou resistência do coator será contornada pelos amplos poderes executivos de que é dotado o juiz 375

▶ O Código de Processo Civil, inclusive e especialmente o disposto em seus arts. 300 e 497, se aplica subsidiariamente ao mandado de segurança 376

▶ O deferimento da liminar é um direito do impetrante, desde que reunidos os seus requisitos legais 376

▶ É possível a concessão da liminar de ofício? 377

▶ Equívoco supor que a concessão da liminar de oficio atenda, sempre, aos interesses do impetrante –, porque, na prática, pode não atender 377

▶ Possibilidade de o juiz condicionar a liminar a uma contracautela do impetrante 378

- ▶ A exigência de caução deve ser adotada como expediente excepcional, somente justificável, em nome do interesse público, em casos extremos 378
- ▶ A prestação da contracautela não é medida obrigatória, que se imponha em toda hipótese de concessão de liminar em mandado de segurança, sendo claro que o juiz poderá exigir a prestação de caução a depender do caso concreto 378
- ▶ A sentença denegatória cassa os efeitos da liminar 379
- ▶ Decisão de defere ou indefere a liminar e recurso cabível 379
- ▶ Impossibilidade de sucedâneo recursal substituido o recurso correto 379
- ▶ Efeito suspensivo ativo.. 379
- ◉ Aplicação subsidiária do Código de Processo Civil quanto à a sistemática recursal 380
- ▶ Hipóteses legais de proibição de concessão de liminar 380
- ▶ Evolução sobre a regra 380
- ▶ As previsões são inconstitucionais 381
- ▶ Corre no Supremo Tribunal Federal a ADI 4.296/ Dfquestionando a constitucionalidade do § 2° do art. 7° da Lei n. 12.016/2009. 382
- ▶ Enquanto não há decisão naquela sede, cabe, no dia a dia do foro, aos magistrados, estaduais e federais, recusarem motivadamente a aplicação das regras mencionadas, bem exercendo o controle incidental de constitucionalidade 382
- ◉ Súmulas sobre o tema 382
  - ◉ Súmula 213 do STJ: O mandado de segurança constitui ação adequada para a declaração do direito à compensação tributária 382
  - ◉ Súmula nº 460 do STJ: É incabível o mandado de segurança para convalidar a compensação tributária realizada pelo contribuinte 382
  - ◉ Súmula 212 do STJ: A compensação de créditos tributários não pode ser deferida em ação cautelar ou por medida liminar cautelar ou antecipatória 382
- ▶ Os efeitos da liminar concedida perdurarão, salvo se revogada ou cassada, até a prolação da sentença. 382
  - Súmula nº 405 do STF: Denegado o mandado de segurança pela sentença, ou no julgamento do agravo, dela interposto, fica sem efeito a liminar concedida, retroagindo os efeitos da decisão contrária 383
- ▶ Primioridade para julgamento 383
- ▶ Impedimento infraconstitucional ao acesso à tutela jurisdicional de urgência 383

Art. 8º

PEREMPÇÃO OU CADUCIDADE DA LIMINAR CONCEDIDA 384

▶ Perempção ou caducidade da medida liminar concedida 384

- Súmula 631 do STF: Extingue-se o processo de mandado de segurança se o impetrante não promove, no prazo assinado, a citação do litisconsorte passivo necessário 384

▶ Perempção não é igual a caducidade 384

▶ Necessidade de intimação pessoal antes da aplicação da sanção 384

▶ Decretação ex ofício e a possibilidade de suscitação pelas partes interessadas 385

▶ O decreto de perempção ou decadência limita-se à extinção da medida liminar, não afetando a subsistência do processo, de sorte que não impedirá o prosseguimento de sua marcha rumo à sentença de mérito 385

▶ A decisão judicial de extinção da liminar poderá ser deliberada ex officio pelo juiz ou ser provocada por requerimento do Ministério Público 385

▶ A natureza do ato judicial que "decreta a perempção ou decadência da liminar" é a de decisão interlocutória 385

REVOGAÇÃO E CASSAÇÃO DA LIMINAR 386

▶ Revogação e cassação da liminar 386

▶ A revogação é ato desconstitutivo praticado pela própria autoridade judicial que antes deferira a medida de urgência 386

▶ Cassar também é anular um ato decisório, retirando-lhe a eficácia, ou seja, impedindo-o de produzir efeito 386

▶ A liminar, portanto, é revogada quando o juiz do mandado de segurança volta atrás e põe fim a seus efeitos. É cassada quando, julgando o agravo interposto de seu deferimento, o tribunal a invalida 386

▶ Revogação tácita da liminar 386

Art. 9º

PROVIDÊNCIAS EM SEDE ADMINISTRATIVA 387

▶ O artigo 9º repete, com a devida atualização, a redação do art. 3.º da Lei 4.348, de 26.06.1964, antes da alteração decorrente da Lei 10.910, de 15.07.2004 387

▶ Retira do juízo a incumbência, atribuindo-a à autoridade administrativa coatora.. 387

▶ Ministério Público desprovido de elementos necessários para eventual suspensão 388

▶ A indicação equivocada da autoridade coatora não acarretara a extinção do processo 388

▶ Medidas administrativas preparatórias da defesa da pessoa jurídica 388

▶ O regime de presteza e eficiência da tutela realizada por meio do mandado de segurança não condiz com prazos alongados e entraves burocráticos de toda sorte 388

▶ Para minimizar os entraves existentes a Lei nº 12.016 cuidou de estabelecer prazos não só para a atuação no processo dos representantes judiciais das pessoas jurídicas de direito público, mas também para as comunicações internas da Administração entre os serviços burocráticos e os procuradores ou advogados que deverão atuar em juízo, na defesa dos interesses do Poder Público. 389

▶ Providência administrativa a cargo da autoridade coatora.................................. 389

▶ A remessa é feita com o objetivo de municiar o representante judicial de informações e elementos "necessários às providências a serem tomadas para a eventual suspensão da medida e defesa do ato apontado como ilegal ou abusivo.. 389

▶ A providência deverá ser tomada pelo coator nas 48 horas seguintes ao recebimento da notificação da medida liminar... 390

▶ A intimação que abre o prazo de resposta para o sujeito passivo da ação mandamental é aquela ordenada pelo art. 7º, II, e que é feita judicialmente ao respectivo representante judicial 390

▶ Determina o art. 9º da Lei n 12.016 que a remessa da cópia da notificação da medida liminar seja feita "a quem tiver a representação judicial" da pessoa jurídica de direito público interessada. Cumpre, pois, definir quem seja esse representante da entidade figurante no polo passivo da ação mandamental 390

▶ Nas concessões de serviços públicos e nas delegações de atribuições do Poder Público, o sujeito passivo do mandado de segurança não será o órgão concedente ou delegante, mas a entidade concessionária ou delegatária...... 390

▶ Deve-se advertir, a propósito do assunto em foco, que a representação judicial, cogitada nos arts. 7º e 9º, não se confunde com aquela conferida ao advogado. 391

Art. 10

INDEFERIMENTO DA PETIÇÃO INICIAL DO MANDADO DE SEGURANÇA **391**

▶ Sentença. 391

▶ Elementos essenciais. 392

▶ Relatório. 392

▶ Fundamentação. 392

▶ Comunidade Argumentativa de Trabalho 393

▶ Indicação, reprodução ou paráfrase. 393

▶ Termos vagos. 393

▶ Se a fundamentação é redigida de tal maneira que se presta para justificar qualquer decisão, então se considera que inexiste fundamentação 394

▶ O juiz tem o dever de enfrentar todos os argumentos relevantes – ou fundamentos – arguidos pelas partes em suas manifestações processuais 394

▶ Trabalhar com precedentes significa individualizar razões e conectá-las às hipóteses fático-jurídicas que nela recaem 395

▶ Existindo precedente constitucional ou precedente federal sobre o caso debatido em juízo a fidelidade ao direito constitui fidelidade ao precedente ... 396

▶ Apenas as cortes supremas podem superar os próprios precedentes. 396

▶ A fim de que o processo interpretativo seja o mais racional e controlável possível, é preciso que se identifique, em qualquer caso, exatamente quais as finalidades em jogo (no caso dos princípios) e qual a incompatibilidade entre o caso concreto e a norma geral que aponta para a existência de exceções implícitas (no caso das regras), além de mostrar de que modo essas espécies normativas contribuem para a solução do caso concreto (art. 489, § 1.º, I, CPC) 397

▶ A decisão judicial deve ser interpretada a partir da conjugação de todos os seus elementos (postulado da unidade da interpretação da sentença) e em conformidade com o princípio da boa-fé (arts. 5.º e 489, § 3.º, CPC) 397

▶ A sentença finda com o dispositivo, momento em que o juiz isola a sua decisão e afirma se acolhe ou rejeita, no todo ou em parte, o pedido do autor, ao mesmo tempo em que, acolhendo-o, aponta o que deve ser feito para que o direito postulado em juízo logre tutela jurisdicional adequada e efetiva, realizando-se concretamente (art. 5.º, XXXV, CF) 397

▶ Se há cumulação simples, então o juiz está obrigado a analisar todos os pedidos cumulados, independentemente da sorte de um ou de outro 398

▶ A regra no processo civil é que a sentença seja conforme ao pedido do demandante 398

▶ A necessidade de dar maior poder ao juiz para a efetiva tutela dos direitos, espelhada na quebra da regra da tipicidade das formas de efetivação das decisões judiciais (arts. 536, § 1.º, e 538, § 3.º, CPC) e na concentração da atividade voltada ao cumprimento das decisões dentro do mesmo processo em que proferidas (art. 513, CPC), trouxe ainda a superação da ideia de absoluta congruência entre o pedido e a sentença (arts. 2.º, 128 e 460, CPC) 399

▶ A sentença deve ser conforme ao pedido e certa ainda que o juiz decida relação jurídica condicional 400

▶ O indeferimento da petição inicial, nos termos do art. 10 da Lei 12.016/2009, só pode ocorrer antes da notificação da autoridade coatora e da intimação da pessoa jurídica de direito público.. 400

◙ A particularidade da apelação nesse caso consiste na sua subida imediata ao Tribunal sem intimação da parte contrária para responder ao recurso 400

▶ Necessidade de motivação da decisão 401

▶ Os motivos elencados no artigo 10 podem fundamentar a sentença, mas não mais poderá chamar de "indeferimento da inicial" 401

▶ A primeira causa de indeferimento é a constatação do juízo de que o caso concreto não é caso de mandado de segurança.. 402

▶ Não há, outrossim, adequação do mandado de segurança quando o impetrante, mesmo tendo sofrido lesão ou ameaça em sua esfera jurídica, se acha numa daquelas situações em que o mandado de segurança não é a ação cabível para a composição do litígio descrito na inicial 402

▶ Apenas no caso de incompetência possuir natureza peremptória será ela capaz de colocar fim ao processo 402

▶ Tanto a ausência dos requisitos legais do mandado de segurança como daqueles previstos para a petição inicial no Código de Processo Civil são suficientes para ensejar a extinção do processo por indeferimento da petição inicial 402

▶ O transcurso do prazo legal para a impetração do mandado de segurança 403

▶ Pedidos inaceitáveis pela via mandamental.. 403

▶ Indeferimento da inicial em decorrência da impetração contra atos de gestão comercial 403

▶ Da necessidade de motivação da decisão 403

▶ Em sendo o mandado de segurança de competência de primeiro grau o indeferimento da inicial deverá ser embatido por apelação, caso o indeferimento seja total 404

▶ Se o indeferimento da inicial for parcial, caberá o recurso de agravo de instrumento 404

▶ Interposta a apelação é possível o juiz se retratar no prazo de 5 dias 405

LXXXIII

Art. 10

- ▶ Havendo a retratação, o procedimento retomará seu andamento regular 405
- ▶ Não havendo retratação, os autos serão encaminhados para o tribunal sem qualquer ato de comunicação, participando dessa apelação somente o impetrante 405
- ◉ Da dispensa de exigibilidade da citação da parte contraria para responder no recurso de apelação 405
- ▶ Na hipótese de decisão proferida em mandado de segurança de competência originária do tribunal, o recurso cabível dependerá de ser a decisão monocrática do relator ou colegiada 406
- ▶ Indeferimento monocrático da petição inicial pelo relator do Mandado de Segurança 406
- ▶ Deixar de juntar o documento comprobatório do direito líquido e certo não deve causar o indeferimento da inicial 406
- ▶ Indeferimento da inicial em mandados de segurança de competência dos Tribunais................ 406
- ▶ Possibilidade de que o relator do mandado de segurança – monocraticamente – indefira a petição inicial 407
- ▶ Trata-se meramente de um requisito de condição da ação, não gerando a extinção, por inércia, do alegado direito material subjacente 407
- ▶ O posicionamento de que não deve ser especificado um prazo para a interposição não encontra fundamento na jurisprudência................ 407
- ▶ A Súmula 632 do STF entendeu como constitucional a fixação do prazo de decadência................ 407
- ▶ Do juízo de retratação da decisão (lato sensu) que indefere a petição inicial do mandado de segurança................ 408
- ▶ Recurso 408
- ▶ Contra o indeferimento total da inicial caberá recurso de apelação 408
- ▶ Salvo situações excepcionais e demonstrado o risco de dano irreparável ou de difícil reparação, não terá efeito suspensivo a apelação de sentença denegatória de mandado de segurança 408
- ▶ Contra a decisão monocrática do relator caberá recurso de agravo interno . 409
- ▶ Agravo inominado. Cabimento................ 409
- ▶ Recursos especial e extraordinário. Recurso ordinário em mandado de segurança................ 409
- ▶ Quando a competência for originária de tribunal estadual ou regional federal caberá recurso ordinário para o STJ contra decisão denegatória................ 409
- ▶ Em se tratando de competência originária de Tribunal Superior caberá Recurso Ordinário ao STF contra decisão denegatória................ 409

▶ A não concessão da segurança também é causa específica de recurso dos TREs para o TSE 410

▶ É cabível a improcedência liminar do pedido (art. 332 do CPC) no Mandado de Segurança? 410

    O enunciado 15 do I Fórum Nacional do Poder Público – Brasília/DF: "Aplica-se ao mandado de segurança o julgamento de improcedência liminar do pedido" 410

▶ As hipóteses previstas nos incisos do art. 332 do CPC relacionam-se com o sistema de precedentes regulado no Código de Processo Civil. 410

▶ Ingresso posterior de litisconsorte ativo 411

▶ O litisconsórcio ativo ulterior unitário é sempre possível 411

▶ Restrição expressa a figura do litisconsorte ativo com o fito de obstar fraude processual 411

▶ Litisconsórcio ulterior no Mandado de Segurança Vs Princípio do Juiz Natural .. 412

▶ A técnica de agregação ou reunião de causas para as demandas referentes à litigância em massa 412

▶ O assistente litisconsorcial é, nos termos do art. 124 do CPC, litisconsorte do assistido, exatamente porque o direito postulado em juízo lhe pertence, tanto que, mesmo que não ingresse no processo, será, de todo modo, alcançado pela coisa julgada material que vier a se formar no caso 413

    ◉ Súmula 631 do STF: "Extingue-se o processo de mandado de segurança se o impetrante não promove, no prazo assinado, a citação do litisconsorte passivo necessário" 413

▶ O litisconsórcio ativo como uma observância ao princípio do juiz natural 413

▶ Parte da doutrina entende que não há violação ao princípio do juiz natural por se tratar de um critério administrativo de repartição de processos entre juízes... 413

▶ Limitação do § 2° incoerente com os demais dispositivos da lei 413

▶ Proibição de litisconsórcio ativo depois de prestadas as informações como única forma justificável de limitação 414

▶ É cabível o ingresso de amicus no mandado de segurança 414

▶ Ausência de legitimidade recursal do amicus curiae 414

Art. 11

PROVIDÊNCIAS A CARGO DO SERVENTUÁRIO 415

Procedimento Judicial 415

▶ Deverá ser juntada aos autos não somente cópia autêntica do ofício dirigido à autoridade indicada como coatora, mas também a prova de sua entrega ou da recusa em recebê-lo ou dar recibo 415

Art. 12

- ▶ Providências a cargo do serventuário do cartório 415
- ▶ O objetivo do artigo 11 é marcar o início do prazo para apresentar as informações 416
- ▶ Marco inicial do prazo de 10 dias para a autoridade coatora apresentar suas informações 416
- ▶ A notificação da autoridade coatora e a intimação do órgão de representação judicial da pessoa jurídica situada no polo passivo da impetração consideram-se realizadas ainda que os seus destinatários tenham deixado de dar recibo nos ofícios respectivos 416
- ▶ Anulação de ato administrativo. Resistência no procedimento do mandado de segurança quanto ao início do prazo 416

Art. 12

PARTICIPAÇÃO DO MINISTÉRIO PÚBLICO NO MANDADO DE SEGURANÇA 417

- ▶ Participação do MP no processo de mandado de segurança 417
- ▶ É obrigatória a intimação do Ministério Público em qualquer mandado de segurança, como dá a entender o art. 12 da Lei 12.016/2009 do CPC? 417
- ◉ É desnecessária a oitiva do Ministério Público no Mandado de Segurança se o Tribunal já tiver jurisprudência consolidada sobre o tema discutido 417
- ▶ O Ministério Público, no mandado de segurança, não pode juntar documentos, certidões ou produzir provas 418
- ▶ Os novos prazos para a manifestação do Ministério Público e para o juiz proferir sua decisão 419
- ▶ A manifestação do Ministério Público veiculada por meio de seu parecer deve dar-se no lapso temporal improrrogável de 10 (dez) dias, sendo certo, então, que esse é um prazo próprio 419
- ▶ A adequação da Lei à realidade forense. 419
- ▶ Eficácia do aumento de prazos sob outro ponto de vista 419
- ▶ A nova redação é considerada inconstitucional para alguns autores 420
- ▶ Obrigatoriedade do art.12 ao MP apenas quando houver evidência o interesse público primário 420
- ▶ Consequência da não observância do MP ao prazo determinado pelo artigo 12 420

- ▶ Posição do STF em julgamento do ADI. Validade da decisão proferida sem a manifestação ministeria, no caso de omissão indevida do parquet 420
- ◉ Indeferimento da petição inicial por ausência de requisitos processuais ou de condições da ação, não há necessidade de se ouvir previamente o Ministério Público Federal... 421
- ▶ Prazo para a prolação da sentença no mandado de segurança 421

Art. 13

A EXECUÇÃO DA SENTENÇA NO MANDADO DE SEGURANÇA 422

- ▶ A intimação da sentença denegatória da segurança cumpre o objetivo prático de dar à autoridade coatora e à pessoa jurídica ciência de que o impetrante perdeu a demanda 422
- ▶ A sentença proferida no mandado de segurança contém cariz injuntivo ou mandamental, encerrando uma ordem expedida contra uma autoridade ou agente público para cumprimemto imediato 422
- ▶ Dada sua feição mandamental, a sentença de procedência no Mandado de Segurança deve ser executada imediatamente 422
- ▶ Fixação de multas (astreintes) com o objetivo de compelir a Autoridade Coatora a cumprir a ordem mandamental 423
- ▶ A aplicação de multa com o objetivo de coagir o destinatário a decisão emanada do Poder Judiciário além de ser uma das formas mais utilizadas na praxe forense é uma das mais valiosas para a efetiva satisfação da execução da obrigação de dar e de fazer. 424
- ▶ A multa deve servir de estimulante positivo no cumprimento voluntário da obrigação, e não negativo (quando desproporcional) 424
- ▶ Foi ponto controverso na doutrina e na jurisprudência se a aplicação desta multa com o objetivo de forçar o destinatário da decisão ao seu cumprimento poderia ser aplicada ao Estado, quando o mesmo fosse o polo passivo da ação 424
- ▶ Cumpre ao poder público responsabilizar o servidor renitente nas esferas administrativa, civil e criminal, se for o caso, cabendo-lhe ressarcir o erário quando verificar a conduta dolosa ou culposa 424
- ◉ Percebe-se facilmente assim que restou vitorioso o argumento no sentido de que a referida penalidade pelo descumprimento da obrigação de dar ou fazer se aplica também ao Estado 425
- ▶ Nem sempre a simples suspensão do ato impugnado será suficiente para que a liminar assegure a efetividade da sentença definitiva do mandado de segurança 425

Art. 14

- ▶ O artigo 13 visa a celeridade mandamental. Inaplicabilidade para decisão denegatória 426
- ▶ Outra visão acerca da utilização da regra a uma decisão denegatória. 426
- ▶ Objetivo prático da intimação da sentença denegatória.................................... 426
- ▶ Consequência da não observância da norma do artigo 13 426
- ◉ O reconhecimento da repercussão geral pelo STF não implica, necessariamente, a suspensão de mandado de segurança em trâmite no STJ, mas unicamente o sobrestamento de eventual recurso extraordinário interposto em face de acórdão proferido pelo STJ ou por outros tribunais 427
- ▶ Comunicação da sentença em caso de urgência 427
- ▶ Novamente impõe a urgência como requisito para a utilização dos meios alternativos de intimação da sentença 428
- ◉ Não há perda do objeto em mandado de segurança cuja pretensão é o fornecimento de leite especial necessário à sobrevivência de menor ao fundamento de que o produto serve para lactentes e o impetrante perdeu essa qualidade em razão do tempo decorrido para a solução da controvérsia 428

Art. 14

DOS RECURSOS EM SEDE DE MANDADO DE SEGURANÇA **429**

- ▶ O relatório, como o próprio nome indica, destaca-se no preâmbulo da sentença, no qual o juiz deve consignar, além da identificação das partes e da natureza da demanda, o cerne das respectivas postulações, a síntese do objeto litigioso, com a especificação do pedido, o relato de eventuais incidentes, o resumo das provas porventura produzidas e tudo o mais que for reputado pertinente para a compreensão da controvérsia 429
- ▶ O dever de motivação dos atos decisórios está consagrado, pela lei e pela moderna doutrina processual, na esfera dos direitos fundamentais, como pressuposto do direito de defesa e da imparcialidade e independência do juiz 429
- ▶ Os destinatários da motivação não são somente as partes, os seus advogados e o juiz da impugnação, mas também a opinião pública entendida em seu complexo 430
- ▶ Findo o relatório, o juiz passará a externar a justificação de seu convencimento na motivação do decisum. É precisamente na fundamentação da sentença que o juiz examinará as questões de fato e de direito, fixando com tais premissas, a conclusão que se projetará na parte dispositiva 430
- ▶ As sentenças e os acórdãos definitivos devem preencher, rigorosamente, a moldura traçada no art. 489, ou seja, conter, no plano estrutural, os elementos essenciais neste exigidos 431

▶ A motivação da sentença, concebida como um "ensaio de persuasão", tem por fim imediato demonstrar ao próprio órgão jurisdicional, antes mesmo do que às partes, a ratio scripta que legitima o decisório, cujo teor se encontrava projetado em seu raciocínio. O juiz, portanto, é o primeiro destinatário da motivação 431

▶ Decisões consideradas nulas por defeito de motivação................................... 432

▶ Nulidade decorrente de mera reprodução de fundamento legal (art. 489, § 1.º, I)... 432

▶ Nulidade decorrente da fundamentação genérica em "conceitos jurídicos indeterminados" (art. 489, § 1.º, II)... 432

▶ Nulidade decorrente de fundamentação padronizada (art. 489, § 1.º, III)....... 433

▶ Nulidade decorrente de motivação insuficiente (art. 489, § 1.º, IV)................ 433

▶ Nulidade decorrente de invocação impertinente de súmula ou precedente (art. 489, § 1.º, V).. 434

▶ Nulidade decorrente do desrespeito injustificado a súmula, jurisprudência ou precedente (art. 489, § 1.º, VI)... 434

▶ Nulidade decorrente de motivação aliunde ou per relationem 435

▶ Exigência de justificação na hipótese de colisão de normas (art. 489, § 2.º).. 435

▶ Consequências da sentença considerada desmotivada.................................... 436

▶ O epílogo da sentença, denominado "dispositivo", é o elemento mais importante do pronunciamento judicial 437

▶ Desnecessidade da norma. Aplicação subsidiária ao CPC 437

▶ Privilégio da duplificação do prazo para a interposição do recurso................. 438

◙ Súmula 392 do STF: O prazo para recorrer de acórdão concessivo de segurança conta-se da publicação oficial de suas conclusões, e não da anterior ciência à autoridade para cumprimento da decisão 438

▶ Legitimados para recorrer da sentença.. 438

◙ Súmula nº 99/STJ: O Ministério Público tem legitimidade para recorrer no processo em que oficiou como fiscal da lei, ainda que não haja recurso da parte 438

▶ Outros recursos cabíveis.. 438

▶ Remessa necessária em mandado de segurança. 439

▶ A regra se aplica, tão somente, aos casos de competência originária dos juízes de primeira instância, não se cogitando de reexame necessário nos mandados de segurança de competência originária de tribunais 439

▶ O reexame necessário não tem natureza recursal, sendo uma verdadeira condição de eficácia da sentença 439

Art. 14

▶ No regime codificado as sentenças que se sujeitam a reexame necessário não produzem efeitos senão depois de confirmadas pelo Tribunal ao passo que a sentença que concede a segurança pode ser executada provisoriamente. Por outras palavras: não obstante sujeita a reexame necessário, é ela plenamente eficaz ainda antes de ser confirmada pelo tribunal ad quem 440

▶ Mesmo sujeita ao reexame necessário é possível que a sentença seja executada provisotiamente 440

▶ Remessa necessária diante de concessão da ordem 441

▶ Trata-se de uma condição suspensiva de eficácia da decisão............................... 441

▶ Não há de se falar em reexame necessário das decisões concessivas de Mandado de Segurança impetrado diretamente nos Tribunais................................... 442

▶ O reexame obrigatório da sentença concessiva do Mandado de Segurança deve ser processado no Tribunal com idêntico rito aquele previsto para o recurso de apelação 442

▶ Hipóteses de dispensa da remessa necessária no mandado de segurança. .. 442

▶ Direito de a Autoridade coatora recorrer 443

▶ Legitimidade recursal à autoridade coatora na condição de terceiro prejudicado na sentença.. 443

▶ Legitimidade recursal da autoridade coatora antes da Lei 12.016/09 443

▶ A necessidade da presença do advogado 444

◉ Contagem dos prazos em casos de embargos de declaração em Mandado de Segurança 444

▶ Execução provisória. Afronta a natureza jurídica mandamental 445

▶ Efeitos em que o recurso interposto contra a sentença proferida em mandado de segurança deverá ser recebido pelo juiz na generalidade dos casos .. 445

◉ Súmula 405 do STF Denegado o mandado de segurança pela sentença, ou no julgamento do agravo, dela interposto, fica sem efeito a liminar concedida, retroagindo os efeitos da decisão contrária 445

▶ O impetrante não ficará sem amparo. Não se admite a concessão automática de efeito suspensivo à apelação interposta contra sentença denegatória . 445

▶ Não é necessário ajuizar ação autônoma cobrando valores que venceram durante processo do mandado de segurança 446

◉ O pagamento dos valores devidos pela Fazenda Pública entre a data da impetração do mandado de segurança e a efetiva implementação da ordem concessiva deve observar o regime de precatórios previsto no artigo 100 da Constituição Federal 447

◉ Quanto às prestações que venceram antes do ajuizamento do Mandado de Segurança deve o autor ajuizar demanda própria para cobrá-la 447

- ◉ Súmula 269 do STF: O mandado de segurança não é substitutivo de ação de cobrança. 448
- ◉ Súmula 271 do STF: Concessão de mandado de segurança não produz efeitos patrimoniais, em relação a período pretérito, os quais devem ser reclamados administrativamente ou pela via judicial própria 448
- ▶ Impossibilidade de suprimento de recursos para pagamento, na falta de crédito.. 448
- ◉ Parcelas anteriores à impetração. 448

Art. 15

DA SUSPENSÃO DE SEGURANÇA NO MANDADO DE SEGURANÇA **449**

- ▶ O aludido pedido cabe sempre que for concedido provimento de urgência em desfavor da Fazenda Pública, ou mesmo quando proferida sentença que de pronto produz efeitos, dado o fato de somente poder ser impugnada via recurso não dotado de efeito suspensivo 449
- ▶ Reprodução das mesmas restrições contempladas na legislação revogada. Desconformidade com o processo civil atual.. 450
- ▶ A suspensão de segurança foi originalmente concebida para servir apenas aos processos de mandado de segurança, mas acabou sendo exportada para outras leis e procedimentos processuais em que a Fazenda Pública, na condição de ré, se vê atingida por decisões judiciais mandamentais 450
- ▶ A suspensão da segurança é instrumento bastante efetivo para o administrador, porquanto perdura até decisão final 450
- ▶ A suspensão de segurança é uma técnica processual cuja finalidade é suspender a eficácia de uma decisão judicial contrária ao Poder Público, ... 450
- ▶ O pedido de suspensão não possui natureza de recurso 451
- ▶ Os pressupostos ensejadores do pedido de suspensão nao se confundem com aqueles previstos para a concessão do efeito ativo/passivo no agravo de instrumento 451
- ▶ Entendendo ser um incidente processual 452
- ▶ Entendendo ser uma forma de recurso 452
- ▶ Entendendo que é um sucedâneo recursal 452
- ▶ Pressupostos para a formulação do pedido de suspensão de segurança 453
- ▶ Legitimidade para pleitear a suspensão de segurança 453
- ▶ Outros legitimados para requerer a suspensão da decisão 453
- ▶ A inclusão da legitimidade do Ministério Público 454

XCI

Art. 15

▶ Não se toca por via da suspensão de segurança no conteúdo do que foi decidido, mas apenas nos seus efeitos 454

▶ Competência do presidente do Tribunal para apreciar o pedido de suspensão da segurança 454

▶ Possibilidade de renovações de pedidos em casos de indeferimento 455

▶ Recurso cabível do deferimento da suspensão da segurança 455

▶ Da decisão que indefere cabe renovação do pedido para o Presidente do Tribunal Superior.. 455

▶ Sem embargo do mecanismo de suspensão, a liminar concedida fica sujeita a ataque por via do agravo de instrumento, não prejudicando este o conhecimento e o julgamento do pedido de suspensão (art. 15, § 3.º, da Lei 12.016/2009) 455

▶ Caso o agravo de instrumento interposto contra a decisão liminar seja improvido, nada obsta que o pedido de suspensão seja formulado perante o Presidente do Tribunal.. 455

▶ É possível que o Poder Público, simultaneamente, interponha agravo de instrumento contra a decisão interlocutória que defira antecipação de tutela que lhe seja desfavorável 456

▶ O efeito da suspensão da liminar suspensão irá vigorar até o trânsito em julgado da decisão concessória da segurança 456

- ◉ Súmula 626 do STF: A suspensão da liminar em mandado de segurança, salvo determinação em contrário da decisão que a deferir, vigorará até o trânsito em julgado da decisão definitiva de concessão da segurança ou, havendo recurso, até sua manutenção pelo Supremo Tribunal Federal, desde que o objeto da liminar deferida, coincida, total ou parcialmente, com o da impetração" 456

▶ Não é de boa técnica processual que uma decisão proferida em cognição sumária, monocraticamente pelo Presidente do Tribunal, em sede de juízo político, se sobreponha aos futuros veredictos produzidos em cognição exauriente pelas instâncias inferiores 456

▶ O requerimento de suspensão de segurança não é nem ação e nem recurso, figurando-se, sim, como típico instituto representante dos incidentes processuais 456

▶ O pedido de suspensão possui contornos mais amplos que o efeito suspensivo recursal.. 457

▶ O § 3° e o Princípio da Preclusão.. 457

▶ Não é obrigatório a interposição de agravo de instrumento para evidenciar interesse processual na suspensão da liminar.. 457

▶ Liminar concedida nas ações movidas contra o Poder Público e seus agentes: essa disposição se aplicaria apenas nas ações mandamentais ou em qualquer ação?.. 457

◉ Possibilidade de interposição simultânea de agravo de instrumento e suspensão de segurança 458

◉ Possibilidade de interposição simultânea de apelação e suspensão de segurança 458

▶ Possibilidade de remessa ao MP antes mesmo de instaurar o contraditório .. 458

▶ A suspensão de segurança coletiva 459

▶ Objeto idêntico 459

▶ A suspensão coletiva visa a impedir que decisões contraditórias sejam proferidas em situações juridicamente idênticas 459

◉ A extensão dos efeitos de qualquer decisão judicial pressupõe, obrigatoriamente, a existência de perfeita identidade fática e jurídica entre as hipóteses sob exame, situação constatada no caso dos autos 459

▶ Do equívoco redacional do § 5° do art. 15, pois emprega a expressão "aditamento do pedido original", sendo que o correto seria "aditamento da decisão original" aludindo-se a quem proferiu a decisão 459

RECURSOS EM MANDADO DE SEGURANÇA **460**

▶ Agravo de instrumento e apelação 460

▶ Recursos especial e extraordinário. Recurso ordinário em mandado de segurança 460

▶ Embargos infringentes. Não cabimento 460

▶ Agravo inominado. Cabimento 461

Art. 16

DO MANDADO DE SEGURANÇA DE COMPETÊNCIA ORIGINÁRIA DOS TRIBUNAIS **461**

Supremo Tribunal Federal **461**

Superior Tribunal de Justiça **463**

▶ Defesa oral do pedido de liminar em Mandado de Segurança 466

▶ Critérios para averiguação de competência 466

▶ O Agravo Interno 467

▶ Diante da inovação normativa da Lei n° 12.016, reconheceu o próprio Supremo Tribunal Federal que sua Súmula n° 622 não mais subsiste 468

▶ Os efeitos do Agravo Interno 468

Art. 17

NOTAS TAQUIGRÁFICAS **468**

▶ A razão de ser da medida decorre da sumariedade da ação e da imperiosidade de sua tramitação e conclusão dentro da maior brevidade possível . 468

▶ A norma visa assegurar a duração razoável no Mandado de Segurança........ 469

▶ Notas taquigráficas.. 469

▶ Para se valer da medida autorizada pelo art. 17 da Lei nº 12.016 com mais proveito a parte interessada deverá requerer a tradução das referidas notas ou gravações e sua juntada ao processo, para, em seguida, fundar-se nelas a fim de extrair o efeito desejado 469

▶ A norma só contempla acórdão proferido em mandado de segurança originário e nos respectivos recursos... 469

▶ A simples publicação do resultado do julgamento não substitui a efetiva intimação das partes quanto ao conteúdo da decisão 470

  ◙ Súmula nº 392 do STF: O prazo para recorrer de acórdão concessivo de segurança conta-se da publicação oficial de suas conclusões, e não da anterior ciência à autoridade para cumprimento da decisão 470

▶ Voto oral e a utilidade prática das notas taquigráficas............................ 470

▶ Incumbe ao presidente do órgão colegiado realizar a substituição do acórdão pelas notas taquigráficas.. 470

Art. 18

DOS RECURSOS EM QUE A COMPETÊNCIA PARA JULGAR O MANDADO DE SEGURANÇA É ORIGINÁRIA DOS TRIBUNAIS **471**

▶ Recursos especial e extraordinário em mandado de segurança..................... 471

▶ Competência nos Juizados Especiais.. 471

▶ Concessão parcial da ordem. Exceção do princípio da unirrecorribilidade. Inadmissibilidade do recurso adesivo. 471

▶ Efeito suspensivo. Execução provisória da sentença. 471

▶ Paralelo entre o recurso ordinário constitucional e a apelação 472

◙ É inviável se conhecer de petição interposta como apelação contra decisão que indefere a inicial do mandado de segurança, a teor do § 1º do art. 10 da Lei 12.016/2009, art. 1.021 do CPC e art. 259 do RISTJ 472

◙ O recurso ordinário contra acórdão do Tribunal denegatório de mandado de segurança deve ser recebido, também, no efeito suspensivo 472

- ◉ Súmulas pertinentes ao artigo 18 472
  - ◉ Súmula nº 272/STF: Não se admite como ordinário recurso extraordinário de decisão denegatória de mandado de segurança 472
  - ◉ Súmula nº 281/STF: É inadmissível o recurso extraordinário, quando couber na justiça de origem, recurso ordinário da decisão impugnada 473
  - ◉ Súmula nº 299/STF: O recurso ordinário e o extraordinário interpostos no mesmo processo de mandado de segurança, ou de "habeas corpus", serão julgados conjuntamente pelo tribunal pleno 473
  - ◉ Súmula nº 319/STF: O prazo do recurso ordinário para o Supremo Tribunal Federal, em "habeas corpus" ou mandado de segurança, é de cinco dias (Súmula superada) 473
  - ◉ Súmulas nº 392/STF: O prazo para recorrer de acórdão concessivo de segurança conta-se da publicação oficial de suas conclusões, e não da anterior ciência à autoridade para cumprimento da decisão 473

Art. 19

DA POSSIBILIDADE DE AJUIZAMENTO DE DEMANDA PELO PROCEDIMENTO COMUM **473**

- ▶ O Código de Processo Civil de 1973 procurou ser rigoroso na relação entre "mérito" e "coisa julgada material" 473
- ▶ Extensão da sentença 474
- ▶ A necessidade de observar qual o tipo de vício processual que conduziu à extinção do processo sem resolução de mérito, a fim de se aplicar o teor do art. 19 474
- ▶ O mandado de segurança não é a ação adequada para a reparação de prejuízos ou danos já ocorridos 475
- ▶ Efeitos patrimoniais pretéritos à impetração do Mandado de Segurança deverão ser cobrados por meio de demanda ajuizada pelo rito comum 475
- ▶ Ação inominada aludida pelo dispositivo a quo 475
- ◉ Súmulas pertinentes ao artigo 19 475
  - ◉ Súmula 269 do STF: O mandado de segurança não é substitutivo de ação de cobrança 475
  - ◉ Súmula 271 do STF: Concessão de mandado de segurança não produz efeitos patrimoniais em relação a período pretérito, os quais devem ser reclamados administrativamente ou pela via judicial própria 476

Art. 20

- Súmula nº 304/STF: Decisão denegatória de mandado de segurança, não fazendo coisa julgada contra o impetrante, não impede o uso da ação própria 476

Art. 20

DA PRIORIDADE DE TRAMITAÇÃO DO MANDADO DE SEGURANÇA 476

▶ Prioridade de julgamento 476

▶ A norma destacou a importância do Mandado de Segurança no contexto jurídico brasileiro.. 476

▶ A prioridade de tramitação na prática... 476

▶ "A expressão ''todos os atos judiciais'' deve ser entendida a preferência não só para o julgamento do mandado, mas também, para o seu processamento, mesmo porque, se não se priorizar o processamento, não será priorizado o julgamento 476

▶ Dificuldade dos Tribunais em cumprir na prática o disposto do § 1º do artigo 20 477

▶ Trata-se de prazo impróprio ou de prazo que deve ser respeitado sob pena de incidência de alguma sanção?.. 477

▶ Eliminação da revisão nas apelações interpostas em mandado de segurança 478

▶ A norma do § 2º do art. 20 não se destina ao relator, mas ao serventuário (escrivão do cartório ou chefe de secretaria)... 478

▶ Falta de previsão legislativa para o não cumprimento do prazo 478

Art. 21

DO MANDADO DE SEGURANÇA COLETIVO 479

▶ O mandado de segurança, segundo a Constituição de 1988, pode ser manejado não só singularmente, mas também de forma coletiva.......................... 479

▶ As demandas coletivas, ao contrário do que se supõe, não têm, de regra, por fundamento um direito subjetivo coletivo, mas, quase sempre, um interesse legítimo, que com aquele não se identifica 479

▶ Para parcela da doutrina os interesses legítimos se distanciariam daqueles dois extremos, na medida em que seriam mais do que os interesses simples, e menos do que os direitos subjetivos 479

▶ A distância que separa os direitos subjetivos dos interesses legítimos é tão grande, que não existe razão plausível para que a doutrina continue fazendo tanta confusão entre esses dois fenômenos jurídicos 480

▶ O objeto de mandado de segurança coletivo deve corresponder a direito que pertença a uma coletividade 480

▶ O mandado de segurança coletivo é, em suma, o mesmo mandado de segurança concebido primitivamente para a proteção dos direitos individuais ... 480

▶ O Mandado de Segurança coletivo pode ser impetrado em defesa de pretensão que interesse a toda uma categoria ou classe de pessoas, ou apenas a uma parte dessa categoria ou classe. 481

▶ Não é necessária a autorização dos associados para que a entidade de classe impetre mandado de segurança coletivo 481

▶ O Mandado de Segurança coletivo destina-se a tutelar os direitos coletivos e individuais homogêneos. E os difusos? 481

  ▶ Entendendo pela não possibilidade do uso do Mandado de Segurança para defesa de direitos difusos 481

  ▶ Entendendo pela possibilidade do uso do Mandado de Segurança para defesa de direitos difusos 482

◉ Atos em tese acham-se pré-excluídos do âmbito de atuação e incidência do mandado de segurança, aplicando-se, em consequência, às ações mandamentais de caráter coletivo 483

◉ A ação de mandado de segurança – ainda que se trate do writ coletivo, não admite, em função de sua própria natureza, qualquer dilação probatória 483

▶ Inovação da Lei 12.096/09 em consagrar o Mandado de Segurança Coletivo 483

▶ Objetivo da introdução do Mandado de Segurança Coletivo..................... 484

▶ Crítica à sintética previsão da Lei 12.016/09 acerca do Mandado de Segurança Coletivo.. 484

▶ Legitimados para impetrar o Mandado de Segurança Coletivo previsto na Constituição Federal 484

▶ Necessidade de haver um interesse legítimo 484

▶ O interesse legítimo e o sistema dual de jurisdição................................. 485

▶ A importante diferenciação entre direito subjetivo e direito legítimo 485

◉ Os partidos políticos só podem impetrar mandado de segurança coletivo em assuntos integrantes de seus fins sociais em nome de filiados seus, quando devidamente autorizados pela lei ou por seus estatutos........................ 485

◉ Ilegitimidade do partido político impugnar aumento de tributo através do Mandado de Segurança Coletivo.. 485

XCVII

Art. 21

- Finalidade partidária 486
- A extinção do partido político superveniente à impetração do writ 486
- A perda da representatividade do partido político no congresso nacional superveniente à impetração do writ 486
- A fusão de partidos políticos ou a troca de nomes 486
- As peculiaridades do Mandado de Segurança Coletivo 486
- Requisitos para a comprovação do direito líquido e certo no Mandado de Segurança Coletivo 487
- Aludir a "direitos líquidos e certos" como sinônimo de direito subjetivo material é um equívoco 487
- Aspecto subjetivo do prejuízo causado pelo ato coator 487
- A legitimidade do Ministério Público para a impetração do mandado de segurança coletivo 488
- É absolutamente irrazoável defender que as demais associações civis e o Ministério Público (outros legitimados à tutela coletiva não previstos no texto constitucional) não têm capacidade processual para valer-se do procedimento do mandado de segurança 488
- Organização sindical 489
- Duplo assento constitucional da legitimação do sindicato: Art. 8º, inc. III e art. 5º, inc. LXX, alínea "b 489
- Legitimação da entidade de classe e do sindicato para ajuizar o Mandado de Segurança coletivo 490
- Tratando genérica e abstratamente de quem poderia impetrar o writ coletivo, o texto constitucional versa sobre capacidade processual, e não sobre a legitimidade ativa para a causa 490
- A necessidade de pré-constituição da associação a pelo menos 1 (um) ano 491
- Exigência de pré-constituição somente se aplica às associações 491
- Objetivo da exigência de pré-constituição das associações 491
- Proteção de direitos coletivos e de direitos individuais homogêneos 492
- Direitos transindividuais do inciso I 492
- Artigo 81 do Código de Defesa do Consumidor e o Mandado de Segurança coletivo 492
- Distinção entre a previsão do CDC e o inciso I do parágrafo único do art. 21 da LMS 492

▶ Atribuição do interesse legítimo à titularidade do grupo, categoria ou classe de pessoas, no CDC e na Lei do Mandado de Segurança.................... 493

▶ Inciso II. Aos direitos individuais coletivos não se aplicam as qualificações de transindividuais nem indivisíveis........................ 493

▶ Defesa do direito individual homogêneo 493

▶ Trata o inc. II do parágrafo único do art. 21 de situações jurídicas distintas, mas que, na prática, se identificam.................... 493

▶ Diferença do Mandado de Segurança coletivo e individual na prática............ 494

◉ Súmulas pertinentes ao artigo 21................................ 494

　◉ Súmula nº 629/STF. A impetração de mandado de segurança coletivo por entidade de classe em favor dos associados independe da autorização destes 494

　◉ Súmula nº 630/STF. A entidade de classe tem legitimação para o mandado de segurança ainda quando a pretensão veiculada interesse apenas a uma parte da respectiva categoria 494

Art. 22

DA COISA JULGADA E DA LITISPENDÊNCIA NO MANDADO DE SEGURANÇA 494

▶ O art. 22, caput, da Lei n. 12.016/2009 cuida dos limites subjetivos da coisa julgada (material) do mandado de segurança coletivo, isto é, disciplina quem fica sujeito à imutabilidade da decisão de mérito (v. n. 50, supra) que vier a ser proferida naquela sede 494

▶ O mandado de segurança coletivo se dá seguindo o regime da substituição processual e que a coisa julgada formada em tal ação se faz perante os substituídos (i.e., os membros da impetrante) 495

▶ O alcance subjetivo da sentença do mandado coletivo se define mediante indagação de a benefício de quem teria sido ele impetrado. Daí que "aqueles que, segundo resulte da causa de pedir e do pedido, sejam abrangidos pela impetração, é que serão alcançados pelo que nela for decidido 496

▶ Redação do artigo 22 inspirado no inc. II do art. 103 do Código de Defesa do Consumidor 496

▶ Há um beneficiamento e não uma substituição processual..................... 497

▶ A ausência de litispendência entre o mandado de segurança coletivo e o mandado de segurança individual, assegurada pela regra, é medida que deve ser aplaudida 497

Art. 22

▶ A melhor interpretação para o caput do art. 22 da Lei n. 12.016/2009 é no sentido de que ele não prevê, a despeito de respeitável entendimento contrário, hipótese de coisa julgada pro et contra, isto é, capaz de impedir o acesso individual dos substituídos no Judiciário diante de uma decisão que rejeite, no mérito, o pedido formulado em sede de mandado de segurança coletivo 498

▶ Coisa julgada secundum eventum probationis 498

▶ Regra para os limites subjetivos da coisa julgada 499

▶ Vinculação da coisa Julgada 499

▶ Não havendo comunicação e ocorrendo duas coisas julgadas (coletiva favorável e individual desfavorável), deve prevalecer a coletiva 499

▶ A expressão litisconsorte utilizada pelo legislador deve ser entendida como assistente 499

▶ A homologação da desistência independe de anuência da parte ré ou da autoridade coatora 500

▶ A utilização de duas ações de Mandados de Segurança 500

▶ Interpretação mais restritiva do § 1 ° do art. 22. 500

▶ Sobre a constitucionalidade a respeito da desistência disposta no § 1 º do art. 22 500

▶ Aplica-se a desistência somente aos mandados de segurança que tenham como proteção uma situação particular. 501

▶ Ação individual de Mandado de Segurança possui interesse diverso da ação coletiva de Mandado de Segurança 501

▶ O fato de ter sido proferida sentença no mandado de segurança coletivo não impede a desistência do mandado individual 501

▶ Duas situações que ocorrem na harmonização entre a sentença coletiva, obtida em mandado de segurança coletivo, e a sentença individual, obtida em mandado de segurança individual 501

▶ Em se tratando de mandado de segurança coletivo, a liminar só pode ser deferida após a audiência (oitiva) do representante judicial da pessoa jurídica de direito público, que terá o prazo de 72 horas para se manifestar (art. 22, § 2.º) 502

▶ Utilização da expressão: "pessoa jurídica de direito público", que não inclui as pessoas jurídicas privadas no exercício de atribuições do Poder Público ... 502

▶ O prazo de 72 horas é meramente recomendatório 503

Art. 23

DA DECADÊNCIA AO DIREITO DO MANEJO DO MANDADO DE SEGURANÇA ... 503

▶ Prazo decadencial para a propositura da ação.. 503

◉ Súmula 632 do STF – É constitucional lei que fixa o prazo de decadência para a impetração de mandado de segurança 503

◉ Nas relações de trato sucessivo, a contagem do prazo decadencial para o ajuizamento da ação mandamental se renova mês a mês 503

◉ Se o ato é irrecorrível ou apenas passível de recurso sem efeito suspensivo, contar-se-á o prazo da publicação ou da intimação pessoal do interessado .. 504

◉ Se o ato admite a interposição de recurso com efeito suspensivo, contar-se-á do término do prazo para o recurso (se não for interposto) ou da intimação do julgamento final do recurso (se interposto regularmente)............. 504

◉ Pedido de reconsideração deduzido após o julgamento de recurso recebido sob o efeito suspensivo não impede o início da contagem do prazo decadencial para a impetração do Mandado de Segurança 504

   ◉ Súmula 430: Pedido de reconsideração na via administrativa não interrompe o prazo para o mandado de segurança 505

◉ A interposição de recurso administrativo destituído de efeito suspensivo, a teor do art. 61 da Lei n. 9.784/99, não tem o condão de interromper a fluência da decadência 505

◉ Mesmo que seja possível o manejo de recurso na via administrativa, caso o ele não venha a ser recebido em seu efeito suspensivo, o ato combatido é plenamente operante, como, por exemplo, em situação de demissão de servidor público 505

◉ A interposição de embargos de declaração contra decisão administrativa impugnada pela via do mandado de segurança não tem o condão de interromper o fluxo do prazo decadencial de 120 dias para impetração do mandamus 506

◉ Aplicação da regra do CPC ao prazo decadencial para impetração de mandado de segurança.. 506

▶ Prorrogação do prazo 506

▶ A fluência do prazo só se inicia na data em que o ato a ser impugnado se torna operante ou exequível – vale dizer, capaz de produzir lesão ao direito do impetrante 506

◉ O termo inicial para a formalização de mandado de segurança pressupõe a ciência do impetrante, nos termos dos artigos 3º e 26 da Lei nº 9.784/1999,

Art. 23

quando o ato impugnado surgir no âmbito de processo administrativo do qual seja parte 507

▶ O prazo decadencial para impetração de mandado de segurança contra ato omissivo da Administração, em regra, renova-se mês a mês, por envolver obrigação de trato sucessivo 507

◉ Mandado de Segurança impetrado para anular execução ainda em curso. . 508

◉ Se houver prazo fixado em lei ou regulamento para a prática do ato, haverá omissão ilegal da autoridade, sendo possível a impetração do mandado de segurança para compeli-la a decidir o requerimento administrativo. Nessa hipótese o prazo decadencial se inicia a partir do final do prazo legal ou regularmente estabelecido para a prática do ato pela autoridade pública 508

◉ Se não houver prazo para a prática do ato a jurisprudência tem aceitado a impetração do mandado de segurança para compelir a autoridade a apreciar o pedido, nas hipóteses em que a delonga na apreciação se mostre desarrazoada 508

▶ Omissões de caráter sucessivo e autônomo 508

▶ Quando se trata de mandado de segurança preventivo não há prazo algum a ser considerado 509

▶ Pedido de reconsideração na via administrativa não interrompe o prazo para o mandado de segurança 510

▶ Prazo para a impetração contra ato omissivo 511

◉ O termo inicial do prazo decadencial para a impetração de mandado de segurança no qual se discuta regra editalícia que tenha fundamentado eliminação em concurso público é a data em que o candidato toma ciência do ato administrativo que determina sua exclusão do certame, e não a da publicação do edital 511

◉ O término da validade do concurso marca o termo a quo da contagem do prazo decadencial para a impetração de mandado de segurança dirigido contra ato omissivo da autoridade coatora, que se furtou em nomear o candidato no cargo para o qual fora aprovado 512

◉ O termo inicial do prazo para impetração do mandado de segurança contra a aplicação de sanção disciplinar administrativa ocorre quando a penalidade é publicada no Diário Oficial 513

▶ Decadência no Mandado de Segurança não impede a utilização das vias ordinárias 513

◉ Decadência no Mandado de Segurança e extinção sem julgamento de mérito" 514

- Decadência no Mandado de Segurança: matéria de ordem pública. Possibilidade de reconhecimento de ofício e a qualquer tempo 514

- É posição pacífica da jurisprudência desta Suprema Corte que o prazo decadencial para ajuizamento do mandado de segurança, mesmo que tenha ocorrido perante juízo absolutamente incompetente, há de ser aferido pela data em que foi originariamente protocolizado 515

- Com o decurso, in albis, do prazo decadencial de 120 dias, a que se refere o art. 23 da Lei 12.016/2009, extingue-se, de pleno direito, a prerrogativa de impetrar mandado de segurança 515

- Súmulas pertinentes ao artigo 23 516

    - Súmula nº 430/STF: Pedido de reconsideração na via administrativa não interrompe o prazo para o mandado de segurança 516

    - Súmula nº 631/STF: Extingue-se o processo de mandado de segurança se o impetrante não promove, no prazo assinado, a citação do litisconsorte passivo necessário 516

    - Súmula nº 632/STF: É constitucional lei que fixa o prazo de decadência para a impetração de mandado de segurança 516

Art. 24

DO LITISCONSÓRCIO NO MANDADO DE SEGURANÇA **516**

▶ Novo Código de processo Civil. Artigos correspondentes 516

▶ O Litisconsórcio 516

▶ Haverá litisconsórcio quando houver comunhão de direitos ou de obrigações entre duas ou mais pessoas. (vide art.113, I do NCPC) 517

▶ Haverá litisconsórcio entre as causas caso houver conexão pelo pedido ou pela causa de pedir (vide art. 113, II NCPC) 517

▶ Haverá litisconsórcio quando ocorrer afinidade de questões por ponto comum de fato ou de direito (vide art. 113, III NCPC) 517

▶ O juiz poderá limitar o litisconsórcio facultativo quanto ao número de litigantes na fase de conhecimento, na liquidação de sentença ou na execução, quando este comprometer a rápida solução do litígio ou dificultar a defesa ou o cumprimento da sentença. (vide art. 113. § 1º do NCPC) 517

▶ O requerimento de limitação interrompe o prazo para manifestação ou resposta, que recomeçará da intimação da decisão que o solucionar (vide art. 113. § 2º do NCPC) 518

▶ Não se confunde a figura do litisconsórcio -passivo ou ativo – com as hipóteses de mandado de segurança coletivo 518

Art. 25

- Importante relembrar sobre a proibição do litisconsorte ativo ulterior 518
- ▶ No mandado de segurança, a relação jurídica não se forma sem a observância do litisconsórcio passivo necessário 518
- ▶ Possibilidade de haver litisconsórcio entre a autoridade coatora e a pessoa jurídica de direito público. Posicionamento do STJ 519
- ▶ A Súmula 631 do STF em consonância com o CPC, determina, para alguns autores, a formação do litisconsórcio passivo necessário entre a pessoa jurídica de direito público de que a autoridade coatora é agente e o sujeito beneficiado pelo ato coator 519
- ▶ No mandado de segurança, é impossível a ocorrência de hipótese de litisconsórcio ativo necessário 519
- Súmulas pertinentes ao artigo 24 519
  - Súmula nº 631/STF: Extingue-se o processo de mandado de segurança se o impetrante não promove, no prazo assinado, a citação do litisconsorte passivo necessário 519
  - Súmula nº 701/STF: No mandado de segurança impetrado pelo Ministério Público contra decisão proferida em processo penal, é obrigatória a citação do réu como litisconsorte passivo 519

Art. 25

DO NÃO CABIMENTO DE EMBARGOS INFRINGENTES E SUCUMBÊNCIA NO MANDADO DE SEGURANÇA **520**

- ▶ Despesas processuais e honorários advocatícios 520
- A regra do art. 85, § 11, do CPC/2015, ou seja, que prevê os honorários recursais, não se aplica ao Mandado de Segurança 520
- Trechos importantes do voto do relator 521
- Súmulas pertinentes ao artigo 25 522
  - Súmula nº 294/STF. São inadmissíveis embargos infringentes contra decisão do Supremo Tribunal Federal em mandado de segurança 522
  - Súmula nº 512/STF. Não cabe condenação em honorários de advogado na ação de mandado de segurança 522
  - Súmula nº 597/STF. Não cabem embargos infringentes de acórdão que, em mandado de segurança decidiu, por maioria de votos, a apelação .. 522
  - Súmula nº 105/STJ. Na ação de mandado de segurança não se admite condenação em honorários advocatícios 522
  - Súmula nº 169/STJ. São inadmissíveis embargos infringentes no processo de mandado de segurança 522

Art. 26

DO NÃO CUMPRIMENTO DA DECISÃO PROFERIDA EM MANDADO DE SEGURANÇA 522

▶ Utilização de coerção indireta para o cumprimento das decisões proferidas em Mandado de Segurança 522

◉ A previsão de multa caracteriza a atipicidade da conduta 522

◉ A recusa da autoridade coatora em cumprir a ordem judicial pode, por força de atipia relativa (se restar entendido, como dedução evidente, a de satisfação de interesse ou sentimento pessoal), configurar, também, o delito de prevaricação 523

◉ Não tem o juiz poderes para expedir ordem de prisão fora das hipóteses de depositário infiel e de devedor de alimentos 523

▶ Há também, a possibilidade da utilização de técnicas sub-rogatórias 523

▶ As técnicas coercitivas e sub-rogatórias, acima definidas, não se aplicam indistintamente para o cumprimento de qualquer tipo de obrigação, como é o caso das obrigações infungíveis, de caráter personalíssimo 524

▶ O sujeito passivo da multa cominada como meio coercitivo para o cumprimento da decisão infungível proferida pelo órgão jurisdicional 524

▶ Multa devida pela pessoa jurídica a que se vincula a autoridade. Ineficácia. Possibilidade de reverter negativamente contra o Estado 524

▶ Multa devida pela pessoa física. Mais eficaz 525

▶ Na esfera Tributária, o disposto no artigo 26 é mais uma garantia para o contribuinte 525

Art. 27

ADAPTAÇÃO DOS REGIMENTOS INTERNOS 525

▶ A necessidade de adaptação dos Regimentos internos dos tribunais e das leis de organização judiciária devido ao advento da nova lei do mandado de segurança 525

▶ Prazo de 180 (cento e oitenta) dias, contado da sua publicação 525

▶ A Lei 12.016/2009 acabou tratando, também, do mandado de segurança originário 526

Art. 28

DA VIGÊNCIA DA LEI 526

▶ Regra da Irretroatividade 526

Art. 29

▶ A lei processual nova deve respeitar o ato jurídico perfeito 526

Art. 29

DAS NORMAS REVOGADAS 527

▶ A falta de revogação expressa da Lei 2.770/56 permite que continuem vigendo as suas regras, que não são incompatíveis com as da Lei 12.016/09. 527

▶ Não foram revogadas disposições específicas das Leis 8.437/1992 e 9.494/1997 527

O MANDADO DE SEGURANÇA NOS JUIZADOS ESPECIAIS 527

▶ A sistemática nos Juizados Especiais 527

▶ O intuito do legislador constituinte 527

▶ O legislador ordinário acabou por atropelar princípios constitucionais, criando, ainda, inúmeros problemas de ordem processual àquele que recorre ao procedimento sumaríssimo dos juizados. 528

▶ A restrição de diversos recursos abriu as portas para a possibilidade do uso do mandado de segurança 528

▶ Infelizmente a ação mandamental tem sido utilizada indiscriminadamente em substituição ao agravo de instrumento. 528

▶ O Superior Tribunal de Justiça tem entendimento consolidado pelo cabimento do mandado de segurança contra decisões interlocutórias proferidas nos Juizados Especiais, considerando-se que o procedimento sumaríssimo adota a irrecorribilidade imediata de tais decisões 528

▶ Exceção à regra do cabimento de Mandado de Segurança contra decisão interlocutória proferidas em âmbito de Juizados Especiais Federais 529

◉ O Tribunal Regional Federal é competente para julgar Mandados de Segurança quando o objeto for discutir os limites da competência absoluta do Juizado Especial 529

◉ Turma Recursal dos Juizados Especiais é competente para julgar Mandados de Segurança impetrados contra atos de seus próprios membros 529

   ◉ Súmula 376/STJ: Compete a Turma Recursal processar e julgar o mandado de segurança contra ato de juizado especial 530

◉ A jurisprudência tem admitido o ajuizamento de mandado de segurança destinado a impugnar decisão judicial transitada em julgado destinado a provocar o controle da competência dos Juizados Especiais Cíveis. 530

TABELA COMPARATIVA ENTRE A LEI 1.533/51 E A LEI 12.016/09 .... **531**

REPERCURSSÕES GERAIS ENVOLVENDO O TEMA MANDADO DE SEGURANÇA... **540**

- **TESE 0077** – Não cabe mandado de segurança das decisões interlocutórias exaradas em processos submetidos ao rito da Lei 9.099/1995. RE 576847, 20/05/2009 540

- **TESE 0159** – Compete às Turmas Recursais o julgamento de mandado de segurança utilizado como substitutivo recursal contra decisão de juiz federal no exercício de jurisdição do Juizado Especial Federal. RE 586789, 16/11/2011 ... 540

- **TESE 0530** – É lícito ao impetrante desistir da ação de mandado de segurança, independentemente de aquiescência da autoridade apontada como coatora ou da entidade estatal interessada ou, ainda, quando for o caso, dos litisconsortes passivos necessários, a qualquer momento antes do término do julgamento, mesmo após eventual sentença concessiva do 'writ' constitucional, não se aplicando, em tal hipótese, a norma inscrita no art. 267, § 4º, do CPC/1973. RE 669367, 02/05/2013 540

- **TESE 0722** – Compete à justiça federal comum processar e julgar mandado de segurança quando a autoridade apontada como coatora for autoridade federal, considerando-se como tal também os dirigentes de pessoa jurídica de direito privado investidos de delegação concedida pela União. RE 726035, 25/04/2014 541

- **TESE 0831** – O pagamento dos valores devidos pela Fazenda Pública entre a data da impetração do mandado de segurança e a efetiva implementação da ordem concessiva deve observar o regime de precatórios previsto no artigo 100 da Constituição Federal. RE 889173, 08/08/2015 541

RECURSOS REPETITIVOS DO SUPERIOR TRIBUNAL DE JUSTIÇA **542**

- **Tema/Repetitivo 118** – É necessária a efetiva comprovação do recolhimento feito a maior ou indevidamente para fins de declaração do direito à compensação tributária em sede de mandado de segurança 542

- **Tema/Repetitivo 162** – É cabível a interposição de agravo de instrumento contra decisão de magistrado de primeira instância que indefere ou concede liminar em mandado de segurança 542

- **Tema/Repetitivo 258** – É incabível o mandado de segurança para convalidar a compensação tributária realizada pelo contribuinte 542

- **Tema/Repetitivo 271** – Os efeitos da suspensão da exigibilidade pela realização do depósito integral do crédito exequendo, quer no bojo de ação anulatória, quer no de ação declaratória de inexistência de relação jurídico-tributária, ou mesmo no de mandado de segurança, desde que ajuizados anteriormente à execução fiscal, têm o condão de impedir a lavratura do auto de infração, assim como de coibir o ato de inscrição em dívida ativa e o ajuizamento da execução fiscal, a qual, acaso proposta, deverá ser extinta 542

- **Tema/Repetitivo 430** – No pertinente a impetração de ação mandamental contra lei em tese, a jurisprudência desta Corte Superior embora reconheça a possibilidade de mandado de segurança invocar a inconstitucionalidade da norma como fundamento para o pedido, não admite que a declaração de inconstitucionalidade, constitua, ela própria, pedido autônomo 542

SÚMULAS DO SUPREMO TRIBUNAL FEDERAL SOBRE MANDADO DE SEGURANÇA 542

- **Súmula 101** – O mandado de segurança não substitui a ação popular 542

- **Súmula 248** – É competente, originariamente, o Supremo Tribunal Federal, para mandado de segurança contra ato do Tribunal de Contas da União 542

- **Súmula 248** – É competente, originariamente, o Supremo Tribunal Federal, para mandado de segurança contra ato do Tribunal de Contas da União 543

- **Súmula 267** – Não cabe mandado de segurança contra ato judicial passível de recurso ou correição 543

- **Súmula 268** – Não cabe mandado de segurança contra decisão judicial com trânsito em julgado 543

- **Súmula 269** – O mandado de segurança não é substitutivo de ação de cobrança 543

- **Súmula 270** – Não cabe mandado de segurança para impugnar enquadramento da L. 3.780, de 12.7.60, que envolva exame de prova ou de situação funcional complexa 543

- **Súmula 271** – Concessão de mandado de segurança não produz efeitos patrimoniais em relação a período pretérito, os quais devem ser reclamados administrativamente ou pela via judicial própria 543

- **Súmula 272** – Não se admite como ordinário recurso extraordinário de decisão denegatória de mandado de segurança 543

- **Súmula 294** – São inadmissíveis embargos infringentes contra decisão do Supremo Tribunal Federal em mandado de segurança 543

- **Súmula 299** – O recurso ordinário e o extraordinário interpostos no mesmo processo de mandado de segurança, ou de habeas corpus, serão julgados conjuntamente pelo Tribunal Pleno 543

- **Súmula 304** – Decisão denegatória de mandado de segurança, não fazendo coisa julgada contra o impetrante, não impede o uso da ação própria .. 543

- **Súmula 319** – O prazo do recurso ordinário para o Supremo Tribunal Federal, em habeas corpus ou mandado de segurança, é de cinco dias 543

- **Súmula 330** – O Supremo Tribunal Federal não é competente para conhecer de mandado de segurança contra atos dos Tribunais de Justiça dos Estados 543
- **Súmula 405** – Denegado o mandado de segurança pela sentença, ou no julgamento do agravo, dela interposto, fica sem efeito a liminar concedida, retroagindo os efeitos da decisão contrária 543
- **Súmula 429** – A existência de recurso administrativo com efeito suspensivo não impede o uso do mandado de segurança contra omissão da autoridade 543
- **Súmula 430** – Pedido de reconsideração na via administrativa não interrompe o prazo para o mandado de segurança 543
- **Súmula 433** – É competente o Tribunal Regional do Trabalho para julgar mandado de segurança contra ato de seu presidente em execução de sentença trabalhista 544
- **Súmula 474** – Não há direito líquido e certo, amparado pelo mandado de segurança, quando se escuda em lei cujos efeitos foram anulados por outra, declarada constitucional pelo Supremo Tribunal Federal 544
- **Súmula 506** – O agravo a que se refere o art. 4º da Lei nº 4.348, de 26.6.64, cabe, somente, do despacho do Presidente do Supremo Tribunal Federal que defere a suspensão da liminar, em mandado de segurança; não do que a denega 544
- **Súmula 510** – Praticado o ato por autoridade, no exercício de competência delegada, contra ela cabe o mandado de segurança ou a medida judicial .. 544
- **Súmula 512** – Não cabe condenação em honorários de advogado na ação de mandado de segurança 544
- **Súmula 597** – Não cabem embargos infringentes de acórdão que, em mandado de segurança decidiu, por maioria de votos, a apelação 544
- **Súmula 622** – Não cabe agravo regimental contra decisão do relator que concede ou indefere liminar em mandado de segurança 544
- **Súmula 623** – Não gera por si só a competência originária do Supremo Tribunal Federal para conhecer do mandado de segurança com base no art. 102, I, n, da Constituição, dirigir-se o pedido contra deliberação administrativa do tribunal de origem, da qual haja participado a maioria ou a totalidade de seus membros 544
- **Súmula 624** – Não compete ao Supremo Tribunal Federal conhecer originariamente de mandado de segurança contra atos de outros tribunais 544
- **Súmula 625** – Controvérsia sobre matéria de direito não impede concessão de mandado de segurança 544
- **Súmula 626** – A suspensão da liminar em mandado de segurança, salvo determinação em contrário da decisão que a deferir, vigorará até o trânsito em julgado da decisão definitiva de concessão da segurança ou, havendo

recurso, até a sua manutenção pelo Supremo Tribunal Federal, desde que o objeto da liminar deferida coincida, total ou parcialmente, com o da impetração 544

- **Súmula 627** – No mandado de segurança contra a nomeação de magistrado da competência do Presidente da República, este é considerado autoridade coatora, ainda que o fundamento da impetração seja nulidade ocorrida em fase anterior do procedimento 544

- **Súmula 628** – Integrante de lista de candidatos a determinada vaga da composição de tribunal é parte legítima para impugnar a validade da nomeação de concorrente 544

- **Súmula 629** – A impetração de mandado de segurança coletivo por entidade de classe em favor dos associados independe da autorização destes . 545

- **Súmula 630** – A entidade de classe tem legitimação para o mandado de segurança ainda quando a pretensão veiculada interesse apenas a uma parte da respectiva categoria 545

- **Súmula 631** – Extingue-se o processo de mandado de segurança se o impetrante não promove, no prazo assinado, a citação do litisconsorte passivo necessário 545

- **Súmula 632** – É constitucional lei que fixa o prazo de decadência para a impetração de mandado de segurança 545

- **Súmula 701** – No mandado de segurança impetrado pelo Ministério Público contra decisão proferida em processo penal, é obrigatória a citação do réu como litisconsorte passivo 545

SÚMULAS DO SUPERIOR TRIBUNAL DE JUSTIÇA **545**

- **Súmula 105**. Na ação de mandado de segurança não se admite condenação em honorários advocatícios 545

- **Súmula 202**. A impetração de segurança por terceiro, contra ato judicial, não se condiciona à interposição de recurso 545

- **Súmula 213**. O mandado de segurança constitui ação adequada para a declaração do direito à compensação tributária 545

- **Súmula 333**. Cabe mandado de segurança contra ato praticado em licitação promovida por sociedade de economia mista ou empresa pública 545

- **Súmula 376**. Compete a turma recursal processar e julgar o mandado de segurança contra ato de juizado especial 545

- **Súmula 460**. É incabível o mandado de segurança para convalidar a compensação tributária realizada pelo contribuinte 545

NORMAS DO CPC QUE SE APLICAM AO MANDADO DE SEGURANÇA.................. **545**

※ As normas fundamentais do processo civil arroladas nos artigos 1º a 12, até porque muitas delas encontram correspondência com normas insertas na constituição federal que tratam do acesso à justiça, a razoável duração do processo, a publicidade do julgamento proferido pelos juízes e tribunais e o dever de fundamentação das decisões judiciais 545

※ A legitimidade extraordinária (art. 18 do CPC) no mandado de segurança coletivo (art. 5º, inc. LXX, alínea B, da CRFB/88 e art. 21 DA LEI Nº 12.016/2009) e no mandado de segurança individual (art. 3º da lei nº 12.106/2009) 548

※ Os pressupostos de desenvolvimento válido e regular do processo, como o preenchimento dos requisitos da petição inicial (arts. 319, 320, 330 e 331 do CPC, art. 6º E 10 da lei nº 12.016/2009 548

※ As normas do código de processo civil de 2015 referentes aos poderes, deveres e responsabilidade do juiz bem como o impedimento e a suspeição (arts. 139 a 148 do CPC/2015), bem como as normas referentes aos auxiliares da justiça (arts. 149 a 175 do CPC/2015) 565

※ Normas que tratam da extinção do processo (art. 316 e 317 do CPC/2015), observadas as peculiaridades previstas na lei que rege o MS principalmente no que tange ao ato de citação, que no mandado de segurança, por exemplo, é substituído pela notificação da autoridade coatora com ciência ao órgão de representação judicial da pessoa jurídica interessada (Art. 7º, inc. I e II do CPC/2015).. 584

※ Os provimentos provisórios são atualmente tratados no CPC/2015 sob o rótulo genérico de tutela provisória (Art. 294 A 311), que se divide em tutela de urgência (art. 300 A 310), de natureza antecipada e cautelar, e tutela de evidência (Art. 311), contendo disposições gerais aplicáveis a ambos os tipos de provimentos provisórios (Art. 294 a 299) 584

※ O artigo 1.059 do CPC/2015 dispõe que é aplicável a tutela provisória requerida contra a Fazenda Pública o disposto no artigo 1º a 4º da Lei nº 8.437/92 e no artigo 7º, § 2º da Lei nº 12.016/2009 588

※ O mandado de segurança possui rito próprio aplicando-se a eles os requisitos da petição inicial previstos no artigo 319 a 331 do código de processo civil de 2015, por expressa autorização contida no artigo 6º e 10 da lei nº 12.016/2009 589

※ No tocante ao mandado de segurança o artigo 7º, inc. III, § 1º a 5º e o artigo 22, § 2º da Lei nº 12.016/2009 dispõem sobre a possibilidade de provimento de natureza liminar para suspender o ato emanado da autoridade coatora com vício de legalidade ou com abuso de poder, sem prejuízo da aplicação da tutela de urgência antecipada e cautelar e da tutela de evidência (art. 311, inc. I e II do CPC/2015) 599

※ As normas relativas a tutela específica das obrigações de fazer previstas nos artigos 497 a 501 do CPC/2015 599

- As normas atinentes a coisa julgada (art. 502 a 508 do CPC/2015) com a ressalva dos efeitos produzidos pela sentença proferida no mandado de segurança coletivo (art. 22 da lei nº 12.016/2009) 600

- No que diz respeito aos recursos disciplinados nos artigos 994 a 1.043 do código de processo civil de 2015, destaca-se que a Lei nº 12.016/2009 dispõe expressamente que da sentença que concede ou denega o mandado de segurança e da sentença que indefere a petição inicial cabe apelação (art. 14 e art. 10, § 1º) que é regulada nos artigos 1.009 a 1.014 do CPC/2015, sendo assegurado o direito de recorrer a autoridade coatora (art. 14, § 2º) 601

- Sobre o cabimento do recurso especial e extraordinário das decisões proferidas em única ou última instância (art. 102, inc. III e art. 105, inc. III da CRFB/88 e art. 1.029 a 1.035 do CPC/2015), nos casos legalmente previstos, e o recurso ordinário (art. 102, inc. II, al. "a" e art. 105, inc. II, al. "b" da CRFB/88 e art. 1.027 e 1.028 do CPC/2015) quando a ordem for denegada (art. 18), bem como do agravo de instrumento da decisão do juiz que conceder ou denegar liminar (ART. 7º, § 1º) 620

- São cabíveis, também, o agravo de instrumento nas hipóteses do artigo 1.015, inc. I, II, V, VII, VIII, e IX, o agravo interno contra decisão monocrática do relator (art. 1.021 do CPC/2015), o agravo interno em recurso especial e extraordinário (art. 1.042do CPC/2015) e os embargos de declaração (art. 1.022 a 1.026 do CPC/2015) 625

- São aplicáveis ao mandado de segurança o dever de observância pelos juízes e tribunais das decisões do supremo tribunal federal em controle concentrado de constitucionalidade; dos enunciados de súmula vinculante; dos acórdãos em incidente de assunção de competência ou de resolução de demandas repetitivas e em julgamento de recursos extraordinário e especial repetitivos; dos enunciados das súmulas do supremo tribunal federal em matéria constitucional e do superior tribunal de justiça em matéria infraconstitucional e da orientação do plenário ou do órgão especial aos quais estiverem vinculados (art. 927 c/c art. 489, § 1º do CPC/2015) 628

- São aplicáveis os artigos 929 a 946 do código de processo civil de 2015 que dispõem sobre a ordem dos processos no tribunal, observando-se as disposições do artigo 15 da lei nº 12.016/2009 sobre a suspensão dos efeitos da liminar e da sentença no mandado de segurança pelo presidente do Tribunal 630

- São aplicáveis subsidiariamente ao mandado de segurança os dispositivos do código de processo civil de 2015 que tratam do conflito de competência (arts. 951 a 959), pois pode ocorrer que dois ou mais juízes se declarem competentes ou incompetentes para julgar qualquer das ações constitucionais, bem como pode surgir controvérsia sobre a necessidade de reunião de processos (conexão e continência) para julgamento conjunto (art. 66 do CPC/2015) 635

‡ Da ação rescisória (arts. 966 a 975), tendo em conta que as decisões de mérito proferidas nas ações constitucionais fazem coisa julgada (art. 502 do CPC/2015, art. 22 da lei nº 12.016/2009 637

‡ Do incidente de argüição de inconstitucionalidade (arts. 948 a 950), quando houver discussão incidente sobre a inconstitucionalidade de lei ou de ato normativo nas ações constitucionais de competência originária dos tribunais ou quando em grau recursal; e do incidente de resolução de demandas repetitivas (arts. 976 a 987 do CPC/2015), pois pode ocorrer nas ações constitucionais a efetiva repetição de processos que contenham controvérsia sobre a mesma questão de direito e que representem risco de ofensa à isonomia e a segurança jurídica, sendo que a tese jurídica adotada no incidente será aplicada a todos os processos individuais e coletivos que versem sobre idêntica questão de direito e que tramitem na área de jurisdição do respectivo tribunal, inclusive àqueles que tramitem nos juizados especiais do respectivo estado ou região (art. 985, inc. I, do CPC/2015) 640

‡ A prioridade de tramitação do artigo 1.048 do CPC/2015 para às ações de mandado de segurança, em qualquer juízo ou tribunal, em que figure como parte ou interessado pessoa com idade igual ou superior a 60 (sessenta) anos, sem prejuízo da prioridade estipulada no artigo 20 da lei Nº 12.016/2009 643

EXCERTOS DE TODOS OS REGIMENTOS INTERNOS DE TODOS OS TRIBUNAIS PÁTRIOS DISPONDO SOBRE O PROCESSAMENTO DO MANDADO DE SEGURANÇA **645**

TRIBUNAIS SUPERIORES 645

- **Supremo Tribunal Federal** 645
- **Superior Tribunal de Justiça** 646
- **Tribunal Superior do Trabalho** 648
- **Tribunal Superior EleitoraL** 651
- **Tribunal Superior Militar** 651

TRIBUNAIS REGIONAIS FEDERAIS **653**

- **Tribunal Regional Federal da 1ª Região** 653
- **Tribunal Regional Federal da 2ª Região** 655
- **Tribunal Regional Federal da 3ª Região** 657
- **Tribunal Regional Federal da 4ª Região** 659
- **Tribunal Regional Federal da 5ª Região** 662

AUTORIDADES QUE POSSUEM PRERROGATIVA DE FORO EM MANDADOS DE SEGURANÇA 663

- Supremo Tribunal Federal 663
- Superior Tribunal de Justiça 663

AUTORIDADES QUE POSSUEM PRERROGATIVA DE FORO NOS MANDADOS DE SEGURANÇA EM ÂMBITO ESTADUAL COM BASE EM SUAS RESPECTIVAS CONSTITUIÇÕES ESTADUAIS 664

- Tribunal de Justiça do Acre 664
- Tribunal de Justiça de Alagoas 664
- Tribunal de Justiça do Amazonas 664
- Tribunal de Justiça do Amapá 664
- Tribunal de Justiça da Bahia 664
- Tribunal de Justiça do Ceará 665
- Tribunal de Justiça do Distrito Federal 665
- Tribunal de Justiça do Espírito Santo 665
- Tribunal de Justiça de Goias 665
- Tribunal de Justiça do Maranhão 665
- Tribunal de Justiça de Minas Gerais 665
- Tribunal de Justiça do Mato Grosso do Sul 666
- Tribunal de Justiça do Mato Grosso 666
- Tribunal de Justiça do Pará 666
- Tribunal de Justiça da Paraíba 666
- Tribunal de Justiça de Pernambuco 666
- Tribunal de Justiça do Piauí 667
- Tribunal de Justiça do Paraná 667
- Tribunal de Justiça do Rio de Janeiro 667
- Tribunal de Justiça do Rio Grande do Norte 667
- Tribunal de Justiça de Rondônia 667
- Tribunal de Justiça de Roraima 668
- Tribunal de Justiça do Rio Grande do Sul 668
- Tribunal de Justiça de Santa Catarina 668
- Tribunal de Justiça de Sergipe 668

- **Tribunal de Justiça de São Paulo** 668
- **Tribunal de Justiça do Tocantins** 668

MANDADO DE SEGURANÇA E SUA APLICAÇÃO REAL NO DIREITO PÚBLICO 669

MANDADOS DE SEGURANÇAS RELACIONADOS A CONCURSOS PÚBLICOS 669

- Autoridade coatora em concurso público.. 669

- A Teoria do Fato Consumado não se aplica aos concursos públicos, ressalvadas situações excepcionalíssimas como a aposentação do servidor que ingressou sub judice e que não teve seu processo finalizado 674

- A contratação de temporários ou qualquer forma de suprir de forma ilegal a necessidade de contratação de mão de obra advinda de candidatos aprovados dentro do número de vagas em concurso público em vigor confere aos mesmos o direito de pleitear via mandado de segurança suas nomeações em decorrência da preterição 675

- Mesmo aprovado em cadastro de reserva, caso se prove que há necessidade, existência de cargos e não ocorrência de óbice financeiro, a expectativa de direito do candidato se convola em direito subjetivo que pode ser amparado por Mandado de Segurança 676

- A ampliação do número de vagas, após a homologação do concurso, deve observar a proporção estabelecida no edital de abertura quanto às áreas de especialidades e locais de lotação 678

- Atestado pela Administração Pública o recebimento de todos os documentos necessários à inscrição definitiva no concurso público, viola o direito líquido e certo do impetrante o ato administrativo subsequente que o exclui da disputa, por supostamente não ter apresentado certidão de antecedentes criminais eleitorais 678

- Possibilidade, conforme o contexto, de determinação de nomeação de candidato aprovado em 1º lugar para a única vaga existente antes do fim do prazo de validade do certame 679

- Surgimento de vagas aliado à contratação de temporários na vigência de concurso com candidatos aprovados conferem a eles o direito de pleitear via Mandado de Segurança suas nomeações 679

- O direito de remoção do servidor em regra precede o direito de escolha de lotação de candidato aprovado em concurso público posterior 680

- Os candidatos aprovados em concurso que não se classificaram dentro do número de vagas previsto no edital têm mera expectativa de direito à nomeação, expectativa essa que se converte em direito subjetivo líquido certo, em caso de preterição, ou se forem abertas vagas novas no prazo de

- validade do certame, bem como se surgir a abertura de lugar preenchível no quadro, decorrente, por exemplo, de aposentadorias, exonerações, demissões, óbitos ou outros eventos 682

- As remoções homologadas devem se efetivar antes de qualquer ato de nomeação de novos aprovados em concurso público de provas e títulos, sobretudo quando tal nomeação se dá para a mesma região da remoção 682

- A ampliação do número de vagas, após a homologação do concurso, deve observar a proporção estabelecida no edital de abertura. 682

- Candidato sub judice, apostilamento, desistência das ações e boa fé 683

- Abuso do poder de regulamentar do edital e combate via Mandado de Segurança 683

- O período de trânsito pode ser computado como de efetivo exercício em local de difícil provimento 684

- É parte legítima para figurar no pólo passivo o Ministro de Estado do Planejamento, Orçamento e Gestão, porquanto a regra contida no art. 1º do Decreto 6.077/07, a qual cabe à aquela autoridade deferir o retorno dos servidores e empregados públicos anistiados, encontra-se em harmonia com a disposto na Lei 10.683/03 684

- O Advogado Geral da União é autoridade legítima para figurar no polo passivo de demanda em que a parte se insurge em relação à homologação do certame, publicada pelo AGU no âmbito de sua competência (fls. 119) (arts. 4º, XVI, da LC 73/93 e 12, § 1º, I, da Lei 10.480/02), bem como requer o reconhecimento do seu direito à nomeação ao cargo de PFN, cuja responsabilidade é também daquela autoridade 685

- Os militares, quando candidatos em outros concursos públicos, possuem direito à agregação para que seja possibilitada a participação nos cursos de formação, quando fazem parte do certame 686

- Mesmo com base em decisão judicial proferida após mais de quinze anos da data da posse o do exercício do candidato no crago, o ato que torna sem efeito sua nomeação em decorrência da reversão do julgado que lhe favorecia deve ser precedido de processo administrativo que assegure a ampla defesa e o contraditório 687

- Aplicação excepcional da Teoria do Fato consumado em Concurso Público 689

- Somente por lei é possível fazer restrição de idade em concurso público 689

- A existência de terceirizados exercendo as mesma funções do cargo em que os cadnidatos foram aprovados conferem aos mesmos o direito à nomeação em decorrência de ilegal preterição 690

- O término da validade do concurso marca o termo a quo da contagem do prazo decadencial para a impetração de mandado de segurança dirigido contra ato omissivo da autoridade coatora, que se furtou em nomear o candidato no cargo para o qual fora aprovado 691

- Quando na prova objetiva for possível apontar duas respostas igualmente certas, circunstância que, nos termos do edital, resultaria na anulação da questão e na atribuição da respectiva pontuação a todos os candidatos, a decisão da banca examinadora de alterar o gabarito, ao invés de anular a questão, importa em violação das regras do edital, o que autoriza, excepcionalmente, o exame da controvérsia pelo Poder Judiciário. 693

- Número de vagas dinâmico. "Vagas que surgirem dentro do prazo de validade do concurso" e direito à nomeação 695

- O encerramento do certame, o término do curso de formação ou a homologação do resultado final do concurso público não acarretam perda do objeto de mandado de segurança impetrado em face de suposta ilegalidade ou abuso de poder praticados durante uma de suas etapas 695

- A exigência de exame psicotécnico no concurso público tem que ter previsão legal. 696

- Sob nenhuma circunstância o edital pode impor em um concurso o exame psicotécnico como fase ou critério de aprovação do candidato 696

- Necessidade de previsão legal, objetividade quantos aos critérios de avaliação e de publicidade do resultado. Repercussão geral reconhecida com mérito julgado 697

- É ilegal o psicotécnico previsto apenas no edital ou decreto 697

- O termo a quo para a contagem do prazo decadencial para a impetração do mandado de segurança que se insurge contra resultado obtido em exame psicotécnico é a publicação do ato administrativo que determina a eliminação do candidato e não a publicação do edital do certame 697

- Não é possível criar requisito de acesso ao cargo por meio do edital 698

- A exigência de Prova Física deve possuir previsão legal 699

- A negativa de acesso às razões do indeferimento de recurso administrativo interposto com vistas a impugnar nota obtida em prova discursiva fere os princípios da publicidade 699

- É ilegal a apresentação, por parte da Banca Examinadora, de resposta padrão aos recursos interpostos questionando questão objetiva 699

- Incorre, portanto, em ilegalidade a Banca Examinadora que indefere recurso contra correção de prova sem apresentar fundamentação vinculada à impugnação específica apresentada pelo candidato 700

- É ilegal o ato de não liberação da gravação do áudio da prova oral para o candidato apresentar recurso. 700
- É ilegal a falta de motivação nos descontos da nota na prova oral 700
- É ilegal qualquer regra do edital que impossibilidade o candidato de recorrer na fase de prova oral 700
- É ilegal o julgamento imotivado dos recursos interpostos na fase de provas orais. 702
- A legitimidade passiva para responder a ação referente à anulação de questão de prova oral é do Poder Público e da Banca Examinadora em litisconsórcio passivo 702
- Governador é parte ilegítima em MS contra ato de concurso estadual no qual o candidato quer pontuação 702
- No sentido que o poder público ou autoridade coatora pertencente ao Poder Público 703
- No sentido que a competência é só da Banca Examinadora 703
- A competência para julgamento de Mandado de Segurança em ação questionamento a fase de títulos vai variar de acordo com os pedidos e a prerrogativa de foro da autoridade coatora 703
- É ilegal qualquer regra do edital que proíba a interposição de recurso na fase de prova discursiva 704
- É ilegal o julgamento imotivado dos recursos interpostos na fase de provas discursivas. 704
- É ilegal o procedimento da Banca Examinadora de responder de forma padronizada todos os recursos da prova discursiva. A decisão deve ser individualizada 705
- Incorre, portanto, em ilegalidade, a Banca Examinadora que indefere recurso interposto contra correção de prova sem apresentar fundamentação vinculada à impugnação específica apresentada pelo candidato 705
- Direito de não ser eliminado por idade sem que haja previsão legal. 706
- Direito a não ser eliminado por idade quando a previsão legal existente é desarrazoada 706
- Súmula 683 do STF: O limite de idade para a inscrição em concurso público só se legitima em face do art. 7º, XXX, da Constituição, quando possa ser justificado pela natureza das atribuições do cargo a ser preenchido. 707
- Súmula 14 do STF: Os requisitos do edital para o ingresso em cargo, emprego ou função pública devem ter por fundamento lei em sentido formal e material. Editais de concurso público não podem estabelecer restrição a pessoas com tatuagem, salvo situações excepcionais em razão de conteúdo que viole valores constitucionais 707

- Não é admissível, por ato administrativo, restringir, em razão da idade, inscrição em concurso para cargo público. Repercussão Geral Conhecida 707
- Edital que prevê a possibilidade de participação apenas de concorrentes do sexo masculino sem justificativa é ilegal 707
- Direito de não ser eliminado por motivo de altura, salvo em casos excepcionais. 707
- A aplicação de prova física no concurso tem que ter previsão legal. 708
- É ilegal regra do edital que proíba recurso quanto à eliminação do candidato por motivo de altura 709
- Na ausência de lei (omissão legislativa) significa que o administrador não pode agir 710
- Excesso de formalismo na fase de títulos 710
- Ilegalidade de eliminação de candidato cotista racial inobservando o critério da autodeclaração. 711
- Títulos e desproporcionaliadede 711
- Decisão de eliminção imotivada e violação ao princípio da motivação, ampla defesa e contraditório 711
- Ausência da devida publicidade na convocação de candidato para fase seguinte 712
- Há violação ao princípio da publicidade quando há um longo lapso temporal entre as fases do concurso 712
- A reserva de vagas para deficientes é uma forma de materializar o princípio da isonomia material 712
- Em decorrência da garantia da liberdade religiosa a realização de concurso em horário diverso não configura violação à isonomia, à igualdade e à moralidade 713
- Não existe óbice à sindicabilidade judicial de regras do certame em situações excepcionais, notadamente para controle de legalidade e de constitucionalidade. 713
- Manifesta incompatibilidade entre o enunciado da questão e a exigência constante do espelho de correção 714
- A exigência e pontuação dos títulos deve ser amparada pelos princípios a razoabilidade e proporcionalidade 714
- A idade máxima de 30 (trinta) anos já não guarda sintonia com o princípio da proporcionalidade para a situação em exame, porquanto é inevitável reconhecer que nos dias atuais pessoas com idade mais elevada do que esta, inclusive, demonstram perfeita capacidade de exercer as atribuições dos cargos referidos 715

- A eliminação de candidato em concurso público por motivo de disfunção visual passível de correção é ilegal 716
- O Laudo onde consta a eliminação do candidato por motivo de saúde deve ser devidamente motivado 716
- É ilegal na prova de aptidão física a adoção de tabela de pontuação diferenciada por idade para fins de quantificação dos pontos dos candidatos ... 717
- O candidato aprovado dentro do número de vagas previstas no edital tem direito público subjetivo à nomeação 718
- Comprovação da habilitação mínima exigida na forma do edital e direito à nomeação 718
- Candidato aprovado em primeiro lugar e dentro do número de vagas. Direito à nomeação 718
- Constitui documento hábil para comprovação da escolaridade exigida na hipótese de nomeação em concurso público o Certificado de Conclusão de Curso expedido até que seja emitido definitivamente o respectivo diploma 718
- A nomeação e posterior exoneração do 1º colocado, ainda dentro do prazo do certame, evidencia a necessidade de serviço permanente por parte da Administração, vinculando esta ao preenchimento das respectivas vagas e gerando direito subjetivo à nomeação do candidato classificado na posição imediatamente inferior àquele 719
- Inobservância ao cronograma estabelecido no edital. Afronta aos princípios da publicidade e da vinculação ao edital 719
- Inconstitucionalidade da proibição editalícia de ingresso no serviço público de candidatos com tatuagens no corpo 719
- O art. 236, § 3º, da CF/88 dispõe que a investidura na titularidade de unidade de serviço notarial ou de registro deve se dar mediante aprovação em concurso público, independentemente de se tratar de provimento originário ou por remoção 719
- Nomeação de candidato antes do trânsito em julgado 720
- Ilegalidade da Administração em não atribuir a pontuação do candidato referente à sua titulação acadêmica. 721
- A autoridade impetrada não pode realocar o quantitativo de vagas ofertado em concurso público, transferindo-o para outra localidade, ante a alegação de mudança nas necessidades da empresa 721
- Ilegalidade do ato administrativo que o considerou o impetrante "inapto/incapaz" na Inspeção de Saúde por apresentar tatuagem visível ao uso do uniforme de serviço fim de que possa continuar participando do Curso de admissão ao corpo de Fuzileiros Navais da Marinha do Brasil 722
- Não existe justificativa legal para eliminação de candidato cotista racial que não compareceu perante a comissão de aferição da autodeclaração racial

- quando o mesmo é aprovado dentro do número de vagas da ampla concorrência 723
- Há ausência de razoabilidade na conduta administrativa de impedir a matrícula do candidato quando a impossibilidade de entrega do certificado decorre de circunstâncias alheias à sua vontade 724
- Termo de Compromisso de Estágio não se enquadra nas hipóteses de comprovação de experiência profissional (conforme o edital do concurso) 725
- Não é razoável impedir a nomeação de candidato em concurso público de elevado nível de complexidade, como o de Analista Judiciário, por não ter a universidade impetrada lhe oportunizado a chance de antecipar a conclusão dos eu curso de Direito, quando o candidato já se encontra no 9º período 725
- Mandado de segurança contra decisão que determinou a redistribuição dos autos a uma das Varas do Juizado Especial da Fazenda Pública em relação a questão de diferenças salariais que não se consegue aferir de plano o benefício patrimonial almejado diante da complexidade dos cálculos 726
- Não é defeso formular pedido ilíquido e não cabe impor prévia liquidação somente para efeito do valor da causa e do limite de alçada do Juizado Especial. Possibilidade do Mandado de Segurança 726
- Recálculo dos adicionais por tempo de serviço, remessa para os juizados e cabimento de Mandado de Segurança 726
- A administração possui até o fim do prazo de validade do certame para nomear os candidatos aprovados dentro do número de vagas, porém este direito do candidato é antecipado se provar a contratação de servidor em caráter temporário em detrimento de candidato aprovado em concurso público. No caso, o impetrante comprovou que ele próprio está exercendo, como terceirizado, as mesmas funções do cargo para o qual foi aprovado em primeiro lugar 726
- Composição irregular de Comissão de Concurso Público 727
- Sistema de cotas raciais: critérios subsidiários de hetereoidentificação que devem respeitar a dignidade da pessoa humana e garantir o contraditório e a ampla defesa... 727

MANDADO DE SEGURANÇA EM TEMA DE SERVIDORES PÚBLICOS E PROCESSO ADMINISTRATIVO DISCIPLINAR 728

- Mandado de Segurança Originário – Impetração substitutiva de Agravo, diante de decisão não constante expressamente do rol do art. 1.015 do NCPC ... 728
- Decisão que conferiu licença para o servidor participar de fase de concurso público 728

- Decisão judicial atacada que não se mostra impugnável via recurso dotado de efeito suspensivo. Possibilidade de manejo de Mandado de Segurança. Questão do valor da causa e competência para julgamento do feito 729

- Direito líquido e certo da servidora à licença-maternidade e à estabilidade provisória desde a confirmação da gravidez até cinco meses após o parto ... 729

- Cabimento de MS para determinar à autoridade coatora que adote, no prazo de 60 (sessenta) dias, as providências necessárias ao cumprimento do art. 3º, IV, do Decreto 6.077/2007 referente à anistia concedida pela comissão especial interministerial 729

- Demissão em cargo distinto do qual foi praticada a falta disciplinar. Ilegalidade e cabimento do Mandado de Segurança 731

- Não observância do prazo de 3 dias úteis entre a notificação do indiciado e a realização da prova ou diligência ordenada, nos termos do art. 41 da Lei 9.784/99, sendo evidenciado o prejuízo à defesa 731

- Indeferimento pela comissão processante do requerimento de produção de provas com base em fundamentação inidônea gerando cerceamento de defesa 732

- Em sede de processo administrativo disciplinar, o marco inicial da prescrição da pretensão punitiva estatal coincide com a data do conhecimento do fato pela autoridade com poderes para determinar a abertura do PAD, e não com a posterior data em que a autoridade vier a identificar o caráter ilícito do fato apurado 733

- A autoridade julgadora pode aplicar sanção diversa daquela sugerida pela Comissão Processante, agravando ou abrandando a penalidade, ou até mesmo isentar o servidor da responsabilidade, desde que apresente a devida fundamentação 733

- Por força dos princípios da proporcionalidade, da dignidade da pessoa humana e da não-culpabilidade, aplicáveis ao regime jurídico disciplinar, não há juízo de discricionariedade no ato administrativo que impõe sanção a Servidor Público, em razão de infração disciplinar 734

- Cabimento de Mandado de Segurança para determinar à autoridade impetrada que proceda ao exame do pleito formulado pela Impetrante referente aos pedidos administrativos de transposição e apostilamento 734

- Mandado de segurança. Gratificação de desempenho de atividade técnica de fiscalização agropecuária – GDATFA. Extensão aos servidores inativos na forma em que paga aos servidores em atividade. Gratificação de natureza jurídica híbrida. A paridade deve ser observada enquanto não forem estabelecidos os critérios que permitem a diferenciação 735

- Mandado de segurança. Processo Administrativo Disciplinar. Demissão aplicada por decisão ministerial não respaldada em prévia manifestação da comissão processante. Ilegalidade 737

- Ausência de razoabilidade do ato administrativo de indeferimento do pedido de afastamento estudo no exterior e consequente ilegalidade de demissão por abandono de cargo. 738
- É cabível a impetração de Mandado de Segurança objetivando a estipulação de prazo para a Administração efetivar a reintegração do impetrante no serviço público 739
- O Mandado de Segurança não é meio adequado para pleitear a produção de efeitos patrimoniais anteriores à impetração, porquanto não constitui ação de cobrança, consoante dispõem o § 4º do art. 14 da Lei 12.016/2009 e as Súmulas 269 e 271/STF 740
- Processo disciplinar. Inocência proclamada. Condenação em processo penal. Novo PAD. Fatos que embasaram a condenação compreendidos no processo administrativo anterior. Bis in idem. Segurança concedida 741
- Nulidade do despacho de indiciamento 742
- Divergência entre a comissão processante e a autoridade julgadora 742
- O acusado se defende dos fatos a ele imputados, não sendo eventual capitulação legal restrição para posterior reenquadramento jurídico 742
- O Superior Tribunal de Justiça possui entendimento firmado de que, para se concluir pelo abandono de cargo e aplicar a pena de demissão, a Administração Pública deve verificar o animus abandonandi do servidor, elemento indispensável para a caracterização do mencionado ilícito administrativo 742
- Desnecessidade de procedimento administrativo para efetivar exoneração com base em decisão judicial 743
- Remoção para acompanhar cônjuge transferido ex-ofício 744
- A estabilidade no serviço público e o estágio probatório são institutos distintos, motivo porque incabível a exigência de cumprimento do prazo constitucional de três anos para que o servidor figure em lista de promoção na carreira 745
- Cumulação de cargos e jornada de trabalho. Diante do silêncio da Lei nº 11.416/06 acerca da jornada de trabalho dos servidores do Poder Judiciário e existindo legislação que discipline a jornada de ocupantes de cargos públicos das áreas de medicina e odontologia, aplica-se a norma de caráter especial em detrimento da regra geral inserta no caput do artigo 19 da Lei nº 8.112/90 745
- Mandado de segurança. Servidor público que exerceu a função por mais de 20 anos em cargo que exigia formação em curso superior. Cassação de aposentadoria. Impossibilidade. A comissão processante concluiu pela falta de má-fé do impetrante e sugeriu o arquivamento dos autos por incidência da decadência. Pena diversa ofende os princípios da proporcionalidade, razoabilidade e da segurança jurídica 745

CXXIII

- Mandado de segurança individual. Processo administrativo disciplinar. Conversão de exoneração a pedido em destituição de cargo em comissão. Improbidade administrativa. Art. 132, VI, da lei 8.112/1990. Ausência de animus abandonandi. Existência de prévio pedido de exoneração. Inocorrência de ato de improbidade administrativa. Art. 11 da lei 8.429/1992. 746

- O colendo Supremo Tribunal Federal, no julgamento do MS 23.262/DF, Rel. Min. DIAS TOFFOLI, DJe 30.10.2014, declarou incidentalmente a inconstitucionalidade do art. 170 da Lei 8.112/90, fundamento legal utilizado pela autoridade coatora para determinar o registro do fato desabonador nos assentamentos funcionais individuais do Impetrante 748

- Ordem concedida para determinar que a autoridade impetrada se abstenha de realizar a anotação punitiva nos assentamentos funcionais do impetrante em decorrência da prescrição 748

- O Auxiliar Local, admitido antes de 11 de dezembro de 1990, que presta serviços de forma ininterrupta ao Consulado Brasileiro no exterior faz jus ao enquadramento no Regime Jurídico dos Servidores Públicos Civis da União, consoante o disposto no art. 243 da Lei n. 8.112/90 750

- Havendo notório envolvimento da autoridade hierárquica na fase investigativa – fato incontroverso no contexto destes autos -, que compromete a independência e a isenção dos trabalhos e afronta o disposto na legislação pertinente ao devido processo legal, à imparcialidade e ao juízo natural, imperioso o reconhecimento da nulidade do processo administrativo disciplinar 750

- A Gratificação de Incentivo à Fiscalização e Arrecadação detém qualidade abstrata e é deferida indistintamente a todos os servidores, inclusive aos inativos, razão pela qual não subsiste a alegação da autoridade coatora quanto à impossibilidade de seu adimplemento por necessidade de exercício da função 751

- Realizado o concurso de remoção, em virtude de processo seletivo promovido (art. 36, III, "c", da Lei n. 8.112/90), afasta-se a Administração de qualquer juízo de discricionariedade, devendo-se efetivar as remoções homologadas antes de qualquer ato de nomeação de novos aprovados em concurso público de provas e títulos, sobretudo quando tal nomeação se dá para a mesma região da remoção 751

- O ato administrativo que impõe sanção a servidor público encontra-se vinculado aos princípios da proporcionalidade, dignidade da pessoa humana e culpabilidade. Dessa forma, o controle jurisdicional é amplo e não se limita somente aos aspectos formais do procedimento, inclusive por força no disposto na Lei n. 9.784/99 752

- O menor sob guarda judicial de servidor público do qual dependa economicamente no momento do falecimento do responsável tem direito à pensão temporária de que trata o art. 217, II, b, da Lei 8.112/90 752

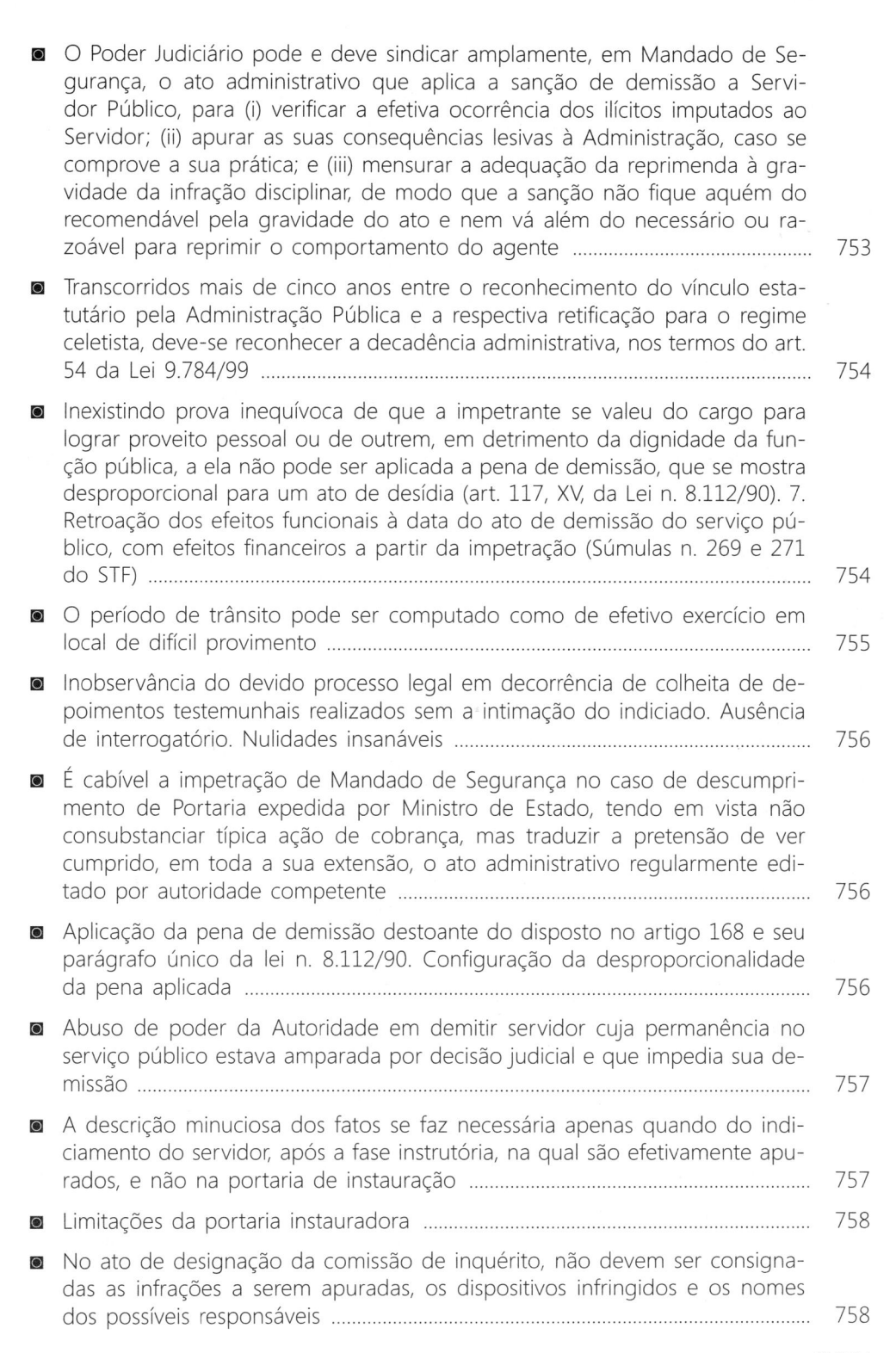

- O Poder Judiciário pode e deve sindicar amplamente, em Mandado de Segurança, o ato administrativo que aplica a sanção de demissão a Servidor Público, para (i) verificar a efetiva ocorrência dos ilícitos imputados ao Servidor; (ii) apurar as suas consequências lesivas à Administração, caso se comprove a sua prática; e (iii) mensurar a adequação da reprimenda à gravidade da infração disciplinar, de modo que a sanção não fique aquém do recomendável pela gravidade do ato e nem vá além do necessário ou razoável para reprimir o comportamento do agente 753

- Transcorridos mais de cinco anos entre o reconhecimento do vínculo estatutário pela Administração Pública e a respectiva retificação para o regime celetista, deve-se reconhecer a decadência administrativa, nos termos do art. 54 da Lei 9.784/99 754

- Inexistindo prova inequívoca de que a impetrante se valeu do cargo para lograr proveito pessoal ou de outrem, em detrimento da dignidade da função pública, a ela não pode ser aplicada a pena de demissão, que se mostra desproporcional para um ato de desídia (art. 117, XV, da Lei n. 8.112/90). 7. Retroação dos efeitos funcionais à data do ato de demissão do serviço público, com efeitos financeiros a partir da impetração (Súmulas n. 269 e 271 do STF) 754

- O período de trânsito pode ser computado como de efetivo exercício em local de difícil provimento 755

- Inobservância do devido processo legal em decorrência de colheita de depoimentos testemunhais realizados sem a intimação do indiciado. Ausência de interrogatório. Nulidades insanáveis 756

- É cabível a impetração de Mandado de Segurança no caso de descumprimento de Portaria expedida por Ministro de Estado, tendo em vista não consubstanciar típica ação de cobrança, mas traduzir a pretensão de ver cumprido, em toda a sua extensão, o ato administrativo regularmente editado por autoridade competente 756

- Aplicação da pena de demissão destoante do disposto no artigo 168 e seu parágrafo único da lei n. 8.112/90. Configuração da desproporcionalidade da pena aplicada 756

- Abuso de poder da Autoridade em demitir servidor cuja permanência no serviço público estava amparada por decisão judicial e que impedia sua demissão 757

- A descrição minuciosa dos fatos se faz necessária apenas quando do indiciamento do servidor, após a fase instrutória, na qual são efetivamente apurados, e não na portaria de instauração 757

- Limitações da portaria instauradora 758

- No ato de designação da comissão de inquérito, não devem ser consignadas as infrações a serem apuradas, os dispositivos infringidos e os nomes dos possíveis responsáveis 758

- A quem compete a instauração do procedimento? 758
- Em regra, a instauração do PAD é instruída com documentos preliminares referentes à denúncia, representação e/ou outros expedientes relacionados ao caso 759
- A instauração do processo é um poder dever da Administração 759
- É dever do servidor público comunicar à autoridade superior as irregularidades de que tiver ciência em razão do cargo 759
- A omissão da autoridade configura desídia. ilícito administrativo previsto no art. 117, XV, desta Lei além de condescendência criminosa, tipificada no art. 320 do Código Penal 759
- Dupla competência para instauração de processo administrativo 760
- É possível a instauração de PAD com base em denúncia anônima, desde que devidamente motivada e com amparo em investigação ou sindicância ... 760
  - Súmula 611 do STJ: Desde que devidamente motivada e com amparo em investigação ou sindicância, é permitida a instauração de processo administrativo disciplinar com base em denúncia anônima, em face do poder-dever de autotutela imposto à Administração 760
- Fundamento de abertura de PAD com base em denúncia anônima no poder-dever de autotutela imposto à Administração 760
- Se uma prova já foi produzida em um processo criminal e interessa para a instrução de um processo administrativo, não haveria razões para não utilizar diretamente a prova produzida no âmbito processual penal 761
- Todavia, a prova que se pretende emprestar deve ter sido produzida no processo criminal com a observância dos princípios do contraditório e da ampla defesa 761
- O STF pacificou o entendimento – seguido pelo STJ – de que as informações obtidas através de interceptação telefônica, autorizada em processo penal, podem ser utilizadas como prova emprestada em processos administrativos disciplinares 762
- O STJ já aceitou a utilização dos dados obtidos através de escuta telefônica realizada na fase de inquérito como prova emprestada em processos administrativos disciplinares 764
- A pena de demissão imposta a servidor público submetido a processo administrativo disciplinar deve encontrar fundamento em provas convincentes que demonstrem a prática da infração pelo acusado, razão pela qual a falta administrativa deve ser comprovada de maneira cabal e indubitável 764
- Em sede de processo administrativo disciplinar o marco inicial da prescrição da pretensão punitiva estatal coincide com a data do conhecimento do fato pela autoridade com poderes para determinar a abertura do PAD e não com a posterior data em que a autoridade vier a identificar o caráter ilícito do fato apurado 765

- Por força dos princípios da proporcionalidade, da dignidade da pessoa humana e da não-culpabilidade, aplicáveis ao regime jurídico disciplinar, não há juízo de discricionariedade no ato administrativo que impõe sanção a Servidor Público, em razão de infração disciplinar 765

- O Poder Judiciário pode e deve sindicar amplamente, em Mandado de Segurança, o ato administrativo que aplica a sanção de demissão a Servidor Público, para verificar (i) a efetiva ocorrência dos ilícitos imputados ao Servidor e (ii) mensurar a adequação da reprimenda à gravidade da infração disciplinar 766

- Se o motivo, pela própria natureza de discricionariedade, vier explicitado por meio de fundamentação, é possível a atuação jurisdicional quando tais fundamentos destoarem da razoabilidade e da própria realidade que circunscreve o ato administrativo 767

- Devem ser anuladas as ouvidas de testemunha nas quais não tenha sido observado o prazo de 3 (três) dias úteis entre a intimação de cada um dos Impetrantes e a realização do ato, e, por consequência, considerados nulos os atos delas decorrentes 768

- O impetrante tem o direito de ter o seu recurso em pedido de revisão regularmente processado 769

- Para se configurar a infração de se valer do cargo para lograr proveito pessoal ou de outrem, nos termos do art. 117, IX, da Lei nº 8.112/90, são indispensáveis o dolo, a vantagem oriunda de um comportamento ilegal e o nexo de causalidade entre a ilicitude do proveito obtido e o exercício funcional do servidor público... 769

- Reconhecimento da mora da autoridade impetrada quanto à análise do Pedido de Reconsideração do impetrante. Violação ao princípio da razoável duração do processo 772

- Processo disciplinar. inocência proclamada. condenação em processo penal. novo pad. fatos que embasaram a condenação compreendidos no processo administrativo anterior. bis in idem. segurança concedida 772

- A atividade administrativa sancionadora, em face do seu conteúdo materialmente jurisdicional, deve se revestir, sob a pena de nulidade, do respeito religioso a todos os princípios regentes da processualística contemporânea. Não se dispensa do promovente da imputação o ônus de provar a ocorrência justificadora da sanção pretendida, ônus esse que abrange todos os elementos da conduta infracional, inclusive, a produção de lesão e a inspiração dolosa: sem isso o ato reputado infracional não existe no mundo empírico 773

- O poder-dever de a Administração punir a falta cometida por seus Funcionários não se desenvolve ou efetiva de modo absoluto, de sorte que encontra limite temporal no princípio da segurança jurídica, de hierarquia constitucional, uma vez que os administrados não podem ficar indefinidamente sujeitos à instabilidade originada do poder disciplinar do Estado, além de que o acentuado lapso temporal transcorrido entre o cometimento da falta disci-

- plinar e a aplicação da respectiva sanção esvazia a razão de ser da responsabilização do Servidor supostamente transgressor 775
- Atos preparatórios não são aptos a obstar o prazo decadencial para o exercício da autotutela. É necessária a impugnação formal e direta quanto à validade do ato, formulada por autoridade com poder de decisão sobre a anulação do ato 776
- O Poder Judiciário pode e deve sindicar amplamente, em Mandado de Segurança, o ato administrativo que aplica a sanção de demissão a Servidor Público para verificar a ocorrência dos ilícitos imputados ao Servidor e mensurar a adequação da reprimenda à gravidade da infração disciplinar 777
- A desconstituição da eficácia de ato administrativo pelo Poder Público que repercuta no âmbito dos interesses individuais de servidores ou administrados exige, necessariamente, prévia instauração de processo administrativo, sob pena de grave violação do princípio do devido processo legal, bem como das garantias do contraditório e da ampla defesa 778
- Quando a Administração Pública interpreta erroneamente uma lei resultando em pagamento indevido ao servidor cria-se uma falsa expectativa de que os valores recebidos são legais e definitivos, impedindo, assim, que ocorra desconto dos mesmos, ante a boa-fé do servidor público 778
- O ato administrativo que determina o retorno do servidor ao seu órgão de origem, mesmo ostentando natureza discricionária, exige a regular motivação, a fim de possibilitar o seu controle de legalidade. Inteligência dos arts. 2°, parágrafo único, inc. I, e 50, I e § 1°, todos da Lei 9.784/1999 779
- Reconhecida pela própria Administração a impossibilidade de aplicação da pena de demissão a servidor público que abandona o cargo por mais de 30 dias, tendo em vista a prescrição da pretensão punitiva, é vedada sua exoneração ex officio, reservada às hipóteses taxativamente previstas no art. 34, parágrafo único, I e II, da Lei n. 8.112/90 779
- Nos termos do art. 169 da Lei n. 8.112/1990 a constituição de outra comissão para a instauração de novo processo disciplinar só é cabível quando verificada a existência de vício insanável, devendo a autoridade julgadora declarar a nulidade total ou parcial do processo e ordenar a formação de ulterior comissão para instauração de novo processo 780
- No caso de demissão imposta a servidor público – na espécie, conversão de exoneração em destituição de cargo em comissão – submetido a processo administrativo disciplinar, não há falar em juízo de conveniência e oportunidade da Administração, visando restringir a atuação do Poder Judiciário à análise dos aspectos formais do processo disciplinar 780
- É ilegal a anulação de processo findo, com sanção já cumprida, ou seja, uma revisão com reformatio in pejus, após o encerramento do respectivo processo disciplinar 781

- O rejulgamento do processo administrativo disciplinar com vistas a agravar a sanção inicialmente imposta ofende o devido processo legal e não encontra respaldo na Lei n. 8.112/1990, a qual somente admite a revisão do processo quando são apontados vícios insanáveis que conduzam à absolvição do servidor ou à mitigação da pena aplicada 782

- Não se deve impor ao servidor público federal abrir mão do cargo no qual se encontra estável, quando empossado em outro cargo público inacumulável de outro regime jurídico, antes de alcançada a nova estabilidade, por se tratar de situação temerária, diante da possibilidade de não ser o agente público aprovado no estágio probatório referente ao novo cargo 782

- O direito sancionador impõe à Administração provar que as condutas imputadas ao servidor investigado se amoldam ao tipo descrito na norma repressora. O fato de a autoridade entender que a impetrante não conseguiu explicar a motivação das viagens a trabalho não é suficiente para fundamentar a aplicação da pena de demissão pelo uso de diárias e passagens   783

- A negativa de conhecimento ao indiciado do conteúdo de documento de pujante e evidente força simbólica contra si enseja violação aos princípios do contraditório e da ampla defesa 784

- O termo inicial da prescrição punitiva estatal começa a fluir na exata data do conhecimento da irregularidade, praticada pelo servidor, por alguma autoridade do serviço público e não, necessariamente, pela autoridade competente para a instauração do processo administrativo disciplinar 785

- No processo administrativo não deverão atuar os servidores que, na forma do art. 149, § 2º, da Lei 8.112/90 e 18 da Lei 9.784/99, forem considerados suspeitos ou impedidos 785

- A remoção por motivo de saúde passa a ser direito subjetivo do servidor, de modo que, uma vez preenchidos os requisitos legais, a Administração tem o dever jurídico de promover o deslocamento horizontal do interessado dentro do mesmo quadro de pessoal 786

- Se a persecução administrativa disciplinar foi processada sem que tivesse ação penal em curso o prazo prescricional a ser adotado no processo administrativo disciplinar da impetrante é o previsto no art. 142, § 2º, da Lei n. 8.112/1990 786

- É inadmissível segunda punição de servidor público baseada no mesmo processo em que se fundou a primeira 787

- É necessária a atenção aos princípios da ampla defesa e do contraditório no âmbito dos processos administrativos que ensejam restrição de direito do servidor público 787

- O novo julgamento do processo administrativo disciplinar ofende o devido processo legal por não encontrar respaldo na Lei 8.112/90 que prevê sua revisão tão somente quando constatado vício insanável ou houver possibilidade de abrandamento da sanção disciplinar aplicada ao servidor público . 788

- Os Servidores Públicos Federais lotados nas Comissões Diplomáticas Brasileiras no Exterior, nominados de Auxiliares Locais, enquadravam-se na categoria de Empregados Públicos, antes da Lei 8.112/90, de sorte que estavam vinculados nos termos da Legislação Trabalhista Brasileira 788

- Extensão da GDATFA aos inativos, na forma em que paga aos ativos, sob pena de ofensa ao princípio da paridade, considerando que o texto constitucional garante que toda e qualquer gratificação genérica paga aos servidores em atividade, deve ser estendida aos inativos 789

- Não obstante o vínculo de trabalho fosse precário do servidor (via liminar), o vínculo previdenciário, após as contribuições previdenciárias ao regime próprio, consolidou-se com a reunião dos requisitos para a concessão de aposentadoria 791

- A teor do art. 36 da Lei 8.112/90, nas hipóteses dos incisos I e II do art. 36 da Lei 8.112/90, a concessão de remoção é ato discricionário da Administração, ao passo que, nos casos enquadrados no inciso III, o instituto passa a ser direito subjetivo do Servidor, de modo que, uma vez preenchidos os requisitos, a Administração tem o dever jurídico de promover o deslocamento horizontal do Servidor dentro do mesmo quadro de pessoal 792

- A estabilidade no serviço público e o estágio probatório são institutos distintos, motivo porque incabível a exigência de cumprimento do prazo constitucional de três anos para que o servidor figure em lista de promoção na carreira 792

- O direito líquido e certo a que alude o art. 5º, LXIX da Constituição Federal é aquele cuja existência e delimitação são passíveis de demonstração documental, não lhe turvando o conceito a sua complexidade ou densidade. Dessa forma, deve o impetrante demonstrar, já com a petição inicial, no que consiste a ilegalidade ou a abusividade que pretende ver expungida e comprovar, de plano, os fatos ali suscitados, de modo que seja despicienda qualquer dilação probatória, incabível no procedimento da ação mandamental. PAD. Direito líquido e certo comprovado 793

- PAD. A existência de prévio pedido de exoneração, bem como as diligências da impetrante no sentido de viabilizar a formalização de sua exoneração perante a Administração, afasta a presença do animus abandonandi, requisito necessário à configuração da infração disciplinar prevista no artigo 127, inciso III, da Lei nº 8.112/1990 794

- O STJ já se manifestou pela possibilidade de imediato retorno ao serviço público do servidor anistiado com fundamento na Lei n. 8.878/1994, quando constatada, tal como ocorre no caso vertente, omissão da autoridade impetrada em dar cumprimento ao ato de anistia 795

- O Mandado de Segurança é meio processual adequado para verificar se a medida impugnativa da autoridade administrativa pode ser considerada interruptiva do prazo decadencial para o exercício da autotutela, ainda que se tenha de examinar em profundidade a prova da sua ocorrência; o que não se admite, no trâmite do pedido de segurança, porém, é que essa demonstração se dê no curso do feito mandamental; mas se foi feita a demonstração documental e prévia da ilegalidade ou do abuso, não há razão jurídica para não se dar curso ao pedido de segurança e se decidi-lo segundo os cânones do Direito.. 796

- No caso de concomitância de concurso interno de remoção e de concurso público de provas e títulos, deve ser dada preferência aos servidores de carreira no caso da existência de cargos vagos, de maneira a conceder-lhes a primazia no preenchimento destes, bem como promovendo-se, de igual modo, a movimentação funcional, sendo que, somente depois de ofertados os cargos vagos à remoção dos servidores é que deve a Administração Pública contabilizar quantos remanesceram sem provimento e a quais unidades administrativas pertencem, podendo remaneja-los e, então, oferta-los em concurso público de admissão 797

- Considerando o entendimento jurisprudencial no sentido de que a Gratificação de Incentivo à Fiscalização e Arrecadação detém qualidade abstrata e é deferida indistintamente a todos os servidores, inclusive aos inativos, não subsiste a alegação da autoridade coatora quanto à impossibilidade de seu adimplemento por necessidade de exercício da função 798

MANDADO DE SEGURANÇA EM TEMA DE LICITAÇÃO.................................... 799

- Administração Pública não pode rever a decisão que habilitou licitante em processo licitatório após o prazo decadencial de 05 (cinco) anos 799

- O marco inicial da detração da penalidade de proibição de contratar com o poder público coincidirá com a inscrição no SICAF como decorrência de interpretação extraída de leitura sistemática do decreto regulamentador 799

- O art. 43, § 5°, da Lei 8.666/93 dispõe que, ultrapassada a fase de habilitação dos concorrentes, não cabe desclassificá-los por motivo relacionado com a habilitação, salvo em razão de fatos supervenientes ou só conhecidos após o julgamento 800

- Tendo concluído que a proponente preenchia os requisitos previstos no edital para a habilitação no certame, vincula-se a Administração a essa decisão, que somente poderá ser alterada, pelo instituto da autotutela, se constatado algum vício de legalidade, seja pela própria Administração, provocada ou ex officio, ou pelo Poder Judiciário 800

- Não se pode falar de perda de objeto quanto à imposição de penalidade ao licitante na hipótese em que a revogação da licitação se deu, em parte, em função sua conduta 801

- Na hipótese em que, não obstante o atraso decorrente da conduta da impetrante, o serviço para o qual fora instaurado o pregão acabou por ser realizado de maneira independente, a aplicação da penalidade de suspensão

- de dois anos, com fundamento no art. 7º da Lei 10.250/2002, é exagerada, devendo ser reduzida para um ano 801
- Há violação do direito líquido e certo ao contraditório e à ampla defesa da impetrante por ter sido anulada sua habilitação sem julgamento da manifestação tempestivamente apresentada 802
- Ao restabelecer a sanção de inidoneidade para licitar – que havia sido suspensa anteriormente – sem sequer abrir vista dos autos à parte interessada para aduzir o que de direito, a autoridade coatora deixou de observar os princípios da ampla defesa e do contraditório, o que acarreta na nulidade desse ato 802
- A competência para o julgamento de mandado de segurança é estabelecida em razão da função ou da categoria funcional da autoridade indicada como coatora 803
- É cabível mandado de segurança para impugnar ato de comissão de Licitação de sociedade de economia mista 804
- Quando se tratar da defesa de um ato pessoal do agente político, voltado contra o órgão público, não se pode admitir que, por conta do órgão público, corram as despesas com a contratação de advogado 804
- Nas licitações o princípio da impessoalidade obsta que critérios subjetivos ou anti-isonômicos influam na escolha dos candidatos exercentes da prestação de serviços públicos 805
- Documentação enviada fora do prazo gera desclassificação do licitante 805
- Os autos de procedimentos administrativos licitatórios podem conter elementos protegidos sob a cláusula de sigilo (fiscal, industrial, concorrencial, bancário, por exemplo), de modo que não é possível à Administração Pública deferir, sem maiores esclarecimentos, os pedidos administrativos formulados 806
- A escolha do período a ser prorrogado, realizada de acordo com o disposto no contrato celebrado, insere-se no âmbito de discricionariedade da Administração 806
- Repudia-se o formalismo quando é inteiramente desimportante para a configuração do ato 806
- A interpretação dos termos do Edital não pode conduzir a atos que acabem por malferir a própria finalidade do procedimento licitatório, restringindo o número de concorrentes e prejudicando a escolha da melhor proposta 806
- O mandado de segurança é meio processual idôneo para debater a legalidade de ato praticado em licitação conduzida por empresa pública federal 807
- A Administração Pública não pode descumprir as normas legais, tampouco as condições editalícias, tendo em vista o princípio da vinculação ao instrumento convocatório (Lei 8.666/93, art. 41) 807

- A ausência de reconhecimento de firma é mera irregularidade formal, passível de ser suprida em certame licitatório, em face dos princípios da razoabilidade e proporcionalidade 807
- Mera particularidade formal na composição de documento, sequer classificada como irregularidade, não possui o condão de prejudicar os pressupostos de legalidade do ato administrativo praticado, dentre os quais cite-se a impessoalidade, moralidade, publicidade e transparência 807
- A fim de resguardar o interesse público, é assegurado à Administração instituir, em procedimentos licitatórios, exigências referentes à capacidade técnica e econômica dos licitantes 808
- Uma vez prevendo o Edital de Licitação, na modalidade Tomada de Preços, a exigência de apresentação de Certidão Negativa de Débitos Salariais, e tendo a impetrante apresentado tal documento com validade vencida, inexiste violação a direito líquido e certo na decisão da Comissão de Licitação que entendeu por inabilitá-la no certame 809

ÍNDICE ALFABÉTICO-REMISSIVO 811

BIBLIOGRAFIA 833

LISTA DE ABREVIATURAS E SIGLAS

A

a.	–	ano
AASP	–	Associação dos Advogados de São Paulo
AA.VV.	–	autores vários
ABGB	–	Allgemeines bürgerliches Gesetzbuch (Código Civil Geral da Áustria) (Patente Imperial de 1.6.1811)
ABNT	–	Associação Brasileira de Normas Técnicas
Abs.	–	Absatz (parte [do texto de artigo de lei]; parágrafo [de texto]); Abschnitt (seção [de texto de lei])
a.C.	–	antes de Cristo
ac.	–	acórdão
AC	–	apelação cível
ACM	–	Revista da ACM (Associação Cearense de Magistrados) (periódico)
ACOr	–	ação cível originária
AcP	–	Archiv für die civilistische Praxis (Arquivo para a Prática Civilística) (periódico) (J.C.B.Mohr) – de v. 1 (1818) a v. 149 (1944) e de v. 150 (1948) em diante – sucessor de "Archivs für bürgerliches Recht" (ArchBürgR)
ACP	–	ação civil pública
a.D.	–	depois de Cristo (anno Domini)
ADC	–	ação declaratória de constitucionalidade
Adcoas	–	Série – Jurisprudência Adcoas
AdcoasPrev	–	Revista Adcoas Previdenciária (periódico) (Esplanada)
AdcoasTrab	–	Revista Adcoas Trabalhista (periódico) (Esplanada)
ADCT	–	Ato das Disposições Constitucionais Transitórias
ADCT-SP	–	Ato das Disposições Constitucionais Transitórias da CF-SP
ADESF	–	Associação de Defesa da Saúde do Fumante

ADI	–	ação declaratória incidental
ADIn	–	ação direta de inconstitucionalidade
ADInt	–	ação direta de inconstitucionalidade interventiva
ADIO	–	ação declaratória de inconstitucionalidade por omissão
ADPF	–	arguição de descumprimento de preceito fundamental
ADV	–	Advocacia Dinâmica
AF	–	Atualidades Forenses (periódico) (Forense)
AG	–	Amtsgericht (Tribunal local)
Ag	–	agravo de instrumento
AGBG	–	Gesetz zur Regelung des Rechts der allgemeinen Geschäftsbedingungen (Lei alemã sobre as Cláusulas Contratuais Gerais, de 9.12.1976)
AgInt	–	agravo interno
AgPt	–	agravo de petição
AgRg	–	agravo regimental
AgRt	–	agravo retido
AGU	–	Advogado Geral da União; Advocacia Geral da União
AI	–	ato institucional
AJ	–	Arquivo Judiciário (periódico)
Ajufe	–	Associação dos Juízes Federais do Brasil
Ajuris	–	Revista da Associação dos Juízes do Rio Grande do Sul (periódico)
Amagis	–	Revista da Associação dos Magistrados Mineiros (periódico)
AMB	–	Associação dos Magistrados Brasileiros
AMJ	–	Arquivos do Ministério da Justiça (periódico)
AMS	–	apelação em mandado de segurança
Anatel	–	Agência Nacional de Telecomunicações
Aneel	–	Agência Nacional de Energia Elétrica
AöR	–	Archiv des öffentlichen Rechts (Arquivo do Direito Público) (periódico) (J.C.B.Mohr) (desde 1886) (sucessor de Archiv für öffentliches Recht – Arquivo para o Direito Público: até 1910)
Ap	–	apelação

AP	–	ação popular
Ap c/ Rev.	–	apelação com revisão
Ap. crim.	–	apelação criminal
APA	–	área de preservação ambiental
Apamagis	–	Associação Paulista de Magistrados
APD	–	Archives de philosophie du droit (periódico temático) (Sirey)
APMP	–	Fichas de jurisprudência da Associação Paulista do Ministério Público (citação: abreviatura e n. da ficha); Associação Paulista do Ministério Público
ApMS	–	apelação em mandado de segurança
APn	–	ação penal
APP	–	área de preservação ambiental permanente
AR	–	ação rescisória
ArchBürgR	–	Archivs für bürgerliches Recht (Arquivos de Direito Civil) (periódico) (J.C.B.Mohr) – vs. 1 (1888) a 43 (1919) – sucedidos pelo "Archiv für die civilistische Praxis" (AcP)
AREsp	–	agravo de denegação de recurso especial
ARE	–	agravo de denegação de recurso extraordinário
Arpen-SP	–	Associação de Registradores de Pessoas Naturais do Estado de São Paulo
art.	–	artigo
Assentos	–	Collecção Chronológica dos Assentos das Casas da Supplicação e do Cível, 2.ª ed., augmentada em 33 Assentos, Real Imprensa da Universidade (por Resolução de S. Magestade de 2 de Setembro de 1786), Coimbra, 1817
Ass Comp	–	assunção de competência
ATARJ	–	Arquivos dos Tribunais de Alçada do Estado do Rio de Janeiro (periódico)

B

Bacen	–	Banco Central do Brasil
BDA	–	Boletim de Direito Administrativo (periódico)
BFDUC	–	Boletim da Faculdade de Direito da Universidade de

Coimbra (periódico)
- **BGB** – Bürgerliches Gesetzbuch (Código Civil alemão) (L Imperial de 18.8.1896)
- **BGBl** – Bundesgesetzblatt (Diário Oficial Federal Alemão) (substituiu o RGBl)
- **BGH** – Bundesgerichtshof (Superior Tribunal Federal da RFA)
- **BGHZ** – Entscheidungen des BGH in Zivilsachen (Decisões do Superior Tribunal Federal da Alemanha em matéria civil) (periódico) (Carl Heymanns Verlag)
- **BMJ** – Boletim do Ministério da Justiça (de Portugal) (periódico)
- **BNH** – Banco Nacional da Habitação
- **BolAASP** – Boletim da Associação dos Advogados de São Paulo (periódico)
- **BolIBCCrim** – Boletim do Instituto Brasileiro de Ciências Criminais (periódico)
- **BRD** – Bundesrepublik Deutschland (República Federal da Alemanha)
- **BSTJ** – Boletim do Superior Tribunal de Justiça (periódico)
- **BVerfG** – Bundesverfassungsgericht (Tribunal Constitucional Federal da RFA)
- **BVerfGE** – Entscheidungen des Bundesverfassungsgerichts (Decisões do Tribunal Constitucional Federal da RFA) (periódico) (J.C.B.Mohr)
- **BVerfGG** – Bundesverfassungsgerichtsgesetz (Lei sobre o BVerfG)
- **BVerwG** – Bundesverwaltungsgericht (Tribunal Administrativo Federal da RFA)
- **BVerwGE** – Entscheidungen des Bundesverwaltungsgericht (Decisões do Tribunal Administrativo Federal da RFA) (periódico) (Carl Heymanns Verlag))
- **BVerwGG** – Bundesverwaltungsgerichtsgesetz (Lei sobre o BVerwG)

C

- **c/** – com
- **CADE** – Conselho Administrativo de Defesa Econômica
- **CAg** – Código de Águas (D 24643/34)

Câm.	–	Câmara
Câm.Civ.	–	Câmara Cível
Câm.Crim.	–	Câmara Criminal
Câm.Dir.Amb.	–	Câmara Especial de Direito Ambiental
Câm.Dir.Empr.	–	Câmara Especial de Direito Empresarial
Câm.Dir.Priv.	–	Câmara de Direito Privado
Câm.Dir.Púb.	–	Câmara de Direito Público
Câm.Esp.	–	Câmara Especial
Câm.Extr.Dir.Priv.	–	Câmara Extraordinária de Direito Privado
Câm.Fal.Rec.	–	Câmara Especial de Falências e Recuperação Judicial de Empresas
Can.	–	Cânone (artigo do CDCan)
Cap.	–	capítulo
CAP	–	Código de Autorregulamentação Publicitária
CArb	–	carta arbitral
cass.	–	cassação
CAt	–	conflito de atribuições
CBA	–	Código Brasileiro de Aeronáutica (L 7565/86)
CBT	–	Código Brasileiro de Telecomunicações (L 4117/62) (revogado pela LGT – L 9472/97, salvo quanto à matéria penal não tratada na LGT e quanto à radiodifusão)
c/c	–	combinado com
CC	–	Código Civil brasileiro (L 10406/02)
CC/1916	–	Código Civil brasileiro antigo (L 3071/16) (revogado pela L 10406/02)
CC arg.	–	Código Civil argentino (L 26994, de 1.º.10.2014)
CC arg./1869	–	Código Civil argentino (L 340, de 25.9.1869) (revogado pela L 26994/14)
CC calif.	–	California Civil Code (Código Civil do Estado da Califórnia – EUA, de 21.3.1872)
CC chil.	–	Código Civil chileno (D 373, de 30.4.1997)
CC cub.	–	Código Civil cubano (L 59, de 16.7.1987)
CC esp.	–	Código Civil espanhol (Real D de 24.7.1889)
CC fr.	–	Código Civil francês (Code Napoléon) (D de 5.3.1803)

CC ital.	–	Código Civil italiano (Real D 262, de 16.3.1942)
CC louis.	–	The revised Civil Code of the State of Louisiana (Código Civil do Estado da Louisiana – EUA, de 1870)
CC par.	–	Código Civil paraguaio (L 1183, de 18.12.1985)
CC per.	–	Código Civil peruano (DLeg 295, de 25.7.1984)
CC port.	–	Código Civil português (DL 47344, de 25.11.1966)
CC queb.	–	Código Civil da Província de Québec – Canadá (D 712/93)
CC suíço	–	Código Civil suíço, de 10.12.1907 (v. ZGB)
CC urug.	–	Código Civil uruguaio (D de 20.3.1866, atualizado pela L 16603, de 19.10.1994)
CCB	–	cédula de crédito bancário
CCom	–	Código Comercial (L 556/1850)
CComp	–	conflito de competência
CCond	–	Código de Conduta
CCondAAdmFed	–	Código de Conduta da Alta Administração Federal (21.8.2000)
CCondAgentes	–	Código de Conduta Ética dos Agentes Públicos da Presidência e Vice-Presidência da República (D 4081/02)
CCV	–	Lei do Compromisso de Compra e Venda (DL 58/37)
CD	–	certificação digital; certificado digital
CDA	–	Certificado de Depósito Agropecuário
CDC	–	Código de Defesa do Consumidor (L 8078/90)
CDCA	–	Certificado de Direitos Creditórios do Agronegócio
CDCan	–	Código de Direito Canônico (promulgado em 25 de janeiro de 1983 pelo Papa João Paulo II) (em vigor desde 27.11.1983)
CDCan/1917	–	Código de Direito Canônico (promulgado em 27.5.1917 pelo Papa Benedito XV), revogado pelo CDCan de 1983
CDCCP	–	Cadernos de Direito Constitucional e Ciência Política (periódico) (RT)
CDTFP	–	Cadernos de Direito Tributário e Finanças Públicas (periódico) (RT)
CE	–	Constituição do Estado (citação: abreviatura seguida da sigla do Estado correspondente)

Cedam	–	Casa Editrice Dott. Antonio Milani
CEDH	–	Convenção Européia dos Direitos do Homem (Roma, 25.8.1950, em vigor a partir de 3.9.1953, data do depósito do 10.º instrumento de ratificação) (V. EMRK)
CEDM	–	Convenção sobre a Eliminação de Todas as Formas de Discriminação contra a Mulher (Nova Iorque, 31.3.1981) (DLeg 26/94; D 4377/02)
CEF	–	Caixa Econômica Federal
CEI	–	Comissão Estadual de Inquérito (parlamentar)
CEM	–	Código de Ética Médica (Res. 1246, de 8.1.1988, Conselho Federal de Medicina)
CEsp	–	Corte Especial (STJ)
CEDOAB	–	Código de Ética e Disciplina da OAB (de 19.10.2015)
CEDOAB/1995	–	Código de Ética e Disciplina da OAB (de 13.2.1995)
CEP	–	Código de Ética Profissional (dos advogados)
CEPAC	–	Certificados de potencial adicional construtivo
CEsp	–	Corte Especial (STJ)
CF	–	Constituição Federal (CF de 5.10.1988)
CF/1891	–	Constituição Federal (1891)
CF/1934	–	Constituição Federal (1934)
CF/1937	–	Constituição Federal (1937)
CF/1946	–	Constituição Federal (1946)
CF/1967	–	Constituição Federal (1967)
CF/1969	–	Constituição Federal (1969) (Emenda Constitucional 1/69)
cf.	–	conforme
CFDD	–	Conselho Gestor do Fundo Federal de Defesa de Direitos Difusos e Coletivos (v. L 9008/95 no título "Ação Civil Pública – LACP")
CFlor	–	Código Florestal (L 12651/12)
CFOAB	–	Conselho Federal da OAB
CGJE-BA	–	Coordenação Geral dos Juizados Especiais do Estado da Bahia. Conclusões tomadas no Encontro dos Magistrados dos Juizados Cíveis e Criminais de Salvador e Região, realizado de 27 a 29.5.1998 (citação: abreviatura seguida do número da conclusão)

CGSN	–	Conselho Gestor do Simples Nacional
CGR	–	Consultor Geral da República
CI/1824	–	Constituição do Império do Brasil (1824)
CIC	–	Codex Iuris Canonici (Código de Direito Canônico), promulgado em 25.1.1983 pelo Papa João Paulo II, em vigor desde 27.11.1983
CIDACI	–	Convenção Interamericana sobre o Direito Aplicável aos Contratos Internacionais (CIDIP V, México, 1994)
CIDH	–	Convenção Interamericana de Direitos Humanos (Pacto de San José da Costa Rica, de 27.11.1969) (DLeg 27/92, D 678/92)
CIDIP	–	Conferência Interamericana de Direito Internacional Privado (CIDIP I, Panamá, 1975; CIDIP II, Montevidéu, 1979; CIDIP III, La Paz, 1984; CIDIP IV, Montevidéu, 1989; CIDIP V, México, 1994; CIDIP VI, Washington, 2002)
CIDPD	–	Convenção Internacional sobre os Direitos das Pessoas com Deficiência (Nova Iorque, 30.3.2007) (DLeg 186/08; D 6949/09)
CISG	–	Convenção de Viena sobre Contratos de Compra e Venda Internacional de Mercadorias) (Convention on Contracts for the International Sale of Goods) (10.4.1980) (DLeg 538/2012; D 8327/2014)
cit.	–	citado; citação
civ.	–	civil; cível
CJ	–	Ciência Jurídica (periódico)
CJF	–	Conselho da Justiça Federal
CLT	–	Consolidação das Leis do Trabalho (DL 5452/43)
CM	–	Código de Mineração (DL 227/67)
CMED	–	Câmara de Regulação do Mercado de Medicamentos (v. L 10742/03 5.º)
CMN	–	Conselho Monetário Nacional
CNB	–	Colégio Notarial do Brasil
CNB-CF	–	Conselho Federal do Colégio Notarial do Brasil
CND	–	certidão negativa de débito
CNIR	–	Cadastro Nacional de Imóveis Rurais (L 10267/01 e D 4449/02)
CNJ	–	Conselho Nacional de Justiça

CNMP	–	Conselho Nacional do Ministério Público; Congresso Nacional do Ministério Público
CNPDC	–	Comissão Nacional Permanente de Defesa do Consumidor
CNPS	–	Conselho Nacional de Previdência Social
CNT	–	Código Nacional de Trânsito (L 5108/66 – revogado pelo CTB)
CObr. suíço	–	Código das Obrigações suíço, de 30.3.1911 (v. OR)
CodBustamante	–	Código Bustamante (Código de Direito Internacional Privado [Projeto de Antônio S. de Bustamante y Sirvén], Havana, 1928 – Vigente no Brasil pelo DLeg 5647/29, mandado executar pelo D 18871/29, Coleção das Leis do Brasil, v. 3 [1929], p. 588)
CodEl	–	Código Eleitoral (L 4737/65)
CodEtDecParlCâmDep	–	Código de Ética e Decoro Parlamentar da Câmara dos Deputados
CodÉticaMN	–	Código de Ética da Magistratura Nacional (Res. CNJ 60, de 19.9.2008)
Codex	–	Código de Justiniano
COFINS	–	Contribuição para o Financiamento da Seguridade Social
col.	–	coluna
coment(s).	–	comentário, comentários
Coment.	–	Comentários (obra jurídica)
Conamp	–	Associação Nacional dos Membros do Ministério Público
CONANDA	–	Conselho Nacional dos Direitos da Criança e do Adolescente
CONAR	–	Conselho de Autorregulamentação Publicitária
CONDEPHAAT	–	Conselho de Defesa do Patrimônio Histórico, Arqueológico, Artístico e Turístico (SP)
CongressoNMP	–	Congresso Nacional do Ministério Público
Conmetro	–	Conselho Nacional de Metrologia, Normalização e Qualidade Industrial
Contran	–	Conselho Nacional de Trânsito
Cons.	–	Conselheiro
const.	–	Constituição; constitucional

Const. amer.	– Constituição dos Estados Unidos da América, de 17.7.1787
Const. esp.	– Constituição da Espanha, de 27.12.1978
Const. franc.	– Constituição Francesa, da V República, de 4.10.1958
Const. ital.	– Constituição da República Italiana, de 27.12.1947
Const. port.	– Constituição da República Portuguesa, de 2.4.1976
Const. suíça	– Constituição da Confederação Suíça, de 18.4.1999
coord.	– coordenador, coordenação, coordenadores
COPOM	– Comitê de Política Monetária do Banco Central do Brasil
Corde	– Coordenadoria Nacional para a Pessoa Portadora de Deficiência
CorregNJ	– Corregedoria Nacional da Justiça
CP	– Código Penal (DL 2848/40); Código Penal
CP ital.	– Código Penal italiano
CPC	– Código de Processo Civil (L 13105/15)
CPC/1973	– Código de Processo Civil de 1973 (L 5869/73) (revogado pela L 13105/15)
CPC/1939	– Código de Processo Civil de 1939 (DL 1608/39)
CPC-BA	– Código do Processo do Estado da Bahia (LE-BA 1121, de 21.8.1915)
CPC-CE	– Código do Processo Civil e Commercial do Estado do Ceará (LE-CE 1952, de 30.12.1921)
CPC-DF/1910	– Código do Processo Civil e Commercial do Districto Federal (D 8332, de 3.11.1910)
CPC-DF/1924	– Código do Processo Civil e Commercial para o Districto Federal (D 16752, de 31.12.1924)
CPC-MG	– Código do Processo Civil do Estado de Minas Gerais (LE-MG 830, de 7.9.1922)
CPC-PE	– Código do Processo Civil e Commercial do Estado de Pernambuco (LE-PE 1156, de 5.12.1922)
CPC-PI	– Código do Processo Civil e Commercial do Estado do Piauhy (LE-PI 964, de 17.6.1920)
CPC-PR	– Código do Processo Civil e Commercial do Estado do Paraná (LE-PR 1915, de 23.2.1920)
CPC-RS	– Código do Processo Civil e Comercial do Estado do

Rio Grande do Sul (LE-RS 65, de 16.1.1908)

CPC-SP – Código do Processo Civil e Commercial do Estado de São Paulo (LE-SP 2421, de 14.1.1930)

CPC esp. – Código de Processo Civil espanhol (Ley de Enjuiciamiento Civil – Ley 1/2000)

CPC fr. – Código de Processo Civil francês (Nouveau Code de Procédure Civile – D 75/1123, de 5.12.1975)

CPC ital. – Código de Processo Civil italiano (Codice di Procedura Civile – Real D 1443, de 28.10.1940)

CPC port. – Código de Processo Civil português (L 41, de 26.6.2013)

CPC port./1961 – Código de Processo Civil português revogado (DL 44129, de 28.12.1961)

CPI – Comissão Parlamentar de Inquérito (federal ou municipal)

CPInd – Código da Propriedade Industrial (L 5772/71) – Revogado expressamente pela LPI (Lei da Propriedade Industrial – L 9279, de 14.5.1996, DOU 15.5.1996, p. 8353)

CPM – Código Penal Militar (DL 1001/69)

CPMF – Contribuição Permanente sobre Movimentações Financeiras

CPMI – Comissão Parlamentar Mista de Inquérito

CPP – Código de Processo Penal (DL 3689/41)

CPP ital. – Código de Processo Penal italiano (D do Pres. da República n. 447, de 22.9.1988)

CPP port. – Código de Processo Penal português (DL 78, de 17.2.1987)

CPPM – Código de Processo Penal Militar (DL 1002/69)

CPR – Cédula de Produto Rural (L 8929/94 4.º)

CRA – Certificado de Recebíveis do Agronegócio

CRI – Cartório de Registro de Imóveis

CRog – carta rogatória

CRSFN/MP – Conselho de Recursos do Sistema Financeiro Nacional

CSCom port. – Código das Sociedades Comerciais (de Portugal) (DL 262, de 2.9.1986)

CSM – Conselho Superior da Magistratura

CXLV

CSM-SP	–	Conselho Superior da Magistratura do Estado de São Paulo
CSMP	–	Conselho Superior do Ministério Público
CSMP-DFT	–	Conselho Superior do Ministério Público do Distrito Federal e dos Territórios
CSMPF	–	Conselho Superior do Ministério Público Federal
CSMPM	–	Conselho Superior do Ministério Público Militar
CSMPT	–	Conselho Superior do Ministério Público do Trabalho
CSNU	–	Conselho de Segurança das Nações Unidas
CSSL	–	contribuição social sobre o lucro líquido
CTB	–	Código de Trânsito Brasileiro (L 9503/97)
CTN	–	Código Tributário Nacional (L 5172/66)
CTNBio	–	Comissão Técnica Nacional de Biossegurança
CVM	–	Comissão de Valores Mobiliários

D

d.	–	dia
D	–	decreto
d.C.	–	depois de Cristo
DC	–	Revista de Direito do Consumidor (periódico) (RT)
DCM	–	Decreto do Conselho de Ministros
DDR	–	Deutsche Demokratische Republik (República Democrática Alemã)
DE	–	Decreto Estadual (citação: abreviatura seguida da sigla da unidade da federação)
DecTrab	–	Decisório Trabalhista (periódico) (Ed. Decisório Trabalhista)
De Jure	–	Revista Jurídica do Ministério Público do Estado de Minas Gerais (periódico)
Dep.	–	Deputado
Des.	–	Desembargador (juiz do TJ)
Des. Fed.	–	Desembargador federal (juiz do TRF)
Des. Trab.	–	Desembargador do trabalho (juiz do TRT)

Detran	–	Departamento Estadual de Trânsito
DI	–	dissísio individual
Dig.	–	Digesto de Justiniano (citação: abreviatura, livro [romano], título [romano] e fragmento [arábico]. Exemplo: Dig. V, I, 30)
Dig.Civ.	–	Digesto delle discipline privatistiche (UTET) (4.ª ed. do Digesto Italiano) (seção de Direito Civil e Direito Processual Civil) (obra coletiva) (citação: autor, verbete, volume, página)
Dig.Comm.	–	Digesto delle discipline privatistiche (UTET) (4.ª ed. do Digesto Italiano) (seção de Direito Comercial) (obra coletiva) (citação: autor, verbete, volume, página)
Dig.Ital.	–	Digesto Italiano, Torino: UTET (obra coletiva) (citação: autor, verbete, volume, página)
Dig.Pen.	–	Digesto delle discipline penalistiche (UTET) (4.ª ed. do Digesto Italiano) (seção de Direito Penal) (obra coletiva) (citação: autor, verbete, volume, página)
Dig.Proc.	–	Digesto de Processo, 5 vs., Forense, RJ, 1980/1988 (obra coletiva citada por autor, verbete, volume do Digesto e página)
Dig.Pubb.	–	Digesto delle discipline pubblicistiche (UTET) (4.ª ed. do Digesto Italiano) (seção de Direito Público) (obra coletiva) (citação: autor, verbete, volume, página)
DIPr	–	Direito Internacional Privado
DIPub	–	Direito Internacional Público
Dir.	–	Direito
DirJustiça	–	Direito & Justiça (periódico) (PUC-RS)
Direito-PUC-SP	–	Revista do Programa de Pós-Graduação em Direito da Pontifícia Universidade Católica de São Paulo (PUC-SP) (periódico) (citação: número e página)
Dir.Priv.	–	Direito Privado
div.	–	divulgado
DJE	–	Diário Oficial da Justiça do Estado (citação: abreviatura seguida da sigla do Estado)
DJU	–	Diário Oficial da Justiça da União
DJUE	–	Diário Oficial da Justiça da União – Eletrônico
DJEE	–	Diário Oficial da Justiça do Estado – Eletrônico (citação: abreviatura seguida da sigla do Estado)

DL	–	decreto-lei
DLeg	–	decreto legislativo
DM	–	Decreto municipal (citação: abreviatura seguida do nome do município, sigla do Estado a que pertence, número, ano e artigo)
DNPM	–	Departamento Nacional de Produção Mineral
DNRC	–	Departamento Nacional de Registro do Comércio
DOE	–	Diário Oficial do Estado (citação: abreviatura seguida da sigla do Estado)
DOU	–	Diário Oficial da União
DOUE	–	Diário Oficial da União – Eletrônico
DPDC	–	Departamento de Proteção e Defesa do Consumidor
DRiG	–	Deutsches Richtergesetz (Lei Orgânica da Magistratura Alemã)
DT	–	Decisório Trabalhista (periódico) (Ed. Decisório Trabalhista)
DUDH	–	Declaração Universal dos Direitos do Homem

E

EAC	–	embargos em apelação cível
EAR	–	embargos em ação rescisória
EC	–	emenda constitucional
ECA	–	Estatuto da Criança e do Adolescente (L 8069/90)
ECAD	–	Escritório Central de Arrecadação e Distribuição
ECid	–	Estatuto da Cidade (L 10257/01)
ECR	–	Emenda Constitucional de Revisão
ed.	–	edição
edit.	–	editor, editores
EE	–	Estatuto do Estrangeiro (L 6815/80) (revogado pela LMig – L 13445/2017)
e.g.	–	exempli gratia
EGBGB	–	Einführungsgesetz zum Bürgerlichen Gesetzbuch (Lei de Introdução ao Código Civil Alemão)

EGZPO	–	Einführungsgesetz zur Zivilprozessordnung (Lei de Introdução à Ordenança Processual Civil Alemã)
EIA	–	Estudo de Impacto Ambiental
EId	–	Estatuto do Idoso (L 10741/03)
EIV	–	Estudo de Impacto de Vizinhança
EJ	–	Estudos Jurídicos (periódico)
EJEF-TJMG	–	Escola Judicial Desembargador Edésio Fernandes (TJMG) (Enunciados)
EJSTJ	–	Ementário de Jurisprudência do STJ
EJu	–	Estatuto da Juventude (L 12852/13)
EJUD	–	Escola Judicial
em.	–	ementa; ementário
EmbDecl	–	embargos de declaração
EmbDiv	–	embargos de divergência
EmbInfr	–	embargos infringentes
EmentSTJ	–	Ementário da Jurisprudência do STJ (periódico) (citação: volume, n. da ementa e página)
EmReg	–	emenda regimental
EMRK	–	Europäische Konvention zum Schutz der Menschenrechte und Grundfreiheiten – Europäische Menschenrechtskonvention (Convenção Européia para a Proteção dos Direitos Humanos e das Liberdades Fundamentais, de 4.11.1950) (V. CEDH)
EncDir.	–	Enciclopedia del diritto, Giuffrè, Milano (obra coletiva) (citação: autor, verbete, volume, página)
EncSaraiva	–	Enciclopédia Saraiva de Direito (Saraiva) (obra coletiva) (citação: autor, verbete, volume, página)
ENFAM	–	Escola Nacional de Formação e Aperfeiçoamento de Magistrados Ministro Sálvio de Figueiredo Teixeira
ENFAM (número)	–	Enunciados aprovados no seminário O Poder Judiciário e o Novo Código de Processo Civil, realizado em Brasília-DF entre os dias 26 e 28.8.2015 pela Escola Nacional de Formação e Aperfeiçoamento de Magistrados Ministro Sálvio de Figueiredo Teixeira
ENJE	–	Encontro Nacional de Coordenadores de Juizados Especiais Cíveis e Criminais do Brasil. Conclusões tomadas nos encontros (citação: abreviatura, precedida do número do encontro e seguida do número da conclu-

são). III ENJE, realizado em Curitiba, em 4 e 5.5.1998; V ENJE, realizado em Salvador-BA, de 18 a 21.5.1999 (BolAASP 2126/12-supl.). VII ENJE, realizado no Espírito Santo, 24 a 27.5.2000 (BolAASP 2166/1-supl.)

ENM – Estatuto Nacional da Microempresa e da Empresa de Pequeno Porte (LC 123/06)

ENTA – Encontro Nacional de Tribunais de Alçada (v. V ENTA e VI ENTA)

EOAB – Estatuto da Ordem dos Advogados do Brasil (L 8906/94)

EPD – Estatuto da Pessoa com Deficiência (L 13146/2015)

ER – Emenda Regimental

ERE – embargos em recurso extraordinário

EReO – embargos em remessa oficial (ex officio)

ERR – embargos em recurso de revista

esp. – especial

ESPCU – Estatuto dos Servidores Públicos Civis da União, das Autarquias e Fundações Públicas Federais (L 8112/90)

est. – estadual

Est. – Estudos

Estadão – Jornal "O Estado de S. Paulo", diário de circulação nacional

EstDesarm – Estatuto do Desarmamento (L 10826/03)

EstMilit – Estatuto dos Militares (L 6880/80)

EstMuseus – Estatuto de Museus (L 11904/09)

EstRefug – Estatuto do Refugiado (L 9474/97)

ET – Estatuto da Terra (L 4504/64)

ETor – Estatuto de Defesa do Torcedor (L 10671/03)

et seq. – e seguintes

Exeg. – Exegese

ExImp – exceção de impedimento

ExInc – exceção de incompetência

ExSusp – exceção de suspeição

Ext – extradição

ExVerd – exceção da verdade

F

fed.	– federal
FDD	– Fundo Federal de Defesa de Direitos Difusos (D 1306/94) (v. L 9008/95 e LACP 13)
FG	– Festgabe (escritos em honra de)
FGG	– Gesetz über die Angelegenheiten der freiwilligen Gerichtsbarkeit (Lei sobre os assuntos de jurisdição voluntária da RFA)
FGV	– Fundação Getúlio Vargas
FMU	– FMU Direito – Revista da Faculdade de Direito das Faculdades Metropolitanas Unidas de São Paulo
FNMA	– Fundo Nacional do Meio Ambiente
FNCA	– Fundo Nacional para a Criança e para o Adolescente
FNPP	– Forum Nacional do Poder Público (Advocacia Pública) (Enunciados)
FNPT	– Forum Nacional de Processo do Trabalho (Curitiba-PR, 4 e 5.3.2016)
FNPT (número)	– Enunciados do Forum Nacional de Processo do Trabalho (Curitiba-PR, 2016)
FNSP	– Força Nacional de Segurança Pública
FONAJE	– Fórum Nacional dos Juizados Especiais (Enunciados)
Foro Italiano	– Il Foro Italiano (periódico) (Società Editrice del Foro Italiano)
FPPC	– Forum Permanente de Processualistas Civis (Enunciados)
FUNAI	– Fundação Nacional do Índio
FS	– Festschrift (escritos em homenagem a)

G

Gaio	– Institutas de Gaio
GCE	– Câmara de Gestão da Crise de Energia Elétrica (MedProv 2198-5/01)
GenesisProc	– Genesis Revista de Direito Processual Civil (periódico) (Ed. Genesis)

GenesisTrab	–	Genesis Revista de Direito do Trabalho (periódico) (Ed. Genesis)
GG	–	Grundgesetz (Lei Fundamental [Constituição Federal] da RFA, de 8.5.1949)
GmSOGB	–	Gemeisamer Senat der obersten Gerichtshöfe des Bundes (Câmara Comum dos mais altos Tribunais da Federação da RFA)
GS	–	Gedächtnisschrift (escritos em memória)
GVG	–	Gerichtsverfassungsgesetz (Lei de Organização Judiciária Alemã)

H

HC	–	habeas corpus
HD	–	habeas data

I

IAC	–	incidente de assunção de competência
IBAMA	–	Instituto Brasileiro do Meio Ambiente e dos Recursos Naturais Renováveis
IBDFAM	–	Instituto Brasileiro de Direito de Família
IBGE	–	Instituto Brasileiro de Geografia e Estatística
IC	–	inquérito civil
ICMS	–	imposto sobre circulação de mercadorias e prestação de serviços
ICP-Brasil	–	Infraestrutura de Chaves Públicas Brasileira
IDC	–	incidente de deslocamento de competência
ID-Doutrina	–	Doutrina (periódico editado pelo Instituto de Direito, RJ-RJ)
IDEC	–	Instituto Brasileiro de Defesa do Consumidor
IF	–	intervenção federal
IINAMS	–	incidente de inconstitucionalidade em ação de mandado de segurança
Inform.	–	informativo

INPC	–	Índice Nacional de Preços ao Consumidor
INPI	–	Instituto Nacional da Propriedade Industrial
Inq.	–	inquérito
Inst.	–	Institutas de Justiniano
Instit.	–	Instituições
IOB	–	Informações Objetivas (boletim de jurisprudência)
IP	–	inquérito policial
IPEM	–	Instituto de Pesos e Medidas
IPHAN	–	Instituto do Patrimônio Histórico e Artístico Nacional
IPI	–	imposto sobre produtos industrializados
IPTU	–	imposto predial e territorial urbano
IPub	–	Interesse Público (periódico) (Notadez)
IRB	–	Instituto de Resseguros do Brasil
IRDR	–	incidente de resolução de demandas repetitivas
IRPF	–	imposto sobre a renda de pessoa física
IRIB	–	Instituto de Registro Imobiliário do Brasil
IRPJ	–	imposto sobre a renda de pessoa jurídica
ISS	–	imposto sobre serviços de qualquer natureza
ITBI	–	imposto sobre transmissão de bens imóveis
ITR	–	imposto sobre a propriedade territorial rural

J

j.	–	julgado em
JA	–	Juristische Arbeitsblätter (Folhas Jurídicas de Trabalho) (periódico) (Metzner)
JB	–	Jurisprudência Brasileira – Cível e Comercial (periódico) (Juruá)
JBCrim	–	Jurisprudência Brasileira – Criminal (periódico) (Juruá)
JBTrab	–	Jurisprudência Brasileira – Trabalhista (periódico) (Juruá)
JC	–	Jurisprudência Catarinense (periódico)
JCESP	–	Junta Comercial do Estado de São Paulo
JCJ	–	Junta de Conciliação e Julgamento (extintas – 24/99)

JD	– Jurisprudência e Doutrina (periódico) (Jurídica)
JECC-BR	– Enunciados do Fórum Permanente de Juízes Coordenadores dos Juizados Especiais Cíveis e Criminais do Brasil (citação: abreviatura seguida do número do enunciado tudo em negrito; conteúdo do enunciado entre aspas e em itálico. Exemplo: JECC-BR 12: "*A perícia informal é admissível na hipótese do art. 35 da Lei 9099/95*".)
JEC-SP	– Juizados Especiais Cíveis de São Paulo (v. 1.º JEC-SP)
JE-RJ	– Juizados Especiais: Um novo tempo na justiça (periódico) (Tribunal de Justiça do Estado do Rio de Janeiro) (citação: número, ano e ementa)
JherJb1	– Jherings Jahrbücher für die Dogmatik des heutigen römischen und deutschen Privatrechts (periódico)udo em negrito; conteúdo do enunciado entre aspas e em itálico. Exe1.ª parte (vs. 1 a 36udo em negrito; conteúdo do enunciado entre aspas e em itálico. Exe1856-1896)
JherJb2	– Jherings Jahrbücher für die Dogmatik des bürgerlichen Rechts (periódico)udo em negrito; conteúdo do enunciado entre aspas e em itálico. Exe2.ª parte (vs. 37 a 90udo em negrito; conteúdo do enunciado entre aspas e em itálico. Exe 1897-1943)
JM	– Jurisprudência Mineira (periódico)

MANDADO DE SEGURANÇA PARA USO PROFISSIONAL

IDEIA GERAL SOBRE GESTÃO PÚBLICA E CONTROLE DOS ATOS PRATICADOS NO EXERCÍCIO DA FUNÇÃO PÚBLICA.

▶ **Ideia geral sobre gestão pública e controle dos atos praticados no exercício da função pública.**

"A Administração Pública atua por meio de seus órgãos e seus agentes na gestão dos interesses da coletividade, desempenhando, nesse contexto, a função administrativa. Ela é exercida pelos três Poderes, sendo de modo típico pelo Poder Executivo e, atipicamente, pelos demais Poderes, ou seja, pelo Legislativo e Judiciário. Cabe ao Poder Executivo a função típica de administrar os interesses da coletividade, cuja forma de governo adotada foi a republicana, conforme enuncia o art. 1.º da Constituição Federal. Assim, a Administração Pública feita pelo Poder Executivo nada mais é do que a gestão de algo alheio, de toda a sociedade. Por isso a Constituição Federal expressamente enuncia no parágrafo único do art. 1.º que todo poder emana do povo. Dado o fato de que não é o povo quem faz diretamente a gestão dos interesses coletivos, a ele cabe escolher seus representantes no parlamento que irão editar as normas que os agentes públicos, como administradores, deverão aplicar para gerir o pretendido e inafastável interesse público. Em razão da grande e variada gama de atribuições do Estado, mormente com o advento do Estado do bem-estar social, também conhecido como Estado-providência, houve uma notória hipertrofia do Poder Executivo, que deixou de ter uma conduta passiva para passar a intervir mais na sociedade. Em razão disso, o ordenamento pátrio municiou os agentes públicos com diversas prerrogativas, verdadeiros instrumentos cotidianos de trabalho, para que pudessem gerir o interesse público de uma forma mais eficaz. Trata-se dos "poderes administrativos". Por outro lado, se com uma mão o ordenamento concedeu uma série de prerrogativas aos órgãos e agentes públicos, com a outra previu uma imensa variedade de mecanismos de fiscalização e controle das atividades administrativas." (COUTINHO, Alessandro Dantas, KRUGER, Ronald Rodor. Manual de Direito Administrativo: Volume Único. 2ª edição, Editora Juspodivm, Salvador, 2018, p. 1227)

▶ **No mesmo sentido:** "o controle da Administração Pública está ligado ao conjunto de mecanismos jurídicos e administrativos por meio dos quais se exerce o poder de fiscalização e de revisão da atividade administrativa em qualquer das esferas de Poder. " (CARVALHO FILHO, José dos Santos. Manual de Direito Administrativo. 27. ed. São Paulo: Atlas, 2014. p. 953.)

◉ **A própria Administração Pública no desempenho de suas funções pode – dentro dos limites impostos pelo Ordenamento Jurídico – rever seus atos com base no princípio da autotutela administrativa.**

"ADMINISTRATIVO. REVISÃO DE ENQUADRAMENTO PARA APOSENTADORIA. I – E facultado a Administração, constatado o erro ou ilegalidade do ato, revê-lo por seus próprios meios, não se exigindo formalidades especiais. II – Tal faculdade e inerente ao próprio poder de autogestão, podendo ser exercido de oficio. III – recurso a que se nega provimento." (STJ – RMS 423/DF, Rel. Ministro PEDRO ACIOLI, PRIMEIRA TURMA, julgado em 05/09/1990, DJ 24/09/1990)

▶ **Noção geral sobre o controle judicial dos atos praticados no exercício da função pública.**

"Tradicionalmente, atribui-se ao Poder Judiciário a competência para aferir a legalidade dos atos administrativos. Isso pode ser feito por meio das mais variadas ações previstas no direito processual. Como esse não é um manual de direito processual, nos limitaremos a destacar, nesta oportunidade, algumas dessas ações, optando por aquelas que são conhecidas como remédios constitucionais, uma vez que têm previsão diretamente no texto constitucional, como garantias constitucionais para a efetivação de direitos (art. 5.º da CF/1988). É importante lembrar, no entanto, que se permite ao Judiciário, modernamente, adentrar no exame também da adequação dos atos administrativos aos princípios constitucionais, tais como o da moralidade, não estando ele mais preso, tão somente, ao exame da legalidade dos atos administrativos. O próprio conteúdo da expressão "legalidade" acabou, também, por ser ampliado, admitindo-se, por exemplo, que uma prova de concurso que contenha questão fora do edital seja anulada pelo Judiciário, uma vez que ele, o edital, é a "lei" do concurso. Claro que a omissão da Administração Pública em casos em que ela devia agir também pode caracterizar uma ilegalidade e, por consequência, justificar a atuação do Judiciário. Mas, mais recentemente, tem-se verificado uma crescente interferência do Judiciário em casos de omissão do Estado no implemento de direitos dos cidadãos, quando ao próprio Poder Público caberia decidir a forma e o momento da atuação. A isto se dá o nome de controle judicial de políticas públicas, sendo destacadas, por exemplo, as decisões que vêm sendo tomadas em ações voltadas para o implemento dos direitos à saúde e à educação. Essa interferência, embora deva sempre ser encarada como extraordinária, até porque a Administração Pública detém melhores condições que o Judiciário para fazer as escolhas das políticas que deve atender, já foi admitida pelo próprio STF como possível de ser feita." (COUTINHO, Alessandro Dantas, KRUGER, Ronald Rodor. Manual de Direito Administrativo: Volume Único. 2ª edição, Editora Juspodivm, Salvador, 2018, p. 1245)

> ◙ **No mesmo sentido** "(...) Embora inquestionável que resida, primariamente, nos Poderes Legislativo e Executivo, a prerrogativa de formular e executar políticas públicas, revela-se possível, no entanto, ao Poder Judiciário, ainda que em bases excepcionais, determinar, especialmente nas hipóteses de políticas públicas definidas pela própria Constituição, sejam estas implementadas, sempre que os órgãos estatais competentes, por descumprirem os encargos político – -jurídicos que sobre eles incidem em caráter impositivo, vierem a comprometer, com a sua omissão, a eficácia e a integridade de direitos sociais e culturais impregnados de estatura constitucional. DESCUMPRIMENTO DE POLÍTICAS PÚBLICAS DE-

FINIDAS EM SEDE CONSTITUCIONAL: HIPÓTESE LEGITIMADORA DE INTERVENÇÃO JURISDICIONAL. – O Poder Público – quando se abstém de cumprir, total ou parcialmente, o dever de implementar políticas públicas definidas no próprio texto constitucional – transgrede, com esse comportamento negativo, a própria integridade da Lei Fundamental, estimulando, no âmbito do Estado, o preocupante fenômeno da erosão da consciência constitucional. Precedentes: ADI 1.484/DF, Rel. Min. CELSO DE MELLO, v.g.. – A inércia estatal em adimplir as imposições constitucionais traduz inaceitável gesto de desprezo pela autoridade da Constituição e configura, por isso mesmo, comportamento que deve ser evitado. É que nada se revela mais nocivo, perigoso e ilegítimo do que elaborar uma Constituição, sem a vontade de fazê-la cumprir integralmente, ou, então, de apenas executá-la com o propósito subalterno de torná-la aplicável somente nos pontos que se mostrarem ajustados à conveniência e aos desígnios dos governantes, em detrimento dos interesses maiores dos cidadãos. – A intervenção do Poder Judiciário, em tema de implementação de políticas governamentais previstas e determinadas no texto constitucional, notadamente na área da educação infantil (RTJ 199/1219-1220), objetiva neutralizar os efeitos lesivos e perversos, que, provocados pela omissão estatal, nada mais traduzem senão inaceitável insulto a direitos básicos que a própria Constituição da República assegura à generalidade das pessoas. Precedentes. A CONTROVÉRSIA PERTINENTE À "RESERVA DO POSSÍVEL" E A INTANGIBILIDADE DO MÍNIMO EXISTENCIAL: A QUESTÃO DAS "ESCOLHAS TRÁGICAS". – A destinação de recursos públicos, sempre tão dramaticamente escassos, faz instaurar situações de conflito, quer com a execução de políticas públicas definidas no texto constitucional, quer, também, com a própria implementação de direitos sociais assegurados pela Constituição da República, daí resultando contextos de antagonismo que impõem, ao Estado, o encargo de superá-los mediante opções por determinados valores, em detrimento de outros igualmente relevantes, compelindo, o Poder Público, em face dessa relação dilemática, causada pela insuficiência de disponibilidade financeira e orçamentária, a proceder a verdadeiras "escolhas trágicas", em decisão governamental cujo parâmetro, fundado na dignidade da pessoa humana, deverá ter em perspectiva a intangibilidade do mínimo existencial, em ordem a conferir real efetividade às normas programáticas positivadas na própria Lei Fundamental. Magistério da doutrina. – A cláusula da reserva do possível – que não pode ser invocada, pelo Poder Público, com o propósito de fraudar, de frustrar e de inviabilizar a implementação de políticas públicas definidas na própria Constituição – encontra insuperável limitação na garantia constitucional do mínimo existencial, que representa, no contexto de nosso ordenamento positivo, emanação direta do postulado da essencial dignidade da pessoa humana. Doutrina. Precedentes. – A noção de "mínimo existencial", que resulta, por implicitude, de determinados preceitos constitucionais (CF, art. 1º, III, e art. 3º, III), compreende um complexo de prerrogativas cuja concretização revela-se capaz de garantir condições adequadas de existência digna, em ordem a assegurar, à pessoa, acesso efetivo ao direito geral de liberdade e, também, a prestações positivas originárias do Estado, viabilizadoras da plena fruição de direitos sociais básicos, tais como o direito à educação, o direito à proteção integral da criança e do adolescente, o direito à saúde, o direito à assistência social, o direito à moradia, o direito à alimentação e o direito à segurança. Declaração Universal dos Direitos da Pessoa Humana, de 1948 (Artigo XXV). A PROIBIÇÃO DO RETROCESSO SOCIAL COMO OBSTÁCULO CONSTITUCIONAL À FRUSTRAÇÃO E AO INADIMPLEMENTO, PELO PODER PÚBLICO, DE DIREITOS PRESTACIONAIS. – O princípio da proibição do retrocesso impede, em tema de direitos fundamentais de caráter social, que sejam desconstituídas as conquistas já alcançadas pelo cidadão ou pela formação social em que ele vive. – A cláusula que veda o retrocesso em matéria de direitos a prestações positivas do Estado (como o direito à educação, o direito à saúde ou o direito à segurança pública, v.g.) traduz, no processo de efetivação desses direitos fundamentais individuais ou coletivos, obstáculo a que os níveis de concretização de tais prerrogativas, uma vez atingidos, venham a ser ulteriormente reduzidos ou suprimidos pelo Estado. Doutrina. Em conseqüência desse princípio, o Estado, após haver reconhecido os direitos prestacionais, assume o dever não só de torná-los efetivos, mas, também, se obriga, sob pena de transgressão ao texto constitucional, a preservá-los, abstendo-se de frustrar – mediante supressão total ou parcial – os direitos sociais já concretizados. LEGITIMIDADE JURÍDICA DA IMPOSIÇÃO, AO PODER PÚBLICO, DAS "ASTREINTES". – Inexiste obstáculo jurídico-processual à utilização, contra entidades de direito público, da multa cominatória prevista no § 5º do art. 461 do CPC. A "astreinte" – que se reveste de função coercitiva – tem por finalidade específica compelir, legitimamente, o devedor, mesmo que se cuide do Poder Público, a cumprir o preceito, tal como definido no ato sentencial. Doutrina. Jurisprudência." (STF – ARE 639337 AgR, Relator (a): Min. CELSO DE MELLO, Segunda Turma, julgado em 23/08/2011)

▶ **Controle sobre os atos da Administração pode ser prévio ou posterior.**

O controle preventivo é aquele que ocorre antes de a atividade ser desenvolvida. Pode ser judicial, legislativo ou administrativo. É o caso, no controle judicial, da impetração de mandado de segurança preventivo para impedir que determinado ato seja praticado. Antes mesmo de praticar o ato, impetra-se o mandado com o objetivo de proibir a realização do ato. Um bom exemplo é o caso de iminente eliminação de um candidato em concurso público por ato que será praticado com base em regra editalícia ilegal. Nesse caso, impetra-se o MS com o objetivo de impedir a prática do ato. O controle posterior é aquele que ocorre depois de praticado o ato. Pode ser feito pela Administração, quando julga procedente um recurso em matéria de trânsito anulando uma multa; pelo Poder Judiciário, quando anula um auto de infração qualquer em ação judicial; e pelo Legislativo, quando, por exemplo, o Congresso Nacional, com base no art. 49, V, da CF, susta o excesso de poder regulamentar de atos normativos do chefe do Executivo Federal. Um ponto importante que tem que ficar claro é que nem todo controle posterior é repressivo, ou seja, no sentido de anular, cassar ou revogar um ato. Pode ele, sem problemas, ser confirmatório, como é o caso das homologações e aprovações.

▶ **O controle feito pelo Poder Judiciário não é feito de ofício. Depende de provocação.**

O controle de ofício é o mais comum no âmbito administrativo (controle interno) e em casos de controle que o Legislativo faz sobre o exercício da função administrativa. Em âmbito administrativo, é baseado no princípio da autotutela administrativa, existindo, inclusive, regra própria na Lei 9.784/1999, quando prevê que a instauração do processo administrativo pode ser de ofício (art. 5.º). No âmbito do controle externo pelo Legislativo, podemos citar o próprio julgamento de contas do Executivo e demais gestores de verbas públicas que é feito de ofício pelo Tribunal de Contas, conforme o art. 71, I a IV, da Constituição Federal, por exemplo. O controle feito pelo Judiciário sobre as atividades administrativas é, necessariamente, por provocação, tendo em vista o princípio da inércia da jurisdição previsto no art. 2.º do CPC. Já no controle por provocação, típico do Judiciário, há uma provocação formal do prejudicado ou de terceiros para que se analise um ato ou situação. Ele pode se dar em âmbito administrativo por meio de recursos e impugnações; em âmbito legislativo, por meio de representação junto ao tribunal de contas; e judicialmente, por meio da impetração de um mandado de segurança ou da propositura de uma ação ordinária. Apesar de a Administração realizar o controle interno, normalmente por órgãos de auditoria e controladorias internas, muitas vezes ele é insuficiente e não recai sobre todos os atos. Até porque, lembre-se, os atos administrativos gozam do atributo da presunção de legitimidade, razão pela qual cabe ao prejudicado levar seu pleito ao órgão de controle competente e pedir a revisão do ato.

▶ **Nemo Iudex Sine Actore. Ne Procedat Iudex Ex Officio.**

"Ao lado dos arts. 141, 490 e 492, CPC, o artigo em comento forma o conteúdo daquilo que a doutrina costuma chamar de princípio da demanda (ou princípio dispositivo em sentido material). Duas ideias básicas encontram-se aí enunciadas: o aforismo nemo iudex sine actore traduz a necessidade de pedido da parte para que se inicie o processo; o ne procedat iudex ex officio concerne à amplitude que se deve outorgar aos poderes do juiz uma vez já instaurado o processo. Prestigia-se, nessa senda, o valor autonomia individual na construção do procedimento. São exceções à inércia jurisdicional quanto à necessidade de provocação para atuação ao longo do processo, por exemplo, os arts. 485, § 3.º, e 487, II, CPC." (MARINONI, Luiz Guilherme, ARENHART, Sérgio Cruz, MITIDIERO, Daniel. Código de Processo Civil comentado. 4ª. ed. rev., atual e ampl. Editora Revista dos Tribunais, 2018. p. 163)

▶ **Impulso Oficial.**

"Quando à marcha do processo, o impulso processual pode se dar pelas partes ou pelo juiz. O direito brasileiro adotou a segunda opção. O processo desenvolve-se por impulso oficial, não sendo necessária a previsão de normas tópicas e expressas para que se passe dessa para aquela fase do procedimento (STJ, 1.ª Turma, REsp 866.445/MG, rel. Min. Francisco Falcão, j. 27.02.2007, DJ 16.04.2007, p. 177). A paralisação do feito não ofende ao art. 2.º, CPC, quando o seu desenvolvimento depende de providência da parte (STJ, 1.ª Turma, REsp 27.158/RJ, rel. Min. Demócrito Reinaldo, j.

14.12.1998, DJ 22.03.1999, p. 54): é por essa razão que a parte final do artigo ressalva as exceções legais." (MARINONI, Luiz Guilherme, ARENHART, Sérgio Cruz, MITIDIERO, Daniel. Código de Processo Civil comentado. 4ª. ed. rev., atual e ampl. Editora Revista dos Tribunais, 2018. p. 164)

▶ **A ação é direito à tutela adequada, efetiva e tempestiva mediante processo justo.**

"Ao proibir a justiça de mão própria e afirmar que a "lei não excluirá da apreciação do Poder Judiciário lesão ou ameaça a direito" (art. 5.º, XXXV, CF), nossa Constituição afirma a existência de direito à tutela jurisdicional adequada e efetiva. Ao reproduzir semelhante dispositivo, o art. 3.º, caput, funciona como uma cláusula de destaque desse compromisso do novo Código. Obviamente, a proibição da autotutela só pode acarretar o dever do Estado Constitucional de prestar tutela jurisdicional idônea aos direitos. Pensar de forma diversa significa esvaziar não só o direito à tutela jurisdicional (plano do direito processual), mas também o próprio direito material, isto é, o direito à tutela do direito (plano do direito material). É por essa razão que o direito à tutela jurisdicional só pode ser concebido como direito à tutela jurisdicional adequada, efetiva e tempestiva (arts. 5.º, XXXV e LXXVIII, CF, e 3.º e 4.º, CPC). O direito à tutela jurisdicional é exercido mediante propositura de ação. A ação é direito à tutela adequada, efetiva e tempestiva mediante processo justo. Importa antes de qualquer coisa o ângulo teleológico do assunto. A rica literatura formada a respeito do conceito de ação na segunda metade dos Oitocentos e na primeira metade dos Novecentos, principalmente Alemanha e na Itália, portanto, com o advento da fundamentalização do direito de ação, ganha novo significado – o foco é deslocado do conceito para o resultado propiciado pelo seu exercício. Vale dizer: a ação passa a ser teorizada como meio para prestação da tutela jurisdicional adequada, efetiva e tempestiva dos direitos. Trata-se de direção oriunda da consciência de que não basta declarar os direitos, importando antes de qualquer coisa prever técnicas processuais capazes de realizá-los, sem os quais o direito perde qualquer significado em termos de efetiva atuabilidade." (MARINONI, Luiz Guilherme, ARENHART, Sérgio Cruz, MITIDIERO, Daniel. Código de Processo Civil comentado. 4ª. ed. rev., atual e ampl. Editora Revista dos Tribunais, 2018. p. 164/165)

▶ **Direito à Tutela Adequada.**

"A tutela jurisdicional tem de ser adequada para tutela dos direitos. O processo tem de ser capaz de promover a realização do direito material. O meio tem de ser idôneo à promoção do fim. A adequação da tutela revela a necessidade de análise do direito material posto em causa para a partir daí se estruturar um processo dotado de técnicas processuais aderentes à situação levada a juízo. A igualdade material entre as pessoas – e entre as situações substanciais carentes de tutela por elas titularizadas – só pode ser alcançada na medida em que se possibilite tutela jurisdicional diferenciada aos direitos. O processo tem de ser adequado à finalidade que pretende a alcançar, o que significa que é inafastável do campo da tutela jurisdicional a relação entre meio e fim, capaz de outorgar unidade teleológica à tutela jurisdicional dos direitos. É por essa razão que o novo Código, além de prever procedimentos diferenciados ao lado do procedimento comum, introduz várias técnicas processuais no procedimento comum capazes de moldar o processo às necessidades do direito material afirmado em juízo. Por essa razão é que o novo Código prevê, por exemplo, distribuição adequada do ônus da prova, inclusive com possibilidade de inversão (art. 373, CPC), técnicas antecipatórias idôneas a distribuir isonomicamente o ônus do tempo no processo, seja em face da urgência (arts. 300 a 310, CPC), seja em face da evidência (art. 311, CPC), de formas de tutela jurisdicional com executividade intrínseca (arts. 536 a 538, CPC) e técnicas executivas atípicas (arts. 139, IV, 536 a 538, CPC). É dever do legislador estruturar o processo em atenção à necessidade de adequação da tutela jurisdicional. É dever do juiz adaptá-lo concretamente, a partir da legislação, a fim de viabilizar tutela adequada aos direitos." (MARINONI, Luiz Guilherme, ARENHART, Sérgio Cruz, MITIDIERO, Daniel. Código de Processo Civil comentado. 4ª. ed. rev., atual e ampl. Editora Revista dos Tribunais, 2018. p. 165)

▶ **Direito à Tutela Efetiva.**

"A tutela jurisdicional tem de ser efetiva. Trata-se de imposição que respeita aos próprios fundamentos do Estado Constitucional, já que é facílimo perceber que a força normativa do Direito fica obviamente combalida quando esse carece de atuabilidade. Não por acaso a efetividade compõe o princípio da segurança jurídica – um ordenamento jurídico só é seguro se há confiança na realização do direito que se conhece. A efetividade da tutela jurisdicional diz respeito ao resultado do processo. Mais precisamente, concerne à necessidade de o resultado da demanda espelhar o mais possível o direito material, propiciando-se às partes sempre tutela específica – ou tutela pelo resultado prático equivalente – em detrimento da tutela pelo equivalente monetário. O direito à efetividade da tutela jurisdicional, portanto, implica necessidade: i) de encarar o processo a partir do direito material – especialmente, a partir da teoria da tutela dos direitos e ii) de viabilizar-se não só tutela repressiva, mas também e fundamentalmente tutela preventiva aos direitos. É imprescindível para prestação de tutela jurisdicional efetiva a fiel identificação da tutela do direito pretendida pela parte. Vale dizer: é preciso em primeiro lugar olhar para o direito material a fim de saber-se qual a situação jurídica substancial que se pretende proteger judicialmente. Durante muito tempo foi suficiente pensar em tutelas repressivas contra o dano para prestar tutela jurisdicional. Ocorre que o aparecimento dos novos direitos, marcados em geral pela ideia de inviolabilidade, obrigou o Estado a reconhecer o direito à tutela preventiva contra o ilícito. Em outras palavras, determinou o reconhecimento do direito à tutela inibitória, capaz de prestar impedir a prática, a continuação ou a reiteração de um ilícito (por essa razão é que o novo Código prevê o direito à tutela inibitória no art. 497, parágrafo único, CPC). Daí ficou fácil à doutrina, na verdade, perceber a necessidade de pensar todo o processo a partir do direito material com o objetivo de promover a sua efetividade, propondo-se a estruturação do processo como um todo a partir do direito à tutela específica dos direitos. A tutela jurisdicional pode ter por objetivo a proteção contra o ilícito ou contra o dano. Ato ilícito é ato contrário ao Direito. Fato danoso é prejuízo juridicamente relevante. São conceitos que não se confundem. Nada obsta, inclusive, a que o mesmo processo viabilize tutela contra o ilícito e tutela contra o dano. A tutela contra o ilícito pode ser prestada de forma preventiva (tutela inibitória, art. 497, parágrafo único, CPC) ou de forma repressiva (tutela de remoção do ilícito, art. 497, parágrafo único, CPC). A primeira visa a impedir a prática, a reiteração ou a continuação de um ilícito. É uma tutela voltada para o futuro. A segunda, a remover a causa de um ilícito ou os seus efeitos. Em ambos os casos, se prescinde da demonstração do dano e de culpa ou dolo para sua concessão (art. 497, parágrafo único, CPC). É uma tutela voltada ao passado. A tutela contra o dano é sempre repressiva. Ela pressupõe a ocorrência do fato danoso. Ela pode visar à reparação do dano (tutela reparatória) ou ao seu ressarcimento em pecúnia (tutela ressarcitória). Aonde existe um direito existe igualmente direito à sua realização. Um direito é uma posição juridicamente tutelável. É da sua previsão que advém o direito à sua tutela – já que o fim do direito é a sua própria realização. A previsão do direito pela ordem jurídica outorga desde logo pretensão à sua proteção efetiva. Se a ordem jurídica prevê direito inviolável à imagem, honra, intimidade e vida privada, por exemplo, prevê no mesmo passo direito à tutela inibitória capaz de prevenir a sua ilícita violação, direito à tutela reintegratória para remover a fonte do ilícito ou seus efeitos e direito à tutela reparatória contra o dano experimentado." (MARINONI, Luiz Guilherme, ARENHART, Sérgio Cruz, MITIDIERO, Daniel. Código de Processo Civil comentado. 4ª. ed. rev., atual e ampl. Editora Revista dos Tribunais, 2018. p. 165/166)

▶ **Controle judicial é o feito pelo Poder Judiciário em sua função típica ou precípua.**

O controle judicial é aquele feito pelos órgãos do Poder Judiciário em sua função típica. Segundo anota o art. 5.º, XXXV, da Constituição Federal, "a lei não excluirá da apreciação do Poder Judiciário lesão ou ameaça a direito". Trata-se do sacramental princípio do amplo acesso à Justiça ou da inafastabilidade da Jurisdição. Todavia, o referido controle deve ser necessariamente provocado, em razão da existência do princípio da inércia, o qual se encontra textualizado sob a letra do art. 2.º do Código de Processo Civil, segundo o qual "o processo começa por iniciativa da parte e se desenvolve por impulso oficial, salvo as exceções previstas em lei".

▶ **O controle feito pelo Poder Judiciário é um controle de juridicidade e não meramente de legalidade.**

É aquele que se verifica se a conduta do agente público se deu conforme a Lei e o direito. O bloco jurídico de análise está no art. 37, caput, da Constituição Federal e nos demais artigos constitucionais e legais que tratam do desempenho das atividades administrativas.

> ▶ **No mesmo sentido:** "A ideia de juridicidade administrativa, elaborada a partir da interpretação dos princípios e regras constitucionais, passa, destarte, a englobar o campo da legalidade administrativa, como um de seus princípios internos, mas não mais altaneiro e soberano como outrora. Isso significa que a atividade administrativa continua a realizar-se, via de regra, (i) segundo a lei, quando esta for constitucional (atividade *secundum legem*), (ii) mas pode encontrar funda mento direto na Constituição, independente ou para além da lei (atividade praeter legem), ou, eventualmente, (iii) legitimar-se perante o direito, ainda que contra a lei, porém com fulcro numa ponderação da legalidade com

outros princípios constitucionais (atividade *contra legem*, mas com fundamento numa otimizada aplicação da Constituição)" (BINENBOJM, Gustavo. Uma Teoria do Direito Administrativo: Direitos Fundamentais, Democracia e Constitucionalização. 3ª ed. revista e atualizada -Rio de Janeiro: Renovar, 2014, p. 38.)

▶ **A noção de que a Administração Pública é meramente aplicadora das leis é tão anacrônica e ultrapassada quanto a de que o direito seria apenas um limite para o administrador.**

"A noção de que a Administração Pública é meramente aplicadora das leis é tão anacrônica e ultrapassada quanto a de que o direito seria apenas um limite para o administrador. Por certo, não prescinde a Administração Pública de uma autorização legal para agir, mas, no exercício de competência legalmente definida, têm os agentes públicos, se visualizado o Estado em termos globais, um dilatado campo de liberdade para desempenhar a função formadora, que é hoje universalmente reconhecida ao Poder Público." (COUTO E SILVA, Almiro do. *Poder Discricionário no Direito Administrativo Brasileiro*, Revista de Direito Administrativo nº 179/1 80, p. 53)

◉ **Os limites do Poder Discricionário e seu controle jurisdicional.**

"PROCESSUAL CIVIL E ADMINISTRATIVO. MANDADO DE SEGURANÇA. SERVIDOR PÚBLICO. PROCESSO ADMINISTRATIVO DISCIPLINAR. DEMISSÃO POR ABANDONO DE CARGO. ESTUDO NO EXTERIOR. AUSÊNCIA DE RAZOABILIDADE DO ATO ADMINISTRATIVO DE INDEFERIMENTO DO PEDIDO DE AFASTAMENTO. RECONHECIMENTO EM AÇÃO PRÓPRIA AJUIZADA PELO PACIENTE. MANUTENÇÃO DA DEMISSÃO. ILEGALIDADE. SEGURANÇA CONCEDIDA. 1. É induvidoso que o controle dos atos administrativos é medida impositiva quando há a atuação do Estado em confronto com os princípios e os valores que norteiam o ordenamento jurídico, notadamente nas hipóteses em que a prática de determinado ato se distancia dos seus pressupostos intrínsecos ou, como assinala a literatura majoritária, dos seus elementos constitutivos. 2. A despeito das discrepâncias doutrinárias e jurisprudenciais acerca de quais elementos comporiam ou constituiriam o ato administrativo, mostra-se incontroverso, como pressuposto de fato e, para alguns, também de direito, que o motivo integra sua estrutura de validade. 3. Nessa perspectiva, se o motivo, pela própria natureza de discricionariedade, vier explicitado por meio de fundamentação, é possível a atuação jurisdicional quando tais fundamentos destoarem da razoabilidade e da própria realidade que circunscreve o ato administrativo. 4. Mostra-se açodada a determinação da Administração Pública para que seja demitido servidor quando o procedimento administrativo disciplinar é lastreado em substrato fático cuja ilegalidade reconhecida por ela é objeto de discussão judicial ainda pendente, o que se evidencia ainda mais se, ao término do processo, conclui o órgão jurisdicional ser legal o afastamento para estudos por parte do impetrante. 5. Nesse cenário, não há como coexistir a manutenção de decisões – uma no âmbito administrativo disciplinar e outra em processo judicial – absolutamente incompatíveis pela valoração da premissa fática. Reconhecida a legalidade do afastamento do servidor, para frequentar curso no exterior, mostra-se sem amparo jurídico o processo administrativo disciplinar que culminou com a demissão do paciente, que somente continua no exercício por força de liminar concedida neste mandado de segurança, ainda em 2006. 5. Mandado de segurança concedido a fim de determinar a reintegração definitiva do impetrante ao cargo de Auditor Fiscal da Receita Federal. Prejudicado o agravo regimental interposto pela União. " (STJ – MS 11.382/DF, Rel. Ministro ROGERIO SCHIETTI CRUZ, TERCEIRA SEÇÃO, julgado em 24/05/2017, DJe 30/05/2017)

◉ **No mesmo sentido:** "ADMINISTRATIVO. MANDADO DE SEGURANÇA. SERVIDOR PÚBLICO FEDERAL. AUDITOR-FISCAL DA RECEITA FEDERAL DO BRASIL. FIXAÇÃO DE EXERCÍCIO JUNTO AO MINISTÉRIO DA PREVIDÊNCIA SOCIAL. RETORNO À RECEITA FEDERAL DO BRASIL. POSSIBILIDADE. ATO PRECÁRIO. REVOGAÇÃO. ATO DISCRICIONÁRIO. MOTIVAÇÃO. NECESSIDADE. ARTS. 2° E 50 DA LEI 9.784/1999. INEXISTÊNCIA. ILEGALIDADE RECONHECIDA. SEGURANÇA CONCEDIDA. 1. Trata-se de mandado de segurança impetrado contra ato do Ministro de Estado da Previdência Social que determinou o retorno do impetrante, Auditor-Fiscal da Receita Federal do Brasil, à Secretaria da Receita Federal do Brasil. Sustenta o impetrante a arbitrariedade e ilegalidade do ato coator, por ausência de razoabilidade, proporcionalidade, motivação e por ser contrário aos interesses públicos. 2. O ato administrativo que determina o retorno do servidor ao seu órgão de origem, mesmo ostentando natureza discricionária, exige a regular motivação, a fim de possibilitar o seu controle de legalidade. Inteligência dos arts. 2°, parágrafo único, inc. I, e 50, I e § 1°, todos da Lei 9.784/1999. Precedentes do STJ. 3. Carecendo de motivação o ato coator, padece de ilegalidade. 4. Segurança concedida, ressalvado o direito da Administração de proferir nova decisão, devidamente motivada, para determinar o retorno do servidor ao órgão de origem." (STJ – MS 19.449/DF, Rel. Ministro MAURO CAMPBELL MARQUES, PRIMEIRA SEÇÃO, julgado em 27/08/2014, DJe 04/09/2014)

◉ **Se a discricionariedade for exercitada de forma correta estamos no campo de sua liberdade de gestão, não cabendo controle jurisdicional.**

"PROCESSUAL CIVIL E ADMINISTRATIVO. Mandado de segurança. Ato administrativo. Revogação. Anulação. Inexistência de ilegalidade. – A Administração pode rever os seus atos para revogá-los." (STJ – RMS 596/SP, Rel. Ministro HÉLIO MOSIMANN, Rel. p/ Acórdão MIN. PEÇANHA MARTINS, SEGUNDA TURMA, julgado em 05/06/1991, DJ 23/03/1992, p. 3466)

▶ **A discricionariedade administrativa não se confunde com a vontade arbitrária.**

"Por um lado, a Administração não está inteiramente vinculada, ela sempre dispõe de uma relativa liberdade, por outro, a Administração não está completamente livre para fazer o que ela deseja, conforme o seu humor ou seus caprichos, ela sempre deve respeitar um mínimo de regras jurídicas. " (RICCI, Jean-Claude. *Droit Admnistratif General*. 5e Edition. Paris: Hachette Supeieur, 2013, p. 41).

▶ **A discricionariedade baseia-se na ideia central de que seu eixo de atuação e suas balizas encontram-se umbilicalmente ligados às escolhas que afetam direitos e garantias fundamentais dos cidadãos.**

"A discricionariedade da Administração vinculada ao Direito baseia-se na ideia central de que seu eixo de atuação e suas balizas encontram-se umbilicalmente ligados às escolhas que afetam direitos e garantias fundamentais dos cidadãos e não em um unilateral juízo de conveniência e oportunidade. " (ENGISCH, Karl. *Introdução ao Pensamento Jurídico*, 6ª edição, Lisboa: Ed. Fundação Calouste Gulbenkian, 1988, p. 220.)

▶ **Alargamento do controle jurisdicional dos atos administrativos.**

"(...) alargam-se os horizontes de controle dos atos administrativos. (...) No exame da conveniência e de oportunidade, a discrição deverá ser examinada com o escopo de impedir que o merecimento se confunda com o arbítrio, nunca fundamentável por definição (...) pois todos os atos (e respectivas motivações) da Administração Pública devem guardar fina sintonia com as diretrizes eminentes do Direito Administrativo (em especial, aquelas agasalhadas nos arts. 37 e 70 da CF/88" (FREITAS, Juarez. *O controle dos atos administrativos e os princípios fundamentais*. 3ª.ed. rev. e ampl. São Paulo: Malheiros, 2004, p. 226.)

▶ **A discricionariedade no estado Democrático de Direito está sempre vinculada à força normativa dos direitos fundamentais.**

"Por outro lado, a discricionariedade, no estado Democrático de Direito, está sempre vinculada à força normativa dos direitos fundamentais e dos princípios republicanos, sob pena de se converter em arbitrariedade proibida e solapar as bases indispensáveis à liberdade de conformação do Direito." (FREITAS, Juarez. *O controle das políticas públicas e as prioridades constitucionais vinculantes*. In: *Constituição, Economia e Desenvolvimento*: Revista da Academia Brasileira de Direito Constitucional. Curitiba, 2013, vol. 5, n. 8, Jan.-Jun. p. 8 – 26.)

◉ **A discricionariedade administrativa deve basear-se no dever de boa-fé da Administração Pública, além de pautar-se por um incondicional respeito aos direitos fundamentais.**

"Assim, a discricionariedade vinculada a que se aduz não é dimensionada, apenas, pelos parâmetros de oportunidade e conveniência de agir do administrador, mas deve basear-se no dever de boa-fé da Administração Pública, além de pautar-se por um incondicional respeito aos direitos fundamentais, e, verbi gratia, aos princípios da eficiência, impessoalidade, moralidade e da proteção da confiança, todos inerentes a um Estado de Direito. " (STF – RE 837311/PI, trecho do Voto do Luiz Fux)

▶ **O mandado de segurança constitui-se numa das principais vias de controle judicial dos atos praticados no exercício de função pública.**

"O mandado de segurança constitui-se numa das principais vias de controle judicial da Administração Pública, estando previsto na própria Constituição Federal (art. 5.º,

LXIX) no título que trata dos direitos e garantias fundamentais, daí por que é elencado dentre os chamados remédios constitucionais, ou seja, ações judiciais especialmente previstas pelo legislador constituinte visando à proteção de direitos ao cidadão contra atos ilegais ou arbitrários do Poder Público. Sua finalidade primordial, conforme dicção do próprio texto constitucional, é servir de via judicial para solucionar ou prevenir ilegalidade ou abuso de poder praticado ou a ser praticado por autoridade pública ou agente de pessoa jurídica no exercício de atribuições do Poder Público. Para essa finalidade, evidentemente, podem existir outras vias judiciais (ações de rito ordinário, sumário ou especial), mas o mandado de segurança se destaca pela sua simplicidade no manejo, pela celeridade de seu procedimento, como se verá mais adiante, e, principalmente, pela eficácia do comando judicial que dele pode derivar, garantindo-se que a implementação da ordem judicial seja feita de maneira mais efetiva. O mandado de segurança, no entanto, visa à defesa de direitos subjetivos, ainda que representativos de toda uma categoria, e não do interesse coletivo geral, daí por que seu objeto não se confunde, por exemplo, com o da ação popular." (COUTINHO, Alessandro Dantas, KRUGER, Ronald Rodor. Manual de Direito Administrativo: Volume Único. 2ª edição, Editora Juspodivm, Salvador, 2018, p. 1246)

LEI Nº 12.016, DE 7 DE AGOSTO DE 2009

Disciplina o mandado de segurança individual e coletivo e dá outras providências.

Art. 1º Conceder-se-á mandado de segurança para proteger direito líquido e certo, não amparado por habeas corpus ou habeas data, sempre que, ilegalmente ou com abuso de poder, qualquer pessoa física ou jurídica sofrer violação ou houver justo receio de sofrê-la por parte de que categoria for e sejam quais forem as funções que exerça.

Redação da Lei 1.553/51 – Revogada: Art. 1º – Conceder-se-á mandado de segurança para proteger direito líquido e certo, não amparado por habeas-corpus, sempre que, ilegalmente ou com abuso do poder, alguém sofrer violação ou houver justo receio de sofre-la por parte de autoridade, seja de que categoria for e sejam quais forem as funções que exerça.

▶ **Sobre o Mandado de Segurança e sua estatura constitucional.**

O conceito básico do mandado de segurança pode ser retirado do próprio texto constitucional, no art. 5º, LXIX, que prescreve seguinte: "Conceder-se-á mandado de segurança para proteger direito líquido e certo, não amparado por "habeas-corpus" ou "habeas-data", quando o responsável pela ilegalidade ou abuso de poder for autoridade pública ou agente de pessoa jurídica no exercício de atribuições do Poder Público.". O mandado de segurança é uma ação judicial de rito especial (estabelecido em lei específica), com previsão constitucional, que visa a proteger um direto líquido e certo que está sendo lesado ou ameaçado de lesão por um agente do poder público, seja da administração direta ou indireta; ou por quem lhe faça às vezes. Também é correto dizer que o mandado de segurança é uma garantia constitucional, ou um remédio constitucional, por ser uma das ações cuja existência tem previsão na própria Constituição.

▶ **Disciplina da ação "Mandado de Segurança".**

"O direito material ao MS é disciplinado pela CF 5.º LXIX, vale dizer, todos os requisitos para o exercício e a obtenção do direito ao MS estão delineados pelo texto constitucional, de modo que resta defeso à legislação infraconstitucional criar novos requisitos os dispensar aqueles que a CF exige para que o impetrante possa obter sentença de mérito concessiva da ordem. Esta é a razão pela qual a ementa da LMS está incorreta, pois a lei não disciplina o MS – nem poderia fazê-lo –, mas sim a ação e o processo do writ constitucional. Deve ser a ementa da seguinte forma: "Disciplina a ação e o processo do mandado de segurança individual e coletivo e dá outras providências". Por isso são inconstitucionais dispositivos da LMS que criam novos requisitos e empecilhos ao exercício do direito fundamental constitucional ao MS como, por exemplo, a que fixa prazo para seu exercício (LMS 23) ou a que, pretensamente, não arrola os direitos difusos entre os direitos protegidos pelo *mandamus* (LMS 21 par. ún.), como se pudesse excluí-los da proteção que a CF 5.º LXIX lhes assegura. V., abaixo, coments. LMS 21 e 23. (NERY Jr. Nelson, *Leis civis e processuais civis comentadas* – 4ª edição, Editora Revista dos Tribunais, São Paulo, 2016, p. 1635)

> ▶ **No mesmo sentido:** "O mandado de segurança é um direito fundamental que resguarda o cidadão do abuso do poder estatal, garantindo a liberdade do mesmo perante o Estado. Esta ação visa proteger o direito líquido e certo, não amparado por habeas corpus ou habeas data, da ilegalidade ou abuso de poder, praticado pela autoridade coatora. É uma ação que possui rito sumário especial e célere, podendo ser repressivo ou preventivo, possuindo tramitação especial, por ser uma garantia fundamental constitucional, não podendo estar sujeito aos regimes gerais dos procedimentos." (SOARES, Marcos José Porto; ROSA. SANTOS, Thalita Andrea. *Liquidez e certeza do direito como condições da ação mandamental*. Revista dos Tribunais. vol. 943. p. 183. São Paulo: Ed. RT, maio 2014.)

▶ **O mandado de segurança é, em si, uma das garantias constitucionais fundamentais. Esse berço de nascimento de pronto contamina o mandado de segurança com a marca indelével, que há de nortear seu estudioso, intérprete, usuário ou aplicador do instituto.**

"Coerentes com nossas obras precedentes, devemos agora reafirmar o critério principiológico e metodológico unívoco, que nos há de guiar, na busca da solução para as polêmicas a serem enfrentadas. Repousa ele na consideração fundamental de que o mandado de segurança é não só um remédio judicial, que tem o fito de garantir a realização e observância do direito líquido e certo, ameaçado ou lesado por ato (comissivo ou omissivo) de autoridade pública (ou seus delegados), eivado de ilegalidade ou abuso de poder: ademais disso, o mandado de segurança é, em si, uma das garantias constitucionais fundamentais, como tal expressamente instituído e arrolado no basilar art. 5º da nossa Carta Política – o artigo que funda o estatuto básico dos direitos individuais, coletivos e difusos. Esse berço de nascimento de pronto contamina o mandado de segurança com a marca indelével, que há de nortear seu estudioso, intérprete, usuário ou aplicador: partejado que foi como instrumento das liberdades fundamentais, inserido que está dentre as garantias mestras, o mandado de segurança há de ser sempre liberalmente encarado e compreendido. É dizer, hão de ser mínimos os impedimentos e empecilhos à sua utilização; na dúvida quanto a seu cabimento, há que preponderar o entendimento que se inclina em seu favor; nas questões polêmicas, que seu estudo suscite, há de prevalecer a corrente que se revele produtora da maior amplitude de suas hipóteses de incidência e de espectro de atuação. Firma-se aqui, portanto, desde já, o princípio fundamental, a nortear este ensaio, o princípio de espeque constitucional: como, a um só tempo, remédio processual e garantia constitucional, o mandado de segurança, em seu cabimento e amplitude, há de ser admitido de forma amplíssima, tendo-se por ilegítimo tudo que amesquinhe tal parâmetro." (FERRAZ, Sergio. *Mandado de Segurança*. São Paulo: Malheiros, 2006. p. 9/10)

▶ **O mandado de segurança é uma ação com contornos próprios elencados na Constituição Federal, podendo ser vista como uma ação de natureza especial.**

"Trata-se, o mandado de segurança, naturalmente de ação que – tanto na, por assim dizer, sua primeira e primordial etapa, em que se busca a formulação da norma concreta aplicável à situação deduzida em juízo, quanto na sua fase subsequente, em que, sendo necessário, se vai diligenciar no sentido de proporcionar ao titular do direito aquilo a que faz jus-segue rito especial, revestido de características próprias, que lhe dão feição peculiar, no confronto com as demais ações. " (ASSUMPÇÃO, Hélcio Alves de. *Mandado de Segurança: a comprovação dos fatos como pressuposto específico de admissibilidade do writ.* Revista de Direito do Ministério Público. Rio de Janeiro, 1995. p. 33.)

▶ **O mandado de segurança é ação constitucional, delineada no art. 5.º, LXIX, da CF/1988, tendo como objetivo precípuo a resolução célere e eficaz de demandas contra o Poder Público em alternativa ao arrastado procedimento ordinário.**

"O mandado de segurança é ação constitucional, delineada no art. 5.º, LXIX, da CF/1988 tendo como objetivo precípuo a resolução célere e eficaz de demandas, contra o Poder Público, em alternativa ao arrastado procedimento ordinário. Trata-se, portanto, de norma constitucional, de eficácia plena absoluta, destinada à proteção de direito líquido e certo do indivíduo ou de coletividade em face do Poder Público, de atuação rápida e eficiente, que objetiva a correção jurídica de ilegalidades e abusos do Poder Público iminentes (função preventiva) ou já perpetrados (função repressiva), cometidos diretamente ou por interposta pessoa física ou jurídica, não estancáveis por habeas corpus ou habeas data, limitado por seus pressupostos constitucionais específicos. Portanto, incontroversos os fatos, ou seja, não sendo necessária a produção de prova no contraditório comum, e sendo ilegal ou abusivo o ato de autoridade, é cabível o mandado de segurança para impugná-lo." (BRITO DE MACÊDO, Potira Ferreira. *O Mandado de Segurança e o prazo extintivo.* Revista de Processo. vol. 199. p. 375. São Paulo: Ed. RT, set. 2011.)

▶ **O mandado de segurança é uma ação dotada de técnica processual diferenciada para a imediata e efetiva proteção do cidadão ameaçado e violado pelo Poder Público.**

"...o mandado de segurança é uma ação dotada de técnica processual diferenciada para a imediata e efetiva proteção do cidadão ameaçado e violado pelo Poder Público. " (MARINONI, Luiz Guilherme. *Curso de processo civil: teoria geral do processo.* São Paulo: Ed. RT, 2006. vol. 1, p. 193-207.)

▶ **Qualquer interpretação a respeito do mandado de segurança deve sempre levar em consideração que se trata de mecanismo de defesa do indivíduo contra o Poder Público e não o contrário.**

"Firma-se aqui, portanto, desde já, o princípio fundamental a nortear este ensaio, o princípio de espeque constitucional: como, a um só tempo, remédio processual e garantia constitucional, o mandado de segurança, em seu cabimento e amplitude, há de ser admitido de forma amplíssima, tendo-se por ilegítimo tudo que amesquinhe tal parâmetro. " (FERRAZ, Sergio. *Mandado de Segurança*. São Paulo: Malheiros, 2006. p. 19.)

▶ **No mesmo sentido:** "Ademais, convém esclarecer que a norma do mandado de segurança tem eficácia plena absoluta, e prescinde de legislação infraconstitucional para sua aplicação e desenvolvimento, conforme dispõe o § 1.º do art. 5.º da CF/1988. Logo, qualquer interpretação a respeito do mandado de segurança deve sempre levar em consideração que se trata de mecanismo de defesa do indivíduo contra o Poder Público e não o contrário. " (BRITO DE MACÊDO, Potira Ferreira. *O mandado de Segurança e o prazo extintivo*. Revista de Processo. vol. 199. p. 375. São Paulo: Ed. RT, set. 2011.)

▶ **O Mandado de Segurança dota-se de toda carga hermenêutica positiva, de direito à proteção jurídica, a exigir que o intérprete sempre lhe confira o mais amplo e eficaz alcance.**

"Antes do exame do preceito constitucional em comento, impõe-se a reflexão sobre qual a importância da previsão no texto constitucional do direito ao mandado de segurança. Certamente, esse relevo não decorre apenas do fato de que esse status constitucional põe o instituto a salvo de qualquer tentativa de sua eliminação do ordenamento nacional. Embora isso também seja importante, é necessário perceber que, ao figurar o mandado de segurança como garantia fundamental, a par da sua dimensão negativa (como direito de defesa), dota-se o instrumento de toda carga hermenêutica positiva, de direito a proteção jurídica, a exigir que o intérprete sempre lhe confira o mais amplo e eficaz alcance. " (Comentários à Constituição do Brasil – Série Idp. Mendes, Gilmar Ferreira; Streck, Lenio Luiz; Sarlet, Ingo Wolfgang; Leoncy, Léo Ferreira; Canotilho, J. J. Gomes. Editora Saraiva, 2ª Edição, São Paulo, 2018, p. 508)

▶ **É inconstitucional qualquer negligência do Estado em conferir ao Mandado de Segurança a mais ampla, irrestrita, eficaz e adequada aplicação.**

"Elimina-se, com isso, a possibilidade de outorgar qualquer interpretação ao procedimento do mandado de segurança – não extraída diretamente do texto constitucional – que possa limitar, inviabilizar ou neutralizar seu uso em caso específico. Mais do que isso, torna-se inconstitucional qualquer negligência do Estado em conferir a este instrumento a mais ampla, irrestrita, eficaz e adequada aplicação. A garantia constitucional do mandado de segurança, então, exige do Estado proteção maximizada, impondo-lhe o dever de: a) criar leis que disciplinem seu procedimento de modo a torná-lo célere, amplamente acessível (subjetiva e objetivamente) eficaz; e b) conferir, especialmente pelo Poder Judiciário, interpretação aos dispositivos que tratam do mandado de segurança, que seja sempre a mais favorável ao cabimento, à tramitação e à efetivação desse instrumento. " (Comentários à Constituição do Brasil – Série Idp. Mendes, Gilmar Ferreira; Streck, Lenio Luiz; Sarlet, Ingo Wolfgang; Leoncy, Léo Ferreira; Canotilho, J. J. Gomes. Editora Saraiva, 2ª Edição, São Paulo, 2018, p. 509)

▶ **Mostram-se insustentáveis todas as interpretações – muito comuns no Judiciário – tendentes a amesquinhar o instituto em exame.**

"Não se legitimam, assim, por exemplo, decisões que extinguem o mandado de segurança impetrado perante juízo incompetente (sem a remessa do feito ao órgão competente); que entendem inaplicável ao mandado de segurança a permissão de o magistrado invocar em sua decisão, para acolher o pedido, fundamento de direito distinto daquele apontado pelo autor da ação; ou que conclui pela impossibilidade da correção do polo passivo do mandado de segurança, impondo a sua extinção. As razões que sustentam essas conclusões são completamente inconciliáveis com a fundamentalidade do direito ao mandado de segurança. " (Comentários à Constituição do Brasil – Série Idp. Mendes, Gilmar Ferreira; Streck, Lenio Luiz; Sarlet, Ingo Wolfgang; Leoncy, Léo Ferreira; Canotilho, J. J. Gomes. Editora Saraiva, 2ª Edição, São Paulo, 2018, p. 509)

▶ **A norma constitucional que determina que seja concedido o mandado de segurança é dirigida ao Poder Judiciário, enquanto órgão credenciado pelo ordenamento jurídico para exercer a função jurisdicional.**

"Portanto, compete ao Poder Judiciário conceder ou não a segurança, por meio de uma decisão judicial, que pode ser provisória (liminar) ou definitiva (sentença). Logo, o mandado de segurança importa num meio célere e eficaz de controle judicial da atividade administrativa, executiva e judiciária. " (BRITO DE MACÊDO, Potira Ferreira. *O mandado de segurança e o prazo extintivo*. Revista de Processo. vol. 199. p. 375. São Paulo: Ed. RT, set. 2011.)

PRESSUPOSTOS ENSEJADORES DA IMPETRAÇÃO DO MANDADO DE SEGURANÇA

DIREITO LÍQUIDO E CERTO

▶ **Requisito essencial do mandado de segurança é o chamado direito líquido e certo.**

"Requisito essencial do mandado de segurança é o chamado direito líquido e certo, que, para boa parte da doutrina e jurisprudência, corresponde ao próprio objeto da ação, ao passo que para outros tantos significa apenas uma condição de procedibilidade desta. Ao que parece, tem prevalecido o entendimento de que direito líquido e certo diz respeito à demonstração cabal, por prova pré-constituída, do direito que se pretende ver protegido. Não há como negar que envolve a análise do próprio mérito da questão, mas restrito à presença ou ausência da prova cabal quanto ao direito, de forma que a denegação da segurança por ausência de demonstração do direito líquido e certo deve ser estremada da hipótese de denegação por inexistência mesmo do direito. Como consequência disso, a simples ausência de prova, em se tratando de mandado de segurança, deve permitir a rediscussão do tema por outra via judicial, nos mesmos termos do disposto no art. 19 da Lei 12.016/2009. Não se aplicaria aqui, portanto, o princípio da eventualidade, até porque há claras limitações legais à própria produção da prova em sede mandamental." (COUTINHO, Alessandro Dantas, KRUGER, Ronald Rodor. *Manual de Direito Administrativo: Volume Único*. 2ª edição, Editora Juspodivm, Salvador, 2018, p. 1248)

▶ **A liquidez e a certeza do direito exigidas ao mandado de segurança referem-se, exclusivamente, aos fatos, que, por essa razão, deverão ser provados de maneira incontestável e clara pelo impetrante.**

"Segundo a melhor doutrina, a liquidez e a certeza do direito exigidas ao mandado de segurança referem-se, exclusivamente, aos fatos, que, por essa razão, deverão ser provados de maneira incontestável e clara pelo impetrante. Por mais tormentosa que seja a questão jurídica no caso concreto a esse respeito, jamais se retirarão essas características do direito do impetrante quando os fatos estejam devidamente comprovados. Compreende-se que, por mais intricada a questão de direito e por mais dúvidas que tal questão possa gerar no julgador, se a fundamentação fática da pretensão for demonstrada por prova documental, o direito alegado será líquido e certo, bastando ao julgador decidir se ele existe ou não existe". (NEVES, Daniel Amorim Assumpção. *Ações Constitucionais*, 2ª edição, Ed. GEN, São Paulo, 2013, p. 125/126)

> ▣ **No mesmo sentido:** "O mandado de segurança é ação constitucional de rito especial, que tem por finalidade, desde sua introdução no ordenamento jurídico pátrio, ocorrido com o advento da Constituição de 1934, a proteção de direito líquido e certo do impetrante, violado ou ameaçado de violação, por ato ilegal ou abusivo cometido por autoridade. III – A apuração do correto cumprimento das condições contratuais da Autorização de Ocupação, assim como a falsidade, ou não, do título de propriedade que embasa a pretensão, são questões inarredáveis e que permeiam toda a discussão, e para as quais a ação mandamental, justamente por demandar instrução probatória diferida, não está vocacionada. IV – Os Agravantes não apresentam, no regimental, argumentos suficientes para desconstituir a decisão agravada. V – Agravo Regimental improvido." (STJ – AgRg no MS 20.676/DF, Rel. Ministra REGINA HELENA COSTA, PRIMEIRA SEÇÃO, julgado em 27/09/2017, DJe 03/10/2017)

▶ **O conceito de "liquidez e certeza" adotado pelo legislador é impróprio e mal expresso – alusivo à precisão e comprovação do direito, quando deveria aludir à precisão e comprovação dos fatos e situações que ensejam o exercício desse direito.**

"Direito líquido e certo é o que se apresenta manifesto na sua existência, delimitado na sua extensão e apto a ser exercitado no momento da impetração. Por outras palavras, o direito invocado para ser amparável por mandado de segurança, há de vir expresso em norma legal e trazer em si todos os requisitos e condições de sua aplicação ao impetrante: se sua existência for duvidosa, se sua extensão ainda não estiver delimitada, se seu exercício depender de situações e fatos ainda indeterminados, não rende ensejo à segurança, embora possa ser defendido por outros meios judiciais. Quando a lei alude a "direito líquido e certo", está exigindo que esse direito se apresente com todos os requisitos para seu reconhecimento e exercício no momento da impetração. Em última análise, direito líquido e certo é direito comprovado de plano. Se depender de comprovação posterior não é líquido, nem certo, para fins de segurança. O conceito de "liquidez e certeza" adotado pelo legislador é impróprio – e mal expresso – alusivo à precisão e comprovação do direito, quando deveria aludir à precisão e comprovação dos fatos e situações que ensejam o exercício desse direito. Por se exigir situações e fatos comprovados de plano é que não há instrução probatória no mandado de segurança. " (MEIRELLES, Hely Lopes. *Mandado de Segurança e Ações Constitucionais*, Editora Malheiros, 36ª Edição, São Paulo, 2014, p. 35/36)

▶ **O que deve ser provado são as afirmações do fato. Prova-se a afirmação de fato para que se declare que o direito afirmado existe**

"É comum a afirmação de que "direito líquido e certo" é o que resulta de fato certo, bem como a de que fato certo é aquele capaz de ser comprovado de plano. Trata-se de equívoco, pois o que se prova são as afirmações de fato. O fato não pode ser qualificado de "certo", "induvidoso" ou "verdadeiro"; o fato apenas existe ou não existe. Como o direito existe independentemente do processo, esse serve apenas para declarar que o direito afirmado existe. Prova-se a afirmação de fato para que se declare que o direito afirmado existe. Acentue-se que a sentença de cognição exauriente limita-se a declarar a verdade de um enunciado, isto é, que a afirmação de que o direito existe é verdadeira de acordo com as provas produzidas e o juízo de compreensão do juiz. Em outras palavras, o direito que o processo afirma existir pode, no plano substancial, não existir e vice-versa. Não se prova que o direito existe, mas sim que a afirmação de que o direito existe é verdadeira, declarando-se a existência do direito (coisa julgada material). " (MARINONI, Luiz Guilherme. *Tutela de urgência e tutela de evidência: soluções processuais diante do tempo da justiça*. Editora Revista dos Tribunais, 1ª Ed. 2017, p. 35)

▶ **Direito líquido e certo como aquele incontestável, com fato certo e legalmente provado.**

"É comum afirmar-se que por direito líquido e certo entende-se o incontestável, com fato certo e legalmente fundamentado. " (FIGUEIREDO CRUZ, Luana Pedrosa de. *Comentários à Lei do Mandado de Segurança*: Lei 12.016, de 7 de agosto de 2009. Editora Revista dos Tribunais, Coordenador Luiz Manoel Gomes Junior, São Paulo, 2015.p.55)

▶ **No mesmo sentido:** "Se a norma de direito positivo, incidindo sobre fatos incontroversos, criasse um direito, teríamos caracterizado, então, o direito líquido e certo". (MS 333, de 09.12.1936 (NUNES, José de Castro, *Do mandado de segurança*, p. 92-93).

▶ **No mesmo sentido:** "Realmente, quando a Constituição fala em direito líquido e certo, refere-se a direito subjetivo, e este decorre de uma relação fático-jurídica. Se os fatos não são controvertidos, então poderá ser ajuizado o mandado de segurança. A operação seguinte consistirá, apenas, na aplicação do direito objetivo aos fatos incontroversos". (VELLOSO, Carlos Mário da Silva. *Conceito de direito líquido e certo*: Curso de mandado de segurança, p. 76)

▶ **Direito líquido e certo como ausência de dúvida quanto à situação de fato que deve ser provada documentalmente.**

"O pressuposto do mandado de segurança, portanto, é a ausência de dúvida quanto à situação de fato, que deve ser provada documentalmente. Qualquer incerteza sobre os fatos decreta o descabimento da reparação da lesão através do mandado, devendo a parte pleitear seus direitos através de ação que comporte a dilação probatória" (Vicente Greco Filho, Tutela constitucional das liberdades, p. 162.) E conclui: "a doutrina moderna do mandado de segurança, acolhendo essas premissas, definiu o direito líquido e certo como a certeza quanto à situação de fato, porque o direito, por mais complexa que seja sua interpretação, tem, na própria sentença, o meio hábil para sua afirmação. " (GRECO FILHO, Vicente. *Tutela constitucional das liberdades*, Ed. Saraiva, São Paulo, 1989, p. 162.)

▶ **No mesmo sentido**: "para que se use o procedimento do mandado de segurança, não basta que o alegado direito subjetivo que o impetrante pretende defender tenha como sujeito passivo o poder público ou a pessoa jurídica privada que exerça função pública delegada. É preciso, ainda, que tal direito material seja passível de comprovação, em seu aspecto fático, tão-somente por meio de prova documental. Direito líquido e certo significa isso: aquele cujos elementos fáticos possam ser atestados, judicialmente, somente por meio do cotejo de provas documentais, pré-constituídas com referência ao processo." (KLIPPEL, Rodrigo e NEFFA JUNIOR, José Antônio. *Comentários à lei de mandado de segurança. (Lei nº 12.016/09): Artigo por artigo, doutrina e jurisprudência,* Editora Lumen Juris, Rio de Janeiro, 2010, p. 16)

▶ **No mesmo sentido**: "<u>A certeza e a liquidez, portanto, dizem respeito aos aspectos fáticos da pretensão, não sendo das mais felizes a consagrada expressão "direito líquido e certo".</u> Conforme reiteradas decisões do Superior Tribunal de Justiça, o direito protegido pelo mandado de segurança exige da impetrante prova pré-constituída suficiente para convencer o juízo no tocante ao aspecto fático de sua pretensão. " (NEVES, Daniel Amorim Assumpção. *Ações Constitucionais*, 2ª edição, Ed. GEN, São Paulo, 2013, p. 126)

▶ **No mesmo sentido**:"<u>Direito líquido e certo, como a etimologia do termo indica, é o que se apresenta manifesto na sua existência e apto a ser exercitado</u>. Ora, sendo assim, todo direito é líquido e certo, exatamente porque o direito, qualquer que seja, deve ser manifesto, isto é, deve decorrer da ocorrência de um fato que acarrete a aplicação de uma norma, podendo já ser exercido, uma vez que já adquirido e incorporado ao patrimônio do sujeito. Na verdade, o que se deve ter como líquido e certo é o fato, ou melhor, a afirmação de fato feita pela parte autora. Quando se diz que o mandado de segurança exige a comprovação de direito líquido e certo, está-se a reclamar que os fatos alegados pelo impetrante estejam, desde já, comprovados, devendo a petição inicial vir acompanhada dos documentos indispensáveis a essa comprovação. Daí a exigência de a prova, no mandado de segurança, ser pré-constituída. À evidência, o que se exige, no mandado de segurança, é que a afirmação da existência do direito seja provada de logo e, além disso, de maneira irrefutável, inquestionável, sem jaça, evidente, de modo a não remanescer qualquer dúvida a seu respeito. " (CUNHA, Leonardo Carneiro. A Fazenda Pública em Juízo, 14ª. ed. rev., atual e ampl. – Rio de Janeiro: Forense, 2017, p. 510)

◉ O direito líquido e certo como um conceito processual

"Acentua a Súmula 625 do Supremo Tribunal Federal, a esse respeito, que 'controvérsia sobre matéria de direito não impede concessão de mandado de segurança'. A análise de seus precedentes revela que a ideia contida nesse enunciado (ao contrário, aliás, do que sua realização literal sugere) é a de identificar, pura e simplesmente, o conceito de direito líquido e certo como um conceito processual (de função processual), que quer significar a necessidade de o impetrante apresentar-se em juízo munido de prova pré-constituída – daí a referência ao mandado de segurança, por vezes, como 'processo documental –, sendo descabido o mandado de segurança para reexaminar fatos ou provas, assim, por exemplo, aquelas produzidas no âmbito de processo administrativo" (STF, Pleno, MS 26.163/DF, j. 24.04.2008, v.u., rel. Min. Cármen Lúcia, DJe 04.09.2008). (Cássio Scarpinella Bueno, Curso sistematizado de direito processual civil – Direito processual coletivo e direito processual público, vol. 2, t. III, p. 40-41.)

> ▶ **No mesmo sentido**: " (...) o conceito de direito líquido e certo é tipicamente processual, pois atende ao modo de ser de um direito subjetivo no processo: a circunstância de um determinado direito subjetivo realmente existir não lhe dá a caracterização de liquidez e certeza; está só lhe é atribuída se os fatos em que se fundar puderem ser provados de forma incontestável, certa, no processo. E isto normalmente só se dá quando a prova for documental, pois esta é adequada a uma demonstração imediata e segura dos fatos" (BARBI, Celso Agrícola. *Do mandado de segurança*, 11ª. Edição, Editpra GEN, 2008, São Paulo, p. 57).

> ▶ **No mesmo sentido:** "Como se vê, o conceito de direito líquido e certo é tipicamente processual, pois atende ao modo de ser de um direito subjetivo no processo: a circunstância de um determinado direito subjetivo realmente existir não lhe dá a característica de liquidez e certeza; esta só lhe é atribuída se os fatos em que se fundar puderem ser provados de forma incontestável, certa, no processo. E isto normalmente só se dá quando a prova for documental, pois esta é a adequada a uma demonstração imediata e segura dos fatos. " (FERRAZ, Sergio. *Mandado de Segurança*. São Paulo: Malheiros, 2006. p. 16)

▶ **Há direito líquido e certo quando o titular dispõe de documentos para provar, de plano, a situação fática que lhe permite invocar o direito objetivo ofendido ou ameaçado.**

"Quando a Constituição endereça o mandado de segurança à defesa do direito líquido e certo, "está exigindo que esse direito se apresente com todos os requisitos para seu reconhecimento e exercício no momento da impetração. Em última análise, direito líquido e certo é direito comprovado de plano. " (THEODORO JÚNIOR, Humberto.

Lei do Mandado de Segurança comentada artigo por artigo. Rio de Janeiro: Gen/Editora Forense, 2ª edição, 2019. p. 62)

▶ **No mesmo sentido:** "Compreende-se que, por mais intricada a questão de direito e por mais dúvidas que tal questão possa gerar no julgador, se a fundamentação fática da pretensão for demonstrada por prova documental, o direito alegado será líquido e certo, bastando ao julgador decidir se ele existe ou não existe. " (NEVES, Daniel Amorim Assumpção. *Ações Constitucionais*, 2ª edição, Ed. GEN, São Paulo, 2013, p. 126)

◙ **No mesmo sentido** "1. O mandado de segurança, garantia constitucional marcada pelo rito célere, demanda a apresentação, de pronto, de todos os elementos probatórios suficientes para embasar a alegação de direito líquido e certo contida nas razões do *mandamus*. 2. A requisição de tais documentos pela autoridade judiciária à autoridade pública imprescinde da prévia negativa do órgão público em relação ao fornecimento de tais evidências. É, portanto, providência subsidiária que não desincumbe a parte impetrante da propositura do *mandamus* já devidamente instruído com todas as provas pré-constituídas" (STJ, AgRg no RMS 37.954/PE, 2.ª T., j. 26.06.2012, rel. Min. Mauro Campbell Marques, DJe 06.08.2012).

▶ **Liquidez e certeza do direito está relacionado à maior ou menor facilidade na demonstração dos fatos sobre os quais incide o direito.**

"A noção de direito líquido e certo não tem, ao contrário do que a expressão possa sugerir, qualquer relação com espécie particular de direito. A rigor, todo direito que exista é líquido e certo, sendo evidente que a complexidade do raciocínio jurídico – que pode ser mais acessível para alguém e menos para outrem – não tem nenhuma relação com mencionada categoria. A liquidez e certeza do direito tem sim vinculação com a maior ou menor facilidade na demonstração dos fatos sobre os quais incide o Direito. Desse modo, a questão do direito líquido e certo se põe no campo da prova das afirmações de fato feitas pelo impetrante. Vale dizer que o mandado de segurança exige que o impetrante possa demonstrar sua alegação por prova direta, em específico, pela prova documental." (Comentários À Constituição do Brasil – Série Idp. Mendes, Gilmar Ferreira; Streck, Lenio Luiz; Sarlet, Ingo Wolfgang; Leoncy, Léo Ferreira; Canotilho, J. J. Gomes. Editora Saraiva, 2ª Edição, São Paulo, 2018, p. 509)

▶ **Quanto à complexidade dos fatos e à dificuldade da interpretação das normas legais que contêm o direito a ser reconhecido ao impetrante, não constituem óbice ao cabimento do mandado de segurança, nem impedem seu julgamento de mérito.**

"Quanto à complexidade dos fatos e à dificuldade da interpretação das normas legais que contêm o direito a ser reconhecido ao impetrante, não constituem óbice ao cabimento do mandado de segurança, nem impedem seu julgamento de mérito. Isto porque, embora emaranhados os fatos, se existente o direito, poderá surgir líquido e certo, a ensejar a proteção reclamada." (MEIRELLES, Hely Lopes. *Mandado de Segurança e Ações Constitucionais*, Editora Malheiros, 36ª Edição, São Paulo, 2014, p. 38)

◉ **Súmula 625 do STF: controvérsia sobre matéria de direito não impede concessão de mandado de segurança**

VIOLAÇÃO OU JUSTO RECEIO: MANDADO DE SEGURANÇA REPRESSIVIO E PREVENTIVO.

▶ **Modalidades: preventivo e repressivo.**

"A expressão "sofrer violação" traduz a efetiva lesão ao direito do impetrante, e "houver justo receio de sofrê-la" corresponde à lesão iminente, prestes a se consumar, a exigir a pronta intervenção do juiz para evitar que se concretize, sendo que, na primeira hipótese, o remédio é o mandado de segurança repressivo, enquanto, na segunda, o mandado de segurança preventivo." (ALVIN, J E Carreira, *Comentários à nova lei do Mandado de Segurança*, Ed. Juruá, Paraná, p. 34)

> ▶ <u>No mesmo sentido:</u> "O mandado de segurança normalmente é repressivo de uma ilegalidade já cometida, mas pode ser preventivo de uma ameaça a direito líquido e certo do impetrante. Não basta a suposição de um direito ameaçado; exige-se um ato concreto que possa pôr em risco o direito do postulante." (MEIRELLES, Hely Lopes. *Mandado de Segurança e Ações Constitucionais*, Editora Malheiros, 36ª Edição, São Paulo, 2014, p. 29)

▶ **A impetração preventiva tem fundamento na máxima constitucional de que a lei não pode excluir da apreciação do Judiciário lesão ou ameaça a direito.**

"A impetração preventiva tem fundamento na máxima constitucional de que a lei não pode excluir da apreciação do Judiciário lesão ou ameaça a direito (art.5º, inciso XXXV). O próprio art. 1"da nova lei do Mandado de Segurança, reproduzindo, nesse ponto, a previsão da revogada Lei n"1.533/51, esclarece ser cabível o instrumento para prevenir violação a direito líquido e certo, quando demonstrado o justo receio de sofrê-la." (LOPES, Mauro Luiz Rocha. *Comentários à nova Lei do Mandado de Segurança*. Niterói, RJ, Impetus, 2009, p. 16)

▶ **A ameaça que autoriza o cabimento do mandamus preventivo há de ser real e objetiva, traduzida em atos da Administração preparatórios ou ao menos indicativos da tendência da autoridade pública praticar o ato.**

"É claro que o justo receio a que se referiu o legislador não deve ser relacionado ao mero julgamento subjetivo por parte do interessado na impetração concluindo pelo risco de sofrer coação indevida. A ameaça que autoriza o cabimento do mandamus preventivo há de ser real e objetiva, traduzida em atos da Administração preparatórios ou ao menos indicativos da tendência de a autoridade pública praticar o ato (ou se omitir deliberadamente, quando esteja obrigada a agir)." (GONÇALVES DE CASTRO, Aloísio, coordenação, Mauro Luiz Rocha Lopes, *Mandado de Segurança Individual e Coletivo*, 1ª edição, Editora Revista dos Tribunais, São Paulo, 2014, p. 36)

◉ **O mandado de segurança preventivo exige efetiva ameaça decorrente de atos concretos ou preparatórios por parte da autoridade indigitada coatora**

"...o mandado de segurança preventivo exige efetiva ameaça decorrente de atos concretos ou preparatórios por parte da autoridade indigitada coatora, não bastando o risco de lesão a direito líquido e certo, baseado em conjecturas por parte do impetrante, que subjetivamente entende encontrar-se na iminência de sofrer o dano" (STJ, REsp 431.154/BA, 1.ª T., j. 08.10.2002, rel. Min. Luiz Fux, DJe 28.10.2002).

◉ Ausente a prova da efetiva ameaça a direito, o mandado de segurança esbarrará na vedação da impetração contra lei em tese, sumulada pelo STF (Súmula 266).

◉ **A segurança preventiva pressupõe existência de efetiva ameaça a direito, ameaça que decorre de atos concretos da autoridade pública.**

"AGRAVO REGIMENTAL EM MANDADO DE SEGURANÇA. MANDADO DE SEGURANÇA PREVENTIVO. AUSÊNCIA DE AMEAÇA EFETIVA, CONCRETA E OBJETIVA A DIREITO APTA A AUTORIZAR A CONCESSÃO DE SEGURANÇA PREVENTIVA. PRECEDENTES. AGRAVO REGIMENTAL NÃO PROVIDO. 1. A jurisprudência do Supremo Tribunal Federal está orientada no sentido de que, no caso de mandado de segurança preventivo, a concessão da segurança está condicionada à existência de efetiva ameaça a direito líquido e certo, ameaça essa decorrente de atos concretos da autoridade apontada como coatora. Precedentes. 2. Inexistência, no caso, de atos concretos e atuais da autoridade impetrada que evidenciem ameaça efetiva, concreta e objetiva a direito apta a autorizar a concessão de segurança preventiva, nos termos da jurisprudência da Corte. 3. Agravo regimental não provido." (STF – MS 35523 AgR, Relator(a): Min. DIAS TOFFOLI, Segunda Turma, julgado em 04/06/2018, PROCESSO ELETRÔNICO DJe-123 DIVULG 20-06-2018 PUBLIC 21-06-2018)

▶ **No mesmo sentido:** "O perigo potencial deve ser concreto e iminente a ponto de justificar a concessão da tutela de urgência." (MEDINA, José Miguel Garcia e ARAÚJO, Fábio Caldas de. *Mandado de Segurança Individual e Coletivo – Comentários à Lei 12.016, de 7 de agosto de 2009*, 2ª edição, Editora Revista dos Tribunais, São Paulo, 2012, p. 39.)

▶ **A modalidade preventiva assume autêntica função inibitória, pois visa a impedir a consumação do dano.**

"A modalidade preventiva assume autêntica função inibitória, pois visa a impedir a consumação do dano. No entanto, é possível combinar a técnica inibitória e a ressarcitória, no mandado de segurança. Exemplo: em relações continuativas, como no repasse de duodécimos do Poder Executivo para o Legislativo, a função preventiva e a reparatória podem conviver." (MEDINA, José Miguel Garcia e ARAÚJO, Fábio Caldas de. *Mandado de Segurança Individual e Coletivo – Comentários à Lei 12.016, de 7 de agosto de 2009*, 2ª edição, Editora Revista dos Tribunais, São Paulo, 2012, p. 39.)

▶ **O *mandamus* preventivo tem sido muito utilizado em matéria tributária, em especial para proteção contra a cobrança de tributos inconstitucionais ou contra legem.**

"O *mandamus* preventivo tem sido muito utilizado em matéria tributária, em especial para proteção contra a cobrança de tributos inconstitucionais ou *contra legem*. Embora inadmissível o mandado de segurança contra lei em tese, a edição de nova norma dispondo so bre tributação traz em si a presunção de que a autoridade competente irá aplicá-la. Assim, admite-se que o contribuinte, encontrando-se na hipótese de incidência tributária prevista na lei, impetre o mandado de segurança preventivo, pois há urna ameaça real e um justo receio de que o Fisco efetue a cobrança do tributo." (MEIRELLES, Hely Lopes. *Mandado de Segurança e Ações Constitucionais*, Editora Malheiros, 36ª Edição, São Paulo, 2014, p. 29/30)

◉ **É cabível o mandado de segurança preventivo em face de resposta desfavorável à consulta tributária diante de situação concreta, exsurgindo justo o receio do contribuinte de que se efetive a cobrança do tributo.**

"PROCESSUAL CIVIL E TRIBUTÁRIO. MANDADO DE SEGURANÇA PREVENTIVO. RESPOSTA DESFAVORÁVEL À CONSULTA TRIBUTÁRIA. 1. É cabível o mandado de segurança preventivo em face de resposta desfavorável à consulta tributária diante de situação concreta, exsurgindo justo o receio do contribuinte de que se efetive a cobrança do tributo. 2. "A resposta a consulta formulada em face de situação concreta, pode significar uma cobrança de tributo, feita administrativamente, inclusive sob a ameaça de sanções legalmente previstas para o inadimplente da obrigação tributária. E sendo assim, enseja, induvidosamente, a impetração de mandado de segurança. De todo modo, ainda que não significasse uma lesão ao direito do impetrante, de não ser molestado com cobranças indevidas, significaria uma ameaça concreta de agressão a seu patrimônio, a ser executada mediante a posterior cobrança judicial. Por isto o cabimento do mandado de segurança, em caráter preventivo, não admite, nesses casos, qualquer contestação razoável." (Hugo de Brito Machado. Mandado de Segurança em Matéria Tributária. São Paulo, RT, 1994, p. 284/285) 3. Deveras, encerrando o lançamento atividade vinculada (art. 142 do CTN) e a fortiori, obrigatória, revela-se a juridicidade da ação preventiva. É que para propor a ação é mister interesse de agir que surge não só diante da lesão, mas, também, ante a ameaça da mesma (Lei 1.533/51, art. 1º).4. Recurso especial provido." (STJ – REsp 615.335/SP, Rel. Ministro LUIZ FUX, PRIMEIRA TURMA, julgado em 11/05/2004, DJ 31/05/2004, p. 238)

▶ **Transmudação do mandado de segurança preventivo em repressivo.**

"Dado interessante se revela na possibilidade do mandado de segurança preventivo se convolar em repressivo durante o trâmite processual. Seria a apli cação do art. 462 do CPC, que obriga o juiz a levar em consideração as situações que alteram o estado da lide (fatos constitutivos, modificativos e extintivos). A dinâmica dos fatos jurídicos não permite que o juiz ignore a transmu dação do pedido. Todavia, no mandado de segurança, o aproveitamento e conseqüente transformação da ação preventiva em repressiva, exige que o ato atacado anteriormente não tenha esgotado seu objeto. Caso o ato praticado pela autoridade coatora tenha sido consumado ou extinto, não será possível o aproveitamento da ação. (MEDINA, José Miguel Garcia e ARAÚJO, Fábio Caldas de. *Mandado de Segurança Individual e Coletivo – Comentários à Lei 12.016*, de 7 de agosto de 2009, 2ª edição, Editora Revista dos Tribunais, São Paulo, 2012, p. 39.)

▶ **No mesmo sentido:** "De outra parte, a consumação do ato que o mandado de segurança preventivo tinha por objetivo evitar não enseja o esvanecimento do interesse processual do impetrante, sendo lícito o aproveitamento do mandamus como repressivo a partir de então. (GONÇALVES DE CASTRO, Aloísio, coordenação, Mauro Luiz Rocha Lopes, Mandado de Segurança Individual e Coletivo: Lei 12.016/09 Comentada, 1ª edição, Editora Revista dos Tribunais, São Paulo, 2014, p. 36).

◉ **Mandado de segurança preventivo. A circunstância de a alegada ameaça de lesão ao direito pretensamente titularizado pelo impetrante ter-se convolado em ato concreto não acarreta perda de objeto da ação.**

"MANDADO DE SEGURANÇA PREVENTIVO. CONSTITUCIONAL. SUPLENTES DE DEPUTADO FEDERAL. ORDEM DE SUBSTITUIÇÃO FIXADA SEGUNDO A ORDEM DA COLIGAÇÃO. REJEIÇÃO DAS PRELIMINARES DE ILEGITIMIDADE ATIVA E DE PERDA DO OBJETO DA AÇÃO. AUSÊNCIA DE DIREITO LÍQUIDO E CERTO. SEGURANÇA DENEGADA. 1. A legitimidade ativa para a impetração do mandado de segurança é de quem, asseverando ter direito líquido e certo, titulariza-o, pedindo proteção judicial. A possibilidade de validação da tese segundo a qual o mandato pertence ao partido político e não à coligação legitima a ação do Impetrante. 2**. Mandado de segurança preventivo. A circunstância de a ameaça de lesão ao direito pretensamente titularizado pelo Impetrante ter-se convolado em dano concreto não acarreta perda de objeto da ação.** 3. As coligações são conformações políticas decorrentes da aliança partidária formalizada entre dois ou mais partidos políticos para concorrerem, de forma unitária, às eleições proporcionais ou majoritárias. Distinguem-se dos partidos políticos que a compõem e a eles se sobrepõe, temporariamente, adquirindo capacidade jurídica para representá-los. 4. A figura jurídica derivada dessa coalizão transitória não se exaure no dia do pleito ou, menos ainda, apaga os vestígios de sua existência quando esgotada a finalidade que motivou a convergência de vetores políticos: eleger candidatos. Seus efeitos projetam-se na definição da ordem para ocupação dos cargos e para o exercício dos mandatos conquistados. 5. A coligação assume perante os demais partidos e coligações, os órgãos da Justiça Eleitoral e, também, os eleitores, natureza de superpartido; ela formaliza sua composição, registra seus candidatos, apresenta-se nas peças publicitárias e nos horários eleitorais e, a partir dos votos, forma quociente próprio, que não pode ser assumido isoladamente pelos partidos que a compunham nem pode ser por eles apropriado. 6. O quociente partidário para o preenchimento de cargos vagos é definido em função da coligação, contemplando seus candidatos mais votados, independentemente dos partidos aos quais são filiados. Regra que deve ser mantida para a convocação dos suplentes, pois eles, como os eleitos, formam lista única de votações nominais que, em ordem decrescente, representa a vontade do eleitorado. 7. A sistemática estabelecida no ordenamento jurídico eleitoral para o preenchimento dos cargos disputados no sistema de eleições proporcionais é declarada no momento da diplomação, quando são ordenados os candidatos eleitos e a ordem de sucessão pelos candidatos suplentes. A mudança dessa ordem atenta contra o ato jurídico perfeito e desvirtua o sentido e a razão de ser das coligações. 8. Ao se coligarem, os partidos políticos aquiescem com a possibilidade de distribuição e rodízio no exercício do poder buscado em conjunto no processo eleitoral. 9. Segurança denegada. " (STF – MS 30260, Relator(a): Min. CÁRMEN LÚCIA, Tribunal Pleno, julgado em 27/04/2011, PROCESSO ELETRÔNICO DJe-166 DIVULG 29-08-2011 PUBLIC 30-08-2011 RTJ VOL-00220-01 PP-00278)

A PROVA PRÉ CONSTITUÍDA E DOCUMENTAL DO DIREITO LÍQUIDO E CERTO.

▶ **O mandado de segurança, como remédio constitucional que tem por objetivo o resguardo de direito líquido e certo, pressupõe a existência de prova pré-constituída do alegado direito, sendo necessário que os documentos acompanhem a petição inicial.**

"Diante da estreita ligação do direito líquido e certo com a situação fática e como é a prova o instrumento responsável por não deixar dúvidas de que os fatos como narrados pelo impetrante realmente existem ou existiram, exige-se sua comprovação por meio de prova documental já com o ingresso da petição inicial, único momento em que haverá produção probatória pelo impetrante." (NEVES, Daniel Amorim Assumpção. *Ações Constitucionais*, 2ª edição, Ed. GEN, São Paulo, 2013, p. 126)

▶ **No mesmo sentido** "Ao determinar-se a razão pela qual se exige do impetrante a produção da prova já com a petição inicial, de modo a não se admitir qualquer dilação probatória na tentativa de comprovação de seu direito líquido e certo, é absolutamente natural imaginar que a prova a ser produzida no processo do mandado de segurança tenha natureza documental. O próprio art. 6º, caput, da Lei 12.016/2009 corrobora tal entendimento ao exigir do impetrante a instrução da petição inicial com documentos. Não parece correto, entretanto, o entendimento literal ao disposto na norma legal mencionada, tampouco que entenda ser somente a prova documental admitida no processo de mandado de segurança. " (NEVES, Daniel Amorim Assumpção. *Ações Constitucionais*, 2ª edição, Ed. GEN, São Paulo, 2013, p. 127)

▶ **No mesmo sentido** "À vista da configuração que atribuímos à expressão "direito líquido e certo", assume importância breve referência ao problema da prova, no mandado de segurança, em bora aqui não se registrem, propriamente, polêmicas. Não se discute, por exemplo, quanto a ser admissível, no writ, apenas a prova documental. E, como princípio geral, todos estão acordes em que deva tal prova, devidamente pré-constituída, ser produzida com a inicial, vedando-se a juntada de novos documentos, no curso do processo." (FERRAZ, Sergio. *Mandado de segurança*. São Paulo: Malheiros, 2006. p. 23)

◙ **A ação mandamental impõe a comprovação do direito invocado mediante prova pré-constituída, contemporânea à petição inicial.**

"...IV – É pacífico nesta Corte entendimento no sentido de que a ação mandamental impõe a comprovação do direito invocado mediante prova pré-constituída, contemporânea à petição inicial, não se admitindo a juntada posterior de documentos. Precedentes." (STJ – AgInt no MS 18.528/DF, Rel. Ministra REGINA HELENA COSTA, PRIMEIRA SEÇÃO, julgado em 13/12/2017, DJe 16/02/2018)

◙ **O mandado de segurança possui rito especial. A ausência de documento essencial à demonstração do direito alegado impede o prosseguimento do feito.**

"O mandado de segurança possui rito especial. A ausência de documento essencial à demonstração do direito alegado impede o prosseguimento do feito. Inadmissibilidade de dilação probatória, porquanto imprescindível a prova pré-constituída" (REsp 639.498/GO, Rel. Ministro Castro Meira, Segunda Turma, DJ 23/5/2005). 4. Segurança denegada, sem resolução do mérito, ficando ressalvado ao impetrante pleitear o seu direito nas vias ordinárias." (STJ – MS 22.812/DF, Rel. Ministro OG FERNANDES, CORTE ESPECIAL, julgado em 06/12/2017, DJe 01/02/2018)

▶ **Essa prova incontestável no processo deve ser feita no momento da impetração.**

"Como já foi explanado acima, essa prova incontestável no processo deve ser feita no momento da impetração. Se sua existência for duvidosa, ou se sua extensão ainda não estiver delimitada, não rende ensejo à segurança ressalvado ao impetrante o exercício da via ordinária para ver reconhecido esse direito. " (BARBI, Celso Agrícola. *"Perspectiva do Mandado de Segurança"*, in RDA 75/429)

◙ **O mandado de segurança, como remédio constitucional que tem por objetivo o resguardo de direito líquido e certo, pressupõe a existência de prova pré-constituída do alegado direito, sendo necessário que os documentos acompanhem a petição inicial.**

"...III – O mandado de segurança, como remédio constitucional que tem por objetivo o resguardo de direito líquido e certo, pressupõe a existência de prova pré-constituída do alegado direito, sendo necessário que os documentos acompanhem a petição inicial. Precedentes. IV – Não apresentação de argumentos suficientes para desconstituir a decisão recorrida. V – Em regra, descabe a imposição da multa, prevista no art. 1.021, § 4º, do Código de Processo Civil de 2015, em razão do mero improvimento do Agravo Interno em votação unânime, sendo necessária a configuração da manifesta inadmissibilidade ou improcedência do recurso a autorizar sua aplicação, o que não ocorreu no caso. VI – Agravo Interno improvido." (STJ – AgInt no MS 23.784/DF, Rel. Ministra REGINA HELENA COSTA, PRIMEIRA SEÇÃO, julgado em 23/05/2018, DJe 01/06/2018)

▶ **Tudo deve vir comprovado com a petição inicial, razão pela qual se diz não caber o mandado de segurança se for necessária a dilação probatória.**

"Ao impetrante atribui-se um momento único (que é o da petição inicial) para comprovar suas alegações de fato. Não se desincumbindo desse ônus da prova, descabe o mandado de segurança, mantendo-se a presunção de legitimidade do ato atacado. Tudo deve vir comprovado com a petição inicial, razão pela qual se diz não caber o mandado de segurança, se for necessária a dilação probatória. Em outras palavras, não há instrução probatória no writ. A sentença será proferida, considerando apenas o direito e os fatos comprovados com a inicial e as informações." (CUNHA, Leonardo Carneiro. *A Fazenda Pública em Juízo*, 14ª. ed. rev., atual e ampl. – Rio de Janeiro: Forense, 2017, p. 510)

▶ **Possibilidade do manejo do Mandado de Segurança se a autoridade coatora, ao prestar informações, admitir verdadeiros aqueles fatos.**

"Pode suceder de o impetrante não comprovar, com a petição inicial, os fatos alegados, e, ainda assim, configurar-se o direito líquido e certo, revelando-se cabível o mandado de segurança: se a autoridade, ao prestar informações, admitir verdadeiros aqueles fatos, cingindo-se a discutir as consequências jurídicas a ele atribuídas. Nesse caso, não havendo controvérsia quanto aos fatos, cabível será o mandado de segurança. A autoridade estará admitindo, e não confessando, os fatos." (CUNHA, Leonardo Carneiro. *A Fazenda Pública em Juízo*, 14ª. ed. rev., atual e ampl. – Rio de Janeiro: Forense, 2017, p. 516)

▶ **Impossibilidade de dilação probatória e prova pré-constituída.**

"A impossibilidade de dilação probatória durante o procedimento do mandado de segurança, circunstância absolutamente pacificada tanto na doutrina quanto na jurisprudência, não passa, automaticamente, a exigir do impetrante a produção de uma prova documental, mas sim de uma prova pré-constituída, ou seja, de uma prova já formada fora e anteriormente ao processo." (NEVES, Daniel Amorim Assumpção. *Ações Constitucionais*, 2ª edição, Ed. GEN, São Paulo, 2013, p. 127)

◉ **Não se admite a juntada posterior de documentos no Mandado de Segurança.**

"...II – Consoante jurisprudência cediça no âmbito da 1ª Seção desta Corte, na ação mandamental é imprescindível a comprovação do direito invocado mediante prova pré-constituída, contemporânea à petição inicial, não se admitindo a juntada posterior de documentos." (STJ – EDcl no AgRg no MS 20.269/DF, Rel. Ministra REGINA HELENA COSTA, PRIMEIRA SEÇÃO, julgado em 13/09/2017, DJe 21/09/2017)

◉ **A prova da existência do ato ilegal e abusivo deve ser demonstrada de plano, pois não se admite dilação probatória na ação mandamental.**

"...II – O Mandado de Segurança, entre outros requisitos, exige a prova pré-constituída do ato praticado pela autoridade apontada como coatora, ato esse que possa implicar violação de direito líquido e certo da parte impetrante. Ademais, a prova da existência do ato ilegal e abusivo deve ser demonstrada de plano, pois não se admite dilação probatória na ação mandamental. III – A simples alegação de ilegalidade, sem demonstração de qualquer ato ilegal praticado pela autoridade coatora, enseja o não reconhecimento do direito líquido e certo, pela ausência de prova pré-constituída." (STJ – AgRg no MS 17.713/DF, Rel. Ministra REGINA HELENA COSTA, PRIMEIRA SEÇÃO, julgado em 24/05/2017, DJe 30/05/2017)

▶ **Não importa a complexidade ou densidade do que se questiona, pois o que importa é a prova dos fatos.**

"...a ilegalidade ou abusividade forem passíveis de demonstração documental, independentemente de sua complexidade ou densidade." (BUENO, Cassio Scarpinella. *Mandado de segurança: comentários às Leis ns. 1.533/51, 4.348/64 e 5.021/66*. 2. ed. São Paulo: Saraiva, 2004. p. 14)

▶ No mesmo sentido "Sendo certo e incontroverso o fato, ainda que o direito seja altamente controvertido, tal não exclui o cabimento do mandado de segurança. Vale dizer que está superada a discussão quanto ao cabimento do mandado de segurança apenas em casos de menor complexidade. Do contrário, o writ seria assegurado apenas para as causas menos polêmicas e de pouca complexidade." (CUNHA, Leonardo Carneiro. *A Fazenda Pública em Juízo*, 14ª. ed. rev., atual e ampl. – Rio de Janeiro: Forense, 2017, p. 512)

◙ *Súmula n. 625 do STF*: **"Controvérsia sobre matéria de direito não impede concessão de mandado de segurança"**

▶ **A cognição empreendida no mandado de segurança é plena e exauriente** *secundum eventum probationis*, **ou seja, depende, apenas, dos elementos que acompanham a petição inicial.**

"E, como se sabe, a cognição empreendida no mandado de segurança é plena e exauriente secundum eventum probationis, ou seja, depende, apenas, dos elementos que acompanham a petição inicial." (WATANABE, Kazuo. *Da cognição no processo civil*. 2. ed. Campinas: Bookseller, 2000. p. 119.)

▶ **Prova pré-constituída se restringe à prova documental?**

"Prova pré-constituída é o gênero e não significa prova documental, apesar de ser essa a sua mais tradicional espécie. A disposição legal do procedimento do mandado de segurança tão somente exige que o impetrante convença o juiz dos fatos que embasam suas alegações com uma prova pronta, a qual não demanda qualquer atividade probatória durante o processo; essa função não é exclusiva da prova documental, mas aplica-se a qualquer prova pré-constituída robusta o suficiente para convencer o órgão judicial dos fatos alegados. " (NEVES, Daniel Amorim Assumpção. *Ações Constitucionais*, 2ª edição, Ed. GEN, São Paulo, 2013, p. 127)

▶ **Diferenciação entre prova documental e prova documentada.**

"Por prova documental se entende a prova que tenha o conteúdo e forma de documento conforme as exigências legais, enquanto por prova documentada se entende qualquer prova, de qualquer natureza, que seja materializada por meio de um documento. Uma perícia judicial é materializada em um laudo pericial, que, certamente, é um documento, se não em seu conteúdo, inegavelmente em sua forma. O mesmo ocorre com a colheita de prova oral, materializada na ata de audiência, que também será um documento, não em seu conteúdo, mas em sua forma. " (NEVES, Daniel Amorim Assumpção. *Ações Constitucionais*, 2ª edição, Ed. GEN, São Paulo, 2013, p. 127)

▶ **Qualquer prova que tenha sido produzida judicialmente e materializada em um documento, embora seja entendida como prova causal no processo em que foi produzida, será documental.**

"O que se pretende demonstrar é que, a par de tradicionalmente se pensar na prova documental quando se fala em prova pré-constituída, esta não passa de sua principal espécie. Qualquer prova que tenha sido produzida judicialmente e materializada em um documento, embora seja entendida como prova causal no processo em que foi produzida, será documental – ao menos em sua forma – no processo que a receber como prova emprestada. No mandado de segurança, a exigência da produção de prova já na petição inicial, como foi visto, tem como causa a necessidade de comprovação prima facie de, ao menos, uma plausibilidade do direito líquido e certo e, em nenhum momento, é possível concluir que esse convencimento no espírito do juiz a respeito dos fatos só possa ser obtido por meio da prova documental. Qualquer meio de prova é apto a convencer o juiz da ocorrência ou da veracidade de fatos; somente não se admite, no mandado de segurança, a dilação probatória. Caso a "dilação probatória" tenha sido realizada antes do processo e seu resultado apresentado sob a forma de prova documentada, o único requisito que efetivamente se exige na comprovação do direito líquido e certo estará preenchido. O que se pretende afirmar é que qualquer prova documentada, de natureza documental ou não, poderá ser apta, no caso concreto, a convencer, sumariamente, em um primeiro momento, e definitivamente, em um segundo momento, o órgão judicial da existência do direito líquido e certo. " (NEVES, Daniel Amorim Assumpção. *Ações Constitucionais*, 2ª edição, Ed. GEN, São Paulo, 2013, p. 128)

▶ **Ainda:** "...cumpre advertir que prova documental não se confunde com prova documentada. O mandado de segurança somente é viável se houver prova documental, e não documentada. Assim, documentada que seja uma prova testemunhal ou pericial, não poderá ser utilizada como comprovação de direito líquido e certo. " (CUNHA, Leonardo Carneiro. *A Fazenda Pública em Juízo*, 14ª. ed. rev., atual e ampl. – Rio de Janeiro: Forense, 2017, p. 513)

▶ **Ainda:** "Nesse sentido, um documento que contenha a declaração testemunhal antecipada comprova, apenas, a declaração, e não o fato declarado, não servindo como meio de demonstrar o direito líquido e certo. " (MARINONI, Luiz Guilherme. *Efetividade do processo e tutela de urgência*. Porto Alegre: Sergio Antônio Fabris Editor, 1994. p. 22-24.)

▶ **Por fim:** "Daí por que não cabe mandado de segurança fundado em justificação prévia de prova testemunhal. É que a prova produzida na justificação prévia é testemunhal, inviável como meio para provar o direito líquido e certo. Também não cabe mandado de segurança fundado em laudo médico particular, por estar ausente a prova do direito líquido e certo. " (CUNHA, Leonardo Carneiro da. Recurso especial. *Mandado de segurança. Inviabilidade de justificação de prova testemunhal como meio para demonstração de direito líquido e certo.* Revista de Processo, São Paulo: RT, v. 126, ago. 2005, p. 205-218.)

▶ **Entendimento que se contrapõe ao sistema de valoração da prova.**

"O entendimento não pode ser aceito, ao menos que se esteja disposto a abandonar o sistema atual de valoração da prova adotado pelo direito brasileiro, que é o do livre convencimento motivado do juiz, no qual as provas não têm valor prefixado, dependendo sempre de uma análise no caso concreto. Ao admitir-se que a prova documental é a única apta a configurar o direito líquido e certo, pela "maior clareza" que sua força probatória imprime, volta-se ao já abandonado sistema da prova tarifada, em que a força probatória dos meios de prova já vem definida a priori, independentemente de sua análise no caso concreto. " (NEVES, Daniel Amorim Assumpção. *Ações Constitucionais*, 2ª edição, Ed. GEN, São Paulo, 2013, p. 129)

▶ **Ao aplicar-se o princípio do livre convencimento motivado do juiz, será impossível concluir que a prova documental é mais robusta e carrega em si uma força probatória maior do que qualquer outro meio de prova**

"Ao aplicar-se o princípio do livre convencimento motivado do juiz, será impossível concluir que a prova documental é mais robusta e carrega em si uma força probatória maior do que qualquer outro meio de prova. A carga de convencimento de cada meio de prova deve ser analisada e fixada pelo juiz no caso concreto, de maneira fundamentada, para que se evitem abusos. É plenamente admissível que uma prova teoricamente de maior força probatória, como a perícia, seja superada, em termos de convencimento do juiz, por uma outra prova, em tese, de menor força probatória, como a testemunhal. Há, inclusive, disposição expressa nesse sentido no art. 436 do CPC. Diante do sistema de valoração probatória admitido no processo civil brasileiro, não é possível afirmar, a priori e abstratamente, que o documento seja a única prova apta a demonstrar a existência do direito líquido e certo. Admitindo-se que todas as provas têm, em abstrato, a mesma carga probatória, dependendo da análise do juiz no caso concreto para descobrir-se qual terá maior força de convencimento, é, no mínimo, prematuro afirmar que somente a prova documental poderá instruir o pedido do impetrante do mandamus. Dessa forma, qualquer prova pré-constituída, documental ou simplesmente documentada, será, em tese, apta a demonstrar o direito líquido e certo no caso concreto. " (NEVES, Daniel Amorim Assumpção. *Ações Constitucionais*, 2ª edição, Ed. GEN, São Paulo, 2013, p. 129)

▶ **Outra crítica à admissão de prova documentada no mandado de segurança é fundada no contraditório.**

"..admitindo-se a prova de outra natureza que não a documental, o réu não terá oportunidade de apresentar prova de mesma natureza, o que viola a isonomia e sacrifica o contraditório. Essa crítica, embora seja mais sustentável que a primeira, também não merece ser acolhida como fator impeditivo da utilização de prova documentada no mandado de segurança. O entendimento é insustentável, porque, se ao impetrante for admitido apresentação de prova documentada, naturalmente também ao réu será facultada a mesma possibilidade. A atividade probatória prévia desenvolvida por cada um dos sujeitos processuais que participa do mandado de segurança determinará suas possibilidades probatórias; assim, não é possível retirar-se um direito do impetrante tão somente porque o réu não se preparou tão adequadamente como ele para a demanda judicial." (NEVES, Daniel Amorim Assumpção. *Ações Constitucionais*, 2ª edição, Ed. GEN, São Paulo, 2013, p. 129)

◉ **A instrução de MS somente com laudo médico particular não configura prova pré-constituída da liquidez e certeza do direito do impetrante de obter do Poder Público determinados medicamentos e insumos para o tratamento de enfermidade acometida por ele.**

"ADMINISTRATIVO E PROCESSUAL CIVIL. RECURSO ORDINÁRIO EM MANDADO DE SEGURANÇA. FORNECIMENTO DE MEDICAMENTO. DIABETE MELLITUS. PRETENSÃO MANDAMENTAL APOIADA EM LAUDO MÉDICO PARTICULAR. AUSÊNCIA DE DIREITO LÍQUIDO E CERTO. NECESSIDADE DA PROVA SER SUBMETIDA AO CONTRADITÓRIO PARA FINS DE COMPROVAÇÃO DA INEFICÁCIA OU IMPROPRIEDADE DO TRATAMENTO FORNECIDO PELO SISTEMA ÚNICO DE SAÚDE. INADEQUAÇÃO DA VIA ELEITA. 1. O recurso ordinário foi interposto contra acórdão do Tribunal de Justiça do Estado de Minas Gerais, que denegou o mandado de segurança por meio do qual a impetrante objetiva compelir a autoridade indigitada coatora a fornecer-lhe medicamentos e insumos para o tratamento de Diabete Mellitus. 2. O Supremo Tribunal Federal, após realização de audiência pública sobre a matéria, no julgamento da SL N. 47/PE, ponderou que o reconhecimento do direito a determinados medicamentos deve ser analisado caso a caso, conforme as peculiaridades fático-probatórias, ressaltando que, "em geral, deverá ser privilegiado o tratamento fornecido pelo SUS em detrimento de opção diversa escolhida pelo paciente, sempre que não for comprovada a ineficácia ou a impropriedade da política de saúde existente". 3. Laudo médico particular não é indicativo de direito líquido e certo. Se não submetido ao crivo do contraditório, é apenas mais um elemento de prova, que pode ser ratificado, ou infirmado, por outras provas a serem produzidas no processo instrutório, dilação probatória incabível no mandado de segurança. 4. Nesse contexto, a impetrante deve procurar as vias ordinárias para o reconhecimento de seu alegado direito, já que o laudo médico que apresenta, atestado por profissional particular, sem o crivo do contraditório, não evidencia direito líquido e certo para o fim de impetração do mandado de segurança. 5. A alegativa da impetrante – de que o pedido ao SUS para que forneça seringas, lancetas e fitas reagentes impõe um longo processo burocrático incompatível com a gravidade da doença – demanda dilação probatória não admitida no rito do mandado de segurança, já que a autoridade coatora afirmou que fornece gratuitamente esses utensílios, mediante simples requerimento no posto credenciado. 6. Recurso ordinário não provido." (STJ –

RMS 30.746/MG, Rel. Ministro CASTRO MEIRA, SEGUNDA TURMA, julgado em 27/11/2012, DJe 06/12/2012)

▶ **A depender do caso, a segurança deve ser concedida mesmo quando o impetrante não pode acostar à peça inicial, de plano, documentos que comprovem os fatos alegados, pois ele pode ser juntado pela Autoridade Coatora.**

"Ademais disso, porém, a segurança deve ser admitida em certos casos, mesmo quando o impetrante não pode acostar à peça inicial, de plano, documentos que comprovem os fatos alegados, sobre os quais se assenta seu direito subjetivo. Isso se dá nas situações em que o estabelecimento dos fatos é apurável mediante requisição, pelo juiz, a pedido da parte ou não, de documentos e peças existentes em repartições administrativas. " (...). Em circunstancias que tais, ainda que sem ser positivado, sequer, um começo de prova, com a inicial, deve o mandado ser admitido. E o não-atendimento, pela autoridade coatora, à determinação judicial é suscetível de configurar cerceamento do direito de defesa (TRF 2ª Região, AMS 89.02.08990-8, rei. Juiz Valmir Peçanha, DJU 24.9.92, Parte II, p. 29.840), quando não, mesmo, reconhecimento do pedido. Mas além desses casos, em que, afinal, à Administração mesma cabe trazer a prova documental ao processo (o que só pode ocorrer, é evidente, após a inicial), hipóteses haverá em que o próprio impetrante será admitido a produzir a prova documental após a peça vestibular. Tal acontece, por exemplo, se: a) a autoridade coatora oculta ou deforma a verdade em suas informações, o que, mesmo sem dilação probatória, abre margem à contraprova; trata-se de aplicação da regra constitucional do contraditório e da ampla defesa, configurando inconstitucionalidade qualquer restrição ao exercício dessas garantias constitucionais, insculpidas no art. 5º da Lei Maior; b) a impetração, em razão de urgência, é realizada por telegrama ou radiograma (art. 4º da Lei 1.533), o que materialmente torna impossível a concomitância entre petição inicial e documentação de apoio." (FERRAZ, Sergio. *Mandado de Segurança*. São Paulo: Malheiros, 2006. p. 23)

◉ **É possível embasar o mandado de segurança em curso com provas decorrentes de fatos supervenientes?**

"PROCESSUAL CIVIL. AÇÃO MANDAMENTAL. FATO SUPERVENIENTE. – CONHECIMENTO EM JUIZO. Não viola o art. 462 do código de processo civil o acordão que, embora reputando extemporânea a sua exibição, negou tal valia ao instrumento revelador do suscitado fato superveniente. " (STJ – REsp 46.883/ES, Rel. Ministro JOSÉ DANTAS, QUINTA TURMA, julgado em 03/04/1995, DJ 15/05/1995, p. 13420)

◉ **A importância da práxis administrativa como fonte de direito.**

"ADMINISTRATIVO. MANDADO DE SEGURANÇA. RECURSO ORDINÁRIO. RESOLUÇÕES DETRAN/RS N. 01 E 02/2008. NULIDADE. DESRESPEITO AO DEVIDO PROCESSO LEGAL. MOTIVAÇÃO INEXATA. TEORIA DOS MOTIVOS DETERMINANTES. EXPECTATIVA LEGÍTIMA. QUEBRA. RECURSO PROVIDO. ORDEM CONCEDIDA. (...) 5. Afastado o fundamento que serviu de base ao acórdão recorrido, deve ser provido o recurso ordinário para conceder a ordem postulada, com base nas razões seguintes: (...)5.3. Havia uma práxis administrativa de sempre convocar os

CFCs para discutir a tabela de preços e o reajuste anual dos serviços, o que não foi observado pelas Resoluções ora impugnadas, que reduziram receitas sem qualquer debate ou oitiva prévia dos interessados. As práticas reiteradas da administração tornam-se regras administrativas de natureza consuetudinária, vale dizer, baseadas nos usos e costumes, também reconhecidas como fonte de direito. Se a administração usualmente convocava os CFCs para debater o reajuste anual, com muito mais razão deveria tê-los convidado para discutir a redução do preço dos serviços e a alteração da sistemática de remuneração que implicou minoração de receitas" (STJ, 2.ª Turma, RMS 29.774/RS, Rel. Min. Castro Meira, j. 23.11.2010)

DA PLENA POSSIBILIDADE DO MANEJO DO MANDADO DE SEGURANÇA PARA CAUSAS PLEITEANDO A NOMEAÇÃO DE CANDIDATO APROVADO EM CONCURSO PÚBLICO, PORÉM PRETERIDO. COMO FAZER?

▶ **Demandas pleiteando nomeação decorrente de preterição são demandas – ao contrário de um ato impensado – É DE FÁCIL COMPROVAÇÃO por quem entende o mínimo de gestão pública.**

Infelizmente muitos advogados não se aprofundam nesta temática e muito menos os julgadores, mas a prova é muito fácil para quem possui o mínimo de habilidade quanto a esta seara. Pode ocorrer de ações mal fundamentadas, até mesmo em casos idênticos (no aspecto factual) ao de outros candidatos, pela falta de conhecimento de como provar o direito defendido, possam gerar uma "jurisprudência equivocada", fazendo crer no ato de cognição dos julgadores que todo tipo de ação é semelhante àquela, ou se do mesmo certame, são iguais e, por isso, merecem o mesmo destino: a morte judicial!

▶ **O fator PROVA.**

NÃO! HÁ UM EQUÍVOCO AQUI! Afirmo categoricamente que duas demandas questionando absolutamente o mesmo ato ou omissão e que tenham sido distribuídas ao mesmo julgador pode e, deveria, em regra, ter decisões diferentes, pois uma demanda pode estar absolutamente recheada de provas e a outra não passar de uma actio com mera força retórica, porém sem provas. Os fatos são os mesmos, o direito invocado também, MAS A PROVA, cujo ônus incumbe ao autor, pode estar presente em uma ação e na outra não e seria absolutamente normal que a que foi provada tivesse a ordem concedida ao passo que a que não foi instruída corretamente padecesse.

▶ **O grande problema está na GENERALIZAÇÃO!**

"Nesta toada, caiu com precisão cirúrgica as eternas lições de CARLOS MAXIMILIANO, mestre de todos os mestres na arte da hermenêutica. Os julgados constituem bons auxiliares da exegese, quando manuseados criteriosamente, criticados, comparados, examinados à luz dos princípios, com livros de doutrina, com as exposições sistemáticas do direito em punho. A jurisprudência, só por si, isolada, não tem valor decisivo, absoluto. Basta lembrar que a formam tanto os arestos brilhantes, como as sentenças de colegiados onde reinam a incompetência e a preguiça. "Versa o aresto sobre fatos, e entre estes é quase impossível que se nos deparem dois absolutamente idênticos, ou, ao menos, semelhantes sob todos os aspectos: ora qualquer diferença entre espécies em apreço obriga a mudar também o modo de decidir. É isso que se depreende do dizer profundo de *Dumoulim* – *modica facti differentia magnam inducit juris diversitatem* – "pequena diferença de fato induz grande diversidade de direito". Logo a citação mecânica de acórdãos não pode deixar de conduzir a erros graves." (MAXIMILLIANO, Carlos, Hermenêutica e aplicação do direito, Ed. Forense, 13ª edição, p. 182)

▶ **A necessidade de o magistrado apreciar adequadamente os fundamentos e provas que instruem o Mandado de Segurança.**

Vamos ver a realidade, para mostrar que o contexto induz o julgador muitas vezes a não ter tempo para apreciar adequadamente os fundamentos e provas que instruem o processo judicial, que mesmo auxiliado com assessores e estagiários ainda assim não dão conta do ingresso incontável das demandas decorrentes da porta quase sempre aberta da inafastabilidade da jurisdição, admitindo, com isso, um sem número de ações que não têm futuro, furtando-lhe o "tempo jurisdicional" daquele que é investido neste poder em detrimento da arte de se dedicar a estudar e aplicar o direito de uma forma coerente e racional.

▶ **A prova de que o Mandado de Segurança é um instrumento incrível.**

AS PERGUNTAS QUE DEVEM SER FEITAS SÃO:

Qual direito se busca o reconhecimento?

▶ **O que é necessário provar para que sua expectativa de direito se convole em direito subjetivo?**

1 – O surgimento de vagas ao longo do prazo de validade do concurso;

2 – Ser comprovada a preterição arbitrária e imotivada por parte da administração; (o que demonstra a necessidade)

3 – A qual pode ser caracterizada por comportamento tácito ou expresso do poder público (o que demonstra a necessidade)

4 – Capaz de revelar a inequívoca necessidade de nomeação do aprovado durante o período de validade do certame.

▶ **Veja diversas decisões do Egrégio Tribunal Regional Federal da 1ª Região acatando, por meio de mandados de segurança, pedidos de nomeação quando o processo é bem instruído!**

Advirto que todas as decisões são posteriores ao julgamento da Repercussão Geral.

> ◉ A abertura de novo processo seletivo, para o mesmo cargo, no prazo de validade de certame anterior, indica a existência de vagas, revela o interesse da Administração Pública em seu provimento, ensejando assim o direito subjetivo a nomeação e posse do candidato aprovado no concurso anterior

"ADMINISTRATIVO. CONCURSO PÚBLICO. UNIVERSIDADE FEDERAL DE VIÇOSA. CANDIDATO APROVADO FORA DO NUMERO DE VAGAS. ABERTURA DE NOVO CERTAME DENTRO DA VALIDADE DO ANTERIOR. COMPROVAÇÃO DA NECESSIDADE DA IES. EQUIVALÊNCIA ENTRE OS CARGOS. CANDIDATO NOMEADO E EMPOSSADO PELO NOVO CERTAME. PRETERIMENTO DO CANDIDATO APROVADO NO CERTAME ANTERIOR. DIREITO SUBJETIVO À NOMEAÇÃO E POSSE. SURGIMENTO DE NOVA VAGA. DIREITO SUBJETIVO DO CANDIDATO APROVADO NO SEGUNDO CERTAME À NOMEAÇÃO E POSSE. DANOS MATERIAIS. INEXISTÊNCIA DE CONTRAPRESTAÇÃO. DANOS MORAIS. ARBITRAMENTO EM CONFORMIDADE COM A SUA FINALIDADE. I – O Edital 140/2011 realizou concurso para o mesmo cargo do Edital 59/2010, dentro do prazo de validade desse, nomeado e dado posse à candidata melhor classificada. II – A abertura de novo processo seletivo, para o mesmo cargo, no prazo de validade de certame anterior, indica a existência de vagas, revela o interesse da Administração Pública em seu provimento, ensejando assim o direito subjetivo a nomeação e posse do candidato aprovado no concurso anterior. III – O dano material, equivalente a todos os salários e vantagens da carreira, é uma contraprestação pelo efetivo exercício das atribuições do cargo, a qual, não tendo ocorrido, não enseja essa indenização. IV – Para que haja responsabilização subjetiva da Administração e assim o direito a indenização por danos morais, faz-se necessária a existência de ato ilícito, acrescida conduta, dolosa ou culposa, nexo causal e dano grave e relevante. V – O ato da Administração de abrir um novo certame, dentro da validade do anterior, não configura, por si só, um ato ilícito, do qual poderia se ensejar uma possível indenização por dando moral, a partir do pressuposto que estava, em suas convicções, realizando-o para cargo diverso do anterior. VI – O STJ firmou orientação no sentido de que "mero aborrecimento, dissabor, mágoa, irritação ou sensibilidade exacerbada estão fora da órbita do dano moral" (REsp 689213/RJ, Rel. Min. Jorge Scartezzini, DJ de 11.12.2006, p. 364), desse modo não estando configurado o dano moral grave e relevante sofrido pelo autor, não há dever de indenizar. VII – Recurso de apelação de Fábio Coelho Sampaio o qual se nega provimento. Recurso de apelação da Universidade ré e à remessa oficial aos quais se dá parcial provimento, excluindo a condenação para indenizar por danos morais." (TRF-1 – AC: 00250396020124013800 0025039-60.2012.4.01.3800, Relator: DESEMBARGADOR FEDERAL JIRAIR ARAM MEGUERIAN, Data de Julgamento: 17/04/2017, SEXTA TURMA, Data de Publicação: 03/05/2017 e-DJF1)

◙ **A aprovação em concurso público não gera direito à nomeação, senão expectativa de direito. Manifestadas, porém, de forma inequívoca, a necessidade e a conveniência no provimento do cargo, no prazo de validade do concurso, surge para o candidato aprovado e classificado o direito à nomeação.**

"ADMINISTRATIVO E PROCESSUAL CIVIL. MANDADO DE SEGURANÇA. CONCURSO PÚBLICO. UNIVERSIDADE FEDERAL DO PIAUÍ (UFPI). CARGO DE DOCENTE DO MAGISTÉRIO SUPERIOR NO CURSO DE ENFER-

MAGEM. CANDIDATA CLASSIFICADA FORA DO NÚMERO DE VAGAS OFERECIDAS NO EDITAL. SUPERVENIENTE SURGIMENTO DE VAGA. DIREITO À NOMEAÇÃO. SENTENÇA MANTIDA. REMESSA OFICIAL DESPROVIDA. 1. A aprovação em concurso público não gera direito à nomeação, senão expectativa de direito. Manifestadas, porém, de forma inequívoca, a necessidade e a conveniência no provimento do cargo, no prazo de validade do concurso, surge para o candidato aprovado e classificado o direito à nomeação. 2. Hipótese em que, dentro do prazo de validade do concurso, surgiu vaga cujo provimento, inclusive, foi requerido pela própria administração. 3. Sentença mantida. 4. Remessa oficial desprovida." (TRF-1 – AMS: 00201166520154014000 0020116-65.2015.4.01.4000, Relator: DESEMBARGADOR FEDERAL DANIEL PAES RIBEIRO, Data de Julgamento: 07/08/2017, SEXTA TURMA, Data de Publicação: 21/08/2017 e-DJF1)

◙ **A aprovação em concurso público não gera direito à nomeação, senão expectativa de direito. Manifestadas, porém, de forma inequívoca, a necessidade e a conveniência no provimento do cargo, no prazo de validade do concurso, surge para o candidato aprovado e classificado o direito à nomeação.**

"ADMINISTRATIVO E PROCESSUAL CIVIL. MANDADO DE SEGURANÇA. CONCURSO PÚBLICO. UNIVERSIDADE FEDERAL DO PIAUÍ (UFPI). CARGO DE DOCENTE DO MAGISTÉRIO SUPERIOR NO CURSO DE ENFERMAGEM. CANDIDATA CLASSIFICADA FORA DO NÚMERO DE VAGAS OFERECIDAS NO EDITAL. SUPERVENIENTE SURGIMENTO DE VAGA. DIREITO À NOMEAÇÃO. SENTENÇA MANTIDA. REMESSA OFICIAL DESPROVIDA. 1. A aprovação em concurso público não gera direito à nomeação, senão expectativa de direito. Manifestadas, porém, de forma inequívoca, a necessidade e a conveniência no provimento do cargo, no prazo de validade do concurso, surge para o candidato aprovado e classificado o direito à nomeação. 2. Hipótese em que, dentro do prazo de validade do concurso, surgiu vaga cujo provimento, inclusive, foi requerido pela própria administração. 3. Sentença mantida. 4. Remessa oficial desprovida." (TRF-1 – AMS: 00201166520154014000 0020116-65.2015.4.01.4000, Relator: DESEMBARGADOR FEDERAL DANIEL PAES RIBEIRO, Data de Julgamento: 07/08/2017, SEXTA TURMA, Data de Publicação: 21/08/2017 e-DJF1)

DIREITO LÍQUIDO E CERTO DIZ RESPEITO À ADMISSIBILIDADE OU AO MÉRITO DO MANDADO DE SEGURANÇA?

▶ **Direito líquido e certo como condição da ação.**

"Para a doutrina e a jurisprudência dominantes, a liquidez e certeza do direito a ser protegido por meio do mandado de segurança é uma condição especial dessa ação constitucional, tanto assim que, quando o autor não satisfaz tal requisito, a sentença que denegar a impetração não fará coisa julgada, não impedindo que a mesma pretensão de direito material seja renovada pelas vias ordinárias, ou até mesmo por outra ação mandamental, se não consumado o prazo decadencial respectivo (Lei nº 12.016, arts. 6º, § 6º, e 19). " (THEODORO JÚNIOR, Humberto. Lei do Mandado de Segurança comentada artigo por artigo. Rio de Janeiro: Gen/Editora Forense, 2ª edição, 2019. p. 64).

▶ **No mesmo sentido:** "a ausência de direito líquido e certo haverá de levar à carência do mandado de segurança. Isto porque o direito 'líquido e certo' configura verdadeira condição do mandado de segurança (estabelecida na Carta Constitucional)." (ARRUDA ALVIM, Eduardo. Mandado de segurança. 2ª. ed. Rio de Janeiro: Ed. GZ, 2010, p. 103).

▶ **No mesmo sentido:** "Insere-se tal condição na categoria do interesse de agir, uma vez que a ausência de prova documental capaz de conferir liquidez e certeza ao direito subjetivo do impetrante afasta-o da tutela obtenível pela via processual da ação de mandado de segurança." (GAJARDONI, Fernando da Fonseca; FERREIRA, Olavo A. Vianna Alves. In: GAJARDONI, Fernando da Fonseca, et. al. *Comentários à nova Lei de Mandado de Segurança*. São Paulo: Método, 2009, p. 24).

▶ **No mesmo sentido:** "Constatada a inexistência de direito líquido e certo, condição específica e constitucional da ação, o caso será de carência de ação a ensejar a extinção do processo sem a apreciação do mérito, na forma do art. 267 do CPC2 – devendo o julgador denegar a segurança, de acordo com a determinação do art. 6.º, § 5.º, da Lei 12.016/2009 –, o que não impedirá a propositura de ação pelo rito ordinário ou até mesmo de novo mandado de segurança, instruído com novas provas, se o prazo de 120 dias (art. 23 da Lei 12.016/2009) ainda estiver em curso. É o que preceitua a Lei 12.016/2009, no art. 6.º, § 6.º, ao estabelecer que "o pedido de mandado de segurança poderá ser renovado dentro do prazo decadencial, se a decisão denegatória não lhe houver apreciado o mérito." (GONÇALVES DE CASTRO, Aloísio, coordenação, Mauro Luiz Rocha Lopes, Mandado de Segurança Individual e Coletivo: Lei 12.016/09 Comentada, 1ª edição, Editora Revista dos Tribunais, São Paulo, 2014, p. 34).

▶ **No mesmo sentido:** "Se o magistrado não analisar o mérito, mas simplesmente decidir pela inexistência do direito líquido e certo, ante a sua não demonstração, pelo impetrante, dos fatos e do seu direito (...) será fator de "carência da ação" não impedindo assim nova impetração, desde que se obtenham novas provas para a demonstração do direito do autor." (VITTA, Heraldo Garcia. *Mandado de Segurança*. São Paulo: Jurídica Brasileira, 2000. p. 18.)

▶ **No mesmo sentido:** "Direito líquido e certo não deve ser entendido como "mérito" do mandado de segurança, isto é, como sinônimo do conflito de interesses retratado pelo impetrante em sua petição inicial e levado para solução definitiva ao Estado-juiz. Direito líquido e certo é apenas uma condição da ação do mandado de segurança, assimilável ao interesse de agir e que, uma vez presente, autoriza o questionamento do ato coator por essa via especial e de rito sumaríssimo, desconhecido pelas demais ações processuais civis. " (BUENO. Cassio

Scarpinella. A Nova Lei do Mandado de Segurança: Comentários sistemáticos à Lei 12.016, de 7-8-2009, 2ª edição, Editora Saraiva, São Paulo, 2010, p. 13/14)

▶ **Cumpre ressaltar que o direito líquido e certo é uma condição da ação criada no patamar constitucional, o que, inclusive, nos dispensa de digressões quanto ao maior ou menor acerto na escolha da expressão.**

"Cumpre ressaltar que o direito líquido e certo é uma condição da ação criada no patamar constitucional, o que, inclusive, nos dispensa de digressões quanto ao maior ou menor acerto na escolha da expressão. E aqui, no Texto Maior, ao mesmo tempo em que só se enseja o writ se de plano verificável a existência dessa condição, também concede, afinal, a segurança se o direito líquido e certo, a início tido por plausível, por último se constatar efetivamente existente. E dizer, no mandado de segurança, o direito líquido e certo é, a um só tempo, condição da ação e seu fim último (na primeira face, como juízo provisório, na segunda, como objetivo da tutela jurisdicional). Assim, a sentença que negue, ou afirme, o direito líquido e certo realiza o próprio fim da ação; trata-se de uma decisão de mérito, que exaure o campo da indagação, próprio do mandado de segurança. Frise-se, cuida-se de condição da ação não-ortodoxa, amalgamada com a própria finalidade da ação, condição não-afinada (integralmente) aos cânones da lei processual. Por tudo isso, a sentença que nega a existência do direito líquido e certo é verdadeira decisão de mérito, e não, apenas, declaratória de inexistência de uma condição da ação. Deve ela, por consequência, concluir pela denegação do writ, e não pela extinção do processo sem julgamento do mérito (é o pensamento, entre outros, de Francisco Antonio de Oliveira, Mandado de segurança e controle jurisdicional pp.143/6). Em suma, inaplicável à espécie o teor da Súmula 304, do STF (ao contrário do que equivocadamente decidido pelo TRT da 10ª Região, no MS 76/90, DJU 19.12.90, p. 31.136)." (FERRAZ, Sergio. *Mandado de Segurança*. São Paulo: Malheiros, 2006. p. 20)

▶ **Direito líquido e certo como requisito processual para a validade da instauração do procedimento do Mandado de Segurança.**

".. Na verdade, somente se revela adequado o mandado de segurança se o direito se apresentar líquido e certo. Não havendo direito líquido e certo, não será cabível o writ. Haverá, noutros termos, inadequação da via eleita. Logo, o direito líquido e certo consiste num requisito processual para a validade da instauração do procedimento. Ausente direito líquido e certo, haverá de ser extinto o mandado de segurança sem resolução do mérito, facultando-se à parte o uso do procedimento comum. O direito líquido e certo, como se viu, somente está presente se houver prova pré-constituída. Havendo necessidade de dilação probatória, não há direito líquido e certo, sendo incabível o mandado de segurança. " (CUNHA, Leonardo Carneiro. *A Fazenda Pública em Juízo*, 14ª. ed. rev., atual e ampl. – Rio de Janeiro: Forense, 2017, p. 514)

▶ **No mesmo sentido:** "Em sentido técnico, direito líquido e certo significa, como se viu, comprovação documental e pré-constituída dos fatos alegados, demonstrando-se, logo com a petição inicial, a ilegalidade ou abusividade do ato praticado pela autoridade coatora. Não havendo tal comprovação de plano e sendo necessária a dilação probatória, descabe o mandado de segurança, por falta de um pressuposto processual específico. " (CUNHA, Leonardo Carneiro. *A Fazenda Pública em Juízo*, 14ª. ed. rev., atual e ampl. – Rio de Janeiro: Forense, 2017, p. 515)

▶ **No processo de mandado de segurança, a cognição é plena e exauriente *secundum eventum probationis*.**

".. no processo de mandado de segurança, a cognição é plena e *exauriente secundum eventum probationis*, de modo que o exame do mérito da causa depende da existência de elementos probatórios necessários para tanto. Sem esses elementos, cumpre ao juiz pronunciar non liquet, como fazia o pretor romano, deixando o seu julgamento para outro juiz, noutra ação e noutro processo, condizente com a dilação probatória. " (WATANABE, Kazuo. *Da cognição no processo civil*. São Paulo: RT, 1987.p.89)

▶ **A expressão 'direito líquido e certo' possui dois elementos distintos, enquadráveis em categorias processuais diversas.**

"O substantivo – "direito" – constitui requisito para que se conceda a segurança, situando-se, portanto, no mérito da causa; trata-se, a existência de direito subjetivo, de requisito de procedência do pedido. Não poderia, aliás, ser de outra forma: a existência do direito – além evidentemente da de ato ilegal, já praticado ou prestes a sê-lo – configura elemento cuja presença é necessária para que se acolha o pedido do impetrante, concedendo-lhe o mandado, e não poderia logicamente conceder-se a procedência do pedido como pressuposto de cabimento do writ. Os adjetivos – "líquido e certo" –, cujo sentido acima foi assentado, configuram exigência que se põe em outro plano, no da admissibilidade do pedido, como questão a esta preliminar, sendo sua presença necessária para que se cheque ao julgamento do mérito, sem envolver qualquer antecipação sobre o conteúdo do julgamento." (ASSUMPÇÃO, Hélcio Alves de. *Mandado de segurança: a comprovação dos fatos como pressuposto específico de admissibilidade do writ*. Revista de Direito do Ministério Público. Rio de Janeiro, 1995. p. 33)

▶ **A dinâmica da liquidez e certeza do direito e o convencimento do julgador.**

"É evidente que a prova juntada à petição inicial não trará ao órgão judicial a certeza absoluta da existência do direito, porque, com as informações prestadas pela autoridade coatora, será possível concluir que os fatos não ocorreram exatamente da forma narrada pelo impetrante e supostamente demonstrada pela prova produzida já na petição inicial. Entendimento contrário criaria uma estranha e inadmissível procedência prima facie, na qual ou seria concedida a liminar que, ao final, seria obrigatoriamente confirmada, ou se extinguiria liminarmente o mandado de segurança. " (NEVES, Daniel Amorim Assumpção. *Ações Constitucionais*, 2ª edição, Ed. GEN, São Paulo, 2013, p. 126)

▶ **No mesmo sentido:** "As perplexidades eventuais, no entendimento da lei, não resultam dela, mas sim da falibilidade natural dos seres humanos que a leiam, interpretem e apliquem. Por outras palavras: a lei é sempre certa (ou, tanto faz in casu: a vontade da lei é sempre certa). Para que incida, em sede de mandado de segurança, é imprescindível que o fato invocado como seu suporte de aplicação também se apresente, documentalmente, como certo. Quando tal acontece, tem-se o direito líquido e certo. A variabilidade circunstancial, no entendimento da lei que deverá incidir sobre o fato certo, provado, não desmente a existência do direito líquido e certo, em si. Poderá levar até, se sentença denegatória do writ, comas características assinaladas, ocorrer, a adquirir a força de coisa julgada, à cristalização de insuportável injustiça. Mas isso são acidentes a que a vida judiciária não está indene. E, como acidentes que são, não podem comprometer a clareza conceituai da expressão "direito líquido e certo". (FERRAZ, Sergio. *Mandado de segurança*. São Paulo: Malheiros, 2006. p. 22)

▶ **O direito líquido e certo aparece em dois momentos diferentes do procedimento**

"...o direito líquido e certo aparece em dois momentos diferentes do procedimento. Inicialmente, aparece no primeiro contato do órgão judicial com a petição inicial, mesmo porque sua ausência nesse momento já será causa da extinção do processo por carência de ação. Ocorre, entretanto, que, por tratar-se de momento liminar do procedimento, a cognição sumária, única possível nesse momento processual, levará o órgão judicial a fazer um juízo de aparência; nesse estágio é suficiente que exista uma plausibilidade da existência de direito líquido e certo. O segundo momento, em que se analisará a efetiva existência de direito líquido e certo, é o da decisão final, quando, de posse das informações prestadas pela autoridade coatora e da manifestação do Ministério Público, o juiz, em cognição exauriente, decidirá baseado em um juízo de certeza, por poder confirmar ou não a plausibilidade de existência do direito líquido e certo. " (NEVES, Daniel Amorim Assumpção. *Ações Constitucionais*, 2ª edição, Ed. GEN, São Paulo, 2013, p. 126)

▶ **Direito líquido e certo como mérito.**

"É comum, todavia, na linguagem forense, dizer que não há direito líquido e certo quando restar evidente que o ato impugnado é legal e legítimo, não havendo qualquer abusividade ou ilegalidade, quando, enfim, o impetrante não é titular do direito que alega, não fazendo jus ao pleito que formula. Nesse caso, o juiz julga improcedente o pedido do impetrante, denegando a segurança. A questão, aí, envolve o mérito, não se restringindo à análise da admissibilidade do mandado de segurança." (CAVALCANTE, Mantovanni Colares. *Mandado de Segurança*. São Paulo: Dialética, 2002. n.º 143, p. 43-44.)

▶ **No mesmo sentido:** "Apenas no caso de ser ultrapassado este juízo preliminar é que se poderá, então, realizar exame de provas e, então, se deve considerar que qualquer decisão proferida a partir da cognição exercida sobre o material probatório é uma decisão de *meritis*." (...) "Tudo isso teve de ser dito para que se possa, aqui, sustentar a ideia que, a partir de agora, se defenderá: a de que a análise da presença ou não do direito líquido e certo se dá no plano do mérito, e não – como se tem majoritariamente sustentado – no das 'condições da ação'". (...) "Ora, se o direito líquido e certo assim se caracteriza por ser decorrente de fatos demonstráveis através de prova documental pré-constituída, a afirmação judicial de que existe (ou de que não existe) direito líquido e certo só pode ser feita após exame do material probatório trazido aos autos pelo impetrante. É tal decisão, pois, baseada em cognição que necessariamente se exerce sobre material probatório. E se assim é, então esta é uma decisão sobre o mérito da causa." (CÂMARA, Alexandre Freitas. *Manual do Mandado de Segurança*, 2ª Edição. Atlas, São Paulo, 2014. p. 102-105)

▶ **Rebatendo os argumentos do processualista acima, Humberto Theodoro Júnior assinala que: "A tese, porém, parte de uma premissa falha, a de que a condição da ação nunca pode ser** aferida por meio de exame de prova. Entretanto, condição da ação, em essência, é apenas um requisito para que o processo prossiga até o julgamento de mérito, entendido este como a resolução do litígio, que, por sua vez, se retrata no conflito de interesses estabelecido no plano do direito material. Se, em regra, a aferição das condições da ação, in concreto, não exige considerações em torno da prova das alegações do autor, em muitos casos é a própria lei material que cria medidas pré-monitórias ou requisitos documentais para o tratamento de certas questões substanciais em juízo. Quando isto se dá, cabe ao juiz, antes mesmo de citar o réu, verificar se o autor está ingressando em juízo com base na documentação necessária ao regular exercício do direito de ação. Não se trata de fazer um julgamento preliminar sobre a procedência do pedido, mas de verificar uma condição mínima de progresso da marcha processual rumo ao provimento judicial de mérito. Por isso, embora feita a análise à luz de prova trazida pelo autor, não se refere ela, de forma alguma, ao mérito da causa, mas apenas a uma condição da ação, geralmente ligada ao interesse de agir (adequação do pedido ao remédio processual pretendido)." (THEODORO JÚNIOR, Humberto. *Lei do Mandado de Segurança comentada artigo por artigo*. Rio de Janeiro: Gen/Editora Forense, 2ª edição, 2019. p. 65.)

▶ **E adiante conclui:** "Se, no geral – repita-se –, a aferição das condições se contenta com exame das alegações formuladas na petição inicial, o certo é que essas condições não são reclamadas apenas no momento da propositura da ação, pois devem ser mantidas e avaliadas durante todo o curso do processo. " (THEODORO JÚNIOR, Humberto. *Lei do Mandado de Segurança comentada artigo por artigo*. Rio de Janeiro: Gen/Editora Forense, 2ª edição, 2019. p. 65.)

ILEGALIDADE E ABUSO DE PODER

▶ **Ilegalidade como sentido amplo para fins de cabimento do Mandado de Segurança:**

"A notável evolução recente do direito administrativo, cujo início se deveu à doutrina italiana, se deu no rumo de anular a distinção de critérios adotada classicamente para a aplicação do princípio da legalidade aos atos da Administração e aos atos dos particulares. Num Estado Democrático de Direito, o princípio constitucional da legalidade é um só, seja para o Poder Público, seja para os particulares. Nessa perspectiva, o vínculo de todos, inclusive o Estado, não é com a lei em sentido estrito, mas com o direito lato sensu, que modernamente reconhece força de norma também aos princípios, além de adotar, o direito positivo, com grande desenvoltura, normas forjadas por meio de cláusulas gerais, e com emprego de conceitos abertos ou indeterminados. Com esse espírito, a Constituição não se limita a vincular os atos da Administração à legalidade estrita, mas os sujeita a um complexo de princípios preconizados como fundamentais: "A administração pública direita e indireta (...) – dispõe o art. 37 da CF – obedecerá aos princípios de legalidade, impessoalidade, moralidade, publicidade e eficiência." (THEODORO JÚNIOR, Humberto. *Lei do Mandado de Segurança comentada artigo por artigo*. Rio de Janeiro: GEN/Editora Forense, 2ª edição, 2019. p. 22.)

▶ **Será cabível o manejo do Mandado de Segurança contra ato violador de princípios constitucionais e infraconstitucionais que regem a Administração Pública.**

"Existem diversos princípios que norteiam a atividade administrativa. Alguns estão expressamente previstos no art. 37, caput, da Constituição da República, outros são princípios constitucionais implícitos extraídos das normas constitucionais e, por fim, existem diversos princípios infraconstitucionais explícitos e implícitos, conforme passaremos a expor. Comecemos com aqueles previstos no art. 37, caput, da Constituição da República, com a seguinte redação: "Art. 37. A administração pública direta e indireta de qualquer dos Poderes da União, dos Estados, do Distrito Federal e dos Municípios obedecerá aos princípios de legalidade, impessoalidade, moralidade, publicidade e eficiência e, também, ao seguinte: ". A explícita previsão desses princípios no texto constitucional demonstra a fundamental importância que eles têm." (COUTINHO, Alessandro Dantas, KRUGER, Ronald Rodor. *Manual de Direito Administrativo: Volume Único*. 2ª edição, Editora Juspodivm, Salvador, 2018, p. 74)

O PRINCÍPIO DA LEGALIDADE COMO BASE JURÍDICA PARA IMPETRAÇÃO DO MANDADO DE SEGURANÇA.

▶ **Pedra angular e fundamental do Direito Administrativo é o princípio da legalidade administrativa**

"Pedra angular e fundamental do Direito Administrativo é o princípio da legalidade administrativa, também denominado em alguns sistemas de princípio do Estado de Direito, e que é concomitante ao princípio da separação de poderes e o controle judiciário da Administração Pública, consistindo, em inicial impressão, à necessidade de submissão da atividade administrativa à lei." (MARTINS Jr. WALLACE PAIVA, *Tratado de Direito Administrativo – Volume 1*, Editora Revista dos Tribunais, São Paulo, Edição 2015, p. 287)

▶ **A lei é tida como instrumento objetivo, democrático, impessoal e transparente do estabelecimento da vontade popular.**

"A lei é tida como instrumento objetivo, democrático, impessoal e transparente do estabelecimento da vontade popular. Portanto, a legalidade tem o valor de escudo do indivíduo em face do poder do Estado, para assegurar sua esfera de liberdades, servindo ainda como parâmetro do controle, principalmente o jurisdicional. Tão caro ao Estado Democrático de Direito, o princípio da legalidade também decorre do princípio democrático de maneira elementar, e, conhecida essa magnitude, a Constituição Federal de 1988 reforçou sua exigibilidade nas relações entre a Administração Pública e os administrados, de modo expresso no caput do art. 37. Ou seja, na atualidade, o princípio da legalidade também deve ser encarado como decorrência do princípio democrático. " (MARTINS Jr. WALLACE PAIVA, *Tratado de Direito Administrativo – Volume 1*, Editora Revista dos Tribunais, São Paulo, Edição 2015, 288)

▶ **Todas as atividades da Administração Pública são limitadas pela subordinação à ordem jurídica, ou seja, à legalidade.**

"Todas as atividades da Administração Pública são limitadas pela subordinação à ordem jurídica, ou seja, à legalidade. O procedimento administrativo não tem existência jurídica se lhe falta, como fonte primária, um texto de lei. Mas não basta que tenha sempre por fonte a lei. É preciso, ainda, que se exerça segundo a orientação dela e dentro dos limites nela traçados. Qualquer medida que tome o Poder Administrativo, em face de determinada situação individual, sem preceito de lei que a autorize, ou excedendo o âmbito de permissão da lei, será injurídica. " (FAGUNDES, Miguel Seabra. *O controle dos atos administrativos pelo Poder Judiciário*. 8ª. ed. Rio de Janeiro: Forense, 2010. p. 115)

▶ **Administrar é aplicar a lei de ofício**

"...a atividade administrativa deve não apenas ser exercida sem contraste com a lei, mas, inclusive, só pode ser exercida nos termos de autorização contida no sistema legal." (BANDEIRA DE MELLO, Celso Antônio. Curso de direito administrativo. 29ª. ed. São Paulo: Malheiros, 2012. p. 79.)

> ▶ **No mesmo sentido:**"Administrar é aplicar a lei de ofício". (FAGUNDES, Seabra. *O controle jurisdicional dos atos administrativos pelo Poder Judiciário*. 5ª. ed. Rio de Janeiro: Forense, 1979. p. 4-5.)

▶ **Além de a Administração Pública só poder fazer o que a lei autoriza, deverá também observar "quando e como autoriza.**

"E além de a Administração Pública só poder fazer o que a lei autoriza, deverá também observar "quando e como autoriza. Vale dizer, se a lei nada dispuser, não pode a Administração Pública agir, salvo em situações excepcionais (grave perturbação da ordem e guerra quando irrompem inopinadamente). " (GASPARINI, Diógenes. *Direito Administrativo*. 16ª. ed. São Paulo: Saraiva, 2011. p. 61.)

▶ **O Poder Público não pode atuar contra ou *praeter legem*.**

"...o Poder Público não pode atuar, sob hipótese alguma, contra ou praeter legem, obrigando-se à ação legalmente vinculada." (MOREIRA NETO, Diogo de Figueiredo. *Curso de direito Administrativo*. 14ª. ed. Rio de Janeiro: Forense, 2006, p. 81.)

▶ **A Administração não pode inovar na ordem jurídica por simples atos administrativos, não pode conceder direitos, criar obrigações, impor vedações, compelir comportamentos etc.**

"..a Administração não pode inovar na ordem jurídica por simples atos administrativos, não pode conceder direitos, criar obrigações, impor vedações, compelir comportamentos: para tudo isso, e em outras hipóteses, é necessário o respaldo da lei, e mesmo que em certos casos a atividade administrativa pareça realizar-se sem essa particularidade, só será legítima se houver lastro em determinação ou autorização legal." (ARAÚJO, Edmir Netto de. *Curso de Direito Administrativo*. 5. ed. São Paulo: Saraiva, 2010. p. 73)

▶ **No mesmo sentido**: "...a Administração Pública não pode, por simples ato administrativo, conceder direitos de qualquer espécie, criar obrigações ou impor vedações aos administrados; para tanto, ela depende de lei." (DI PIETRO, Maria Sylvia Zanella. *Direito Administrativo*. 32ª. ed. São Paulo: Atlas, 2018. p. 98.)

▶ **A feição mais clássica do princípio da legalidade, conatural à separação de poderes e cujo conteúdo consiste na supremacia da lei (e do Poder Legislativo), não mais subsiste isoladamente; atualmente, ela tem uma dimensão ampla (legalidade) e restrita (reserva de lei).**

"A feição mais clássica do princípio da legalidade, conatural à separação de poderes e cujo conteúdo consiste na supremacia da lei (e do Poder Legislativo), não mais subsiste isoladamente; atualmente, ela tem uma dimensão ampla (legalidade) e restrita (reserva de lei). A preeminência da lei fruto do Poder Legislativo cedeu ao aumento da participação do Poder Executivo no processo de produção de normas primárias. O crescimento de sua atuação implica a posição da Administração Pública como centro de produção de normas jurídicas, já não sendo suficientes localizá-las no âmbito secundário, vinculado, acessório e dependente do poder regulamentar. A noção clássica da legalidade evoluiu em virtude de fatores diversos: necessidade de maior intervenção estatal na esfera de liberdades públicas; agilidade na produção normativa e sua constante mutabilidade; adoção de conceitos indeterminados de valor; disputa histórica entre os Poderes Executivo e Legislativo pela condução política dos negócios públicos. Destarte, "o administrador público submete-se não apenas à lei, mas ao Direito, e este pode ser instrumentalizado por outros meios que não a lei formal." (MARTINS Jr. WALLACE PAIVA, *Tratado de Direito Administrativo – Volume 1*, Editora Revista dos Tribunais, São Paulo, Edição 2015, p. 295)

▶ **Distinção entre princípio da legalidade e princípio da reserva de lei ou princípio da primazia (ou preferência da lei) e princípio da reserva de lei.**

"Trata-se de questão que envolve a extensão do princípio da legalidade. Este compreende – enuncia Hartmut Maurer – os níveis da primazia da lei e da reserva de lei. O primeiro "expressa a vinculação da administração às leis existentes e indica que os funcionários administrativos – positivamente – devem atuar em conformidade com as leis e – negativamente – não devem tomar medidas que infrinjam as leis", ao passo que no segundo "a administração somente se pode tornar ativa se ela foi, para isso, autorizada em lei". A diferença é significativa porque o princípio da reserva de lei "pede mais que o princípio da primazia. Enquanto este apenas (negativamente) proíbe a infração contra leis existentes, aquele pede (positivamente) um fundamento legal para a atividade administrativa. A falta de uma lei exclui um tornar-se ativo da administração não segundo o princípio da primazia, mas segundo o princípio da reserva." (MAURER, Hartmut. Direito administrativo geral. 14. ed. Trad. Luís Afonso Heck. Barueri: Manole, 2006. p. 121). (MARTINS Jr. WALLACE PAIVA, Tratado de Direito Administrativo – Volume 1, Editora Revista dos Tribunais, São Paulo, Edição 2015, p. 296)

▶ **No mesmo sentido:** "...os actos da Administração não devem contrariar as normas legais que se lhes aplicam (princípio da precedência de lei, ou da preferência de lei, ou da compatibilidade, ou, ainda, da não-contradição) " e também "a exigência de que a prática de um acto da Administração corresponda à sua previsão em lei vigente (princípio da reserva de lei ou da conformidade)." (CORREIA, José Manuel Sérvulo. *Legalidade e autonomia contratual nos contratos administrativos*. Coimbra: Almedina, 2003. p. 18 (reimp.).)

▶ **No mesmo sentido:** "Aprofundando a diferenciação a literatura indica variedade de níveis de reserva de lei. Massimo Severo Giannini anotando que a reserva de lei e a reserva de outros atos normativos constituem preceitos de normas sobre a normatização (regulando a distribuição das matérias disciplináveis normativamente), (GIANNINI, Massimo Severo. Corso de diritto amministrativo. Milano: Dott. A. Giuffrè, 1967. vol. III, t. I, p. 98.) e que o princípio da legalidade é limite regulador no confronto entre liberdade e autoridade, (Diritto amministrativo. 3. ed. Milano: Dott. A Giuffrè, 1993. vol. I, p. 86-89.) Discorre que a reserva de lei pode ser absoluta (a matéria reservada deve ser disciplinada no ato normativo escolhido) ou relativa (é suficiente que o ato normativo adotado regule os pontos fundamentais da matéria reservada, admitindo atos normativos secundários de atuação), destacando que a reserva de lei tem objeto limitado às matérias para as quais há garantia constitucional, enquanto para as demais, vale o princípio da legalidade em caráter geral. (Idem, vol. II, p. 230-233; _____. Corso di diritto amministrativo... cit., 1967, vol. III, t. I, p. 99.)." (MARTINS Jr. WALLACE PAIVA, *Tratado de Direito Administrativo – Volume 1*, Editora Revista dos Tribunais, São Paulo, Edição 2015, p. 297)

▶ **No mesmo sentido:** "...Segundo Costantino Mortati, as reservas de lei são diferenciáveis entre seus múltiplos aspectos. Assim, quanto à espécie de intensidade do vínculo gravoso (encargo) sobre o legislador: (a) reserva absoluta (obrigação direta de disciplinar a matéria reservada), sendo possível as fontes secundárias do direito disciplinarem a sua execução secundum legem; (b) reserva reforçada (obrigação de regular certa matéria reservada e nessa função conferir determinado conteúdo); (c) reserva relativa (possibilidade consentida do estabelecimento de parte da disciplina pelas fontes secundárias do direito, com a condição da fonte primária prescrever determinadas diretrizes de observância obrigatória e vinculada). Segundo Mortati, o exame da natureza da reserva de lei (absoluta ou relativa) não se satisfaz completamente da leitura literal do texto constitucional (com as indicações ou remissões à lei), e por isso, é mais adequado à constatação da razão da reserva de lei é verificar se a matéria reservada atinge situações de terceiros ou concerne a proteção da minoria parlamentar. Em tais casos, a reserva será absoluta, salvo raras exceções. Também verifica em razão da impossibilidade da lei regular total e especificamente todas as matérias, a necessidade de delegação para a Administração Pública regular certas matérias, estabelecendo uma reserva normativa da Administração, observando-se, entretanto, os princípios determinados na lei. E constata que a reserva relativa de lei é admitida em matérias que não tangenciem as liberdades fundamentais (para as matérias não atinentes diretamente às liberdades fundamentais). (MORTATI, Costantino. Istituzioni di diritto pubblico. 9. ed. Padova: Cedam, 1975. vol. I, p. 340-345.). Sabino Cassese após frisar que, no direito italiano, a reserva de lei é, em geral, relativa, aponta que se a atuação administrativa é determinada em lei, esta pode variar em grande medida, podendo conter cânones de conduta o determinar somente a finalidade que é alcançada pela aplicação de standards não legislativos. (CASSESE, Sabino. Le basi del. 6. ed. Milano: Garzanti, 2000. p. 442.) Hartmut Maurer distingue reserva da lei, reserva do Parlamento e reserva de preceito jurídico: a primeira consiste em decisão parlamentar em forma de lei diferentemente da segunda; a terceira é uma regulação vinculativa juridicamente promulgada na forma da lei ou de outros atos como o regulamento jurídico. A exigibilidade da reserva legal repousa na teoria da essencialidade (aquilo que é essencial para realização dos direitos fundamentais e a ampliação de suas funções), assim exposta: "O critério da essencialidade não se direciona, como se poderia, talvez inicialmente, supor, à essência da matéria (à natureza da matéria), mas a isto, quão significativa, importante, fundamental e intensiva uma regulação é em sentido jurídico-fundamental. Nisso desempenham um papel não só os interesses do cidadão, justificado pelos direitos fundamentais, mas também os interesses complementadores ou opositores da comunidade. A 'essencialidade' mostra-se, nisso, não como conceito firme, mas, antes, um tipo de fórmula de escala móvel. Quanto mais essencial um assunto for para o cidadão e/ou a comunidade, exigências tanto mais altas são colocadas ao dador de leis. Disso resulta para a densidade regulativa: quanto mais com efeito forte e duradouro os direitos fundamentais do cidadão particular são afetados ou ameaçados, quanto mais importantes são as repercussões para a comunidade, e quanto mais debatido um complexo de perguntas é na comunidade, tanto mais precisa e estreita deve ser a regulação legal. Existe, por conseguinte, uma graduação dos assuntos totalmente essenciais, que carecem da regulação exclusiva do dador de leis parlamentar, sobre os assuntos menos essenciais, que também podem ser regulados pelo dador de regulamentos legalmente determinado, até os assuntos menos essenciais, que não caem sob a reserva da lei e, com isso, podem ser regulados pelo executivo. (Hartmut Maurer, Op. cit., p. 124-127.)" (MARTINS Jr. WALLACE PAIVA, Tratado de Direito Administrativo – Volume 1, Editora Revista dos Tribunais, São Paulo, Edição 2015, p. 298)

▶ **Legalidade não se confunde com legitimidade.**

"A Constituição Federal de 1988 mencionou ambos autonomamente no art. 70. Segundo valiosa contribuição de Diogo de Figueiredo Moreira Neto, tratam-se de duas ordens de valores a que está submetido o Estado: a vontade juridicamente positivada (legalidade) e a vontade democraticamente expressa (legitimidade). Esta deriva do princípio democrático, que informa a relação entre a vontade geral do povo e as suas expressões políticas, administrativas e judiciárias, sendo "essa vontade geral popular, em última análise, a definitória dos interesses públicos, que deve ser atendida pela ação do Estado, especialmente, em sua atividade administrativa." (MOREIRA NETO, Diogo de Figueiredo. *Curso de Direito Administrativo*. 14ª. ed. Rio de Janeiro: Forense, 2006. p. 82.)

▶ **É a legitimidade que possibilita aferir o atendimento dos interesses da sociedade pela atuação da Administração.**

"É a legitimidade que possibilita aferir o atendimento dos interesses da sociedade pela atuação da Administração. Para José Roberto Pimenta de Oliveira, enquanto legalidade tem enfoque mais restrito (submissão da atividade administrativa às regras jurídicas), os demais princípios são balizadores da legitimidade, compondo o princípio de juridicidade. " (OLIVEIRA, José Roberto Pimenta. *Os princípios da razoabilidade e da proporcionalidade como normas conformadoras e limitadoras da Administração Pública*. In: DALLARI, Adilson; NASCIMENTO, Carlos Valder do; MARTINS, Ives Gandra da Silva. (coords.). Tratado de direito administrativo. São Paulo: Saraiva, 2013. vol. 1, p. 213-255.)

▶ **Foi desacreditada a posição da Administração Pública reduzida à mera executora da lei ao se demonstrar que ela é um complexo voltado a satisfazer as necessidades e os interesses coletivos.**

"Não basta à Administração Pública fazer aquilo que a lei lhe consente. Sua atuação só adquire licitude se o exercício do poder visar à satisfação do interesse público, pois Guido Zanobini desacreditou a posição da Administração Pública reduzida à mera executora da lei, ao demonstrar que ela é um complexo voltado a satisfazer as necessidades e os interesses coletivos. (ZANOBINI, Guido. Op. cit., p. 203.)" (MARTINS Jr. WALLACE PAIVA, *Tratado de Direito Administrativo – Volume 1*, Editora Revista dos Tribunais, São Paulo, Edição 2015, p. 288)

▶ **Não é apenas pela lei que o Executivo está ligado, mas ainda por regras de direito que não são obra do legislador: jurisprudência, princípios gerais do direito e costume.**

"...não é apenas pela lei que o Executivo está ligado, mas ainda por regras de direito que não são obra do legislador: jurisprudência, princípios gerais do direito e costume." (RIVERO, Jean. *Curso de direito administrativo comparado*. Trad. José Cretella Júnior. São Paulo: Ed. RT, p. 124.)

▶ **A evolução do princípio da legalidade administrativo alcançou um sentido que admite outras formas de expressão jurídica. Por isso, se apresenta o princípio da juridicidade, expressão mais ampla que abarca Constituição, lei, princípios jurídi-**

cos, atos normativos de valor semelhante ou inferior à lei, e que se traduz na ideia de submissão da Administração ao Direito.

"A evolução do princípio da legalidade administrativo alcançou um sentido que admite outras formas de expressão jurídica. Por isso, se apresenta o princípio da juridicidade, expressão mais ampla que abarca Constituição, lei, princípios jurídicos, atos normativos de valor semelhante ou inferior à lei, e que se traduz na ideia de submissão da Administração ao Direito. Ele é adotado em várias constituições (como a alemã e a espanhola), "cujos elementos constitutivos são: Constituição, lei, regulamento, jurisprudência, precedentes administrativos", sem olvidar os princípios jurídicos. " (SESIN, Domingo. *Administración Pública. Actividad reglada, discrecional y técnica*. Buenos Aires: Depalma, 1994. p. 9.)

▶ O princípio da juridicidade foi concebido como uma nova tendência doutrinária que outorga significativa importância aos princípios gerais de direito, os quais – junto com a lei – passam a constituir o marco de juridicidade que serve como fonte da atividade administrativa

"Domingo Sesin explica que para superar a rígida noção do princípio da legalidade (em razão da insuficiência da lei para previamente solucionar todas as hipóteses e indicar ao administrador público a conduta a ser seguida) foi concebido o princípio da juridicidade como "uma nova tendência doutrinária que outorga significativa importância aos princípios gerais de direito, os quais – junto com a lei – passam a constituir o marco de juridicidade que serve como fonte da atividade administrativa", que rompe totalmente com a ideia de Administração Pública como mera executora de leis, pois a atuação administrativa deve levar o ordenamento jurídico inteiro, seja em face do poder vinculado, seja do poder discricionário." (MARTINS Jr. WALLACE PAIVA, *Tratado de Direito Administrativo – Volume 1*, Editora Revista dos Tribunais, São Paulo, Edição 2015, p. 321)

▶ O princípio da juridicidade é uma expressão da vinculação da atuação da Administração Pública ao ordenamento jurídico unitária e inteiramente considerado.

"...Em verdade, essa concepção se deve, como explicam Eduardo García de Enterría e Tomás-Ramón Fernandez, as noções de Hauriou (bloco de lalegalidad) e Merkl (juridicidade), expressando a vinculação da atuação da Administração Pública ao ordenamento jurídico unitária e inteiramente considerado (abarcando leis, regulamentos, princípios gerais e costumes), até porque seria inconcebível a coexistência do ato discricionário com a formulação original do princípio da legalidade. Hauriou chamou de bloco de lalegalidad, leis, regulamentos, princípios gerais, costumes, o que Merkl denominou princípio da juridicidade, reservando a expressão legalidade à lei formal. " (MARTINS Jr. WALLACE PAIVA, *Tratado de Direito Administrativo – Volume 1*, Editora Revista dos Tribunais, São Paulo, Edição 2015, p. 321)

▶ O significado do princípio da legalidade na vinculação à totalidade das normas gerais, porém, salienta que "melhor do que a imagem de um 'bloco' muitas vezes invocada a seu propósito, a que convém a legalidade é a de uma pirâmide"

"...melhor do que a imagem de um 'bloco' muitas vezes invocada a seu propósito, a que convém a legalidade é a de uma pirâmide." (RIVERO, Jean. Curso de direito administrativo comparado. Trad. José Cretella Júnior. São Paulo: Ed. RT, p. 534)

▶ **No mesmo sentido:** "...a verdade é que a alusão a bloco ou pirâmide resulta em idêntica conclusão para efeito de considerar a legalidade como toda forma de expressão objetiva, impessoal e geral de normas balizadoras da atividade administrativa." (MARTINS Jr. WALLACE PAIVA, *Tratado de Direito Administrativo – Volume 1*, Editora Revista dos Tribunais, São Paulo, Edição 2015, p. 321)

▶ **Requisitos de acesso aos cargos públicos.**

No que tange ao princípio da legalidade aplicável aos concursos públicos, o art. 37, incisos I e II da Constituição Federal são claros ao enunciar que: Art. 37. A administração pública direta e indireta de qualquer dos Poderes da União, dos Estados, do Distrito Federal e dos Municípios obedecerá aos princípios de legalidade, impessoalidade, moralidade, publicidade e eficiência e, também, ao seguinte: I – os cargos, empregos e funções públicas são acessíveis aos brasileiros que preencham os requisitos estabelecidos em lei, assim como aos estrangeiros, na forma da lei; II – a investidura em cargo ou emprego público depende de aprovação prévia em concurso público de provas ou de provas e títulos, de acordo com a natureza e a complexidade do cargo ou emprego, na forma prevista em lei, ressalvadas as nomeações para cargo em comissão declarado em lei de livre nomeação e exoneração;

▶ **Todos os requisitos de admissibilidade a cargos, empregos e funções públicas devem estar previstos em Lei.**

"Saca-se da norma em evidência que todos os requisitos de admissibilidade a cargos, empregos e funções públicas devem estar previstos em Lei. Embora o edital seja conhecido como a "lei interna do concurso", cujas regras obrigam candidatos e Administração Pública, é imperioso sempre ressalvar que as disposições editalícias não devem distanciar-se dos preceitos legais e muito menos da Constituição Federal. O princípio da legalidade significa que a Administração Pública está, em toda sua atividade, inclusive nos concursos públicos, presa aos mandamentos da Lei, deles não se podendo se afastar sob pena de invalidade do ato e responsabilidade de seu autor. Qualquer ação da Administração sem o correspondente amparo legal ou que exceda ao âmbito delimitado pela lei é injurídica e expõe-se à anulação. Assim, a Administração Pública nada pode fazer senão o que a lei determina." (COUTINHO, Alessandro Dantas. *Algumas considerações sobre o princípio da legalidade e sua aplicação aos concursos* públicos, LICICON – Revista de Licitações e Contratos. Instituto Negócios, Públicos: Curitiba, PR, ano VII, n.83, p. 187-195, novembro 2014.)

◉ **Apenas a lei em sentido formal (ato normativo emanado do Poder Legislativo) pode estabelecer requisitos que condicionem ingresso no serviço público.**

"AÇÃO DIRETA DE INCONSTITUCIONALIDADE. LIMINAR. CONCURSO PÚBLICO. JUIZ DO TRABALHO SUBSTITUTO. REQUISITOS. IMPO-

SIÇÃO VIA ATO DO TRIBUNAL SUPERIOR DO TRABALHO. "Apenas a lei em sentido formal (ato normativo emanado do Poder Legislativo) pode estabelecer requisitos que condicionem ingresso no serviço público. As restrições e exigências que emanem de ato administrativo de caráter infralegal revestem-se de inconstitucionalidade." (Jose Celso de Mello Filho em "Constituição Federal Anotada"). Incompatibilidade da imposição de tempo de prática forense e de graduação no curso de Direito, ao primeiro exame, com a ordem constitucional." (STF – ADI 1188 MC/DF, Relator Ministro Marco Aurélio, Tribunal Pleno, julgado em 23/02/1995.)

◙ **A vedação à existência de critérios discriminatórios de idade, sexo e altura, em sede concurso público, não é absoluta, em face das peculiaridades inerentes ao cargo em disputa, todavia, é imprescindível que mencionado critério esteja expressamente previsto na lei regulamentadora da carreira.**

"ADMINISTRATIVO E CONSTITUCIONAL. MANDADO DE SEGURANÇA. DECADÊNCIA. NÃO OCORRÊNCIA. NATUREZA PREVENTIVA. CONCURSO PÚBLICO. POLÍCIA MILITAR DE SANTA CATARINA. ALTURA MÍNIMA. EXIGÊNCIA EDITALÍCIA SEM AMPARO LEGAL. OCORRÊNCIA. ILEGALIDADE RECONHECIDA. 1. Tratando-se de mandado de segurança preventivo, é de ser afastada a alegação de decadência, com fulcro no art. 18 da Lei n.º 1.533/51. Precedente. 2. A vedação à existência de critérios discriminatórios de idade, sexo e altura, em sede concurso público, não é absoluta, em face das peculiaridades inerentes ao cargo em disputa, todavia, é imprescindível que mencionado critério esteja expressamente previsto na lei regulamentadora da carreira. Precedentes do STF e STJ. 3. In casu, inexiste previsão legal de altura mínima, para ingresso na Polícia Militar do Estado de Santa Catarina, uma vez que não basta, para viabilizar a adoção do critério discriminatório, a exigência genérica de "capacidade física", prevista na Lei Estadual n.º 6.218/83. 4. Recurso ordinário conhecido e provido." (STJ – RMS 20637 – SC – PROC. 2005/0147013-9 – Relª Minª LAURITA VAZ Órgão Julgador T5 – 5ª T. – DJU 20.03.2006, p. 311)

▶ **Não pode o edital inovar e criar exigências sem respaldo legal.**

"Não pode o edital inovar e criar exigências sem respaldo legal, pois além de afrontar a legalidade, princípio genérico direcionado a toda Administração Pública, também estará violando o princípio específico da competitividade e da ampla acessibilidade aos cargos públicos. É muito comum em áreas enfermagem, fisioterapia, educação física o edital exigir como condição de acesso ao cargo a graduação e uma pós-graduação. A lei, se analisada, geralmente não exige a especialização para o desempenho da atividade, sendo a mesma ilegalmente exigida no edital." (COUTINHO, Alessandro Dantas. *Algumas considerações sobre o princípio da legalidade e sua aplicação aos concursos públicos*, LICICON – Revista de Licitações e Contratos. Instituto Negócios, Públicos: Curitiba, PR, ano VII, n.83, p. 187-195, novembro 2014.)

▶ **Exigência, imposta pelo edital, de especialização em Fisiologia do Exercício e Registro no Conselho Regional de Classe para o exercício da profissão.**

"E nesse ponto é que difere o princípio da legalidade para a Administração e o particular, pois a este tudo é permitido, desde que não haja proibição legal em sentido contrário, ou seja, em caso de omissão, o particular poderá agir, uma vez que o art. 5.º, II, da CF/1988 enuncia que "ninguém será obrigado a fazer ou deixar de fazer alguma coisa senão em virtude de lei", comando que desponta como uma garantia constitucional do cidadão. Realmente, para exercer a profissão o professor deve ter o ensino superior completo e ser registrado no Conselho de Classe, mas não é necessário ter a especialização. Aqui, neste ponto, houve uma criação abusiva do edital que ultrapassou os limites de regulamentação do certame." (COUTINHO, Alessandro Dantas. *Concurso público: os requisitos de acesso ao cargo público devem estar previstos na lei ou podem ser criados pelo edital?* Concurso Público. LICICON – Revista de Licitações e Contratos. Editora Negócios Públicos: Curitiba, PR, ano VIII, n.96, p. 145-152, dezembro de 2015.)

◉ **No mesmo sentido**: "CONCURSO. PROFESSOR. EDUCAÇÃO FÍSICA. INSCRIÇÃO. CREF: É legal a exigência feita no edital do concurso público para professor de educação física (ensino médio e fundamental) de que o candidato comprove a inscrição no respectivo Conselho Regional de Educação Física (CREF) quando do ato de sua admissão naquele cargo (art. 1º e 3º da Lei n. 9.696/1998). Precedente citado: REsp 783.417-RJ, DJe 29/3/2010." (STJ – RMS 26.316-RJ, Rel. Min. Maria Thereza de Assis Moura, julgado em 2/6/2011).

▶ **A exigência de Prova Física deve possuir previsão legal**

"As provas físicas ou exame de aptidão física tem a finalidade de avaliar a capacidade do candidato para suportar, física e organicamente, as exigências de esforços físicos que terá que fazer para o bom desempenho das tarefas típicas da categoria funcional que pretende ingressar. Essa fase deve possuir caráter exclusivamente eliminatório, pois o candidato somente prosseguirá nas demais fases do concurso se demonstrar que tem as condições físicas mínimas estabelecidas para o exercício do cargo ou emprego público oferecido e, uma vez aprovado nessa fase, sua classificação permanecerá a mesma, independentemente do desempenho apresentado no exame. Devido a essa finalidade específica, o teste de aptidão física deve ser aplicado por examinador com formação profissional compatível com a natureza dos testes a serem aplicados. Cita-se o caso da prova física em um concurso para ingresso na Polícia Militar. Normalmente as leis que regulamentam a carreira possuem a previsão de que dentre as provas que os candidatos irão se submeter existe a avaliação física. A previsão legal existe, porém cabe ao gestor decidir, pautado em parâmetros razoáveis e proporcionais, quais os exercícios físicos serão exigidos e qual será a quantidade mínima necessária à aprovação na atividade. Ocorre que muitas vezes o gestor ao realizar um concurso exige requisitos restritivos de acesso ao cargo público sem a correspondente previsão legal. Neste caso, a violação ao princípio da legalidade possui norma ainda mais específica, a que se encontra insculpida no artigo 37, inciso I, da Constituição Federal." (COUTINHO, Alessandro Dantas. *Algumas considerações sobre o princípio da legalidade e sua aplicação aos con-*

cursos públicos, LICICON – Revista de Licitações e Contratos. Instituto Negócios, Públicos: Curitiba, PR, ano VII, n.83, p. 187-195, novembro 2014.)

◙ **Admite-se a exigência de aprovação em exame físico para preenchimento de cargo público, desde que claramente previsto em lei, guarde pertinência com a função a ser exercida e seja pautado em critérios objetivos, possibilitando ao candidato o conhecimento da fundamentação do resultado.**

"RECURSO ORDINÁRIO EM MANDADO DE SEGURANÇA. CONCURSO PÚBLICO PARA O CARGO DE SOLDADO DA POLÍCIA MILITAR. PROVA DE APTIDÃO FÍSICA. PERTINÊNCIA COM AS FUNÇÕES A SEREM EXERCIDAS. MOTIVAÇÃO DO ATO DE REPROVAÇÃO. LEGALIDADE. RECURSO DESPROVIDO. 1. Admite-se a exigência de aprovação em exame físico para preenchimento de cargo público, desde que claramente previsto em lei, guarde pertinência com a função a ser exercida e seja pautado em critérios objetivos, possibilitando ao candidato o conhecimento da fundamentação do resultado. Precedentes. 2. Todos os critérios utilizados para avaliar a aptidão física do candidato para o cargo foram expressa e previamente especificados no Edital regente do certame, que trouxe, inclusive, tabelas explicativas da correlação entre o tempo despendido para a realização do exercício da forma exigida e sua pontuação. 3. Além disso, a Administração juntou documento assinado pela própria impetrante, informando-a os motivos que ensejaram sua reprovação, com a descrição do tempo/número de exercícios praticados pela candidata e correspondente pontuação, sendo certo que a soma não atinge o mínimo exigido para a habilitação. " (STJ – RMS 25.703/MS, Relator Ministro Napoleão Nunes Maia Filho, Quinta Turma, julgado em 02/06/2009.)

▶ **A exigência de exame psicotécnico deve possuir previsão legal**

"Muitas vezes o administrador, seja por despreparo ou por malícia, o que não queremos acreditar, insere esta exigência no edital para o provimento de cargos cuja lei de criação e que apresenta os requisitos de acesso ao mesmo não exige a aprovação no referido exame psicossomático. Repita-se, por necessário, a ingente força normativa externada no comando constitucional do artigo 37, inciso II, do Texto Excelso, segundo o qual "a investidura em cargo ou emprego público depende de aprovação prévia em concurso público de provas ou de provas e títulos, de acordo com a natureza e a complexidade do cargo ou emprego, na forma prevista em lei, ressalvadas as nomeações para cargo em comissão declarado em lei de livre nomeação e exoneração. Por isso o Decreto-Lei 2.320 de 26 de janeiro de 1987, que dispõe sobre o ingresso nas categorias funcionais da Carreira da Polícia Federal, enunciar em seus dispositivos (artigos 6º, 7º e 8º) os requisitos exigidos para o ingresso no cargo, tendo inclusive, de forma expressa em seu artigo 8º, inciso III, enunciado como requisito para a matrícula que o candidato possua "temperamento adequado ao exercício das atividades inerentes à categoria funcional a que concorrer, apurado em exame psicotécnico." (COUTINHO, Alessandro Dantas. *Algumas considerações sobre o princípio da legalidade e sua aplicação aos concursos públicos*, LICICON – Revista de Licitações e Contratos. Instituto Negócios, Públicos: Curitiba, PR, ano VII, n.83, p. 187-195, novembro 2014.)

LEI Nº 12.016, DE 7 DE AGOSTO DE 2009 — Art. 1º

▶ **O edital, sob nenhuma circunstância, pode impor em um concurso o exame psicotécnico como fase ou critério de aprovação do candidato sem que haja previsão legal.**

"O edital é um ato administrativo, portanto de inferior hierarquia em relação à LEI e à CONSTITIUÇÃO FEDERAL. Assim, quando se diz que o edital é a "lei interna do concurso", que o "edital vincula as partes" essa afirmativa somente é correta se o instrumento convocatório estiver em conformidade com a lei e a Constituição Federal, sob pena de subversão e inversão do sistema hierárquico existente entre as espécies normativas. Deve se lembrar de que a relação da Administração com a lei não é uma relação de não contrariedade – como ocorre com o particular, mas uma relação de conformidade, uma relação de vinculação positiva à lei. Por isso afirma-se que a Administração só pode agir se existir uma lei autorizando ou determinando a conduta." (COUTINHO, Alessandro Dantas. *O Concurso Público no ordenamento jurídico*. LICICON – Revista de Licitações e Contratos. Instituto Negócios Públicos: Curitiba, PR, ano VII, n.81, p. 188-206, setembro 2014.)

> ◉ *Súmula Vinculante 44 do Supremo Tribunal Federal: Só por lei se pode sujeitar a exame psicotécnico a habilitação de candidato a cargo público.*

▶ **Há violação ao princípio da legalidade, segurança jurídica e vinculação ao instrumento convocatório quando ocorre inovação em certame em andamento possibilitando do uso da heterodeclaração quando o edital apenas prevê a autodeclaração.**

"No que tange ao princípio da legalidade aplicável aos concursos públicos, o art. 37, incisos I e II, da Constituição Federal são claros ao enunciar que: Art. 37. A administração pública direta e indireta de qualquer dos Poderes da União, dos Estados, do Distrito Federal e dos Municípios obedecerá aos princípios de legalidade, impessoalidade, moralidade, publicidade e eficiência e, também, ao seguinte: I – os cargos, empregos e funções públicas são acessíveis aos brasileiros que preencham os requisitos estabelecidos em LEI, assim como aos estrangeiros, na forma da lei; II – a investidura em cargo ou emprego público depende de aprovação prévia em concurso público de provas ou de provas e títulos, de acordo com a natureza e a complexidade do cargo ou emprego, na forma prevista em LEI, ressalvadas as nomeações para cargo em comissão declarado em lei de livre nomeação e exoneração." (COUTINHO, Alessandro Dantas. *Algumas considerações sobre o princípio da legalidade e sua aplicação aos concursos públicos*, LICICON – Revista de Licitações e Contratos. Instituto Negócios, Públicos: Curitiba, PR, ano VII, n.83, p. 187-195, novembro 2014.)

▶ **A atribuição de competências discricionárias está necessariamente ligada ao princípio da legalidade e destina-se a dotar o administrador de um operacional apto a bem satisfazer o interesse público.**

"Diante da existência de candidatos aprovados ainda não convocados para nomeação, é difícil encontrar motivos para a ausência de prorrogação do prazo de validade do certame. Dois princípios deverão assumir essencial relevância na análise de cada situação concreta: economicidade e interesse público. Com relação ao primeiro princípio, cabe destacar que a realização de concursos demanda tempo e dispêndio de recursos, muitas vezes expressivos, que devem ser aproveitados ao máximo possível – a manutenção de relação de aprovados, nesse sentido, não acarreta qualquer ônus, ao contrário da realização de outro certame. Em relação ao princípio do interesse público, deve-se ter em conta a possibilidade de pronto provimento de cargo ou emprego, decorrente da exoneração de agente público durante o prazo de validade do concurso." (Comentários à Constituição do Brasil / J. J. Gomes Canotilho. [et al.]. – São Paulo: Saraiva/Almedina, 2013, p. 833)

▶ **Não pode o edital inovar e criar exigências sem respaldo legal, a exemplo de critérios não previsto em lei para análise dos candidatos que se inscreveram como cotistas raciais.**

Deste modo, não pode o edital inovar e criar exigências sem respaldo legal, pois além de afrontar a legalidade, princípio genérico direcionado a toda Administração Pública, também estará violando o princípio específico da competitividade ou da ampla acessibilidade aos cargos públicos. Conforme o art. 5º da referida Resolução, para concorrer às vagas reservadas, o candidato deve preencher autodeclaração de que é preto ou pardo, cujo enunciado do edital, geralmente, possui o seguinte item: "Poderão concorrer às vagas reservadas a candidatos negros aqueles que se AUTODECLARAREM pretos ou pardos no ato da inscrição no concurso público, conforme o quesito cor ou raça utilizado pela Fundação Instituto Brasileiro de Geografia e Estatística – IBGE". Mais adiante, [e comum encontrar no mesmo edital itens como: "Para concorrer às vagas reservadas, o candidato deverá, no ato da inscrição, optar por concorrer às vagas reservadas aos negros, preenchendo a AUTODECLARAÇÃO de que é preto ou pardo, conforme quesito cor ou raça utilizado pela Fundação Instituto Brasileiro de Geografia e Estatística – IBGE. Isso porque, conforme a Lei nº 12.288/2010, que institui o Estatuto da Igualdade Racial, pertence à população negra o conjunto de pessoas que se autodeclararem pretas ou pardas, in verbis: Art. 1º Esta Lei institui o Estatuto da Igualdade Racial, destinado a garantir à população negra a efetivação da igualdade de oportunidades, a defesa dos direitos étnicos individuais, coletivos e difusos e o combate à discriminação e às demais formas de intolerância étnica. Parágrafo único. Para efeito deste Estatuto, considera-se: [...].IV – população negra: o conjunto de pessoas que se AUTODECLARAM pretas e pardas, conforme o quesito cor ou raça usado pela Fundação Instituto Brasileiro de Geografia e Estatística (IBGE), ou que adotam auto definição análoga. Portanto, o critério legalmente estabelecido para a inserção na condição de "população negra" é a "AUTODECLARAÇÃO", de acordo com os critérios estabelecidos pelo IBGE.

◉ **Não é lícito à Administração Pública, após a aprovação dos candidatos nas provas objetiva e discursiva, introduzir inovação nas regras originais do certame para sujeitar os concorrentes a "entrevista" por comissão específica com o propósito de aferir a pertinência da condição de negros por eles assim declarada ao momento da inscrição no concurso.**

"PROCESSUAL CIVIL. ADMINISTRATIVO. RECURSO ORDINÁRIO EM MANDADO DE SEGURANÇA. CONCURSO PÚBLICO. VAGAS RESERVADAS PARA

CANDIDATOS NEGROS. AUTODECLARAÇÃO. ÚNICA EXIGÊNCIA EDITALÍCIA. POSTERIOR REALIZAÇÃO DE ENTREVISTA PARA AFERIÇÃO DO FENÓTIPO SEM PREVISÃO NO EDITAL DE ABERTURA. FALTA DE AMPARO LEGAL. VIOLAÇÃO DO PRINCÍPIO DA VINCULAÇÃO AO INSTRUMENTO CONVOCATÓRIO. 1. Em se cuidando de disputa de cargos públicos reservados pelo critério da cota racial, ainda que válida a utilização de parâmetros outros que não a tão só autodeclaração do candidato, há de se garantir, no correspondente processo seletivo, a observância dos princípios da vinculação ao edital, da legítima confiança do administrado e da segurança jurídica. 2. O princípio da vinculação ao instrumento convocatório impõe o respeito às regras previamente estipuladas, as quais não podem ser modificadas com o certame já em andamento. 3. O Edital nº 01/2015 – TJDF, que tornou pública a abertura do concurso público destinado ao provimento de cargos no Tribunal de Justiça do Distrito Federal e Territórios, estabeleceu, como critério único para a disputa de vagas reservadas para negros, a autodeclaração do candidato, à qual foi atribuída presunção de veracidade (item 6.2.3), em conformidade, aliás, com o disposto no art. 5º, § 2º, da Resolução CNJ nº 203/2015. 4. Embora o item 6.2.4 do edital originário previsse a possibilidade de se comprovar a falsidade da autodeclaração, nenhuma referência o acompanhou quanto à forma e ao momento em que a Comissão de Concurso poderia chegar a essa constatação. Daí que a posterior implementação de uma fase específica para tal finalidade, não prevista no edital inaugural e com o certame já em andamento, não se revestiu da necessária higidez jurídica, não se podendo, na seara dos concursos públicos, atribuir validade a cláusula editalícia supostamente implícita, quando seu conteúdo possa operar em desfavor do candidato. 5. Nesse contexto, não era lícito à Administração Pública, após a aprovação dos candidatos nas provas objetiva e discursiva, introduzir inovação nas regras originais do certame (no caso concreto, por intermédio do Edital nº 15/2016) para sujeitar os concorrentes a "entrevista" por comissão específica, com o propósito de aferir a pertinência da condição de negros, por eles assim declarada ao momento da inscrição no concurso. À conta dessa conduta, restou afrontado pela Administração, dentre outros, o princípio da vinculação ao instrumento convocatório. Precedente desta Corte em caso assemelhado: AgRg no RMS 47.960/RS, Rel. Ministro NAPOLEÃO NUNES MAIA FILHO, Primeira Turma, DJe 31/05/2017. 6. Recurso ordinário provido para, reformando o acórdão recorrido, conceder a segurança, determinando-se a reinserção do nome do recorrente na lista dos candidatos que concorreram às vagas destinadas ao provimento por cota racial, respeitada sua classificação em função das notas que obteve no certame." (STJ – RMS 54.907/DF, Rel. Ministro SÉRGIO KUKINA, PRIMEIRA TURMA, julgado em 05/04/2018, DJe 18/04/2018)

◉ **A interpretação de cláusula de edital não pode restringir direito previsto em lei.**

"MANDADO DE SEGURANÇA. ATO DO CONSELHO NACIONAL DO MINISTÉRIO PÚBLICO. CONCURSO PÚBLICO. EDITAL. LEI COMPLEMENTAR Nº 72/08 DO ESTADO DO CEARÁ. CONSELHO SUPERIOR DO MINISTÉRIO PÚBLICO DO ESTADO E COLÉGIO DE PROCURADORES DE JUSTIÇA DO ESTADO DO CEARÁ. CONTROLE DE LEGALIDADE. EXERCÍCIO DE AUTOTUTELA PELA ADMINISTRAÇÃO PÚBLICA COMO MEIO DE SOLUÇÃO DE CONFLI-

TOS. LEGITIMIDADE. DIVULGAÇÃO DA CONDIÇÃO SUB JUDICE. PRINCÍPIOS CONSTITUCIONAIS DA ISONOMIA E DA IMPESSOALIDADE. SEGURANÇA CONCEDIDA. 1. O edital é a lei do certame e vincula tanto a Administração Pública quanto os candidatos. 2. A interpretação de cláusula de edital não pode restringir direito previsto em lei. 3. A competência de órgãos internos do MPCE se restringe ao controle de legalidade de concurso público, ficando resguardada a competência da comissão do concurso, integrada por representante da OAB, para decidir quanto ao conteúdo da prova e ao mérito das questões. 4. A divulgação de resultado para fins de convocação para a fase subsequente do concurso deve diferenciar e classificar os candidatos apenas quanto ao desempenho no certame segundo os critérios de avaliação divulgados no edital, ressalvada a divulgação da condição sub judice no resultado final, quando encerrado o processo avaliativo. 5. Concessão da ordem." (STF – MS 32176, Relator(a): Min. DIAS TOFFOLI, Primeira Turma, julgado em 18/03/2014, PROCESSO ELETRÔNICO DJe-073 DIVULG 11-04-2014 PUBLIC 14-04-2014)

PRINCÍPIO DA IMPESSOALIDADE COMO BASE JURÍDICA PARA IMPETRAÇÃO DO MANDADO DE SEGURANÇA.

"Como sabido, a Administração deve atuar voltada para alcançar o interesse público, sendo essa a única razão pela qual possui uma série de prerrogativas e poderes diferenciados. Note-se que a Administração é impessoal. Quando o agente está em ação, em verdade, quem está agindo é o Estado, que possui como contingente humano seus agentes. Porém, pela teoria do órgão – que é baseada na imputação –, a conduta praticada pelo agente é imputada ao Estado. Assim, quem está fazendo obras não é o gestor, é a Administração, que naquele momento está sendo gerida por aquele agente público. Quem faz apreensão de drogas não é o policial, mas sim a polícia, órgão desconcentrado do Estado." (COUTINHO, Alessandro Dantas, KRUGER, Ronald Rodor. *Manual de Direito Administrativo: Volume Único*. 2ª edição, Editora Juspodivm, Salvador, 2018, p. 78)

▶ **O agente, quando está atuando, o faz na condição de Estado e é por isso que a responsabilidade civil é imputada a ele (Estado)**

"O agente, quando está atuando, o faz na condição de Estado e é por isso que a responsabilidade civil é imputada a ele (Estado) e, assim, a vítima deve demandar contra a pessoa jurídica estatal à qual o agente púbico pertence." (COUTINHO, Alessandro Dantas, KRUGER, Ronald Rodor. *Manual de Direito Administrativo: Volume Único*. 2ª edição, Editora Juspodivm, Salvador, 2018, p. 78)

▶ **Outro enfoque dado ao princípio da impessoalidade liga-se ao fato de que está vedada qualquer conduta do gestor voltada para outro fim que não a satisfação do interesse coletivo, sob pena de desvio de poder e ilegalidade da conduta.**

"Outro enfoque dado ao princípio da impessoalidade liga-se ao fato de que está vedada qualquer conduta do gestor voltada para outro fim que não a satisfação do interesse coletivo, sob pena de desvio de poder e ilegalidade da conduta. Isso porque as prerrogativas que foram conferidas aos gestores lhes foram dadas para que estes atuassem focados no objetivo de alcançar e satisfazer o interesse público. Por essa razão, são proibidas condutas voltadas a prejudicar ou beneficiar terceiros, sendo que a meta deve ser sempre a busca do interesse coletivo, o bem comum." (COUTINHO, Alessandro Dantas, KRUGER, Ronald Rodor. *Manual de Direito Administrativo: Volume Único*. 2ª edição, Editora Juspodivm, Salvador, 2018, p. 79)

▶ **Normas de impedimento e suspeição, que são hipóteses em que o agente público não pode agir, pois há uma presunção de que não agirá com imparcialidade, o que poderá ensejar a quebra da impessoalidade estatal**

"Ainda, influenciado pelo princípio da impessoalidade e para garantir que o agente não perca o foco, o ordenamento jurídico prevê, na Lei 9.784/1999, normas de impedimento e suspeição, que são hipóteses em que o agente público não pode agir, pois há uma presunção de que não agirá com imparcialidade, o que poderá ensejar a quebra da impessoalidade estatal." (COUTINHO, Alessandro Dantas, KRUGER, Ronald Rodor. *Manual de Direito Administrativo: Volume Único*. 2ª edição, Editora Juspodivm, Salvador, 2018, p. 80)

◉ **Tal princípio se assemelha ao da finalidade quando se enfoca o interesse público do ato, consubstanciando desvio de finalidade toda atitude que resulta em favoritismos ou perseguições.**

"... 1. O art. 37 da CF/88 estabelece que a administração pública direta e indireta de qualquer dos Poderes da União, dos Estados, do Distrito Federal e dos Municípios obedecerá aos princípios de legalidade, impessoalidade, moralidade, publicidade e eficiência. 2. Pelo princípio da impessoalidade, a Administração deve tratar a todos os administrados sem discriminações. Tal princípio se assemelha ao da finalidade quando se enfoca o interesse público do ato, consubstanciando desvio de finalidade toda atitude que resulta em favoritismos ou perseguições. 3. A conduta do Superintendente da Polícia Federal de Mato Grosso do Sul, ao determinar a realização de barreira policial com o único objetivo de armar flagrante para apanhar o autor, que se deslocara com a família em viagem para Ponta Porã/MS, traduziu evidente retaliação ao servidor, materializando-se o vício do desvio de finalidade a invalidar o ato administrativo. 4. Correta a sentença que determinou a anulação do ato administrativo de cassação de aposentadoria do policial Itamar José Rangel e o pagamento das quantias devidas desde a inativação do referido servidor, devidamente corrigidas..." (STF, ARE 786.213/DF, Rel. Min. Gilmar Mendes, j. 19.12.2013, DJe-022, Divulg. 31.01.2014, Public. 03.02.2014).

▶ **A impessoalidade tem eficácia impeditiva aos fatores pessoais e subjetivos como verdadeiros móveis e fins das atividades administrativas.**

".Os aspectos apontados acima representam ângulos diversos do intuito essencial de impedir que fatores pessoais, subjetivos, sejam os verdadeiros móveis e fins das atividades administrativas. Com o princípio da impessoalidade, a Constituição visa obstaculizar atuações geradas por antipatias, simpatias, objetivos de vingança, represálias, nepotismo, favorecimentos diversos, muito comuns em licitações, concursos públicos, exercício do poder de polícia. Busca, desse modo, que predomine o sentido de função, isto é, a ideia de que os poderes atribuídos se finalizam ao interesse de toda a coletividade, portanto a resultados desconectados de razões pessoais. Em situações que dizem respeito a interesses coletivos ou difusos, a impessoalidade significa a exigência de ponderação equilibrada de todos os interesses envolvidos, para que não se editem decisões movidas por preconceitos ou radicalismos de qualquer tipo." (MEDAUAR, Odete. Direito Administrativo Moderno. 21ª. Ed. Fórum, Belo Horizonte, 2018. p. 119.)

▶ **No mesmo sentido**: "...sem levar em conta interesses pessoais, próprios ou de terceiros, a não ser quando o atendimento de pretensões parciais constitua concretização do interesse geral." (MENDES, Gilmar Ferreira; COELHO, Inocêncio Mártires; BRANCO, Paulo Gustavo Gonet. *Curso de direito constitucional*. 5ª. ed. São Paulo: Saraiva, 2010. p. 968.)

▶ **A impessoalidade é decorrência do princípio de utilidade pública.**

"...é decorrência do princípio de utilidade pública, inicialmente já referido como fundamento do Direito Administrativo." (LIMA, Ruy Cirne. *Princípios de direito administrativo*. 7ª. ed. São Paulo: Malheiros, 2007. p. 54.)

▶ **No mesmo sentido:** "A atividade administrativa deve ser destinada a todos os administrados, dirigida aos cidadãos em geral, sem determinação de pessoa ou discriminação de qualquer natureza. É o que impõe ao Poder Público este princípio. Com ele quer-se quebrar o velho costume do atendimento do administrado em razão de seu prestígio ou porque a ele o agente público deve alguma obrigação." (GASPARINI, Diógenes. *Direito Administrativo*. 16ª. ed. São Paulo: Saraiva, 2011. p. 63.)

▶ **A impessoalidade tem como bases a objetividade e a neutralidade da atividade administrativa, traduzindo-se na ausência de marcas pessoais e particulares correspondentes ao administrador no exercício da função pública.**

"...na ausência de marcas pessoais e particulares correspondentes ao administrador que, em determinado momento, esteja no exercício da atividade administrativa, tornando-a, assim, afeiçoada a seu modelo, pensamento ou vontade." (ROCHA, Cármen Lúcia Antunes. *Princípios constitucionais da administração pública*. Belo Horizonte: Del Rey, 1994. p. 147-150.)

▶ "...como única diretriz jurídica válida para os comportamentos estatais o interesse público. A impessoalidade no trato da coisa pública garante exatamente esta qualidade da res gerida pelo Estado: a sua condição de ser pública, de todos, patrimônio de todos voltado à concretização do bem de todos e não de grupos ou de algumas pessoas." (ROCHA, Cármen Lúcia Antunes. *Princípios constitucionais da administração pública*. Belo Horizonte: Del Rey, 1994. p. 147-150.)

▶ "...Impede e proíbe, assim, o subjetivismo na Administração Pública." (ROCHA, Cármen Lúcia Antunes. Princípios constitucionais da administração pública. Belo Horizonte: Del Rey, 1994. p. 147-150.)

▶ "...tem como conteúdo jurídico o despojamento da pessoa pública da vontade que lhe seja enxertada pelo agente público, que, se agisse segundo os seus interesses, subjetivamente definidos, jamais alcançaria aquela finalidade, que se põe, objetiva, genérica e publicamente." (ROCHA, Cármen Lúcia Antunes. Princípios constitucionais da administração pública. Belo Horizonte: Del Rey, 1994. p. 147-150.)

▶ **O fim, e não a vontade, domina todas as formas de administração.**

"...o fim, e não a vontade, domina todas as formas de administração." (LIMA, Ruy Cirne. *Princípios de direito administrativo*. 7ª. ed. São Paulo: Malheiros, 2007. p. 39)

▶ <u>No mesmo sentido</u>: "...o agente público ao agir deve ter em vista, de um lado, atender ao interesse público que é a finalidade inerente a todas as normas, e, de outro, à finalidade específica que anima a lei que esteja sendo aplicada." (PAZZAGLINI FILHO, Marino. *Princípios constitucionais reguladores da administração pública*. São Paulo: Atlas, 2000. p. 36.)

▶ **A impessoalidade se aproxima da imparcialidade pela subordinação mútua de neutralidade e isenção administrativa.**

"A atividade da Administração Pública tem como destinatários naturais as pessoas e jurídicas que se subordinam à sua disciplina. Parecerá, assim, um paradoxo que, embora deva incidir sobre pessoas, a gestão administrativa terá de ser impessoal, mormente quando a própria Constituição impõe ao Poder Público tratamento peculiar aos integrantes de categorias distintas da coletividade, como a criança, o adolescente, o idoso ou o deficiente. É que, segundo o aforismo grego que Ruy Barbosa popularizou, a igualdade consiste em tratar desigualmente os desiguais. Contudo, a Administração Pública tem como norma básica a proteção de interesses coletivos, ainda que peculiares a grupos definidos em lei e, por esta forma, submetidos a tratamento especial. O princípio da impessoalidade repele atos discriminatórios que importam favorecimento ou desapreço a membros da sociedade em detrimento da finalidade objetiva da norma de direito a ser aplicada. Não é indiferente, porém, à Administração Pública a personalidade do administrado. O que se veda é a personificação de seus atos na medida em que abandonem o interesse público para conceder favores ou lesar pessoas ou instituições. Em síntese, a atividade administrativa pode, e em certos casos, deve distinguir entre pessoas, em função de peculiaridades que a lei manda observar. Não poderá jamais discriminar entre elas, sobrepondo o juízo personalista à objetividade legal de tratamento." (TÁCITO, Caio. *Temas de Direito Público (estudos e pareceres)*. Rio de Janeiro: Renovar, 1997. 1.º vol., p 345-346.)

▶ **Em decorrência do princípio da impessoalidade o ato ilegal praticado pelo agente público na condução do concurso é imputado ao Estado.**

"Como sabido, a Administração deve atuar voltada para alcançar o interesse público, sendo essa a única razão pela qual possui uma série de prerrogativas e poderes diferenciados. Note-se que a Administração é impessoal. Quando o agente está em ação, em verdade, quem está agindo é o Estado, que possui como contingente humano seus agentes. Porém, pela teoria do órgão – que é baseada na imputação –, a conduta praticada pelo agente é imputada ao Estado." (COUTINHO, Alessandro Dantas, KRUGER, Ronald Rodor. *Manual de Direito Administrativo: Volume Único*. 2ª edição, Editora Juspodivm, Salvador, 2018, p. 78)

▶ **Outro enfoque dado ao princípio da impessoalidade liga-se ao fato de que está vedada qualquer conduta do gestor voltada para outro fim que não a satisfação do interesse coletivo, sob pena de desvio de poder e ilegalidade da conduta.**

Isso porque as prerrogativas que foram conferidas aos gestores lhes foram dadas para que estes atuassem focados no objetivo de alcançar e satisfazer o interesse público. Por essa razão, são proibidas condutas voltadas a prejudicar ou beneficiar terceiros, sendo que a meta deve ser sempre a busca do interesse coletivo, o bem comum. Portanto, reprovável, sob o ponto de vista da impessoalidade, a prática de desapropriação com o objetivo de prejudicar inimigo, a remoção de servidores como forma de punição etc.

◉ **Pelo princípio da impessoalidade, a Administração deve tratar a todos os administrados sem discriminações. Tal princípio se assemelha ao da finalidade quando se enfoca o interesse público do ato, consubstanciando desvio de finalidade toda atitude que resulta em favoritismos ou perseguições.**

"... 1. O art. 37 da CF/88 estabelece que a administração pública direta e indireta de qualquer dos Poderes da União, dos Estados, do Distrito Federal e dos Municípios obedecerá aos princípios de legalidade, impessoalidade, moralidade, publicidade e eficiência. 2. Pelo princípio da impessoalidade, a Administração deve tratar a todos os administrados sem discriminações. Tal princípio se assemelha ao da finalidade quando se enfoca o interesse público do ato, consubstanciando desvio de finalidade toda atitude que resulta em favoritismos ou perseguições. 3. A conduta do Superintendente da Polícia Federal de Mato Grosso do Sul, ao determinar a realização de barreira policial com o único objetivo de armar flagrante para apanhar o autor, que se deslocara com a família em viagem para Ponta Porã/MS, traduziu evidente retaliação ao servidor, materializando-se o vício do desvio de finalidade a invalidar o ato administrativo. 4. Correta a sentença que determinou a anulação do ato administrativo de cassação de aposentadoria do policial Itamar José Rangel e o pagamento das quantias devidas desde a inativação do referido servidor, devidamente corrigidas..." (STF, ARE 786.213/DF, Rel. Min. Gilmar Mendes, j. 19.12.2013, DJe-022, Divulg. 31.01.2014, Public. 03.02.2014).

◉ **A exigência de concurso público para a investidura em cargo garante o respeito a vários princípios constitucionais de direito administrativo, entre eles, o da impessoalidade e o da isonomia**

"A exigência de concurso público para a investidura em cargo garante o respeito a vários princípios constitucionais de direito administrativo, entre eles, o da impessoalidade e o da isonomia. O constituinte, todavia, inseriu no art. 19 do ADCT norma transitória criando uma estabilidade excepcional para servidores não concursados da União, dos Estados, do Distrito Federal e dos Municípios que, quando da promulgação da Carta Federal, contassem com, no mínimo, cinco anos ininterruptos de serviço público. A jurisprudência desta Corte tem considerado inconstitucionais normas estaduais que ampliam a exceção à regra da exigência de concurso para o ingresso no serviço público já estabelecida no ADCT Federal." (Precedentes: ADI 498, rel. min. Carlos Velloso (DJ de 9-8-1996), e ADI 208, rel. min. Moreira Alves (DJ de 19-12-2002), entre outros. [ADI 100, rel. min. Ellen Gracie, j. 9-9-2004, Plenário, DJ de 1º-10-2004.] = RE 356.612 AgR, rel. min. Joaquim Barbosa, j. 31-8-2010, 2ª T, DJE de 16-11-2010. Vide ADI 3.609, rel. min. Dias Toffoli, j. 5-2-2014, P, DJE de 30-10-2014)

▶ **Princípio da isonomia, impessoalidade e prova oral em concursos públicos.**

"Quanto ao princípio da isonomia, o mesmo dificilmente pode ser alcançado nas provas orais. Geralmente os editais traçam dois critérios de avaliação nas provas orais: o sorteio de um ponto único, ou o sorteio, por parte de cada candidato, de um determinado ponto do programa. No segundo caso, é evidente que não há isonomia, uma vez que o grau de complexidade ou de dificuldade dos pontos de uma determinada disciplina é variável. No primeiro caso, mesmo que as perguntas possam ser as mesmas para cada um dos diferentes candidatos, a impessoalidade não poderá, a rigor, ser garantida. Um candidato, por exemplo, pode não oferecer uma resposta completa, mas por razões de empatia, naturais nas relações entre seres humanos, pode ele receber uma nota maior da de outro que, por timidez, ou nervosismo, tenha dado a resposta completa de modo menos simpático e direto." (FORTINI, Cristiana. *Servidor público: estudos em homenagem ao professor Pedro Paulo de Almeida Dutra* (Locais do Kindle 10226-10233). Editora Fórum. Edição do Kindle.)

▶ **A alteração do edital de um concurso público não pode ter efeitos retroativos.**

"A alteração do edital não poderá ter efeitos retroativos sob pena de quebra da igualdade, impessoalidade e moralidade que devem reger a realização dos concursos. Os dispositivos só poderão ser alterados antes de realizados os atos sobre os quais produzirão efeitos. Isto quer dizer que, realizadas as provas, não mais poderão ser alterados critérios de correção ou classificação; apresentados os títulos, os critérios de pontuação deverão ser mantidos, comprovada a habilitação não poderão ser exigidos novos requisitos etc." (OLIVEIRA ROCHA, Francisco Lobello de. *Regime Jurídico dos Concursos Públicos.*, Ed. Dialética 2006, p. 58)

▶ **Influenciado pelo princípio da impessoalidade e para garantir que o agente não perca o foco, o ordenamento jurídico prevê, na Lei 9.784/1999, normas de impedimento e suspeição, que são hipóteses em que o agente público não pode agir.**

Isso porque há uma presunção de que não agirá com imparcialidade, o que poderá ensejar a quebra da impessoalidade estatal. Nesse sentido, prescreve o art. 18 da referida lei que: "é impedido de atuar em processo administrativo o servidor ou autoridade que: I) tenha interesse direto ou indireto na matéria; II) tenha participado ou venha a participar como perito, testemunha ou representante, ou se tais situações ocorrem quanto ao cônjuge, companheiro ou parente e afins até o terceiro grau; III) esteja litigando judicial ou administrativamente com o interessado ou respectivo cônjuge ou companheiro.

▶ **Não é dado à banca examinadora, por mera conveniência e oportunidade, consagrar uma posição acadêmica isolada ou polêmica no bojo de uma prova.**

"Não raro e infelizmente, alguns concursos têm contemplado questões embasadas em "doutrina", artigo ou obra pouquíssimo conhecidos dentro da área exigida para o certame, muitas vezes de autoria do próprio membro da banca examinadora. Tal situação, além de manifestamente imoral, ofende o princípio da impessoalidade e da isonomia." (OSÓRIO, Fábio Medina, *Os limites da discricionariedade técnica e as provas objetivas nos concursos públicos de ingresso nas carreiras jurídicas*, in Revista Diálogo Jurídico, n. 13, abril/maio de 2002, Salvador/BA, 110).

▶ **Os critérios de avaliação das provas discursivas e orais são os parâmetros de valoração do desempenho dos candidatos nas provas.**

"Sua determinação passa por um juízo discricionário da Administração que, no entanto, deve levar em conta os princípios da igualdade, da razoabilidade, da impessoalidade e da eficiência. Preservar o princípio da igualdade na valoração do desempenho dos candidatos implica a utilização de critérios objetivos e padronizados, que não devem permitir que candidatos que demonstrarem o mesmo desempenho recebam tratamentos diferentes." (OLIVEIRA ROCHA, Francisco Lobello de. Regime Jurídico dos Concursos Públicos., Ed. Dialética 2006, p. 125-126)

◉ "4. [...]. É dever das bancas examinadoras zelarem pela correta formulação das questões, sob pena de agir em desconformidade com a lei e o edital, comprometendo, sem sombra de dúvidas, o empenho realizado pelos candidatos durante quase toda uma vida. Quantas pessoas não levam dois, três, quatro, dez anos ou mais se preparando para concursos públicos, para depois se depararem com questões mal formuladas e, pior, com desculpas muitas das vezes infundadas, de que tal erro na formulação não influiria na solução da questão, como vejo acontecer na presente hipótese. Nulidade reconhecida que vai ao encontro da tese firmada pelo STF no recurso extraordinário supramencionado, pois estamos diante de evidente ilegalidade a permitir a atuação do Poder Judiciário.6. [...]. 16. Recurso em mandado de segurança a que se dá parcial provimento para declarara nulidade apenas da questão n. 2 da prova dissertativa." (STJ – RMS 49.896/RS, Rel. Ministro Og Fernandes, Segunda Turma, julgado em 20/04/2017, DJe 02/05/2017)."

▶ **A avaliação da prova discursiva e oral deve ser embasada em critérios objetivos e padronizados.**

A objetividade não se limita somente à elaboração das provas discursivas! Essa deve ser uma característica marcante em todas as fases da avaliação. Por isso também deve estar presente na correção das provas, na atribuição dos pontos aos candidatos e na apreciação dos recursos.

> ▶ **No mesmo sentido:** "(...) torna-se imprescindível, primeiro, que a Comissão examinadora expeça um regulamento, para informar previamente acerca do conteúdo dos exames, da metodologia a ser adotada nas provas – se escritas ou orais, se de múltipla escolha ou subjetiva. Depois é indispensável que a Banca examinadora apresente, ainda que sucintamente, os fundamentos da correção, o que viabilizará o posterior controle judicial." (MORAES. Germana de Oliveira. *Controle Jurisdicional da Administração Pública*, Dialética, 2004. p. 175.)

▶ **A fase de títulos nos concursos públicos deve apresentar o maior grau de objetividade possível**

"Como em qualquer outra prova de concurso público os critérios de avaliação da prova de títulos devem apresentar o maior grau de objetividade possível, devendo constar previamente no edital de abertura do certame os títulos que serão considerados e a pontuação de cada um, que será proporcional a importância para o exercício do cargo ou emprego público. Como os critérios objetivos para avaliação da prova de títulos devem constar no edital que regula o concurso público, ofende os princípios constitucionais da moralidade administrativa e da impessoalidade a fixação, após a entrega dos títulos, de critérios restritivos para a atribuição de pontos." (BASTOS, Ricardo. *Concurso público: etapa interna e externa passo a passo*/Alessandro Dantas Coutinho, William Douglas e Ricardo Bastos. – Curitiba, PR: Negócios Públicos, 2015. p. 151)

> ▶ **No mesmo sentido**: "No caso de haver avaliação de títulos, o edital do certame deve especificar, minimamente, os cargos/áreas/especialidades cujos candidatos terão seus títulos avaliados, a classificação mínima para que o candidato tenha seus títulos avaliados, os pontos que serão atribuídos a cada título, a pontuação máxima que poderá ser atribuída para cada tipo de título, a pontuação máxima a ser atribuída na avaliação de títulos e os documentos que serão aceitos para fins de comprovação." (BASTOS, Ricardo. Concurso público: etapa interna e externa passo a passo/Alessandro Dantas Coutinho, William Douglas e Ricardo Bastos. – Curitiba, PR: Negócios Públicos, 2015. p. 55)

> ▶ **No mesmo sentido**: "Em certas situações, tem-se visto que, em certos concursos públicos para determinada atividade pública, a Administração Pública tem atribuído pontuação muito elevada para quem já tem atuação na mencionada atividade objeto do certame ou atividade afim, sendo mesmo a prova de títulos a definidora da classificação do certame, o que induz ao final provocar quebra na isonomia, pois quem não detiver tal experiência prévia ao concurso já estará em situação de grande desvantagem a quem a deter." (MACHADO Jr. Agapito. *Concursos Públicos*. Editora Atlas, 2008, p. 98)

▶ **Garantia de impessoalidade nos testes psicológicos em concursos públicos.**

"A primeira ressalva que se faz é em relação ao seu art. 5º. Pretendendo garantir a impessoalidade nos exames psicológicos, o mencionado artigo determinou: "Art. 5º O psicólogo deverá declarar-se impedido de avaliar candidatos com os quais tenha relação que possa interferir na avaliação. Parágrafo único. Na hipótese de exposto no caput desse artigo, o candidato deverá ser encaminhado a outro membro da comissão de avaliação ou a outro profissional. " Todavia, conforme exposto no item relativo ao princípio da impessoalidade, nos casos disciplinados não basta a avaliação do candidato por outro membro da comissão ou outro profissional. Havendo qualquer relação de parentesco, amizade íntima ou inimizade entre o examinador e qualquer dos candidatos, deve-se afastar o examinador do concurso como única forma de garantir a impessoalidade. Isto porque, ainda que o candidato fosse examinado por outra pessoa, o examinador poderia interferir nos resultados de outras formas, v.g., prejudicando outros candidatos, através da troca de favores com outros examinadores interessados em beneficiar outros candidatos etc. Não é necessário que tais atos se concretizem, pois a simples potencialidade de afronta ao princípio da impessoalidade justifica o afastamento do examinador. " (OLIVEIRA ROCHA, Francisco Lobello de. *Regime Jurídico dos Concursos Públicos*, Ed. Dialética 2006, p. 118-119)

▶ **O teste de psicotécnico deve ser padronizado.**

"Padronização implica uniformidade de procedimento na aplicação e na pontuação de cada teste. Para que os escores obtidos por pessoas diferentes possam ser comparáveis, as condições de testagem a que se submetem devem ser idênticas. Em uma situação de teste, a única variável deve ser o indivíduo que está sendo testado. Essa padronização estende-se aos materiais exatos empregados, aos limites de tempo, às instruções orais e escritas, às demonstrações preliminares, às maneiras de manejar as perguntas e a todos os outros elementos, por mais sutis que sejam, capazes de influenciar o desempenho nos testes." (OLIVEIRA ROCHA, Francisco Lobello de. Regime Jurídico dos Concursos Públicos., Ed. Dialética 2006, p. 104)

▶ **É vedado a prática de exames psicotécnicos com critérios sigilosos.**

"É, realmente, necessária a existência de algum sigilo sobre o conteúdo dos testes, a fim de impedir tentativas deliberadas de falsear escores. Por outro lado, isso não impede a efetiva aplicação do princípio da publicidade dos atos administrativos. É até mesmo desejável que todas as partes envolvidas sejam munidas de informações sobre o que se pretende medir e a adequação dos testes para isso, o que significam seus escores, dados relevantes sobre fidedignidade, validade e outras propriedades psicométricas dos testes. Neste sentido, observam Anastasi e Urbina que "garantir a segurança do conteúdo de um teste específico não precisa – e não deve – interferir com a comunicação efetiva das informações sobre a testagem dirigidas a testandos, profissionais envolvidos e público em geral". Afirmam, ainda, que "é desejável eliminar tanto quanto possível os elementos de surpresa da situação de teste, porque o inesperado e o desconhecido tendem a produzir ansiedade. Muitos testes grupais incluem uma explicação preliminar que é lida ao grupo pelo examinador. Um procedimento ainda melhor é fornecer antecipadamente, a cada testando, materiais explicando a finalidade e a natureza dos testes, com sugestões gerais e alguns itens de amostra. " Vê-se, portanto, que a divulgação de informações adequadas sobre os testes, longe de impossibilitar sua realização, contribui para a segurança e familiaridade dos testados com os procedimentos de testagem, evitando que a ansiedade impeça-os de ter um desempenho de acordo com sua habilidade máxima, que é o pretendido, também, pela Administração. Com base nessas premissas, a Resolução CFP 1/02, que regulamenta a avaliação psicológica em concursos públicos, em seu art. 3º, determina que "o edital deverá conter informações em linguagem compreensível ao leigo sobre a avaliação psicológica a ser realizada e os critérios de avaliação, relacionando-os aos aspectos psicológicos compatíveis com o desempenho esperado para o cargo". A inconstitucionalidade da avaliação psicológica realizada com base em critérios não revelados também foi reconhecida pela jurisprudência do Supremo Tribunal Federal. Obviamente, assim como nas provas de conhecimento, é necessária a manutenção do sigilo no que se refere aos testes propriamente ditos. Nos testes psicológicos, é necessária a manutenção deste sigilo mesmo após a realização das provas, pois se utilizam modelos pré-constituídos, em que, para garantir-se a fidedignidade e validade, é necessário um estudo aprofundado de seus resultados e sua aplicação em amostras de padronização, procedimento que envolve centenas e algumas vezes milhares de pessoas. Não seria viável, portanto, o desenvolvimento de novos testes para cada utilização. Assim, mesmo após a aplicação dos testes, não é o caso de revelar-se o seu conteúdo e respostas, já que a publicação indiscriminada desses testes tornaria impossível sua reaplicação. " (OLIVEIRA ROCHA, Francisco Lobello de. Regime Jurídico dos Concursos Públicos., Ed. Dialética 2006, p. 112-113)

◙ Constatado que os critérios adotados pela banca examinadora com a finalidade de aplicar a avaliação psicológica são subjetivos e sigilosos deve se reconhecer ao candidato o direito de ser submetido à nova avaliação realizada de forma objetiva e revestida de publicidade.

"ADMINISTRATIVO. PROCESSO CIVIL. CONCURSO PÚBLICO. CARREIRA POLICIAL FEDERAL. AVALIAÇÃO PSICOLÓGICA. CANDIDATO NÃO RECOMENDADO. ADOÇÃO DE CRITÉRIOS SIGILOSOS PELOS EXAMINADORES. NECESSIDADE DE SUBMISSÃO DO CANDIDATO A NOVA AVALIAÇÃO. SENTENÇA ANULADA. RETORNO DOS AUTOS À ORIGEM. APELAÇÃO PROVIDA, EM PARTE. 1. Constatado que os critérios adotados pela banca examinadora com a finalidade de aplicar a avaliação psicológica são subjetivos e sigilosos deve se reconhecer ao candidato o direito de ser submetido à nova avaliação realizada de forma objetiva e revestida de publicidade (AC n. 0038808-69.2015.4.01.3400/DF, Relator Desembargador Federal Jirair Aram Meguerian, e-DJF1 de 24.02.2017). 2. No caso em apreço, o demandante pleiteou tanto a submissão a novo exame psicológico quanto a realização de perícia judicial para que fosse aferida sua real capacidade psicológica. 3. Anula-se a sentença para que os autos retornem à origem, de modo que o autor possa ser submetido a nova avaliação psicológica, conforme já explicitado. 4. Apelação provida, em parte." (TRF1 – AC 0042216-68.2015.4.01.3400/DF, Rel. Desembargador Federal Daniel Paes Ribeiro, Sexta Turma, e-DJF1 p. de 25/05/2018).

◙ <u>O Mesmo sentido:</u> "3. O critério fixado no "perfil profissiográfico", previsto no item 11.3 do edital, é elemento secreto, desconhecido dos próprios candidatos, e, portanto, incontrastável perante o Poder Judiciário, o que o fulmina de insanável nulidade, excedendo, assim, a autorização legal." (STJ - RMS 19.339 - PB - Proc. 2004/0176794-3 - 5ª T. - Relatora: Ministra Laurita Vaz - DJ 15.12.2009."

◙ **O resultado da fase de entrevista, sem a divulgação de notas dos candidatos, bem como sem a exposição dos critérios avaliados, afronta os princípios de impessoalidade e da publicidade, previstos no artigo 37, da Constituição Federal.**

"..2. Não obstante o Edital ser a lei do concurso, este não pode prever regras ao arrepio da norma jurídica constitucional e legal, devendo, portanto, observar os princípios da impessoalidade, publicidade, do devido processo administrativo, da motivação, da razoabilidade e proporcionalidade. 3. O resultado da fase de entrevista, sem a divulgação de notas dos candidatos, bem como sem a exposição dos critérios avaliados, afronta os princípios de impessoalidade e da publicidade, previstos no artigo 37, da Constituição Federal. 4. Recurso improvido. Sentença mantida." (TJES, Classe: Apelação / Remessa Necessária, 024140077777, Relator: TELEMACO ANTUNES DE ABREU FILHO – Relator Substituto: JULIO CESAR COSTA DE OLIVEIRA, Órgão julgador: TERCEIRA CÂMARA CÍVEL, Data de Julgamento: 13/03/2018, Data da Publicação no Diário: 23/03/2018)

▶ **Impessoalidade Vs Súmula Vinculante 13, que veda o nepotismo.**

" Segundo prescreve o referido verbete sumular, "a nomeação de cônjuge, companheiro ou parente em linha reta, colateral ou por afinidade, até o terceiro grau, inclusive, da autoridade nomeante ou de servidor da mesma pessoa jurídica investido em cargo de direção, chefia ou assessoramento, para o exercício de cargo em comissão ou de confiança ou, ainda, de função gratificada na administração pública direta e indireta em qualquer dos Poderes da União, dos Estados, do Distrito Federal e dos Municípios, compreendido o ajuste mediante designações recíprocas, viola a Constituição Federal." (COUTINHO, Alessandro Dantas, KRUGER, Ronald Rodor. Manual de Direito Administrativo: Volume Único. 2ª edição, Editora Juspodivm, Salvador, 2018, p. 80)

O PRINCÍPIO DA MORALIDADE COMO BASE JURÍDICA PARA IMPETRAÇÃO DO MANDADO DE SEGURANÇA.

▶ **Pelo princípio da moralidade o administrador deve agir com honestidade, lealdade e boa-fé.**

"Pelo princípio da moralidade o administrador deve agir com honestidade, lealdade e boa-fé. Muitas vezes o ato aparenta ser legal, porém é feito com desonestidade, em meio a conluios, o que nulifica a conduta. Se analisarmos a história evolutiva do referido princípio, constatar-se-á que ele surgiu inicialmente como uma das formas para o controle jurisdicional do desvio de poder." (COUTINHO, Alessandro Dantas, KRUGER, Ronald Rodor. Manual de Direito Administrativo: Volume Único. 2ª edição, Editora Juspodivm, Salvador, 2018, p. 82)

▶ **São inconfundíveis os princípios da legalidade e da moralidade administrativa.**

".(porque a lei pode ser imoral e a moral pode ultrapassar o âmbito da lei), a imoralidade administrativa produz efeitos jurídicos, porque acarreta a invalidade do ato, que pode ser decretada pela própria Administração ou pelo Poder Judiciário. A apreciação judicial da imoralidade ficou consagrada pelo dispositivo concernente à ação popular (art. 5º, LXXIII, CF/1988) e implicitamente pelos já referidos arts. 37, § 4.º, e 85, V, este último considerando a improbidade administrativa como crime de responsabilidade." (DI PIETRO, Maria Sylvia Zanella. Direito Administrativo. 31ª. ed. São Paulo: Atlas, 2018, p. 120.)

▶ **É importante registrar que o fato de o administrador seguir a lei não significa, necessariamente, que agiu com moralidade**

"É importante registrar que o fato de o administrador seguir a lei não significa, necessariamente, que agiu com moralidade. A conduta de acordo com o princípio da moralidade até se presume, pois, em razão do atributo da presunção de legitimidade do ato administrativo, há a presunção de que o ato foi feito corretamente. Ocorre que uma coisa é a presunção, outra bem diferente é afirmar que o ato feito de acordo com a lei também foi feito com esteio na honestidade, lealdade etc. Na prática, analisando-se a casuística, é possível aferir que a maioria dos casos tratados pela jurisprudência como de violação à moralidade administrativa também viola a legalidade em algum aspecto, ainda que não necessariamente de lei administrativa expressa, posto que a conduta, por vezes, só tem enquadramento como ilícito civil ou penal." (COUTINHO, Alessandro Dantas, KRUGER, Ronald Rodor. Manual de Direito Administrativo: Volume Único. 2ª edição, Editora Juspodivm, Salvador, 2018, p. 82)

▶ **O dever de melhor administrar.**

"...se não o fizer, em face de como está posto na Constituição Federal o princípio da moralidade administrativa, o juiz tem mais do que o poder jurisdicional, tem o dever de, no exercício do controle da referida atividade administrativa, desfazer a decisão, por ser reflexo de uma ação que infringiu a obrigação de melhor administrar." (DELGADO, José Augusto. O princípio da moralidade administrativa e a Constituição Federal de 1988. Revista dos Tribunais, n. 680, p. 39.)

▶ **A ideia predominante do dever de boa administração é a finalidade do ato administrativo, cujo desvio o macula – seja para satisfação de interesses estranhos ao serviço (particulares próprios ou alheios ao agente público, de terceiros), seja para amparo de interesses públicos não expressos na regra de competência.**

"Quanto mais se prestigia a finalidade específica da atividade administrativa mais se aprimora o controle da administração pública, mais se conforma o campo da discricionariedade para afastá-lo da arbitrariedade, uma vez que a linha que os separa é muito tênue. A contribuição do dever de boa administração como vetor da moralidade administrativa é essencial na medida em que realça a finalidade específica das atividades da administração pública. O princípio da moralidade administrativa "prega um comportamento do administrador que demonstre haver assumido como móbil da sua ação a própria ideia do dever de exercer uma boa administração", atingindo inclusive a discricionariedade como escudo de abuso ou desvio de poder, como explica José Augusto Delgado." (MARTINS Jr. WALLACE PAIVA, *Tratado de Direito Administrativo – Volume 1*, Editora Revista dos Tribunais, São Paulo, Edição 2015, p. 351)

▶ **O princípio da moralidade administrativa não pode ser reduzido como conjunto de regras deontológicas extraídas da disciplina interna da Administração.**

"Mas sim "com padrões éticos de uma determinada sociedade, de acordo com os quais não se admite a universalização de máximas de conduta que possam fazer perecer os liames sociais." (FREITAS, Juarez. O controle dos atos administrativos e os princípios fundamentais. São Paulo: Malheiros, 1997, p. 68 – 70.)

▶ **O princípio concretiza o direito subjetivo público a uma administração honesta. Ele se articula sobre qualquer forma de atuação administrativa.**

"..no âmbito dos atos discricionários que se encontra campo mais fértil para a prática de atos imorais", pois, a Administração Pública tem liberdade de escolha entre as várias alternativas válidas juridicamente, mas a mera atenção à legalidade não satisfaz porque a solução adotada pode contrariar os valores éticos subjacentes na coletividade. Se é certo que a Administração Pública deve atingir os fins determinados pela lei e, em última análise, pelo interesse público, o princípio da moralidade impõe o tipo de comportamento que os administrados dela esperam para alcance de seus fins, orientada por uma "comunidade moral de valores, expressos por meio de standards, modelos ou pautas de conduta". Destacando a eficiência do princípio da razoabilidade para a revelação de que o ato administrativo em si mesmo considerado (seu objeto, seu conteúdo) pode contrariar a ética da instituição e afrontar a norma de conduta aceita como legítima pela coletividade, discorre que "a imoralidade salta aos olhos quando a Administração Pública é pródiga em despesas legais, porém inúteis, como propaganda ou mordomia, quando a população precisa de assistência médica, alimentação, moradia, segurança, educação." (DI PIETRO, Maria Sylvia Zanella. Discricionariedade administrativa na Constituição de 1988. São Paulo: Atlas, 1991, p. 111 e 116.) (MARTINS Jr. WALLACE PAIVA, *Tratado de Direito Administrativo – Volume 1*, Editora Revista dos Tribunais, São Paulo, Edição 2015, p. 352)

▶ **O princípio da moralidade administrativa é fator de orientação do comportamento do agente público que deve primar pela honestidade para alcance do bem comum revelando sua plena habilitação para o desempenho das funções nas quais foi investido.**

"...é fator de orientação do comportamento do agente público que deve primar pela honestidade para alcance do bem comum, revelando sua plena habilitação para o desempenho das funções nas quais foi investido. (...). Serve, assim, à garantia do direito subjetivo público a uma administração honesta, cumprindo-se a partir de regras internas de conduta dirigida aos fins institucionais específicos e da incorporação dos valores éticos fundamentais de uma sociedade. (...) O agente público deve conduzir os negócios administrativos e exercer a função pública investida orientado por padrões comportamentais em que reinem valores como a lealdade, a imparcialidade, a honestidade, e a probidade, enfim, direcionando a conduta para a boa administração sem desprezar o elemento ético, abstendo-se de utilizar a administração pública para angariar vantagens indevidas, corroer os recursos do erário, cometer abuso de poder, facilitar interesses familiares, pessoais ou de estranhos, perseguir desafetos, atingir fins não queridos pela lei." (MARTINS JUNIOR, Wallace Paiva. *Probidade administrativa*. 4ª. ed. São Paulo: Saraiva, 2009, p. 34, 41, 44.)

▶ **Tanto infringe a moralidade administrativa o administrador que, para atuar, foi determinado por fins imorais ou desonestos como aquele que desprezou a ordem institucional e, embora movido por zelo profissional, invade a esfera reservada a outras funções, ou procura obter mera vantagem para o patrimônio confiado à sua guarda.**

"...tanto infringe a moralidade administrativa o administrador que, para atuar, foi determinado por fins imorais ou desonestos como aquele que desprezou a ordem institucional e, embora movido por zelo profissional, invade a esfera reservada a outras funções, ou procura obter mera vantagem para o patrimônio confiado à sua guarda." (MEIRELLES, Hely Lopes. Direito administrativo brasileiro. 35. ed., São Paulo: Malheiros, 2009, p. 90-93.)

▶ **O referido princípio está ligado ao dever de conhecer as fronteiras do lícito e do ilícito, do justo e do injusto, do honesto e do desonesto.**

"...na condição de um bom administrador, como alguém que, gerindo recursos alheios, o faz ciente de que não são seus..." (MUKAI, Toshio. Da aplicabilidade do princípio da moralidade administrativa e do seu controle jurisdicional. Cadernos de Direito Constitucional e Ciência Política, nº. 04/213.)

◉ **O princípio da moralidade administrativa – enquanto valor constitucional revestido de caráter ético-jurídico – condiciona a legitimidade e a validade dos atos estatais.**

"(...) O princípio da moralidade administrativa – enquanto valor constitucional revestido de caráter ético-jurídico – condiciona a legitimidade e a validade dos atos estatais. – A atividade estatal, qualquer que seja o domínio institucional de sua incidência, está necessariamente subordinada à observância de parâmetros ético-jurídicos que se refletem na consagração constitucional do princípio da moralidade administrativa. Esse postulado fundamental, que rege a atuação do Poder Público, confere substância e dá expressão a uma pauta de valores éticos sobre os quais se funda a ordem positiva do Estado. O princípio constitucional da moralidade administrativa, ao impor limitações ao exercício do poder estatal, legitima o controle jurisdicional de todos os atos do Poder Público que transgridam os valores éticos que devem pautar o comportamento dos agentes e órgãos governamentais. A ratio subjacente à cláusula de depósito compulsório, em instituições financeiras oficiais, das disponibilidades de caixa do Poder Público em geral (CF, art. 164, § 3.º) reflete, na concreção do seu alcance, uma exigência fundada no valor essencial da moralidade administrativa, que representa verdadeiro pressuposto de legitimação constitucional dos atos emanados do Estado. Precedente: ADIn 2.600-ES, rel. Min. Ellen Gracie. As exceções à regra geral constante do art. 164, § 3.º da Carta Política – apenas definíveis pela União Federal – hão de respeitar, igualmente, esse postulado básico, em ordem a impedir que eventuais desvios ético-jurídicos possam instituir situação de inaceitável privilégio, das quais resulte indevido favorecimento, destituído de causa legítima, outorgado a determinadas instituições financeiras de caráter privado (...)" (STF, MC na ADIn 2.661-MA, Pleno, j. 05.06.2002, v.u., rel. Min. Celso de Mello, DJ 23.08.2002.)

◙ **O tratamento privilegiado a certas pessoas somente pode ser considerado ofensivo ao princípio da igualdade ou da moralidade quando não decorrer de uma causa razoavelmente justificada.**

"....O tratamento privilegiado a certas pessoas somente pode ser considerado ofensivo ao princípio da igualdade ou da moralidade quando não decorrer de uma causa razoavelmente justificada. 3. A moralidade, como princípio da Administração Pública (art. 37) e como requisito de validade dos atos administrativos (art. 5.º, LXXIII), tem a sua fonte por excelência no sistema de direito, sobretudo no ordenamento jurídico-constitucional, sendo certo que os valores humanos que inspiram e subjazem a esse ordenamento constituem, em muitos casos, a concretização normativa de valores retirados da pauta dos direitos naturais, ou do patrimônio ético e moral consagrado pelo senso comum da sociedade. A quebra da moralidade administrativa se caracteriza pela desarmonia entre a expressão formal (= a aparência) do ato e a sua expressão real (= a sua substância), criada e derivada de impulsos subjetivos viciados quanto aos motivos, ou à causa, ou à finalidade da atuação administrativa..." (STF, RE 405.386-RJ, 2.ª T., j. 26.02.2013, m.v., rel. Min. Teori Zavascki, DJe 26.03.2013.)

◙ **O princípio da moralidade administrativa enquanto valor constitucional revestido de caráter ético-jurídico condiciona a legitimidade e a validade dos atos estatais.**

"O princípio da moralidade administrativa. Enquanto valor constitucional revestido de caráter ético-jurídico. Condiciona a legitimidade e a validade dos atos estatais. – A atividade estatal, qualquer que seja o domínio institucional de sua incidência, está necessariamente subordinada à observância de parâmetros ético-jurídicos que se refletem na consagração constitucional do princípio da moralidade administrativa. Esse postulado fundamental, que rege a atuação do Poder Público, confere substância e dá expressão a uma pauta de valores éticos sobre os quais se funda a ordem positiva do Estado. O princípio constitucional da moralidade administrativa, ao impor limitações ao exercício do poder estatal, legitima o controle jurisdicional de todos os atos do Poder Público que transgridam os valores éticos que devem pautar o comportamento dos agentes e órgãos governamentais. A ratio subjacente à cláusula de depósito compulsório, em instituições financeiras oficiais, das disponibilidades de caixa do Poder Público em geral (CF, art. 164, § 3.º) reflete, na concreção do seu alcance, uma exigência fundada no valor essencial da moralidade administrativa, que representa verdadeiro pressuposto de legitimação constitucional dos atos emanados do Estado." (STF – ADI-MC 2.661, Pleno, Rel. Min. Celso de Mello.)

▶ **É importante termos em conta que a moralidade e a ética também condicionam, ou deveriam ao menos condicionar, o trabalho do legislador, de modo que os princípios axiológicos também servem de fundamento para a criação das normas jurídicas.**

"É importante termos em conta que a moralidade e a ética também condicionam, ou deveriam ao menos condicionar, o trabalho do legislador, de modo que os princípios axiológicos também servem de fundamento para a criação das normas jurídicas. Dessa forma, na maioria das vezes, embora não necessariamente, aquilo que é ilícito será também, em alguma medida, imoral." (COUTINHO, Alessandro Dantas, KRUGER, Ronald Rodor. *Manual de Direito Administrativo: Volume Único*. 2ª edição, Editora Juspodivm, Salvador, 2018, p. 83)

◉ "**No mesmo sentido**: "AÇÃO DIRETA DE INCONSTITUCIONALIDADE – LEI ESTADUAL QUE AUTORIZA A INCLUSÃO, NO EDITAL DE VENDA DO BANCO DO ESTADO DO MARANHÃO S/A, DA OFERTA DO DEPÓSITO DAS DISPONIBILIDADES DE CAIXA DO TESOURO ESTADUAL – IMPOSSIBILIDADE – CONTRARIEDADE AO ART. 164, § 3º DA CONSTITUIÇÃO DA REPÚBLICA – AUSÊNCIA DE COMPETÊNCIA NORMATIVA DO ESTADO-MEMBRO – ALEGAÇÃO DE OFENSA AO PRINCÍPIO DA MORALIDADE ADMINISTRATIVA – PLAUSIBILIDADE JURÍDICA – EXISTÊNCIA DE PRECEDENTE ESPECÍFICO FIRMADO PELO PLENÁRIO DO SUPREMO TRIBUNAL FEDERAL – DEFERIMENTO DA MEDIDA CAUTELAR, COM EFICÁCIA EX TUNC. AS DISPONIBILIDADES DE CAIXA DOS ESTADOS-MEMBROS SERÃO DEPOSITADAS EM INSTITUIÇÕES FINANCEIRAS OFICIAIS, RESSALVADAS AS HIPÓTESES PREVISTAS EM LEI NACIONAL. – As disponibilidades de caixa dos Estados-membros, dos órgãos ou entidades que os integram e das empresas por eles controladas deverão ser depositadas em instituições financeiras oficiais, cabendo, unicamente, à União Federal, mediante lei de caráter nacional, definir as exceções autorizadas pelo art. 164, § 3º da Constituição da República. – O Estado-membro não possui competência normativa, para, mediante ato legislativo próprio, estabelecer ressalvas à incidência da cláusula geral que lhe impõe a compulsória utilização de instituições financeiras oficiais, para os fins referidos no art. 164, § 3º da Carta Política. O desrespeito, pelo Estado-membro, dessa reserva de competência legislativa, instituída em favor da União Federal, faz instaurar situação de inconstitucionalidade formal, que compromete a validade e a eficácia jurídicas da lei local, que, desviando-se do modelo normativo inscrito no art. 164, § 3º da Lei Fundamental, vem a permitir que as disponibilidades de caixa do Poder Público estadual sejam depositadas em entidades privadas integrantes do Sistema Financeiro Nacional. Precedente: ADI 2.600-ES, Rel. Min. ELLEN GRACIE. O PRINCÍPIO DA MORALIDADE ADMINISTRATIVA – ENQUANTO VALOR CONSTITUCIONAL REVESTIDO DE CARÁTER ÉTICO-JURÍDICO – CONDICIONA A LEGITIMIDADE E A VALIDADE DOS ATOS ESTATAIS. – A atividade estatal, qualquer que seja o domínio institucional de sua incidência, está necessariamente subordinada à observância de parâmetros ético-jurídicos que se refletem na consagração constitucional do princípio da moralidade administrativa. Esse postulado fundamental,

que rege a atuação do Poder Público, confere substância e dá expressão a uma pauta de valores éticos sobre os quais se funda a ordem positiva do Estado. O princípio constitucional da moralidade administrativa, ao impor limitações ao exercício do poder estatal, legitima o controle jurisdicional de todos os atos do Poder Público que transgridam os valores éticos que devem pautar o comportamento dos agentes e órgãos governamentais. A *ratio* subjacente à cláusula de depósito compulsório, em instituições financeiras oficiais, das disponibilidades de caixa do Poder Público em geral (CF, art. 164, § 3º) reflete, na concreção do seu alcance, uma exigência fundada no valor essencial da moralidade administrativa, que representa verdadeiro pressuposto de legitimação constitucional dos atos emanados do Estado. Precedente: ADI 2.600-ES, Rel. Min. ELLEN GRACIE. As exceções à regra geral constante do art. 164, § 3º da Carta Política – apenas venáveis pela União Federal – hão de respeitar, igualmente, esse postulado básico, em ordem a impedir que eventuais desvios ético-jurídicos possam instituir situação de inaceitável privilégio, das quais resulte indevido favorecimento, destituído de causa legítima, outorgado a determinadas instituições financeiras de caráter privado. Precedente: ADI 2.600-ES, Rel. Min. ELLEN GRACIE. A EFICÁCIA EX TUNC DA MEDIDA CAUTELAR NÃO SE PRESUME, POIS DEPENDE DE EXPRESSA DETERMINAÇÃO CONSTANTE DA DECISÃO QUE A DEFERE, EM SEDE DE AÇÃO DIRETA DE INCONSTITUCIONALIDADE.
– A medida cautelar, em ação direta de inconstitucionalidade, reveste-se, ordinariamente, de eficácia ex nunc, "operando, portanto, a partir do momento em que o Supremo Tribunal Federal a defere" (RTJ 124/80). Excepcionalmente, no entanto, e para que não se frustrem os seus objetivos, a medida cautelar poderá projetar-se com eficácia ex tunc, em caráter retroativo, com repercussão sobre situações pretéritas (RTJ 138/86). Para que se outorgue eficácia ex tunc ao provimento cautelar, em sede de ação direta de inconstitucionalidade, impõe-se que o Supremo Tribunal Federal assim o determine, expressamente, na decisão que conceder essa medida extraordinária (RTJ 164/506-509, 508, Rel. Min. CELSO DE MELLO). Situação excepcional que se verifica no caso ora em exame, apta a justificar a outorga de provimento cautelar com eficácia ex tunc." (STF – ADI 2661 MC, Relator(a): Min. CELSO DE MELLO, Tribunal Pleno, julgado em 05/06/2002, DJ 23-08-2002 PP-00070 EMENT VOL-02079-01 PP-00091)

O PRINCÍPIO DA PUBLICIDADE COMO BASE JURÍDICA PARA IMPETRAÇÃO DO MANDADO DE SEGURANÇA.

▶ **O princípio da publicidade desponta como aquele que determina ao gestor prestar contas com a coletividade, ser transparente, pois, ao fim e ao cabo, administra algo que é da coletividade.**

"...o Estado Brasileiro adotou a forma republicana de governo. República provém do latim *res publica*, o que significa "coisa pública", algo comum, de todos nós. Vimos, contudo, que, apesar de se tratar de bem comum, "coisa pública", sua gestão não é feita pelo povo, verdadeiro titular do poder, conforme enuncia o art. 1.º, parágrafo único, do Texto Constitucional. Existe toda uma estrutura administrativa, formada por pessoas jurídicas, órgãos e agentes que será responsável pela gestão desses interesses públicos. Trata-se, como observamos, da chamada "Administração Pública". Tendo em vista que lhe compete a administração de interesse alheio, o interesse público, deve essa Administração prestar contas de suas condutas com o legítimo e verdadeiro titular do poder: o povo. É nesse sentido que o princípio da publicidade desponta como aquele que determina ao gestor prestar contas com a coletividade, ser transparente, pois, ao fim e ao cabo, administra algo que é da coletividade. A publicidade do ato, da conduta, da atividade é condição de sua eficácia. Por outras palavras, significa dizer que o ato apenas produzirá seus efeitos após a devida publicidade, que pode ser veiculada por diversos meios, conforme a forma que prescrever a lei." (COUTINHO, Alessandro Dantas, KRUGER, Ronald Rodor. Manual de Direito Administrativo: Volume Único. 2ª edição, Editora Juspodivm, Salvador, 2018, p. 86)

▶ **O princípio da publicidade está ligado a uma atuação transparente, sem ocultações de atos e muito menos sigilo em relação aos mesmos.**

"O princípio da publicidade articula, como expõe a literatura, uma atuação transparente, sem ocultações de atos e muito menos sigilo em relação aos mesmos. Não se admite mais, nos dias de hoje, que a Administração Pública se utilize de normas e outros procedimentos que tenham o silêncio como a sua característica de atuação." (MATTOS, Mauro Roberto Gomes de. Tratado de Direito Constitucional. MARTINS, Ives Gandra da Silva; MENDES, Gilmar Ferreira e NASCIMENTO, Carlos Valder do (coords.). São Paulo: Saraiva, 2010. vol. I.)

▶ **O novo estatuto político brasileiro – que rejeita o poder que oculta e não tolera o poder que se oculta – consagrou a publicidade dos atos e das atividades estatais como valor constitucionalmente assegurado.**

"...o novo estatuto político brasileiro – que rejeita o poder que oculta e não tolera o poder que se oculta – consagrou a publicidade dos atos e das atividades estatais como valor constitucionalmente assegurado." (Min. Celso de Mello, RTJ 139/712)

▶ **A publicidade constitui um dever da Administração Pública e, ao mesmo tempo, um direito subjetivo da comunidade**

"A publicidade constitui um dever da Administração Pública e, ao mesmo tempo, um direito subjetivo da comunidade. " (MARTINS JUNIOR, Wallace Paiva. *Princípio da Publicidade*. In: NOHARA, Thiago Marrara (coord.). Princípios de Direito Administrativo. São Paulo: Atlas, 2012.)

▶ **O princípio da publicidade administrativa consiste, no sentido positivo, na obrigação de divulgação oficial dos atos da Administração Pública e, no sentido negativo, na interdição de atos ou procedimentos secretos ou sigilosos salvo as exceções normativas ditadas pela proteção do interesse público ou de qualificados interesses particulares.**

"O princípio da publicidade administrativa consiste, no sentido positivo, na obrigação de divulgação oficial dos atos da Administração Pública e, no sentido negativo, na interdição de atos ou procedimentos secretos ou sigilosos salvo as exceções normativas ditadas pela proteção do interesse público ou de qualificados interesses particulares." (MARTINS Jr. WALLACE PAIVA, Tratado de Direito Administrativo – Volume 1, Editora Revista dos Tribunais, São Paulo, Edição 2015, p. 426)

▶ **A publicidade revela-se em um direito fundamental à informação cujo conteúdo revela um substrato positivo consistente no "dever estatal de promover amplo e livre acesso à informação como condição necessária ao conhecimento, à participação e ao controle da Administração**

"Há, segundo Fabrício Motta, um direito fundamental à informação cujo conteúdo revela um substrato positivo consistente no "dever estatal de promover amplo e livre acesso à informação como condição necessária ao conhecimento, à participação e ao controle da Administração" e outro negativo, pois, "salvo no que afete a segurança da sociedade e do Estado e o direito à intimidade, as ações administrativas não podem desenvolver-se em segredo." (MOTTA, Fabrício. O princípio constitucional da publicidade administrativa. Op. Cit. p. 271.) (MARTINS Jr. WALLACE PAIVA, Tratado de Direito Administrativo – Volume 1, Editora Revista dos Tribunais, São Paulo, Edição 2015, p. 434)

▶ **Em matéria de concurso público, saber quem são os membros da Banca Examinadora é um direito que deriva dos princípios da publicidade, transparência, segurança jurídica e eficiência.**

Dessa maneira, o candidato possui pleno direito de saber quem são as pessoas envolvidas na formulação e avaliação das provas, que serão etapas habilitatórias a serem perpassadas pelo candidato. É um direito que deriva dos princípios da publicidade, transparência, segurança jurídica e eficiência. Com o aumento da procura pelos concursos que dão acesso às contratações pela Administração Pública, os "concurseiros" se veem obrigados a se qualificarem cada vez mais para aumentar suas chances de aprovação dentro do número de vagas. Esses ônus são deveres dos candidatos, mas em contrapartida eles também têm o direito de saber os nomes e qualificações profissionais dos componentes das)bancas examinadoras. Não é justo alguém ser submetido ao julgamento de seu conhecimento por intermédio de um processo obscuro, em que se ignoram por completo os responsáveis pela avaliação. Em alguns concursos os pré-requisitos de acesso aos cargos já requerem que o candidato para ser competitivo tenha uma boa formação acadêmica e cultural. Hoje é cada vez mais comum que os candidatos tenham qualificação superior à graduação, como títulos de pós-graduação, de mestrado e até mesmo de doutorado. Diante dessa situação nos perguntamos se os membros das bancas examinadoras dos concursos públicos estão realmente preparados para executar o trabalho de avaliar e selecionar os melhores candidatos por meio de provas? O fato é que o grande número de irregularidades ocorridas nos últimos tempos, em que os concursos públicos têm sido alvos de diversas demandas judiciais em razão de erros de avaliação e procedimento, enseja vivamente a hipótese de que alguns candidatos estão sendo avaliados por examinadores menos qualificados do que os próprios candidatos.

▶ **Direito de saber quem elaborou as questões em concurso público.**

" O direito de saber quem elabora as provas baseia-se nos princípios da publicidade, transparência, segurança jurídica e eficiência de que tratamos no item anterior. Todavia, o que já falamos não cobre inteiramente este item porque às vezes ocorre de a Banca Examinadora credenciar pessoas de fora de seus quadros para elaborar as questões. O fato é que, quer as questões tenham sido confeccionadas por membros da comissão do concurso, da banca examinadora ou indivíduos contratados especificamente para elaborá-las, em qualquer caso é necessário que essas pessoas tenham seus nomes e qualificações divulgados. O candidato tem o direito de saber quem fez a prova e saber se essa pessoa possui conhecimentos suficientes para elaborar corretamente as questões. O fato é que em praticamente todos os concursos sempre surgem questões com problemas. Muitos concursos têm um número por vezes inacreditável de questões anuladas por conterem vícios, como abordar matéria fora do programa do edital, não haver resposta adequada para a questão, haver mais de uma resposta ou existir erro na formulação da pergunta. Mais adiante abordaremos esses tópicos com mais detalhes, mas é importante ficar claro desde já que em vários campos do direito muitas questões são controvertidas e quem elabora as questões deve ter total conhecimento disso, pois é preciso sempre lembrar que concurso público não é loteria. Não é dever dos candidatos adivinhar qual corrente doutrinária foi adotada pela banca examinadora. Saber quem fez as questões e que qualificação tem esse profissional funciona como um controle de qualidade prévio da prova." (DANTAS, Alessandro, FONTENELE, Francisco. Concurso Público: direitos fundamentais dos candidatos, – Rio de Janeiro: Forense; São Paulo: Método, 2014, p. 41)

▶ **Direito de saber como são julgados os recursos em matéria de concurso público.**

" O candidato tem direito de saber como é o julgamento de seu recurso. Isso decorre dos princípios da publicidade, da transparência, da segurança jurídica e da eficiência. Quem julga o recurso? Os membros da banca? Outra comissão especialmente designada para isso? E como é feito o julgamento? O responsável pelo julgamento deve obrigatoriamente analisar o ponto embatido, ler a prova, se for discursiva, por exemplo, e ver se a banca examinadora ao analisá-la seguiu corretamente a chave de correção e atribuiu os pontos de forma correta e proporcional. É preciso também que o órgão revisor analise minuciosamente os fundamentos apresentados pelos candidatos e, sendo o caso de provê-los, aumentar sua nota ou, no caso de improcedência, manter, de forma fundamentada, a nota dos recorrentes. Entendemos que, em princípio, o responsável pelo julgamento não pode diminuir a nota do candidato. Isso porque há, no caso, um reformatio in pejus (uma "reforma da decisão para pior"). Tal conduta só seria possível, de acordo com a Lei 9.784/99 se houvesse a abertura prévia de contraditório ao recorrente quanto à pretensão de reduzir sua pontuação. Infelizmente as bancas examinadoras ameaçam com a possibilidade de que a nota do recorrente acabe alterada para baixo, o que no fundo é uma ameaça velada, uma coerção indireta para desestimular que ele entre com recurso – em suma, uma atitude altamente criticável. Também não é lícito que uma Banca Examinadora terceirizada subcontrate outra empresa para corrigir as provas ou julgar os recursos. Trata-se de elemento intrínseco ao próprio objeto da delegação contratual e que por isso não pode ser delegado. Os encarregados pelo julgamento dos recursos devem manter com a banca examinadora uma relação profissional legítima. Subcontratar uma empresa pode resultar na nulidade da correção e na contaminação do certame, com reais chances de sua total anulação." (DANTAS, Alessandro, FONTENELE, Francisco. Concurso Público: direitos fundamentais dos candidatos, – Rio de Janeiro: Forense; São Paulo: Método, 2014, p. 47)

▶ **Direito de saber a qualificação e a remuneração de todos os agentes envolvidos em matéria de concurso público.**

" Trata-se de direito que se baseia nos princípios da publicidade, da transparência e da eficiência. Hoje a transparência se tornou a bola da vez por conta das inúmeras ilegalidades que têm ocorrido na gestão pública – e é necessário que deve haver transparência total nos concursos. Em uma licitação é obrigatória a informação sobre quanto ganha cada membro da comissão, pois seus vencimentos possuem previsão legal. Isso também se aplica em relação aos demais agentes públicos efetivos e vitalícios. O fato é que os membros das bancas examinadoras, independentemente da fase em que atuem, estão agindo na condição de agentes públicos, pois nesse momento exercem função pública. A contratação da instituição que faz o exame já tem previsão legal na lei de licitações, que exige constar o valor da contratação no extrato do contrato a ser publicado no Diário Oficial. Mas ainda é pouco! É imprescindível que seja informado quanto ganha a cada agente que elabora cada questão, que corrigem as provas, que julgam os eventuais recursos, etc. Se o valor pago ao agente que julga a prova for muito baixo, por exemplo, ele tenderá a trabalhar tendo em vista primordialmente a quantidade. Imaginemos que a banca lhe pague R$ 3, 00 por prova. Nesse caso, para conseguir ganhar R$ 3 mil, a pessoa terá de corrigir mil provas, o que pode ensejar, como de fato enseja, correções meramente formais, sem justificativas, com imputação de nota que não corresponde à prova. Para evitar essa indústria da correção malfeita, o edital ou no processo interno, que deve ser público, deve informar sobre todos os agentes envolvidos no certame e quanto cada um vai auferir por seu trabalho. Isso evidencia a responsabilidade que possuem e força a Banca Examinadora a remunerar decentemente seus agentes. Inúmeras injustiças e correções sem nenhum fundamento têm ocorrido. Para piorar a situação o próprio Judiciário, quando a matéria lhe é submetida, em muitos casos usa o subterfúgio de sair pela tangente alegando que se trata de mérito e que a nesse caso a banca é soberana. Mas nós perguntamos: que banca? Trata-se de uma situação inadmissível. É necessário que os órgãos de controle façam um trabalho mais efetivo para que o procedimento dos concursos não seja um poço de segredos." (DANTAS, Alessandro, FONTENELE, Francisco. Concurso Público: direitos fundamentais dos candidatos, – Rio de Janeiro: Forense; São Paulo: Método, 2014, p. 49)

▶ **A publicidade do ato, da conduta, da atividade é condição de eficácia dos mesmos.**

" O ato praticado pelo administrador púbico apenas produzirá seus efeitos após sua devida publicidade, que pode ser veiculada por diversos meios, conforme a forma que prescrever a lei. Esse princípio vale tanto para a Administração quanto para as instituições contratadas para executar o concurso público, ou seja, para as chamadas

"Bancas Examinadoras." (COUTINHO, Alessandro Dantas. *A importância da efetiva aplicação do princípio da publicidade nos Concursos Públicos e demais procedimentos seletivos*. LICICON – Revista de Licitações e Contratos. Instituto Negócios Públicos: Curitiba, PR, ano VIII, n.85, p. 273-284, janeiro 2015.)

▶ **No mesmo sentido:** "O ato administrativo existe quando estão presentes os seus elementos de conformação: sujeito (competente), forma, finalidade, motivo e objeto. A validade do ato administrativo pressupõe a sua correspondência com o ordenamento jurídico. Por fim, a eficácia do ato significa aptidão para pro – dução dos seus efeitos jurídicos. É condição de eficácia do ato administrativo a sua publicidade. A pro – dução dos efeitos jurídicos do ato não ocorre com a sua assinatura, mas, sim, com a sua publicação. É por esta razão que, mesmo após a assinatura do ato, mas antes da publicação, o servidor pode desistir da exoneração e permanecer no cargo público. O pedido de exoneração do servidor somente produz efeitos com a publicação do ato. É com a publicação do ato que o vínculo funcional é rompido e o retorno do servidor somente será possível, em regra, após a aprovação em novo concurso público." (OLIVEIRA, Rafael Rezende. *Princípios do Direito Administrativo*, 2ª edição. Método, 06/2013. VitalBook file.)

▶ **As Bancas Examinadoras não podem negar publicidade de seus atos, sob pena de nulidade dos mesmos.**

As Bancas Examinadoras não podem negar publicidade de seus atos, sob pena de nulidade do mesmo. Assim, os atos executados pela Banca Examinadora, além necessitarem ser divulgados em seu site, deverão ser remetidos (como é o casos dos resultados de fases, etc.) para que a Administração que instaurou o certame, possa, nos termos das normas pertinentes, conferir a devida publicidade do ato, o que se dará por meio de diário oficial, informando que demais dados que ensejaram aquele resultado ou ato praticado consta, se outro meio não for adotado, no site da instituição que está promovendo o certame.

▶ **A publicidade não fica restrita ao edital que regulamenta o concurso.**

O resultado de todas as fases (provas objetivas, discursivas, psicotécnico, teste físico, etc.) deve receber ampla divulgação, de forma motivada, clara e precisa, para que os candidatos interessados tenham subsídios para interpor tomar a medidas cabíveis na defesa de seus interesses.

▶ **Nos concursos públicos a publicidade significa a ampla e efetiva comunicação de todos os atos.**

"..que nos concursos públicos a publicidade significa a ampla e efetiva comunicação de todos os atos, em cada fase do concurso, informando os candidatos sobre seus deveres e obrigações e garantindo o controle destes, bem como da sociedade como um todo, sobre os atos praticados pela Administração." (OLIVEIRA ROCHA, Francisco Lobello de. *Regime Jurídico dos Concursos Públicos*., Ed. Dialética 2006, p. 39)

◙ **A publicidade, em concursos públicos, é uma defesa dos cidadãos contra os favoritismos ou protecionismos.**

"Em verdade, cumpre não esquecer que a publicidade, nos concursos de preenchimento de cargos do funcionalismo é, antes de tudo, uma defesa dos cidadãos contra os favoritismos ou protecionismos dos eventuais detentores do Poder. Ora um concurso não pode ser público apenas pela metade, vale dizer, apenas na aferição dos méritos dos candidatos, ficando a sua outra parte, isto é, aquela que se relaciona com os deméritos ou falhas pessoais de cada concorrente, ao puro e reservado arbítrio das autoridades processantes do concurso. O concurso sigiloso, em relação aos deméritos dos candidatos, ensejaria por via de discriminação o mesmíssimo favoritismo, cuja proibição foi colimada através da publicidade. " (Voto no julgamento do RE 17.999, 1ª Turma, cuja ementa foi publicada no DJU 1 de13.03.1968, Rel. Vitor Nunes Leal.)

▶ **O princípio da publicidade também impõe a divulgação dos critérios levados em consideração na correção das provas.**

" Além do edital de abertura do concurso e do resultado das fases que compõem o certame, o princípio da publicidade também impõe a divulgação dos critérios levados em consideração na correção das provas e na aplicação do exame psicotécnico, sendo injustificável a negativa de vista das provas." (COUTINHO, Alessandro Dantas. A importância da efetiva aplicação do princípio da publicidade nos Concursos Públicos e demais procedimentos seletivos. LICICON – Revista de Licitações e Contratos. Instituto Negócios Públicos: Curitiba, PR, ano VIII, n.85, p. 273-284, janeiro 2015.)

▶ **O princípio da publicidade ordena que o gestor informe quais os critérios de correção (grade de correção) serão levados em consideração quando do julgamento de uma prova discursiva.**

" Ainda, é possível registrar que o princípio da publicidade ordena que o gestor informe quais os critérios de correção (grade de correção) levarão em consideração quando do julgamento de uma prova discursiva. Neste tipo de prova a Banca Examinadora ao lançar o tema deve apresentar quanto vale cada ponto (subtema) a ser dissertado e junto com a divulgação do resultado deve ser apresentada a grade de correção com os critérios que foram levados em consideração na avaliação das provas. É essencial que exista pertinência entre o que foi pedido na questão e os critérios que foram levados em consideração na correção das provas. Por exemplo, em uma questão sobre atributos os atos administrativos que vale 5 (cinco) pontos deve a questão informar como serão distribuídos os pontos da questão. Isso quer dizer que o candidato apenas perderá pontos se errar a pergunta, não podendo, sob nenhuma hipótese, perder pontos por não ter desenvolvido outros temas, como, por exemplo, elementos dos atos administrativos, que não foi objeto da questão." (COUTINHO, Alessandro Dantas. A importância da efetiva aplicação do princípio da publicidade nos Concursos Públicos e demais procedimentos seletivos. LICICON – Revista de Licitações e Contratos. Instituto Negócios Públicos: Curitiba, PR, ano VIII, n.85, p. 273-284, janeiro 2015.)

◉ **A recusa da Banca Examinadora em franquear o acesso ao cartão-resposta ao candidato viola o princípio da publicidade.**

"ADMINISTRATIVO. CONCURSO PÚBLICO.PROVA OBJETIVA. ACESSO AO CARTÃO RESPOSTA.EXCEPCIONAL INTERVENÇÃO JUDICIAL CABÍVEL. INEXISTÊNCIA DE ERRO NA CORREÇÃO DA PROVA E NA ATRIBUIÇÃO DA NOTA. RECLASSIFICAÇÃO. IMPOSSIBILIDADE.1. A excepcional intervenção judicial na esfera de atuação da administração pública se legitima quando o ato impugnado desborda da legalidade ou se reveste de arbitrariedade. 2. Havendo comprovação nos autos de que a instituição organizadora do certame, em sede administrativa, se recusou a franquear o acesso ao cartão-resposta, resta patente a violação do princípio da publicidade, ao qual deve obediência a administração pública direta e indireta de qualquer dos Poderes da União, dos Estados, do Distrito Federal e dos Municípios, conforme expressamente consignado no caput do art. 37 da Constituição Federal. 3. De outra parte, uma vez dada vista do cartão-resposta, o candidato pôde constatar que a nota a ele atribuída estava rigorosamente correta, daí por que não merecia mesmo prosperar o seu pedido de atribuição de nova pontuação, seguida de nova classificação. 4. Remessa necessária a que se nega provimento." (TRF1 – REO 0003887-46.2013.4.01.3500/GO, Rel. Desembargador Federal Kassio Nunes Marques, Sexta Turma, e-DJF1 p. de 08/02/2018)

◉ **Caso a Banca Examinadora seja omissa ao informar os critérios de correção, por exemplo, como poderia se obter isso em juízo?**

"Há julgado do Superior Tribunal de Justiça no qual se decidiu caso em que foi impetrado habeas data impetrado para obter informações quanto aos critérios utilizados na correção de prova discursiva de redação realizada em concurso. O Min. Relator do caso, João Otávio de Noronha, lembrou que o habeas data é remédio constitucional que tem por fim assegurar ao indivíduo o conhecimento de informações relativas à sua pessoa registradas em banco de dados de entidades governamentais ou de caráter público, para eventual retificação. A Lei no 9.507/1997, art. 7º, elenca as hipóteses em que se justifica sua impetração e, entre elas, segundo o relator, não existe revolver os critérios utilizados na correção de provas em concurso público. " (STJ – AgRg no HD 127-DF, Rel. Min. João Otávio de Noronha, julgado em 14/6/2006) "

◉ **Ao alterar o caráter objetivo de apuração administrativa, passando-se à análise subjetiva com deliberação sobre questões particulares dos candidatos, torna indispensável a intimação dos interessados.**

" MANDADO DE SEGURANÇA. CONSELHO NACIONAL DE JUSTIÇA. ANULAÇÃO DO XLI CONCURSO PÚBLICO PARA ADMISSÃO NAS ATIVIDADES NOTARIAIS E/OU REGISTRAIS DA CORREGEDORIA-GERAL DA JUSTIÇA DO ESTADO DO RIO DE JANEIRO. AMPLIAÇÃO DO OBJETO DE APURAÇÃO DO PROCEDIMENTO DE CONTROLE ADMINISTRATIVO. VIOLAÇÃO AO DEVIDO PROCESSO LEGAL. CONCESSÃO DA SEGURANÇA. I – Não está inserido no rol de competências constitucionais do Conselho Nacional de Justiça comando que autorize o exame do conteúdo de questões formuladas em provas de concursos públicos, bem como a avaliação de seus critérios de correção. II – A decisão questionada, ao examinar as respostas das candidatas, reviu os critérios adotados pela Banca Examinadora, situação vedada pela pacífica jurisprudência desta Corte. Precedentes. III – A Constituição de 1988 assegura participação de todos em concursos públicos, direito subjetivo assegurado aos cidadãos em geral, desde que atendidos os requisitos legais, não importando eventual parentesco com integrantes do órgão ou entidade que realiza o certame. IV – Ao alterar o caráter objetivo de apuração administrativa, passando-se à análise subjetiva com deliberação sobre questões particulares dos candidatos, torna indispensável a intimação dos interessados. V – A ausência de intimação dos interessados para que se manifestassem sobre a ampliação do objeto inicial de investigação do PAC, ofende a garantia constitucional do devido processo legal (art. 5°, LIV, da CF). Precedentes. VI – "Não é possível presumir a existência de má-fé ou a ocorrência de irregularidades pelo simples fato de que duas das candidatas aprovadas terem sido assessoras de desembargadores integrantes da banca examinadora". VII – Segurança concedida." (STF – MS 28775, Relator(a): Min. DIAS TOFFOLI, Relator(a) p/ Acórdão: Min. RICARDO LEWANDOWSKI, Segunda Turma, julgado em 17/10/2017, ACÓRDÃO ELETRÔNICO DJe-045 DIVULG 08-03-2018 PUBLIC 09-03-2018)

◉ **Apesar do julgado do SUPERIOR TRIBUNAL DE JUSTIÇA ser contra a possibilidade de se utilizar o Habeas Data para obter os critérios de correção de uma prova discursiva o fato é que existem decisões em sentido contrário, admitindo o manejo do remédio constitucional para tal fim.**

"CONSTITUCIONAL. HABEAS DATA. INFORMAÇÕES RELATIVAS À CONCURSO PÚBLICO – ADEQUAÇÃO DA VIA ELEITA. 1 – Correta é a utilização do habeas data para obter-se informações constantes de registros ou bancos de dados de entidades governamentais (Constituição Federal, art. 5, LXXII, a), aí inseridas aquelas relativas à pontuação e classificação em concurso público. Precedentes do Tribunal. 2 – Apelação provida. Sentença anulada." (TRF/1ª Região, Processo: 200032000057912/AM, Sexta Turma, julgado em 19/11/2001, DJ 07/02/2002, p. 218.)

◉ **No mesmo sentido:** "CONSTITUCIONAL. HABEAS DATA. REMESSA OFICIAL. CF, Art. 5°, XXXIII. I. "Todos têm direito a receber dos órgãos públicos informações de seu interesse particular, ou de interesse coletivo ou geral, que serão prestadas no prazo da lei, sob pena de responsabilidade, ressalvadas aquelas cujo sigilo seja imprescindível à segurança da sociedade e do Estado" (C.F. art. 5°, XXXIII). II. Irreparável a sentença que concedeu a ordem para determinar à autoridade impetrada que forneça a certidão ao impetrante informando a pontuação e classificação obtidas no Concurso Público para o cargo de Auditor Fiscal do Tesouro Nacional. III. Negado provimento à remessa" (TRF/1ª Região, Processo: 199801000038470/DF, Segunda Turma, julgado em 08/09/1998, DJ 17/12/1998, p. 59.)

◉ **No mesmo sentido:** "ADMINISTRATIVO E CONSTITUCIONAL. HABEAS DATA. Art. 5°, XIV, XXXIV E LXXII. ACESSO DO CANDIDATO A SUA PROVA, PRESTADA EM EXAME DE SELEÇÃO. INFORMAÇÕES PESSOAIS. OBJETO DA AÇÃO. CABIMENTO. 1. O remédio constitucional do habeas data deve ser concedido em benefício de quem se encontra impedido, por norma editalícia, de ter acesso às provas realizadas em certame público, por ferir direito fundamental à informação, consagrado na Carta Magna. 2. É de se considerar como informações pessoais, para efeito de concessão do habeas data, as provas prestadas em concurso público, se houver interesse pessoal no conteúdo das mesmas para eventual impugnação posterior. 3. O objeto do habeas data é a concessão da ordem para permitir o acesso às informações de interesse do impetrante ante a recusa indevida por parte da administração, não importando em qualquer análise do mérito do ato administrativo de correção das provas. 4. Apelação e Remessa Oficial improvidas." (TRF/5a Região, Processo: 9605244152 / PE, Segunda Turma, Rel. Des. Fed. Federal Élio Wanderley de Siqueira Filho, julgado em 02/09/1997, DJ 24/10/1997, p. 89.440.)

▶ **Caso não se aceite Habeas Data, cabe Mandado de Segurança para obtenção dos critérios de correção de uma prova discursiva ou oral.**

De todo modo, mesmo que se entenda não cabível o manejo do Habeas Data, caso não sejam apresentados os critérios de correção da prova, é cabível a impetração de Mandado de Segurança. Isso porque é direito dos candidatos saber quais são os critérios de correção da prova, pois, caso contrário, não teria como se assegurar um julgamento objetivo, e, portanto, isonômico e impessoal.

▶ **Há violação ao princípio da publicidade quando há um longo lapso temporal entre as fases do concurso.**

Outro caso bem comum de violação ao princípio da publicidade ocorre quando há um tempo muito longo entre as fases do concurso ou após a homologação do certame a Administração leva anos para nomear o candidato aprovado e o faz apenas por meio de Diário Oficial. (...) Muitas vezes o instrumento convocatório nada diz sobre as datas prováveis de convocação dos candidatos, o que gera uma grande insegurança jurídica para os mesmos que, se correta for a interpretação no sentido que a convocação deve ser feita apenas via Diário Oficial, deveriam ficar escravos da leitura do Diário Oficial por muito tempo.

> ◉ **No mesmo sentido:** "CONSTITUCIONAL E ADMINISTRATIVO. CONCURSO PÚBLICO. AGENTE DE POLÍCIA CIVIL DO ESTADO DA BAHIA. PRINCÍPIO DA PUBLICIDADE. NÃO-OBSERVÂNCIA. RECURSO PROVIDO. 1. O edital, em regra, deve prever a forma como tornará pública a convocação dos candidatos para as etapas do concurso público e, se possível, a data em que ocorrerá tal ato, considerando o princípio da publicidade e a circunstância de não ser razoável exigir do cidadão que, diariamente, leia o Diário Oficial. 2. Hipótese em que, no concurso público para provimento do cargo de Agente de Polícia Civil do Estado da Bahia, regido pelo Edital SAEB/001-97, não existe essa previsão editalícia. Houve tão-somente a simples publicação do ato convocatório para 3ª etapa no Diário Oficial, não havendo notícia de que tenha ocorrido nenhuma outra forma de chamamento. Dessa forma, houve violação do princípio da publicidade. 3. Ademais, o ato de convocação publicado no Diário

Oficial em novembro de 1999 foi para que o candidato habilitado manifestasse interesse por vagas existentes para as regiões de Barreiras/BA e Porto Seguro/BA. Ocorre que o ora recorrente concorreu para a região de Salvador/BA, não havendo, também, nenhuma regra editalícia que o obrigasse a se manifestar a respeito de convocação para região diversa. 4. Recurso ordinário provido." (STJ – ROMS 22508 / BA; Rel. Min. ARNALDO ESTEVES LIMA, Quinta Turma, Julgamento 03/04/2008; Publicação/Fonte DJ 02.06.2008 p. 1.)

◉ **No mesmo sentido:** "APELAÇÃO CÍVEL – MANDADO DE SEGURANÇA – CONCURSO PUBLICO – LIMINAR DEFERIDA – SATISFATIVA – EXTINÇÃO DO PROCESSO SEM JULGAMENTO DO MÉRITO – PERDA SUPERVENIENTE DO INTERESSE – INOCORRÊNCIA – NECESSIDADE DE PROVIMENTO DEFINITIVO – COISA JULGADA – COGNIÇÃO EXAURIENTE – TEORIA DA CAUSA MADURA – SENTENÇA REFORMADA – CONVOCAÇÃO DE CANDIDATO APÓS TRÊS ANOS DA HOMOLOGAÇÃO DO RESULTADO FINAL – NOTIFICAÇÃO VIA IMPRENSA OFICIAL – PRINCÍPIO DA PUBLICIDADE E RAZOABILIDADE – INTIMAÇÃO PESSOAL DA CANDIDATA – RECURSO PROVIDO – SEGURANÇA CONCEDIDA. 1 – A concessão de medida liminar satisfativa não conduz à extinção do processo sem resolução de mérito pela perda superveniente de interesse processual, porquanto o provimento judicial lastreado em cognição sumária não se sobressai àquele proferido em cognição exauriente. Ademais disso, é de curial sabença que a sentença terminativa faz retornarem as partes à situação em que se encontravam no momento anterior ao ajuizamento da ação, consoante se extrai, mutatis mutandis, do entendimento sedimentado no enunciado sumular nº 405 do Supremo Tribunal Federal, que dispõe que denegado o mandado de segurança pela sentença, ou no julgamento do agravo, dela interposto, fica sem efeito a liminar concedida, retroagindo os efeitos da decisão contrária. 2 – A jurisprudência pátria tem entendido de forma pacífica que, não obstante exista previsão editalícia de que as comunicações serão realizadas por meio da imprensa oficial, não é razoável exigir que o candidato aprovado fora do número de vagas acompanhe tais veículos diariamente, durante todo o prazo de validade do concurso. 3 – Decorridos mais de três anos da homologação do resultado final do concurso, a notificação do candidato para apresentar-se perante a Administração Pública deve ser realizada pessoalmente, sendo irrazoável esperar que acompanhe convocação através da imprensa oficial por lapso temporal tão extenso. 4 – Recurso provido. Segurança concedida." (TJES, Classe: Apelação, 021150010904, Relator : MANOEL ALVES RABELO, Órgão julgador: QUARTA CÂMARA CÍVEL, Data de Julgamento: 13/06/2016, Data da Publicação no Diário: 22/06/2016)

◉ **Fere o princípio da publicidade o ato de nomeação do candidato por diário oficial quando há cláusula editalícia que dispunha que todos os atos, editais e comunicados referentes ao concurso seriam publicados no site da empresa contratada para a realização do certame.**

"REEXAME NECESSÁRIO. Ação ordinária. Concurso Público. Candidata aprovada e convocada para nomeação apenas pelo Diário Oficial. Cláusula editalícia que dispunha que todos os atos, editais e comunicados referentes ao concurso seriam publicados no site da empresa contratada para a realização do certame. Ofensa ao princípio da publicidade. Procedência da ação bem decretada. Impossibilidade, contudo, de se determinar a posse imediata da autora. Direito desta que por ora se limita à convocação para a realização de exames pré-admissionais e entrega dos documentos previstos no Edital, em ordem a aferir o cumprimento dos requisitos necessários para a efetiva posse. Reexame necessário parcialmente provido. " (TJSP; Remessa Necessária 1009819-97.2017.8.26.0405; Relator (a): Bandeira Lins; Órgão Julgador: 8ª Câmara de Direito Público; Foro de Osasco – 2ª Vara da Fazenda Pública; Data do Julgamento: 23/08/2018; Data de Registro: 23/08/2018)

▶ **Publicidade por notificação pessoal.**

"Assim, em casos como o em comento, a publicidade deveria ter se concretizado por meio de notificação pessoal, razão pela qual a inobservância a esta regra torna ineficaz o ato, não podendo, por isso, produzir qualquer efeito contra o candidato lesado. Importante ressaltar que a Administração e a Banca Examinadora possuem informações sobre o candidato, tais como endereço, telefone e e-mail, pois todas essas informações foram disponibilizadas no documento de inscrição dos mesmos. Os organizadores do certame possuem dados e meios suficientes para contatar os candidatos diretamente e esta seria a conduta mais razoável, dado o grande lapso temporal entre as fases, quando o concurso foge do padrão e se alonga prazo excessivo, mas, mesmo assim, eles optam por fazer publicação apenas no Diário Oficial, o que se mostra ilegal, conforme demonstrado acima." (COUTINHO, Alessandro Dantas. A importância da efetiva aplicação do princípio da publicidade nos Concursos Públicos e demais procedimentos seletivos. LICICON – Revista de Licitações e Contratos. Instituto Negócios Públicos: Curitiba, PR, ano VIII, n.85, p. 273-284, janeiro 2015.)

▶ **O princípio da publicidade constitui o pressuposto lógico para a eficácia e a efetividade dos demais princípios e regras jurídicas.**

"O princípio da publicidade, impende ressaltar desde logo, constitui o pressuposto lógico para a eficácia e a efetividade dos demais princípios e regras jurídicas. Ora, sem a publicação de um ato administrativo, como é possível aferir a sua compatibilidade com a lei, a sua motivação, a sua razoabilidade, a sua finalidade, e, em face de tais circunstâncias, como é possível viabilizar o seu controle pela sociedade, pelo Ministério Público e pelo Poder Judiciário? (...) É importante salientar que as únicas restrições que podem ser impostas ao princípio da publicidade em nome do interesse público e do princípio da isonomia dizem respeito ao conteúdo das provas escritas, em face da aplicação dos critérios da sigilosidade e da simultaneidade, e ao perfil profissiográfico da avaliação psicológica." (PINHEIRO DE QUEIROZ, Ronaldo. MAIA, Márcio Barbosa. *O regime jurídico do concurso público e seu controle jurisdicional*, Saraiva. p. 31/32)

◙ **A restrição da publicação do Edital de concurso apenas aos limites do próprio Município viola o princípio da publicidade, pois impede que seja conferida a mais ampla divulgação do certame e, consequentemente, fere o princípio da eficiência, ao impedir seja possibilitada a mais ampla competitividade entre os candidatos, violando, assim, o disposto no art. 37 da Constituição Federal**

"(...) 2. A restrição da publicação do Edital SEMSSA nº 001/2016 apenas aos limites do próprio Município de Alegre viola o princípio da publicidade, pois impede que seja conferida a mais ampla divulgação do certame e, consequentemente, fere o princípio da eficiência, ao impedir seja possibilitada a mais ampla competitividade entre os candidatos, violando, assim, o disposto no art. 37 da Constituição Federal. 3. Comprovadas as violações de ordem constitucional que inquinam de nulidade todo o procedimento e os atos que derivam do Edital SEMSSA nº 001/2016, confirma-se a sentença de base, que declarou nulos todos os atos administrativos referentes e decorrentes do processo seletivo simplificado regido pelo referido edital." (TJES, Classe: Remessa Necessária, 002160012619, Relator: CARLOS SIMÕES FONSECA, Órgão julgador: SEGUNDA CÂMARA CÍVEL, Data de Julgamento: 22/05/2018, Data da Publicação no Diário: 30/05/2018)

O PRINCÍPIO DA MOTIVAÇÃO COMO BASE JURÍDICA PARA IMPETRAÇÃO DO MANDADO DE SEGURANÇA.

▶ **A descrição de todos os dados, motivo de fato, indicação do artigo legal, da penalidade, a congruência vinculada ou discricionária da sanção aplicada, constitui o que a doutrina nomina de "motivação".**

A descrição de todos os dados, motivo de fato, indicação do artigo legal, da penalidade, a congruência vinculada ou discricionária da sanção aplicada, constitui o que a doutrina nomina de "motivação". Não se pode confundir motivo (elemento do ato administrativo) com motivação. O primeiro todo ato possui, sendo elemento constitutivo deste. É o acontecimento que ensejou a prática do comportamento. Já a motivação é a exteriorização linguística dos motivos de fato e de direito. A regra é que todo ato tenha sua motivação, porém é possível sua dispensa, como ocorre, por exemplo, para a nomeação e exoneração de cargos comissionados, hipótese em que o próprio ordenamento jurídico dispensa a motivação. Por isso são chamadas de nomeação e exoneração ad nutum. Para frisar: todo ato possui motivo, mas nem todo possuirá motivação!

▶ **Decorrência dos princípios de legalidade, transparência, controle e democracia, a motivação é marco de ruptura com o antigo modelo (autoritário, opaco e sigiloso) de Administração Pública, incompatível com o Estado Democrático de Direito – sedimentado na plena visibilidade dos motivos que orientaram a condução dos negócios públicos.**

"Ela advém de uma concepção aberta, dialógica e instrumental: fazer públicos, mediante declaração formal, os motivos de fato e de direito em função dos quais se embasou o ato, proporcionando o conhecimento de suas razões pelos destinatários, segundo concluem Eduardo García de Enterría y Tomás-Ramón Fernández." (MARTINS Jr. WALLACE PAIVA, Tratado de Direito Administrativo – Volume 1, Editora Revista dos Tribunais, São Paulo, Edição 2015, p. 464)

▶ **Está relacionado à narrativa escrita dos fatos que ensejaram sua prática, identificando-se de modo claro e suficiente para o controle de sua validade a razão jurídica pela qual foram praticados**

"...o imperativo jurídico de que os atos administrativos devam conter, em regra, em sua formalização, a narrativa escrita dos fatos que ensejaram sua prática, identificando-se de modo claro e suficiente para o controle de sua validade a razão jurídica pela qual foram praticados." (CARDOZO, José Eduardo Martins. Princípios Constitucionais da Administração Pública. In: MORAES, Alexandre de (coord.). Os 10 anos da Constituição Federal. São Paulo: Atlas, 1999.p. 179.)

▶ **A motivação dos atos jurídicos da Administração Pública se entrosa ao combate do desvio de poder e à exigência da proporcionalidade pela proibição do excesso através das teorias dos motivos determinantes nos atos discricionários**

"A motivação dos atos jurídicos da Administração Pública se entrosa ao combate do desvio de poder e à exigência da proporcionalidade pela proibição do excesso através das teorias dos motivos determinantes nos atos discricionários e do controle do motivo em seus graus máximos (adequação ou inadequação entre fato e objeto revelada pela proporcionalidade), médio (exatidão ou inexatidão da qualificação jurídica do fato) e mínimo (existência ou inexistência do fato). Ela é primordial ao exame da existência ou veracidade do motivo e de sua adequação e o objeto e a finalidade, ex vi do art. 2.º, d, in fine, da Lei 4.717/1965. Através dela "se verifica se o ato decorre da vontade pessoal e arbitrária da autoridade administrativa e se observou a regra da proporcionalidade e da adequação entre os meios e os fins." (DI PIETRO, Maria Sylvia Zanella. Discricionariedade administrativa na Constituição de 1988. São Paulo: Atlas, 1991. p. 151-152.) (MARTINS Jr. WALLACE PAIVA, Tratado de Direito Administrativo – Volume 1, Editora Revista dos Tribunais, São Paulo, Edição 2015, p. 465)

▶ **Como formalidade essencial, a ausência ou imperfeição (v.g., insuficiência por obscuridade e contradição) da motivação é considerada vício de forma (em sentido lato), insanável (art. 2.º, b, da Lei 4.717/1965 c/c arts. 2.º, parágrafo único, VII, VIII, e 50, da Lei 9.784/1999).**

"Como formalidade essencial, a ausência ou imperfeição (v.g., insuficiência por obscuridade e contradição) da motivação é considerada vício de forma (em sentido lato), insanável (art. 2.º, b, da Lei 4.717/1965 c/c arts. 2.º, parágrafo único, VII, VIII, e 50, da Lei 9.784/1999). Se a omissão ou falta é vício ligado ao caráter explícito da motivação, a insuficiência é mazela de cunho íntimo, relativo à inabilidade ou incongruência do discurso justificador. " (MARTINS JUNIOR, Wallace Paiva. Transparência Administrativa. Cit. p. 284, n. 41.)

▶ **É irrelevante a natureza do ato (vinculada ou discricionária) porque a motivação constitui a regra (arts. 2.º, VII, e 50).**

"Para a Lei 9.784/1999 é irrelevante a natureza do ato (vinculada ou discricionária) porque a motivação constitui a regra (arts. 2.º, VII, e 50). Segundo Irene Patrícia Nohara, a lei "além de preconizar a motivação como princípio, a lei regula minuciosamente uma série de casos em que a motivação é obrigatória. Essas hipóteses revelam-se bastante amplas, abarcando não só os atos vinculados, como também os atos discricionários." (MARTINS Jr. WALLACE PAIVA, Tratado de Direito Administrativo – Volume 1, Editora Revista dos Tribunais, São Paulo, Edição 2015, p. 466)

▶ **A exigibilidade da motivação como o controle, o direito de informação, a impressão de caráter democrático à Administração Pública e a necessidade de contenção das prerrogativas administrativas com a adoção de restrições correlatas.**

"Vários fatores concorreram para a regra da exigibilidade da motivação, como o controle, o direito de informação, a impressão de caráter democrático à Administração Pública, e a necessidade de contenção das prerrogativas administrativas com a adoção de restrições correlatas. Disso resultou (a) a inscrição do dever de decisão e a sua submissão a um prazo, (b) a obrigatoriedade de motivação explícita e suficiente a toda espécie de decisão seja favorável ou desfavorável ao administrado. O dever de motivar decorre de suas próprias finalidades e dos princípios jurídicos como legalidade, controle, transparência, de tal sorte que ela se impõe mesmo em face da omissão legal. " (MARTINS Jr. WALLACE PAIVA, Tratado de Direito Administrativo – Volume 1, Editora Revista dos Tribunais, São Paulo, Edição 2015, p. 466)

▶ **A dispensa legítima de motivação não se confunde a aparência de dispensa de motivação.**

"A dispensa legítima de motivação não se confunde a aparência de dispensa de motivação. Tal é frequente na adoção em lei de conceitos indeterminados (como as fórmulas "motivo de interesse público", "no interesse da Administração", "a critério da Administração" etc.) e na liberdade de escolha pela multiplicidade de opções. Nestes casos, a motivação é imperiosa para viabilizar o controle, como decidido: "2. A autoridade administrativa está autorizada a praticar atos discricionários apenas quando norma jurídica válida expressamente a ela atribuir essa livre atuação. Os atos administrativos que envolvem a aplicação de 'conceitos indeterminados' estão sujeitos ao exame e controle do Poder Judiciário. O controle jurisdicional pode e deve incidir sobre os elementos do ato, à luz dos princípios que regem a atuação da Administração". RTJ 195/64. Ora, nestes casos, a motivação é impositiva e deve indicar, explícita e suficientemente, o conteúdo concreto da fórmula abstratamente empregada na norma e a conveniência e oportunidade do interesse público pela opção de uma entre várias alternativas legais no caso concreto, como em várias hipóteses arquitetadas pelo ordenamento jurídico (remoção e disponibilidade compulsória de magistrados e membros do Ministério Público; remoção de servidor público; alteração da ordem cronológica dos pagamentos decorrentes de contratos administrativos; aplicação de caducidade ou sanções contratuais na inexecução total ou parcial do contrato de concessão de serviço público; desapropriação por necessidade ou utilidade pública e do interesse social; opção entre dispensa de licitação e reapresentação de propostas desclassificadas na licitação)." (MARTINS Jr. WALLACE PAIVA, Tratado de Direito Administrativo – Volume 1, Editora Revista dos Tribunais, São Paulo, Edição 2015, p. 466)

◉ **A exigência de motivação incide até mesmo na dispensa de servidor celetista.**

"Empresa brasileira de correios e telégrafos – ECT. Demissão imotivada de seus empregados. Impossibilidade. Necessidade de motivação da dispensa. RE parcialmente provido. I – Os empregados públicos não fazem jus à estabilidade prevista no art. 41 da CF, salvo aqueles admitidos em período anterior ao advento da EC 19/1998. Precedentes. II – Em atenção, no entanto, aos princípios da impessoalidade e isonomia, que regem a admissão por concurso público, a dispensa do empregado de empresas públicas e sociedades de economia mista que prestam serviços públicos deve ser motivada, assegurando-se, assim, que tais princípios, observados no momento daquela admissão, sejam também respeitados por ocasião da dispensa. III – A motivação do ato de dispensa, assim, visa a resguardar o empregado de uma possível quebra do postulado da impessoalidade por parte do agente estatal investido do poder de demitir. IV – Recurso extraordinário parcialmente provido para afastar a aplicação, ao caso, do art. 41 da CF, exigindo-se, entretanto, a motivação para legitimar a rescisão unilateral do contrato de trabalho." (STF, RE 589.998-PI, Tribunal Pleno, j. 20.03.2013, m.v., rel. Min. Ricardo Lewandowski, DJe 12.09.2013.)

▶ **A exigência de motivação incide em ato relacionado à promoção de agente público por merecimento.**

" A escolha não pode ser arbitrária e subjetiva, especialmente quando alguma norma fornece parâmetros objetivos de aferição do merecimento, compelindo a motivação da escolha e da recusa. Pois, e isso se liga também aos requisitos da motivação (explicitação e suficiência), não a satisfaz a repetição da linguagem da lei, reproduzindo seus conceitos indeterminados – que pode constituir desvio de finalidade. O desvio de finalidade foi reconhecido em razão do desvirtuamento da motivação do ato administrativo (reduzida à genérica menção ao interesse policial) informado pela competência discricionária. Julgado assentou que "constitui abuso de poder por parte da autoridade a remoção de servidor público sem justificativa das razões de ordem pública para a providência" e expondo que "a mera afirmação de discricionariedade do ato administrativo não basta para imunizá-lo de reapreciação judicial (RT 664/63)." (MARTINS Jr. WALLACE PAIVA, Tratado de Direito Administrativo – Volume 1, Editora Revista dos Tribunais, São Paulo, Edição 2015, p. 468)

◉ **Não atende a exigência de devida motivação imposta aos atos administrativos a indicação de conceitos jurídicos indeterminados**

"...II – Não atende a exigência de devida motivação imposta aos atos administrativos a indicação de conceitos jurídicos indeterminados, em relação aos quais a Administração limitou-se a conceituar o desempenho de servidor em estágio probatório como bom, regular ou ruim, sem, todavia, apresentar os elementos que conduziram a esse conceito (...)." (STJ, RMS 19.210-RS, 5.ª T., j. 14.03.2005, v.u., rel. Min. Felix Fischer, DJ 10.04.2006, p. 235.)

▶ **A adoção da teoria do silêncio eloquente – não obstante constitua paradoxo em face do dever de tempestiva decisão motivada – depende da solução dada em cada ordenamento jurídico.**

"A adoção da teoria do silêncio eloquente – não obstante constitua paradoxo em face do dever de tempestiva decisão motivada – depende da solução dada em cada ordenamento jurídico. Como a motivação é a regra, reclama-se norma jurídica expressa atribuindo efeito jurídico ao silêncio administrativo. Destarte, à míngua de lei permissiva, o silêncio não produz qualquer efeito ou, no máximo, produz efeito desfavorável ao administrado." (MARTINS Jr. WALLACE PAIVA, Tratado de Direito Administrativo – Volume 1, Editora Revista dos Tribunais, São Paulo, Edição 2015, p. 468)

▶ **A explicitação é a evidenciação das particularidades relevantes da decisão, o material de ponderação e a própria ponderação, enquanto a suficiência se liga à clareza e à congruência do discurso**

"A explicitação é a evidenciação das particularidades relevantes da decisão, o material de ponderação e a própria ponderação, enquanto a suficiência se liga à clareza e à congruência do discurso. A motivação não é somente a exposição das razões de fato e de direito que justificam o ato, sob pena de superfluidade do § 1.º do art. 50 da Lei 9.784/1999. Esses requisitos são exigências de qualidade do discurso justificativo, enquanto as razões de fato e de direito são o conteúdo devido da motivação. (...) Logo, fundamentação é uma parte da motivação, mas, a ela não equivale. Clareza é a transmissão completa do conhecimento do processo lógico e jurídico condutor da decisão; congruência é a qualidade da decisão como conclusão lógica e necessária dos motivos invocados entre si e em face da própria decisão. Elas devem permear toda a motivação: nas premissas de fato e de direito, no embasamento do juízo valorativo, na exposição das finalidades perseguidas pela solução tomada, mediante uma ponderação reflexiva, correlacional, imparcial, objetiva e racional das situações constatadas, dos preceitos normativos aplicáveis, dos resultados e dos interesses em jogo captados na fase de instrução do respectivo processo administrativo. " (MARTINS Jr. WALLACE PAIVA, Tratado de Direito Administrativo – Volume 1, Editora Revista dos Tribunais, São Paulo, Edição 2015, p. 469)

▶ **A Lei 9.784/1999, que regula o processo administrativo no âmbito da Administração Pública Federal, expressamente enuncia a motivação como princípio regente do processo no caput de seu art. 2.º, sendo a matéria disciplinada em mais detalhes em seu art. 50.**

A Lei 9.784/1999, que regula o processo administrativo no âmbito da Administração Pública Federal, expressamente enuncia a motivação como princípio regente do processo no caput de seu art. 2.º, sendo a matéria disciplinada em mais detalhes em seu art. 50, que possui a seguinte redação: "Art. 50. Os atos administrativos deverão ser motivados, com indicação dos fatos e dos fundamentos jurídicos, quando: I – neguem, limitem ou afetem direitos ou interesses; II – imponham ou agravem deveres, encargos ou sanções; II – decidam processos administrativos de concurso ou seleção pública; IV – dispensem ou declarem a inexigibilidade de processo licitatório; V – decidam recursos administrativos; VI – decorram de reexame de ofício; VII – deixem de aplicar jurisprudência firmada sobre a questão ou discrepem de pareceres, laudos, propostas e relatórios oficiais; VIII – importem anulação, revogação, suspensão ou convalidação de ato administrativo". Note-se que os atos administrativos que negam direitos devem ser devidamente fundamentados, pois a negativa sem qualquer justificativa não se coaduna com nosso Estado de Direito, retrocedendo à época em que vigorava o arbítrio. O Judiciário tem acolhido pretensões objetivando a anulação de ato restritivo de direito sem a devida fundamentação.

◙ **A falta de exposição das razões da não concessão da licença-capacitação ao servidor viola o princípio da motivação dos atos administrativos e configura ato abusivo**

"AGRAVO DE INSTRUMENTO. MANDADO DE SEGURANÇA. LICENÇA-CAPACITAÇÃO. POLICIAL CIVIL. ATO ADMINISTRATIVO. DISCRICIONARIEDADE. MOTIVAÇÃO. FUNDAMENTAÇÃO. A falta de exposição das razões da não concessão da licença-capacitação ao servidor viola o princípio da motivação dos atos administrativos e configura ato abusivo. Apesar da discricionariedade dos atos administrativos, que outorga ao administrador certa margem de liberdade para a tomada de suas decisões, de acordo com o interesse público, ele tem o dever de fundamentá-las. Recurso conhecido e não provido." (TJDF, AGI 20130020268200/DF 0027761-83.2013.8.07.0000, 1.ª Turma Cível, Rel. Leila Arlanch, j. 20.03.2014, DJE 10.04.2014, p. 122).

◙ **Mandado de segurança. Indeferimento de autorização para funcionamento de curso superior. Ausência de motivação do ato administrativo. Nulidade.**

"ADMINISTRATIVO. MANDADO DE SEGURANÇA. INDEFERIMENTO DE AUTORIZAÇÃO PARA FUNCIONAMENTO DE CURSO SUPERIOR. AUSÊNCIA DE MOTIVAÇÃO DO ATO ADMINISTRATIVO. NULIDADE. 1. A margem de liberdade de escolha da conveniência e oportunidade, conferida à Administração Pública, na prática de atos discricionários, não a dispensa do dever de motivação. O ato administrativo que nega, limita ou afeta direitos ou interesses do administrado deve indicar, de forma explícita, clara e congruente, os motivos de fato e de direito em que está fundado (art. 50, I, e § 1.º da Lei 9.784/99). Não atende a tal requisito a simples invocação da cláusula do interesse público ou a indicação genérica da causa do ato. 2. No caso, ao fundamentar o indeferimento da autorização para o funcionamento de novos cursos de ensino superior na 'evidente desnecessidade do mesmo', a autoridade impetrada não apresentou exposição detalhada dos fatos concretos e objetivos em que se embasou para chegar a essa conclusão. A explicitação dos motivos era especialmente importante e indispensável em face da existência, no processo, de pareceres das comissões de avaliação designadas pelo próprio Ministério da Educação, favoráveis ao deferimento, além de manifestações no mesmo sentido dos Poderes Executivo e Legislativo do Município sede da instituição de ensino interessada. 3. Segurança parcialmente concedida, para declarar a nulidade do ato administrativo." (STJ, MS 9.944/DF (2004/0122461-0), 1.ª S., Rel. Min. Teori Albino Zavascki, DJU 13.06.2005).

▶ **A motivação do ato deve ser explícita, clara e congruente, podendo consistir em declaração de concordância com fundamentos de anteriores pareceres, informações, decisões ou propostas.**

" É importante consignar que a motivação do ato deve ser explícita, clara e congruente, podendo consistir em declaração de concordância com fundamentos de anteriores pareceres, informações, decisões ou propostas, que, nesse caso, serão parte integrante do ato decisório. Trata-se, tecnicamente, da chamada motivação aliunde, quando a autoridade se vale, para integrar a motivação de seu ato, de pareceres, informações, decisões ou propostas. Isso é muito comum em licitações, por exemplo. As fases mais complexas do procedimento são a habilitação e o julgamento das propostas, que são privativas da comissão de licitação. Terminada a fase de julgamento de propostas, com a identificação do titular da proposta mais vantajosa, o processo é encaminhado à autoridade superior, que deverá homologar a licitação. Ocorre que a homologação é ato vinculado e só poderá ser expedido se o que se pretende homologar estiver de acordo com a lei. O problema é que a autoridade superior responsável pela homologação muitas vezes não possui muitos conhecimentos sobre as regras técnicas e jurídicas de um certame e, por isso, antes da homologação, solicita um parecer da procuradoria ou da assessoria jurídica do órgão. Depois de emitido o parecer, devidamente fundamentado e opinando pela homologação do certame, a autoridade superior simplesmente homologa a licitação fundamentando no referido parecer. Perceba que a motivação do ato de homologação não está no próprio ato, mas em outro ato (parecer) ao qual se faz remissão." (COUTINHO, Alessandro Dantas, KRUGER, Ronald Rodor. Manual de Direito Administrativo: Volume Único. 2ª edição, Editora Juspodivm, Salvador, 2018, p. 100)

▶ **Teoria dos motivos determinantes**

"Por fim, faz-se necessário tecer alguns comentários a uma teoria amplamente aceita em nossa doutrina e jurisprudência. Trata-se da importante "Teoria dos motivos determinantes", cujo berço de nascença se deu nos tribunais pertencentes ao sistema de contencioso administrativo na França. Segundo essa teoria, os motivos atribuídos para a prática de um ato se vincula à sua validade, de forma que, se eles forem falsos ou inexistentes, estará fulminada a validade do ato. Segundo essa teoria, os motivos atribuídos para a prática de um ato se vincula à sua validade, de forma que, se eles forem falsos ou inexistentes, estará fulminada a validade do ato. Vejamos um exemplo para elucidar a questão. Imaginemos que determinado cidadão receba em sua residência uma notificação de penalidade de trânsito em que consta que o seu veículo foi flagrado avançando sinal vermelho no dia 10 de janeiro de 2014 em determinada avenida da cidade. Veja-se que, quando esse ato é produzido, ele nasce com a presunção de que efetivamente é válido (presunção de legitimidade) e que os motivos que ensejaram a sua produção são verdadeiros (presunção de veracidade). Ocorre que essa presunção é relativa, de forma que o destinatário do ato poderá derrubar a validade deste caso consiga provar que ele foi feito incorretamente. No caso, imagine-se que, um dia antes da suposta infração (dia 09 de janeiro de 2014), o referido cidadão teve seu veículo abalroado, acarretando perda total, indo, no mesmo dia, para o ferro velho. Se no recurso o condutor provar que seu veículo estava no ferro velho desde o dia 09 de janeiro de 2014, não tem como subsistir o motivo apresentado pelo agente público de que o referido carro teria avançado o sinal vermelho no dia 10 de janeiro de 2014. Nesse caso, restou provado que os motivos que embasaram a prática do ato inexistiram ou são falsos e, como estes são determinantes para sua validade, tem-se que o ato deverá ser anulado, hipótese em que se fez uso da teoria dos motivos determinantes." (COUTINHO, Alessandro Dantas, KRUGER, Ronald Rodor. Manual de Direito Administrativo: Volume Único. 2ª edição, Editora Juspodivm, Salvador, 2018, p. 100)

◉ **A Administração, ao justificar o ato administrativo, fica vinculada às razões ali expostas, para todos os efeitos jurídicos, de acordo com o preceituado na teoria dos motivos determinantes.**

"ADMINISTRATIVO. EXONERAÇÃO POR PRÁTICA DE NEPOTISMO. INEXISTÊNCIA. MOTIVAÇÃO. TEORIA DOS MOTIVOS DETERMINANTES. 1. A Administração, ao justificar o ato administrativo, fica vinculada às razões ali expostas, para todos os efeitos jurídicos, de acordo com o preceituado na teoria dos motivos determinantes. A motivação é que legitima e confere validade ao ato administrativo discricionário. Enunciadas pelo agente as causas em que se pautou, mesmo que a lei não haja imposto tal dever, o ato só será legítimo se elas realmente tiverem ocorrido. 2. Constatada a inexistência da razão ensejadora da demis-são do agravado pela Administração (prática de nepotismo) e considerando a vincula-ção aos motivos que determinaram o ato impugnado, este deve ser anulado, com a consequente reintegração do impetrante. Precedentes do STJ. 3. Agravo Regimental não provido." (STJ, AgRg no RMS 32.437/MG 2010/0118191-3, 2.ª T., Rel. Min. Herman Benjamin, j. 22.02.2011, DJe 16.03.2011).

◉ **A Administração, ao justificar o ato administrativo, fica vinculada às razões ali expostas, para todos os efeitos jurídicos, de acordo com o preceituado na teoria dos motivos determinantes**

"ADMINISTRATIVO. EXONERAÇÃO POR PRÁTICA DE NEPOTISMO. INEXISTÊNCIA. MOTIVAÇÃO. TEORIA DOS MOTIVOS DETERMINANTES. 1. A Administração, ao justificar o ato administrativo, fica vinculada às razões ali expostas, para todos os efeitos jurídicos, de acordo com o preceituado na teoria dos motivos determinantes. A motivação é que legitima e confere validade ao ato administrativo discricionário. Enunciadas pelo agente as causas em que se pautou, mesmo que a lei não haja imposto tal dever, o ato só será legítimo se elas realmente tiverem ocorrido. 2. Constatada a inexistência da razão ensejadora da demissão do agravado pela Administração (prática de nepotismo) e considerando a vinculação aos motivos que determinaram o ato impugnado, este deve ser anulado, com a consequente reintegração do impetrante. Precedentes do STJ. 3. Agravo Regimental não provido." (STJ, AgRg no RMS 32.437/MG 2010/0118191-3, 2.ª T., Rel. Min. Herman Benjamin, j. 22.02.2011, DJe 16.03.2011).

▶ **Os atos administrativos que negam direitos devem ser devidamente fundamentados, pois a negativa sem qualquer justificativa não se coaduna com nosso Estado de Direito, retrocedendo à época em que vigorava o arbítrio**

Note-se que os atos administrativos que negam direitos devem ser devidamente fundamentados, pois a negativa sem qualquer justificativa não se coaduna com nosso Estado de Direito, retrocedendo à época em que vigorava o arbítrio. O Judiciário tem acolhido pretensões objetivando a anulação de ato restritivo de direito sem a devida fundamentação.

◙ **Indeferimento de autorização para funcionamento de curso superior. Ausência de motivação do ato administrativo. Nulidade.**

"ADMINISTRATIVO. MANDADO DE SEGURANÇA. INDEFERIMENTO DE AUTORIZAÇÃO PARA FUNCIONAMENTO DE CURSO SUPERIOR. AUSÊNCIA DE MOTIVAÇÃO DO ATO ADMINISTRATIVO. NULIDADE. 1. A margem de liberdade de escolha da conveniência e oportunidade, conferida à Administração Pública, na prática de atos discricionários, não a dispensa do dever de motivação. O ato administrativo que nega, limita ou afeta direitos ou interesses do administrado deve indicar, de forma explícita, clara e congruente, os motivos de fato e de direito em que está fundado (art. 50, I, e § 1.º da Lei 9.784/99). Não atende a tal requisito a simples invocação da cláusula do interesse público ou a indicação genérica da causa do ato. 2. No caso, ao fundamentar o indeferimento da autorização para o funcionamento de novos cursos de ensino superior na 'evidente desnecessidade do mesmo', a autoridade impetrada não apresentou exposição detalhada dos fatos concretos e objetivos em que se embasou para chegar a essa conclusão. A explicitação dos motivos era especialmente importante e indispensável em face da existência, no processo, de pareceres das comissões de avaliação designadas pelo próprio Ministério da Educação, favoráveis ao deferimento, além de manifestações no mesmo sentido dos Poderes Executivo e Legislativo do Município sede da instituição de ensino interessada. 3. Segurança parcialmente concedida, para declarar a nulidade do ato administrativo." (STJ, MS 9.944/DF (2004/0122461-0), 1.ª S., Rel. Min. Teori Albino Zavascki, DJU 13.06.2005).

▶ **Eliminação de candidato em concurso sem aa devida fundamentação em diversas fases.**

A regra é a motivação! Infelizmente, em muitos casos, vemos atos restritivos de direito sem a devida fundamentação. Lamentavelmente, em concursos públicos, isso tem ocorrido com frequência! Em diversas fases há eliminação do candidato sem que ele saiba dos porquês da eliminação. Isso ocorre no julgamento de recursos, nas provas (objetivas e discursivas), no exame de saúde, psicotécnico, investigação social, dentre outras fases, tendo o Judiciário, em comportamento digno de aplausos, retalhado tais atos.

◙ **Ausência de motivação da banca examinadora acerca dos recursos administrativos contra referida prova discursiva.**

"ADMINISTRATIVO. AGRAVO REGIMENTAL NO RECURSO ESPECIAL. MANDADO DE SEGURANÇA IMPETRADO NA CORTE DE ORIGEM. CONCURSO

PÚBLICO PARA DELEGADO DA POLÍCIA CIVIL DO DISTRITO FEDERAL. NEGATIVA DE ACESSO AOS CRITÉRIOS UTILIZADOS NA CORREÇÃO DA PROVA SUBJETIVA. AUSÊNCIA DE MOTIVAÇÃO DA BANCA EXAMINADORA ACERCA DOS RECURSOS ADMINISTRATIVOS CONTRA REFERIDA PROVA. VIOLAÇÃO AO ART. 50 DA LEI 9.784/99. RECURSOS ESPECIAIS PROVIDOS. AGRAVO REGIMENTAL DESPROVIDO. 1. A motivação, nos recursos administrativos referentes a concursos públicos, é obrigatória e irrecusável, nos termos do que dispõe o art. 50, I, III e V, §§ 1.º e 3.º da Lei 9.784/99, não existindo, neste ponto, discricionariedade alguma por parte da Administração. 2. Com relação ao agravante João Guilherme Medeiros Carvalho salta aos olhos a total ausência de motivação na correção das provas discursivas e nos respectivos recursos administrativos. Há apenas suposições, externadas pelos ilustres relator e revisor do feito em segundo grau, de que os apelos administrativos do agravante foram examinados e devidamente motivados, não tendo sido apresentadas, entretanto, motivações idôneas e circunstanciadas, nos moldes preconizados pelo já mencionado art. 50 da Lei 9.784/99. 3. Quanto aos demais litisconsortes (Jane Klébia do Nascimento Silva Paixão e outros), constata-se a ausência de qualquer elemento que pudesse ter o condão de indicar os critérios utilizados pelo examinador para aferição das notas na prova subjetiva, bem como a sucinta, lacônica e estereotipada abordagem feita na revisão das provas. 4. Afirmativas que não traduzem reexame do material fático, mas sim valoração do conjunto probatório trazido aos autos quando da impetração do Mandado de Segurança. 5. Agravo Regimental desprovido" (STJ -*AgRg no Resp 1.062.902/DF, 5.ª T, Rel. Min. Napoleão Nunes Maia Filho, j. 09.06.2009).

◉ **É nulo o ato administrativo consistente na reprovação de candidato em exame médico por falta de motivação e de acesso aos resultados no momento adequado.**

"Administrativo. Mandado de segurança. Concurso público. Exame médico. Reprovação de candidatos. Falta de acesso aos resultados dos exames. Renovação do exame. 1 – É nulo o ato administrativo consistente na reprovação de candidato em exame médico por falta de motivação e de acesso aos resultados no momento adequado. 2. Correção do ato administrativo após a concessão de liminar. 3. Questões fáticas posteriores à impetração são inteiramente impertinentes para exame no recurso, sob pena de, suprimindo-se a apreciação da instância de origem, violar o princípio do tantum devolutum quantum appellatum. 4. Segurança concedida em parte, impondo-se a submissão dos candidatos a novo exame médico. 5. Recursos ordinários parcialmente providos. Acórdão Vistos, relatados e discutidos os autos em que são partes as acima indicadas, acordam os Ministros da Segunda Turma do Superior Tribunal de Justiça 'A Turma, por unanimidade, deu parcial provimento aos recursos ordinários, nos termos do voto do(a) Sr(a). Ministro(a)-Relator(a), sem destaque.' Os Srs. Ministros Castro Meira, Humberto Martins, Herman Benjamin e Mauro Campbell Marques votaram com a Sra. Ministra Relatora. Brasília-DF, 04 de junho de 2013(Data do Julgamento)." (STJ – RMS 40.229/SC (2012/0272915-6), Rel. Min. Eliana Calmon).

◉ **Exame psicotécnico: falta de critérios objetivos e de motivação da reprovação do candidato.**

"PROCESSUAL CIVIL E ADMINISTRATIVO. RECURSO ORDINÁRIO EM MANDADO DE SEGURANÇA. CONCURSO PÚBLICO. POLÍCIA MILITAR. PSICOTÉCNICO. FALTA DE CRITÉRIOS OBJETIVOS E DE MOTIVAÇÃO DA SUA REPROVAÇÃO. NULIDADE DO TESTE. NECESSIDADE DE SUBMISSÃO A NOVA AVALIAÇÃO. RECURSO PROVIDO. 1. O Superior Tribunal de Justiça firmou o entendimento de que a legalidade do exame psicotécnico em provas de concurso público está submetida a previsão legal, objetividade dos critérios adotados e possibilidade de revisão do resultado obtido pelo candidato. 2. Uma vez declarada a nulidade do teste psicotécnico, deve o candidato se submeter a outro exame. Precedentes do STJ. 3. Recurso provido, para determinar a submissão do candidato a nova avaliação psicológica." (STJ – RMS 32.813/MT, Recurso Ordinário em Mandado de Segurança 2010/0155859-5, DJe 24.05.2013).

◙ **É ilegal a negativa de acesso à motivação do indeferimento de recurso administrativo interposto em prova discursiva.**

"A negativa de acesso às razões do indeferimento de recurso administrativo interposto com vistas a impugnar nota obtida em prova discursiva fere os princípios da publicidade e da motivação, bem como o direito à informação, que visam possibilitar a revisão do ato administrativo, assegurando o pleno exercício do direito ao contraditório e à ampla defesa." (TRF01 – APL: 00324304420084013400.)

◙ **É direito do candidato saber a motivação que gerou a subtração de pontos do mesmo em prova discursiva ou oral.**

"MANDADO DE SEGURANÇA – CONCURSO PÚBLICO – PROVA DISCURSIVA – RECURSO – AUSÊNCIA DE FUNDAMENTAÇÃO QUANTO À PONTUAÇÃO ATRIBUÍDA PELA BANCA EXAMINADORA – PRINCÍPIOS CONSTITUCIONAIS. I. Quando reclamadas explicações à Banca Examinadora, em grau de recurso, faz-se necessário um pronunciamento detalhado em relação aos pontos objetivos do edital, até mesmo para perceber se há ilegalidade, passível de controle pelo Judiciário. Não se trata de revisão das notas, mas conhecimento das razões. II. Segurança parcialmente concedida. " (Acórdão n.490191, 20100020161045MSG, Relator: SANDRA DE SANTIS, Conselho Especial, Data de Julgamento: 22/03/2011, Publicado no DJE: 31/03/2011. Pág.: 85)

◙ **É ilegal o ato da Banca Examinadora que não informa a motivação referente aos recursos apresentados.**

"ADMINISTRATIVO. AGRAVO REGIMENTAL NO RECURSO ESPECIAL. MANDADO DE SEGURANÇA IMPETRADO NA CORTE DE ORIGEM. CONCURSO PÚBLICO PARA DELEGADO DA POLÍCIA CIVIL DO DISTRITO FEDERAL. NEGATIVA DE ACESSO AOS CRITÉRIOS UTILIZADOS NA CORREÇÃO DA PROVA SUBJETIVA. AUSÊNCIA DE MOTIVAÇÃO DA BANCA EXAMINADORA ACERCA DOS RECURSOS ADMINISTRATIVOS CONTRA REFERIDA PROVA. VIOLAÇÃO AO ART. 50 DA LEI 9.784/99. RECURSOS ESPECIAIS PROVIDOS. AGRAVO REGIMENTAL DESPROVIDO.1. A motivação, nos recursos administrativos referentes a concursos públicos, é obrigatória e irrecusável, nos termos do que dispõe o art. 50, I, III e V, §§ 1º. e 3º. da Lei 9.784/99, não existindo, neste ponto, discricionariedade alguma por parte da Administração. 2. Com relação ao Impetrante JOÃO GUILHERME MEDEIROS CARVALHO salta aos olhos a total ausência de motivação na correção das provas discursivas e nos respectivos recursos administrativos. Há apenas suposições, externadas pelos ilustres relator e revisor do feito em segundo grau, de que os apelos administrativos do Impetrante foram examinados e devidamente motivados, não tendo sido apresentadas, entretanto, motivações idôneas e circunstanciadas, nos moldes preconizados pelo já mencionado art. 50 da Lei 9.784/99. Agravo Regimental desprovido." (STJ – AgRg no REsp 1062902/DF; Rel. Min. Napoleão Nunes Maia Filho; DJ 03/08/2009]

> ◉ **No mesmo sentido:** "A negativa de acesso às razões do indeferimento de recurso administrativo interposto com vistas a impugnar nota obtida em prova discursiva fere os princípios da publicidade e da motivação, bem como o direito à informação, que visam possibilitar a revisão do ato administrativo, assegurando o pleno exercício do direito ao contraditório e à ampla defesa. (TRF01 – APL: 00324304420084013400.)"

◉ **É ilegal a falta de motivação nos descontos da nota na prova oral.**

"A reprovação do autor na prova prático-oral de concurso público para ingresso no quadro técnico do corpo auxiliar da marinha do Brasil, com início no posto de primeiro Tenente, padece da falta de motivos suficientes e adequados ou, no mínimo, da falta de motivação suficiente, pública e convincente de sua inaptidão, contrariando o disposto no art. 50 da Lei 9.784/1999." (TRF01 – PROC: 109487920044013400)

▶ **Administração – atendendo ao princípio da motivação – deve explicar o porquê de não se efetivar a prorrogação.**

"(...) defende-se haver direito subjetivo dos aprovados à prorrogação do prazo de validade, direito este que somente deixará de prevalecer se a Administração puder razoavelmente justificar – atendendo ao princípio da motivação – o porquê de não se efetivar a prorrogação. É que se afigura medida factível, afinada com o princípio da razoabilidade, a prorrogação do prazo de validade do concurso, afinal ele – o concurso –, é instrumento garante da isonomia, e não meio indireto de obtenção de receitas pelo Poder Público. " (FERRAZ, Luciano. Concurso público e direito à nomeação. In: MOTTA, Fabrício (coord.). Concurso público e Constituição. Belo Horizonte: Editora Fórum, 2005, p. 54)

▶ **Caso não seja prorrogado o prazo de validade do certame, deve o ato ser motivado.**

"Não é demais encarecer a importância do princípio da motivação. Em razão de perseguir sempre as finalidades públicas consagradas direta ou indiretamente no ordenamento jurídico, deve a Administração sempre expor de forma clara os fatos que precedem suas ações e os fundamentos jurídicos que as autorizam. O princípio da motivação administrativa liga-se intimamente com o princípio republicano, apresentando-se também como espécie de "satisfação social" prestada pelo poder público à coletividade. A motivação apresenta especial relevância em razão de sua imprescindibilidade para o controle dos atos administrativos, em especial o exercitado pelo Poder Judiciário." (Comentários à Constituição do Brasil / J. J. Gomes Canotilho. [et al.]. – São Paulo: Saraiva/Almedina, 2013, p. 833)

▶ **No mesmo sentido:** "[...] enquanto houver candidatos aprovados em concurso e este estiver dentro do prazo de validade fixado no edital, eles terão prioridade para a nomeação, ainda que a Administração tenha feito outro concurso, também com candidatos habilitados." (PIETRO, D., Zanella, M. S. (03/2018). Direito Administrativo, 31ª edição [VitalSource Bookshelf version]. Retrieved from vbk://9788530979560)

◙ **No mesmo sentido:** "Em situação como a descrita acima o Supremo Tribunal Federal entendeu que é ilegal a não prorrogação do prazo de validade do concurso, como se verifica no seguinte acórdão: "CONCURSO PÚBLICO. VAGAS. NOMEAÇÃO. O princípio da razoabilidade é conducente a presumir-se, como objeto do concurso, o preenchimento das vagas existentes. Exsurge configurador de desvio de poder, ato da Administração Pública que implique nomeação parcial de candidatos, indeferimento da prorrogação do prazo do concurso sem justificativa socialmente aceitável e publicação de novo edital com idêntica finalidade. "Como o inciso IV (do artigo 37 da Constituição Federal) tem o objetivo manifesto de resguardar precedências na sequência dos concursos, segue-se que a Administração não poderá, sem burlar o dispositivo e sem incorrer em desvio de poder, deixar escoar deliberadamente o período de validade de concurso anterior para nomear os aprovados em certames subsequentes. Fora isto possível e o inciso IV tornar-se-ia letra morta, constituindo-se na mais rúptil das garantias." (Celso Antônio Bandeira de Mello, "Regime Constitucional dos Servidores da Administração Direta e Indireta", página 56)." (STF – RE 192568, Relator Min. Marco Aurélio, Segunda Turma, julgado em 23/04/1996.)

◙ **Necessidade de motivação do ato de não prorrogar o prazo de validade do concurso em caso de necessidade permanente de contratação e inação estatal.**

"PROCESSUAL CIVIL. APELAÇÃO CÍVEL. DEVOLUÇÃO DOS AUTOS PELO EXMO. PRESIDENTE DA CORTE. ART. 1030, II, DO CPC. CONCURSO PÚBLICO. PRETERIÇÃO. AUSÊNCIA DE PRORROGAÇÃO DO PRAZO DE VALIDADE DO CONCURSO. FALTA DE MOTIVAÇÃO. DIREITO SUBJETIVO À NOMEAÇÃO. APELAÇÃO PROVIDA. 1. Processo devolvido ao exame da Turma para fim de retratação, com base no art. 1030, II, do CPC, em razão da decisão proferida pelo STF no julgamento do RE 837.311. 2. Acórdão da Turma que negou provimento à apelação dos autores, aprovados em concurso público fora do número de vagas previsto no edital, que pretendem a reforma da sentença de improcedência do pedido de nomeação e posse no cargo para o qual concorreram. 3. Configurada a divergência entre os acórdãos cotejados, tendo em vista que no RE 837.811, julgado sob o rito de repercussão geral, o STF decidiu que o reconhecimento do direito à nomeação pode estar pautado na demonstração de preterição resultante de arbitrariedade administrativa, consistente na expiração in albis do prazo de validade do concurso, a despeito da necessidade imediata de preenchimento dos cargos. 4. Evidenciada a premente necessidade de preenchimento dos cargos, inclusive por força de Termo de Ajustamento de Conduta celebrado entre a União e o Ministério Público do Trabalho, é de se reconhecer por imotivada a falta de prorrogação do prazo de validade do concurso público em debate, notadamente pela expressa previsão constitucional inserta no art. 37, III. 5. Reconhece-se o direito subjetivo à preferência na nomeação e posse dos candidatos. 5. Dar provimento à apelação, em juízo de retratação." (TRF1 – AC 0026177-35.2011.4.01.3400/DF, Rel. Desembargadora Federal Daniele Maranhão Costa, Quinta Turma, e-DJF1 p. de 12/04/2018)

PRINCÍPIO DA RAZOABILIDADE E PROPORCIONALIDADE COMO BASE JURÍDICA PARA IMPETRAÇÃO DO MANDADO DE SEGURANÇA.

▶ **Oito núcleos significativos da razoabilidade.**

1) vedação geral de arbitrariedade;

2) exigência genérica de justiça;

3) requerimento de bom senso e sensatez;

4) adoção do conceito como fórmula normativa apreensível como standard jurídico;

5) imposição de racionalidade;

6) parâmetro de interpretação;

7) imperativo de proporcionalidade;

8) veiculação do dever de ponderação.

(OLIVEIRA, José Roberto Pimenta. Os princípios da razoabilidade e da proporcionalidade como normas conformadoras e limitadoras da Administração Pública. In: DALLARI, Adilson Abreu; NASCIMENTO, Carlos Valder do; MARTINS, Ives Gandra da Silva. Tratado de direito administrativo. São Paulo: Saraiva, 2013. vol. 1. 213-255.)

▶ **O princípio da proporcionalidade consiste, principalmente, no dever de não serem impostas, aos indivíduos em geral, obrigações, restrições ou sanções em medida superior àquela estritamente necessária ao atendimento do interesse público, segundo critério de razoável adequação dos meios aos fins.**

"O princípio da proporcionalidade consiste, principalmente, no dever de não serem impostas, aos indivíduos em geral, obrigações, restrições ou sanções em medida superior àquela estritamente necessária ao atendimento do interesse público, segundo critério de razoável adequação dos meios aos fins. Aplica-se a todas as atuações administrativas para que sejam tomadas decisões equilibradas, refletidas, com avaliação adequada da relação custo-benefício, aí incluído o custo social." (MEDAUAR, Odete. Direito administrativo moderno. 21ª edição, Ed. Fórum, Belo Horizonte, 2018. p. 129.)

▶ **A noção de legalidade pressupõe a harmonia perfeita entre os meios e os fins, a comunhão entre o objeto e o resultado do ato jurídico.**

"A rigor, o princípio da razoabilidade filia-se à regra da observância da finalidade da lei que, a seu turno, emana do princípio da legalidade. A noção de legalidade pressupõe a harmonia perfeita entre os meios e os fins, a comunhão entre o objeto e o resultado do ato jurídico. A vontade do legislador, como da autoridade administrativa, deve buscar a melhor solução e a menos onerosa para os direitos e liberdades, que compõem a cidadania. " (TÁCITO, Caio. Temas de direito público (estudos e pareceres). Rio de Janeiro: Renovar, 1997. p. 341 e 495.)

◙ **O princípio da razoabilidade também tem serventia ao controle de atos administrativos combatendo o desvio de poder. Neste sentido, ele foi adotado em face da instauração de novo concurso público para provimento de cargos públicos, aliada à recusa de prorrogação do prazo de validade de certame anterior**

"O princípio da razoabilidade é conducente a presumir-se, como objeto do concurso, o preenchimento das vagas existentes. Exsurge configurador de desvio de poder, ato da Administração Pública que implique nomeação parcial de candidatos, indeferimento da prorrogação do prazo do concurso sem justificativa socialmente aceitável e publicação de novo edital com idêntica finalidade. 'Como o inc. IV (do art. 37 da CF/1988) tem o objetivo manifesto de resguardar precedências na sequência dos concursos, segue-se que a Administração não poderá, sem burlar o dispositivo e sem incorrer em desvio de poder, deixar escoar deliberadamente o período de validade de concurso anterior para nomear os aprovados em certames subsequentes. Fora isto possível e o inc. IV tornar-se-ia letra morta, constituindo-se na mais rúptil das garantias." (MELLO, Celso Antônio Bandeira de Regime constitucional dos servidores da Administração Direta e Indireta, p. 56) (STF, RE 192.568/PI, 2.ª T., j. 23.04.1996, m.v., rel. Min. Marco Aurélio, DJ 13.09.1996, p. 33241).

▶ **Da proporcionalidade como proibição do excesso em qualquer atividade pública, guiando-se pelo "controlo exercido pelos tribunais quanto à adequação dos meios administrativos (sobretudo coactivos) à prossecução do escopo e ao balanceamento concreto dos direitos ou interesses em conflito"**

"Da proporcionalidade decorre a proibição do excesso (Übermassverbot) e da falta ou de proteção deficiente (Untermassverbot), exigindo-se no ato estatal adequação (aptidão a produção do resultado desejado), necessidade ou exigibilidade (infungibilidade por outro meio menos gravoso e igualmente eficaz) e proporcionalidade em sentido estrito (relação entre meios e fins) da medida restritiva. Neste sentido, Gomes Canotilho salienta que o princípio da proporcionalidade passou de uma visão restrita (medida para as restrições administrativas da liberdade individual) para um sentido mais amplo, da proibição do excesso em qualquer atividade pública, guiando-se pelo "controlo exercido pelos tribunais quanto à adequação dos meios administrativos (sobretudo coactivos) à prossecução do escopo e ao balanceamento concreto dos direitos ou interesses em conflito", impondo subprincípios como conformidade (adequação entre meios e fins), exigibilidade ou necessidade (direito a menor desvantagem possível) e proporcionalidade (justa medida). Dele decorre também a proibição por defeito, quando as entidades sobre quem recai um dever de proteção "adoptam medidas insuficientes para garantir uma proteção constitucionalmente adequada dos direitos fundamentais." (MARTINS Jr. WALLACE PAIVA, Tratado de Direito Administrativo – Volume 1, Editora Revista dos Tribunais, São Paulo, Edição 2015, p. 523)

▶ **Princípios como razoabilidade e proporcionalidade alargam a dimensão do controle judiciário da Administração Pública, facilitando a fiscalização da discricionariedade administrativa.**

"Princípios como razoabilidade e proporcionalidade alargam a dimensão do controle judiciário da Administração Pública, facilitando a fiscalização da discricionariedade administrativa. Porém, não se arreceia indébita penetração do mérito porque, como acentua Celso Antônio Bandeira de Mello, "discrição é margem de liberdade para atender o sentido da lei e em seu sentido não consideram abrigadas intelecções induvidosamente desarrazoadas." (MARTINS Jr. WALLACE PAIVA, Tratado de Direito Administrativo – Volume 1, Editora Revista dos Tribunais, São Paulo, Edição 2015, p. 523)

◙ **Os princípios da razoabilidade e da proporcionalidade devem nortear a Administração Pública como parâmetros de valoração de seus atos sancionatórios.**

"...os princípios da razoabilidade e da proporcionalidade devem nortear a Administração Pública como parâmetros de valoração de seus atos sancionatórios, por isso que a não observância dessas balizas justifica a possibilidade de o Poder Judiciário sindicar decisões administrativas." (STF, RMS 28.208/DF, 1.ª T., j. 25.02.2014, v.u., rel. Min. Luiz Fux, DJe 20.03.2014.)

▶ **A Administração, quando for atuar, seja em um concurso público ou qualquer atividade, deve fazer uso de meios adequados e proporcionais aos fins que pretende alcançar.**

Ultrapassando esse limite, a conduta encontrará obstáculo no princípio da proporcionalidade e acarretará a nulidade do ato. O princípio da proporcionalidade é um princípio constitucional implícito, decorrente do devido processo legal, conforme já salientou o Supremo Tribunal Federal. Porém, no âmbito da legislação infraconstitucional, ele encontra-se positivado expressamente na Lei 9.784/1999, que disciplina o processo administrativo federal.

▶ **Diferença entre proporcionalidade e razoabilidade.**

O diferencial da proporcionalidade é que a exigência ou a conduta, se feitas corretamente, são válidas e permitidas pelo direito. Cita-se, a título de exemplo, a exigência de prova física para provimento em cargo de policial militar. A previsão é legal, porém, se, no caso concreto, forem exigidas, por exemplo, 100 barras do candidato, haverá violação ao princípio da proporcionalidade. É diferente da razoabilidade. Nesta, a exigência, por si só, já é indevida. Por exemplo, fere o referido princípio a exigência de prova física para ingresso no cargo de juiz, promotor ou procurador. Note-se que a exigência não tem nenhuma pertinência, sendo de todo desarrazoada.

▶ **O princípio da proporcionalidade desponta como grande limitador do poder discricionário dos agentes públicos.**

O princípio da proporcionalidade desponta como grande limitador do poder discricionário dos agentes públicos. É cediço que, em muitas hipóteses, a lei deixa certa margem de liberdade para que o agente, na análise do caso concreto, apreciando fatores de conveniência e oportunidade, adote a conduta que melhor atenda ao interesse público. Essa margem de liberdade é chamada de discricionariedade. Ocorre que essa discricionariedade, necessária à gestão da coisa pública, não é ilimitada, pelo contrário, possui diversos parâmetros de controle. Além da lei, da qual não pode se descurar o administrador, ultrapassando os seus limites, existem limites nos princípios constitucionais, tais como: proporcionalidade, razoabilidade, impessoalidade, segurança jurídica, entre outros.

◉ **É válido o controle das regras e das exigências dispostas em edital de concurso público quando ferem os princípios da razoabilidade ou proporcionalidade.**

"2. – O colendo Superior Tribunal de Justiça já assentou que é válido o controle das regras e das exigências dispostas em edital de concurso público pelo Poder Judiciário, a fim de adequá-los aos princípios constitucionais, como a razoabilidade e a proporcionalidade." (STJ – AgRg no AREsp 470.620/CE, Rel. Ministro Napoleão Nunes Maia Filho, Primeira Turma, julgado em 05-08-2014, DJe 19-08-2014).

◉ **Em que pese o poder de autotutela, não poderá a administração violar regras editalícias bem como os princípios da razoabilidade e segurança jurídica.**

"I – A administração deve anular seus atos, quando eivados de ilegalidade, ou revogá-los, por motivo de conveniência ou oportunidade, consoante art. 53 da Lei 9.784/1999. Ocorre que tal dispositivo deverá ser aplicado com observância dos princípios da razoabilidade, da segurança jurídica e do direito adquirido, sendo vedado, portanto, à administração, com base no poder da autotutela, violar as regras postas no edital e anular as questões, após publicado o resultado, alterando a lista de classificados e causando prejuízo para terceiros, no caso os candidatos classificados na listagem anterior." (TRF-1 – AC: 4251 DF 2006.34.00.004251-4, Relator: DESEMBARGADOR FEDERAL JIRAIR ARAM MEGUERIAN, Data de Julgamento: 11/06/2012, SEXTA TURMA, Data de Publicação: e-DJF1 p. 149 de 03/07/2012.)

◉ **"Fere a razoabilidade estabelecer critério de correção em prova prático-profissional que exija do candidato formular pedido juridicamente impossível.**

"Mostra-se, pois, ilegal e destituído de razoabilidade critério de correção de prova prático-profissional que exija do candidato formular pedido juridicamente impossível, como a desclassificação para furto simples (CP, art. 155, caput), quando a qualificadora prevista no § 5º do art. 155 do Código Penal, pelas circunstâncias descritas no enunciado e da forma como descritas, restara configurada." (AMS 0041354-68.2013.4.01.3400 / DF, Rel. DESEMBARGADOR FEDERAL MARCOS AUGUSTO DE SOUSA, OITAVA TURMA, e-DJF1 p. 1090 de 16/01/2015) 5. Apelação e remessa oficial não providas (art. 942 do Novo CPC e do art 2º, § 8º, inciso II, da Resolução Presi 11/2016). (Rel. Desembargadora ÂNGELA CATÃO)

◉ **Fere a razoabilidade a não motivação dos descontos de nota em provas discursivas ou orais ou eliminação de candidato em outras fases, pois tal conduta inviabiliza o direito de defesa do candidato.**

"Não há razoabilidade alguma nessas ponderações, na medida em que tal proceder causa evidente cerceamento do direito de defesa e ao direito de recorrer, integrante do devido processo legal, ao impor aos recorrentes a árdua tarefa de interporem um recurso sem saber ao certo contra o quê estavam recorrendo. Destaque-se aqui o parecer do douto Ministério Público em 1ª instância que acertadamente afirmou que admitir tal posicionamento equivaleria a chancelar manobra para contrariar disposição expressa do art. 37, caput da Constituição Federal, que determina o princípio da publicidade como inerente a toda atividade administrativa (fls. 493)." (STJ – RMS 33.825-SC, Relator: Ministro Mauro Campbell Marques, julgado em 7/6/2011.)

◉ **Fere a razoabilidade regra editalícia que atribuiu caráter eliminatório à fase de títulos.**

"CONCURSO PÚBLICO. TÍTULOS. REPROVAÇÃO. Coaduna-se com o princípio da razoabilidade constitucional conclusão sobre a circunstância de a pontuação dos títulos apenas servir à classificação do candidato, jamais definindo aprovação ou reprovação. Alcance emprestado por tribunal de justiça à legislação estadual, em tudo harmônico com o princípio da razoabilidade, não se podendo cogitar de menosprezo aos critérios da moralidade e da impessoalidade. " (STF – AI 194188 AgR, Relator: Ministro Marco Aurélio, Segunda Turma, julgado em 30/03/1998.

◉ **Fere a razoabilidade a eliminação de candidato pelo fato dele possuir colesterol alto quando da realização do exame, pois tal desnível é temporário e tratável.**

"ADMINISTRATIVO. CONCURSO PÚBLICO PARA PROVIMENTO DE CARGO JUNTO À POLÍCIA RODOVIÁRIA FEDERAL. PRELIMINAR DE LITISCONSÓRCIO PASSIVO NECESSÁRIO. REJEITADA. EXAMES MÉDICOS. EXCLUSÃO DE CANDIDATA POR RAZÃO DE SUA ALTA TAXA DE COLESTEROL. PROBLEMA SANÁVEL COM MEDICAMENTOS. PRINCÍPIOS DA RAZOABILIDADE E PROPOPRCIONALIDADE. APLICAÇÃO. INAPTIDÃO PARA O CARGO. INOCORRÊNCIA. 1. Cuida-se de candidata excluída de concurso público para provimento de cargo junto à Polícia Rodoviária Federal em razão de em seu exame laboratorial de sangue apresentar uma taxa de colesterol, acima do considerado normal. [...] 3. No mérito, é sabido por qualquer pessoa que o nível de colesterol no sangue é tratável, não apenas com uma dieta alimentar, exercícios físicos e medicamentos específicos e que as pessoas portadoras de uma taxa elevada de colesterol, não havendo falar-se em inaptidão para o trabalho. 3. Irreparável a decisão singular que assegurou a participação da autora nas demais etapas do processo seletivo, máxime quando milita em favor da autora, ora apelada, a decisão já proferida pela E. Turma, no AGTR nº 45547 PE, julgado na Sessão de 23.03.2004, que, à unanimidade, negou provimento ao Agravo da União. 4. Preliminar de nulidade rejeitada. 5. Apelação da União e remessa oficial improvidas. " (TRF5, AC 200283000135923, Desembargador Federal Petrucio Ferreira, Segunda Turma, DJ – Data::16/11/2006 – Página::741 – Nº 219).

◙ **Fere a razoabilidade a eliminação do candidato que não obteve acesso aos fundamentos de sua reprovação.**

"É cediço que um dos requisitos de validade do ato administrativo (exceto se discricionário) é a motivação, porque é através dela que se tornam conhecidos os motivos que levaram o administrador a praticar o ato. 2. – Consoante venerando precedente do colendo Superior refoge à razoabilidade a eliminação do candidato que não obteve acesso aos fundamentos de sua reprovação, impedindo-o de efetuar o controle da decisão administrativa, máxime quando o próprio edital autoriza a correção visual pelo simples uso de óculos ou lentes corretivas (RMS 35.265/SC, Rel. Ministro Castro Meira, Segunda Turma, julgado em 27-11-2012, DJe 06-12-2012). 3. – Na hipótese, a Administração Pública deixou de disponibilizar ao candidato os motivos pelos quais ele foi considerado inapto no exame de saúde, em concurso público. Reconhecida a nulidade do ato administrativo e determinada a repetição do exame de saúde, tendo em vista seu caráter eliminatório e que aos candidatos deve ser assegurada igualdade de tratamento. (...)" (TJES, Classe: Apelação / Remessa Necessária, 024130305816, Relator: DAIR JOSÉ BREGUNCE DE OLIVEIRA, Órgão julgador: TERCEIRA CÂMARA CÍVEL, Data de Julgamento: 20/03/2018, Data da Publicação no Diário: 28/03/2018)

◙ **As atribuições para o cargo de perito criminal da polícia civil demonstram que as atividades são eminentemente técnicas e científicas, não demonstrando a necessidade de teste de aptidão física, razão pela qual não é razoável sua aplicação e eliminação do candidato.**

"APELAÇÃO CÍVEL. CONCURSO PÚBLICO. SEPARAÇÃO DE PODERES. POSSIBILIDADE DE CONTROLE DE ATO ADMINISTRATIVO PELO JUDICIÁRIO. POLÍCIA CIVIL. PERITO CRIMINAL. TESTE DE APTIDÃO FÍSICA. IRRAZOABILIDADE E ILEGALIDADE DO ATO. SENTENÇA EXTRA PETITA. NÃO VERIFICADA. APELOS CONHECIDOS E IMPROVIDOS. REMESSA NECESSÁRIA PREJUDICADA. 1 – Não obstante o respeito ao Princípio da Separação dos Poderes, jurisprudência e doutrina possuem posição firmada no sentido e que é possível a análise pelo Judiciário dos atos administrativos que não obedeçam à lei, bem como daqueles que ofendam princípios constitucionais, tais como: a moralidade, a eficiência, a razoabilidade, a proporcionalidade, além de outros. Dessa forma, o Poder Judiciário poderá, por vias tortas, atingir a conveniência e a oportunidade do ato administrativo discricionário, mas tão somente quando essas forem incompatíveis com o ordenamento vigente, portanto, quando for ilegal. 2 – As atribuições para o cargo de perito criminal da polícia civil, demonstram que as atividades são eminentemente técnicas e científicas, não demonstrando a necessidade de teste de aptidão física, sendo suficiente, como para qualquer outra função em que serão desempenhadas atividades laboratoriais ou técnicas, os exames de saúde já exigidos nos editais, que demonstrem a boa condição do candidato. 3 – A simples leitura da descrição sumária do cargo S06, perito criminal, 3ª categoria, presente no edital às fls. 74, demonstra que não há qualquer previsão de atividade que exija do servidor esforço ou condicionamento físico. 4 – Não há aqui que se falar em sentença extra petita, tendo o Magistrado permanecido adstrito ao pedido e à causa de pedir apresentados na petição inicial. Na verdade, a menção feita à nomeação e posse do candidato, caso aprovado dentro do número de vagas, é consequência natural, uma vez que a jurisprudência pátria adota como regra o direito subjetivo à nomeação dos candidatos aprovados dentro do número de vagas estabelecido no edital. 5 – Apelos conhecidos e improvidos. Remessa Necessária prejudicada." (TJES, Classe: Apelação / Remessa Necessária, 024130318355, Relator: JORGE DO NASCIMENTO VIANA, Órgão julgador: QUARTA CÂMARA CÍVEL, Data de Julgamento: 09/10/2017, Data da Publicação no Diário: 13/11/2017)

◙ **É possível haver violação à razoabilidade quando se fixa horários distintos para a realização da fase de prova física no concurso público.**

"TESTE DE APTIDÃO FÍSICA. HORÁRIO FIXADO EM DESACORDO COM OS PRINCÍPIOS DA RAZOABILIDADE E DA ISONOMIA. 1. Rechaçada a preliminar de cerceamento de defesa, porquanto o deslinde da controvérsia prescinde da produção de provas. 2. A Administração, em estabelecendo o horário de meio-dia para a realização de testes físicos para a cidade do Recife, nos cargos de Agente e Escrivão da Polícia Federal, afetou os princípios da razoabilidade e da isonomia entre os participantes do certame. 3. In casu, é de se repetir integralmente os testes físicos para os apelantes, dessa vez em horário compatível com o fixado para as demais capitais nordestinas..." (STF – ARE: 783949 PE, Relator: Min. RICARDO LEWANDOWSKI, Data de Julgamento: 03/02/2014, Data de Publicação: DJe-026 DIVULG 06/02/2014 PUBLIC 07/02/2014)".

◙ **Convocação do candidato aprovado apenas pelo diário oficial, sendo que já tinha se passado muito tempo desde a divulgação da etapa anterior, viola os princípios da razoabilidade e da publicidade.**

"Viola os princípios da razoabilidade e da publicidade a convocação para determinada fase de concurso público ou para nomeação de candidato aprovado apenas mediante publicação do chamamento em Diário Oficial quando passado muito tempo entre a realização ou a divulgação do resultado da etapa imediatamente anterior e a referida convocação, uma vez que é inviável exigir que o candidato acompanhe, diariamente, com leitura atenta, as publicações oficiais." (STJ. 2ª Turma. AgRg no RMS 37.227-RS, Rel. Min. Mauro Campbell Marques, julgado em 6/12/2012 (Info 515).

◙ **Direito do autor a se submeter a nova verificação da condição de negro/pardo.**

"REEXAME NECESSÁRIO. MANDADO DE SEGURANÇA. DETERMINAÇÃO JUDICIAL DE REAVALIAÇÃO DA CONDIÇÃO DO AUTOR DE NEGRO OU PAR-

DO. RAZOABILIDADE. SENTENÇA CONFIRMADA. 1. Reexame necessário da sentença pela qual o Juízo, na ação de conhecimento proposta por Taciano Regis Rezende contra a União, julgou procedente em parte o pedido "para declarar o direito do autor a se submeter a nova verificação da condição de negro/pardo e, caso aprovado em todas as etapas do certame e do Curso de Formação, determinar – respeitando-se a ordem de classificação – sua nomeação e posse na vaga que, por força da decisão antecipatória, lhe foi reservada." 2. Processo administrativo de seleção de candidatos em concurso público. (A) Determinação do Juízo para que a Administração proceda à reavaliação da condição do autor de negro ou pardo. Razoabilidade. (B) Nos termos do Art. 2º, caput, da Lei 9.784, de 29 de janeiro de 1999, "[a] Administração Pública obedecerá, dentre outros, aos princípios da legalidade, finalidade, motivação, razoabilidade, proporcionalidade, moralidade, ampla defesa, contraditório, segurança jurídica, interesse público e eficiência." (C) Sentença confirmada. 3. Remessa oficial não provida." (TRF 1ª – Reexame Necessário 0005458-56.2016.4.01.3400/DF Região, 5ª Turma, Des. Subs. Rel. LEÃO APARECIDO ALVES, jul. 12 de dezembro de 2018)

◉ **A nomeação ou a convocação para determinada fase de concurso público após considerável lapso temporal entre uma fase e outra, sem a notificação pessoal do interessado, viola os princípios da publicidade e da razoabilidade, não sendo suficiente a publicação no Diário Oficial.**

"ADMINISTRATIVO. PROCESSUAL CIVIL. CONCURSO PÚBLICO. DECADÊNCIA DO DIREITO DE IMPETRAÇÃO DO WRIT. INOCORRÊNCIA. CONVOCAÇÃO PARA POSSE POR PUBLICAÇÃO NO DIÁRIO OFICIAL, SEM NOTIFICAÇÃO PESSOAL. IMPOSSIBILIDADE. ACÓRDÃO RECORRIDO EM CONSONÂNCIA COM A JURISPRUDÊNCIA DESTA CORTE. SÚMULA 83/STJ. 1. No caso dos autos, não há falar em decadência, já que o mandado de segurança foi impetrado após um mês da ciência pessoal do ato coator, portanto antes dos 120 (cento e vinte) dias do prazo decadencial para a impetração do writ. 2. A nomeação em concurso público após considerável lapso temporal da homologação do resultado final, sem a notificação pessoal do interessado, viola o princípio da publicidade e da razoabilidade, não sendo suficiente a convocação para a fase posterior do certame por meio do Diário Oficial, conforme recente jurisprudência desta Corte. Súmula 83/STJ. Agravo regimental improvido." (STJ – AgRg no AREsp 345.191/PI, Rel. Ministro HUMBERTO MARTINS, SEGUNDA TURMA, julgado em 05/09/2013, DJe 18/09/2013)

◉ **No mesmo sentido:** "ADMINISTRATIVO. RECURSO ESPECIAL. CONCURSO PÚBLICO. NOMEAÇÃO. PUBLICAÇÃO NA IMPRENSA OFICIAL E DIVULGAÇÃO NA INTERNET. LONGO LAPSO TEMPORAL ENTRE A HOMOLOGAÇÃO DO RESULTADO FINAL DO CONCURSO E A NOMEAÇÃO. PRINCÍPIO DA RAZOABILIDADE. 1. Trata-se na origem de mandado de segurança impetrado pela ora recorrente objetivando o seu direito de tomar posse no cargo público de Educadora Infantil para o qual concorreu, ao argumento de que foi nomeada, contudo, por não ter sido comunicada pessoalmente, só tomou conhecimento de tal ato quando transcorrido o prazo para a apresentação dos documentos. 2. É incontroverso que a nomeação da recorrente foi publicada no sítio www.natal.rn.gov.br/sme, na internet, e no Diário Oficial do Município, órgão de divulgação dos atos do Poder Executivo Municipal, conforme previa o Edital do concurso. Ocorre que transcorreu mais de um ano entre a nomeação (1º.1.2009 – fl. 29) e a data em que foi publicada a homologação do resultado final do certame (28.12.2007 – fl. 29). 3. Ora, caracteriza violação ao princípio da razoabilidade a convocação para determinada fase de concurso público, mediante publicação do chamamento em diário oficial e pela internet, quando passado considerável lapso temporal entre a homologação final do certame e a publicação da nomeação, uma vez que é inviável exigir que o candidato acompanhe, diariamente, durante longo lapso temporal, as publicações no Diário Oficial e na internet. 4. E mesmo não havendo previsão expressa no edital do certame de intimação pessoal do candidato acerca de sua nomeação, em observância aos princípios constitucionais da publicidade e da razoabilidade, a Administração Pública deveria, mormente em face do longo lapso temporal decorrido entre as fases do concurso (mais de 1 ano), comunicar pessoalmente o candidato sobre a nova fase, para que pudesse exercer, se fosse de seu interesse, o exame médico. 5. Recurso especial provido." (STJ – REsp 1308588/RN, Rel. Ministro MAURO CAMPBELL MARQUES, SEGUNDA TURMA, julgado em 16/08/2012, DJe 22/08/2012).

◉ **Atenta contra os princípios da razoabilidade e proporcionalidade a negativa de viabilizar o direito de o candidato ir para o final de fila na classificação do concurso.**

"PROCESSUAL CIVIL E ADMINISTRATIVO. MANDADO DE SEGURANÇA. REEXAME NECESSÁRIO. CONCURSO PÚBLICO. REPOSICIONAMENTO. FINAL DA LISTA DE APROVADOS. POSSIBILIDADE. RAZOABILIDADE. AUSÊNCIA DE PREJUÍZO. I. Na espécie dos autos, não se afigura razoável a norma editalícia que proíbe a possibilidade do candidato aprovado em concurso público opte por seu reposicionamento para a última colocação da lista dos aprovados, não havendo qualquer prejuízo aos demais candidatos aprovados no certame ou à Administração Pública, pelo que não merece qualquer reparo o julgado monocrático que concedeu a segurança pleiteada pelo impetrante. II. Remessa oficial desprovida. Sentença confirmada. " (TRF01 – RN: 00390879820144013300, Relator: SOUZA PRUDENTE, QUINTA TURMA, Data de Publicação: 29/09/2015)

◉ **A eliminação do candidato em decorrência de exame psiquiátrico firmado por médico não especialista, sendo o mesmo induzido a erro (o candidato), afronta aos princípios da razoabilidade e da proporcionalidade.**

"CONCURSO PÚBLICO. POLICIAL RODOVIÁRIO FEDERAL. EDITAL 1/2013 – PRF. AVALIAÇÃO DE SAÚDE. EXAME PSIQUIÁTRICO FIRMADO POR MÉDICO NÃO ESPECIALISTA. ELIMINAÇÃO DO CERTAME. CANDIDATO INDUZIDO A ERRO. AFRONTA AOS PRINCÍPIOS DA RAZOABILIDADE E DA PROPORCIONALIDADE. APRESENTAÇÃO POSTERIOR DE LAUDO EM CONSONÂNCIA COM O EDITAL. IRREGULARIDADE SUPRIDA. SENTENÇA REFORMADA. ANTECIPAÇÃO DA TUTELA RECURSAL DEFERIDA. 1. Este Tribunal possui jurisprudência consolidada, no sentido de que fere os princípios da razoabilidade e da proporcionalidade a eliminação do candidato pela apresentação extemporânea de exame médico, mormente quando o próprio edital indica etapa específica para a entrega de possíveis exames complementares. (AC 00750145320134013400, Desemb. Federal KASSIO NUNES MARQUES, TRF1 – 6ª TURMA, e-DJF1 data: 08/02/2018; AC 00105761520134013304, Desemb. Federal SOUZA PRUDENTE, TRF1 – 5ª TURMA, e-DJF1 data: 17/08/2017). 2. Demonstrado nos autos que o candidato foi induzido a erro ao ter se submetido a exame psiquiátrico com médico não especialista, bem como ter posteriormente suprido a irregularidade apontada pela banca examinadora com a apresentação de novo laudo que cumpria as exigências do edital, não se afigura razoável a sua eliminação, porquanto atingida a finalidade dessa fase do certame, que é o de aferir as condições físicas e mentais do candidato para o exercício do cargo. 3. Antecipação dos efeitos da tutela recursal deferida. 4. Apelação a que se dá provimento. " (TRF1 AC 0074145-90.2013.4.01.3400/DF, Rel. Desembargadora Federal Daniele Maranhão Costa, Quinta Turma, e-DJF1 p. de 10/04/2018)

◉ **Avilta o princípio da razoabilidade eleger como critério de desempate o tempo anterior na titularidade do serviço para o qual se realiza o concurso público.**

"Mostra-se conflitante com o princípio da razoabilidade eleger como critério de desempate tempo anterior na titularidade do serviço para o qual se realiza o concurso público." [ADI 3.522, rel. min. Marco Aurélio, j. 24-11-2005, P, DJ de 12-5-2006.] = ADI 4.178 MC-REF, rel. min. Cezar Peluso, j. 4-2-2010, P, DJE de 7-5-2010 Vide AI 830.011 AgR, rel. min. Luiz Fux, j. 26-6-2012, 1ª T, DJE de 14-8-2012.

▶ **O princípio da proporcionalidade é um princípio constitucional implícito, decorrente do devido processo legal, conforme já salientou o Supremo Tribunal Federal.**

O princípio da proporcionalidade é um princípio constitucional implícito, decorrente do devido processo legal, conforme já salientou o Supremo Tribunal Federal. Porém, no âmbito da legislação infraconstitucional, ele encontra-se positivado expressamente na Lei 9.784/1999, que disciplina o processo administrativo federal.

▶ **O diferencial da proporcionalidade é que a exigência ou a conduta, se feitas corretamente, são válidas e permitidas pelo direito.**

O diferencial da proporcionalidade é que a exigência ou a conduta, se feitas corretamente, são válidas e permitidas pelo direito. Há uma frase que resume bem o princípio da proporcionalidade: "não se abatem pardais utilizando balas de canhão".

▶ **O princípio da proporcionalidade desponta como grande limitador do poder discricionário dos agentes públicos.**

O princípio da proporcionalidade desponta como grande limitador do poder discricionário dos agentes públicos. É cediço que, em muitas hipóteses, a lei deixa certa margem de liberdade para que o agente, na análise do caso concreto, apreciando fatores de conveniência e oportunidade, adote a conduta que melhor atenda ao interesse público. Essa margem de liberdade é chamada de discricionariedade. Ocorre que essa discricionariedade, necessária à gestão da coisa pública, não é ilimitada, pelo contrário, possui diversos parâmetros de controle. Além da lei, da qual não pode se descurar o administrador, ultrapassando os seus limites, existem limites nos princípios constitucionais, tais como: proporcionalidade, razoabilidade, impessoalidade, segurança jurídica, entre outros. Assim, o gestor, ao adotar uma conduta em que lhe foi reservada certa margem de liberdade, deve fazer uso de meios adequados, necessários, proporcionais aos fins que se pretende atingir.

> ◉ **No mesmo sentido:** "(...) 3 – No mérito, deve a autoridade competente, na aplicação da penalidade, em respeito ao princípio da proporcionalidade (devida correlação na qualidade e quantidade da sanção, com a grandeza da falta e o grau de responsabilidade do servidor), observar as normas contidas no ordenamento jurídico próprio, verificando a natureza da infração, os danos para o serviço público, as circunstâncias atenuantes ou agravantes e os antecedentes funcionais do servidor. Inteligência do art. 128, da Lei n.º 8.112/90. 4 – Ademais registro que, por se tratar de demissão, pena capital aplicada a um servidor público, a afronta ao princípio supracitado constitui desvio de finalidade por parte da Administração, tornando a sanção aplicada ilegal, sujeita a revisão pelo Poder Judiciário. Deve a dosagem da pena, também, atender ao princípio da individualização inserto na Constituição Federal de 1988 (art. 5.º, XLVI), traduzindo-se na adequação da punição disciplinar à falta cometida. 5 – Precedente da 3.ª Seção (MS 6.663/DF). 6 – Preliminares rejeitadas e ordem concedida para determinar que sejam anulados os atos que impuseram a pena de demissão às impetrantes, com a consequente reintegração das mesmas nos cargos que ocupavam, sem prejuízo de que, em nova e regular decisão, a administração pública aplique a penalidade adequada à infração administrativa que ficar efetivamente comprovada. 7 – Quanto aos efeitos financeiros, estes devem ser pleiteados na via própria, a teor da Súmula 271/STF. Custas ex lege. Sem honorários advocatícios a teor das Súmulas 512/STF e 105/STJ" (STJ, MS 7.005/DF, 3.ª S., Rel. Min. Jorge Scartezzini, DJU 04.02.2002).

▶ **É o que ocorre, com frequência, em processos punitivos em geral.**

Nesse caso, é muito comum a lei não vincular uma sanção a cada infração, deixando várias hipóteses de sanção para que o administrador, analisando o caso concreto, o dolo e a culpa do infrator, a lesão ao interesse público, aplique a penalidade que melhor se enquadre à infração cometida. Apenas a título de exemplo, registre-se o teor do art. 2.º da Lei 6.437/1977, que estabelece as infrações e sanções à legislação sanitária federal e dá outras providências: "Art. 2.º Sem prejuízo das sanções de natureza civil ou penal cabíveis, as infrações sanitárias serão punidas, alternativa ou cumulativamente, com as penalidades de: I – advertência; II – multa; III – apreensão de produto; IV – inutilização de produto; V – interdição de produto; VI – suspensão de vendas e/ou fabricação de produto; VII – cancelamento de registro de produto; VIII – interdição parcial ou total do estabelecimento; IX – proibição de propaganda; X – cancelamento de autorização para funcionamento da empresa; XI – cancelamento do alvará de licenciamento de estabelecimento; XI-A – intervenção no estabelecimento que receba recursos públicos de qualquer esfera". Por sua vez, o art. 6.º da referida legislação informa que: "Art. 6.º Para a imposição da pena e a sua graduação, a autoridade sanitária levará em conta: I – as circunstâncias atenuantes e agravantes; II – a gravidade do fato, tendo em vista as suas consequências para a saúde pública; III – os antecedentes do infrator quanto às normas sanitárias". Veja que o legislador previu várias possibilidades de sanções para infrações à legislação sanitária federal, porém condicionou a sua aplicação à análise de circunstâncias agravantes e atenuantes, à gravidade do fato, aos antecedentes do infrator.

> **No mesmo sentido:** "ADMINISTRATIVO. MANDADO DE SEGURANÇA. POLICIAL RODOVIÁRIO FEDERAL. SUPERINTENDENTE REGIONAL. DEMISSÃO. DESPROPORCIONALIDADE CONFIGURADA. SEGURANÇA CONCEDIDA. 1. Trata-se de mandado de segurança atacando ato do Ministro de Estado da Justiça consistente na demissão do impetrante do cargo de Policial Rodoviário Federal em razão de diversas irregularidades funcionais apuradas em processo administrativo disciplinar. 2. Defende o impetrante a ilegalidade do ato administrativo que importou na sua demissão do cargo de Policial Rodoviário Federal pelos seguintes fundamentos: o processo administrativo teve motivação política; houve cerceamento do direito de defesa diante da ausên-cia de oitiva de testemunhas por ele arroladas; inexiste ato ímprobo diante das provas colhidas no âmbito do processo administrativo; não foram demonstrados desonestidade, proveito próprio, dolo/culpa e a intenção de lesar o ente público; e, finalmente, é desproporcional a pena aplicada. 3. Das nulidades invocadas, tem razão o impetrante quando defende a desproporcionalidade da pena de demissão relativamente aos fatos a ele imputados. Com efeito, as condutas apuradas justificam reprimendas, uma vez que ferem princípios da Administração Pública, além de comprometer a prestação do serviço público e a imagem das instituições públicas perante os cidadãos; entretanto, são por si sós insuficientes para ensejar a pena de demissão, sob pena de ofensa aos princípios da proporcionalidade e da razoabilidade. 4. Segurança concedida para anular a pena de demissão e determinar a reintegração do impetrante, assegurando-se à Administração a possibilidade de aplicação de pena diversa." (STJ, MS 19.833/DF 2013/0053774-0, 1.ª S., Rel. Min. Mauro Campbell Marques, j. 26.02.2014, DJe 21.05.2014).

▶ **O administrador, analisando o caso concreto, as variantes que a lei traz, aplicará a sanção que melhor atenda ao interesse público no caso. Não é livre o gestor para aplicar qualquer penalidade sob o argumento de que todas estão na lei**

Isso significa que a penalidade concreta a ser aplicada vai ser estabelecida após um juízo de discricionariedade. Por outras palavras: o administrador, analisando o caso concreto, as variantes que a lei traz, aplicará a sanção que melhor atenda ao interesse público no caso. Não é livre o gestor para aplicar qualquer penalidade sob o argumento de que todas estão na lei. Isso porque, como registrado, além do limite da legalidade, existem outras barreiras, dentre as quais se destaca o princípio da proporcionalidade.

▶ **O Judiciário não pode substituir o ato, mas apenas anulá-lo, sob pena de violação ao princípio da separação dos poderes.**

O Judiciário não pode substituir o ato, mas apenas anulá-lo, sob pena de violação ao princípio da separação dos poderes. Quando se disse que a Administração pode fazer outro, não significa convalidá-lo, pois, como é sabido, ato que foi questionado em juízo não pode ser objeto de convalidação. A prática de outro ato, todavia, fica condicionada ao seu exercício não encontrar o óbice da decadência, pois, nesse caso, inexiste possibilidade de reiterar o ato, uma vez que o gestor perde a possibilidade de praticá-lo em razão da extinção dessa prerrogativa, que nada mais é que uma manifestação do princípio da segurança jurídica.

> ◙ **No mesmo sentido:** "(...) 3 – No mérito, deve a autoridade competente, na aplicação da penalidade, em respeito ao princípio da proporcionalidade (devida correlação na qualidade e quantidade da sanção, com a grandeza da falta e o grau de responsabilidade do servidor), observar as normas contidas no ordenamento jurídico próprio, verificando a natureza da infração, os danos para o serviço público, as circunstâncias atenuantes ou agravantes e os antecedentes funcionais do servidor. Inteligência do art. 128, da Lei n.º 8.112/90. 4 – Ademais registro que, por se tratar de demissão, pena capital aplicada a um servidor público, a afronta ao princípio supracitado constitui desvio de finalidade por parte da Administração, tornando a sanção aplicada ilegal, sujeita a revisão pelo Poder Judiciário. Deve a dosagem da pena, também, atender ao princípio da individualização inserto na Constituição Federal de 1988 (art. 5.º, XLVI), traduzindo-se na adequação da punição disciplinar à falta cometida. 5 – Precedente da 3.ª Seção (MS 6.663/DF). 6 – Preliminares rejeitadas e ordem concedida para determinar que sejam anulados os atos que impuseram a pena de demissão às impetrantes, com a consequente reintegração das mesmas nos cargos que ocupavam, sem prejuízo de que, em nova e regular decisão, a administração pública aplique a penalidade adequada à infração administrativa que ficar efetivamente comprovada. 7 – Quanto aos efeitos financeiros, estes devem ser pleiteados na via própria, a teor da Súmula 271/STF. Custas ex lege. Sem honorários advocatícios a teor das Súmulas 512/STF e 105/STJ." (STJ, MS 7.005/DF, 3.ª S., Rel. Min. Jorge Scartez-zini, DJU 04.02.2002).

PRINCÍPIO DA ISONOMIA COMO BASE JURÍDICA PARA IMPETRAÇÃO DO MANDADO DE SEGURANÇA.

▶ **A realização de certame competitivo, prévio ao acesso aos cargos e empregos públicos, objetiva realizar os princípios consagrados em nosso sistema constitucional, notadamente os princípios da democracia e isonomia.**

"A realização de certame competitivo, prévio ao acesso aos cargos e empregos públicos, objetiva realizar os princípios consagrados em nosso sistema constitucional, notadamente os princípios da democracia e isonomia, e efetiva-se por meio de processo administrativo. Utilizando este mecanismo, são atendidas também as exigências do princípio da eficiência, neste momento entendido como a necessidade de selecionar os mais aptos para ocupar as posições em disputa e proporcionar uma atuação estatal otimizada. O acesso aos cargos e empregos públicos deve ser amplo e democrático, precedido de um procedimento impessoal onde se assegurem igualdade de oportunidades a todos interessados em concorrer para exercer os encargos oferecidas pelo Estado, a quem incumbirá identificar e selecionar os mais adequados, mediante critérios objetivos. " (Comentários à Constituição do Brasil / J. J. Gomes Canotilho. [et al.]. – São Paulo: Saraiva/Almedina, 2013, p. 830)

▶ **O concurso público deve assegurar a isonomia entre os interessados.**

"Em face de sua estrutura concorrencial, o concurso público deve assegurar a isonomia entre os interessados, visto que "os cargos, empregos e funções públicas são acessíveis aos brasileiros que preencham os requisitos estabelecidos em lei, assim como aos estrangeiros, na forma da lei" (CF/88, art. 37, 1)." (O regime jurídico do concurso público e seu controle jurisdicional, PINHEIRO DE QUEIROZ, Ronaldo. MAIA, Márcio Barbosa, p. 24).

> ◙ **No mesmo sentido:**"Com efeito, em se tratando de candidatos oriundos do mesmo concurso público, devem ser submetidos aos mesmos requisitos de avaliação e aprovação, sob pena de ofensa ao princípio da isonomia." (REsp 1.217.346/RJ, 1.ª T., rel. Min. Arnaldo Esteves Lima, j. 22.11.2011, DJe 02.02.2012).

◙ **Viola o princípio constitucional da isonomia norma que estabelece como título o mero exercício de função pública.**

"Viola o princípio constitucional da isonomia norma que estabelece como título o mero exercício de função pública." [STF – ADI 3.443, rel. min. Carlos Velloso, j. 8-9-2005, P, DJ de 23-9-2005.]

▶ **Índices alarmantes de desvios e perseguições das bancas examinadoras.**

"...infelizmente, a nossa realidade histórica ainda registra índices alarmantes de desvios e perseguições das bancas examinadoras em desfavor dos candidatos-administrados, por motivos de toda ordem, compreendendo fatores ideológicos, sociológicos, raciais, físicos, geográficos e socioeconômicos." (PINHEIRO DE QUEIROZ, Ronaldo. MAIA, Márcio Barbosa. O regime jurídico do concurso público e seu controle jurisdicional, p. 25).

▶ **A obrigatoriedade do concurso de ingresso no serviço público é uma decorrência do princípio da isonomia.**

"No sistema jurídico brasileiro a garantia de igual acesso a todos os interessados em ingressar no serviço público tem fortíssimas raízes constitucionais, a partir do próprio art. 1º da Constituição Federal, que consagra o princípio republicano, o qual não admite castas ou classes de ·cidadãos. A obrigatoriedade do concurso de ingresso no serviço público já é uma decorrência do princípio republicano, mas é reforçada ainda mais pelo princípio da isonomia e por disposições constitucionais expressas." (MOTTA, Fabrício (Coord.). Concurso Público e Constituição, 1.ª edição, 2ª tiragem, Belo Horizonte: Fórum, 2007. p. 92)

▶ **O princípio da igualdade reclama um fator externo à convivência humana para nivelar homens diferenciados cultural e economicamente.**

"..os homens são, por natureza, desiguais. O que existe, em termos de igualdade, é a inserção de todos na espécie humana, como indivíduos e pessoas. Todavia, a convivência política exige um "fator igualador" que provém de fora, podendo-se utilizar, para explicá-lo, a metáfora da moeda. A moeda é um fator externo, necessário para igualar as atividades do médico e do agricultor, na economia, por exemplo. Isso também é necessário na convivência social e política. O princípio da igualdade reclama um fator externo à convivência humana para nivelar homens diferenciados cultural e economicamente. E esse fator de igualdade humana só pode ser conferido pelo direito, correspondendo à própria lei. Logo, é a lei que iguala indivíduos das mais díspares naturezas. Diferentemente da igualdade formal, feita pela lei, a igualdade material parte do pressuposto de que os homens são realmente desiguais. O reconhecimento da desigualdade é o fundamento para programas de ações afirmativas, pelos quais se visa favorecer indivíduos concebidos como mais necessitados ou como credores de assistência do Estado." (PASSOS, Calmon. O princípio de não discriminação. Revista Dialogo Jurídico, p. 6)

▶ **Pela igualdade material, opera-se uma discriminação que a doutrina denomina discriminação inversa.**

"Alargam-se as oportunidades desses indivíduos, para inseri-los no mercado de trabalho, no serviço público e na sociedade. Pela igualdade material, opera-se uma discriminação que a doutrina denomina discriminação inversa. Ao proporcionar certos privilégios e facilidades a alguns indivíduos, nivelam-se os seres humanos, em termos de igualdade real e substancial. Por conseguinte, esses passam a poder competir com aqueles que se consideram providos de maiores recursos intelectuais, culturais, materiais e financeiros." (Fortini, Cristiana. Servidor público: estudos em homenagem ao professor Pedro Paulo de Almeida Dutra (Locais do Kindle 9705-9708). Editora Fórum. Edição do Kindle.)

▶ **A reserva de vagas para PNE é uma forma de efetivar o princípio da isonomia:**

O postulado isonômico assume fundamental importância no que concerne ao acesso aos cargos e empregos públicos, pois se buscam, por meio do concurso, aqueles que preencham as condições legais e intelectuais para o exercício do cargo.

▶ **No mesmo sentido:** "Referido princípio, para conferir igualdade de condições a pessoas que, devido às circunstâncias sociais ou físicas, se encontram em desvantagem, autoriza o legislador a estabelecer critérios que têm por objetivo afastar a condição desfavorável de modo a permitir que as pessoas possam concorrer em igualdade de condições, ou seja, trata de forma desigual os desiguais, para prevalecer o postulado da igualdade material." (MARCONDES, Pedro Carlos Bitencourt. *Servidor Público Teoria e Prática*, Belo Horizonte, 2016, p. 37)

▶ **A igualdade pode ser formal ou material. Quem são os iguais e os desiguais?**

"Saber quem são os iguais e os desiguais em matéria de concurso público constitui uma tarefa deveras tormentosa e um dos principais objetivos do presente estudo, visto que, infelizmente, a nossa realidade histórica ainda registra índices alarmantes de desvios e perseguições das bancas examinadoras em desfavor dos candidatos-administrados, por motivos de toda ordem, compreendendo fatores ideológicos, sociológicos, raciais, físicos, geográficos e socioeconômicos. Para alcançar tal mister, é preciso estabelecer, de logo, parâmetros objetivos para se detectar, ictu oculi, os casos de manifesta violação ao postulado da igualdade na seara da atividade administrativa dos concursos públicos, visto que uma especulação mais profunda acerca dos debates cientifico-teóricos dos limites da liberdade do legislador ou da discricionariedade legislativa nesse campo não se comportaria dentro dos acanhados limites do presente estudo. (...) A luz de tais diretivas, mencionem-se, a título de exemplo, as situações flagrantemente atentatórias ao postulado magno da igualdade descritas na justificação do Projeto de Lei do Senado n. 92/2000, que dispõe sobre normas gerais relativas a concursos públicos, verbis: " – imposição arbitraria de idades máximas para determinar dos cargos – exigências, contra a mulher, de condição de solteira ou de não ser mãe; – restrições a candidatos moradores de outros Municípios e Estados; – pontuação por tempo de serviço em determinado órgão; – utilização de critérios e equipamentos diferenciados nas examinações relativas as provas praticas; – utilização de critérios arbitrários nas provas físicas; – segregação e discriminação contra pessoas com determinadas condições físicas, malformações ou outras características pessoais." (PINHEIRO DE QUEIROZ, Ronaldo. MAIA, Márcio Barbosa. *O regime jurídico do concurso público e seu controle jurisdicional*, p. 25/26).

◉ **Afigura desarrazoada e viola o princípio da isonomia em seu âmbito material a exigência do teste de barra fixa, na modalidade dinâmica, para as candidatas do sexo feminino.**

"ADMINISTRATIVO. CONCURSO PÚBLICO. AGENTE DA POLÍCIA FEDERAL. EDITAL Nº 1/2009 – DGP/DPF. EXAME DE CAPACIDADE FÍSICA. TESTE DE BARRA FIXA NA MODALIDADE DINÂMICA. CANDIDATAS DO SEXO FEMININO. OFENSA AOS PRINCÍPIOS DA ISONOMIA, DA RAZOABILIDADE E DA PROPORCIONALIDADE. SENTENÇA REFORMADA. 1. Este Tribunal possui entendimento pacificado no sentido de que se afigura desarrazoada e viola o princípio da isonomia em seu âmbito material a exigência do teste de barra fixa, na modalidade dinâmica, para as candidatas do sexo feminino, ante as diferenças de compleição física entre homens e mulheres. (AC 00295892820124013500, Desemb. Federal SOUZA PRUDENTE, TRF1 – 5ª TURMA, e-DJF1 06/11/2017; AC 00134470220054013400, Desemb. Federal DANIEL PAES RIBEIRO, 6ª TURMA, e-DJF1 26/10/2016) 2. Apelação a que se dá provimento. " (TRF 1ª – AC 2009.34.00.035906-0/DF, Rel. Desembargadora Federal Daniele Maranhão Costa, Quinta Turma, e-DJF1 p. de 30/04/2018).

▶ **Sem expressa previsão constitucional, qualquer discriminação, ainda que inversa, em matéria de concurso público, não se legitima.**

"Sem expressa previsão constitucional, qualquer discriminação, ainda que inversa, em matéria de concurso público, não se legitima. Assim, ainda que se tenha previsão legal, as políticas públicas correspondentes a ações afirmativas de reserva de vagas para afrodescendentes e para os descendentes indígenas em concurso público são inconstitucionais. Consoante Andrei Marmor, a legislação constitui parte do discurso oficial do Estado. Não se pode, por isso, tratar o debate de determinado dever constitucional, como o é a realização de concurso público, fora do discurso oficial responsável pela validade desta norma e sem a consideração de sua inserção no corpo do sistema." (FORTINI, Cristiana. Servidor público: estudos em homenagem ao professor Pedro Paulo de Almeida Dutra (Locais do Kindle 9749-9764). Editora Fórum. Edição do Kindle.)

▶ **Não se pode, por consequência, admitir a validade de discursos assistencialistas, que se revelam aparentemente oficiais, permitindo a utilização do instituto do concurso público como política de inclusão social.**

"Não se pode, por consequência, admitir a validade de discursos assistencialistas, que se revelam aparentemente oficiais, permitindo a utilização do instituto do concurso público como política de inclusão social. Ademais, a discriminação, mesmo inversa, quando desautorizada pelo constituinte, é prejudicial à ética, dada a distorção de referências externas que guiem, com a devida neutralidade e impessoalidade, a seleção de servidores. Esses valores de neutralidade e impessoalidade da função pública profissionalizada foram definidos pelo Estado e pela sociedade, no ordenamento constitucional brasileiro. Logo, um ambiente no funcionalismo público marcado por preferências, discriminações positivas e assistencialismo a determinados cidadãos, sem a legitimação da Constituição, gerará, no futuro, mais insatisfação e desmotivação dos servidores não contemplados com a mesma benesse." (FORTINI, Cristiana. Servidor público: estudos em homenagem ao professor Pedro Paulo de Almeida Dutra (Locais do Kindle 9749-9764). Editora Fórum. Edição do Kindle.)

▶ **Princípio da isonomia VS Princípio do amplo acesso à justiça.**

É muito comum nos processos judiciais o seguinte questionamento: o acolhimento de uma ação anulando uma questão de concurso ou uma prova não apenas para um candidato não iria ferir o princípio da isonomia, pois, a final de contas, a questão e o exame são os mesmos para todos? Este tem sido, por muitas vezes, o fundamento para o indeferimento de pleitos legítimos de candidatos que levam suas pretensões ao Poder Judiciário. O objetivo do presente artigo é analisar até que ponto o princípio da isonomia pode ou não influenciar em uma decisão judicial que inviabilize o exercício de um candidato pleitear seus direitos na justiça.

▶ **O uso equivocado e retórico da isonomia.**

Um dos principais fundamentos para o não acatamento de pleitos sobre concurso público é o subterfúgio ao princípio à isonomia. Não é difícil localizar decisões que negue a anulação de um exame psicotécnico sob o fundamento de que o mesmo foi igual para todos e aceitar a anulação no caso concreto iria gerar a quebra da igualdade que deve permear o certame.

◉ **A igualdade das partes é imanente ao procedural** *due process of law*

"a igualdade das partes é imanente ao procedural due *process of law*; quando uma das partes é o Estado, a jurisprudência tem transigido com alguns favores legais que, além da vetustez, têm sido reputados não arbitrários por visarem a compensar dificuldades da defesa em juízo das entidades públicas; se, ao contrário, desafiam a medida da razoabilidade ou da proporcionalidade, caracterizam privilégios inconstitucionais: parece ser esse o caso na parte em que a nova medida provisória insiste, quanto ao prazo de decadência da ação rescisória, no favorecimento unilateral das entidades estatais, aparentemente não explicável por diferenças reais entre as partes e que, somadas a outras vantagens processuais da Fazenda Pública, agravam a consequência perversa de retardar sem limites a satisfação do direito do particular já reconhecido em juízo. 4. No caminho da efetivação do due process of law – que tem particular relevo na construção sempre inacabada do Estado de direito democrático – a tendência há de ser a da gradativa superação dos privilégios processuais do Estado, à custa da melhoria de suas instituições de defesa em juízo, e nunca a da ampliação deles ou a da criação de outros como – é preciso dizê-lo – se tem observado neste decênio no Brasil." (STF, Pleno, MCADIn 1910-1-DF, rel. Min. Sepúlveda Pertence, j. 22.4.1999, v.u. (CPC 188); e m.v. (CPC 485 X), DJU 27.2.2004, p. 19)

▶ **Equívoco de percepção quanto à situação.**

Ao que parece, há um equívoco de percepção quanto à situação. O que não pode ocorrer é a Administração conferir tratamento desigual aos candidatos, com a exceção, dentro dos limites legais, aos portadores de necessidades especiais, às mulheres e aos negros. Ainda assim, no caso acima, há limites. Por exemplo: a prova objetiva, discursiva, oral, fase de títulos, a fase de psicotécnico, de investigação social tem que se operar administrativamente da mesma para todos. Ocorre que o ato praticado pela Administração goza da presunção de legitimidade, ou seja, que o mesmo foi feito corretamente. Assim, em um concurso público que possui as fases acima citadas, sempre haverá a presunção de que as mesmas foram conduzidas corretamente. Todavia, esta presunção é juris tantum, ou seja, relativa, admitindo, por isso, prova em sentido contrário da validade do ato que, se confirmada, seja administrativamente ou judicialmente, enseja a nulidade do ato questionado. O grande problema surge justamente aí.

▶ **Quando a anulação de um ato ilegal vai gerar lesão à isonomia?**

É interessante, mas a situação muda conforme vários fatores, como, por exemplo, se o vício é estrutural e geral ou específico a um candidato, se a anulação é feita pela Administração ou pelo Poder Judiciário, dentre outros critérios. Em se tratando de vício estrutural, geral, como fraude que comprometa a validade do certame como um todo, a anulação tem que ser total, seja ela feita pela Administração seja pelo Poder Judiciário. É o caso, por exemplo, de um concurso que a lei exige, além de outras, a fase de psicotécnico e de investigação social e estas não são aplicadas. Aqui o concurso todo está comprometido, não havendo chances de se falar em validade parcial para algum candidato. Situação diferente ocorre quando a lei exige o exame psicotécnico, este é aplicado, porém de forma equivocada. Atenção, pois aqui duas situações distintas podem ocorrer. A primeira é quando há um erro de aplicação do exame só para um candidato ou candidatos determináveis, como, por exemplo, a interpretação equivocada dos resultados de seus exames. Outro caso é quando há uma ilegalidade generalizada na fase, como, por exemplo, a exigência de psicotécnico sem previsão legal. Como se sabe, é necessário que exista lei determinando a aplicação do exame de psicotécnico em um concurso público, sob pena de nulidade. A matéria é tão pacífica que a jurisprudência inicialmente tinha evoluído para súmula e agora já está incorporada em um precedente vinculante, no caso: a súmula vinculante. No primeiro caso a situação é especifica a candidatos determináveis e estes, é claro, buscando a revisão do ato ilegal, irá bater às portas do Poder Judiciário. Todavia, é no segundo caso que há o maior problema e, muitas vezes, o não amparo judicial sob o equivocado argumento de que o tratamento diferenciado conferido pelo judiciário ira quebrar a isonomia, pois, afinal, todos se submeteram ao mesmo exame psicotécnico (mesmo que ilegal) e por isso o judiciário não poderia anular só para os candidatos que ingressaram em juízo.

▶ **Se é que existe uma violação ao princípio da isonomia, o não amparo jurisdicional sob este fundamento também viola o princípio do amplo acesso à justiça.**

"Em verdade, se é que existe uma violação ao princípio da isonomia, o não amparo jurisdicional sob este fundamento também viola o princípio do amplo acesso à justiça, positivado no artigo 5º, inciso XXXV da CF, segundo o qual "a lei não excluirá da apreciação do Poder Judiciário qualquer lesão ou ameaça a direito". Há no caso uma colisão de princípios. Nesse contexto, existindo essa colisão, a solução do embate exige que se faça uma ponderação entre eles, conforme a dimensão do peso ou da precedência. Para se entender e justificar as dimensões do peso ou da precedência torna-se cogente ingressarmos na teoria criada por Alexy, nominada de "lei da colisão". Segundo ALEXY: "La solución de la colisión consiste más bien em que, teniendo em cuenta las circusntancias des caso, se establece entre los princípios uma relación de precedencia condicionada. La determinación de precedencia condicionada consiste en que, tomando en cuenta el caso, se indican las condiciones bajo las cuales un principio precede al outro" (ALEXY, Robert. Teoría de los Derechos Fundamentales. Centro de Estudios Políticos y Constitucionales. Madrid, 2002, p. 92.)

▶ **O processo de ponderação de princípios envolve três etapas.**

"No direito pátrio, dentre os doutrinadores que mais se aprofundaram nos estudos sobre a ponderação, destacam-se LUIS ROBERTO BARROSO e ANA PAULA BARCELLOS. No entendimento destes o processo de ponderação envolve três etapas. Na primeira, cabe ao intérprete detectar no sistema as normas relevantes para a solução do caso, identificando eventuais conflitos entre elas. Na segunda, cabe examinar os fatos, as circunstâncias concretas do caso e sua interação com os elementos normativos. Assim, expões os autores, o exame dos fatos e os reflexos sobre as normas identificadas na primeira fase poderão apontar com maior clareza o papel de cada uma delas e a extensão de sua influência. Por fim, é na terceira etapa que a ponderação irá singularizar-se, em oposição à subsunção. Nessa fase dedicada à decisão, os diferentes grupos de normas e a repercussão dos fatos do caso concreto estarão sendo examinados de forma conjunta, de modo a apurar os pesos que devem ser atribuídos aos diversos elementos em disputa e, portanto, o grupo de normas que deve preponderar no caso." (BARROSO, Luís Roberto e BARCELLOS, Ana Paula. O começo da história. A nova interpretação constitucional e o papel dos princípios no direito brasileiro. In A nova interpretação constitucional: ponderação, direitos fundamentais e relações privadas / Luís Roberto Barroso (organizador), 2ª ed. Rio de Janeiro: Renovar, 2006, p. 335).

▶ **O grau de compressão a ser imposto a cada um dos princípios em jogo na questão dependerá da intensidade com que o mesmo esteja envolvido no caso concreto.**

"A solução do conflito terá de ser casuística, pois estará condicionada pelo modo com que se apresentarem os interesses em disputa e pelas alternativas pragmáticas viáveis para o equacionamento do problema." (ANDRADE, José Carlos Viera de. Os direitos Fundamentais na Constituição Portuguesa de 1976. 2ª ed. – Coimbra: Almedina, 2001, p. 222-223.)

▶ **Por que o princípio do amplo acesso à justiça prevalece, em regra, sobre o da isonomia?**

Enumeremos tais argumentos:

1) Os atos administrativos têm presunção de legitimidade, devendo o administrado ingressar com recurso ou ação pleiteando sua nulidade. Até que se prove em contrário, o ato é válido. No caso, a eliminação de inúmeros candidatos possui essa presunção, e norma que venha reconhecer in concreto a nulidade do ato apenas alcança o ato embatido, permanecendo válidos os demais atos;

2) Nosso sistema de controle difuso de constitucionalidade (legalidade) não permite a extensão dos efeitos de uma decisão de um caso singular para o geral, razão pela qual uma "suposta" violação ao princípio da isonomia é decorrente do próprio sistema processual;

3) Negar tutela jurisdicional ao candidato sob o argumento de que haveria violação à isonomia, sobre não resolver o problema da injustiça do certame para todos, também cercearia o direito do jurisdicionado pleitear tutela corretiva, ferindo o princípio do amplo acesso à justiça;

4) É sabido que a decisão em tela fará uma "micro justiça" (justiça no caso concreto), porém não cabe ao candidato – que sequer possui legitimidade – manejar instrumentos que venham ensejar uma "macro justiça" (que seria o caso de uma associação o Ministério Público ingressar com uma ação na defesa de interesses coletivos). O fato é que, seja micro ou macro, é dever do Judiciário prover – no sentido técnico – a justiça e prestar a tutela jurisdicional;

5) O "não acesso" à justiça criaria nos concursos públicos uma zona de total imunidade jurisdicional, pois toda ação isolada, em tese, pode ser manejada por outro

candidato e Judiciário estaria de mãos atadas para fazer qualquer controle da Administração em razão do impedimento da isonomia. Seria chancelar a barbárie jurídica e aniquilar, de uma vez por todas, o princípio da inafastabilidade da jurisdição. Não há dúvidas que in casu deve-se afastar o equivocado argumento da agressão à isonomia e prestar-se a tutela jurisdicional corretiva em caso de ilegalidade.

◉ Nesse sentido, veja o que decidiu o SUPREMO TRIBUNAL FEDERAL sobre o tema. Vejamos em particular os votos dos Min. MARCO AURÉLIO e SEPÚLVEDA PERTENCE no RE 434708 / RS, de 21/06/2005:"Min. Marco Aurélio: Há o problema da isonomia que é resolvido pelo fato, e diante do fato, de ninguém estar obrigado a recorrer ao Judiciário, a ingressar em juízo para questionar este ou aquele ato. Assegura-se tal ingresso e, uma vez o titular do direito substancial assim procedendo, dá-se a solução do conflito de interesses mediante a entrega da prestação jurisdicional. (....) Min. Sepúlveda Pertence "Antecipando-me a eventual embargos de declaração, digo que V.Exa. rejeitou bem a alegação, de todo improcedente, de violação ao princípio da isonomia, na medida em que se beneficiou a candidata que impetrou a segurança e não quem deixou de impugnar o ato em juízo: a pretensa discriminação é corolário absoluto da disponibilidade do direito de ação."

▶ **O problema se o princípio da isonomia prevalecer, em regra.**

Veja-se que se o argumento da isonomia prosperar haverá grave lesão ao princípio do amplo acesso à justiça e sua efetividade, vez que jamais poderá ser dada e sentença de procedência da ação em razão de suposta violação à isonomia. O direito não socorre aos que dormem. Assim, as pessoas que se sentirem lesadas deverão procurar o Poder Judiciário da mesma forma que fez o que buscou auxilio junto ao Poder Judiciário!

◉ **A falta de critérios homogêneos de correção da avaliação discursiva gera lesão ao princípio da isonomia.**

"Entretanto, constata-se que, na hipótese narrada nos presentes autos, não foram adotados critérios homogêneos de correção da avaliação discursiva, donde se infere a quebra do princípio da isonomia de tratamento e do princípio da legalidade. Desta forma, assinale-se que não é de se questionar os critérios utilizados peça comissão examinadora para aferir a nota. Porém, é necessário que haja um critério, devidamente motivado. O ato não pode ser arbitrário. É, contudo, discricionário, devendo conter, necessariamente, finalidade, forma e competência. O motivo e o objeto são de livre apreciação pela autoridade administrativa. Consistem, com efeito, no chamado mérito administrativo. Ocorre que este encontra-se subordinado à legalidade do ato, adequação entre os meios empregados e os fins pretendidos. A utilização de créditos distintos de correção para situações idênticas viola tal princípio, bem como a própria legalidade do ato, já que os critérios adotados, a partir do momento em que declinados, vinculam a atividade da Banca Examinadora na perquirição das notas. Tal se dá pela teoria dos motivos determinantes. Desta forma, a violação destes pela própria Banca Examinadora consiste em situação que enseja a intervenção do Judiciário para restaurar a legalidade do certame, bem como os princípios atinentes à concorrência pública para ingresso no serviço público. Com efeito, os critérios de avaliação de prova, envolvendo formulação de questões, correção de provas e atribuição de notas, fazem parte do mérito administrativo, não sendo passíveis de análise pelo Poder Judiciário. Entretanto, há de ser examinada, nesta sede, a garantia de igualdade de tratamento aos candidatos, bem como o critério de correção das questões e, ao que consta, tal garantia não restou observada. Constatada, portanto, a ilegalidade no critério de correção da referida prova e, assim, violação à garantia de igualdade de tratamento aos candidatos, impõe-se a manutenção da r. sentença que concedeu a segurança pleiteada. Órgão: 1ª Turma Cível, Processo N. Remessa de Ofício 20090110838379 RMO. Acórdão: 422.713) "

◙ **Exigências distintas de altura para candidatos do sexo masculino e feminino, desde que prevista em lei, é forma de efetivar o princípio da isonomia em seu sentido material.**

"ADMINISTRATIVO. CONCURSO PÚBLICO. INGRESSO NA CARREIRA DA POLÍCIA MILITAR. EXIGÊNCIA DE ALTURA MÍNIMA. POSSIBILIDADE. VIOLAÇÃO DO PRINCÍPIO DA ISONOMIA ENTRE HOMENS E MULHERES. NÃO OCORRÊNCIA. 1. Trata-se, na origem, de Mandado de Segurança impetrado contra ato administrativo de eliminação de Concurso Público para ingresso no Curso de Formação de Soldados da Polícia Militar de Mato Grosso do Sul, em razão da exigência de altura mínima de 1, 65m para candidatos do sexo masculino e da alegada violação do princípio da isonomia ao se fixar estatura mínima inferior para as mulheres (1, 60m). 2. A jurisprudência dos Tribunais Superiores é pacífica no sentido de que é constitucional a exigência de altura mínima para o ingresso em carreiras militares, desde que haja previsão legal específica, como se afigura no presente caso. 3. Com relação ao tratamento diferenciado entre homens e mulheres quanto à altura mínima (1, 65m e 1, 60m, respectivamente), a Constituição Federal a admite em situações específicas em que se consubstancie a igualdade material entre os gêneros, notadamente, como no presente caso, em que o componente distintivo orgânico indica que estatisticamente a altura média do homem brasileiro de 18 anos era de 1, 72m em 2008/2009, enquanto que a da mulher brasileira era de 1, 61m (fonte: IBGE; Pesquisa de Orçamentos Familiares 2008-2009) 4. Considerando o componente físico estatura, distintivo entre os gêneros, e o objetivo constitucional de proteção e inserção da mulher no mercado de trabalho como mecanismo de equilíbrio das forças produtivas (art. 7º, XX, da CF), a diferenciação de critério de altura mínima entre homem e mulher para ingresso, mediante concurso, em cargo público não se afigura, por si só, como violadora do princípio da isonomia. 5. No mesmo sentido do que acima exposto, destaco a seguinte decisão do STF: RE 658.312, Relator Min. Dias Toffoli, Tribunal Pleno, DJe 10.2.2015). 6. Recurso Ordinário não provido." (stj – RMS 47.009/MS, Rel. Ministro HERMAN BENJAMIN, SEGUNDA TURMA, julgado em 24/05/2016, DJe 02/09/2016

◙ **Fere o princípio da isonomia em seu âmbito material a exigência do teste de barra fixa, na modalidade dinâmica, para as candidatas do sexo feminino.**

"ADMINISTRATIVO. CONCURSO PÚBLICO. AGENTE DA POLÍCIA FEDERAL. EDITAL Nº 1/2009 – DGP/DPF. EXAME DE CAPACIDADE FÍSICA. TESTE DE BARRA FIXA NA MODALIDADE DINÂMICA. CANDIDATAS DO SEXO FEMININO.

OFENSA AOS PRINCÍPIOS DA ISONOMIA, DA RAZOABILIDADE E DA PROPORCIONALIDADE. SENTENÇA REFORMADA. 1. Este Tribunal possui entendimento pacificado no sentido de que se afigura desarrazoada e viola o princípio da isonomia em seu âmbito material a exigência do teste de barra fixa, na modalidade dinâmica, para as candidatas do sexo feminino, ante as diferenças de compleição física entre homens e mulheres. (AC 00295892820124013500, Desemb. Federal SOUZA PRUDENTE, TRF1 – 5ª TURMA, e-DJF1 06/11/2017; AC 00134470220054013400, Desemb. Federal DANIEL PAES RIBEIRO, 6ª TURMA, e-DJF1 26/10/2016) 2. Apelação a que se dá provimento." (AC 2009.34.00.035906-0/DF, Rel. Desembargadora Federal Daniele Maranhão Costa, Quinta Turma, e-DJF1 p. de 30/04/2018).

◙ **Fere o princípio da isonomia a fixação para a realização de testes físicos em horário de meio-dia para uns e mais cedo ou mais tarde para outros.**

"Trata-se de agravos interpostos pela UNIÃO e pela FUNDAÇÃO UNIVERSIDADE DE BRASÍLIA contra decisão que negou seguimento a recursos extraordinários interpostos de acórdão cuja segue transcrita: 'Constitucional e administrativo. Concurso público para agente e escrivão da Polícia Federal. Preliminar de cerceamento de defesa afastada. Teste de aptidão física. Horário fixado em desacordo com os princípios da razoabilidade e da isonomia. 1. Rechaçada a preliminar de cerceamento de defesa, porquanto o deslinde da controvérsia prescinde da produção de provas. 2. A Administração, em estabelecendo o horário de meio-dia para a realização de testes físicos para a cidade do Recife, nos cargos de Agente e Escrivão da Polícia Federal, afetou os princípios da razoabilidade e da isonomia entre os participantes do certame. 3. In casu, é de se repetir integralmente os testes físicos para os apelantes, dessa vez em horário compatível com o fixado para as demais capitais nordestinas. 4. Apelação parcialmente provida' (fl. 933 do e-STJ). No RE, interposto pela UNIÃO, fundado no art. 102, III, a, da Constituição, alegou-se violação aos arts. 2.º, 5.º, I, e 37, I e II, da mesma Carta. Por sua vez, a FUNDAÇÃO UNIVERSIDADE DE BRASÍLIA, em seu RE, interposto com base no art. 102, III, a, da Constituição, sustentou, em suma, violação aos arts. 2.º e 37, I e II, da Carta Magna. As pretensões recursais não merecem acolhida. Isso porque o Juízo de origem decidiu a causa nos seguintes termos: 'Na hipótese dos autos, os editais que repousam às fls. 180/219, divulgados em 20/10/2009, demonstram que o exame de aptidão física para o certame em comento foi aprazado para o dia 24/10/2009, nos seguintes horários, especificamente no caso dos Escrivães, tomando-se como parâmetro as capitais nordestinas: Aracaju/SE – 9 horas; Fortaleza/CE – 9 horas; João Pessoa/PB – 14 horas e 30 minutos; Maceió/AL – 8 horas e 30 minutos; Natal/RN – 8 horas e 30 minutos; Recife/PE – 12 horas; Salvador/BA – 9 horas; São Luís/MA – 9 horas; Teresina/PI – 8 horas e 30 minutos. Conforme o contexto acima retratado, tenho que a Administração desbordou dos princípios da razoabilidade e da isonomia ao aprazar a realização da prova de aptidão física na cidade de Recife/PE para o meio – ia, impondo desmedido esforço aos candidatos que se submeteram ao exame nesta Capital, mormente quando nas demais capitais do Nordeste os horários foram fixados quando, a toda evidência, a temperatura encontrava-se mais amena, facilitando a execução das atividades físicas. Não tenho motivos para desacreditar do laudo que repousa às fls. 53/74, dando conta da influência negativa do aumento da temperatura no desempenho do candidato submetido a exame dessa natureza, mormente quando verifico, igualmente, nos autos cópia da Instrução Normativa 02 da Secretaria de Educação do Estado de Pernambuco, na qual desaconselhado 'o funcionamento de aulas de Educação Física no horário compreendido entre 12:00 e 13:00 horas, exceto quando for possível oferecê-la em local coberto.' (fls. 321/325)'" (fl. 928 do e-STJ). Nesse contexto, resta claro que para divergir do Tribunal a quo, no concernente as condições no momento de aplicação do teste de aptidão física a que foram submetidos os agravantes, necessário seria o reexame do conjunto fático probatório constante dos autos, o que inviabiliza o extraordinário a teor da Súmula 279 do STF. Nesse sentido: 'Agravo regimental no recurso extraordinário com agravo. Concurso público. Exame de aptidão física. Realização. Condições inadequadas. Responsabilidade da Administração. Reexame de fatos e provas. Impossibilidade. Precedentes. 1. A afronta aos princípios da legalidade, do devido processo legal, da ampla defesa e do contraditório, dos limites da coisa julgada e da prestação jurisdicional, quando depende, para ser reconhecida como tal, da análise de normas infraconstitucionais, configura apenas ofensa indireta ou reflexa à Constituição da República. 2. A Corte de origem, ao conceder a segurança pleiteada, fundamentou-se nos fatos e nas provas da causa. 3. É pacifica a jurisprudência da Corte de que o recurso extraordinário não se presta ao reexame do conjunto fático-probatório. Incidência da Súmula n.º 279. 4. Agravo regimental não provido' (ARE 736.948-AgR/PE, Rel. Min. Dias Toffoli, Primeira Turma – grifos meus). Isso posto, nego seguimento aos recursos (CPC, art. 557, caput). Publique-se. Brasília, 3 de fevereiro de 2014. Ministro Ricardo Lewandowski – Relator" (STF, ARE 783.949-PE, Rel. Min. Ricardo Lewandowski, j. 03.02.2014, DJe-026 Divulg. 06.02.2014, Public. 07.02.2014).

◙ **A reserva de vagas para deficientes é uma forma de materializar o princípio da isonomia material.**

"MANDADO DE SEGURANÇA CONCURSO PÚBLICO CANDIDATO PORTADOR DE NECESSIDADES ESPECIAIS RESERVA DE VAGAS DETERMINAÇÃO CONSTITUCIONAL AÇÃO AFIRMATIVA VOLTADA A RECOMPOR MATERIALMENTE O PRINCÍPIO DA ISONOMIA NOMEAÇÃO DE CANDIDATOS DA LISTA GERAL NÚMERO SUFICIENTE PARA ALCANÇAR A CLASSIFICAÇÃO DO IMPETRANTE NA LISTA DOS PNE AUSÊNCIA DE NOMEAÇÃO VIOLAÇÃO A DIREITO LÍQUIDO E CERTO ORDEM CONCEDIDA. 1) Em nosso ordenamento jurídico, o dever de promover a inclusão social daqueles que, porventura do destino, são portadores de alguma espécie de deficiência, deriva de nosso próprio texto constitucional que, no intuito de compensar, através de ações de conteúdo afirmativo, as dificuldades que afetam os indivíduos componentes desse grupo vulnerável, legitima o tratamento diferenciado em favor deles, determinando expressamente em seu art. 37, inc. VIII, a reserva de percentual de cargos e empregos públicos a serem providos por seus integrantes. 2) Indigitada medida afirmativa, acomodada no conceito de sociedade fraterna inscrito no preâmbulo de nossa Constituição, tem a finalidade de recompor materialmente o sentido de igualdade que anima as instituições republicanas, viabilizando aos portadores de deficiência física a faculdade de participarem do mercado de trabalho de forma digna, para que possam manter-se e ser mantenedores daqueles que deles dependem, a despeito da nítida desvantagem que a vida lhes impôs. 3) De acordo com o art. 37 do Decreto nº 3.298/1999, que regulamentou a Política Nacional para a Integração da Pessoa Portadora de Deficiência instituída pela Lei nº 7.853/1989, deve ser reservado o percentual mínimo de cinco por cento das vagas disponibilizadas em concurso público para os investidos de tal condição, elevando-se até o primeiro número inteiro subsequente, quando a aplicação de tal percentual resultar em número fracionado. 4) Dita previsão, reiterada pelo edital do concurso em voga, torna líquido e certo o direito do impetrante, uma vez que nomeados candidatos suficientes para alcançar sua classificação na lista dos portadores de necessidades especiais, sem que sua nomeação fosse realizada. 5) Segurança concedida." (TJES, Classe: Mandado de Segurança, 100170031551, Relator: ELIANA JUNQUEIRA MUNHOS FERREIRA – Relator Substituto : VICTOR QUEIROZ SCHNEIDER, Órgão julgador: TRIBUNAL PLENO, Data de Julgamento: 22/03/2018, Data da Publicação no Diário: 24/04/2018)

◉ **Em decorrência da garantia da liberdade religiosa a realização de concurso em horário diverso não configura violação à isonomia, à igualdade e à moralidade.**

"REMESSA NECESSÁRIA – MANDADO DE SEGURANÇA – DIREITO CONSTITUCIONAL À LIBERDADE RELIGIOSA – REALIZAÇÃO DE CONCURSO EM HORÁRIO DIVERSO – NÃO CONFIGURA VIOLAÇÃO À ISONOMIA, À IGUALDADE E À MORALIDADE – GARANTIA DA LIBERDADE RELIGIOSA – REMESSA CONHECIDA – SENTENÇA MANTIDA. 1. O texto constitucional em seu art. 5º, VI, garante a liberdade de consciência religiosa, de modo que a realização do exame em horário diverso daquele previsto em edital não configura violação à isonomia ou alguma forma de benefício ao candidato. 2. Possibilitar que os impetrantes façam a prova prática do concurso em questão ou no sábado após as 18 horas ou no domingo, em virtude de suas crenças religiosas, nada mais é que a garantia da liberdade de consciência religiosa. 3. Não se verifica nenhuma forma de vantagem aos impetrantes ao ser concedida a segurança para realizarem o certame em horário diverso daquele previsto em edital. 4. Remessa conhecida. Sentença mantida." (TJES, Classe: Remessa Necessária, 038160013637, Relator: ELISABETH LORDES, Órgão julgador: TERCEIRA CÂMARA CÍVEL, Data de Julgamento: 10/04/2018, Data da Publicação no Diário: 20/04/2018)

▶ **Princípio da isonomia e prova oral.**

"Quanto ao princípio da isonomia, o mesmo dificilmente pode ser alcançado nas provas orais. Geralmente os editais traçam dois critérios de avaliação nas provas orais: o sorteio de um ponto único, ou o sorteio, por parte de cada candidato, de um determinado ponto do programa. No segundo caso, é evidente que não há isonomia, uma vez que o grau de complexidade ou de dificuldade dos pontos de uma determinada disciplina é variável. No primeiro caso, mesmo que as perguntas possam ser as mesmas para cada um dos diferentes candidatos, a impessoalidade não poderá, a rigor, ser garantida. Um candidato, por exemplo, pode não oferecer uma resposta completa, mas por razões de empatia, naturais nas relações entre seres humanos, pode ele receber uma nota maior da de outro que, por timidez, ou nervosismo, tenha dado a resposta completa de modo menos simpático e direto." (FORTINI, Cristiana. Servidor público: estudos em homenagem ao professor Pedro Paulo de Almeida Dutra (Locais do Kindle 10226-10233). Editora Fórum. Edição do Kindle.)

OS PRINCÍPIOS DO CONTRADITÓRIO E AMPLA DEFESA COMO BASE JURÍDICA PARA IMPETRAÇÃO DO MANDADO DE SEGURANÇA.

▶ **Os princípios do contraditório e da ampla defesa, previstos no art. 5º, inciso LV, da Constituição Federal, revelam-se nos concursos públicos, entre outros casos, por ocasião da impetração de recursos contra o resultado das provas.**

Os princípios do contraditório e da ampla defesa, previstos no art. 5º, inciso LV, da Constituição Federal, revelam-se nos concursos públicos, entre outros casos, por ocasião da impetração de recursos contra o resultado das provas. Esse é o momento que o candidato tem para apresentar suas razões contra o resultado obtido na prova e solicitar a reavaliação da mesma e, consequente, atribuição da nota realmente merecida. Cabe à banca examinadora analisar cuidadosamente os recursos e, caso não dê provimento aos pleitos, divulgar detalhadamente as razões de sua decisão (art. 2º e 50, inciso V, da Lei 9.784/99).

> ▶ <u>No mesmo sentido</u>: "...estão aí consagrados, pois, [...] a necessidade de que a Administração Pública, antes de tomar decisões gravosas a um dado sujeito, ofereça-lhe oportunidade de contraditório e de defesa ampla, no que se inclui o direito a recorrer das decisões tomadas". Ao tratar dos princípios específicos do procedimento administrativo, o eminente doutrinador alude, ainda, ao "princípio da revisibilidade", que, segundo ele, "consiste no direito de o administrado recorrer da decisão que lhe seja desfavorável." (Celso Antônio Bandeira de Mello, Curso de Direito Administrativo, 2009, p. 111.)
>
> <u>Ainda:</u> "..por se tratar de procedimento administrativo em cujo cerne se encontra densa competitividade entre os aspirantes a cargos e empregos públicos, o concurso público não raras vezes rende ensejo à instauração de conflitos entre os candidatos, ou entre estes e o próprio Poder Público. É importante, em consequência, que essa característica marcante seja solucionada de forma legítima, sobretudo com a aplicação dos princípios da motivação e do contraditório e da ampla defesa (art. 5º, LV, CF)." (José dos Santos Carvalho Filho, Manual de Direito Administrativo, 2009, p. 482.)

▶ **O princípio do contraditório tem íntima ligação com o da igualdade das partes e o do direito de ação.**

"O princípio do contraditório, além de se constituir fundamentalmente em manifestação do princípio do estado de direito, tem íntima ligação com o da igualdade das partes e o do direito de ação, pois o texto constitucional, ao garantir aos litigantes o contraditório e ampla defesa, quer significar que tanto o direito de ação quanto o direito de defesa são manifestações do princípio do contraditório." (NERY. Princípios do Processo na Constituição Federal, 13ª edição, Editora Revista dos Tribunais, 2017, p. 248/249)

▶ **O princípio do contraditório está ligado à possibilidade de as partes reagirem aos atos que lhes sejam desfavoráveis.**

"Por contraditório deve entender-se, de um lado, a necessidade de dar conhecimento da existência da ação e de todos os atos do processo às partes, e, de outro, a possibilidade de as partes reagirem aos atos que lhes sejam desfavoráveis.362 Garantir-se o contraditório significa, ainda, a realização da obrigação de noticiar (Mitteilungspflicht) e da obrigação de informar (Informationspflicht) que o órgão julgador tem, 363 a fim de que o litigante possa exteriorizar suas manifestações. Os contendores têm direito de deduzir suas pretensões e defesas, de realizar as provas que requereram para demonstrar a existência de seu direito, em suma, direito de serem ouvidos paritariamente no processo em todos os seus termos." (NERY. Princípios do Processo na Constituição Federal, 13ª edição, Editora Revista dos Tribunais, 2017, p. 250)

▶ **É proibida a negativa de vista da prova discursiva ao candidato.**

Os princípios do contraditório e da ampla defesa, previstos no art. 5º, inciso LV, da Constituição Federal, revelam-se nos concursos públicos, entre outras fases, no momento da interposição de recursos contra o resultado das provas discursivas e para que esse direito seja exercido é necessário que os candidatos tenham vista da prova. Esse é o momento que o candidato tem para apresentar suas razões contra a correção da prova realizada pela Banca Examinadora e solicitar o reexame da prova discursiva. Cabe à Banca analisar cuidadosamente os recursos e divulgar detalhadamente as razões de sua decisão. Por isso, qualquer disposição editalícia que vede a vista das provas e a interposição de recursos fere o princípio do contraditório e da ampla defesa. Com efeito, regra prevista no edital com esse conteúdo não se coaduna com o Estado Democrático de Direito, cuja essência denota a submissão, também do Estado, às disposições normativas e ao controle da sociedade. A Constituição Federal é o instrumento balizador dessa nova conformação político-jurídica e todas as normas, ainda que não propriamente leis em sentido estrito, como é o caso dos editais de concurso público, devem-lhe observância irrestrita.

> ◙ **No mesmo sentido:** "3. In casu, não está em discussão critério de avaliação escolhido pelo administrador, no âmbito de sua discricionariedade, ou seja, não se está questionando acerca da formulação ou da correção de questões pela banca examinadora. Está em debate a adoção, no edital, de procedimento de imposição de sigilo e de irrecorribilidade, em confronto direto com a Norma Constitucional, o que autoriza o controle jurisdicional do ato administrativo. Não se olvide que mesmo os atos administrativos discricionários são passíveis de controle pelo Poder Judiciário, quando inconstitucionais, ilegais e abusivos, não ofendendo, tal ilação, o princípio da separação dos Poderes. "Contravindo aos bem lançados argumentos recursais, a jurisprudência do STJ entende, em hipótese semelhante a destes autos, ser possível a intervenção do Poder Judiciário nos atos regulatórios (editais) que regem os concursos públicos." (STJ, AgRg no REsp 673.461/SC, Rel. Ministro CELSO LIMONGI (DESEMBARGADOR CONVOCADO DO TJ/SP),

SEXTA TURMA, julgado em 18/02/2010, DJe 08/03/2010). 4. A norma do edital do processo seletivo, que veda a vista da prova de redação e a interposição de recurso administrativo contra o resultado, viola o Texto Constitucional, por agredir o princípio da publicidade, marcado pela fundamentalidade. Destarte, sua invalidade deve ser reconhecida, já que a Constituição não se compraz com o sigilo, admitido apenas em situações excepcionais, não caracterizadas no caso concreto.

▶ **É ilegal qualquer regra do edital que proíba a interposição de recurso na fase de prova discursiva.**

Esse tipo de disposição editalícia também viola o princípio da publicidade, pois a Constituição não se coaduna com o sigilo, que apenas é admitido em situações excepcionai, e o concurso público não está entre essas excepcionalidades, vez que é marcado pela ampla publicidade.

▶ **No mesmo sentido:** "Ressalta-se, que, nesse modelo, a prova discursiva possui dois momentos de recurso: um contra o(s) padrão(ões) de resposta da(s) questão(ões) e outro contra a própria nota atribuída ao candidato. O edital deve esclarecer que, no segundo momento, o candidato não pode mais questionar o padrão de resposta definitivo, pois já teve essa oportunidade antes. A estratégia de divulgar o(s) padrão(ões) de resposta da(s) questão(ões) discursiva(s) e disponibilizar recurso contra ele(s) tem um ligeiro impacto negativo no cronograma do concurso, mas confere à fase de prova discursiva uma alta segurança jurídica. Normalmente, o impacto no cronograma é de cerca de uma semana, podendo ser um pouco maior em alguns casos, como nos concursos da magistratura, por exemplo, em que se exige que os recursos sejam julgados em sessão pública. O risco de não se adotar esse procedimento decorre do fato de que a única oportunidade que o candidato terá de questionar o padrão de resposta esperado (que ele, inclusive, normalmente desconhece) será na fase de recurso contra o resultado provisório da fase. Nesse caso, na hipótese de a banca examinadora concordar com os argumentos do(s) candidato(s) e deferir o seu recurso, ela obrigatoriamente terá de recorrigir todas as provas novamente, o que ensejará retrabalho e reajuste no cronograma do concurso. Essa estratégia também confere maior transparência ao certame concursal, na medida em que os padrões de resposta das questões discursivas são publicitados, o que atualmente não é prática-padrão em concursos públicos." BASTOS, Ricardo. Concurso público: etapa interna e externa passo a passo/Alessandro Dantas Coutinho, William Douglas e Ricardo Bastos. – Curitiba, PR: Negócios Públicos, 2015. p. 37/38)

◙ **No mesmo sentido:** "A jurisprudência do STF e deste STJ é unânime em reconhecer a legalidade da exigência, em editais de concurso, da aprovação em exames psicotécnicos, sobretudo para o ingresso na carreira policial, desde que realizados em moldes nitidamente objetivos, possibilitando aos candidatos 'não recomendados' o conhecimento do resultado e a interposição de eventual recurso." (STJ, REsp 241.356/CE, Rel. Ministro EDSON VIDIGAL, QUINTA TURMA, julgado em 29/06/2000, DJ 28/08/2000, p. 113)."

▶ **Condutas como a falta de motivação da correção das provas são atos passíveis de controle judicial, pois além de ferir o princípio enunciado impede o exercício da ampla defesa e contraditório.**

São atos passíveis de controle judicial e para que as ilegalidades sejam sanadas o Poder Judiciário deve determinar que a Banca Examinadora apresente que motivos ensejaram a perda de pontos e, posteriormente, a reabertura do prazo para que os candidatos interponham outros recursos, desta vez munidos das informações necessárias para exercerem plenamente o contraditório e a ampla defesa.

▶ **O princípio do contraditório não admite a existência, para os litigantes e seus advogados, de procedimento ou processo secreto, seja no âmbito administrativo, seja no judicial.**

"É inadmissível no estado democrático de direito a investigação, o processo secreto. Conhecimento da existência do procedimento ou processo em que se é acusado ou parte é direito fundamental garantido pela CF 5.º LV. Tem-se observado no Brasil, em tempos recentes já depois da redemocratização do País com a CF de 1988, a existência espúria de investigação secreta, por meio de inquéritos policiais "sigilosos", aos quais se nega acesso aos indiciados – mas nem sempre à imprensa –, a pretexto de que seria de interesse público a manutenção do sigilo das investigações. Isso é característica típica de estado policial, de estado de exceção, só existente em ditaduras, em regimes políticos não democráticos, o que não é o caso do Brasil, de acordo com o que determina a CF 1.º. O sigilo das investigações pode ser oposto a todos, menos ao indiciado ou acusado e seu advogado. Investigação sigilosa é devassa. A Suprema Corte editou verbete da súmula vinculante, minimizando os efeitos dessas investigações secretas. STF-V 14: "É direito do defensor, no interesse do representado, ter acesso amplo aos elementos de prova que, já documentados em procedimento investigatório realizado por órgão com competência de polícia judiciária, digam respeito ao exercício do direito de defesa." (NERY. Princípios do Processo na Constituição Federal, 12ª edição, Editora Revista dos Tribunais, 2016, p. 257/258)

▶ **Contraditório e Igualdade de armas.**

"Como decorrência do princípio da paridade das partes, o contraditório significa dar as mesmas oportunidades para as partes (Chancengleichheit) e os mesmos instrumentos processuais (Waffengleichheit) para que possam fazer valer os seus direitos e pretensões, ajuizando ação, deduzindo resposta, requerendo e realizando provas, recorrendo das decisões judiciais etc." (NERY. Princípios do Processo na Constituição Federal, 12ª edição, Editora Revista dos Tribunais, 2016, p. 258)

▶ **Ampla defesa significa permitir às partes a dedução adequada de alegações que sustentem sua pretensão.**

"Ampla defesa significa permitir às partes a dedução adequada de alegações que sustentem sua pretensão (autor) ou defesa (réu) no processo judicial (civil, penal, eleitoral, trabalhista) e no processo administrativo, com a consequente possibilidade de fazer a prova dessas mesmas alegações e interpor os recursos cabíveis contra as decisões judiciais e administrativas. Os titulares do direito de ampla defesa são os acusados em geral – nos procedimentos administrativos e inquisitoriais, tais como o inquérito policial – e os litigantes, isto é, autor e réu nos processos judiciais penais e de natureza não penal (civil, trabalhista, eleitoral). A CF 5.º LV garante a eles o direito de deduzirem alegações adequadas, isto é, que efetivamente tenham aptidão para fazer valer sua pretensão ou defesa nos procedimentos em que são acusados bem como nos processos administrativo e judicial." (NERY. Princípios do Processo na Constituição Federal, 12ª edição, Editora Revista dos Tribunais, 2016, p. 279)

▶ **Ampla defesa e recurso administrativo**

"A garantia constitucional da ampla defesa aplica-se ao processo administrativo e ao judicial. Sua incidência na esfera recursal administrativa tem como consequência o direito de o administrado/contribuinte/jurisdicionado recorrer pagando apenas as despesas do próprio recurso (preparo), quando for o caso. A lei não pode exigir o depósito prévio de parte ou da integralidade dos valores controvertidos, porque tal exigência é ofensiva à garantia constitucional da ampla defesa." (NERY. Princípios do Processo na Constituição Federal, 12ª edição, Editora Revista dos Tribunais, 2016, p. 290)

▶ **É ilegal o julgamento imotivado dos recursos interpostos na fase de provas discursivas, sob pena de o contraditório viabilizado no recurso ser mera fachada.**

O candidato não pode receber uma resposta padrão para seu recurso. Devem ser analisados todos os pontos por ele levantados. Tal direito é amparado nos princípios da motivação, razoabilidade, impessoalidade e segurança jurídica, além de ter embasamento na jurisprudência e na doutrina. Após a divulgação do resultado das provas discursivas, qualquer candidato que se sentir insatisfeito ou de alguma forma prejudicado com a correção da prova deve ter oportunidade de apresentar recurso administrativo. O recurso deve conter os fundamentos que embasam a pretensão do recorrente. Ao apreciá-lo, a Banca Examinadora deve fundamentar adequadamente tanto o deferimento quanto o indeferimento, se for o caso. A fundamentação de todos os recursos administrativos interpostos pelos candidatos é indispensável, pois a apresentação de uma resposta específica acerca do recurso é um ato vinculado. Caso a Banca Examinadora atue de outra forma, estará violando os princípios do contraditório, da ampla defesa e, sobretudo, o princípio da motivação previsto no art. 2º e 50, inciso V, da Lei Federal 9.784/99, que regula o processo administrativo no âmbito da Administração Pública Federal.

◙ **A motivação, nos recursos administrativos referentes a concursos públicos, é obrigatória e irrecusável, nos termos do que dispõe o art. 50, I, III e V, §§ 1º. e 3º. da Lei 9.784/99, não existindo, neste ponto, discricionariedade alguma por parte da Administração.**

"ADMINISTRATIVO. AGRAVO REGIMENTAL NO RECURSO ESPECIAL. MANDADO DE SEGURANÇA IMPETRADO NA CORTE DE ORIGEM. CONCURSO PÚBLICO PARA DELEGADO DA POLÍCIA CIVIL DO DISTRITO FEDERAL. NEGATIVA DE ACESSO AOS CRITÉRIOS UTILIZADOS NA CORREÇÃO DA PROVA

SUBJETIVA. AUSÊNCIA DE MOTIVAÇÃO DA BANCA EXAMINADORA ACERCA DOS RECURSOS ADMINISTRATIVOS CONTRA REFERIDA PROVA. VIOLAÇÃO AO ART. 50 DA LEI 9.784/99. RECURSOS ESPECIAIS PROVIDOS. AGRAVO REGIMENTAL DESPROVIDO. 1. A motivação, nos recursos administrativos referentes a concursos públicos, é obrigatória e irrecusável, nos termos do que dispõe o art. 50, I, III e V, §§ 1º. e 3º. da Lei 9.784/99, não existindo, neste ponto, discricionariedade alguma por parte da Administração. 2. Com relação ao Impetrante JOÃO GUILHERME MEDEIROS CARVALHO salta aos olhos a total ausência de motivação na correção das provas discursivas e nos respectivos recursos administrativos. Há apenas suposições, externadas pelos ilustres relator e revisor do feito em segundo grau, de que os apelos administrativos do Impetrante foram examinados e devidamente motivados, não tendo sido apresentadas, entretanto, motivações idôneas e circunstanciadas, nos moldes preconizados pelo já mencionado art. 50 da Lei 9.784/99. 3. Quanto aos demais litisconsortes (JANE KLÉBIA DO NASCIMENTO SILVA PAIXÃO E OUTROS), constata-se a ausência de qualquer elemento que pudesse ter o condão de indicar os critérios utilizados pelo examinador para aferição das notas na prova subjetiva, bem como a sucinta, lacônica e estereotipada abordagem feita na revisão das provas. 4. Afirmativas que não traduzem reexame do material fático, mas sim valoração do conjunto probatório trazido aos autos quando da impetração do Mandado de Segurança. 5. Agravo Regimental desprovido." (STJ – AgRg no REsp 1062902/DF, Rel. Ministro NAPOLEÃO NUNES MAIA FILHO, QUINTA TURMA, julgado em 09/06/2009, DJe 03/08/2009)

> ◉ **No mesmo sentido:** "A negativa de acesso às razões do indeferimento de recurso administrativo interposto com vistas a impugnar nota obtida em prova discursiva fere os princípios da publicidade e da motivação, bem como o direito à informação, que visam possibilitar a revisão do ato administrativo, assegurando o pleno exercício do direito ao contraditório e à ampla defesa. TRF01 – APL: 00324304420084013400. "

◉ **Disposição editalícia que não autoriza a interposição de recursos em relação ao resultado das provas, seja ela objetiva, discursiva, avaliação psicológica, teste físico, etc., fere o princípio do contraditório e da ampla defesa, previsto no art. 5º, inciso LV, da Constituição Federal.**

"PROCESSUAL CIVIL. RECURSO ESPECIAL. APONTADA NEGATIVA DE VIGENCIA AO ART. 9º, INCISO VII, DA LEI N. 4878/65. CONCURSO PUBLICO. EXAME PSICOTECNICO. CRITERIOS ADOTADOS QUE INIBEM O CANDIDATO DE RECORRER DO RESULTADO DO EXAME. INADMISSIBILIDADE. E injustificável o comportamento da administração fazendo inserir nas instruções normativas baixadas através do edital de concurso a vedação ao pedido de vista ou a interposição de recurso do resultado da seleção psicológica. Recurso extraordinário. Agravo regimental. Concurso público. Exame psicotécnico previsto no edital que rege o concurso, com base em critérios meramente subjetivos. Irrecorribilidade de seu resultado. 3. Violação dos arts. 5º, XXXV, e 37, caput e incisos I e II, da Constituição Federal. Precedentes. 4. Agravo regimental a que se nega provimento."

▶ **Norma editalícia prevendo a impossibilidade de interposição de recursos em face do resultado das provas não se coaduna com o Estado Democrático de Direito.**

Norma editalícia prevendo a impossibilidade de interposição de recursos em face do resultado das provas não se coaduna com o Estado Democrático de Direito, cuja essência denota a submissão, também do Estado, às disposições normativas e ao controle da sociedade. A Constituição Federal de 1988 é o instrumento balizador dessa nova conformação político-jurídica e todas as normas, ainda que não propriamente leis em sentido estrito, devem-lhe observância irrestrita, sendo, deste modo, inadmissível a proibição do exercício do contraditório e da ampla defesa em âmbito de concurso público. Ainda, por conta da falta de motivação na correção das avaliações discursivas fica inviabilizado o direito ao recurso, pois como recorrer de algo onde não se sabe a título do que foram retirados os pontos?

▶ **Ilegalidade de interposição de recurso com número de caracteres limitados.**

Para piorar, em muitos concursos públicos, em um assassinato aos princípios que deveriam orientar o comportamento da Banca Examinadora, há séria lesão aos princípios da ampla defesa e contraditório, pois além de não saber os porquês dos descontos, o exercício do direito de defesa foi absurdamente limitado a 1.000 (hum mil) caracteres, o que é uma falta de respeito com o candidato e ilegalidade absurda praticada pela Banca. Gostaria de saber de onde é retirado o fundamento legal desta absurda regra? É obvio que não existe! E nem se diga que a mesma decorre da aplicação do edital, pois este, como ato administrativo que é, deve observância à lei e aos preceitos constitucionais. Fica evidente que em casos como estes, que infelizmente ocorrem com frequência, não são observados os princípios da ampla defesa e contraditório no processo seletivo, o que desponta como irrefutável ilegalidade, pois a Constituição Federal foi clara em garantir a ampla defesa e contraditório nos processos judiciais e administrativos e o concurso público, como se sabe, é uma espécie de procedimento administrativo.

◉ **É imperativo que exista na fase de prova oral uma chave de correção com espelho de quanto vale cada ponto da resposta esperada.**

"Não há dúvida de que a negativa de vista de qualquer espécie de prova ou dos critérios adotados para a sua correção fere o princípio constitucional da publicidade, além de impedir que o interessado tenha embasamento suficiente para interpor recurso administrativo, quando for o caso, cerceando, assim, o seu direito ao contraditório e à ampla defesa (grifei). 3-) Acresce que o art. 5º, XXXIII, da CF/88 garante a todos o direito de receber dos órgãos públicos informações relativas a interesse particular, o que reforça o direito do impetrante de ter vista dos documentos requeridos na inicial." (200650010072911, Desembargador Federal Antônio Cruz Netto, TRF2 – Quinta Turma Especializada, DJU – Data:09/12/2008 – Página:207)

▶ **Nas provas orais é fundamental a gravação da mesma para fins de possibilitar a ampla defesa e o contraditório do candidato na interposição do recurso.**

"Normalmente, a prova oral (ou de tribuna) precisa ser filmada e, às vezes, essa filmagem é disponibilizada aos candidatos para fins de recurso. Se esse for o caso e se a prova oral for de responsabilidade da instituição especializada contratada para organizar o certame concursal, então essa filmagem (e eventual disponibilização aos candidatos) deverá ser informada no Projeto Básico, para que a organizadora inclua esse produto em sua proposta de prestação de serviços técnico-especializados. " (BASTOS, Ricardo. Concurso público: etapa interna e externa passo a passo / Alessandro Dantas Coutinho, William Douglas e Ricardo Bastos. – Curitiba, PR : Negócios Públicos, 2015. p. 52)

▶ **Fere o contraditório qualquer regra do edital que impossibilidade o candidato de recorrer em qualquer fase do concurso.**

O candidato tem direito a recurso ilimitado da correção da prova, podendo se valer de advogado, juntar provas como parte de seu exercício pleno do direito à ampla defesa e ao contraditório. Esse direito está respaldado pelos princípios da ampla defesa e do contraditório, na jurisprudência e na doutrina. Os princípios do contraditório e da ampla defesa, previstos no art. 5º, inciso LV, da Constituição Federal, revelam-se aplicáveis aos concursos públicos, entre outras fases, no momento da interposição de recursos contra o resultado das provas discursivas. Para que esse direito seja exercido é necessário que os candidatos tenham vista da prova. Esse é o momento que o candidato tem para apresentar suas razões contra a correção que a Banca Examinadora fez da prova discursiva e para solicitar seu reexame. Cabe à banca analisar cuidadosamente os recursos e divulgar detalhadamente as razões de sua decisão. Qualquer disposição editalícia que vede a vista das provas e a interposição de recursos fere o princípio do contraditório e da ampla defesa. Com efeito, regra prevista no edital com esse conteúdo não se coaduna com o estado democrático de direito, cuja essência denota a submissão, também do Estado, às disposições normativas e ao controle da sociedade. A Constituição Federal é o instrumento balizador dessa nova conformação político-jurídica e todas as normas, ainda que não propriamente leis em sentido estrito, como é o caso dos editais de concursos públicos, devem-lhe observância irrestrita. O edital que veda vista de provas e interposição de recursos também viola o princípio da publicidade, pois a Constituição não se coaduna com o sigilo, que apenas é admitido em situações excepcionais – e o concurso público não está entre essas excepcionalidades, vez que é marcado pela ampla publicidade.

◉ **No mesmo sentido:** "CONSTITUCIONAL E ADMINISTRATIVO. RECURSO ORDINÁRIO EM MANDADO DE SEGURANÇA. CONCURSO PÚBLICO. PRINCÍPIOS DA PUBLICIDADE, DA AMPLA DEFESA E DO CONTRADITÓRIO. OBSERVÂNCIA. VISTA DA PROVA QUE ELIMINOU A CANDIDATA DO CERTAME. CONCESSÃO DA ORDEM.1. Tendo em vista a necessária observância aos princípios norteadores de toda atividade administrativa, mormente os da publicidade – que se desdobra no direito de acesso a informação perante os órgãos públicos –, da ampla defesa e do contraditório, o candidato em concurso público deve ter acesso à prova realizada com a indicação dos erros cometidos que culminaram no seu alijamento do certame. 2. Recurso ordinário provido. (STJ – ROMS 200802080781, LAURITA VAZ, STJ – QUINTA TURMA, DJE DATA:19/12/2008.)

◉ **No mesmo sentido:** "Prejudicada a questão relativa à disposição contida no subitem 7.3 do edital. Não serão admitidos recursos contra as provas dissertativas (redação), nem contra as provas práticas orais, disposição essa que, aliás, afronta visivelmente o art. 5º, LV, da constituição e o art. 56 da Lei 9.784/1999." (TRF01 – PROC: 109487920044013400)

◉ **É direito do candidato o conhecimento da fundamentação do resultado, bem como o exercício do contraditório e da ampla defesa do resultado da prova física.**

"(...) 2. Reconhecida a nulidade do exame físico, no caso caracterizado por seu caráter sigiloso e irrecorrível, deve o candidato submeter-se a novo exame a fim de que, caso aprovado, possa ser nomeado e devidamente empossado. (...)(STJ – RMS 23.613/SC, Rel. Ministra Maria Thereza de Assis Moura, Sexta Turma, julgado em 07/12/2010.)

▶ **Para garantir a ampla defesa e o contraditório na fase de psicotécnico é necessário fornecer cópias dos testes ao candidato.**

"Outro ponto que merece ressalva é o art. 8º. Diz o artigo: "Art. 8 o Tanto para a entrevista de devolução quanto para a apresentação do recurso, não será admitida a remoção dos testes do candidato do seu local de arquivamento público, devendo o psicólogo contratado fazer seu trabalho na presença de um psicólogo da comissão examinadora, salvo determinação judicial. " É verdade que os testes não devem ser retirados dos seus lugares de arquivamento público para evitar extravios, fraudes etc. Todavia, para garantir a ampla defesa e o contraditório, devem ser fornecidas cópias dos testes ao candidato, seu advogado, ou ao psicólogo por ele contratado, ou, no mínimo, facultar sua extração, atestando sua autenticidade. Diante dessas considerações, pode-se concluir que as resoluções do CFP têm natureza vinculante em relação à atuação dos psicólogos, mas não em face da Administração Pública, para quem as disposições devem servir apenas como orientação, observados os limites legais." (Regime Jurídico dos Concursos Públicos. Francisco Lobello de Oliveira Rocha, Ed. Dialética 2006, p. 119)

▶ **No mesmo sentido:** "Quanto à questão do sigilo que deve acompanhar os referidos exames, é elementar que se considere que o sigilo aqui exigido diz respeito à impossibilidade de se dar publicidade sobre a avaliação do perfil psicológico de um indivíduo à toda a sociedade. É claro que o sigilo não alcança o próprio candidato que tem, por evidente, o direito ao acesso ao perfil que foi traçado pelo profissional que o avaliou, até mesmo para, se for o caso, exercer o seu direito ao contraditório e à ampla defesa." (FORTINI, Cristiana. Servidor público: estudos em homenagem ao professor Pedro Paulo de Almeida Dutra (Locais do Kindle 10197-10201). Editora Fórum. Edição do Kindle.)

▶ **Como decorrência da absoluta falta de motivação na deliberação pela comissão encarregada de julgar a validade da condição de indivíduo preto ou pardo dos can-**

didatos, o candidato simplesmente fica amputado no exercício do contraditório e da ampla defesa quando da interposição dos recursos.

Afinal, do que se recorreria, se não se sabia por que motivo não foi reconhecida sua declaração de que é pardo? Perceba-se que a Constituição Federal, podendo apenas falar em "contraditório e defesa", optou por garantir o contraditório e a "ampla defesa", e "com os meios e recursos a ela inerentes" o que denota exatamente o anseio de se possibilitar a produção de todo meio de prova que possa influir no resultado do processo. Mas como fazer isso sem saber o que lhe é imputado?

▶ **É vedada resposta padrão aos recursos interpostos, onde, supostamente, houve a ampla defesa e o contraditório.**

Depois disso tudo, o candidato, após recorrer sem ao certo saber do que, é mais uma vez surpresado por uma resposta padrão, a mesma dada a todos os demais recursos interpostos, o que atenta, sem qualquer sombra de dúvidas, contra o princípio do contraditório. Pelo princípio contraditório é direito do litigante ter seus argumentos refutados por motivação sólida. Deve haver um diálogo jurídico entre a tese e antítese para que se possa formar uma conclusão (síntese) democrática, sob pena de ser o direito ao contraditório nos recursos uma mera fachada para dar ar de legitimidade aos comportamentos arbitrários da Banca Examinadora.

▶ **A oportunidade de reagir ante a informação seria vã, se não existisse fórmula de verificar se a autoridade administrativa efetivamente tomou ciência e sopesou as manifestações dos sujeitos**

"A oportunidade de reagir ante a informação seria vã, se não existisse fórmula de verificar se a autoridade administrativa efetivamente tomou ciência e sopesou as manifestações dos sujeitos. A este fim responde a motivação dos atos administrativos se percebe como e quanto determinado fato, documento ou alegação influiu sobre a decisão final." MEDAUAR, Odete. Direito Administrativo Moderno. 21ª. Ed. Fórum, Belo Horizonte, 2018. p. 165)

◙ **A motivação é que permite a verificação da legalidade do ato e que permite ao examinando entender os motivos de sua eventual reprovação, caso não haja reconsideração**

"MANDADO DE SEGURANÇA. ADMINISTRATIVO. CONCURSO DA OAB. EDITAL. PROVIMENTO Nº 81/96 DO CONSELHO FEDERAL DA OAB. SEGUNDA ETAPA DO CERTAME. RECURSO. FALTA DE FUNDAMENTAÇÃO. A decisão mediante a qual a Comissão de Estágio e Exame de Ordem negou provimento ao recurso administrativo interposto pela candidata é inaceitável quanto à insuficiência na fundamentação. O recurso administrativo suscitou vários pontos, que foram simplesmente desprezados na decisão padronizada. Uma resposta mais específica deveria ter sido emitida, eis que, em se tratando de ato administrativo vinculado, não há dúvidas sobre a obrigatoriedade da motivação, isto é, da exposição dos motivos do ato. A motivação é que permite a verificação da legalidade do ato e que permite ao examinando entender os motivos de sua eventual reprovação, caso não haja reconsideração. Não há como se aceitar a objeção sustentada no art. 6°, parágrafo único, do Provimento n° 81/96 do Conselho Federal da OAB, que restringe os limites da cognição do recurso administrativo, pois é incompatível com o devido processo legal. O examinando tem direito a reclamar a revisão administrativa da sua prova na íntegra. [...]. Não existe nexo lógico de causalidade entre o vício apontado na decisão referente à apreciação do recurso interposto pela candidata e seu pedido de inscrição nos quadros da OAB/ES, com desconsideração da segunda fase do exame de ordem. " (TRF2, AMS 200150010104264, Desembargador Federal Fernando Marques, Quinta Turma Especializada, 07/12/2009).

◙ **Indeferimento de recurso com base em motivação genérica, desvinculada da impugnação apresentada e, assim, aplicável a todo e qualquer recurso que pudesse ser interposto pelos candidatos, equivale a falta de fundamentação.**

"MANDADO DE SEGURANÇA. CONCURSO PÚBLICO PARA PROVIMENTO DE CARGOS DE PROCURADOR DO ESTADO. MATÉRIAS RELATIVAS À LEGALIDADE DO CERTAME. POSSIBILIDADE DE APRECIAÇÃO PELO PODER JUDICIÁRIO. RECURSO CONTRA CORREÇÃO DE PROVA SUBJETIVA I. FALTA DE FUNDAMENTAÇÃO VINCULADA À IMPUGNAÇÃO APRESENTADA. FUNDAMENTAÇÃO GENÉRICA QUE SE APLICA A TODO E QUALQUER RECURSO QUE PUDESSE SER INTERPOSTO PELOS CANDIDATOS. [...]. POSSIBILIDADE DE ANÁLISE PELO PODER JUDICIÁRIO. VIOLAÇÃO AOS PRINCÍPIOS DA MOTIVAÇÃO, DA LEGALIDADE E DA VINCULAÇÃO AO EDITAL. SEGURANÇA CONCEDIDA. I. Os atos administrativos emanados de Comissões de Concursos Públicos podem ser revistos pelo Poder Judiciário, como garantia de sua legalidade, o que inclui o controle da fundamentação das decisões de indeferimento dos recursos e a análise da fidelidade das questões constantes da prova ao conteúdo programático do edital. II. Indeferimento de recurso com base em motivação genérica, desvinculada da impugnação apresentada e, assim, aplicável a todo e qualquer recurso que pudesse ser interposto pelos candidatos, equivale a falta de fundamentação, AFRONTANDO O PRINCÍPIO DA MOTIVAÇÃO CONSAGRADO NO ART. 5°, LV, DA CONSTITUIÇÃO FEDERAL. III. O edital de concurso público vincula todos os envolvidos às normas nele fixadas, devendo-se estrita obediência a todos os seus termos, sob pena de desrespeito ao princípio da legalidade, aplicável aos atos da Administração Pública." (Mandado de Segurança n° 0460056-8 – 4ª Câmara Cível, Relator Des. Abraham Lincoln Calixto, Julgado em 04/03/2008).

◙ **Indeferimento geral dos pedidos de revisão apresentados. Carência de motivação das decisões administrativas.**

"DIREITO ADMINISTRATIVO, DIREITO CONSTITUCIONAL E DIREITO PROCESSUAL CIVIL – MANDADO DE SEGURANÇA – ANÁLISE DO PLEITO DE NOVA APRECIAÇÃO DOS RECURSOS ADMINISTRATIVOS – POSSIBILIDADE – MANDADO DE SEGURANÇA ANTERIOR CONCERNENTE À FALTA DE FUNDAMENTAÇÃO DE UMA ÚNICA QUESTÃO – INDEFERIMENTO GERAL DOS PEDIDOS

DE REVISÃO APRESENTADOS – CARÊNCIA DE MOTIVAÇÃO DAS DECISÕES ADMINISTRATIVAS – NULIDADE – VIOLAÇÃO, POR ANALOGIA, AO ARTIGO 93, INCISO IX, DA CONSTITUIÇÃO FEDERAL – MATÉRIA COBRADA EM QUESTÃO DO CERTAME – PREVISÃO NO EDITAL – SEGURANÇA PARCIALMENTE CONCEDIDA. 1. Havendo outro mandado de segurança em que se apreciou pedido de falta de fundamentação de uma única questão do mesmo concurso público versado nos presentes autos, nada obsta que se examine pleito de não motivação de resposta dos recursos administrativos apresentados contra as demais questões. 2. Sendo as decisões que indeferiram os pleitos de revisão de correção de questões do certame gerais e idênticas entre si, IMPÕE-SE A DECRETAÇÃO DE SUA NULIDADE, POR OFENSA, ANALOGICAMENTE, AO DISPOSTO NO ARTIGO 93, INCISO IX, DA CONSTITUIÇÃO FEDERAL, EIS QUE NÃO FUNDAMENTADAS. 3. Estando prevista no edital do concurso a matéria combatida no recurso em tela, pois incluída em tópico do programa, não há que se falar na sua anulação." (Mandado de segurança nº 483060-0, 5ª Câmara Cível, Relator Des. Marcos Moura).

◙ **Fundamentação genérica por parte dos examinadores que se aplica a todo e qualquer recurso interpostos pelos candidatos. Ofensa aos princípios constitucionais da ampla defesa, contraditório, devido processo legal, motivação.**

"POSSIBILIDADE DE APRECIAÇÃO PELO PODER JUDICIÁRIO. RECURSO CONTRA CORREÇÃO DE PROVA SUBJETIVA I. FALTA DE FUNDAMENTAÇÃO VINCULADA À IMPUGNAÇÃO APRESENTADA. FUNDAMENTAÇÃO GENÉRICA POR PARTE DOS EXAMINADORES QUE SE APLICA A TODO E QUALQUER RECURSO INTERPOSTOS PELOS CANDIDATOS. OFENSA AOS PRINCÍPIOS CONSTITUCIONAIS DA AMPLA DEFESA, CONTRADITÓRIO, DEVIDO PROCESSO LEGAL, MOTIVAÇÃO E LEGALIDADE. CONJUNTO PROBATÓRIO SUFICIENTE À APRECIAÇÃO DE EVENTUAL ATO PRATICADO COM ABUSO DE PODER OU ILEGAL POR PARTE DA COMISSÃO DE CONCURSO. ACOLHIMENTO. NECESSIDADE DE REVISÃO DOS RECURSOS COM APRECIAÇÃO ESCORREITA E MOTIVADA DOS ELEMENTOS DE IMPUGNAÇÃO DO CANDIDATO. [...]. Os atos administrativos emanados de Comissões de Concursos Públicos podem ser revistos pelo Poder Judiciário, como garantia de sua legalidade, o que inclui o controle de fundamentação das decisões de indeferimento de recursos e a análise de fidelidade das questões constantes da prova ao conteúdo programático do edital. DEVEM SER ANULADAS AS DECISÕES DOS RECURSOS QUE SE APRESENTA SOB FORMA GENÉRICA a todo e qualquer questão, sem levar em consideração diferenças entre matérias, tampouco as impugnações elencadas pelos candidatos, o que resulta em afronta aos princípios constitucionais da ampla defesa, contraditório, devido processo legal, motivação e legalidade. [...]." (Mandado de Segurança nº 0460652-0, 5ª Câmara Cível, Relator Juiz Convocado Jurandyr Reis Junior, Julgado em 25/03/2008).

▶ **Revogado, restringido ou negado a alguém um direito subjetivo qualquer, por ato administrativo, sem respeitar a referida garantia constitucional, a reação do titular alcançado pela ilegalidade pode, perfeitamente, se dar por meio do mandado de segurança.**

"A garantia fundamental ao contraditório e ampla defesa aplica-se não apenas ao processo judicial, mas também aos procedimentos administrativos que possam afetar direitos subjetivos públicos ou privados (CF, art. 5º, LIV e LV). Revogado, restringido ou negado a alguém um direito subjetivo qualquer, por ato administrativo, sem respeitar a referida garantia constitucional, a reação do titular alcançado pela ilegalidade pode, perfeitamente, se dar por meio do mandado de segurança. O Supremo Tribunal Federal já teve oportunidade de apreciar caso em que o CNJ, em procedimento administrativo, considerou nulos todos os atos de nomeação de servidores de determinado tribunal de justiça porque realizados após expiração do prazo de validade do respectivo concurso. A decisão administrativa fundou-se na inconstitucionalidade das portarias do tribunal que haviam prorrogado o referido prazo. O CNJ, entretanto, chegou à sua deliberação sem convocar os servidores interessados para participarem do "processo de controle administrativo", o que motivou a impetração de segurança perante o STF, com o fito de invalidar a decisão que ordenara a exoneração dos impetrantes. O fundamento do writ imputava ao acórdão do CNJ violação do "direito líquido e certo à manifestação em processo que lhes poderia ser prejudicial"." (Jr., THEODORO, Humberto. Lei do Mandado de Segurança Comentada, 2ª edição. Forense, 10/2018. (Jr. 24-26).

◉ **No mesmo sentido:** "MANDADO DE SEGURANÇA. CONSELHO NACIONAL DE JUSTIÇA. PROCEDIMENTO DE CONTROLE ADMINISTRATIVO. NOTIFICAÇÃO DE PESSOAS DIRETAMENTE INTERESSADAS NO DESFECHO DA CONTROVÉRSIA. CONTRADITÓRIO E AMPLA DEFESA. NECESSIDADE. Sempre que antevista a existência razoável de interessado na manutenção do ato atacado, com legítimo interesse jurídico direto, o CNJ está obrigado a dar-lhe ciência do procedimento de controle administrativo. Identificado o legítimo interesse de terceiro, o acesso ao contraditório e à ampla defesa independem de conjecturas acerca da efetividade deste para produzir a defesa do ato atacado. Segurança concedida, para anular o acórdão atacado e para que o CNJ possa notificar os impetrantes acerca da existência do PCA e de seu direito de serem ouvidos. " (STF – MS 27154, Relator(a): Min. JOAQUIM BARBOSA, Tribunal Pleno, julgado em 10/11/2010, DJe-025 DIVULG 07-02-2011 PUBLIC 08-02-2011 EMENT VOL-02459-01 PP-00016 RT v. 100, n. 907, 2011, p. 383-397)

◉ Direta emanação da própria garantia constitucional do *"due process of law"* (CF, art. 5º, LIV) – independentemente, portanto, de haver previsão normativa nos estatutos que regem a atuação dos órgãos do Estado –, a prerrogativa indisponível do contraditório e da plenitude de defesa, com os meios e recursos a ela inerentes.

"MANDADO DE SEGURANÇA – DECISÃO DO CORREGEDOR NACIONAL DE JUSTIÇA QUE NEGA SEGUIMENTO A RECURSO ADMINISTRATIVO SEM SUBMETÊ-LO AO CRIVO DO PLENÁRIO DO CONSELHO NACIONAL DE JUSTIÇA – INADMISSIBILIDADE – INOBSERVÂNCIA DO RITO PREVISTO NO ART. 115, § 2º, DO REGIMENTO INTERNO DO CONSELHO NACIONAL DE JUSTIÇA E NO ART. 61, § 2º, DO REGULAMENTO GERAL DA CORREGEDORIA NACIONAL DE JUSTIÇA – PROCEDIMENTO DE CARÁTER ADMINISTRATIVO – SITUAÇÃO DE CONFLITUOSIDADE EXISTENTE ENTRE OS INTERESSES DO ESTADO E OS

DO PARTICULAR – NECESSÁRIA OBSERVÂNCIA, PELO PODER PÚBLICO, DA FÓRMULA CONSTITUCIONAL DO "DUE PROCESS OF LAW" – PRERROGATIVAS QUE COMPÕEM A GARANTIA CONSTITUCIONAL DO DEVIDO PROCESSO – PRECEDENTES – RECURSO DE AGRAVO IMPROVIDO. – A jurisprudência do Supremo Tribunal Federal tem reafirmado a essencialidade do princípio que consagra o "due process of law", nele reconhecendo uma insuprimível garantia que, instituída em favor de qualquer pessoa ou entidade, rege e condiciona o exercício, pelo Poder Público, de sua atividade, ainda que em sede materialmente administrativa, sob pena de nulidade do próprio ato punitivo ou da medida restritiva de direitos. Precedentes. Doutrina. – Assiste ao interessado, mesmo em procedimentos de índole administrativa, como direta emanação da própria garantia constitucional do "due process of law" (CF, art. 5º, LIV) – independentemente, portanto, de haver previsão normativa nos estatutos que regem a atuação dos órgãos do Estado –, a prerrogativa indisponível do contraditório e da plenitude de defesa, com os meios e recursos a ela inerentes (CF, art. 5º, LV)." (STF – MS 32559 AgR, Relator(a): Min. CELSO DE MELLO, Segunda Turma, julgado em 03/03/2015, PROCESSO ELETRÔNICO DJe-066 DIVULG 08-04-2015 PUBLIC 09-04-2015)

◉ **Nenhum ato administrativo pode ser invalidado pelo Poder Público sem que todos os alcançáveis pela invalidação, direta ou reflexamente, tenham tido oportunidade de se defender, segundo a garantia constitucional do devido processo legal e do contraditório.**

"CONSTITUCIONAL E ADMINISTRATIVO. CONSELHO NACIONAL DO MINISTÉRIO PÚBLICO. NOTÍCIAS DE IRREGULARIDADES NA ADMINISTRAÇÃO DO MINISTÉRIO PÚBLICO DO ESTADO DO AMAZONAS. REPRESENTAÇÃO. PROCEDIMENTO DE CONTROLE ADMINISTRATIVO. INSTAURAÇÃO. NOTIFICAÇÃO POR EDITAL DE PESSOA IDENTIFICADA COMO BENEFICIÁRIA DE ATO IMPUGNADO. NULIDADE. ORDEM CONCEDIDA. 1. Reveste-se de nulidade por ofensa ao exercício do direito ao contraditório e ampla defesa a notificação apenas por edital de pessoa identificada como beneficiária direta de ato objeto de questionamento em procedimento de controle administrativo instaurado no âmbito do Conselho Nacional do Ministério Público. 2. No caso, a comunicação por edital se deu na forma do art. 105 do Regimento Interno do Conselho Nacional do Ministério Público, então em vigor, que possuía a mesma redação do art. 98 de antigo Regimento Interno do Conselho Nacional de Justiça, cuja inconstitucionalidade foi reconhecida pelo Plenário desta Corte no julgamento do MS 25.962 (Rel. Min. Marco Aurélio, DJe de 20/3/2009). 3. Ordem concedida." (STF – MS 26419, Relator(a): Min. TEORI ZAVASCKI, Segunda Turma, julgado em 27/10/2015, ACÓRDÃO ELETRÔNICO DJe-249 DIVULG 10-12-2015 PUBLIC 11-12-2015)

▶ **Mandado de segurança e a teoria do fato consumado**

"Em nome do princípio constitucional da segurança jurídica, a jurisprudência construiu a teoria do fato consumado, que, diante de uma conjuntura não apoiada na legalidade, acabou por estabilizar uma situação jurídica cujo desfazimento tardio não se compatibilizaria com uma solução justa e equitativa, principalmente porque o respectivo titular, de longa data, teria incorporado em sua esfera jurídica um aparente direito adquirido. A demora no julgamento do mandado de segurança, assim, colocaria o juiz numa condição que não lhe permitiria denegar a segurança e cassar a liminar que perdurou por um período tão longo que o impetrante pode concluir a aquisição definitiva de outros direitos, fundados na força da medida judicial provisória. Pense-se no caso do aluno que consegue matrícula por liminar e, quando a segurança pudesse ser denegada no mérito, já estaria graduado e no exercício da profissão para a qual se titulou. Em nome do fato consumado, e em respeito à boa-fé, à confiança e à segurança jurídica, o Poder Judiciário, nas circunstâncias apontadas, fica autorizado a deferir o mandamus, sem embargo da ausência do direito líquido e certo. Esse requisito fundamental do mandado de segurança restou substituído pelo fato consumado. É claro que isso jamais será admissível se a procrastinação da marcha processual tiver sido causada por manobras ou expedientes maliciosos engendrados pelo próprio impetrante." THEODORO JÚNIOR, Humberto. Lei do Mandado de Segurança comentada artigo por artigo. Rio de Janeiro: Gen/Editora Forense, 2ª edição, 2019, p. 30).

◉ **A teoria do fato consumado, contudo, não pode ser aplicada indiscriminadamente sem uma análise sobre as particularidades de cada caso. Há situações onde o princípio da boa-fé objetiva impõe o seu afastamento**

"ADMINISTRATIVO – EXAME DA ORDEM – EM REGRA NÃO CABE AO PODER JUDICIÁRIO REVISAR OS CRITÉRIOS ADOTADOS PELA BANCA EXAMINADORA – LEGÍTIMA CONSOLIDAÇÃO DA SITUAÇÃO FÁTICA – TEORIA DO FATO CONSUMADO.1. O Poder Judiciário não pode substituir a banca examinadora na análise do mérito das questões em concurso público, salvo se a questão impugnada pelo candidato se apresentar dissociada dos pontos constantes do edital ou teratológica.2. Todavia, ainda que a instância ordinária incida em desacerto, a Primeira Seção desta Corte Superior tem entendido que as situações consolidadas pelo decurso de tempo devem ser respeitadas, sob pena de se causar à parte excessivo prejuízo. Trata-se da aplicação da teoria do fato consumado, que privilegia o princípio da segurança jurídica e a estabilidade nas relações sociais. 3. A teoria do fato consumado, contudo, não pode ser aplicada indiscriminadamente sem uma análise sobre as particularidades de cada caso. Há situações onde o princípio da boa-fé objetiva impõe o seu afastamento. A título de exemplo, não se poderia considerar consolidada uma situação de fato resultado de conduta antijurídica premeditada. O Direito não pode premiar a torpeza. 4. In casu, todavia, não há elementos no acórdão que permitam a conclusão de que o recorrido violou o princípio da boa-fé objetiva, nem de que se valeu de meios espúrios para forçar a sedimentação de uma situação de fato, com o fim de obter, posteriormente, o benefício da aplicação da teoria do fato consumado. Recurso especial improvido." (STJ, 2ª T., REsp 1.130.985/PR, Rel. Min. Humberto Martins, ac. 17.12.2009, DJe 19.02.2010.)

◉ **O STF em âmbito de Repercussão Geral já decidiu ser inaplicável a teoria do fato consumado para manutenção em cargo público de candidato não aprovado no concurso.**

"1. Não é compatível com o regime constitucional de acesso aos cargos públicos a manutenção no cargo, sob fundamento de fato consumado, de candidato não aprovado que nele tomou posse em decorrência de execução provisória de medida liminar ou outro provimento judicial de natureza precária, supervenientemente revogado ou modificado. 2. Igualmente incabível, em casos tais, invocar o princípio da segurança jurídica ou o da proteção da confiança legítima. É que, por imposição do sistema normativo, a execução provisória das decisões judiciais, fundadas que são em títulos de natureza precária e revogável, se dá, invariavelmente, sob a inteira responsabilidade de quem a requer, sendo certo que a sua revogação acarreta efeito ex tunc, circunstâncias que evidenciam sua inaptidão para conferir segurança ou estabilidade à situação jurídica a que se refere. 3. Recurso extraordinário provido." (STF, Pleno, RE 608.482/RN, Rel. Min. Teori Zavascki, ac. 07.08.2014, DJe 30.10.2014.)

▶ **Caso específico da aplicação da teoria do fato consumado em razão de o candidato ter se aposentado dentro do longo prazo do processamento do feito.**

"Releva destacar decisão da Primeira Seção do STJ ao analisar caso em que a servidora foi nomeada sob amparo de decisão judicial liminar, apesar de não ter sido aprovada no concurso, exercendo o cargo até se aposentar, teve, posteriormente, sua nomeação tornada sem efeito e, consequentemente, sua aposentadoria. Aquela Corte decidiu que, não obstante a impossibilidade de a impetrante permanecer no cargo em razão da posterior denegação da segurança que buscava sua aprovação no certame, não poderia ser cassada sua aposentadoria, uma vez que o vínculo previdenciário havia se consolidado." (THEODORO JÚNIOR, Humberto. Lei do Mandado de Segurança comentada artigo por artigo. Rio de Janeiro: Gen/Editora Forense, 2ª edição, 2019, p. 32).

> ◉ **No mesmo sentido:** "2. Ao contrário do que sustenta a impetrante, a existência da Ação Ordinária, que acabou por transitar em julgado favoravelmente a ela, não lhe asseguraria o direito de permanecer no cargo, pois esta Ação era dependente do resultado do Mandado de Segurança anterior, em que buscava sua aprovação no concurso. 3. Transitada em julgado a decisão desfavorável no Mandado de Segurança pela qual ela buscou realizar a 2ª etapa do concurso, considera-se que ela não foi aprovada, e perde o objeto a pretensão de nomeação tratada na Ação Ordinária. 4. O Supremo Tribunal Federal, em julgado realizado sob a égide da repercussão geral, deu pela inaplicabilidade da teoria do fato consumado para manutenção em cargo público de candidato não aprovado em concurso (STF, RE 608.482, Relator Min. Teori Zavascki, Tribunal Pleno, julgado em 7/8/2014, Repercussão Geral – Mérito, DJe-213 p. 30/10/2014).5. Assim, se a impetrante estivesse exercendo o cargo, não haveria nenhuma irregularidade no seu afastamento deste depois do trânsito em julgado da decisão judicial desfavorável a ela que lhe permitiu prosseguir no concurso após a primeira etapa. SITUAÇÃO EXCEPCIONALÍSSIMA DE CONSOLIDAÇÃO FÁTICO-JURÍDI--CA NO CASO CONCRETO – APOSENTADORIA. 6. Não obstante a compreensão acima exarada, constata-se que a impetrante, nomeada sob amparo de decisão judicial liminar, exerceu o cargo até o momento de sua aposentadoria, ocorrida vários anos antes da decisão final do Mandado de Segurança original-

mente impetrado por ela para prosseguir no concurso. 7. Embora o vínculo de trabalho fosse precário, o vínculo previdenciário, após as contribuições previdenciárias ao regime próprio, consolidou-se com a reunião dos requisitos para a concessão de aposentadoria. 8. A legislação federal estabelece a cassação da aposentadoria apenas nos casos de demissão do servidor público e de acumulação ilegal de cargos (arts. 133, § 6º, e 134 da Lei 8.112/1990), não havendo, portanto, respaldo legal para impor a mesma penalização quando o exercício do cargo é amparado por decisões judiciais precárias e o servidor se aposenta por tempo de contribuição durante esse exercício após legítima contribuição ao sistema. 9. Precedente específico: MS 18.002/DF, Relator Min. Herman Benjamin, Primeira Seção, julgado em 21/11/2016 (acórdão aguardando publicação) 10. Segurança parcialmente concedida para manter a aposentadoria da impetrante." (STJ, 1ª Seção, MS 20.558/DF, Rel. Min. Herman Benjamin, ac. 22.02.2017, DJe 31.03.2017.)

USO E ABUSO DE PODER

▶ **O abuso de poder é gênero e encerra duas espécies: a) excesso de poder e b) desvio de poder, este último também conhecido como desvio de finalidade do ato administrativo.**

O abuso de poder é gênero e encerra duas espécies: a) excesso de poder e b) desvio de poder, este último também conhecido como desvio de finalidade do ato administrativo. O excesso de poder ocorre quando o agente ultrapassa os limites de sua competência, seja aquela deferida diretamente pela lei, seja aquela deferida por meio de ato de delegação cujo vínculo com a lei é mediato. Nesse caso, o agente pratica ato não previsto em lei ou ato de competência de outro agente, ocorrendo, no caso, violação ao princípio da legalidade. Já o desvio de poder é o vício que ocorre quando o agente que pratica o ato possui competência para tanto, todavia o faz por motivos alheios ao interesse público e buscando fim diverso do interesse da coletividade, ou seja, diferente daquele previsto na norma de competência.

▶ **Poder discricionário**

É inviável a gestão da *res publica* de mãos atadas, sendo necessária certa flexibilidade legal para boa gestão da máquina pública e administração dos interesses coletivos. É nesse contexto que é necessário o poder discricionário. Aqui a lei deixa ao administrador certa margem de liberdade para que, no caso concreto, pautado em critérios de conveniência e oportunidade, adote a providência que melhor atenda ao interesse público. Não se confunde, no entanto, poder discricionário com interpretação de conceito jurídico indeterminado. O legislador, por vezes, adota conceitos relativamente abertos, que permitem ao intérprete da norma determinar seu alcance e extensão com maior grau de liberdade. Com efeito, o juiz tem muito maior liberdade de enquadramento da conduta das partes contratantes ao analisar a "boa-fé" ou "má-fé" de suas condutas na execução ou celebração do contrato, do que teria ao examinar o efeito de eventual adimplemento ou inadimplemento da obrigação correspondente. O mesmo ocorre no direito administrativo, quando, por exemplo, o legislador adota conceitos como "incontinência pública e conduta escandalosa, na repartição" (art. 132, V, da Lei nº 8.112/90). Embora o administrador tenha maior liberdade para examinar o alcance de tal conceito no exame de caso concreto sob sua atribuição, não prescindirá de adequada fundamentação e argumentação explicativas do exato enquadramento a ser dado, mormente se tal conceito estiver ligado a um ato administrativo vinculado, como seria o de aplicação de penalidade de demissão a servidor público ao qual se atribuísse "conduta escandalosa".

▶ **Limites do poder discricionário**

É importante deixar claro que essa liberdade não é absoluta. Há limites que devem ser respeitados, sob pena de desvio ou excesso de poder. Assim, despontam como os principais limitadores do poder discricionário: a própria lei e os princípios constitucionais (tais como impessoalidade, moralidade, razoabilidade, proporcionalidade etc.).

◉ "ADMINISTRATIVO E CONSTITUCIONAL. MILITAR. SARGENTO DO QUADRO COMPLEMENTAR DA AERONÁUTICA. INGRESSO E PROMOÇÃO NO QUADRO REGULAR DO CORPO DE PESSOAL GRADUADO. ESTÁGIO PROBATÓRIO NÃO CONVOCADO. CONDIÇÃO 'SINE QUA NON'. APLICAÇÃO DO ART. 49 DO DECRETO N.º 68.951/71. RECURSO ESPECIAL. LIMITAÇÃO DA DISCRICIONARIEDADE. MORALIDADE PÚBLICA, RAZOABILIDADE E PROPORCIONALIDADE. 1. A discricionariedade atribuída ao Administrador deve ser usada com parcimônia e de acordo com os princípios da moralidade pública, da razoabilidade e da proporcionalidade, sob pena de desvirtuamento. 2. As razões para a não convocação de estágio probatório, que é condição indispensável ao acesso dos terceiros sargentos do quadro complementar da Aeronáutica ao quadro regular, devem ser aptas a demonstrar o interesse público. 3. Decisões desse quilate não podem ser imotivadas. Mesmo o ato decorrente do exercício do poder discricionário do administrador deve ser fundamentado, sob pena de invalidade. 4. A diferença entre atos oriundos do poder vinculado e do poder discricionário está na possibilidade de escolha, inobstante, ambos tenham de ser fundamentados. O que é discricionário é o poder do administrador. O ato administrativo é sempre vinculado, sob pena de invalidade. 5. Recurso conhecido e provido." (STJ, REsp 79.761/DF 1995/0059967-8, 6.ª T., Rel. Min. Anselmo Santiago, j. 29.04.1997, DJ 09.06.1997, p. 25.574, RSTJ vol. 97, p. 404).

> ◉ **No mesmo sentido:** "Trata-se de agravo cujo objeto é decisão que negou seguimento a recurso extraordinário interposto contra acórdão do Tribunal de Justiça do Estado do Rio de Janeiro, assim do (fls. 219/220): Apelação. Direito Administrativo. Concurso público. Oficial de Polícia Militar. Exame psicológico. Contestação do resultado. Prova suficiente do erro da conclusão de inaptidão, desprovida aliás dos necessários fundamentos técnicos e da ainda mais necessária exposição de motivos. Limites da discricionariedade administrativa. Sindicabilidade judicial dos exames integrantes de concurso público. Teoria dos graus de vinculação à juridicidade. – A presunção de veracidade que se atribui

aos atos administrativos é relativa, o que a faz passível de prova em contrário, quer no próprio âmbito administrativo ou em sede judicial. – Do mesmo modo, conquanto lícita a imposição de exame psicotécnico como fase de concurso para provimento de cargos públicos, pode a conclusão da banca ser submetida ao escrutínio judicial, ou mesmo administrativo, quanto à veracidade de seu conteúdo. – Conquanto não seja dado ao Judiciário, no controle dos atos administrativos, substituir-se à banca examinadora para reavaliar critérios de correção de provas em concurso público, tampouco se pode admitir, por outro lado, que o mérito administrativo sirva de escudo protetor a decisões desprovidas de razoabilidade e proporcionalidade. A discricionariedade administrativa não é Poder de decidir ao arbítrio, mas sim a margem da liberdade decisória entre opções juridicamente possíveis, quando a legislação não previr taxativamente uma determinada conduta. – A melhor doutrina administrativa já reverbera a necessidade de superação de dicotômica classificação dos atos administrativos em vinculados e discricionários, como estes últimos fossem externos ao Direito para fazer considerar a existência de diversos graus de vinculação dos atos administrativos à juridicidade. – A prova dos autos é robusta, contundente e inequívoca em conduzir à completa inveracidade de conclusão psicotécnica que atestada a insuficiência de raciocínio verbal do candidato, incompatível até com o notável êxito por ele obtido no Curso de Formação de Oficiais, no qual ingressou por força da liminar concedida no início do processo. Recurso a que se nega provimento. (...) O recurso busca fundamento no art. 102, III, a, da Constituição Federal. A parte recorrente sustenta violação aos arts. 2.º; 5.º, caput; e 37, II, da Constituição. Aduz que o Poder Judiciário, no exame dos atos administrativos, limita-se a afastar do ato praticado qualquer ilegalidade cometida, sendo-lhe vedado adentrar no mérito do ato administrativo, cuja manifestação é expressa pelo juízo discricionário do Administrador Público (fls. 239). (...) Diante do exposto, com base no art. 544, § 4.º, II, b, do CPC e no art. 21, § 1.º, do RI/STF, conheço do agravo e nego seguimento ao recurso extraordinário. Publique-se. Brasília, 24 de março de 2014. Ministro Luís Roberto Barroso Relator." (STF, ARE 794.902/RJ, Rel. Min. Roberto Barroso, j. 24.03.2014, DJe-065, Divulg. 01.04.2014, Public. 02.04.2014).

◙ **O ato discricionário muitas vezes goza de uma precariedade que não confere direito adquirido ao seu destinatário, não cabendo, por isso, Mandado de Segurança que tem por objetivo a manutenção do ato.**

"PROCESSUAL CIVIL. RECURSO ORDINÁRIO EM MANDADO DE SEGURANÇA. ATO ADMINISTRATIVO. AUTORIZAÇÃO. NATUREZA PRECÁRIA E DISCRICIONÁRIA. AUSÊNCIA DE DIREITO LÍQUIDO E CERTO. 1. Recurso Ordinário em Mandado de Segurança interposto contra decisão proferida pelo Egrégio Tribunal a quo que entendeu que a documentação acostada aos autos atestava que a autorização foi concedida pela Secretaria Municipal, cujo titular não era o Prefeito Municipal, logo, o mandamus não poderia ter sido impetrado em seu desfavor. 2. O pedido inicial visava a obter a sustação da ordem de desocupação dos boxes existentes junto ao

Mercado Municipal do Produtor, no Rio de Janeiro, ao argumento de que o ato atacado foi ilegal frente a autorização concedida pela Secretaria Municipal de Agricultura, Abastecimento, Indústria e Comércio. 3. A autorização de uso é ato unilateral da Administração Pública, de natureza discricionária e precária, através do qual esta consente na prática de determinada atividade individual incidente sobre um bem público. Trata-se, portanto, de ato revogável, sumariamente, a qualquer tempo, e sem ônus para o Poder Público. 4. Como a Administração Pública Municipal não mais consente com a permanência dos impetrantes no local, a autorização perdeu sua eficácia. Logo, não há direito líquido e certo a ser tutelado na hipótese dos autos. 5. Recurso desprovido." (STJ – RMS 11.822/RJ, Rel. Ministro JOSÉ DELGADO, PRIMEIRA TURMA, julgado em 20/02/2001, DJ 02/04/2001, p. 253)

◙ **É importante deixar claro que essa liberdade não é absoluta. Há limites que devem ser respeitados, sob pena de desvio ou excesso de poder. Assim, despontam como os principais limitadores do poder discricionário: a própria lei e os princípios constitucionais (tais como impessoalidade, moralidade, razoabilidade, proporcionalidade etc.).**

"Administrativo e constitucional. Militar. Sargento do quadro complementar da Aeronáutica. Ingresso e promoção no quadro regular do corpo de pessoal graduado. Estágio probatório não convocado. Condição 'sine qua non'. Aplicação do art. 49 do Decreto n.º 68.951/71. Recurso especial. Limitação da discricionariedade. Moralidade pública, razoabilidade e proporcionalidade. 1. A discricionariedade atribuída ao Administrador deve ser usada com parcimônia e de acordo com os princípios da moralidade pública, da razoabilidade e da proporcionalidade, sob pena de desvirtuamento. 2. As razões para a não convocação de estágio probatório, que é condição indispensável ao acesso dos terceiros sargentos do quadro complementar da Aeronáutica ao quadro regular, devem ser aptas a demonstrar o interesse público. 3. Decisões desse quilate não podem ser imotivadas. Mesmo o ato decorrente do exercício do poder discricionário do administrador deve ser fundamentado, sob pena de invalidade. 4. A diferença entre atos oriundos do poder vinculado e do poder discricionário está na possibilidade de escolha, inobstante, ambos tenham de ser fundamentados. O que é discricionário é o poder do administrador. O ato administrativo é sempre vinculado, sob pena de invalidade. 5. Recurso conhecido e provido." (STJ, REsp 79.761/DF 1995/0059967-8, 6.ª T., Rel. Min. Anselmo Santiago, j. 29.04.1997, DJ 09.06.1997, p. 25.574, RSTJ vol. 97, p. 404).

◙ **No mesmo sentido:** "Trata-se de agravo cujo objeto é decisão que negou seguimento a recurso extraordinário interposto contra acórdão do Tribunal de Justiça do Estado do Rio de Janeiro, assim do (fls. 219/220): Apelação. Direito Administrativo. Concurso público. Oficial de Polícia Militar. Exame psicológico. Contestação do resultado. Prova suficiente do erro da conclusão de inaptidão, desprovida aliás dos necessários fundamentos técnicos e da ainda mais necessária exposição de motivos. Limites da discricionariedade administrativa. Sindicabilidade judicial dos exames integrantes de concurso público. Teoria dos graus de vinculação à juridicidade. – A presunção de veracidade que se atribui aos atos administrativos é relativa, o que a faz passível de prova em contrário, quer no próprio âmbito administrativo ou em sede judicial. – Do mesmo modo, conquanto lícita a imposição de exame psicotécnico como fase de concurso para provimento de cargos públicos, pode a conclusão da banca ser submetida ao escrutínio judicial, ou mesmo administrativo, quanto à veracidade de seu conteúdo. – Conquanto não seja dado ao Judiciário, no controle dos atos administrativos, substituir-se à banca examinadora para reavaliar critérios de correção de provas em concurso público, tampouco se pode admitir, por outro lado, que o mérito administrativo sirva de escudo protetor a decisões desprovidas de razoabilidade e proporcionalidade. A discricionariedade administrativa não é Poder de decidir ao arbítrio, mas sim a margem da liberdade decisória entre opções juridicamente possíveis, quando a legislação não previr taxativamente uma determinada conduta. – A melhor doutrina administrativa já reverbera a necessidade de superação de dicotômica classificação dos atos administrativos em vinculados e discricionários, como estes últimos fossem externos ao Direito para fazer considerar a existência de diversos graus de vinculação dos atos administrativos à juridicidade. – A prova dos autos é robusta, contundente e inequívoca em conduzir à completa inveracidade de conclusão psicotécnica que atestada a insuficiência de raciocínio verbal do candidato, incompatível até com o notável êxito por ele obtido no Curso de Formação de Oficiais, no qual ingressou por força da liminar concedida no início do processo. Recurso a que se nega provimento. (...) O recurso busca fundamento no art. 102, III, a, da Constituição Federal. A parte recorrente sustenta violação aos arts. 2.º; 5.º, caput; e 37, II, da Constituição. Aduz que o Poder Judiciário, no exame dos atos administrativos, limita-se a afastar do ato praticado qualquer ilegalidade cometida, sendo-lhe vedado adentrar no mérito do ato administrativo, cuja manifestação é expressa pelo juízo discricionário do Administrador Público (fls. 239). (...) Diante do exposto, com base no art. 544, § 4.º, II, b, do CPC e no art. 21, § 1.º, do RI/STF, conheço do agravo e nego seguimento ao recurso extraordinário. Publique-se. Brasília, 24 de março de 2014. Ministro Luís Roberto Barroso Relator." (STF, ARE 794.902/RJ, Rel. Min. Roberto Barroso, j. 24.03.2014, DJe-065, Divulg. 01.04.2014, Public. 02.04.2014).

◉ **Controle do ato discricionário por meio de Mandado de Segurança com base na Teoria dos Motivos Determinantes.**

"ADMINISTRATIVO – ATO DISCRICIONARIO. O ato discricionário, quando motivado, fica vinculado ao motivo que lhe serviu de suporte, com o que, se verificado ser o mesmo falso ou inexistente, deixa de subsistir. Mandado de segurança deferido." (STJ – RMS 12/PE, Rel. Ministro ARMANDO ROLEMBERG, PRIMEIRA TURMA, julgado em 23/08/1989, DJ 11/09/1989, p. 14365)

▶ **Mérito do ato administrativo**

O exercício legítimo da discricionariedade, ou seja, o prudente manejo da conveniência e oportunidade sobre os elementos motivo e/ou objeto é chamado de mérito do ato ou conduta administrativa. Esse mérito, como dito, decorre do exercício legítimo do desempenho da função administrativa discricionária, podendo-se dizer que está ligada à essência dessa atividade e, por esse motivo, há um limite de jurisdição nesse ponto, não podendo o Poder Judiciário fazer controle de mérito, no sentido de apreciar a conveniência e oportunidade da conduta praticada pelo administrador. Em outras palavras: está vedado ao Judiciário substituir a conveniência da Administração pela dele, sob pena de esse órgão jurisdicional deixar de julgar para administrar, violando, assim, o magno princípio da separação dos poderes.

◉ **No mesmo sentido:** "Recurso em mandado de segurança. Complementação salarial. Transformação em VPNI. Equiparação. Impossibilidade. 1. A Administração, através de seu poder de auto-regulamentação e controle interno, tem autonomia para alterar sua estrutura administrativa e funcional, além de rever seus atos e modificar quadro de carreira de servidores públicos. 2. Ao Poder Judiciário não cabe decidir sobre o mérito administrativo que motivou a separação de carreiras no serviço público. Súmula 339/STF. Recurso desprovido." (STJ, RMS 24.219/DF 2007/0117271-5, 5.ª T., Rel. Min. Felix Fischer, j. 30.05.2008, DJe 23.06.2008).

◉ **No mesmo sentido:** "Agravo regimental em recurso extraordinário. 2. Direito Administrativo. 3. Defensoria pública. Implantação de plantão permanente na cidade de Erechim. Mérito administrativo. Impossibilidade de ingerência do Poder Judiciário ante a ausência de ilegalidade ou abuso de poder. Princípio da separação dos poderes. Precedentes. Inexistência de argumentos capazes de infirmar a decisão agravada. 5. Agravo regimental a que se nega provimento." (STF, RE 636.686/RS, 2.ª T., Rel. Min. Gilmar Mendes, j. 25.06.2013, DJe-160, Divulg. 15.08.2013, Public. 16.08.2013).

▶ **Controle da discricionariedade administrativa pelo Poder Judiciário**

Não estamos querendo dizer que o Poder Judiciário não possa fazer controle de ato discricionário. Ele pode! Inclusive sobre os elementos motivo e objeto, porém, e que isso fique claro, a análise se restringe ao controle de legalidade, ou seja, verificar se a conduta tida como discricionária viola a lei e aos princípios constitucionais. É interessante notar que normalmente os vícios reais de discricionariedade não são violações literais à lei, mas sim aos princípios que regem a Administração, como, por exemplo, ao princípio da razoabilidade e da proporcionalidade.

▶ **No mesmo sentido:** "A decisão 'discricionária' do funcionário será ilegítima, apesar de não transgredir nenhuma norma concreta e expressa, se é 'irrazoável', o que pode ocorrer, principalmente, quando: a) não dê os fundamentos de fato ou de direito que a sustentam ou; (...) ou c) não guarde uma proporção adequada entre os meios que emprega e o fim que a lei deseja alcançar, ou seja, que se trate de uma medida desproporcionada, excessiva em relação ao que se quer alcançar." (GORDILLO, Augustín. Princípios gerais de direito público. Trad. Marco Aurélio Greco. São Paulo: RT, 1977. p. 183-184.)

▶ **No mesmo sentido:** "(...) as competências administrativas só podem ser validamente exercidas na extensão e intensidade proporcionais ao que seja realmente demandado para cumprimento da finalidade de interesse público a que estão atreladas. Segue-se que os atos cujos conteúdos ultrapassem o necessário para alcançar o objetivo que justifica o uso da competência ficam maculados de ilegitimidade, porquanto desbordam do âmbito da competência; ou seja, superam os limites que naquele caso lhes corresponderiam." (BANDEIRA DE MELLO, Celso Antônio. Curso de direito administrativo. 29. ed., São Paulo: Malheiros, 2012, p. 113.)

▶ **No mesmo sentido:** "(...) o administrador público, dito de outra maneira, está obrigado a sacrificar o mínimo para preservar o máximo de direitos. Esta parece ser uma fórmula suficientemente esclarecedora acerca do princípio. Por todo exposto, fácil perceber que o princípio da proporcionalidade se apresenta especialmente relevante por limitar e forçar a reconceituação do poder de polícia administrativa, de sorte a estabelecer firmes parâmetros ao seu exercício." (FREITAS, Juarez. Controle dos atos administrativos. São Paulo: Malheiros, 1997. p. 57.)

▶ **Do controle da discricionariedade administrativa e separação dos Poderes**

O princípio da separação dos poderes vem sendo consagrado nos Ordenamentos Jurídicos desde o século XVIII, cuja textualização foi inicialmente prevista em documento solene na Declaração de Direitos do Homem e do Cidadão de 1789. Ficou estabelecido naquele documento que toda Constituição, para ser verdadeiramente uma Constituição, deve prever em seu texto a separação dos poderes.

▶ "el estado constitucional se basa en el principio de la distribución del poder. La distribución del poder existe cuando vários e independientes detentadores del poder u órganos estatales participan en la formación de la voluntad estatal. Las funciones que les han sido asignadas están sometidas a un respectivo control a través de los otros detentadores del poder; como esta distribuído, el ejercicio del poder político está necesariamente controlado." (LOEWENSTEIN, Karl. Teoria de La Constitución. Barcelona/Caracas/México: Ariel. p. 50.)

▶ Isso se deu principalmente em razão do momento histórico em que vivia a Europa, onde os poderes estatais (função legislativa, executiva e judiciária) estavam concentrados nas mãos do monarca, não havendo controle para conter os frequentes excessos praticados por ele. Em razão desses fatores históricos, levou-se ao pé da letra o princípio da separação dos poderes, restando terminantemente proibido ao Poder Judiciário a análise da conveniência e oportunidade da atuação administrativa, sendo que o controle jurisdicional da Administração Pública se restringia a mera questão de legalidade, ou seja, compatibilidade entre o ato e a Lei. Ocorre que, na época em que foi desenvolvida a teoria da separação dos poderes, dois pontos fundamentais inexistiam. Primeiramente, com a queda do Antigo Regime, ingressou-se em uma fase de dominação da burguesia, pautada na política do liberalismo, ficando a atuação do Estado restrita a poucas funções, especialmente de segurança. A ordem econômica e social, se é que esta última realmente existia à época, era ditada pelos burgueses. Assim, o Estado não tinha um compromisso social para com os demais segmentos da sociedade.

▶ Com o advento do Estado Social, houve uma bruta e notável mudança na atuação do Estado, que deixa de ter papel passivo para ser um prestador, um garantidor de direitos. Diversas promessas são feitas e tendem a ser realizadas. Passa o Estado a se preocupar com o bem-estar social do povo. Uma vez garantidos esses direitos sociais, realizadas essas promessas, poderia o Estado deixar de cumpri-las, fazendo da Constituição mera folha de papel? É nesse ponto que entram em jogo a Supremacia da Constituição e o dever de efetivá-la, o que é feito, em última análise, por seu principal guardião: o Poder Judiciário. Baseado nessa premissa, Andreas Krell sustenta que é necessária uma revisão do princípio da separação dos poderes à luz das condições diferenciadas no moderno Estado Social e das exigências de efetividade dos direitos fundamentais.

▶ "(...) torna-se evidente que o apego exagerado de grande parte dos juízes brasileiros à teoria da Separação dos Poderes é resultado de uma atitude conservadora da doutrina constitucional, que ainda não se adaptou as suas 'lições' às condições diferenciadas do moderno Estado Social e está devendo a necessária atualização e reinterpretação de velhos dogmas do constitucionalismo clássico." (KRELL, Andreas Joachim. Direitos sociais e controle judicial no Brasil e na Alemanha: os (des)caminhos de um direito constitucional "comparado". Porto Alegre: Sergio Antonio Fabris, 2002. p. 91.)

▶ O segundo ponto importante, que "na época não se tinha noção, refere-se aos princípios constitucionais, sendo que naquele período, e por muito tempo, o controle das atividades administrativas era feito apenas sob o aspecto da legalidade." (MORAES, Germana de Oliveira. Controle jurisdicional da Administração Pública. 2. ed. São Paulo: Dialética, 2004. p. 185.)

▶ Conforme averbou o Supremo Tribunal Federal, no voto do Ministro Celso Mello no julgamento do Mandado de Segurança 25.668, "o poder não se exerce de forma ilimitada. No Estado democrático de Direito, não há lugar para o poder absoluto". No atual contexto constitucional pátrio, de supremacia dos direitos fundamentais, da democracia, de garantias sociais, de controle por princípio, se eleva a extensão do controle realizado pelo Poder Judiciário sobre as atividades públicas.

▶ "(...) a separação de poderes – consideradas as circunstâncias históricas que justificaram a sua concepção no plano da teoria constitucional – não pode ser jamais invocada como princípio destinado a frustrar a resistência jurídica a qualquer ensaio de opressão estatal ou a inviabilizar a oposição a qualquer tentativa de comprometer, sem justa causa, o exercício, pela pessoa que sofre a investigação, do seu direito de requerer a tutela jurisdicional contra abusos que possam ser cometidos pelas instituições do Estado, não importando se vinculadas à estrutura do Poder Legislativo (como na espécie), do Poder Executivo ou do Poder Judiciário." (Mandado de Segurança 25.668)

▶ Registre-se que não está em causa a possibilidade de invasão da esfera do Poder Administrativo pelo Judiciário, mas a simples constatação de que o dogma da liberdade absoluta do Poder Administrativo já está superado, sustentando-se, assim, a necessidade de temperamento da latitude discricionária da produção administrativa, ainda que fundada em competência constitucional e formalmente válida.

O CONTROLE JURISDICIONAL DE QUESTÕES OBJETIVAS, DISCURSIVAS E ORAIS DE CONCURSOS PÚBLICOS COM VÍCIOS DE LEGALIDADE E A POSSIBILIDADE DO USO DO MANDADO DE SEGURANÇA

▶ **A possibilidade e facilidade de fazer o controle jurisdicional de questões de concursos e a "jurisprudência equivocada" impensada.**

Demandas pleiteando anulação de questões objetivas em razão de vício de legalidade – ao contrário de um ato impensado – É DE FÁCIL COMPROVAÇÃO, pois, ao contrário do que muito se decide, não se objetiva ingressar no campo meritório da Banca Examinadora e fazer um controle de conveniência e oportunidade, mas sim – provando comportamento antijurídico – fazer um controle de juridicidade. Pode ocorrer de ações mal fundamentadas, até mesmo em casos idênticos (no aspecto factual) ao do candidato e pela falta de habilidade de como provar o direito defendido isso possa gerar uma "jurisprudência equivocada", fazendo crer no ato de cognição dos julgadores que todo tipo de ação é semelhante àquela, ou se do mesmo certame, são iguais e, por isso, merecem o mesmo destino: a morte judicial! NÃO! HÁ UM EQUÍVOCO AQUI!

▶ **Duas demandas questionando absolutamente o mesmo ato ou omissão e que tenham sido distribuídas ao mesmo julgador pode ter desfecho distinto?**

Afirmo categoricamente que duas demandas questionando absolutamente o mesmo ato ou omissão e que tenham sido distribuídas ao mesmo julgador pode e, deveria, em regra, ter decisões diferentes, pois uma demanda pode estar absolutamente recheada de provas e a outra não passar de uma actio com mera força retórica, porém sem provas, não gerando um impulso cognitivo favorável na percepção do julgador, especialmente pela imensa quantidade de processos que tramitam em nossos Tribunais.

▶ **A sabedoria de fazer a correta distinção entre o campo de "imunidade jurisdicional" da Banca Examinadora e o seu campo plenamente sindicável.**

Os fatos são os mesmos, o direito invocado também, mas a prova, cujo ônus incumbe ao autor, e a sabedoria de fazer a correta distinção entre o campo de "imunidade jurisdicional" da Banca Examinadora e o campo plenamente sindicável sobre questões sede concurso público vai fazer com que a percepção do julgador em seu ato de cognição seja de uma forma ou de outra.

▶ **O grande problema está na generalização!**

Nesta toada, cai com precisão cirúrgica as eternas lições de CARLOS MAXIMILIANO, mestre de todos os mestres na arte da hermenêutica.

"Os julgados constituem bons auxiliares da exegese, quando manuseados criteriosamente, criticados, comparados, examinados à luz dos princípios, com livros de doutrina, com as exposições sistemáticas do direito em punho. A jurisprudência, só por si, isolada, não tem valor decisivo, absoluto. Basta lembrar que a formam tanto os arestos brilhantes, como as sentenças de colegiados onde reinam a incompetência e a preguiça. "Versa o aresto sobre fatos, e entre estes é quase impossível que se nos deparem dois absolutamente idênticos, ou, ao menos, semelhantes sob todos os aspectos: ora qualquer diferença entre espécies em apreço obriga a mudar também o modo de decidir. É isso que se depreende do dizer profundo de *Dumoulim – modica facti differentia magnam inducit juris diversitatem* – "pequena diferença de fato induz grande diversidade de direito". Logo a citação mecânica de acórdãos não pode deixar de conduzir a erros graves." (MAXIMILLIANO, Carlos, Hermeneutica e aplicação do direito, Ed. Forense, 13ª edição, p. 182)

▶ **Muitas vezes, percebe-se que as decisões judiciais sequer possuem um ponto de partida, ou seja, uma premissa sobre a qual haverá o desenvolvimento e julgamento do caso, sendo repetições irrefletidas de decisões proferidas da mesma forma.**

"Cai-se naquilo que o saudoso filósofo, teórico do direito e tributarista ALFREDO AUGUSTO BECKER chamava de sistema de fundamentos óbvios, que, segundo o eminente jurista "o Direito Tributário está em desgraça e a razão deve buscar-se não na superestrutura – mais precisamente naqueles seus fundamentos que costumam ser aceitos como demasiado "óbvios" para merecerem a analise critica. Esclarecer e explicitar as premissas. O conflito entre as teorias jurídicas do Direito Tributário tem sua principal origem naquilo que se presume conhecido porque se supõe óbvio. De modo que de premissas iguais em sua aparência (a obviedade confere uma identidade falsa às premissas) deduzem-se conclusões diferentes porque cada contendedor atribuiu um diferente conceito as premissas "óbvias". Esta dualidade de conclusões deixa ambos os contendedores surpresos e perplexos (pois partiram das "mesmas" premissas "obvias"), sem que um possa convencer o outro da veracidade de sua respectiva conclusão." (Teoria Geral do Direito Tributário, Alfredo Augusto Becker, p. 12.) "Mais adiante, arremata "certas teorias mostram-se facilmente inteligíveis e simples precisamente porque são edificadas sobre apenas um fragmento das bases integrais; e, quando destruídas pela análise, resta sempre um truncamento de coluna indestrutível (aquele fragmento) a lançar entre as ruinas a sua sombra enigmática de meia-verdade". (Teoria Geral do Direito Tributário, Alfredo Augusto Becker, p. 12.) Ou, ainda, na frase de JOSEPH GOEBBELS, segundo a qual "uma mentira contada mil vezes, torna-se uma verdade". Vamos ver a realidade, para mostrar que o contexto induz o julgador muitas vezes a não ter tempo para apreciar adequadamente os fundamentos e provas que instruem o processo judicial, que mesmo auxiliado com assessores e estagiários ainda assim não dão conta do ingresso incontável das demandas decorrentes da porta quase sempre aberta da inafastabilidade da jurisdição, admitindo, com isso, um sem número de ações que não têm futuro, furtando-lhe o "tempo jurisdicional" daquele que é investido neste poder em detrimento da arte de se dedicar a estudar e aplicar o direito de uma forma coerente e racional.

▶ **Sentenças, acórdãos e decisões que apenas são bonitas, bem redigidas, mas que apenas ficam no processo, que não se concretizam no plano dos fatos muitas vezes não passa de "jogo jurisdicional", de trocas de folhas de papel, de petições etc.**

Sentenças, acórdãos e decisões que apenas são bonitas, bem redigidas, mas que apenas ficam no processo, que não se concretizam no plano dos fatos, seja pelo tempo ou outro motivo qualquer, me faz crer, pelo menos em certas áreas do Direito e, posso dizer com convicção que em matéria de concursos públicos essa é uma realidade, que muitas vezes o "jogo jurisdicional" não passa de trocas de folhas de papel, de petições. O advogado escreve, a parte adversária se defende, o Ministério Público lanças suas escritas, o julgador redige a decisão. Será que isso tudo tem, de fato, gerado efeitos concretos?

▶ **A efetividade do processo.**

Em matéria de concursos públicos um processo que não tenha uma decisão rápida, que seja de fato cumprida e que mude a vida de uma pessoa injustiçada pela total falta de conhecimento técnico do Poder Público e da Banca Examinadora, muitas vezes em detrimento de pobres cidadãos que – eles sim – têm uma imagem quase sagrada dos magistrados, confiam cegamente que a justiça funciona, acreditam que seus processos serão lidos e apreciados em seus detalhes e que os desmandos autoritários de nossos governantes serão exterminados pelo provedor da justiça, a decisão final não chegará a tocar o plano da realidade. Não terá efeitos práticos!

▶ **Introdução ao controle jurisdicional de provas de concursos públicos.**

Inicialmente, tinha-se o entendimento de que era vedado ao Poder Judiciário a reavaliação de questões de provas em concursos públicos ou demais procedimentos seletivos, pois se estaria invadindo a esfera de discricionariedade típica da Administração Pública, ofendendo, assim, a tripartição de poderes inserida no art. 1º da Constituição da República. Todavia, foi-se percebendo que a Administração Pública ao conduzir o certame estava praticando diversos vícios de legalidade, desrespeitando os direitos dos candidatos e atuando em linha divergente dos princípios que regem a Administração Pública.

▶ **Da virada do jogo.**

Foram tantas ilegalidades que o Judiciário começou a perceber que muitas vezes o jurisdicionado não ia a juízo com objetivo de discutir critérios de correção, discutir conveniência e oportunidade do comportamento administrativo, mas sim verdadeiros, absurdos e chocantes comportamentos ilegais que por conta de irresponsabilidade ou falta de competência da Administração gerava a eliminação indevida do candidato no concurso ou procedimentos seletivos, ceifando o sonho de muitos. Assim, começou uma evolução jurisprudencial, hoje já em estado avançado, que tende cada vez mais a se avolumar, apesar de algumas vezes, sem analisar detidamente caso, certos magistrados de piso simplesmente negam a liminar ou julgam improcedente o pedido, sentenciando que se trata de mérito administrativo, que não cabe ao Judiciário decidir!

▶ **O sistema de fundamentos óbvios de ALFREDO ALGUSTO BACKER.**

Ocorre na prática, muitas vezes, o que o filósofo ALFREDO ALGUSTO BACKER chamava de fundamentos de sistema óbvio, ou seja, há uma repetição impensada de uma matéria como se ela fosse pacífica e todos os casos fossem iguais!

▶ **A força constitucional principiológica limitadora da atuação administrativa.**

Por mais que a Administração Pública possua uma autonomia ao conduzir o certame, o fato é que essa autonomia não é absoluta, sendo limitada pelos princípios orientadores da Administração Pública, já que o concurso público ou qualquer outro procedimento seletivo por si só é um procedimento administrativo que seleciona candidatos a algo, como uma contratação, nomeação, etc.

NÃO HÁ SAÍDA!

▶ **A possibilidade de questionamento de questões viciadas pelo Poder Judiciário.**

A elaboração de uma questão viciada, da mesma forma que os demais atos administrativos, é precária e pode ser objeto de aferição pelo Poder Judiciário que, seja pelo conhecimento do magistrado, seja por meio de auxílio de prova pericial, se constatado o vício deve ser anulada.

▶ **Nota-se que não se trata de controle de mérito do ato!**

Não se está questionando a conveniência e oportunidade das fases do concurso, das matérias que podem ser cobradas, do caráter eliminatório ou classificatório das fases, mas que cada fase, quando executada, seja feita de forma correta e nos termos do Ordenamento Jurídico. O ato administrativo possui 5 (cinco) elementos: competência, finalidade, forma, motivo e objeto. Nos atos discricionários, o exercício legítimo da discricionariedade é chamado de mérito do ato. Tendo em vista que a discricionariedade repousa apenas sobre os elementos motivo e objeto, tem-se que o mérito do ato está ligado aos mesmos. Diferentemente dos outros elementos, o motivo e o objeto nem sempre estarão previamente estabelecidos em lei. Por vezes, é dado ao agente público a autoridade/competência para determinar o motivo e o objeto do ato. Nesses casos, pautados em critérios de conveniência e oportunidade, a Administração optará pela conduta que melhor atenda ao interesse público. Em um concurso ou outro procedimento seletivo existem atos vinculados e atos discricionários. É atividade discricionária, por exemplo: a) estabelecer os critérios de avaliação (que não podem ferir a razoabilidade, proporcionalidade), b) decidir se o prazo de validade do concurso será prorrogado; c) quando os candidatos serão convocados; c) em que setor o servidor será lotado; etc. Quanto à elaboração de uma questão de uma prova objetiva, apesar da discricionariedade quanto ao que vai e como vai ser cobrado, a Administração tem um limite objetivo: a questão deve estar dentro do programado do edital, só pode ter uma resposta e a mesma deve estar em consonância com o estado atual da ciência, da qual foi aferido o conhecimento. Isso é mais que claro!

▶ **O argumento falso de impossibilidade de controle, separação de poderes e a disfarçada imunidade jurisdicional em alguns casos.**

De nada adiantaria toda a possibilidade de controle do concurso ou outro procedimento seletivo, da etapa interna, dos atos procedimentais da etapa externa, se, quando do julgamento das questões claramente ilegais (questão com mais de uma resposta, questão sem reposta, por exemplo) o Poder Judiciário simplesmente se escusasse ao necessário amparo jurisprudencial sob a equivocada argumentação de que se trata de mérito do ato, pois, como ficará claro, não se trata. PRONTO! Aí está a mais fácil forma de burlar um concurso com a chancela do Poder Judiciário.

▶ **A verdade é que a repetição e aplicação sem reflexão da tese da "autonomia" que a Administração deve ter no concurso público ou em outros procedimentos seletivos estão criando uma zona de completa imunidade jurisdicional, chegando ao ponto de ficar mais restrita que os atos políticos, os *atos interna corporis*, etc.**

É muito fácil alegar mérito e impedir logo de início o controle dessas atividades administrativas, principalmente pelo fato de que milhares de ações podem ser propostas sob o mesmo fundamento. Infelizmente essa é uma realidade e parte do Judiciário tem simplesmente "anulado" o artigo 5º, inciso XXXV da CF – que veicula o princípio da inafastabilidade da jurisdição, ou amplo acesso à justiça, sob o fundamento – muitas vezes impensado e não refletido – de tratar-se de mérito do ato, porém esquece de tutelar direito legítimo do jurisdicionado que há anos vem se preparando para as avaliações e são preteridos ou prejudicados por condutas arbitrárias que já sabem que são imunes a controle jurisdicional.

▶ **Da evolução jurisprudencial.**

Por conta disso o Judiciário evoluiu e hoje é pacífico o questionamento de questões objetivas com vícios de legalidade, como os apontados no caso.

◉ **PROVA OBJETIVA**

É possível a anulação judicial de questão objetiva de concurso público, em caráter excepcional, quando o vício que a macula se manifesta de forma evidente e insofismável

"ADMINISTRATIVO – RECURSO EM MANDADO DE SEGURANÇA – CONCURSO PÚBLICO – CONTROLE JURISDICIONAL – ANULAÇÃO DE QUESTÃO OBJETIVA – POSSIBILIDADE – LIMITE – VÍCIO EVIDENTE – PRECEDENTES – PREVISÃO DA MATÉRIA NO EDITAL DO CERTAME. 1. É possível a anulação judicial de questão objetiva de concurso público, em caráter excepcional, quando o vício que a macula se manifesta de forma evidente e insofismável, ou seja, quando se apresente primo ictu oculi. Precedentes. 2. Recurso ordinário não provido." (STJ – RMS 28204 / MG Relatora: Ministra ELIANA CALMON (1114) – SEGUNDA TURMA – DJe 18/02/2009)

◙ **Se se cuida de questão mal formulada – caso de erro invencível –, é lícita, então, a intervenção judicial. É que, em casos tais, há ilegalidade; corrigível, portanto, por meio de mandado de segurança.**

"CONCURSO PÚBLICO (JUÍZES). BANCA EXAMINADORA (QUESTÕES/ CRITÉRIO). ERRO INVENCÍVEL (CASO). ILEGALIDADE (EXISTÊNCIA). JUDICIÁRIO (INTERVENÇÃO). 1. Efetivamente – é da jurisprudência –, não cabe ao Judiciário, quanto a critério de banca examinadora (formulação de questões), meter mãos à obra, isto é, a banca é insubstituível. 2. Isso, entretanto, não é absoluto. Se se cuida de questão mal formulada – caso de erro invencível –, é lícita, então, a intervenção judicial. É que, em casos tais, há ilegalidade; corrigível, portanto, por meio de mandado de segurança (Constituição, art. 5º, LXIX). 3. Havendo erro na formulação, daí a ilegalidade, a Turma, para anular a questão, deu provimento ao recurso ordinário a fim de conceder a segurança. Maioria de votos." RMS 19.062-RS, Rel. Min. Nilson Naves, julgado em 21/8/2007.

◙ **Estando as questões mal formuladas, ensejando a duplicidade de respostas cabe controle jurisdicional.**

"ADMINISTRATIVO – RECURSO ESPECIAL – CONCURSO PÚBLICO – DISSÍDIO PRETORIANO COMPROVADO E EXISTENTE – AUDITOR TRIBUTÁRIO DO DF – PROVA OBJETIVA – FORMULAÇÃO DOS QUESITOS – DUPLICIDADE DE RESPOSTAS – ERRO MATERIAL – PRINCÍPIO DA LEGALIDADE DOS ATOS – NULIDADE. 3 – Consoante reiterada orientação deste Tribunal, não compete ao Poder Judiciário apreciar os critérios utilizados pela Administração na formulação do julgamento de provas (cf. RMS nºs 5.988/ PA e 8.067/MG, entre outros). Porém, isso não se confunde com, estabelecido um critério legal – prova objetiva, com uma única resposta (Decreto Distrital nº 12.192/90, arts. 33 e 37), estando as questões mal formuladas, ensejando a duplicidade de respostas, constatada por perícia oficial, não possa o Judiciário, frente ao vício do ato da Banca Examinadora em mantê-las e à afronta ao princípio da legalidade, declarar nula tais questões, com atribuição dos pontos a todos os candidatos (art. 47 do CPC c/c art. 37, parág. único do referido Decreto) e não somente ao recorrente, como formulado na inicial." (STJ, REsp 174.291/DF, Rel. MIN. JORGE SCARTEZZINI, QUINTA TURMA, julgado em 17.02.2000, DJ 29.05.2000 p. 169)

◙ **Na hipótese de erro material, considerado aquele perceptível primo *ictu oculi*, de plano, sem maiores indagações, pode o Poder Judiciário, excepcionalmente, declarar nula questão de prova objetiva de concurso público**

"ADMINISTRATIVO. CONCURSO PÚBLICO. ANULAÇÃO DE QUESTÃO DE PROVA OBJETIVA PELO PODER JUDICIÁRIO. ERRO MATERIAL. POSSIBILIDADE. CARÁTER EXCEPCIONAL. PRECEDENTES. RECURSO ESPECIAL CONHECIDO E PROVIDO.

1. O Superior Tribunal de Justiça tem entendido que, na hipótese de erro material, considerado aquele perceptível primo ictu oculi, de plano, sem maiores indagações, pode o Poder Judiciário, excepcionalmente, declarar nula questão

de prova objetiva de concurso público. Precedentes. 2. Recurso especial conhecido e provido." (REsp 722.586-MG, Rel. Min. Arnaldo Esteves Lima, julgado em 23/08/2005)

◙ "ADMINISTRATIVO – CONCURSO PUBLICO – ERRO MATERIAL – O CONCURSO VISA A SELECIONAR. OS MELHORES CLASSIFICADOS DEVEM OCUPAR POSIÇÃO DE PRECEDENCIA. EM HAVENDO ERRO MATERIAL, A COMISSÃO DEVE CORRIGI-LO DE OFICIO. IMPERATIVO DE JUSTIÇA E PROVIDENCIA LIGADA AO PRINCIPIO DA MORALIDADE ADMINISTRATIVA." (RMS 4.181-GO, Rel. Min. Luiz Vicente Cernicchiaro, julgado em 07/11/1995) Colhe-se do voto condutor proferido pelo MINISTRO NILSON NEVES as seguintes passagens:

"Vejam: a despeito dessa orientação da jurisprudência, admite-se, em caso de erro, a revisão de questões pelo Judiciário? Haveria, em casos tais, ilegalidade a justificar mandado de segurança? É o que a impetrante vem aqui sustentando, ou seja, a existência de erro, de erro e de ilegalidade, vamos conferir: ... há um erro crasso, sobre elementar tema da esfera do direito penal, em uma prova objetiva, na qual os candidatos não têm o ensejo de se explicar, de justificar o seu entendimento sobre a matéria. Se nenhuma das opções apresentadas é correta e a questão proposta exige que o candidato aponte aquela que está correta, evidencia-se uma impossibilidade, o que caracteriza manifesta ilegalidade. .... 7. Em assuntos que tais – vejam que se trata do assunto de que ora estamos cuidando –, não é lícito, em princípio, ao Judiciário meter mãos à obra: há de ter, isto sim, mãos a medir – impõe-se cautela, que, afinal, não faz mal a ninguém. Mas, se há erro, erro invencível, justificar-se-ia, então, a intervenção do Judiciário? Ou não se justificaria? O que a mim pessoalmente se me afigura – a não-intervenção – estranho comportamento. Quero, por isso, entender comigo mesmo que, em certas situações e determinados assuntos, é lícita a intervenção judicial (é lícito ao juiz conhecer da provocação). Aliás, o próprio Relator originário percebeu isso quando em seu voto referiu-se a "dissídio eloquente" e a "causar perplexidade"; seriam e são situações aptas a provocar prejuízo, daí se justificar o controle jurisdicional."

PROVA DISCURSIVA

◙ **Ilegalidade de cobrança de conteúdo fora do programa do edital. Anulação da questão.**

"CONSTITUCIONAL. ADMINISTRATIVO. CONCURSO PÚBLICO. EDITAL. PROVA DISCURSIVA. TEMA/TÓPICOS FORA DO CONTEÚDO PROGRAMÁTICO. ILEGALIDADE. OCORRÊNCIA. CONCESSÃO DA PONTUAÇÃO. PARTICIPAÇÃO NAS DEMAIS FASES DO CERTAME. NOMEAÇÃO. POSSE. EXCEPCIONALIDADE. EFEITOS FUNCIONAIS RETROATIVOS. IMPOSSIBILIDADE. SENTENÇA REFORMADA. APELAÇÃO PARCIALMENTE PROVIDA. I – Com efeito, o eg. Supremo Tribunal Federal, ao julgar o RE 632.583, em 24/04/2015, em sede de repercussão geral, firmou orientação no sentido de que "não compete ao Poder Judiciário, no controle de legalidade, substituir banca examinadora para avaliar respostas dadas pelos candidatos e notas a elas atribuídas", ressaltando, contudo, que, "excepcionalmente, é permitido ao Judiciário juízo de compatibilidade do conteúdo das questões do concurso com o previsto no edital do certame". **II – Da análise dos documentos que instruem os autos, verifica-se que a correção/avaliação realizada pela banca examinadora da prova P3 – dissertação -, sob a ótica da "viabilidade da conversão de férias em pecúnia", bem como "da jurisprudência do STJ e do STF", conforme se vê do espelho de correção juntado à fl. 290, se mostra revestida de ilegalidade, porquanto dissociada do conteúdo programático exigido para o certame, que não previu a cobrança de tais temas/tópicos, conforme se depreende da leitura do edital acostado às fls. 73/95.** III – Forçosa é a conclusão no sentido de que tanto os itens 2.2 e 2.3 da prova discursiva P3 encontram-se em desconformidade com o conteúdo previsto no edital regulador do certame, o que revela flagrante ilegalidade do ato praticado pela banca examinadora, ora recorrida, passível de anulação, portanto, pelo Poder Judiciário, de forma a se garantir a continuidade dos recorrentes nas demais fases do certame, inclusive com a nomeação para posse e exercício do cargo público pleiteado, ao final, no caso de aprovação e classificação dentro do número de vagas previstas no edital. IV – Embora não se reconheça ao candidato sub judice o direito à nomeação e posse, antes do trânsito em julgado da decisão, já que inexiste, em Direito Administrativo, o instituto da posse precária em cargo público, no caso em debate não se afigura razoável aguardar o trânsito em julgado para que se efetivem a nomeação e posse dos recorrentes, eis que a questão posta nos autos se encontra em sintonia com a jurisprudência deste Tribunal. Precedentes. V – Não merece prosperar, contudo, o pleito referente aos efeitos funcionais retroativos decorrentes de eventual nomeação e posse no cargo público em questão – no caso de êxito em todas as fases do certame e da existência de cargo vago -, uma vez que, conforme entendimento consolidado pelo eg. Superior Tribunal de Justiça, "os candidatos aprovados em concurso público, que tiveram suas nomeações tardiamente efetivadas, não têm direito à indenização, tampouco à retroação dos efeitos funcionais." (AgInt no AREsp 870.960/MS, Rel. Ministro SÉRGIO KUKINA, PRIMEIRA TURMA, julgado em 02/06/2016, DJe 08/06/2016) VI Apelação parcialmente provida. (Apelação n.º 0075581-84.2013.4.01.3400, TRF 1ª Região, Rel. Roberto Carlos de Oliveira, Julgado em 07/26/2017).

[...].É dever das bancas examinadoras zelarem pela correta formulação das questões, sob pena de agir em desconformidade com a lei e o edital, comprometendo, sem sombra de dúvidas, o empenho realizado pelos candidatos durante quase toda uma vida. Quantas pessoas não levam dois, três, quatro, dez anos ou mais se preparando para concursos públicos, para depois se depararem com questões mal formuladas e, pior, com desculpas muitas das vezes infundadas, de que tal erro na formulação não influiria na solução da questão, como vejo acontecer na presente hipótese. Nulidade reconhecida que vai ao encontro da tese firmada pelo STF no recurso extraordinário supramencionado, pois estamos diante de evidente ilegalidade a permitir a atuação do Poder Judiciário.6. [...]. 16. Recurso em mandado de segurança a que se dá parcial provimento para declarara nulidade apenas da questão n. 2 da prova dissertativa." (RMS49.896/RS, Rel. Ministro Og Fernandes, Segunda Turma, julgado em 20/04/2017, DJe 02/05/2017)."

◉ **Prova Prática da OAB com erro na elaboração em seu enunciado é nula.**

"PROCESSUAL CIVIL E ADMINISTRATIVO. AÇÃO ORDINÁRIA. CONSELHO FEDERAL DA ORDEM DOS ADVOGADOS DO BRASIL. X EXAME DA ORDEM. LITISCONSÓRCIO PASSIVO. CONSELHO FEDERAL DA OAB. DESNECESSIDADE. CORREÇÃO PROVA PRÁTICO-PROFISSIONAL. VÍCIO FORMAL. IMPRECISÃO NO ENUNCIADO DE QUESTÃO. CANDIDATO INDUZIDO A ERRO. OFENSA AOS PRINCÍPIOS DA LEGALIDADE. ANULAÇÃO DE QUESITOS. AVALIAÇÃO PELO PODER JUDICIÁRIO. POSSIBILIDADE. ARTIGO 942 DO NOVO CÓDIGO DE PROCESSO CIVIL E DO ART 2º, § 8º, INCISO II, DA RESOLUÇÃO PRESI 11/2016. 1. A divergência existente entre o voto-vencido do eminente Relator, Desembargador Federal Hércules Fajoses (fls. 398/400) no âmbito da Sétima Turma, residiu na impossibilidade reexame judicial dos exames da OAB em questões avaliadas sob análise de dissenso doutrinário. 2. É vedado ao Poder Judiciário substituir-se aos membros da comissão examinadora na formulação e na avaliação de mérito das questões que evolvem formulação/avaliação e atribuição de notas às provas nos certames públicos. Todavia, não pode eximir-se do controle da legalidade do certame, sanando eventuais erros ou vícios formais, que justificam a mitigação da discricionariedade atribuída ao examinador, tendo em conta a razão maior do certame, que é a avaliação do conhecimento do candidato, consubstanciada em critérios claros, precisos e coerentes. 3. Na hipótese concreta dos autos, a tese vencedora fundamentou-se na ocorrência de inconsistências claras no enunciado, que facilmente induzem ao erro, e tornou inviável aos participantes do certame alcançar o desfecho da questão, como pretendido pela banca examinadora (nos termos do espelho de correção), pois a resposta, tida como correta, estava fundada em premissa equivocada. 4. A questão objeto dos presentes autos já foi analisada também pela Oitava Turma, nos autos da AMS 0041354-68.2013.4.01.3400/DF, caso idêntico, decorrente da mesma situação fática:: Mostra-se, pois, ilegal e destituído de razoabilidade critério de correção de prova prático-profissional que exija do candidato formular pedido juridicamente impossível, como a desclassificação para furto simples (CP, art. 155, caput), quando a qualificadora prevista no § 5º do art. 155 do Código Penal, pelas circunstâncias descritas no enunciado e da forma como descritas, restara configurada." (AMS 0041354-68.2013.4.01.3400 / DF, Rel. DESEMBARGADOR FEDERAL MARCOS AUGUSTO DE SOUSA, OITAVA TURMA, e-DJF1 p. 1090 de 16/01/2015) 5. Apelação e remessa oficial não providas (art. 942 do Novo CPC e do art 2º, § 8º, inciso II, da Resolução Presi 11/2016). (Rel. Desembargadora ÂNGELA CATÃO)

◉ **A utilização de créditos distintos de correção na porva discursiva para situações idênticas é ilegal e sujeita ao controle jurisdicional.**

"Entretanto, constata-se que, na hipótese narrada nos presentes autos, não foram adotados critérios homogêneos de correção da avaliação discursiva, donde se infere a quebra do princípio da isonomia de tratamento e do princípio da legalidade. Desta forma, assinale-se que não é de se questionar os critérios utilizados peça comissão examinadora para aferir a nota. Porém, é necessário que haja um critério, devidamente motivado. O ato não pode ser arbitrário. É, contudo, discricionário, devendo conter, necessariamente, finalidade, forma e competência. O motivo e o objeto são de livre apreciação pela autoridade administrativa. Consistem, com efeito, no chamado mérito administrativo. Ocorre que este encontra-se subordinado à legalidade do ato, adequação entre os meios empregados e os fins pretendidos. A utilização de créditos distintos de correção para situações idênticas viola tal princípio, bem como a própria legalidade do ato, já que os critérios adotados, a partir do momento em que declinados, vinculam a atividade da Banca Examinadora na perquirição das notas. Tal se dá pela teoria dos motivos determinantes. Desta forma, a violação destes pela própria Banca Examinadora consiste em situação que enseja a intervenção do Judiciário para restaurar a legalidade do certame, bem como os princípios atinentes à concorrência pública para ingresso no serviço público. Com efeito, os critérios de avaliação de prova, envolvendo formulação de questões, correção de provas e atribuição de notas, fazem parte do mérito administrativo, não sendo passíveis de análise pelo Poder Judiciário. Entretanto, há de ser examinada, nesta sede, a garantia de igualdade de tratamento aos candidatos, bem como o critério de correção das questões e, ao que consta, tal garantia não restou observada. Constatada, portanto, a ilegalidade no critério de correção da referida prova e, assim, violação à garantia de igualdade de tratamento aos candidatos, impõe-se a manutenção da r. sentença que concedeu a segurança pleiteada." (Órgão: 1ª Turma Cível, Processo N. Remessa de Ofício 20090110838379RMO. Acórdão: 422.713)

◉ **A banca examinadora do certame, por ocasião da divulgação dos resultados desse tipo de avaliação, deve demonstrar, de forma clara e transparente, que os critérios de avaliação previstos no edital foram devidamente considerados, sob pena de nulidade da avaliação.**

"E mais, para que não pairem dúvidas quanto à obediência a referido princípio e quanto aos princípios da motivação dos atos administrativos, do devido processo administrativo recursal, da razoabilidade e proporcionalidade, a banca examinadora do certame, por ocasião da divulgação dos resultados desse tipo de avaliação, deve demonstrar, de forma clara e transparente, que os critérios de avaliação previstos no edital foram devidamente considerados, sob pena de nulidade da avaliação. Tenho que a clareza e transparência na utilização dos critérios previstos no edital estão presentes quando a banca examinadora adota conduta consistente na divulgação, a tempo e modo, para fins de publicidade e eventual interposição de recurso pela parte interessada, de cada critério considerado, devidamente acompanhado, no mínimo, do respectivo valor da pontuação ou nota obtida pelo candidato; bem como das razões ou padrões de respostas que as justifiquem." (STJ – RMS 49.896/RS, Rel. Ministro Og Fernandes, Segunda Turma, julgado em 20/04/2017, DJe 02/05/2017)."

◉ **A vedação de acesso do candidato à prova discursiva de concurso público, impedindo, assim, o conhecimento dos critérios de correção utilizados pela banca examinadora, viola o direito de petição e à informação, bem como o direito ao contraditório e à ampla defesa, garantidos pela Constituição Federal**

"ADMINISTRATIVO. MANDADO DE SEGURANÇA. CONCURSO PÚBLICO. EMPRESA DE TECNOLOGIA E INFORMAÇÃO DA PREVIDÊNCIA SOCIAL. DATAPREV. PROVA DISCURSIVA. VEDAÇÃO DE ACESSO À PROVA E AOS CRITÉRIOS DE CORREÇÃO. ILEGALIDADE. SENTENÇA MANTIDA. 1. A vedação de acesso do candidato à prova discursiva de concurso público, impedindo, assim, o conhecimento dos critérios de correção utilizados pela banca examinadora, viola o direito de petição e à informação, bem como o direito ao contraditório e à ampla defesa, garantidos pela Constituição Federal, em seus artigos 5º, incisos XXXIII; XXXIV, a e LV. 2. A atuação do poder judiciário, assegurando o direito de vista da prova discursiva, bem como o fornecimento de cópia da prova e dos critérios de correção, não implica em invasão do mérito administrativo, uma vez que tal proceder se restringe ao exercício do controle da legalidade de regra fixada no edital, suscetível de causar lesão ao direito dos candidatos. 3. Remessa oficial a que se nega provimento." (TRF01 – RN: 00434462420104013400, Relator: NÉVITON GUEDES, QUINTA TURMA, Data de Publicação: 24/08/2015)

◉ **Apesar de o critério subjetivo de correção das provas dissertativas já ser do conhecimento dos vestibulandos, os parâmetros utilizados para tanto não o são e a negativa desta informação no processo seletivo de vestibular realizado pelo impetrante fere frontalmente o princípio constitucional da publicidade.**

"ADMINISTRATIVO. ENSINO SUPERIOR. VESTIBULAR. PERDA DO OBJETO. AUSÊNCIA. ACESSO ÀS NORMAS TÉCNICO ADMINISTRATIVA E CRITÉRIO DE CORREÇÃO DA PROVA DISSERTATIVA. POSSIBILIDADE. 1. A O inc. XXXIII do art. 5º da Constituição Federal estabelece que todos têm direito a receber dos órgãos públicos informações de seu interesse particular, ou de interesse coletivo ou geral, que serão prestadas no prazo da lei, sob pena de responsabilidade, ressalvadas aquelas cujo sigilo seja imprescindível à segurança da sociedade e do Estado. 2. Apesar de o critério subjetivo de correção das provas dissertativas já ser do conhecimento dos vestibulandos, os parâmetros utilizados para tanto não o são e a negativa desta informação no processo seletivo de vestibular realizado pelo impetrante fere frontalmente o princípio constitucional da publicidade, ao qual está vinculado a UFMG, o mesmo podendo ser dito em relação à informação sobre os instrumentos que asseguraram o sigilo da identidade do vestibulando na realização da prova discursiva, dada a possibilidade da existência de fraude em concurso vestibular. 3. O óbice ao exercício desse direito constituiria violação ao princípio contido no art. 5º, XXXV da Constituição Federal, na medida que impediria o Judiciário de exercer o controle jurisdicional sobre possível lesão a direito do candidato. 4. O só fato de o Impetrante ter participado do vestibular em questão, caracteriza o interesse particular nas informações solicitadas à UFMG referentes às normas e critérios adotados para realização do referido certame. 5. Apelação da CEF improvida." (Acórdão Nº 2000.38.00.004840-4 de Tribunal Regional Federal da 1a Região, de 21 fevereiro 2007. APELAÇÃO EM MANDADO DE SEGURANÇA Nº 206. Ao candidato deve ser assegurado o direito de vista de sua prova, bem como de interpor recurso administrativo contra o resultado 00.38.00.004840-4/ MG Processo na Origem: 2000.38.00.004840-4)

◙ **Ao candidato deve ser assegurado o direito de vista de sua prova, bem como de interpor recurso administrativo contra o resultado da mesma.**

"CONSTITUCIONAL E ADMINISTRATIVO. EMBARGOS INFRINGENTES EM APELAÇÃO CÍVEL. EXAME DE SELEÇÃO AO ESTÁGIO DE ADAPTAÇÃO AO OFICIALATO. MINISTÉRIO DA AERONÁUTICA. INSTRUÇÕES ESPECÍFICAS QUE VEDAM A VISTA DA PROVA DE REDAÇÃO E A INTERPOSIÇÃO DE RECURSO ADMINISTRATIVO CONTRA O RESULTADO. PREVISÃO INCONSTITUCIONAL. INVALIDAÇÃO DO ITEM DO EDITAL. POSSIBILIDADE. RECURSO PROVIDO. [...]. 3. In casu, não está em discussão critério de avaliação escolhido pelo administrador, no âmbito de sua discricionariedade, ou seja, não se está questionando acerca da formulação ou da correção de questões pela banca examinadora. Está em debate a adoção, no edital, de procedimento de imposição de sigilo e de irrecorribilidade, em confronto direto com a Norma Constitucional, o que autoriza o controle jurisdicional do ato administrativo. Não se olvide que mesmo os atos administrativos discricionários são passíveis de controle pelo Poder Judiciário, quando inconstitucionais, ilegais e abusivos, não ofendendo, tal ilação, o princípio da separação dos Poderes. "Contravindo aos bem lançados argumentos recursais, a jurisprudência do STJ entende, em hipótese semelhante a destes autos, ser possível a intervenção do Poder Judiciário nos atos regulatórios (editais) que regem os concursos públicos" (STJ, AgRg no REsp 673.461/SC, Rel. Ministro CELSO LIMONGI (DESEMBARGADOR CONVOCADO DO TJ/SP), SEXTA TURMA, julgado em 18/02/2010, DJe 08/03/2010). [...]. 6. Ao candidato deve ser assegurado o direito de vista de sua prova, bem como de interpor recurso administrativo contra o resultado, medida que, ressalte-se, não atinge os critérios de avaliação do administrador, que poderá, em sede recursal, manter a nota que atribuiu, com as consequências desse fato derivadas, inclusive de eliminação ou ordem de classificação." (TRF da 5ª Região, EIAC 20078300016209201, Relator Desembargador Federal Francisco Cavalcanti, Pleno, 22/02/2011)

◙ **No mesmo sentido:** "ADMINISTRATIVO. CONSTITUCIONAL. ENSINO SUPERIOR. PROCESSO SELETIVO VESTIBULAR. DIREITO DE VISTA DA PROVA DISCURSIVA. PRINCÍPIO DA PUBLICIDADE. ART. 5º, XXXIV, B, da CF/88. I – No caso em exame, afigura-se passível de correção, pela via mandamental, o ato abusivo da autoridade coatora, que negou à impetrante direito de vista das provas discursivas do processo seletivo vestibular para ingresso no Curso de Odontologia da Universidade de Brasília, na medida em que o referido ato viola o princípio fundamental da publicidade e o direito subjetivo da impetrante de obter informações de repartições públicas, visando à defesa de seus direitos e ao esclarecimento de situações de seu interesse pessoal, nos termos do art. 5º, XXXIV, b, da

Constituição Federal. II – Remessa oficial desprovida. Sentença confirmada." (TRF-1 – REOMS: 27429 DF 2009.34.00.027429-0, Relator: DESEMBARGADOR FEDERAL SOUZA PRUDENTE, Data de Julgamento: 23/04/2012, QUINTA TURMA, Data de Publicação: e-DJF1 p. 1462 de 11/05/2012)

◙ **No mesmo sentido:** "ADMINISTRATIVO. CONSTITUCIONAL. CONCURSO PÚBLICO. DIREITO DE VISTA DE PROVA DISCURSIVA E INTERPOSIÇÃO DE EVENTUAL RECURSO ADMINISTRATIVO. POSSIBILIDADE. I – O acesso ao caderno de provas de concurso público, para fins de interposição de eventual recurso, na esfera administrativa, é direito assegurado ao candidato, pela Constituição Federal, e encontra respaldo na garantia constitucional da ampla defesa e do contraditório, nos termos dos arts. 5º, incisos XXXIII, XXXIV, b, LV, e 37, caput, da CF/88. II – Remessa oficial desprovida. Sentença confirmada." (TRF-1 – REOMS: 1085 AP 2006.31.00.001085-4, Relator: DESEMBARGADOR FEDERAL SOUZA PRUDENTE, Data de Julgamento: 11/05/2007, SEXTA TURMA, Data de Publicação: 10/09/2007 DJ p. 61)

◙ **Ilegalidade de cobrança de tema fora do programa do edital.**

"Na origem, trata-se de Mandado de Segurança, impetrado ao fundamento de que, na prova prática de sentença criminal, do 54º Concurso para Juiz Substituto do Estado de Goiás, foi exigido conhecimento de norma não abrangida no Edital do certame, violando o princípio da legalidade. III. Em 23/04/2015, o Plenário do STF, no julgamento do RE 632.853/CE, sob o regime de repercussão geral, nos termos do voto do Relator, Ministro GILMAR MENDES, reconheceu, em caráter excepcional, a possibilidade de o Judiciário anular questões de concurso público, quando houver flagrante dissonância entre o conteúdo das questões e o programa descrito no edital do certame. No mesmo sentido a remansosa jurisprudência desta Corte, firmada no sentido deque ao Poder Judiciário, no tocante a questões relativas a concurso público, cabe tão somente apreciar a legalidade do certame, sendo-lhe vedado substituir-se à banca examinadora, para apreciar os critérios utilizados para a elaboração e correção das provas, sob pena de indevida interferência no mérito do ato administrativo, ressalvado o exame da legalidade dos procedimentos e a análise da compatibilidade entre o conteúdo das questões e o previsto no edital do certame." (STJ – AgInt no RMS 36.643/GO, Rel. Ministra Assusete Magalhães, Segunda Turma, julgado em 19/09/2017, DJe28/09/2017).

◙ **No mesmo sentido:** "ADMINISTRATIVO. CONCURSO PÚBLICO. ANALISTA LEGISLATIVO. CÂMARA DOS DEPUTADOS. CORREÇÃO DE PROVA DISCURSIVA. ANULAÇÃO DE QUESTÃO. MATÉRIA NÃO PREVISTA NO EDITAL. ATO DA BANCA EXAMINADORA. ANÁLISE PELO PODER JUDICIÁRIO. POSSIBILIDADE. EXTINÇÃO DO PROCESSO COM RESOLUÇÃO DO MÉRITO (CPC, ART. 285-A). ANULAÇÃO DA SENTENÇA. PRECEDENTE DO STF. RE. Nº 632.853-CE. INAPLICÁVEL AO CASO. JUÍZO DE RETRATAÇÃO. (CPC, ART. 1.041, caput). DESCABIMENTO. I – O colendo Supremo Tribunal Federal, em sede de repercussão geral, fixou entendimento no sentido de que não compete ao Poder Judiciário, no controle da legalidade, substituir banca examinadora de concurso para avaliar respostas dadas às questões e notas pertinentes, sendo, excepcionalmente, permitido ao Judiciário o juízo de compatibilidade do conteúdo das questões do concurso com o previsto no edital do certame. (RE 632.853/CE, Relator Min. GILMAR MENDES, julgado em 06/10/2011, DJe 01/03/2012). II – A orientação jurisprudencial já consolidada no âmbito de nossos tribunais é no sentido de que o Poder Judiciário pode pronunciar-se acerca da legalidade do certame, como no caso, em que se discute a previsão editalícia de conteúdo abordado em prova discursiva. III – Na espécie, o referido precedente jurisprudencial não se aplica ao caso dos autos, tendo em vista que não se está a avaliar as respostas dadas às questões e notas pertinentes, mas se trata apenas de reconhecer a possibilidade jurídica de pedido no sentido de o Poder Judiciário realizar juízo de compatibilidade do conteúdo das questões do concurso com o previsto no edital do certame, exatamente como ressalva o precedente acima citado, anulando a sentença proferida e determinando o retorno dos autos à instância de origem para regular processamento do feito e oportuna prolação de nova sentença. IV – Juízo de retratação não exercido, ante seu descabimento, na espécie. Acórdão recorrido mantido, para as finalidades do art. 1.041, caput, do CPC vigente." (AC 0016802-39.2013.4.01.3400/DF, Rel. Desembargador Federal Souza Prudente, Quinta Turma, e-DJF1 p. de 24/05/2018).

◉ **No mesmo sentido:** "ADMINISTRATIVO. MANDADO DE SEGURANÇA. CONCURSO PÚBLICO. ANULAÇÃO DE PROVA DISCURSIVA. CONTEÚDO EXIGIDO SEM PREVISÃO EDITALÍCIA. NÃO CONFIGURAÇÃO. INTERFERÊNCIA DO PODER JUDICIÁRIO. NÃO CABIMENTO. AUSÊNCIA DE VIOLAÇÃO AO EDITAL OU ERRO MATERIAL. SUBSTITUIÇÃO À BANCA EXAMINADORA. IMPOSSIBILIDADE. 1. No julgamento do RE 632.853/CE, sob o regime de repercussão geral, o STF restringiu a possibilidade de o Judiciário anular questões de concurso público somente quando houver flagrante dissonância entre o conteúdo das questões e o programa descrito no edital do certame. 2. A jurisprudência dos tribunais superiores pátrios é pacífica no sentido de que, no tocante a questões relativas a concurso público, cabe tão somente ao Poder Judiciário apreciar a legalidade do certame, sendo-lhe vedado substituir-se à banca examinadora para apreciar os critérios utilizados na elaboração e correção das provas, sob pena de indevida interferência no mérito do ato administrativo, ressalvado o exame da legalidade dos procedimentos e a análise da compatibilidade entre o conteúdo das questões e o previsto no edital (STJ, AgInt no RE nos EDcl no RMS 50.081/RS, Rel. Ministro HUMBERTO MARTINS, CORTE ESPECIAL, DJe de 21/02/2017). 3. A banca examinadora não tem o dever de sanar o inconformismo do candidato ou de lhe oferecer respostas didáticas, mas sim o de fundamentar suas decisões, em conformidade com os princípios que regem o ato administrativo impugnado. 4. O conteúdo previsto no edital condutor do certame foi devidamente observado pela banca examinadora. 5. Apelação desprovida." (AC

0035314-80.2007.4.01.3400/DF, Rel. Desembargadora Federal Daniele Maranhão Costa, Quinta Turma, e-DJF1 p. de 03/05/2018)

◉ **A motivação deve ser apresentada anteriormente ou concomitante à prática do ato administrativo, pois caso se permita a motivação posterior dar-se-ia ensejo para que fabriquem, forjem ou criem motivações para burlar eventual impugnação ao ato.**

"ADMINISTRATIVO. RECURSO EM MANDADO DE SEGURANÇA. CONCURSO PÚBLICO. PROVA DISSERTATIVA. QUESTÃO COM ERRO NO ENUNCIADO. FATO CONSTATADO PELA BANCA EXAMINADORA E PELO TRIBUNAL DE ORIGEM. ILEGALIDADE. EXISTÊNCIA. ATUAÇÃO EXCEPCIONAL DO PODER JUDICIÁRIO NO CONTROLE DE LEGALIDADE. SINTONIA COM A TESE FIRMADA PELO STF NO RE 632.853/CE. ESPELHO DE PROVA. DOCUMENTO QUE DEVE VEICULAR A MOTIVAÇÃO DO ATO DE APROVAÇÃO OU REPROVAÇÃO DO CANDIDATO. NECESSIDADE DE EXISTÊNCIA PRETÉRITA OU CONCOMITANTE À PRÁTICA DO ATO. IMPOSSIBILIDADE DE APRESENTAÇÃO EM MOMENTO POSTERIOR. HIPÓTESE EM QUE HOUVE APRESENTAÇÃO A TEMPO E MODO. INEXISTÊNCIA DE IRREGULARIDADE. (...) 6. No que se refere à questão n. 5 da prova dissertativa, a análise dos pedidos do impetrante denota que se pretende a declaração de sua nulidade aos seguintes fundamentos: (i) o espelho de resposta é totalmente diferenciado daqueles que foram divulgados para as quatro primeiras, em que constaram os fundamentos jurídicos; (ii) no espelho impugnado, a banca examinadora simplesmente dividiu o enunciado, atribuindo a cada critério ou fração certa pontuação sem, contudo, indicar o padrão de resposta desejado; (iii) a publicação dos fundamentos jurídicos que deveriam ser atendidos pelo candidato era de suma importância, sob pena de afronta aos princípios do contraditório e da ampla defesa, já que somente "com um padrão de argumentos jurídicos o candidato poderia recorrer plenamente na seara administrativa, buscando a elevação da nota"; e (iv) a publicação tardia do padrão de respostas, sobretudo após acionamento do Poder Judiciário, não supriria a nulidade da questão, na medida em que colocaria em xeque o princípio da impessoalidade. 7. Na seara de concursos públicos, há etapas em que as metodologias de avaliação, pela sua própria natureza, abrem margem para que o avaliador se valha de suas impressões, em completo distanciamento da objetividade que se espera nesses eventos. Nesse rol de etapas, citam-se as provas dissertativas e orais. Por essa razão, elas devem se submeter a critérios de avaliação e correção os mais objetivos possíveis, tudo com vistas a evitar contrariedade ao princípio da impessoalidade, materializado na Constituição Federal (art. 37, caput). 8. E mais. Para que não pairem dúvidas quanto à obediência a referido princípio e quanto aos princípios da motivação dos atos administrativos, do devido processo administrativo recursal, da razoabilidade e proporcionalidade, a banca examinadora do certame, por ocasião da divulgação dos resultados desse tipo de avaliação, deve demonstrar, de forma clara e transparente, que os critérios de avaliação previstos no edital foram devidamente considerados, sob pena de nulidade da avaliação. 9. A clareza e transparência na utilização dos critérios previstos no edital estão presentes quando a banca examinadora adota conduta consistente na divulgação, a tempo e modo, para fins de publicidade e eventual interposição de recurso pela parte interessada, de cada critério considerado, devidamente acompanhado, no mínimo, do respectivo valor da pontuação ou nota obtida pelo candidato; bem como das razões ou padrões de respostas que as justifiquem. 10. As informações constantes dos espelhos de provas subjetivas se referem nada mais nada menos à motivação do ato administrativo, consistente na atribuição de nota ao candidato. Tudo em consonância ao que preconizam os arts. 2º, caput, e 50, § 1º, da Lei n 9.78419/99, que trata do processo administrativo no âmbito federal. 11. Salvo exceção reconhecida pela jurisprudência deste Tribunal Superior – notadamente no que diz respeito à remoção ex ofício de servidor público (RMS 42.696/TO, de minha relatoria, Segunda Turma, DJe 16/12/2014; AgRg no RMS 40.427/DF, Rel. Min. Arnaldo Esteves Lima, Primeira Turma, DJe 10/9/2013; REsp 1.331.224/MG, Rel. Min. Mauro Campbell Marques, Segunda Turma, DJe 26/2/2013) -, referida motivação deve ser apresentada anteriormente ou concomitante à prática do ato administrativo, pois caso se permita a motivação posterior, dar-se-ia ensejo para que fabriquem, forjem ou criem motivações para burlar eventual impugnação ao ato. Nesse sentido, a doutrina especializada (Celso Antônio Bandeira de Mello, in Curso de direito administrativo. 26 ed. São Paulo: Malheiros, 2009, p. 112-113). 12. Não se deve admitir como legítimo, portanto, a prática imotivada de um ato que, ao ser contestado na via judicial ou administrativa, venha o gestor "construir" algum motivo que dê ensejo à validade do ato administrativo. Precedentes: RMS 40.229/SC, Rel. Ministra Eliana Calmon, Segunda Turma, DJe 11/6/2013; RMS 35.265/SC, Rel. Ministro Castro Meira, Segunda Turma, DJe 6/12/2012). 13. É certo que alguns editais de concursos públicos não preveem os critérios de correção ou, às vezes, embora os prevejam, não estabelecem as notas ou a possibilidade de divulgação dos padrões de respostas que serão atribuídos a cada um desses critérios. Em tese, com suporte na máxima de que "o edital faz lei entre as partes", o candidato nada poderia fazer caso o resultado de sua avaliação fosse divulgado sem a indicação dos critérios ou das notas a eles correspondentes, ou, ainda, dos padrões de respostas esperados pela banca examinadora. Tal pensamento, no entanto, não merece prosperar, pois os editais de concursos públicos não estão acima da Constituição Federal ou das leis que preconizam os princípios da impessoalidade, do devido processo administrativo, da motivação, da razoabilidade e proporcionalidade. Do contrário, estaríamos diante verdadeira subversão da ordem jurídica. Precedente: AgRg no REsp 1.454.645/RJ, Rel. Ministro Humberto Martins, Segunda Turma, DJe 15/8/2014. (...)" (RMS 49.896/RS, Rel. Ministro OG FERNANDES, SEGUNDA TURMA, julgado em 20/04/2017, DJe 02/05/2017)

PROVA ORAL

◙ **Distinção entre a irretratabilidade da nota atribuída ao candidato em prova oral e o execício do controle administrativo da legalidade. vinculação da administração às normas estabelecida no edital de concurso público**

"MANDADO DE SEGURANÇA. ADMINISTRATIVO. CONSELHO NACIONAL DE JUSTIÇA. CONCURSO PÚBLICO PARA INGRESSO NA MAGISTRATURA. PROVA ORAL. FORMULAÇÃO DE QUESTÕES SOBRE TEMAS NÃO

CONTEMPLADOS NO PONTO JURÍDICO SORTEADO. INTERPOSIÇÃO DE RECURSO ADMINISTRATIVO. ALEGADA INVIABILIDADE DE REVISAR A NOTA OBTIDA PELO CANDIDATO (ART. 70, § 1º, DA RESOLUÇÃO CNJ N. 75/2009). DETERMINAÇÃO DE EXCLUSÃO DO CERTAME. IMPOSSIBILIDADE. DISTINÇÃO ENTRE A IRRETRATABILIDADE DA NOTA ATRIBUÍDA AO CANDIDATO EM PROVA ORAL E O EXECÍCIO DO CONTROLE ADMINISTRATIVO DA LEGALIDADE. VINCULAÇÃO DA ADMINISTRAÇÃO ÀS NORMAS ESTABELECIDA NO EDITAL DE CONCURSO PÚBLICO. ORDEM DE SEGURANÇA CONCEDIDA." (STF – MS 32042, Relator(a): Min. CÁRMEN LÚCIA, Segunda Turma, julgado em 26/08/2014, PROCESSO ELETRÔNICO DJe-171 DIVULG 03-09-2014 PUBLIC 04-09-2014)

◙ **Ilegalidade de cobrança de tema fora do programa do edital.**

"PROCESSUAL CIVIL. DIREITO ADMINISTRATIVO. CONCURSO PÚBLICO. PROVA ORAL. ARGUIÇÃO DE DIREITO ADMINISTRATIVO. ESTÁGIOS DA DESPESA PÚBLICA. LEI N. 4.320/64. CONTEÚDO PROGRAMÁTICO. AUSÊNCIA DE PREVISÃO. CONTROLE DE LEGALIDADE. JUÍZO DE COMPATIBILIDADE COM A PREVISÃO DO EDITAL. POSSIBILIDADE. CÓDIGO DE PROCESSO CIVIL DE 2015. APLICABILIDADE. I – Consoante o decidido pelo Plenário desta Corte na sessão realizada em 09.03.2016, o regime recursal será determinado pela data da publicação do provimento jurisdicional impugnado. In casu, aplica-se o Código de Processo Civil de 2015 no julgamento do Agravo Interno. II – A quarta etapa do 17º Concurso Público para provimento do cargo de Defensor Público Substituto do Estado do Mato Grosso do Sul, consubstanciada na arguição oral aos candidatos, poderia, a teor do item 20.1 do edital, "versar sobre toda e qualquer matéria do conteúdo programático constante do Anexo Único". Tendo sido o Impetrante perquirido sobre "quais são os estágios necessários para a realização da despesa pública", há incompatibilidade entre o conteúdo programático e a avaliação aplicada. III – Não se desconhece que a temática "despesas públicas" permeia o Direito Administrativo, sobremodo o estudo da Lei de Responsabilidade Fiscal (Lei Complementar n. 101/01), possuindo, ademais, alicerces na própria Constituição da República. Todavia, é consabido que os procedimentos para execução das despesas públicas, mormente as etapas de empenho, liquidação e pagamento, estão delineados na Lei n. 4.320/64, a qual não consta do edital do certame. IV – Conclusão diversa, outrossim, olvida da autonomia do Direito Financeiro, escorada na existência de princípios jurídicos que lhe são próprios, não extensíveis a outros ramos da ciência jurídica, e consagrada no art. 24, I, da Constituição da República. V – Acerca do controle de legalidade sobre as questões de concurso público, o Supremo Tribunal Federal firmou, em julgamento submetido à sistemática da repercussão geral, tese segundo a qual os critérios adotados pela banca examinadora não podem ser revistos pelo Poder Judiciário, ressalvando-se o juízo de sua compatibilidade com a previsão do edital. Precedentes. VI – Ante a formulação de questão incompatível com o edital do concurso público para provimento do cargo de Defensor Público Substituto do Estado do Mato Grosso do Sul, de rigor a anulação da questão n. 551, do exame oral aplicado ao Recorrente.

VII – Recurso ordinário provido." (RMS 51.370/MS, Rel. Ministra REGINA HELENA COSTA, PRIMEIRA TURMA, julgado em 12/06/2018, DJe 18/06/2018)

◙ **No mesmo sentido:** "ADMINISTRATIVO. CONCURSO PÚBLICO. MAGISTRATURA. PROVA ORAL. CONTEÚDONÃO PREVISTO NO EDITAL DO CERTAME. VINCULAÇÃO AO EDITAL. INOBSERVÂNCIA.1. Ao se formularem perguntas ao candidato referentes à matéria não incluída no edital, que delimitou o conteúdo da prova oral, houve inobservância do edital, ao qual toda a atividade administrativa do concurso deve estar vinculada.2. Não se trata de rever os critérios estabelecidos pela Banca Examinadora para a elaboração de questões, mas sim, de garantir o cumprimento das regras estabelecidas no edital do concurso público e em relação às quais estavam vinculados tanto a administração quanto oscandidatos.3. Assim, as indagações estranhas ao conteúdo programático previsto no edital não foram válidas e, nos termos da apelação devem ser desconsideradas, reputando-se matéria não arguida ao apelante por ocasião do concurso, na prova oral de processo civil.4. Apelação parcialmente provida, nos termos do voto." (TRF 2 Apelação Cível – Turma Espec. III – Administrativo e Cível n° CNJ: 0003398-04.2014.4.02.5001 (2014.50.01.003398-7) Rel: Desembargador Federal RICARDO PERLINGEIROS, 26 de julho de 2016).

◙ **No mesmo sentido:** "MANDADO DE SEGURANÇA. ADMINISTRATIVO. CONSELHO NACIONAL DE JUSTIÇA. CONCURSO PÚBLICO PARA INGRESSO NA MAGISTRATURA. PROVA ORAL. FORMULAÇÃO DE QUESTÕES SOBRE TEMAS NÃO CONTEMPLADOS NO PONTO JURÍDICO SORTEADO. INTERPOSIÇÃO DE RECURSO ADMINISTRATIVO. ALEGADA INVIABILIDADE DE REVISAR A NOTA OBTIDA PELO CANDIDATO (ART. 70, § 1°, DA RESOLUÇÃO CNJ n. 75/2009). DETERMINAÇÃO DE EXCLUSÃO DO CERTAME. IMPOSSIBILIDADE. DISTINÇÃO ENTRE A IRRETRATABILIDADE DA NOTA ATRIBUÍDA AO CANDIDATO EM PROVA ORAL E O EXECÍCIO DO CONTROLE ADMINISTRATIVO DA LEGALIDADE. VINCULAÇÃO DA ADMINISTRAÇÃO ÀS NORMAS ESTABELECIDA NO EDITAL DE CONCURSO PÚBLICO. ORDEM DE SEGURANÇA CONCEDIDA." (MS 32042, Relator(a): Min. CÁRMEN LÚCIA, Segunda Turma, julgado em 26/08/2014, PROCESSO ELETRÔNICO DJe-171 DIVULG 03-09-2014 PUBLIC 04-09-2014)

◙ **A negativa de disponibilização da prova oral fere o princípio constitucional da publicidade, além de retirar a possibilidade de revisão dos atos da banca examinadora, violando, assim, o disposto no art. 5º, XXXV da Constituição Federal, pois impede que o Judiciário exerça o controle jurisdicional sobre possível lesão a direito do candidato.**

"...2. A negativa de disponibilização da prova oral fere o princípio constitucional da publicidade, além de retirar a possibilidade de revisão dos atos da banca examinadora, violando, assim, o disposto no art. 5º, XXXV da Constituição Federal, pois impede que o Judiciário exerça o controle jurisdicional sobre possível lesão a direito do candidato. 3. Não adianta haver a abertura de prazo para recurso administrativo, sem que o candidato disponha de meios que efetivem esse direito e possa comprovar suas alegações. É evidente que o candidato precisa ter acesso a sua prova, bem como aos motivos que levaram a sua reprovação, para que possa contestar-lhe os critérios, quando for o caso. 4. Apelação do autor, parcialmente, provida a fim de determinar que se disponibilize o áudio, que foi realizado na prova oral do candidato, com nova oportunidade de recurso administrativo."

▶ **A doutrina e o tema.**

Nesse sentido doutrina MÁRCIO BARBOSA MAIA e RONALDO PINHEIRO QUEIROZ:

"Vimos que as provas objetivas, em face de sua própria natureza, devem estar calcadas em critérios técnico-científicos, o que restringe, drasticamente, o poder discricionário das bancas examinadoras, ampliando, em contrapartida, a possibilidade de seu controle jurisdicional, conforme já estudado. Sem embargo de tal constatação, existe, ainda, uma resistência de nossos Tribunais em conferir um maior controle de legalidade no que tange à formulação e à avaliação das questões objetivas dos concursos públicos, sob o fundamento que não é dado ao Judiciário substituir-se à banca examinadora, salvo no que se refere a vícios de legalidade ocorrentes no próprio procedimento administrativo, à luz do edital e demais regras do certame. Por outro lado, não é menos verdade que, ultimamente, a construção pretoriana vem, paulatinamente, deixando de aplicar o entendimento acima em situações que evidenciam, de forma patente, o equívoco da banca examinadora na avaliação e na correção da prova objetiva. Não se trata, neste caso, de substituição dos critérios da Administração pelos do Poder Judiciário, mas de conformação da conduta da banca examinadora aos princípios da legalidade, da razoabilidade e da eficiência, bem como aos parâmetros delineados pela técnica e pelos estudos científicos consagrados quando da realização e aplicação das provas objetivas.

Diante deste contexto, várias situações podem ocorrer:

1) quando a banca exige "que se assinale a alternativa correta, quando não existem alternativas corretas e não há uma alternativa indicando que todas as demais estão incorretas" ou na hipótese em que se exige a marcação da alternativa incorreta e todas estão corretas e não existe opção de que todas as demais estão corretas; 2) quando a banca exige "que se assinale a única alternativa correta, quando, em realidade, existem pelo menos duas" ou, vice-versa, que se assinale a única alternativa incorreta e existem pelo menos duas incorretas; 3) quando a banca propõe "uma questão/resposta ambígua, que deixe no espírito do candidato fundadas e razoáveis dúvidas quanto ao seu alcance e precisão, gerando perplexidade que dificulte a eleição da alternativa correta, ante a possibilidade razoável de que não esteja correta a alternativa ou que haja outra alternativa igualmente correta na mesma questão". (O regime jurídico do concurso público e o se controle jurisdicional. São Paulo: Saraiva, 2007, p. 18)

◉ **O Julgamento pelo Supremo Tribunal Federal da matéria em âmbito de Repercussão Geral nos autos do Recurso Extraordinário n.º 632853, Relator(a): Min. GILMAR MENDES. Qual foi a tese firmada?**

Ficou decidido no referido julgamento que:

"Recurso extraordinário com repercussão geral. 2. Concurso público. Correção de prova. Não compete ao Poder Judiciário, no controle de legalidade, substituir banca examinadora para avaliar respostas dadas pelos candidatos e notas a elas atribuídas. Precedentes. 3. Excepcionalmente, é permitido ao Judiciário juízo de compatibilidade do conteúdo das questões do concurso com o previsto no edital do certame. Precedentes. 4. Recurso extraordinário provido." (RE 632853, Relator(a): Min. GILMAR MENDES, Tribunal Pleno, julgado em 23/04/2015, ACÓRDÃO ELETRÔNICO REPERCUSSÃO GERAL – MÉRITO DJe-125 DIVULG 26-06-2015 PUBLIC 29-06-2015)

> ◉ *Tese 485 do STF: **Não compete ao Poder Judiciário substituir a banca examinadora para reexaminar o conteúdo das questões e os critérios de correção utilizados, SALVO OCORRÊNCIA DE ILEGALIDADE OU DE INCONSTITUCIONALIDADE.***

◉ **É perfeitamente cabível o controle jurisdicional em caso de ilegalidade e inconstitucionalidade em provas de concursos públicos.**

"ADMINISTRATIVO. CONCURSO PÚBLICO. CURSO DE FORMAÇÃO DE OFICIAIS DO EXÉRCITO BRASILEIRO. PROVA OBJETIVA. FALHA NO ENUNCIADO. APRECIAÇÃO PELO PODER JUDICIÁRIO. POSSIBILIDADE. PARECER ELABORADO PELO AUTOR DO LIVRO CONSTANTE NA BIBLIOGRAFIA DO EDITAL. RELEVÂNCIA. FLAGRANTE ILEGALIDADE. I. O STF, AO JULGAR O RE 632583, COM REPERCUSSÃO GERAL RECONHECIDA, FIRMOU ORIENTAÇÃO NO SENTIDO DE QUE NÃO COMPETE AO PODER JUDICIÁRIO, NO CONTROLE DE LEGALIDADE, SUBSTITUIR BANCA EXAMINADORA PARA AVALIAR RESPOSTAS DADAS PELOS CANDIDATOS E NOTAS A ELAS ATRIBUÍDAS. ACRESCENTOU, ADEMAIS, QUE, EXCEPCIONALMENTE, É PERMITIDO AO JUDICIÁRIO JUÍZO DE COMPATIBILIDADE DO CONTEÚDO DAS QUESTÕES DO CONCURSO COM O PREVISTO NO EDITAL DO CERTAME. NA MESMA LINHA DE ORIENTAÇÃO, PRECEDENTES DO STJ E DESTA CORTE. II. HIPÓTESE DOS AUTOS EM QUE SE BUSCA A ANULAÇÃO DA QUESTÃO DE Nº 49 DE INFORMÁTICA E CONSTA NOS AUTOS PARECER DO AUTOR DO LIVRO UTILIZADO COMO FONTE BIBLIOGRÁFICA PELO EDITAL QUE INFORMA A IMPOSSIBILIDADE DE RESOLUÇÃO DA QUESTÃO EM RAZÃO DE FALHA NO SEU ENUNCIADO, FATO NÃO CONTRADITADO PELA UNIÃO. III. É NULA A QUESTÃO QUE NÃO É POSSÍVEL DE SER RESPONDIDA OU NÃO FORNECE ELEMENTOS ADEQUADOS PARA TANTO, POR SE TRATAR FLAGRANTE ILEGALIDADE. IV. RECURSO DE APELAÇÃO DA UNIÃO E REMESSA NECESSÁRIA AS QUAIS SE NEGA PROVIMENTO." Recurso: 0006532-96.2012.4.01.3300, Relator: Hind Ghassan Kayath, Tipo Recurso: AP/RN, Data Julgamento: 12/09/2016

▶ **Controle jurisdicional sobre a peça processual no exame da OAB.**

Há muitas jurisprudências RECENTES e FAVORÁVEIS sobre o caso.

◉ **Imprecisão no enunciado de questão referente à segunda fase da OAB, culminando na incerteza do candidato em respondê-la por conta de uma dupla possibilidade de resposta**

"ADMINISTRATIVO. MANDADO DE SEGURANÇA. ORDEM DOS ADVOGADOS DO BRASIL. EXAME DE ORDEM. PERCEPTÍVEL IMPRECISÃO NO ENUNCIADO DE QUESTÃO. CANDIDATO INDUZIDO A ERRO. OFENSA AOS PRINCÍPIOS DA LEGALIDADE E DA RAZOABILIDADE. ANULAÇÃO DE QUESITOS DE AVALIAÇÃO PELO PODER JUDICIÁRIO. POSSIBILIDADE. PRECEDENTES DO STJ E DESTE REGIONAL. APELAÇÃO PROVIDA. [...] 3. Na hipótese do enunciado objeto da controvérsia, em seu deslocamento rumo à fronteira com o Paraguai a autora do furto teve, necessariamente, de ultrapassar a divisa entre o Estado de Mato Grosso e outra Unidade da Federação, circunstância que torna juridicamente impossível, máxime em revisão criminal, peça exigida no certame, o pedido para "desclassificação para furto simples (0, 50), pois não houve efetivo deslocamento do bem para o exterior (0, 50)" (fl. 89) considerada pela banca examinadora como quesitos para pontuação, bem como a "desclassificação para delito de furto simples (0, 25) (itens 04 e 6.1 dos quesitos avaliados – fl. 89 de 191). [...] 5. Mostra-se, pois, ilegal e destituído de razoabilidade critério de correção de prova prático profissional que exija do candidato formular pedido juridicamente impossível, como a desclassificação para furto simples (CP, art. 155, caput), quando a qualificadora prevista no § 5º do art. 155 do Código Penal, pelas circunstâncias descritas no enunciado e da forma como descritas, restara configurada. 6. Tendo sido o apelante, efetivamente, induzido a erro pela imprecisão de dados inseridos no enunciado da questão, impõe-se a anulação dos quesitos referentes ao afastamento da qualificadora do § 5º do art. 155 do Código Penal, com o consequente acréscimo, à pontuação já obtida, de um ponto e vinte e cinco centésimos (1, 25)." (TRF 1ª Região, APELAÇÃO CÍVEL N. 0041354-68.2013.4.01.3400/DF, 14 de novembro de 2014. (Data do julgamento)).

▶ **No mesmo sentido:** Foi entendido que o fato do enunciado ter induzido o candidato a erro por pura imprecisão na formulação da questão não pode ser um fator que o prejudique na execução da prova. Afinal, ao pautar-se no princípio da vinculação ao instrumento convocatório, este deixa claro que o candidato, no caso em tela, deve ser fiel as indicações contidas no edital, que nas palavras do ministro Gilmar Mendes, constitui a "lei do concurso" e, no caso de exame de ordem, exige apenas e tão somente uma resposta correta.

◉ **Alternativa apontada como correta está dissociada do enunciado da questão e a segunda possui duas alternativas incorretas, forçoso reconhecer anulação de tais questões.**

"PROCESSUAL CIVIL. ADMINISTRATIVO. MANDADO DE SEGURANÇA. ANULAÇÃO DE QUESTÕES DO EXAME PELO PODER JUDICIÁRIO. ILEGALIDADE. POSSIBILIDADE.1. No que concerne a exame da OAB, não cabe ao Poder Judiciário julgar procedimentos de avaliação e correção das questões das provas, uma vez que se trata de competência da banca examinadora, salvo quando ocorrer ilegalidade na realização do certame. 2. O edital de inscrições do referido exame, no seu item 3.4.1, estabelece que as questões da prova serão de múltipla escolha, com quatro opções de marcação (A, B, C e D), havendo, no entanto, apenas uma questão correta. 3. Verificada ilegalidade nas questões 21 e 42 do certame, uma vez que na primeira a alternativa apontada como correta está dissociada do enunciado da questão e a segunda possui duas alternativas incorretas, forçoso reconhecer anulação de tais questões. 4. Remessa oficial a que se nega provimento. " (REENEC 0000264-63.2007.4.01.3700/MA, Rel. Des. Fed. Maria do Carmo Cardoso, TRF1, Oitava Turma, e-DJF1 14/11/2011, p. 504).

◉ **É nulo o quesito de avaliação da peça prático-profissional do Exame de Ordem realizado pela Ordem dos Advogados do Brasil, em razão da banca examinadora não ter fornecido o padrão de resposta para este quesito.**

"ADMINISTRATIVO. APELAÇÃO CÍVEL. CONSELHO PROFISSIONAL. ORDEM DOS ADVOGADOS DO BRASIL. OAB/GO. EXAME DE ORDEM 2009.2. CARÁTER NACIONAL E UNIFICADO. PROVA PRÁTICO-PROFISSIONAL. QUESITO DE AVALIAÇÃO NÃO CONSTANTE NO PADRÃO DE RESPOSTA. ILEGALIDADE. ANULAÇÃO DO QUESITO. POSSIBILIDADE. APELAÇÃO DESPROVIDA. 1. O Exame de Ordem 2009.2 realizado pela Ordem dos Advogados do Brasil e pelas 26 Seccionais do Acre, de Alagoas, do Amazonas, do Amapá, da Bahia, do Ceará, do Distrito Federal, do Espírito Santo, de Goiás, do Maranhão, de Mato Grosso do Sul, de Mato Grosso, do Pará, da Paraíba, de Pernambuco, do Piauí, do Paraná, do Rio de Janeiro, do Rio Grande do Norte, de Rondônia, de Roraima, do Rio Grande do Sul, de Santa Catarina, de Sergipe, de São Paulo e do Tocantins foi de caráter nacional e unificado, em virtude de ter se excetuado do aludido exame apenas a OAB de Minas Gerais. 2. É possível ao Poder Judiciário reconhecer nulidades e omissões no Exame de Ordem, que poderiam ter sido simplesmente afastadas com uma mera retificação do padrão de resposta da peça prático-profissional fornecido pela banca examinadora [STJ, AgRg no AgRg no REsp n. 1213843/PR; e TRF-1ª, REOMS n. 200940000090985, AC n. 0001308-09.2005.4.01.3500 / GO, TRF-1ª, AC n. 0011384-47.2004.4.01.3300 / BA, AMS n. 0028653-96.2009.4.01.3600 / MT, AMS n. 0004881-03.2006.4.01.3700 / MA]. 3. O candidato não pode ser apenado por não ter respondido a um quesito de avaliação não constante no padrão de resposta fornecido pela banca examinadora [TRF-1ª, AMS n. 0024492-52.2009.4.01.3500/GO]. 4. É nulo o quesito de avaliação 2.2 da peça prático-profissional de direito penal do Exame de Ordem 2009.2 realizado pela Ordem dos Advogados do Brasil, em razão da banca examinadora não ter fornecido o padrão de resposta para este quesito [TRF-1ª, AMS n. 0025426-14.2012.4.01.3400 / DF e REOMS n. 0028478-05.2009.4.01.3600 / MT]. 5. O reconhecimento da nulidade do quesito de avaliação implica na concessão da pontuação atribuída pelo quesito ao candidato prejudicado [TRF-1ª, AMS n. 201043000011715 e REOMS n. 0003018-43.2010.4.01.4000 / PI]. 6. Apelação da Ordem dos Advogados do Brasil – Seção de Goiás desprovida." (AP 0029348-25.2010.4.01.3500/GO, Rel. Juiz Federal Clodomir Sebastião Reis [Conv.], TRF1, Oitava Turma, e-DJF1 13/12/2013, p. 788).

◉ <u>**No mesmo sentido:**</u> "PROCESSUAL CIVIL – MANDADO DE SEGURANÇA – EXAME DE ORDEM – QUESTÃO DE PROVA OBJETIVA – FLAGRAN-

TE ILEGALIDADE – ANULAÇÃO PELO JUDICIÁRIO – POSSIBILIDADE – PRECEDENTES JURISPRUDENCIAIS. 1 – Embora assente na jurisprudência a orientação de que não cabe ao Judiciário apreciar os critérios de avaliação de banca examinadora de certame, os tribunais têm admitido, na hipótese de erro material perceptível de plano, anulação de questão de prova objetiva de concurso público se a banca insiste em manter o gabarito. 2 – Sendo inequívoco que, na espécie, a questão objetiva impugnada exprime conceito jurídico divergente daquele que, literalmente, estabelecem as normas legais aplicáveis à hipótese apresentada, o que evidência flagrante ilegalidade, justifica-se intervenção excepcional do Judiciário para sua anulação. 3 – Precedentes da Corte e do Superior Tribunal de Justiça. 4 – Remessa Oficial denegada. 5 – Sentença confirmada." (REENEC 0001502-40.2009.4.01.3800.38.00.001730-4/MG, Rel. Des. Fed. Catão Alves, TRF1, Sétima Turma, e-DJF1 28/05/2010, p. 333).

◙ **No mesmo sentido:** "PROCESSUAL CIVIL E ADMINISTRATIVO – EXAME DE ORDEM – MANIFESTA ILEGALIDADE NA CORREÇÃO DE QUESITO NA PROVA PRÁTICO-PROFISSIONAL – REVISÃO PELO JUDICIÁRIO: POSSIBILIDADE – SENTENÇA MANTIDA. 1. Excepcionalmente, admite-se ao judiciário examinar questões de concurso público quando observada flagrante ilegalidade na correção da prova, quando o vício que a macula se manifesta de forma evidente e insofismável, perceptível a olhos vistos. Precedentes. 2. Embora a fase do certame seja discursiva, a exigência para que haja o requerimento de "citação da União", é questão objetiva (tem-se o requerimento ou não se tem!) e, uma vez constante da peça prático profissional, merece ser pontuada na menção final do candidato. 3. A ausência de manifestação específica da Banca Examinadora ao recurso administrativo (pedido de revisão de menção) interposto pelo candidato configura cerceamento de defesa, reforçando a possibilidade de revisão da questão pelo judiciário. 4. Remessa Oficial não provida. 5. Peças liberadas pelo Relator, em Brasília, 10 de setembro de 2013., para publicação do acórdão." (REENEC 0047253-52.2010.4.01.3400/DF, Rel. Des. Fed. Luciano Tolentino Amaral, TRF1, Sétima Turma, e-DJF1 20/09/2013, p. 483).

◙ **Imprecisão no enunciado de questão induzindo o candidato a erro.**

"PROCESSUAL CIVIL E ADMINISTRATIVO. AÇÃO ORDINÁRIA. CONSELHO FEDERAL DA ORDEM DOS ADVOGADOS DO BRASIL. X EXAME DA ORDEM. LITISCONSÓRCIO PASSIVO. CONSELHO FEDERAL DA OAB. DESNECESSIDADE. CORREÇÃO PROVA PRÁTICO-PROFISSIONAL. VÍCIO FORMAL. IMPRECISÃO NO ENUNCIADO DE QUESTÃO. CANDIDATO INDUZIDO A ERRO. OFENSA AOS PRINCÍPIOS DA LEGALIDADE. ANULAÇÃO DE QUESITOS. AVALIAÇÃO PELO PODER JUDICIÁRIO. POSSIBILIDADE. ARTIGO 942 DO NOVO CÓDIGO DE PROCESSO CIVIL E DO ART 2º, § 8º, INCISO II, DA RESOLUÇÃO PRESI 11/2016. 1. A divergência existente entre o voto-vencido do eminente Relator, Desembargador Federal Hércules Fajoses (fls. 398/400) no âmbito da Sétima Turma, residiu na impossibilidade reexame judicial dos exames da OAB em questões avaliadas sob análise de dissenso doutrinário. 2. É vedado ao Poder Judiciário substituir-se aos membros da comissão examinadora na formulação e na avaliação de mérito das questões que evolvem formulação/avaliação e atribuição de notas às provas nos certames públicos. Todavia, não pode eximir-se do controle da legalidade do certame, sanando eventuais erros ou vícios formais, que justificam a mitigação da discricionariedade atribuída ao examinador, tendo em conta a razão maior do certame, que é a avaliação do conhecimento do candidato, consubstanciada em critérios claros, precisos e coerentes. 3. Na hipótese concreta dos autos, a tese vencedora fundamentou-se na ocorrência de inconsistências claras no enunciado, que facilmente induzem ao erro, e tornou inviável aos participantes do certame alcançar o desfecho da questão, como pretendido pela banca examinadora (nos termos do espelho de correção), pois a resposta, tida como correta, estava fundada em premissa equivocada. 4. A questão objeto dos presentes autos já foi analisada também pela Oitava Turma, nos autos da AMS 0041354-68.2013.4.01.3400/DF, caso idêntico, decorrente da mesma situação fática:: Mostra-se, pois, ilegal e destituído de razoabilidade critério de correção de prova prático-profissional que exija do candidato formular pedido juridicamente impossível, como a desclassificação para furto simples (CP, art. 155, caput), quando a qualificadora prevista no § 5º do art. 155 do Código Penal, pelas circunstâncias descritas no enunciado e da forma como descritas, restara configurada. (AMS 0041354-68.2013.4.01.3400 / DF, Rel. DESEMBARGADOR FEDERAL MARCOS AUGUSTO DE SOUSA, OITAVA TURMA, e-DJF1 p. 1090 de 16/01/2015) 5. Apelação e remessa oficial não providas (art. 942 do Novo CPC e do art 2º, § 8º, inciso II, da Resolução Presi 11/2016)." (APELAÇÃO/REEXAME NECESSÁRIO N. 000429974.2014.4.01.4200/RR, RELATORA Des. ÂNGELA CATÃO, p. 04/08/2016)

◙ **No mesmo sentido:** "ADMINISTRATIVO. MANDADO DE SEGURANÇA. OAB. EXAME DE ORDEM. PRIMEIRA FASE. PERCEPTÍVEL IMPRECISÃO NO ENUNCIADO DE QUESTÃO. CANDIDATO INDUZIDO A ERRO. OFENSA ÀS REGRAS DEFINIDAS NO EDITAL DO CERTAME. ANULAÇÃO DE QUESITOS DE AVALIAÇÃO PELO PODER JUDICIÁRIO. POSSIBILIDADE. PRECEDENTES DO STJ E DESTE REGIONAL. REMESSA OFICIAL NÃO PROVIDA. 1. Este Tribunal tem decidido, reiteradamente, que não cabe ao Judiciário, substituindo os critérios de aferição da banca examinadora, efetuar revisão de prova de candidato ao exame da Ordem dos Advogados do Brasil, quando observados o edital e as normas legais que lhe são pertinentes.2. Na espécie, contudo, o impetrante obteve êxito em desincumbir-se do ônus que lhe cabia (CPC/1973, art. 333, I, vigente na data da sentença), qual seja, demonstrar a nulidade decorrente da perceptível imprecisão de dados verificada no enunciado da questão, impondo-se a confirmação da sentença. 3. Remessa oficial não provida." (REENEC 0066277-32.2011.4.01.3400/DF, TRF1, Oitava Turma, Rel. Des. Fed. Marcos Augusto de Sousa, e-DJF1 10/06/2016).

◙ **Há a possibilidade de intervenção Judicial quando, na prova prático-profissional, o enunciado levar o participante a uma dúvida razoável, em virtude de existir, naquele momento, a possibilidade de sustentar sua resposta de duas formas diferentes, porém ambas corretas.**

"ADMINISTRATIVO. APELAÇÃO CÍVEL. CONSELHO PROFISSIONAL. ORDEM DOS ADVOGADOS DO BRASIL. OAB/GO. EXAME DE ORDEM 2009.2. CARÁTER NACIONAL E UNIFICADO. PROVA PRÁTICO-PROFISSIONAL. QUESITO DE AVALIAÇÃO NÃO CONSTANTE NO PADRÃO DE RESPOSTA. ILEGALIDADE. ANULAÇÃO DO QUESITO. POSSIBILIDADE. APELAÇÃO DESPROVIDA. 1. O Exame de Ordem 2009.2 realizado pela Ordem dos Advogados do Brasil e pelas 26 Seccionais do Acre, de Alagoas, do Amazonas, do Amapá, da Bahia, do Ceará, do Distrito Federal, do Espírito Santo, de Goiás, do Maranhão, de Mato Grosso do Sul, de Mato Grosso, do Pará, da Paraíba, de Pernambuco, do Piauí, do Paraná, do Rio de Janeiro, do Rio Grande do Norte, de Rondônia, de Roraima, do Rio Grande do Sul, de Santa Catarina, de Sergipe, de São Paulo e do Tocantins foi de caráter nacional e unificado, em virtude de ter se excetuado do aludido exame apenas a OAB de Minas Gerais. 2. É possível ao Poder Judiciário reconhecer nulidades e omissões no Exame de Ordem, que poderiam ter sido simplesmente afastadas com uma mera retificação do padrão de resposta da peça prático-profissional fornecido pela banca examinadora [STJ, AgRg no AgRg no REsp n. 1213843/PR; e TRF-1ª, REOMS n. 200940000090985, AC n. 0001308-09.2005.4.01.3500 / GO, TRF-1ª, AC n. 0011384-47.2004.4.01.3300 / BA, AMS n. 0028653-96.2009.4.01.3600 / MT, AMS n. 0004881-03.2006.4.01.3700 / MA]. 3. O candidato não pode ser apenado por não ter respondido a um quesito de avaliação não constante no padrão de resposta fornecido pela banca examinadora [TRF-1ª, AMS n. 0024492-52.2009.4.01.3500/GO]. (grifo nosso).4. É nulo o quesito de avaliação 2.2 da peça prático-profissional de direito penal do Exame de Ordem 2009.2 realizado pela Ordem dos Advogados do Brasil, em razão da banca examinadora não ter fornecido o padrão de resposta para este quesito [TRF-1ª, AMS n. 0025426-14.2012.4.01.3400 / DF e REOMS n. 0028478-05.2009.4.01.3600 / MT].5. O reconhecimento da nulidade do quesito de avaliação implica na concessão da pontuação atribuída pelo quesito ao candidato prejudicado [TRF-1ª, AMS n. 201043000011715 e REOMS n. 0003018-43.2010.4.01.4000 / PI]. 6. Apelação da Ordem dos Advogados do Brasil – Seção de Goiás desprovida." (AP 0029348-25.2010.4.01.3500/GO, Rel. Juiz Federal Clodomir Sebastião Reis [Conv.], TRF1, Oitava Turma, -DJF1 13/12/2013, p. 788).

▶ **Deixando claro os limites da Banca Examinadora.**

Deve-se observar que a discricionariedade sobrevém tão-somente na elaboração das provas, jamais na formulação do gabarito, correção ou pontuação, onde existe vinculação. A Administração não pode determinar o que está certo ou errado, mudando a realidade das coisas. Se a Administração entender que a capital do Brasil é o "Rio de Janeiro" ela estará errada e nenhuma discricionariedade a protegerá disso! Não se pode cogitar que a discricionariedade que assiste à Administração para elaborar as provas seja ilimitada, concedendo-lhe permissão para impor gabaritos ou pontuações que não condigam com a realidade da disciplina avaliada. Por mais que a Administração possua uma autonomia para avaliar as provas, o fato é que essa autonomia não é absoluta, sendo limitada pelos princípios orientadores da Administração Pública, já que o concurso público ou qualquer outro procedimento seletivo por si só é um procedimento administrativo que seleciona candidatos a algo, como, por exemplo, a nomeação para um cargo público.

▶ **A grande confusão criada na análise de pleitos relacionados ao controle de provas de concursos públicos.**

Muitas vezes o candidato ingressa com uma demanda com o objetivo de verificar a existência de questões objetivas fora do programa do edital, sem resposta, com mais de uma resposta ou com vício insanável. Tem sido comum o Poder Judiciário negar tais pleitos sob o fundamento de que se trata de controle de mérito, que não pode o Judiciário analisar critérios de correção eleitos pela Banca Examinadora, bem como não pode este Poder substituir a mesma. A questão é: afinal, pode ou não o Judiciário fazer o controle de provas em concursos públicos? É sobre este tema que iremos tecer alguns comentários.

▶ **Quando pode e quando não pode haver intervenção do Poder Judiciário em demandas que envolvem concurso público?**

Normalmente, nas demandas judiciais não se discute mérito, mas apenas legalidade, pois cobrar matéria fora do edital, questão com mais de uma resposta, questão sem reposta correta não encaixa, nem mesmo forçando ao máximo uma interpretação ampliativa, em conveniência e oportunidade, que são os pontos centrais do mérito administrativo e que, por isso, inviabiliza o controle de legalidade. Quando há mérito legítimo o ato é legal e, por isso, não cabe controle jurisdicional. Assim, provando a ilegalidade da questão, deve ser pedido na ação a anulação da mesma e atribuição dos pontos ao candidato lesado que ingressou em juízo. Nota-se que o controle é de legalidade e não visa analisar a conveniência e oportunidade da cobrança das questões, o que seria mérito administrativo e proibida a intervenção, pois ao Judiciário é vedado substituir a Administração. Normalmente não é o caso! Pede-se expressamente a anulação da questão e invalidação nunca pode se referir a mérito administrativo, ponto que não cabe controle. O que se discute são ilegalidades ocorridas quando da confecção de questões. É muito importante esta diferença: a Administração decidir por uma ou outra questão, se mais ou menos pertinente, é conveniência e oportunidade, é mérito administrativo e o Judiciário não pode intervir. Mas, eleita a questão ela não pode possuir vícios de legalidade, como mais de uma resposta, ausência de resposta, estar fora do programa do edital etc. Desculpe o exemplo, mas seria o mesmo, simplificando a situação, que uma questão objetiva pedisse para marcar alternativa correta em um enunciado que pergunta quais são os Estados da Federação e lá constassem: São Paulo, Rio de Janeiro e outros Países. Veja, a questão tem mais de uma resposta! Ou que perguntasse qual a capital do País e lá não constasse Distrito Federal. Não há resposta correta!

▶ **O fato de o magistrado não compreender a questão não significa que ela foi confeccionada corretamente. Por isso a importância de um bom material probatório e uma perícia judicial para posterior confirmação do que se deduziu em juízo.**

Muitas vezes o caso deduzido em juízo é assim, porém técnico a alguma ciência. O fato de o magistrado não compreender a questão não significa que ela foi confeccionada corretamente. Por isso a importância de um bom material probatório e uma perícia judicial para posterior confirmação do que se deduziu em juízo. Inicialmente, tinha-se o entendimento de que era vedado ao Poder Judiciário a reavaliação de questões de provas em concursos públicos ou demais procedimentos seletivos, pois se estaria invadindo a esfera de discricionariedade típica da Administração Pública, ofendendo assim a tripartição de poderes inserida no art. 1º da Constituição da República.

▶ Todavia, foi-se percebendo que a Administração Pública ao conduzir o certame estava praticando diversos vícios de legalidade, desrespeitando os direitos dos candidatos e atuando em linha divergente dos princípios que regem a Administração Pública. Foram tantas ilegalidades que o Judiciário começou a perceber que muitas vezes o jurisdicionado não ia a juízo com objetivo de discutir critérios de correção, discutir conveniência e oportunidade do comportamento administrativo, mas verdadeiros, absurdos e chocantes comportamentos ilegais que por conta de irresponsabilidade ou falta de competência da Administração gerava a eliminação indevida do candidato no concurso ou procedimentos seletivos, ceifando o sonho de muitos. Começou uma evolução jurisprudencial que tende cada vez mais a se avolumar, apesar de algumas vezes, sem analisar detidamente caso, certos magistrados de piso simplesmente negam a liminar ou julgam improcedente o pedido, sentenciando que se trata de mérito administrativo, que não cabe ao Judiciário decidir! Ocorre na prática, muitas vezes, o que o filósofo ALFREDO ALGUSTO BACKER chamava de fundamentos de sistema óbvio, ou seja, há uma repetição impensada de uma matéria como se ela fosse pacífica e todos os casos fossem iguais! Por mais que a Administração Pública possua uma autonomia ao conduzir o certame, o fato é que essa autonomia não é absoluta, sendo limitada pelos princípios orientadores da Administração Pública, já que o concurso público ou qualquer outro procedimento seletivo por si só é um procedimento administrativo que seleciona candidatos a algo, no caso: a um cargo ou emprego público.

▶ **A elaboração de uma questão viciada, da mesma forma que os demais atos administrativos, é precária e pode ser objeto de aferição pelo Poder Judiciário que, seja pelo conhecimento deste magistrado, seja por meio de auxílio de prova pericial, se constatado o vício deve ser anulada.**

Nota-se que não se trata de controle de mérito do ato. Não se está questionando a conveniência e oportunidade das fases do concurso, das matérias que podem ser cobradas, do caráter eliminatório ou classificatório das fases, mas que cada fase, quando executada, seja feita de forma correta e nos termos do Ordenamento Jurídico. O ato administrativo possui 5 (cinco) elementos: competência, finalidade, forma, motivo e objeto. Nos atos discricionários, o exercício legítimo da discricionariedade é chamado de mérito do ato. Tendo em vista que a discricionariedade repousa apenas sobre os elementos motivo e objeto, tem-se que o mérito do ato está ligado aos mesmos. Diferentemente dos outros elementos, o motivo e o objeto nem sempre estarão previamente estabelecidos em lei. Por vezes, é dado ao agente público a autoridade/competência para determinar o motivo e o objeto do ato. Nesses casos, pautados em critérios de conveniência e oportunidade, a Administração optará pela conduta que melhor atenda ao interesse público. Em um concurso ou outro procedimento seletivo existem atos vinculados e atos discricionários. É atividade discricionária, por exemplo: a) estabelecer os critérios de avaliação (que não podem ferir a razoabilidade, proporcionalidade), b) decidir se o prazo de validade do concurso será prorrogado; c) quando os candidatos serão convocados; c) em que setor o servidor será lotado; etc. Quanto à elaboração de uma questão de uma prova objetiva, apesar da discricionariedade quanto ao que vai e como vai ser cobrado, a Administração tem um limite objetivo: a questão deve estar dentro do programado do edital, só pode ter uma resposta e a mesma deve estar em consonância com o estado atual da ciência, da qual foi aferido o conhecimento. Isso é mais que claro! De nada adiantaria toda a possibilidade de controle do concurso ou outro procedimento seletivo, da etapa interna, dos atos procedimentais da etapa externa, se, quando do julgamento das questões objetivas claramente ilegais (questão com mais de uma resposta, questão sem reposta, por exemplo) o Poder Judiciário simplesmente se escusasse ao necessário amparo jurisprudencial sob a equivocada argumentação de que se trata de mérito do ato, pois, como ficará claro, não se trata. PRONTO! Aí está a mais fácil forma de burlar um concurso com a chancela do Poder Judiciário. A verdade é que a repetição e aplicação sem reflexão da tese da "autonomia" que a Administração deve ter no concurso público ou em outros procedimentos seletivos estão criando uma zona de completa imunidade jurisdicional, chegando ao ponto de ficar mais restrita que os atos políticos, os atos *interna corporis*, etc.

▶ **É muito fácil alegar mérito e impedir logo de início o controle dessas atividades administrativas, principalmente pelo fato de que milhares de ações podem ser propostas sob o mesmo fundamento.**

Infelizmente essa é uma realidade e parte do Judiciário tem simplesmente "anulado" o artigo 5º, inciso XXXV da CF – que veicula o princípio da inafastabilidade da jurisdição, ou amplo acesso à justiça, sob o fundamento – muitas vezes impensado e não refletido – de tratar-se de mérito do ato, porém esquece de tutelar direito legítimo do jurisdicionado que há anos vem se preparando para as avaliações e são preteridos ou prejudicados por condutas arbitrárias que já sabem que são imunes a controle jurisdicional.

▶ **Qual o papel do Judiciário?**

O Judiciário não pode se escusar do controle de legalidade e dizer que não cabe intervenção, sob pena de, além de criar uma zona de "imunidade jurisdicional", dar o poder de a Administração criar a realidade! O Judiciário tem que enfrentar o ponto!

▶ **As opções possíveis, todas embasadas nas provas e após análise das mesmas, são:**

1) Entender que a questão está correta, não possui qualquer vício de legalidade e por isso não há motivo (como elemento do ato administrativo) para anular a questão,

oportunidade que julgará improcedente o pleito autoral. 2) Entender que há vício de legalidade na questão (mais de uma resposta correta, sem resposta correta, erro de elaboração, fora do programa do edital) e, com isso, anular a questão e atribuir os pontos da mesma ao jurisdicionado, julgando procedente o pleito autoral. 3) Entender, se realmente for o caso de se ter discutido conveniência e oportunidade, não haver pedido de anulação do ato, extinguir o processo sem julgamento de mérito, pois não é possível pleitear ao Judiciário a revogação do ato ou qualquer tipo de controle de mérito. 4) Ou ainda, verificando que o que se discutiu foram aspectos de conveniência e oportunidade do ato, como, por exemplo, escolha das matérias dentre as previstas no edital, e tendo pedido a anulação do ato por este motivo, julgar improcedente a ação, reconhecer que no caso se discute mérito e que não cabe anulação de ato legal.

▶ **Conclusão**

Como dito, muitas vezes os juízes negam pretensões bem fundamentas e que merecem acolhidas sob o fundamento que o Poder Judiciário não pode substituir a Banca Examinadora. Cuidado! A Expressão "substituir a banca examinadora" é perigosa se aplicada de forma equivocada, pois a função jurisdicional tem caráter substitutivo. É uma característica da jurisdição! O juiz, analisando o caso concreto, se verificar que uma norma foi aplicada equivocadamente, deve afastá-la e aplicar a correta. Se um servidor for demitido ilegalmente o Judiciário não anula a decisão do PAD e reintegra o servidor? É típico caráter substitutivo da função jurisdicional! Assim, quando uma decisão judicial negativa se funda no argumento de que o jurisdicionado pretende que o Judiciário substitua a banca examinadora, este pressuposto, antes de impedir o controle, deve, se for o caso, ensejá-lo, porém a substituição decorrente do reconhecimento de uma ilegalidade, onde o ato ilegal embatido é substituído por uma norma embasada no ordenamento pátrio, que, no caso, é uma decisão anulando as questões e atribuindo os pontos das mesmas ao jurisdicionado. A simples alegação de mérito, de impossibilidade de intervenção do Judiciário em uma questão técnica é uma "retórica equivocada", pois se o magistrado diz que é "mérito" ele não pode simplesmente lançar está "palavra mágica" e negar o pedido. Nessa linha de decisão ele tem que fundamentar que a questão foi feita corretamente – ou seja, sem qualquer vício de legalidade – para, afastando a ilegalidade primeiramente, aproximar-se do contexto da conveniência e oportunidade e afastar o controle. Todavia é pressuposto, que fique claro, que se enveredar pelo caminho de que não cabe controle, que não é caso de intervenção, que é mérito administrativo, depende, obrigatoriamente, do reconhecimento da legalidade das questões, o que normalmente não é feito, razão pela qual pode-se dizer que muitas decisões judiciais não trazem justiça real e social, o que, não precisa nem dizer, causa enormes prejuízos ao candidato lesado e que conta com o Poder Judiciário. Mas quem pode dizer que o Poder Judiciário está errado? Só o próprio Poder Judiciário, via recurso, e muitas vezes o que se percebe é uma nova aplicação sem analise concreta e real do caso, das peculiaridades, onde mais uma vez não se afasta a ilegalidade da questão debatida para entender que se tratar de mérito administrativo. Simplesmente, mais uma vez com o uso de palavras e expressões mágicas como "mérito administrativo", "soberania da banca examinadora", "não cabe ao Judiciário substituir a Banca Examinadora", a mesma injustiça se perpetua. Estas são, portanto, algumas considerações sobre o tema e que, claro, merecem cada vez maiores estudos.

ATO COATOR

▶ **Ato administrativo (que pode ou não ser coator) como espécie de ato jurídico.**

"Ato jurídico é uma manifestação da vontade humana capaz de produzir efeitos jurídicos, ou seja, constituir, modificar ou extinguir direitos ou obrigações. O art. 81 do revogado Código Civil (Lei 3.071/1916) conceituava-o como todo o ato lícito que tenha por fim imediato adquirir, resguardar, transferir, modificar ou extinguir direitos. Observe-se que o novo Código Civil (Lei 10.406/2002) abandonou o conceito, adotando no lugar a regra do seu art. 185, que nada acrescenta de útil. O novo Código, no entanto, consagrou a já tradicional distinção de ato jurídico e negócio jurídico, transferindo para este último boa parte dos conceitos e regras que antes eram aplicados ao primeiro. Entretanto, ato administrativo é uma espécie de ato jurídico, e não de negócio jurídico, pois decorre de uma manifestação unilateral de vontade da Administração Pública, capaz de produzir efeitos jurídicos, dentro de um regime jurídico público, sendo essas características as que o qualificam e o diferenciam dentro da categoria de atos jurídicos."

▶ **O ato administrativo e as mutações decorrentes do regime jurídico administrativo.**

"Ao contrário dos atos jurídicos comuns, cujo arquétipo é previsto no Código Civil, os atos produzidos pela Administração são normalmente feitos sob a incidência de um regime jurídico diferenciado (regime jurídico público) e por isso sofrem uma série de mutações na sua estrutura. Esse ato produzido pela Administração e que é feito sob o regime jurídico público é conhecido por ato jurídico administrativo, o qual será chamado, doravante, de ato administrativo. Dentre as mutações decorrentes do regime jurídico público ao qual se submete o comportamento administrativo e que irá resultar no ato administrativo, tem-se o surgimento de dois novos elementos (motivo e finalidade), bem como uma série de qualidades especiais chamada de atributos do ato administrativo." (COUTINHO, Alessandro Dantas, KRUGER, Ronald Rodor. Manual de Direito Administrativo: Volume Único. 2ª edição, Editora Juspodvum, Salvador, 2018, p. 530)

▶ **Conceito de ato administrativo**

"Diante do que foi dito, podemos conceituar atos administrativos como toda declaração unilateral de vontade do Estado, ou de quem lhe faça as vezes, que visa criar, modificar, extinguir e confirmar relações jurídicas, feita sob o regime jurídico administrativo e que visa atender, direta ou indiretamente, o interesse público." (COUTINHO, Alessandro Dantas, KRUGER, Ronald Rodor. Manual de Direito Administrativo: Volume Único. 2ª edição, Editora Juspodvum, Salvador, 2018, p. 530)

Tais ato, caso causem lesão ou ameacem causar lesão a terceiros, excepcionada as restrições do Ordenamento Pátrio, está sujeito ao controle jurisdicional por meio do Mandado de Segurança.

▶ **Nem todo ato praticado pela Administração é ato administrativo e mesmo não sendo é possível ser ato coator.**

Para que o produto do comportamento administrativo seja um ato administrativo é necessário que ele seja feito sob a incidência do regime jurídico administrativo, ou seja, sob a regência das normas de direito público e, ainda, como produto da aplicação da lei. Ocorre que nem todos os comportamentos praticados pela Administração são feitos nesses termos. Assim, pautados na melhor doutrina, cabe-nos distinguir os atos da Administração dos atos administrativos. Os primeiros são todos e quaisquer atos praticados pela Administração Pública, nessa categoria se inserindo, além dos atos administrativos, os atos materiais (realização de uma cirurgia em um hospital público, ministério de uma aula em uma escola púbica etc.), os atos regidos pelo direito privado, que são aqueles praticados em condições semelhantes ao particular e, por isso, sem supremacia, tal como ocorre com a assinatura de um cheque, abertura de uma conta em um banco estatal, os atos políticos, que são feitos diretamente com base na Constituição Federal, dotados de grande discricionariedade política, como é o caso do veto a um projeto de lei, a decretação de intervenção da União em um Estado, a apresentação de um projeto de lei etc. Os atos administrativos, como visto, além de decorrerem da aplicação da lei (conduta infra legal), devem ser feitos sob a incidência do regime jurídico administrativo. É interessante notar que os atos da Administração são feitos pela Administração Pública, porém os atos administrativos, apesar de normalmente serem feitos por agentes da Administração, também podem ser praticados por particulares, como ocorre no caso de concessionárias e permissionárias de serviços públicos, estando esta, inclusive, sujeita a ter certos atos praticados ao combate pela via do Mandado de Segurança. Estas não se inserem no conceito formal de Administração Pública, são empresas privadas com fins lucrativos, porém, por força de delegação contratual (chamada por alguns de descentralização por colaboração), desempenham atividade pública, no caso, prestam serviços públicos à coletividade e, nesse contexto, praticam, com limites, atos administrativos.

▶ **Fatos administrativos e a possibilidade de configuração, conforme o caso, em ato coator.**

Tradicionalmente, fato jurídico é um conceito mais genérico que ato jurídico, pois exprime qualquer acontecimento, com ou sem intervenção humana, capaz de produzir efeitos jurídicos. Assim, da mesma forma que atos jurídicos e negócios jurídicos, eventos da natureza, também podem produzir efeitos jurídicos, como a morte e o transcurso do tempo. Igualmente, também atos ilícitos são produtores de efeitos jurídicos, o que é reconhecido no Código Civil atual, posto que todos são enquadrados como subespécies de fatos jurídicos.

> ▶ "Há divergência doutrinária sobre a abrangência e conceito de fato administrativo. Para Maria Sylvia Zanella Di Pietro, tem-se por fato administrativo

todo e qualquer comportamento que produz efeitos no campo do direito administrativo, como, por exemplo, a morte de um funcionário, que produz a vacância de seu cargo, o decurso do tempo, que produz a prescrição administrativa etc." (COUTINHO, Alessandro Dantas, KRUGER, Ronald Rodor. Manual de Direito Administrativo: Volume Único. 2ª edição, Editora Juspodvum, Salvador, 2018, p. 531/532)

▶ Observe que no caso do falecimento do servidor haverá a vacância do cargo e existindo concurso público válido com candidatos aprovados aliado com a necessidade de contratação por parte do poder público, este ingrediente a mais, ou seja, o surgimento de vaga (vacância decorrente do falecimento do servidor) aliado à omissão do Poder Público em nomear o próximo candidato aprovado, estando o mesmo sendo preterido de qualquer forma, faz nascer o direito líquido e certo de impetrar mandado de segurança pleiteando sua nomeação. Apenas deve ter atenção o causídico para que, quando da impetração, deixe absolutamente claro os fatos por meio de prova documental que ensejam a subsunção das normas que irão configurar a acatamento do pleito mandamental.

▶ **Atributos do ato administrativo.**

"Como visto, o ato administrativo é decorrente da aplicação da lei sob a incidência do regime jurídico administrativo, que visa criar, modificar, confirmar e extinguir relações jurídicas no desempenho de atividades administrativas. Em razão do regime jurídico administrativo que permeia a prática do ato, este nasce com uma série de qualidades diferenciadas, que são chamadas pela doutrina de atributos dos atos administrativos. Podemos dizer que os atributos que os atos administrativos podem ter são: a) presunção de legitimidade, b) presunção de veracidade, c) imperatividade, d) autoexecutoriedade e e) tipicidade. Afirmamos "podem ter", pois nem sempre o ato possuirá todos os atributos reunidos. A depender do ato e do fim que ele busca alcançar, o primeiro terá mais ou menos dessas qualidades diferenciadas para o alcance de seu resultado. E um dos critérios que difere os atos administrativos dos atos jurídicos praticados pelos particulares é justamente a presença naqueles de alguns desses atributos diferenciados, conforme será demonstrado a seguir. " (COUTINHO, Alessandro Dantas, KRUGER, Ronald Rodor. Manual de Direito Administrativo: Volume Único. 2ª edição, Editora Juspodvum, Salvador, 2018, p. 548)

▶ **A prova pré-constituída no Mandado de Segurança apta a refutar a presunção de legitimidade do ato administrativo coator.**

"A presunção de legitimidade significa que os atos administrativos, quando são produzidos, nascem com a presunção de que foram praticados corretamente sob todos os aspectos. Presume-se que o agente é competente, que não há vício de forma, motivo e objeto e que a finalidade buscada é lícita. Presume-se que nenhum dos princípios que orientam a atividade administrativa foi violado. Todos os atos nascem com essa presunção. Essa presunção independe de norma legal que a estabeleça, pois decorre do princípio da legalidade da Administração que informa toda atuação governamental. É por esse motivo que o art. 19, II, da Carta Magna enuncia ser vedado recusar fé aos documentos públicos. Ainda, e nesse ponto mais uma vez correto o ensinamento de Hely Lopes Meireles, essa presunção está ligada às exigências de celeridade e segurança das atividades do Poder Público, que não poderiam ficar na dependência da solução de impugnação dos administrados, quanto à legitimidade de seus atos, para só após dar-lhes execução. Ocorre que essa presunção é relativa, ou seja, apesar de militar em prol do ato a sua presunção de legitimidade, pode ser que ele tenha vício e, por isso, esteja apto a ser anulado. O ato não se autodeclara ilegal e nulo. É necessário que outro ato administrativo decorrente de uma autoridade competente para tanto venha lhe decretar a nulidade (ato de anulação) ou, ainda, que seja reconhecida a nulidade por medida judicial (anulação do ato por meio de decisão judicial, como, por exemplo, uma sentença)." (COUTINHO, Alessandro Dantas, KRUGER, Ronald Rodor. Manual de Direito Administrativo: Volume Único. 2ª edição, Editora Juspodvum, Salvador, 2018, p. 549)

> "**No mesmo sentido:** Não é demais observar que o mandado de segurança investe contra um ato público. E, como se sabe, os atos públicos gozam da presunção de legitimidade. Ao fixar o direito líquido e certo como requisito para o mandado de segurança, a Constituição Federal está a exigir do impetrante que já elida, com sua petição inicial, aquela presunção de legitimidade dos atos públicos. Não afastada tal presunção com provas pré-constituídas, mantém-se válido e legítimo o ato atacado, devendo ser denegada a ordem pretendida. " (CUNHA, Leonardo Carneiro. A Fazenda Pública em Juízo, 14. ed. rev., atual e ampl. – Rio de Janeiro: Forense, 2017, p. 510)

◉ **Tratando-se da anulação de ato administrativo cuja formalização haja repercutido no campo de interesses individuais, a anulação não prescinde da observância do contraditório.**

"ATO ADMINISTRATIVO – REPERCUSSÕES – PRESUNÇÃO DE LEGITIMIDADE – SITUAÇÃO CONSTITUIDA – INTERESSES CONTRAPOSTOS – ANULAÇÃO – CONTRADITORIO. Tratando-se da anulação de ato administrativo cuja formalização haja repercutido no campo de interesses individuais, a anulação não prescinde da observância do contraditório, ou seja, da instauração de processo administrativo que enseje a audição daqueles que terão modificada situação já alcançada. Presunção de legitimidade do ato administrativo praticado, que não pode ser afastada unilateralmente, porque é comum a Administração e ao particular." (STF – RE 158543, Relator (a): Min. MARCO AURÉLIO, Segunda Turma, julgado em 30/08/1994, DJ 06-10-1995 PP-33135 EMENT VOL-01803-04 PP-00767 RTJ VOL-00156-03 PP-01042)

▶ **A presunção de legitimidade do ato administrativo gera a inversão do ônus da prova incumbindo ao impetrante, na inicial, provar documentalmente que o ato é ilegal.**

"A revisão do ato pode ser de ofício ou por provocação, porém, tendo em vista a presunção de legitimidade deste, nem sempre a Administração revê de ofício seus atos, ficando normalmente à espera de uma provocação por parte do terceiro que se sente lesado pela sua prática, o qual fica na incumbência de demonstrar a ilegalidade que permeia a conduta administrativa. É por essa razão que se diz que a presunção de legitimidade do ato administrativo gera a inversão do ônus da prova. Isso porque, tendo em vista que o ato nasce presumidamente válido, compete ao destinatário deste demonstrar que há vício em algum de seus elementos ou que o ato não observou os princípios regentes da Administração Pública. Enquanto não quebrada a presunção de legitimidade que milita em prol do ato, este produzirá todos os seus efeitos, razão pela qual Hely Lopes Meirelles, com a razão de sempre, assevera que, por conta desse atributo, é possível sua imediata execução ou operatividade, mesmo que arguidos vícios ou defeitos que os levem à invalidade. " (COUTINHO, Alessandro Dantas, KRUGER, Ronald Rodor. Manual de Direito Administrativo: Volume Único. 2ª edição, Editora Juspodvum, Salvador, 2018, p. 549)

▶ **No mesmo sentido:** "Ao impetrante atribui-se um momento único (que é o da petição inicial) para comprovar suas alegações de fato. Não se desincumbindo desse ônus da prova, descabe o mandado de segurança, mantendo-se a presunção de legitimidade do ato atacado. Tudo deve vir comprovado com a petição inicial, razão pela qual se diz não caber o mandado de segurança, se for necessária a dilação probatória. Em outras palavras, não há instrução probatória no writ. A sentença será proferida, considerando apenas o direito e os fatos comprovados com a inicial e as informações. " (CUNHA, Leonardo Carneiro. A Fazenda Pública em Juízo, 14. ed. rev., atual e ampl. – Rio de Janeiro: Forense, 2017, p. 510)

▶ OMISSÕES ADMINISTRATIVAS E SEUS EFEITOS JURÍDICOS E MANDADO DE SEGURANÇA.

As omissões também geram repercussões para o Direito. Algumas delas são consideradas fatos jurídicos. No direito administrativo, podemos analisar o fenômeno da omissão administrativa sob diversos enfoques, porém trabalhar-se-á com a omissão da prática de um ato administrativo e seus efeitos jurídicos.

▶ **Omissões administrativas podem ser equiparadas a atos de autoridade.**

"Equiparam-se a atos de autoridade as omissões administrativas das quais possa resultar lesão a direito subjetivo da parte, ensejando a impetração de mandado de segurança para compelir a Administração a pronunciar-se sobre o requerido pelo impetrante, e durante a inércia da autoridade pública não cone o prazo de decadência para a impetração. " Ato omissivo é, na verdade, o não-ato, representa a falta de atuação da Administração em uma determinada situação em que tem o dever legal de agir. Sempre que a Administração for obrigada por lei a agir de ofício, ou a responder a uma provocação, e permanecer inerte, contra essa inércia caberá mandado de segurança

▶ **Ato omissivo (nomenclatura, omissão e efeitos da omissão).**

O enquadramento da omissão para o Direito é peculiar. A omissão não provoca efeitos diretos; provoca efeitos indiretos. A omissão é a ausência do ato onde o ato deveria estar. Os efeitos decorrem da falta do ato, e não do ato. Já na relação de incidência normativa e no fenômeno de juridicização do ato, a ação e a omissão operam da mesma forma. Os efeitos se dão iguais pelo ato (comissivo ou omissivo) – ainda que da omissão não decorra causa fática direta nenhuma e ainda que na ação o agente seja fator causal da alteração fática provocada pelo ato. No plano da incidência normativa, dado que a norma tem mandamentos positivos e negativos em relação à conduta do destinatário da sua hipótese, nada muda de uma para outra incidência. Assim a ilegalidade do mérito da segurança poderá existir por conta de ato comissivo ou omissivo, da mesma forma.

▶ **Ato omissivo com efeitos de origem passada e omissão relacionada ao tempo.**

Assim como a ação, a omissão poderá ter efeitos passados, reiterados ou futuros. O ato omissivo se comporta semelhante ao ato comissivo, razão pela qual vale o raciocínio dos itens anteriores sobre a divisão entre o momento das origens dos efeitos do ato. Distinguir bem ato e seus efeitos e identificar bem a origem dos efeitos do ato é o exercício mais importante que há para assegurar a impetração de cabimento certo e admitido na lei. E assim como do ato têm de emanar efeitos para a configuração do interesse jurídico à impetração, o mesmo se dá com a omissão, ou com o ato omissivo.

▶ **A omissão relacionada a prazo definido está normalmente antecedida pela prática do requerimento da providência e preenchimentos dos requisitos específicos por parte do detentor do direito à providência.**

A omissão relacionada a prazo definido está normalmente antecedida pela prática do requerimento da providência e preenchimentos dos requisitos específicos por parte do detentor do direito à providência. Tem assim, a omissão, início bem definido que é o vencimento do prazo regulamentar para a prática do ato. Mas a caracterização da omissão pode não estar relacionada a prazo definido em regulamento e pode inclusive manter outras razões de relevância e urgência.

▶ **Ato omissivo com efeitos de origem reiterada e aplicação do mandado de segurança para pretensões patrimoniais (súmulas e precedente do STF)**

O ato omissivo também pode dar origem reiterada a seus efeitos. Vale o exato raciocínio feito para os atos comissivos e a importância já reiterada de separar o ato dos seus efeitos. A portaria ministerial que concede indenização em pagamentos mensais por reconhecimento da condição de anistiado político depende da efetivação pela autoridade, como efetivo depósito das prestações mensais de indenização. A falta de cumprimento da portaria pode dar ensejo à impetração de mandado de segurança. É ato omissivo caracterizado pela falta de cumprimento do ato da portaria, individual e concreto. A prática do respeito à portaria implica ato direto de depósito mensal de valores. A cada mês em que não ocorre o depósito a origem dos efeitos do ato omissivo se renova. Há nova omissão com relação causal direta com a ilegalidade que sustenta a impetração. Há, assim, ato omissivo de caráter repetitivo. O caso exato do reconhecimento da anistia com as consequências patrimoniais da concessão da segurança passou pelo Supremo Tribunal Federal. O julgamento pautou-se na discussão sobre a omissão (falta de cumprimento do que a portaria determinava) e os efeitos da omissão (falta de pagamento da indenização). O caso tratou de um anistiado político, assim reconhecido, que já vinha recebendo prestações mensais indenizatórias, mas que não recebera prestações pretéritas. A falta de pagamento das prestações de indenização passadas foi levada ao Tribunal porque representava o descumprimento da portaria concessiva da condição de anistia e da indenização correspondente.

▶ **Ato omissivo com efeitos de origem futura**

A omissão pode ter origem futura e a pretensão à segurança então se enquadra na categoria preventiva, com mesmo fundamento constitucional do acesso ao Poder Judiciário para afastar lesão ou ameaça a direito – art. 5º, XXXV. Terá de ser comprovado o justo receio de que a ilegalidade irá ocorrer e terá ligação de causa com o ato omissivo. A greve na alfândega dá toda a indicação de que o despacho aduaneiro ficará parado até a retomada dos trabalhos. O direito do importador é ao desembaraço da mercadoria em tempo de evitar custos de armazenagem, danos com clientes e prejuízos em sua atividade econômica. A falta de funcionários é fundamento de fato suficiente para se demonstrar justo receio da não prática do ato ou dos atos que o importador espera da autoridade da aduana. Daí a prevenção com a ordem de segurança que imponha a realização do despacho ao inspetor chefe ou à autoridade competente dentro do posto da alfândega em determinada importação.

▶ **A omissão com efeitos de origem futura também pode ser de caráter reiterado ou repetitivo.**

A omissão com efeitos de origem futura também pode ser de caráter reiterado ou repetitivo. É omissão futura de todo modo, mas espera-se omissão reiterada. Tudo depende da obrigação da autoridade prevista em lei. Se a lei tem mandamento de indenização mês a mês e a portaria individual nada prevê a respeito, nasce o receio de que trata a lei e que está contido na ameaça de ilegalidade de que trata a Constituição Federal.

◉ **A ausência de pagamento da reparação econômica pretérita configura ato omissivo continuado da autoridade coatora em cumprir integralmente a portaria anistiadora, situação que afasta a configuração de decadência da pretensão mandamental.**

"PROCESSUAL CIVIL E ADMINISTRATIVO. MANDADO DE SEGURANÇA. ATO OMISSIVO. DECADÊNCIA. NÃO OCORRÊNCIA. ANISTIA POLÍTICA. MILITAR. INDENIZAÇÃO. PAGAMENTO DE VALORES RETROATIVOS. LEGITIMIDADE ATIVA E PASSIVA. RECONHECIMENTO. 1. A Primeira Seção desta Corte possui o entendimento de que a ausência de pagamento da reparação econômica pretérita configura ato omissivo continuado da autoridade coatora em cumprir integralmente a portaria anistiadora, situação que afasta a configuração de decadência da pretensão mandamental. 2. Sendo comprovada a condição de anistiado político nos termos de Portaria expedida pelo Ministro de Estado da Justiça, na qual se concedeu reparação econômica de caráter indenizatório, em prestação mensal, permanente e continuada, e, dado o caráter retroativo dessa concessão, tendo sido igualmente reconhecido o direito ao recebimento de valor pretérito, há direito líquido e certo ao recebimento de tais quantias (pretéritas). Precedentes. 3. Esta Corte há muito pacificou o entendimento que o Ministro de Estado da Defesa figura como autoridade com legitimidade para compor o polo passivo de impetrações parecidas, em razão do art. 18 da Lei 10.559/2002. 4. Tratando-se de concessão de anistia post mortem, deve ser reconhecida a legitimidade ativa da impetrante não na qualidade de dependente econômica ou sucessora do anistiado, e sim na qualidade de única sucessora da viúva do anistiado político. 5. A mera alegação de falta de recursos orçamentários suficientes para o pagamento das parcelas pretéritas da reparação econômica decorrente de anistia política, continuada ao longo dos anos, revela manifesta desobediência do Poder Executivo à Lei que fixou prazo certo para tanto (art. 12, § 4º, da Lei n. 10.559/2002), de modo que tal alegação não pode ser utilizada sine die como pretexto para inviabilizar a efetivação do direito cuja tutela é perseguida no mandado de segurança, ainda mais porque, caso inexista disponibilidade orçamentária para o imediato atendimento da ordem, o pagamento deverá ser efetuado mediante regular processo de execução contra a Fazenda Pública, com a expedição do competente precatório. 6. Não havendo a comprovação da efetiva anulação da portaria que concedeu a anistia do impetrante, a mera instauração de procedimento de revisão das portarias concessivas de anistia política com base na Portaria n. 1.104/1964 não constitui óbice à concessão da segurança, permanecendo incólume a obrigação de pagar os valores especificados. 7. O direito líquido e certo averiguado na via do mandamus restringe-se ao valor nominal previsto na portaria anistiadora, sendo certo que eventual controvérsia acerca dos consectários legais – juros e correção monetária – somente pode ser dirimida em demanda autônoma, sob pena de o presente feito assumir contornos de ação de cobrança. 8. Ordem concedida." (STJ – MS 22.996/DF, Rel. Ministro GURGEL DE FARIA, PRIMEIRA SEÇÃO, julgado em 12/09/2018, DJe 01/10/2018)

◉ **A ausência de pagamento da reparação econômica pretérita configura ato omissivo continuado da autoridade coatora em cumprir integralmente a portaria anistiadora, situação que afasta a configuração de decadência da pretensão mandamental.**

"2. A Primeira Seção desta Corte possui entendimento de que a ausência de pagamento da reparação econômica pretérita configura ato omissivo continuado da autoridade coatora em cumprir integralmente a portaria anistiadora, situação que afasta a configuração de decadência da pretensão mandamental. 3. Sendo comprovada a condição de anistiado político nos termos de Portaria expedida pelo Ministro de Estado da Justiça, na qual se concedeu reparação econômica de caráter indenizatório, em prestação mensal, permanente e continuada, e, dado o caráter retroativo dessa concessão, tendo sido igualmente reconhecido o direito ao recebimento de valor pretérito, há direito líquido e certo dos anistiados ao recebimento de tais quantias (pretéritas). Precedentes. (...). 5. Não havendo a comprovação da efetiva anulação da Portaria que concedeu a anistia do impetrante, a mera instauração de procedimento de revisão das portarias concessivas de anistia política com base na Portaria n. 1.104/1964 não constitui óbice à concessão da segurança, permanecendo incólume a obrigação de pagar os valores especificados. 6. O direito líquido e certo averiguado na via do mandamus restringe-se ao valor nominal previsto na portaria anistiadora, sendo certo que eventual controvérsia acerca dos consectários legais – juros e correção monetária – somente pode ser dirimida em demanda autônoma, sob pena de o presente feito assumir contornos de ação de cobrança. 7. Agravo interno desprovido." (STJ – AgInt no MS 22.343/DF, Rel. Ministro GURGEL DE FARIA, PRIMEIRA SEÇÃO, julgado em 14/03/2018, DJe 17/04/2018)

▶ **Situação em que a omissão possa significar o deferimento ou indeferimento de um pedido.**

Como o ordenamento jurídico disciplina a omissão na prática de um ato administrativo? Ele pode trabalhar com a omissão de várias formas diferentes. Por exemplo, pode prescrever que a omissão possa significar o deferimento ou indeferimento de um pedido. Isso tem que estar expresso na lei. Veja-se um exemplo hipotético. Determinada legislação que disciplina dado assunto prevê que o administrado pode pleitear à Administração uma autorização para o exercício de uma atividade e estipula para esta um prazo de dez dias para apreciar o pedido. Se no referido prazo ela não apresentar uma resposta, significa que houve o indeferimento do pleito. Em casos como o narrado, a omissão se convola em ato concreto de negativa, sendo ato coator para efeitos de mandado de segurança. E, nesse contexto, que fique claro, o prazo decadencial começa a contar da data em que finda o prazo para a Administração se manifestar, não podendo ser confundida com as hipóteses em que a omissão administrativa não instaura o prazo para a impetração do writ constitucional.

▶ **Situação em que implicitamente a omissão gera efeitos práticos imediatos contrários aos interesses do administrado, hipótese em que há a abertura do prazo decadencial para manuseio do mandado de segurança.**

Há, ainda, situações em que implicitamente a omissão gera efeitos práticos imediatos contrários aos interesses do administrado, hipótese em que há a abertura do prazo decadencial para manuseio do mandado de segurança. É o que ocorre, por exemplo, em um concurso público. Hoje é pacífico na jurisprudência do Superior Tribunal de Justiça e do Supremo Tribunal Federal que o candidato aprovado dentro do número de vagas tem direito subjetivo à nomeação. Ocorre que a Administração tem até o último dia do prazo de validade do certame para promover a nomeação dos candidatos. Se, dentro desse prazo, em que há discricionariedade da Administração para decidir o momento da nomeação, o Poder Público não providenciar a nomeação do candidato, inicia-se imediatamente após o fim daquele o prazo de 120 dias para o candidato impetrar o mandamus pleiteando sua nomeação.

◉ **Em se tratando de impetração contra a ausência de nomeação de aprovados em concurso público, a contagem do prazo decadencial de cento e vinte dias deve ser iniciada com o término do prazo de validade do certame**

"AGRAVO REGIMENTAL. RECURSO ORDINÁRIO. PROCESSUAL CIVIL. MANDADO DE SEGURANÇA. ADMINISTRATIVO. CONCURSO PÚBLICO. NOMEAÇÃO. ATO OMISSIVO. DECADÊNCIA. 1. Esta Corte firmou entendimento segundo o qual, em se tratando de impetração contra a ausência de nomeação de aprovados em concurso público, a contagem do prazo decadencial de cento e vinte dias deve ser iniciada com o término do prazo de validade do certame. 2. Agravo regimental improvido." (STJ, AgRg-RMS 21.764/ES, Proc. 2006/0069113-2, 6.ª T., Rel. Min. Maria Thereza de Assis Moura, DJ 03.11.2009).

◙ **Situação em que a omissão tem caráter continuado renovando-se o prazo para o ajuizamento de ação judicial que vise questionar o ato omissivo.**

"Em certas situações, a jurisprudência reconhece a possibilidade de que a omissão tenha caráter continuado, sempre renovando-se o prazo prescricional de eventual ação judicial que vise questionar o ato omissivo, caso, por exemplo, da demora da Administração Pública em dar cumprimento integral à portaria ministerial que reconhecia direitos de anistiados políticos." (STJ, 1ª Seção, MS 21.490/DF, rel. Ministra Assusete Magalhães, j. 13/05/2015).

▶ **Situações em que o silêncio da Administração não dá qualquer sinal sobre o acatamento ou não do pleito do administrado. Cabimento do Mandado de Segurança objetivando que o Judiciário fixe um prazo para decidir o pleito do impetrante.**

Ainda, dentro do contexto das omissões, há situações em que o silêncio da Administração não dá qualquer sinal sobre o acatamento ou não do pleito do administrado, diversamente do narrado nos parágrafos anteriores. É o que ocorre, por exemplo, na hipótese em que o administrado pleiteia um ato à Administração, como uma licença ou uma permissão, e ela simplesmente queda-se omissa. Nesse caso, como fazer o controle dessa omissão? Há duas possibilidades. Se a lei prevê um prazo para a análise do pedido, o administrado pode informar a mora da Administração e insistir na análise do pleito ou manejar ação judicial pleiteando liminar no sentido de compelir a Administração para analisar o pedido imediatamente, sob pena de multa diária ao responsável pela omissão. Há um segundo caso em que a lei simplesmente é omissa quanto ao prazo para análise ou julgamento do pleito do administrado, caso em que este poderá ir a juízo pleitear medida liminar para que a Administração, em prazo razoável decidido pelo magistrado, analise e julgue o pleito do administrado, sob pena de multa diária a partir do implemento do prazo estipulado no *decisum*.

◙ "PROCESSUAL CIVIL. ADMINISTRATIVO. MANDADO DE SEGURANÇA. PRELIMINAR DE ILEGITIMIDADE PASSIVA AD CAUSAM REJEITADA. PEDIDO DE RECONSIDERAÇÃO INTERPOSTO EM PROCESSO ADMINISTRATIVO DISCIPLINAR FINDO, EM CUJO ÂMBITO FOI APLICADA A PENA DEMISSÓRIA A POLICIAL RODOVIÁRIO FEDERAL. DEMORA NA APRECIAÇÃO. VIOLAÇÃO AO PRINCÍPIO DA RAZOÁVEL DURAÇÃO DO PROCESSO. DIREITO LÍQUIDO E CERTO DO IMPETRANTE A UMA DECISÃO ADMINISTRATIVA DENTRO DO PRAZO LEGAL. LEI N. 9.784/1999. INEXISTÊNCIA DE DIREITO DO IMPETRANTE PARA RETORNAR AO CARGO, ENQUANTO NÃO ANALISADO O PEDIDO DE RECONSIDERAÇÃO. SEGURANÇA CONCEDIDA PARCIALMENTE. 1. Descabe a alegação da autoridade impetrada de ilegitimidade passiva ad causam, porque o fato de o pedido de reconsideração encontrar-se em setor específico do Ministério da Justiça não retira a responsabilidade de Sua Excelência, o Ministro de Estado, de velar pela rápida solução desse pedido revisional. Ademais, a atribuição para resolver, em definitivo, dito pleito administrativo é do próprio Ministro, razão pela qual a ele deve ser imputada qualquer demora havida no serviço interno, que lhe é vinculado. 2. "É dever da Administração Pública pautar seus atos dentro dos princípios constitucionais, notadamente pelo princípio da eficiência, que se concretiza também pelo cumprimento dos prazos legalmente determinados" (REsp 687.947/MS, Rel. Ministro Castro Meira, Segunda Turma, DJ 21/8/2006). 3. "Não é lícito à Administração Pública prorrogar indefinidamente a duração de seus processos, pois é direito do administrado ter seus requerimentos apreciados em tempo razoável, ex vi dos arts. 5º, LXXIII, da Constituição Federal e 2º da Lei n. 9.784/99" (MS 13.584/DF, Rel. Ministro Jorge Mussi, Terceira Seção, DJe 26/6/2009). 4. No caso, viola o direito líquido e certo do impetrante, no particular, a pendência de decisão no Pedido de Reconsideração n. 08000.016027/2015-11, interposto no âmbito do Ministério da Justiça desde 28/5/2015. 5. Descabe ao impetrante retornar ao exercício das funções do seu cargo (em relação ao qual foi aplicada pena demissória) enquanto pendia de análise o pedido de reconsideração (revisão), à míngua de previsão legal. 6. Concessão parcial da segurança, apenas para o fim de reconhecer a mora da autoridade impetrada quanto à análise do pedido administrativo do impetrante, cuja apreciação somente veio a ser comunicada ao Poder Judiciário na data anterior a este julgamento." (STJ – MS 22.037/DF, Rel. Ministro OG FERNANDES, PRIMEIRA SEÇÃO, julgado em 22/02/2017, DJe 02/03/2017)

▶ **Situação excepcional em que o Judiciário, frente à omissão administrativa, já pode liminarmente autorizar ao impetrante o desenvolvimento precário da atividade.**

Observe-se que nas situações de mora administrativa sem previsão legal a regra, como visto, é que o Judiciário fixe prazo para que a Administração Pública tome sua decisão. Ocorre, porém, que em se tratando de serviços que dependem de outorga, autorização ou delegação do Poder Público, pode-se interpretar ser razoável a autorização provisória de funcionamento, principalmente nas renovações, quando verificada a mora administrativa. Isso se justifica porque o particular faz investimentos e compromete parte de seus recursos financeiros na expectativa da exploração do serviço, apenas aguardando a aquiescência do Poder Público, na maioria das vezes apenas dependente de alguns trâmites burocráticos. Nesse sentido, há interessante decisão do STJ no tocante ao funcionamento de rádio comunitária (REsp 690.811/RS, 1ª Turma, rel. Min. José Delgado, j. 28/06/2005), da qual vale a transcrição de interessante excerto da ementa, que bem resume nosso entendimento sobre a questão da mora administrativa: "A Lei 9.784/99 foi promulgada justamente para introduzir no nosso ordenamento jurídico o instituto da Mora Administrativa como forma de reprimir o arbítrio administrativo, pois não obstante a discricionariedade que reveste o ato da autorização, não se pode conceber que o cidadão fique sujeito a uma espera abusiva que não deve ser tolerada e que está sujeita, sim, ao controle do Judiciário a quem incumbe a preservação dos direitos, posto que visa a efetiva observância da lei em cada caso concreto. O Poder Concedente deve observar prazos razoáveis para instrução e conclusão dos processos de outorga de autorização para funcionamento, não podendo estes prolongar-se por tempo indeterminado, sob pena de violação dos princípios da eficiência e da razoabilidade. "

▶ **Ato coator comissivo.**

"O ato comissivo é de fácil reconhecimento porque ocorre e encerra uma declaração, uma prescrição, uma ação da autoridade pública9. Pode ocorrer de a autoridade pública desapropriar fora do interesse puramente público; de impedir a participação de alguém em concurso público por discriminação; de determinar a retenção de mercadoria importada regularmente; de exigir exação não prevista em lei ou cobrar tributo já prescrito; de cobrar pedágio de forma abusiva; de expropriar alguém de seus bens sem o devido processo legal; de invadir domicílio fora da autorização constitucional; de violar correspondência; de impedir reunião pacífica; de cobrar taxas para a emissão de certidão de nascimento; de penalizar a inadimplência fora da proporcionalidade. Em todos os atos que ilustram os exemplos há ação positiva, de prática ou declaração efetiva da autoridade pública. São, esses atos, comissivos. Para o mandado de segurança, que exige seja o ato de autoridade, agrega-se este elemento: a conduta vem de quem está investido de autoridade, nos termos da lei, como é tratado em item específico deste trabalho. Por qualquer ângulo, contudo, haverá conduta positiva por parte da figura humana que promove o ato jurídico." (VILLA, Enrico Franca. Mandado de Segurança – Teoria e Prática (Locais do Kindle 1238-1247).)

▶ **Ato com efeitos de origem passada (ato e efeitos do ato)**

"O ato comissivo pode ter a origem de seus efeitos toda no passado. É praticado em dado tempo e espaço e lá se completa e se encerra com todas as suas características. Os seus efeitos podem durar além do ato, mas o ato está já praticado na sua inteireza. O ato tem a origem de seus efeitos no passado porque já ocorreu. Os efeitos presentes ou futuros são emanações dos efeitos originais e não novos efeitos ou novos atos. Os efeitos já foram todos produzidos e permanecem no tempo até que se afaste o ato. Com a correção da origem da ilegalidade ou do abuso de poder e com o afastamento consequente do ato, cessam todos os efeitos, inclusive suas emanações presentes e futuras." (VILLA, Enrico Franca. Mandado de Segurança – Teoria e Prática (Locais do Kindle 1238-1247).)

▶ **Se a ilegalidade se repete expressada em diferentes atos, caberá ao impetrante selecionar o ato para a impetração.**

"A exigência de requisito discriminatório em concurso público é ato praticado na sua inteireza verbi gratia, com a desclassificação do candidato. A negativa de inscrição, a desclassificação do candidato, a perda da vaga, o impedimento da prova, todos são efeitos que podem propagar-se a partir de um ato, ou podem ser atos próprios

– é questão de eleição por parte do impetrante, quando existe a opção, mas sempre contando a diferença entre atos e efeitos dos atos. O exemplo tem de ser analisado em todas as variáveis que pode oferecer, porque mostra um fenômeno que chama a atenção, fixada a premissa de que o objetivo do candidato consiste na participação e na aprovação no concurso. O ato provocador da ilegalidade que demanda impetração pode ser, em tese, qualquer um que impeça o candidato de ser aprovado, entre a publicação do edital e o anúncio dos aprovados, desde que ilegal ou praticado com abuso de poder. Se a inscrição é recusada por razão discriminatória, o impetrante já tem seu direito violado. A inscrição pode ser aceita e o impetrante impedido de fazer a prova pela mesma violação. Ou a inscrição pode ser recusada e o impetrante impedido de fazer a prova. Ou a inscrição pode ser aceita, o impetrante pode fazer a prova, mas pode sobrevir desclassificação pela mesma razão discriminatória. Em qualquer caso a ilegalidade do ato reside na violação do direito à igualdade. Há, sempre, atos independentes. Se a ilegalidade se repete expressada em diferentes atos, caberá ao impetrante selecionar o ato para a impetração." (VILLA, Enrico Franca. Mandado de Segurança – Teoria e Prática (Locais do Kindle 1238-1247).)

▶ **Impetrar o mandado de segurança contra os efeitos do ato e não contra o ato poderá resultar no não conhecimento do mandado de segurança ou no reconhecimento da decadência do direito de impetrar o mandado de segurança.**

"Mas impetrar o mandado de segurança contra os efeitos do ato e não contra o ato poderá resultar no não conhecimento do mandado de segurança ou no reconhecimento da decadência do direito de impetrar o mandado de segurança. É o que se verifica. Há atos com incidência normativa comum e atos com incidência normativa própria. A diferença é sutil. Se o candidato não aparece na lista de aprovados porque foi impedido de fazer a prova, a não inclusão do candidato na lista de aprovados publicada não é ato discriminatório. É efeito do ato que é o impedimento de fazer a prova. Se o candidato não fez a prova, a comissão do exame não tem como aprová-lo. E, pela mesma razão, a impetração não poderia voltar-se contra a confecção e a publicação da lista de aprovados sem o nome do candidato. Teria de haver impetração contra o impedimento de realização da prova, pois aí está o ato e está a discriminação que configura a ilegalidade. Esses dois atos, (i) impedimento da realização da prova e (ii) não aprovação, são atos que têm incidência normativa própria. O ato "i" tem por motivo a discriminação sem critério razoável e sobre ele incide a norma que exige sejam todos tratados com igualdade. O ato "ii" tem por motivo a ausência de prova feita e sobre ele incidem as normas aplicáveis ao concurso e seu regulamento. Diferente é se a inscrição é recusada e se o candidato é impedido de fazer a prova por conta da recusa. Esses dois atos, (i) recusa da inscrição e (ii) impedimento da realização da prova, têm incidência normativa comum. Tanto o ato "i" como o ato "ii" têm o mesmo motivo, que é excluir os candidatos que não atendam a dada condição discriminatória. A incidência é da mesma norma que determina a igualdade de tratamento entre os concorrentes. A sutileza da distinção é a causa da sua complexidade, porque se poderia dizer que o impedimento de realização da prova decorreria da ausência de inscrição aceita e que, portanto, não seriam duas violações à mesma norma que veda a discriminação. Não é assim, contudo, porque entre o impedimento para a realização da prova e a não aprovação há fato relevante, com relação causal eficiente para o segundo ato, que é a inexistência de prova – a aprovação não poderia ocorrer ainda que a ilegalidade fosse afastada. Isso faz do segundo ato (a reprovação) mero efeito do primeiro ato (o impedimento para a realização da prova), mas não novo ato ilegal. " (VILLA, Enrico Franca. Mandado de Segurança – Teoria e Prática (Locais do Kindle 1238-1247).)

▶ **Ato com efeitos de origem reiterada**

"O ato comissivo poderá ter caráter repetitivo e dar assim origem reiterada a seus efeitos. Há novos atos a cada período que renovam a origem dos efeitos do ato e, se o caso, a ilegalidade do ato. A penhora em conta corrente que toma proventos de aposentadoria14 tem origem na ordem judicial (ato). Com a primeira constrição dos valores depositados na conta do devedor ocorre nova origem de efeitos. A cada mês novos proventos tornam-se disponíveis, nova constrição é feita e a origem dos efeitos do ato é reiterada. É como se nova ordem de penhora fosse proferida a cada mês. O ato é a penhora por ordem judicial. Por isso a ordem judicial é tomada como origem dos efeitos do ato que é reiterada a cada aplicação. A construção pode parecer pouco natural, mas funciona bem para atender à classificação dos atos que tem consequências importantes para o uso do mandado de segurança. A realização da penhora não é efeito do ato, mas é o próprio ato. Mas há atos diferentes e a diferença é sutil. A diferença dos atos poderá estar nos seus efeitos, no seu próprio conteúdo e no tempo da sua realização, ou poderá estar só no tempo de realização ou só nos efeitos ou só no conteúdo ou em uma combinação qualquer entre esses elementos. A separação e bloqueio dos valores em conta do mês 1 é um ato diferente do que a separação e bloqueio dos valores em conta do mês 2. Há dois atos distintos no tempo, embora com mesmo conteúdo e mesmos efeitos. Para que se tenha ato sujeito à impetração, quando a origem é reiterada, é necessária a identidade de efeitos. O ato da penhora é sempre o mesmo em conteúdo reiterado, gera os mesmos exatos efeitos reiterados e repete, mês a mês, a ilegalidade ou o abuso que inquinaram o ato desde a sua primeira aparição. A identidade de efeitos é muitas vezes evidente para atos de mesmo conteúdo. Mas não se pode confundir, repita-se, ato com efeitos do ato. A ordem de bloqueio do juiz tem de ser cumprida. O ato de cumprimento pelo funcionário da instituição bancária não é novo ato, mas efeito da ordem judicial, uma vez que a ilegalidade ou o abuso estarão em relação predominante com a ordem e não no seu cumprimento – já que o cumprimento da ordem tem relação predominante com a própria ordem impositiva. O ato de cumprimento da ordem ilegal não é o ato ilegal, mas efeito desse mesmo ato. Daí por que a impetração contra o ato do funcionário do banco público não seria conhecida. Seria impetração contra o efeito do ato judicial ilegal." (VILLA, Enrico Franca. Mandado de Segurança – Teoria e Prática (Locais do Kindle 1238-1247).)

◙ **O prazo decadencial para impetrar mandado de segurança contra redução do valor de vantagem integrante de proventos ou de remuneração de servidor público renova-se mês a mês.**

"ADMINISTRATIVO. EMBARGOS DE DIVERGÊNCIA. SERVIDOR PÚBLICO. MANDADO DE SEGURANÇA IMPETRADO PARA IMPUGNAR ATO QUE REDU-

ZIU A PENSÃO DA IMPETRANTE COM A JUSTIFICATIVA DE ADEQUÁ-LA AO SUBTETO FIXADO PELO DECRETO 24.022/2004, DO ESTADO DO AMAZONAS. RELAÇÃO DE TRATO SUCESSIVO. O PRAZO DECADENCIAL PARA A IMPETRAÇÃO DO MANDAMUS SE RENOVA MÊS A MÊS. EFEITOS PATRIMONIAIS DO MANDADO DE SEGURANÇA. RETROAÇÃO À DATA DO ATO IMPUGNADO. CONFRONTO DO RESP.1.164.514/AM, REL. MIN. JORGE MUSSI, 5A. TURMA, DJE 24.10.2011 COM O RESP. 1.195.628/ES, REL. MIN. CASTRO MEIRA, 2A. TURMA, DJE 1.12.2010, RESP. 1.263.145/BA, REL. MIN. MAURO CAMPBELL MARQUES, 2A. TURMA, DJE 21.9.2011; PET 2.604/DF, REL. MIN. ELIANA CALMON, 1A. SEÇÃO, DJU 30.8.2004, p. 196; RESP. 473.813/RS, REL. MIN. LUIZ FUX, 1A. TURMA, DJ 19.5.2003, p. 140; AGRG NO AGRG NO AGRG NO RESP. 1.047.436/DF, REL. MIN. HUMBERTO MARTINS, 2A. TURMA, DJE 21.10.2010; RMS 28.432/RJ, REL. MIN. BENEDITO GONÇALVES, 1A. TURMA, DJE 30.3.2009 E RMS 23.950/MA, REL. MIN. ELIANA CALMON, 2A. TURMA, DJE 16.5.2008. EMBARGOS DE DIVERGÊNCIA DO ESTADO DO AMAZONAS DESPROVIDOS.1. A redução do valor de vantagem nos proventos ou remuneração do Servidor, ao revés da supressão destas, configura relação de trato sucessivo, pois não equivale à negação do próprio fundo de direito, motivo pelo qual o prazo decadencial para se impetrar a ação mandamental renova-se mês a mês, não havendo que se falar, portanto, em decadência do Mandado de Segurança, em caso assim. 2. Quanto aos efeitos patrimoniais da tutela mandamental, sabe-se que, nos termos das Súmula 269 e 271 do STF, caberia à parte impetrante, após o trânsito em julgado da sentença concessiva da segurança, ajuizar nova demanda de natureza condenatória para reinvindicar os valores vencidos em data anterior à impetração do pedido de writ; essa exigência, contudo, não apresenta nenhuma utilidade prática e atenta contra os princípios da justiça, da efetividade processual, da celeridade e da razoável duração do processo, além de estimular demandas desnecessárias e que movimentam a máquina judiciária, consumindo tempo e recursos públicos, de forma completamente inútil, inclusive honorários sucumbenciais, em ação que já se sabe destinada à procedência. 3. Esta Corte Superior, em julgado emblemático proferido pelo douto Ministro ARNALDO ESTEVES LIMA, firmou a orientação de que, nas hipóteses em que o Servidor Público deixa de auferir seus vencimentos, ou parte deles, em face de ato ilegal ou abusivo do Poder Público, os efeitos financeiros da concessão de ordem mandamental devem retroagir à data do ato impugnado, violador do direito líquido e certo do impetrante, isso porque os efeitos patrimoniais do decisum são mera consequência da anulação do ato impugnado que reduziu a pensão da Impetrante, com a justificativa de adequá-la ao sub-teto fixado pelo Decreto 24.022/2004, daquela unidade federativa.4. Embargos de Divergência do Estado do Amazonas desprovidos. " (STJ – EREsp 1164514/AM, Rel. Ministro NAPOLEÃO NUNES MAIA FILHO, CORTE ESPECIAL, julgado em 16/12/2015, DJe 25/02/2016)

> **Em sentido contrário:** "PROCESSUAL CIVIL E ADMINISTRATIVO. SERVIDOR PÚBLICO. APOSENTADORIA. SUPRESSÃO DE VANTAGEM. ATO COMISSIVO. MANDADO DE SEGURANÇA IMPETRADO APÓS ULTRAPASSADO O PRAZO DE 120 (CENTO E VINTE) DIAS. DECADÊNCIA CONFIGURADA. 1. A jurisprudência predominante do Superior Tribunal de Justiça entende que o ato administrativo que suprime vantagem, no caso, a aposen-

tadoria da impetrante, é único e de efeitos permanentes, iniciando-se, com a sua ciência, o prazo decadencial para a impetração do Mandado de Segurança (AgRg no REsp 1.200.940/SC, Rel. Ministro Sérgio Kukina, Primeira Turma, DJe 28/8/2014).2. Dessa forma, reconhecida está a decadência do direito à impetração do Mandado de Segurança, tendo em vista que o ato de aposentadoria da recorrida foi publicado em 14/4/1998 e o presente writ foi ajuizado somente em 5/6/2002 (fl. 3, e-STJ), ou seja, quando já ultrapassados mais de 120 dias, nos termos do art. 18 da Lei 1.533/1951 (atual art. 23 da Lei 12.016/2009).3. Recurso Especial provido." (REsp 1762676/CE, Rel. Ministro HERMAN BENJAMIN, SEGUNDA TURMA, julgado em 09/10/2018, DJe 28/11/2018)

◙ **Renova-se mês a mês o prazo decadencial para a impetração de mandado de segurança no qual se contesta o pagamento de pensão feito pela Administração em valor inferior ao devido.**

"PROCESSUAL CIVIL. ADMINISTRATIVO. MANDADO DE SEGURANÇA. DECADÊNCIA AFASTADA. ATO OMISSIVO CONTINUADO. PRESTAÇÃO DE TRATO SUCESSIVO. SÚMULA 83 DO STJ. A jurisprudência desta Corte firmou entendimento segundo o qual não se verifica a decadência para a impetração do mandado de segurança quando há conduta omissiva ilegal da Administração, uma vez que o prazo estabelecido pelo art. 18 da Lei n. 1.533/51 renova-se de forma continuada. Trata-se, portanto, de relações de trato sucessivo. Incidência da Súmula 83/STJ. Agravo regimental improvido." (STJ – AgRg no AREsp 243.070/CE, Rel. Ministro HUMBERTO MARTINS, SEGUNDA TURMA, julgado em 07/02/2013, DJe 19/02/2013)

◙ **Em se tratando de impugnação a ato que não deságua em prestações continuadas, incide o prazo decadencial.**

"RECURSO ORDINÁRIO – DEVOLUTIVIDADE. A devolutividade no recurso ordinário, a fazer as vezes da apelação, é plena, podendo surgir o desprovimento considerado o tema quer rechaçado pelo Tribunal de origem, quer não abordado por este último. DECADÊNCIA – MANDADO DE SEGURANÇA. Em se tratando de impugnação a ato que não deságua em prestações continuadas, incide o prazo decadencial." (STJ – RMS 27434, Relator(a): Min. MARCO AURÉLIO, Primeira Turma, julgado em 24/08/2010, DJe-030 DIVULG 14-02-2011 PUBLIC 15-02-2011 EMENT VOL-02464-01 PP-00198 LEXSTF v. 33, n. 387, 2011, p. 119-124)

◙ **Em mandado de segurança impetrado contra redução do valor de vantagem integrante de proventos ou de remuneração de servidor público, os efeitos financeiros da concessão da ordem retroagem à data do ato impugnado.**

"CONSTITUCIONAL. ADMINISTRATIVO. MANDADO DE SEGURANÇA. PRELIMINARES. REJEIÇÃO. PROCURADOR FEDERAL. PROMOÇÃO E PROGRESSÃO NA CARREIRA. ESTÁGIO PROBATÓRIO E ESTABILIDADE. INSTITUTOS JURÍDICOS DISTINTOS. EFEITOS FINANCEIROS RETROATIVOS. SÚMULAS 269/STF E 271/STF. ART. 1º DA LEI 5.021/66. NÃO-INCIDÊNCIA NA HIPÓTESE. SEGURANÇA

CONCEDIDA. 1. O mandado de segurança foi impetrado contra o ato do Advogado-Geral da União que indeferiu o recurso hierárquico que a impetrante interpôs contra a decisão da Procuradora-Geral Federal. Em conseqüência, sobressai a legitimidade passiva da autoridade impetrada. Preliminar rejeitada. 2. Em se tratando de um ato administrativo decisório passível de impugnação por meio de mandado de segurança, os efeitos financeiros constituem mera conseqüência do ato administrativo impugnado. Não há utilização do mandamus como ação de cobrança. 3. A impossibilidade de retroagir os efeitos financeiros do mandado de segurança, a que alude a Súmula 271/STF, não constitui prejudicial ao exame do mérito, mas mera orientação limitadora de cunho patrimonial da ação de pedir segurança. Preliminares rejeitadas. 4. Estágio probatório e estabilidade são institutos jurídicos distintos. O primeiro tem por objetivo aferir a aptidão e a capacidade do servidor para o desempenho do cargo público de provimento efetivo. O segundo, constitui uma garantia constitucional de permanência no serviço público outorgada àquele que transpôs o estágio probatório. Precedente. 5. O servidor público federal tem direito de ser avaliado, para fins de estágio probatório, no prazo de 24 (vinte e quatro) meses. Por conseguinte, apresenta-se incabível a exigência de que cumpra o interstício de 3 (três) anos para que passe a figurar em listas de progressão e de promoção na carreira a qual pertence. 6. Na hipótese em que servidor público deixa de auferir seus vencimentos, parcial ou integralmente, por ato ilegal ou abusivo da autoridade impetrada, os efeitos patrimoniais da concessão da ordem em mandado de segurança devem retroagir à data da prática do ato impugnado, violador de direito líquido e certo. Inaplicabilidade dos enunciados das Súmulas 269/STF e 271/STF. 7. A alteração no texto constitucional que excluiu do regime de precatório o pagamento de obrigações definidas em lei como de pequeno valor aponta para a necessidade de revisão do alcance das referidas súmulas e, por conseguinte, do disposto no art. 1º da Lei 5.021/66, principalmente em se tratando de débitos de natureza alimentar, tal como no caso, que envolve verbas remuneratórias de servidores públicos. 8. Segurança concedida." (STJ – MS 12.397/DF, Rel. Ministro ARNALDO ESTEVES LIMA, TERCEIRA SEÇÃO, julgado em 09/04/2008, DJe 16/06/2008)

◉ **No mandado de segurança impetrado por servidor público contra a Fazenda Pública, as parcelas devidas entre a data de impetração e a de implementação da concessão da segurança devem ser pagas por meio de precatórios, e não via folha suplementar.**

"PROCESSUAL CIVIL. VIOLAÇÃO DO ART. 535 DO CPC. INEXISTÊNCIA. MANDADO DE SEGURANÇA. PARCELAS DEVIDAS ENTRE A DATA DA IMPETRAÇÃO E A CONCESSÃO DA ORDEM. SUBMISSÃO AO REGIME DE PRECATÓRIOS. APLICAÇÃO DO ENTENDIMENTO FIRMADO NO RE 889.173 RG/MS. RECURSO ESPECIAL PROVIDO. 1. Afastada a alegada contrariedade ao art. 535 do CPC, tendo em vista que o Tribunal de origem decidiu as questões essenciais à solução da controvérsia. 2. O pagamento dos valores devidos entre a data da impetração e a implementação da ordem concessiva submete-se ao regime de precatórios. 3. Aplicação do entendimento firmado pelo Supremo Tribunal Federal no Recurso Extraordinário n. 889.173 RG/MS, sob a sistemática da repercussão geral. 4. Recurso Especial provido." (REsp 1522973/MG, Rel. Ministra DIVA MALERBI (DESEMBARGADORA

CONVOCADA TRF 3ª REGIÃO), SEGUNDA TURMA, julgado em 04/02/2016, DJe 12/02/2016)

◙ Julgado do STF citado no julgado acima: "2. O pagamento dos valores devidos pela Fazenda Pública entre a data da impetração do mandado de segurança e a efetiva implementação da ordem concessiva deve observar o disposto no artigo 100 da Constituição Federal. 3. Embargos de declaração DESPROVIDOS." (RE 889173 RG-ED, Relator(a): Min. LUIZ FUX, Tribunal Pleno, julgado em 05/10/2018, PROCESSO ELETRÔNICO DJe-226 DIVULG 23-10-2018 PUBLIC 24-10-2018)

◙ **Ato único de efeitos concretos e permanentes.**

"PROCESSUAL CIVIL E ADMINISTRATIVO. MANDADO DE SEGURANÇA. REENQUADRAMENTO ALEGADAMENTE FEITO DE FORMA INCORRETA. DECADÊNCIA. 1. Trata-se de Mandado de Segurança com pedido para que o impetrante seja reenquadrado no cargo de Agente de Atividade Agropecuária. Sustenta que, em 1994, foi indevidamente transposto para o cargo de Técnico em Colonização em desconformidade com as Leis 5.645/70, 5.524/68, 8.112/90, 8.460/92 e com a Constituição da República, tendo em vista que sua formação técnica atenderia às exigências para o enquadramento na função de Agente de Atividade Agropecuária. 2. O impetrante, na verdade, contesta o ato que, em 15/9/1989, o reenquadrou na função de Técnico de Colonização, sendo a alegação de que estaria se voltando contra a omissão da autoridade coatora em reenquadrá-lo mera tentativa de alterar a realidade dos fatos para afastar consequência a ele desfavorável. 3. Poder-se-ia cogitar de omissão da autoridade coatora, se, após o reenquadramento feito, houvesse surgido alteração legislativa que conduzisse à necessidade de novo reenquadramento. Todavia, se o impetrante afirma que o reenquadramento foi originalmente feito de forma errada, ele está, sim, contestando o ato concreto. 4. É firme no STJ o entendimento de que o ato de enquadramento/reenquadramento é único de efeitos concretos, cujo prazo decadencial para a impetração do Mandado de Segurança tem início na ciência do ato impugnado. Nesse sentido: AgRg no MS 14.961/DF, Rel. Ministro Mauro Cambpell Marques, Primeira Seção, DJe 12/11/2012; AgRg no RMS 32.739/MS, Rel. Ministro Benedito Gonçalves, Primeira Turma, DJe 21/5/2014; AgRg no RMS 27.873/MT, Rel. Ministro Rogerio Schietti Cruz, Sexta Turma, DJe 08/9/2014. 5. Segurança denegada." (STJ – MS 21.886/DF, Rel. Ministro HERMAN BENJAMIN, PRIMEIRA SEÇÃO, julgado em 14/12/2016, DJe 03/05/2017)

▶ **O ato ilegal ou abusivo, para ser combatido via mandado de segurança, deve ser praticado por autoridade pública ou agente de pessoa jurídica no exercício de atribuições do Poder Público.**

"Ato coator, na lição de Maria Sylvia Zanella Di Pietro, é expressão que revela ato ou omissão de autoridade pública, ou seja, um ato praticado ou omitido por pessoa investida de parcela do Poder Público-eivado de ilegalidade ou abuso de poder. A rigor, ensinam os administrativistas modernos que há redundância na expressão ilegalidade ou abuso de poder. É que sempre que houver vício no que diz respeito aos requisitos de validade do ato administrativo (competência, finalidade, forma, motivo e objeto), haverá ilegalidade. Como o abuso de poder ocorre nos vícios de competência (excesso de poder) ou de finalidade (desvio de poder ou de finalidade), constitui ele uma das formas de manifestação de ilegalidade." (LOPES, Mauro Luiz Rocha. Comentários à nova Lei do Mandado de Segurança. Niterói, RJ, Impetus, 2009, p. 15)

▶ **Ato coator, para fins de mandado de segurança, indica ato ou omissão de autoridade pública – ou de quem a ela esteja equiparada – eivado de ilegalidade ou abuso de poder.**

O cabimento do mandado de segurança está condicionado não apenas à demonstração de ser a parte impetrante titular de direito líquido e certo, mas à prova de ter sido tal direito violado por ato de autoridade – ou de estar em vias de sê-lo. Trata-se do chamado ato coator, expressão que, para fins de mandado de segurança, indica ato ou omissão de autoridade pública – ou de quem a ela esteja equiparada – eivado de ilegalidade ou abuso de poder. A rigor, ensinam os administrativistas modernos que há redundância na expressão ilegalidade ou abuso de poder. É que sempre que houver vício no que diz respeito aos requisitos de validade do ato administrativo (competência, finalidade, forma, motivo e objeto), haverá ilegalidade. Como o abuso de poder ocorre nos vícios de competência (excesso de poder) ou de finalidade (desvio de poder ou de finalidade), constitui ele uma das formas de manifestação de ilegalidade.

AUTORIDADE COATORA

▶ **Considera-se como autoridade, para a finalidade de impetração de mandado de segurança, o agente, público ou privado, que atue como representante do Estado e no desempenho de função pública.**

"Assim, para o ordenamento nacional, considera-se como autoridade, para a finalidade de impetração de mandado de segurança, o agente, público ou privado, que atue como representante do Estado e no desempenho de função pública. Dessa forma, os agentes privados que exercem funções públicas por meio de delegação do Poder Público podem ser considerados como autoridades para fins de mandado de segurança. " (Teses Jurídicas dos Tribunais Superiores – Direito Administrativo – Tomo III – Edição 2017.Coordenadores: Maria Sylvia Zanella Di Pietro e Irene Patrícia Nohara. Comentários de Rafael Hamze Issa, p. 49)

▶ **A Autoridade Coatora é sempre aquela que decide, embora muitas vezes também execute sua própria decisão, que rende ensejo à segurança.**

"..coator é sempre aquele que decide, embora muitas vezes também execute sua própria decisão, que rende ensejo à segurança. Atos de autoridade, portanto, são os que trazem em si uma decisão, e não apenas execução. Para fins de mandado de segurança, contudo, consideram-se atos de autoridade não só os emanados das autoridades públicas propriamente ditas, como também os praticados por representantes ou órgãos de partidos políticos; administradores de entidades autárquicas.; e, ainda, dirigentes de pessoas jurídicas ou as pessoas naturais no exercício de atribuições do Poder Público." (MEIRELLES, Hely Lopes. Mandado de Segurança e Ações Constitucionais, Editora Malheiros, 36ª Edição, São Paulo, 2014, p. 33)

▶ **Se a autoridade não tiver atribuição para rever o ato, não poderá ser considerada autoridade coatora.**

"...somente aquele que detiver o poder de desfazer o ato impugnado pode ser considerado autoridade coatora." (MEDINA, José Miguel Garcia; ARAÚJO, Fábio Caldas de. Mandado de segurança individual e coletivo: comentários à Lei 12.016, de 7 de agosto de 2009. São Paulo: Editora Revista dos Tribunais, 2009, p. 48.)

◉ **No mesmo sentido:** "PROCESSUAL CIVIL. TRIBUTÁRIO. AGRAVO INTERNO NO MANDADO DE SEGURANÇA. PROCESSO ADMINISTRATIVO FISCAL JULGADO PELO CARF. RECURSO HIERÁRQUICO AO MINISTRO DA FAZENDA. NÃO CONHECIDO. PRETENSÃO DE ANULAÇÃO DO JULGAMENTO PROFERIDO PELO CARF. ILEGITIMIDADE PASSIVA DO MINISTRO DE ESTADO. INCOMPETÊNCIA DESTA CORTE. 1. **É entendimento desta Corte que a legitimidade para figurar no polo passivo do mandamus é da autoridade que tenha praticado o ato impugnado ou da qual emane a ordem para a sua prática, e, por conseguinte, a que detenha possibilidade de rever o ato denominado ilegal, omisso ou praticado com abuso de poder**. 2. Isso considerado, verifica-se que a autoridade indicada como coatora não é parte legítima para figurar no presente feito, haja vista que que o ato apontado como ilegal ou abusivo provém do CARF e não de autoridade elencada no permissivo constitucional, forçoso concluir pela incompetência absoluta desta Corte para processar e julgar mandado de segurança. 3. Agravo interno não provido." (STJ – AgInt no MS 22.983/DF, Rel. Ministro BENEDITO GONÇALVES, PRIMEIRA SEÇÃO, julgado em 22/08/2018, DJe 29/08/2018)

◉ **No mesmo sentido:** "...**II – Nos termos do art. 6º, § 3º, da Lei n. 12.016/2009, considera-se autoridade coatora aquela que tenha omitido ou praticado diretamente o ato impugnado, ou da qual emane ou deva emanar a ordem concreta e específica para a sua prática, revelando-se incabível a segurança contra autoridade que não tenha competência para corrigir a ilegalidade impugnada.** III – A estrutura procedimental do processo de naturalização está de acordo com a Portaria MJ n. 1.443, de 12 de setembro de 2006, que demonstra, cabalmente, que o ato comissivo alvo do Mandado de Segurança de que se serviu o Impetrante não foi praticado diretamente pelo Ministro da Justiça, mas por autoridade administrativa de unidade integrante da Secretaria Nacional de Justiça/MJ. Tal determinação não contraria a disposição expressa no art. 118, parágrafo único, da Lei n. 6.815/1980. IV – Ausência de apreciação de recurso administrativo pelo Senhor Ministro de Estado da Justiça. V – Não sendo o Sr. Ministro de Estado autoridade coatora no Mandado de Segurança, o mandamus deveria ter sido impetrado perante a Justiça Federal de 1º grau, por não ser o caso de prerrogativa de foro." (STJ – AgInt no MS 22.519/DF, Rel. Ministra REGINA HELENA COSTA, PRIMEIRA SEÇÃO, julgado em 08/11/2017, DJe 02/02/2018)

▶ **Autoridade coatora é sempre quem tem poder de decisão, poder de determinar algo que possa vir a provocar constrições a quem se sujeita à Administração, sendo tal autoridade competente também para desfazer o ato ou corrigi-lo, inclusive após determinação judicial decorrente do writ.**

"Tal poder de decisão invoca a diferença entre a autoridade que expediu o ato daquela que atuou como mero executor da ordem. A autoridade coatora, neste caso, será aquela de onde partiu o ato, não o funcionário que apenas executou materialmente a ordem ilegal ou abusiva, em virtude de vínculo hierárquico com a autoridade coatora. "O mero executor material do ato, que apenas cumpre as ordens que lhe são dadas, não lhe cabendo questioná-las, não pode ser entendido como autoridade coatora. É inconcebível, por exemplo, que se defenda a pertinência do cabimento do mandado de segurança contra o agente administrativo que, cumprindo ordens que lhe foram dadas, veda a entrada em um estabelecimento comercial, concretando a respectiva porta. O ato material de fechamento do estabelecimento é consequência do ato questionado. O mandado de segurança deve voltar-se à causa da ilegalidade ou da abusividade reclamada pelo impetrante, isto é, ao ato coator." (BUENO, Cássio Scarpinella. A nova Lei do Mandado de Segurança. 2. ed. 2010, p. 48)

▶ **A fixação da autoridade coatora não depende de ela agir no âmbito de competência vinculada ou de concretizar comando normativo estipulado por superior hierárquico.**

"...o critério legal é o de a autoridade ser o vetor de cometimento do ato abusivo e ilegal, tendo em vista que "[o] que interessa no exame da competência é a aplicação em concreto da preceituação normativa, ainda que de grau superior." (Teses Jurídicas dos Tribunais Superiores – Direito Administrativo – Tomo III – Edição 2017.Coordenadores: Maria Sylvia Zanella Di Pietro e Irene Patrícia Nohara. Comentários de Rafael Hamze Issa, p. 50)

> ▶ <u>**No mesmo sentido:**</u> "diante de atividade vinculada tem a autoridade dever de praticar a ação, mas não é porque tenha dever de praticar a ação que deixa de ser instrumento da ação. Se é o instrumento da ação, se pratica o ato administrativo que se pretende afastar, exatamente o ato administrativo praticado ou vias de ser emanado, ato, esse, passível de constranger alguém indevidamente, é autoridade coatora." (FIGUEIREDO, Lúcia Valle. Mandado de segurança, cit., p. 59).
>
> ▶ <u>**No mesmo sentido:**</u> "mais adequada é a posição da maioria, que considera como ato violador do direito não as instruções gerais, os pareceres etc., mas sim o ato concreto de aplicação desses atos normativos, sendo, assim autoridade coatora a que fez aquela aplicação." (BARBI, Celso Agrícola. Do mandado de segurança. 6. ed. 1993, p. 101).

▶ **Praticado o ato por autoridade, no exercício de competência delegada, contra ele cabe o mandado de segurança ou medida judicial (Súmula 510/STF)**

O ato de delegação decorrente do poder hierárquico nada mais é do que o ato de transferência, parcial e temporária, de uma competência originária de uma autoridade superior para um agente subordinado que, originariamen-te, não possui aquela atribuição. Nesse sentido, o art. 12 da Lei 9.784/1999 estabelece que um órgão administrativo e seu titular poderão, se não houver impedimento legal, dele-gar parte da sua competência a outros órgãos ou titulares, ainda que estes não lhe sejam hierarquicamente subordinados, quando for conveniente, em razão de circunstâncias de índole técnica, social, econômica, jurídica ou territorial. O ato de delegação, para que possa produzir efeitos, deve ser publica-do na imprensa oficial. O mesmo vale para sua revogação, que deve, nos mesmos termos, ser publicada, com o objetivo de informar à coletividade que aquele agente, que até então detinha por delegação a competência para praticar o ato, não mais a possui. Por se tratar de ato discricionário, o ato de delegação é revogável a qualquer tempo pela autoridade delegante, quando superveniente a perda de conveniência e oportunidade na manutenção da delegação ao agente que a recebeu. No caso de a delegação se exaurir pelo decurso normal do tempo, não há necessidade de publicação, sendo automática a perda da competência decorrente da delegação. Ainda, é imprescindível que o ato de delegação informe: a) as matérias e poderes transferidos; b) os limites da atuação do delegado; c) a duração e os objetivos da delegação; e d) o recurso cabível. É importante registrar que a lei de processo administrativo federal de-termina que as decisões adotadas por delegação devem mencionar explici-tamente essa qualidade, ou seja, as que foram praticadas no exercício de competência delegada e considerar-se-ão editadas pelo delegado. Assim, se a competência para a prática de certo ato é de atribuição originária da autoridade "A" e esta a delega ao servidor "B", quando este a exercer, deverá informar que o faz na condição de agente delegado e, para todos os efeitos, considera-se o ato praticado por ele, razão pela qual, se praticado com ilegalidade, cabe recurso hierárquico à autoridade superior, que poderá ser a mesma que delegou a função. Se o agente a quem foi delegada a competência praticar ilegalidade no uso desta, será ele a autoridade coatora para fins de mandado de segurança, conforme a Súmula 510 do Supremo Tribunal Federal .

> ▶ **No mesmo sentido:** "No âmbito das atividades da Administração Pública, conduzidas por meio de órgãos dispostos em um sistema de coordenação e subordinação, pode ocorrer a delegação de competências de um órgão de hierarquia superior para o de nível inferior, com a finalidade de conferir maior dinamismo à realização das atividades administrativas. Vale notar que, sendo a competência irrenunciável, nos termos do art. 11 da Lei 9.784/9927, o que se transfere com o instrumento da delegação é apenas o seu exercício, permanecendo o órgão delegante como o titular da atribuição delegada, podendo retomar o seu pleno exercício quando entender conveniente, o que torna precário o ato de delegação. Ainda nos traços característicos da delegação, ela pode ser interna, dentro da mesma pessoa jurídica, ou externa, hipótese em que o exercício da competência é atribuído a outro órgão ou entidade. Na primeira hipótese, tem-se, por exemplo, a delegação feita por um Ministro de Estado para servidor hierarquicamente a ele vinculado para a prática de determinado ato ou apreciação de determinada matéria. Na segunda hipótese, tem-se a transferência do exercício de uma competência atribuída a um órgão ou entidade para ou-

tro fora do âmbito hierárquico do titular das atribuições, o que também pode ocorrer entes federados. A matéria ganha relevo no que tange ao mandado de segurança, uma vez que é possível que a autoridade coatora atue investida no âmbito de competência delegada, hipótese em que pode surgir a dúvida a respeito da competência para a impetração do writ: se do juízo competente para o questionamento de ato da autoridade delegante ou da autoridade delegada. Tal tema foi apreciado pelo STF, no âmbito do MS 18.55531, relatado pelo Ministro Themístocles Cavalcanti. Na hipótese, tratava-se de mandado de segurança impetrado contra ato de Ministro de Estado praticado por delegação do Presidente da República, decidindo o STF que a competência para a análise do ato é definida pela autoridade que o praticou (autoridade delegada), não pela autoridade delegante, uma vez que aquela, ao receber a delegação, atua em nome próprio. Assim, a competência para o controle judicial de tal ato, via o remédio constitucional em apreço, era do Tribunal Federal de Recursos, não do STF, conforme as regras estipuladas na Constituição Federal de 1967." (Teses Jurídicas dos Tribunais Superiores – Direito Administrativo – Tomo III – Edição 2017.Coordenadores: Maria Sylvia Zanella Di Pietro e Irene Patrícia Nohara. Comentários de Rafael Hamze Issa, p. 51)

◉ *Súmula 510 do Supremo Tribunal Federal: Praticado o ato por autoridade, no exercício de competência delegada, contra ela cabe o mandado de segurança ou a medida judicial.*

◉ **Em se tratando de impetração contra ato omissivo, deve ser considerada autoridade coatora aquela que deveria ter praticado o ato buscado ou da qual deveria emanar a ordem para a sua prática.**

"...1. Em se tratando de impetração contra ato omissivo, deve ser considerada autoridade coatora aquela que deveria ter praticado o ato buscado ou da qual deveria emanar a ordem para a sua prática (Lei n. 12.016/2009, artigo 6º, § 3º)." (STJ – MS 22.140/DF, Rel. Ministro BENEDITO GONÇALVES, PRIMEIRA SEÇÃO, julgado em 10/05/2017, DJe 19/05/2017)

▶ **Deve-se distinguir autoridade pública do simples agente público para fins da impetração do Mandado de Segurança.**

"Ato de autoridade é toda manifestação ou omissão do Poder Público ou de seus delegados, no desempenho de suas funções ou a pretexto de exercê-las. Por "autoridade" entende-se a pessoa física investida de poder de decisão dentro da esfera de competência que lhe é atribuída pela norna legal. Deve-se distinguir autoridade pública do simples agente público. Aquela detém, na ordem hierárquica, poder de decisão e é competente para praticar atos administrativos decisórios, os quais, se ilegais ou abusivos, são suscetíveis de impugnação por mandado de segurança quando ferem direito líquido e certo; o agente público não pratica atos decisórios, mas simples atos executórias, e, por isso, não está sujeito ao mandado de segurança, pois é apenas executor de ordem superior. " (MEIRELLES, Hely Lopes. Mandado de Segurança e Ações Constitucionais, Editora Malheiros, 36ª Edição, São Paulo, 2014, p. 33)

◙ **Ato decisório e ato executório para fins de mandado de segurança.**

"LEGITIMIDADE – MANDADO DE SEGURANÇA – ATO DECISÓRIO E ATO EXECUTÓRIO. <u>Define-se a competência para julgamento de mandado de segurança perquirindo-se o autor do ato apontado como de constrangimento. Estabelecida situação a encerrar simples materialização por subordinado, ao qual escape a possibilidade de revê-lo, o mandado de segurança há que ser dirigido contra a autoridade que praticou o ato em sua origem, pouco importando o "status" daquele que o tenha simplesmente executado</u>. Decadência – mandado de segurança – o termo inicial da decadência ocorre considerada a data e respectiva ciência, pelo interessado, do ato atacado, sendo irrelevante, para efeito de projeção do curso dos cento e vinte dias, a referente a execução, isto quando aquele que a implemente não possui o poder de revisão." (STF – RMS 21387, Relator(a): Min. MARCO AURÉLIO, Segunda Turma, julgado em 26/05/1992, DJ 19-02-1993 PP-02034 EMENT VOL-01692-03 PP-00475)

▶ **A complexa estrutura dos órgãos administrativos nem sempre possibilita que o impetrante identifique de forma precisa a autoridade coatora.**

"Sempre sustentamos que o juiz pode – e deve – determinar a notificação da autoridade certa, como medida de economia processual, e, sendo incompetente, remeter o processo ao juiz competente (CPC, art. 113, § 2º). **Isto porque a complexa estrutura dos órgãos administrativos nem sempre possibilita ao impetrante identificar com precisão o agente coator, principalmente nas repartições fazendárias que estabelecem imposições aos contribuintes por chefias e autoridades diversas.**" (MEIRELLES, Hely Lopes; WALD, Arnoldo; MENDES, Ferreira Gilmar. Mandado de segurança e ações constitucionais. 35. ed. São Paulo: Editora Malheiros, 2013, p. 74).

> ▶ **No mesmo sentido:** "Outros juristas destacavam, com especial ênfase, a complexidade da estrutura dos órgãos administrativos e, bem assim, a impossibilidade de exigir do administrado a identificação da autoridade coatora com precisão ou, ainda, a natureza e escopo do mandado de segurança, bem como a impossibilidade de limitação deste instrumento por lei infraconstitucional. No mesmo sentido, pode-se citar: MEDINA, José Miguel Garcia; ARAÚJO, Fábio Caldas de. Mandado de segurança individual e coletivo: comentários à Lei 12.016, de 7 de agosto de 2009. São Paulo: Editora Revista dos Tribunais, 2009, p. 48."
> (Teses Jurídicas dos Tribunais Superiores – Direito Administrativo – Tomo III – Edição 2017.Coordenadores: Maria Sylvia Zanella Di Pietro e Irene Patrícia Nohara. Comentários de Julia Schulz Rotenberg, p. 35)

▶ **A dificuldade criada pela própria estrutura da Administração Pública, que não permite distinguir, na maioria das vezes, a autoridade aparente da autoridade coatora efetiva.**

"A correção do polo passivo pela falha na indicação da autoridade coatora é uma necessidade de ordem prática, imposta pela dificuldade criada pela própria estrutura da Administração Pública, que não permite distinguir, na maioria das vezes, a

autoridade aparente da autoridade coatora efetiva. Afinal, não raro aquele que aparenta ser a autoridade coatora não o é de fato. Esta mudança de postura pelo aplicador do direito será essencial, pois a decisão meramente terminativa não atenderá aos objetivos da jurisdição centrados na pacificação e eliminação dos conflitos. Sem dúvida, a precisão em relação ao polo passivo é fundamental, pois a legitimidade passiva poderá resultar na incompetência do juiz para prestar a atividade jurisdicional, o que não impede o ajuste na peça inicial, por iniciativa do impetrado ou do próprio magistrado." (MEDINA, José Miguel Garcia e ARAÚJO, Fábio Caldas de Mandado de segurança individual e coletivo – Comentários à Lei 12.016, de 7 de agosto de 2009, p. 93.)

◉ **Nos casos de equívoco facilmente perceptível na indicação da autoridade coatora, o juiz competente para julgar o mandado de segurança pode autorizar a emenda da petição inicial ou determinar a notificação, para prestar informações, da autoridade adequada – aquela de fato responsável pelo ato impugnado -, desde que seja possível identificá-la pela simples leitura da petição inicial e exame da documentação anexada.**

"RECURSO ORDINÁRIO EM MANDADO DE SEGURANÇA. INDICAÇÃO EQUIVOCADA DA AUTORIDADE IMPETRADA. IDENTIFICAÇÃO CORRETA, PELO JULGADOR (LEI 12.016/2009, ART. 6º, § 3º). POSSIBILIDADE. RECURSO PROVIDO. 1. O art. 6º, § 3º, da Lei 12.016/2009 permite ao julgador, pela análise do ato impugnado na exordial, identificar corretamente o impetrado no <u>mandado se segurança, não ficando restrito à eventual literalidade de equivocada indicação. Desde que, pela leitura da inicial e exame da documentação anexada, seja viável a identificação correta da autoridade responsável pelo ato impugnado no writ, nada obsta que o julgador determine que a notificação seja adequadamente direcionada ou que possibilite ao impetrante oportunidade para emendar a inicial, sanando a falha, corrigindo-se, nessas hipóteses, equívoco facilmente perceptível.</u> 2. Recurso ordinário provido para restituir os autos ao Tribunal de Justiça, a fim de que proceda, para os devidos fins, à notificação da autoridade corretamente identificada como responsável pelo ato atacado, julgando, em seguida, o mandamus como entender de direito." (STJ – RMS 45.495/SP, Rel. Ministro RAUL ARAÚJO, QUARTA TURMA, julgado em 26/08/2014, DJe 20/10/2014)

◉ **No mesmo sentido:** "ADMINISTRATIVO. PROCESSUAL CIVIL. RECURSO ORDINÁRIO. MANDADO DE SEGURANÇA EXTINTO SEM APRECIAÇÃO DO MÉRITO. ERRÔNEA INDICAÇÃO DA AUTORIDADE COATORA. EMENDA À INICIAL. AUSÊNCIA DE ALTERAÇÃO DA COMPETÊNCIA. POSSIBILIDADE. PRECEDENTES. APRECIAÇÃO DO MÉRITO. ART. 515, § 3º, DO CPC INAPLICÁVEL. PRECEDENTE DO STF. RE 621.473/DF. DEVOLUÇÃO À ORIGEM. 1. Cuida-se de recurso ordinário interposto contra acórdão do Tribunal de origem que extinguiu o writ impetrado contra a indicação de data para votação do processo administrativo disciplinar. A corte de origem localizou que a impetração deu-se com indicação errônea da autoridade coatora<u>. 2. É possível que haja a emenda da petição do feito mandamental para retificar o polo passivo da demanda, desde que não haja alteração da competência judiciária, e se as duas autoridades fizerem parte da mesma pessoa jurídica de direito público</u>.

Precedentes: AgRg no RMS 35.638/MA, Rel. Min. Herman Benjamin, Segunda Turma, DJe 24.4.2012; REsp 1.251.857/MG, Rel. Min. Herman Benjamin, Segunda Turma, DJe 9.9.2011; AgRg no REsp 1.222.348/BA, Rel. Min. Arnaldo Esteves Lima, Primeira Turma, DJe 23.9.2011; e AgRg no Ag 1.076.626/MA, Rel. Min. Luiz Fux, Primeira Turma, DJe 29.6.2009. 3. Não é possível superar a necessidade de devolução e apreciar o mérito da impetração, a teor do art. 515, § 3º, do Código de Processo Civil. Precedente: RE 621.473/DF, Rel. Min. Marco Aurélio, Primeira Turma, julgado em 23.11.2010, publicado no DJe em 23.3.2011, Ementário vol. 2.487-02, p. 255, LEXSTF v. 33, n. 388, 2011, pp. 418-424. Agravo regimental provido." (STJ – AgRg no RMS 32.184/PI, Rel. Ministro HUMBERTO MARTINS, SEGUNDA TURMA, julgado em 22/05/2012, DJe 29/05/2012)

▶ **No mesmo sentido:** "Os precedentes que acolhem a tese em questão enfatizam a essência do mandado de segurança e a relevância dos direitos tutelados por tal remédio constitucional, a dificuldade do administrado na identificação da autoridade coatora em razão da estrutura complexa dos órgãos administrativos, bem como os princípios da efetividade e economia processual, que devem nortear a atividade jurisdicional. Referida tese afastou o posicionamento então predominante do Superior Tribunal Justiça quanto à obrigatoriedade de extinção do mandamus, sem julgamento de mérito, no caso de indicação equivocada da autoridade coatora." (Teses Jurídicas dos Tribunais Superiores – Direito Administrativo – Tomo III – Edição 2017.Coordenadores: Maria Sylvia Zanella Di Pietro e Irene Patrícia Nohara. Comentários de Julia Schulz Rotenberg, p. 37)

◙ **No mesmo sentido:** "**1. A errônea indicação da autoridade coatora não implica ilegitimidade ad causam passiva se aquela pertence à mesma pessoa jurídica de direito público; porquanto, nesse caso não se altera a polarização processual, o que preserva a condição da ação (REsp 806.467/PR, Rel. Min. Luiz Fux, DJ 20.09.2007).** 2. A interposição do Recurso Especial com fundamento no dissídio jurisprudencial não dispensa a indicação do dispositivo de lei federal ao qual o Tribunal de origem teria dado interpretação divergente daquela firmada por outros tribunais. O não-cumprimento de tal requisito, como no caso, importa deficiência de fundamentação, atraindo também a incidência do contido no citado Enunciado 284 da Súmula do Supremo Tribunal Federal. 3. Não se prestam como paradigmas acórdãos proferidos em Mandado de Segurança e Recurso Ordinário em Mandado de Segurança, porquanto, nessas searas, é possível apreciar as normas de direito local e constitucional, bem como adentrar no contexto fático-probatório dos autos, enquanto em Recurso Especial essa incursão acha-se vedada pela Súmula 7/STJ. 4. Agravo Regimental desprovido." (STJ – AgRg no AREsp 188.414/BA, Rel. Ministro Napoleão Nunes Maia Filho, 1ª Turma, julgado em 17/03/2015, DJe 31/03/2015)

◙ **A emenda à petição de Mandado de Segurança para retificação da autoridade coatora apenas será possível se não houver deslocamento de competência.**

"PROCESSUAL CIVIL. MANDADO DE SEGURANÇA. INDICAÇÃO ERRÔNEA DA AUTORIDADE COATORA. AUSÊNCIA DE ALTERAÇÃO DA COMPETÊN-

CIA. POSSIBILIDADE DE EMENDA À PETIÇÃO INICIAL. A jurisprudência desta Corte orienta-se no sentido de que é possível que haja a emenda da petição do feito mandamental para retificar o polo passivo da demanda, desde que não haja alteração da competência judiciária, e se as duas autoridades fizerem parte da mesma pessoa jurídica de direito público. Agravo regimental improvido. " (STJ – AgRg no AREsp 368.159/PE, Rel. Ministro HUMBERTO MARTINS, SEGUNDA TURMA, julgado em 01/10/2013, DJe 09/10/2013)

▶ **É necessário que autoridade erroneamente indicada faça parte da mesma pessoa jurídica de direito público a que se vincula a autoridade correta e desde que não haja alteração da competência judiciária em função da correção a ser efetuada.**

Prevalece na atual jurisprudência do Superior Tribunal de Justiça o entendimento de que a errônea indicação da autoridade não implica ilegitimidade passiva ad causam desde que a autoridade erroneamente indicada faça parte da mesma pessoa jurídica de direito público a que se vincula a autoridade correta e desde que não haja alteração da competência judiciária em função da correção a ser efetuada.

> ◙ "a errônea indicação da autoridade coatora não implica ilegitimidade ad causam passiva se aquela pertence à mesma pessoa jurídica de direito público; porquanto, nesse caso não se altera a polarização processual, o que preserva a condição da ação" (STJAgRg no RMS 35.638/ MA, Relator Ministro Herman Benjamin, Segunda Turma, DJ de 12/04/2012)..." (AgRg no RMS 39.688/ PB, Rel. Ministro Mauro Campbell Marques, 2ª Turma, julgado em 19/09/2013, DJe 27/09/2013)

A TEORIA DA ENCAMPAÇÃO

▶ **Conceito.**

"A jurisprudência construiu a chamada "teoria da encampação" para superar os equívocos de impetração de segurança, quando o ato atacado é de autoria de uma autoridade subalterna e o mandado é requerido em face de seu superior hierárquico, que não participou, in concreto, do objeto da causa. Segundo essa construção pretoriana, se a autoridade superior encampar o ato de seu inferior hierárquico – que seria o legitimado para figurar na posição processual de "autoridade coatora" –, promovendo, em juízo, sua defesa, passará a ocupar dita posição, daí em diante. Ao encampar o ato de seu subalterno, a autoridade superior faz com que tenha sido irrelevante o equívoco cometido na petição inicial." (THEODORO JÚNIOR, Humberto. Lei do Mandado de Segurança comentada artigo por artigo. Rio de Janeiro: Gen/Editora Forense, 2ª edição, 2019. p. 222).

◙ **Pressupostos**

◙ "...IV – A jurisprudência desta Corte firmou entendimento segundo o qual, a aplicação da teoria da encampação, que mitiga a indicação errônea da autoridade coatora em mandado de segurança, tem lugar quando presentes os seguintes requisitos: (i) vínculo hierárquico entre a autoridade que prestou as informações e aquela que determinou a prática do ato; (ii) manifestação sobre o mérito nas informações prestadas, e; (iii) ausência de modificação na competência constitucionalmente estabelecida. Precedentes. V – In casu, observo ser incabível a aplicação da teoria da encampação, porquanto, não obstante exista vínculo hierárquico entre a autoridade apontada no mandamus e aquela que seria legitimada a figurar no polo passivo, haverá a modificação da competência constitucionalmente prevista." (STJ – AgInt nos EDcl no MS 23.399/DF, Rel. Ministra REGINA HELENA COSTA, PRIMEIRA SEÇÃO, julgado em 11/10/2017, DJe 19/10/2017)

◙ **PRESSUPOSTO 1 DE SUA APLICABILIDADE: *a autoridade indicada como coatora apresentar defesa do mérito nas suas informações***

"(...) aplica-se a Teoria da Encampação quando a autoridade apontada como coatora não se limita a arguir a ilegitimidade passiva, e promove a defesa do ato impugnado em suas informações." (STJ – RMS 29.378, Min. Rel. Felix Fischer, 5ª T., j. 03/08/2009, DJe 28/09/2009.)

◙ No mesmo sentido: "(...) A teoria da encampação somente pode ser aplicada quando, a despeito da indicação errônea da autoridade apontada como coatora, esta, ao prestar informações e sendo hierarquicamente superior, não se limita a alegar sua ilegitimidade, mas também defende o mérito do ato impugnado, encampando-o e, por via de consequência, tornando-se legitimada para figurar no polo passivo da ação mandamental." (STJ – AgRg no REsp 1.178.187/RO, Rel. Min. Laurita Vaz, 5ª T., j. 28/06/2011, DJe de 01/08/2011.)

▶ No mesmo sentido: "Levando em conta os requisitos acima, exigidos pela STJ para a aplicação da Teoria da Encampação, conclui-se que se a autoridade erroneamente indicada apenas arguir a sua ilegitimidade passiva, sem apresentar defesa de mérito, não haverá que se falar em aplicação de tal teoria." (Teses Jurídicas dos Tribunais Superiores – Direito Administrativo – Tomo III – Edição 2017.Coordenadores: Maria Sylvia Zanella Di Pietro e Irene Patrícia Nohara. Comentários de Diogo Albaneze Gomes Ribeiro, p. 64)

◙ **PRESSUPOSTO 2 DE SUA APLICABILIDADE: Existir subordinação hierárquica entre a autoridade efetivamente coatora e a apontada como tal pela inicial.**

"PROCESSUAL CIVIL E TRIBUTÁRIO. AGRAVO REGIMENTAL EM RECURSO ESPECIAL. MANDADO DE SEGURANÇA. ILEGITIMIDADE PASSIVA DA AUTORIDADE APONTADA COMO COATORA. TEORIA DA ENCAMPAÇÃO. REQUISITOS. AUSÊNCIA DE SUPERIORIDADE HIERÁRQUICA PARA REVER O ATO. INAPLICABILIDADE. 1. Deve ser aplicada a Teoria da Encampação quando a autoridade apontada como coatora no mandado de segurança – hierarquicamente superior à autoridade efetivamente legítima para figurar no pólo passivo –, mesmo aduzindo sua ilegitimidade, defende o mérito do ato impugnado, desde que não haja modificação da competência. 2. No concernente ao requisito da subordinação hierárquica, há que se ter em mente o seguinte desdobramento: para verificação da referida teoria, a submissão deve ser aquela que permite à "autoridade superior" rever o ato do seu subordinado. Se não existe tal competência, não se pode falar em encampação. 3. In casu, o que se observa é mera subordinação administrativa, isto é, o Superintendente apenas tem o "poder" de coordenar e gerenciar os processos de trabalho no âmbito da região fiscal. Como bem colocado no acórdão recorrido, não tem ele competência para interferir nas atividades de lançamento, donde se conclui não configurada a subordinação hierárquica como exigido. 4. Agravo regimental não provido." (STJ – AgRg no REsp1270307/MG, Rel. Ministro Benedito Gonçalves, 1ª Turma, julgado em 27/03/2014, DJe 07/04/2014.)

◉ **PRESSUPOSTO 3 DE SUA APLICABILIDADE: Ausência de modificação de competência.**

"...1. Para aplicar ocorrência da teoria da encampação necessita-se do preenchimento de alguns requisitos: (a) existência de vínculo hierárquico entre a autoridade que prestou informações e a que ordenou a prática do ato impugnado; (b) manifestação a respeito do mérito nas informações prestadas; (c) ausência de modificação de competência estabelecida na Constituição Federal. 2. Destarte, a teoria da encampação é inaplicável no caso concreto, porquanto, ainda que o Secretário de Fazenda do Estado de Goiás tivesse defendido o mérito do ato, sua indicação como autoridade coatora implica em alteração na competência jurisdicional, na medida em que compete originariamente ao Tribunal de Justiça Estadual o julgamento de Mandado de Segurança contra Secretário de Estado, prerrogativa de foro não extensível ao servidor responsável pelo lançamento tributário ou pela expedição da certidão de regularidade fiscal. 3. Agravo Regimental desprovido." (STJ, 1.ª T., AgRgRMS 26738-GO, rel. Min. Napoleão Nunes Maia Filho, j. 28.4.2015, DJUE 15.5.2015).

◉ **No mesmo sentido:** "RECURSO ORDINÁRIO EM MANDADO DE SEGURANÇA. JUÍZES DO TRIBUNAL MARÍTIMO. PEDIDO DE RESTABELECIMENTO DA REPRESENTAÇÃO MENSAL PREVISTA NA LEI N. 8.216/1991. REQUERIMENTO DIRIGIDO AO MINISTRO DO PLANEJAMENTO, ORÇAMENTO E GESTÃO. OMISSÃO. MANDADO DE SEGURANÇA. DIREITO DE PETIÇÃO. SUPERIOR TRIBUNAL DE JUSTIÇA: Competência do secretário de recursos humanos para apreciar o pedido. Teoria da encampação: inaplicabilidade. Recurso Ordinário. Competência regulamentar: descabimento (art. 27, inc. XVII, al. g, da lei n. 10.683/2003 c/c art. 87, parágrafo único, inc. II, da Constituição da República). Questão afeta à implementação de normas existentes em matéria de pessoal civil. Manutenção da decisão recorrida. Recurso Ordinário ao qual se nega provimento. " (STF – RMS 32004 2ºJULG, Relator(a): Min. CÁRMEN LÚCIA, Segunda Turma, julgado em 16/02/2016, PROCESSO ELETRÔNICO DJe-039 DIVULG 01-03-2016 PUBLIC 02-03-2016)

◉ **No mesmo sentido:** "AÇÃO CAUTELAR INCIDENTAL INOMINADA. EMBARGOS DE DECLARAÇÃO RECEBIDOS COMO RECURSO DE AGRAVO – LIQUIDAÇÃO EXTRAJUDICIAL DE INSTITUIÇÃO FINANCEIRA (LEI Nº 6.024/74) – PRETENDIDA RETIFICAÇÃO DO QUADRO GERAL DE CRE-

DORES – ILEGITIMIDADE PASSIVA "AD CAUSAM" DO PRESIDENTE DO BANCO CENTRAL DO BRASIL PARA FIGURAR COMO AUTORIDADE COATORA NO ÂMBITO DA CAUSA PRINCIPAL – CONSEQUENTE INCOGNOSCIBILIDADE DO MANDADO DE SEGURANÇA IMPETRADO PERANTE O E. SUPERIOR TRIBUNAL DE JUSTIÇA – LITÍGIO MANDAMENTAL CUJO MÉRITO SEQUER FOI APRECIADO PELO STJ – INADMISSIBILIDADE DA INVOCAÇÃO DA TEORIA DA ENCAMPAÇÃO QUANDO DELA RESULTAR A INDEVIDA MODIFICAÇÃO DA COMPETÊNCIA, ORIGINÁRIA OU RECURSAL, DISCIPLINADA NA PRÓPRIA CONSTITUIÇÃO FEDERAL – REQUISITOS QUE CONDICIONAM A APLICAÇÃO DA TEORIA DA ENCAMPAÇÃO – PRECEDENTES – INAPLICABILIDADE, DE OUTRO LADO, AO RECURSO ORDINÁRIO EM MANDADO DE SEGURANÇA, DO ART. 515, § 3º, DO CPC, QUE CONSAGRA A TEORIA DA CAUSA MADURA – PRECEDENTES (STF) – INADMISSIBILIDADE, AINDA, EM SEDE MERAMENTE CAUTELAR, DA OBTENÇÃO DE PROVIMENTO JURISDICIONAL MAIS ABRANGENTE DO QUE AQUELE QUE SE CONTÉM NOS ESTRITOS LIMITES MATERIAIS DA CAUSA PRINCIPAL – CARÁTER ANCILAR DO PROCESSO CAUTELAR – PRECEDENTES – RECURSO DE AGRAVO IMPROVIDO." (AC 3545 MC-ED, Relator(a): Min. CELSO DE MELLO, Segunda Turma, julgado em 08/04/2014, PROCESSO ELETRÔNICO DJe-077 DIVULG 23-04-2014 PUBLIC 24-04-2014.

◉ **Súmula 628 do Superior Tribunal de Justiça: A teoria da encampação é aplicada no mandado de segurança quando presentes, cumulativamente, os seguintes requisitos: a) existência de vínculo hierárquico entre a autoridade que prestou informações e a que ordenou a prática do ato impugnado; b) manifestação a respeito do mérito nas informações prestadas; e c) ausência de modificação de competência estabelecida na Constituição Federal**

CASOS PARTICULARES QUANTO À AUTORIDADE COATORA

▶ **Órgãos colegiados**

"Com relação a estes órgãos, o coator, embora não seja o respectivo presidente, a ele cabe representar, no mandado de segurança, o ente coletivo, este sim o responsável pelo ato ilegal ou abusivo praticado contra o impetrante." (THEODORO JÚNIOR, Humberto. Lei do Mandado de Segurança comentada artigo por artigo. Rio de Janeiro: Gen/Editora Forense, 2ª edição, 2019. p. 217).

◉ **No mesmo sentido**: "Processual civil. Administrativo. Mandado de segurança. Ato do Conselho Superior do Tribunal de Justiça do Estado de Minas Gerais. Autoridade coatora. Presidente do órgão colegiado. (...) "Assim, quando o mandado de segurança visa a atacar ato praticado pelo colegiado, o Presidente é chamado a falar, não como agente individual, mas em nome e em representação da instituição" (...)" (STJ, 2ª T., RMS 40.367/MG, Rel. Min. Mauro Campbell Marques, ac. 06.08.2013, DJe 13.08.2013). No mesmo sentido: STJ, 1ª T., RMS 32.880/SP, Rel. Min. Teori Albino Zavascki, ac. 20.09.2011, DJe 26.09.2011.

▶ **Atos complexos.**

▶ *A autoridade coatora, nesses atos administrativos complexos, será a última que atuou na sua prática*

"..como tais compreendem-se os atos administrativos que se formam "pela conjugação de vontades de mais de um órgão administrativo", como ocorre, por exemplo, na nomeação de Ministro do Superior Tribunal de Justiça, a qual reclama, primeiro, a formação de uma lista tríplice no Tribunal e, finalmente, a escolha e nomeação por Decreto do Presidente da República; ou a nomeação de Ministro do Supremo Tribunal Federal, cuja escolha é ato do Presidente da República, mas o Decreto de nomeação somente ocorre depois do ato de aprovação do Senado. A autoridade coatora, nesses atos administrativos complexos, será a última que atuou na sua prática, ou seja, aquela que ultimou o ato em vias de impugnação mandamental." (THEODORO JÚNIOR, Humberto. Lei do Mandado de Segurança comentada artigo por artigo. Rio de Janeiro: Gen/Editora Forense, 2ª edição, 2019. p. 218).

▶ **No mesmo sentido:** "A jurisprudência, todavia, prestigia o primeiro entendimento (isto é, o de que o coator será aquele que concluiu a prática do ato complexo), o que, a nosso ver, parece mais consentâneo com o papel reservado à autoridade coatora no processo do mandado de segurança. Pense-se na impetração contra a nomeação de Ministro do STJ ou do STF: as informações requisitadas ao Presidente da República, que expediu o ato administrativo final, são o suficiente para o processamento do mandamus, a nosso ver, e, aliás, conforme jurisprudência sumulada do STF." (THEODORO JÚNIOR, Humberto. Lei do Mandado de Segurança comentada artigo por artigo. Rio de Janeiro: Gen/Editora Forense, 2ª edição, 2019. p. 218).

◉ **No mesmo sentido:** "Administrativo. Processo civil. Mandado de segurança. Autoridade coatora. Aposentadoria. Ato complexo. Ilegalidade do ato de aposentação afirmada pelo Tribunal de Contas do Distrito Federal. Ilegitimidade passiva ad causam do Secretário de Administração do Distrito Federal." (STJ, 6ª T., REsp 223.670/DF, Rel. Min. Maria Thereza de Assis Moura, ac. 19.04.2007, DJU 28.05.2007, p. 403)

▶ **No mesmo sentido** "Nos atos complexos, identificados como aqueles que dependem da conjugação de várias manifestações de vontade, o mandado de segurança deve ser impetrado em face da autoridade que praticou o último ato. " (CUNHA, Leonardo Carneiro. A Fazenda Pública em Juízo, 14. ed. rev., atual e ampl. – Rio de Janeiro: Forense, 2017, p. 517)

◉ *"Súmula nº 627 do STF: "No mandado de segurança contra a nomeação de magistrado da competência do Presidente da República, este é considerado autoridade coatora, ainda que o fundamento da impetração seja nulidade ocorrida em fase anterior do procedimento."*

▶ *Há quem, todavia, entenda que todos os que atuaram na formação do ato complexo deveriam figurar no mandado de segurança como coatores.*

"Há quem, todavia, entenda que todos os que atuaram na formação do ato complexo deveriam figurar no mandado de segurança como coatores. " (CÂMARA, Alexandre Freitas. Manual do mandado de segurança, cit., p. 73.)

◉ **No mesmo sentido**: "MANDADO DE SEGURANÇA. FINANCEIRO E ORÇAMENTÁRIO. REPASSE DE VERBAS DO FUNDEB. PORTARIA INTERMINISTERIAL MEC/MPOG 221/09. REVOGAÇÃO PELA PORTARIA MEC 788/09. ATO ADMINISTRATIVO COMPLEXO. REVOGAÇÃO. **DESCONSTITUIÇÃO QUE DEMANDA A MANIFESTAÇÃO DE VONTADE DE AMBOS OS RESPONSÁVEIS PELO ATO QUE SE QUER REVOGAR.** SIMETRIA. REDUÇÃO POSTERIOR DO PERCENTUAL DO REPASSE. VIOLAÇÃO DO ART. 15 DA LEI 11.494/07. OFENSA AOS PRINCÍPIOS DA UNICIDADE E ANUALIDADE. ORDEM DE SEGURANÇA CONCEDIDA. 1. A regulamentação exigida pelo art. 7º. do Decreto 6.253/07, constitui ato administrativo complexo, demandando a manifestação de dois órgãos da Administração para sua constituição, quais sejam, o Ministério da Educação e o Ministério do Planejamento, Orçamento e Gestão, sob pena de invalidade. 2. Por simetria, apenas se admite a revogação do ato administrativo por autoridade/órgão competente para produzi-lo. A propósito, o ilustre Professor DIOGO FIGUEIREDO MOREIRA NETO assinala que a competência para a revogação do ato administrativo será, em princípio, do mesmo agente que o praticou (...) <u>Assim, se o ato foi suficiente e validamente constituído a revogação é, simetricamente, um ato desconstitutivo, ou, em outros termos, um ato constitutivo-negativo, pelo qual a **Administração competente para constituí-lo – e apenas ela** – retira a eficácia de um ato antecedente, exclusivamente por motivos de mérito administrativo, jamais por motivos jurídicos</u> (Curso de Direito Administrativo. Rio de Janeiro: Editora Forense, 2014, p. 230-231). 3. No caso, a Portaria 788/09 aqui combatida, emitida pelo MEC, por si só, procurou revogar a regulamentação anterior, composta pela manifestação das duas Pastas responsáveis. Nesse contexto, dada a simetria necessária para a edição-desconstituição do ato administrativo, entende-se viciado o ato. 4. Ainda que assim não fosse, a posterior reedição dos índices de repasse de verbas aos Municípios, com redução do percentual inicialmente estipulado, já no dia 14.8.2009, ou seja, quando transcorrido mais da metade do exercício financeiro, em desobediência ao prazo do art. 15 da Lei 11.494/07, vai de encontro às exigências de gestão fiscal planejada que culminaram na edição da LC 101/00 (Lei de Responsabilidade Fiscal), ofendendo princípios basilares de Orçamento Público, tais como o da Unicidade e da Anualidade. 5. Parecer do Ministério Público Federal pela concessão da ordem. 6. Ordem de segurança concedida ao MUNICÍPIO DE SANTA LUZIA DO NORTE, para afastar as inovações da Portaria MEC 788/09, fazendo valer o teor da Portaria Interministerial MEC/MPOG 221/09, mantendo o repasse previsto nesta última." (STJ – MS 14.731/DF, Rel. Ministro NAPOLEÃO NUNES MAIA FILHO, PRIMEIRA SEÇÃO, julgado em 14/12/2016, DJe 02/02/2017)

▶ **Atos compostos**

▶ *Em face do ato composto, a autoridade coatora será a que houver praticado o ato principal*

"Correspondem estes a sucessivos atos, distintos entre si, mas que se unem "para produzir um só efeito", como, v.ġ., o ato de aposentadoria praticado pela autoridade administrativa competente e que se submete a posterior aprovação do Tribunal de Contas. Em face do ato composto, a autoridade coatora será a que houver praticado o ato principal, e não a que apenas o aprovou ou homologou." (THEODORO JÚNIOR, Humberto. Lei do Mandado de Segurança comentada artigo por artigo. Rio de Janeiro: Gen/Editora Forense, 2ª edição, 2019. p. 218).

◉ **No mesmo sentido:** "Recurso em mandado de segurança. Aposentadoria. Desconstituição. Tribunal de Contas. O ato administrativo complexo constitui-se pela manifestação de vontade de mais de um órgão. O ato administrativo composto forma-se pela atuação de um órgão, todavia torna-se exequível com a aprovação de outro. A cassação de aposentadoria, assemelhada a demissão, é da competência da autoridade que efetiva a nomeação. O tribunal de contas, na espécie, posteriormente, manifesta aprovação" (STJ, 2ª T., RMS 693/PR, Rel. Min. Luiz Vicente Cernicchiaro, ac. 28.11.1990, DJU 25.02.1991, p. 1.455).

▶ **Atos de procedimento administrativo.**

▶ *Será coatora a autoridade que preside o procedimento.*

"Será coatora a autoridade que preside o procedimento. " (THEODORO JÚNIOR, Humberto. Lei do Mandado de Segurança comentada artigo por artigo. Rio de Janeiro: Gen/Editora Forense, 2ª edição, 2019. p. 218).

▶ **No mesmo sentido** "Em procedimentos administrativos, conduzidos, por exemplo, por uma comissão de licitação ou por uma comissão de inquérito, o writ deve ser impetrado contra a autoridade ou o agente que preside a comissão que conduz o procedimento." (CUNHA, Leonardo Carneiro. A Fazenda Pública em Juízo, 14. ed. rev., atual e ampl. – Rio de Janeiro: Forense, 2017, p. 518)

▶ **No mesmo sentido** "A autoridade fiscal de primeiro grau que expede a notificação para pagamento de tributo está legitimada passivamente para a ação de segurança, ainda que sobre a controvérsia haja decisão em grau de recurso, de Conselho de Contribuintes" (Súmula nº 59 do antigo TFR).

▶ **No mesmo sentido** "..nos procedimentos administrativos, autoridade que preside a sua realização" é aquela que no mandado de segurança haverá de ocupar a posição de "autoridade coatora". " (REMÉDIO, José Antônio. Mandado de segurança individual e coletivo. 2. ed. São Paulo: Saraiva, 2009, p. 305; MEIRELLES, Hely Lopes; WALD, Arnoldo; MENDES, Gilmar Ferreira. Mandado de segurança e ações constitucionais. 32. ed. São Paulo: Malheiros Editores, 2009, p. 68).

▶ **Atos praticados pelas sociedades de economia mista e as empresas públicas sob o regime jurídico administrativo e o cabimento do Mandado de Segurança.**

"As sociedades de economia mista e as empresas públicas ostentam a condição de pessoas jurídicas de direito privado, não integrando, como já se viu, o conceito de Fazenda Pública. Daí se sujeitarem ao regime jurídico próprio das empresas privadas, inclusive quanto aos direitos e obrigações civis, comerciais, trabalhistas e tributários (CF, art. 173, § 1º, II). Logo, em princípio seus dirigentes e funcionários não se encartam na definição de autoridade, não devendo seus atos ser questionados pela via estreita do mandado de segurança. Acontece, porém, que tais pessoas jurídicas, não obstante se revestirem do matiz de pessoas jurídicas de direito privado, sujeitam-se à exigência de licitações e concurso público (CF, arts. 37, II, XXI, e 173, § 1º, III). Os atos praticados em licitações e concurso público são de natureza pública, praticados por autoridade, passíveis de controle pelo mandado de segurança. Assim, cabe mandado de segurança contra ato de agente ou funcionário de empresa pública ou sociedade de economia mista, praticado num procedimento de licitação para contratação de obras, serviços, compras e alienações, ou na condução de um concurso público para preenchimento de vagas de empregos públicos. Não é sem razão, aliás, que o enunciado 333 da Súmula do STJ assim esclarece: "Cabe mandado de segurança contra ato praticado em licitação promovida por sociedade de economia mista ou empresa pública." (CUNHA, Leonardo Carneiro. A Fazenda Pública em Juízo, 14. ed. rev., atual e ampl. – Rio de Janeiro: Forense, 2017, p. 518)

▶ **Em caso de avocação será coatora a autoridade superior que houver avocado o ato praticado de competência do subordinado.**

"No caso de impetração de mandado de segurança contra ato da autoridade que avocou a decisão, contra ela que será dirigida a impetração. Se o superior quebrou a ordem regular das competências, passa a responder por seu ato. Se a norma legal atribuía a competência a Secretário de Estado e o Governador avocou a solução da matéria, decidindo-a, contra ele é que se volta a impetração." (OLIVEIRA, Regis Fernandes de Delegação e avocação administrativas, 2ª ed. rev.• atual. e ampl. – São Paulo: Editora Revista dos Tribunais, 2005, p. 192)

> ▶ <u>No mesmo sentido:</u> "Será coatora a autoridade superior que houver avocado o ato praticado por inferior hierárquico." (THEODORO JÚNIOR, Humberto. Lei do Mandado de Segurança comentada artigo por artigo. Rio de Janeiro: Gen/Editora Forense, 2ª edição, 2019. p. 219).

▶ **Decisão de Conselho de Contribuintes.**

"Será coatora a autoridade que der cumprimento à decisão, porque o Conselho não tem poder de execução. " (THEODORO JÚNIOR, Humberto. Lei do Mandado de Segurança comentada artigo por artigo. Rio de Janeiro: Gen/Editora Forense, 2ª edição, 2019. p. 219).

"Súmula nº 59 do Tribunal Federal de Recurso: 'a autoridade fiscal de primeiro grau que expede a notificação para pagamento do tributo será legitimada passivamente para a ação de segurança, ainda que sobre a controvérsia haja decisão, em grau de recurso, de Conselho de Contribuintes'" (STJ, 1ª T., AgRg no REsp 323.351/SP, Rel. Min. José Delgado, ac. 21.08.2001, DJU 01.10.2001, p. 168).

▶ **Delegação de serviço federal a funcionário estadual ou municipal.**

"O STF já decidiu que o ato do funcionário local continua pertinente ao serviço federal, de modo que o mandado de segurança permaneceria vinculado à Justiça Federal. Mas, para que isso ocorra, é necessário que o ato do servidor local se conserve vinculado à responsabilidade da Administração Federal. O agente estadual ou municipal seria, na verdade, mero preposto do órgão delegante. Assim, seria tratado, para efeito do mandado de segurança, como "autoridade federal", pois as consequências do mandado de segurança, se deferido, terão de ser suportadas pela União. Afasta-se a Súmula nº 510 do STF e aplica-se a regra do art. 2º da Lei nº 12.016." (THEODORO JÚNIOR, Humberto. Lei do Mandado de Segurança comentada artigo por artigo. Rio de Janeiro: Gen/Editora Forense, 2ª edição, 2019. p. 220).

▶ **Atos do Ministério Público**

"Membro do Ministério Público pode ser autoridade coatora, porquanto o poder de presidência de inquéritos civis públicos, por exemplo, torna a referida autoridade passível de ser indicada como tal em mandados de segurança que visem atacar atos do aludido procedimento que violarem direitos dos investigados. É verdade que os atos praticados no bojo de inquéritos civis são meramente preparatórios de uma decisão final sobre a propositura da ação civil pública. Nesse sentido, tais atos estariam relacionados à mera coleta de informações e subsídios a lastrear a formação da opinio do Parquet, sem que se pudesse aventar coação ou violação a direito individual do investigado, o qual, uma vez tornado réu na ação civil pública, passaria a estar submetido às determinações judiciais, com direito ao contraditório e à ampla defesa. Contudo, não se há de descurar que o inquérito é eficaz instrumento de pressão contra o investigado e muitas vezes traz consequências que diretamente lhe são nocivas, tais como a paralisação de investimentos, a necessidade de prestação de informações cujo sigilo lhe seja conveniente etc." (Mandado de segurança individual e coletivo, Aloísio Gonçalves de Castro, coordenação, 1ª edição, Editora Revista dos Tribunais, 2014, p. 36)

HIPÓTESES DE NÃO CABIMENTO DO MANDADO DE SEGURANÇA.

▶ **Existem restrições constitucionais, legais e outras criadas pela doutrina e jurisprudência.**

O mandado de segurança visa à proteção de direito líquido e certo, não amparado por habeas corpus ou habeas data, contra ato ilegal ou com abuso de poder praticado por autoridade. Vê-se, então, primeiramente, que é uma ação residual em relação ao habeas corpus e ao habeas data, que também são ações mandamentais e considerados remédios constitucionais. Assim, se a finalidade da ação é a proteção de direito líquido e certo que envolve a liberdade de locomoção, a via adequada é o habeas corpus, e não o mandado de segurança. Da mesma forma, se a finalidade da ação é a proteção de direito líquido e certo que envolva o direito de informação ou retificação de dados relativos à pessoa do impetrante, a via adequada é o *habeas data*. Com relação às outras ações, a pessoa do impetrante pode optar entre exercer seu direito via mandado de segurança, caso satisfaça os requisitos processuais necessários, ou por outra via judicial adequada.

▶ **RESTRIÇÕES CONSTITUCIONAIS. O direito a ser tutelado pela via mandamental não pode ser tutelável por habeas corpus ou habeas data.**

"O primeiro critério para delimitação do campo de ação do mandado de segurança é fornecido pela Constituição no art. 5.º, itens LXVIII e LXIX. Dispõe o primeiro desses itens que será concedido habeas corpus sempre que alguém sofrer, ou estiver ameaçado de sofrer, violência ou coação em sua liberdade de locomoção. E o item LXIX diz que será concedido mandado de segurança para proteger direito líquido e certo não amparável por habeas corpus ou habeas data. Exclui, assim, o legislador constitucional o mandado de segurança onde couber o habeas corpus ou o habeas data." (BARBI, Celso Agrícola. Op. cit., p. 87-88).

▶ **Habeas data**

O habeas data foi introduzido no ordenamento jurídico brasileiro pela Constituição Federal de 1988, posteriormente regulamentado pela Lei 9.507, de 12 de novembro de 1997.

▶ **Finalidade do Habeas data**

Sua finalidade, de acordo com a dicção do texto constitucional, é servir de instrumento para assegurar o conhecimento de informações relativas à pessoa do impetrante, constantes de registros ou bancos de dados de entidades governamentais ou de caráter público (art. 5.º, LXXII, a) ou para a retificação de dados, quando não se prefira fazê-lo por processo sigiloso, judicial ou administrativo (art. 5.º, LXXII, b).

▶ **Possibilidade de manejo do habeas data para fins anotação nos assentamentos do interessado, de contestação ou explicação sobre dado verdadeiro, mas justificável e que esteja sob pendência judicial ou amigável.**

O art. 7.º da Lei 9.507/1997 repete o texto constitucional, acrescentando, ainda, uma terceira hipótese de cabimento, que é a "anotação nos assentamentos do interessado, de contestação ou explicação sobre dado verdadeiro, mas justificável e que esteja sob pendência judicial ou amigável.

▶ **Porque para tais finalidades não se poderia fazer uso do Mandado de Segurança?**

Em rigor, tais finalidades, ou a maioria delas, pelo menos, poderiam ser alcançadas via mandado de segurança, mas é necessário compreender o momento em que criado o instituto no Brasil, recém-saído de uma ditadura militar que havia durado mais de duas décadas, em que a questão referente ao acesso de informações em bancos de dados do Poder Público sobre pessoas consideradas suspeitas pelo regime era muitas vezes obstada pela própria legislação.

▶ **Caráter público do banco de dados como sendo todos aqueles que contêm informações que sejam ou possam ser transmitidas a terceiros ou que não sejam de uso privativo do órgão ou entidade produtora ou depositária das informações.**

Embora não existam dúvidas quanto ao que se entende por registros ou banco de dados de entidade governamental, não está claro na CF o que se entende por banco de dados de caráter público. O parágrafo único do art. 1.º da Lei regulamentadora, então, se incumbiu de definir o que é registro ou banco de dados de caráter público, esclarecendo que são todos aqueles que contêm informações que sejam ou possam ser transmitidas a terceiros ou que não sejam de uso privativo do órgão ou entidade produtora ou depositária das informações. Dentro desse conceito, portanto, estão inseridos os permissionários e concessionários de serviços públicos, exercentes de atividades autorizadas, órgãos de restrição ao crédito e até mesmo empresas de colocação de profissionais no mercado de trabalho.

◉ **Habeas Data para fins de acesso a informações incluídas em banco de dados do Sistema de Conta Corrente da Pessoa Jurídica – SINCOR.**

"DIREITO CONSTITUCIONAL. DIREITO TRIBUTÁRIO. HABEAS DATA. ARTIGO 5º, LXXII, CRFB/88. LEI Nº 9.507/97. ACESSO ÀS INFORMAÇÕES CONSTANTES DE SISTEMAS INFORMATIZADOS DE CONTROLE DE PAGAMENTOS DE TRIBUTOS. SISTEMA DE CONTA CORRENTE DA SECRETARIA DA RECEITA FEDERAL DO BRASIL-SINCOR. DIREITO SUBJETIVO DO CONTRIBUINTE. RECURSO A QUE SE DÁ PROVIMENTO. 1. O habeas data, posto instrumento de tutela de direitos fundamentais, encerra amplo espectro, rejeitando-se visão reducionista da garantia constitucional inaugurada pela carta pós-positivista de 1988. 2. A tese fixada na presente repercussão geral é a seguinte: "O Habeas Data é garantia constitucional adequada para a obtenção dos dados concernentes ao pagamento de tributos do próprio contribuinte constantes dos sistemas informatizados de apoio à arrecadação dos órgãos da administração fazendária dos entes estatais." 3. O Sistema de Conta Corrente da Secretaria da Receita Federal do Brasil, conhecido também como SINCOR, registra os dados de apoio à arrecadação federal ao armazenar os débitos e créditos tributários existentes acerca dos contribuintes. 4. O caráter público de todo registro ou banco de dados contendo informações que sejam ou que possam ser transmitidas a terceiros ou que não sejam de uso privativo do órgão ou entidade produtora ou depositária das informações é inequívoco (art. 1º, Lei nº 9.507/97). 5. O registro de dados deve ser entendido em seu sentido mais amplo, abrangendo tudo que diga respeito ao interessado, seja de modo direto ou indireto. (...) Registro de dados deve ser entendido em seu sentido mais amplo, abrangendo tudo que diga respeito ao interessado, seja de modo direto ou indireto, causando-lhe dano ao seu direito de privacidade. (...) in José Joaquim Gomes Canotilho, Gilmar Ferreira Mendes, Ingo Wolfgang Sarlet e Lenio Luiz Streck. Comentários à Constituição. Editora Saraiva, 1ª Edição, 2013, p. 487. 6. A legitimatio ad causam para interpretação de Habeas Data estende-se às pessoas físicas e jurídicas, nacionais e estrangeiras, porquanto garantia constitucional aos direitos individuais ou coletivas. 7. Aos contribuintes foi assegurado constitucionalmente o direito de conhecer as informações que lhes digam respeito em bancos de dados públicos ou de caráter público, em razão da necessidade de preservar o status de seu nome, planejamento empresarial, estratégia de investimento e, em especial, a recuperação de tributos pagos indevidamente, verbis: Art. 5º. ...LXXII. Conceder-se-á habeas data para assegurar o conhecimento de informações relativas à pessoa do impetrante, constantes de registros ou bancos de dados de entidades governamentais ou de caráter público, considerado como um writ, uma garantia, um remédio constitucional à disposição dos cidadãos para que possam implementar direitos subjetivos que estão sendo obstaculados. 8. As informações fiscais conexas ao próprio contribuinte, se forem sigilosas, não importa em que grau, devem ser protegidas da sociedade em geral, segundo os termos da lei ou da constituição, mas não de quem a elas se referem, por força da consagração do direito à informação do art. 5º, inciso XXXIII, da Carta Magna, que traz como única ressalva o sigilo imprescindível à segurança da sociedade e do Estado, o que não se aplica no caso sub examine, verbis: Art. 5º....XXXIII – todos têm direito a receber dos órgãos públicos informações de seu interesse particular, ou de interesse coletivo ou geral, que serão prestadas no prazo da lei, sob pena de responsabilidade, ressalvadas aquelas cujo sigilo seja imprescindível à segurança da sociedade e do Estado. 9. In casu, o recorrente requereu à Secretaria da Receita Federal do Brasil os extratos atinentes às anotações constantes do Sistema de Conta-Corrente de Pessoa Jurídica-SINCOR, o Sistema Conta-Corrente de Pessoa Jurídica-CONTACORPJ, como de quaisquer dos sistemas informatizados de apoio à arrecadação federal, no que tange aos pagamentos de tributos federais, informações que não estão acobertadas pelo sigilo legal ou constitucional, posto que requerida pelo próprio contribuinte, sobre dados próprios. 10. Ex positis, DOU PROVIMENTO ao recurso extraordinário." (RE 673707, Relator(a): Min. LUIZ FUX, Tribunal Pleno, julgado em 17/06/2015, ACÓRDÃO ELETRÔNICO REPERCUSSÃO GERAL – MÉRITO DJe-195 DIVULG 29-09-2015 PUBLIC 30-09-2015)

▶ **Não se pode confundir o direito geral à informação, do qual decorre o direito de petição junto à Administração Pública (art. 5.º, XXXIII, da CF/1988), com o direito ao habeas data.**

Não se pode confundir o direito geral à informação, do qual decorre o direito de petição junto à Administração Pública (art. 5.º, XXXIII, da CF/1988), com o direito ao habeas data, uma vez que o primeiro é muito mais amplo, envolvendo também o interesse coletivo ou geral, como o de saber os gastos que determinado órgão empreendeu em determinado contrato administrativo, podendo este último, por outro lado, ser restringido nos casos em que o sigilo seja imprescindível à segurança da sociedade e do Estado.

▶ **O direito de petição pode servir para acesso a informações pessoais do próprio requerente**

O direito de petição, no entanto, também pode servir para acesso a informações pessoais do próprio requerente, mas seu exercício se dá no âmbito da própria Administração Pública, ao passo que o habeas data é necessariamente um instrumento judicial de acesso a essas informações, quando negadas ou não prestadas em prazo razoável.

▶ **Habeas data e ausência de recusa à prestação de informações**

Apesar da simplicidade do procedimento, não se retira a necessidade de que o exercício do direito à postulação esteja fundado em negativa ou recusa às informações, quando a ação for baseada na hipótese da alínea "a" do inc. LXXII do art. 5.º da Constituição Federal, nos exatos termos da Súmula 2 do STJ.

> ◉ **No mesmo sentido:** "RECURSO DE HABEAS-DATA. CARÊNCIA DE AÇÃO: INTERESSE DE AGIR. 1. A lei nº 9.507, de 12.11.97, que regula o direito de acesso a informações e disciplina o rito processual do habeas-data, acolheu os princípios gerais já proclamados por construção pretoriana. 2. É princípio axiomático do nosso direito que só pode postular em juízo quem tem interesse de agir (CPC, arts. 3º e 267, VI), traduzido pela exigência de que só se pode invocar a prestação da tutela jurisdicional diante de uma pretensão resistida, salvo as exceções expressamente previstas. 3. Recurso de habeas-data não provido." (RHD 24, Relator(a): Min. MAURÍCIO CORRÊA, Segunda Turma, julgado em 28/11/1996, DJ 13-02-1998 PP-00031 EMENT VOL-01898-01 PP-00001)

◉ **Súmula 2 do STJ:** Não cabe o habeas data (CF, art. 5.º, LXXII, letra 'a', se não houve recusa de informações por parte da autoridade administrativa.

▶ **O interessado deve requerer o acesso às informações ao órgão ou entidade depositária do registro ou banco de dados, que terá o prazo de 48 horas para decidir.**

Para atender a tal requisito, o interessado deve requerer o acesso às informações ao órgão ou entidade depositária do registro ou banco de dados, que terá o prazo de 48 horas para decidir (art. 2.º, caput, da Lei). O requerente deverá ser comunicado da decisão no prazo de 24 horas (art. 2.º, parágrafo único).

▶ **Competência para impetração do Habeas Data.**

Tudo o que se falou sobre o mandado de segurança é igualmente válido para o habeas data, inclusive quanto às referências constitucionais sobre o tema, invariavelmente disciplinado nos mesmos dispositivos em que mencionado o mandado de segurança. A Lei regulamentadora, no entanto, em seu art. 20, preocupou-se em discriminar a competência funcional de cada órgão judiciário federal e estadual, embora se omitindo quanto às justiças especializadas em que, dificilmente, será cabível esse tipo de ação.

▶ **Petição inicial e despacho inicial no Habeas Data.**

A petição inicial do habeas data segue os mesmos requisitos gerais estabelecidos no Código de Processo Civil (arts. 319 e 320), acrescida da prova da recusa de acesso às informações ou do prazo de dez dias sem decisão; da recusa em fazer-se a retificação ou do decurso de 15 dias, sem decisão; ou da recusa em fazer-se a anotação da explicação ou contestação, ou do decurso de mais de 15 dias sem decisão (art. 8.º da Lei). Recebida a inicial, o juiz deve determinar a notificação da autoridade coatora para prestar informações, no prazo de dez dias (art. 9.º). O MP também deve ser ouvido nessa ação, conforme previsão do art. 12 da Lei 9.507/1997.

▶ **Medida liminar no Habeas Data.**

Não há previsão de concessão de medida liminar em habeas data, o que pode ser justificado pela natureza das providências que são requeridas por meio dessa ação, de difícil reversibilidade. Alguns autores, no entanto, já defendiam a adoção subsidiária do instituto da antecipação de tutela, do CPC/73, não se descartando, até mesmo, a aplicação analógica da lei do mandado de segurança. Como a tutela de urgência passou a ser possível em praticamente todo o tipo de ação, conforme a sistemática adotada pelo CPC/2015 (art. 300), não vemos lógica em se negar a concessão de medida antecipatória neste tipo de ação, quando devidamente justificada.

▶ **Recursos e preferência de julgamento do Habeas Data.**

O recurso cabível da sentença é a apelação (art. 15), devendo ser recebido apenas no efeito devolutivo quando for concessória. Quanto aos recursos para as Cortes superiores, inclusive o ordinário, vale aqui o mesmo que dissemos para o mandado de segurança. Se admitida pelo juiz a medida liminar, embora não prevista na lei, nada impede que, contra tal ordem, seja manejado agravo de instrumento. Os processos de habeas data têm preferência sobre todas as demais ações, com exceção do habeas corpus e do mandado de segurança (art. 19).

▶ **Despesas processuais no Habeas Data**

A gratuidade da ação é assegurada na CF/1988 (art. 5.º, LXXVII) e repetida na Lei 9.507/1997 (art. 21), ampliando, esta última, para o procedimento administrativo de acesso de informações e retificação de dados e anotação de justificação. O art. 5.º da Lei 9.289/1996, que dispõe sobre as custas na Justiça Federal, também prevê expressamente a isenção do pagamento de custas.

▶ *Habeas Corpus*

"O habeas corpus é ação. Não é recurso. Erroneamente, o Código de Processo Penal o previu em capítulo inserto no Livro III, que trata das nulidades e dos recursos em geral. A compreensão de que o habeas corpus é ação autônoma de impugnação, e não recurso, é tranquila na doutrina." (TOLDO, Nino Oliveira. Atualidade e importância do habeas corpus no Brasil. Revista Brasileira de Ciências Criminais. vol. 92. p. 155. São Paulo: RT, set. 2011.)

▶ "PONTES DE MIRANDA, que o entendia como um 'remédio jurídico mandamental." (PONTES DE MIRANDA, Francisco Cavalcanti. História e prática do habeas corpus. 2. ed. Atual. Vilson Rodrigues Alves. Campinas: Bookseller, 2003. t. I., p. 13 e ss.)

▶ "AURY LOPES JR. define-o como 'uma ação autônoma de impugnação, de natureza mandamental e com status constitucional." (LOPES JR., Aury. Direito processual penal e sua conformidade constitucional. 3. ed. rev. e atual. Rio de Janeiro: Lumen Juris, 2010. vol. 2. p. 211 e ss.; t. II, p. 653.)

▶ "PELLEGRINI GRINOVER, MAGALHÃES FILHO e SCARANCE FERNANDES o veem como 'uma ação que tem por objeto uma prestação estatal consistente no restabelecimento da liberdade de ir, vir e ficar, ou, ainda, na remoção de ameaça que possa pairar sobre esse direito fundamental." (GRINOVER, Ada Pellegrini; GOMES FILHO, Antonio Magalhães; FERNANDES, Antonio Scarance. Recursos no processo penal: teoria geral dos recursos, recursos em espécie, ações de impugnação, reclamação aos tribunais. 4. ed. rev., ampl. e atual. com a Reforma do Judiciário (EC 45/2004). São Paulo: Ed. RT, 2005. p. 349).

Apesar de ser ação autônoma de impugnação, o habeas corpus tem sido aceito, muitas vezes, como substitutivo de recurso, o que tem contribuído para o seu elevado número, especialmente nas cortes superiores de Justiça.

"Apesar de ser ação autônoma de impugnação, o habeas corpus tem sido aceito, muitas vezes, como substitutivo de recurso, o que tem contribuído para o seu elevado número, especialmente nas cortes superiores de Justiça. Por isso, fortaleceu-se a ideia de que é necessário mudar-se substancialmente o processo penal brasileiro." (TOLDO, Nino Oliveira. Atualidade e importância do habeas corpus no Brasil. Revista Brasileira de Ciências Criminais. vol. 92. p. 155. São Paulo: RT, set. 2011.)

▶ **Definição de cada um dos componentes subjetivos do writ**

Impetrante: aquele que interpõe o habeas corpus.

Paciente: aquele que sofre ameaça de lesão ou a lesão na sua liberdade de locomoção.

Impetrado: é a autoridade coatora, aquele que pratica o ato jurídico atentatório à liberdade do paciente.

Detentor: é a pessoa que tem o paciente em sua posse, no caso de writ impetrado por investigado ou acusado preso.

▶ **Legitimidade ativa**

"A respeito da questão de se poder ou não impetrar o writ sem a autorização do paciente, a doutrina nos traz à baila dois posicionamentos, um favorável e outro contra. Em nosso ponto de vista, a impetração depende de autorização, vez que atendendo ao princípio da dignidade da pessoa humana e o livre-arbítrio, o 'paciente' teria o direito de escolher a liberdade, não sendo permitido 'constrangê-lo' a ser beneficiado por um habeas corpus que ele não solicitou."

(CUNHA, Helvécio Damis de Oliveira. Aspectos fundamentais do habeas corpus e a sua aplicabilidade na jurisdição estatal brasileira. Revista dos Tribunais. vol. 869. p. 488. São Paulo: Ed. RT, mar. 2008.)

▶ **Casuística sobre a legitimidade ativa para impetração do habeas corpus:**

a) Promotor de Justiça pode impetrar (art. 32, I, da LOMP – Lei 8.625/93);

b) Pessoa Jurídica pode impetrar o writ em favor de pessoa física (deverá o subscritor da impetração comprovar a condição de representante daquela);

c) Analfabeto também pode, desde que alguém assine a seu rogo;

d) Juiz de Direito não tem permissão para impetrar, em virtude do princípio da inércia (a não ser que o remédio seja aplicado para o benefício da sua pessoa);

e) Delegado de Polícia tem o direito de impetrar apenas como cidadão.

▶ **Quem não pode impetrar habeas corpus sob pena de responsabilidade penal pelo crime descrito no art. 321 do CP (Advocacia Administrativa)**

"O Juiz, o Delegado de Polícia e outros funcionários públicos, à exceção do Ministério Público por ter a função de custos legis, estão impedidos de impetrar o habeas corpus em nome de outrem, sob pena de responsabilidade penal pelo crime descrito no art. 321 do CP (Advocacia Administrativa)." (CUNHA, Helvécio Damis de Oliveira. Aspectos fundamentais do habeas corpus e a sua aplicabilidade na jurisdição estatal brasileira. Revista dos Tribunais. vol. 869. p. 488. São Paulo: Ed. RT, mar. 2008.)

▶ **Legitimidade passiva**

"Atualmente entende-se que o writ pode ser impetrado contra ato de autoridade pública, mas também de particular, pois a Constituição Federal, fala não somente de coação por abuso de poder, mas também em face de ilegalidade. Ex.: internar alguém arbitrariamente em hospital psiquiátrico." (CUNHA, Helvécio Damis de Oliveira. Aspectos fundamentais do habeas corpus e a sua aplicabilidade na jurisdição estatal brasileira. Revista dos Tribunais. vol. 869. p. 488. São Paulo: Ed. RT, mar. 2008.)

▶ **Conceito de autoridade pública para fins de habeas corpus.**

"Autoridade coatora é aquela que determinou o ato caracterizador do abuso do poder ou da ilegalidade." (DEMERCIAN, Pedro Henrique; MALULY, Jorge Assaf. Habeas corpus. Rio de Janeiro: Aide, 1995. p. 37.)

▶ **O habeas corpus também poderá ser impetrado no caso de constrangimento ilegal atinente à prisão civil.**

O habeas corpus, também poderá ser impetrado no caso de constrangimento ilegal atinente a prisão civil (prisão do alimentante inadimplente, prisão de depositário infiel), bastando apenas, que no ato da autoridade coatora esteja presente o abuso de poder ou a ilegalidade.

"STJ: O mandado de segurança aponta como coator o ato do juiz, que decretou a prisão do impetrante como depositário infiel. Trata-se, pois, de ilegalidade ou de abuso de poder que diz com a liberdade de locomoção; cabível o habeas corpus, desde que o mandado de segurança tem por objetivo proteger direito líquido e certo não amparado por habeas corpus ou habeas data'. (RSTJ 17/251-2)." (MIRABETE, Julio Fabbrini. Código de Processo Penal interpretado: referências doutrinárias, indicações legais, resenha jurisprudencial. 5. ed. São Paulo: Atlas, 1997. p. 834.)

▶ **Qualquer pessoa pode impetrar o habeas corpus, independentemente de habilitação legal ou representação por um advogado.**

"Qualquer pessoa pode impetrar o habeas corpus, independentemente de habilitação legal ou representação por um advogado. A Constituição de 1988 dispensa a formalidade da Procuração ad judicia, apesar de que neste caso, poderá ocorrer a impetração sem a autorização do 'paciente', o que para nós é inadmissível." (CUNHA, Helvécio Damis de Oliveira. Aspectos fundamentais do habeas corpus e a sua aplicabilidade na jurisdição estatal brasileira. Revista dos Tribunais. vol. 869. p. 488. São Paulo: Ed. RT, mar. 2008.)

▶ **Pressupostos de admissibilidade e hipóteses de cabimento**

"(...) Situações para a concessão prevista no Código de Processo Penal – O art. 648 do CPP arrola as situações em que o habeas corpus será passível de concessão. No nosso modo de entender este não é um rol taxativo, mas apenas exemplificativo, apesar de que o mandamento do inc. I a nosso ver, seria capaz de abarcar todas as demais situações legais. (...) Quando não houver justa causa – Antes de falarmos sobre falta de justa causa no writ, mister se faz, conceituar o que é 'justa causa'. O ex-Min. Evandro Lins e Silva, em palestra proferida na Faculdade de Direito do Largo de São Francisco no dia 12.11.1979, professou que 'justa causa é o que está conforme a justiça; é o certo, exato, correto, imparcial, razoável, reto.'" (SIMÕES JÚNIOR, Newton Silveira. O habeas corpus e a falta de justa causa para a liberdade de locomoção. Dissertação de Mestrado. São Paulo, PUC [s.d.], p. 53.)

▶ **A ausência de justa causa.**

"A ausência de justa causa poderá ser alegada no caso de ameaça à locomoção, e também, quando estiver ocorrendo o constrangimento ilegal à liberdade de ir, vir e ficar. Por isto, podemos dizer que o writ pode ser impetrado quando houver constrangimento na locomoção do paciente, seja durante o curso do procedimento inquisitório, processual ou na ausência destes." (CUNHA, Helvécio Damis de Oliveira. Aspectos fundamentais do habeas corpus e a sua aplicabilidade na jurisdição estatal brasileira. Revista dos Tribunais. vol. 869. p. 488. São Paulo: Ed. RT, mar. 2008.)

"Várias são as situações em que a falta de justa causa para constrangimento na liberdade de locomoção será verificada. Apresentamos aqui um rol exemplificativo: Falta de justa causa por inexistir o fato; Falta de justa causa por ser o fato atípico; Falta de justa causa por não ter sido o paciente o autor da infração; Falta de justa causa por exclusão da ilicitude; Falta de justa causa porque a ação penal foi ajuizada por quem não tinha capacidade para intentá-la; Falta de justa causa em razão de irregularidades em qualquer das formas de prisão (flagrante, temporária, preventiva, por pronúncia, por sentença transitada em julgado, para execução da pena)." (CUNHA, Helvécio Damis de Oliveira. Aspectos fundamentais do habeas corpus e a sua aplicabilidade na jurisdição estatal brasileira. Revista dos Tribunais. vol. 869. p. 488. São Paulo: Ed. RT, mar. 2008.)

▶ **Formas especiais de impetração do habeas corpus**

"A jurisprudência na atualidade vem admitindo a impetração do writ, por telegrama, radiograma, telex ou fax, dispensando até mesmo a exigência da autenticação da assinatura do impetrante, que posteriormente deve ser convalidada. O antigo Tribunal de Alçada do Rio Grande do Sul admitiu a impetração do habeas corpus via telefone e reduzido a termo na secretaria. Data venia, a permissão daquele egrégio tribunal, mas admitir a impetração desta forma pode gerar fraudes e insegurança à justiça." (CUNHA, Helvécio Damis de Oliveira. Aspectos fundamentais do habeas corpus e a sua aplicabilidade na jurisdição estatal brasileira. Revista dos Tribunais. vol. 869. p. 488. São Paulo: Ed. RT, mar. 2008.)

▶ **Inadmissibilidade**

"O art. 138 da CF/1988 prevê em seu caput a possibilidade de suspensão de algumas garantias fundamentais, durante a vigência do estado de sítio. Parte de nossa doutrina entende que o habeas corpus por estar previsto no art. 5.º da CF/1988 que estabelece os direitos e as garantias fundamentais é passível de suspensão durante a vigência daquele estado. Contrariamente a este posicionamento, Simões Júnior fazendo menção a Pontes de Miranda em seus comentários sobre a Constituição de 1946, explica que o writ não poderá ser suspenso durante o estado de sítio, porque ele não é uma garantia, mas sim, um direito, e conforme a redação do dispositivo supracitado, apenas garantias constitucionais poderão ser suspensas, e não direitos." (CUNHA, Helvécio Damis de Oliveira. Aspectos fundamentais do habeas corpus e a sua aplicabilidade na jurisdição estatal brasileira. Revista dos Tribunais. vol. 869. p. 488. São Paulo: Ed. RT, mar. 2008.)

▶ **Nem toda exibição de dados pela Administração Pública por meio jurisdicional se dá por meio do *habeas data*, sendo cabível, quando a pretensão do autor não se exaurir na mera exibição do documento, a impetração do Mandado de Segurança.**

"Conforme lembra corretamente a melhor doutrina, nem toda exibição de dados pela Administração Pública por meio jurisdicional se dá por meio do habeas data, bastando para tanto lembrar do pedido incidental de exibição de documentos previsto no art. 6º, §§ 1º e 2º, da Lei 12.016/2009. Nesse caso, porém, a pretensão do autor não se exaure na exibição, que servirá tão somente como meio a instrumentalizar outra pretensão, buscada em sede principal pelo mandado de segurança." (NEVES, Daniel Amorim Assumpção. Ações Constitucionais, 2ª edição, Ed. GEN, São Paulo, 2013, p. 113)

▶ *Recusa de certidões solicitadas.*

"Em caso de negativa, cumpre ao interessado requerer a certidão ao juiz, quando deverá indicar as razões pelas quais faz o pedido de algo cujo fornecimento independe de deliberação judicial. Deferido o pedido, o escrivão (ou chefe de secretaria) será exortado a fazer o que antes se negou. Em havendo indeferimento, contudo, a decisão comportará ofensiva via mandado de segurança, uma vez que hoje, no CPC/2015, o agravo de instrumento é manejável apenas em hipóteses taxativas, antevistas textualmente pela lei processual."

◉ **Certidão requerida por ex-militar, expulso da força aérea, de ato pelo qual foi determinado o retorno aos quadros da corporação, de ex-companheiro de farda, também expulso, por envolvimento nos mesmos fatos que determinaram a sua punição.**

"MANDADO DE SEGURANÇA. ADMINISTRATIVO. Certidão requerida por ex-militar, expulso da força aérea, de ato pelo qual foi determinado o retorno aos quadros da corporação, de ex-companheiro de farda, também expulso, por envolvimento nos mesmos fatos que determinaram a sua punição. Alegada necessidade de valer-se do documento, em juízo, em defesa de seu direito de recuperar, igualmente, o vínculo funcional. Requerimento que, conquanto redigido sem a devida clareza, deixa evidenciado interesse real na obtenção do documento. Ilegitimidade da recusa que, nas circunstâncias apontadas, somente poderia fundar-se, de forma legítima, em dever de sigilo, no caso, não alegado. Violação de direito subjetivo, líquido e certo, a justificar a reparação judicial. Segurança deferida." (MS 15/DF, Rel. Ministro ILMAR GALVAO, PRIMEIRA SEÇÃO, julgado em 12/09/1989, DJ 23/10/1989, p. 16185)

◉ **Cabimento de Mandado de Segurança para determinar que a autoridade coatora se pronuncie acerca da exibição do demonstrativo-econômico financeiro solicitado pela parte impetrante.**

"ADMINISTRATIVO – MANDADO DE SEGURANÇA – REQUERIMENTO FORMULADO A MINISTRO DE ESTADO, NO SENTIDO DE EXIBIÇÃO DE DOCUMENTO – AUSÊNCIA DE RESPOSTA DA AUTORIDADE ESTATAL – IMPETRAÇÃO PARA QUE O SENHOR MINISTRO DE ESTADO SE PRONUNCIE SOBRE O PEDIDO – ACOLHIMENTO, EM PARTE, DA PRETENSÃO MANDAMENTAL – ESTABELECIDO PRAZO PARA QUE A AUTORIDADE EXAMINE O PEDIDO ADMINISTRATIVO. – Recorre-se ao diploma que regula o processo administrativo no âmbito da Administração Pública Federal a fim de fixar um prazo para que o Senhor Ministro de Estado da Saúde responda ao pedido formulado pela impetrante. Assim, pois, prevê o artigo 49 da Lei n. 9.784, de 29 de janeiro de 1999: "Art. 49. Concluída a instrução de processo administrativo, a Administração tem o prazo de até trinta dias para decidir, salvo prorrogação por igual período expressamente motivada". – Esse lapso temporal fixado se ajusta ao raciocínio expendido por esta colenda Primeira Seção, quando do julgamento do MS 7.765-DF, ao assentar que "o art. 49 da Lei n. 9.784/99 assinala prazo máximo de 30 (trinta) dias (prorrogável por mais 30) para decisão da Administração, após concluído o processo administrativo, observadas todas as suas etapas (instrução etc.)" (DJ 14/10/2002). Ao final, nesse decisum ficou pontificado que a autoridade apontada como coatora se pronunciasse sobre o requerimento formulado pela impetrante no prazo de 60 (sessenta) dias. – Assim, pois, o Senhor Ministro de Estado, ao apreciar o sobredito pedido administrativo, deverá se pronunciar acerca da exibição do demonstrativo-econômico financeiro solicitado pela parte impetrante e, se for o caso, justificar eventual recusa da apresentação do documento requerido. – Concedo parcialmente a segurança, para determinar que a autoridade coatora se pronuncie sobre o requerimento formulado pela impetrante. Para tanto, fica assinado o prazo improrrogável de 60 (sessenta) dias para a resposta do postulado." (MS 10.092/DF, Rel. Ministro FRANCIULLI NETTO, PRIMEIRA SEÇÃO, julgado em 22/06/2005, DJ 01/08/2005, p. 301)

◉ **Nos requerimentos que objetivam a obtenção das certidões a que se refere a Lei do *Habeas Data*, deverão os interessados fazer constar esclarecimentos relativos aos fins e razões do pedido.**

"ADMINISTRATIVO E PROCESSUAL CIVIL. RECURSO ORDINÁRIO EM MANDADO DE SEGURANÇA. REQUERIMENTO ADMINISTRATIVO DE EXTRAÇÃO DE CÓPIAS PARA FINS DE INSTRUÇÃO DE AÇÃO POPULAR. PEDIDO GENÉRICO. INADMISSIBILIDADE. 1. Trata-se de recurso ordinário em mandado de segurança no qual se discute a omissão da administração estadual na análise de requerimento administrativo em que o impetrante pretende obter a extração de cópias de procedimento licitatório com a finalidade de, posteriormente, instruir ação popular. 2. O acórdão recorrido indeferiu a petição inicial do mandado de segurança, por constatar "falta de interesse de agir do impetrante, em decorrência de não ser o objeto do referente mandamus requisito para o ajuizamento de ação popular, nos termos da Lei n. 4.717/1985". 3. O art. 2º da Lei n. 9.051/1995 dispõe que, "nos requerimentos que objetivam a obtenção das certidões a que se refere esta lei, deverão os interessados fazer constar esclarecimentos relativos aos fins e razões do pedido". 4. Por sua vez, o parágrafo 4º do artigo 6º da Lei n. 4.717/1965 (Lei da Ação Popular) dispõe que, "para instruir a inicial, o cidadão poderá requerer às entidades, a que se refere este artigo, as certidões e informações que julgar necessárias, bastando para isso indicar a finalidade das mesmas". 5. Assim, o pedido de informações às entidades e aos órgãos públicos para a defesa de direitos deve ser acompanhado de alguns esclarecimentos a respeito de sua finalidade, não bastando para tanto a simples alegação de que tais informações serão utilizadas para a instrução de ação popular, ou que há suspeita de exorbitância em eventuais valores cotados em procedimento licitatório, como no caso. Precedentes: RMS 20.412/PR, Rel. Ministra Eliana Calmon, Segunda Turma, DJe 25/03/2008; RMS 18.564/RJ, Rel. Ministro Francisco Falcão, Primeira Turma, DJ 13/12/2004. 6. No caso dos autos, o impetrante-recorrente não traz esclarecimento sobre o porquê de seu pedido, mas tão somente antecipa seu juízo de valor pessoal sobre "atos administrativos lesivos à administração, relativos a valores pagos pela Secretaria de Obras com valores exorbitantes", sem explicitar, pontua-se, a razão pela qual entende exorbitantes os valores ou quais seriam os atos lesivos à administração. Assim, forçoso reconhecer a ausência de direito líquido e certo do impetrante à pretensão mandamental. 7. Recurso ordinário não provido." (RMS 32.877/RJ, Rel. Ministro BENEDITO GONÇALVES, PRIMEIRA TURMA, julgado em 18/11/2010, DJe 01/12/2010).

> **No mesmo sentido:** "VERBAS DIRECIONADAS À SECRETARIA DE SEGURANÇA PÚBLICA DO ESTADO DO PARANÁ – PEDIDO GENÉRICO – DESCUMPRIMENTO DA LEI 9.051/95. 1. A Lei Fundamental garante o direito à obtenção de certidões em repartições públicas para a "defesa de direitos e esclarecimentos de situações de interesse pessoal" (art. 5º, XXXIII) e o direito a receber dos órgãos públicos informações de seu interesse particular, ou de interesse coletivo ou geral, que serão prestadas no prazo da lei, sob pena de responsabilidade, ressalvadas aquelas cujo sigilo seja imprescindível à segurança da sociedade e do Estado (art. 5º, XXXIV). 2. A Lei 9.051/95, regulamentando o direito a certidões, prevê que o interessado, na petição, faça constar a finalidade da certidão e as razões do pedido. 3. Inexiste direito líquido e certo à obtenção de informações quando formulado à Administração Pública pedido genérico e imotivado. Precedente desta Corte no RMS 18.564/RJ (Rel. Min. Francisco Falcão). 4. Hipótese dos autos em que se pretende fiscalizar as verbas direcionadas à Secretaria de Segurança Pública do Estado, sem ter sido apontado qualquer indício de ilegalidade, malversação ou prática de atos de improbidade, afirmando-se genericamente que se pretende fiscalizar todos os gastos efetuados pelo órgão. 5. Recurso ordinário não provido." (RMS 20412/PR, Rel. Ministra ELIANA CALMON, SEGUNDA TURMA, julgado em 06/03/2008, DJe 25/03/2008)

▶ **Quando o objetivo final do autor é a liberdade de locomoção, o meio processual adequado é o *habeas corpus*, mas, sendo tal liberdade tão somente um meio para a obtenção de outra pretensão, o cabimento do mandado de segurança é indiscutível.**

"O raciocínio exposto quanto ao habeas data não é novo, sendo igualmente aplicado quanto ao habeas corpus. Quando o objetivo final do autor é a liberdade de locomoção, o meio processual adequado é o habeas corpus, mas, sendo tal liberdade tão somente um meio para a obtenção de outra pretensão, o cabimento do mandado de segurança é indiscutível. Exemplo clássico é o do advogado impedido de ingressar em estabelecimento prisional para comunicar-se com seu cliente, que, nesse caso, vale-se do direito de ir e vir somente como meio para o exercício de sua profissão, daí sendo cabível o mandado de segurança." (NEVES, Daniel Amorim Assumpção. Ações Constitucionais, 2ª edição, Ed. GEN, São Paulo, 2013, p. 113/114)

RESTRIÇÕES LEGAIS ao cabimento do mandado de segurança.

As restrições legais estão previstas no artigo 5º da Lei 12.016/09, o qual iremos trabalhar com detalhes mais adiante. Todavia, são elas: I – de ato do qual caiba recurso administrativo com efeito suspensivo, independentemente de caução; II – de decisão judicial da qual caiba recurso com efeito suspensivo; III – de decisão judicial transitada em julgado.

OUTRAS RESTRIÇÕES ao cabimento do Mandado de Segurança reconhecidas pela doutrina e jurisprudência.

▶ Não cabe Mandado de Segurança contra lei em tese.

Só caberá mandado de segurança contra ato de efeitos concretos, ou seja, o ato coator por si só deve ser capaz de causar uma lesão (ou ameaça de lesão) à esfera jurídica de determinada pessoa. Atos administrativos abstratos ou genéricos não são impugnáveis pela via do mandado de segurança. Via de regra serão genéricos ou abstratos aqueles atos administrativos que, mesmo formalmente sendo atos administrativos, seu conteúdo é típico de ato legislativo, pois acaba por criar procedimentos para regular determinadas atividades – tais como Regulamentos, Resoluções, Instruções Normativas, dentre outros. Estes atos não são impugnáveis por mandando de segurança.

▶ A lei em tese, como norma abstrata de conduta, não é atacável por mandado de segurança pela razão de que não lesa, em regra e por si só, qualquer direito individual.

"A lei em tese, como norma abstrata de conduta, não é atacável por mandado de segurança (STF, Súmula 266), pela óbvia razão de que não lesa, por si só, qualquer direito individual. Necessária se toma a conversão da norma abstrata em ato concreto para se expor à impetração, mas nada impede que na sua execução venha a ser declarada inconstitucional pela via do mandamus. Somente as leis e decretos de efeitos concretos se tomam passíveis de mandado de segurança desde sua publicação, por serem equivalentes a atos administrativos nos seus resultados imediatos." (MEIRELLES, Hely Lopes. Mandado de Segurança e Ações Constitucionais, Editora Malheiros, 36ª Edição, São Paulo, 2014, p. 39)

▶ Não se pode pleitear através de mandado de segurança a invalidação da lei, mas sim o desfazimento do ato que, escorado nela, tenha violado direito líquido e certo do impetrante.

"Os tribunais pátrios prestigiam, rotineiramente, o entendimento contido na Súmula 266 do STF, a teor da qual "não cabe mandado de segurança contra lei em tese". De acordo com a orientação citada, não se pode pleitear através de mandado de segurança a invalidação da lei, mas sim o desfazimento do ato que, escorado nela, tenha violado direito líquido e certo do impetrante. Não deve o contribuinte, por exemplo, dirigir a impetração diretamente contra a lei instituidora do tributo, por considerar a mesma inconstitucional, deduzindo pedido no sentido de ser a norma nulificada pelo julgador. O mandado de segurança, nesse caso, há de ter por objeto imediato o ato da administração que venha a exigir o tributo havido por ilícito, sendo a inconstitucionalidade da lei a causa petendi. A bem da verdade, a discussão judicial da lei em tese é deferida apenas ao STF, exercendo o controle concentrado de constitucionalidade das leis e atos normativos. Quando se faz referência à expressão lei em tese, quer-se aludir à lei material, ou seja, qualquer instrumento normativo que contenha comando de conduta genérico, dotado de abstração e impessoalidade. Por isso, mesmo um decreto regulamentar, ato administrativo em sua forma, há de ser considerado lei material em sua essência, em molde a afastar sua impugnação direta através do mandamus." (Mandado de segurança individual e coletivo, p. 40)

◉ **Embora seja possível o reconhecimento da possibilidade de mandado de segurança invocar a inconstitucionalidade da norma como fundamento para o pedido, não se admite que a declaração de inconstitucionalidade, constitua, ela própria, pedido autônomo.**

"A jurisprudência desta Corte Superior, embora reconheça a possibilidade de mandado de segurança invocar a inconstitucionalidade da norma como fundamento para o pedido, não admite que a declaração de inconstitucionalidade, constitua, ela própria, pedido autônomo, tal como aqui formulado na inicial. Precedentes. Assim, à míngua de pedido expresso a respeito da declaração de inconstitucionalidade do ato apontado como coator, deve prevalecer o entendimento de que o presente mandado de segurança, voltando-se contra lei em tese, seu cabimento é obstado pelo entendimento da STF 266." (STJ, 1.ª Seção, REsp 1119872-RJ, rel. Min. Benedito Gonçalves, j. 13.10.2010, DJUE 20.10.2010). Recurso Repetitivo.

◉ <u>No mesmo sentido</u>: **Impossibilidade de questionar por Mandado de Segurança genérica a abstratamente a imposição da pena.**

"III – O Impetrante se limita a questionar genérica a abstratamente a imposição da pena, enfeixando o debate quanto à validade da sanção apenas com teses jurídicas. Nesse contexto, de rigor a aplicação do entendimento firmado no enunciado da Súmula n. 266 do Supremo Tribunal Federal, segundo a qual "não cabe mandado de segurança contra lei em tese", não consistindo o writ em instrumento de controle abstrato de normas. IV – O Agravante não apresenta, no regimental, argumentos suficientes para desconstituir a decisão agravada. V – Agravo Regimental improvido." (STJ – AgRg no MS 22.341/DF, Rel. Ministra REGINA HELENA COSTA, PRIMEIRA SEÇÃO, julgado em 13/06/2018, DJe 02/08/2018)

◉ **O mandado de segurança não é o instrumento processual adequado para o controle abstrato de constitucionalidade de leis e atos normativos.**

"II – Infere-se da análise da inicial do presente Mandado de Segurança, que a Impetrante busca a declaração de inconstitucionalidade dos arts. 127, IV, 132, IV, e 134 da Lei n. 8.112/90. Nesse contexto, de rigor a aplicação do entendimento firmado no enunciado da Súmula n. 266 do Supremo Tribunal Federal, segundo a qual "não cabe mandado de segurança contra lei em tese", não consistindo o writ em instrumento de controle abstrato de normas." (AgInt no MS 20.469/DF, Rel. Ministra REGINA HELENA COSTA, PRIMEIRA SEÇÃO, julgado em 14/03/2018, DJe 20/03/2018)

◉ **No mesmo sentido: O Superior Tribunal de Justiça já analisou a matéria sob a sistemática de Recurso Repetitivo.**

"PROCESSUAL CIVIL E TRIBUTÁRIO. RECURSO ESPECIAL REPRESENTATIVO DA CONTROVÉRSIA. MANDADO DE SEGURANÇA. ICMS. ALÍQUOTA DE 25%. ENERGIA ELÉTRICA E SERVIÇOS DE TELECOMUNICAÇÕES. DE-

CRETO ESTADUAL N. 27.427/00. MANDADO DE SEGURANÇA. IMPETRAÇÃO CONTRA LEI EM TESE. INADMISSIBILIDADE. SÚMULA 266/STF. RECURSO SUBMETIDO AO REGIME PREVISTO NO ARTIGO 543-C DO CPC.1. Trata-se, na origem, de mandado de segurança impetrado contra o Secretário Estadual da Fazenda do Rio de Janeiro, visando a declaração de inconstitucionalidade dos incisos VI, n. 2 e VIII, n.7, do art. 14, do Decreto n. 27.427/00, ao fundamento de que a alíquota de 25% do ICMS incidente nas operações relativas à aquisição de energia elétrica e serviços de telecomunicações fere os princípios da seletividade e essencialidade.2. Nas razões do apelo especial, a Fazenda Estadual alega inviabilidade de impetração de mandamus contra lei em tese; ilegitimidade passiva e ativa das partes e violação dos arts. 535, 480 e 481 do CPC.3. No pertinente a impetração de ação mandamental contra lei em tese, a jurisprudência desta Corte Superior embora reconheça a possibilidade de mandado de segurança invocar a inconstitucionalidade da norma como fundamento para o pedido, não admite que a declaração de inconstitucionalidade, constitua, ela própria, pedido autônomo, tal como aqui formulado na inicial. Precedentes: RMS 21.271/PA, Rel. Ministro Teori Albino Zavascki, Primeira Turma, DJ 11/9/2006; RMS 32.022/RJ, Rel. Ministra Eliana Calmon, Segunda Turma, DJe 20/08/2010; AgRg no REsp 855.223/RJ, Rel. Ministro Teori Albino Zavascki, Primeira Turma, DJe 04/05/2010;RMS 24.719/PR, Rel. Ministra Denise Arruda, Primeira Turma, DJe de 6/8/2009. 4. Assim, à míngua de pedido expresso a respeito da declaração de inconstitucionalidade do ato apontado como coator, deve prevalecer o entendimento de que o presente mandado de segurança voltando-se contra lei em tese, o que é obstado pelo entendimento da Súmula n.266 do STF. Prejudicadas as demais questões suscitadas.5. Recurso afetado à Seção, por ser representativo de controvérsia, submetido a regime do artigo 543-C do CPC e da Resolução 8/STJ.6. Recurso especial provido." (REsp 1119872/RJ, Rel. Ministro BENEDITO GONÇALVES, PRIMEIRA SEÇÃO, julgado em 13/10/2010, DJe 20/10/2010)

◉ **É vedada utilização do Mandado de Segurança tão somente em face de lei em tese ou na hipótese em que a causa de pedir seja abstrata, divorciada de qualquer elemento fático e concreto que justifique a impetração.**

"PROCESSUAL CIVIL. ADMINISTRATIVO. CONSTITUCIONAL. AGRAVO INTERNO NO MANDADO DE SEGURANÇA. CÓDIGO DE PROCESSO CIVIL DE 2015. APLICABILIDADE. SÚMULA N. 266/STF. APLICAÇÃO. SANÇÃO DE CASSAÇÃO DE APOSENTADORIA. CONSTITUCIONALIDADE. ARGUMENTOS INSUFICIENTES PARA DESCONSTITUIR A DECISÃO ATACADA. APLICAÇÃO DE MULTA. ART. 1.021, § 4º, DO CÓDIGO DE PROCESSO CIVIL DE 2015. DESCABIMENTO. I – Consoante o decidido pelo Plenário desta Corte na sessão realizada em 09.03.2016, o regime recursal será determinado pela data da publicação do provimento jurisdicional impugnado. In casu, aplica-se o Código de Processo Civil de 2015. II – Infere-se da análise da inicial do presente Mandado de Segurança, que a Impetrante busca a declaração de inconstitucionalidade dos arts. 127, IV, 132, IV, e 134 da Lei n. 8.112/90. Nesse contexto, de rigor a aplicação do entendimento firmado no enunciado da Súmula n. 266 do Supremo Tribunal Federal, segundo a qual "não cabe mandado de segurança contra lei em tese", não consistindo o writ em instrumento de controle abstrato de normas. Precedentes. III – A pretensão da Agravante esbarra, ademais, em orientação desta Corte, segundo a qual, não obstante a natureza contributiva do benefício previdenciário, é constitucional a pena de cassação de aposentadoria. Precedentes. IV – Não apresentação de argumentos suficientes para desconstituir a decisão recorrida. V – Em regra, descabe a imposição da multa, prevista no art. 1.021, § 4º, do Código de Processo Civil de 2015, em razão do mero improvimento do Agravo Interno em votação unânime, sendo necessária a configuração da manifesta inadmissibilidade ou improcedência do recurso a autorizar sua aplicação, o que não ocorreu no caso. VI – Agravo Interno improvido." (AgInt no MS 20.469/DF, Rel. Ministra REGINA HELENA COSTA, PRIMEIRA SEÇÃO, julgado em 14/03/2018, DJe 20/03/2018)

> ◙ *Súmula n.º 266 do STF: "Não cabe mandado de segurança contra lei em tese".*

◙ **Ato normativo do Supremo Tribunal Federal.**

"Não cabe mandado de segurança contra ato do presidente do STF dotado de caráter normativo, ato que disciplina situações gerais e abstratas. A portaria impugnada neste writ produz efeitos análogos ao de uma 'lei em tese', contra a qual não cabe mandado de segurança (STF 266)." (STF, Pleno, MS 28.250-AgR, Rel. Min. Eros Grau, j. 4.2.2010, DJE 26.3.2010.)

◙ **Impugnação de Decreto.**

"Se o decreto é, materialmente, ato administrativo, assim de efeitos concretos, cabe contra ele mandado de segurança. Todavia, se o decreto tem efeito normativo, genérico, por isso mesmo sem operatividade imediata, necessitando, para a sua individualização, da expedição de ato administrativo, contra ele não cabe mandado de segurança (Súmula 266)." (STF, Pleno, MS 21.274, Rel. Min. Carlos Velloso, j. 10.2.1994, DJ 8.4.1994.)

> ◙ *Súmula 474 do Supremo Tribunal Federal: "Não há direito líquido e certo, amparado pelo mandado de segurança, quando se escuda em lei cujos efeitos foram anulados por outra, declarada inconstitucional pelo Supremo Tribunal Federal".*

◙ **Atos administrativos abstratos, como as notas e os pareceres da Advocacia-Geral da União.**

"...O Superior Tribunal de Justiça tem entendimento segundo o qual atos administrativos abstratos, como as notas e os pareceres da Advocacia-Geral da União, não configuram atos de autoridade tendentes à revisão das anistias e são ineficazes para gerar a interrupção do fluxo decadencial, nos termos do art. 54, § 2º, da Lei n. 9.784/99." (STJ – AgInt no MS 19.971/DF, Rel. Ministra REGINA HELENA COSTA, PRIMEIRA SEÇÃO, julgado em 12/09/2018, DJe 20/09/2018)

▶ **Atos *interna corporis***

"Em se tratando de atos interna corporis, como aqueles praticados pelos órgãos internos do Poder Legislativo (eleições internas, cassações de mandatos, elaboração de regimento, constituição de comissões etc.), não cabe impugná-los por meio de mandado de segurança, até mesmo porque, no sistema democrático de divisão de poderes, não cabe, em linha de princípios, à Justiça revê-los, nem mesmo pela via ordinária. " (THEODORO JÚNIOR, Humberto. Lei do Mandado de Segurança comentada artigo por artigo. Rio de Janeiro: Gen/Editora Forense, 2ª edição, 2019. p. 205/206).

▶ **O que são atos *interna corporis*?**

"..são interna corporis as deliberações do Plenário, das Comissões ou da Mesa que entendem direta e exclusivamente com as atribuições e prerrogativas da Corporação." (MEIRELLES, Hely Lopes; WALD, Arnoldo; MENDES, Gilmar Ferreira. Mandado de segurança e ações constitucionais. 32. ed. São Paulo: Malheiros Editores, 2009, p. 33).

◉ **Interpretação de dispositivos regimentais da casa legislativa não é sujeito ao controle judicial.**

"AGRAVO INTERNO EM MANDADO DE SEGURANÇA. ATO DO PRESIDENTE DA CÂMARA DOS DEPUTADOS. INSTALAÇÃO E COMPOSIÇÃO DE COMISSÃO ESPECIAL. SUPOSTA NECESSIDADE DE PLENO FUNCIONAMENTO DAS COMISSÕES PERMANENTES. INTERPRETAÇÃO DE DISPOSITIVOS REGIMENTAIS DA CASA LEGISLATIVA. ATO INTERNA CORPORIS, NÃO SUJEITO AO CONTROLE JUDICIAL. SEPARAÇÃO DE PODERES. ORDEM DENEGADA. AGRAVO INTERNO DESPROVIDO. 1. O Poder Judiciário não possui competência para sindicar atos das Casas Legislativas que se sustentam, unicamente, na interpretação conferida às normas regimentais internas. Precedentes: MS 25.144 AgR, Relator Min. Gilmar Mendes, Tribunal Pleno, DJe 28.02.2018; MS 31.951 AgR, Relator Min. Luiz Fux, Primeira Turma, DJe 31.08.2016, MS 24.356, Relator Min. Carlos Velloso, Tribunal Pleno, DJ 12.09.2003. 2. A inexistência de fundamento constitucional no ato emanado do Poder Legislativo, cujo alicerce decorre unicamente da exegese do Regimento Interno das Casas Legislativas, revela hipótese de ato interna corporis insindicável pelo Poder Judiciário. 3. In casu, a despeito de o impetrante invocar o art. 58, caput, da CRFB/1988, para amparar seu direito líquido e certo, o ato coator está baseado na interpretação dos arts. 33, §§ 1º e 2º, e 34, § 1º do Regimento Interno da Câmara dos Deputados, que só deve encontrar solução no âmbito do Poder Legislativo, não ficando sujeito à apreciação do Poder Judiciário. 4. Agravo interno a que se NEGA PROVIMENTO." (MS 35581 AgR, Relator(a): Min. LUIZ FUX, Tribunal Pleno, julgado em 15/06/2018, PROCESSO ELETRÔNICO DJe-124 DIVULG 21-06-2018 PUBLIC 22-06-2018)

◉ **Não envio de Parecer da CCJ à publicação está relacionado à competência exclusiva da casa legislativa para impulso e elaboração da pauta de suas atividades internas.**

"Agravo regimental em mandado de segurança. 2. Omissão da Câmara dos Deputados. Não envio de Parecer da CCJ à publicação. 3. Competência exclusiva da casa legislativa para impulso e elaboração da pauta de suas atividades internas. Ato interna corporis. Não sujeito ao controle judicial. Separação de Poderes. Precedentes. 4. Ausência de argumentos capazes de infirmar a decisão agravada. 5. Agravo regimental a que se nega provimento." (MS 25144 AgR, Relator(a): Min. GILMAR MENDES, Tribunal Pleno, julgado em 07/02/2018, ACÓRDÃO ELETRÔNICO DJe-038 DIVULG 27-02-2018 PUBLIC 28-02-2018)

◉ **A votação da lei e a respectiva sanção não constituem atos suscetíveis de controle através Mandado de Segurança.**

"1. As fases de tramitação dos projetos legislativos (emenda constitucional) são considerados como atos 'interna corporis' praticados pelo poder legislativo, pelo que insuscetíveis, em tese, de controle pelo poder judiciário" (STJ, 1ª T., RMS 7.662/RS, Rel. Min. José Delgado, ac. 26.06.1997, DJU 01.09.1997, p. 40.744). "I – A votação da lei e a respectiva sanção não constituem atos suscetíveis de controle através Mandado de Segurança" (STJ, 1ª T., RMS 10.121/RJ, Rel. Min. Humberto Gomes de Barros, ac. 10.08.1999, DJU 13.09.1999, p. 41). "Os atos interna corporis imunes à apreciação judicial abarcam, além daqueles emanados das casas legislativas, os oriundos dos tribunais de contas ou mesmo dos órgãos jurisdicionais no exercício da atípica função legiferante" 9STJ, 1ª T., AgInt no RMS 52.187/BA, Rel. Min. Gurgel de Faria, ac 16.02.2017, DJe 08.03.2017); STJ, 2ª T., RMS 23.107/SP, Rel. Min. Eliana Calmon, ac. 24.03.2009, DJe 23.04.2009.

◉ **As fases de tramitação dos projetos legislativos (emenda constitucional) são considerados como atos 'interna corporis' praticados pelo poder legislativo, pelo que insuscetíveis, em tese, de controle pelo poder judiciário.**

"1. As fases de tramitação dos projetos legislativos (emenda constitucional) são considerados como atos 'interna corporis' praticados pelo poder legislativo, pelo que insuscetíveis, em tese, de controle pelo poder judiciário" (STJ, 1ª T., RMS 7.662/RS, Rel. Min. José Delgado, ac. 26.06.1997, DJU 01.09.1997, p. 40.744). "I – A votação da lei e a respectiva sanção não constituem atos suscetíveis de controle através Mandado de Segurança" (STJ, 1ª T., RMS 10.121/RJ, Rel. Min. Humberto Gomes de Barros, ac. 10.08.1999, DJU 13.09.1999, p. 41). "Os atos interna corporis imunes à apreciação judicial abarcam, além daqueles emanados das casas legislativas, os oriundos dos tribunais de contas ou mesmo dos órgãos jurisdicionais no exercício da atípica função legiferante" STJ, 1ª T., AgInt no RMS 52.187/BA, Rel. Min. Gurgel de Faria, ac 16.02.2017, DJe 08.03.2017); STJ, 2ª T., RMS 23.107/SP, Rel. Min. Eliana Calmon, ac. 24.03.2009, DJe 23.04.2009.

◉ **Atos *interna corporis* e discussões de natureza regimental são de apreciação vedada ao Poder Judiciário e deve ser resolvido na esfera de atuação do próprio Congresso Nacional ou das Casas Legislativas que o compõem.**

"MANDADO DE SEGURANÇA – DENÚNCIA CONTRA A PRESIDENTE DA REPÚBLICA – PRINCÍPIO DA LIVRE DENUNCIABILIDADE POPULAR (Lei nº 1.079/50, art. 14) – IMPUTAÇÃO DE CRIME DE RESPONSABILIDADE À CHEFE DO PODER EXECUTIVO DA UNIÃO – NEGATIVA DE SEGUIMENTO POR PARTE DO PRESIDENTE DA CÂMARA DOS DEPUTADOS – RECURSO DO CIDADÃO DENUNCIANTE AO PLENÁRIO DESSA CASA LEGISLATIVA – DELI-

BERAÇÃO QUE DEIXA DE ADMITIR REFERIDA MANIFESTAÇÃO RECURSAL – IMPUGNAÇÃO MANDAMENTAL A ESSE ATO EMANADO DO PRESIDENTE DA CÂMARA DOS DEPUTADOS – RECONHECIMENTO, NA ESPÉCIE, DA COMPETÊNCIA ORIGINÁRIA DO SUPREMO TRIBUNAL FEDERAL PARA O PROCESSO E O JULGAMENTO DA CAUSA MANDAMENTAL – PRECEDENTES – A questão do "judicial review" e o princípio da separação de poderes – atos "interna corporis" e discussões de natureza regimental: apreciação vedada ao poder judiciário, por tratar-se de tema que deve ser resolvido na esfera de atuação do próprio congresso nacional ou das casas legislativas que o compõem – precedentes – parecer da procuradoria-geral da república pelo não provimento do agravo – motivação "per relationem" – legitimidade jurídico- -constitucional dessa técnica de fundamentação – recurso de agravo improvido." (STF – MS 33558 AgR, Relator(a): Min. CELSO DE MELLO, Tribunal Pleno, julgado em 25/11/2015, PROCESSO ELETRÔNICO DJe-052 DIVULG 18-03-2016 PUBLIC 21-03-2016)

◉ **Denúncia contra o vice-presidente da república imputando crime de responsabilidade insuficiência documental e ausência de descrição adequada da conduta imputada ao denunciado.**

"MANDADO DE SEGURANÇA DENÚNCIA CONTRA O VICE-PRESIDENTE DA REPÚBLICA IMPUTAÇÃO DE CRIME DE RESPONSABILIDADE RECUSA DE PROCESSAMENTO POR INÉPCIA DA PEÇA ACUSATÓRIA: Insuficiência documental e ausência de descrição adequada da conduta imputada ao denunciado. Impugnação mandamental a esse ato emanado do presidente da Câmara dos Deputados reconhecimento, na espécie, da competência originária do Supremo Tribunal Federal para o processo e o julgamento da causa mandamental. Precedentes. A questão do judicial review e o princípio da separação de poderes atos *interna corporis* e discussões de natureza regimental: apreciação vedada ao poder judiciário, por tratar-se de tema que deve ser resolvido na esfera de atuação do próprio congresso nacional ou das casas legislativas que o compõem precedentes – recurso de agravo improvido." (STF – MS 34099 AgR, Relator(a): Min. CELSO DE MELLO, Tribunal Pleno, julgado em 05/10/2018, PROCESSO ELETRÔNICO DJe-226 DIVULG 23-10-2018 PUBLIC 24-10-2018)

◉ **O MS não substitui a Ação Civil Pública.**

"MANDADO DE SEGURANÇA. AÇÃO POPULAR. AÇÃO CIVIL PUBLICA. O mandado de segurança protege direito individual. não substitui a ação popular ou a ação civil pública. Naquele realça o interesse particular. Nestas, o interesse público; o postulante só reflexamente se beneficiara do que requer." (MS 267/DF, Rel. Ministro LUIZ VICENTE CERNICCHIARO, PRIMEIRA SEÇÃO, julgado em 12/12/1989, DJ 05/02/1990, p. 447)

◉ **O mandado de segurança não pode ser usado como sucedâneo de ação popular**

"Ação popular. Legitimidade dos cidadãos para a propositura de ação popular na defesa de interesses difusos (CF 5.º LXXIII), na qual o autor não visa à proteção de direito próprio, mas de toda a comunidade (...). O mandado de segurança não pode ser usado como sucedâneo de ação popular (STF 101)" (STF, 1.ª T., MS 25.743-ED, Rel. Min. Dias Toffoli, j. 4.10.2011, DJE 20.10.2011.)

◉ *Súmula n.º 101 do Supremo Tribunal Federal: O mandado de segurança não substitui a ação popular.*

◉ **O mandado de segurança não é substitutivo de ação de cobrança**

"..A prestação jurisdicional no mandado de segurança deve ser limitada ao afastamento da ilegalidade ou do abuso de poder – no caso, da alegada omissão em cumprir a portaria de anistia. Não é possível o acréscimo de juros e correção monetária na hipótese, porquanto o mandado de segurança não é substitutivo de ação de cobrança (Súmula 269/STF)..." (STF – RMS: 35345 DF – DISTRITO FEDERAL 9034693-69.2017.1.00.0000, Relator: Min. ROBERTO BARROSO, Data de Julgamento: 15/05/2018, Data de Publicação: DJe-096 17/05/2018)

◉ **Não é cabível o pleito para pagamento de juros e correção monetária na via mandamental, sob pena de assumir contorno de ação de cobrança**

"...II – Não é cabível o pleito para pagamento de juros e correção monetária na via mandamental, sob pena de assumir contorno de ação de cobrança. III – Embargos de declaração acolhidos." (EDcl nos EDcl no MS 15.584/DF, Rel. Ministra REGINA HELENA COSTA, PRIMEIRA SEÇÃO, julgado em 09/05/2018, DJe 17/05/2018)

◉ **No mesmo sentido:** "II – A questão da correção monetária e juros de mora não foi apreciada no Recurso Extraordinário n. 553.710/DF, de modo que a concessão da ordem contando com esses consectários resulta da ausência de impugnação no recurso extraordinário deste ponto. Portanto, este precedente não é suficiente para sustentar a tese da embargante que considera o mandado de segurança meio apto para o pleito desses valores. III – O direito líquido e certo apurável nesta via restringe-se ao valor nominal previsto na portaria anistiadora. Eventual controvérsia acerca dos consectários legais (juros e correção monetária) pode ser dirimida em demanda autônoma, sob pena de o presente feito assumir contornos de ação de cobrança (Súmula 269/STF). Precedentes da 1ª Seção." (AgInt no MS 23.086/DF, Rel. Ministra REGINA HELENA COSTA, PRIMEIRA SEÇÃO, julgado em 13/12/2017, DJe 16/02/2018)

◉ *Súmula 269 do Supremo Tribunal Federal: O mandado de segurança não é substitutivo de ação de cobrança.*

◉ *Súmula 271 do Supremo Tribunal Federal: Concessão de mandado de segurança não produz efeitos patrimoniais em relação a período pretérito, os quais devem ser reclamados administrativamente ou pela via judicial própria.*

◙ **O mandado de segurança é via imprópria para cumprimento de decisão de outro mandado de segurança.**

"PROCESSO CIVIL. MANDADO DE SEGURANÇA. CUMPRIMENTO DE DECISÃO PROFERIDA EM OUTRO MANDADO DE SEGURANÇA. VIA ELEITA IMPROPRIA. CARÊNCIA DA AÇÃO. RECLAMAÇÃO. 1. O mandado de segurança é via impropria para cumprimento de decisão de outro mandado de segurança. 2. A via processual adequada a pretensão de garantir a autoridade das decisões proferidas por esta corte e a Reclamação, art. 105, I, "f" da Constituição Federal e art. 187 do RISTJ. 3. Carência da ação." (MS 4.591/DF, Rel. Ministro FERNANDO GONÇALVES, TERCEIRA SEÇÃO, julgado em 25/06/1997, DJ 04/08/1997, p. 34646)

◙ **O mandado de segurança é inadequado para aferir critérios adotados pelo Tribunal de Contas da União (TCU) em análise de superfaturamento de obra contratada com a Administração Pública.**

"MANDADO DE SEGURANÇA. ATO DO TRIBUNAL DE CONTAS DA UNIÃO. COMPETÊNCIA PREVISTA NO ART. 71, IX, DA CONSTITUIÇÃO FEDERAL. CONTRATO RESCINDIDO UNILATERALMENTE PELA ADMINISTRAÇÃO. ABERTURA DE PROCESSO DE TOMADA DE CONTAS ESPECIAL. DANO AO ERÁRIO CONFIGURADO. DEVOLUÇÃO DE VALORES A TÍTULO DE SOBREPREÇO. NECESSIDADE DE DILAÇÃO PROBATÓRIA. NÃO OCORRÊNCIA DE VIOLAÇÃO DO PRINCÍPIO DO DEVIDO PROCESSO LEGAL. SEGURANÇA DENEGADA. 1. É legítima a condenação solidária da impetrante ao ressarcimento do dano causado ao erário, bem como sua consequente inscrição no CADIN, no caso de inadimplemento, tudo em consonância com a Lei nº 8.443/92. Devolução de valores ao erário em razão de superfaturamento de preços constatado em aditamentos contratuais. Valores calculados com base não na execução do contrato, mas sim na diferença dos valores apurados a título de sobre-preço pelo TCU. 2. A análise do quantum a ser cobrado e do que deveria ser considerado, ou não, pelo TCU para a realização dos cálculos – e.g. a manutenção do equilíbrio econômico-financeiro do contrato – é inviável no presente writ, na medida em que, dada a natureza da ação mandamental, é condição necessária para seu manejo que o direito pleiteado seja líquido e certo. Necessidade de dilação probatória. Precedentes. 3. Ausência de violação do princípio do devido processo legal. Os pedidos formulados pelos interessados foram analisados e o cálculo do quantum do sobre-preço foi formulado em consonância com os critérios tecnicamente utilizados pela Corte de Contas e com as normas de seu regimento interno. 4. Segurança denegada." (MS 29599, Relator(a): Min. DIAS TOFFOLI, Primeira Turma, julgado em 01/03/2016, PROCESSO ELETRÔNICO DJe-159 DIVULG 29-07-2016 PUBLIC 01-08-2016)

◙ **Não cabe Mandado de Segurança objetivando o controle abstrato de constitucionalidade por parte do Supremo Tribunal referente ao mérito do veto aposto pela presidente da República a proposta legislativa votada pelo Congresso Nacional.**

"...(...) o impetrante pretende submeter ao controle abstrato de constitucionalidade deste Supremo Tribunal o mérito do veto aposto pela presidente da República a proposta legislativa votada pelo Congresso Nacional, afirmando-o contrário aos arts. 5º, § 2º e § 3º, e 206, I, da Constituição da República (...). Pretende obter a declaração de inconstitucionalidade do veto e, com isso, a promulgação de normas vetadas. O impetrante pretende substituir os instrumentos de controle abstrato de constitucionalidade pela ação de mandado de segurança. Aqueles instrumentos são dispostos constitucionalmente, têm requisitos, condições, incluídas as subjetivas, especificamente estabelecidas em norma constitucional. O cidadão não dispõe de legitimidade para ajuizar qualquer daqueles instrumentos de controle abstrato e com efeitos erga omnes. (...) Não bastasse o descabimento da via processual utilizada pelo impetrante, não se há cogitar de direito líquido e certo ao que foi suprimido, sequer expectativa de direito a ser tutelado judicialmente pela via do mandado de segurança. A tese desenvolvida pelo impetrante, se acolhida, traria o revés de inviabilizar este Supremo Tribunal, pois atrairia para sua jurisdição a insurgência de todos aqueles que vissem suas pretensões frustradas em decorrência do exercício regular do poder de veto atribuído ao presidente da República. " [MS 33.694, rel. min. Cármen Lúcia, dec. monocrática, j. 6-8-2015, DJE de 14-8-2015.]

◙ **Não é cabível o pleito para pagamento de juros e correção monetária na via mandamental, sob pena de assumir contorno de ação de cobrança**

"...II – Não é cabível o pleito para pagamento de juros e correção monetária na via mandamental, sob pena de assumir contorno de ação de cobrança. III – Embargos de declaração acolhidos." (EDcl nos EDcl no MS 15.584/DF, Rel. Ministra REGINA HELENA COSTA, PRIMEIRA SEÇÃO, julgado em 09/05/2018, DJe 17/05/2018)

> ◙ **No mesmo sentido:** "II – A questão da correção monetária e juros de mora não foi apreciada no Recurso Extraordinário n. 553.710/DF, de modo que a concessão da ordem contando com esses consectários resulta da ausência de impugnação no recurso extraordinário deste ponto. Portanto, este precedente não é suficiente para sustentar a tese da embargante que considera o mandado de segurança meio apto para o pleito desses valores. III – O direito líquido e certo apurável nesta via restringe-se ao valor nominal previsto na portaria anistiadora. Eventual controvérsia acerca dos consectários legais (juros e correção monetária) pode ser dirimida em demanda autônoma, sob pena de o presente feito assumir contornos de ação de cobrança (Súmula 269/STF). Precedentes da 1ª Seção." (AgInt no MS 23.086/DF, Rel. Ministra REGINA HELENA COSTA, PRIMEIRA SEÇÃO, julgado em 13/12/2017, DJe 16/02/2018)

CASOS ESPECIAIS DE CABIMENTO DO MANDADO DE SEGURANÇA CONFORME A PECULIARIDADE DO CASO.

▶ **Leis ou atos normativos de efeitos concretos.**

▶ **Por "leis e decretos de efeitos concretos" entendem-se aqueles que trazem em si mesmos o resultado específico pretendido.**

"Por "leis e decretos de efeitos concretos" entendem-se aqueles que trazem em si mesmos o resultado específico pretendido, tais como as leis que aprovam planos de urbanização, as que fixam limites territoriais, as que criam Municípios ou desmembram Distritos, as que concedem isenções fiscais, as que proíbem atividades ou condutas individuais; os decretos que desapropriam bens, os que fixam tarifas, os que fazem nomeações, e outros dessa espécie. Tais leis ou decretos nada têm de normativos; são atos de efeitos concretos, revestindo a forma imprópria de leis ou decretos por exigências administrativas. Não contêm mandamentos genéricos, nem apresentam qualquer regra abstrata de conduta; atuam concreta e imediatamente, como qualquer ato administrativo de efeitos específicos, individuais ou coletivos, razão pela qual se expõem ao ataque pelo mandado de segurança." (MEIRELLES, Hely Lopes. Mandado de Segurança e Ações Constitucionais, , Editora Malheiros, 36ª Edição, São Paulo, 2014, p. 40)

▶ **São atos de efeitos concretos porque não conteriam mandamentos genéricos e nem apresentariam qualquer regra abstrata de conduta.**

"Esse elenco de leis e decretos de efeito concreto, ainda conforme o mesmo magistério, não compreenderia, em verdade, atos normativos; corresponderia a atos que usariam a forma imprópria de lei ou decreto por exigências administrativas. Seriam, isto sim, atos de efeitos concretos, porque não conteriam mandamentos genéricos e nem apresentariam qualquer regra abstrata de conduta; atuariam "concreta e imediatamente como qualquer ato administrativo de efeitos específicos, individuais ou coletivos, razão pela qual se expõem ao ataque pelo mandado de segurança." (THEODORO JÚNIOR, Humberto. Lei do Mandado de Segurança comentada artigo por artigo. Rio de Janeiro: Gen/Editora Forense, 2ª edição, 2019. p. 44).

▶ **No caso sua incidência é imediata sobre a situação concreta do impetrante, o qual não tem como deixar de cumprir, desde logo, o mandamento legal.**

"Ressalva-se, porém, o caso de ato normativo de efeitos concretos, hipótese em que sua incidência é imediata sobre a situação concreta do impetrante, o qual não tem como deixar de cumprir, desde logo, o mandamento legal. A propósito do tema, está consolidado na jurisprudência do Superior Tribunal de Justiça "o entendimento de que é cabível o mandado de segurança impetrado em face de efeitos concretos decorrentes diretamente de ato normativo", efeitos esses que, na prática, equivalem a resultados de verdadeiros atos administrativos; por isso é que podem ser impugnados pelo writ, se atingem direitos subjetivos líquidos e certos. Sobre a matéria, são abundantes os precedentes, e farta a lição doutrinária." (THEODORO JÚNIOR, Humberto. Lei do Mandado de Segurança comentada artigo por artigo. Rio de Janeiro: Gen/Editora Forense, 2ª edição, 2019. p. 44).

▶ **Na hipótese de mandado de segurança contra lei de efeitos concretos, impugna-se, isto sim, o ato administrativo veiculado pela lei, e que, travestido sob sua roupagem não se reveste do caráter de generalidade e abstração que caracteriza a lei.**

"na hipótese de mandado de segurança contra lei de efeitos concretos, impugna-se, isto sim, o ato administrativo veiculado pela lei, e que, travestido sob sua roupagem, não se reveste do caráter de generalidade e abstração que caracteriza a lei. Por isso, fala-se em lei 'de efeitos concretos', ou seja, para o caso ou casos especificados na lei, não para outros" (ARRUDA ALVIM, Eduardo. Mandado de segurança, cit., p. 153).

▶ **A jurisprudência, todavia, acabou por adotar uma visão ampliativa da lei de efeito concreto.**

"..A jurisprudência, todavia, acabou por adotar – não sem alguma resistência – uma visão ampliativa da lei de efeito concreto. Mesmo contendo mandamentos genéricos e regras abstratas de conduta, uma lei eventualmente pode, por sua eficácia imediata, incidir de plano sobre situações concretas atuais, como de ordinário ocorre no direito tributário e no direito administrativo, em relação, por exemplo, às posturas municipais, ao regime dos servidores públicos, à disciplina da circulação de veículos etc. Aqui, o que justifica o cabimento do mandado de segurança não é o fato de o ato normativo se endereçar concretamente apenas a uma pessoa ou a um grupo limitado de pessoas. A lei, sem deixar de ser genérica (oponível erga omnes), pode, em muitos casos, incidir, de imediato, sobre situações concretas, dada a circunstância de os interessados não terem como escapar de seus comandos imperativos." (THEODORO JÚNIOR, Humberto. Lei do Mandado de Segurança comentada artigo por artigo. Rio de Janeiro: Gen/Editora Forense, 2ª edição, 2019. p. 45).

▶ **Trata-se de impedir sua incidência da lei para evitar o atingimento do direito subjetivo do impetrante.**

"...o impetrante busca a tutela concreta de sua situação jurídica, para evitar que sofra danos. Não se trata de eliminar, em abstrato, a lei do ordenamento jurídico, como ocorre na ação direta de inconstitucionalidade. Trata-se de impedir sua incidência para evitar o atingimento do direito subjetivo do impetrante, razão pela qual não se pode opor o entendimento sumulado do Supremo Tribunal Federal nesse caso. Se ocorre a situação de fato prevista em abstrato na lei como hábil a gerar os efeitos concretos nela previstos, o impetrante já pode se valer da impetração preventiva, exatamente para evitar a incidência que irá ocasionar a lesão a seu direito." (ANDRADE, Érico. O mandado de segurança, cit., p. 436-437).

▶ **Os exemplos mais evidentes de leis de efeito concreto ocorrem no direito tributário, quando se cria ou se amplia imposto, ou se extinguem isenções.**

"Os exemplos mais evidentes de leis de efeito concreto ocorrem no direito tributário, quando se cria ou se amplia imposto, ou se extinguem isenções. Quem se acha na situação fática configuradora do fato gerador ou da titularidade do benefício fiscal suprimido sofre, de plano, a incidência concreta do comando normativo. A lei é genérica para todos, mas é de efeito concreto para aqueles que se acham sujeitos à sua imediata incidência. Daí a possibilidade de impetração do mandado de segurança, mesmo antes do lançamento ou dos atos preparatórios do lançamento, em caráter preventivo, portanto." (THEODORO JÚNIOR, Humberto. Lei do Mandado de Segurança comentada artigo por artigo. Rio de Janeiro: Gen/Editora Forense, 2ª edição, 2019. p. 46).

▶ **Não são, entretanto, somente as leis tributárias que se enquadram na categoria de normas de efeito concreto. De maneira geral, "as leis, decretos e demais atos proibitivos são sempre de efeitos concretos, pois atuam direta e imediatamente sobre seus destinatários**

"Não são, entretanto, somente as leis tributárias que se enquadram na categoria de normas de efeito concreto. De maneira geral, "as leis, decretos e demais atos proibitivos são sempre de efeitos concretos, pois atuam direta e imediatamente sobre seus destinatários". Pense-se na lei que proíbe a importação ou a comercialização de determinado produto. Os importadores e comerciantes que negociam com tais mercadorias ficam, imediata e diretamente, vedados de continuar na prática de seu negócio, abrindo, por isso, oportunidade para se socorrer do mandado de segurança, se a interdição incorrer em ilegalidade ou inconstitucionalidade." (THEODORO JÚNIOR, Humberto. Lei do Mandado de Segurança comentada artigo por artigo. Rio de Janeiro: Gen/Editora Forense, 2ª edição, 2019. p. 46).

◉ **Ilegalidade do edital do processo seletivo ao EAOA – Estágio de Adaptação ao Oficialato da Aeronáutica 2011 fixou critérios de inscrição que extrapolou seu poder regulamentar.**

"PROCESSUAL CIVIL. ADMINISTRATIVO. MILITAR. AERONÁUTICA. CONCURSO DE ADMISSÃO. ESTÁGIO DE ADAPTAÇÃO. EDITAL. RESTRIÇÕES FIXADAS EM ATENÇÃO ÀS REGRAS DA PORTARIA 627/2009 DO COMANDANTE DA AERONÁUTICA. EFEITOS CONCRETOS. EXTRAPOLAÇÃO DO DECRETO 2.996/99 E DA LEI 6.880/80. PRECEDENTES DO STJ. DIREITO LÍQUIDO E CERTO EXISTENTE. 1. Mandado de segurança impetrado contra o ato de indeferimento de inscrição no processo seletivo ao Estágio de Adaptação ao Oficialato da Aeronáutica 2011 (EAOA 2011), o qual seguiu as diretrizes fixadas na Portaria n. 627/GC-3/2009 do Comandante daquela força militar. 2. A promoção dos militares federais é determinada pelos ditames fixados na Lei n. 6.880/80 (Estatuto dos Militares), que prevê a necessidade de critérios claros para organização dos sistemas de progressão nas carreiras. O parágrafo único do art. 59 da Lei n. 6.880/80 atribui poder regulamentar aos comandantes das forças militares para regulamentarem a matéria com atenção aos parâmetros legais e fixados em decretos. 3. O EAOA – Estágio de Adaptação ao Oficialato da Aeronáutica é um meio de acesso de suboficiais para graus mais altos na hierarquia militar, na rubrica de merecimento, e é regrado pelo Decreto n. 2.996/99, com as alterações dadas pelo Decreto n. 4.576/2003. 4. No caso concreto, o edital do processo seletivo ao EAOA – Estágio de Adaptação ao Oficialato da Aeronáutica 2011 fixou critérios de inscrição que não possuem amparo no Decreto n. 2.996/99 (alíneas 'j' e 'q' do item 3.1.1) e, assim, não podem servir como meio de restrição, pois extrapola o poder regulamentar, como já decidiram as duas Turmas de Direito Público do Superior Tribunal de Justiça." (AgRg no REsp 1.203.702/PR, Rel. Min. Arnaldo Esteves Lima, Primeira Turma, DJe 22.11.2010; REsp 1.203.434/PR, Rel. Min. Humberto

Martins, Segunda Turma, DJe 11.11.2010). Segurança concedida. (MS 16.193/DF, Rel. Ministro HUMBERTO MARTINS, PRIMEIRA SEÇÃO, julgado em 13/05/2015, DJe 19/05/2015)

◉ **Ilegalidade de Portaria Normativa que determinou o pagamento aos servidores públicos de reajuste menor do que lhes é devido.**

"MANDADO DE SEGURANÇA. ADMINISTRATIVO. SERVIDOR PÚBLICO FEDERAL. ATO IMPUGNADO. PORTARIA INTERMINISTERIAL Nº 26/95. LEGITIMIDADE DOS MINISTROS DE ESTADO RESPONSÁVEIS POR SUA EDIÇÃO. ATO DE EFEITO CONCRETOS. RESÍDUO DE 3, 17%. CONCESSÃO. ARTS. 28 E 29 DA LEI Nº 8.880/94. PRECEDENTES. 1. Têm legitimidade para figurar no polo passivo do writ os Ministros de Estado responsáveis pela edição da Portaria Interministerial nº 26, de 20/1/95, que determinou o reajuste dos vencimentos, proventos, representação mensal, salário-família e gratificações dos servidores civis da União em 22, 07%. 2. Não tem aplicação a Súmula 266/STF quando o ato impugnado é ato de efeitos concretos, que determinou o pagamento aos servidores de reajuste supostamente menor do que lhes é devido. 3. Este Superior Tribunal de Justiça pacificou o entendimento segundo o qual é devido o resíduo de 3, 17%, proveniente da diferença entre o índice de 22, 07% (da variação do IPC-r) e o percentual de 25, 94% estabelecido no art. 28 da Lei n.º 8.880/94, sobre a remuneração dos servidores públicos federais. Precedentes. 4. Segurança concedida." (MS 7.999/DF, Rel. Ministra MARIA THEREZA DE ASSIS MOURA, TERCEIRA SEÇÃO, julgado em 26/03/2008, DJe 11/04/2008)

◉ **Contagem do prazo decadencial para impetração contra de atos normativos de efeitos concretos.**

"3. Segundo o entendimento jurisprudencial desta Corte, o termo inicial para contagem do prazo decadencial para a impetração do mandado de segurança é o ato administrativo, de efeitos concretos, que modifica a situação jurídica do impetrante. 4. Embargos de declaração rejeitados." (STJ – EDcl no MS 13.695/DF, Rel. Ministro OG FERNANDES, TERCEIRA SEÇÃO, julgado em 12/06/2013, DJe 24/06/2013)

◉ **No mesmo sentido:** "ADMINISTRATIVO. ANISTIA. PAGAMENTO DOS EFEITOS PRETÉRITOS. ACORDO DA LEI N. 11.354/2006. ANULAÇÃO. ATO DE EFEITO CONCRETO. DECADÊNCIA DO MANDADO DE SEGURANÇA. 1. O termo de acordo previsto na Lei n. 11.354/2006, para o pagamento dos efeitos pretéritos decorrentes do reconhecimento de anistia política, foi anulado pela Administração a partir da comunicação feita na Carta n. 81-43/2008, de 21/7/2008. 2. A impetração volta-se contra ato administrativo de efeitos concretos e imediatos que expressamente cassou o acordo realizado. É a partir desta data que se conta o prazo decadencial previsto no art. 23 da Lei n. 12.016/2009. 3. Agravo regimental improvido." (STJ – AgRg no MS 14.733/DF, Rel. Ministro JORGE MUSSI, TERCEIRA SEÇÃO, julgado em 26/09/2012, DJe 09/10/2012)

◙ **É possível o controle via MS do ato *interna corporis* se o processo legislativo infringir disciplina constitucional.**

"Agravo regimental. Mandado de segurança. Questão interna corporis. Atos do Poder Legislativo. Controle judicial. Precedente da Suprema Corte. 1. A sistemática interna dos procedimentos da Presidência da Câmara dos Deputados para processar os recursos dirigidos ao Plenário daquela Casa não é passível de questionamento perante o Poder Judiciário, inexistente qualquer violação da disciplina constitucional. 2. Agravo regimental desprovido." (STF – MS 25588 AgR, Relator(a): Min. MENEZES DIREITO, Tribunal Pleno, julgado em 02/04/2009, DJe-084 DIVULG 07-05-2009 PUBLIC 08-05-2009 EMENT VOL-02359-02 PP-00350 RTJ VOL-00210-01 PP-00241 RT v. 98, n. 886, 2009, p. 135-139)

▶ **As Câmaras Legislativas não estão dispensadas da observância da Constituição.**

"Por 'deliberações legislativas' atacáveis por mandado de segurança entendem-se as decisões do Plenário ou da Mesa ofensivas de direito individual ou coletivo de terceiros, dos membros da corporação, das Comissões ou da própria Mesa, no uso de suas atribuições e prerrogativas institucionais. As Câmaras Legislativas não estão dispensadas da observância da Constituição, da lei em geral e do Regimento Interno em especial." (MEIRELLES, Hely Lopes. Mandado de Segurança e Ações Constitucionais, Editora Malheiros, 36ª Edição, São Paulo, 2014, p. 400

▶ **Desnecessidade, em regra, do esgotamento da via administrativa para a impetração de Mandado de Segurança**

Um questionamento que se faz presente é: tendo em vista que, em razão da prática de atos administrativos, a lei prevê a possibilidade de interposição de recursos ou outros expedientes para o controle interno do ato, seria o uso destes obrigatório ou poderia a pessoa (física ou jurídica) diretamente levar sua insatisfação ao Poder Judiciário? A regra é a possibilidade de a pessoa lesada poder ir diretamente ao Poder Judiciário, o que é uma decorrência do princípio da inafastabilidade da jurisdição ou amplo acesso à justiça, cravado no texto constitucional como uma garantia fundamental em seu art. 5.º, XXXV, que prescreve: "a lei não excluirá da apreciação do Poder Judiciário lesão ou ameaça a direito". Portanto, em regra, pode o jurisdicionado ir direto ao Poder Judiciário e deduzir seu pleito.

◙ **O prévio uso da via administrativa não é pressuposto essencial ao exercício do direito de interposição do mandado de segurança.**

"Quanto à alegada preclusão, o prévio uso da via administrativa, no caso, não é pressuposto essencial ao exercício do direito de interposição do mandado de segurança. Condicionar a possibilidade do acesso ao Judiciário ao percurso administrativo equivaleria a excluir da apreciação do Judiciário uma possível lesão a direito individual, em ostensivo gravame à garantia do CF 5.º XXXV." (STF, Pleno, MS 23.789, voto da Rel. Min. Ellen Gracie, j. 30.6.2005, DJ 23.9.2005.)

▶ **Essa regra não é absoluta, ou seja, comporta algumas poucas exceções:**

▶ *A primeira é quando se tratar de competição desportiva.*

A primeira é quando se tratar de competição desportiva, situação em que, de acordo com o art. 217, § 1.º, da CF/1988, "o Poder Judiciário só admitirá ações relativas à disciplina e às competições desportivas após esgotarem-se as instâncias da justiça desportiva, regulada em lei". Assim, em matérias relacionadas a competições desportivas, deve o prejudicado ir ao Tribunal de Justiça Desportiva e, após, ao Superior Tribunal de Justiça Desportiva, que, apesar das designações de "Tribunal", não pertencem à estrutura do Poder Judiciário, sendo, em verdade, "órgãos" compreendidos na estrutura orgânica das respectivas federações e confederações desportivas. Ou seja, sequer podemos chamá-los de instâncias administrativas, visto que não estão vinculados à Administração Pública. Todavia, se a questão não for resolvida em até 60 dias a partir da instauração do procedimento, poderá o interessado buscar tutela no Poder Judiciário.

▶ *Habeas Data*

Outra exceção, que na verdade não se trata de recurso administrativo, mas de uma provocação prévia à Administração Pública, é o caso do Habeas Data. Segundo o art. 7.º da Lei 9.507/1997, o referido remédio constitucional tem por objetivo: a) assegurar o conhecimento de informações relativas à pessoa do impetrante, constantes de registro ou banco de dados de entidades governamentais ou de caráter público; b) retificar dados, quando não se prefira fazê-lo por processo sigiloso, judicial ou administrativo; e c) para a anotação nos assentamentos do interessado, de contestação ou explicação sobre dado verdadeiro, mas justificável e que esteja sob pendência judicial ou amigável. Todavia, para impetrar tal ação, a petição inicial deve ser instruída com prova: a) da recusa ao acesso às informações ou do decurso de mais de dez dias sem decisão; b) da recusa em fazer-se a retificação ou do decurso de mais de 15 dias, sem decisão; ou c) da recusa em fazer-se a anotação a que se refere o § 2.º do art. 4.º ou do decurso de mais de 15 dias sem decisão. Por outras palavras, primeiro o interessado deve tentar conseguir o objeto do Habeas Data administrativamente, sendo a recusa ou omissão, devidamente provada e instruindo a inicial, condição de procedibilidade da demanda. Inclusive, nesse sentido, o STJ já editou a Súmula 2, que assim dispõe: "não cabe o 'habeas data' (CF, art. 5.º, LXXII, 'a') se não houve recusa de informações por parte da autoridade administrativa".

▶ *Reclamação constitucional*

Por fim, ainda se tem a reclamação constitucional, que ocorre quando órgãos administrativos estão descumprindo súmulas vinculantes do STF. A matéria é tratada na Lei 11.417/2006, que inseriu os arts. 64-A e 64-B na Lei 9.784/1999, que regulamenta o processo administrativo em âmbito federal. Segundo o primeiro artigo citado, se o recorrente alegar violação de enunciado da súmula vinculante, o órgão competente para decidir o recurso explicitará as razões da aplicabilidade ou inaplicabilidade da súmula, conforme o caso. Caso o recorrente entenda que houve violação, irá propor, diretamente no Supremo Tribunal Federal, a reclamação fundada em violação de enunciado da súmula vinculante, sendo que, se colhida pelo excelso pretório a alegação, dar-se-á ciência à autoridade prolatora e ao órgão competente para o julgamento do recurso, que deverão adequar as futuras decisões administrativas em casos semelhantes, sob pena de responsabilização pessoal nas esferas cível, administrativa e penal. Note-se, portanto, que, antes de fazer uso do expediente junto ao Supremo Tribunal Federal, deverá o recorrente alegar, no bojo do recurso, que a decisão atenta contra súmula vinculante.

▶ **Não se pode confundir exaurimento da via administrativa com desnecessidade de pedido administrativo.**

Vê-se, assim, que não podemos confundir exaurimento da via administrativa com desnecessidade de pedido administrativo, uma vez que uma das condições para o exercício do direito de ação frente ao Judiciário é a demonstração do interesse jurídico, que só estará presente quando a parte demonstrar que, precedentemente, buscou o reconhecimento de seu direito junto à Administração. Basta, no entanto, que lhe tenha sido negada a pretensão administrativa ou que a Administração demore excessivamente para lhe dar uma resposta, para que o interessado busque a proteção judicial, não sendo necessário percorrer todas as instâncias administrativas ou mesmo interpor recurso administrativo. Se o ato administrativo, por si só, já importa em violação a direito, como no caso da aplicação de sanção administrativa, torna-se desnecessária até mesmo a apresentação de impugnação ou defesa administrativa como condicionante do direito de ação.

◙ **Em recente julgamento, o STF entendeu ser necessário, para a concessão de benefício previdenciário, o prévio requerimento junto ao INSS.**

"RECURSO EXTRAORDINÁRIO. REPERCUSSÃO GERAL. PRÉVIO REQUERIMENTO ADMINISTRATIVO E INTERESSE EM AGIR. 1. A instituição de condições para o regular exercício do direito de ação é compatível com o art. 5º, XXXV, da Constituição. Para se caracterizar a presença de interesse em agir, é preciso haver necessidade de ir a juízo. 2. A concessão de benefícios previdenciários depende de requerimento do interessado, não se caracterizando ameaça ou lesão a direito antes de sua apreciação e indeferimento pelo INSS, ou se excedido o prazo legal para sua análise. É bem de ver, no entanto, que a exigência de prévio requerimento não se confunde com o exaurimento das vias administrativas. 3. A exigência de prévio requerimento administrativo não deve prevalecer quando o entendimento da Administração for notória e reiteradamente contrário à postulação do segurado. 4. Na hipótese de pretensão de revisão, restabelecimento ou manutenção de benefício anteriormente concedido, considerando que o INSS tem o dever legal de conceder a prestação mais vantajosa possível, o pedido poderá ser formulado diretamente em juízo – salvo se depender da análise de matéria de fato ainda não levada ao conhecimento da Administração –, uma vez que, nesses casos, a conduta do INSS já configura o não acolhimento ao menos tácito da pretensão. 5. Tendo em vista a prolongada oscilação jurisprudencial na matéria, inclusive no Supremo Tribunal Federal, deve-se estabelecer uma fórmula de transição para lidar com as ações em curso, nos termos a seguir expostos. 6. Quanto às ações ajuizadas até a conclusão do presente julgamento (03.09.2014), sem que tenha havido prévio requerimento administrativo nas hipóteses em que exigível, será observado o seguinte: (i) caso a ação tenha sido ajuizada no âmbito de Juizado Itinerante, a ausência de anterior pedido administrativo não deverá implicar a extinção do feito; (ii) caso o INSS já tenha apresentado contestação de mérito, está caracterizado o interesse em agir pela resistência à pretensão; (iii) as demais ações que não se enquadrem nos itens (i) e (ii) ficarão sobrestadas, observando-se a sistemática a seguir. 7. Nas ações sobrestadas, o autor será intimado a dar entrada no pedido administrativo em 30 dias, sob pena de extinção do processo. Comprovada a postulação administrativa, o INSS será intimado a se manifestar acerca do pedido em até 90 dias, prazo dentro do qual a Autarquia deverá colher todas as provas eventualmente necessárias e proferir decisão. Se o pedido for acolhido administrativamente ou não puder ter o seu mérito analisado devido a razões imputáveis ao próprio requerente, extingue-se a ação. Do contrário, estará caracterizado o interesse em agir e o feito deverá prosseguir. 8. Em todos os casos acima – itens (i), (ii) e (iii) –, tanto a análise administrativa quanto a judicial deverão levar em conta a data do início da ação como data de entrada do requerimento, para todos os efeitos legais. 9. Recurso extraordinário a que se dá parcial provimento, reformando-se o acórdão recorrido para determinar a baixa dos autos ao juiz de primeiro grau, o qual deverá intimar a autora – que alega ser trabalhadora rural informal – a dar entrada no pedido administrativo em 30 dias, sob pena de extinção. Comprovada a postulação administrativa, o INSS será intimado para que, em 90 dias, colha as provas necessárias e profira decisão administrativa, considerando como data de entrada do requerimento a data do início da ação, para todos os efeitos legais. O resultado será comunicado ao juiz, que apreciará a subsistência ou não do interesse em agir." (STF – RE 631240, Relator(a): Min. ROBERTO BARROSO, Tribunal Pleno, julgado em 03/09/2014, ACÓRDÃO ELETRÔNICO REPERCUSSÃO GERAL – MÉRITO DJe-220 DIVULG 07-11-2014 PUBLIC 10-11-2014)

◉ **É possível a declaração incidental de inconstitucionalidade de lei ou ato normativo do Poder Público como prejudicial de mérito do mandado de segurança.**

"CONSTITUCIONAL E ADMINISTRATIVO. PODER DISCIPLINAR. PRESCRIÇÃO. ANOTAÇÃO DE FATOS DESABONADORES NOS ASSENTAMENTOS FUNCIONAIS. DECLARAÇÃO INCIDENTAL DE INCONSTITUCIONALIDADE DO ART. 170 DA LEI Nº 8.112/90. VIOLAÇÃO DO PRINCÍPIO DA PRESUNÇÃO DE INOCÊNCIA. SEGURANÇA CONCEDIDA. 1. A instauração do processo disciplinar interrompe o curso do prazo prescricional da infração, que volta a correr depois de ultrapassados 140 (cento e quarenta) dias sem que haja decisão definitiva. 2. O princípio da presunção de inocência consiste em pressuposto negativo, o qual refuta a incidência dos efeitos próprios de ato sancionador, administrativo ou judicial, antes do perfazimento ou da conclusão do processo respectivo, com vistas à apuração profunda dos fatos levantados e à realização de juízo certo sobre a ocorrência e a autoria do ilícito imputado ao acusado. 3. É inconstitucional, por afronta ao art. 5º, LVII, da CF/88, o art. 170 da Lei nº 8.112/90, o qual é compreendido como projeção da prática administrativa fundada, em especial, na Formulação nº 36 do antigo DASP, que tinha como finalidade legitimar a utilização dos apontamentos para desabonar a conduta do servidor, a título de maus antecedentes, sem a formação definitiva da culpa. 4. Reconhecida a prescrição da pretensão punitiva, há impedimento absoluto de ato decisório condenatório ou de formação de culpa definitiva por atos imputados ao investigado no período abrangido pelo PAD. 5. O status de inocência deixa de ser presumido somente após decisão definitiva na seara administrativa, ou seja, não é possível que qualquer consequência desabonadora da conduta do servidor decorra tão só da instauração de procedimento apuratório ou de decisão que reconheça a incidência da prescrição antes de deliberação definitiva de culpabilidade. 6. Segurança concedida, com a declaração de inconstitucionalidade incidental do art. 170 da Lei nº 8.112/1990." (STF – MS 23262, Relator(a): Min. DIAS TOFFOLI, Tribunal Pleno, julgado em 23/04/2014, ACÓRDÃO ELETRÔNICO DJe-213 DIVULG 29-10-2014 PUBLIC 30-10-2014)

◙ **No mesmo sentido:** "PROCESSUAL CIVIL. ADMINISTRATIVO. ACÓRDÃO EM CONSONÂNCIA COM O ENTENDIMENTO DESTA CORTE. I – A Constituição Federal de 1988 adotou forma de controle de constitucionalidade que privilegia o sistema concentrado e abstrato das normas, restringindo ao âmbito do Supremo Tribunal Federal sua legitimidade, nos termos do art. 102 de seu texto. Restou, assim, aos Tribunais Superiores e aos demais, o controle residual, por meio da declaração incidental e difusa da possível inconstitucionalidade de determinada norma, ressalvada a exceção da declaração de inconstitucionalidade de texto legal, respeitada a cláusula de reserva de plenário" (AgRg na APn 836/DF, Rel. Ministro LUIS FELIPE SALOMÃO, CORTE ESPECIAL, julgado em 05/10/2016, DJe 26/04/2017). II – Logo, não há que se falar em impossibilidade de Tribunal Estadual declarar inconstitucionalidade de norma em caso concreto, como no presente caso. III – No mais, o acórdão ora recorrido encontra-se em consonância com o entendimento já firmado nesta Corte Superior a iniciativa de ato legislativo relativo ao regime jurídico dos servidores estaduais é reservada ao Chefe do Poder Executivo estadual por força no art. 61, § 1º, II, c, da Constituição Federal, ainda que se trate de emenda à Constituição Estadual, o que atesta a inconstitucionalidade formal do artigo 31 da Constituição Estadual do Pará. IV – Agravo interno improvido." (AgInt no RMS 52.784/PA, Rel. Ministro FRANCISCO FALCÃO, SEGUNDA TURMA, julgado em 21/08/2018, DJe 27/08/2018)

◙ **É possível a declaração incidental de inconstitucionalidade, em mandado de segurança, de quaisquer leis ou atos normativos do Poder Público, desde que a controvérsia constitucional não figure como pedido, mas sim como causa de pedir, fundamento ou simples questão prejudicial, indispensável à resolução do litígio principal.**

"PROCESSO CIVIL – TRIBUTÁRIO – ICMS – RECURSO ORDINÁRIO EM MANDADO DE SEGURANÇA – RECONHECIMENTO DE INCONSTITUCIONALIDADE DE NORMA CONSTANTE DE REGULAMENTO DO ICMS – CAUSA DE PEDIR – VIA ADEQUADA – POSSIBILIDADE – NULIDADE DO ACÓRDÃO NO PONTO – RETORNO DOS AUTOS À ORIGEM. 1. É possível a declaração incidental de inconstitucionalidade, em mandado de segurança, de quaisquer leis ou atos normativos do Poder Público, desde que a controvérsia constitucional não figure como pedido, mas sim como causa de pedir, fundamento ou simples questão prejudicial, indispensável à resolução do litígio principal. 2. Retorno dos autos à origem para apreciação da questão não debatida, sob pena de supressão de instância. 3. Recurso ordinário provido para anular o acórdão dos embargos de declaração." (RMS 31.707/MT, Rel. Ministra DIVA MALERBI (DESEMBARGADORA CONVOCADA TRF 3ª REGIÃO), SEGUNDA TURMA, julgado em 13/11/2012, DJe 23/11/2012)

◉ **Reconhecimento da inconstitucional de dispositivo do Regimento Interno do Conselho Nacional de Justiça – artigo 98 – prevendo a ciência ficta de quem pode ser alcançado por decisão administrativa.**

"CONSELHO NACIONAL DE JUSTIÇA – ATUAÇÃO – TERMO INICIAL. A atuação fiscalizadora do Conselho Nacional de Justiça não ficou balizada no tempo, considerada a Emenda Constitucional nº 45/2004. CONSELHO NACIONAL DE JUSTIÇA – DEVIDO PROCESSO LEGAL – CONTRADITÓRIO. Envolvida, no processo administrativo, situação constituída no tocante a terceiros, impõe-se a ciência destes para, querendo, apresentarem defesa. CONSELHO NACIONAL DE JUSTIÇA – DEVIDO PROCESSO LEGAL – CIÊNCIA FICTA. A espécie de conhecimento ficto, presente publicação ou edital fixado em setor do Órgão, pressupõe a ciência do processo em curso, surgindo como regra a comunicação direta. CONSELHO NACIONAL DE JUSTIÇA – PROCESSO – CIÊNCIA – ARTIGO 98 DO REGIMENTO INTERNO. Desconhecida a existência do processo, mostra-se inconstitucional dispositivo do Regimento Interno do Conselho Nacional de Justiça – artigo 98 – prevendo a ciência ficta de quem pode ser alcançado por decisão administrativa. CONCURSO PÚBLICO – NOTÁRIOS E REGISTRADORES – COMISSÃO. Faz-se regular a comissão de concurso com a participação, personificando notários e registradores, da Presidente da entidade de classe, pouco importando seja esta notária ou registradora." (MS 25962, Relator(a): Min. MARCO AURÉLIO, Tribunal Pleno, julgado em 23/10/2008, DJe-053 DIVULG 19-03-2009 PUBLIC 20-03-2009 EMENT VOL-02353-01 PP-00156 RTJ VOL-00209-03 PP-01103 LEXSTF v. 31, n. 363, 2009, p. 108-126)

PROCESSO ADMINISTRATIVO DISCIPLINAR.

▶ **HIPÓTESES EM QUE É CABÍVEL** o controle por meio de Mandado de Segurança.

"A legislação vigente, ao contrário da anterior, não veda a utilização do mandado contra atos disciplinares. Já sustentamos (até a 12ª edição deste livro) o descabimento de mandado de segurança contra ato disciplinar, salvo naqueles casos indicados na antiga Lei 1.533/1951, art. 5º, III, "quando praticado por autoridade incompetente ou com inobservância de formalidade essencial". Entretanto, diante de irrefutáveis argumentos do culto Min. Carlos Mário Velloso, apoiado em fundamentado acórdão do TFR, rendemo-nos ao seu entendimento, que considera a restrição da lei incompatível com a amplitude constitucional do mandamus. Realmente, se a Constituição vigente concede a segurança para proteger todo direito líquido e certo não amparado por habeas corpus, qualquer que seja a autoridade ofensora (art. 5º, LXIX), não se legitima a exclusão dos atos disciplinares, que, embora formalmente corretos e expedidos por autoridade competente, podem ser ilegais e abusivos no mérito, a exigir pronta correção mandamental." (MEIRELLES, Hely Lopes. Mandado de Segurança e Ações Constitucionais, , Editora Malheiros, 36ª Edição, São Paulo, 2014, p. 53)

◙ *Não observância do prazo de 3 dias úteis entre a notificação do indiciado e a realização da prova ou diligência ordenada, nos termos do art. 41 da Lei 9.784/99, sendo evidenciado o prejuízo à defesa.*

"PROCESSUAL CIVIL E ADMINISTRATIVO. MANDADO DE SEGURANÇA INDIVIDUAL. AGENTES PENITENCIÁRIOS FEDERAIS. PROCESSO ADMINISTRATIVO DISCIPLINAR – PAD. PENA DE DEMISSÃO. INDEFERIMENTO MOTIVADO DE PROVAS. AUSÊNCIA DE CERCEAMENTO DE DEFESA. INTIMAÇÃO PARA OITIVA DE TESTEMUNHA. INOBSERVÂNCIA DOS 3 (TRÊS) DIAS ÚTEIS ENTRE A INTIMAÇÃO DOS INDICIADOS E A REALIZAÇÃO DO ATO. ART. 41 DA LEI N. 9.784/99. PREJUÍZO EVIDENCIADO. ORDEM CONCEDIDA PARCIALMENTE. I. Trata-se de mandado de segurança impetrado por oito agentes penitenciários federais contra atos praticados pelo Sr. Ministro de Estado da Justiça, que demitiu os Impetrantes do cargo, em razão de agressões praticadas contra internos da Penitenciária Federal de Catanduvas, conforme apurado no Processo Administrativo Disciplinar n. 08016.000526/2010-11. II. Nos termos do art. 156, §§ 1º e 2º, da Lei n. 8.112/1990, o indeferimento do pedido de produção de provas pela comissão disciplinar, desde que devidamente motivado, não causa a nulidade do processo administrativo. Precedentes. III. Esta Corte orienta-se no sentido de que, em processo disciplinar, deve-se respeitar o prazo de 3 dias úteis entre a notificação do indiciado e a realização da prova ou diligência ordenada, nos termos do art. 41 da Lei 9.784/99, sendo evidenciado o prejuízo à defesa. Precedentes. IV – Com efeito, devem ser anuladas as ouvidas de testemunha nas quais não tenha sido observado o prazo de 3 (três) dias úteis entre a intimação de cada um dos Impetrantes e a realização do ato, e, por consequência, considerados nulos os atos delas decorrentes. V. Ordem concedida parcialmente, para declarar a nulidade das ouvidas de testemunha nas quais não tenha sido observado o prazo de 3 (três) dias úteis entre a intimação de cada um dos Impetrantes e a realização do ato, e, por consequência, dos atos delas decorrentes, determinando a imediata reintegração dos Impetrantes, com todos os efeitos funcionais e financeiros, estes a partir da impetração." (MS 17.543/DF, Rel. Ministra REGINA HELENA COSTA, PRIMEIRA SEÇÃO, julgado em 10/05/2017, DJe 15/05/2017)

◙ *Indeferimento pela comissão processante do requerimento de produção de provas com base em fundamentação inidônea gerando cerceamento de defesa.*

"CONSTITUCIONAL E ADMINISTRATIVO. MANDADO DE SEGURANÇA. POLICIAL RODOVIÁRIO FEDERAL. PROCESSO ADMINISTRATIVO DIS-

CIPLINAR. FORMAÇÃO INSUFICIENTE DO CONJUNTO PROBATÓRIO. REQUERIMENTO DE PRODUÇÃO DE PROVAS. INDEFERIMENTO PELA COMISSÃO PROCESSANTE. FUNDAMENTAÇÃO INIDÔNEA. CERCEAMENTO DE DEFESA. OCORRÊNCIA. PENA DE DEMISSÃO APLICADA BASEADA NA DECLARAÇÃO PESSOAL E NO DEPOIMENTO DAS TESTEMUNHAS DE ACUSAÇÃO. PRINCÍPIO DA PROPORCIONALIDADE NÃO OBSERVADO. PRECEDENTES DESTA CORTE. SEGURANÇA CONCEDIDA. 1. Hipótese em que ao impetrante foi aplicada a penalidade de demissão, em virtude do cometimento de infração disciplinar, consistente em suposto pedido de propina para não lavrar auto de infração de trânsito. 2. A pena de demissão imposta a servidor público submetido a processo administrativo disciplinar deve encontrar fundamento em provas convincentes que demonstrem a prática da infração pelo acusado, razão pela qual a falta administrativa deve ser comprovada de maneira cabal e indubitável (RMS 19.498/SP, Rel. Ministra LAURITA VAZ, QUINTA TURMA, julgado em 23/02/2010). 3. No caso em apreço, verifica-se que a Comissão Processante concluiu pela ocorrência da conduta ilícita do impetrante, baseada apenas no depoimento da vítima, de seus irmãos e amigo, todas suas testemunhas. Lado outro, a referida comissão indeferiu os requerimentos pleiteados pela defesa, seja de ouvida de testemunha, seja na obtenção de prova material (esclarecimentos do Núcleo de Multas e Penalidades a respeito dos Autos de Infração realizados no dia dos fatos e a cópia do auto de infração), sob o fundamento de que os sucessivos pedidos e adiamentos poderiam levar a uma iminente prescrição da pretensão punitiva. 4. A imposição da sanção máxima no serviço público fundamentada em prova isolada – declaração pessoal e depoimento das testemunhas de acusação – sem nenhuma prova documental, mostra-se desarrazoada e vicia a própria motivação do ato administrativo, sendo, portanto, passível de anulação. 5. Além disso, a apenação aplicada foi desmesurada, não pelo valor supostamente recebido a título de propina (R$ 65, 00), mas sim diante do insuficiente acervo probante exposto nos autos, que não formou evidência convincente, em face da pena imposta. Portanto, restam comprometidas a razoabilidade e proporcionalidade da referida sanção administrativa. Precedentes. 6. Cabe à Comissão Processante assegurar ao acusado ampla defesa, com a utilização de meios e recursos admitidos no direito, objetivando coletar provas de modo a permitir a completa elucidação dos fatos. 7. A imputação feita ao impetrante foi de solicitação e recebimento de propina no valor de R$ 65, 00, para se furtar da obrigação funcional e legal de autuar o depoente, por não portar habilitação para conduzir veículo automotor. Todavia, mostra-se controvertido se efetivamente o impetrante teria obtido proveito pessoal que denotasse a ocorrência da conduta ilícita (improbidade administrativa e corrupção passiva), uma vez que houve a lavratura do auto de infração. 8. No caso em exame, evidencia-se a ocorrência de cerceamento de defesa na recusa da Comissão Processante em não apurar se todos os autos de infração emitidos no dia 7/5/2003 foram devidamente enviados e processados no Núcleo de Multas e Penalidades da Polícia Rodoviária Federal, ou se apenas os autos emitidos pelo acusado não tiveram o correto trâmite procedimental, visto que o impetrante apresentou a 2ª via do auto de infração por ele emitido, sendo que, em nosso ordenamento jurídico, presume-se a boa-fé. 9. Cumpre à Administração Pública, que formula a acusação, provar o que alega para a correta motivação do ato demissório, pois exigir do impetrante prova de fato negativo, ou seja, de que não forjou o auto de infração para escapar de eventual penalidade, é impor o ônus da prova que não lhe cabe. 10. Segurança concedida." (MS 15.096/DF, Rel. Ministro RIBEIRO DANTAS, TERCEIRA SEÇÃO, julgado em 10/10/2018, DJe 18/10/2018)

◉ *Em sede de processo administrativo disciplinar, o marco inicial da prescrição da pretensão punitiva estatal coincide com a data do conhecimento do fato pela autoridade com poderes para determinar a abertura do PAD, e não com a posterior data em que a autoridade vier a identificar o caráter ilícito do fato apurado.*

"MANDADO DE SEGURANÇA. PROCESSO ADMINISTRATIVO DISCIPLINAR. SERVIDORA FEDERAL. PRESCRIÇÃO DA PRETENSÃO PUNITIVA. MARCO INICIAL. DATA DO CONHECIMENTO DO FATO E NÃO A DATA EM QUE A AUTORIDADE VIER A IDENTIFICAR O CARÁTER ILÍCITO DO FATO APURADO. INTELIGÊNCIA DO ART. 142 DA LEI N. 8.112/1990. ORDEM CONCEDIDA. 1. – Em sede de processo administrativo disciplinar, o marco inicial da prescrição da pretensão punitiva estatal coincide com a data do conhecimento do fato pela autoridade com poderes para determinar a abertura do PAD, e não com a posterior data em que a autoridade vier a identificar o caráter ilícito do fato apurado. Precedentes. 2. – No caso dos autos, entre a data da prática do ato posteriormente tido por ilícito (24 de janeiro de 1997) e a data de instauração da Comissão de Inquérito de cujos trabalhos resultou a demissão (27 de maio de 2011), transcorreram mais de catorze anos, pelo que é inafastável a conclusão de que os trabalhos da Comissão processante, base da demissão aplicada à autora, foram iniciados após o limite temporal imposto pelo art. 142, I, da Lei n. 8.112/1190. 3. – Ordem concedida para anular a demissão e determinar a reintegração da servidora." (MS 21.050/DF, Rel. Ministro SÉRGIO KUKINA, PRIMEIRA SEÇÃO, julgado em 26/09/2018, DJe 03/10/2018)

◉ *Demissão em cargo distinto do qual foi praticada a falta disciplinar.*

"ADMINISTRATIVO. MANDADO DE SEGURANÇA. SERVIDOR PÚBLICO. PROCESSO ADMINISTRATIVO DISCIPLINAR. PENALIDADE DE DEMISSÃO, COM BASE NO ART. 132, VI DA LEI 8.112/90, DO CARGO DE AGENTE EXECUTIVO DA COMISSÃO DE VALORES MOBILIÁRIOS-CVM (CARGO NÃO MAIS OCUPADO PELO SERVIDOR). PORTARIA, ORA IMPUGNADA, CUJO CONTEÚDO FOI A DEMISSÃO DO CARGO CONTEMPORANEAMENTE OCUPADO PELO IMPETRANTE NA ANP (ANALISTA ADMINISTRATIVO). PARECER DO MPF PELA CONCESSÃO PARCIAL DA ORDEM. ORDEM CONCEDIDA PARA DETERMINAR A IMEDIATA REINTEGRAÇÃO DO IMPETRANTE AO CARGO DE ANALISTA ADMINISTRATIVO, CLASSE A, PADRÃO III, NO QUADRO DE PESSOAL DA AGÊNCIA NACIONAL DO PETRÓLEO, GÁS NATURAL E BIOCOMBUSTÍVEIS. 1. Conforme bem ressaltado pelo ilustre Ministro SÉRGIO KUKINA, em esclarecedor voto vista ao qual adiro, de fato, recebendo os autos com a recomendação de demissão do cargo não mais ocupado pelo Servidor processado (Agente Executivo), o Ministro de Estado das Minas e Energia acabou por expedir a Portaria ora impugnada, cujo conteúdo foi a penalidade de demissão do cargo contemporaneamente ocupado pelo impetrante na ANP (Analista Administrativo). 2. Aí residiu o nuclear vício em que incidiu a autoridade impetrada, haja vista que, nesse contexto, o resultado do ato importou em violação de lei (art. 2º., parágrafo único, alínea c da Lei 4.717/1965), inquinando o ato sancionador de nulidade, por vício de objeto, pois não havia registro de nenhuma conduta desviante do então Servidor no exercício de suas atividades junto à ANP (sua falta funcional, repita-se, ocorrera anteriormente, enquanto no exercício do cargo de Agente Executivo da CVM – hipótese do art. 132, VI, da Lei 8.112/1990, ou seja, insubordinação grave em serviço). Por isso que tal demissão, à toda vista, revestiu-se de remarcada ilegalidade e abusividade, justificando, pelo menos quanto a esse aspecto, a concessão do writ. 3. Ordem concedida para determinar a anulação da Portaria demissional 639, de 17 de novembro de 2011, do Ministério das Minas e Energia (ato coator), com a imediata reintegração do impetrante ao cargo de Analista Administrativo, Classe A, padrão III, no Quadro de Pessoal da Agência Nacional do Petróleo, Gás Natural e Biocombustíveis, com efeitos funcionais desde seu desligamento. Os efeitos financeiros retroagirão à data da impetração, nos termos das Súmulas 269 e 271/STF." (MS 17.918/DF, Rel. Ministro NAPOLEÃO NUNES MAIA FILHO, PRIMEIRA SEÇÃO, julgado em 13/09/2017, DJe 02/02/2018)

◉ *A autoridade julgadora pode aplicar sanção diversa daquela sugerida pela Comissão Processante, agravando ou abrandando a penalidade, ou até mesmo isentar o servidor da responsabilidade, desde que apresente a devida fundamentação.*

"PROCESSUAL CIVIL. MANDADO DE SEGURANÇA. AGRAVAMENTO DA PENALIDADE IMPOSTA PELA COMISSÃO PROCESSANTE. AUSÊNCIA DE JUSTIFICAÇÃO. NÃO OBSERVÂNCIA DO QUE DISPÕE O ART. 168, PARÁGRAFO ÚNICO, DA LEI 8.112/90. 1. Trata-se de Agravo de Instrumento de decisão que concedeu parcialmente a segurança contra ato do Sr. Ministro de Estado do Planejamento, Orçamento e Gestão, anulando a Portaria que demitiu o impetrante do cargo de Analista em Tecnologia da Informação. 2. Alegou o impetrante, em Mandado de Segurança, ofensa aos princípios do devido processo legal, do contraditório e da ampla defesa. Sustentou que a pena de demissão foi desproporcional e que não houve fundamentação para agravamento da penalidade imposta pela Comissão Disciplinar processante, com violação ao art. 168, parágrafo único, da Lei 8.112/90. 3. In casu há discrepância entre o entendimento da Comissão Processante e o da autoridade coatora com relação à sanção a ser aplicada em razão dos fatos apurados. Enquanto a Comissão, após esmerada análise do processo, decidiu que o caso não se enquadraria na hipótese de improbidade administrativa, a autoridade coatora promoveu tal enquadramento sem apresentar justificativa. 4. Extrai-se das decisões cotejadas que os fatos são os mesmos, dessarte caberia à autoridade coatora, minimamente, indicar na sua decisão as razões pelas quais resolvera reconhecer a existência de improbidade administrativa e agravar a penalidade imposta ao impetrante. 5. Ao contrário do que alega a parte agravante, a autoridade coatora não fez menção sobre se houvera adotado, ou não, o Parecer da AGU, ou outro documento, para decidir pelo agravamento da pena (fl. 734/e-STJ). 6. O Superior Tribunal de Justiça possui pacífico entendimento de que, nos termos do artigo 168 da Lei 8.112/90, a autoridade julgadora pode aplicar sanção diversa daquela sugerida pela Comissão Processante, agravando ou abrandando a penalidade, ou até mesmo isentar o servidor da responsabilidade, desde que apresente a devida fundamentação, o que não ocorreu no caso dos autos. (MS 19.992/DF, Rel. Ministro Benedito Gonçalves, Primeira Seção, julgado em 26/2/2014, DJe 19/3/2014). 7. Agravo Interno não provido." (AgInt no MS 21.957/DF, Rel. Ministro HERMAN BENJAMIN, PRIMEIRA SEÇÃO, julgado em 14/12/2016, DJe 02/02/2017)

◙ **Admite-se o exame da proporcionalidade e da razoabilidade da penalidade imposta ao servidor, porquanto se encontra relacionada com a própria legalidade do ato administrativo**

"..ADMINISTRATIVO E PROCESSUAL CIVIL. AGRAVO INTERNO EM MANDADO DE SEGURANÇA. SERVIDOR PÚBLICO FEDERAL. PROCESSO ADMINISTRATIVO DISCIPLINAR (PAD). IMPOSSIBILIDADE DE INCURSÃO NO MÉRITO ADMINISTRATIVO. PROPORCIONALIDADE DA PENA APLICADA. AUSÊNCIA DE DIREITO LÍQUIDO E CERTO. 1. A jurisprudência consolidada no Superior Tribunal de Justiça é no sentido de que não cabe o exame da alegação de que o conjunto probatório seria insuficiente para o reconhecimento da infração disciplinar, vez que seu exame exige a revisão do conjunto fático-probatório apurado no PAD, com a incursão no mérito administrativo, questões estas estranhas ao cabimento do writ e à competência do Judiciário. 2. Admite-se o exame da proporcionalidade e da razoabilidade da penalidade imposta ao servidor, porquanto se encontra relacionada com a própria legalidade do ato administrativo. Precedentes. 3. No caso a pena de demissão imposta ao impetrante atendeu aos princípios da razoabilidade e da proporcionalidade, diante da gravidade da conduta perpetrada pelo impetrante. Precedente: MS 20.348/DF, Rel. Ministro MAURO CAMPBELL MARQUES, Primeira Seção, julgado em 12/08/2015, DJe 03/09/2015; AgRg no RMS 40.969/MG, Rel. Min. Herman Benjamin, Segunda Turma, julgado em 02.06.2015, DJe 30.06.2015. 4. Agravo interno não provido." (AgInt no MS 20.515/DF, Rel. Ministro BENEDITO GONÇALVES, PRIMEIRA SEÇÃO, julgado em 28/06/2017, DJe 01/08/2017)

▶ **HIPÓTESES EM QUE NÃO É CABÍVEL o controle por *meio* de Mandado de Segurança.**

◙ *Não cabe mandado de segurança para a discussão da proporcionalidade da pena nos casos de demissão por ato doloso de improbidade administrativa.*

"..7. Nos casos de demissão por ato doloso de improbidade administrativa, a proporcionalidade da pena, por exigir reapreciação de aspectos fáticos, não é admitida na via estreita do mandado de segurança. Precedentes. 8. Recurso ordinário a que se nega provimento." (RMS 33666, Relator(a): Min. MARCO AURÉLIO, Relator(a) p/ Acórdão: Min. EDSON FACHIN, Primeira Turma, julgado em 31/05/2016, PROCESSO ELETRÔNICO DJe-201 DIVULG 20-09-2016 PUBLIC 21-09-2016)

◉ **Se mostra inviável a análise das provas constantes no processo administrativo disciplinar a fim de adotar conclusão diversa daquela à qual chegou a autoridade administrativa competente**

"...9. No controle jurisdicional do processo administrativo, a atuação do Poder Judiciário limita-se ao campo da regularidade do procedimento, bem como à legalidade do ato, não sendo possível nenhuma incursão no mérito administrativo a fim de aferir o grau de conveniência e oportunidade, de modo que se mostra inviável a análise das provas constantes no processo disciplinar a fim de adotar conclusão diversa daquela à qual chegou a autoridade administrativa competente." (MS 22.828/DF, Rel. Ministro GURGEL DE FARIA, PRIMEIRA SEÇÃO, julgado em 13/09/2017, DJe 21/09/2017)

> § 1º Equiparam-se às autoridades, para os efeitos desta lei, os representantes ou órgãos de partidos políticos e os administradores de entidades autárquicas, bem como os dirigentes de pessoas jurídicas ou as pessoas naturais no exercício de atribuições do poder público, somente no que disser respeito a essas atribuições.

Redação correspondente da revogada Lei 1.533/51: § 1º Consideram-se autoridades, para os efeitos desta Lei, os representantes ou administradores das entidades autárquicas e das pessoas naturais ou jurídicas com funções delegadas do Poder Público, somente no que entender com essas funções.

▶ **O que foi alterado em relação à redação anterior?**

"A primeira observação sobre a legitimidade passiva é que, na redação anterior, a expressão utilizada era 'consideram-se autoridades', e não 'equiparam-se às autoridades'. Acredita-se que a razão de ser da modificação é o fato de que, na lei anterior, a intenção era a definir, de forma mais taxativa, quem seria considerado autoridade para efeito da lei. Na atual redação, a expressão 'equiparam-se' traz ideia de ampliação do conceito e do rol dos legitimados passivos" (GOMES JÚNIOR, Luiz Manoel et alii. Comentários à Lei do Mandado de Segurança: Lei 12.016, de 7 de agosto de 2009. 4. ed. 2015, p. 52-53).

▶ Os Atos praticados por representantes ou órgãos de partidos políticos

Como novidade legislativa, extraída do disposto no art. 1.º, § 1.º, da Lei 12.016/2009, os representantes ou órgãos de partidos políticos foram equiparados a autoridades públicas e, com isso, seus atos passam à classe daqueles que podem ser controlados judicialmente através de mandado de segurança. É livre a criação de partido político (art. 17, caput, da CF/1988), pessoa jurídica de direito privado destinada a assegurar, em nome da democracia, a autenticidade do sistema representativo e a defender os direitos fundamentais (art. 1.º da Lei 9.096/1995). De uma maneira geral, em juízo, a responsabilidade por atos de violação a direito alheio cabe ao órgão partidário municipal, estadual ou nacional que a ela tiver dado causa, ficando excluída, na forma estabelecida no art. 15-A da Lei 9.096/1995 (incluído pela Lei 11.694/2008 e alterado pela Lei 12.034/2009), a solidariedade de outros órgãos de direção partidária. Ainda assim, segundo a norma contida no parágrafo único do art. 11 da Lei 9.096/1995, o delegado credenciado por órgão de direção representa o partido político perante a Justiça Eleitoral, daí por que pode ter seus atos combatidos através de mandado de segurança. Já na Casa Legislativa, o partido político funciona por intermédio de uma bancada – que deve constituir sua liderança, na forma do art. 12 da Lei 9.096/1995 – que, assim, prática atos passíveis de ataque na via do writ. Podem-se imaginar alguns casos de possíveis impetrações de mandados de segurança contra atos de representantes ou órgãos de partidos políticos. Integrante de bancada do partido, que "deve subordinar sua ação parlamentar aos princípios doutrinários e programáticos e às diretrizes estabelecidas pelos órgãos de direção partidários" (art. 24 da Lei 9.096/1995), pode-se valer do writ para questionar determinada linha de atuação que lhe seja imposta pelo partido, sob o exemplificativo fundamento de estar em confronto com mandamento constante do estatuto da entidade. Mesmo a imposição de quaisquer medidas disciplinares básicas de caráter estatutário, assim como a aplicação de penalidades exteriorizadas em desligamento temporário da bancada, suspensão do direito de voto em reuniões internas ou perda de prerrogativas (art. 25 da Lei 9.096/1995), podem levar o parlamentar a buscar, via mandado de segurança, o controle judicial correlato, alegando, v.g., inobservância do contraditório e da ampla defesa, desproporcionalidade da sanção etc. A aplicação dos recursos oriundos do Fundo Partidário desviada da destinação estabelecida no art. 44 da Lei 9.096/1995 se afigura, também, outro exemplo de prática passível de impugnação através do remédio heroico. (Mandado de segurança individual e coletivo, Aloísio Gonçalves de Castro, coordenação, 1ª edição, Editora Revista dos Tribunais, 2014, p. XX)

▶ Partido político é pessoa jurídica de direito privado (CC 44 V), mas os atos de seus dirigentes consideram-se de autoridade e podem ser sindicados pela via do MS.

"A norma equipara a autoridade, para fins de MS, as pessoas e entidades que menciona. Partido político é pessoa jurídica de direito privado (CC 44 V), mas os atos de seus dirigentes consideram-se de autoridade e podem ser sindicados pela via do MS." (NERY Jr. Nelson, Leis civis e processuais civis comentadas – Ed. 2016, p. 1636)

▶ **Atos decorrente de delegação, concessão ou autorização do poder público também pode ser combatido mediante a impetração de Mandado de Segurança.**

"Quando o ato coator é praticado por integrante de pessoa jurídica de direito público da administração indireta e diga respeito a atividade pública ou decorrente de delegação, concessão ou autorização do poder público (v.g. registradores, tabeliães, notários), também pode haver impetração de MS se o ato praticado se subsumir na categoria de ato coator." (NERY Jr. Nelson, Leis civis e processuais civis comentadas – Ed. 2016, p. 1636)

◉ **Cabimento de Mandado de Segurança em decorrência da suspensão de fornecimento de energia elétrica por concessionária.**

"É ressabido que a competência para conhecer e processar mandado de segurança é aferida a partir da categoria funcional da autoridade apontada como coatora. Assim, considerando que, no presente caso, as autoridades tidas como coatora são os Diretores Comercial e Técnico da Celg Distribuição S/A, agentes de empresa concessionária de serviço público federal de energia elétrica (art. 21, XII, alínea b da CF), é de se concluir que cabe à Justiça Federal (art. 109, VIII da CF/88), processar e julgar o mandado de segurança contra eles impetrado. Nesse sentido tem se manifestado a jurisprudência desta Corte, ao apreciar casos análogos ao presente, envolvendo mandados de segurança impetrados contra atos de dirigentes de concessionárias de energia elétrica consistentes na suspensão de fornecimento." (STJ – CC: 152123 GO 2017/0098724-2, Relator: Ministro BENEDITO GONÇALVES, Data de Publicação: DJ 02/04/2018)

◉ **A autoridade coatora é o dirigente de empresa concessionária de serviços públicos de energia elétrica.**

"...Tem-se entendido que a competência da Justiça Federal para o processamento e o julgamento de mandado de segurança impetrado contra ato de autoridade federal, o que inclui o dirigente de empresa concessionária de serviços públicos de energia elétrica, quando no exercício de função federal delegada." (STJ – CC: 152123 GO 2017/0098724-2, Relator: Ministro BENEDITO GONÇALVES, Data de Publicação: DJ 02/04/2018)

◉ **A atividade notarial e de registro é função pública exercida por delegação do Poder Público, nos termos do art. 236, da Constituição Federal e, portanto, sujeitos seus atos (nesta condição) ao combate por meio de mandado de segurança.**

"MANDADO DE SEGURANÇA – Impetração voltada contra ato de Tabelião de Notas que exige a apresentação de certidões de regularidade fiscal como condição à lavratura de escritura definitiva de compra e venda de imóvel – Exigência que encontra fundamento nos artigos 47 e 48, da Lei n. 8.212/91 – Lei que se presume válida, posto não declarada inconstitucional no julgamento da ADI n. 394-1 invocado como fundamento da presente impetração – Hipótese em que tem lugar o procedimento de declaração de dúvida, nos termos do arts. 198 e 296 da Lei n. 6.015/73 – Competência do Corregedor Permanente do Cartório de Registros – Precedentes deste Tribunal – Ordem denegada – Recurso improvido." (TJSP – Apelação Cível nº 0037996-58.2009.8.26.0053 – São Paulo – 8ª Câmara de Direito Público – Rel. Des. Paulo Dimas Mascaretti – DJ 26.04.2013)

◙ **Mandado de segurança para compelir hospital realizar cirurgia.**

"MANDADO DE SEGURANÇA – Prestação de Serviço Público – Visa o impetrante compelir hospital a lhe realizar cirurgia – Resistência da autoridade – Inadmissibilidade – Incidência dos artigos 196 da Constituição Federal e 219 da Constituição Estadual – Jurisprudência dominante estabelece dever inarredável do Poder Público – Alegação de ilegitimidade passiva – Não ocorrência – Autoridade que exerce função delegada – Reexame necessário e recurso voluntário improvidos." (TJ-SP – CR: 7264295000 SP, Relator: Rubens Rihl, Data de Julgamento: 28/01/2009, 8ª Câmara de Direito Público, Data de Publicação: 13/02/2009)

◙ **Para a impetração de Mandado de Segurança contra ato de entidade particular de ensino superior é necessário investigar a natureza do ato praticado.**

"No que se refere a mandado de segurança, a competência é estabelecida pela natureza da autoridade impetrada. Conforme a CF 109 VIII, compete à Justiça Federal processar e julgar mandados de segurança contra ato de autoridade federal, considerando-se como tal também o agente de entidade particular quanto a atos praticados no exercício de função federal delegada. Para esse efeito é que faz sentido, em se tratando de impetração contra entidade particular de ensino superior, investigar a natureza do ato praticado." (STJ, 1.ª Seç., CComp 35721-RO, rel. Min. Teori Albino Zavascki, j. 11.6.2003, v.u., DJU 4.8.2003, p. 212)

◙ **Se o objeto da demanda se referir ao registro de diploma perante o órgão público competente – ou mesmo credenciamento da entidade perante o Ministério da Educação (MEC) é cabível Mandado de Segurança na Justiça Federal.**

".. 3. Nos termos da jurisprudência já firmada pela 1ª Seção deste Sodalício, em se tratando da competência para processar e julgar demandas que envolvam instituições de ensino superior particular, é possível extrair as seguintes orientações, quais sejam: (a) caso a demanda verse sobre questões privadas relacionadas ao contrato de prestação de serviços firmado entre a instituição de ensino superior e o aluno, tais como, por exemplo, inadimplemento de mensalidade, cobrança de taxas, desde que não se trate de mandado de segurança, a competência, via de regra, é da Justiça Estadual; e, (b) ao revés, sendo mandado de segurança ou referindo-se ao registro de diploma perante o órgão público competente – ou mesmo credenciamento da entidade perante o Ministério da Educação (MEC) – não há como negar a existência de interesse da União Federal no presente feito, razão pela qual, nos termos do art. 109 da Constituição Federal, a competência para processamento do feito será da Justiça Federal. Precedentes. 4. Essa conclusão também se aplica aos casos de ensino à distância, em que não é possível a expedição de diploma ao estudante em face da ausência de credenciamento da instituição junto ao MEC. Isso porque, nos termos dos arts. 9º e 80, § 1º, ambos da Lei de Diretrizes e Bases da Educação, o credenciamento pela União é condição indispensável para a oferta de programas de educação à distância por instituições especificamente habilitadas para tanto. 5. Destaca-se, ainda, que a própria União – por intermédio de seu Ministério da Educação (MEC) – editou o Decreto 5.622, em 19 de dezembro de 2005, o qual regulamentou as condições de credenciamento, dos cursos de educação à distância, cuja fiscalização fica a cargo da recém criada Secretaria de Regulação e Supervisão da Educação Superior do referido órgão ministerial. 6. Com base nestas considerações, em se tratando de demanda em que se discute a ausência/obstáculo de credenciamento da instituição de ensino superior pelo Ministério da Educação como condição de expedição de diploma aos estudantes, é inegável a presença de interesse jurídico da União, razão pela qual deve a competência ser atribuída à Justiça Federal, nos termos do art. 109, I, da Constituição Federal de 1988. Neste sentido, dentre outros precedentes desta Corte, a conclusão do Supremo Tribunal Federal no âmbito do RE 698440 AgR, Relator(a): Min. LUIZ FUX, Primeira Turma, julgado em 18/09/2012, PROCESSO ELETRÔNICO DJe-193 DIVULG 01-10 – 2012 PUBLIC 02-10-2012. 7. Portanto, CONHEÇO do RECURSO ESPECIAL interposto pelo ESTADO DO PARANÁ e CONHEÇO PARCIALMENTE do RECURSO ESPECIAL interposto pela parte particular para, na parte conhecida, DAR PROVIMENTO a ambas as insurgências a fim de reconhecer a competência da Justiça Federal para processar e julgar a demanda. Prejudicada a análise das demais questões. Recursos sujeitos ao regime do art. 543-C do CPC e da Resolução STJ 08/08." (STJ – REsp 1344771/PR, Rel. Ministro MAURO CAMPBELL MARQUES, PRIMEIRA SEÇÃO, julgado em 24/04/2013, REPDJe 29/08/2013, DJe 02/08/2013)

> § 2º Não cabe mandado de segurança contra os atos de gestão comercial praticados pelos administradores de empresas públicas, de sociedade de economia mista e de concessionárias de serviço público.

> **Redação correspondente da revogada Lei 1.533/51:** *§ 2º Quando o direito ameaçado ou violado couber a várias pessoas, qualquer delas poderá requerer o mandado de segurança.*

▶ Atos de gestão comercial

"Não cabe, todavia, a impetração contra os atos de gestão comercial praticados pelos administradores de empresas públicas, de sociedades de economia mista e de concessionárias de serviço público (aii. lº, § 2º, da Lei 12.016/200920). Não se consideram, tampouco, atos de autoridade, passíveis de mandado de segurança, os praticados por pessoas ou instituições particulares cuja atividade seja apenas autorizada pelo Poder

Público, como são as organizações hospitalares, os _estabelecimentos bancários e as instituições de ensino, salvo quando desempenham atividade delegada (STF, Súmula 510)." (MEIRELLES, Hely Lopes. Mandado de Segurança e Ações Constitucionais, Editora Malheiros, 36ª Edição, São Paulo, 2014, p. 34)

▶ **Atos de gestão são aqueles praticados pela Administração sem fazer uso da supremacia sobre os destinatários do ato.**

"Conforme se observa do voto proferido pelo Min. Luiz Fux, em decisão bastante esclarecedora e didática, quando aponta que atos de gestão, na verdade, são aqueles praticados pela administração sem fazer uso da supremacia sobre os destinatários do ato e, nesse sentido, somente são passíveis de impugnação propriamente dita aqueles atos que fogem, por exemplo, dos limites do que se convenciona chamar de contratos com a administração, ou seja, as obrigações contratuais estariam excluídas da tutela do mandado de segurança, na hipótese específica." (Comentários à Lei do mandado de segurança: Lei 12.016, de 7 de agosto de 2009)

▶ **Distinção entre atos de império e atos de gestão para fins de cabimento de Mandado de Segurança.**

"Em previsão sem correspondente no sistema anterior, o art. 1º, § 2º, da Lei 12.016/2009 consagra a distinção entre atos de império e atos de gestão praticados pelos administradores de empresas públicas, de sociedade de economia mista e de concessionária de serviço público. Dessa forma, passa a ser expresso em lei o não cabimento de mandado de segurança contra ato de gestão comercial, reservando-se o mandamus contra atos referentes às suas atribuições institucionais. Já era esse o entendimento consagrado no Superior Tribunal de Justiça e, apesar da novidade legislativa, aparentemente o dispositivo legal ora comentado não trará maiores alterações na praxe forense." (NEVES, Daniel Amorim Assumpção. Ações Constitucionais, 2ª edição, Ed. GEN, São Paulo, 2013, p. 114)

▶ **Dificuldade prática em algumas circunstâncias para se distinguir ato de atividade-meio e atividade-fim, devendo o intérprete sempre se guiar pela espécie de norma que rege a relação jurídica de direito material.**

"Não se pode discordar de parcela da doutrina que aponta para dificuldade prática em algumas circunstâncias para se distinguir ato de atividade-meio e atividade-fim, devendo o intérprete sempre se guiar pela espécie de norma que rege a relação jurídica de direito material. Sendo normas de direito privado, não se sujeitará ao mandado de segurança277, porque, nesse caso, ficará claro que o ato é de mera gestão comercial, não se confundindo com a finalidade institucional da pessoa jurídica." (NEVES, Daniel Amorim Assumpção. Ações Constitucionais, 2ª edição, Ed. GEN, São Paulo, 2013, p. 115)

> § 3º Quando o direito ameaçado ou violado couber a várias pessoas, qualquer delas poderá requerer o mandado de segurança.

Redação correspondente da revogada Lei 1.533/51: Não há.

LEGITIMIDADE ATIVA PARA IMPETRAR MANDADO DE SEGURANÇA

▶ **Qualquer pessoa, natural ou jurídica, privada ou pública, pode figurar como autora de um mandado de segurança.**

"Qualquer pessoa, natural ou jurídica, privada ou pública, pode figurar como autora de um mandado de segurança, ou, como se diz mais corriqueiramente, como sua impetrante. Também se garante tal direito às chamadas pessoas formais, conforme admitido pelo art. 75, V, VII e XI do CPC (espólio, massa falida, condomínios etc.). É a chamada personalidade judiciária, distinta da noção do direito privado de personalidade jurídica. Caso particular é o de certos órgãos públicos que, embora não dotados de personalidade jurídica, são admitidos a manejar mandado de segurança, desde que tenham como objetivo a defesa de suas prerrogativas institucionais, sendo já bastante pacificada, por exemplo, a jurisprudência que reconhece a legitimação das Câmaras de Vereadores para impetrar mandado de segurança visando obstar atuações invasivas do Executivo municipal . Fora esses casos, a legitimidade será da instituição à qual pertencerem os respectivos órgãos .No mandado de segurança coletivo a legitimação ativa é regida pelo inc. LXX do art. 5.º da CF/1988, que a atribui à partido político, com representação no Congresso Nacional, e a organização sindical, entidade de classe ou associação legalmente constituída e em funcionamento há pelo menos um ano, em defesa dos interesses de seus membros ou associados. Observe-se que a exigência de funcionamento há pelo menos um ano só existe para as associações."

> ▶ **No mesmo sentido**: "qualquer um – pessoa natural ou jurídica ou ente formal despersonalizado com capacidade de ser parte – pode impetrar mandado de segurança, e terá legitimidade ordinária ativa para fazê-lo, se afirmar, em sua petição inicial, que é o titular do direito líquido e certo que pretende ver protegido em juízo da lesão ou ameaça decorrente de ato ilegal ou abusivo de autoridade pública (ou de quem exerça função pública)." (CÂMARA, Alexandre. Manual do mandado de segurança. Atlas: São Paulo, 2013. p. 38.)

▶ **Órgãos públicos despersonalizados, mas dotados de capacidade processual, como as Chefias dos Executivos, as Presidências das Mesas dos Legislativos que tenham prerrogativas ou direitos próprios ou coletivos a defender pode manejar Mandado de Segurança.**

"Não só as pessoas físicas e jurídicas podem utilizar-se e ser passíveis de mandado de segurança, como também os órgãos públicos despersonalizados mas dotados de capacidade processual, como as Chefias dos Executivos, as Presidências das Mesas dos Legislativos, os Fundos Financeiros, as Comissões Autônomas, as Agências Reguladoras, as Superintendências de Serviços e demais órgãos da Administração centralizada ou descentralizada que tenham prerrogativas ou direitos próprios ou coletivos a defender." (MEIRELLES, Hely Lopes. Mandado de Segurança e Ações Constitucionais, , Editora Malheiros, 36ª Edição, São Paulo, 2014, p. 28)

▶ **A legitimidade ativa é atribuída a alguém que sofra ou esteja na iminência de sofrer violação de direito seu em decorrência de ato abusivo ou ilegal.**

"Da análise literal dos dispositivos aplicáveis ao Mandado de Segurança (art. 5º, LXIX, da CF/88 e art. 1º da nova Lei n. 12.016/2009), extrai-se que, em linhas gerais, é atribuída legitimidade ativa a alguém que sofra ou esteja na iminência de sofrer violação de direito seu em decorrência de ato abusivo ou ilegal de autoridade." (FUX, Luiz. Mandado de Segurança, Ed. GEN, Rio de Janeiro, p. 20)

▶ **O constituinte brasileiro não restringiu o uso do Mandado de Segurança apenas à pessoa humana (como fez com o habeas corpus).**

"A nova redação do art. 1º conferida pela Lei n. 12.016, no entanto, ao invés de se referir à concessão de mandando de segurança a "alguém" prefere a expressão à "pessoa física ou jurídica", que tenha sofrido ou esteja na iminência de sofrer lesão a seu direito líquido e certo." (FUX, Luiz. Mandado de Segurança, Ed. GEN, Rio de Janeiro, p. 21)

▶ **A alteração da expressão legislativa inaugura polêmica a respeito do sujeito legitimado para impetrar o mandamus.**

"Anteriormente, sempre se concebeu que o Mandado de Segurança poderia ser utilizado não apenas por pessoas físicas e jurídicas, como também por órgãos públicos despersonalizados, mas dotados de capa cidade processual (como as Chefias do Executivo, as Presidências das Mesas dos Legislativos, os Fundos Financeiros, as Comissões autônomas e demais órgãos da Administração centralizada ou descentralizada que tenham direitos próprios a defender). O advento do novo texto fez exsurgir a indagação, sobre se houve restrição quanto à pessoa que pode figurar como sujeito ativo do Mandado de Segurança. Respeitadas eventuais opiniões em contrário, entendemos que não houve limitação, posto a novel redação estar em consonância com o disposto no art. 5º, inc. LXIX, da Constituição de 1988, no sentido de que todo e qualquer sujeito de direito, pode figurar no polo ativo da ação constitucional sub examine." (FUX, Luiz. Mandado de Segurança, Ed. GEN, Rio de Janeiro, p. 21)

▶ **Nada impede que o impetrante seja pessoa jurídica de direito público, desde que titular de direito afetado por ato de autoridade pública.**

"Nada impede que o impetrante seja pessoa jurídica de direito público, desde que titular de direito afetado por ato de autoridade pública. Autores clássicos na doutrina brasileira sustentaram que a entidade pública não poderia se valer de remédio constitucional caracterizado como garantia individual do cidadão e em cujo rito haveria uma quebra do princípio da igualdade das partes em favor do cidadão impetrante, de forma a compensar sua hipossuficiência diante do Poder Estatal. Hoje, todavia, parece predominante na doutrina e uniforme na jurisprudência a tese que admite a impetração por pessoa jurídica de direito público." (Mandado de segurança individual e coletivo. p, 42)

◉ **Legitimidade da Fazenda pública para impetrar Mandado de Segurança.**

"A pessoa jurídica de direito público tem capacidade para ser parte ativa em MS, uma vez que são aplicáveis, no caso, as mesmas regras que cabem nas ações em geral." (JTJ 146/259)

▶ **Legitimidade do Ministério Público para impetrar Mandado de Segurança.**

"O Ministério Público tem legitimidade para, no exercício de suas atribuições constitucionais (art. 129 da CF/1988), impetrar mandado de segurança contra conduta abusiva do Poder Público, o que se concretiza com frequência, por exemplo, no processo penal e nos casos de lesão a direito do menor, consoante as disposições dos arts. 210, I e 212, § 2.º, da Lei 8.069/1990 (ECA)." (Mandado de segurança individual e coletivo. P, 43)

▶ **Órgãos públicos sem personalidade jurídica, mas titulares de prerrogativas próprias ou direitos a defender, poderão ser sujeitos ativos na relação processual do mandado de segurança.**

"Quanto aos órgãos públicos, despersonalizados mas com prerrogativas próprias (Mesas de Câmaras Legislativas, Presidências de Tribunais, Chefias de Executivo e de Ministério Público, Presidências de Comissões Autônomas etc.), a jurisprudência é uniforme no reconhecimento de sua legitimidade para figurar nos polos ativo e passivo do mandado de segurança (não de ações comuns), restrito à atuação funcional e em defesa de suas atribuições institucionais." (MEIRELLES, Hely Lopes. Mandado de Segurança e Ações Constitucionais, Editora Malheiros, 36ª Edição, São Paulo, 2014, p. 28)

▶ **Reconhece-se capacidade processual a esses órgãos em razão de estes possuírem personalidade judiciária.**

Não obstante os órgãos não possuírem personalidade jurídica, é reconhecida a alguns deles – os independentes – a possibilidade de impetrarem mandado de segurança para defesa de suas prerrogativas institucionais. Reconhece-se capacidade processual a esses órgãos em razão de estes possuírem personalidade judiciária. É importante frisar que esses órgãos só poderão estar em juízo, impetrando mandado de segurança, para defesa de suas prerrogativas institucionais, sendo vedado o manejo de ações judiciais para outros fins.

◉ *Súmula 525 do STJ – A Câmara de Vereadores não possui personalidade jurídica, apenas personalidade judiciária, somente podendo demandar em juízo para defender os seus direitos institucionais.*

▶ **Agentes políticos que detenham prerrogativas funcionais específicas do cargo ou do mandato podem impetrar mandado de segurança contra ato de autoridade que tolher o desempenho de suas atribuições ou afrontar suas prerrogativas.**

"Quanto aos agentes políticos que detenham prerrogativas funcionais específicas do cargo ou do mandato (governadores, prefeitos, magistrados, parlamentares, membros do Ministério Público e· dos Tribunais de Contas, ministros e secretários de Estado e outros), também podem impetrar mandado de segurança contra ato de autoridade que tolher o desempenho de suas atribuições ou afrontar suas prerrogativas, sendo frequentes as impetrações de membros de corporações contra a atuação de dirigentes que venham a cercear sua atividade individual no colegiado ou, mesmo, a extinguir ou cassar seu mandato." (MEIRELLES, Hely Lopes. Mandado de Segurança e Ações Constitucionais, Editora Malheiros, 36ª Edição, São Paulo, 2014, p. 28)

▶ **Impetração por titular de direito líquido e certo decorrente de direito de terceiro.**

"De acordo com o art. 3º da lei ora em vigor, o writ também pode ser impetrado por titular de direito líquido e certo decorrente de direito de terceiro, a favor do direito originário, se o seu titular não o fizer no prazo de 30 dias, contados da sua notificação judicial." (MEIRELLES, Hely Lopes. Mandado de Segurança e Ações Constitucionais, Editora Malheiros, 36ª Edição, São Paulo, 2014, p. 29)

▶ **O estrangeiro não residente no Brasil também é parte legitimada a impetrar mandado de segurança.**

"Da possibilidade aventada já foram vislumbrados na doutrina reflexos fáticos curiosos, tais como a possibilidade de milhões de estrangeiros não residentes encherem os tribunais brasileiros com processos múltiplos, ou, em caso de guerra externa, ficar o Brasil à mercê do "ataque judicial" perpetrado pelo inimigo contra medidas que todos os povos em tal situação adotam. Prevalece, entretanto, o entendimento de que malgrado o teor do art. 5.º, caput, da CF/1988, ao apresentar o elenco das garantias fundamentais, tenha feito referência aos estrangeiros residentes no País, não se pode subtrair importante instrumento de combate a ato de autoridade lesivo a interesse subjetivo apenas em função do local de moradia do prejudicado." (Mandado de segurança individual e coletivo. P, 43)

> ◙ **No mesmo sentido:** "O estrangeiro domiciliado no exterior tem legitimidade para impetrar mandado de segurança, por interpretação sistemática da CF 5.º caput. Seria um verdadeiro despropósito que um estrangeiro não pudesse defender sua propriedade aqui existente, pelo só fato de não residir no País." (STF-RT 792/199)

> ◙ **No mesmo sentido:** "ao estrangeiro, residente no exterior, também é assegurado o direito de impetrar mandado de segurança, como decorre da interpretação sistemática dos arts. 153, caput, da EC de 1969, e do 5.º, LIX, da Constituição atual." (STF, RE 215.267/SP, 1.ª T., j. 24.04.2001, rel. Min. Ellen Gracie, DJ 28.05.2001).

◙ **O membro do Ministério Público que atua perante o Tribunal de Contas possui legitimidade e capacidade postulatória para impetrar mandado de segurança, em defesa de suas prerrogativas institucionais, contra acórdão prolatado pela respectiva Corte de Contas.**

"RECURSO ORDINÁRIO EM MANDADO DE SEGURANÇA. IMPETRAÇÃO CONTRA ACÓRDÃO DO TCE QUE DETERMINOU A EXTINÇÃO E ARQUIVAMENTO DA REPRESENTAÇÃO PROMOVIDA PELO MINISTÉRIO PÚBLICO DE CONTAS. 1. Trata-se na origem de Mandado de Segurança impetrado pelo Ministério Público de Contas do Estado de Goiás contra ato do presidente do Tribunal de Contas do Estado de Goiás, dos conselheiros e do auditor substituto de conselheiro consubstanciado em acórdão 2807/2015, que determinou a extinção e arquivamento da representação 201400047000978, por ele (MPTCE/GO) promovida para apurar irregularidades na fase interna e externa de procedimento licitatório 2210000470000765, relativo a contrato da nova sede administrativa do citado tribunal. 2. O entendimento de que o Ministério Público Especial tem sua atuação restrita ao âmbito do Tribunal de Contas não exclui a possibilidade de tal Parquet especial atuar fora de tais cortes em defesa de suas (Ministério Público de Contas) prerrogativas institucionais, que é exatamente a hipótese dos autos. 3. Tanto a doutrina quanto a jurisprudência pacificamente reconhecem a legitimidade até mesmo para determinados órgãos públicos, entes despersonalizados e agentes políticos dotados de prerrogativas próprias, para impetração de writ em defesa de sua atuação funcional e atribuições institucionais, razão pela qual não há razão para excluir a legitimação para o Ministério Público de Contas em tais casos. 4. Na hipótese em exame, evidente que a anulação de acórdão 2807/2015 se insere nas atribuições institucionais do Parquet especial, razão pela qual deve ser reconhecida sua legitimidade ativa para impetração de Mandado de Segurança que vise a questionar tal ato. 5. Recurso Ordinário provido para reconhecer a legitimidade ativa do Ministério Público do Tribunal de Contas do Estado de Goiás, devendo o Tribunal a quo prosseguir com o julgamento de mérito." (RMS 52.741/GO, Rel. Ministro HERMAN BENJAMIN, SEGUNDA TURMA, julgado em 08/08/2017, DJe 12/09/2017)

▶ **Quando o direito ameaçado ou violado couber a várias pessoas, qualquer delas poderá requerer o mandado de segurança.**

Prevê, ainda, a Lei 12.016/2009, reproduzindo disposição idêntica contida na revogada Lei 1.533/1951, que "quando o direito ameaçado ou violado couber a várias pessoas, qualquer delas poderá requerer o mandado de segurança" (art. 1.º, § 3.º). É que, havendo comunhão no direito, a lesão a este desperta o interesse processual de qualquer de seus titulares. Exemplo tradicional na doutrina é o da contratação para o serviço público de pessoa que não tenha prestado concurso público, em detrimento de diversos candidatos aprovados no certame e que aguardavam a devida nomeação. Qualquer deles poderá, isoladamente, impetrar mandado de segurança, com o intuito de invalidar a referida contratação.

◙ *Súmula 628 do STF: Integrante de lista de candidatos a determinada vaga da composição de tribunal é parte legítima para impugnar a validade da nomeação de concorrente.*

▶ **Não é possível a sucessão de partes em processo de mandado de segurança, como regra.**

"Falecendo a pessoa física impetrante, no curso do processo, não caberá pedido de habilitação de seus sucessores no polo ativo da relação processual, ainda que se trate de discussão envolvendo direitos patrimoniais, porquanto os tribunais superiores uniformizaram entendimento segundo o qual em razão do caráter mandamental e da natureza personalíssima da ação, é incabível a sucessão de partes em processo de mandado de segurança." (Mandado de segurança individual e coletivo. P, 43)

◙ *No mesmo sentido: Ante o caráter mandamental e a natureza personalíssima da ação, não é possível a sucessão de partes no mandado de segurança.*

"ADMINISTRATIVO E PROCESSUAL CIVIL. EMBARGOS DE DECLARAÇÃO NO MANDADO DE SEGURANÇA. ÓBITO DO IMPETRANTE. HABILITAÇÃO DOS HERDEIROS. IMPOSSIBILIDADE. 1. O Superior Tribunal de Justiça firmou o entendimento de que, ante o caráter mandamental e a natureza personalíssima da ação, não é possível a sucessão de partes no mandado de segurança, ficando ressalvada aos herdeiros a possibilidade de acesso às vias ordinárias. 2. Embargos de declaração acolhidos, com efeitos infringentes, para denegar a segurança sem resolução do mérito." (EDcl no MS 11.581/DF, Rel. Ministro OG FERNANDES, TERCEIRA SEÇÃO, julgado em 26/06/2013, DJe 01/08/2013)

◙ **Admite o Superior Tribunal de Justiça, todavia, a habilitação de herdeiros no caso excepcional de o *mandamus* estar em fase de execução.**

"PROCESSUAL CIVIL. AGRAVO REGIMENTAL EM RECURSO ESPECIAL. MANDADO DE SEGURANÇA. FALECIMENTO DO IMPETRANTE. HABILITAÇÃO DE HERDEIRA. POSSIBILIDADE. AUSÊNCIA DE DIREITO PERSONALÍSSIMO E FEITO EM FASE DE EXECUÇÃO. 1. No caso de falecimento do impetrante durante o processamento do mandado de segurança, a jurisprudência do Superior Tribunal de Justiça é firme no sentido de que não é cabível a sucessão de partes, ante o caráter mandamental e a natureza personalíssima da demanda. Precedentes: EDcl no MS 11.581/DF, Rel. Ministro OG FERNANDES, TERCEIRA SEÇÃO, julgado em 26/6/2013, DJe 1º/8/2013; MS 17.372/DF, Relator Ministro HERMAN BENJAMIN, PRIMEIRA SEÇÃO, julgado em 26/10/2011, DJe 8/11/2011. 2. Todavia, na hipótese de o mandado de segurança encontrar-se em fase de execução, é cabível a habilitação de herdeiros, conforme determinou a Corte de origem. Agravo regimental improvido." (AgRg no AgRg no REsp 1415781/PR, Rel. Ministro HUMBERTO MARTINS, SEGUNDA TURMA, julgado em 22/05/2014, DJe 28/05/2014)

◙ *No mesmo sentido: É possível a habilitação de herdeiro colateral, na forma do art. 1.060, I, do CPC, nos autos da execução promovida em mandado de segurança, se comprovado que não existem herdeiros necessários nem bens a inventariar.*

"AGRAVO REGIMENTAL NOS EMBARGOS À EXECUÇÃO EM MANDADO DE SEGURANÇA. HABILITAÇÃO DE HERDEIRA COLATERAL. POSSIBILI-

DADE. INEXISTÊNCIA DE HERDEIROS NECESSÁRIOS. RECURSO A QUE SE NEGA PROVIMENTO. 1. É possível a habilitação de herdeira colateral, nos termos do art. 1060, inciso I, do Código de Processo Civil, de modo a possibilitar o prosseguimento da execução quando comprovada a inexistência de herdeiros necessários, não havendo que se falar em prejuízo a eventuais herdeiros que não constem do processo na medida em que o precatório só pode ser expedido com a apresentação da certidão de inventariança ou do formal e da certidão de partilha. 2. Agravo regimental a que se nega provimento." (AgRg nos EmbExeMS 11.849/DF, Rel. Ministra MARIA THEREZA DE ASSIS MOURA, TERCEIRA SEÇÃO, julgado em 13/03/2013, DJe 20/03/2013)

◉ **Também se admite a sucessão em caso de sucessora de anistiado.**

"4. Tratando-se de concessão de anistia post mortem, deve ser reconhecida a legitimidade ativa da impetrante não na qualidade de dependente econômica ou sucessora do anistiado, e sim na qualidade de única sucessora da viúva do anistiado político..." (MS 22.996/DF, Rel. Ministro GURGEL DE FARIA, PRIMEIRA SEÇÃO, julgado em 12/09/2018, DJe 01/10/2018)

◉ **O Superior Tribunal de Justiça tem se manifestado no sentido de que os valores retroativos relacionados à reparação econômica devida em virtude da concessão de anistia política têm caráter indenizatório, ingressando na esfera patrimonial do espólio após o óbito do anistiado.**

"PROCESSUAL CIVIL. MANDADO DE SEGURANÇA. ANISTIADO POLÍTICO. VALORES RETROATIVOS DA REPARAÇÃO ECONÔMICA. ILEGITIMIDADE ATIVA. I – O Superior Tribunal de Justiça, em hipóteses similares à presente, tem se manifestado no sentido de que os valores retroativos relacionados à reparação econômica devida em virtude da concessão de anistia política têm caráter indenizatório, ingressando na esfera patrimonial do espólio após o óbito do anistiado. II – Nesse contexto, sob pena de extinção do mandado de segurança por ilegitimidade ativa, compete à parte impetrante trazer aos autos os documentos que comprovem a sua nomeação como inventariante para defender os interesses do espólio, ou, na hipótese de encerramento do processo de inventário, que lhe foi transmitido o direito à integralidade dos valores que seriam devidos ao anistiado político a título de efeitos retroativos de reparação econômica, com a exclusão dos demais herdeiros (AgInt no MS 21.732/DF, Primeira Seção, Rel. Ministro Gurgel de Faria, julgamento em 14/12/2016, DJe 16/2/2017; (RMS 34.252 AgR/DF, Segunda Turma, Rel. Ministro Teori Zavascki; Rel. para acórdão Min. Dias Toffoli, julgamento 6/2/2017). III – Agravo interno improvido." (AgInt no MS 22.909/DF, Rel. Ministro FRANCISCO FALCÃO, PRIMEIRA SEÇÃO, julgado em 25/10/2017, DJe 10/11/2017)

▶ **Litisconsórcio facultativo ativo.**

"A norma qualifica como facultativo o litisconsórcio ativo que pode ser formado no MS, quando mais de um são titulares do direito objeto da impetração. Entretanto, no caso de litisconsórcio facultativo ativo, este só pode ser instaurado quando da propositura da ação, vedado o litisconsórcio ulterior, porque ofenderia o princípio do juiz natural. É ilegal, portanto, o procedimento, utilizado amiúde, de litisconsortes facultativos pretenderem ingressar no processo do MS já em andamento, para, por exemplo, beneficiarem-se da liminar concedida." (NERY Jr. Nelson, Leis civis e processuais civis comentadas – Ed. 2016, p.)

LEGITIMIDADE PARA FIGURAR NO POLO PASSIVO DO MANDADO DE SEGURANÇA

▶ **Doutrina e jurisprudência divergem sobre quem efetivamente deve figurar no polo passivo da demanda.**

▶ **A primeira sustenta que a legitimidade passiva é da pessoa jurídica a que pertence a autoridade coatora.**

"A primeira corrente tem como fundamento o art. 2º da Lei n. 12.016/2009, porquanto referido dispositivo assenta expressamente que as consequências de – correntes da ilegalidade ou do abuso de poder serão suportadas pela pessoa jurídica, e não pela pessoa física que exerce a função pública em seu nome. Aliás, o Supremo Tribunal Federal já decidiu encampando a referida tese no julgamento do RE n. 233.319, de relatoria da Exma. Min.a Ellen Gracie, 20 publicado no DJU, 12.09.2003, p. 524." (FUX, Luiz. Mandado de Segurança, Ed. GEN, Rio de Janeiro, p. 20)

▶ **A segunda corrente argumenta que o próprio agente coator seria o legitimado passivo**

"A segunda corrente, consoante destacado, sustenta que a parte legítima para figurar no polo passivo da ação é a pessoa física (própria autoridade coatora) que praticou o ato, e não a pessoa jurídica de direito público a que ela pertença. Isso porque, a notificação para prestar as informações, bem como as ordens de execução da segurança ou da própria liminar são sempre endereçadas à própria autoridade coatora, em que pese os efeitos patrimoniais serem suportados pela pessoa jurídica de direito público a ela vinculada. Essa tese, portanto, desconsidera que a autoridade seja apenas agente da pessoa jurídica responsável pelo desempenho da função pública, desprezando a teoria do órgão consagrada em nosso ordenamento jurídico." (FUX, Luiz. Mandado de Segurança, Ed. GEN, Rio de Janeiro, p. 21)

▶ **A terceira corrente, por sua vez, entende que há um litisconsórcio passivo entre o agente coator e a pessoa jurídica a ele vinculada;**

"Os defensores da terceira corrente, por seu turno, entendem que há litisconsórcio passivo entre a autoridade coatora e a pessoa jurídica a ela vinculada, sendo, portanto, ambos réus no mandamus, à luz de alguns dispositivos da nova Lei, em especial os seus arts. 6º, caput, 7º, inc. I e II e 13, caput que, de fato, sugerem ser esta a tese adotada no atual regime." (FUX, Luiz. Mandado de Segurança, Ed. GEN, Rio de Janeiro, p. 21)

▶ **A quarta corrente sustenta que o agente coator é mero informador no processo.**

"A quarta e última corrente aproxima-se da primeira ao concluir que a parte ré é a pessoa jurídica, e não o agente coator, sendo este mero fornecedor de infor – mações no curso do processo, razão pela qual se justifica a necessidade de citar a pessoa jurídica (e não apenas notificar a autoridade coatora), bem como fornecer a ela a oportunidade própria para contestar (e não somente exigir a prestação de informações pela autoridade coatora)." (FUX, Luiz. Mandado de Segurança, Ed. GEN, Rio de Janeiro, p. 21)

▶ **Tese predominante é que a legitimidade passiva é da pessoa jurídica de direito público a que pertence a apontada coatora.**

"Defendemos, assim, que pessoa jurídica é quem ocupa o polo passivo no mandado de segurança, porque quem pratica o ato o faz em nome da atribuição que lhe é afeta, por ocasião da posição que ocupa e da função que exerce no órgão, pessoa jurídica. Não o pratica em nome próprio, ou seja, por força de sua vontade, tampouco como pessoa física desvinculada do órgão, mas, repetimos, em nome da atribuição ou cargo que exerce." (FIGUEIREDO CRUZ, Luana Pedrosa de. Comentários à Lei do mandado de segurança: Lei 12.016, de 7 de agosto de 2009. p. 55)

> ▶ <u>No mesmo sentido:</u> " (...) parte passiva, de acordo com a doutrina prevalecente, é a pessoa jurídica (de direito público, as mais das vezes) em cujos quadros se insere a autoridade dita coatora." (BARBOSA MOREIRA, José Carlos, Direito processual civil – Ensaios e pareceres, p. 241)
>
> ▶ <u>No mesmo sentido:</u> "No polo passivo, parte é a pessoa jurídica de direito público a que pertence a apontada coatora". Quem deve estar figurando no polo passivo da ação é aquele a quem interessa a pretensão do autor impetrante, e que suportará eventuais efeitos da decisão." (TEIXEIRA, Sálvio de Figueiredo, Mandado de segurança: uma visão em conjunto, Mandados de segurança e de injunção, p. 111.)
>
> ▶ <u>No mesmo sentido:</u> "Não se deve, no entanto, como equivocadamente o faz parte da nossa doutrina, identificar a autoridade coatora com o sujeito passivo do mandado de segurança. (...) A autoridade coatora titulariza um órgão público e, enquanto tal, atua a vontade da pessoa a que pertence. As consequências do ato que pratica são diretamente imputadas à referida pessoa que arca com seu ônus em face do impetrante, respeitado, como ficou visto, o seu eventual direito de regresso contra o agente que tenha atuado com dolo ou culpa." (BASTOS, Celso Ribeiro, Comentários à Constituição do Brasil, vol. 2, p. 340.)
>
> ▶ <u>No mesmo sentido:</u> "A nosso ver, a razão está com Seabra Fagundes, Castro Nunes e Themistoles Cavalcanti: a parte passiva no mandado de segurança é a pessoa jurídica de direito público a cujos quadros pertence a autoridade apontada como coatora. Como já vimos anteriormente, o ato do funcionário é ato da entidade pública a que ele se subordina. Seus efei-

tos se operam em relação à pessoa jurídica de direito público. E, por lei, só esta tem 'capacidade de ser parte' no nosso direito processual civil." (BARBI, Celso Agrícola. Do mandado de segurança cit., p. 187-188.)

INEXISTÊNCIA DE LITISCONSÓRCIO ENTRE A AUTORIDADE COATORA E PESSOA JURÍDICA INTERESSADA DA QUAL ELA PERTENCE

▶ **A legitimidade passiva no mandado de segurança cabe à pessoa jurídica interessada.**

Fala-se, às vezes, em litisconsórcio entre a autoridade coatora e a pessoa jurídica impetrada, a pretexto de que ambas têm legitimidade reconhecida para interpor recurso (cf. art. 14, § 2º, da Lei nº 12.016). Não há, porém, possibilidade de configurar litisconsórcio algum, na espécie, porque a relação de direito material (objeto do processo do mandado de segurança) só vincula o impetrante e a pessoa jurídica em cujo nome atuou a autoridade dita coatora.

▶ **No mesmo sentido:** "É claro que se deve ter como afastada a hipótese de essa indicação da pessoa jurídica visar a formação de litisconsórcio passivo entre a autoridade impetrada e o ente que por seu intermédio se apresenta na relação processual." (MAIA FILHO, Napoleão Nunes. Op. cit., p. 14)

▶ **Ainda:** "Apenas a pessoa jurídica é quem possui legitimidade para atuar no polo passivo da demanda. Consequentemente, se a autoridade coatora não é parte, insustentável se torna a tese do litisconsórcio passivo necessário." (SOUZA, Gelson Amaro de. Ainda sobre a situação jurídica da autoridade coatora no mandado de segurança. Revista dos Tribunais, v. 888, p. 47. out./2009).

◉ **No mesmo sentido:** "ADMINISTRATIVO. ARTIGO 535 DO CÓDIGO DE PROCESSO CIVIL. VIOLAÇÃO. NÃO OCORRÊNCIA. CITAÇÃO PESSOA JURÍDICA DE DIREITO PÚBLICO. MANDADO DE SEGURANÇA. LITISCONSÓRCIO NECESSÁRIO. INEXISTÊNCIA. 1. Não ocorre omissão quando o Tribunal de origem decide fundamentadamente todas as questões postas ao seu crivo, assim como não há confundir entre decisão contrária ao interesse da parte e inexistência de prestação jurisdicional. 2. **No mandado de segurança não há litisconsórcio passivo necessário entre a pessoa jurídica de direito público e a autoridade apontada como coatora. 3. Agravo regimental a que se nega provimento**." (AgRg no REsp 1105314/MS, Rel. Ministro PAULO GALLOTTI, SEXTA TURMA, julgado em 29/06/2009, DJe 10/08/2009) (STJ, 6ª T., REsp 31.525/GO, Rel. Min. Adhemar Maciel, ac. 29.06.1993, DJU 13.09.1993, p. 18.581).

◉ **No mesmo sentido:** "No mandado de segurança, a pessoa jurídica de direito público não é considerada litisconsórcio passiva necessária da autoridade coatora, pois esta age na qualidade de substituta processual daquela." **(STJ, 5ª T., REsp 94.243/PA, Rel. Min. Edson Vidigal, ac. 24.11.1998, DJU 01.02.1999, p. 220).**

◉ No mesmo sentido: "Inexiste litisconsórcio entre a autoridade coatora e a pessoa jurídica de direito público, por isso que esta é parte legítima para recorrer da sentença concessiva da ordem impetrada." **(STJ, 2ª T., REsp 86.030/AM, Rel. Min. Francisco Peçanha Martins, ac. 15.04.1999, DJU 28.06.1999, p. 75).**

▶ **Não se pode falar em litisconsórcio entre quem é parte e quem não é parte no sentido jurídico.**

"A triangularização da relação processual [no mandado de segurança] dá-se com a citação da pessoa jurídica e não com a notificação do coator", de sorte que "o coator não é sujeito passivo da relação processual do mandado de segurança." (SOUZA, Gelson Amaro de. Ainda sobre a situação jurídica da autoridade coatora no mandado de segurança. Revista dos Tribunais, v. 888, p. 47. out./2009).

▶ **O ato praticado é do ente público e não do funcionário.**

"O ato que a autoridade coatora pratica, no exercício de suas funções, vincula a pessoa jurídica de direito público a cujos quadros ela pertence; é ato do ente público e não do funcionário. " (BARBI, Celso Agrícola. Do mandado de segurança. 8. ed. Rio de Janeiro: Forense, 1998, p. 152).

Art. 2º Considerar-se-á federal a autoridade coatora se as consequências de ordem patrimonial do ato contra o qual se requer o mandado houverem de ser suportadas pela união ou entidade por ela controlada.

> **Redação correspondente da revogada Lei 1.533/51:** *Art. 2º – Considerar-se-á federal a autoridade coatora se as consequências de ordem patrimonial do ato contra o qual se requer o mandado houverem de ser suportadas pela união federal ou pelas entidades autárquicas federais.*

COMPETÊNCIA PARA O JULGAMENTO DO MANDADO DE SEGURANÇA

▶ **Competências para julgamento de Mandado de Segurança estabelecidas na Constituição Federal.**

Supremo Tribunal Federal

CF, Art. 102. Compete ao Supremo Tribunal Federal, precipuamente, a guarda da Constituição, cabendo-lhe: I – processar e julgar, originariamente (...) d) o "habeas corpus", sendo paciente qualquer das pessoas referidas nas alíneas anteriores; o mandado de segurança e o "habeas data" contra atos do Presidente da República, das Mesas da Câmara dos Deputados e do Senado Federal, do Tribunal de Contas da União, do Procurador-Geral da República e do próprio Supremo Tribunal Federal.

Superior Tribunal de Justiça

CF, Art. 105. Compete ao Superior Tribunal de Justiça: I – processar e julgar, originariamente: (...) b) os mandados de segurança e os habeas data contra ato de Ministro de Estado, dos Comandantes da Marinha, do Exército e da Aeronáutica ou do próprio Tribunal.

Tribunais Regionais Federais

CF, Art. 108. Compete aos Tribunais Regionais Federais; I – processar e julgar, originariamente: (...) c) os mandados de segurança e os "habeas data" contra ato do próprio Tribunal ou de juiz federal.

Aos juízes federais

CF, Art. 109. Aos juízes federais compete processar e julgar: (...) VIII – os mandados de segurança e os "habeas data" contra ato de autoridade federal, excetuados os casos de competência dos tribunais federais.

Justiça do Trabalho

CF, Art. 114. Compete à Justiça do Trabalho processar e julgar: (...) IV – os mandados de segurança, habeas corpus e habeas data, quando o ato questionado envolver matéria sujeita à sua jurisdição.

Tribunais de Justiça

CF, Art. 125. Os Estados organizarão sua Justiça, observados os princípios estabelecidos nesta Constituição. § 1º A competência dos tribunais será definida na Constituição do Estado, sendo a lei de organização judiciária de iniciativa do Tribunal de Justiça.

▶ **Deve-se analisar, para a impetração do *writ*: (i) a qualificação da autoridade como federal ou local (competência *ratione autoritatis*); e (ii) o grau hierárquico do cargo ou da função ocupado pela autoridade (competência *ratione muneris*)**

"Como regra geral, a análise do órgão jurisdicional competente para processar e julgar o mandado de segurança é determinada de acordo com o grau hierárquico ocupado pela autoridade da qual emanou o ato a ser contrastado judicialmente. Assim, de acordo com a clássica lição de Castro Nunes, deve-se analisar, para a impetração do writ: (i) a qualificação da autoridade como federal ou local (competência *ratione autoritatis*); e (ii) o grau hierárquico do cargo ou da função ocupado pela autoridade (*competência ratione muneris*)." (THEODORO JÚNIOR, Humberto. Lei do Mandado de Segurança comentada artigo por artigo. Rio de Janeiro: Gen/Editora Forense, 2ª edição, 2019. p. 233).

▶ **A regra da *ratione autoritatis* será útil para a determinação se a competência para julgar o Mandado de Segurança é da Justiça Federal ou Estadual.**

Importante, aqui, analisar a competência dos juízes federais estipulada na Constituição Federal, que atribui a eles a competência para o julgamento de mandados de segurança "contra ato de autoridade federal, excetuados os casos de competência dos tribunais federais". Para fins de mandado de segurança, "considerar-se-á federal a autoridade coatora se as consequências de ordem patrimonial do ato contra o qual se requer o mandado houverem de ser suportadas pela União ou entidade por ela controlada" (art. 2º da Lei 12.016/2009). A competência da Justiça Estadual, por sua vez, é fixada de modo residual.

▶ **A regra *ratione muneris* liga-se à estipulação de eventual competência originária dos tribunais para julgamento de Mandados de Segurança contra ato de determinadas autoridades.**

Algumas autoridades possuem prerrogativa de foro nas ações mandamentais, de modo que a competência para o julgamento destas é deferido, pela Constituição Federal, a determinadas Cortes.

Supremo Tribunal Federal

CF, Art. 102. Compete ao Supremo Tribunal Federal, precipuamente, a guarda da Constituição, cabendo-lhe: I – processar e julgar, originariamente (...) d) o "habeas corpus", sendo paciente qualquer das pessoas referidas nas alíneas anteriores; o mandado de segurança e o "habeas data" contra atos do Presidente da República, das Mesas da Câmara dos Deputados e do Senado Federal, do Tribunal de Contas da União, do Procurador-Geral da República e do próprio Supremo Tribunal Federal.

Superior Tribunal de Justiça

CF, Art. 105. Compete ao Superior Tribunal de Justiça: I – processar e julgar, originariamente: (...) b) os mandados de segurança e os habeas data contra ato de Ministro de Estado, dos Comandantes da Marinha, do Exército e da Aeronáutica ou do próprio Tribunal.

Tribunais Regionais Federais

CF, Art. 108. Compete aos Tribunais Regionais Federais; I – processar e julgar, originariamente: (...) c) os mandados de segurança e os "habeas data" contra ato do próprio Tribunal ou de juiz federal.

▶ **Autoridades estaduais e, por vezes, municipais podem ter competência por prerrogativa determinada nas Constituições Estaduais.**

No caso do TJDFT, como a Justiça do Distrito Federal e Territórios é mantida pela União, é uma lei federal (Lei 11.697/2008) que estabelece a competência da referida Corte, atribuindo-lhe, em mandado de segurança, a competência para processar e julgar os MS contra atos do presidente do tribunal e de qualquer dos seus membros, do Procurador-Geral de Justiça do Distrito Federal e Territórios, dos juízes do Distrito Federal e Territórios, do Governador do DF, dos Governadores dos Territórios Federais, do Presidente do TC/DF e de qualquer de seus membros, do Procurador-Geral do DF e dos Secretários de Governo do DF e dos Territórios" (art. 8.º, I, c). Comumente, as Constituições Estaduais atribuem ao Tribunal de Justiça respectivo a competência para o julgamento de mandados de segurança contra atos de Governadores de Estado, Secretários estaduais, Comandantes-Gerais da PM, Procuradores-Gerais estaduais e Procuradores-Gerais de Justiça, mesas da Assembleia Legislativa etc.

◙ **Quanto ao local de propositura do Mandado de Segurança contra ato praticando por autoridade ligada à União Federal existe a possibilidade de aplicação do artigo 109, § 2º da CF, ou seja, escolha por parte do impetrante quanto ao local da impetração?**

◙ "PROCESSUAL CIVIL. CONFLITO DE COMPETÊNCIA. MANDADO DE SEGURANÇA. CAUSAS CONTRA A UNIÃO. FORO DO DOMICÍLIO DO IMPETRANTE. OPÇÃO. ALTERAÇÃO JURISPRUDENCIAL. 1. Tendo em vista o entendimento do STF, o STJ reviu seu posicionamento anterior e, visando facilitar o acesso ao Poder Judiciário, estabeleceu que as causas contra a União poderão, de acordo com a opção do autor, ser ajuizadas perante os juízos indicados no art. 109, § 2º, da Constituição Federal. 2. Caberá, portanto, à parte impetrante escolher o foro em que irá propor a demanda, podendo ajuizá-la no foro de seu domicílio. Precedente: AgInt no CC 150269/AL, Relator Ministro FRANCISCO FALCÃO, PRIMEIRA SEÇÃO, DJe 22/06/2017. 3. Agravo interno desprovido." (AgInt no CC 153.138/DF, Rel. Ministro GURGEL DE FARIA, PRIMEIRA SEÇÃO, julgado em 13/12/2017, DJe 22/02/2018)

◙ <u>No mesmo sentido:</u> "CONFLITO DE COMPETÊNCIA. ADMINISTRATIVO. MANDADO DE SEGURANÇA CONTRA ATO DE PRESIDENTE DE AUTARQUIA FEDERAL. EXAME NACIONAL DO ENSINO MÉDIO (ENEM). INSCRIÇÃO. ANTINOMIA ENTRE A COMPETÊNCIA DEFINIDA EM RAZÃO DA SEDE FUNCIONAL DA AUTORIDADE APONTADA COMO COATORA E A OPÇÃO PREVISTA PELO CONSTITUINTE EM RELAÇÃO AO FORO DO DOMICÍLIO DO AUTOR. ART. 109, § 2º, DA CF. PREVALÊNCIA DESTE ÚLTIMO. PRECEDENTES DO STJ EM DECISÕES MONOCRÁTICAS. CONFLITO DE COMPETÊNCIA CONHECIDO PARA DECLARAR A COMPETÊNCIA DO JUÍZO FEDERAL DO DOMICÍLIO DA PARTE IMPETRANTE. I – Conflito de competência conhecido para declarar competente o juízo federal do domicílio da parte impetrante. **II – A competência para conhecer do mandado de segurança é absoluta e, de forma geral, define-se de acordo com a categoria da autoridade coatora e pela sua sede funcional. III – Todavia, considerando a jurisprudência do Supremo Tribunal Federal no sentido de que, nas causas aforadas contra a União, pode-se eleger a seção judiciária do domicílio do autor (RE 627.709/DF), esta Corte de Justiça, em uma evolução de seu entendimento jurisprudencial, vem se manifestando sobre a matéria no mesmo sentido.** Precedentes em decisões monocráticas: CC 137.408/DF, Rel. Min. Benedito Gonçalves, DJE 13.3.2015; CC 145.758/DF, Rel. Min. Mauro Campbell Marques, DJE 30.3.2016; CC 137.249/DF, Rel. Min. Sérgio Kukina, DJE 17.3.2016; CC 143.836/DF, Rel. Min. Humberto Martins, DJE 9.12.2015; e, CC n. 150.371/DF, Rel. Min. Napoleão Nunes Maia Filho, DJe 7/2/2017.IV – Agravo interno improvido." (AgInt no CC 150.269/AL, Rel. Ministro FRANCISCO FALCÃO, PRIMEIRA SEÇÃO, julgado em 14/06/2017, DJe 22/06/2017)

◙ **A regra do 109, § 2º é aplicável às Autarquias Federais em ações pelo rito comum.**

"CONSTITUCIONAL. COMPETÊNCIA. CAUSAS AJUIZADAS CONTRA A UNIÃO. ART. 109, § 2º, DA CONSTITUIÇÃO FEDERAL. CRITÉRIO DE FIXAÇÃO DO FORO COMPETENTE. APLICABILIDADE ÀS AUTARQUIAS FEDERAIS, INCLUSIVE AO CONSELHO ADMINISTRATIVO DE DEFESA ECONÔMICA – CADE. RECURSO CONHECIDO E IMPROVIDO. I – A faculdade atribuída ao autor quanto à escolha do foro competente entre os indicados no art. 109, § 2º, da Constituição Federal para julgar as ações propostas contra a União tem por escopo facilitar o acesso ao Poder Judiciário àqueles que se encontram afastados das sedes das autarquias. II – Em situação semelhante à da União, as autarquias federais possuem representação em todo o território nacional. III – As autarquias federais gozam, de maneira geral, dos mesmos privilégios e vantagens processuais concedidos ao ente político a que pertencem. IV – A pretendida fixação do foro competente com base no art. 100, IV, a, do CPC nas ações propostas contra as autarquias federais resultaria na concessão de vantagem processual não estabelecida para a União, ente maior, que possui foro privilegiado limitado pelo referido dispositivo constitucional. V – A jurisprudência do Supremo Tribunal Federal tem decidido pela incidência do disposto no art. 109, § 2º, da Constituição Federal às autarquias federais. Precedentes. VI – Recurso extraordinário conhecido e improvido." (RE 627709, Relator(a): Min. RICARDO LEWANDOWSKI, Tribunal Pleno, julgado em 20/08/2014, PROCESSO ELETRÔNICO REPERCUSSÃO GERAL – MÉRITO DJe-213 DIVULG 29-10-2014 PUBLIC 30-10-2014)

> ◙ <u>No mesmo sentido:</u> "EMBARGOS DE DECLARAÇÃO. CONSTITUCIONAL. COMPETÊNCIA. CAUSAS AJUIZADAS CONTRA A UNIÃO. ART. 109, § 2º, DA CONSTITUIÇÃO FEDERAL. CRITÉRIO DE FIXAÇÃO DO FORO COMPETENTE. APLICABILIDADE ÀS AUTARQUIAS FEDERAIS, INCLUSIVE AO CONSELHO ADMINISTRATIVO DE DEFESA ECONÔMICA – CADE. ARGUMENTOS INSUFICIENTES PARA MODIFICAÇÃO DA DECISÃO EMBARGADA. EMBARGOS DE DECLARAÇÃO REJEITADOS. 1. A faculdade atribuída ao autor quanto à escolha do foro competente entre os indicados no art. 109, § 2º, da Constituição Federal para julgar as ações propostas contra a União tem por escopo facilitar o acesso ao Poder Judiciário àqueles que se encontram afastados das sedes das autarquias. 2. As autarquias federais gozam, de maneira geral, dos mesmos privilégios e vantagens processuais concedidos ao ente político a que pertencem, de modo que a elas não se aplica o que previa o art. 100, IV, a, do CPC de 1973, porque isso resultaria na concessão de vantagem processual não reconhecida à União. 3. Embargos de declaração rejeitados (regime do CPC de 1973)." (RE 627709 ED, Relator(a): Min. EDSON FACHIN, Tribunal Pleno, julgado em 18/08/2016, PROCESSO ELETRÔNICO DJe-244 DIVULG 17-11-2016 PUBLIC 18-11-2016)

◙ **Quanto ao Mandado de Segurança a jurisprudência tem sinalizado pela possibilidade de aplicar a regra do 109, § 2º da CF.**

"PROCESSUAL CIVIL. AGRAVO INTERNO NO CONFLITO DE COMPETÊNCIA. MANDADO DE SEGURANÇA. AUTARQUIA FEDERAL. ARTIGO 109, § 2º,

DA CONSTITUIÇÃO FEDERAL. POSSIBILIDADE DE AJUIZAMENTO NO DOMICÍLIO DO AUTOR. FACULDADE CONFERIDA AO IMPETRANTE. 1. Não se desconhece a existência de jurisprudência no âmbito deste Superior Tribunal de Justiça segundo a qual, em se tratando de Mandado de Segurança, a competência para processamento e julgamento da demanda é estabelecida de acordo com a sede funcional da autoridade apontada como coatora e a sua categoria profissional. No entanto, a aplicação absoluta de tal entendimento não se coaduna com a jurisprudência, também albergada por esta Corte de Justiça, no sentido de que "Proposta ação em face da União, a Constituição Federal (art. 109, § 2º) possibilita à parte autora o ajuizamento no foro de seu domicílio" (REsp 942.185/RJ, Rel. Ministro JORGE MUSSI, QUINTA TURMA, julgado em 02/06/2009, DJe 03/08/2009). 2. Diante do aparente conflito de interpretações, tenho que deve prevalecer a compreensão de que o art. 109 da Constituição Federal não faz distinção entre as várias espécies de ações e procedimentos previstos na legislação processual, motivo pelo qual o fato de se tratar de uma ação mandamental não impede o autor de escolher, entre as opções definidas pela Lei Maior, o foro mais conveniente à satisfação de sua pretensão. 3. A faculdade prevista no art. 109, § 2º, da Constituição Federal, abrange o ajuizamento de ação contra quaisquer das entidades federais capazes de atrair a competência da Justiça Federal, uma vez que o ordenamento constitucional, neste aspecto, objetiva facilitar o acesso ao Poder Judiciário da parte litigante.4. Agravo interno a que se nega provimento. " (AgInt no CC 153.878/DF, Rel. Ministro SÉRGIO KUKINA, PRIMEIRA SEÇÃO, julgado em 13/06/2018, DJe 19/06/2018)

◙ **Compete à Justiça Federal o julgamento de mandado de segurança por ato decorrente de suspensão de fornecimento de energia elétrica por concessionária de serviços públicos.**

"Trata-se de suspensão de fornecimento de energia elétrica, ato de dirigente de concessionária, que não é de simples gestão administrativa, mas de delegação, pois que ligado à continuidade de prestação de serviço público federal. Dessarte, esse ato, praticado por autoridade de instituição privada no exercício de função federal delegada, se sujeita ao crivo da Justiça Federal no julgamento de mandado de segurança. Precedentes citados: CComp 1976-RS, DJU 2.9.1991; REsp 32367-PR, DJU 17.6.1996; CComp 14804-RJ, DJU 19.8.1996; CComp 33837-RS, DJU 8.4.2002; e CComp 37912-RS, DJU 15.9.2003." (STJ, 1.ª Seç., CComp 40060-SP, rel. Min. Castro Meira, j. 24.3.2004, v.u., DJU 7.6.2004).

◙ **Compete à Justiça Federal o julgamento de Mandado de Segurança questionando registro de diploma perante o órgão público competente – ou mesmo credenciamento da entidade perante o Ministério da Educação (MEC)..**

"ADMINISTRATIVO. PROCESSUAL CIVIL. INSTITUIÇÃO DE ENSINO SUPERIOR. EDUCAÇÃO À DISTÂNCIA. REGISTRO DE DIPLOMAS CREDENCIAMENTO DA INSTITUIÇÃO DE ENSINO SUPERIOR PELO MINISTÉRIO DA EDUCAÇÃO. INTERESSE DA UNIÃO. INTELIGÊNCIA DA LEI DE DIRETRIZES

E BASES DA EDUCAÇÃO. COMPETÊNCIA DA JUSTIÇA FEDERAL. 1. O acórdão recorrido abordou, de forma fundamentada, todos os pontos essenciais para o deslinde da controvérsia, razão pela qual é de se rejeitar a alegação de contrariedade ao art. 535 do CPC suscitada pela parte recorrente. 2. No mérito, a controvérsia do presente recurso especial está limitada à discussão, com base na Lei de Diretrizes e Bases da Educação, a competência para o julgamento de demandas referentes à existência de obstáculo à obtenção do diploma após a conclusão de curso de ensino a distância, por causa da ausência/obstáculo de credenciamento da instituição de ensino superior pelo Ministério da Educação. 3. Nos termos da jurisprudência já firmada pela 1ª Seção deste Sodalício, em se tratando da competência para processar e julgar demandas que envolvam instituições de ensino superior particular, é possível extrair as seguintes orientações, quais sejam: (a) caso a demanda verse sobre questões privadas relacionadas ao contrato de prestação de serviços firmado entre a instituição de ensino superior e o aluno, tais como, por exemplo, inadimplemento de mensalidade, cobrança de taxas, desde que não se trate de mandado de segurança, a competência, via de regra, é da Justiça Estadual; e, (b) ao revés, sendo mandado de segurança ou referindo-se ao registro de diploma perante o órgão público competente – ou mesmo credenciamento da entidade perante o Ministério da Educação (MEC) – não há como negar a existência de interesse da União Federal no presente feito, razão pela qual, nos termos do art. 109 da Constituição Federal, a competência para processamento do feito será da Justiça Federal. Precedentes. 4. Essa conclusão também se aplica aos casos de ensino à distância, em que não é possível a expedição de diploma ao estudante em face da ausência de credenciamento da instituição junto ao MEC. Isso porque, nos termos dos arts. 9º e 80, § 1º, ambos da Lei de Diretrizes e Bases da Educação, o credenciamento pela União é condição indispensável para a oferta de programas de educação à distância por instituições especificamente habilitadas para tanto. 5. Destaca-se, ainda, que a própria União – por intermédio de seu Ministério da Educação (MEC) – editou o Decreto 5.622, em 19 de dezembro de 2005, o qual regulamentou as condições de credenciamento, dos cursos de educação à distância, cuja fiscalização fica a cargo da recém criada Secretaria de Regulação e Supervisão da Educação Superior do referido órgão ministerial. 6. Com base nestas considerações, em se tratando de demanda em que se discute a ausência/obstáculo de credenciamento da instituição de ensino superior pelo Ministério da Educação como condição de expedição de diploma aos estudantes, é inegável a presença de interesse jurídico da União, razão pela qual deve a competência ser atribuída à Justiça Federal, nos termos do art. 109, I, da Constituição Federal de 1988. Neste sentido, dentre outros precedentes desta Corte, a conclusão do Supremo Tribunal Federal no âmbito do RE 698440 AgR, Relator(a): Min. LUIZ FUX, Primeira Turma, julgado em 18/09/2012, PROCESSO ELETRÔNICO DJe-193 DIVULG 01-10 – 2012 PUBLIC 02-10-2012. 7. Portanto, CONHEÇO do RECURSO ESPECIAL interposto pelo ESTADO DO PARANÁ e CONHEÇO PARCIALMENTE do RECURSO ESPECIAL interposto pela parte particular para, na parte conhecida, DAR PROVIMENTO a ambas as insurgências a fim de reconhecer a competência da Justiça Federal para processar e julgar a demanda. Prejudicada a análise das demais questões. Recursos sujeitos ao regime do art. 543-C do CPC e da Resolução STJ 08/08." (REsp

1344771/PR, Rel. Ministro MAURO CAMPBELL MARQUES, PRIMEIRA SEÇÃO, julgado em 24/04/2013, REPDJe 29/08/2013, DJe 02/08/2013)

◙ **Compete à Justiça Federal o julgamento de Mandado de Segurança impetrado contra ato do presidente da Junta Comercial. (Recurso Repetitivo)**

"I – Em se cuidando de mandado de segurança, a competência se define em razão da qualidade de quem ocupa o polo passivo da relação processual. II – As Juntas Comerciais efetuam o registro do comércio por delegação federal, sendo da competência da Justiça Federal, a teor da CF 109 VIII, o julgamento de mandado de segurança contra ato do presidente daquele órgão. III – Consoante a L 8934/94 32 I, o registro do comércio compreende "a matrícula e seu cancelamento: dos leiloeiros, tradutores públicos e intérpretes comerciais, trapicheiros e administradores de armazéns-gerais". Conflito procedente para declarar-se a competência da Justiça Federal (STJ, 2.ª Seç., CComp 31357-MG, rel. Min. Sálvio de Figueiredo Teixeira, j. 26.2.2003, v.u., DJU 14.4.2003, p. 174). No mesmo sentido: MS. Competência que se define em razão da função desempenhada pela autoridade coatora. Junta Comercial. Função delegada federal. Competência da Justiça Federal. "Em se cuidando de ação de mandado de segurança, a competência se define em razão da função desempenhada pela autoridade apontada como coatora. As Juntas Comerciais efetuam o registro do comércio por delegação federal. Competência, a teor da CF 109 VIII, da Justiça Federal" (STJ, 2.ª Seç., CComp 1994-PE, rel. Min. Athos Gusmão Carneiro, j. 14.10.1992, v.u., RSTJ 45/25 e DJU 16.11.1992); Junta Comercial do Estado. Vinculação ao Ministério da Indústria e Comércio. MS contra ato do presidente de Junta Comercial estadual. Competência da Justiça Federal (STJ, 3.ª Seç., CComp 5541-PI, rel. Min. Luiz Vicente Cernicchiaro, j. 9.10.1996, v.u., DJU 25.11.1996, p. 46138); Atos e serviços executados pela Junta Comercial do Estado. Natureza federal. MS contra ato técnico de junta comercial. Competência da Justiça Federal. 1. Malgrado reservar a lei federal aos Governos dos Estados-membros investidura dos servidores das Juntas Comerciais, os atos e serviços que executam, no que concerne ao registro do comércio, são de natureza federal. 2. Prevalência da competência do foro federal. 3. Conflito conhecido para declarar competente o TRF da 1.ª Região." (STJ, 2.ª Seç., CComp 403-BA, rel. Min. Antônio Torreão Braz, j. 16.6.1993, v.u., DJU 6.9.1993, p. 18009; STJ, 2.ª Seç., CComp 15575-BA, rel. Min. Cláudio Santos, j. 14.2.1996, v.u., DJU 22.4.1996, p. 12512; STJ, 3.ª T., REsp 27432-SE, rel. Min. Eduardo Ribeiro, j. 25.5.1993, v.u., DJU 14.6.1993, p. 11783; STJ, 2.ª Seç., CComp 1572-PB, rel. Min. Waldemar Zveiter, j. 27.2.1991, v.u., DJU 25.3.1991, p. 3207).

▶ **Foro Privilegiado X Foro Comum**

"A regra geral é de que a competência da Justiça Federal, no primeiro grau de jurisdição, é definida em função da presença, num dos polos do processo, da União, autarquia ou empresa pública federais (CF, art. 109, I). Há regra especial na Lei nº 12.016 para o mandado de segurança, segundo a qual a Justiça Federal será a competente quando a autoridade coatora for "autoridade federal" (art. 2º). Ressalvam-

-se, porém, as regras constitucionais que criam competência originária de tribunais (foro privilegiado) para determinadas autoridades coatoras." (CF, arts. 102, I, d, 105, I, b, e 108, I, c).

◙ **Quando o ato atacado pelo *writ* envolve várias autoridades, sujeitas a competências distintas.**

"O STJ, diante de tal concurso de autoridades, adota o entendimento de que, se do ato coator participaram diversas autoridades de diferentes níveis hierárquicos, e, "caso uma delas tenha foro privilegiado, determinará a competência", para o mandado de segurança." (STJ, 3ª Seção, MS 4.167/DF, Rel. Min. Anselmo Santiago, ac. 25.06.1997, DJU 1º.09.1997, p. 40.720)

◙ **O foro privilegiado de uma das autoridades prevalecerá sobre o foro comum das demais.**

O foro privilegiado de uma das autoridades prevalecerá sobre o foro comum das demais. Aliás, o que se acha assentado na jurisprudência daquela Corte é que a preferência do foro privilegiado supera até mesmo a competência em razão da matéria.

◙ **Quando na própria Constituição há uma competência privilegiada em função da autoridade e outra em relação a matéria sobre que versa o *mandamus*, o critério da categoria da autoridade deve prevalecer.**

"A competência para processar e julgar o mandado de segurança é funcional e territorial, valendo dizer que se define pela categoria da autoridade coatora e, ainda, pelo local onde esta exerce suas funções. Em qualquer situação, a competência é absoluta, não devendo ser modificada nem prorrogada". Quando, porém, na própria Constituição há uma competência privilegiada em função da autoridade e outra em relação a matéria sobre que versa o mandamus, o critério da categoria da autoridade deve prevalecer sobre o critério da matéria." (STJ, 1ª Seção, AgRg no MS 8.909/DF, Voto do Rel. p/ ac. Min. Castro Meira, ac. 27.02.2008, DJe 29.09.2008)."

◙ **Justiça Federal x Justiça Estadual: Mandado de Segurança contra sociedade de economia mista"**

"Não há dúvida de que as sociedades de economia mista, destinadas às práticas de mercado, se regem pelas regras comuns aplicáveis às empresas privadas (CF, art. 173, § 1º, II), por isso responderá, pelos litígios em torno de seus atos, perante a Justiça comum dos Estados31. Mas, quando se trata de mandado de segurança, os atos de seus administradores, não sendo de mera "gestão comercial"32, são qualificados como atos de "autoridade federal", se obviamente for o caso de sociedade de economia controlada pela União (Lei 12.016/2009, art. 1º, § 2º)33. "Processual civil. Agravo regimental no conflito negativo de competência. Sociedade de economia mista. Concurso público da Petrobrás. Mandado de segurança. Conflito conhecido. Competência da Justiça Federal. 1. Cinge-se a controvérsia acerca da definição de qual o Juízo competente para processar e julgar mandado de segurança interposto contra ato de dirigente de Sociedade de Economia Mista visando a seleção e contratação de empregado público. 2. A jurisprudência dominante no âmbito da Primeira Seção do STJ tem-se manifestado no sentido de que, em mandado de segurança, a competência é estabelecida em função da natureza da autoridade impetrada (ratione auctoritatis), considerando[...] "coatora for federal (CF, art. 109, VIII), assim considerado o dirigente de pessoa jurídica de direito privado que pratica ato no exercício de delegação do poder público federal. Nesse sentido: CC 37.912/RS, Rel. Ministro Teori Albino Zavascki, DJ 15/9/2003. 3. Considerando-se que a eliminação de candidato a processo seletivo público é ato imputado ao Presidente da Comissão de Concursos da Petrobras, autoridade pertencente à sociedade de economia mista, investida na função delegada federal, o mandado de segurança deverá ser processado e julgado pela Justiça Federal. Precedentes: AgRg no CC 112.642, Rel. Ministro Benedito Gonçalves, Primeira Seção, DJe 16/2/2011 e CC 94.482/PA, Rel. Ministro Castro Meira, Primeira Seção, DJe 16/6/2008. 4. Agravo regimental não provido" "STJ, 1ª Seção, AgRg no CC 97.899/SP, Rel. Min. Benedito Gonçalves, ac. 08.06.2011, DJe17.06.2011."

◙ **Conflito de competência: Justiça federal e trabalhista.**

"Conflito de competência. Justiça federal e trabalhista. Ação mandamental contra ato de dirigente de conselho regional de fiscalização. Natureza pública. Declaração de inconstitucionalidade do art. 58 da Lei 9.649/98. Competência da Justiça Comum Estadual.1. A competência para conhecer e julgar da ação de Mandado de Segurança é definida em razão da categoria profissional a que pertence a autoridade coatora e a localidade de sua sede funcional. 2. Os Conselhos Federais e Regionais detêm personalidade de Direito Público, com autonomia administrativa e financeira, e exercem atividade de fiscalização tipicamente pública, preenchendo, portanto, os requisitos do art. 5º do Decreto-Lei 200/67 (Estatuto da Reforma Administrativa Federal) para se enquadrarem na forma de autarquias (declaração de inconstitucionalidade do art. 58 da Lei 9.649/98, que previa a natureza privatística dos Conselhos, pelo Pretório Excelso). 3. A competência para conhecer de ação mandamental contra ato de dirigente de Conselho Fiscalizador não é da Justiça submetida às normas de Direito Público, remanescendo, portanto, a competência da Justiça Comum. 4. Conflito conhecido para determinar a competência a distribuição do feito a uma das Varas de Direito da Comarca de Florianópolis/SC." (STJ, 3ª Seção, CC 107.107/SC, Rel. Min. Napoleão Nunes Maia Filho, ac. 26.05.2010, DJe 11.06.2010.)

Súmulas referentes ao tema.

◙ *Súmula nº 248 do STF: É competente, originariamente, o Supremo Tribunal Federal, para mandado de segurança contra ato do tribunal de contas da união.*

◙ *Súmula nº 330 do STF: O Supremo Tribunal Federal não é competente para conhecer de mandado de segurança contra atos dos tribunais de justiça dos estados.*

◙ *Súmula nº 433 do STF: É competente o tribunal regional do trabalho para julgar mandado de segurança contra ato de seu presidente em execução de sentença trabalhista.*

◉ *Súmula nº 510 do STF: Praticado o ato por autoridade, no exercício de competência delegada, contra ela cabe o mandado de segurança ou a medida judicial.*

◉ *Súmula nº 511 do STF: Compete à Justiça Federal, em ambas as instâncias, processar e julgar as causas entre autarquias federais e entidades públicas locais, inclusive mandados de segurança, ressalvada a ação fiscal, nos termos da Constituição Federal de 1967, art. 119, § 3º (CF/1988, art. 109, I).*

◉ *Súmula nº 623 do STF: Não gera por si só a competência originária do Supremo Tribunal Federal para conhecer do mandado de segurança com base no art. 102, I, "n", da Constituição, dirigir-se o pedido contra deliberação administrativa do tribunal de origem, da qual haja participado a maioria ou a totalidade de seus membros.*

◉ *Súmula nº 624 do STF: Não compete ao Supremo Tribunal Federal conhecer originariamente de mandado de segurança contra atos de outros tribunais.*

◉ *Súmula nº 627 do STF: No mandado de segurança contra a nomeação de magistrado da competência do presidente da república, este é considerado autoridade coatora, ainda que o fundamento da impetração seja nulidade ocorrida em fase anterior do procedimento.*

◉ *Súmula nº 736 do STF: Compete à Justiça do Trabalho julgar as ações que tenham como causa de pedir o descumprimento de normas trabalhistas relativas à segurança, higiene e saúde dos trabalhadores.*

◉ *Súmula nº 41 do STJ: O Superior Tribunal de Justiça não tem competência para processar e julgar, originariamente, mandado de segurança contra ato de outros tribunais ou dos respectivos órgãos.*

◉ *Súmula nº 177 do STJ: O Superior Tribunal de Justiça é incompetente para processar e julgar, originariamente, mandado de segurança contra ato de órgão colegiado presidido por ministro de estado.*

◉ *Súmula nº 206 do STJ: A existência de vara privativa, instituída por lei estadual, não altera a competência territorial resultante das leis de processo.*

◉ *Súmula nº 333 do STJ: Cabe mandado de segurança contra ato praticado em licitação promovida por sociedade de economia mista ou empresa pública*

Art. 3º O titular de direito líquido e certo decorrente de direito, em condições idênticas, de terceiro poderá impetrar mandado de segurança a favor do direito originário, se o seu titular não o fizer, no prazo de 30 (trinta) dias, quando notificado judicialmente.

> **Redação correspondente da revogada Lei 1.533/51:** *Art. 3º – O titular de direito líquido e certo decorrente de direito, em condições idênticas, de terceiro, poderá impetrar mandado de segurança a favor do direito originário, se o seu titular não o fizer, em prazo razoável, apesar de para isso notificado judicialmente.*

Parágrafo único. O exercício do direito previsto no caput deste artigo submete-se ao prazo fixado no art. 23 desta lei, contado da notificação.

> **Redação correspondente da revogada Lei 1.533/51:** *Não há*

LEGITIMAÇÃO DE TERCEIRO INTERESSADO

▶ **O art. 3º da Lei nº 12.016/2009 procura tutelar a expectativa legítima do terceiro de boa-fé que não pode ser obliterado em sua posição jurídica pela inação do titular**

"o art. 3º da Lei nº 12.016/2009 procura tutelar a expectativa legítima do terceiro de boa-fé que não pode ser obliterado em sua posição jurídica pela inação do titular". É que pode ocorrer "que o ato coator praticado provoque efeito reflexo ou direto sobre a posição jurídica do terceiro, o qual dependerá da postulação ativa do titular para defesa quanto ao ato ilegal ou abusivo". Assim é que "a dinâmica das relações sociais permite que o terceiro possa se antecipar ao próprio titular da pretensão e ajuizar o mandado de segurança." (MEDINA, José Miguel Garcia; ARAÚJO, Fábio Caldas de. Mandado de segurança individual e coletivo. Comentários à Lei 12.016, de 7 de agosto de 2009. São Paulo: RT, 2009, p. 66.)

▶ **Trata-se, a bem da verdade, de uma hipótese interessante em que aquele que, eventualmente, poderia ter sido admitido em demanda já pendente na qualidade de assistente simples pode assumir a iniciativa da propositura da ação.**

"Trata-se, a bem da verdade, de uma hipótese interessante em que aquele que, eventualmente, poderia ter sido admitido em demanda já pendente na qualidade de assistente simples pode assumir a iniciativa da propositura da ação, embora, a exemplo do que dá nos casos de assistência, para tutelar direito de outrem e, somente de maneira reflexa, direito seu. Nessas condições, a hipótese é de verdadeira substituição processual, espécie de legitimação extraordinária, porque o titular do direito originário deixa de poder impetrar seu próprio mandado de segurança, ficando adstrito ao que for decidido naquele impetrado pelo terceiro. Certamente que pode pretender intervir no feito pendente, quando deverá fazê-lo na qualidade de assistente litisconsorcial (CPC, art. 54), uma vez que a sentença produzirá efeitos diretamente em sua própria esfera jurídica porque, em última análise, é a ele que pertence o direito deduzido em juízo.

Como bem acentua Arnoldo Wald, 'No tocante ao mandado de segurança, tal interesse pode existir por parte não apenas de uma pessoa, mas sim de uma categoria de pessoas indeterminadas, cabendo a qualquer uma delas a impetração nos termos do § 1º do art. 319 do Cód. de Proc. Civil (leia-se § 2º do art. 1º da Lei n. 1.533/1951). Em outros casos, o ato ilegal provoca uma reação em cadeia, prejudicando direta e imediatamente uma determinada pessoa e indireta ou remotamente outros interessados. É o caso de um erro na classificação de concursados ou na lista de antiguidade ou merecimento de funcionários em que direito lesado é apenas de uma pessoa, mas com reflexos sobre todos os demais que são atingidos indiretamente pela irregularidade do ato administrativo praticado' (Do mandado de segurança na prática judiciária, p. 177, sem os esclarecimentos)" (Cassio Scarpinella Bueno, Mandado de segurança, p. 58).

▶ **Às vezes o direito da parte é violado indiretamente, porquanto o ato abusivo ou ilegal da autoridade atinge o direito de outrem, do qual depende o do impetrante.**

"Às vezes o direito da parte é violado indiretamente, porquanto o ato abusivo ou ilegal da autoridade atinge o direito de outrem, do qual depende o do impetrante. Nestes casos, a Lei nº 12.016 prevê que o beneficiário do direito derivado pode notificar o titular do direito originário para que este impetre o mandado de segurança em prazo razoável. Se, apesar de notificado, este não tomar a providência, o terceiro prejudicado ficará autorizado a requerer a segurança em nome próprio, como substituto processual (Lei nº 12.016, art. 1º, § 3º.)"

▶ **Sua legitimação é extraordinária e só se configurará depois de notificado o real titular do direito de ação.**

"Sua legitimação é extraordinária e só se configurará depois de notificado o real titular do direito de ação (aquele cujo direito foi violado pelo coator) e ultrapassado o prazo de 30 dias. O terceiro não estará defendendo seu próprio direito na ação de segurança, mas sim o daquele que permaneceu inerte diante da prática ilegal ou abusiva da autoridade pública. E o fará somente porque seu direito próprio, que não está em jogo no processo, tem sua eficácia na dependência do resultado favorável do writ em favor daquele que não cuidou tempestivamente de repelir o ato ilegal ou abusivo. A ação do terceiro, de tal sorte, corresponderá a uma substituição processual, ou seja, pleiteará, em nome próprio, direito alheio, por expressa autorização de lei (CPC/2015, art. 184)." (THEODORO JÚNIOR, Humberto. Lei do Mandado de Segurança comentada artigo por artigo. Rio de Janeiro: Gen/Editora Forense, 2ª edição, 2019. p. 31).

▶ **A notificação deverá ocorrer antes do prazo decadencial? b) como se poderia fazer essa exigência se, eventualmente, o interessado só terá conhecimento da não impetração, por óbvio, após o prazo de 120 dias?**

"A interpretação mais razoável seria a de que, exatamente por isso, o prazo deveria ser somado, o que não significa dizer que haveria "interrupção" do prazo decadencial, o que não é possível. Ocorre que, considerando que o parágrafo único submete o exercício do direito ao prazo estipulado no art. 23, só se pode interpretar que o exercício de tal faculdade, de impetração da segurança com legitimação extraordinária, estaria sujeito às seguintes regras, no que tange ao prazo: a) respeito ao prazo de 120 dias; b) notificar o terceiro em prazo que deve ser contado, portanto, no mínimo, retroativamente ao 120.º dia do prazo, porque após o 30.º dia da notificação é que nasce o direito do terceiro de interpor o mandado de segurança. Assim, não se trata de hipótese de extensão do prazo decadencial, mas sim de dois momentos diferentes, dentro do mesmo prazo, de decadência do direito. Explicando melhor: para que possa o impetrante agir em nome de terceiro, está igualmente sujeito ao prazo de 120 dias, com a condicionante adicional de notificar o tal terceiro, dentro deste prazo, para o exercício do direito, ou seja, desde que notifique o interessado dentro do prazo de 120 dias, não terá o seu direito de interposição prejudicado." (FIGUEIREDO CRUZ, Luana Pedrosa de. Comentários à Lei do mandado de segurança: Lei 12.016, de 7 de agosto de 2009. p. 74/75)

▶ **A notificação exigida pela Lei nº 12.016, art. 1º, § 3º, não amplia o prazo decadencial de 120 dias para a impetração do mandamus (art. 23).**

"O terceiro terá de diligenciar para que a notificação se dê a tempo de ingressar em juízo com a ação de segurança, antes de ocorrida a decadência do direito de promovê-la." (CRUZ, Luana Pedrosa de Figueiredo. Comentário ao art. 1º da Lei 12.016. In: GOMES JÚNIOR, Luiz Manoel et al. Comentários a nova Lei do Mandado de Segurança. São Paulo: Ed. RT, 2009, p. 45-46. No mesmo sentido: NEVES, Daniel Amorim Assumpção. Ações constitucionais, cit., p. 138.)

▶ **Se o último dia para impetração cair em feriado forense?**

"Se o último dia para impetração cair em feriado forense, o writ poderá ser ajuizado no dia de expediente imediatamente posterior. Nesse sentido se firmou a jurisprudência do STJ. Esse entendimento, erigido para hipóteses de legitimidade ordinária, é plenamente aplicável ao substituto processual." (FIGUEIREDO CRUZ, Luana Pedrosa de. Comentários à Lei do mandado de segurança: Lei 12.016, de 7 de agosto de 2009. p. 75)

> ◙ **No mesmo sentido:** "RMS – MANDADO DE SEGURANÇA – PRAZO DECADENCIAL – FERIADO FORENSE – "DIES AD QUEM" – PRORROGAÇÃO. Embora sendo decadencial o prazo para o ajuizamento de mandado de segurança, recaindo o "dies ad quem" em feriado forense, fica prorrogado o prazo final, para o primeiro dia util seguinte. – Recurso conhecido e provido." (RMS 2.428/PR, Rel. Ministro Cid Flaquer Scartezzini, Quinta Turma, julgado em 14/10/1997, DJ 09/02/1998, p. 29)

▶ **Necessidade de realizar a notificação do legitimado originário, dando-lhe o prazo de 30 dias para que afore a impetração.**

"Para que o legitimado extraordinário se credencie à propositura do mandado de segurança previsto no art. 3º da Lei nº 12.016, deverá, previamente, proceder à notificação do legitimado originário, dando-lhe o prazo de 30 dias para que afore a impetração."

▶ **A notificação é pela via judicial.**

"Essa notificação terá de ser judicial, e só depois de ultrapassados os 30 dias, sem que o substituído tenha proposto o writ, é que o substituto processual poderá fazê-lo."

▶ **Ocorrendo manifestação expressa, em documento firmado pelo titular do direito originário, de que não irá propor a ação mandamental, não haverá necessidade de notificá-lo.**

"Sua declaração de vontade supre a notificação. O substituto poderá impetrar a segurança sem formalizar a notificação judicial. Também não haverá necessidade de aguardar o transcurso de 30 dias se, antes do respectivo termo, o notificado declarar documentalmente que não irá ajuizar a ação mandamental."

"Também não haverá necessidade de aguardar o transcurso de 30 dias se, antes do respectivo termo, o notificado declarar documentalmente que não irá ajuizar a ação mandamental."

▶ **Prova**

"Em todos esses casos, o substituto processual terá de comprovar, por documentos juntados à inicial, o direito subjetivo originário e o derivado, a notificação judicial ou a declaração do legitimado primitivo de que não irá propor o mandado de segurança."

▶ **O que mudou em relação à regra anterior?**

"A inovação está no prazo de trinta dias para que o titular do direito impetre o mandado de segurança. A regra anterior, que reservava um (incerto) "prazo razoável" para que o mandado de segurança fosse impetrado pelo titular do "direito originário", foi substituída pelo prazo (certo) de trinta dias, que, de acordo com o novo parágrafo único do dispositivo, fica sujeito ao prazo decadencial de cento e vinte dias do art. 23 (v. n. 62, infra)." (Cassio Scarpinella Bueno. A nova lei do mandado de segurança (p. 30)

▶ **Questão discutida em doutrina é a relativa à razoabilidade do prazo da inação do titular do direito originário, condição para exercício do direito pelo terceiro.**

"Parece mais acertado o entendimento de que o transcurso de prazo razoável somente pode ser entendido como aquele que, de acordo com as características e peculiaridades de cada caso concreto, puder confirmar a predisposição de inação do titular do direito originário e, pois, a necessidade da impetração pelo titular do direito derivado (substituto processual), sob pena de consumação de lesão ou ameaça. Esse prazo nunca poderá, de qualquer sorte, superar superar os 120 dias referidos pelo art. 18 da Lei n. 1.533/1951, ao menos para aqueles que entendem constitucional essa limitação imposta pela lei para o exercício de direito constitucionalmente assegurado. A exigência de notificação judicial (CPC/1973, arts. 867 a 873) do titular do direito originário sugere que a comunicação para que ele exerça seu direito em prazo razoável seja imune a quaisquer dúvidas. Restando inequívoca sua comunicação por outro meio eficaz, mesmo que eletrônico, não há como recusar a impetração pelo terceiro." (Cassio Scarpinella Bueno, Mandado de segurança, p. 58-59).

▶ **O substituído possui legitimidade para interferir, a qualquer tempo, no processo.**

"...tem o substituído legitimação para interferir, a qualquer tempo, no processo, já que, afinal, o "direito em discussão é de sua titularidade. Recebê-lo-á, porém, no estado em que estiver, passando a atuar, ao lado do impetrante, como litisconsorte ativo superveniente" (TALAMINI, Eduardo. Partes e os terceiros no mandado de segurança individual à luz de sua nova disciplina – Lei 12.016/2009. Revista Dialética de Direito Processual, nº 80, nov. 2009, p. 34 (v., adiante, os itens 91 e 166). No mesmo sentido: NEVES, Daniel Amorim Assumpção. Ações constitucionais, cit., p. 137.

▶ **Substituição processual autorizada em lei enseja a possibilidade de formação de coisa julgada perante o substituto e o substituído.**

"Um traço característico da substituição processual, quando autorizada em lei, reside na possibilidade de o substituto exercer a ação "sem anuência do substituído, independentemente de sua vontade e até contra sua vontade. O que for decidido sobre o mérito do mandado de segurança impetrado em situação de substituição processual gerará efeito recoberto da autoridade de coisa julgada perante o substituto e o substituído, seja a decisão de deferimento ou denegação do mandamus." (ARAUJO CINTRA, Antônio Carlos de. Estudo sobre a substituição processual no direito brasileiro, RT, 438/28, abr./1972; CIANCI, Mirna. In: ALMEIDA, Gregório Assagra de; et al. Mandado de segurança. São Paulo: Saraiva, 2011, p. 118.)

▶ **É necessário que ambos os direitos (o do substituto e o do substituído) se revistam das características reclamadas para a tutela mandamental. São requisitos da substituição processual.**

"A norma do art. 3º da Lei nº 12.016 pressupõe a intervinculação entre dois direitos subjetivos: um originário e outro derivado. Sem a manutenção do primeiro, não subsistirá o segundo. Daí que, violado aquele por ato ilegal de autoridade, sem que o respectivo titular o defenda, surgirá a legitimação extraordinária do titular do direito derivado, para impetrar o mandado de segurança em defesa de direito que não lhe pertence, mas do qual depende o direito próprio. Como a defesa, em nome próprio, de direito alheio se dará pela via especial do mandado de segurança, exige a lei que ambos os direitos (o do substituto e o do substituído) se revistam das características reclamadas para a tutela mandamental." (THEODORO JÚNIOR, Humberto. Lei do Mandado de Segurança comentada artigo por artigo. Rio de Janeiro: Gen/Editora Forense, 2ª edição, 2019. p. 164).

▶ **O direito do substituto processual deve ser decorrente do direito do substituído**

" O direito do substituto processual deve ser decorrente do direito do substituído (por exemplo: o terceiro alugou um prédio comercial recém-construído, cuja utilização depende do "habite-se", que o dono já requereu, mas a Prefeitura, absurdamente, não o expede); essa subordinação entre os dois direitos subjetivos é que configura o interesse processual do substituto, para justificar a impetração do mandado de segurança em defesa de um direito que não lhe pertence. Ambos os direitos devem ser líquidos e certos, isto é, hão de se encontrar em condição de comprovação imediata por meio de prova documental pré-constituída. Deve o titular do direito originário ter sido notificado judicialmente a impetrar a segurança, não o tendo feito no prazo de direito (30 dias, segundo o art. 3º da Lei nº 12.016." (BARBI, Celso Agrícola. Do mandado de segurança. 7. ed. Rio de Janeiro: Forense, 1993, n. 147, p. 147.)

> **Art. 4º** Em caso de urgência, é permitido, observados os requisitos legais, impetrar mandado de segurança por telegrama, radiograma, fax ou outro meio eletrônico de autenticidade comprovada.

> **Redação correspondente da revogada Lei 1.533/51:***Art. 4º – Em caso de urgência, é permitido, observados os requisitos desta lei, impetrar o mandado de segurança por telegrama ou radiograma ao juiz competente, que poderá determinar seja feita pela mesma forma a notificação a autoridade coatora.*

MANDADO DE SEGURANÇA EM REGIME DE URGÊNCIA

▶ **É necessário, contudo, que se observem os requisitos legais para que o emprego dessas modalidades de comunicação seja processualmente válido.**

"É necessário, contudo, que se observem os requisitos legais para que o emprego dessas modalidades de comunicação seja processualmente válido. Vale dizer: é preciso que a Justiça disponha de recursos para comprovar a autenticidade da petição enviada eletronicamente. O uso do telefone, por exemplo, está previsto no Código de Processo Civil de 2015 para a transmissão de carta precatória urgente, desde que sejam observadas as cautelas dos parágrafos do seu art. 265, destinadas à autenticação da origem. Tais providências são facilmente observáveis entre secretarias judiciais. Não são praticáveis, no entanto, entre o impetrante e o juízo, cuja secretaria dificilmente teria como certificar a autenticidade de telefonema oriundo de particular. Já o emprego do fax é de ocorrência constante nas petições forenses. Há legislação cuidando da matéria, na qual se prevê que a origem da petição se comprovará por meio de entrega, posterior, dos originais, dentro do prazo de cinco dias, contados na forma do art. 2º da Lei nº 9.800/1999. A Lei nº 12.016 também adota a comprovação de autenticidade a posteriori, por meio da apresentação em juízo do original da petição, nos cinco dias seguintes ao envio da mensagem eletrônica (art. 4º, § 2º). Trata-se de medida observável não só em relação ao fax, mas a todos os veículos eletrônicos. Excluem-se, porém, as petições endereçadas segundo as regras do procedimento informatizado, sujeito ao regime previsto no § 3º do art. 4º, sob comento." (THEODORO JÚNIOR, Humberto. Lei do Mandado de Segurança comentada artigo por artigo. Rio de Janeiro: Gen/Editora Forense, 2ª edição, 2019. p. 169/170).

▶ **Nos juízos em que o processo eletrônico já se achar implantado, a internet será o meio eletrônico mais singelo e eficiente para o ajuizamento de mandado de segurança urgente.**

"Nos juízos em que o processo eletrônico já se achar implantado, a internet será o meio eletrônico mais singelo e eficiente para o ajuizamento de mandado de segurança urgente. O art. 1933 do CPC/2015 admite que todos os atos processuais sejam produzidos, comunicados, armazenados e validados por meio eletrônico, atentando-se à implantação do processo eletrônico no ordenamento jurídico pátrio. Os arts. 194 a 199 do CPC/2015 regulam e disciplinam a prática eletrônica dos atos processuais. A Lei nº 11.419/2006, que continua sendo aplicável mesmo após o CPC/2015, por sua vez, regula o uso desse meio na tramitação dos processos judiciais e na transmissão de peças processuais." (THEODORO JÚNIOR, Humberto. Lei do Mandado de Segurança comentada artigo por artigo. Rio de Janeiro: Gen/Editora Forense, 2ª edição, 2019. p. 170).

▶ **A Lei nº 12.016 também acolhe o documento eletrônico como útil e válido para o processamento do mandado de segurança.**

"A Lei nº 12.016 também acolhe o documento eletrônico como útil e válido para o processamento do mandado de segurança. A autenticação, na espécie, dar-se-á pela observância das regras da Infraestrutura de Chaves Públicas Brasileira – ICP – Brasil (Lei do Mandado de Segurança, art. 4º, § 3º). Dito sistema compreende a "expedição de certificados digitais, que congrega uma entidade-raiz e outras destinadas à certificação e ao registro, todas envoltas em diversas e complexas atividades, sob normas e princípios próprios." (THEODORO JÚNIOR, Humberto. Lei do Mandado de Segurança comentada artigo por artigo. Rio de Janeiro: Gen/Editora Forense, 2ª edição, 2019. p. 170).

▶ **Apresentação do original da petição nos cinco dias úteis seguintes**

"O § 2º, ao exigir que o original da petição seja apresentado nos cinco dias úteis seguintes, afina-se com a diretriz do parágrafo único do art. 2º da Lei n. 9.800/1999. Afasta-se, contudo, da disciplina dada à hipótese pela Lei n. 11.419/2006, que reputa suficiente a prática do ato por meio eletrônico. A melhor interpretação para superar a dicotomia parece ser a de exigir o cumprimento do quinquídio sempre que o processo seja físico e não virtual, quando, pela sua especialidade, devem prevalecer as regras da precitada Lei n. 11.419/2006, em especial de seus arts. 4º a 7º. De qualquer sorte, porque a questão, em última análise, diz respeito à forma dos atos processuais, importa dar destaque à escorreita aplicação do "princípio da fungibilidade das formas" pelo qual não se há de reconhecer qualquer nulidade quando não houver prejuízo demonstrado." (Cassio Scarpinella Bueno. A nova lei do mandado de segurança (p. 32)

▶ **No mesmo sentido:** "(...) ao inserir tais meios eletrônicos para a impetração, teve que adotar também duas regras básicas de suporte para a utilização do sistema de transmissão de dados para a prática de atos processuais que são: a apresentação do original em cinco dias e a observância das regras nacionais para conferir segurança e autenticidade ao novo procedimento." (Comentários a Nova Lei de Mandado de Segurança. Márcio Henrique Mendes da Silva Olavo a. Vianna Alves Ferreira. Pg. 43)

> § 1° Poderá o juiz, em caso de urgência, notificar a autoridade por telegrama, radiograma ou outro meio que assegure a autenticidade do documento e a imediata ciência pela autoridade.

Redação correspondente da revogada Lei 1.533/51: *Não há*

"Ao facultar o §· 1° do art. 4° a notificação da autoridade coatora por telegrama, radiograma ou outro meio que assegure a autenticidade do documento, quis aludir, à própria notificação, como também à petição inicial e documentos com ela encaminhados, se isso for possível (como é no fax). De outro lado, ao falar em notificar a autoridade, e, depois, na imediata ciência à autoridade, quis se referir à autoridade coatora, que é notificada (art. 7°, I), e à pessoa jurídica, que é cientificada (art. 7°, II); no que faltou técnica, porque essas medidas só vêm a ser determinadas no art. 7°, I e II. É impossível em tender a linguagem do § I ° do art. 4° sem conjugá-la com o art. 7°, I e II. O tecnicamente correto seria a regra do § I° do art. 4° vir, no texto legal, depois do art. 7°." (Comentários à Nova Lei do Mandado de Segurança – Lei 12.016/09J. E. Carreira Alvim. pg. 74)

> § 2° O texto original da petição deverá ser apresentado nos 5 (cinco) dias úteis seguintes.

Redação correspondente da revogada Lei 1.533/51: *Não há*

"Quando o art. 4°, caput, permite que, em caso de urgência, o mandado de segurança possa ser impetrado por telegrama, radiograma, fax ou outro meio eletrônico, o seu § 2° condiciona essa modalidade de impetração à apresentação do texto original da petição, e, logicamente, dos documentos que a instruem, no prazo de cinco dias úteis seguintes." (Comentários à Nova Lei do Mandado de Segurança – Lei 12.016/09J. E. Carreira Alvim. pg. 77).

▶ **No mesmo sentido**: "Na prática, nenhum juiz extinguirá o processo, quando constatar que o prazo do § 2° do art. 4° não foi cumprido, dando geralmente ao impetrante uma segunda oportunidade para cumprir esse ônus processual, o que não é contrário a um processo, como o mandado de segurança, que, além de buscar a satisfação de um interesse privado, objetiva também extirpar do universo jurídico os atos administrativos contaminados de ilegalidade ou abuso de poder." (Comentários à Nova Lei do Mandado de Segurança – Lei 12.016/09J. E. Carreira Alvim. pg. 78).

▶ **No mesmo sentido**: "Frise-se que a apresentação do original em cinco dias é regra de transição entre o processo judicial em papel para o processo eletrônico. Quando o processo eletrônico estiver devidamente implementado em todo o Judiciário, não será mais necessário observar tal exigência." (Comentários a Nova Lei de Mandado de Segurança. Márcio Henrique Mendes da Silva Olavo a. Vianna Alves Ferreira. Pg. 43)

§ 3º Para os fins deste artigo, em se tratando de documento eletrônico, serão observadas as regras da infra-estrutura de chaves públicas brasileira – ICP – Brasil.

Redação correspondente da revogada Lei 1.533/51: *Não há*

"a informatização do processo, da comunicação eletrônica dos atos processuais e do processo eletrônico cuida a Lei 11.419/06, aplicável também, no que couber, ao mandado de segurança regulado pela Lei 12.016/09." (Comentários à Nova Lei do Mandado de Segurança – Lei 12.016/09J. E. Carreira Alvim. pg. 78).

Art. 5º Não se concederá mandado de segurança quando se tratar:

Redação da Lei 1.553/51 – Revogada: Art. 5º – Não se dará mandado de segurança quando se tratar:

RESTRIÇÕES AO CABIMENTO DO MANDADO DE SEGURANÇA

▶ **Como toda ação, o mandado de segurança tem o seu cabimento subordinado a determinadas condições de procedibilidade.**

"Trata o dispositivo de situações nas quais não se permite a impetração da ação mandamental, seja pela ausência de interesse de agir do impetrante, seja pela posição hierárquica do instituto constitucional, que não pode ser utilizado como medida de apoio aos meios de impugnação e muito menos a estes substituir."(Comentários à Lei do Mandado de Segurança. Sidney Palharíni Júnior. Pg. 62).

▶ **Restrições de origem constitucional**

"Assim é que a Constituição, ao instituir essa especial medida judicial de proteção contra as ilegalidades e abusos de poder cometidos pelas autoridades, já o fez de modo a excluir de seu alcance os direitos subjetivos amparados por habeas corpus ou por habeas datas (CF, art. 5º, LXIX). Portanto, ficam, desde logo, excluídos da tutela mandamental as violações ou ameaças sanáveis por meio das duas outras ações constitucionais aludidas. Porque protegida especificamente pelo habeas corpus, a liberdade de locomoção, quando violada ou ameaçada, não encontrará proteção no mandado de segurança. Sempre, pois, que o direito de ir, vir ou permanecer for ofendido ou ameaçado por ato ilegal ou abusivo de alguma autoridade pública, "o mecanismo jurisdicional a ser empregado para sua garantia ou restabelecimento será o habeas corpus, sendo incabível, em tais casos, o emprego do mandado de segurança".Por sua vez, o habeas data garante ao interessado o direito subjetivo de conhecer as informações relativas à sua pessoa, existentes em banco de dados de caráter público, ou de obter a retificação de tais dados, quando errôneos ou incompletos (CF, art. 5º, LXXII). Logo, "se a proteção pedida pelo impetrante se refere à busca de informações relativas a sua pessoa constantes de registro ou banco de dados de entidade governamental, o instrumento processual adequado é o habeas data, não cabendo o uso do mandado de segurança como seu sucedâneo (art. 5º, LXIX, da CF)." (THEODORO JÚNIOR, Humberto. Lei do Mandado de Segurança comentada artigo por artigo. Rio de Janeiro: Gen/Editora Forense, 2ª edição, 2019. p. 174/175).

▶ **Restrições de origem infraconstitucional**

"No direito infraconstitucional, a Lei nº 12.016/2009 arrola, em seu art. 5º, três casos de inadmissibilidade do mandado de segurança, que correspondem a: (i) ato do qual caiba recurso administrativo com efeito suspensivo, independentemente de caução; (ii) decisão judicial da qual caiba recurso com efeito suspensivo; (iii) decisão judicial transitada em julgado." (THEODORO JÚNIOR, Humberto. Lei do Mandado de Segurança comentada artigo por artigo. Rio de Janeiro: Gen/Editora Forense, 2ª edição, 2019. p. 175).

▶ **Restrições de origem jurisprudencial.**

"No âmbito da jurisprudência, também se reconhece o descabimento do mandado de segurança em alguns casos, como no de impetração contra lei em tese, contra o mérito do ato administrativo ou contra as deliberações interna corporis." (THEODORO JÚNIOR, Humberto. Lei do Mandado de Segurança comentada artigo por artigo. Rio de Janeiro: Gen/Editora Forense, 2ª edição, 2019. p. 175).

▶ **Entendimento que as restrições são inconstitucionais.**

"As limitações impostas pela LMS 5.º à admissibilidade e ao mérito do writ são inconstitucionais. Não pode a lei ordinária limitar o exercício de instituto previsto e regulado expressamente na CF 5.º LXIX, norma constitucional essa que tem competência exclusiva para fixar as peias e as amarras do mandado de segurança. Como a CF

5.º LXIX não remeteu o regulamento do MS para a lei, os requisitos para a concessão do writ são somente aqueles que a norma constitucional estipula. A lei somente pode traçar regras para o procedimento do MS, mas não sobre o direito material processual ao MS. Doutrina e jurisprudência têm minimizado ou mesmo desconhecido essa limitação da LMS 5.º." (NERY Jr. Nelson. Leis Civil e Processuais Civis Comentadas, 4ª Ed. Revista dos Tribunais, 2015, p. 1647)

▶ **O que se tem aí é uma vedação a priori da concessão de mandado de segurança, por força da qual se sabe, de antemão e em tese, que a demanda de mandado de segurança não poderia de maneira nenhuma ser acolhida.**

"É preciso, porém, deixar claro antes de examinar individualizadamente cada um desses casos que neles se manifestam hipóteses nas quais a demanda de mandado de segurança é, para usar uma expressão empregada no item anterior deste trabalho, hipoteticamente inacolhível. Dito de outro modo, o que se tem aí é uma vedação a priori da concessão de mandado de segurança, por força da qual se sabe, de antemão e em tese, que a demanda de mandado de segurança não poderia de maneira nenhuma ser acolhida. Está-se aí, pois, no plano das "condições da ação" e, mais especificamente, o que se tem aí são casos de impossibilidade jurídica da demanda de mandado de segurança." (CÂMARA, Alexandre Freitas. Manual do Mandado de Segurança, 2ª Edição. Atlas, São Paulo, 2014. p. 106)

I – de ato do qual caiba recurso administrativo com efeito suspensivo, independentemente de caução;

> **Redação correspondente da revogada Lei 1.533/51:** *I – de ato de que caiba recurso administrativo com efeito suspensivo, independente de caução.*

▶ **Esta hipótese só se aplica a ato comissivo.**

"O inc. I do art. 5º cuida apenas de ato comissivo, que importe numa atividade positiva da Administração, que é suspensa pelo recurso, não se aplicando às omissões administrativas, mesmo porque, relativamente a essas, nem se poderia falar em efeito suspensivo, não sendo admissível suspender-se o que deveria ser, mas não foi feito." (Comentários à Nova Lei do Mandado de Segurança – Lei 12.016/09. J. E. Carreira Alvim Pg. 81)

▶ **Não cabimento "temporário" do mandado de segurança quando o ato administrativo, porque objeto de recurso, não tem aptidão de produzir seus regulares.**

"A interpretação do inciso I do artigo em comento que mais se afina com a Constituição é a do não cabimento "temporário" do mandado de segurança quando o ato administrativo, porque objeto de recurso, não tem aptidão de produzir seus regulares efeitos. Desde que o impetrante possa recorrer administrativamente, impugnando eficazmente o ato ou o fato que entende ilegal ou abusivo, não há interesse jurídico na impetração do mandado de segurança. Assim, desde que o impetrante possa recorrer administrativamente sem qualquer espécie de ônus ou gravame (a lei refere-se a "caução") e desde que seu recurso administrativo seja processado com efeito suspensivo, a necessidade da impetração fica sistematicamente afastada, porque não existe, mercê daquele efeito recursal, qualquer eficácia no ato impugnado e, consequentemente, qualquer possibilidade de lesão ou ameaça a direito seu." (BUENO. Cassio Scarpinella. A Nova Lei do Mandado de Segurança: Comentários sistemáticos à Lei 12.016, de 7-8-2009, 2ª edição, Editora Saraiva, São Paulo, 2010, p. 34)

> ◙ **Súmula Vinculante 21 do STF: É inconstitucional a exigência de depósito ou arrolamento prévios de dinheiro ou bens para admissibilidade de recurso administrativo.**

▶ **Se o ato não estiver provocando algum efeito nocivo adveio para o interessado não cabe mandado de segurança por falta de interesse de agir.**

"Se do ato administrativo nenhum efeito nocivo adveio para o interessado, que o neutralizou mediante o efeito recursal suspensivo, não há, no momento, interesse de agir para justificar a impetração da segurança." (THEODORO JÚNIOR, Humberto. Lei do Mandado de Segurança comentada artigo por artigo. Rio de Janeiro: Gen/Editora Forense, 2ª edição, 2019. p. 176).

> ▶ **Em entendimento semelhante:** "Considere-se, porém, que aludida disposição prende-se a uma das condições da ação, pois o ato que não produz efeitos, porque submetido a recurso com efeito suspensivo, não enseja interesse na impetração. Além disso, a rigor, não há obrigatoriedade de exaurimento da via administrativa, pois se o interessado deixar escoar in albis o prazo – dentro do qual o ato ainda será inoperante, não trazendo prejuízos – para interpor recurso administrativo, poderá se valer, em seguida, da impetração." (Comentários a Nova lei do Mandado de Segurança. Mauro Luís Rocha Lopes. Pg 30).

▶ **Se o ato, mesmo que questionado na via administrativa, estiver provocando algum efeito nocivo adveio para o interessado cabe mandado de segurança.**

"Se, entretanto, o ato decisório é de natureza negativa, em face de uma autorização administrativa necessária ao exercício do direito individual, pouco importa o efeito que tenha o recurso. A lesão ou ameaça já estará configurada, e a parte não terá, de forma alguma, de aguardar o julgamento do recurso interposto na esfera administrativa; poderá desde logo ingressar em juízo com o pleito de mandado de segurança, se dispuser dos elementos exigidos para manejar eficazmente o writ." (THEODORO JÚNIOR, Humberto. Lei do Mandado de Segurança comentada artigo por artigo. Rio de Janeiro: Gen/Editora Forense, 2ª edição, 2019. p. 176).

▶ Efeitos em que os recursos podem ser recebido.

Todo ato possui operatividade, ou seja, produz efeitos. O ato, quando operante, acaba por produzir uma série de efeitos que de alguma forma restringe ou amplia direitos de terceiros. Quando se estuda os efeitos em que o recurso administrativo vai ser recebido, quer-se verificar se a interposição deste terá ou não o condão de suspender a operatividade do ato impugnado. Se recebido no efeito suspensivo, significa que a sua interposição tem o condão de suspender a operatividade, a exigibilidade do ato, não podendo este causar qualquer prejuízo ao recorrente até o julgamento final de mérito. Em se tratando de ato isolado, como o que ocorre com um lançamento tributário, ele perde sua operatividade – no direito tributário tal fenômeno é chamado especificamente de suspensão da exigibilidade do crédito tributário, conforme se verifica do comando legal do art. 151, V, do Código Tributário Nacional. O referido crédito tributário perde, em razão da interposição do recurso administrativo, sua exigibilidade, o que significa que não pode ser cobrado e nem mesmo inviabilizar as demais atividades do contribuinte. Quando o ato com que se pretende a suspensão da operatividade está inserto no meio de um procedimento administrativo, como ocorre nas licitações, a interposição do recurso que possui efeito suspensivo, além de suspender os efeitos imediatos do ato, também impede a sequência normal do procedimento até o julgamento final do recurso. Por outras palavras: interposto o recurso administrativo e sendo ele recebido em seu efeito suspensivo, está vedado à Comissão de Licitação passar para a fase seguinte do procedimento licitatório, sob pena de, se o fizer, praticar ato completamente ilegal.

▶ O que se entende por efeito suspensivo?

"Por efeito suspensivo deve ser entendido aquele que tem a aptidão de suspender a eficácia do ato administrativo com o mero fato objetivo de sua interposição ou de impedir o início da produção dos efeitos do ato que se pretende ilegal ou abusivo." (BUENO. Cassio Scarpinella. A Nova Lei do Mandado de Segurança: Comentários sistemáticos à Lei 12.016, de 7-8-2009, 2ª edição, Editora Saraiva, São Paulo, 2010, p. 34)

▶ O efeito suspensivo pode ser atribuído diretamente pela lei ou pela Autoridade Pública.

O efeito suspensivo pode ser atribuído diretamente pela lei, constituindo, nesse ponto, direito subjetivo do licitante ao gozo do referido efeito com a consequente suspensão do procedimento até julgamento final da impugnação, bem como pode ser atribuído pela autoridade administrativa competente se presentes razões de interesse público, as quais deverão obrigatoriamente ser fundamentadas. Aqui, trata-se, a princípio, de mera expectativa de direito do recorrente, pois a presença ou não das "razões de interesse público" é decidida pela Administração Pública. O controle desse ato é mais restrito, uma vez que se trata de conceitos jurídicos indeterminados. Na Lei de Licitações, o recurso será recebido legalmente no efeito suspensivo quando apresentado com o objetivo de discutir habilitação, inabilitação de licitantes e julgamento de propostas. Ou seja, nas hipóteses das alíneas "a" e "b" do inc. I do art. 109 do Estatuto das Licitações. Nesse sentido, se determinado licitante inabilitado interpuser recurso questionando sua inabilitação, este será obrigatoriamente recebido no efeito suspensivo, estando vedado à Comissão de Licitação passar para a fase de julgamento de propostas enquanto não julgado o pleito recursal.

▶ **Não é o recurso que suspende a eficácia da decisão, mas sim sua recorribilidade, ou seja, a mera previsão de um recurso que tenha como regra efeito suspensivo.**

"As ponderações feitas acima levam em consideração a exata concepção do conceito de efeito suspensivo. Como bem apontado pela melhor doutrina, a afirmação de que o recurso tem efeito suspensivo não pode ser considerada correta, porque, na realidade, não é o recurso que suspende a eficácia da decisão, mas sim sua recorribilidade, ou seja, a mera previsão de um recurso que tenha como regra efeito suspensivo. Havendo a previsão em lei de recurso a ser "recebido com efeito suspensivo", a decisão recorrível por tal recurso já surge no mundo jurídico ineficaz, não sendo a interposição do recurso que gera tal suspensão, mas a previsão legal de efeito suspensivo. O recurso, nesse caso, uma vez interposto, prolonga o estado inicial de ineficácia da decisão até seu julgamento, o que significa dizer que, mesmo antes de sua interposição, o impetrante não tem interesse de agir para o mandado de segurança, porque a decisão que lhe é prejudicial é nesse momento ineficaz." (NEVES, Daniel Amorim Assumpção. Ações Constitucionais, 2ª edição, Ed. GEN, São Paulo, 2013, p. 113)

▶ **Interpor recurso, mesmo que recebido com efeito suspensivo, ou impetrar o Mandado de Segurança é uma escolha discricionária do impetrante.**

"É preciso ter claro, porém, que essa disposição não pode ser interpretada no sentido de se exigir – em qualquer hipótese – o exaurimento das instâncias administrativas para que, só após, se possa ir a juízo. O que se tem aqui é a previsão de que, no caso de o ato administrativo que se pretende impugnar ser uma decisão proferida em processo administrativo, e havendo para este a previsão de cabimento de recurso administrativo que seja dotado de efeito suspensivo independentemente da prestação de caução, poderá o interessado optar entre interpor o recurso ad – ministrativo ou impetrar desde logo o mandado de segurança." (CÂMARA, Alexandre Freitas. Manual do Mandado de Segurança, 2ª Edição. Atlas, São Paulo, 2014. p. 108)

▶ **Não é vedada à parte a escolha do mandado de segurança, mesmo quando exista no caso concreto a viabilidade de se resolver o conflito por meio de processo administrativo, sob pena de violação ao princípio na inafastabilidade da jurisdição.**

"A previsão do art. 5º, I, da Lei 12.016/2009, que repete com mínima alteração redacional o art. 5º, I, da Lei 1.533/1951, não autoriza conclusões que contrariem o princípio da inafastabilidade da jurisdição, consagrado em nosso texto constitucional (art. 5º, XXXV, CF)278, de forma a não ser vedada à parte a escolha do mandado de segurança, mesmo quando exista no caso concreto a viabilidade de se resolver o conflito por meio de processo administrativo. Tampouco condiciona a parte a esgotar a via administrativa de solução do conflito antes de ingressar com o mandado de segurança porque tal circunstância está limitada à solução dos conflitos na seara desportiva, nos termos do art. 217, § 1º, da CF." (NEVES, Daniel Amorim Assumpção. Ações Constitucionais, 2ª edição, Ed. GEN, São Paulo, 2013, p. 115)

▶ **Mesmo nos casos em que a lei expressamente atribua efeito suspensivo ao recurso administrativo a pessoa lesada não é obrigada a recorrer como condição para a impetração do Mandado de Segurança.**

"Impende observar, porém, que como regra os recursos administrativos não são dotados de efeito suspensivo. Pode haver, porém, casos em que a lei expressamente atribua efeito suspensivo ao recurso administrativo. É o que se tem, por exemplo, no caso de recurso administrativo contra decisão que, em processo de licitação, se pronuncie sobre habilitação ou inabilitação de licitante ou sobre o julgamento das propostas (art. 109, I, a e b, c/c § 2º, da Lei no 8.666/1993). Em casos assim, portanto, poderá o interessado escolher entre duas vias: interpor o recurso administrativo ou impetrar mandado de segurança. É preciso, porém, que o interessado escolha uma das duas vias, não se admitindo a utilização simultânea de ambas." (CÂMARA, Alexandre Freitas Manual do mandado de segurança / Alexandre Freitas Câmara. – 2. ed. – São Paulo: Atlas, 2014, p. 108)

> ◉ *Súmula nº 429 do STF: A existência de recurso administrativo com efeito suspensivo não impede o uso do mandado de segurança*

▶ **Se o recurso administrativo for recebido com efeito suspensivo, porém há exigência de caução, cabe o manejo do Mandado de Segurança.**

"Afirma o inciso I do art. 5º, porém, que só há vedação ao manejo do mandado de segurança se tiver sido interposto recurso administrativo dotado de efeito suspensivo independentemente de caução. Impõe-se, porém, recordar que o Enunciado no 21 da Súmula Vinculante do Supremo Tribunal Federal é expresso em afirmar que "é inconstitucional a exigência de depósito ou arrolamento prévio de dinheiro ou bens para admissibilidade de recurso administrativo.""

> ◉ **No mesmo sentido:** "RECURSO ADMINISTRATIVO – DEPÓSITO – §§ 1º E 2º DO ARTIGO 126 DA LEI No 8.213/1991 – INCONSTITUCIONALIDADE. A garantia constitucional da ampla defesa afasta a exigência do depósito como pressuposto de admissibilidade de recurso administrativo." (STF, AI 545063 AgR/BA, rel. Min. Marco Aurélio, j. em 21.6.2011.)

▶ **O que importa é constatar se o impetrante optou pela via administrativa e em que medida que sua insistência naquela sede, isto é, na fase recursal, não tem aptidão de lhe causar danos imediatos.**

"É correto o entendimento de que o dispositivo não autoriza a tese de que o prévio esgotamentoda esfera administrativa seja pressuposto para o contraste jurisdicional do ato respectivo. O que importa é constatar se o impetrante optou pela via administrativa e em que medida que sua insistência naquela sede, isto é, na fase recursal, não tem aptidão de lhe causar danos imediatos. É neste contexto que deve ser analisado o seu interesse de agir; não naquele que não se afeiçoa ao "modelo constitucional do direito processual civil". O parágrafo único do art. 5º da Lei n. 12.016/2009 inovava em relação ao direito anterior e complementava a regra do inciso I. Em se tratando de ato omissivo, o dispositivo garantia a viabilidade da impetração para contrastá-lo jurisdicionalmente, independentemente da interposição de recurso hierárquico, desde que se observasse o prazo de cento e vinte dias da notificação judicial ou extrajudicial da autoridade coatora." (BUENO. Cassio Scarpinella. A Nova Lei do Mandado de Segurança: Comentários sistemáticos à Lei 12.016, de 7-8-2009, 2ª edição, Editora Saraiva, São Paulo, 2010, p. 35)

▶ **Recurso recebido com efeito suspensivo contra ato omissivo? Possibilidade de manejo do Mandado de Segurança.**

"A questão aqui, porém, é que não há como admitir-se recurso administrativo com efeito suspensivo contra uma omissão do agente público que gere, para o interessado, alguma utilidade." (GARCIA MEDINA, José Miguel e ARAÚJO, Fábio Caldas de, Mandado de segurança individual e coletivo, p. 74.)"

> ▶ **No mesmo sentido**: "Nos casos, porém, em que a ameaça ou a violação do direito decorram da recusa ou mesmo da simples omissão, por parte da autoridade pública, em praticar o ato que se faz necessário ao exercício do direito do impetrante, admite-se o mandado de segurança, mesmo que caiba recurso administrativo com efeito suspensivo indepen – dentemente de caução, e isto porque, não obstante o recurso, a fruição do direito continua vedada. Assim julgou a Côrte Suprema no mandado de segurança n.º 232, em que os advogados provisionados impetraram o remédio judiciário por lhes ter sido negada pelo Conselho da Secção da Ordem dos Advogados do Brasil inscrição de suas provisões. Da decisão que negava a inscrição cabe recur – so administrativo com efeito suspensivo, sem dependência de caução. Mas êsse recurso com tal efeito em nada modificava a situação dos impetrantes, que, apesar dele, continuariam sem inscrição, mesmo a título provisório. Em tal hipótese a possibilidade de recorrer e o efeito dêsse ato não são impedientes do amparo buscado pelo meio do mandado de segurança." (Luiz Antônio de Andrade e Luiz Machado Guimarães, Comentários ao Código de Processo Civil [de 1939], v. IV, p. 344.)

> ◙ **No mesmo sentido:** "Mas qual o sentido da condição de não haver recurso administrativo, com efeito suspensivo, independentemente de caução? – É que, em tais casos, a parte, sem o ônus da caução, pode impedir os efeitos do ato danoso, me – diante recurso perante a própria administração pública. Mas isto somente ocorrerá, quando se tratar de ato ou procedimento comissivo da autori – dade. Quando esta se abstém ou se omite, o gravame perdura, sem que o possa remediar o efeito suspensivo do recurso hierárquico. Não fica, pois, o particular impedido de recorrer ao mandado de segurança, sob pena de se extrair da lei uma consequência contrária àquela que teve em mira." (STF – RE 52588/GB, rel. Min. Victor Nunes, j. em 9.7.1963.)

▶ **No mesmo sentido**: "O raciocínio aqui é exatamente o proposto no excerto acima transcrito. A interposição de recurso administrativo com efeito suspensivo obsta a eficácia do ato impugnado, tornando assim desnecessária a impetração do mandado de segurança. Desprovido o recurso administrativo, aí sim a decisão administra – tiva contrária aos interesses da parte passará a produzir efeitos, o que tornará justificável a impetração do mandado de segurança. No caso dos atos omissivos, porém, assim não é. Isso porque, sendo omissivo o ato, ainda que se interponha recurso administrativo dotado de efeito suspensivo, o particular não terá como fruir da situação jurídica a que faz jus. Assim, o efeito suspensivo do recurso não retira, no caso, a utilidade do mandado de segurança, o qual será perfeitamente admissível." (CÂMARA, Alexandre Freitas. Manual do Mandado de Segurança, 2ª Edição. Atlas, São Paulo, 2014. p. 111)

◉ *Súmula 429/STF: A existência de recurso administrativo com efeito suspensivo não impede o uso do mandado de segurança contra omissão da autoridade*"

▶ **Em regra, não é cabível mandado de segurança para conferir efeito suspensivo a recurso, contra letra expressa da lei.**

"Se a lei não confere ao recurso efeito suspensivo, a autoridade impetrada e seu litisconsorte, adversário do impetrante, é que têm direito líquido e certo de verem o recurso do impetrante ser recebido apenas no efeito devolutivo e não o contrário, vale dizer, o impetrante não tem direito líquido e certo de pedir ao juiz que mude a lei. Apenas em casos excepcionais, em que se vislumbre eventual ameaça de perecimento de direito ou de dano irreparável, tem a jurisprudência admitido o mandamus para conferir efeito suspensivo a recurso." (NERY Jr. Nelson. Leis Civil e Processuais Civis Comentadas, 4ª Ed. Revista dos Tribunais, 2015, p. 1647)

▶ **Não se admite é a concomitância do recurso administrativo (com efeito suspensivo) com o mandado de segurança, porque se os efeitos do ato já estão sobrestados**

"O que não se admite é a concomitância do recurso administrativo (com efeito suspensivo) com o mandado de segurança, porque se os efeitos do ato já estão sobrestados pelo recurso hierárquico, nenhuma lesão produzirá enquanto não se tornar definitivo e operante. Só então poderá o prejudicado pedir o amparo judicial contra a lesão ou a ameaça a seu direito." (Problemas do Mandado de Segurança – Hely Lopes Meireles. Pg.42)

◉ **No mesmo sentido:** "MANDADO DE SEGURANÇA. ADMINISTRATIVO E PROCESSO CIVIL. SERVIDOR PÚBLICO FEDERAL. DEMISSÃO. INTERPOSIÇÃO DE RECURSO ADMINISTRATIVO RECEBIDO COM EFEITO SUSPENSIVO. AUSÊNCIA DE INTERESSE DE AGIR. ART.5º, I, DA LEI Nº 1.533/51. PRECEDENTES.1. Não há interesse jurídico na impetração de mandado de segurança em face de ato que, impugnado por recurso administrativo dotado de efeito suspensivo, não tem qualquer eficácia para lesar ou ameaçar direito. Aplicação do disposto no art. 5º, I, da Lei nº 1.533/51. Precedentes. 2.

Processo extinto sem resolução de mérito, nos termos do 267, VI, do CPC." (MS 12.417/DF, Rel. Ministra MARIA THEREZA DE ASSIS MOURA, TERCEIRA SEÇÃO, julgado em 09/09/2009, DJe 18/09/2009)

▶ **Caso seja interposto recurso administrativo superveniente ao processamento de mandando de segurança já impetrado, recebido aquele (o recurso) em seu efeito suspensivo, será este (o mandado de segurança) extinto por falta de interesse de agir superveniente.**

"Como se sabe, as condições da ação devem ser analisadas a qualquer momento do processo, sendo admissível a carência superveniente, quando uma das condições da ação deixa de existir durante o procedimento283. Esse entendimento é importante na hipótese de o recurso administrativo que não tem originariamente efeito suspensivo vir a tê-lo, naquilo que a doutrina entende por efeito suspensivo impróprio. A partir do momento em que for atribuído efeito suspensivo ao recurso administrativo, o impetrante passará a ser carecedor da ação (perda superveniente do interesse de agir)." (NEVES, Daniel Amorim Assumpção. Ações Constitucionais, 2ª edição, Ed. GEN, São Paulo, 2013, p. 117)

◙ **No mesmo sentido:** "PROCESSUAL CIVIL. ADMINISTRATIVO. IMPROBIDADE ADMINISTRATIVA. AGRAVO REGIMENTAL NO MANDADO DE SEGURANÇA. RECURSO ADMINISTRATIVO RECEBIDO COM EFEITO SUSPENSIVO. PERDA SUPERVENIENTE DO INTERESSE PROCESSUAL. INADMISSIBILIDADE DO WRIT. JULGAMENTO MONOCRÁTICO, PELO RELATOR. POSSIBILIDADE. MÉRITO. QUESTÃO PREJUDICADA. 1. Na forma do art. 5º, I, da Lei 12.016/2009, é inadmissível o mandado de segurança em face de ato do qual caiba recurso administrativo com efeito suspensivo, independentemente de caução. 2. Consoante o art. 34, XIX, do RISTJ, é atribuição do relator decidir monocraticamente o mandado de segurança quando for "inadmissível, prejudicado ou quando se conformar com tese fixada em julgamento de recurso repetitivo ou de repercussão geral, a entendimento firmado em incidente de assunção de competência, a súmula do Superior Tribunal de Justiça ou do Supremo Tribunal Federal, a jurisprudência dominante acerca do tema ou as confrontar". 3. Conforme jurisprudência desta Corte, a submissão ao colegiado, por meio de agravo regimental ou de agravo interno, supre o eventual vício existente no julgamento monocrático do recurso. Nesse sentido, mutatis mutandis: REsp 1.049.974/SP, Rel. Ministro Luiz Fux, Corte Especial, DJe 03/08/2010; AgInt no RMS 50.746/PR, Rel. Ministro Mauro Campbell Marques, Segunda Turma, DJe 21/06/2017. 4. Uma vez não ultrapassada a fase de conhecimento do mandamus, resta prejudicado o exame do mérito da controvérsia. 5. Agravo regimental não provido." (AgRg no MS 21.332/DF, Rel. Ministro SÉRGIO KUKINA, PRIMEIRA SEÇÃO, julgado em 13/12/2017, DJe 18/12/2017)

▶ **A impetração de mandado de segurança concomitante à tramitação de recurso administrativo recebido em seu efeito suspensivo não acarreta a renúncia ao direito** administrativo ou desistência de recurso já interposto e pendente de julgamento, mas sim a extinção do mandamus por falta de interesse de agir.

"Não parece ser correto o entendimento de que a interposição do mandado de segurança sempre importa renúncia ao direito administrativo ou desistência de recurso já interposto e pendente de julgamento. Já havendo recurso administrativo interposto, o impetrante, diante da ausência de interesse de agir, terá seu mandado de segurança rejeitado; não é possível que a interposição acarrete a desistência tácita do recurso administrativo, porque, se o impetrante não reúne as condições da ação, o mandado de segurança não tem como seguir adiante." (NEVES, Daniel Amorim Assumpção. Ações Constitucionais, 2ª edição, Ed. GEN, São Paulo, 2013, p. 116)

> **No mesmo sentido:** "PROCESSUAL CIVIL E ADMINISTRATIVO. MANDADO DE SEGURANÇA. INEXISTÊNCIA DE ATO COMISSIVO OU OMISSIVO IMPUTÁVEL À AUTORIDADE COATORA. FUNDAMENTO ALTERNATIVO: ATO ADMINISTRATIVO IMPUGNADO POR RECURSO DOTADO DE EFEITO SUSPENSIVO. DENEGAÇÃO DA ORDEM. 1. Trata-se de Mandado de Segurança impetrado contra ato da Comissão de Anistia que, em parecer proferido, concluiu pela substituição do benefício percebido por prestação mensal indenizatória, com redução do valor. 2. A autoridade impetrada comprovou que a controvérsia tem por objeto o parecer da Turma Especial da Comissão da Anistia (fls. 224-232, e-STJ), contra o qual, após regular intimação (fls. 240-242, e-STJ), o impetrante protocolou recurso administrativo (fls. 247-251. e-STJ). 3. O recurso administrativo tem por fundamento jurídico o art. 18 da Portaria MJ 2523/2008, que disciplina as normas procedimentais da Comissão de Anistia. A regra vem redigida nos seguintes termos: "Art. 18. Da deliberação proferida na Turma cabe recurso ao Plenário, no prazo de 30 (trinta) dias". 4. Constata-se, portanto, a inexistência de ato comissivo ou omissivo imputável à autoridade impetrada, uma vez que, na forma da legislação específica, a competência para apreciação do recurso interposto é do Plenário da Comissão de Anistia, órgão que não se encontra incluído no rol das autoridades que justificam a competência do STJ para julgamento do Mandado de Segurança (art. 105, I, "b", da CF/1988). 5. Não bastasse isso, ficou comprovado que o recurso suspendeu a eficácia do ato administrativo impugnado, tanto que inexiste notícia, por parte do impetrante, de que tenha havido a redução no valor do seu benefício previdenciário, o que atrai a incidência do art. 5º, I, da Lei 12.016/2009. 6. Segurança denegada. Revogação da liminar anteriormente concedida. Prejudicado o Agravo Interno da União." (MS 21.810/DF, Rel. Ministro HERMAN BENJAMIN, PRIMEIRA SEÇÃO, julgado em 27/09/2017, DJe 17/10/2017)

▶ **Durante o prazo de cabimento de recurso administrativo que é legalmente recebido sob o efeito suspensivo apenas poderá ser manejado o Mandado de Segurança caso o impetrante renuncie o referido prazo, pois, até então, o ato que se pretende embater está com sua eficácia suspensa.**

"O mesmo ocorre durante o prazo recursal, ainda que não tenha sido interposto o recurso administrativo com efeito suspensivo, somente haverá interesse de agir no mandado de segurança se o impetrante renunciar expressamente ao recurso dentro do prazo recursal." (NEVES, Daniel Amorim Assumpção. Ações Constitucionais, 2ª edição, Ed. GEN, São Paulo, 2013, p. 116)

◙ **Pedido de reconsideração deduzido após o julgamento de recurso recebido sob o efeito suspensivo não impede o início da contagem do prazo decadencial para a impetração do Mandado de Segurança.**

"ADMINISTRATIVO E PROCESSUAL CIVIL. AGRAVO INTERNO NO MANDADO DE SEGURANÇA. PEDIDO DE RECONSIDERAÇÃO. INTERRUPÇÃO DO PRAZO DECADENCIAL. NÃO OCORRÊNCIA. SÚMULA 430/STF. DECADÊNCIA RECONHECIDA. AGRAVO INTERNO IMPROVIDO. I. Agravo interno interposto contra decisão monocrática que julgara Mandado de Segurança, publicada na vigência do CPC/2015. II. De acordo com os autos, a parte agravante formulou pedido administrativo, no sentido de que fossem retificados os dados geodésicos da poligonal objeto dos direitos minerários que lhe foram conferidos. Após indeferimento do pedido, a parte agravante interpôs recurso, improvido, pelo Ministro de Estado de Minas e Energia, autoridade ora impetrada, em decisão publicada em 24/06/2016. Dessa decisão, a parte agravante formulou pedido de reconsideração, que, recebido sem atribuição de efeito suspensivo, foi indeferido, pela autoridade impetrada, em despacho publicado em 30/03/2017. III. Nesse contexto, tendo o presente mandamus sido impetrado apenas em 20/04/2017, forçoso reconhecer a decadência do direito de pedir segurança. IV. Nos termos da jurisprudência do Superior Tribunal de Justiça, "o pedido de reconsideração ou recurso administrativo destituído de efeito suspensivo não tem o condão de suspender ou interromper o curso do prazo decadencial, conforme a Súmula 430/STF: 'Pedido de reconsideração na via administrativa não interrompe o prazo para o mandado de segurança'" (STJ, AgRg no MS 18137/DF, Rel. Ministro HERMAN BENJAMIN, PRIMEIRA SEÇÃO, DJe de 29/11/2016). Nesse sentido: STJ, AgRg no MS 21.562/DF, Rel. Ministra REGINA HELENA COSTA, PRIMEIRA SEÇÃO, DJe de 16/11/2015; AgRg no MS 19.420/DF, Rel. Ministro ARNALDO ESTEVES LIMA, PRIMEIRA SEÇÃO, DJe de 02/08/2013; MS 18.521/DF, Rel. Ministro MAURO CAMPBELL MARQUES, PRIMEIRA SEÇÃO, DJe de 20/11/2012. V. Agravo interno improvido." (AgInt no MS 23.479/DF, Rel. Ministra ASSUSETE MAGALHÃES, PRIMEIRA SEÇÃO, julgado em 26/09/2018, DJe 03/10/2018)

◙ *Súmula 430: Pedido de reconsideração na via administrativa não interrompe o prazo para o mandado de segurança.*

◙ **A interposição de recurso administrativo destituído de efeito suspensivo, a teor do art. 61 da Lei n. 9.784/99, não tem o condão de interromper a fluência da decadência.**

"III – A interposição de recurso administrativo destituído de efeito suspensivo, a teor do art. 61 da Lei n. 9.784/99, não tem o condão de interromper a fluência da decadência, nos termos da Súmula n. 430/STF. Precedentes. IV – O Agravante não apresenta, no regimental, argumentos suficientes para desconstituir a decisão agravada. V – Agravo Regimental improvido." (AgRg no MS 21.971/DF, Rel. Ministra REGINA HELENA COSTA, PRIMEIRA SEÇÃO, julgado em 27/09/2017, DJe 03/10/2017)

◉ **Mesmo que seja possível o manejo de recurso na via administrativa, caso o ele não venha a ser recebido em seu efeito suspensivo, o ato combatido é plenamente operante, como, por exemplo, em situação de demissão de servidor público.**

"PROCESSUAL CIVIL E ADMINISTRATIVO. MANDADO DE SEGURANÇA. SERVIDOR PÚBLICO FEDERAL. PROCESSO ADMINISTRATIVO DISCIPLINAR. DEMISSÃO. SERVIDOR PÚBLICO. PRÁTICA DAS INFRAÇÕES DO ARTIGO 116, INCISOS I, II E III, ART. 132, INC. IV E ART. 127, INC. III DA LEI N. 8112/90, COMBINADO AINDA COM O ARTIGO 136 E 137, CAPUT E PARÁGRAFO ÚNICO DA LEI N. 8.112/90. POSSIBILIDADE DE CUMPRIMENTO DA PENA ANTE A AUSÊNCIA DE EFEITO SUSPENSIVO AO RECURSO OU RECONSIDERAÇÃO. ALEGAÇÃO DE PRESIDENTE DA COMISSÃO QUE NÃO DETÉM "NÍVEL SUPERIOR". INOBSERVÂNCIA DO DEVIDO PROCESSO LEGAL. AUSÊNCIA DE NULIDADE. PENALIDADE DE DEMISSÃO. AUSÊNCIA DE DIREITO LÍQUIDO E CERTO A RECEBER PENALIDADE DIVERSA DA APLICADA. 1. No processo administrativo disciplinar, "não sendo concedido efeito suspensivo ao recurso administrativo ou ao pedido de reconsideração, não há irregularidade na aplicação da pena de demissão imposta após regular processo administrativo disciplinar" (RMS 17.839/SP, Rel. Min. Arnaldo Esteves Lima DJ 13/03/2006). 2. Consoante dispõe o art. 149 da Lei 8.112/1990, somente se exige que o Presidente da Comissão Processante seja ocupante de cargo efetivo superior ou de mesmo nível, ou ter nível de escolaridade igual ou superior ao do indiciado. 3. Segurança denegada." (MS 21.120/DF, Rel. Ministro BENEDITO GONÇALVES, PRIMEIRA SEÇÃO, julgado em 22/02/2018, DJe 01/03/2018)

▶ **A questão da exaustão da via administrativa para ingressar na via judicial**

Um questionamento que se faz presente é: tendo em vista que, em razão da prática de atos administrativos, a lei prevê a possibilidade de interposição de recursos ou outros expedientes para o controle interno do ato, seria o uso destes obrigatório ou poderia a pessoa (física ou jurídica) diretamente levar sua insatisfação ao Poder Judiciário? A regra é a possibilidade de a pessoa lesada poder ir diretamente ao Poder Judiciário, o que é uma decorrência do princípio da inafastabilidade da jurisdição ou amplo acesso à justiça, cravado no texto constitucional como uma garantia fundamental em seu art. 5.º, XXXV, que prescreve: "a lei não excluirá da apreciação do Poder Judiciário lesão ou ameaça a direito". Portanto, em regra, pode o jurisdicionado ir direto ao Poder Judiciário e deduzir seu pleito. Porém, essa regra não é absoluta, ou seja, comporta algumas poucas exceções.

PRIMEIRA EXCEÇÃO: competição desportiva

A primeira é quando se tratar de competição desportiva, situação em que, de acordo com o art. 217, § 1.º, da CF/1988, "o Poder Judiciário só admitirá ações relativas à disciplina e às competições desportivas após esgotarem-se as instâncias da justiça desportiva, regulada em lei". Assim, em matérias relacionadas a competições desportivas, deve o prejudicado ir ao Tribunal de Justiça Desportiva e, após, ao Superior Tribunal de Justiça Desportiva, que, apesar das designações de "Tribunal", não pertencem à estrutura do Poder Judiciário, sendo, em verdade, "órgãos" compreendidos na estrutura orgânica das respectivas federações e confederações desportivas. Ou seja, sequer podemos chamá-los de instâncias administrativas, visto que não estão vinculados à Administração Pública. Todavia, se a questão não for resolvida em até 60 dias a partir da instauração do procedimento, poderá o interessado buscar tutela no Poder Judiciário.

SEGUNDA EXCEÇÃO: Habeas Data

Outra exceção, que na verdade não se trata de recurso administrativo, mas de uma provocação prévia à Administração Pública, é o caso do Habeas Data. Segundo o art. 7.º da Lei 9.507/1997, o referido remédio constitucional tem por objetivo: a) assegurar o conhecimento de informações relativas à pessoa do impetrante, constantes de registro ou banco de dados de entidades governamentais ou de caráter público; b) retificar dados, quando não se prefira fazê-lo por processo sigiloso, judicial ou administrativo; e c) para a anotação nos assentamentos do interessado, de contestação ou explicação sobre dado verdadeiro, mas justificável e que esteja sob pendência judicial ou amigável. Todavia, para impetrar tal ação, a petição inicial deve ser instruída com prova: a) da recusa ao acesso às informações ou do decurso de mais de dez dias sem decisão; b) da recusa em fazer-se a retificação ou do decurso de mais de 15 dias, sem decisão; ou c) da recusa em fazer-se a anotação a que se refere o § 2.º do art. 4.º ou do decurso de mais de 15 dias sem decisão. Por outras palavras, primeiro o interessado deve tentar conseguir o objeto do Habeas Data administrativamente, sendo a recusa ou omissão, devidamente provada e instruindo a inicial, condição de procedibilidade da demanda. Inclusive, nesse sentido, o STJ já editou a Súmula 2, que assim dispõe: "não cabe o 'habeas data' (CF, art. 5.º, LXXII, 'a') se não houve recusa de informações por parte da autoridade administrativa". Vê-se, assim, que não podemos confundir exaurimento da via administrativa com desnecessidade de pedido administrativo, uma vez que uma das condições para o exercício do direito de ação frente ao Judiciário é a demonstração do interesse jurídico, que só estará presente quando a parte demonstrar que, precedentemente, buscou o reconhecimento de seu direito junto à Administração. Basta, no entanto, que lhe tenha sido negada a pretensão administrativa ou que a Administração demore excessivamente para lhe dar uma resposta, para que o interessado busque a proteção judicial, não sendo necessário percorrer todas as instâncias administrativas ou mesmo interpor recurso administrativo. Se o ato administrativo, por si só, já importa em violação a direito, como no caso da aplicação de sanção administrativa, torna-se desnecessária até mesmo a apresentação de impugnação ou defesa administrativa como condicionante do direito de ação.

TERCEIRA EXCEÇÃO: reclamação constitucional,

Por fim, ainda se tem a reclamação constitucional, que ocorre quando órgãos administrativos estão descumprindo súmulas vinculantes do STF. A matéria é tratada na Lei 11.417/2006, que inseriu os arts. 64-A e 64-B na Lei 9.784/1999, que regulamenta o processo administrativo em âmbito federal. Segundo o primeiro artigo citado, se o recorrente alegar violação de enunciado da súmula vinculante, o órgão competente para decidir o recurso explicitará as razões da aplicabilidade ou inaplicabilidade da súmula, conforme o caso. Caso o recorrente entenda que houve violação, irá propor, diretamente no Supremo Tribunal Federal, a reclamação fundada em violação de enunciado da súmula vinculante, sendo que, se colhida pelo excelso pretório a alegação, dar-se-á ciência à autoridade prolatora e ao órgão competente para o julgamento do recurso, que deverão adequar as futuras decisões administrativas em casos semelhantes, sob pena de responsabilização pessoal nas esferas cível, administrativa e penal. Note-se, portanto, que, antes de fazer uso do expediente junto ao Supremo Tribunal Federal, deverá o recorrente alegar, no bojo do recurso, que a decisão atenta contra súmula vinculante.

▶ **É possível o ajuizamento de ação na pendência de julgamento de recurso administrativo interposto questionando o mesmo ato?**

Imaginemos que determinado cidadão tenha sido multado por ter estacionado em local proibido e, por isso, ingressou com recurso, nos termos do Código de Trânsito Brasileiro. Imaginemos, ainda, um segundo caso em que um contribuinte teve contra si lavrado um lançamento tributário e, com base no Código Tributário Nacional, interpõe recurso questionando a exação fiscal, a multa etc. A pergunta é: tendo em vista que o ato já está sendo questionado na via administrativa, teria interesse de agir o recorrente para ajuizar ação questionando o mesmo ato, porém, agora, na esfera judicial? A reposta é: depende! Aqui se deve analisar se o recurso interposto suspendeu ou não a operatividade (exigibilidade) do ato. Se sim, caso em que o recurso é recebido com efeito suspensivo, o administrado não terá uma das condições da ação, ou seja, interesse processual, por isso sua petição será indeferida nos termos do art. 330, III, do Código de Processo Civil. É o caso do segundo exemplo dado, ou seja, do contribuinte que recorreu do lançamento, pois o art. 151, V, do CTN prescreve que o recurso administrativo suspende a exigibilidade do crédito tributário. Ainda é o caso de recursos nas fases de habilitação e julgamento de propostas na Lei 8.666/1993, estatuto geral das licitações, hipóteses em que, nesses casos, o efeito suspensivo é atribuído diretamente pela lei. A regra, como já dissemos, é que o recurso tenha apenas o efeito devolutivo, porém a lei pode conferir tal efeito diretamente, a exemplo dos casos acima mencionados, como pode autorizar que o administrador o confira no caso concreto. Em ambos os casos, em sendo recebido o recurso administrativo no efeito suspensivo, estará inviabilizada, até julgamento deste, a possibilidade de ajuizamento da ação, pois não há, no caso, lesão ou ameaça a direito. É importante ficar claro que, para inviabilizar o acesso ao Judiciário, não basta que a lei faça a previsão de que o recurso será recebido no efeito suspensivo. É necessário, além disso, que o administrado tenha, de fato, optado por essa via e interposto o recurso. Caso ainda queira ir para o Judiciário, deve o recorrente desistir do recurso para que o ato questionado volte a ter operatividade e possa, com isso, ameaçar o direito do jurisdicionado, reabrindo, aí, as portas do Poder Judiciário. Por outro lado, caso o recurso seja apenas recebido em seu efeito devolutivo, o ato continua operante e causador de dano ou ameaçador de causar um dano e, por isso, é possível ingressar ao mesmo tempo com ação judicial, nos termos do art. 5.º, XXXV, da CF. O entendimento doutrinário e também regulamentado em algumas normas é que, com o ajuizamento da ação, estaria o jurisdicionado abrindo mão da via administrativa e isso levaria ao arquivamento do recurso. Esse expediente é feito para se evitar decisões conflitantes entre a esfera administrativa e a jurisdicional.

II – de decisão judicial da qual caiba recurso com efeito suspensivo;

> **Redação correspondente da revogada Lei 1.533/51:** *II – de despacho ou decisão judicial, quando haja recurso previsto nas leis processuais ou possa ser modificado por via de correção.*

▶ **A pressuposição da regra é a de que o recurso munido de efeito suspensivo tem aptidão para evitar lesão ou ameaça a direito do impetrante.**

"O inciso II do art. 5º afasta o cabimento do mandado de segurança contra ato judicial sempre que contra a decisão respectiva couber recurso com efeito suspensivo. A pressuposição da regra é a de que o recurso munido de efeito suspensivo tem aptidão para evitar lesão ou ameaça a direito do impetrante. A diretriz ora expressada, que aperfeiçoa a regra anterior, atécnica, é amplamente consagrada na doutrina e na jurisprudência." (BUENO. Cassio Scarpinella. A Nova Lei do Mandado de Segurança: Comentários sistemáticos à Lei 12.016, de 7-8-2009, 2ª edição, Editora Saraiva, São Paulo, 2010, p. 36)

> ◙ **No mesmo sentido:** "...1. Não cabe ação de mandado de segurança contra ato judicial de que caiba recurso ao qual seja possível, nos termos dos arts. 995, parágrafo único, e 1.026, § 1.º, do CPC/2015, agregar efeito suspensivo. Inteligência do art. 5.º, inciso II, da Lei 12.016/2009." (AgInt no MS 23.248/CE, Rel. Ministro MAURO CAMPBELL MARQUES, CORTE ESPECIAL, julgado em 07/03/2018, DJe 23/03/2018)

▶ **Não há necessidade – interesse jurídico – na impetração, na exata medida em que o recurso descrito e sistematicamente cabível tiver condições de tutelar eficaz e prontamente o direito do recorrente.**

"Cabíveis os recursos indicados no sistema processual e desde que a ilegalidade ou a abusividade que fundamenta sua interposição não tenha aptidão para produzir qualquer efeito imediato em prejuízo do recorrente, não cabe o mandado de segurança. Não há necessidade – interesse jurídico – na impetração, na exata medida em que o recurso descrito e sistematicamente cabível tiver condições de tutelar eficaz e prontamente o direito do recorrente. É esse o sentido e o alcance que devem ser dados à Súmula 267 do Supremo Tribunal Federal, segundo a qual "não cabe mandado de segurança contra ato judicial passível de recurso ou correição." (BUENO, Cassio Scarpinella. Mandado de segurança, p. 67).

◙ **No mesmo sentido:** "Se a impetrante admite ter interposto agravo em recurso especial contra o acórdão impugnado neste mandamus, e a nulidade por ela aqui alegada pode ser objeto de exame no especial, o manejo concomitante do mandado de segurança e do especial para debater o mesmo tema é inadmissível, também, pelo fato de que tanto o art. 5º, inciso II, da Lei 12.016, de 7 de agosto de 2009, quanto o enunciado n. 267 da Súmula do STF vedam o manejo do mandado de segurança contra decisão judicial da qual caiba recurso ao qual pode ser atribuído efeito suspensivo. 6. O mandado de segurança não pode ser utilizado como meio de atribuição de efeito suspensivo a recurso especial interposto, tanto mais pode ele ser obtido por meio de medida cautelar ajuizada perante esta Corte, se o acórdão recorrido tiver sido proferido antes da entrada em vigor do CPC/2015, ou por meio de simples pedido de tutela de urgência, na forma do art. 1.029, § 5º, I, do novo CPC, se o acórdão recorrido tiver sido proferido a partir de 18/03/2016. 7. Agravo regimental a que se nega provimento." (AgRg no MS 24.639/RS, Rel. Ministro REYNALDO SOARES DA FONSECA, TERCEIRA SEÇÃO, julgado em 10/10/2018, DJe 22/10/2018)

◙ **Não cabe ação de mandado de segurança contra ato judicial de que caiba recurso ao qual seja possível, nos termos dos arts. 995, parágrafo único, e 1.026, § 1.º, do CPC/2015, agregar efeito suspensivo.**

"PROCESSUAL CIVIL. AGRAVO INTERNO NO MANDADO DE SEGURANÇA. ENUNCIADO ADMINISTRATIVO 3/STJ. INTERPOSIÇÃO DE RECURSO ORDINÁRIO DURANTE A VIGÊNCIA DO CPC/1973. IMPOSSIBILIDADE DE APLICAÇÃO DA TEORIA DA CAUSA MADURA. JURISPRUDÊNCIA REMANSOSA. PRETENSÃO MANDAMENTAL MANIFESTAMENTE INCABÍVEL. AUSÊNCIA DE TERATOLOGIA DA DECISÃO. 1. Não cabe ação de mandado de segurança contra ato judicial de que caiba recurso ao qual seja possível, nos termos dos arts. 995, parágrafo único, e 1.026, § 1.º, do CPC/2015, agregar efeito suspensivo. Inteligência do art. 5.º, inciso II, da Lei 12.016/2009. 2. Não há teratologia em decisão judicial que aplica a recurso ordinário interposto sob a vigência do CPC/1973 a jurisprudência então prevalecente, a respeito da impossibilidade de aplicação da teoria da causa madura. 3. Não há fundamento na pretensão de compelir a Sexta Turma deste Tribunal à aplicação das disposições do CPC/2015 a recurso ordinário interposto sob a égide do CPC/1973, com fundamento no princípio do "tempus regit actum" e do isolamento dos atos processuais, que são expressos, na hipótese, no Enunciado Administrativo n. 2/STJ. 4. Agravo interno não provido." (AgInt no MS 23.248/CE, Rel. Ministro MAURO CAMPBELL MARQUES, CORTE ESPECIAL, julgado em 07/03/2018, DJe 23/03/2018)

▶ **Proferida decisão judicial impugnável por recurso dotado de efeito suspensivo, o ato judicial não será capaz de produzir efeitos e, pois, o recurso terá sido eficiente na defesa imediata do interesse do recorrente.**

"Aqui se tem uma situação análoga à anterior (com a diferença de que neste inciso II do art. 5º da Lei no 12.016/2009 o ato impugnado é judicial). Proferida decisão judicial impugnável por recurso dotado de efeito suspensivo, o ato judicial não será capaz de produzir efeitos e, pois, o recurso terá sido eficiente na defesa imediata do interesse do recorrente, que poderá continuar a valer-se da situação jurídica em que anteriormente se encontrava, já que obstada a produção de efeitos da decisão recorrida. Não haveria, assim, lesão ou ameaça iminente que justificasse a impetração do mandado de segurança." (CÂMARA, Alexandre Freitas. Manual do Mandado de Segurança, 2ª Edição. Atlas, São Paulo, 2014. p. 112)

▶ **Efeito suspensivo *ope legis* e efeito suspensivo *ope iudicis* vs cabimento do Mandado de Segurança.**

"Há, porém, uma necessária observação a ser feita: no sistema processual civil brasileiro, há recursos dotados de efeito suspensivo ope legis (isto é, por deter minação legal), como se dá na maior parte dos casos de cabimento da apelação (art. 520 do CPC). Casos há, porém, em que o efeito suspensivo do recurso não é atribuído automaticamente por lei, mas pode ser deferido por decisão judicial (casos, portanto, nos quais haverá efeito suspensivo ope iudicis, isto é, por deter minação judicial). É o que se dá, e. g., com o agravo de instrumento (art. 558 do Código de Processo Civil). Dúvida não pode haver, porém, de que também nesses casos de efeito suspensivo ope iudicis o mero fato de ser possível a atribuição de efeito suspensivo ao recurso já é suficiente para afastar o cabimento do mandado de segurança." (CÂMARA, Alexandre Freitas. Manual do Mandado de Segurança, 2ª Edição. Atlas, São Paulo, 2014. p. 112)

▶ **A expressão "recurso com efeito suspensivo" deve ser compreendida como recurso que tem aptidão de vir a receber efeito suspensivo**

"Sobre o dispositivo, cabe esclarecer que a expressão "recurso com efeito suspensivo" deve ser compreendida como recurso que tem aptidão de vir a receber efeito suspensivo, isto é, concessão ope judicis do efeito suspensivo. Desde que haja essa aptidão, mesmo que teórica, descabe o mandado de segurança contra ato judicial. Questões relativas à não concessão de efeito suspensivo ao recurso, a despeito do pedido do recorrente, a presença de seus pressupostos legitimadores e que tais não dão ensejo ao cabimento do mandado de segurança contra ato judicial na exata medida em que o sistema processual civil encarrega-se, desde o "modelo constitucional", de garantir a revisão de quaisquer decisões jurisdicionais, inclusive as tomadas monocraticamente no âmbito dos Tribunais." (BUENO. Cassio Scarpinella. A Nova Lei do Mandado de Segurança: Comentários sistemáticos à Lei 12.016, de 7-8-2009, 2ª edição, Editora Saraiva, São Paulo, 2010, p. 36/37)

◙ **No mesmo sentido:** "...V – Por outro lado, o mandado de segurança também não pode ser utilizado em substituição a recurso próprio, in casu, o agravo interno, em conformidade com o art. 259 do RI/STJ. VI – Agravo interno improvido." (AgInt no MS 23.924/DF, Rel. Ministro FRANCISCO FALCÃO, CORTE ESPECIAL, julgado em 15/08/2018, DJe 28/08/2018)

▶ **A compreensão exata do dispositivo legal exige uma breve análise das diferentes espécies de efeito suspensivo existentes em nosso ordenamento jurídico.**

"Nem todo recurso tem efeito suspensivo previsto em lei, mas, em todos eles, é possível a sua obtenção no caso concreto, desde que preenchidos determinados requisitos. O efeito suspensivo previsto em lei, que de nada depende para ser gerado, é chamado de efeito suspensivo próprio (ope legis), enquanto o efeito suspensivo obtido no caso concreto, a depender do preenchimento de determinados requisitos, porque em regra o recurso não o tem, é chamado de efeito suspensivo impróprio (ope iudicis). O dispositivo legal parece tratar do efeito suspensivo próprio, não havendo mesmo qualquer necessidade de se valer a parte do mandado de segurança, quando pode se valer do recurso previsto em lei que tenha efeito suspensivo. Faltaria, nesse caso, interesse de agir no mandado de segurança, pelos mesmos motivos expostos nos comentários ao art. 5º, I, da Lei 12.016/2009." (NEVES, Daniel Amorim Assumpção. Ações Constitucionais, 2ª edição, Ed. GEN, São Paulo, 2013, p. 118)

▶ **Uma interpretação literal do dispositivo legal levará o operador a concluir, contrario sensu, que, sendo cabível da decisão recurso sem efeito suspensivo, passa a ser cabível o mandado de segurança.**

"Uma interpretação literal do dispositivo legal levará o operador a concluir, contrario sensu, que, sendo cabível da decisão recurso sem efeito suspensivo, passa a ser cabível o mandado de segurança. A conclusão, entretanto, não pode ser essa, sendo pacificado o entendimento de que mesmo decisões passíveis de recurso sem efeito suspensivo não podem ser impugnadas por meio de mandado de segurança. Existe até mesmo entendimento sumulado no Supremo Tribunal Federal nesse sentido286, ainda que em interpretação do atualmente revogado inciso II do art. 5º da Lei 1.533/1951." (NEVES, Daniel Amorim Assumpção. Ações Constitucionais, 2ª edição, Ed. GEN, São Paulo, 2013, p. 118)

▶ **Ao não aceitar essa interpretação seria retroceder no tempo e na história do "mandado de segurança contra ato judicial".**

"A não se entender assim e a única conclusão a se tirar, interpretando a contrario sensu do art. 5º, II, da Lei n. 12.016/2009, é a de que caberia mandado de segurança contra toda e qualquer decisão interlocutória simplesmente porque o recurso cabível daquela decisão, o agravo, não tem, ex lege, efeito suspensivo; apenas a aptidão de vir a tê-lo, ou seja, de ser concedido, caso a caso, pelo relator do recurso. Aceitar essa interpretação seria retroceder no tempo e na história do "mandado de segurança contra ato judicial", como bem observa Sidney Palharini Júnior." (BUENO. Cassio Scarpinella. A Nova Lei do Mandado de Segurança: Comentários sistemáticos à Lei 12.016, de 7-8-2009, 2ª edição, Editora Saraiva, São Paulo, 2010, p. 36/37)

▶ **O Mandado de Segurança contra atos judiciais não pode apresentar-se como um remédio alternativo à livre opção do interessado.**

"... remédio alternativo à livre opção do interessado, e sim como instrumento que completa o sistema de remédios organizados pelo legislador processual, cobrindo as falhas nestes existentes no que diz com a tutela de direitos líquidos e certos." (WATANABE, Kazuo Controle jurisdicional e mandado de segurança contra atos judiciais, p. 106.)

> ◙ *Súmula 267 do STF: Não cabe mandado de segurança contra ato judicial passível de recurso ou correição.*
>
> ◙ <u>No mesmo sentido:</u> "PROCESSUAL CIVIL. RECURSO ORDINÁRIO EM MANDADO DE SEGU – RANÇA. ATO COATOR CONSISTENTE EM DECISÃO JUDICIAL. USO DO MANDADO DE SEGURANÇA COMO SUCEDÂNEO DE RECURSO OU DE AÇÃO RESCISÓRIA. INADMISSIBILIDADE. 1. O mandado de segurança não se presta a substituir recurso previsto no ordenamento jurídico, tam – pouco pode ser utilizado como sucedâneo de ação rescisória (Súmulas 267 e 268 do Supremo Tribunal Federal). Precedentes. 2. Recurso ordinário em mandado de segurança ao qual se nega provimento." (STF, RMS 29222/MT, rel. Min. Cármen Lúcia, j. em 15.9.2011.)

▶ **Para se compreender a possibilidade de impugnação de pronunciamento judicial por meio de mandado de segurança é preciso visualizar quatro situações.**

"Para se compreender a possibilidade de impugnação de pronunciamento judicial por meio de mandado de segurança, é preciso visualizar quatro situações: (i) o despacho não é recorrível nem impugnável por mandado de segurança, considerando tratar-se de pronunciamento que meramente dá andamento ao procedimento; (ii) decisão recorrível por recurso com efeito suspensivo (efeito suspensivo próprio) não é impugnável por mandado de segurança; (iii) decisão recorrível por recurso sem efeito suspensivo pela literalidade do dispositivo passa a ser impugnável por mandado de segurança; (iv) decisão irrecorrível é impugnável por mandado de segurança; (v) decisão transitada em julgado não é atacável por mandado de segurança (art. 5º, III, Lei 12.016/2009)." (NEVES, Daniel Amorim Assumpção. Ações Constitucionais, 2ª edição, Ed. GEN, São Paulo, 2013, p. 118)

▶ **Caso a decisão cause lesão grave, seja de difícil reparação e não esteja no rol de cabimento do agravo de instrumento é possível a impetração de Mandado de Segurança?**

"Havendo relevância e urgência, tornando necessária e primordial a revisão pelo tribunal e não havendo como se aguardar a análise do recurso de apelação pelo tribunal (v.g. decisão que indefere a alegação de incompetência relativa) ou, ainda, quando a decisão tornar impossível a interposição da apelação (v.g. decisão que inadmite os embargos de declaração mercê de sua intempestividade), surgiria ao menos numa primeira análise, o cabimento do mandado de segurança contra ato judicial." (GIL-

BERTO GOMES BRUSCHI, Breves comentários ao Novo Código de Processo Civil, RT – Edição 2016, p. 2.501)

▶ **Decisão judicial teratológica, o que acarreta a aberratio iuris e potencial da decisão de gerar grave dano de difícil ou incerta reparação pode ensejar, de forma excepciona, o manejo do Mandado de Segurança.**

"No Superior Tribunal de Justiça, existem decisões que admitem dentro de uma excepcionalidade gritante a interposição de Mandado de Segurança contra decisão recorrível, desde que: (a) trate-se de decisão teratológica, o que acarreta a aberratio iuris, e (b) potencial da decisão de gerar grave dano de difícil ou incerta reparação. A regra, portanto, é pelo não cabimento do mandado de segurança quando a decisão for recorrível, independentemente dos efeitos de tal recurso. O Supremo Tribunal Federal parece também limitar o cabimento do mandado de segurança às decisões irrecorríveis." (NEVES, Daniel Amorim Assumpção. Ações Constitucionais, 2ª edição, Ed. GEN, São Paulo, 2013, p. 119)

◉ **No mesmo sentido:** "PENAL E PROCESSO PENAL. AGRAVO REGIMENTAL NO RECURSO ESPECIAL EM MANDADO DE SEGURANÇA. AFRONTA AO ART. 535, II, DO CPC. APLICAÇÃO ANALÓGICA. DESNECESSIDADE. EXISTÊNCIA DE NORMA PRÓPRIA NO CPP, ART. 619. INOVAÇÃO INDEVIDA NA VIA ACLARATÓRIA. INCABIMENTO. INOCORRÊNCIA DE VIOLAÇÃO A NORMA FEDERAL. OFENSA AOS ARTS. 4º E 7º DA LEI 9.613/98 E AO ART. 125 DO CPP. AUSÊNCIA DE PREQUESTIONAMENTO. SÚMULAS 282/STF E 356/STF. VIOLAÇÃO AO ART. 5º, II, DA REVOGADA LEI 1.533/51. INOCORRÊNCIA. SEGURANÇA CONCEDIDA DIANTE DE DECISÃO TERATOLÓGICA. POSSIBILIDADE. AGRAVO REGIMENTAL A QUE SE NEGA PROVIMENTO. 1. Não está o magistrado obrigado a responder à totalidade das dúvidas suscitadas pelo embargante, quando for possível inferir das conclusões da decisão embargada a inviabilidade do seu acolhimento. Ademais, desvirtua a utilização dos aclaratórios, inovar na matéria nele trazida. 2. Perquirir nessa via estreita sobre violação dos referidos artigos, sem que se tenha explicitado a tese jurídica de que ora se controverte, seria frustrar a exigência constitucional do prequestionamento, pressuposto inafastável que objetiva evitar a supressão de instância 3. Este Superior Tribunal de Justiça firmou o entendimento segundo o qual, não obstante o que reza a regra insculpida no artigo 5º, inciso II, da revogada Lei 1.533/51, é cabível mandado de segurança contra decisão judicial que contiver gritante ilegalidade, abuso de poder ou deformação teratológica capaz de ferir direito líquido e certo do impetrante. 4. Agravo regimental a que se nega provimento." (AgRg no REsp 964.154/MT, Rel. Ministra MARIA THEREZA DE ASSIS MOURA, SEXTA TURMA, julgado em 11/10/2011, DJe 03/11/2011)

◉ **No mesmo sentido:** "AGRAVO INTERNO NO MANDADO DE SEGURANÇA. WRIT COMO SUCEDÂNEO RECURSAL. NÃO CABIMENTO. TERATOLOGIA E ILEGALIDADE NÃO VERIFICADAS. RECURSO A QUE SE NEGA PROVIMENTO. 1. O mandado de segurança não serve como sucedâneo recursal, daí porque não é cabível sua impetração em casos em que há recurso próprio, previsto na legislação processual, apto a resguardar a pretensão do impetrante, mesmo que sem efeito suspensivo, salvo a hipótese de decisão teratológica ou flagrantemente ilegal, o que não restou demonstrado. 2. No caso, ainda pende de julgamento embargos de declaração opostos pela parte ora agravante/impetrante contra o ato impugnado (acórdão da Terceira Turma devidamente fundamentado, apesar de em sentido inverso ao pleiteado pela impetração, não configurando, portanto, ato teratológico ou flagrantemente ilegal). 3. Agravo interno a que se nega provimento." (AgInt no MS 23.159/DF, Rel. Ministra MARIA THEREZA DE ASSIS MOURA, CORTE ESPECIAL, julgado em 29/11/2017, DJe 05/12/2017)

◙ **No mesmo sentido:** "1. A utilização do mandado de segurança para impugnar decisão judicial só tem pertinência em caráter excepcionalíssimo, quando se tratar de ato manifestamente ilegal ou teratológico, devendo a parte demonstrar, ainda, a presença dos requisitos genéricos do fumus boni iuris e do periculum in mora. 2. Na hipótese, não se verifica a ocorrência de decisão judicial teratológica, tampouco a existência de direito líquido e certo amparável pelo mandado de segurança, na medida em que foi impetrado contra decisão fundamentada, com motivação clara e consistente, embora em dissonância com a pretensão da parte impetrante. 3. A insistência da agravante no sentido de configurar o aresto impugnado como "teratológico e ilegal" esbarra em uma questão bastante simples: o acórdão objeto desta ação mandamental aplicou ao caso regra expressa contida no § 6º do art. 1.003 do CPC/2015. Como dito na decisão, ora agravada, "não se está firmando que a interpretação dada pelo aresto impugnado se encontra correta ou é a mais adequada à espécie, mas apenas que o decisório se lastreou em dispositivo expresso contido no § 6º do art. 1.003 do CPC/2015". E isso é o bastante para retirar a pecha de teratologia e de ilegalidade que pretende a agravante atribuir ao acórdão prolatado pela Terceira Turma desta Corte Superior. 4. No que se refere ao argumento – repisado neste agravo interno – de que teria juntado um suposto documento idôneo apto para configurar a tempestividade do apelo interposto, como já fundamentado na decisão agravada, o mandado de segurança, até por se tratar de uma ação, não se traduz em espécie recursal para corrigir eventual equívoco de julgamento. 5. Agravo interno a que se nega provimento." (AgInt no MS 23.896/AM, Rel. Ministro OG FERNANDES, CORTE ESPECIAL, julgado em 06/06/2018, DJe 14/06/2018)

◙ **É cabível a impetração de mandado de segurança contra decisão judicial irrecorrível, desde que antes de gerada a preclusão ou ocorrido o trânsito em julgado.**

"PROCESSUAL CIVIL. RECURSO EM MANDADO DE SEGURANÇA. CONVERSÃO DE AGRAVO DE INSTRUMENTO EM RETIDO. DECISÃO IRRECORRÍVEL. MANDADO DE SEGURANÇA. CABIMENTO. PRAZO PARA A IMPETRAÇÃO. INCIDÊNCIA DA SÚMULA 268/STF. 1. Mandado de segurança impetrado em 11/02/2010. Recurso ordinário interposto em 10/12/2015. Recurso atribuído ao gabinete em 19/04/2017. Julgamento: CPC/73. 2. Mandado de segurança impetrado contra decisão que determinou a conversão de agravo de instrumento em retido. 3. O propósito recursal é definir se, na espécie, é extemporânea a impetração do mandado de segurança. 4. Segundo precedentes do STJ, é cabível a impetração de mandado de segurança contra decisão judicial irrecorrível, desde que antes de gerada a preclusão ou ocorrido o trânsito em julgado, o que, à primeira vista, soa paradoxal, porquanto, a princípio, a decisão irrecorrível torna-se imutável imediatamente à publicação. 5. A decisão que converte o agravo de instrumento em retido é irrecorrível. Ainda assim, será sempre admissível, em tese, a oposição de embargos de declaração, a fim de que o relator possa sanar vício de omissão, contradição ou obscuridade quanto aos motivos que o levaram a decidir pela ausência do risco de causar à parte lesão grave ou de difícil reparação, cuja existência ensejaria o processamento do agravo de instrumento. 6. Na ausência de oposição de embargos de declaração, terá a parte o prazo de 5 (cinco) dias para a impetração do writ, contado da publicação da decisão, sob pena de tornar-se imutável o decisum e, portanto, inadmissível o mandado de segurança, nos termos do art. 5º, III, da Lei 12.016/09 e da Súmula 268/STF. Acaso opostos os aclaratórios, esse prazo fica interrompido, considerando que o mandamus é utilizado como sucedâneo recursal. 7. Na hipótese, publicada a decisão monocrática que acolheu os mencionados embargos de declaração em 26/10/2009, e lembrando-se que referida decisão não comporta recurso – a não ser novos embargos declaratórios – deve-se considerar que, transcorrido novo prazo de 5 (cinco) dias, não terá cabimento o mandado de segurança, uma vez que inevitavelmente imutável o decisum. Destarte, tendo em vista que a ação mandamental somente fora ajuizada em 11/02/2010, imperioso mostra-se o reconhecimento de sua extemporaneidade. 8. Recurso ordinário não provido." (RMS 51.892/PR, Rel. Ministra NANCY ANDRIGHI, TERCEIRA TURMA, julgado em 04/12/2018, DJe 07/12/2018)

◉ **Pleiteada ao juiz da causa a decretação da nulidade do feito, por alegada falta de intimação de atos processuais, a parte interessada deve aguardar a respectiva decisão, sendo manifestamente precipitado o mandado de segurança impetrado já no dia seguinte à entrega do requerimento, sem qualquer manifestação judicial a respeito.**

"PROCESSO CIVIL. MANDADO DE SEGURANÇA. CARÊNCIA DE AÇÃO. Pleiteada ao juiz da causa a decretação da nulidade do feito, por alegada falta de intimação de atos processuais, a parte interessada deve aguardar a respectiva decisão, sendo manifestamente precipitado o mandado de segurança impetrado já no dia seguinte à entrega do requerimento, sem qualquer manifestação judicial a respeito. Recurso ordinário improvido." (RMS 1.762/MT, Rel. Ministro ARI PARGENDLER, TERCEIRA TURMA, julgado em 05/08/1999, DJ 06/09/1999, p. 77)

▶ **Admissibilidade do mandado de segurança como sucedâneo recursal nos processos que tramitam perante os Juizados Especiais Cíveis, nos quais se tem considerado inadmissível a utilização do agravo de instrumento contra as decisões interlocutórias, as quais seriam irrecorríveis.**

Admissibilidade do mandado de segurança como sucedâneo recursal nos processos que tramitam perante os Juizados Especiais Cíveis, nos quais se tem considerado inadmissível a utilização do agravo de instrumento contra as decisões interlocutórias, as quais seriam irrecorríveis. Merece, porém, registro o fato de que o Supremo Tribunal Federal, em decisão na qual se reconheceu a repercussão geral da questão aí enfrentada, afirmou expressamente a inadmissibilidade do mandado de segurança contra as decisões proferidas nos Juizados Especiais Cíveis.

▶ **Tratando-se, portanto, de ato judicial irrecorrível, deverá ser admitida a utilização do mandado de segurança.**

"Tratando-se, portanto, de ato judicial irrecorrível, deverá ser admitida a utilização do mandado de segurança. É o que se dá, por exemplo, no caso de ser o ato impugnado a decisão do relator que converte agravo de instrumento em agravo retido. Este é, por força do disposto no parágrafo único do art. 527 do CPC, um pronunciamento irrecorrível e, por conseguinte, será admissível sua impugnação por meio de mandado de segurança." (CÂMARA, Alexandre Freitas. Manual do Mandado de Segurança, 2ª Edição. Atlas, São Paulo, 2014. p. 114)

▶ **No mesmo sentido:** "O mandado de segurança contra ato judicial, para ser adequadamente empregado como "sucedâneo recursal", vale enfatizar, pressupõe algum ponto de estrangulamento do sistema e não, meramente, o insucesso pontual de algum pedido ou requerimento negado pelo magistrado do caso concreto." (BUENO. Cassio Scarpinella. A Nova Lei do Mandado de Segurança: Comentários sistemáticos à Lei 12.016, de 7-8-2009, 2ª edição, Editora Saraiva, São Paulo, 2010, p. 36/37)

◉ **Em regra, o prazo para a impetração de mandado de segurança em face de decisão que converte agravo de instrumento em agravo retido é de 5 dias, a contar da data da publicação da decisão.**

"PROCESSO CIVIL. CONVERSÃO EM RETIDO DO AGRAVO DE INSTRUMENTO. DECISÃO IRRECORRÍVEL. MANDADO DE SEGURANÇA. CABIMENTO. PRAZO PARA A IMPETRAÇÃO. INCIDÊNCIA DA SÚMULA 268/STF. ART. ANALISADO: 5º, III, DA LEI 12.016/2009. 1. Mandado de segurança distribuído em 22/09/2011, do qual foi extraído o presente recurso ordinário, concluso ao Gabinete em 05/08/2013. 2. Cinge-se a controvérsia a determinar se se justifica a conversão em retido do agravo de instrumento interposto pelo impetrante contra a decisão judicial que, em ação de investigação de paternidade, deferiu a realização antecipada do exame de DNA. 3. Segundo precedentes do STJ, é cabível a impetração de mandado de segurança contra decisão judicial irrecorrível, desde que antes de gerada a preclusão ou ocorrido o trânsito em julgado, o que, à primeira vista, soa paradoxal, porquanto, a princípio, a decisão irrecorrível torna-se imutável imediatamente à publicação. 4. A decisão que converte o agravo de instrumento em retido é irrecorrível. Ainda assim, será sempre admissível, em tese, a interposição de embargos de declaração, a fim de que o Relator possa sanar vício de omissão, contradição ou obscuridade quanto aos motivos que o levaram a decidir pela ausência do risco de causar à parte lesão grave ou de difícil reparação, cuja existência ensejaria o processamento do agravo de instrumento. 5. Na ausência de interposição de embargos de declaração, terá a parte o prazo de 5 dias para a impetração do writ, contado da publicação da decisão, sob pena de tornar-se imutável o decisum, e, portanto, inadmissível o mandado de segurança, nos termos do art. 5º, III, da Lei 12.016/2009 e da súmula 268/STF. Acaso interpostos os aclaratórios, esse prazo fica interrompido, considerando que o mandamus é utilizado, nessas hipóteses, como sucedâneo recursal. 6. Na espécie, é manifestamente inadmissível o mandado de segurança impetrado depois de já tornada definitiva a decisão judicial impugnada. 7. Recurso ordinário a que se nega provimento." (RMS 43.439/MG, Rel. Ministra NANCY ANDRIGHI, TERCEIRA TURMA, julgado em 24/09/2013, DJe 01/10/2013)

◙ **Caso interessante**: "PROCESSUAL CIVIL. RECURSO ORDINÁRIO. DESCABIMENTO DE MANDADO DE SEGURANÇA CONTRA ATOS JUDICIAIS QUE IMPEDEM A RETIRADA DE AUTOS DA SECRETARIA DO JUÍZO. ATOS JUDICIAIS SUJEITOS A RECURSO. APLICAÇÃO DA SÚMULA 267/STF E DO ART. 5º, II, DA LEI N. 12.016/2009. 1. Consoante decidiu a Primeira Turma desta Corte, ao julgar o RMS 33.042/SP (Rel. Min. Teori Albino Zavascki, DJe de 10.10.2011), as decisões judiciais sujeitas a recurso não são, em regra, controláveis por via de mandado de segurança. Admitir a impetração em tais situações significaria transformá-la em verdadeiro recurso com prazo ampliado de 120 dias. Daí a antiga Súmula 267 do Supremo Tribunal Federal: "Não cabe mandado de segurança contra ato judicial passível de recurso ou correição". Conforme consignado no referido julgamento da Primeira Turma, o art. 5º, II, da Lei 12.016/2009, interpretado a contrario sensu, dá a entender que pode se dar mandado de segurança contra decisão judicial sujeita a recurso sem efeito suspensivo. Todavia, subsistem, no regime da Lei 12.016/2009, os óbices que sustentam a orientação das Súmulas 267 e 268 do STF, no sentido de que, mesmo na hipótese de decisão judicial sujeita a recurso sem efeito suspensivo, o mandado de segurança (a) não pode ser simplesmente transformado em alternativa recursal (= substitutivo do recurso próprio) e (b) não é cabível contra decisão judicial revestida de preclusão ou com trânsito em julgado. Isso significa que, mesmo quando impetrado contra decisão judicial sujeita a recurso sem efeito suspensivo, o mandado de segurança não dispensa a parte impetrante de interpor o recurso próprio, no prazo legal. 2. Nos presentes autos, por se tratar de mandado de segurança que impugna atos judiciais que impedem a retirada de autos da secretaria do juízo, tem-se hipótese de atos judiciais atacáveis via recurso adequado – agravo de instrumento -, o que afasta a possibilidade de utilização do mandado de segurança (art. 5º, II, da Lei 12.016/2009 e Súmula 267/STF). Nesse sentido: RMS 18.692/SP, 1ª Turma, Rel. Min.Luiz Fux, DJ 14.11.2005; AgRg no RMS 21.701/SP, 1ª Turma, Rel. Min.Francisco Falcão, DJ de 28.7.2007; RMS 23.211/RS, 2ª Turma, Rel. Min. Mauro Campbell Marques, DJe de 25.11.2008.3. Recurso ordinário não provido." (RMS 39.200/SP, Rel. Ministro MAURO CAMPBELL MARQUES, SEGUNDA TURMA, julgado em 21/02/2013, DJe 28/02/2013)

◙ **Na vigência do novo Código de Processo Civil é possível a impetração de mandado de segurança em caso de dúvida razoável sobre o cabimento de agravo de instrumento contra decisão interlocutória que examina competência.**

"RECURSO ORDINÁRIO EM MANDADO DE SEGURANÇA. CONSTITUCIONAL. PROCESSUAL CIVIL. DECISÃO JUDICIAL QUE AFASTA A COMPETÊNCIA DAS VARAS DA FAZENDA PÚBLICA. RECURSO CABÍVEL. CÓDIGO DE PROCESSO CIVIL DE 2015. DÚVIDA RAZOÁVEL. CABIMENTO DO MANDAMUS. DIREITO LÍQUIDO E CERTO. PROVA PRÉ-CONSTITUÍDA. INEXISTÊNCIA. INVIABILIDADE DO MANDADO DE SEGURANÇA. RECURSO NÃO PROVIDO. 1. A doutrina e a jurisprudência majoritárias admitem o manejo do mandado de segurança contra ato judicial, pelo menos em relação às seguintes hipóteses excepcionais: a) decisão judicial teratológica; b) decisão judicial contra a qual não caiba recurso; c) para imprimir efeito suspensivo a recurso desprovido de tal efeito; e d) quando impetrado por terceiro prejudicado por decisão judicial. 2. No caso em apreço, o mandado de segurança foi impetrado contra ato judicial que afastou a competência das Varas de Fazenda Pública para processar e julgar a ação de usucapião, por entender não ter sido comprovado que o imóvel situa-se em área de terras públicas a ensejar interesse do Estado. Assim, diante da existência de dúvida razoável sobre o cabimento de agravo de instrumento, na vigência do Código de Processo Civil de 2015, contra decisão interlocutória que examina competência – considerando a existência de entendimentos divergentes no âmbito desta Corte de Justiça e da afetação de recurso especial representativo de controvérsia para discussão desse tema -, entende-se adequada a impetração do mandamus. 3. O mandado de segurança visa proteger direito líquido e certo ameaçado ou violado por ato ilegal ou abusivo de autoridade, o qual deve ser demonstrado, de plano, pelo impetrante, na petição inicial, por meio da juntada de documentos inequívocos – a chamada prova pré-constituída -, inexistindo, pois, espaço, na via mandamental, para dilação probatória. 4. Na hipótese, é forçoso reconhecer a inexistência de comprovação pelo impetrante do alegado direito líquido e certo. Isso, porque, com a inicial do mandamus, não junta nenhum documento que demonstre a alegação trazida, quanto à natureza pública da área discutida na ação de usucapião, a ensejar a competência da Vara de Fazenda Pública para processar e julgar a aludida ação. Argumenta, outrossim, a existência de ação discriminatória, porém não traz aos autos nenhuma informação que corrobore sua afirmação. Além disso, salienta o impetrante, na petição do presente recurso ordinário, que a referida ação discriminatória foi supervenientemente sentenciada, com o reconhecimento de que o imóvel usucapiendo encontra-se inserido em área devoluta. Contudo, também não traz aos autos elementos que confirmem o alegado. Desse modo, diante da ausência de prova pré-constituída, não está demonstrado o direito líquido e certo alegado pelo impetrante para o deslocamento da competência para a Vara de Fazenda Pública. 5. Recurso ordinário a que se nega provimento." (RMS 58.578/SP, Rel. Ministro RAUL ARAÚJO, QUARTA TURMA, julgado em 18/10/2018, DJe 25/10/2018)

▶ **Deve-se considerar também possível a impetração de mandado de segurança contra ato judicial impugnável por recurso que não tem (nem pode passar a ter ope iudicis) efeito suspensivo.**

"Pelo regime atual, deve-se considerar também possível a impetração de mandado de segurança contra ato judicial impugnável por recurso que não tem (nem pode passar a ter ope iudicis) efeito suspensivo. É o caso do recurso especial e do recurso extraordinário. A jurisprudência dos tribunais superiores, é certo, pacificou-se no sentido de que a via processual adequada para obtenção de efeito suspensivo para esses recursos é a do processo cautelar. Isso, porém, não pode ser interpretado no sentido de que seria inadmissível a utilização do mandado de segurança. Este poderia ser considerado hipoteticamente acolhível e, pois, juridicamente possível. É que sempre pode haver algum caso em que o recebimento do recurso excepcional com efeito suspensivo pode ser considerado direito líquido e certo do impetrante, sendo ilegal o ato de autoridade que o recebe sem tal efeito. Isso acontecerá naqueles casos em que a lei subordine o início da produção de efeitos da decisão judicial ao seu trânsito em julgado, o que implica, inexoravelmente, a atribuição de efeito suspensivo a todos os recursos cabíveis, mesmo ao especial e ao extraordinário. É o que se tem, por exemplo, no caso previsto no art. 466-A do CPC (por força do qual a sentença substitutiva de declaração de vontade só produz efeitos ao transitar em julgado). Ora, nesse caso, receber sem efeito suspensivo um recurso especial ou extraordinário implicaria admitir que a decisão judicial produzisse efeitos antes do seu trânsito em julgado, o que contraria frontalmente a determinação legal. Em hipóteses assim, deve-se considerar presente o direito líquido e certo à atribuição de efeito suspensivo ao recurso excepcional, o que permite o manejo do mandado de segurança para atribuir efeito suspensivo ao recurso." (CÂMARA, Alexandre Freitas. Manual do Mandado de Segurança, 2ª Edição. Atlas, São Paulo, 2014. p. 116/117)

> ▶ **No mesmo sentido**: "À evidência, sendo recorrível o ato judicial, não se admite o mandado de segurança. Caso, todavia, o recurso cabível não seja suficiente para solucionar o problema ou não contenha aptidão para combater, com eficiência, o prejuízo suportado pela parte, admite-se, então, o mandado de segurança contra ato judicial." (Comentários à nova Lei do Mandado de Segurança. Napoleão Nunes Maia Filho e outros. Pg 87).

> ▶ **No mesmo sentido**: "Para suprir essa lacuna, ou seja, permitir a possibilidade de revisão eficaz, eficiente e operativa das decisões judiciais é que existe o mandado de segurança contra ato judicial." (Comentários à Lei de Mandado de Segurança Lei nº 12.016/09 artigo por artigo, doutrina e jurisprudência. Ed. Lumen Juris, Rio de Janeiro. 2010. Rodrigo Klippel José Antônio Neffa Junior. Pg. 91).

▶ **Caso excepcional de o juiz negar a segurança na sentença, porém manter a liminar.**

Outra hipótese interessante decorre da excepcional hipótese de o juiz, em sua sentença, apesar de negar provimento ao pedido do autor, expressamente manter a tutela antecipada anteriormente concedida. Havendo uma sentença, o recurso cabível é a apelação, mas o réu não tem interesse recursal na interposição de apelação contra sentença de total improcedência do pedido do autor. Mesmo que se considere a existência de um capítulo da decisão que o faz sucumbir – a manutenção da tutela antecipada –, não há interesse recursal na apelação, porque, se o autor não recorrer da sentença, haverá o trânsito em julgado da sentença integralmente favorável ao réu. Poderia se imaginar que o interesse surgirá com a interposição da apelação pelo autor, considerando que nesse caso a tutela antecipada será mantida até o julgamento do recurso. A saída, portanto, seria um recurso adesivo de apelação por parte do réu. Ocorre, entretanto, que o recurso principal e o recurso adesivo são julgados ao mesmo tempo, e, quando isso ocorrer, o recurso será julgado prejudicado, considerando que após o julgamento da apelação principal a questão a respeito da manutenção da apelação terá perdido seu objeto. Note-se que nem mesmo uma tutela de urgência no recurso adesivo poderia ser concedida, considerando que não é viável se antecipar os efeitos de um resultado que já se sabe de antemão não será obtido. Como se pode notar, não há alternativa para o réu que pretende a revogação imediata da tutela antecipada que não o mandado de segurança.

▶ **O Superior Tribunal de Justiça tem entendimento consolidado pelo cabimento do mandado de segurança contra decisões interlocutórias proferidas nos Juizados Especiais, considerando-se que o procedimento sumaríssimo adota a irrecorribilidade imediata de tais decisões.**

"O Superior Tribunal de Justiça tem entendimento consolidado pelo cabimento do mandado de segurança contra decisões interlocutórias proferidas nos Juizados Especiais, considerando-se que o procedimento sumaríssimo adota a irrecorribilidade imediata de tais decisões. Consolidou inclusive o entendimento de que cabe ao Colégio Recursal julgar os mandados de segurança contra decisão de juiz monocrático ou do próprio Colégio Recursal, salvo quando a impugnação tiver como objeto decisão que determina a competência dos Juizados Especiais em detrimento da Justiça Comum, quando a competência para o mandado de segurança será do Tribunal de Justiça." (NEVES, Daniel Amorim Assumpção. Ações Constitucionais, 2ª edição, Ed. GEN, São Paulo, 2013, p. 122)

▶ **Exceção à regra do cabimento de Mandado de Segurança contra decisão interlocutória proferidas em âmbito de Juizados Especiais Federais.**

"A exceção ficaria por conta do art. 5º da Lei 10.259/2001, que, ao prever o cabimento de recurso contra decisão de tutela de urgência no âmbito dos Juizados Especiais Federais, afasta o cabimento do mandado de segurança, até porque o melhor entendimento é que essa decisão interlocutória seja recorrível por agravo de instrumento. Para parcela da doutrina, que defende que as Leis 9.099/1995 e 10.259/2001 formam o microssistema dos Juizados Especiais, mesmo no âmbito estadual seria admissível o agravo de instrumento por aplicação da norma mencionada, mas, nesse caso, o Colégio Recursal deverá aplicar o princípio da fungibilidade caso a parte ingresse com mandado de segurança." (NEVES, Daniel Amorim Assumpção. Ações Constitucionais, 2ª edição, Ed. GEN, São Paulo, 2013, p. 122)

◉ **O Tribunal Regional Federal é competente para julgar Mandados de Segurança quando o objeto for discutir os limites da competência absoluta do Juizado Especial.**

"CONSTITUCIONAL E ADMINISTRATIVO. MANDADO DE SEGURANÇA IMPETRADO CONTRA DECISÃO DE TURMA RECURSAL. DISCUSSÃO SOBRE OS LIMITES DA COMPETÊNCIA DO JUIZADO ESPECIAL FEDERAL. 1. Cuida-se de Recurso Ordinário contra decisão do Tribunal Regional Federal da 1ª Região que declinou da sua competência para apreciar Mandado de Segurança em que o INSS discute os limites de competência dos Juizados Especiais Federais para processar e julgar demanda cujo valor exorbita o patamar máximo estipulado em lei. 2. O acórdão hostilizado apreciou matéria diversa da pretensão deduzida na inicial, pois a hipótese de Mandado de Segurança voltado contra o mérito da decisão judicial não se confunde com a espécie dos autos, em que o INSS se utiliza do writ para discutir os limites da competência absoluta do Juizado Especial. 3. "A Corte Especial do STJ, no julgamento do RMS 17.524/BA, firmou o posicionamento de que é possível a impetração de Mandado de Segurança com a finalidade de promover controle da competência dos Juizados Especiais." (RMS 26.665/DF, Rel. Ministro Herman Benjamin, Segunda Turma, DJe 21/8/2009). 4. Decisão recorrida que se mostra contrária à orientação firmada pelo Superior Tribunal de Justiça. Competência do Tribunal Regional Federal da 1ª Região para processar e julgar o Mandado de Segurança ajuizado pelo INSS. 5. Recurso Ordinário provido." (RMS 37.959/BA, Rel. Ministro HERMAN BENJAMIN, SEGUNDA TURMA, julgado em 17/10/2013, DJe 06/12/2013)

◉ **Turma Recursal dos Juizados Especiais é competente para julgar Mandados de Segurança impetrados contra atos de seus próprios membros.**

"PROCESSUAL CIVIL. RECURSO ORDINÁRIO EM MANDADO DE SEGURANÇA. ATO DE MEMBRO DE TURMA RECURSAL DEFININDO COMPETÊNCIA PARA JULGAMENTO DE DEMANDA. CONTROLE PELO TRIBUNAL DE JUSTIÇA. IMPETRAÇÃO DO WRIT. POSSIBILIDADE. 1. A questão posta nos autos cinge-se ao cabimento do Recurso em Mandado de Segurança para os Tribunais de Justiça controlarem atos praticados pelos membros ou presidente das Turmas Recursais dos Juizados Especiais Cíveis e Criminais. 2. O entendimento do Superior Tribunal de Justiça é pacífico no sentido de que a Turma Recursal dos Juizados Especiais deve julgar Mandados de Segurança impetrados contra atos de seus próprios membros. 3. Em que pese a jurisprudência iterativa citada, na hipótese sub judice, o Mandado de Segurança não visa à revisão meritória de decisão proferida pela Justiça especializada, mas versa sobre a competência dos Juizados Especiais para conhecer da lide.4. Inexiste na Lei 9.099/1996 previsão quanto à forma de promover o controle da competência dos órgãos judicantes ali referidos. 5. As decisões que fixam a competência dos Juizados Especiais – e nada mais que estas – não podem ficar absolutamente desprovidas de controle, que deve ser exercido pelos Tribunais de Justiça e Tribunais Regionais Federais e pelo Superior Tribunal de Justiça.6. A Corte Especial do STJ, no julgamento do RMS 17.524/BA, firmou posicionamento de que é possível a impetração de Mandado de Segurança com a finalidade de promover controle da competência dos Juizados Especiais.7. Recurso Ordinário provido." (RMS 26.665/DF, Rel. Ministro HERMAN BENJAMIN, SEGUNDA TURMA, julgado em 26/05/2009, DJe 21/08/2009)

◉ *Súmula 376 do STJ: Compete a Turma Recursal processar e julgar o mandado de segurança contra ato de juizado especial.*

▶ **Mandado de Segurança contra decisão que altera de ofício ou determina que o autor adeque o valor da causa;**

"Destarte, a decisão sobre o valor da causa, tomada no momento do despacho da inicial, tornou-se irrecorrível imediatamente no CPC/2015, não estando, todavia, sujeita ao sistema de preclusão. Logo, nos termos do art. 1.009, § 1.º, deverá ser suscitada em preliminar de apelação. O recurso cabível é, pois, diferido, e embora tenha efeito suspensivo previsto em lei, não tem o condão de obstar a eficácia imediata da decisão e que compelirá a parte ao pagamento das custas complementares, sob pena de extinção do processo. Não se pode olvidar, como reiteradamente tem assentado o STJ, que a decisão causa prejuízo imediato à parte que fica sujeita à complementação das custas, sob pena de indeferimento da petição inicial. Exatamente pelo risco e pelo sério gravame causado a parte que o STJ tem (a) admitido o cabimento de recurso contra a determinação de emenda da inicial para correção do valor da causa; (b) deferido medida cautelar para conceder efeito suspensivo a recurso especial que verse sobre valor da causa, sustando a eficácia da ordem para complementação de custas (MC 3.521/RJ, rel. Min. Menezes Direito); c) excepcionado das hipóteses de retenção do recurso especial "a interlocutória que aprecie a fixação do valor da causa." (AgRg no Ag 426.684/SP, 3.ª T., rel. Min. Antônio de Pádua Ribeiro, j. 15.08.2002, DJ 23.09.2002, p. 360). (JULIANA CORDEIRO DE FARIA, Breves comentários ao Novo Código de Processo Civil, RT – Edição 2016, p. 853-854)

▶ **Um processo judicial que se pretende ético e justo, não pode conviver com um modelo em que uma decisão judicial que causa gravame a parte não tenha qualquer possibilidade de impugnação capaz de obstar-lhe a imediata eficácia.**

"Nesse cenário em que a decisão judicial sobre o valor da causa representa gravame à parte e em que o recurso previsto não tem o condão de obstar a sua eficácia imediata, porquanto a oportunidade para sua interposição é diferida no tempo, torna-se necessário encontrar um caminho capaz de assegurar o direito fundamental da parte de não sofrer lesão em sua esfera jurídica decorrente de decisão ilegal proferida no curso do processo. O propósito do legislador na codificação de dar concretude à garantia da duração razoável do processo e que o motivou a reduzir as hipóteses de cabimento de agravo de instrumento, não pode se fazer em detrimento de garantias fundamentais processuais dos jurisdicionados que foram uma conquista do Estado de Direito. Um processo judicial que se pretende ético e justo, não pode conviver com um modelo em que uma decisão judicial que causa gravame a parte não tenha qualquer possibilidade de impugnação capaz de obstar-lhe a imediata eficácia. Um tal modelo seria perverso e autoritário e, portanto, contrário ao modelo constitucional que tem na garantia da participação democrática a sua inspiração. A duração razoável do processo não pode, pois, ser obtida com o sacrifício de direitos fundamentais dos jurisdicionados. Sob este aspecto, não vemos outra alternativa senão a adoção do mandado de segurança contra ato judicial para impugnar a decisão que determina a correção do valor da causa para sua majoração." (JULIANA CORDEIRO DE FARIA, Breves comentários ao Novo Código de Processo Civil, RT – Edição 2016, p. 854)

▶ À hipótese não pode ser invocada a tese, para obstar o seu cabimento, de que o mandado de segurança não é substitutivo do recurso adequado e que no caso estaria substituindo a apelação que, por sua vez, é dotada de efeito suspensivo.

"À hipótese não pode ser invocada a tese, para obstar o seu cabimento, de que o mandado de segurança não é substitutivo do recurso adequado e que no caso estaria substituindo a apelação que, por sua vez, é dotada de efeito suspensivo. Ora, o argumento não prospera porquanto: (i) o mandado de segurança, na espécie, não será substitutivo de recurso, visto que não há recurso cabível cuja interposição seja imediata e, portanto, apta a resguardar os direitos da parte. Toda a construção doutrinária e jurisprudencial para se restringir o mandado de segurança quando há recurso adequado para impugnar a decisão judicial pressupõe a possibilidade de a parte interpô-lo ao tempo da sua prolação. Assim, a parte ao invés de aviar o recurso já passível de interposição deixa de fazê-lo, optando pelo mandado de segurança. In casu, a parte não tem a opção de escolher entre o recurso e o writ, visto que a lei processual obsta a interposição imediata da apelação devendo aguardar-se a prolação de sentença; (ii) contemplar-se o cabimento de um recurso diferido para um momento do processo em que a decisão recorrida já produziu todos os seus efeitos lesivos é, em verdade, torná-la irrecorrível. Logo, o ato judicial que não é passível de impugnação recursal imediata, é irrecorrível. A decisão que altera o valor da causa é, pois, irrecorrível até que seja prolatada a sentença. Enfim, o recurso previsto, porque diferido, não é apto a assegurar o direito da parte prejudicada." (JULIANA CORDEIRO DE FARIA, Breves comentários ao Novo Código de Processo Civil – Edição 2016, p. 854-855)

▶ Distribuição dinâmica do ônus da prova e Mandado de Segurança.

"Danos irreparáveis ou de difícil reparação. Quando a distribuição dinâmica do ônus da prova causar a uma das partes danos irreparáveis ou de difícil reparação, como uma perícia excessivamente onerosa, se entendido por algum Tribunal o não cabimento do agravo na denegação da distribuição dinâmica, presentes os requisitos legais, caberá a impetração de mandado de segurança (art. 5.º, LXIX, da CF), escorado no art. 5.º, XXXV, da CF: "a lei não excluirá da apreciação do Poder Judiciário lesão ou ameaça a direito" e também que ninguém é obrigado a fazer ou deixar de fazer algo senão em virtude de lei (inc. II do art. 5.º da CF)." (WILLIAM SANTOS FERREIRA, Breves comentários ao Novo Código de Processo Civil – Edição 2016, p.)

III – de decisão judicial transitada em julgado.

> **Redação correspondente da revogada Lei 1.533/51:** *III – de ato disciplinar, salvo quando praticado por autoridade incompetente ou com inobservância de formalidade essencial.*

▶ **A razão de ser da regra.**

"A razão de ser da regra é a mesma que fundamenta a do inciso II: o combate à decisão transitada em julgado deve ser feito pelos meios próprios – a "ação rescisória" – que, mormente no sistema processual civil hoje vigente, tem aptidão para evitar quaisquer lesões ou ameaças em face do que dispõe o art. 489 do Código de Processo Civil, na redação que lhe deu a Lei n. 11.280/2006: "O ajuizamento da ação rescisória não impede o cumprimento da sentença ou acórdão rescindendo, ressalvada a concessão, caso imprescindíveis e sob os pressupostos previstos em lei, de medidas de natureza cautelar ou antecipatória de tutela." (BUENO. Cassio Scarpinella. A Nova Lei do Mandado de Segurança: Comentários sistemáticos à Lei 12.016, de 7-8-2009, 2ª edição, Editora Saraiva, São Paulo, 2010, p. 38)

▶ **O mandado de segurança não é um substitutivo da ação rescisória.**

Já a terceira hipótese impede a utilização da ação contra decisões judiciais transitadas em julgado, pela simples razão de que o mandado de segurança não é um substitutivo da ação rescisória.

◉ *Súmula 268 do STF: Não cabe mandado de segurança contra decisão judicial com trânsito em julgado.*

◉ **No mesmo sentido:** "6. Inexiste teratologia ou ilegalidade nos pronunciamentos judiciais ocorridos na Vice-Presidência e na Corte Especial. 7. Segundo o inciso III do artigo 5º da Lei n. 12.016/2009, não cabe mandado de segurança em face de decisão judicial transitada em julgado, conforme também previsto na Súmula n. 168/STF." (AgInt no MS 23.886/DF, Rel. Ministro JORGE MUSSI, CORTE ESPECIAL, julgado em 19/09/2018, DJe 05/10/2018)

▶ **Impossibilidade de utilização do mandado de segurança como sucedâneo de "ação rescisória.**

"Desse inciso III do art. 5º da Lei no 12.016/2009 o que se extrai é a impossibilidade de utilização do mandado de segurança como sucedâneo de "ação rescisória". Explique-se: a coisa julgada é posta, no sistema constitucional brasileiro, como uma garantia de direitos fundamentais, mais especificamente uma garantia do direito fundamental à segurança jurídica." (CÂMARA, Alexandre Freitas. Manual do Mandado de Segurança, 2ª Edição. Atlas, São Paulo, 2014. p. 117)

▶ **Os casos de afastamento da coisa julgada são absolutamente excepcionais, e têm de ser interpretados restritivamente.**

"Como regra, só se admite o afastamento da coisa julgada através da "ação rescisória", nos casos expressamente previstos em lei." (CÂMARA, Alexandre Freitas. Manual do Mandado de Segurança, 2ª Edição. Atlas, São Paulo, 2014. p. 116/117)

▶ **Excepcionalmente, deve-se admitir o afastamento da coisa julgada independentemente de "ação rescisória" nos casos em que é cabível a assim chamada "relativização" da coisa julgada.**

"O mandado de segurança, porém, não é – nem pode ser – meio adequado para a desconstituição ou a desconsideração da coisa julgada." (Leonardo José Carneiro da Cunha, Comentário ao art. 5º, in Napoleão Nunes Maia Filho, Caio Cesar Vieira Rocha e Tiago Asfor Rocha Lima (Org.). Comentários à nova lei do mandado de segurança, p. 90.)

◙ **A jurisprudência tem admitido o ajuizamento de mandado de segurança destinado a impugnar decisão judicial transitada em julgado destinado a provocar o controle da competência dos Juizados Especiais Cíveis.**

"PROCESSO CIVIL. COMPETÊNCIA DOS JUIZADOS ESPECIAIS. CONTRO-LE. MANDADO DE SEGURANÇA PERANTE O TRIBUNAL DE JUSTIÇA. CA-BIMENTO. IMPETRAÇÃO. PRAZO. EXCEÇÃO À REGRA GERAL. 1. É cabível a impetração de mandado de segurança perante o Tribunal de Justiça para realizar o controle da competência dos Juizados Especiais, ressalvada a autonomia dos Juizados quanto ao mérito das demandas. Precedentes.2. O mandado de segurança contra decisão judicial deve, via de regra, ser impetrado antes do trânsito em julgado desta sob pena de caracterizar a incabível equiparação do mandamus à ação rescisória.3. Como exceção à regra geral, porém, admite-se a impetração de mandado de segurança frente aos Tribunais de Justiça dos Estados para o exercício do controle da competência dos Juizados Especiais, ainda que a decisão a ser anulada já tenha transitado em julgado. 4. Recurso ordinário em mandado de segurança provido." (STJ, RMS 32850/BA, rel. Min. Nancy Andrighi, j. em 1.12.2011.)

> ▶ **Em sentido contrário:** "Não parece adequado o entendimento doutrinário que defende o cabimento de mandado de segurança contra decisão transitada em julgado nos Juizados Especiais, como forma de evitar a perpetuação de graves vícios e injustiças. A opção do legislador foi clara ao prever no art. 59 da Lei 9.099/1995 o não cabimento de ação rescisória no âmbito dos Juizados Especiais, preferindo prestigiar a segurança jurídica advinda da coisa julgada à justiça que poderia ser perseguida por meio de tal espécie de ação. Simplesmente defender o cabimento de mandado de segurança como forma de superar a expressa vedação legal significa contrariar de forma manifesta a vontade do legislador, que, adequada ou equivocada, deve ser respeitada, já que não cabe ao intérprete "mudar a lei na marra", mas simplesmente interpretá-la dentro dos limites de razoabilidade. A proposta, quando muito, deve ser feita de lege ferenda, e atualmente ainda teria de superar o art. 5º, III, Lei 12.016/2009." (NEVES, Daniel Amorim Assumpção. Ações Constitucionais, 2ª edição, Ed. GEN, São Paulo, 2013, p. 124)

◙ **Outro caso em que se tem admitido o afastamento da regra que veda o mandado de segurança contra decisão judicial transitada em julgado é aquele em que o impetrante foi terceiro em relação ao processo em que a decisão impugnada foi proferida.**

"PROCESSO CIVIL. RECURSO ORDINÁRIO EM MANDADO DE SEGURAN – ÇA. SENTENÇA QUE CONDENA TERCEIRO QUE NÃO INTEGROU A LIDE.

TRÂNSITO EM JULGADO DA DECISÃO. TERCEIRO PREJUDICADO. CABI – MENTO DO MANDADO DE SEGURANÇA. AFASTAMENTO DOS EFEITOS DA SENTENÇA EM RELAÇÃO AO TERCEIRO. I – O terceiro prejudicado por decisão judicial, prolatada em processo do qual não foi parte, pode impetrar mandado de segurança para defender direito violado, mesmo que a decisão tenha transitado em julgado, vez que o processo judicial transcorreu sem o seu conhecimento. II – A URBS – URBANIZAÇÃO DE CURITIBA S/A é a responsável pela aplicação das multas de trânsito de competência do município e também pela notificação destas ao proprietário do veículo. Por esta razão, é imprescin – dível que integre o polo passivo de ação que visa à liberação do licencia – mento do veículo independentemente do pagamento das multas, a fim de que possa apresentar os comprovantes das notificações efetuadas e, dessa forma, afastar a incidência da Súmula 127 do STJ. III – Recurso ordinário parcialmente provido." (STJ, RMS 14554/PR, rel. Min. Francisco Falcão, j. em 28.10.2003.)

▶ **Coisa julgada administrativa e Mandado de Segurança.**

Em verdade, o instituto da coisa julgada é um fenômeno que ocorre em um processo judicial que inviabiliza nova análise, por meio de qualquer outro recurso no mesmo processo (coisa julgada formal) ou por meio de outra ação (coisa julgada material), daquilo que foi decidido pelo Poder Judiciário. A coisa julgada material, no entanto, em seu sentido processual, só é formada quando há análise do mérito da demanda pelo respectivo órgão julgador. Quando foi dito que os três poderes possuíam funções típicas e atípicas e que ao Poder Judiciário cabia tipicamente aplicar a lei aos casos concretos para solucionar litígios e com força de definitividade, essa força de definitividade – pacificação da matéria – é alcançada pela coisa julgada. A coisa julgada judicial é inclusive uma cláusula pétrea, conforme o art. 5.º, XXXVI, da Constituição Federal, o qual enuncia que "a lei não prejudicará o direito adquirido, o ato jurídico perfeito e a coisa julgada". A coisa julgada em matéria judicial pode se dar de duas formas: 1) aquele que perdeu definitivamente em uma instância deixa de recorrer para a instância superior. Cita-se, por exemplo, o sucumbente não ter apelado da sentença, ou não ter interposto recurso especial ou extraordinário do acórdão do Tribunal que lhe foi desfavorável ou 2) quando vai recorrendo até chegar à última instância recursal, donde não cabe mais recurso. Nesses dois casos não cabe mais recurso e opera-se a coisa julgada. Por isso não se pode discutir mais aquela questão por meio de novos recursos judiciais, pois já foi soberanamente decidido, com definitividade, pelo Poder Judiciário. A única solução para rediscutir a matéria seria ingressando com uma ação rescisória, que não é recurso, e apenas é possível em restritas situações, conforme enuncia o art. 966 do Código de Processo Civil, mesmo assim, observando-se o prazo decadencial de dois anos a partir do trânsito em julgado da última decisão proferida no processo (art. 975 do CPC). A coisa julgada administrativa nada mais é do que a impossibilidade de o interessado recorrer internamente dentro da estrutura administrativa, que também se dá em duas hipóteses: 1) quando perde o prazo para recorrer ou atua em desconformidade com o interesse de recorrer (preclusão temporal e preclusão lógica); ou 2) quando esgota as instâncias recursais na Administração Pública. A grande diferença é que aqui, na coisa julgada administrativa, a decisão tomada não tem caráter de definitividade, sendo que a decisão administrativa sempre poderá ser analisada pelo Poder

Judiciário, exceto se o interessado deixar prescrever o direito de entrar com a ação, o que ocorre, em regra, no prazo de cinco anos. Nota-se, portanto, que a coisa julgada administrativa não passa de uma preclusão de efeitos internos.

> Parágrafo único. (Vetado) "O mandado de segurança poderá ser impetrado independentemente de recurso hierárquico, contra omissões da autoridade, no prazo de 120 (cento e vinte) dias, após sua notificação judicial ou extrajudicial"

▶ "A razão do veto foi que a exigência de notificação prévia como condição para a propositura do mandado de segurança poderia gerar questionamento quanto ao início da contagem do prazo de 120 dias, em vista da ausência de período razoável para a prática do ato pela autoridade e, em especial, pela possibilidade da autoridade notificada não ser competente para suprir a omissão.

▶ O veto tem a virtude de fazer as coisas continuarem como eram, pois contra omissões da autoridade não corre o prazo decadencial, e o citado parágrafo único impunha, nesses casos, a notificação judicial ou extrajudicial da autoridade omissa; pelo que foi, em boa hora, suprimido (vetado)." (Comentários á Nova Lei do Mandado de Segurança – Lei 12.016/09. J. E. Carreira Alvim. Pg. 87)

Súmulas pertinentes ao artigo 5º

- *Súmula nº 101 do STF: O mandado de segurança não substitui a ação popular.*

- *Súmula nº 267 do STF: Não cabe mandado de segurança contra ato judicial passível de recurso ou correição.*

- *Súmula nº 268 do STF: Não cabe mandado de segurança contra decisão judicial com trânsito em julgado.*

- *Súmula nº 269 do STF: O mandado de segurança não é substitutivo de ação de cobrança.*

- *Súmula nº 330 do STF: O Supremo Tribunal Federal não é competente para conhecer de mandado de segurança contra atos dos Tribunais de Justiça dos Estados.*

- *Súmula nº 429 do STF: A existência de recurso administrativo com efeito suspensivo não impede o uso do mandado de segurança contra omissão da autoridade.*

- *Súmula nº 624 do STF: Não compete ao Supremo Tribunal Federal conhecer originariamente de mandado de segurança contra atos de outros tribunais.*

- *Súmula nº 202 do STJ: A impetração de segurança por terceiro, contra ato judicial, não se condiciona a interposição de recurso.*

◉ **Súmula nº 376 do STJ:** *Compete a turma recursal processar e julgar o mandado de segurança contra ato de juizado especial*

Art. 6º A petição inicial, que deverá preencher os requisitos estabelecidos pela lei processual, será apresentada em 2 (duas) vias com os documentos que instruírem a primeira reproduzidos na segunda e indicará, além da autoridade coatora, a pessoa jurídica que esta integra, à qual se acha vinculada ou da qual exerce atribuições.

Redação da Lei 1.553/51 – Revogada: Art. 6º – A petição inicial, que deverá preencher os requisitos dos artigos 158 e 159 do Código do Processo Civil, será apresentada em duas vias e os documentos, que instruírem a primeira, deverão ser reproduzidos, por cópia, na segunda. Parágrafo único. No caso em que o documento necessário a prova do alegado se acha em repartição ou estabelecimento público, ou em poder de autoridade que recuse fornece-lo por certidão, o juiz ordenará, preliminarmente, por ofício, a exibição desse documento em original ou em cópia autêntica e marcará para cumprimento da ordem o prazo de dez dias. Se a autoridade que tiver procedido dessa maneira for a própria coatora, a ordem far-se-á no próprio instrumento da notificação. O escrivão extrairá cópias do documento para juntá-las à segunda via da petição. (Redação dada pela Lei nº 4.166, de 1962)

A IMPETRAÇÃO DO MANDADO DE SEGURANÇA

▶ **A petição inicial é a peça processual por meio da qual o autor exerce o direito de ação in concreto, o direito de agir em juízo, em busca da prestação jurisdicional.**

"A petição inicial revela para o juiz, formalmente, a intenção do autor de exercer o direito de ação. A petição inicial é a peça inaugural do processo, pela qual o autor provoca a atividade jurisdicional, que é marcada pela inércia (CPC 2.º). É a peça processual mais importante para o autor, porque é nela que se fixam os limites da lide (CPC 141 e 489), devendo o autor deduzir toda a pretensão, sob pena de preclusão consumativa, isto é, de só poder fazer outro pedido por ação distinta. É um silogismo que contém premissa maior, premissa menor e a conclusão. Faltando a lógica, a petição inicial é inepta: deve ser emendada (CPC 321) e, permanecendo o vício, tem de ser indeferida (CPC 321 par. ún. CPC 330 I e § 1.º IV). É a partir do pedido que a lide se instaura e obriga o juiz a decidi-la nos limites em que foi proposta. V. coments. CPC 492 e 493."

▶ **No mesmo sentido:** A petição inicial deve atender aos requisitos da lei processual (arts. 319 e 320 do CPC) e mais os expressos no art. 6.º da Lei 12.016/2009, sendo importante destacar a possibilidade de o juiz requisitar da autoridade administrativa o documento ou certidão necessários à prova do alegado (§ 1.º). Não atendendo aos requisitos legais, se já ultrapassado o prazo para a impetração ou se for manifestamente incabível, o juiz indefere desde logo a inicial (art. 10, caput). Quando despacha a inicial, estando esta em ordem, o juiz já deve determinar uma série de providências (art. 7.º), como a notificação da autoridade coatora para prestação de informações em dez dias, a cientificação do órgão de representação judicial da pessoa jurídica interessada, para que, querendo, ingresse no feito, e a concessão da medida liminar, antecipando a providência buscada, se entender presentes os requisitos do fundamento relevante e da possibilidade de ineficácia futura da medida, este último equivalente ao periculum in mora das cautelares.

PETIÇÃO INICIAL NO CÓDIGO DE PROCESSO CIVIL DE 2015

▶ **Requisitos da petição inicial no CPC.**

"O texto sob comentário contém os requisitos da petição inicial, que devem estar presentes sempre, qualquer que seja a natureza da ação. A imperatividade do tempo verbal ("indicará") nos faz concluir que os requisitos são imprescindíveis. A falta de um dos requisitos da petição inicial pode ensejar a sua inépcia, o que impede o prosseguimento do processo, com o indeferimento da inicial, caso não emendada ou completada (CPC 321 par.ún.). Os elementos da ação (partes, causa de pedir e pedido) são os requisitos mais importantes da petição inicial: quem, porque e o quê se pede. Somente os requisitos constantes do CPC 319 e 106 I são exigidos para que seja deferido o processamento da petição inicial. Não pode o Poder Judiciário, por portaria ou qualquer outro ato normativo, estabelecer novas exigências para que seja recebida a petição inicial (e.g., obedecer metragem de margem, vir acompanhada de cópia reprográfica de CPF ou RG da parte etc.), que não estejam previstas expressamente em lei federal." (NERY JUNIOR, Nelson, ANDRADE NERY, Rosa Maria de. *Código de Processo Civil comentado* 17ª. Edição Editora Revista dos Tribunais, São Paulo, 2018, p. 1030)

▶ **Indicação do juízo ou tribunal a que é dirigida.**

"A petição inicial deverá indicar o juízo ou tribunal a que é dirigida, devendo valer-se o autor, para identificá-la, das regras de competência. Para achar-se o juízo competente v. coment. 21 CPC 44. A indicação incorreta do juízo não enseja o indeferimento da petição inicial. Tratando-se de incompetência absoluta (material ou funcional), o juízo destinatário deverá, ex officio, anular os atos decisórios eventualmente praticados e remeter os autos ao juízo competente (CPC 64 § 3.º); tratando-se de incompetência relativa, não poderá o juiz pronunciar-se de ofício (STJ 33), devendo aguardar futura e eventual manifestação do réu, por meio de preliminar arguindo a incompetência (CPC 64 caput), ou, omisso o réu, a prorrogação da competência (CPC 65)." (NERY JUNIOR, Nelson, ANDRADE NERY, Rosa Maria de. *Código de Processo Civil comentado*, 17ª. Edição Editora Revista dos Tribunais, São Paulo, 2018, p. 1030)

> ◙ **No mesmo sentido:** "O art. 319, CPC, indica quais são os requisitos da petição inicial que dá origem ao processo. A petição inicial, além de ser acompanhada pelos denominados documentos indispensáveis à propositura da ação (art. 320, CPC), deve indicar o juiz ou tribunal, a que é dirigida; os nomes, prenomes, estado civil, existência de união estável, profissão, número de inscrição no ca-

dastro de pessoas físicas ou no cadastro nacional de pessoas jurídicas, domicílio e residência das partes, endereço eletrônico; o fato e os fundamentos jurídicos do pedido (causa petendi ou causa de pedir); o pedido, com as suas especificações; o valor da causa; as provas com que o autor pretende demonstrar a verdade dos fatos alegados; a opção do autor pela realização ou não da audiência de conciliação ou de mediação e o requerimento para a citação do réu. Para que seja deferida, a petição inicial deve preencher os requisitos dos arts. 319 e 320, CPC, além de não incidir em nenhum dos casos apontados no arts. 330 e 332, CPC. Em tema de aferição do preenchimento dos requisitos da petição inicial, recomenda a jurisprudência que, "sem escapar ao regramento que disciplina o nosso sistema processual, o julgador não pode estar apegado ao formalismo exarcebado e desnecessário, devendo-se esforçar ao máximo para encerrar a sua prestação jurisdicional apresentando uma composição para a lide, cumprindo assim a atribuição que lhe foi deferida." (STJ, 1.ª Turma, REsp 707.997/PE, rel. Min. Francisco Falcão, j. 14.03.2006, DJ 27.03.2006, p. 182).

▶ **Nome e qualificação das partes.**

" A individualização das partes é necessária na petição inicial, entre outras coisas, para que a sentença possa obrigar pessoas certas. Quando não for possível a menção da qualificação completa das partes, é suficiente que se as individue. É comum, em ações possessórias, não ser viável a perfeita qualificação do(s) réu(s), a cuja identidade se chega pelos atos de posse: aquele determinado, que plantou, que construiu, que reside em determinado lugar etc. V. CPC 319 § 1.º. Sendo possível a individuação, ainda que incompleta a qualificação, o requisito estará preenchido." (NERY JUNIOR, Nelson, ANDRADE NERY, Rosa Maria de. *Código de Processo Civil comentado,* 17ª. Edição Editora Revista dos Tribunais, São Paulo, 2018, p. 1030/1031)

▶ **Fundamentos de fato.**

"Compõem a causa de pedir próxima. É o inadimplemento, a ameaça ou a violação do direito (fatos) que caracteriza o interesse processual imediato, quer dizer, aquele que autoriza o autor a deduzir pedido em juízo. Daí por que a causa de pedir próxima, imediata, é a violação do direito que se pretende proteger em juízo, isto é, os fundamentos de fato do pedido. O direito em si, em tese e abstratamente considerado, não pode ser o fundamento imediato do pedido: afirmar-se ser titular de um direito não é suficiente para justificar o ingresso em juízo, pois é necessário que se diga o motivo pelo qual (fundamentos de fato) o direito está ameaçado ou foi violado. Por isso é que a causa de pedir imediata (próxima) são os fundamentos de fato, vale dizer, o que imediatamente motivou o autor, pela lesão a direito seu, a deduzir sua pretensão em juízo." (NERY JUNIOR, Nelson, ANDRADE NERY, Rosa Maria de. *Código de Processo Civil comentado,* 17ª. Edição Editora Revista dos Tribunais, São Paulo, 2018, p. 1032)

▶ **Fundamentos jurídicos.**

"Compõem a causa de pedir remota. É o que, mediatamente, autoriza o pedido. O direito, o título, não podem ser a causa de pedir próxima porque, enquanto não ameaçados ou violados, não ensejam ao seu titular a necessidade do ingresso em juízo, ou seja, não caracterizam per se o interesse processual primário e imediato, aquele que motiva o pedido. Fundamento jurídico é a autorização e a base que o ordenamento dá ao autor para que possa deduzir pretensão junto ao Poder Judiciário. É o título do pedido (a que "título" você pede?), que tanto pode ser a lei como o direito, o contrato etc. Não há necessidade de o autor indicar a lei ou o artigo de lei em que se encontra baseado o pedido, pois o juiz conhece o direito (iura novit curia). Basta que o autor dê concretamente os fundamentos de fato, para que o juiz possa dar-lhe o direito (da mihi factum, dabo tibi ius)." (Nery Jr. Código de Processo Civil Comentado – Ed. 2018, p. 1032)

▶ **Causa de pedir próxima e remota, ativa e passiva.**

"A causa de pedir é o fundamento da demanda, o motivo que leva o autor a pedir a tutela jurisdicional. A doutrina divide a causa de pedir em próxima e remota. Para alguns, a causa de pedir remota seria constituída pelos fatos, enquanto a causa de pedir próxima pelos fundamentos jurídicos (cf. José Frederico Marques, Instituições... cit., vol. 3, n. 580, p. 65; Moacyr Amaral Santos, Primeiras linhas... cit., vol. 2, n. 401, p. 134; na doutrina recente, Marcelo Pacheco Machado, Causa de pedir... RePro 237/89; semelhantemente, na jurisprudência, cf. STJ, REsp 1.322.198/RJ, rel. Min. Luis Felipe Salomão, 4.ª T., j. 04.06.2013; STJ, CComp 121.723/ES, rel. Min. Ricardo Villas Bôas Cueva, 2.ª Seção, j. 26.02.2014). Outros veem a causa de pedir remota como os fundamentos jurídicos e a causa de pedir próxima como os fatos (cf. Nelson Nery Junior e Rosa Maria de Andrade Nery, CPC comentado cit., p. 758). É de utilidade duvidosa separar a causa de pedir em próxima e remota tomando-se por critério a distinção entre fatos e fundamentos jurídicos, como se se estivesse diante de realidades distintas. Na doutrina, afirma-se que o ordenamento jurídico-processual brasileiro adotou a teoria da substanciação (ao menos preponderantemente, cf. comentário infra), de modo que os "fundamentos jurídicos" passam a ocupar posição secundária na identificação da causa petendi. Sob esse prisma, pode ocorrer que a fundamentação jurídica (no sentido de categorização jurídica precisa do fato) não esteja absolutamente correta, mas isto não impede o juiz de conhecer a pretensão do autor (por exemplo, pode o autor referir-se a determinado fenômeno como dolo, para efeito de anulação do ato jurídico, mas estar-se diante de erro – e isto ser verificado pelo juiz). Note-se, por outro lado, que, em muitos casos, a distinção entre questão de fato e questão de direito nem sempre é de fácil percepção (cf. escrevemos em O prequestionamento... cit., 4. ed., n. 3.2.3.3). Assim, parece mais acertado afirmar que causa de pedir remota se vincula ao fato jurídico matriz da relação jurídica, e causa de pedir próxima se relaciona com o dever do titular da situação de desvantagem, ou daquele de quem se deve ou se pode exigir determinado ato ou comportamento (cf. Calmon de Passos, op. cit., vol. 3, n. 111.2, p. 158). Este ponto de vista assemelha-se à concepção que divide a causa de pedir em ativa e passiva, sendo a primeira a que abrange o fato constitutivo do direito alegado, e a segunda o fato lesivo do direito alegado, ou a ameaça a tal direito (cf. José Carlos Barbosa Moreira, O novo processo civil brasileiro, p. 15; Cândido Rangel Dinamarco, op. cit., n. 994, p. 362). Objetivamente, causa de pedir é o porquê do pedido (cf. Teixeira de Souza, Algumas questões... RePro 228/311). Constituem a causa de pedir os fatos e fundamentos jurídicos do pedido, diz o art. 319, III, do CPC/2015; logo, a causa de pedir, além de dizer respeito ao pedido, o particulariza. A causa de pedir tem a ver com a definição do objeto do processo, e não com o objeto litigioso (sobre essa distinção, cf. comentário ao art. 203 do CPC/2015). Assim, há fatos que não constituem a causa de pedir (como requisito da petição inicial), mas podem suscitados pelo autor e deverão ser levados em consideração pelo juiz, ao sentenciar – logo, poderão ser objeto de prova, também. Tais fatos, simples ou secundários, corroboram o fato principal, que vem a ser aquele que delimita a pretensão do autor. Para a procedência do pedido, consideram-se relevantes não apenas os denominados fatos jurídicos (ou principais, ou jurígenos, ou essenciais) a respeito de cuja existência se controverte, mas, também, os fatos simples (ou secundários), que podem atestar, ainda que indiretamente, a verdade ou falsidade de um enunciado relativo ao fato principal. Enquanto do fato principal se extrai a consequência jurídica pretendida pela parte, do fato secundário se infere a ocorrência do fato principal (cf. Luigi Paolo Comoglio et al, Lezioni, vol. 1, cit., p. 415). Quanto à contestação apresentada pelo réu, não é adequado falar em causa de pedir, mas em fundamento da defesa (expressão usada, por exemplo, no art. 343 do CPC/2015; na doutrina portuguesa, cf. Teixeira de Souza, Algumas questões... RePro 228/311)." (MEDINA, José Miguel Garcia. Novo Código de Processo Civil comentado: com remissões e notas comparativas ao CPC/1973, 3ª edição, Editora Revista dos Tribunais, p. 527/528)

▶ **O autor tem o ônus de indicar na petição inicial os fatos e os fundamentos jurídicos do pedido. Deve apresentar, em outras palavras, a sua causa de pedir, que consiste no motivo pelo qual está em juízo, nas razões fático-jurídicas que justificam o seu pedido.**

"O autor tem o ônus de indicar na petição inicial os fatos e os fundamentos jurídicos do pedido. Deve apresentar, em outras palavras, a sua causa de pedir, que consiste no motivo pelo qual está em juízo, nas razões fático-jurídicas que justificam o seu pedido. O direito brasileiro positivou a teoria da substanciação da causa de pedir, para a qual interessa a descrição do contexto fático em que as partes se encontram envolvidas. O Código de Processo Civil brasileiro não acolheu a teoria da individualização da causa de pedir. Pouco interessa, a propósito, a natureza do direito afirmado em juízo: toda e qualquer petição inicial deve trazer a descrição dos fatos da causa. A alegação de fato reclamada para caracterização da petição inicial é a alegação de fato essencial, que é aquela sobre a qual está fundado o pedido (STJ, 3.ª Turma, REsp 702.739/PB, rel. Min. Nancy Andrighi, rel. para acórdão Min. Ari Pargendler, j. 19.09.2006, DJ 02.10.2006, p. 266). A alegação de fatos não essenciais (secundários, instrumentais) apenas serve para demonstrar que o fato essencial ocorreu e pode vir aos autos em momento posterior à apresentação da petição inicial. Os fatos não essenciais não compõem a causa petendi. A causa de pedir pode ser classificada em causa de pedir próxima (fundamentos jurídicos) e remota (fatos jurídicos). Pode ser dividida ainda em causa de pedir ativa (descrição da situação fática que criou a crise no plano do direito material que se quer resolver com o processo) e passiva (individualização do direito posto em crise). Não integram a causa de pedir a mera alusão às normas legais apontados pelo demandante na petição inicial. Consoante já se decidiu, "inocorre modificação da causa petendi se há compatibilidade do fato descrito com a nova qualificação jurídica ou com o novo enunciado legal" (STJ, 4.ª Turma, REsp 2.403/RS, rel. Min. Sálvio de Figueiredo Teixeira, j.28.08.1990, DJ 24.09.1990, p. 9.983). Dando nova moldura às alegações fáticas do autor, no entanto, tem o juiz o dever de dialogar previamente com as partes antes de decidir, permitindo que essas influenciem na formação de seu convencimento à luz da nova disciplina jurídica proposta para os fatos alegados em juízo (arts. 5.º, LV, CF, e 9.º e 10, CPC)." (MEDINA, José Miguel Garcia. Novo Código de Processo Civil comentado: com remissões e notas comparativas ao CPC/1973, 3ª edição, Editora Revista dos Tribunais, p. 529)

▶ **Iura novit curia . Da mihi factum dabo tibi ius.**

"Os axiomas iura novit curia e da mihi factum dabo tibi ius significam, literalmente, "o juiz é quem conhece o direito" e "dá-me os fatos que te darei o direito" (STJ, REsp 1.197.476/BA, rel. Min. Ricardo Villas Bôas Cueva, 3.ª T., j. 07.10.2014). À luz do que acima se observou acerca da causa petendi, depreende-se que a indicação imprecisa dos fundamentos legais não impede que o juiz aprecie a pretensão de acordo com a norma jurídica correta, dando ao fato narrado pelo autor o enquadramento jurídico adequado (cf. Arruda Alvim, Manual... cit., vol. 2, n. 86, p. 205). Assim, "não se verifica alteração da causa de pedir quando se atribui ao fato qualificação jurídica diversa da originalmente atribuída" (STJ, REsp 496814/PE, rel. Min. Hamilton Carvalhido). Exemplo: "Afastada a aplicação dos Dec.-leis 2.445/1988 e 2.449/1988, cabia ao Tribunal aplicar o direito à espécie, in casu as regras da LC 7/1970, máxime porquanto o regime jurídico aplicável à espécie não integra a causa petendi, vigorando no sistema brasileiro a cognição ex officio do direito incidente no caso submetido à tutela jurisdicional (iura novit curia)" (STJ, REsp 862.996/RN, 1.ª T., j. 24.06.2008, rel. Min. Luiz Fux). Note-se que, nesse caso, "o juiz aplica o direito aos fatos descritos pela parte autora, desde que não haja implicações quanto à alteração do pedido, nem ofensa aos princípios do contraditório e da ampla defesa" (Teresa Arruda Alvim Wambier, Omissão judicial e embargos de declaração cit., item 4). No mesmo sentido, decidiu-se que "a viabilidade de o juiz decidir a causa com base em preceito normativo não invocado pelas partes ou diferente do invocado (autorizada pelo aforismo iura novit curia) tem como pressuposto necessário a manutenção dos demais termos da demanda, mormente no que se refere ao pedido e à causa de pedir deduzidos na inicial" (STJ, REsp 1.153.656/DF, rel. Min. Teori Albino Zavascki, 1.ª T., j. 10.05.2011). Note-se que o que ora se diz aplica-se à causa de pedir, no contexto do art. 319 do CPC/2015. Em se tratando de recursos de fundamentação vinculada, como o são os recursos extraordinário e especial, não cabe ao relator do recurso perscrutar o fato, para tentar identificar o dispositivo (constitucional ou legal) supostamente violado (nesse sentido, por exemplo, STJ, AgRg no REsp 1.358.474/AL, rel. Min. Sérgio Kukina, 1.ª T., j. 05.08.2014; STJ, EDcl no AREsp 569.667/SP, rel. Min. Luis Felipe Salomão, 4.ª T., j. 23.09.2014)." (MEDINA, José Miguel Garcia. Novo Código de Processo Civil comentado: com remissões e notas comparativas ao CPC/1973, 3ª edição, Editora Revista dos Tribunais, p. 530)

▶ **Normas jurídicas e relação com o caso.**

"Para atender ao art. 319, III, CPC, é correto afirmar que o autor deve alegar um fato e apresentar o seu nexo com um efeito jurídico. Nesse sentido, já se decidiu que por força do artigo em comento "deve o autor, em sua petição inicial, entre outras coisas, expor o fato jurídico concreto que sirva de fundamento ao efeito jurídico pretendido e que, à luz da ordem normativa, desencadeia consequências jurídicas, gerando o direito por ele invocado" (STJ, 5.ª Turma, REsp 767.845/GO, rel. Min. Arnaldo Esteves Lima, j. 03.04.2007, DJ 07.05.2007, p. 360). Não atende ao art. 319, III, CPC, a simples indicação, reprodução ou paráfrase de texto normativo: é preciso que a parte contextualize as suas afirmações, mostrando qual a sua relação concreta com o caso que pretende ver julgado a seu favor (analogicamente, art. 489, § 1.º, I, CPC). O mesmo vale obviamente para a invocação de precedentes a favor e contra as postulações da parte: é preciso mostrar a razão pela qual o precedente se aplica ou não e, em sendo o caso, demonstrar as devidas distinções (analogicamente, art. 489, § 1.º, V e VI, CPC)." (MEDINA, José Miguel Garcia. *Código de Processo Civil comentado*, 4ª edição, Editora Revista dos Tribunais, São Paulo, 2018, p. 440)

▶ **Correlação entre pedido (e causa de pedir) e sentença.**

"O libelo (pedido e causa de pedir, cf. supra) define a modalidade e a extensão da atividade jurisdicional a ser desenvolvida (cf. Elio Fazzallari, Lezioni... cit., vol. 1, p. 45). É a partir do libelo que se verificará se se trata de ação de execução ou de conhecimento. O órgão jurisdicional não poderá julgar além do pedido (sentença ultra petita), aquém do pedido (sentença citra ou infra petita) ou fora do pedido (sentença extra petita). Fica, assim, delimitada a atividade jurisdicional a ser desenvolvida (princípio da congruência, ou da correlação entre libelo e sentença, cf. arts. 141 e 502, caput do CPC/2015; na jurisprudência, cf. STJ, REsp 1.349.788/RS, rel. Min. Nancy Andrighi, 3.ª T., j. 26.08.2014; STJ, AgRg no CComp 134.478/SP, rel. Min. Mauro Campbell Marques, 1.ª Seção, j. 08.10.2014)." (MEDINA, José Miguel Garcia. *Novo Código de Processo Civil comentado: com remissões e notas comparativas ao CPC/1973*, 3ª edição, Editora Revista dos Tribunais, São Paulo, p. 530)

▶ **Comunidade Argumentativa de Trabalho.**

"O processo civil é uma comunidade de trabalho e é ainda especificamente uma comunidade argumentativa de trabalho: isso porque as partes têm o ônus de alegar e o juiz tem o dever de decidir argumentando com razões jurídicas. Vale dizer: em ambos os casos existe a necessidade dessas interpretações estarem fundadas no Direito (arts. 1.º, CF/1988, e 1.º e 8.º, CPC). Daí que se o juiz tem o dever de fundamentação analítica (arts. 93, IX, CF/1988, e 489, §§ 1.º e 2.º, CPC), as partes têm o ônus de alegação específica (arts. 6.º, 9.º e, analogicamente, 489, §§ 1.º e 2.º, CPC). Isso quer dizer que, em todas as suas postulações (seja com a propositura da ação, seja com o oferecimento da defesa, seja com a interposição do recurso, seja com apresentação das contrarrazões), as partes têm o ônus de alegar de forma especificada: i) a conexão da norma com o caso; ii) o significado do termo vago empregado; iii) o significado do princípio invocado e dos postulados empregados para a solução de eventuais antinomias normativas; e iv) as distinções devidas entre os precedentes debatidos em juízo (analogamente, arts. 6.º, 10 e 489, §§ 1.º e 2.º, CPC). Existe, em outras palavras, também uma divisão do trabalho argumentativo entre o juiz e as partes no processo civil."

(MEDINA, José Miguel Garcia. *Código de Processo Civil comentado*, 4ª edição, Editora Revista dos Tribunais, São Paulo, 2018, p. 439)

▶ **Ônus de alegar e dever de decidir.**

"Assim como é vedado ao juiz julgar a causa genericamente, fundamentando de forma vaga e desligada do caso concreto a sua decisão (art. 489, §§ 1.º e 2.º, CPC), também é defeso à parte alegar genericamente na petição inicial o seu direito. Em outras palavras, assim como há dever judicial de fundamentação analítica, há simetricamente ônus de alegação específica das partes. Isso quer dizer que a parte tem o ônus de sustentar justificadamente suas posições jurídicas na petição inicial (art. 319, III, CPC) – e o mesmo vale, por uma questão de igualdade (arts. 5.º, I, CF, e 7.º, CPC), para o réu na contestação (art. 336, CPC). Embora o legislador tenha sido expresso a respeito do ponto apenas no que tange à petição inicial da ação rescisória fundada em violação de precedente em que não se realizou a devida distinção no acórdão rescindindo (art. 966, § 6.º, CPC, incluído pela Lei 13.256/2016), é certo que semelhante ônus de alegação específica se aplica a toda e qualquer postulação das partes. A referência expressa no art. 966, § 6.º, CPC, constitui apenas um elemento que atesta a coerência de semelhante solução. Não tendo a parte desempenhado adequadamente o seu ônus de alegar justificadamente, tem o juiz o dever de determinar o esclarecimento das suas alegações (art. 321, CPC)." (MEDINA, José Miguel Garcia. *Código de Processo Civil comentado*, 4ª edição, Editora Revista dos Tribunais, São Paulo, 2018, p. 439/440)

▶ **A petição inicial deve conter o pedido com as suas especificações.**

"O pedido é objeto da ação e revela aquilo que o autor veio buscar em juízo com a sua propositura. Costuma-se classificar o pedido em pedido imediato (providência jurisdicional solicitada – declaratória, constitutiva, condenatória, mandamental e executiva) e pedido mediato (que constitui o bem da vida que o demandante veio buscar em juízo). A propósito do tema, fala-se igualmente em objeto processual (pedido imediato) e objeto material (pedido mediato) da tutela jurisdicional. O pedido do demandante limita, a princípio, a tutela jurisdicional (necessidade de congruência entre o pedido e a sentença – arts. 2.º, 141, 490 e 492, CPC). Em certas situações, contudo, pode o órgão jurisdicional legitimamente conceder tutela jurisdicional diversa da pedida pelo demandante (em função dos arts. 497 e 498, CPC, por exemplo, pode o juiz prestar tutela específica ou tutela que alcance à parte resultado prático equivalente – pode, na prática, prolatar sentença mandamental, acaso essa se mostre como a mais adequada e efetiva, nada obstante tenha o autor postulado sentença executiva, assim como pode prestar a própria tutela do direito de forma diversa daquela postulada). Não é necessário que os pedidos venham enumerados em tópico próprio na petição inicial, embora o recomende a boa técnica. O que interessa é que "sejam claros e bem delineados", possibilitando a compreensão daquilo que o autor pretende em juízo (STJ, 1.ª Turma, REsp 748.433/DF, rel. Min. Francisco Falcão, j. 28.11.2006, DJ 08.02.2007, p. 297). A interpretação do pedido deve levar em consideração o conjunto da postulação (art. 322, § 2.º, CPC)." (MEDINA, José Miguel Garcia. Código de Processo Civil comentado, 4ª edição, Editora Revista dos Tribunais, São Paulo, 2018, p. 440/441)

◉ **No mesmo sentido:** "No sistema do CPC, pedido tem como sinônimas as expressões lide, pretensão, mérito, objeto. É o bem da vida pretendido pelo autor, para integrar ou reintegrar-se a seu patrimônio: a indenização, os alimentos, a posse, a propriedade, a anulação do contrato etc. O regime jurídico do pedido está no CPC 322 a 329. Divide-se em pedido imediato (sentença) e pedido mediato (bem da vida). Pede-se a prolação de uma sentença (imediato) que garanta ao autor o bem da vida pretendido (mediato). O pedido deve ser sempre explícito, pois é interpretado restritivamente (CPC 322). Há pedidos que não precisam constar da petição inicial para serem examinados pelo juiz, porque decorrem de disposição legal (v.g., juros de mora, correção monetária, honorários de advogado). As questões de ordem pública devem ser conhecidas e decididas de ofício pelo juiz, independentemente de pedido da parte ou do interessado. Isto se aplica tanto às questões de ordem pública de direito material (v.g., cláusulas gerais da função social do contrato [CC 421], da boa-fé objetiva [CC 422], da função social da propriedade [CF 5.º XXIII e 170 III; CC 1228 § 1.º] etc.), quanto de direito processual (v.g., condições da ação [CPC 17, 495 VI, 338 X e § 4.º], pressupostos processuais [CPC 70, 71, 76, 64 § 2.º, 485 IV e § 3.º, 337 e § 5.º], requisitos de admissibilidade dos recursos etc.). Nas questões de ordem pública, não incide a regra da congruência entre pedido e sentença (CPC 141 e 502), estando fora, portanto, dos vícios da sentença extra, ultra e/ou infra petita. V. coments CPC 141, 323 a 330 e 502." (NERY JUNIOR, Nelson, ANDRADE NERY, Rosa Maria de. Código de Processo Civil comentado, 17ª. Edição Editora Revista dos Tribunais, São Paulo, 2018, p. 1032)

▶ **Pedidos imediato e mediato.**

"O pedido indica a prestação jurisdicional buscada pelo autor (pedido imediato, ao qual corresponde uma sentença declaratória, constitutiva etc.) e o "bem da vida" que se pretende ver atingido pela tutela jurisdicional (pedido mediato, isto é, declaração da nulidade do ato jurídico, decretação do divórcio etc.; cf. Luiz Rodrigues Wambier et al., Curso avançado... cit., vol. 1, p. 305): "O pedido possui duplo enfoque – pede-se a prestação jurisdicional (pedido imediato) e o bem da vida perseguido pelas partes (pedido mediato). A causa petendi, ou razão do pedido, revela o liame jurídico que deve existir entre as circunstâncias fáticas e o direito alegado" (STJ, REsp 256.097/PR, 3.ª T., rel. Min. Waldemar Zveiter). Assim, p. ex., há "pedido imediato de condenação e pedido mediato de autorização para tratamento médico" (STJ, REsp 1.186.851/MA, rel. Min. Nancy Andrighi, 3.ª T., j. 27.08.2013)." (MEDINA, José Miguel Garcia. Novo Código de Processo Civil comentado: com remissões e notas comparativas ao CPC/1973, 3ª edição, Editora Revista dos Tribunais, São Paulo, p. 530)

▶ **Nosso sistema processual adotou a teoria da substanciação do pedido.**

"A ela se opunha a teoria da individuação, que exigia apenas a indicação dos fundamentos jurídicos para caracterizar a causa de pedir e tornar admissível a ação. Ambas as teorias nasceram e foram desenvolvidas na Alemanha. Hoje, a teoria da individuação se encontra superada e não guarda mais nenhuma importância jurídica (MünchKomm-

ZPO 3, I, Becker-Eberhard, coments. 77/78 ZPO § 253, p. 1364; Rosenberg-Schwab-Gottwald. ZPR 16, § 94, II, 2, 630), sendo indiscutível na doutrina alemã a adoção, pela ZPO, da teoria da substanciação, com a evolução e aperfeiçoamento que tem sofrido ao longo dos anos. Neste sentido: Stein-Jonas-Schumann. Kommentar 21, v. III, coment. 125 ZPO § 253, p. 69; Thomas-Putzo-Reichold. ZPO 28, coment. 40 prelim. ZPO § 253, pp. 392/393 e coment. 10 ZPO § 253, p. 396; Musielak-Foerste. ZPO 5, coments. 24 a 28 ZPO § 253, pp. 781/782." (NERY JUNIOR, Nelson, ANDRADE NERY, Rosa Maria de. Código de Processo Civil comentado, 17ª. Edição Editora Revista dos Tribunais, São Paulo, 2018, p. 1032)

▶ **Pedido e tutela do direito.**

"É preciso que o pedido postulado pelo demandante seja compreendido na perspectiva da tutela do direito reclamada em juízo. Apenas desse modo será possível pensar na providência jurisdicional que melhor realize a tutela do direito solicitada pelo demandante. Não é preciso dizer que o autor não pode pedir qualquer espécie de providência jurisdicional, mas apenas a sentença capaz de permitir a efetiva e adequada tutela do direito (meio idôneo) e, além disso, que cause a menor restrição possível à esfera jurídica do demandado (menor restrição possível). Assim, visando o demandante à obtenção de tutela inibitória para proteção do ambiente, a providência jurisdicional que deve ser pedida é a ordem sob pena de multa (sentença mandamental). Para que seja bem dimensionado no processo, o pedido do demandante deve levar em conta, necessariamente, o bem da vida, a tutela do direito e o meio para melhor concretizá-lo judicialmente." (MEDINA, José Miguel Garcia. Código de Processo Civil comentado, 4ª edição, Editora Revista dos Tribunais, São Paulo, 2018, p. 441)

▶ **Pedido, sentença e o princípio da congruência.**

"Deve haver correlação entre pedido e sentença (CPC 492; CPC/1973 460), sendo defeso ao juiz decidir aquém (citra ou infra petita), fora (extra petita) ou além (ultra petita) do que foi pedido, se para isto a lei exigir a iniciativa da parte. Caso decida com algum dos vícios apontados, a sentença poderá ser corrigida por embargos de declaração, se citra ou infra petita, ou por recurso de apelação, se tiver sido proferida extra ou ultra petita. Por pedido deve ser entendido o conjunto formado pela causa (ou causae) petendi e o pedido em sentido estrito. A decisão do juiz fica vinculada à causa de pedir e ao pedido. Como as questões de ordem pública não necessitam ser deduzidas em juízo, pois o juiz deve conhecê-las de ofício, não se pode falar em decisão extra ou ultra petita, quando não se encontram expressas no pedido e o juiz, nada obstante, sobre elas se pronuncia. O princípio da congruência entre pedido e sentença não incide sobre as matérias de ordem pública. V. coment. CPC 492." (NERY JUNIOR, Nelson, ANDRADE NERY, Rosa Maria de. Código de Processo Civil comentado, 17ª. Edição Editora Revista dos Tribunais, São Paulo, 2018, p.)

▶ **Valor da causa.**

"A fixação do valor da causa desempenha papel fundamental para o cálculo, posterior, das custas do processo e para a fixação dos honorários advocatícios. É necessário dar-se valor à causa, ainda que não tenha conteúdo econômico imediatamente aferível (CPC 291). Para achar-se o valor da causa, deve-se observar o CPC 292." (NERY JUNIOR, Nelson, ANDRADE NERY, Rosa Maria de. Código de Processo Civil comentado, 17ª. Edição Editora Revista dos Tribunais, São Paulo, 2018, p. 1033)

▶ **Provas.**

"Tem o demandante de indicar, já à petição inicial, os meios de prova com que pretende mostrar a veracidade do que alega em juízo. Já se decidiu que "o requerimento de provas divide-se em duas fases: na primeira, vale o protesto genérico para futura especificação probatória (CPC, art. 282, VI); na segunda, após a eventual contestação, o Juiz chama à especificação das provas, que será guiada pelos pontos controvertidos na defesa (CPC, art. 324)", sendo que apenas o "silêncio da parte, em responder o despacho de especificação de provas faz precluir o direito à produção probatória, implicando desistência do pedido genérico formulado na inicial" (STJ, 3.ª Turma, REsp 329.034/MG, rel. Min. Humberto Gomes de Barros, j. 14.02.2006, DJ 20.03.2006, p. 263). Embora o julgado refira-se ao Código revogado, a solução encerrada aplica-se integralmente ao novo Código." (MEDINA, José Miguel Garcia. Código de Processo Civil comentado, 4ª edição, Editora Revista dos Tribunais, São Paulo, 2018, p. 441/442)

> ◙ **No mesmo senrtido:** "O art. 319, VI, do CPC/2015 exige indicação dos meios de prova, e não a exposição minuciosa de cada prova que se pretende produzir (cf., à luz do Código de Processo Civil de 1973, manifestava-se Moacyr Amaral Santos, Primeiras linhas... cit., vol. 2, n. 403, p. 135). Na doutrina, já se afirmou não ser admissível o "protesto genérico" por provas (cf. Eduardo Arruda Alvim, Curso ... cit., vol. 1, p. 399; José Carlos Barbosa Moreira, op. cit., p. 17). É certo que algum meio de prova o autor deve desde logo indicar; essa manifestação, contudo, se sujeita a posterior confirmação, tendo em vista que, ao formular a petição inicial, o autor não sabe ainda sobre o que controverterá o réu, em sua contestação (cf. arts. 357 e 358 do CPC/2015). Não se pode exigir do autor a indicação minuciosa dos meios de prova, pois o objeto da prova será o fato controvertido, o que somente poderá se definir após a resposta do réu (por exemplo, pode se fazer necessária a prova pericial em decorrência de ponto questionado pelo réu, antes inexistente; cf. Cândido Rangel Dinamarco, Instituições... cit., vol. 3, n. 1006, p. 382). Decidiu-se, na jurisprudência, que "o requerimento de provas divide-se em duas fases: (i) protesto genérico para futura especificação probatória (CPC, art. 282, VI [do CPC/1973, correspondente ao art. 319, VI, do CPC/2015]); (ii) após eventual contestação, quando intimada a parte para a especificação das provas, que será guiada pelos pontos controvertidos na defesa (CPC, art. 324 [do CPC/1973, correspondente ao art. 355 do CPC/2015])" (STJ, AgRg nos EDcl no REsp 1.176.094/RS, rel. Min. Luis Felipe Salomão, 4.ª T., j. 05.06.2012). Mesmo a revelia poderá não conduzir à presunção de veracidade dos fatos afirmados pelo autor (art. 345 do CPC/2015), hipótese em que deverá ser dada a este oportunidade para especificar as provas que pretende produzir (cf. art. 348 do CPC/2015). Ausente qualquer indicação do meio de prova, deverá ser determinada a emenda da petição inicial (cf. art. 321 do CPC/2015).

Sobre proposição, admissão, produção e avaliação da prova, cf. comentário ao art. 369 do CPC/2015." (MEDINA, José Miguel Garcia. Novo Código de Processo Civil comentado: com remissões e notas comparativas ao CPC/1973, 3ª edição, Editora Revista dos Tribunais, São Paulo, p. 533)

▶ **Documentos substanciais e fundamentais.**

"Afirma-se, na doutrina, que os documentos indispensáveis são substanciais (aqueles que a lei expressamente exige para que a ação possa ser proposta) ou fundamentais (aqueles referidos pelo autor em sua petição como fundamento de seu pedido; cf. Moacyr Amaral Santos, Primeiras linhas... cit., vol. 2, n. 406, p. 138). A nosso ver, documento indispensável é apenas o substancial, sem o qual o mérito da causa não pode ser julgado (exemplo: título de propriedade, na ação demarcatória, cf. art. 574 do CPC/2015). Documentos fundamentais, destinados à produção de provas, são considerados apenas úteis (cf. Cândido Rangel Dinamarco, Instituições... cit., vol. 3, n. 1006, p. 381; Nelson Nery Junior e Rosa Maria de Andrade Nery, CPC comentado, p. 759). Não foram considerados documentos indispensáveis, dentre outros, os comprovantes de pagamento, em ação de repetição de indébito: "Em sede de ação de repetição de indébito da taxa de iluminação pública, é desnecessária a juntada de todos os comprovantes de pagamento com o fito de definir o quantum debeatur, o que pode ser feito na fase de liquidação de sentença" (STJ, REsp 980.945/PR, 1.ª Seção, j. 24.09.2008, rel. Min. Francisco Falcão). Se é do autor o ônus da prova do fato (art. 373, caput, I, do CPC/2015) e os documentos encontram-se com o réu, pode-se pedir que este exiba os documentos (cf. arts. 396 e ss. do CPC/2015; na jurisprudência, decidindo à luz do art. 844, II, do CPC/1973, cf. STJ, REsp 1.118.416/PR, rel. Min. Nancy Andrighi, 3.ª T., j. 03.05.2011), nada impedindo que a exibição seja requerida em caráter incidental (cf. STJ, REsp 896.435/PR, rel. Min. Nancy Andrighi, 3.ª T., j. 27.10.2009)." (MEDINA, José Miguel Garcia. Novo Código de Processo Civil comentado: com remissões e notas comparativas ao CPC/1973, 3ª edição, Editora Revista dos Tribunais, São Paulo, p. 533)

▶ **Audiência de conciliação ou mediação.**

O autor deverá, desde já, indicar se tem interesse ou não na audiência de conciliação ou mediação. Com isso, na fase inicial do processo, o juiz ganha tempo, não sendo necessário indagar expressamente das partes acerca do interesse – e, caso o autor manifeste a intenção de tratar com o réu, o juízo pode, logo em seguida à manifestação do réu, marcar a audiência. Eventual posicionamento negativo da parte do autor não significa que o juiz não possa, em momento posterior, tentar conciliar as partes (CPC 139 V).

▶ **Individuação do réu.**

Muito embora o parágrafo não especifique quais as informações a que se refere, por certo se tratam das informações que permitem a individuação do réu, de forma que possa ele ser regular e corretamente identificado para citação e para integrar a relação processual.

▶ **Citação do réu.**

"A relação processual só se aperfeiçoa com a citação do réu, motivo por que o autor deverá requerer essa providência, já na petição inicial – independentemente do fato de os incisos do CPC 319 não mencionarem essa circunstância. O requerimento tem, ainda, sentido porque, dado o princípio dispositivo, que fundamenta o direito processual civil, ninguém é obrigado a litigar contra quem não queira. O autor, portanto, não é obrigado a dirigir sua ação contra determinado réu. Daí a necessidade de a citação ser requerida para poder ser deferida pelo juiz. Nos casos de litisconsórcio necessário (CPC 115 par. ún.), o princípio é o mesmo: caso haja necessidade de citação de litisconsorte necessário, o juiz deverá intimar o autor para tomar essa providência. Caso o autor não queira citar o litisconsorte necessário, o processo é extinto sem resolução do mérito (CPC 115 par. ún.), vedado ao juiz determinar a citação ex officio. V. Comentários CPC 115 e par.ún. No sentido de que o requerimento de citação não é mais obrigatório: Luis Guilherme Aidar Bondioli, in Wambier-Didier-Talamini-Dantas. Comentários CPC, coment. 9 CPC 319, p. 819." (NERY JUNIOR, Nelson, ANDRADE NERY, Rosa Maria de. Código de Processo Civil comentado, 17ª. Edição Editora Revista dos Tribunais, São Paulo, 2018, p. 1033)

▶ **Acesso às informações pessoais do réu.**

" O autor deve fazer tudo que lhe for possível para a correta e devida individuação do réu. Este é dever processual a que está jungido o autor. Apenas se não puder acessar as informações necessárias para tanto é que deverá propor a ação e requerer, fundamentadamente, o auxílio do juízo para que possa localizá-las (p.ex., mediante a expedição de ofícios a órgãos públicos e a entidades que possuem cadastros de dados)." (NERY JUNIOR, Nelson, ANDRADE NERY, Rosa Maria de. Código de Processo Civil comentado, 17ª. Edição Editora Revista dos Tribunais, São Paulo, 2018, p. 1033/1034)

▶ **Outros requisitos.**

O CPC 287 exige que, na petição inicial, seja fornecido o endereço onde o advogado do autor possa receber intimações. Tem-se por cumprido o requisito quando há o endereço do advogado na procuração que acompanha a petição inicial.

A PETIÇÃO INICIAL E SEUS REQUISITOS NO MANDADO DE SEGURANÇA.

▶ **Exige o art. 6º da Lei nº 12.016 que a impetração do mandado de segurança se dê por meio de petição inicial que observe "os requisitos legais". Acham-se estes enumerados nos arts. 319 e 320 e, ainda, nos arts. 103 e 106, todos do Código de Processo Civil.**

"São eles: I – o juiz a que a petição é dirigida; II – o nome e qualificação de ambas as partes; III – o fato e os fundamentos jurídicos do pedido; IV – o pedido, com suas especiações; V – o valor da causa; VI – as provas com que o autor pretende demonstrar a verdade dos fatos alegados; b) Segundo o art. 320, a petição inicial deverá ser instruída com "os documentos indispensáveis à propositura da ação". c) Segundo o art. 103, o demandante, se não for advogado legalmente habilitado (que atue em causa própria), deverá postular mediante representação por alguém que detenha tal habilitação. Por isso, a petição inicial terá de ser firmada por advogado e instruída com o "instrumento de mandato". d) Segundo o art. 106, I, o advogado do autor (ou o próprio autor, quando atua como "advogado em causa própria") deverá "declarar, na petição inicial (...), o endereço em que receberá intimação e seu número de inscrição na Ordem dos Advogados do Brasil e o nome da sociedade de advogados da qual participa". É esse o quadro que retrata aquilo que o art. 6º da Lei do Mandado de Segurança denomina de "requisitos estabelecidos na lei processual" para o exercício, por meio da petição inicial, do direito de agir em juízo." (THEODORO JÚNIOR, Humberto. Lei do Mandado de Segurança comentada artigo por artigo. Rio de Janeiro: Gen/Editora Forense, 2ª edição, 2019. p. 210/211).

▶ **Indicação do agente que praticou, in concreto, o ato impugnado e a "pessoa jurídica", que a referida autoridade "íntegra", ou à qual "se acha vinculada", ou da qual "exerce atribuições".**

"Exige o art. 6º, caput, que o autor (dito "impetrante") nomeie tanto (i) a "autoridade coatora" (isto é, o agente que praticou, in concreto, o ato impugnado) como (ii) a "pessoa jurídica", que a referida autoridade "íntegra", ou à qual "se acha vinculada", ou da qual "exerce atribuições"." (THEODORO JÚNIOR, Humberto. Lei do Mandado de Segurança comentada artigo por artigo. Rio de Janeiro: Gen/Editora Forense, 2ª edição, 2019. p. 213).

▶ **A petição inicial do mandado de segurança não pode deixar de nomear a pessoa jurídica que, afinal, é quem suportará as consequências jurídico-patrimoniais do ato impugnado e os consequentes efeitos do julgamento da ação mandamental.**

"O poder, do qual o coator se prevalece para atingir a esfera jurídica do impetrante, não é algo que lhe pertença originariamente. É o cargo ou função – que exerce em nome ou por delegação de uma pessoa jurídica de direito público ou de direito privado a que se tenha conferido exercer atribuições do poder público – que enseja à autoridade coatora a prática do ato contra o qual se volta o impetrante da segurança. Esse ato, na verdade, não é, em essência, um ato pessoal do coator, mas um ato da pessoa jurídica do qual é órgão de atuação no plano do direito. Por isso, a petição inicial do mandado de segurança não pode deixar de nomear a pessoa jurídica que, afinal, é quem suportará as consequências jurídico-patrimoniais do ato impugnado e os consequentes efeitos do julgamento da ação mandamental. " (THEODORO JÚNIOR, Humberto. Lei do Mandado de Segurança comentada artigo por artigo. Rio de Janeiro: Gen/Editora Forense, 2ª edição, 2019. p. 213).

▶ **A autoridade coatora é nomeada na impetração, porque é por seu meio que se identifica o ato discutido em juízo.**

"A autoridade coatora é nomeada na impetração, porque é por seu meio que se identifica o ato discutido em juízo. Cabe-lhe, por isso mesmo, o dever de informação e esclarecimento a ser cumprido no processo, parar permitir ao juiz a certificação do suporte fático sobre o qual se apoia a pretensão do impetrante." (THEODORO JÚNIOR, Humberto. Lei do Mandado de Segurança comentada artigo por artigo. Rio de Janeiro: Gen/Editora Forense, 2ª edição, 2019. p. 213).

▶ **A presença da Autoridade Coatora em juízo não se dá para defender os interesses da pessoa jurídica, mas para "prestar informações".**

"Sua presença em juízo não se dá para defender os interesses da pessoa jurídica, de que é agente ou órgão de atuação. A finalidade para que é convocada é apenas "prestar informações", como já se demonstrou, com mais vagar, nos comentários ao art. 1º. Quem é intimado para exercer o direito de defesa, no contraditório processual, não é a autoridade coatora, e, sim, o "órgão de representação judicial da pessoa jurídica interessada" (art. 7º, II)." (THEODORO JÚNIOR, Humberto. Lei do Mandado de Segurança comentada artigo por artigo. Rio de Janeiro: Gen/Editora Forense, 2ª edição, 2019. p. 213).

▶ **Indicação da pessoa jurídica a qual pertence a autoridade coatora.**

" A tormentosa questão sobre a verdadeira alocação da autoridade coatora e da pessoa jurídica a qual ela pertence no polo passivo do MS não foi adequadamente resolvida pela LMS. No entanto, o dispositivo comentado deixa claro que o impetrante deve nominar, na petição inicial da impetração, além da autoridade coatora, a pessoa jurídica a qual ela pertence, isto é, a pessoa jurídica que vai suportar os efeitos constitutivos e/ou patrimoniais do cumprimento da ordem judicial emanada da concessão da liminar e/ou da segurança." (NERY Jr. Nelson, Leis civis e processuais civis comentadas – Ed. 2016, p. 1652)

▶ **Documentos indispensáveis que devem instruir a inicial.**

"Cópia ou transcrição do ato coator é documento essencial à impetração do MS. A prova do mandado de segurança é prima facie e pré-constituída, razão pela qual deve vir com a exordial a prova inequívoca da alegada ofensa a direito líquido e certo por ato ilegal ou abusivo de autoridade." (NERY Jr. Nelson, Leis civis e processuais civis comentadas – Ed. 2016, p. 1652)

▶ **Os documentos indispensáveis no caso do mandado de segurança serão aqueles capazes de dar credibilidade ao argumento de liquidez e certeza do direito invocado pelo autor.**

"Uma vez que o mandado de segurança, segundo previsão do art. 5º, LXIX, da Constituição, só se destina a proteger direito subjetivo líquido e certo, a prova documental de sua existência é indispensável à instrumentalização da petição inicial, nos termos do art. 32065 do CPC/2015. Não contendo o procedimento sumário da ação mandamental, em seu curso – como já restou demonstrado –, uma dilação para instrução, toda a atividade probatória do impetrante deve, em regra, exaurir-se no próprio momento do ingresso em juízo, e isto será feito por meio de elementos documentais pré-constituídos. Registre-se que "os documentos indispensáveis (...), no caso do mandado de segurança, serão aqueles capazes de dar credibilidade ao argumento de liquidez e certeza do direito invocado [pelo autor], o que resulta claro da exigência expressa, de estabelecer desde logo a relação entre a verdade dos fatos e o documento que a contenha." (THEODORO JÚNIOR, Humberto. Lei do Mandado de Segurança comentada artigo por artigo. Rio de Janeiro: Gen/Editora Forense, 2ª edição, 2019. p. 226).

▶ **Exceções a essa imediata e categórica exigência dos documentos do autor necessários à sustentação do seu pleito.**

"Quando tais documentos se acham em poder da Administração, ou de terceiro, caso em que, em preliminar, poderão ser objeto de requisição judicial (Lei 12.016, art. 6º, §§ 1º e 2º); e (ii) quando as informações da autoridade coatora ou a resposta da pessoa jurídica interessada (parte passiva da ação) vierem acompanhadas de outros documentos, caso em que o impetrante, pela garantia do contraditório, terá direito à contraprova por meio também de novos documentos, se isto lhe for possível (CPC/2015, art. 43567)." (THEODORO JÚNIOR, Humberto. Lei do Mandado de Segurança comentada artigo por artigo. Rio de Janeiro: Gen/Editora Forense, 2ª edição, 2019. p. 227).

▶ **Duas vias com cópia de todos os documentos.**

"O impetrante deverá apresentar a petição inicial com os documentos que instruem em duas vias completas, para que a segunda seja enviada à autoridade coatora com a notificação, para que possa prestar suas informações." (NERY Jr. Nelson, Leis civis e processuais civis comentadas – Ed. 2016, p. 1652)

▶ **Para os demais réus, isto é, os litisconsortes passivos, a lei não exige a apresentação dos documentos duplicados.**

"Interessante destacar que, para os demais réus, isto é, os litisconsortes passivos, a lei não exige a apresentação dos documentos duplicados." (BUENO. Cassio Scarpinella. A Nova Lei do Mandado de Segurança: Comentários sistemáticos à Lei 12.016, de 7-8-2009, 2ª edição, Editora Saraiva, São Paulo, 2010, p. 43)

▶ **Com relação à apresentação dos documentos (o "direito líquido e certo"), importa destacar que sua autenticação respectiva pode ser feita com fundamento no art. 425, IV, do Novo Código de Processo Civil.**

"É importante ler ampliativamente aquela regra para autorizar que o advogado, sempre sob sua responsabilidade, declare autênticas as cópias que vier a apresentar ao Estado-juiz. Até porque, no mais das vezes, as cópias que acompanharão a petição inicial de um mandado de segurança serão extraídas dos autos de um processo administrativo, a justificar, quando menos por analogia, a incidência daquela autorização legal, que se refere apenas a "processo judicial". O art. 6º, caput, da Lei n. 12.016/2009 conserva a exigência anterior de que a petição inicial e a respectiva documentação sejam apresentadas em duas vias. A melhor interpretação – na esteira do que já era proposto anteriormente – é que as cópias da inicial e dos documentos sejam tantas quantas sejam as autoridades coatoras, viabilizando, com isso, maior agilização para sua notificação e apresentação de suas respostas." (BUENO. Cassio Scarpinella. A Nova Lei do Mandado de Segurança: Comentários sistemáticos à Lei 12.016, de 7-8-2009, 2ª edição, Editora Saraiva, São Paulo, 2010, p. 43)

▶ **A petição inicial do mandado de segurança haverá de ser acompanhada, necessariamente, da procuração outorgada pelo autor ao advogado que a subscreve.**

"Na eventualidade, porém, dos casos de urgência ressalvados pela segunda parte do art. 104 do CPC, ao advogado do impetrante será permitido ingressar em juízo, sem a exibição imediata do instrumento do mandato ad judicia, cabendo-lhe apresentá-lo posteriormente, no prazo de 15 dias (prorrogável por mais 15 dias, por despacho judicial) (CPC, art.104, 1º), sob pena de, não o fazendo, reputarem-se "ineficazes" os atos praticados em nome da parte (CPC, art. 104, § 2º)." (THEODORO JÚNIOR, Humberto. Lei do Mandado de Segurança comentada artigo por artigo. Rio de Janeiro: Gen/Editora Forense, 2ª edição, 2019. p. 228).

▶ **A declaração de ineficácia do ato de impetração da segurança, por falta de tempestiva exibição da procuração pelo advogado, acarreta extinção do processo sem resolução de mérito, por ausência de pressuposto processual.**

"A declaração de ineficácia do ato de impetração da segurança, por falta de tempestiva exibição da procuração pelo advogado, acarreta extinção do processo sem resolução de mérito, por ausência de pressuposto processual (CPC/2015, art. 485, IV). Configura, portanto, sentença terminativa, a desafiar recurso de apelação, nos moldes do art. 331 do CPC/2015, por equivaler a um indeferimento da petição inicial." (THEODORO JÚNIOR, Humberto. Lei do Mandado de Segurança comentada artigo por artigo. Rio de Janeiro: Gen/Editora Forense, 2ª edição, 2019. p. 228).

▶ **O mandado de segurança pode ser utilizado para fins preventivos ou repressivos. No primeiro caso, o pedido será de uma ordem judicial que proíba a Administração de praticar o ato ilegal ou abusivo, temido pelo impetrante.**

"O mandado de segurança repressivo é o que se volta contra ato já consumado pela autoridade coatora, que, por sua vez, pode ser comissivo ou omissivo. Na primeira hipótese, a tutela pleiteada pode ser meramente declaratória, o pedido, então, compreenderá o pleito de uma sentença que declare a nulidade do ato impugnado. Poderá o pedido ser, também, de natureza condenatória, caso em que se pleiteará a ordem para que, não só se desconstitua o ato ilegal (efeito constitutivo), como ainda pratique outro, que corresponda ao direito líquido e certo reconhecido ao impetrante. Por exemplo: o pedido pode ser de anulação de uma nomeação de servidor e da prática de outra nomeação, desta vez, a do impetrante." (THEODORO JÚNIOR, Humberto. Lei do Mandado de Segurança comentada artigo por artigo. Rio de Janeiro: Gen/Editora Forense, 2ª edição, 2019. p. 229)

▶ **Nos casos de atos omissivos, o pedido será de mandado que ordene a prática do ato omitido.**

"Ainda, em relação ao ato administrativo que tenha negado verba remuneratória, o pedido pode pleitear a desconstituição do ato denegatório e a condenação da Administração a promover o respectivo pagamento. Quando se tratar de verba a ser percebida continuamente, o pedido pode consistir na respectiva inclusão na folha de pagamento." (THEODORO JÚNIOR, Humberto. Lei do Mandado de Segurança comentada artigo por artigo. Rio de Janeiro: Gen/Editora Forense, 2ª edição, 2019. p. 229).

▶ **Em todos os casos em que a obrigação questionada é de natureza continuada ou repetitiva, é muito importante que o pedido seja claro quanto à extensão do pleito.**

"Não havendo explicitação de que o mandado de segurança seja concedido de forma continuativa, pode a coisa julgada se formar apenas em relação ao objeto restrito do ato impugnado. Por deficiência do pedido formulado, a parte, mesmo sendo vitoriosa, se verá na contingência de ter de renovar a ação mandamental a cada ato sucessivo, dentro da cadeia da obrigação duradoura." (THEODORO JÚNIOR, Humberto. Lei do Mandado de Segurança comentada artigo por artigo. Rio de Janeiro: Gen/Editora Forense, 2ª edição, 2019. p. 230).

▶ **Impossibilidade de pedido que transforme o mandado de segurança em ação de cobrança.**

"Está assente na jurisprudência sumulada do Supremo Tribunal Federal que "o mandado de segurança não é substitutivo da ação de cobrança" (Súmula nº 269/STF). Os precedentes que sustentam esse enunciado sumular se lastrearam em mandados de segurança relacionados com a remuneração de funcionários públicos, mas é possível estender seu alcance também aos créditos de particulares perante o Poder Público. A explicação, que a doutrina encontra para que seja vedado o uso do mandado de segurança em tal situação, reside na regra constitucional que submete o credor da Fazenda Pública ao regime de execução por meio dos precatórios, cujo cumprimento, fundado em sentença judiciária, ficará na dependência de inclusão da competente verba no orçamento do exercício seguinte à apresentação da requisição judicial; e a Administração terá prazo para efetuar o pagamento até o final do referido exercício (CF, art. 100 e § 1º). Sendo assim, o mandado de segurança não se compatibiliza, como instrumento judicial, com o regime constitucional de realização dos débitos da Fazenda Pública. Com efeito, a característica da ação mandamental é a produção de provimento judicial que resulte numa ordem a ser cumprida de imediato e "nos exatos termos do que contido na decisão." (THEODORO JÚNIOR, Humberto. Lei do Mandado de Segurança comentada artigo por artigo. Rio de Janeiro: Gen/Editora Forense, 2ª edição, 2019. p. 230).

▶ **Valor da causa.**

"Para se cumprir essa exigência legal (CPC, art. 291)75, a regra básica é que, possuindo o direito, para cuja proteção se invocou a segurança, uma expressão avaliável financeiramente, o valor da causa corresponderá ao proveito econômico perseguido na ação." (THEODORO JÚNIOR, Humberto. Lei do Mandado de Segurança comentada artigo por artigo. Rio de Janeiro: Gen/Editora Forense, 2ª edição, 2019. p. 231).

◙ **No mesmo sentido:** "1. Este Tribunal consolidou o entendimento de que o valor da causa, inclusive em mandado de segurança, deve corresponder ao conteúdo econômico da demanda, é dizer, ao benefício econômico que se pretende auferir, não sendo possível atribuir-lhe valor aleatório. Precedentes. 2. Recurso especial improvido." (STJ, 2ª T., REsp 754.899/RS, Rel. Min. Castro Meira, ac. 06.09.2005, DJU 03.10.2005, p. 227). No mesmo sentido: STJ, 3ª T., REsp 436.203/RJ, Rel. Min. Nancy Andrighi, ac. 10.12.2002, DJU 17.02.2003, p. 273; STJ, 1ª T., REsp 743.595/SP, Rel. Min. Teori Albino Zavascki, ac. 14.06.2005, DJU 27.06.2005, p. 297; STJ, 2ª T., AgRg no REsp. 639.729/SC, Rel. Min. Mauro Campbell Marques, ac. 06.10.2009, DJe 15.10.2009.

◙ **Nos casos em que não se possa avaliar economicamente a pretensão deduzida em juízo, o valor do mandado de segurança será objeto de estimativa por parte do impetrante.**

"Admite-se o valor da causa para efeitos meramente fiscais em razão do próprio procedimento do mandamus que não comporta valor certo e determinado." (STJ, 1ª T., REsp 638.353/RS, Rel. Min. José Delgado, ac. 19.08.2004, DJU 20.09.2004, p. 208).

▶ **À falta, ou deficiência, de qualquer um deles, é causa de indeferimento da petição inicial, que, no entanto, não será decretado de imediato.**

"À falta, ou deficiência, de qualquer um deles, é causa de indeferimento da petição inicial, que, no entanto, não será decretado de imediato. Caberá ao juiz, diante do defeito detectado, ensejar oportunidade ao autor para emendar a inicial, no prazo de quinze dias (CPC/2015, art. 321), providência que somente não será observada se o defeito for insanável." (THEODORO JÚNIOR, Humberto. Lei do Mandado de Segurança comentada artigo por artigo. Rio de Janeiro: Gen/Editora Forense, 2ª edição, 2019. p. 210/211).

◙ **Ofende, portanto, o art. 321 do CPC – segundo jurisprudência do STJ – a decisão "que declara extinto o processo, por deficiência da petição inicial, sem dar ao autor oportunidade para suprir a falha.**

"PROCESSUAL – PETIÇÃO INICIAL – INDEFERIMENTO – INTIMAÇÃO DO AUTOR (CPC – ART. 282) – ACORDÃO QUE ENCERRA O PROCESSO POR INEPCIA DA INICIAL. I – O art. 263 do cpc não interfere na aplicação do art. 284. II – Ofende o art. 284 do cpc, o acordão que declara extinto o processo, por deficiencia da petição inicial, sem dar ao autor, oportunidade para suprir a falha. III – Processo que, apos dezoito anos e dois acordãos do STJ, retorna a genese. procura "kafkiana" (não proustiana) do tempo perdido." (REsp 114.092/SP, Rel. Ministro Humberto Gomes de Barros, Primeira Turma, julgado em 19/02/1998, DJ 04/05/1998, p. 81)

◙ **A jurisprudência dominante é no sentido de que a intimação para emendar ou completar a petição inicial, determinada pelo art. 321 do CPC, é de ser feita ao au-**

tor, na pessoa de seu advogado, não se exigindo que seja feita pessoalmente à parte, tal como se exige nas hipóteses de abandono da causa (CPC/2015, art. 485, II e III).

"INICIAL. DEFICIENCIA. A determinação de que se emende a inicial em dez dias far-se-a ao autor, por seu advogado, não incidindo o disposto no art. 267, par. 1. do CPC." (REsp 80.500/SP, Rel. Ministro Eduardo Ribeiro, Terceira Turma, julgado em 21/11/1997, DJ 16/02/1998, p. 86)

▶ **No mandado de segurança a afirmação de existência do direito deve ser provada desde logo, ou melhor, mediante prova documental anexa à petição inicial.**

"No mandado de segurança, a afirmação de existência do direito deve ser provada desde logo, ou melhor, mediante prova documental anexa à petição inicial. Dessa forma, não se pode aceitar a conclusão de Buzaid no sentido de que o direito líquido e certo pertence à categoria do direito material. Trata-se, isto sim, de conceito nitidamente processual, que serve, inclusive, para a melhor compreensão do processo modelado através da técnica da cognição exauriente secundum eventum probationis." (MARINONI, Luiz Guilherme. Tutela de urgência e tutela de evidência: soluções processuis diante do tempo da justiça. Editora Revista dos Tribunais, 2ª Ed. 2017, p. 35-36)

◙ **Mandado de segurança versando o mesmo pedido de ação ordinária. Conexão**

"Processual civil. Litispendência. Mandado de segurança versando o mesmo pedido de ação ordinária. Conexão. (...) 3. É cediço que a litispendência reclama tríplice identidade e que, consoante percuciente a doutrina, a continência gera uma 'litispendência parcial'. 4. A análise dos pedidos sub judice permite concluir pela continência e ausência da litispendência tout court. 5. Recurso provido, para que a instância a quo analise a eventual reunião das ações ou suspensão de uma delas e prosseguimento nos demais termos ulteriores do processo' (REsp 444.893/RS, rel. Min. Luiz Fux, 1.ª T., j. 16.03.2006, DJ 27.03.2006, p. 156). "Processual civil. Mandado de segurança versando pedido conexo ao veiculado em mandamus precedente. Litispendência não caracterizada. Conexão e continência. (...) 2. Consoante dispõe o art. 301, § 1.º, do CPC, ocorre a litispendência quando forem propostas ações com as mesmas partes litigantes, o mesmo pedido e a mesma causa de pedir. 3. Importa registrar que a ratio essendi da litispendência visa a que a parte não promova duas demandas visando o mesmo resultado, o que, frise-se, em regra, ocorre quando o autor formula em face do mesmo sujeito, idêntico pedido, fundado da mesma causa de pedir. 4. Esta Corte, em inúmeros julgados, sedimentou entendimento de que em hipóteses como a que se afigura, ou seja, à míngua da tríplice identidade, não existe entre as demandas referidas litispendência, mas antes conexão ou continência, que é uma espécie daquela. 5. O instituto da conexão tem, assim, como sua razão maior de ser, evitar o risco de decisões inconciliáveis. Por esse motivo, diz-se, também, que são conexas duas ou mais ações quando, em sendo julgadas separadamente, podem gerar decisões inconciliáveis, sob o ângulo lógico e prático. 6. O reconhecimento da litispendência depende da ocorrência da tríplice identidade entre partes, causa de pedir e pedido, o que inocorre na hipótese sub examine, porquanto o pedido formulado no mandamus posterior é mais amplo e abrange o veiculado no writ anteriormente impetrado. 7. In casu, a análise dos pedidos engendrados nas ações mandamentais, mercê de aparente identidade, não permitem a configuração da litispendência, mas antes revelam hipótese de continência, que no dizer de Carnelucci implica litispendência parcial, porquanto uma ação está contida na outra. 8. Consoante se infere do voto condutor do acórdão hostilizado, litteris: 'É que a presente ação, diferentemente da anterior, não objetiva a defesa do direito à compensação, mas, sim, estabelecer os parâmetros em que se dará esta compensação, onde requer, a impetrante, para este fim, o direito de efetuar a compensação com valores das contribuições retidas de seus empregados por ocasião do pagamento de salários, incluindo no crédito compensável, os expurgos inflacionários apurados pelos índices de IPC e INPC e os juros previstos no § 4.º, art. 39, da Lei 9.250/1995, sem a necessidade da comprovação do não repasse dos valores pagos indevidamente, bem como sem a incidência das limitações de 25% e 30% nos termos das Lei 9.032/1995 e 9.129/1995'. 9. Recurso especial provido para afastar a preliminar de litispendência e determinar o retorno dos autos ao juízo singular para que prossiga no julgamento do mérito da ação ordinária." (REsp 627.975/PB, rel. Min. Luiz Fux, 1.ª T., j. 21.09.2006, DJ 09.10.2006, p. 260)

> § 1º No caso em que o documento necessário à prova do alegado se ache em repartição ou estabelecimento público ou em poder de autoridade que se recuse a fornecê-lo por certidão ou de terceiro, o juiz ordenará, preliminarmente, por ofício, a exibição desse documento em original ou em cópia autêntica e marcará, para o cumprimento da ordem, o prazo de 10 (dez) dias. O escrivão extrairá cópias do documento para juntá-las à segunda via da petição.

▶ **Documento necessário à prova do alegado se ache em repartição ou estabelecimento público ou em poder de autoridade que se recuse a fornecê-lo por certidão ou de terceiro.**

"Na hipótese de o impetrante não poder juntar o documento comprobatório do ato coator ou de alguma circunstância importante para determinar a existência do direito líquido e certo por ele alegado, pelo fato de esse documento estar de posse da autoridade coatora ou de terceiro, essa situação pode estar expressamente mencionada na petição inicial ou pode ser apreendida pelo juiz quando da leitura da exordial. Quando estiver na posse de terceiro o juiz, ex officio ou a requerimento do impetrante, deverá requisitar o original do documento que, apresentado ao escrivão ou diretor de secretaria, será por este copiado, juntado aos autos da impetração e à segunda via da petição inicial, que será remetida à autoridade coatora com a notificação." (NERY Jr. Nelson, Leis civis e processuais civis comentadas – Ed. 2016, p. 1652)

▶ <u>No mesmo sentido:</u>"O requisito da especificação de provas, em regra, não tem maior significado, quando se trata da petição inicial do mandado de segurança. Isto porque não há dilação probatória no curso desse procedimento especial. A prova das alegações do impetrante é documental e deve, em princípio, ser previamente constituída e juntada à petição inicial. Pode ocorrer, todavia, que os documentos necessários à sustentação do pleito deduzido em juízo pelo impetrante estejam fora de seu alcance imediato. Acham-se em poder da própria autoridade coatora, de outro órgão público, ou de terceiro. Aí, sim, cabe à parte especificar quais são esses documentos, requerendo, na inicial do mandado de segurança, a ordem do juiz, em preliminar, para que sejam exibidos em juízo em original ou em cópia autêntica, no prazo de dez dias (Lei nº 12.016, art. 6º)." (THEODORO JÚNIOR, Humberto. Lei do Mandado de Segurança comentada artigo por artigo. Rio de Janeiro: Gen/Editora Forense, 2ª edição, 2019. p. 225).

▶ **É necessário a recusa da autoridade.**

"O art. 6º, § 1º, da nova Lei de Mandado de Segurança mantém o mesmo regime da lei anterior, qual seja, o de condicionar a exibição por intervenção judicial aos casos de recusa da autoridade, de tal maneira que, não havendo "qualquer elemento nos autos que comprove a eventual recusa da Autoridade indicada como coatora", não suprirá o juiz a inércia da parte." (THEODORO JÚNIOR, Humberto. Lei do Mandado de Segurança comentada artigo por artigo. Rio de Janeiro: Gen/Editora Forense, 2ª edição, 2019. p. 225).

> ◙ **No mesmo sentido:** "RECURSO ORDINÁRIO EM MANDADO DE SEGURANÇA. PROCESSUAL CIVIL. MANDADO DE SEGURANÇA. DIREITO LÍQUIDO E CERTO. NECESSIDADE DE PROVA PRÉ-CONSTITUÍDA. IMPOSSIBILIDADE DE DILAÇÃO PROBATÓRIA. RECURSO ORDINÁRIO NÃO PROVIDO. 1. Tratou-se, na origem, de writ em que a recorrente objetiva a nomeação ao cargo de professor de ensino regular, ao qual foi aprovada por meio de concurso público realizado pela Secretaria de Educação do Estado de Pernambuco em 2º lugar. 2. Alegou-se que a candidata aprovada em 1º lugar não tomou posse no cargo, ficando vago o cargo, existindo, portanto direito líquido e certo à nomeação. 3. A recorrente sustenta que o documento que comprova suas alegações estaria em poder da autoridade coatora e requereu a intimação desta para apresentar o documento. 4. Tratando-se de mandado de segurança, cuja finalidade é a proteção de direito líquido e certo, não se admite dilação probatória, porquanto não comporta a fase instrutória, sendo necessária a juntada de prova pré-constituída apta a demonstrar, de plano, o direito alegado. Precedente. 5. Entendeu o Tribunal Recorrido que as alegações da impetrante não se fizeram acompanhar da necessária prova inequívoca e previamente constituída de que não ocorreu a posse da 1º colocada. 6. Considerou insuficientes os documentos trazidos pela impetrante, pois deixou de comprovar que a vaga pretendida não foi ocupada. 7. Portanto, correto o acórdão que extingue o mandado de segurança sem julgamento do mérito, ante a ausência de demonstração de direito líquido e certo, em face da não juntada de prova pré-constituída. 8. Ademais, em consonância com o entendimento proferido pelo Tribunal de origem, Esta Corte posiciona-se no sentido de que o art. 6º, parágrafo único da Lei n. 1.533/51 prevê a possibilidade de o juiz ordenar, por ofício, a exibição de documento necessário a prova do alegado, nas hipóteses em que houver recusa da Administração. In casu, não há

qualquer elemento nos autos que comprove a eventual recusa da Autoridade indicada como coatora. 9. Recurso ordinário em mandado de segurança não provido." (RMS 34.715/PE, Rel. Ministro MAURO CAMPBELL MARQUES, SEGUNDA TURMA, julgado em 23/08/2011, DJe 30/08/2011)

◉ **Não cabe ao impetrante omitir-se na procura da documentação indispensável ao seu pleito.**

"é de responsabilidade da impetrante a juntada dos documentos comprobatórios de seu alegado direito líquido e certo, só se determinando sua apresentação pela autoridade coatora em caso de recusa injustificada, a teor do disposto no art. 6º, parágrafo único, da Lei nº 1.533, de 31/12/1951." (STJ, 3ª Seção, MS 12.939/DF, Rel. Min. Paulo Gallotti, ac. 28.11.2007, DJe 10.03.2008.)

▶ **Deferida a diligência, como será cumprida?**

"a) se o documento está em poder de outro órgão administrativo (que não o coator), ou de terceiro, a ordem de exibição será feira diretamente ao detentor, caso em que o andamento da segurança ficará no aguardo do cumprimento da diligência preliminar (art. 6º, § 1º); b) estando em poder da autoridade coatora, a ordem de exibição será incluída no próprio instrumento da notificação para prestar informações sobre o ato impugnado (art. 6º, § 2º)." (THEODORO JÚNIOR, Humberto. Lei do Mandado de Segurança comentada artigo por artigo. Rio de Janeiro: Gen/Editora Forense, 2ª edição, 2019. p. 226).

> § 2º Se a autoridade que tiver procedido dessa maneira for a própria coatora, a ordem far-se-á no próprio instrumento da notificação.

▶ **Notificação à Autoridade coatora que não disponibiliza ao impetrante documentos necessários à demanda.**

"A notificação é um ato processual, corporificado no processo, que chega à autoridade indigitada coatora por meio de ofício, mas, por ser um ato jurídico processual, não deixa de ser também um instrumento, por ser dotado de força orgânica para veicular a notificação, oportunizando à autoridade coatora que informe sobre os motivos da prática do ato impugnado." (Comentários à Nova Lei do Mandado de Segurança – Lei 12.016/09. J. E. Carreira Alvim. Pg.128).

▶ **No mesmo sentido:** "Nesse caso, considerando que a lei optou por diferenciar a forma de notificação para exibição de documento, depreende-se que, igualmente, aplica-se aqui o mesmo regime de exibição de documentos do Código de Processo Civil, ou seja, se aquele que se acha na posse do documento não for terceiro (sujeito estranho à relação jurídica), não será instaurado o incidente de exibição de documento, devendo ser tão somente meio de prova, e não verdadeiro incidente mandamental de exibição. Tanto é assim que a ordem de exibição, conforme dito, constará do próprio mandado de notificação, se for o caso." (Comentários à Lei do Mandado de Segurança. Luiz Manuel Gomes e outros. p. 79).

> § 3.º Considera-se autoridade coatora aquela que tenha praticado o ato impugnado ou da qual emane a ordem para a sua prática.

▶ **Deve-se distinguir autoridade pública do simples agente público para fins da impetração do Mandado de Segurança.**

"Ato de autoridade é toda manifestação ou omissão do Poder Público ou de seus delegados, no desempenho de suas funções ou a pretexto de exercê-las. Por "autoridade" entende-se a pessoa física investida de poder de decisão dentro da esfera de competência que lhe é atribuída pela norna legal. Deve-se distinguir autoridade pública do simples agente público. Aquela detém, na ordem hierárquica, poder de decisão e é competente para praticar atos administrativos decisórios, os quais, se ilegais ou abusivos, são suscetíveis de impugnação por mandado de segurança quando ferem direito líquido e certo; o agente público não pratica atos decisórios, mas simples atos executórias, e, por isso, não está sujeito ao mandado de segurança, pois é apenas executor de ordem superior." (MEIRELLES, Hely Lopes. Mandado de Segurança e Ações Constitucionais, Editora Malheiros, 36ª Edição, São Paulo, 2014, p. 33)

▶ **Autoridade, para fins de mandado de segurança, é o agente público investido de poder de decisão em certa escala hierárquica, que, nessa qualidade, praticou a omissão; ordenou e/ou executou o ato guerreado.**

"Autoridade, para fins de mandado de segurança, é o agente público investido de poder de decisão em certa escala hierárquica, que, nessa qualidade, praticou a omissão; ordenou e/ou executou o ato guerreado". "(...) autoridade coatora pode ser o agente que praticou o ato ou a omissão (...) mas não necessariamente: haverá casos em que esse agente será o mero executor material de ordem emanada de superior hierárquico. Como funcionário subalterno, ele não participou do processo de tomada de decisão, não pode questionar a decisão tomada, não pode, sponte sua, reformá-la ou negar--lhe aplicação, de sorte que não pode ser equiparado à autoridade coatora, em eventual mandado de segurança; e isso, *brevitatis* causa, porque, em essência, não é dele a coação." (MANCUSO, Rodolfo de Camargo, Sobre a identificação da autoridade coatora e a impetração contra a lei em tese, nos mandados de segurança, RePro 44/74.)

▶ **O que deve verificar-se é, no intuito de saber se a autoridade tem ou não legitimidade para ser apontada como coatora é se ela detém poder de decisão.**

"O que deve verificar-se é, no intuito de saber se a autoridade tem, ou não, legitimidade para ser apontada como coatora, é se ela detém poder de decisão, pois esta é a característica que a diferencia do mero agente público, que é o servidor público em quem recai o dever de cumprir a ordem em obediência ao superior hierárquico, sem possuir poder de decisão, não tendo, por isso mesmo, competência para desfazer, ao seu talante, o ato ilegal ou praticado com abuso de poder." (SILVA JÚNIOR. Walter Nunes da, *Mandado de segurança contra ato judicial*, p. 20.)

▶ **Reputa-se autoridade coatora aquela que tem o poder de decidir, não quem simplesmente executa o ato.**

"Considerada a legitimidade da parte do ponto de vista do sujeito passivo, reputa-se autoridade coatora aquela que tem o poder de decidir, não quem simplesmente executa o ato. Para ser autoridade coatora, é necessário que o impetrado 'não seja um simples executor material do ato, ele deve ter margem de decisão'. Também não se considera autoridade coatora aquela que 'simplesmente exara parecer em processo administrativo. Não é, pois, autoridade coatora quem, por exemplo, sem alternativa decisória, se limita a cumprir determinação superior." (BUZAID, Alfredo, Do mandado de segurança, vol. 1, p. 176.)

▶ **Coator é sempre aquele que decide, embora muitas vezes também execute sua própria decisão, que rende ensejo à segurança.**

"..coator é sempre aquele que decide, embora muitas vezes também execute sua própria decisão, que rende ensejo à segurança. Atos de autoridade, portanto, são os que trazem em si uma decisão, e não apenas execução. Para fins de mandado de segurança, contudo, consideram-se atos de autoridade não só os emanados das autoridades públicas propriamente ditas, como também os praticados por representantes ou órgãos de partidos políticos; administradores de entidades autárquicas.; e, ainda, dirigentes de pessoas jurídicas ou as pessoas naturais no exercício de atribuições do Poder Público." (MEIRELLES, Hely Lopes. Mandado de Segurança e Ações Constitucionais, Editora Malheiros, 36ª Edição, São Paulo, 2014, p. 33)

◉ **Ato decisório e ato executório para fins de mandado de segurança.**

"LEGITIMIDADE – MANDADO DE SEGURANÇA – ATO DECISÓRIO E ATO EXECUTÓRIO. Define-se a competência para julgamento de mandado de segurança perquirindo-se o autor do ato apontado como de constrangimento. Estabelecida situação a encerrar simples materialização por subordinado, ao qual escape a possibilidade de revê-lo, o mandado de segurança há que ser dirigido contra a autoridade que praticou o ato em sua origem, pouco importando o "status" daquele que o tenha simplesmente executado. Decadência – mandado de segurança – o termo inicial da decadência ocorre considerada a data e respectiva ciência, pelo interessado, do ato atacado, sendo irrelevante, para efeito de projeção do curso dos cento e vinte dias, a referente a execução, isto quando aquele que a implemente não possui o poder de revisão." (RMS 21387, Relator(a): Min. MARCO AURÉLIO, Segunda Turma, julgado em 26/05/1992, DJ 19-02-1993 PP-02034 EMENT VOL-01692-03 PP-00475)

▶ **Se a autoridade não tiver atribuição para rever o ato, não poderá ser considerada autoridade coatora.**

"...somente aquele que detiver o poder de desfazer o ato impugnado pode ser considerado autoridade coatora." (MEDINA, José Miguel Garcia; ARAÚJO, Fábio Caldas de. Mandado de segurança individual e coletivo: comentários à Lei 12.016, de 7 de agosto de 2009. São Paulo: Editora Revista dos Tribunais, 2009, p. 48.)

◙ **No mesmo sentido:** "PROCESSUAL CIVIL. TRIBUTÁRIO. AGRAVO INTERNO NO MANDADO DE SEGURANÇA. PROCESSO ADMINISTRATIVO FISCAL JULGADO PELO CARF. RECURSO HIERÁRQUICO AO MINISTRO DA FAZENDA. NÃO CONHECIDO. PRETENSÃO DE ANULAÇÃO DO JULGAMENTO PROFERIDO PELO CARF. ILEGITIMIDADE PASSIVA DO MINISTRO DE ESTADO. INCOMPETÊNCIA DESTA CORTE. 1. É entendimento desta Corte que a legitimidade para figurar no polo passivo do mandamus é da autoridade que tenha praticado o ato impugnado ou da qual emane a ordem para a sua prática, e, por conseguinte, a que detenha possibilidade de rever o ato denominado ilegal, omisso ou praticado com abuso de poder. 2. Isso considerado, verifica-se que a autoridade indicada como coatora não é parte legítima para figurar no presente feito, haja vista que que o ato apontado como ilegal ou abusivo provém do CARF e não de autoridade elencada no permissivo constitucional, forçoso concluir pela incompetência absoluta desta Corte para processar e julgar mandado de segurança. 3. Agravo interno não provido." (AgInt no MS 22.983/DF, Rel. Ministro BENEDITO GONÇALVES, PRIMEIRA SEÇÃO, julgado em 22/08/2018, DJe 29/08/2018)

◙ **No mesmo sentido:** "...II – Nos termos do art. 6º, § 3º, da Lei n. 12.016/2009, considera-se autoridade coatora aquela que tenha omitido ou praticado diretamente o ato impugnado, ou da qual emane ou deva emanar a ordem concreta e específica para a sua prática, revelando-se incabível a segurança contra autoridade que não tenha competência para corrigir a ilegalidade impugnada. III – A estrutura procedimental do processo de naturalização está de acordo com a Portaria MJ n. 1.443, de 12 de setembro de 2006, que demonstra, cabalmente, que o ato comissivo alvo do Mandado de Segurança de que se serviu o Impetrante não foi praticado diretamente pelo Ministro da Justiça, mas por autoridade administrativa de unidade integrante da Secretaria Nacional de Justiça/MJ. Tal determinação não contraria a disposição expressa no art. 118, parágrafo único, da Lei n. 6.815/1980. IV – Ausência de apreciação de recurso administrativo pelo Senhor Ministro de Estado da Justiça. V – Não sendo o Sr. Ministro de Estado autoridade coatora no Mandado de Segurança, o mandamus deveria ter sido impetrado perante a Justiça Federal de 1º grau, por não ser o caso de prerrogativa de foro." (AgInt no MS 22.519/DF, Rel. Ministra REGINA HELENA COSTA, PRIMEIRA SEÇÃO, julgado em 08/11/2017, DJe 02/02/2018)

▶ **A complexa estrutura dos órgãos administrativos nem sempre possibilita que o impetrante identifique de forma precisa a autoridade coatora.**

"A despeito disso, o Superior Tribunal de Justiça tinha entendimento consolidado no sentido de que a indicação errônea da autoridade coatora era causa de extinção do processo, sem resolução de mérito, pela configuração de carência da ação. A título ilustrativo, destacam-se os seguintes precedentes: RMS 10.871/RS, Rel. Ministro Hamilton Carvalhido, 6ª T., julgado em 06/09/2001, DJe 04/02/2002; RMS 10.495/SP, Rel. Ministro Milton Luiz Pereira, 1ª T., julgado em 04/10/2001, DJe 15/04/2002; RMS 12.256/MA, Rel. Ministro Vicente Leal, 6ª T., julgado em 04/06/2002, DJe 01/07/2002; RMS 17.355/GO, Rel. Ministro Castro Meira, 2ª T., julgado em 05/08/2004, DJe 06/09/2004; AgRg no Ag 428.178/MG, Rel. Ministro Arnaldo Esteves Lima, 5ª T., julgado em 12/04/2005, DJe 20/06/2005. Pelo que se extrai dos precedentes, o entendimento se fundava na impossibilidade do magistrado, ao verificar o equívoco na indicação, substituir o polo passivo da relação processual, integrando à lide pessoa diversa." (Teses Jurídicas dos Tribunais Superiores – Direito Administrativo – Tomo III – Edição 2017.Coordenadores: Maria Sylvia Zanella Di Pietro e Irene Patrícia Nohara. Comentários de Julia Schulz Rotenberg, p. 34)

◉ **O art. 6.º, § 3.º, da Lei 12.016/2009 permite ao julgador, pela análise do ato impugnado na exordial, identificar corretamente o impetrado no mandado se segurança, não ficando restrito à eventual literalidade de equivocada indicação.**

"O art. 6.º, § 3.º, da Lei 12.016/2009 permite ao julgador, pela análise do ato impugnado na exordial, identificar corretamente o impetrado no mandado se segurança, não ficando restrito à eventual literalidade de equivocada indicação. Desde que, pela leitura da inicial e exame da documentação anexada, seja viável a identificação correta da autoridade responsável pelo ato impugnado no writ, nada obsta que o julgador determine que a notificação seja adequadamente direcionada ou que possibilite ao impetrante oportunidade para emendar a inicial, sanando a falha, corrigindo-se, nessas hipóteses, equívoco facilmente perceptível." (RMS 45.495, j. 26.08.2014, rel. Min. Raul Araújo, DJe 20.10.2014.)

▶ **A correção do polo passivo pela falha na indicação da autoridade coatora é uma necessidade de ordem prática, imposta pela dificuldade criada pela própria estrutura da Administração Pública, que não permite distinguir, na maioria das vezes, a autoridade aparente da autoridade coatora efetiva.**

"A correção do polo passivo pela falha na indicação da autoridade coatora é uma necessidade de ordem prática, imposta pela dificuldade criada pela própria estrutura da Administração Pública, que não permite distinguir, na maioria das vezes, a autoridade aparente da autoridade coatora efetiva. Afinal, não raro aquele que aparenta ser a autoridade coatora não o é de fato. Esta mudança de postura pelo aplicador do direito será essencial, pois a decisão meramente terminativa não atenderá aos objetivos da jurisdição centrados na pacificação e eliminação dos conflitos. Sem dúvida, a precisão em relação ao polo passivo é fundamental, pois a legitimidade passiva poderá resultar na incompetência do juiz para prestar a atividade jurisdicional, o que não impede o ajuste na peça inicial, por iniciativa do impetrado ou do próprio magistrado." (MEDINA, José Miguel Garcia e ARAÚJO, Fábio Caldas de. Mandado de segurança individual e coletivo – Comentários à Lei 12.016, de 7 de agosto de 2009, p. 93.)

◉ **Dada a essência constitucional do Mandado de Segurança, admite-se que o Julgador, em respeito ao citado art. 6º., § 3º. da Lei 12.016/2009, processe e julgue o pedido mandamental pelo seu mérito, afastando a aparente ilegitimidade passiva da autoridade apontada na inicial, a fim de que o writ efetivamente cumpra seu escopo maior de proteção de direito líquido e certo.**

"MANDADO DE SEGURANÇA. PROCESSUAL CIVIL. ILEGITIMIDADE PASSIVA AD CAUSAM QUE SE AFASTA. AUTORIDADE VINCULADA À MESMA PESSOA JURÍDICA DE DIREITO PÚBLICO. EFETIVO CUMPRIMENTO DO ESCOPO DE MAIOR PROTEÇÃO DE DIREITO LÍQUIDO E CERTO. ADMINISTRATIVO. RECADASTRAMENTO DA INSTITUIÇÃO DE ENSINO NO PROUNI E FIES. REGULARIDADE FISCAL. NECESSIDADE DE DEMONSTRAÇÃO. AUSÊNCIA DE DIREITO LÍQUIDO E CERTO A SER TUTELADO. SEGURANÇA PLEITEADA POR CENTRO DE ENSINO SUPERIOR INAP LTDA. – MICROEMPRESA DENEGADA. 1. Dada a essência constitucional do Mandado de Segurança, admite-se que o Julgador, em respeito ao citado art. 6º., § 3º. da Lei 12.016/2009, processe e julgue o pedido mandamental pelo seu mérito, afastando a aparente ilegitimidade passiva da autoridade apontada na inicial, a fim de que o writ efetivamente cumpra seu escopo maior de proteção de direito líquido e certo. 2. Ademais, considerando que a autoridade indicada como coatora se encontra vinculada à mesma pessoa jurídica de Direito Público da qual emanou o ato impugnado e que, em suas informações, além de suscitar sua ilegitimidade passiva, enfrentou o mérito e defendeu o ato tido como ilegal, é de se reconhecer a sua legitimidade..." (MS 21.237/DF, Rel. Ministro NAPOLEÃO NUNES MAIA FILHO, PRIMEIRA SEÇÃO, julgado em 28/11/2018, DJe 07/12/2018)

▶ **Praticado o ato por autoridade, no exercício de competência delegada, contra ele cabe o mandado de segurança ou medida judicial (Súmula 510/STF)**

"No âmbito das atividades da Administração Pública, conduzidas por meio de órgãos dispostos em um sistema de coordenação e subordinação, pode ocorrer a delegação de competências de um órgão de hierarquia superior para o de nível inferior, com a finalidade de conferir maior dinamismo à realização das atividades administrativas. Vale notar que, sendo competência irrenunciável, nos termos do art. 11 da Lei 9.784/9927, o que se transfere com o instrumento da delegação é apenas o seu exercício, permanecendo o órgão delegante como o titular da atribuição delegada, podendo retomar o seu pleno exercício quando entender conveniente, o que torna precário o ato de delegação. Ainda nos traços característicos da delegação, ela pode ser interna, dentro da mesma pessoa jurídica, ou externa, hipótese em que o exercício da competência é atribuído a outro órgão ou entidade. Na primeira hipótese, tem-se, por exemplo, a delegação feita por um Ministro de Estado para servidor hierarquicamente a ele vinculado para a prática de determinado ato ou apreciação de determinada matéria. Na segunda hipótese, tem-se a transferência do exercício de uma competência atribuída a um órgão ou entidade para outro fora do âmbito hierárquico do titular das atribuições, o que também pode ocorrer entes federados. A matéria ganha relevo no que tange ao mandado de segurança, uma vez que é possível que a autoridade coatora atue investida no âmbito de competência delegada, hipótese em que pode surgir a dúvida a respeito da competência para a impetração do writ: se do juízo competente para o questionamento de ato da autoridade delegante ou da autoridade delegada. Tal tema foi apreciado pelo STF, no âmbito do MS 18.555³¹, relatado pelo Ministro Themístocles Cavalcanti. Na hipótese, tratava-se de mandado de segurança impetrado contra ato de Ministro de Estado praticado por delegação do Presidente da República, decidindo o STF que a competência para a análise do ato é definida pela autoridade que o praticou (autoridade delegada), não pela autoridade delegante, uma vez que aquela, ao receber a delegação, atua em nome próprio. Assim, a competência para o controle judicial de tal ato, via o remédio constitucional em apreço, era do Tribunal Federal de Recursos, não do STF, conforme as regras estipuladas na Constituição Federal de 1967." (Teses Jurídicas dos Tribunais Superiores – Direito Administrativo – Tomo III – Edição 2017.Coordenadores: Maria Sylvia Zanella Di Pietro e Irene Patrícia Nohara. Comentários de Rafael Hamze Issa, p. 51)

● **No mesmo sentido**: "AGRAVO REGIMENTAL EM MANDADO DE SEGURANÇA. AUXILIAR LOCAL. ENQUADRAMENTO. REQUERIMENTO APRECIADO PELO SUBSECRETÁRIO-GERAL DO SERVIÇO EXTERIOR. INCOMPETÊNCIA DO SUPERIOR TRIBUNAL DE JUSTIÇA.

1. Inexiste ato omissivo do Ministro de Estado das Relações Exteriores se foi delegada sua competência ao Subsecretário-Geral do Serviço Exterior, que apreciou o requerimento administrativo de enquadramento de auxiliar local no Regime Jurídico Único Estatutário, não havendo falar em competência desta Corte de Justiça para o julgamento do mandamus. 2. "Praticado o ato por autoridade, no exercício de competência delegada, contra ela cabe o mandado de segurança ou a medida judicial" (Súmula do STF, enunciado 510). 3. Agravo regimental improvido." (AgRg no MS 15.997/DF, Rel. Ministro Hamilton Carvalhido, 1ª Seção, julgado em 27/04/2011, DJe 09/05/2011)

● **No mesmo sentido**: "PROCESSUAL CIVIL. MANDADO DE SEGURANÇA REGISTRO SINDICAL. IMPUGNAÇÃO. COMPETÊNCIA DO STJ PARA APRECIAR WRIT CONTRA ATO DO MINISTRO DE ESTADO DO TRABALHO E EMPREGO. NOVEL REDAÇÃO DO ART. 114, IV, DA CONSTITUIÇÃO FEDERAL. PREVALÊNCIA DA NORMA ESPECIAL PREVISTA NO ART. 105, I, B, DA CF. DESPACHO PROFERIDO PELO CHEFE DE GABINETE DO MINISTRO DO TRABALHO, NO EXERCÍCIO DA COMPETÊNCIA DELEGADA PELO MINISTRO DE ESTADO DO TRABALHO E EMPREGO. SÚMULA 510/STF. ILEGITIMIDADE PASSIVA AD CAUSAM DO MINISTRO DE ESTADO. EXTINÇÃO DO PROCESSO E REMESSA DOS AUTOS À JUSTIÇA DO TRABALHO PARA EXAME DA PRETENSÃO. 1. A competência para processar e julgar mandado de segurança é determinada pela natureza e hierarquia funcional da autoridade coatora. 2. É cediço na doutrina quanto aos critérios de fixação da competência em mandado de segurança que: "Segundo a lição de Castro Nunes, 'a competência judiciária para o mandado de segurança está assentada em dois princípios: a) o da qualificação da autoridade como federal ou local (do que depende a discriminação no dualismo jurisdicional do regime, Justiça Federal e Justiça comum ou local); b) o da hierarquia, isto é, o da graduação hierárquica da autoridade, para o efeito da competência no mecanismo das instâncias em cada uma daquelas jurisdições. É uma competência ratione autoritatis, porque depende da qualificação da autoridade pelo critério acima; ratione muneris, isto é, em razão do cargo ou função da autoridade contra a qual se requer o mandado. 'Assim, para se saber qual o juiz ou Tribunal ao qual há de ser direcionado o mandado de segurança, é fundamental a verificação da hierarquia da autoridade e sua qualificação" (Mantovanni Colares Cavalcante, in: Mandado de Segurança. São Paulo: Dialética, 2002, p. 54)."(...) À evidência, pelo novo perfil constitucional da Justiça do Trabalho, é sua a competência para processar e julgar mandado de segurança contra atos de Delegados Regionais do Trabalho, que, numa fiscalização, apliquem sanções administrativas" (Leonardo José Carneiro da Cunha, in Revista Dialética de Direito Processual n. 26, maio/2005, p. 96-102). 3. In casu, trata-se de mandado de segurança, com pedido liminar, impetrado pelo sindicato específico dos empregados nas empresas de limpeza urbana, limpeza ambiental, áreas verdes, limpeza e conservação dos municípios de Sorocaba e região contra suposto ato do Ministro de Estado do Trabalho e Emprego em razão de publicação de retificação do registro sindical do impetrante subscrita por ato do Chefe de Gabinete do Ministro do Trabalho e Emprego. 4. Outrossim, da análise dos autos, verificou-se a impossibilidade de se aferir a existência do alegado ato praticado por Ministro de Estado, o que atrairia a competência deste E. STJ para processar e julgar o presente feito, uma vez que o único ato, supostamente coator, colacionado aos autos é do Chefe de Gabinete do Ministro do Trabalho e Emprego, tendo sido intimada a impetrante para promover a emenda à inicial. 4. Agravo regimental desprovido mantendo-se a decisão que extinguiu o writ impetrado face do Ministro de Estado do Trabalho e Emprego (art. 267, VI, do CPC), remetendo-se os autos à Justiça do Trabalho (art. 114, III e IV, da Constituição Federal), nos termos em que requerido às fls. 66/79." (AgRg no MS 15.774/DF, Rel. Ministro Luiz Fux, 1ª Seção, julgado em 23/02/2011, DJe 07/04/2011.)

◉ **Em se tratando de impetração contra ato omissivo, deve ser considerada autoridade coatora aquela que deveria ter praticado o ato buscado ou da qual deveria emanar a ordem para a sua prática.**

"...1. Em se tratando de impetração contra ato omissivo, deve ser considerada autoridade coatora aquela que deveria ter praticado o ato buscado ou da qual deveria emanar a ordem para a sua prática (Lei n. 12.016/2009, artigo 6º, § 3º)." (MS 22.140/DF, Rel. Ministro BENEDITO GONÇALVES, PRIMEIRA SEÇÃO, julgado em 10/05/2017, DJe 19/05/2017)

§ 4º (Vetado) "Suscitada a ilegitimidade pela autoridade coatora, o impetrante poderá emendar a inicial no prazo de 10 (dez) dias, observado o prazo decadencial".

▶ "Apesar do veto ao § 4º do art. 6º, não existe obstáculo a que, sobrevindo, nas informações, alegação de não ter a autoridade indicada como coatora praticado o ato impugnado, ou de lhe faltar poder para corrigir a ilegalidade ou abusividade de poder denunciada pelo impetrante, possa o juiz determinar que emende a petição inicial, nos termos do art. 284, caput, do CPC, corrigindo a indicação do agente coator, a fim de que outra notificação seja expedida, para que sejam prestadas novas informações."(*Comentários à Nova Lei do Mandado de Segurança – Lei 12.016/09. J. E. Carreira Alvim. Pg.130*).

> § 5º Denega-se o mandado de segurança nos casos previstos pelo art. 267 da lei nº 5.869, de 11 de janeiro de 1973 – Código de Processo Civil.

▶ **O termo "denegar" não traduz com exatidão o que pretende exprimir o § 5º do art. 6º da LMS**

"As hipóteses previstas no art. 267 do CPC, a que se reporta o § 5º do art. 6º da Lei 12.016/09, são todas relativas à extinção do processo sem resolução de mérito, mas nem todas aplicáveis ao mandado de segurança —, como, v.g., a convenção de arbitragem (art. 267, VII) e confusão entre autor e réu (art. 267, e, muito menos, os casos de denegação do mandamus. O vocábulo "denegar", derivado do latim denegare, significa, na linguagem vulgar, não admitir, indeferir, negar, recusar, obstar, pelo que todas elas traduzem, sem distinção, um obstáculo no desenvolvimento da relação processual mandamental, sem que se chegue à sentença de mérito. Essa a razão por que o termo "denegar" não traduz com exatidão o que pretende exprimir o § 5º do art. 6º da LMS, pois, nos casos previstos no art. 267 do CPC, o mandado não é denegado como manda (perdoe o truísmo) aquele preceito, mas provoca a extinção do processo mandamental, sem resolução de mérito." (*Comentários à Nova Lei do Mandado de Segurança – Lei 12.016/09. J. E. Carreira Alvim. Pg 135, 136*).

▶ **O conceito de decisão denegatória não se coaduna com o atual estágio da legislação processual.**

"A nova lei perdeu a oportunidade de conferir uma roupagem mais moderna ao mandado de segurança. O conceito de decisão denegatória não se coaduna com o atual estágio da legislação processual, que distingue as sentenças definitivas das meramente terminativas, conforme resolvam, ou não, o mérito da causa. Trata-se, na verdade, de um 'ranço' que impregna o instituto e a mente do legislador, mesmo após a modernização da legislação processual. Se a lei do mandado de segurança tivesse abandonado de uma vez por todas a noção de denegação do writ, não seria necessário prever expressamente a possibilidade de reiteração, caso tal decisão não aprecie o mérito. Bastaria apenas que se remetesse ao regime geral das sentenças meramente terminativas, que não resolvem o mérito e, por isso mesmo, não formam coisa julgada material. Nada obstante, preferiu-se repetir praticamente a mesma norma constante da lei revogada." (ROQUE, André Vasconcelos e DUARTE, Francisco Carlos, Mandado de segurança cit., p. 55.)

▶ **O termo "denegação" do mandado de segurança sempre teve interpretação ampla, de forma a abranger tanto o julgamento do mérito, com a denegação da ordem, como a decisão terminativa, com o julgamento do mandado de segurança sem a resolução do mérito.**

"O termo "denegação" do mandado de segurança sempre teve interpretação ampla, de forma a abranger tanto o julgamento do mérito, com a denegação da ordem, como a decisão terminativa, com o julgamento do mandado de segurança sem a resolução do mérito. Por denegação deve ser entendida qualquer derrota do impetrante, tanto de natureza processual como de natureza material." (NEVES, Daniel Amorim Assumpção. Ações Constitucionais, 2ª edição, Ed. GEN, São Paulo, 2013, p. 175)

▶ **O entendimento consagrado no Superior Tribunal de Justiça é de que haverá julgamento de mérito do mandado de segurança sempre que o mérito referente à própria existência do direito material alegado restar apreciado.**

"O entendimento consagrado no Superior Tribunal de Justiça é de que haverá julgamento de mérito do mandado de segurança sempre que o mérito referente à própria existência do direito material alegado restar apreciado. Nesses termos, é importante a expressa "previsão" contida no dispositivo legal ora comentado, porque a interpretação, a *contrario sensu*, é justamente de que existe coisa julgada material no mandado de segurança, o que impedirá a reproposição do mandado de segurança, independentemente do prazo." (NEVES, Daniel Amorim Assumpção. Ações Constitucionais, 2ª edição, Ed. GEN, São Paulo, 2013, p. 175)

◙ **Entendimento do Superior Tribunal de Justiça que aponta, para a caracterização da sentença de mérito, seu conteúdo, e não sua forma, entendendo haver o julgamento de mérito sempre que o direito material é enfrentado.**

"PROCESSO CIVIL. MANDADO DE SEGURANÇA. EXTINÇÃO DO PROCESSO. ILEGITIMIDADE ATIVA AD CAUSAM. REPETIÇÃO DA AÇÃO. COISA JULGADA. **1. A extinção do processo, sobre ser com ou sem resolução de mérito, condiciona-se ao conteúdo do decisum, sendo de somenos a denominação que lhe empresta o juízo**. 2. O processo deve ser extinto, sem resolução de mérito, quando não concorrerem quaisquer das condições da ação, como a possibilidade jurídica do pedido, a legitimidade das partes e o interesse processual (CPC, art. 267, VI). 3. In casu, a recorrente impetrou mandado de segurança pretendendo o reconhecimento do excesso que pagou a título de COFINS e de PIS nas operações relativas a aquisição de combustíveis, sendo certo que o primeiro writ restou extinto, sem resolução de mérito, sob o fundamento de ilegitimidade ativa ad causam, verbis: Como se vê, a parte autora, empresa adquirente de combustíveis, é manifestamente ilegítima para pretender ressarcimento por tributos pagos pela refinaria. Ante o exposto, reconheço a carência de ação por falta de legitimidade ativa e extingo o processo sem exame de mérito". (fl. 1.427) 4. À luz do contexto decisório afere-se que o tribunal negou à parte o próprio direito material à compensação, gerando a eficácia preclusiva do julgado. 5. Conforme cediço na doutrina: A preclusão veda a rediscussão da causa noutro processo idêntico – isto é, com identidade dos elementos de identificação das ações (sujeito, pedido e causa petendi) – ou noutra demanda onde se vise, por via oblíqua, a infirmar o resultado a que se chegou no processo anterior. É a denominada eficácia preclusiva da coisa julgada retratada pelo art. 474 do Código de Processo Civil e consubstanciada na máxima tantum judicatum quantum disputatum vel quantum disputari debebat. Em regra a preclusão é incondicionada: opera-se objetivamente, independente do resultado do processo. Assim é que a eventual discussão incompleta da causa não influi no grau de imutabilidade do julgado, tanto mais que o compromisso da coisa julgada é com a estabilidade social e não com a justiça da decisão ou sua compatibilidade com a realidade, porque esta não se modifica pela sentença. A realidade é a realidade. O juízo é de veracidade ou de verossimilhança, conforme a coincidência do que se repassou para o processo em confronto com a vida fenomênica (Luiz Fux, Curso de Direito Processual Civil, 3ª ed., p. 252).6. Recurso especial desprovido." (REsp 915.907/SC, Rel. Ministro LUIZ FUX, PRIMEIRA TURMA, julgado em 08/09/2009, DJe 06/10/2009)

▶ **A denegação do mandado de segurança nem sempre se dá em razão da inexistência de violação ou ameaça a direito líquido e certo.**

"A denegação do mandado de segurança nem sempre se dá em razão da inexistência de violação ou ameaça a direito líquido e certo. Conforme já analisado, somente a decisão de mérito do mandado de segurança faz coisa julgada material, de forma que, sendo denegada a ordem porque o juiz entende que a prova documental é incapaz de lhe convencer da ameaça ou violação alegada pelo impetrante, não haverá julgamento do mérito do mandado de segurança. Nesse caso o impetrante poderá ingressar com processo de conhecimento com o mesmo objeto do mandado de segurança." (NEVES, Daniel Amorim Assumpção. Ações Constitucionais, 2ª edição, Ed. GEN, São Paulo, 2013, p. 175)

▶ **A expressão "denegar" a ordem ou a segurança, apesar de sua tradição, é inadequada. Como destaca autorizada doutrina processual.**

"O § 5.º do art. 6.º da Lei não utilizou da boa técnica processual para delimitar que o mandado de segurança poderia ser denegado, nas hipóteses previstas no Código de Processo Civil para provimentos terminativos (extinção sem resolução de mérito). A expressão "denegar" a ordem ou a segurança, apesar de sua tradição, é inadequada." (Mandado de segurança individual e coletivo, Aloísio Gonçalves de Castro, coordenação, 1ª edição, Editora Revista dos Tribunais, 2014, p. 76)

▶ **Melhor seria o enunciado se substituísse o verbo "denegar" por "extinguir", pois assim se amoldaria, com exatidão, à linguagem do Código de Processo Civil.**

"Denegar, em sentido léxico, corresponde a "negar" ou "indeferir", o que ocorre, com mais precisão, quando a sentença nega acolhimento ao pedido, ou seja, quando o mérito é enfrentado e resolvido de maneira contrária à pretensão do autor. Nesse sentido, o CPC/2015 prevê, no seu art. 487, I, que "haverá resolução de mérito quando o juiz: acolher ou rejeitar o pedido formulado na ação ou na reconvenção". Já o caso de falta de requisitos de formação regular do processo, ou de condições legais para que o objeto litigioso seja examinado em juízo, é que conduz à extinção do processo, nos termos do art. 485 do CPC. Todavia, é antigo e consolidado na linguagem da lei e da jurisprudência o emprego da expressão "denegar a segurança", de forma a abranger indistintamente os casos de resolução de mérito (sentenças definitivas), assim como aqueles fundados na ausência de requisitos do julgamento do mérito da causa (sentenças terminativas)." (THEODORO JÚNIOR, Humberto. Lei do Mandado de Segurança comentada artigo por artigo. Rio de Janeiro: Gen/Editora Forense, 2ª edição, 2019. p. 232)

▶ **O mandado de segurança pode ser denegado sem decidir o mérito e denegado com decisão de mérito. Falta de harmonia entre o disposto nos §§ 5º e 6º do art. 6º da LMS**

"A falta de técnica do § 5º do art. 6º da LMS é, sob certo ângulo, corrigida por outra, desta feita, no § 6º do próprio art. 6º, permitindo a renovação do pedido, dentro do prazo decadencial, se a decisão denegatória não lhe houver apreciado o mérito; com o que faz brotar uma nova linguagem, até então desconhecida da Lei mandamental, em que o mandado de segurança pode ser denegado sem decidir o mérito e denegado com decisão de mérito. Essa linguagem faz renascer, na esfera mandamental, a distinção entre denegação do mandamus por questão processual e denegação por questão de mérito, que fez fortuna no STF por mais de um século, em que, no julgamento de recurso extraordinário, pela hipótese do art. 102, III, "a, da Constituição, falava-se em "não conhecer do recurso por questão processual e não conhecer do recurso por questão de mérito. Faltou também harmonia entre o disposto nos §§ 5º e 6º do art. 6º da LMS, pois, enquanto, no § 5º, fala em denegação do próprio mandado de segurança, no § 6º, alude ao pedido de mandado de segurança." *(Comentários à Nova Lei do Mandado de Segurança – Lei 12.016/09. J. E. Carreira Alvim. Pg. 136).*

▶ **A discussão, longe de ser teórica, tem efeitos práticos indesmentíveis**

"Decisão denegatória, em mandado de segurança, não pode ser entendida apenas, como parece querer o dispositivo de lei, como decisão que extingue o processo sem resolução de mérito. É também a decisão que rejeita o pedido do impetrante, julgando-o improcedente, nos termos do art. 269, I, do Código de Processo Civil, isto é, com resolução de mérito. A discussão, longe de ser teórica, tem efeitos práticos indesmentíveis. Basta, para confirmá-los, constatar que o "recurso ordinário" pressupõe o proferimento de decisão denegatória no âmbito dos Tribunais, que, repita-se, não pode e não deve ficar limitada à hipótese pretendida pelo § 5º do art. 6º em comento. Destarte, a melhor interpretação para o dispositivo ora analisado é a de que ele é supérfluo, porque se limita a estabelecer o que não haveria como ser negado pela lei, que o mandado de segurança é disciplinado subsidiariamente pelo Código de Processo Civil, e, como tal, as decisões terminativas referidas no art. 267 daquele diploma legal não inibem a propositura da ação, nos termos do art. 268 do mesmo Estatuto, independentemente do nome que a elas se dê." (BUENO, Cassio Scarpinella. A nova lei do mandado de segurança, p. 53)

▶ **Trata-se de termo impreciso e ambíguo que dá margem a dúvidas sobre o objeto da decisão.**

"Como destaca autorizada doutrina processual, cuida-se de: "termo impreciso e ambíguo, que dá margem a dúvidas sobre o objeto da decisão, e, embora proporcione certa comodidade para o juiz, que, por meio dele, não precisa preocupar-se em dizer se está ou não julgando o pedido, cobra mais tarde o seu preço, ao exigir que, nem sempre com facilidades, se interpretem as sentenças, para todos os efeitos que tiverem por pressuposto determinar se se trata, ou não, de decisão de mérito." (Mandado de segurança individual e coletivo, Aloísio Gonçalves de Castro, coordenação, 1ª edição, Editora Revista dos Tribunais, 2014, p, 77)

▶ **As questões preliminares que, segundo o art. 485 do CPC, conduzem à extinção do processo sem resolução de mérito são assim configuradas, são:**

"II – o processo ficar parado durante mais de 1 (um) ano por negligência das partes; III –por não promover os atos e as diligências que lhe incumbir, o autor abandonar a causa por mais de 30 (trinta) dias; IV –verificar a ausência de pressupostos de constituição e de desenvolvimento válido e regular do processo; V – reconhecer a existência de perempção, de litispendência ou de coisa julgada; VI – verificar a ausência de legitimidade ou de interesse processual; VII – acolher a alegação de existência de convenção de arbitragem ou quando o juiz arbitral reconhecer sua competência; VIII – homologar a desistência da ação; IX – em caso de morte da parte, a ação for considerada intransmissível por disposição legal; e X – nos demais casos prescritos neste Código."

▶ **A denegação do mandado de segurança, nos casos do art. 485 do CPC/2015, se a falha detectada for sanável, não deverá ser pronunciada pelo juiz sem antes ensejar oportunidade ao impetrante de emendar ou completar a petição inicial, no prazo de quinze dias, como permite o art. 321 do CPC/2015.**

"A denegação do mandado de segurança, nos casos do art. 485 do CPC/2015, se a falha detectada for sanável, não deverá ser pronunciada pelo juiz sem antes ensejar oportunidade ao impetrante de emendar ou completar a petição inicial, no prazo de quinze dias, como permite o art. 321 do CPC/2015." (THEODORO JÚNIOR, Humberto. Lei do Mandado de Segurança comentada artigo por artigo. Rio de Janeiro: Gen/Editora Forense, 2ª edição, 2019. p. 233).

▶ **Somente não se facultará o suprimento dos requisitos de procedibilidade faltantes quando os vícios da postulação forem irremediáveis.**

"Somente não se facultará o suprimento dos requisitos de procedibilidade faltantes quando os vícios da postulação forem irremediáveis. É o caso, por exemplo, de iliquidez do direito subjetivo para o qual se pretende a tutela mandamental, evidenciada pelos próprios documentos que instruem a inicial; de impetração contra lei em tese; de decadência do direito de se valer da ação de segurança. Em situações como estas, o indeferimento liminar da petição inicial se impõe sem maiores delongas." (THEO-

DORO JÚNIOR, Humberto. Lei do Mandado de Segurança comentada artigo por artigo. Rio de Janeiro: Gen/Editora Forense, 2ª edição, 2019. p. 233)

▶ **As chamadas "autênticas sentenças de mérito", faz coisa julgada (material), tenha acolhido ou rejeitado, no todo ou em parte, o pedido do impetrante.**

"O § 6º do art. 6º da Lei n. 12.016/2009, querendo aperfeiçoar a diretriz mais tímida do art. 16 da Lei n. 1.533/1951, dispõe que "O pedido de mandado de segurança poderá ser renovado dentro do prazo decadencial, se a decisão denegatória não lhe houver apreciado o mérito", isto é, sempre que a decisão respectiva não transitar materialmente em julgado. Trata-se de questão que já estava bem sedimentada na doutrina e na jurisprudência e que não recebeu nenhuma novidade da nova Lei. A decisão proferida no mandado de segurança nos moldes do art. 269, I, do Código de Processo Civil, as chamadas "autênticas sentenças de mérito", faz coisa julgada (material), tenha acolhido ou rejeitado, no todo ou em parte, o pedido do impetrante." (BUENO, Cassio Scarpinella. A nova lei do mandado de segurança, p. 93)

> ▶ **No mesmo sentido:** "Diante disso, torna-se necessário discriminar os casos de indeferimento da petição inicial, para se definir quando há, e quando não há, coisa julgada, e, assim, definir a incidência, ou não, do permissivo do § 6º, do art. 6º, da Lei nº 12.016." (THEODORO JÚNIOR, Humberto. Lei do Mandado de Segurança comentada artigo por artigo. Rio de Janeiro: Gen/Editora Forense, 2ª edição, 2019. p. 233).

▶ **O juiz poderá julgar liminarmente improcedente o pedido se verificar, desde logo, a ocorrência de decadência ou de prescrição.**

"É bom lembrar, outrossim, que o art. 485 do CPC inclui, entre os casos de extinção do processo sem resolução de mérito, o indeferimento da petição inicial (inc. I). E o art. 332, § 1º, do mesmo Código, inovando em relação ao Código de 1973, dispôs que, nas causas que dispensem a fase instrutória, o juiz poderá julgar liminarmente improcedente o pedido se verificar, desde logo, a ocorrência de decadência ou de prescrição. É lógico, portanto, que se tal for o motivo da denegação da segurança, não incidirá a regra do § 6º do art. 6º, que permite a renovação da ação mandamental, se não esgotado o prazo decadencial do art. 23. É que, malgrado ter a decisão denegatória ocorrida in limine litis, envolveu ela uma solução de mérito, segundo previsto no art. 332, § 1º, do CPC. E, havendo sentença de mérito, a consequência inevitável será a formação da coisa julgada material, cuja força é impedir definitivamente que a lide volte a ser discutida em juízo (CPC, art. 50283).Diante disso, torna-se necessário discriminar os casos de indeferimento da petição inicial, para se definir quando há, e quando na há, coisa julgada, e, assim, definir a incidência, ou não, do permissivo do § 6º, do art. 6º, da Lei nº 12.016." (THEODORO JÚNIOR, Humberto. Lei do Mandado de Segurança comentada artigo por artigo. Rio de Janeiro: Gen/Editora Forense, 2ª edição, 2019. p. 233)

DESISTÊNCIA DO MANDADO DE SEGURANÇA

▶ Merece destaque a desistência da ação na medida em que é firme a jurisprudência do STF, inclusive submetida ao regime da repercussão geral, no sentido de que é possível a homologação do pedido de desistência a qualquer tempo.

"Cumpre observar que, em relação às hipóteses que ensejam o provimento terminativo do processo do mandado de segurança, merece destaque a desistência da ação, na medida em que é firme a jurisprudência do STF, inclusive submetida ao regime da repercussão geral, no sentido de que é possível a homologação do pedido de desistência a qualquer tempo, independentemente da concordância do impetrado e de já haver decisão de mérito nos autos, desde que inexista trânsito em julgado, excepcionando o § 4.º do art. 267 do CPC diante da natureza do remédio constitucional." (Mandado de segurança individual e coletivo, Aloísio Gonçalves de Castro, coordenação, 1ª edição, Editora Revista dos Tribunais, 2014, p. 77)

> **Divergência no próprio STJ:** O STJ acompanhava a orientação da Suprema Corte, passou a trilhar outra linha, de que a desistência deve preceder à sentença, frisando alguns julgados que seria a sentença de mérito, havendo precedente posterior na linha estabelecida pelo STF por força do que restou decidido em repercussão geral.
>
> **Entendendo que a desistência tem que ser antes da sentença:** "A 1.ª Seção do STJ consolidou o entendimento no sentido da possibilidade de homologar o pedido de desistência do mandado de segurança, sem anuência da autoridade impetrada, desde que anteriormente à prolação da sentença" (STJ, REsp 1.104.842/PB, 1.ª T., rel. Min. Arnaldo Esteves Lima, DJe 13.10.2010).
>
> **Mais recente, seguindo o entendimento do Supremo Tribunal Federal:** "O STF, no julgamento do RE 669.367/RJ, relatora p/ acórdão a Min. Rosa Weber, submetido ao regime de repercussão geral, firmou entendimento no sentido de que o impetrante pode desistir de mandado de segurança, nos termos do art. 267, VIII, do CPC, a qualquer tempo, sem anuência da parte contrária, mesmo após a prolação de sentença de mérito." (AgRg no REsp 1.127.391/DF, 6.ª T., rel. Min. Assusete Magalhães, DJe 11.03.2014)

§ 6° O pedido de mandado de segurança poderá ser renovado dentro do prazo decadencial, se a decisão denegatória não lhe houver apreciado o mérito.

▶ A criticável tradição de mencionar "decisão denegatória não lhe houver apreciado o mérito" somente pode ser compreendida como hipótese em que a sentença extinguiu o processo sem julgamento de mérito, em provimento meramente terminativo da relação processual.

"A criticável tradição de mencionar "decisão denegatória não lhe houver apreciado o mérito" somente pode ser compreendida como hipótese em que a sentença extinguiu o processo sem julgamento de mérito, em provimento meramente terminativo da relação processual. A apreciação do mérito ensejaria improcedência do pedido e inviabilizaria nova demanda com os mesmos elementos, diante da coisa julgada. É importante consignar que a apreciação do mérito, a propiciar a formação de coisa julgada material, a tornar imutável e indiscutível o comando emergente do provimento judicial, impede que se ajuíze qualquer ação sobre o tema e não apenas o mandado de segurança, diante da identidade entre as demandas. A tentativa de ajuizar outra ação pelo rito ordinário em face da pessoa jurídica (em vez da autoridade), com a mesma pretensão, em absoluto afasta a coisa julgada, notadamente porque é a pessoa jurídica quem sofre os efeitos da decisão prolatada no mandado de segurança." (Mandado de segurança individual e coletivo, Aloísio Gonçalves de Castro, coordenação, 1ª edição, Editora Revista dos Tribunais, 2014, p. 79)

▶ **A viabilidade de impetração de novo mandado de segurança depende da análise do fundamento central da sentença denegatória do anterior**

"Note-se que a viabilidade de impetração de novo mandado de segurança depende da análise do fundamento central da sentença denegatória do anterior. Caso tenha sido o processo extinto, por ter sido nele veiculada pretensão de cobrança – em violação à jurisprudência do Supremo Tribunal Federal cristalizada na Súmula nº 269, a parte impetrante terá de se valer da ação comum (ordinária). Na hipótese de a denegação da segurança ter decorrido de falta de prova pré-constituída [ausência de direito líquido e certo), não estará o postulante impedido de, reunindo novas provas, impetrar novo e idêntico mandado de segurança, desde que ainda esteja em curso o prazo de cento e vinte dias." (*Comentários à nova Lei do Mandado de Segurança. Mauro Luís Rocha Lopes. Pg. 111*)

▶ **O § 6.º traz a possibilidade de ser ajuizado novo mandado de segurança, caso a decisão denegatória não tenha apreciado o mérito.**

"O § 6.º traz a possibilidade de ser ajuizado novo mandado de segurança, caso a decisão denegatória não tenha apreciado o mérito. Na verdade, referido dispositivo apenas reforça, em parte, o que já é regra geral. Isso porque o art. 268, primeira parte, do CPC já traz a previsão de que, "salvo o disposto no art. 267, V, a extinção do processo não obsta a que o autor intente de novo a ação". Claro que, se o mérito foi apreciado, haverá coisa julgada, não podendo haver a apresentação do mesmo pedido frente à anterior causa de pedir (arts. 467 e 474 do CPC)." (FIGUEIREDO CRUZ, Luana Pedrosa de. *Comentários à Lei do mandado de segurança*: Lei 12.016, de 7 de agosto de 2009. p. 114)

COISA JULGADA

▶ **Extinção do processo sem julgamento de mérito e ausência de coisa julgada material.**

"Dispõe o § 5º do art. 6º que o mandado de segurança será denegado nos casos previstos pelo art. 267 do CPC [CPC/2015, art. 485]. Esse dispositivo legal é o que, no direito processual civil comum, prevê quando o processo se extinguirá, prematuramente, sem alcançar a resolução do mérito da causa. Melhor seria o enunciado se substituísse o verbo "denegar" por "extinguir", pois assim se amoldaria, com exatidão, à linguagem do Código de Processo Civil. Denegar, em sentido léxico, corresponde a "negar" ou "indeferir", o que ocorre, com mais precisão, quando a sentença nega acolhimento ao pedido, ou seja, quando o mérito é enfrentado e resolvido de maneira contrária à pretensão do autor. Nesse sentido, o CPC/2015 prevê, no seu art. 487, I, que "haverá resolução de mérito quando o juiz: acolher ou rejeitar o pedido formulado na ação ou na reconvenção". Já o caso de falta de requisitos de formação regular do processo, ou de condições legais para que o objeto litigioso seja examinado em juízo, é que conduz à extinção do processo, nos termos do art. 485 do CPC." (THEODORO JÚNIOR, Humberto. Lei do Mandado de Segurança comentada artigo por artigo. Rio de Janeiro: Gen/Editora Forense, 2ª edição, 2019. p. 231/232).

▶ **É antigo e consolidado na linguagem da lei e da jurisprudência o emprego da expressão "denegar a segurança", de forma a abranger indistintamente os casos de resolução de mérito (sentenças definitivas), assim como aqueles fundados na ausência de requisitos do julgamento do mérito da causa (sentenças terminativas)**

"Daí a preocupação do § 5º do art. 6º, da Lei nº 12.016, em prever a denegação do mandado de segurança nos casos do art. 485, esclarecendo em seguida que o pedido formulado no processo extinto poderá ser renovado "se a decisão denegatória não lhe houver apreciado o mérito" (art. 6º, § 6º). Com isso, fica evidente que a denegação prevista no § 5º não se refere a um desacolhimento do pedido (mérito), mas a uma extinção do processo "sem resolução de mérito", exatamente como regula o art. 485 do CPC." (THEODORO JÚNIOR, Humberto. Lei do Mandado de Segurança comentada artigo

> **Art. 7º** Ao despachar a inicial, o juiz ordenará:
> I – que se notifique o coator do conteúdo da petição inicial, enviando-lhe a segunda via apresentada com as cópias dos documentos, a fim de que, no prazo de 10 (dez) dias, preste as informações;

> *Redação da Lei 1.553/51 – Revogada: Art. 7º – Ao despachar a inicial, o juiz ordenará: I – que se notifique o coator do conteúdo da petição entregando-lhe a segunda via apresentada pelo requerente com as cópias dos documentos a fim de que no prazo de quinze dias preste as informações que achar necessárias. (Redação dada pela Lei nº 4.166, de 1962) (Prazo: vide Lei nº 4.348, de 1964) II – que se suspenda o ato que deu motivo ao pedido quando for relevante o fundamento e do ato impugnado puder resultar a ineficácia da medida, caso seja deferida.*

DESPACHO DA PETIÇÃO INICIAL DO MANDADO DE SEGURANÇA
Definição e Natureza Jurídica das Informações

▶ **Definição de notificação da autoridade coatora**

"A definição da natureza da notificação, que, segundo o art. 7º, I, deve ser feita, na abertura do processo, à autoridade coatora, depende da prefixação: (i) de quem ocupa a posição da parte passiva na ação de mandado de segurança; e (ii) da natureza das informações requisitadas ao coator. Modernamente, como já restou demonstrado, não se pode pôr em dúvida que o réu da ação de mandado de segurança é a pessoa jurídica a que o coator se integra, como órgão de atuação no plano jurídico. É o interesse e os poderes daquela entidade que serão afetados pelo provimento judicial que emergirá do processo, caso o pedido do impetrante seja acolhido (Lei 12.016, art. 2º). Não é por outro motivo que, paralelamente à notificação do coator para prestar as devidas informações, será realizada a intimação (*rectius*: a citação) da pessoa jurídica interessada (art. 7º, II)." (THEODORO JÚNIOR, Humberto. Lei do Mandado de Segurança comentada artigo por artigo. Rio de Janeiro: Gen/Editora Forense, 2ª edição, 2019. p. 233).

▶ **O que se requisita à autoridade coatora são "informações" acerca do conteúdo da petição inicial (Lei nº 12.016, art. 7º, I).**

"Não é ela convocada a se defender da ação proposta, mas apenas a fornecer esclarecimentos, já que, como agente da pessoa jurídica interessada, participou do ato impugnado. É bom de ver que a todos a lei incumbe o "dever de colaborar com o Poder Judiciário para o descobrimento da verdade" (CPC/2015, art. 37818). Desse dever de colaboração não se exclui, obviamente, a autoridade coatora, frente à impetração do mandado de segurança contra ato de sua autoria." (THEODORO JÚNIOR, Humberto. Lei do Mandado de Segurança comentada artigo por artigo. Rio de Janeiro: Gen/Editora Forense, 2ª edição, 2019. p. 233).

▶ <u>**Em sentido contrário:**</u> **Apesar da nomenclatura empregada pelo legislador mais recente, posta em itálico, o caso deve ser entendido, para o sistema processual civil vigente, como dupla citação.**

"O inciso II do art. 7º da Lei n. 12.016/2009 exige que da petição inicial (mas não dos documentos) tenha ciência o órgão de representação judicial da pessoa jurídica a que pertence a autoridade coatora. O objetivo da ciência, a regra é clara quanto a isso, é viabilizar que a pessoa jurídica atue no processo se assim desejar. É o que se lê do dispositivo: "II – que se dê ciência do feito ao órgão de representação judicial da pessoa jurídica interessada, enviando-lhe cópia da inicial sem documentos, para que, querendo, ingresse no feito". A lei, no particular, perdeu a oportunidade de esclarecer questão tormentosa em sede de doutrina, de jurisprudência e na prática forense, consistente em saber quem é o réu em mandado de segurança: se a autoridade coatora, se o ente ou a pessoa jurídica a que ela pertence ou se ambos, um autêntico caso de litisconsórcio passivo necessário porque exigido por lei. É certo que o art. 6º, caput, da Lei n. 12.016/2009 exige que na petição inicial seja indicada, além da autoridade coatora, a pessoa jurídica a que ela faz parte, mas em nenhum momento aquele dispositivo permite, mormente quando interpretado isoladamente, conduzir, com segurança, a quaisquer das respostas ventiladas pelo parágrafo anterior. Importa, contudo, tomar partido sobre a questão levando em conta – como nunca pode deixar de ser, aliás – o direito positivo, tal qual vigente. A regra em comento, ao prescrever que se dê ciência ao "órgão de representação judicial da pessoa jurídica interessada" (...) "para que, querendo, ingresse no feito" (isto é, no processo), deve ser entendida como citação daquela entidade. A citação, nos precisos termos do art. 213 do Código de Processo Civil, é o ato pelo qual se dá ciência a alguém de que há um processo em seu desfavor, viabilizando a oportunidade de se defender. Há consenso na doutrina quanto a ser ônus do réu exercitar sua defesa, o que, nessa perspectiva, explica suficientemente o verbo "querendo" utilizado pelo legislador mais recente. A identificação da pessoa jurídica ou entidade a que pertence a autoridade coatora como ré do mandado de segurança, ao lado da autoridade coatora, de resto, tem o condão de explicar, suficientemente, novos dispositivos da Lei n. 12.016/2009, tal como a exigência feita pelo precitado caput do art. 6º (v. n. 7, supra) e a de reconhecer expressamente legitimidade recursal à autoridade coatora (v. n. 33, infra). É certo que, assim resolvida a questão, o art. 9º da mesma Lei parece ser regra desnecessária, supérflua mesmo (v. n. 23, infra), mas cabia à Lei, se quisesse, tomar partido expresso, sendo mais clara a seu respeito, evitando, com isso, as certas e tormentosas questões que acabam por aparecer no dia a dia do foro e que nada contribuem para a tão propalada agilização dos trâmites judiciários. Como se vê, mudança de lei, por si só, não assegura nada em termos de agilidade processual ou, mais amplamente, de "acesso à Justiça" ou de "efetividade do processo". O que se extrai da previsão normativa atual, contudo, é que a Lei n. 12.016/2009, mesmo que involuntariamente, acabou cedendo à prática do foro e retornando ao sistema da Lei n. 191/1936 e do Código de Processo Civil de 1939 (v. n. 7, supra) ao estabelecer um litisconsórcio passivo e necessário entre a autoridade coatora e o órgão ou pessoa jurídica a que pertence. Aquela, a autoridade, será notificada para prestar as informações que entender necessárias, isto é, para justificar o ato que praticou ou que está na iminência de praticar perante o órgão jurisdicional. Este, o órgão ou pessoa jurídica, será cientificado para, querendo, apresentar a defesa que entender importante em seu próprio nome, secundando, ou não, o ato coator tal qual individuado na petição inicial. Apesar da nomenclatura empregada pelo legislador mais recente, posta em itálico, o caso deve ser entendido, para o sistema processual civil vigente, como dupla citação. Por isso, trata-se de litisconsórcio passivo e necessário, diferentemente do que era mais correto interpretar à luz do direito que vigeu desde o art. 3º da Lei n. 4.348/1964, não modificado, no particular, pela redação que lhe deu o art. 19 da Lei n. 10.910/2004." (BUENO. Cassio Scarpinella. A Nova Lei do Mandado de Segurança: Comentários sistemáticos à Lei 12.016, de 7-8-2009, 2ª edição, Editora Saraiva, São Paulo, 2010, p. 58/59)

▶ **No sentido que as informações correspondem à peça de defesa da pessoa jurídica e assumem, nitidamente, o caráter de contestação. A apresentação da defesa constitui verdadeiro ônus processual.**

"A peça deverá concentrar todos os fundamentos de fato e de direito que podem ser contrapostos ao pedido formulado pelo impetrante. Trata-se de uma exigência pautada pelo princípio da eventualidade. Este princípio assegura que o processo se desenvolva por fases, as quais, à medida que são consumadas, marcam uma etapa irreversível do processo. As informações constituem, como se disse, a contestação da pessoa jurídica. Deste modo, é desejável que a peça seja elaborada pelo representante processual da ré. As modificações introduzidas pela Lei 10.910/2004 junto ao texto da Lei 4.348/1964, atualmente revogada, já indicavam esta solução (art. 3. °). A *mens legis* do art. 7°, II, da nova Lei do Mandado de Segurança indica a preocupação quanto à formulação da defesa técnica, e o art. 9° da referida Lei estabelece o dever funcional da autoridade de informar, no prazo de 48 horas, o representante judicial competente, da concessão da medida liminar. Tal providência é fundamental, pois se a pessoa jurídica se beneficia do art. 320, II, do CPC, quando não apresenta a sua defesa através do procurador público, não gozará da mesma benesse, em caso de concessão da liminar. Afinal, inexiste em nosso sistema o reexame necessário em face de decisão interlocutória. Por este motivo, a comunicação será essencial para permitir a formulação de pedido de reconsideração, agravo, ou mesmo de suspensão perante o Tribunal competente." (MEDINA, José Miguel Garcia ARAÚJO, Fábio Caldas de. Mandado de Segurança individual e coletivo. Comentários à Lei 12.016/2009. 2ª edição revista, atualizada e ampliada, edição: 2009, p. 106/107)

▶ **Prazo para a apresentação de informações pela Autoridade Coatora é de (dez) dias e corre em dias úteis.**

"Estando em ordem a petição inicial e sendo caso de mandado de segurança, o juiz deverá determinar a notificação da autoridade, a fim de que preste informações no prazo de 10 (dez) dias, computando-se apenas os dias úteis." (CPC, art. 219)

◉ *Enunciado 11 do I Fórum Nacional do Poder Público – Brasília/DF: "Os prazos processuais no mandado de segurança são contados em dias úteis, inclusive para as informações da autoridade coatora"*

▶ **O prazo para que a Autoridade Coatora preste informações tem início do recebimento da notificação pela mesma, e não de sua juntada aos autos. Aplica-se, a propósito, o disposto no § 3º do art. 231 do CPC.**

"Tal prazo tem início do recebimento da notificação pela autoridade, e não de sua juntada aos autos. Aplica-se, a propósito, o disposto no § 3º do art. 231 do CPC: Quando o ato tiver de ser praticado diretamente pela parte ou por quem, de qualquer forma, participe do processo, sem a intermediação de representante judicial, o dia do começo do prazo para cumprimento da determinação judicial corresponderá à data em que se der a comunicação." (CUNHA, Leonardo Carneiro. A Fazenda Pública em Juízo, 14. ed. rev., atual e ampl. – Rio de Janeiro: Forense, 2017, p. 574)

▶ **Se esse prazo de10 (dez) dias úteis revelar-se insuficiente no caso concreto, o juiz pode, com apoio no art. 139, VI, do CPC, dilatá-lo.**

◉ *Enunciado 5 do I Fórum Nacional do Poder Público – Brasília/DF: "A dilação de prazos processuais prevista no art. 139, VI do CPC é compatível com o mandado de segurança".*

▶ **As informações no mandado de segurança equivalem à prova judiciária, já que permite ao juiz aferir se as alegações do impetrante, na inicial, são ou não inverdades, distorções dos fatos**

"Para Fredie Didier Junior, que também entende que não têm natureza de defesa, o que só implica em dever e não em ônus, as informações no mandado de segurança equivalem à prova judiciária, já que permite ao juiz aferir se as alegações do impetrante, na inicial, são ou não inverdades, distorções dos fatos." (CERQUEIRA, Luiz Otávio Sequeira de. Comentários à Lei do mandado de segurança: Lei 12.016, de 7 de agosto de 2009. p. 120)

▶ **A notificação, portanto, jamais poderá ser tratada como ato de citação para que a pessoa jurídica demandada responda à ação do impetrante. Essa resposta, quando houver, terá que partir do representante judicial legalmente credenciado para tanto, e não do coator.**

"A notificação da autoridade coatora não tem outra função que a de veículo para obtenção de dados fáticos capazes de esclarecer, em juízo, as alegações relacionadas com o ato impugnado. Estando o coator na situação de agente do poder público que participou do ato, que se tornou objeto da ação, incumbe-lhe o dever de colaborar com a apuração judicial da verdade, a fim de que o litígio seja resolvido de forma legal e justa." (THEODORO JÚNIOR, Humberto. Lei do Mandado de Segurança comentada artigo por artigo. Rio de Janeiro: Gen/Editora Forense, 2ª edição, 2019. p. 233).

▶ **Sua natureza jurídica não pode ser vista como a de um ato de defesa do sujeito passivo da ação.**

"É no plano dos atos instrutórios ou probatórios que se devem colocar tais informações. Portanto, a natureza da notificação, *in casu*, é a de diligência de instrução processual." (QUARTIERI, Rita. In: ALMEIDA, Gregório Assagra de; CIANCI, Mirna; QUARTIERI, Rita. Mandado de Segurança. São Paulo: Saraiva, 2011. p. 215; DIDIER JÚNIOR, Fredie. Recurso de terceiro, cit., p. 153.)

▶ **Não se pode falar em revelia ou preclusão em caso de inobservância do prazo pela autoridade coatora, pois as informações não têm propriamente natureza de defesa.**

"De qualquer forma, como as informações não têm propriamente natureza de defesa (rectius, resposta), não se pode falar em revelia ou preclusão em caso de inobservância do prazo pela autoridade coatora." (CERQUEIRA, Luiz Otávio Sequeira de. Comentários à Lei do mandado de segurança: Lei 12.016, de 7 de agosto de 2009. p. 120)

> ▶ **No mesmo sentido:** "Anteriormente já apontamos que as informações da autoridade coatora, por isso que emanadas de agente da administração pública, jungido ao dever da verdade, gozam, quanto à matéria de fato, de presunção relativa de veracidade, do que nelas se contém (STJ, MS 1.012. rel. Min. Peçanha Martins. DJU 3.2.92, p. 423; TRF 5ª Região, MS 3.558, rel. Juiz Francisco Falcão, DJU 10.4.92, Parte II, p. 8.953; TJDF, REO 389, DJU 8.11.84, Parte II, p. 18.873; TJDF, MS 614, DJU 15.2.82, Parte II, p. 889). É exatamente a submissão do coa-

tor ao dever da verdade que tira das informações o caráter de defesa ou contestação." (FERRAZ, Sergio. Mandado de segurança. São Paulo: Malheiros, 2006. p. 57)

▶ **No mesmo sentido:** "As razões de ordem constitucional e de sistemática legal, antes por nós desenvolvidas, para a configuração da efetiva parte passiva no mandado de segurança, nos impedem de ver nas informações a defesa da Administração Pública. Recordemo-las, sucintamente: a) se defesa fossem, teriam de ser apresentadas por advogado (CF, art. 133); b) se defesa fossem, teriam de ser deduzidas pelo Advogado da União ou pelos Procuradores dos Estados e Municípios (CF, arts. 131 e 132); c) se defesa fossem, não estariam jungidas ao dever de imparcialidade, pois parte não é, por definição, imparcial. " (FERRAZ, Sergio. Mandado de segurança. São Paulo: Malheiros, 2006. p. 57)

▶ **A notificação deve ser recebida, pessoalmente, pela autoridade coatora.**

"A notificação deve ser recebida, pessoalmente, pela autoridade. O juiz deverá ordenar, ainda, que se dê ciência do processo ao órgão de representação judicial da pessoa jurídica interessada, enviando-lhe cópia da inicial sem documentos, para que, querendo, ingresse no processo." (CUNHA, Leonardo Carneiro. A Fazenda Pública em Juízo, 14. ed. rev., atual e ampl. – Rio de Janeiro: Forense, 2017, p. 574)

◉ **A prestação de informações é uma responsabilidade pessoal e intransferível da autoridade coatora.**

"Exatamente pelo caráter personalíssimo do ato de constrição, tem-se que a prestação de informações é uma responsabilidade pessoal e intransferível do coator (nesse sentido, Adhemar Maciel, ob. cit., p. 35). Podem até ser firmadas por advogado (o que é dispensável), mas imprescindível será, ao menos, a concomitante chamada do constritor. Nesse sentido também se manifestam Hely (ob. cit., p. 62) e Buzaid (ob. cit., p. 231). A jurisprudência, conquanto não farta a respeito, nessa esteira segue:"As informações se constituem em ato da responsabilidade pessoal e intransferível do coator perante a Justiça, muito embora possam ser redigidas por profissional habilitado, advogado ou procurador, mas sempre com a chamada do coator" (TFR, AMS 101.120, rel. Min. Gueiros Leite, DJU 28.8.84, p. 13.384)." (FERRAZ, Sergio. Mandado de segurança. São Paulo: Malheiros, 2006. p. 57)

▶ **A ordem expedida à autoridade coatora pelo juiz é mandamental, criando-lhe o dever, e não apenas a faculdade, de prestar as informações requisitadas.**

"é obrigada a prestar informações, como todos são obrigados a colaborar com a justiça, com a particularidade de esta obrigação ter sido particularizada pelo legislador, o que pode implicar punição penal por prevaricação (...). Como autoridade pública que é, está a autoridade coatora submetida a dizer a mais estrita verdade, pois suas informações são revestidas de presunção de legitimidade dos atos administrativos, circunstância que, por si, já afastaria a concepção das informações como ato de defesa." (DIDIER JÚNIOR, Fredie. Recurso de terceiro prejudicado: juízo de admissibilidade. 2. ed. São Paulo: Ed. RT, 2005. p. 155).

▶ **Poderá o magistrado inserir no ofício de requisição de informações a advertência de que a falta de envio das mesmas no prazo legal implicará em descumprimento de ordem judicial.**

"Portanto, para coibir eventual inobservância do prazo, já que a lei fala que o juiz ordenará que se notifique a autoridade coatora para prestar informações, poderá o magistrado inserir no ofício de requisição de informações a advertência de que a falta de envio das mesmas no prazo legal implicará em descumprimento de ordem judicial, caracterizada assim violação ao dever especificado no inc. V do art. 14 do CPC. Por conseguinte, a autoridade ficará sujeita ao pagamento de multa prevista no parágrafo único do mesmo dispositivo, cujo valor deverá ser arbitrado observando-se a relevância e as particularidades do caso, que será revertida para a União ou o ente federativo." (CERQUEIRA, Luiz Otávio Sequeira de. Comentários à Lei do mandado de segurança: Lei 12.016, de 7 de agosto de 2009. p. 121)

▶ **O descumprimento de decisão judicial pode acarretar graves implicações, cabendo ao magistrado aplicar as sanções de acordo com a gravidade da conduta.**

"Além disso, como se comentará mais adiante, o não cumprimento de decisões judiciais passou à condição de tipo penal, consistente no crime de desobediência previsto no art. 330 do CP, além de sujeitar o agente às sanções previstas na Lei federal 1.079/1950, que trata dos crimes de responsabilidade, e que são cumulativas às penas previstas no Código Penal. Assim, o descumprimento de decisão judicial pode acarretar graves implicações, cabendo ao magistrado aplicar as sanções de acordo com a gravidade da conduta." (CERQUEIRA, Luiz Otávio Sequeira de. Comentários à Lei do mandado de segurança: Lei 12.016, de 7 de agosto de 2009. p. 122)

▶ **Ao contrário do que se passa com a ré ("pessoa jurídica interessada", que responde ao mandado de segurança, "querendo", nos termos do art. 7º, II, da Lei nº 12.016), o coator, como já afirmado, não tem liberdade de prestar, ou não prestar, as informações requisitadas pelo juiz. Tem o dever legal de prestá-las, de forma adequada.**

"O comando, in casu, é mandamental (CPC/2015, art. 77, IV). Por outro lado, tais informações, partindo de autoridade pública, "gozam da presunção juris tantum de veracidade", conforme decide o Supremo Tribunal Federal. Delas discordando, caberá ao impetrante, em consequência, ao arguir a nulidade do respectivo processo administrativo – ainda no entendimento daquela Corte –, "proceder à comprovação, mediante elementos documentais inequívocos, idôneos e pré-constituídos, dos vícios de caráter formal por ele alegados." (THEODORO JÚNIOR, Humberto. Lei do Mandado de Segurança comentada artigo por artigo. Rio de Janeiro: Gen/Editora Forense, 2ª edição, 2019. p. 233).

▶ **Mesmo que não apresentadas as informações não se presumem verdadeiros os fatos alegados pelo impetrante.**

"Não apresentadas as informações, não se presumem verdadeiros os fatos alegados pelo impetrante. É que, como se viu, ao impetrante cabe eliminar a presunção de legitimidade do ato questionado. Essa presunção não será desfeita com a simples ausência de informações no mandado de segurança. Estabelecer que o mandado de segurança serve para proteger direito líquido e certo equivale a impor ao impetrante, sempre, o ônus de elidir a presunção de legitimidade do ato atacado no writ, não devendo tal presunção ser desfeita em razão da falta de informações." (CUNHA, Leonardo Carneiro. A Fazenda Pública em Juízo, 14. ed. rev., atual e ampl. – Rio de Janeiro: Forense, 2017, p. 577)

▶ **Não há revelia ou confissão de fato em razão da não apresentação das informações.**

"A inação quanto prestação de informações, não tem relevância processual. Em outras palavras, daí não decorre revelia ou confissão de fato. E isso porque: I – não são elas, por tudo que já se expôs, contestação; assim sua falta não pode gerar efeitos idênticos aos da ausência de defesa; II – o interesse público é de regra indisponível, o que impediria a configuração da confissão ficta, ainda que de contestação se tratasse (TRF, 4ª Região, AMS 90.04.08639-0, rel. Juiz Albino Zavascki, DJU 10.3.93, Parte II, p. 7.272); III – a concessão da segurança tem condicionamentos constitucionais expressos – direito líquido e certo, ferido ou ameaçado por ato ou omissão de autoridade (ou delegatário), inquinado de ilegalidade ou abuso de poder. Assim, independentemente do comportamento processual do coator e da pessoa jurídica ré, terá o juiz de apurar integralmente a ocorrência das condições constitucionais, que embasam a ação." (FERRAZ, Sergio. Mandado de segurança. São Paulo: Malheiros, 2006. p. 59)

▶ **EM SENTIDO CONTRÁRIO: Mesmo que o impetrante não produza nenhuma prova, mas a autoridade, ao prestar informações, admitir verdadeiros aqueles fatos, cingindo-se a discutir as consequências jurídicas a ele atribuídas, não haverá controvérsia quanto aos fatos, sendo, portanto, cabível será o mandado de segurança**

"É possível ocorrer, contudo, de o impetrante não produzir nenhuma prova, mas a autoridade, ao prestar informações, admitir verdadeiros aqueles fatos, cingindo-se a discutir as consequências jurídicas a ele atribuídas. Nesse caso, não havendo controvérsia quanto aos fatos, cabível será o mandado de segurança. A autoridade estará admitindo, e não confessando, os fatos. Sabe-se que a admissão difere da confissão. Enquanto nesta se reconhece como verdadeiro um fato que lhe é contrário, na admissão reconhece-se como verdadeiro um fato que serve de pressuposto para a própria defesa, passando a ser incontroverso nos autos. Admitido, nas informações da autoridade, o fato não provado pelo impetrante, surge a incontrovérsia, revelando-se presente a liquidez e certeza, apta a permitir o manejo do writ." (CUNHA, Leonardo Carneiro. A Fazenda Pública em Juízo, 14. ed. rev., atual e ampl. – Rio de Janeiro: Forense, 2017, p. 577)

▶ **Tem sido prática corrente a solicitação de prorrogação do prazo para envio das informações, o que não se apresenta de todo adequado em razão da natureza da ação, que visa, antes de tudo, prestar uma tutela jurisdicional célere.**

"Tem sido prática corrente a solicitação de prorrogação do prazo para envio das informações, o que não se apresenta de todo adequado em razão da natureza da ação, que visa, antes de tudo, prestar uma tutela jurisdicional célere. De outro lado, o prazo para a resposta na ação de procedimento ordinário proposta contra a Fazenda Pública é de 60 dias (art. 297 c/c o art. 188 do CPC) e no mandado de segurança, que pode versar sobre questões de elevada complexidade, restou mantido o de 10 dias para envio das informações. Teria sido melhor o legislador ter regrado a prorrogação do prazo, desde que devidamente justificada, a fim de se disciplinar uma conduta praticamente corrente. A prorrogação de prazo, por igual período, mediante prévia e fundamentada justificativa, deveria ser objeto de futura alteração da lei, a fim de sanar uma lacuna legal. Como o legislador não tratou de disciplinar a matéria referente à falta de envio das informações, ou mesmo o envio intempestivo, parece razoável a aplicação de sanção prevista no parágrafo único do art. 14 do CPC para as autoridades coatoras em geral, excetuados os magistrados, que eventualmente ficarão sujeitos às sanções disciplinares administrativas, se for o caso." (CERQUEIRA, Luiz Otávio Sequeira de. Comentários à Lei do mandado de segurança: Lei 12.016, de 7 de agosto de 2009. p. 121)

> II – que se dê ciência do feito ao órgão de representação judicial da pessoa jurídica interessada, enviando-lhe cópia da inicial sem documentos, para que, querendo, ingresse no feito;

▶ **A pessoa jurídica de direito poderá atuar como assistente litisconsorcial, já que a sua intervenção não é obrigatória.**

"A pessoa jurídica de direito público atuará como assistente litisconsorcial, já que a sua intervenção não é obrigatória pelo próprio texto do inciso, o que pressupõe um juízo de conveniência e oportunidade por parte de seu representante legal. Isso também se evidencia pelo disposto no § 2.º do art. 14 desta lei, pelo qual "estende-se à autoridade coatora o direito de recorrer", previsão esta que seria totalmente despicienda se a hipótese fosse de litisconsórcio necessário." (CERQUEIRA, Luiz Otávio Sequeira de. Comentários à Lei do mandado de segurança: Lei 12.016, de 7 de agosto de 2009. Editora Revista dos Tribunais, 4ª edição, 2015, p. 124)

▶ **Se a pessoa jurídica de direito tiver interesse na extração de cópias dos documentos, deverá diligenciar para tanto.**

"O envio de cópia da inicial sem documentos é medida salutar e econômica, já que evita o desperdício de material com a obtenção de cópias. Se a pessoa jurídica de direito tiver interesse na extração de cópias dos documentos, deverá diligenciar para tanto, pois não seria razoável impor-se ao impetrante ou ao Judiciário mais um encargo." (CER-

QUEIRA, Luiz Otávio Sequeira de. Comentários à Lei do mandado de segurança: Lei 12.016, de 7 de agosto de 2009. Editora Revista dos Tribunais, 4ª edição, 2015, p. 124)

▶ **A pessoa jurídica interessada, da mesma forma que a autoridade coatora, possui 10 dias úteis para se manifestar.**

"Se a autoridade coatora tem o prazo de 10 dias para a apresentação das informações, o mesmo prazo há de ser observado para a pessoa jurídica interessada, contados a partir da juntada aos autos do comprovante de intimação do seu representante legal." (CERQUEIRA, Luiz Otávio Sequeira de. Comentários à Lei do mandado de segurança: Lei 12.016, de 7 de agosto de 2009. Editora Revista dos Tribunais, 4ª edição, 2015, p. 125)

▶ **A cientificação da impetração do Mandado de Segurança será feita na pessoa de algum dos procuradores integrantes da pessoa jurídica da qual pertence a autoridade coatora.**

"Como a pessoa jurídica interessada é também cientificada da impetração, para, querendo, ingressar no feito (art. 7º, II), deve ser notificada na pessoa de um dos seus procuradores, dentre os diversos integrantes do seu órgão de representação judicial, pelo que, evidentemente, nem haverá como identificá-lo nominalmente, vez que, no âmbito desse órgão, os processos são igualmente distribuídos aos diversos procuradores, e nem se saberá, ao tempo do protocolo da petição inicial, a quem, dentre os diversos procuradores, caberá fazer a defesa da pessoa jurídica interessada. Assim, basta ao impetrante pedir ao juiz que dê ciência da impetração à pessoa jurídica interessada, na pessoa de um dos procuradores, encarregados da sua defesa, mesmo porque, se não o fizer, essa ciência será dada ex vi legis." (Comentários à Nova Lei do Mandado de Segurança – Lei 12.016/09J. E. Carreira Alvim. p. 101.)

▶ **Consideram-se realizadas a notificação da autoridade coatora e a cientificação da pessoa jurídica ainda que estes tenham deixado de dar recibo nos ofícios respectivos ou mesmo quando tenham recusado o recebimento**

"Note-se que a notificação da autoridade coatora e a intimação do órgão de representação judicial da pessoa jurídica situada no polo passivo da impetração consideram-se realizadas ainda que os seus destinatários tenham deixado de dar recibo nos ofícios respectivos, ou mesmo quando tenham recusado o recebimento. Daí a disposição do art. 11 da Lei nº 12.016/2009 indicar que serão juntados aos autos por copias autenticas não apenas tais ofícios, mas a prova de sua entrega ou da recusa em aceitá-los ou dar recibo." (Comentários a nova Lei do Mandado de Segurança. Mauro Luis Rocha Lopes, p. 65)

> III – que se suspenda o ato que deu motivo ao pedido, quando houver fundamento relevante e do ato impugnado puder resultar a ineficácia da medida, caso seja finalmente deferida, sendo facultado exigir do impetrante caução, fiança ou depósito, com o objetivo de assegurar o ressarcimento à pessoa jurídica.

▶ **Medida liminar em mandado de segurança**

A possibilidade de concessão de liminar é um importante diferencial da ação, que lhe garante muito de sua efetividade, embora a lei preveja restrições à sua concessão, repetindo a legislação pretérita, como na hipótese de compensação tributária, reclassificação ou equiparação de servidores públicos e concessão de aumento ou extensão de vantagens ou pagamento de qualquer natureza a estes e entrega de mercadorias provenientes do exterior (art. 7.º, § 2.º). Ressalte-se que é apenas a concessão da liminar que é restringida, e não a utilização da via mandamental. Em se tratando de mandado de segurança coletivo, a liminar só pode ser deferida após a audiência (oitiva) do representante judicial da pessoa jurídica de direito público, que terá o prazo de 72 horas para se manifestar (art. 22, § 2.º). Os efeitos da liminar concedida perdurarão, salvo se revogada ou cassada, até a prolação da sentença (art. 7.º, § 3.º). A dicção da lei é péssima, por dar a entender que com a sentença os efeitos da liminar cessariam. Na verdade, o que se quis dizer é que a liminar é substituída pela sentença, que deve revogá-la ou torná-la insubsistente, caso a segurança seja denegada, ou confirmá-la, caso concedida, de modo que a sentença substitua a liminar, podendo ela, a própria sentença, ser executada (art. 14, § 3.º), caso a liminar ainda não o tenha sido.

◉ **A concessão de liminar, em mandado de segurança, supõe, além do risco de ineficácia da futura decisão definitiva da demanda, a elevada probabilidade de êxito da pretensão, tal como nela formulada.**

"CONSTITUCIONAL. MANDADO DE SEGURANÇA. LIMINAR. REQUISITOS. PROCESSO LEGISLATIVO. APRECIAÇÃO DE VETOS PRESIDENCIAI S (CF, ART. 66, §§ 4º E 6º). 1. A concessão de liminar, em mandado de segurança, supõe, além do risco de ineficácia da futura decisão definitiva da demanda, a elevada probabilidade de êxito da pretensão, tal como nela formulada. 2. No caso, o que se pretende, na impetração, é provimento que iniba o Congresso Nacional de apreciar o Veto Parcial n.º 38/2012, aposto pela Presidente da República ao Projeto de Lei n.º 2.565/2011, antes da votação de todos os demais vetos anteriormente apresentados (mais de 3.000 – três mil), alguns com prazo vencido há mais de 13 – treze – anos. 3. A medida liminar, que tem natureza antecipatória, não pode ir além nem deferir providência diversa da que deriva da sentença definitiva. Assim, no entender majoritário da Corte, não há como manter a determinação liminar ordenando ao Congresso Nacional que "se abstenha de deliberar acerca do Veto Parcial nº 38/2012 antes que proceda à análise de todos os vetos pendentes com prazo de análise expirado até a presente data, em ordem cronológica de recebimento da respectiva comunicação". Isso porque se mostra pouco provável que tal determinação venha a ser mantida no julgamento definitivo da demanda, especialmente pela gravidade das consequências que derivariam do puro e simples reconhecimento, com efeitos ex tunc, da inconstitucionalidade da prática até agora adotada pelo Congresso Nacional no processo legislativo de apreciação de vetos presidenciais (ADI nº 4.029/DF, Rel. Min. Luiz Fux, DJe de 27.06.2012). 4. Agravo regimental provido." (MS 31816 MC-AgR, Relator(a): Min. LUIZ FUX, Relator(a) p/ Acórdão: Min. TEORI ZAVASCKI, Tribunal Pleno, julgado em 27/02/2013, PROCESSO ELETRÔNICO DJe-088 DIVULG 10-05-2013 PUBLIC 13-05-2013 RTJ VOL-00226-01 PP-00444)

▶ **Para a concessão da liminar devem concorrer os dois requisitos legais, ou seja, a relevância dos motivos em que se assenta o pedido da inicial e a possibilidade da ocorrência de lesão irreparável ao direito do impetrante.**

"Dois são os requisitos a serem atendidos para que o impetrante obtenha, liminarmente, a suspensão do ato impugnado (art. 7º, III, da Lei nº 12.016): a) o fundamento relevante da impetração; e b) a possibilidade de ineficácia da sentença final que venha a deferir a segurança, em caráter definitivo." (THEODORO JÚNIOR, Humberto. Lei do Mandado de Segurança comentada artigo por artigo. Rio de Janeiro: Gen/Editora Forense, 2ª edição, 2019. p. 255).

▶ **No mesmo sentido:** "A medida liminar é provimento cautelar admitido pela própria Lei do Mandado de Segurança, quando sejam relevantes os fundamentos da impetração e do ato impugnado puder resultar a ineficácia da ordem judicial, se concedida a final (art. 7º, III, Lei n. 12.016/2009). Para a concessão da liminar devem concorrer os dois requisitos legais, ou seja, a relevância dos motivos em que se assenta o pedido da inicial e a possibilidade da ocorrência de lesão irreparável ao direito do impetrante, se vier ser reconhecido na decisão de mérito – fumus boni iuris e periculum in mora." (Francisco Antônio de Oliveira, Mandado de Segurança e Controle jurisdicional. Pg 258).

> ▶ **No mesmo sentido:** "Para a concessão da liminar devem concorrer os dois requisitos legais, ou seja, a relevância dos motivos em que se assenta o pedido na inicial, e a possibilidade da ocorrência de lesão irreparável ao direito do impetrante, se vier a ser reconhecido na decisão de mérito." (Hely Lopes Meireles. Problemas do Mandado de Segurança. Pg. 50)

> ▶ **No mesmo sentido:** "Em sede de liminar, em mandado de segurança, são estes igualmente os estados do intelecto do juiz, diante da verdade – ignorância, dúvida, opinião e certeza -, e, afora a ignorância, que é o total desconhecimento do objeto, e a certeza, que e seu conhecimento pleno (completo), interessam-nos as situações intermediárias, residindo numa delas (na opinião) a situação que se traduz como probabilidade, a nortear o juiz no exame da medida liminar(...). Por fundamento relevante deve-se entender, pois, uma base legal de tal envergadura que ponha em evidência a real necessidade da liminar, sem a qual o direito líquido e certo será efetivamente lesado, se ameaçado de lesão, ou, agravada a lesão, se esta já tiver ocorrido, ou ocorrendo, estando o juiz em condições de evitar que se consume ou se agrave. No fundo, não deixa de ser um conceito fluido ou aberto, que, dependendo do subjetivismo de cada juiz, pode existir no espírito de um e não existir no de outro; de forma que pode um juiz considerar relevante um fundamento, e outro, entender não ter a mesma relevância, para fins de concessão de liminar." (Comentários à Nova Lei do Mandado de Segurança – Lei 12.016/09J. E. Carreira Alvim. Pg. 171, 172).

▶ **A relevância dos fundamentos do pedido não deve ser confundida com a mera aparência do bom direito (fumus boni iuris), como se passa com as medidas cautelares.**

"A relevância dos fundamentos do pedido – como adverte ARRUDA ALVIM – não deve ser confundida com a mera aparência do bom direito (fumus boni iuris), como se passa com as medidas cautelares. O mandado de segurança somente pode ser concedido mediante prova documental capaz de evidenciar a liquidez e certeza do direito do impetrante. Assim, o juiz, para antecipar os efeitos da tutela definitiva, tem que se fundar na prova que acompanha a inicial e que, em princípio, é a única que a parte irá apresentar para sustentar seu pedido." (THEODORO JÚNIOR, Humberto. Lei do Mandado de Segurança comentada artigo por artigo. Rio de Janeiro: Gen/Editora Forense, 2ª edição, 2019. p. 256).

▶ **É necessário, portanto, para enfrentar o requerimento de liminar, verificar se o autor exibe documentos adequados e suficientes para a comprovação do suporte fático de sua pretensão.**

"Caber-lhe-á, portanto, para enfrentar o requerimento de liminar, verificar se o autor exibe documentos adequados e suficientes para a comprovação do suporte fático de sua pretensão: Ainda que o faça de maneira provisória, e sem tempo para um juízo exauriente e definitivo, o juiz tem de formar um convencimento sobre a impetração que o credencie a antever a possibilidade séria de concessão definitiva da segurança. Esse juízo não pode ainda ser definitivo, mesmo no plano fático--probatório, porque o sujeito passivo ainda não foi ouvido e, portanto, ainda não apresentou sua versão em torno do ato impugnado, nem produziu, ainda, os documentos que, eventualmente, possa contrapor aos do impetrante." (THEODORO JÚNIOR, Humberto. Lei do Mandado de Segurança comentada artigo por artigo. Rio de Janeiro: Gen/Editora Forense, 2ª edição, 2019. p. 256).

▶ **Para se ter como relevante a fundamentação do pedido de segurança é necessária que a plausibilidade da pretensão deduzida em juízo se revele *prima facie*.**

"Para se ter, então, como relevante a fundamentação do pedido de segurança, é necessário que a plausibilidade da pretensão deduzida em juízo se revele prima facie. Não é a certeza do direito que, nessa altura, se reclama. Isto se exigirá, afinal, quando da concessão definitiva da tutela. Mas não é qualquer aparência de direito que o autor terá de revelar, é a verossimilhança extraída da prova documental pré-constituída, já que esta será condição sine qua non para a concessão da tutela jurisdicional, e na espécie deverá apresentar-se completa desde o ingresso da impetração em juízo." (THEODORO JÚNIOR, Humberto. Lei do Mandado de Segurança comentada artigo por artigo. Rio de Janeiro: Gen/Editora Forense, 2ª edição, 2019. p. 256).

▶ <u>**No mesmo sentido:**</u>"(...) tanto no caso da liminar em mandado de segurança, como no caso da liminar concedida no seio da medida cautelar, há cognição sumária; porém, na hipótese de liminar em mandado de segurança, essa 'cognição sumária' dá-se à luz do material probatório dado por completo e exauriente (ainda que esse juízo provisório sobre a suficiência da prova possa ser alterado ao final quando da sentença)" (ARRUDA ALVIM, Eduardo. Mandado de segurança, cit., p. 168).

▶ O que a determina o deferimento da liminar é a constatação de que não sendo suspenso de imediato o ato impugnado a concessão da segurança pela sentença não seria capaz de proteger, com efetividade, o direito *in natura*.

▶ "A liminar, portanto, na ação mandamental, se justifica de maneira própria e diversa daquela prevista para as medidas cautelares. O que a determina é a constatação, desde logo, de que, não sendo suspenso, de imediato, o ato impugnado, a concessão da segurança pela sentença não seria capaz de proteger, com efetividade, o direito in natura." (THEODORO JÚNIOR, Humberto. Lei do Mandado de Segurança comentada artigo por artigo. Rio de Janeiro: Gen/Editora Forense, 2ª edição, 2019. p. 257).

▶ **No mesmo sentiso:** "(...) o mandado de segurança é um instrumento (uma garantia constitucional) destinado a assegurar uma prestação in natura ao impetrante. O perigo na demora significa que, se não concedida a ordem liminar pleiteada, a sentença será inútil como instrumento capaz de assegurar ao impetrante a garantia in natura pleiteada. Pouco importa que, da eventual anulação do ato impugnado, decorra o direito de recuperação do pagamento indevido que ele provocou. O direito do impetrante, tutelado pelo mandamus, era o de impedir o efeito do ato abusivo. Negada a suspensão liminar, portanto, a sentença não terá sido instrumento suficientemente apto a outorgar ao contribuinte a garantia in natura pleiteada" (ARRUDA ALVIM, Eduardo. Mandado de segurança p. 169-170).

▶ **No mesmo sentiso:** "Corretíssima a conclusão a que chega ARRUDA ALVIM, no sentido de que o periculum in mora que justifica a liminar na ação mandamental há de ser identificado a partir do risco que a não concessão da medida possa acarretar "à eficácia da segurança como meio de concessão da garantia in natura ao impetrante". Vale dizer: o objetivo da liminar, no caso do mandado de segurança, deve ser sempre o de assegurar a produção dos efeitos práticos que garantam a tutela específica do direito subjetivo do impetrante. Nenhuma eficácia prática, por exemplo, teria a concessão de segurança que reconhecesse o direito de matrícula do impetrante em determinado estabelecimento de ensino, se o julgado vier a ser pronunciado muito tempo depois que o acesso pretendido tiver utilidade. O mesmo se diga do enfermo que necessita de liminar para se submeter a cirurgia inadiável, ou do candidato que depende de igual provimento para participar de um concurso já em vias de início das respectivas provas. Em todos esses casos, como na generalidade dos mandados de segurança, o remédio tutelar só cumprirá sua função tutelar se garantir, tempestivamente, o exercício in natura do direito subjetivo do impetrante. Daí a função fundamental que cabe à liminar, já que sem ela a garantia constitucional perderia todo o seu significado e tornar-se-ia impotente para realizar, com efetividade, a tutela prometida à vítima das ilegalidades e abusos de poder cometidos por agentes da Administração. " (THEODORO JÚNIOR, Humberto. Lei do Mandado de Segurança comentada artigo por artigo. Rio de Janeiro: Gen/Editora Forense, 2ª edição, 2019. p. 257).

▶ A tutela de urgência em sede mandamental não se restringe ao pedido de suspensão da eficácia do ato administrativo atacado, podendo constituir-se em decisão mandamental ou impondo uma obrigação de fazer.

▶ "Essa regra repete, com pequena alteração vocabular, o texto do inc. II do art. 7º da Lei 1.533/51, sem que o legislador tenha se dado conta, ao longo das mais de quatro décadas de sua vigência, que ele disciplinava apenas o ato coator de conteúdo positivo – pois somente este pode ser suspenso —, sem considerar que ele pode ser também negativo, a exigir um provimento liminar para evitar lesão ou ameaça a direito líquido e certo do impetrante, e não se suspende simplesmente um ato de conteúdo negativo; ou pelo menos a sua suspensão não tem nenhuma eficácia, nem no mundo dos fatos e nem do direito; e repetiu a mesma omissão. Assim, se o impetrante, por exemplo, se insurgir contra o ato administrativo de adjudicação do objeto da licitação, pode o juiz suspendê-la, se preenchidos os requisitos previstos no inc. III do art. 7º, até que se profira a sentença de mérito; mas, se o impetrante se insurgir contra o ato administrativo que lhe indeferiu a inscrição num concurso público, a simples suspensão desse ato pelo juiz não lhe proporciona nenhuma utilidade, porque o ato de indeferimento não se transforma em deferimento pelo fato de ser suspenso." (Comentários à Nova Lei do Mandado de Segurança – Lei 12.016/09J. E. Carreira Alvim. Pg 167/168.)

> ▶ **No mesmo sentido:** "Deve-se ter em conta que, no deferimento da liminar do mandado de segurança, o poder do juiz não está limitado à suspensão do ato impugnado. Pode determinar, também, providências ativas, dentro do conceito moderno de antecipação de tutela (CPC/2015, art. 300). Sempre que tal se revelar indispensável para assegurar a efetividade do acesso à justiça e da tutela a que tenha direito o impetrante. Na verdade, o que autoriza o art. 7º, III, da Lei nº 12.016 é um provimento de urgência de largo espectro que tanto pode configurar medida cautelar, medida de antecipação de tutela, como, ainda, medida satisfativa, capaz de esgotar até mesmo o objeto do pedido, a exemplo do que excepcionalmente se dá com a ordem de fornecimento de medicamentos." (THEODORO JÚNIOR, Humberto. Lei do Mandado de Segurança comentada artigo por artigo. Rio de Janeiro: Gen/Editora Forense, 2ª edição, 2019. p. 260/261).

▶ A impetração de Mandado de Segurança por ilegalidade decorrente de ato omissivo deve pleitear uma decisão no sentido de obrigar a autoridade coatora a fazer o que ela ilegalmente está quedando inerte.

"No mandado de segurança contra omissão da Administração Pública a situação não é diferente, pois, se o funcionário público, por exemplo, tiver direito líquido e certo a uma promoção, omitindo-se a autoridade competente em promovê-lo, não tem cabimento a medida prevista no inc.III do art. 7º, pois não se suspende um ato omissivo. Em tais casos, nem é possível suspender nada, cumprindo ao juiz, se for o caso, tendo por presentes os pressupostos legais, proferir um provimento liminar positivo, determinando à autoridade impetrada que proceda à promoção do impetrante." (Comentários à Nova Lei do Mandado de Segurança – Lei 12.016/09J. E. Carreira Alvim. Pg.168)

▶ **Natureza meramente explicativa da norma, pois não se restringe a suspensão de ato.**

"Deve-se entender a norma como tendo natureza meramente exemplificativa, visto que, em um grande número de casos, a tutela de urgência terá o objetivo de sustar a eficácia do ato praticado pela autoridade coatora, muito embora haja tantos outros mandamus em que a medida urgente terá objeto totalmente distinto (se pleiteará um fazer, a entrega de coisa, etc)." (KLIPPEL, Rodrigo e NEFFA JUNIOR, José Antônio. Comentários à lei de mandado de segurança. (Lei nº 12.016/09): Artigo por artigo, doutrina e jurisprudência, Editora Lumen Juris, Rio de Janeiro, 2010, p. 156)

▶ **O momento processual da liminar no Mandado de Segurança.**

"A medida liminar, no mandado de segurança individual, é sempre deferível inaudita altera parte, isto é, sua concessão ocorre no despacho da inicial, antes, pois, da notificação e resposta da autoridade coatora. Não é assim no mandado de segurança coletivo, já que, nesse tipo de writ, o juiz somente pode conceder a suspensão liminar do ato impugnado "após a audiência do representante judicial da pessoa jurídica de direito público, que deverá se pronunciar no prazo de 72 (setenta e duas) horas" (Lei nº 12.016, art. 22, § 2º). Não há empecilho, porém, para que a deliberação em torno da liminar ocorra em outra fase do procedimento, se o juiz, por exemplo, só se convencer da necessidade de suspender o ato impugnado depois de melhor convicção formada ao longo do curso do processo, o que se pode dar em consideração de fatos novos ou de avaliação das informações do coator e da eventual resposta da pessoa jurídica interessada. Não se descarta, inclusive, a possibilidade de retratação, pelo juiz da causa, na hipótese de agravo contra a decisão denegatória da liminar. Pode haver, ainda, a suspensão dos efeitos do ato em discussão por decisão do tribunal, em grau de recurso." (THEODORO JÚNIOR, Humberto. Lei do Mandado de Segurança comentada artigo por artigo. Rio de Janeiro: Gen/Editora Forense, 2ª edição, 2019. p. 258).

▶ **A tutela antecipada é fundada na probabilidade de que o direito afirmado, mas ainda não provado, será demonstrado e declarado, enquanto que a liminar do mandado de segurança e a tutela da evidência são baseadas em prova dos fatos constitutivos.**

"Note-se, ainda, que a tutela antecipada pode ser concedida antes de produzidas todas as provas tendentes à demonstração dos fatos constitutivos do direito, o que não acontece quando se pensa na liminar do mandado de segurança. A tutela antecipada é fundada na probabilidade de que o direito afirmado, mas ainda não provado, será demonstrado e declarado, enquanto que a liminar do mandado de segurança e a tutela da evidência são baseadas em prova dos fatos constitutivos." (MARINONI, Luiz Guilherme. Tutela de urgência e tutela de evidência: soluções processuais diante do tempo da justiça. Editora Revista dos Tribunais, 1ª Ed. 2017, p.)

▶ **A liminar concedida no procedimento da tutela cautelar antecedente difere nitidamente quanto ao grau de cognição em relação ao Mandado de Segurança.**

"A sumarização da cognição pode ter graus diferenciados, não dependendo da cronologia do provimento jurisdicional no iter do procedimento, mas sim da relação entre a afirmação fática e as provas produzidas. Perceba-se, por exemplo, que a liminar do procedimento do mandado de segurança e a liminar concedida no procedimento da tutela cautelar antecedente diferem nitidamente quanto ao grau de cognição." (MARINONI, Luiz Guilherme. Tutela de urgência e tutela de evidência: soluções processuis diante do tempo da justiça. Editora Revista dos Tribunais, 1ª Ed. 2017, baseada em e-Book)

▶ **No mandado de segurança a liminar é deferida com base no juízo de probabilidade de que a afirmação provada não será demonstrada em contrário pelo réu.**

"No mandado de segurança a liminar é deferida com base no juízo de probabilidade de que a afirmação provada não será demonstrada em contrário pelo réu, enquanto a liminar cautelar é concedida com base no juízo de probabilidade de que a afirmação será demonstrada, ainda que sumariamente, através das provas admitidas no procedimento sumário." (MARINONI, Luiz Guilherme. Tutela de urgência e tutela de evidência: soluções processuais diante do tempo da justiça. Editora Revista dos Tribunais, 1ª Ed. 2017, baseada em e-Book)

▶ **Inaplicabilidade da estabilização da tutela de urgência no rito do Mandado de Segurança.**

"A tutela de urgência, tal como explicado no item 11.5.4.1.2 supra, pode estabilizar-se quando presentes os requisitos previstos no art. 304 do CPC. Nas hipóteses em que a urgência for contemporânea à propositura da demanda, a parte autora pode requerer a tutela antecipada em caráter antecedente, limitando sua petição inicial ao requerimento da providência provisória (CPC, art. 303). Deferida, a medida torna-se estável se a parte demandada não interpuser, no prazo legal, o respectivo recurso (CPC, art. 304). É possível, como se viu no item 11.5.4.1.2.5 supra, haver estabilização da tutela de urgência contra a Fazenda Pública. A estabilização da tutela de urgência ocorre, porém, apenas no procedimento comum, não sendo adequada aos procedimentos especiais. Exatamente por isso, não há estabilização da tutela de urgência no mandado de segurança, cujo procedimento é específico, a ele não se aplicando o disposto nos arts. 303 e 304 do CPC. Com efeito, o procedimento do mandado de segurança não comporta a aplicação de tais dispositivos do CPC, não sendo possível haver, no âmbito do mandado de segurança, a estabilização da tutela de urgência." (CUNHA, Leonardo Carneiro. A Fazenda Pública em Juízo, 14ª. ed. rev., atual e ampl. – Rio de Janeiro: Forense, 2017, p. 580)

▶ **A tutela de evidência pode ser concedida em mandado de segurança.**

▶ *Tutela da evidência.*

"O legislador procurou caracterizar a evidência do direito postulado em juízo capaz de justificar a prestação de "tutela provisória" a partir das quatro situações arroladas no art. 311, CPC. O denominador comum capaz de amalgamá-las é a noção de defesa inconsistente. A tutela pode ser antecipada porque a defesa articulada pelo réu é inconsistente ou provavelmente o será. A tutela da evidência é fundada em cognição sumária e sua decisão não é suscetível de coisa julgada." (MARINONI, Luiz Guilherme, ARENHART, Sérgio Cruz, MITI-

DIERO, Daniel. Código de processo civil comentado. 4ª. ed. rev., atual e ampl. – São Paulo, 2018, p. 423)

▶ **Defesa inconsistente.**

"O art. 311, I, CPC, deve ser lido como uma regra aberta que permite a antecipação da tutela sem urgência em toda e qualquer situação em que a defesa do réu se mostre frágil diante da robustez dos argumentos do autor – e da prova por ele produzida – na petição inicial. Em suma: toda vez que houver apresentação de defesa inconsistente." (MARINONI, Luiz Guilherme, ARENHART, Sérgio Cruz, MITIDIERO, Daniel. Código de processo civil comentado. 4ª. ed. rev., atual e ampl. – São Paulo, 2018, p. 423)

▶ **Precedentes.**

"O art. 311, II, CPC, revela um equívoco de orientação em que incidiu o legislador a respeito do tema dos precedentes. O que demonstra a inconsistência da defesa do réu não é o fato de a tese do autor encontrar-se fundamentada em "julgamento de casos repetitivos" (leia-se, incidente de resolução de demandas repetitivas, arts. 976 a 987, CPC, e recursos repetitivos, arts. 1.036 a 1.041, CPC) ou em "súmula vinculante". É o fato de se encontrar fundamentado em precedente do Supremo Tribunal Federal ou do Superior Tribunal de Justiça ou em jurisprudência dotada de razões apropriadas formada nos Tribunais de Justiça e nos Tribunais Regionais Federais em sede de incidente de resolução de demandas repetitivas, isto é, jurisprudência formalmente vinculante. O que o art. 311, II, autoriza, portanto, é a "tutela da evidência" no caso de haver precedente do STF ou do STJ ou jurisprudência firmada em incidente de resolução de demandas repetitivas nos Tribunais de Justiça ou nos Tribunais Regionais Federais. Esses precedentes podem ou não ser oriundos de casos repetitivos e podem ou não ter adequadamente suas razões retratadas em súmulas vinculantes." (MARINONI, Luiz Guilherme, ARENHART, Sérgio Cruz, MITIDIERO, Daniel. Código de processo civil comentado. 4ª. ed. rev., atual e ampl. – São Paulo, 2018, p. 423/424)

▶ **Prova contrária.**

"A hipótese do inciso IV do art. 311, CPC, é a hipótese clássica em que o tempo para produção da prova deve ser suportado pelo réu – e não pelo autor que já se desincumbiu de seu ônus probatório documentalmente. Embora não tenha sido previsto textualmente pelo art. 311, CPC, também é possível antecipação da tutela fundada na evidência quando o autor alega e prova o fato constitutivo de seu direito e o réu opõe defesa indireta sem oferecer prova documental, protestando pela produção de prova oral ou prova pericial." (MARINONI, Luiz Guilherme, ARENHART, Sérgio Cruz, MITIDIERO, Daniel. Código de processo civil comentado. 4ª. ed. rev., atual e ampl. – São Paulo, 2018, p. 425)

▶ **Momento.**

"Como regra, a concessão da tutela da evidência depende do cotejo entre as posições jurídicas do autor e do réu no processo: é dessa comparação que será oriunda a noção de evidência. Isso porque a base da tutela da evidência está ligada ao oferecimento de defesa inconsistente – que normalmente pressupõe o seu exercício. Ocorre que em algumas situações o legislador desde logo presume que a defesa será inconsistente (art. 311, II e III, CPC). Nesses casos, em que a defesa provavelmente será inconsistente, o legislador permite a concessão de tutela da evidência liminarmente (art. 311, parágrafo único, CPC). Nos demais casos a concessão de tutela da evidência só pode ocorrer depois da contestação." (MARINONI, Luiz Guilherme, ARENHART, Sérgio Cruz, MITIDIERO, Daniel. Código de processo civil comentado. 4ª. ed. rev., atual e ampl. – São Paulo, 2018, p. 425)

◉ *Enunciado 49 da I Jornada de Direito Processual Civil, do Conselho da Justiça Federal: "A tutela de evidência pode ser concedida em mandado de segurança".*

◉ **As vedações legais à tutela de urgência não se aplicam à tutela de evidência, com a ressalva da hipótese do inciso IV do art. 311 do CPC.**

◉ *Enunciado 35 do Fórum Permanente de Processualistas Civis assim estabelece: "As vedações à concessão da tutela provisória contra a Fazenda Pública limitam-se às tutelas de urgência"*

◉ *Enunciado 13 do I Fórum Nacional do Poder Público – Brasília/DF: "Aplica-se a sistemática da tutela de evidência ao processo de mandado de segurança, observadas as limitações do art. 1.059 do CPC".*

▶ **O deferimento da liminar em Mandado de Segurança constitui-se em verdadeira ordem que o coator tem que acatar imediatamente, sob pena de incorrer em responsabilidade criminal e disciplinar.**

"O juiz, ao deferir a liminar do mandado de segurança, não condena a autoridade a realizar a suspensão do ato impugnado, ou a eliminar os efeitos de sua execução, se já praticado. Expede verdadeira ordem, que o coator tem que acatar imediatamente, sob pena de incorrer em responsabilidade criminal e disciplinar. Nisso consistem os provimentos, definitivos ou provisórios, pronunciados no processo especial do mandado de segurança. Não há um procedimento formal de execução de sentença. A ordem é consequência da decisão, que é expedida de plano, para ser, também de plano, cumprida pelo destinatário." (THEODORO JÚNIOR, Humberto. Lei do Mandado de Segurança comentada artigo por artigo. Rio de Janeiro: Gen/Editora Forense, 2ª edição, 2019. p. 258).

▶ **Qualquer omissão ou resistência do coator será contornada pelos amplos poderes executivos de que é dotado o juiz.**

"Qualquer omissão ou resistência do coator será contornada pelos amplos poderes executivos de que é dotado o juiz, na espécie, e que lhe permitirão conceber e praticar os expedientes idôneos a alcançar os resultados práticos equivalentes àqueles correspondentes à prestação determinada para ser cumprida pela autoridade coatora, a exemplo do que se acha previsto pelo art. 497 do CPC/2015, para a execução específica das obrigações de fazer em geral." (THEODORO JÚNIOR, Humberto. Lei do Mandado de Segurança comentada artigo por artigo. Rio de Janeiro: Gen/Editora Forense, 2ª edição, 2019. p. 259).

▶ **O Código de Processo Civil, inclusive e especialmente o disposto em seus arts. 300 e 497, se aplica subsidiariamente ao mandado de segurança.**

O Código de Processo Civil, inclusive e especialmente, o disposto em seus arts. 300 e 497 se aplica subsidiariamente ao mandado de segurança, e que, muitas vezes, sua eficácia ficaria seriamente comprometida "se o juiz não pudesse tomar as medidas de urgência adequadas a cada caso concreto, para preservar o objeto processual e garantir a máxima efetividade da tutela pretendida". Entre as medidas atípicas para concretização da tutela liminar, terão cabimento, conforme o caso, medidas sub-rogatórias, como impedimento de atividade, remoção de pessoas ou coisas, etc., e medidas de apoio, como a imposição de multa, entre outras.

▶ **O deferimento da liminar é um direito do impetrante, desde que reunidos os seus requisitos legais.**

"Por outro lado, embora não faltem julgados e autores que afirmem a discricionariedade da decisão judicial que defere a liminar, o certo, porém, é que, sendo pressuposto da efetividade do próprio mandado de segurança, a liminar não pode, de maneira alguma, ser tratada como faculdade discricionária do juiz. Trata-se de um direito do impetrante, desde que reunidos os seus requisitos legais. Não há lugar, in casu, para o juízo livre sobre conveniência e oportunidades de determinação da suspensão do ato impugnado. Assim como não pode o juiz deixar de deferir, na sentença, a segurança cujos requisitos restarem comprovados no processo, também não lhe é dado denegar a liminar, uma vez presentes os dois requisitos arrolados pelo art. 7º, III, da Lei nº 12.016. Nesse sentido é a corrente largamente majoritária da doutrina." (THEODORO JÚNIOR, Humberto. Lei do Mandado de Segurança comentada artigo por artigo. Rio de Janeiro: Gen/Editora Forense, 2ª edição, 2019. p. 259/260).

◉ **No mesmo sentido:** "a concessão – ou não – da liminar em mandado de segurança não pode ser compreendida como simples liberalidade da justiça. É direito do impetrante. Estando presentes o fumus boni iuris e o periculum in mora, a sua concessão é forçosa, sem que isso resulte na emissão de qualquer juízo discricionário do magistrado. No mesmo sentido, não restando configurados os pressupostos da liminar, o seu indeferimento é inevitável, não havendo qualquer outra opção para o magistrado" (STJ, Corte Especial, EREsp 471.513/MG, Rel. Min. Fernando Gonçalves, Rel. p/ ac. Min. Gilson Dipp, ac. 02.02.2005, DJU 07.08.2006, p. 196.)

> ▶ **No mesmo sentido:** "Nesse sentido, pensa-se, deve ser posto o tema: presentes os requisitos, a antecipação deve ser concedida e não pode ser negada." (DECOMAIN, Pedro Roberto. Mandado de segurança, cit., p. 282).

▶ **É possível a concessão da liminar de ofício?**

▶ **Entendendo ser possível:** "A forma como é redigida a primeira parte do inciso III do art 7º da Lei 12.016/09 (mantendo a técnica antes empregada no art. 7º, II da Lei 1.533/51) permite que siga viva a controvérsia acerca da possibilidade de que a medida de urgência seja deferida ex officio pelo julgador, sem necessidade de pedido do impetrante." (KLIPPEL, Rodrigo e NEFFA JUNIOR, José Antônio. Comentários à lei de mandado de segurança. (Lei nº 12.016/09): Artigo por artigo, doutrina e jurisprudência, Editora Lumen Juris, Rio de Janeiro, 2010, p. 157)

▶ **Entendendo ser possível:** "(...) em se tratando de liminar cautelar, tolera-se a sua concessão de ofício, e, em se tratando de liminar satisfativa, depende de pedido do impetrante." (ALVIN, J E Carreira, Comentários à nova lei do Mandado de Segurança, Ed. Juruá, Paraná, p. 189)

▶ **Entendendo não ser possível:** "Embora haja considerável corrente doutrinária entendendo que a liminar, no mandado de segurança, não depende de pedido, podendo ser concedida de ofício pelo juiz, é mais adequado entender que a liminar, no mandado de segurança, depende de requerimento da parte, não devendo ser concedida de ofício. Isso porque, concedida a liminar, deverá o impetrante, ao final, ser responsabilizado objetivamente pelos danos suportados pelo demandado, se a segurança vier a ser denegada (CPC, art. 302, I)." (CUNHA, Leonardo Carneiro. A Fazenda Pública em Juízo, 14ª. ed. rev., atual e ampl. – Rio de Janeiro: Forense, 2017, p. 579)

▶ **Entendendo não ser possível:** "Como se pode notar do dispositivo legal, não há exigência de pedido expresso do impetrante, como ocorre no art. 273, caput, do CPC, que condiciona a tutela antecipada ao "requerimento da parte". Teria sido o silêncio da lei intencional, permitindo ao juiz uma atuação oficiosa? " A resposta a essa pergunta deve partir de uma análise por analogia à tutela antecipada, considerando-se a identidade de natureza jurídica dessa com a liminar do mandado de segurança. A doutrina majoritária entende que, tratando-se a tutela antecipada de espécie de tutela que beneficia diretamente a parte, e que poderá, a partir de sua concessão, aproveitar-se do bem da vida como se tivesse se sagrado vitoriosa na demanda, cabe somente à própria parte pedir expressamente a proteção jurisdicional. Da mesma forma acontece com a liminar do mandado de segurança, parecendo ser o mais correto se entender, mesmo diante do silêncio da lei, que a concessão da liminar, além do perigo de ineficácia e da relevância da fundamentação, depende do pedido do impetrante." (NEVES, Daniel Amorim Assumpção. Ações Constitucionais, 2ª edição, Ed. GEN, São Paulo, 2013, p. 183)

▶ **Equívoco supor que a concessão da liminar de oficio atenda, sempre, aos interesses do impetrante -, porque, na prática, pode não atender.**

"E equívoco supor que, por se estar em face de uma ilegalidade ou abuso de poder, ou mesmo de ser imperativo o inc. III do art. 7º, ao mandar que se suspenda o ato que deu motivo ao pedido, a concessão da liminar de oficio atenda, sempre, aos interesses do impetrante, porque, na prática, pode não atender. Suponha-se que um estudante impetre mandado de segurança, com o propósito de obter a sua transferência para uma instituição federal de ensino, ou uma fundação universitária, mas não queira se beneficiar de medida liminar, por temer que a denegação da segurança o obrigue a retomar à instituição de origem, cujo calendário escolar é diferente daquela onde pretende ser matriculado por força da segurança. Neste caso, se o juiz conceder de ofício a liminar, determinando a matrícula provisória do impetrante, e este não comparecer para matricular-se, a sua omissão pode ser interpretada como falta de interesse processual, determinando, inclusive, a extinção do processo sem resolução de mérito. Se, pelo contrário, vier a ser matriculado, e, ao final do período (para quem é otimista), ou num dos próximos (ainda com certa dose de otimismo), for a segurança denegada, terá sob muitos aspectos perdido o seu tempo, inclusive cursando disciplinas que não constam da grade curricular da sua instituição de origem, onde terá que retomar o seu curso." (ALVIN, J E Carreira, Comentários à nova lei do Mandado de Segurança, ed. Juruá, Paraná, p. 90/191)

▶ **Possibilidade de o juiz condicionar a liminar a uma contracautela do impetrante**

"Antes da alteração legislativa, o Superior Tribunal de Justiça era pacífico no sentido de que era impossível exigir a contracautela como requisito para o deferimento da medida urgente. Agora tudo muda." (KLIPPEL, Rodrigo e NEFFA JUNIOR, José Antônio. Comentários à lei de mandado de segurança. (Lei nº 12.016/09): Artigo por artigo, doutrina e jurisprudência, Editora Lumen Juris, Rio de Janeiro, 2010, p. 158).

▶ **A exigência de caução deve ser adotada como expediente excepcional, somente justificável, em nome do interesse público, em casos extremos.**

"Pondo fim a uma polêmica antiga, a atual lei do mandado de segurança dispõe que ao juiz é facultado (não obrigatório) exigir, no caso de deferimento da liminar, prestação de caução, fiança ou depósito, "com o objetivo de assegurar o ressarcimento à pessoa jurídica", caso ocorra a denegação da segurança (art. 7º, § 3º, in fine). É preciso, obviamente, usar com cautela e moderação essa medida de contracautela. A banalização do expediente contraria a índole do remédio constitucional e provoca o risco, mesmo, de anular um direito fundamental. A exigência de caução, portanto, deve ser adotada como expediente excepcional, somente justificável, em nome do interesse público, em casos extremos." (THEODORO JÚNIOR, Humberto. Lei do Mandado de Segurança comentada artigo por artigo. Rio de Janeiro: Gen/Editora Forense, 2ª edição, 2019. p. 261).

▶ **A prestação da contracautela não é medida obrigatória, que se imponha em toda hipótese de concessão de liminar em mandado de segurança, sendo claro que o juiz poderá exigir a prestação de caução a depender do caso concreto.**

"Somente uma leitura mais afoita do dispositivo legal ensejará crítica à previsão legal, inclusive apontando-a como inconstitucional, por se constituir em obstáculo injustificável à concessão de tutela jurisdicional. Como a literalidade do dispositivo determina, a prestação da contracautela não é medida obrigatória, que se imponha em toda hipótese de concessão de liminar em mandado de segurança, sendo claro que o juiz poderá exigir a prestação de caução a depender do caso concreto. Essa previsão, no mais, sem pecha de inconstitucionalidade, existe há tempos na tutela cautelar (art. 804, CPC) e vem também sendo aplicada na tutela antecipada. Em razão disso, não vejo futuro na Ação Direta de Inconstitucionalidade promovida pela Ordem dos Advogados do Brasil (ADI 4.296), ao menos nesse tocante." (NEVES, Daniel Amorim Assumpção. Ações Constitucionais, 2ª edição, Ed. GEN, São Paulo, 2013, p. 184)

▶ **A sentença denegatória cassa os efeitos da liminar.**

Com a não confirmação da liminar por sentença, o efeito óbvio é a cessação dos efeitos daquela, ainda que a sentença não a revogue expressamente (o que nem sempre é bem compreendido), visto que a liminar, por sua natureza precária, depende de confirmação pela sentença. Esse é exatamente o entendimento sufragado de há muito pelo STF, de acordo com sua Súmula 405: "Denegado o mandado de segurança pela sentença, ou no julgamento do agravo, dela interposto, fica sem efeito a liminar concedida, retroagindo os efeitos da decisão contrária".

§ 1º Da decisão do juiz de primeiro grau que conceder ou denegar a liminar caberá agravo de instrumento, observado o disposto na lei no 5.869, de 11 de janeiro de 1973 – Código de Processo Civil.

▶ **Decisão de defere ou indefere a liminar e recurso cabível.**

"A decisão que concede ou indefere a liminar tem natureza interlocutória por isso atacável por agravo de instrumento, porquanto incabível seria a retenção, por inutilidade manifesta. Tratando-se de decisão de relator, nos processos de competência originária de Tribunais, a decisão recorrível mediante agravo regimental. " (FUX, Luiz. Mandado de Segurança, Ed. GEN, Rio de Janeiro, p. 79).

▶ **Impossibilidade de sucedâneo recursal substituido o recurso correto.**

"O recurso contra as decisões de primeiro grau, que concedem ou denegam liminar em mandado de segurança é, ex vi legis, o agravo de instrumento, não podendo a parte interessada interpor, eventualmente, agravo retido, e, muito menos, outro mandado de segurança como sucedâneo recursal, como ocorria no passado." (ALVIN, J E Carreira, Comentários à nova lei do Mandado de Segurança, ed. Juruá, Paraná, p. 193)

▶ **Efeito suspensivo ativo**

A negativa quanto à concessão da medida liminar pode ensejar, também, a interposição de agravo de instrumento em que se busque o chamado "efeito suspensivo ativo", que nada mais é do que a concessão da liminar em segunda instância, quando negada na primeira.

◉ **Aplicação subsidiária do Código de Processo Civil quanto à a sistemática recursal.**

"Agravo de instrumento contra decisão sobre liminar no Mandado de Segurança: possibilidade "II – A sistemática recursal prevista no Código de Processo Civil é aplicável subsidiariamente a todo o ordenamento jurídico, inclusive aos processos regidos por leis especiais, sempre que não houver disposição especial em contrário. III – A decisão liminar em mandado de segurança é de natureza interlocutória. O seu indeferimento acarreta evidente gravame ao impetrante, da mesma forma que a sua concessão gera gravame para a pessoa jurídica a que está vinculada a autoridade indicada como coatora. Assim, há a possibilidade de interposição de agravo de instrumento, ainda que não exista previsão expressa na Lei do Mandado de Segurança." (STJ, Corte Especial, ERESP 200300528899, reI. Min. Fernando Gonçalves, DJU 7.8.2006) "1. Este Superior Tribunal de Justiça pacificou entendimento no sentido de se admitir a interposição de agravo de instrumento contra decisões interlocutórias proferidas em sede de mandado de segurança, tendo em vista a sistemática processual prevista na Lei 9.139/95, que instituiu o regime de interposição direta do agravo de instrumento ao Tribunal, com processamento em autos apartados, de maneira a não ocasionar nenhum tumulto ou atraso no andamento do mandamus" (STJ, 1ª Turma, RESP 200400863067, reI. Min. Denise Arruda, DJU 14.6.2007)

> § 2º Não será concedida medida liminar que tenha por objeto a compensação de créditos tributários, a entrega de mercadorias e bens provenientes do exterior, a reclassificação ou equiparação de servidores públicos e a concessão de aumento ou a extensão de vantagens ou pagamento de qualquer natureza.

▶ **Hipóteses legais de proibição de concessão de liminar.**

A possibilidade de concessão de liminar é um importante diferencial da ação, que lhe garante muito de sua efetividade, embora a lei preveja restrições à sua concessão, repetindo a legislação pretérita, como na hipótese de compensação tributária, reclassificação ou equiparação de servidores públicos e concessão de aumento ou extensão de vantagens ou pagamento de qualquer natureza a estes e entrega de mercadorias provenientes do exterior (art. 7.º, § 2.º). Ressalte-se que é apenas a concessão da liminar que é restringida, e não a utilização da via mandamental.

▶ **Evolução sobre a regra.**

"O § 2º do art. 7º da Lei n. 12.016/2009 dispõe que "não será concedida medida liminar que tenha por objeto a compensação de créditos tributários, a entrega de mercadorias e bens provenientes do exterior, a reclassificação ou equiparação de servidores públicos e a concessão de aumento ou a extensão de vantagens ou pagamento de qualquer natureza". São regras que já eram expressas no ordenamento jurídico brasileiro. Assim, o art. 5º da Lei n. 4.348/1964 – diploma legislativo expressamente revogado pelo art. 29 da Lei n. 12.016/2009 – vedava a liminar em mandado de segurança para fins de reclassificação ou equiparação de servidores públicos ou concessão de aumento ou extensão de vantagens. O art. 1°, § 4°, da Lei n. 5.021/1966, lei também expressamente revogada pelo mesmo art. 29, já prescrevia que "não se concederá liminar para efeito de pagamento de vencimentos e vantagens pecuniárias". É importante notar, aliás, que o dispositivo ampliava a anterior previsão, de 1964, que recusava a concessão da liminar a título de reclassificação ou equiparação de servidores públicos ou, ainda, concessão de aumento ou extensão de vantagens82. A regra de dois anos depois proscreveu a medida liminar para pagamentos a funcionários públicos a qualquer título83. O art. 1° da Lei n. 2.770/1956 vedava a concessão de medida liminar em qualquer ação ou procedimento judicial que acarretasse a liberação de mercadoria ou coisas provenientes do exterior e exigia a prestação de caução de 150% do valor do bem para a execução do julgado (art. 2° § 1°), diploma legislativo que generalizou a hipótese de incidência da anterior Lei n. 2.410/1955, que também tratava do desembaraço aduaneiro de bens vindos do exterior. Nenhuma dessas leis foi expressamente revogada pelo art. 29 da Lei n. 12.016/2009 mas, diante da regra ora em comento, é inegável que elas, doravante, o estão tacitamente (art. 2°, § 1°, da Lei de Introdução ao Código Civil; v. n. 74, infra). O art. 1°, § 5°, da Lei n. 8.437/1992, introduzido pela Medida Provisória n. 2.180-35/2001, correspondendo, em largas linhas, ao enunciado original da Súmula 212 do Superior Tribunal de Justiça, proíbe a concessão de liminar para fins de compensação de créditos tributários e previdenciários. De sua parte, o art. 170-A do Código Tributário Nacional, na redação da Lei Complementar n. 104/2001, veda a compensação tributária do crédito em discussão judicial antes do trânsito em julgado da sentença respectiva." (BUENO. Cassio Scarpinella. A Nova Lei do Mandado de Segurança: Comentários sistemáticos à Lei 12.016, de 7-8-2009, 2ª edição, Editora Saraiva, São Paulo, 2010, p. 69-70)

▶ **As previsões são inconstitucionais.**

"A análise desse rol, que, lamentavelmente, não é exaustivo, revela que o § 2° do art. 7° da Lei n. 12.016/2009 não trouxe nada de novo para o ordenamento jurídico brasileiro. O que ele fez, contudo, foi apresentar "didaticamente" nítidas ofensas ao "modelo constitucional", da mesma forma como nosso legislador tem feito ao longo das décadas em relação a questões que, quando reconhecido o direito do particular, têm aptidão para afetar as contas e o orçamento públicos. As previsões são todas, sem exceção, flagrantemente inconstitucionais, destoando, por completo, da ordem constitucional e do modelo por ela criado para o mandado de segurança, individual e coletivo. Impensável que a grandeza constitucional do mandado de segurança e sua aptidão para assegurar a fruição integral e in natura de bem da vida (o que decorre imediatamente do art. 5°, XXXV e LXIX, da Constituição Federal) sejam obstaculizadas, frustradas ou, quando menos, minimizadas por qualquer disposição infraconstitucional. Aliás, nem mesmo por alteração constitucional isso seria possível, porque os direitos e garantias fundamentais são cláusulas pétreas, imunes, pois, a alterações até mesmo por parte do constituinte derivado (art. 60, § 4°, IV, da Constituição Federal)." (BUENO. Cassio Scarpinella. A Nova Lei do Mandado de Segurança: Comentários sistemáticos à Lei 12.016, de 7-8-2009, 2ª edição, Editora Saraiva, São Paulo, 2010, p. 71)

▶ **Corre no Supremo Tribunal Federal a ADI 4.296/ Dfquestionando a constitucionalidade do § 2° do art. 7° da Lei n. 12.016/2009.**

"O que se aguarda é que os Ministros daquele Tribunal tenham a sensibilidade de ver o que, com a devida vênia, não há como deixar de ser visto à luz dos precitados dispositivos constitucionais." (BUENO. Cassio Scarpinella. A Nova Lei do Mandado de Segurança: Comentários sistemáticos à Lei 12.016, de 7-8-2009, 2ª edição, Editora Saraiva, São Paulo, 2010, p. 72)

▶ **Enquanto não há decisão naquela sede, cabe, no dia a dia do foro, aos magistrados, estaduais e federais, recusarem motivadamente a aplicação das regras mencionadas, bem exercendo o controle incidental de constitucionalidade.**

"Enquanto não há decisão naquela sede, cabe, no dia a dia do foro, aos magistrados, estaduais e federais, recusarem motivadamente a aplicação das regras mencionadas, bem exercendo o controle incidental de constitucionalidade. No plano dos Tribunais, a inconstitucionalidade do dispositivo merecerá a criação de um leading case nos moldes do art. 97 da Constituição Federal e que dispensará, para casos futuros, o necessário destaque da questão, como quer o parágrafo único do art. 481 do Código de Processo Civil." (BUENO. Cassio Scarpinella. A Nova Lei do Mandado de Segurança: Comentários sistemáticos à Lei 12.016, de 7-8-2009, 2ª edição, Editora Saraiva, São Paulo, 2010, p. 72)

▶ **Súmulas sobre o tema.**

> ◙ *Súmula 213 do STJ: O mandado de segurança constitui ação adequada para a declaração do direito à compensação tributária.*

> ◙ *Súmula nº 460 do STJ: É incabível o mandado de segurança para convalidar a compensação tributária realizada pelo contribuinte.*

> ◙ *Súmula 212 do STJ: A compensação de créditos tributários não pode ser deferida em ação cautelar ou por medida liminar cautelar ou antecipatória.*

§ 3º Os efeitos da medida liminar, salvo se revogada ou cassada, persistirão até a prolação da sentença.

▶ **Os efeitos da liminar concedida perdurarão, salvo se revogada ou cassada, até a prolação da sentença.**

Os efeitos da liminar concedida perdurarão, salvo se revogada ou cassada, até a prolação da sentença (art. 7.º, § 3.º). A dicção da lei é péssima, por dar a entender que com a sentença os efeitos da liminar cessariam. Na verdade, o que se quis dizer é que a liminar é substituída pela sentença, que deve revogá-la ou torná-la insubsistente, caso a segurança seja denegada, ou confirmá-la, caso concedida, de modo que a sentença substitua a liminar, podendo ela, a própria sentença, ser executada (art. 14, § 3.º), caso a liminar ainda não o tenha sido.

Súmula nº 405 do STF: Denegado o mandado de segurança pela sentença, ou no julgamento do agravo, dela interposto, fica sem efeito a liminar concedida, retroagindo os efeitos da decisão contrária.

§ 4º Deferida a medida liminar, o processo terá prioridade para julgamento.

▶ **Primioridade para julgamento.**

"Portanto, para fins de concessão ou denegação de liminar, o que o juiz deve verificar é se, em face das alegações do impetrante, delas se infere, mediante um juízo de probabilidade, a existência da pretensão (e direito) material invocada. Como a probabilidade, enquanto um termômetro do juízo, pode ser máxima, média ou mínima, apenas a probabilidade máxima ou próxima da máxima autoriza a concessão de liminar satisfatória, como a tutela antecipada, podendo a probabilidade média ou próxima da média autorizar, quando muito, uma tutela cautelar, enquanto a probabilidade mínima, em princípio, não autoriza nada, devendo a pretensão material ser decidida na sentença." (ALVIN, J E Carreira, Comentários à nova lei do Mandado de Segurança, ed. Juruá, Paraná, p. 169.)

§ 5º As vedações relacionadas com a concessão de liminares previstas neste artigo se estendem à tutela antecipada a que se referem os arts. 273 e 461 da Lei 5.869, de 11 janeiro de 1973 – Código de Processo Civil.

▶ "Houve um cochilo do legislador no uso da linguagem, no § 5º do art. 7º, existente também em outros textos legais, não distinguindo entre a tutela antecipada, prevista no art. 273 do CPC, e a tutela específica, disciplinada pelo seu art. 461, tratando ambas como tutela antecipada." (Comentários à Nova Lei do Mandado de Segurança – Lei 12.016/09J. E. Carreira Alvim. Pg.207.)

▶ **Impedimento infraconstitucional ao acesso à tutela jurisdicional de urgência**

A prestação de tutela jurisdicional em caso de urgência tem matriz constitucional, nos termos do art. 5.º, XXXV, da CF/1988, não cabendo, ao legislador infraconstitucional, estabelecer restrições que o constituinte não fez, principalmente para impedir o acesso à tutela jurisdicional de urgência.

Art. 8º Será decretada a perempção ou caducidade da medida liminar *ex officio* ou a requerimento do Ministério Público quando, concedida a medida, o impetrante criar obstáculo ao normal andamento do processo ou deixar de promover, por mais de 3 (três) dias úteis, os atos e as diligências que lhe cumprirem.

> *Redação da lei 1.553/51 – revogada: art. 8º – a inicial será desde logo indeferida quando não for caso de mandado de segurança ou lhe faltar algum dos requisitos desta lei. Parágrafo único. De despacho de indeferimento caberá o recurso previsto no art. 12.*

PEREMPÇÃO OU CADUCIDADE DA LIMINAR CONCEDIDA

▶ **Perempção ou caducidade da medida liminar concedida**

"Perempção ou caducidade são empregadas pela lei com o mesmo sentido, qual seja, o de perda de eficácia da decisão, por ter sido ultrapassado o prazo em que o beneficiário deveria agir, e não o fez, "deixando de praticar um ato processual, com o propósito de tirar proveito da sua própria omissão", ou adotando, de má-fé, conduta que embarace o andamento do processo. O propósito do art. 8º da Lei nº 12.016 é evidente: evitar e sancionar a conduta incompatível com o princípio da boa-fé e lealdade, por meio da qual o impetrante, após beneficiar-se da suspensão liminar do ato impugnado, passa a criar óbices à marcha regular, fugindo do risco de um julgamento definitivo, que talvez lhe possa ser adverso." (THEODORO JÚNIOR, Humberto. Lei do Mandado de Segurança comentada artigo por artigo. Rio de Janeiro: Gen/Editora Forense, 2ª edição, 2019. p. 279).

> ◉ **Súmula 631 do STF:** *Extingue-se o processo de mandado de segurança se o impetrante não promove, no prazo assinado, a citação do litisconsorte passivo necessário.*

▶ **Perempção não é igual a caducidade**

"Os vocábulos "perempção" e "caducidade" são expressão de um fenômeno processual, que, no entanto, não possui o sentido unívoco, que lhe dá o Código de Processo Civil, podendo significar a extinção do próprio processo (CPC, art. 268, parágrafo único)" como, também, a perda de eficácia de uma decisão, por omissão de quem deveria agir, mas se manteve inerte, deixando de praticar um ato processual, com o propósito de tirar proveito da sua própria omissão." (Comentários à Nova Lei do Mandado de Segurança – Lei 12.016/09J. E. Carreira Alvim. Pg.210)

▶ **Necessidade de intimação pessoal antes da aplicação da sanção**

"Ainda que se possa admitir a validade dessa norma, à luz dos valores protegidos pela Constituição, a aplicação de uma sanção de tal gravidade, expondo o impetrante a uma situação de risco de dano irreparável ou de difícil reparação apenas poderá ocorrer após sua intimação pessoal. Intimação da própria parte, e não, de seu advogado. Aplica-se aqui, por analogia, a regra estabelecida no art. 267, § 1º, do CPC. Tal conclusão se impõe em razão das garantias fundamentais do devido processo legal, do contraditório e da ampla defesa, na medida em que o impetrante poderá ter razões para justificar sua conduta, caso em que o Julgador não deverá aplicar a severa penalidade cominada pela norma em questão, adstrita às hipóteses de flagrante má-fé ou desídia do demandante na condução do mandado de segurança." (ROQUE, Andre Vasconcelos. Mandado de Segurança. p. 79)

▶ **Decretação ex ofício e a possibilidade de suscitação pelas partes interessadas**

"Um último ponto a se destacar é que, pelo texto legal do art. 8º, a perempção da medida liminar somente poderia ser decretada ex offício pelo juiz ou a requerimento do Ministério Público. Parece claro, porém, que o impetrado também pode tomar iniciativa nesse mesmo sentido. Como se sabe, qualquer matéria cognoscível de ofício pode, por razões lógicas, ser suscitada pelas partes interessadas." (ROQUE, Andre Vasconcelos. Mandado de Segurança. p. 79)

▶ **O decreto de perempção ou decadência limita-se à extinção da medida liminar, não afetando a subsistência do processo, de sorte que não impedirá o prosseguimento de sua marcha rumo à sentença de mérito.**

"O decreto de perempção ou decadência limita-se à extinção da medida liminar, não afetando a subsistência do processo, de sorte que não impedirá o prosseguimento de sua marcha rumo à sentença de mérito. Entretanto, DANIEL AMORIM ASSUMPÇÃO NEVES entende que "uma vez cassados os efeitos da liminar por conduta inapropriada do impetrante, não caberá a repetição do pedido liminar", a menos que consiga "demonstrar a ocorrência de novas circunstâncias, quando poderá fazer um novo pedido liminar, o que é diferente de renovar o primeiro pedido." (THEODORO JÚNIOR, Humberto. Lei do Mandado de Segurança comentada artigo por artigo. Rio de Janeiro: Gen/Editora Forense, 2ª edição, 2019. p. 279/280).

▶ **A decisão judicial de extinção da liminar poderá ser deliberada ex officio pelo juiz ou ser provocada por requerimento do Ministério Público.**

"A decisão judicial de extinção da liminar poderá ser deliberada ex officio pelo juiz, ou ser provocada por requerimento do Ministério Público, na dicção do referido art. 8º da Lei do Mandado de Segurança. Se pode ser decretada de ofício, nada impede que seja, também, provocada por requerimento da pessoa jurídica demandada, muito embora se silencie, a lei, a respeito." (THEODORO JÚNIOR, Humberto. Lei do Mandado de Segurança comentada artigo por artigo. Rio de Janeiro: Gen/Editora Forense, 2ª edição, 2019. p. 280)

▶ **A natureza do ato judicial que "decreta a perempção ou decadência da liminar" é a de decisão interlocutória.**

"A natureza do ato judicial que "decreta a perempção ou decadência da liminar" é a de decisão interlocutória. Em cumprimento às dimensões modernas do contraditório, não deverá ocorrer a extinção da liminar sem prévia intimação do impetrante, conclamando-o à prática do ato omitido, ou exigindo justificativa para os embaraços criados, e assinando-lhe prazo curto para a diligência. Findo esse, sem providências ou sem explicações razoáveis, é que o juiz estará habilitado ao decreto de perempção. Releva notar que a perempção, no caso, é uma pena, e não é admissível que seja aplicada sem respeitar o direito de defesa de quem haverá de suportá-la." (THEODORO JÚNIOR, Humberto. Lei do Mandado de Segurança comentada artigo por artigo. Rio de Janeiro: Gen/Editora Forense, 2ª edição, 2019. p. 280).

REVOGAÇÃO E CASSAÇÃO DA LIMINAR

▶ **Revogação e cassação da liminar**

A Lei nº 12.016 prevê que a medida do mandado de segurança pode se extinguir mediante revogação ou cassação (art. 7º, § 3º), o que naturalmente ocorre com todas as medidas de urgência, sejam cautelares ou antecipatórias, dentro do sistema do Código de Processo Civil: "A tutela provisória conserva sua eficácia na pendência do processo, mas pode, a qualquer tempo, ser revogada ou modificada" (CPC/2015, art. 296).

▶ **A revogação é ato desconstitutivo praticado pela própria autoridade judicial que antes deferira a medida de urgência.**

"A revogação é ato desconstitutivo praticado pela própria autoridade judicial que antes deferira a medida de urgência (revogar, lexicamente, é "voltar atrás", "tornar sem efeito" um ato ou decisão)." (THEODORO JÚNIOR, Humberto. Lei do Mandado de Segurança comentada artigo por artigo. Rio de Janeiro: Gen/Editora Forense, 2ª edição, 2019. p. 277).

▶ **Cassar também é anular um ato decisório, retirando-lhe a eficácia, ou seja, impedindo-o de produzir efeito**

"Cassar também é anular um ato decisório, retirando-lhe a eficácia, ou seja, impedindo-o de produzir efeito. No âmbito judiciário, a cassação é, em regra, utilizada, na via recursal, para identificar o ato do tribunal superior que invalida a decisão do órgão de grau inferior." (THEODORO JÚNIOR, Humberto. Lei do Mandado de Segurança comentada artigo por artigo. Rio de Janeiro: Gen/Editora Forense, 2ª edição, 2019. p. 278).

▶ **A liminar, portanto, é revogada quando o juiz do mandado de segurança volta atrás e põe fim a seus efeitos. É cassada quando, julgando o agravo interposto de seu deferimento, o tribunal a invalida.**

"Num caso e noutro, o resultado é o mesmo: extingue-se a medida de urgência, provisoriamente decretada. Essa invalidação, porém, qualquer que seja a autoridade judicial que a promova, não pode ser fruto de puro arbítrio. Haverá sempre de ser juridicamente fundamentada, o que vale dizer: terá de ser fundada em fatos idôneos a justificar a revogação ou cassação, segundo a lei. A revogação, por exemplo, pode decorrer dos fatos e alegações novos trazidos pelas informações do coator ou pela resposta da pessoa jurídica, quando tenham aptidão para alterar a convicção do juiz sobre a relevância do fundamento do pedido ou do risco de ineficácia da medida definitiva. A cassação, por sua vez, se tornará possível sempre que o recorrente demonstrar que o juiz da causa deferiu a liminar sem se atentar para as exigências do art. 7º, III, da Lei nº 12.016." (THEODORO JÚNIOR, Humberto. Lei do Mandado de Segurança comentada artigo por artigo. Rio de Janeiro: Gen/Editora Forense, 2ª edição, 2019. p. 278).

▶ **Revogação tácita da liminar.**

"Com a regra do § 3º do art. 7º, a Lei nº 12.016 criou, na esteira da Súmula nº 405 do STF, uma hipótese de revogação tácita da liminar: os efeitos da liminar somente duram "até a prolação da sentença", na dicção do referido dispositivo legal. Logo, se a sentença de mérito denega a segurança, extingue-se ipso facto a liminar. Não importa o efeito em que a apelação seja recebida. De acordo com o § 3º do art. 7º, e nos termos da Súmula nº 405, a liminar não se sustenta, pois a eficácia legal que a lei conferiu à sentença do mandado de segurança é a de produzir, por si só, o termo final de vigência da suspensão liminar do ato impugnado. Segundo a voluntas legis, respaldada na jurisprudência sumulada do Supremo Tribunal Federal, não há dúvida de que a sentença de denegação do mandamus tem a força de revogar, de imediato, com apenas sua prolação, a medida liminar que favorecia ao impetrante. Não há necessidade de declaração, a respeito, na sentença. A eficácia extintiva opera ipso iure." (THEODORO JÚNIOR, Humberto. Lei do Mandado de Segurança comentada artigo por artigo. Rio de Janeiro: Gen/Editora Forense, 2ª edição, 2019. p. 278).

Art. 9º As autoridades administrativas, no prazo de 48 (quarenta e oito) horas da notificação da medida liminar, remeterão ao ministério ou órgão a que se acham subordinadas e ao advogado-geral da união ou a quem tiver a representação judicial da união, do estado, do município ou da entidade apontada como coatora cópia autenticada do mandado notificatório, assim como indicações e elementos outros necessários às providências a serem tomadas para a eventual suspensão da medida e defesa do ato apontado como ilegal ou abusivo de poder.

PROVIDÊNCIAS EM SEDE ADMINISTRATIVA

▶ **O artigo 9º repete, com a devida atualização, a redação do art. 3.º da Lei 4.348, de 26.06.1964, antes da alteração decorrente da Lei 10.910, de 15.07.2004**

"A regra do art. 9º foi trasladada do art. 3º da Lei 4.348/64, antes da alteração nele introduzida pela Lei 10.910/04, sendo mais adequada à Lei 1.533/51, quando a autoridade coatora e a pessoa jurídica interessada flutuavam no processo mandamental em busca de uma posição (identidade) processual, sem que a lei, a doutrina e a jurisprudência lograssem unanimidade nesse mister, atribuindo-se à autoridade coatora o papel de representante da pessoa jurídica interessada, e à pessoa jurídica interessada verdadeiro sujeito (passivo) oculto da relação processual." (Comentários à Nova Lei do Mandado de Segurança – Lei 12.016/09J. E. Carreira Alvim. Pg.213)

▶ **Retira do juízo a incumbência, atribuindo-a à autoridade administrativa coatora**

"A preocupação do legislador com os privilégios do Poder Público é de tal ordem, que não se acanha de repetir preceitos que tenham o objetivo de tutelá-lo, desconhecendo que, no embate entre o poder e o súdito, a justiça deve pender por este e não por aquele. Poder e justiça são dois bicudos que não se beijam, porque a justiça limita o poder, e o poder se sente incomodado em ser limitado pela justiça, mas, contraditoriamente, muitas vezes, a justiça, que deveria se por ao lado do súdito, se coloca ao lado do soberano." (Comentários à Nova Lei do Mandado de Segurança – Lei 12.016/09J. E. Carreira Alvim. Pg.213)

▶ **Ministério Público desprovido de elementos necessários para eventual suspensão**

"Omitiu-se o art. 9º quanto ao Ministério Público, que é também legitimado para pedir a suspensão da medida liminar (art. 15), mas não recebe nenhuma notificação, estando completamente desprovido de elementos para eventualmente pedir a suspensão da medida, em defesa do ato apontado como ilegal ou abusivo de poder; a não ser que, querendo fazê-lo, corra atrás desses elementos." (Comentários à Nova Lei do Mandado de Segurança – Lei 12.016/09J. E. Carreira Alvim. Pg.214)

▶ **A indicação equivocada da autoridade coatora não acarretara a extinção do processo**

Adotando-se o entendimento de que a definição de autoridade coatora não se relaciona a legitimidade passiva no Mandado de Segurança, o que implica grande relevância pratica, já que, uma vez que se reconheça que a legitimação passiva concede apenas a pessoa jurídica a qual está vinculada a autoridade coatora, eventual erro na indicação desta não acarretara a extinção do processo. A indicação da pessoa jurídica a que pertence a autoridade coatora toma indiferente o equívoco na indicação desta última, na maioria dos casos. O art. 9.º da Lei 12.016/2009, portanto, confirma essa situação, superando a discussão anterior acerca da legitimidade passiva em ação mandamental. Ao lado da previsão contida no art. 7.º, II, da Lei 12.016/2009, que estabelece os atos procedimentais e a distribuição de ônus, o dispositivo define que a pessoa jurídica de direito público interessada é a ré em mandado de segurança, e a notificação inicial feita na pessoa da autoridade coatora não contraria essa ideia.

▶ **Medidas administrativas preparatórias da defesa da pessoa jurídica**

"Uma das maiores queixas dos órgãos de representação judicial do Poder Público refere-se à dificuldade de obtenção, junto aos órgãos burocráticos da Administração, dos dados e informações necessários à preparação da defesa dos atos administrativos, quando questionados em juízo. A estipulação de prazos processuais mais dilatados para a Fazenda Pública tem sido, entre outras, medida de adequação dos procedimentos às dificuldades e contingências do serviço público." (THEODORO JÚNIOR, Humberto. Lei do Mandado de Segurança comentada artigo por artigo. Rio de Janeiro: Gen/Editora Forense, 2ª edição, 2019. p. 281).

▶ **O regime de presteza e eficiência da tutela realizada por meio do mandado de segurança não condiz com prazos alongados e entraves burocráticos de toda sorte.**

"O regime de presteza e eficiência da tutela realizada por meio do mandado de segurança não condiz com prazos alongados e entraves burocráticos de toda sorte. No interesse dos impetrantes, as dilações temporais devem ser breves. No interesse, porém, das pessoas jurídicas de direito público, devem seus procuradores contar com os informes dos agentes administrativos a tempo de defender, de forma útil e eficiente, os direitos e os poderes da Administração Pública." (THEODORO JÚNIOR, Humberto.

Lei do Mandado de Segurança comentada artigo por artigo. Rio de Janeiro: Gen/Editora Forense, 2ª edição, 2019. p. 281).

▶ **Para minimizar os entraves existentes a Lei nº 12.016 cuidou de estabelecer prazos não só para a atuação no processo dos representantes judiciais das pessoas jurídicas de direito público, mas também para as comunicações internas da Administração entre os serviços burocráticos e os procuradores ou advogados que deverão atuar em juízo, na defesa dos interesses do Poder Público.**

"Assim, tendo em vista o pequeno prazo processual disponível para interferir na marcha do processo do mandado de segurança, bem como a urgência evidente de que se reveste a defesa da Administração, principalmente quando ocorre a suspensão liminar do ato administrativo impugnado, o art. 9º da Lei nº 12.016 cria uma dinâmica específica a ser observada pelas autoridades administrativas. Consiste essa dinâmica no seguinte: uma vez deferida a liminar (art. 7º, III), a autoridade coatora remeterá, no prazo máximo de 48 horas, ao órgão administrativo superior a que se acha subordinada, bem como ao órgão de representação judicial do Poder Público pertinente, informações e elementos necessários às providências a serem tomadas, (i) seja "para a eventual suspensão da medida", (ii) seja para a defesa do ato atacado pelo impetrante (Lei nº 12.016, art. 9º). Tais providências independem de requisição, devendo ser tomadas, prontamente, por iniciativa da autoridade coatora, que diligenciará para que seus subordinados preparem os informes e elementos necessários, de modo que sejam levados, tempestivamente, ao conhecimento da procuradoria ou advocacia-geral a que estiver afeta a defesa do ato impugnado." (THEODORO JÚNIOR, Humberto. Lei do Mandado de Segurança comentada artigo por artigo. Rio de Janeiro: Gen/Editora Forense, 2ª edição, 2019. p. 282).

▶ **Providência administrativa a cargo da autoridade coatora**

"O art. 9º da Lei nº 12.016, a exemplo do que já era preconizado pela Lei nº 4.348/1964, cria, para a autoridade coatora, um dever a ser cumprido na esfera administrativa, após ser ela notificada da medida liminar que suspendeu o ato impugnado. Trata-se, como já afirmado, da remessa, ao órgão administrativo a que o coator se acha vinculado e ao representante judicial da pessoa jurídica interessada, de peças e dados relacionados com o processo." (THEODORO JÚNIOR, Humberto. Lei do Mandado de Segurança comentada artigo por artigo. Rio de Janeiro: Gen/Editora Forense, 2ª edição, 2019. p. 282).

▶ **A remessa é feita com o objetivo de municiar o representante judicial de informações e elementos "necessários às providências a serem tomadas para a eventual suspensão da medida e defesa do ato apontado como ilegal ou abusivo**

"Tal remessa – como já observado – é feita com o objetivo de municiar o representante judicial de informações e elementos "necessários às providências a serem tomadas para a eventual suspensão da medida e defesa do ato apontado como ilegal ou abusivo" (art. 9º, in fine)." (THEODORO JÚNIOR, Humberto. Lei do Mandado de Segurança comentada artigo por artigo. Rio de Janeiro: Gen/Editora Forense, 2ª edição, 2019. p. 283).

▶ **A providência deverá ser tomada pelo coator nas 48 horas seguintes ao recebimento da notificação da medida liminar**

"A providência deverá ser tomada pelo coator nas 48 horas seguintes ao recebimento da notificação da medida liminar e compreenderá: (i) remessa de cópia autenticada do mandado notificatório; e (ii) fornecimento de indicações e elementos necessários à reação da entidade pública demandada contra a liminar e em defesa do ato impugnado." (THEODORO JÚNIOR, Humberto. Lei do Mandado de Segurança comentada artigo por artigo. Rio de Janeiro: Gen/Editora Forense, 2ª edição, 2019. p. 283).

▶ **A intimação que abre o prazo de resposta para o sujeito passivo da ação mandamental é aquela ordenada pelo art. 7º, II, e que é feita judicialmente ao respectivo representante judicial.**

"É ainda importante destacar que, não sendo a diligência praticada pela autoridade coatora um ato judicial, mas simples expediente interno da própria Administração, não serve como termo inicial de prazo para a eventual defesa que o representante judicial da pessoa jurídica interessada queira produzir no processo. A intimação que abre o prazo de resposta para o sujeito passivo da ação mandamental é aquela ordenada pelo art. 7º, II, e que é feita judicialmente ao respectivo representante judicial." (THEODORO JÚNIOR, Humberto. Lei do Mandado de Segurança comentada artigo por artigo. Rio de Janeiro: Gen/Editora Forense, 2ª edição, 2019. p. 284).

▶ **Determina o art. 9º da Lei n 12.016 que a remessa da cópia da notificação da medida liminar seja feita "a quem tiver a representação judicial" da pessoa jurídica de direito público interessada. Cumpre, pois, definir quem seja esse representante da entidade figurante no polo passivo da ação mandamental.**

"A propósito da União Federal, sua representação em juízo está atribuída, pela Constituição, à Advocacia-Geral da União (CF, art. 131). É também a Constituição que prevê a representação judicial dos Estados e do Distrito Federal, pelos Procuradores, que se organizam em carreira, formando Órgãos especializados e permanentes (CF, art. 132). Quanto aos Municípios, o Código de Processo Civil determina que serão representados pelo Prefeito ou por seus Procuradores, no caso de inexistir Procuradoria institucionalizada (CPC/2015, art. 75, III). As autarquias e as fundações de direito público representar-se-ão por seus dirigentes ou por seus procuradores institucionais, segundo a legislação própria. Quando pessoas jurídicas de direito privado se acharem no exercício de atividades do Poder Público, poderão ser sujeito passivo de mandado de segurança. Sua representação judicial, como dispõe o art. 75, VIII5, do CPC, caberá a quem "os respectivos atos constitutivos designarem", ou, não os designando, aos "seus diretores"." (THEODORO JÚNIOR, Humberto. Lei do Mandado de Segurança comentada artigo por artigo. Rio de Janeiro: Gen/Editora Forense, 2ª edição, 2019. p. 285).

▶ **Nas concessões de serviços públicos e nas delegações de atribuições do Poder Público, o sujeito passivo do mandado de segurança não será o órgão concedente ou delegante, mas a entidade concessionária ou delegatária**

"É bom esclarecer que, nas concessões de serviços públicos e nas delegações de atribuições do Poder Público, o sujeito passivo do mandado de segurança não será o órgão concedente ou delegante, mas a entidade concessionária ou delegatária. É a esta, portanto, que será feita a comunicação do deferimento da liminar, cabendo a seus dirigentes a representação em juízo." (THEODORO JÚNIOR, Humberto. Lei do Mandado de Segurança comentada artigo por artigo. Rio de Janeiro: Gen/Editora Forense, 2ª edição, 2019. p. 285).

▶ **Deve-se advertir, a propósito do assunto em foco, que a representação judicial, cogitada nos arts. 7º e 9º, não se confunde com aquela conferida ao advogado.**

"Nos casos da União, dos Estados e do Distrito Federal, o representante judicial reúne as credenciais de órgão da pessoa jurídica de direito público e de procurador ad judicia. Porém, os municípios que se acham representados pelo Prefeito, e as pessoas jurídicas de direito privado, representadas por seus diretores, só podem praticar atos processuais mediante constituição de mandato em favor de advogado legalmente habilitado. Uma coisa, portanto, é ser o representante em juízo da pessoa jurídica, outra coisa é o poder de postular em juízo em defesa da pessoa jurídica. Na primeira hipótese, o representante age como órgão da pessoa jurídica; na segunda, como mandatário, dotado legalmente do jus postulandi. Dessa maneira, para que seja bem compreendida e aplicada a regra do art. 9º da Lei nº 12.016, nas hipóteses em que inexistam procuradorias institucionais, cabe à autoridade coatora cientificar a medida liminar à pessoa jurídica, e a esta competirá outorgar mandato judicial a quem irá postular, em seu nome, no processo. Não se admite, na espécie, que a intimação se faça diretamente ao advogado, porque este não é o órgão da pessoa jurídica que exerce função de agente público, mas apenas um prestador de serviços profissionais técnicos, de livre escolha do administrado público." (THEODORO JÚNIOR, Humberto. Lei do Mandado de Segurança comentada artigo por artigo. Rio de Janeiro: Gen/Editora Forense, 2ª edição, 2019. p. 285).

Art. 10. A inicial será desde logo indeferida, por decisão motivada, quando não for o caso de mandado de segurança ou lhe faltar algum dos requisitos legais ou quando decorrido o prazo legal para a impetração.

INDEFERIMENTO DA PETIÇÃO INICIAL DO MANDADO DE SEGURANÇA

▶ Sentença.

"Para aplicar o direito é preciso interpretar fatos, provas e fontes dotadas de autoridade institucional – notadamente leis e precedentes. Interpretar significa individualizar possíveis significados dos fatos, das provas e dos textos com que se expressam legisladores e juízes, valorar argumentativamente esses possíveis significados e decidir entre os significados concorrentes. Isso quer dizer que a sentença contém várias decisões interpretativas: decisões sobre desacordos fáticos, probatórios e normativos. Para que seja dotada de racionalidade – e, portanto, para que seja aceitável do ponto de vista do Estado Constitucional – a sentença deve ser estruturada não só a partir da fórmula apresentada no art. 489, caput, CPC, mas também a partir da necessidade de racionalidade decisória: daí que é imprescindível reconhecer a necessidade de termos para cada decisão correlata justificação. A justificação deve ser interna (lógica) e externa (argumentativa). Além da imprescindibilidade de a atividade interpretativa desenvolvida pelo intérprete ser racional, também o resultado da interpretação deve sê-lo: daí que as decisões interpretativas devem ser coerentes e universalizáveis (art. 926, CPC). Os elementos essenciais da sentença servem justamente para evidenciar a racionalidade das opções interpretativas e viabilizar o respectivo controle intersubjetivo." (MARINONI, Luiz Guilherme, ARENHART, Sérgio Cruz, MITIDIERO, Daniel. *Código de Processo Civil comentado*. 4ª. ed. rev., atual e ampl. Editora Revista dos Tribunais, 2018. p. 613)

▶ **Elementos essenciais.**

"São elementos essenciais da sentença o relatório, a fundamentação e o dispositivo. A sentença que carece desses requisitos essenciais é nula pelo direito brasileiro (arts. 93, IX, CF, 11 e 489, CPC). A sentença simplesmente homologatória, contudo, não precisa observar todos os requisitos impostos pelo art. 489, CPC, bastando a identificação das partes, do contexto processual e a menção à viabilidade de sua própria homologação (STJ, 6.ª Turma, REsp 219.928/SP, rel. Min. Fernando Gonçalves, j. 29.03.2000, DJ 02.05.2000, p. 191)." (MARINONI, Luiz Guilherme, ARENHART, Sérgio Cruz, MITIDIERO, Daniel. Código de Processo Civil comentado. 4ª. ed. rev., atual e ampl. Editora Revista dos Tribunais, 2018. p. 613)

▶ **Relatório.**

"A sentença principia pelo relatório daquilo que de mais importante aconteceu no processo. A sua função é mostrar a todos quantos interesse, em especial às partes, que o órgão jurisdicional conhece as alegações do processo e tudo o que nele ocorreu. Daí a razão pela qual no relatório deve constar a suma do processo." (MARINONI, Luiz Guilherme, ARENHART, Sérgio Cruz, MITIDIERO, Daniel. Código de Processo Civil comentado. 4ª. ed. rev., atual e ampl. Editora Revista dos Tribunais, 2018. p. 613/614)

▶ **Fundamentação.**

"A fundamentação das decisões judiciais é ponto central em que se apoia o Estado Constitucional, constituindo elemento inarredável de nosso processo justo (art. 5.º, LIV, CF). Na fundamentação o juiz deve analisar o problema jurídico posto pelas partes para sua apreciação. Refere o Código, a esse propósito, que tem o juiz de analisar as questões de fato e de direito (art. 489, II, CPC). Fundamentar significa dar razões – razões que visam a evidenciar a racionalidade das opções interpretativas constantes da sentença, a viabilizar o seu controle intersubjetivo e a oferecer o material necessário para formação de precedentes. Daí que a justificação das decisões judiciais deve ser pensada na perspectiva da tutela dos direitos – a justificação das decisões constantes da fundamentação flui no influxo da viabilização de uma decisão justa e da conformação de um adequado sistema de precedentes. Em outras palavras: a justificação das decisões serve como ferramenta para o adequado funcionamento do sistema jurídico. A fundamentação deve ser concreta, estruturada e completa: deve dizer respeito ao caso concreto, estruturar-se a partir de conceitos e critérios claros e pertinentes e conter uma completa análise dos argumentos relevantes sustentados pelas partes em suas manifestações. Fora daí, não se considera fundamentada qualquer decisão (arts. 93, IX, CF, e 9.º, 10, 11 e 489, §§ 1.º e 2.º, CPC)." (MARINONI, Luiz Guilherme, ARENHART, Sérgio Cruz, MITIDIERO, Daniel. Código de Processo Civil comentado. 4ª. ed. rev., atual e ampl. Editora Revista dos Tribunais, 2018. p. 613/614)

▶ **Comunidade Argumentativa de Trabalho.**

"O processo civil é uma comunidade de trabalho e é ainda especificamente uma comunidade argumentativa de trabalho: isso porque as partes têm o ônus de alegar e o juiz tem o dever de decidir argumentando com razões jurídicas. Vale dizer: em ambos os casos existe a necessidade dessas interpretações estarem fundadas no Direito (arts. 1º, CF/1988, e 1.º e 8.º, CPC). Daí que se o juiz tem o dever de fundamentação analítica (arts. 93, IX, CF/1988, e 489, §§ 1.º e 2.º, CPC), as partes têm o ônus de alegação específica (arts. 6.º, 9.º e, analogicamente, 489, §§ 1.º e 2.º, CPC). Isso quer dizer que, em todas as suas postulações (seja com a propositura da ação, seja com o oferecimento da defesa, seja com a interposição do recurso, seja com apresentação das contrarrazões), as partes têm o ônus de alegar de forma especificada: i) a conexão da norma com o caso; ii) o significado do termo vago empregado; iii) o significado do princípio invocado e dos postulados empregados para a solução de eventuais antinomias normativas; e iv) as distinções devidas entre os precedentes debatidos em juízo (analogamente, arts. 6.º, 10 e 489, §§ 1.º e 2.º, CPC). Existe, em outras palavras, também uma divisão do trabalho argumentativo entre o juiz e as partes no processo civil: ao ônus de alegação específica das partes corresponde o dever de fundamentação analítica do juiz." (MARINONI, Luiz Guilherme, ARENHART, Sérgio Cruz, MITIDIERO, Daniel. Código de Processo Civil comentado. 4ª. ed. rev., atual e ampl. Editora Revista dos Tribunais, 2018. p. 613/614)

▶ **Indicação, reprodução ou paráfrase.**

"A fundamentação tem de ser concreta, vale dizer, tem de dizer respeito à situação jurídica deduzida em juízo pelas partes. Por essa razão, não se considera fundamentada a decisão que simplesmente indica, reproduz ou faz uma paráfrase de texto normativo (simples alteração de determinados termos sem descaracterização do significado) sem mostrar qual é a relevância do dispositivo citado para a solução do caso concreto. Vale dizer: sem mostrar com qual significado o dispositivo é entendido e sem apontar qual é a sua relação com o caso concreto." (MARINONI, Luiz Guilherme, ARENHART, Sérgio Cruz, MITIDIERO, Daniel. Código de Processo Civil comentado. 4ª. ed. rev., atual e ampl. Editora Revista dos Tribunais, 2018. p. 613/614)

▶ **Termos vagos.**

"É muito comum o emprego pelo legislador de termos propositadamente vagos ("função social", "boa-fé", "dignidade", "medidas necessárias", "repercussão geral" e outros). Toda vez que o legislador emprega termos dessa ordem – normalmente enquadrados pela doutrina como conceitos jurídicos indeterminados, cláusulas gerais, regras abertas ou conceitos-válvula, dentre outras denominações – há nessa utilização um verdadeiro pedido de colaboração para que o juiz dê contornos mais nítidos ao significado do termo vago empregado. É por essa razão que a simples invocação do termo vago pelo juiz – e pelas partes em suas manifestações – sem que se outorgue apropriados contornos ao termo e argumente-se por quais motivos o seu emprego é pertinente no caso concreto não constitui uma razão válida para sustentar qualquer posição jurídica e qualquer decisão. Assim, toda vez que se invocar em juízo um termo vago é preciso mostrar com qual significado ele é empregado, por que razão serve para disciplina do caso concreto e quais os efeitos jurídicos que dele são extraídos. Fora daí, não se considera fundamentada qualquer decisão (arts. 9.º, 10, 11 e 489, § 1.º, CPC)." (MARINONI, Luiz Guilherme, ARENHART, Sérgio Cruz, MITIDIERO, Daniel. Código de Processo Civil comentado. 4ª. ed. rev., atual e ampl. Editora Revista dos Tribunais, 2018. p. 615)

▶ **Se a fundamentação é redigida de tal maneira que se presta para justificar qualquer decisão, então se considera que inexiste fundamentação.**

"Se a fundamentação é redigida de tal maneira que se presta para justificar qualquer decisão, então se considera que inexiste fundamentação. É que a fundamentação constitui, antes de qualquer coisa, a resposta judicial à argumentação formulada pelas partes em torno das razões existentes para julgar nesse ou naquele sentido determinado caso concreto. Se a decisão se presta para justificar qualquer decisão, é porque normalmente não se atém aos fatos concretos que singularizam a causa que a fundamentação tem justamente por endereço resolver. Vale dizer: não serve para solucionar o caso concreto para o qual a sentença se encontra pré-ordenada. Por essa razão, não se considera fundamentada a decisão, por absoluto descolamento do caso, a sentença que invoca motivos que servem para justificar qualquer outra decisão (arts. 9.º, 10, 11 e 489, § 1.º, CPC)." (MARINONI, Luiz Guilherme, ARENHART, Sérgio Cruz, MITIDIERO, Daniel. Código de Processo Civil comentado. 4ª. ed. rev., atual e ampl. Editora Revista dos Tribunais, 2018. p. 615)

▶ **O juiz tem o dever de enfrentar todos os argumentos relevantes – ou fundamentos – arguidos pelas partes em suas manifestações processuais.**

"O juiz tem o dever de enfrentar todos os argumentos relevantes – ou fundamentos – arguidos pelas partes em suas manifestações processuais. Isso porque o juiz, por força da caracterização do direito ao contraditório como direito de influência (arts. 5.º, LV, CF, e 9.º e 10, CPC), constitui sujeito do contraditório, tendo dever de debate com as partes (arts. 93, IX, CF, e 11 e 489, § 1.º, IV, CPC). Se texto e norma não se confundem (em outros termos, se a norma é resultado da interpretação e não seu objeto), então é evidente que a sua legitimidade está atada à participação das partes na sua formação, o que é realizado pelo direito ao contraditório como direito de influência e aferido pelo dever de fundamentação como dever de debate. A norma jurídica é fruto de uma colaboração entre o legislador e o juiz, de modo que a sociedade civil tem o direito não só de influir no momento da sua formação legislativa, mas também no momento da sua reconstrução jurisdicional. No entanto, é preciso perceber que o juiz não tem o dever de rebater todos os argumentos levantados pelas partes ao longo de seus arrazoados: apenas os argumentos relevantes é que devem ser enfrentados.

O próprio legislador erige um critério para distinguir entre argumentos relevantes e argumentos irrelevantes: argumento relevante é todo aquele que é capaz de infirmar, em tese, a conclusão adotada pelo julgador. Argumento relevante é o argumento idôneo para alteração do julgado. Omitindo-se o juiz na análise de argumentos relevantes, não se considera fundamentada a decisão (art. 489, § 1.º, IV, CPC), cabendo embargos declaratórios para forçar a análise dos argumentos omitidos (art. 1.022, II, CPC). Não analisados, consideram-se fictamente inseridos na decisão judicial para efeitos de análise de eventual recurso especial ou extraordinário interposto pela parte interessada (art. 1.025, CPC)." (MARINONI, Luiz Guilherme, ARENHART, Sérgio Cruz, MITIDIERO, Daniel. Código de Processo Civil comentado. 4ª. ed. rev., atual e ampl. Editora Revista dos Tribunais, 2018. p. 615)

> ◙ **Em sentido contrário:** "Todavia, o Superior Tribunal de Justiça, já na vigência do CPC, ainda tem insistido que "O julgador não está obrigado a responder a todas as questões suscitadas pelas partes, quando já tenha encontrado motivo suficiente para proferir a decisão. A prescrição trazida pelo art. 489 do CPC/2015 veio confirmar a jurisprudência já sedimentada pelo Colendo Superior Tribunal de Justiça, sendo dever do julgador apenas enfrentar as questões capazes de infirmar a conclusão adotada na decisão recorrida" (STJ, Corte Especial, EDcl no AgRg nos EREsp 1.483.155/BA, rel. Min. Og Fernandes, j. 15.06.2016, DJe 03.08.2016). No mesmo sentido, já afirmou aquela Corte que "O art. 489 do CPC/2015 impõe a necessidade de enfrentamento dos argumentos que possuam aptidão, em tese, para infirmar a fundamentação do julgado, não estando o julgador obrigado a responder a todas as questões suscitadas pelas partes, quando já tenha encontrado motivo suficiente para proferir a decisão." (STJ, 1.ª Turma, AgInt no REsp 1.662.345/RJ, rel. Min. Regina Helena Costa, DJe 21.06.2017).

▶ **Trabalhar com precedentes significa individualizar razões e conectá-las às hipóteses fático-jurídicas que nela recaem.**

"Os precedentes são vertidos em textos que dizem respeito a determinados casos. Isso quer dizer que, como todo e qualquer texto, não dispensam interpretação (nada obstante tenham por função reduzir a equivocidade inerente ao discurso das fontes legislativas) a respeito do significado da linguagem empregada e a propósito do respectivo âmbito de aplicação. Daí que trabalhar com precedentes significa individualizar razões e conectá-las às hipóteses fático-jurídicas que nela recaem. Por essa razão, trabalhar com precedentes não significa de modo nenhum simplesmente alinhar julgados – condensados ou não em súmulas – sem individualizar as suas origens, os seus significados e a pertinência que guardam com o caso concreto. Não se considera fundamentada a decisão, portanto, que apenas finge aplicar precedentes, mas que na verdade não patrocina efetivo processo de identificação de razões e de demonstração da pertinência da ratio decidendi com o caso concreto. Como refere o art. 489, § 1.º, V, CPC, é preciso identificar as razões determinantes das decisões e a efetiva ligação com o caso concreto, demonstrando-se que esse se ajusta àqueles fundamentos. Do contrário, não há que se falar em decisão fundamentada." (MARINONI, Luiz Guilherme,

ARENHART, Sérgio Cruz, MITIDIERO, Daniel. Código de Processo Civil comentado. 4ª. ed. rev., atual e ampl. Editora Revista dos Tribunais, 2018. p. 616)

▶ **Existindo precedente constitucional ou precedente federal sobre o caso debatido em juízo a fidelidade ao direito constitui fidelidade ao precedente.**

"Existindo precedente constitucional ou precedente federal sobre o caso debatido em juízo, a fidelidade ao direito constitui fidelidade ao precedente. Daí que a ausência de efetivo enfrentamento – mediante a demonstração de distinção – pelo juízo de precedente invocado pela parte constitui omissão relevante na redação da fundamentação. Existindo precedente invocado pela parte, esse deve ser analisado pelo juízo. Se disser efetivamente respeito à controvérsia examinada em juízo, deve ser adotado como razão de decidir. Se não, a distinção entre o caso precedente e caso concreto deve ser declinada na fundamentação. A ausência de efetivo enfrentamento do precedente constitui violação do dever de fundamentação (art. 489, § 1.º, VI, CPC)." (MARINONI, Luiz Guilherme, ARENHART, Sérgio Cruz, MITIDIERO, Daniel. Código de Processo Civil comentado. 4ª. ed. rev., atual e ampl. Editora Revista dos Tribunais, 2018. p. 616)

▶ **Apenas as cortes supremas podem superar os próprios precedentes.**

"...apenas o Supremo Tribunal Federal, em matéria constitucional, e o Superior Tribunal de Justiça, em matéria federal, podem superar os seus respectivos precedentes. Igualmente, quando a ordem jurídica outorga força vinculante à jurisprudência (nos casos de jurisprudência formada em incidente de resolução de demandas repetitivas ou em incidente de assunção de competência), apenas a Corte que formou a jurisprudência vinculante é que pode dela se afastar, ressalvada, obviamente, a competência das Cortes Supremas para formação do precedente. Isso quer dizer que os juízes e tribunais submetidos ao precedente ou à jurisprudência vinculante não podem deixar de aplicá-los invocando a necessidade da respectiva superação. O máximo que podem fazer é a crítica ao precedente e à jurisprudência vinculante – inclusive a título de colaboração para oportuna superação. Não podem, porém, invocar as razões divergentes para superar o precedente ou a jurisprudência vinculante no caso concreto: para solucionar a causa, devem aplicar o precedente ou a jurisprudência vinculante. Isso quer dizer que os juízes e tribunais submetidos ao precedente e à jurisprudência vinculante só podem deixar de aplicá-los se invocarem distinções: não podem fazê-lo a título de superação do precedente ou da jurisprudência vinculante. Quando as cortes supremas ou as cortes encarregadas de formar jurisprudência vinculante chegarem à conclusão de que é o caso de superar entendimento consolidado, deverão fazê-lo com atenção ao art. 927, §§ 2.º a 4.º, CPC. Deixar de atender à força vinculante do precedente ou da jurisprudência formada mediante os incidentes próprios constitui violação do dever de fidelidade ao direito (error in judicando). Superar precedente ou jurisprudência vinculante sem a devida fundamentação constitui violação do dever de fundamentação (error in procedendo)." (MARINONI, Luiz Guilherme, ARENHART, Sérgio Cruz, MITIDIERO, Daniel. Código de Processo Civil comentado. 4ª. ed. rev., atual e ampl. Editora Revista dos Tribunais, 2018. p. 616/617)

▶ **A fim de que o processo interpretativo seja o mais racional e controlável possível, é preciso que se identifique, em qualquer caso, exatamente quais as finalidades em jogo (no caso dos princípios) e qual a incompatibilidade entre o caso concreto e a norma geral que aponta para a existência de exceções implícitas (no caso das regras), além de mostrar de que modo essas espécies normativas contribuem para a solução do caso concreto (art. 489, § 1.º, I, CPC).**

"Não é incomum que diferentes princípios apontem para finalidades opostas ou de algum modo colidentes que devem ser ao mesmo tempo promovidas. Não é incomum igualmente, dada a defectibilidade das regras, que ocorram situações em que a aplicação da regra geral ao caso particular não se harmoniza com o fim para o qual a regra foi em tese pensada. Em outras palavras, não é incomum a existência de exceções implícitas às regras (defeasibility). Em todas essas situações, é preciso estruturar a interpretação normativa com outras normas, destinadas justamente a estruturar a aplicação racional dos princípios e das regras. São os chamados postulados normativos. A fim de que o processo interpretativo seja o mais racional e controlável possível, é preciso que se identifique, em qualquer caso, exatamente quais as finalidades em jogo (no caso dos princípios) e qual a incompatibilidade entre o caso concreto e a norma geral que aponta para a existência de exceções implícitas (no caso das regras), além de mostrar de que modo essas espécies normativas contribuem para a solução do caso concreto (art. 489, § 1.º, I, CPC). Ainda, é preciso mostrar por que determinado postulado deve ser empregado e não outro para solução do embate normativo (art. 489, § 1.º, I, CPC). É isso que o art. 489, § 2.º, CPC, quer dizer: é preciso identificar as normas que devem ser aplicadas e o respectivo postulado que estrutura a correlata aplicação. Fora daí há arbitrariedade na solução dos conflitos normativos por ausência de adequada fundamentação (art. 489, § 2.º, CPC)." (MARINONI, Luiz Guilherme, ARENHART, Sérgio Cruz, MITIDIERO, Daniel. Código de Processo Civil comentado. 4ª. ed. rev., atual e ampl. Editora Revista dos Tribunais, 2018. p. 617)

▶ **A decisão judicial deve ser interpretada a partir da conjugação de todos os seus elementos (postulado da unidade da interpretação da sentença) e em conformidade com o princípio da boa-fé (arts. 5.º e 489, § 3.º, CPC).**

"A decisão judicial deve ser interpretada a partir da conjugação de todos os seus elementos (postulado da unidade da interpretação da sentença) e em conformidade com o princípio da boa-fé (arts. 5.º e 489, § 3.º, CPC). Em outras palavras, é preciso respeitar a sentença como uma unidade de sentido e interpretá-la dentro do quadro de expectativas legítimas geradas pelo debate judiciário." (MARINONI, Luiz Guilherme, ARENHART, Sérgio Cruz, MITIDIERO, Daniel. Código de Processo Civil comentado. 4ª. ed. rev., atual e ampl. Editora Revista dos Tribunais, 2018. p. 617)

▶ **A sentença finda com o dispositivo, momento em que o juiz isola a sua decisão e afirma se acolhe ou rejeita, no todo ou em parte, o pedido do autor, ao mesmo tempo em que, acolhendo-o, aponta o que deve ser feito para que o direito postulado em juízo logre tutela jurisdicional adequada e efetiva, realizando-se concretamente (art. 5.º, XXXV, CF).**

"A sentença finda com o dispositivo, momento em que o juiz isola a sua decisão e afirma se acolhe ou rejeita, no todo ou em parte, o pedido do autor, ao mesmo tempo em que, acolhendo-o, aponta o que deve ser feito para que o direito postulado em juízo logre tutela jurisdicional adequada e efetiva, realizando-se concretamente (art. 5.º, XXXV, CF). Apenas o dispositivo logra autoridade de coisa julgada (arts. 502 e 504, CPC). A fundamentação, ainda que importante para dimensionar o alcance e auxiliar na compreensão do dispositivo, não logra autoridade de coisa julgada (art. 504, I, CPC). Eventual questão prejudicial decidida na fundamentação, acaso preenchidos os pressupostos legais (art. 503, § 1.º, CPC), pode lograr autoridade de coisa julgada, hipótese em que o comando a respeito deverá igualmente constar do dispositivo da decisão." (MARINONI, Luiz Guilherme, ARENHART, Sérgio Cruz, MITIDIERO, Daniel. Código de Processo Civil comentado. 4ª. ed. rev., atual e ampl. Editora Revista dos Tribunais, 2018. p. 617/618)

▶ **Se há cumulação simples, então o juiz está obrigado a analisar todos os pedidos cumulados, independentemente da sorte de um ou de outro.**

"Se há cumulação simples, então o juiz está obrigado a analisar todos os pedidos cumulados, independentemente da sorte de um ou de outro. Se há cumulação sucessiva, o juiz só analisa o segundo pedido se acolher o primeiro. Se há cumulação alternativa, o juiz só analisa o segundo pedido se rejeitar o primeiro. Trata-se de projeção no campo da sentença do princípio da demanda (arts. 2.º e 141, CPC)." (MARINONI, Luiz Guilherme, ARENHART, Sérgio Cruz, MITIDIERO, Daniel. Código de Processo Civil comentado. 4ª. ed. rev., atual e ampl. Editora Revista dos Tribunais, 2018. p. 618)

▶ **A regra no processo civil é que a sentença seja conforme ao pedido do demandante**

"A regra no processo civil é que a sentença seja conforme ao pedido do demandante. Duplamente conforme: conforme ao pedido imediato (providência jurisdicional postulada – declaração, constituição, condenação, mandamento ou execução) e conforme ao pedido mediato (bem da vida perseguido em juízo). Daí a razão pela qual é vedado ao juiz proferir sentença, a favor do autor, de natureza diversa da pedida (vale dizer, desconforme ao pedido imediato), ou que tenha objeto diverso do demandado (isto é, desconforme ao pedido mediato). Fazendo-o, profere o juiz sentença infra, extra ou ultra petita. A sentença infra petita é aquela que não aprecia o pedido ou um dos pedidos cumulados. A sentença extra petita é que julga fora do pedido do demandante. A sentença ultra petita é aquela em que o órgão jurisdicional vai além daquilo que foi pedido pelo demandante. Em todos esses casos a sentença é desconforme ao pedido e viola os arts. 2.º, 141, 490 e 492, CPC, podendo ser decretada a sua invalidade. No caso de sentença infra e extra petita, pode o tribunal determinar o retorno dos autos à primeira instância para prolação de nova sentença (STJ, 1.ª Turma, REsp 784.488/PR, rel. Min. Luiz Fux, j. 12.06.2007, DJ 23.08.2007, p. 212). Contudo, pode o tribunal em qualquer caso invalidar a decisão e substituí-la desde logo, sem a necessidade de devolver os autos para o primeiro grau de jurisdição (art. 1. 013, § 3.º, CPC)." (MARINONI, Luiz Guilherme, ARENHART, Sérgio Cruz, MITIDIERO, Daniel. Código de Processo Civil comentado. 4ª. ed. rev., atual e ampl. Editora Revista dos Tribunais, 2018. p. 619)

▶ **A necessidade de dar maior poder ao juiz para a efetiva tutela dos direitos, espelhada na quebra da regra da tipicidade das formas de efetivação das decisões judiciais (arts. 536, § 1.º, e 538, § 3.º, CPC) e na concentração da atividade voltada ao cumprimento das decisões dentro do mesmo processo em que proferidas (art. 513, CPC), trouxe ainda a superação da ideia de absoluta congruência entre o pedido e a sentença (arts. 2.º, 128 e 460, CPC).**

"A necessidade de dar maior poder ao juiz para a efetiva tutela dos direitos, espelhada na quebra da regra da tipicidade das formas de efetivação das decisões judiciais (arts. 536, § 1.º, e 538, § 3.º, CPC) e na concentração da atividade voltada ao cumprimento das decisões dentro do mesmo processo em que proferidas (art. 513, CPC), trouxe ainda a superação da ideia de absoluta congruência entre o pedido e a sentença (arts. 2.º, 128 e 460, CPC). Observe-se que a superação dessa ideia é uma consequência lógica da quebra da tipicidade das formas de efetivação das decisões judiciais e da concentração do cumprimento das decisões dentro do mesmo processo em que proferidas, uma vez que todas elas se destinam a dar maior mobilidade ao juiz – e assim, maior poder de impor as suas decisões. A ligação entre tudo isso, de resto, deriva do fato de a regra da congruência, assim como a tipicidade das formas de efetivação das decisões e a separação entre processo de conhecimento e processo de execução, foi estabelecida a partir da premissa de que era preciso conter o poder do juiz para evitar o risco de violação da liberdade do litigante. Tanto é assim que, quando se pensa em congruência, afirma-se correntemente que sua finalidade é evitar que a jurisdição atue de ofício, o que poderia comprometer sua imparcialidade. Pois bem. Tendo em conta a necessidade de organizar-se um processo justo (art. 5.º, LIV, CF), que necessariamente outorga tutela jurisdicional adequada e efetiva aos litigantes (art. 5.º, XXXV, CF), os arts. 536, § 1.º, e 538, § 3.º, CPC, mitigam a regra da conformidade entre pedido e sentença. Nessa linha, é importante perceber que pode ser solicitada sentença executiva, capaz de conduzir à tutela do direito mediante sub-rogação, e o juiz prolatar sentença mandamental, cujo cumprimento se dá por coerção indireta. O inverso também pode se verificar: pode ser concedida sentença executiva no lugar de sentença mandamental. Vale dizer: autoriza-se a desconformidade entre pedido imediato e sentença. De outro lado, também é possível ao juiz dar conteúdo diverso, por exemplo, ao fazer ou ao não fazer solicitado, impondo-se outro fazer ou não fazer, desde que idôneo para conferir resultado prático equivalente àquele que seria obtido em caso de adimplemento da obrigação originária. Assim, se é requerida a cessação da poluição e o juiz verifica que basta a instalação de certa tecnologia para que ela seja estancada (um filtro, por exemplo), outro fazer deve ser imposto. Perceba-se que a possibilidade de imposição de fazer diverso do pedido não se confunde com a possibilidade de imposição do solicitado mediante a utilização de técnica processual diferente da postulada. No mais, os arts. 497 e 498, mitigam a regra da congruência entre pedido mediato e sentença ao possibilitar ao juiz propiciar à parte resultado prático equivalente àquele que seria obtido em caso de atendimento à obrigação originária." (MARINONI, Luiz Guilherme, ARENHART, Sérgio Cruz, MITIDIERO, Daniel. Código de Processo Civil comentado. 4ª. ed. rev., atual e ampl. Editora Revista dos Tribunais, 2018. p. 619/620)

▶ **A sentença deve ser conforme ao pedido e certa ainda que o juiz decida relação jurídica condicional.**

"A sentença deve ser conforme ao pedido e certa ainda que o juiz decida relação jurídica condicional. Vale dizer: relação jurídica com eficácia submetida à condição suspensiva ou resolutiva (arts. 121, 125 e 127, CC). Observe-se: pode o juiz decidir a respeito de relação jurídica cuja eficácia se encontre submetida à condição suspensiva ou resolutiva ainda não verificada. O que se veda é que a própria sentença crie, ela própria, condição para sua eficácia ou submeta a procedência do pedido do demandante à ocorrência de acontecimento futuro e incerto (STJ, 5.ª Turma, AgRg no Ag 832.495/SP, rel. Min. Arnaldo Esteves Lima, j. 19.04.2007, DJ 21 05.2007, p. 612). A res in iudicium deducta pode ser condicional – não a sentença que a decide. É nula a sentença que condiciona a própria eficácia ao preenchimento de determinados requisitos futuros e incertos por violação ao art. 492, parágrafo único, CPC (STJ, 5.ª Turma, AgRg no Ag 770.078/SP, rel. Min. Félix Fischer, j. 12.12.2006, DJ 05.03.2007, p. 313)." (MARINONI, Luiz Guilherme, ARENHART, Sérgio Cruz, MITIDIERO, Daniel. Código de Processo Civil comentado. 4ª. ed. rev., atual e ampl. Editora Revista dos Tribunais, 2018. p. 620)

▶ **O indeferimento da petição inicial, nos termos do art. 10 da Lei 12.016/2009, só pode ocorrer antes da notificação da autoridade coatora e da intimação da pessoa jurídica de direito público**

"O art. 10, caput, da Lei 12.016/2009 prevê as hipóteses de indeferimento da petição inicial no mandado de segurança. Conforme ensina a melhor doutrina, só haverá indeferimento da petição inicial antes da citação do réu. Aplicado esse entendimento ao procedimento do mandado de segurança, pode se afirmar que o indeferimento da petição inicial, nos termos do art. 10 da Lei 12.016/2009, só pode ocorrer antes da notificação da autoridade coatora e da intimação da pessoa jurídica de direito público." (NEVES, Daniel Amorim Assumpção. Ações Constitucionais, 2ª edição, Ed. GEN, São Paulo, 2013, p. 113/114)

◉ **A particularidade da apelação nesse caso consiste na sua subida imediata ao Tribunal sem intimação da parte contrária para responder ao recurso.**

"O indeferimento da petição inicial ocorre no limiar do processo, antes mesmo da citação do demandado, e o recurso cabível é a apelação, visto que configura sentença o ato que põe fim ao processo, com ou sem apreciação do mérito. A particularidade da apelação nesse caso consiste na sua subida imediata ao Tribunal, sem intimação da parte contrária para responder ao recurso (CPC, art.331, § 1º). É que o indeferimento ocorre, em regra, antes da angularização da relação processual, ou seja, em momento no qual essa relação se trava apenas entre o autor e o juízo." (THEODORO JÚNIOR, Humberto. Lei do Mandado de Segurança comentada artigo por artigo. Rio de Janeiro: Gen/Editora Forense, 2ª edição, 2019. p. 290)

◉ **No mesmo sentido**: "Em se tratando de indeferimento da inicial do mandado de segurança – portanto anteriormente à formação da relação processual –, aplica-se, por analogia, a regra do art. 296 do CPC, que não mais exige a citação da parte contrária para responder no recurso de apelação." (STJ, 2ª T., EDcl no RMS 15.750/RJ, Rel. Min. Castro Meira, ac. 09.03.2004, DJU 31.05.2004, p. 252)

▶ **Necessidade de motivação da decisão.**

"Em qualquer das hipóteses, exige o caput do art. 10 que a decisão seja "motivada", determinação, aliás, óbvia, uma vez que é de preceito constitucional que todas as decisões do Poder Judiciário serão fundamentadas, "sob pena de nulidade" (CF, art. 93, IX). O que, com certeza, quis o legislador foi destacar que o indeferimento da inicial do mandado de segurança não é um simples despacho, mas uma autêntica sentença, e que, por isso, tem de se submeter à observância dos requisitos formais que são próprios dos atos judiciais da espécie (CPC/2015, art. 489, II1). O indeferimento, por não ser "o caso de mandado de segurança", refere-se à condição do interesse de agir, que se manifesta de duas maneiras para viabilizar o acesso ao julgamento de mérito: pela necessidade e pela adequação da tutela judicial pleiteada. Não há, por exemplo, necessidade da tutela mandamental quando o direito subjetivo do impetrante não foi lesado por ato de autoridade, nem se acha ameaçado por parte de agente do Poder Público. É o que se passa com o mandado de segurança contra lei em tese, quando o impetrante não reúne, em torno de si, os elementos fáticos sobre os quais deverá incidir a norma legal impugnada. Não há, outrossim, adequação do mandado de segurança quando o impetrante, mesmo tendo sofrido lesão ou ameaça em sua esfera jurídica, se acha numa daquelas situações em que o mandado de segurança não é a ação cabível para a composição do litígio descrito na inicial. Por exemplo, o mandado de segurança não se presta a exercer a função de cobrança, nem é remédio processual para tutelar direitos subjetivos não demonstráveis por meio de prova documental pré-constituída. Sem a comprovação liminar de liquidez e certeza do direito arguido pelo impetrante, ocorre a carência de ação, no tocante à via mandamental eleita. Nesses dois exemplos, o indeferimento da petição inicial não redunda em negação definitiva de acesso do impetrante à Justiça. O mérito de sua pretensão de direito material não é examinado. Apenas se recusa a apreciá-lo na via inadequada do mandado de segurança. Não haverá coisa julgada e a parte terá assegurada a possibilidade de renovar o mesmo pedido por meio de ação comum (Lei nº 12.016, art. 19)." (THEODORO JÚNIOR, Humberto. Lei do Mandado de Segurança comentada artigo por artigo. Rio de Janeiro: Gen/Editora Forense, 2ª edição, 2019. p. 288).

▶ **Os motivos elencados no artigo 10 podem fundamentar a sentença, mas não mais poderá chamar de "indeferimento da inicial".**

"É claro que os motivos elencados no artigo ora analisado podem fundamentar a sentença no mandado de segurança após o momento inicial do procedimento, mas, nesse caso, não se poderá mais falar em "indeferimento da petição inicial." (NEVES, Daniel Amorim Assumpção. Ações Constitucionais, 2ª edição, Ed. GEN, São Paulo, 2013, p. 113/114)

▶ **A primeira causa de indeferimento é a constatação do juízo de que o caso concreto não é caso de mandado de segurança**

"A doutrina dá alguns exemplos: (a) ausência de direito líquido e certo (impossibilidade de provar o alegado por meios meramente documentais); (b) ausência de interesse de agir porque existe pendência de julgamento de recurso administrativo com efeito suspensivo; (c) impugnação de lei em tese sem quaisquer efeitos práticos (Súmula 266 do STF)." (BUENO. Cassio Scarpinella. A Nova Lei do Mandado de Segurança: Comentários sistemáticos à Lei 12.016, de 7-8-2009, 2ª edição, Editora Saraiva, São Paulo, 2010, p. 63)

▶ **Não há, outrossim, adequação do mandado de segurança quando o impetrante, mesmo tendo sofrido lesão ou ameaça em sua esfera jurídica, se acha numa daquelas situações em que o mandado de segurança não é a ação cabível para a composição do litígio descrito na inicial.**

"Não há, outrossim, adequação do mandado de segurança quando o impetrante, mesmo tendo sofrido lesão ou ameaça em sua esfera jurídica, se acha numa daquelas situações em que o mandado de segurança não é a ação cabível para a composição do litígio descrito na inicial. Por exemplo, o mandado de segurança não se presta a exercer a função de cobrança, nem é remédio processual para tutelar direitos subjetivos não demonstráveis por meio de prova documental pré-constituída. Sem a comprovação liminar de liquidez e certeza do direito arguido pelo impetrante, ocorre a carência de ação, no tocante à via mandamental eleita. Nesses dois exemplos, o indeferimento da petição inicial não redunda em negação definitiva de acesso do impetrante à Justiça. O mérito de sua pretensão de direito material não é examinado. Apenas se recusa a apreciá-lo na via inadequada do mandado de segurança. Não haverá coisa julgada e a parte terá assegurada a possibilidade de renovar o mesmo pedido por meio de ação comum (Lei nº 12.016, art. 19)." (THEODORO JÚNIOR, Humberto. Lei do Mandado de Segurança comentada artigo por artigo. Rio de Janeiro: Gen/Editora Forense, 2ª edição, 2019. p. 288)

▶ **Apenas no caso de incompetência possuir natureza peremptória será ela capaz de colocar fim ao processo.**

"A incompetência é em regra dilatória, uma vez que, reconhecida, não há extinção do processo, mas a remessa dos autos ao juízo competente. Ocorre, entretanto, que excepcionalmente a incompetência pode ter natureza peremptória, sendo capaz de colocar fim ao processo. Há decisões do Superior Tribunal de Justiça apoiando o indeferimento da petição inicial do mandado de segurança em razão de sua incompetência absoluta para conhecê-lo." (NEVES, Daniel Amorim Assumpção. Ações Constitucionais, 2ª edição, Ed. GEN, São Paulo, 2013, p. 113/114)

▶ **Tanto a ausência dos requisitos legais do mandado de segurança como daqueles previstos para a petição inicial no Código de Processo Civil são suficientes para ensejar a extinção do processo por indeferimento da petição inicial.**

"Praticamente repetindo a redação do art. 8º, caput, da Lei 1.533/1951, o dispositivo legal ora comentado aponta como causa de indeferimento da petição inicial a ausência de requisitos legais, o que deve ser compreendido tanto no aspecto específico como genérico. Significa dizer que tanto a ausência dos requisitos legais do mandado de segurança como daqueles previstos para a petição inicial no Código de Processo Civil, são suficientes para ensejar a extinção do processo por indeferimento da petição inicial. O Superior Tribunal de Justiça, inclusive, vem entendendo pela aplicação subsidiária do Código de Processo Civil na hipótese de indeferimento da petição inicial no mandado de segurança, de forma que, além das causas expressamente previstas no art. 10, caput, da Lei 12.016/2009, também se indefere a petição inicial nos termos do art. 295 do CPC." (NEVES, Daniel Amorim Assumpção. Ações Constitucionais, 2ª edição, Ed. GEN, São Paulo, 2013, p. 113/114)

▶ **O transcurso do prazo legal para a impetração do mandado de segurança**

"A "novidade" do art. 10, caput, da Lei 12.016/2009 é a previsão, como causa de indeferimento da petição inicial, do transcurso do prazo legal para a impetração do mandado de segurança. Coloco entre aspas o termo novidade, porque a decadência pode ser reconhecida de ofício, e, tendo o prazo de 120 dias natureza decadencial, sempre foi permitido ao juízo o indeferimento da petição inicial do mandado de segurança pelo transcurso do prazo legal para sua interposição." (NEVES, Daniel Amorim Assumpção. Ações Constitucionais, 2ª edição, Ed. GEN, São Paulo, 2013, p. 113/114)

▶ **Pedidos inaceitáveis pela via mandamental**

"A falta de especificação por negativa ou exclusão, ou seja, a indicação dos pedidos inatacáveis pela via mandamental, não impede a afirmativa de que se classificam nessa categoria, dentre outros, (a) os atos que não são diretamente oriundos de autoridade; (b) os que não são demonstráveis instrumentalmente e de plano; (c) os que demandam dilação probatória e (d) os que estão com a sua eficácia suspensa por qualquer causa jurídica." (NUNES, Napoleão et all; Comentários a Nova Lei do Mandado de Segurança. ed. Ano. Editora. p. 159)

▶ **Indeferimento da inicial em decorrência da impetração contra atos de gestão comercial.**

"Outra superfetação se constata pelo fato de o § 2º do art. 1º – dispondo que não cabe mandado de segurança contra atos de gestão comercial, praticados pelos administradores de empresas públicas, de sociedades de economia mista e de concessionárias de serviço público -, porque, também nesta hipótese a consequência será o indeferimento da petição inicial, com a extinção do processo mandamental sem resolução de mérito." (J.E. Carreira Alvim. Comentários à Nova Lei do Mandado de Segurança – Lei 12.016/09. ed. Ano. Editora. p. 221)

▶ **Da necessidade de motivação da decisão**

"Ao prever o novo art. 10 que a decisão que indeferir a inicial deve ser motivada confirma o que tenho dito, de que não basta a Constituição dizer o que diz, porque, no final, acaba prevalecendo o que o juiz quer. Ao dispor o inc. LV do art. 5º da Constituição que "aos litigantes, em processo judicial e administrativo, e aos acusados em geral são assegurados o contraditório e a ampla defesa, com os meios e recursos a ela inerentes", nada mais seria preciso acrescentar se houvesse uma disciplina judiciária adequada, por parte dos juízes, e se imperasse, como deveria, a lógica do sistema jurídico. Se a Constituição manda fundamentar, não é preciso que nenhum outro texto infralegal o repita, porque aquela é a norma fundamental, a norma das normas, que domina todas as demais. No caso, o receio do legislador foi que o juiz se limitasse a dizer "Indefiro a petição inicial, por não ser caso de mandado de segurança" pelo que repetiu preceito constitucional, determinando que esse indeferimento fosse por decisão motivada; no que não estava totalmente errado, porque quem tem a capacidade de prever tem o dever de prevenir-se. Mesmo na presença de previsão expressa de fundamentação, não faltarão decisões sintéticas e desfundamentadas." (J.E. Carreira Alvim. Comentários à Nova Lei do Mandado de Segurança – Lei 12.016/09. ed. Ano. Editora. p. 219, 220)

▶ **Em sendo o mandado de segurança de competência de primeiro grau o indeferimento da inicial deverá ser embatido por apelação, caso o indeferimento seja total.**

"O art. 10, § 1º, da Lei 12.016/2009 trata da recorribilidade da decisão que indefere a petição inicial. Tratando-se de mandado de segurança de competência de primeiro grau, o dispositivo prevê o cabimento da apelação contra a decisão que indeferir a petição inicial do mandado de segurança." (NEVES, Daniel Amorim Assumpção. Ações Constitucionais, 2ª edição, Ed. GEN, São Paulo, 2013, p. 113/114)

▶ <u>No mesmo sentido:</u> **Se houver o indeferimento total da inicial o recurso cabível é a apelação.**

"A regra do art. 10, § 1º, da Lei nº 12.016, de que cabe apelação da decisão que indefere a petição inicial do mandado de segurança, afina-se com o sistema comum do Código de Processo Civil. Com efeito, o processo se extingue sempre por sentença, seja ela terminativa (sem exame do mérito) ou definitiva (com resolução do mérito) (CPC, art. 1.00915)" (THEODORO JÚNIOR, Humberto. Lei do Mandado de Segurança comentada artigo por artigo. Rio de Janeiro: Gen/Editora Forense, 2ª edição, 2019. p. 291).

▶ **Se o indeferimento da inicial for parcial, caberá o recurso de agravo de instrumento.**

"O dispositivo deve ser aplicado na hipótese de indeferimento total da petição inicial, porque, havendo o indeferimento apenas parcial, caberá o recurso de agravo de instrumento, já que a doutrina majoritária entende que esse pronunciamento judicial é uma decisão interlocutória recorrível por agravo de instrumento, mesmo que tenha a decisão matéria de mérito como objeto." (NEVES, Daniel Amorim Assumpção. Ações Constitucionais, 2ª edição, Ed. GEN, São Paulo, 2013, p. 113/114)

▶ **No mesmo sentido**: "Todavia, não se pode ignorar a possibilidade de que a petição inicial seja deferida em parte e indeferida em outra parte, permitindo que a relação processual se desenvolva, muito embora com um objeto mais restrito (menor número de pretensões em comparação com aquelas originariamente reduzidas). Em uma situação como essa, o indeferimento se dará por meio de decisão interlocutória, visto que restou consagrado, pela doutrina majoritária pós-reforma do art. 162, § 1º do CPC, 109 que para ser sentença não basta que o pronunciamento decisório possua um dos conteúdos dos arts. 267 ou 269; necessita, concomitantemente, extinguir o procedimento cognitivo em primeiro grau ou o executivo por completo." (KLIPPEL, Rodrigo, Comentários a Nova Lei do Mandado de Segurança. ed. Ano. Editora pg. 185).

▶ **Interposta a apelação é possível o juiz se retratar no prazo de 5 dias.**

"Há, contudo, um regime particular para a apelação no caso de indeferimento da petição inicial: ao juiz a lei faculta, no prazo de 5 dias, a possibilidade de reformar sua decisão (art. 331, caput, do CPC/2015). Se tal ocorrer, esvazia-se o recurso, por perda de objeto, podendo o processo retomar seu curso normal, por meio da citação do demandado." (THEODORO JÚNIOR, Humberto. Lei do Mandado de Segurança comentada artigo por artigo. Rio de Janeiro: Gen/Editora Forense, 2ª edição, 2019. p. 291).

▶ **Havendo a retratação, o procedimento retomará seu andamento regular.**

"Havendo a retratação, o procedimento retomará seu andamento regular com a notificação da autoridade coatora e a intimação da pessoa jurídica de direito público." (NEVES, Daniel Amorim Assumpção. Ações Constitucionais, 2ª edição, Ed. GEN, São Paulo, 2013, p. 113/114)

▶ **Não havendo retratação, os autos serão encaminhados para o tribunal sem qualquer ato de comunicação, participando dessa apelação somente o impetrante.**

"O indeferimento da petição inicial ocorre no limiar do processo, antes mesmo da citação do demandado, e o recurso cabível é a apelação, visto que configura sentença o ato que põe fim ao processo, com ou sem apreciação do mérito. A particularidade da apelação nesse caso consiste na sua subida imediata ao Tribunal, sem intimação da parte contrária para responder ao recurso (CPC, art.331, § 1º13). É que o indeferimento ocorre, em regra, antes da angularização da relação processual, ou seja, em momento no qual essa relação se trava apenas entre o autor e o juízo." (THEODORO JÚNIOR, Humberto. Lei do Mandado de Segurança comentada artigo por artigo. Rio de Janeiro: Gen/Editora Forense, 2ª edição, 2019. p. 290).

◙ **Da dispensa de exigibilidade da citação da parte contraria para responder no recurso de apelação**

◙ "Indeferimento da inicial do mandamus. Aplicação do art. 296 do CPC Em se tratando de indeferimento da inicial do mandado de segurança – portanto anteriormente à formação da relação processual-, aplica – se, por analogia, a regra do art. 296 do CPC, que não mais exige a citação da parte contrária para responder no recurso de apelação." (STJ – EDcl no RMS 15.750/RJ, ReI. Ministro Castro Meira, Segunda Turma, DJ 31/05/2004)

▶ **Na hipótese de decisão proferida em mandado de segurança de competência originária do tribunal, o recurso cabível dependerá de ser a decisão monocrática do relator ou colegiada.**

"Na hipótese de decisão proferida em mandado de segurança de competência originária do tribunal, o recurso cabível dependerá de ser a decisão monocrática do relator ou colegiada. Segundo o art. 10, § 1º, da Lei 12.016/2009, sendo a decisão monocrática, caberá o recurso de agravo interno, que seguirá as regras procedimentais previstas no art. 557 do CPC, embora seja presumível que os tribunais passem a chamar tal recurso de agravo regimental; sendo colegiada, caberá no máximo recurso ordinário constitucional, recurso especial ou recurso extraordinário, sendo incabível o recurso de embargos infringentes por expressa previsão legal (art. 25 da Lei 12.016/2009). Interessante notar que o art. 10º, § 1º, da Lei 12.016/2009 tratou apenas da primeira situação – decisão monocrática do relator –, provavelmente pela obviedade da segunda solução." (NEVES, Daniel Amorim Assumpção. Ações Constitucionais, 2ª edição, Ed. GEN, São Paulo, 2013, p. 113/114)

▶ **Indeferimento monocrático da petição inicial pelo relator do Mandado de Segurança**

"Perfeitamente possível, nos MS's de competência originária dos Tribunais, o indeferimento monocrático da petição inicial por parte do relator, como deixa claro o seguinte julgado: "1. Recurso Ordinário em Mandado de Segurança interposto contra decisão monocrática que, com base no art. 8º, da Lei nº 1.533/51, indeferiu writ originário no Tribunal a quo (...)" (STJ, 1ª Turma, ROMS 200201458188, reI. Min José Delgado, DJU 24.3.2003)

▶ **Deixar de juntar o documento comprobatório do direito líquido e certo não deve causar o indeferimento da inicial**

"Seria contrário ao bom senso e aos princípios da celeridade, efetividade e utilidade processual, que a inicial viesse a ser indeferida por falha do advogado, ao deixar de juntar o documento comprobatório do direito líquido e certo, para que outro mandamus viesse a ser impetrado com a juntada desse documento. Afinal, essa cautela em prol da efetividade processual nenhum prejuízo ocasiona à parte contrária – que é a pessoa jurídica interessada – e não sobrecarrega a justiça com a extinção do processo e a propositura de nova ação mandamental, para se alcançar o objetivo colimado pelo impetrante." (J.E. Carreira Alvim. Comentários à Nova Lei do Mandado de Segurança – Lei 12.016/09. ed. Ano. Editora. p. 221, 222)

▶ **Indeferimento da inicial em mandados de segurança de competência dos Tribunais**

"Em se tratando de mandamus impetrado diretamente em tribunal, que, em regra, julga de forma colegiada (princípio da colegialidade), imagina-se que o indeferimento da petição inicial deva ser feito pelo órgão ao qual incumba julgar a demanda, por meio do pronunciamento, ao menos, da maioria de seus membros." (KLIPPEL, Rodrigo e NEFFA JUNIOR, José Antônio. Comentários à lei de mandado de segurança. (Lei nº 12.016/09): Artigo por artigo, doutrina e jurisprudência, Editora Lumen Juris, Rio de Janeiro, 2010, p. 185).

▶ **Possibilidade de que o relator do mandado de segurança – monocraticamente – indefira a petição inicial.**

"Todavia, em atenção aos rumos que tomou a legislação processual civil brasileira no tema da "ordem dos processos nos tribunais", principalmente com relação aos recursos, deve-se acolher a possibilidade de que o relator do mandado de segurança – monocraticamente – indefira a petição inicial. Tal atitude corresponderia, de certa forma, ao poder que se defere ao relator do recurso de inadmiti-lo ou de julgá-lo no mérito monocraticamente, nos termos do art. 557 do CPC." (KLIPPEL, Rodrigo e NEFFA JUNIOR, José Antônio. Comentários à lei de mandado de segurança. (Lei nº 12.016/09): Artigo por artigo, doutrina e jurisprudência, Editora Lumen Juris, Rio de Janeiro, 2010, p. 185).

▶ **Trata-se meramente de um requisito de condição da ação, não gerando a extinção, por inércia, do alegado direito material subjacente**

"O decurso do prazo legal de 120 dias da impetração (agora previsto no art. 23 da Lei 12.016/09) é um fato que impossibilita, tão-somente, o uso do procedimento do mandado de segurança, e não determina a extinção, por inércia, do alegado direito material subjacente. Sendo assim, ao se analisar tal impedimento inserido do procedimento do mandamus, observa-se que se trata de mais um requisito legal do mesmo, relativo ao seu cabimento, ou seja, a uma de suas condições da ação, o interesse processual na modalidade adequação." (KLIPPEL, Rodrigo e NEFFA JUNIOR, José Antônio. Comentários à lei de mandado de segurança. (Lei nº 12.016/09): Artigo por artigo, doutrina e jurisprudência, Editora Lumen Juris, Rio de Janeiro, 2010, p. 188).

▶ **O posicionamento de que não deve ser especificado um prazo para a interposição não encontra fundamento na jurisprudência**

"Seria importante relembrar que o mandado de segurança surgiu como especificação do habeas corpus, que não determina prazo para a sua impetração, vindo daí o fundamento histórico de também não haver prazo para a impetração de segurança. O argumento é tentador, todavia a jurisprudência dos Tribunais já o sepultou, de modo que a alegação de não existir prazo para impetrar pedido de segurança não encontra eco ou adesões, conservando, dessa forma, o sabor de discussão de ordem histórica e de natureza puramente acadêmica." (NUNES, Napoleão et all; Comentários a Nova Lei do Mandado de Segurança. ed. Ano. Editora. p. 161).

▶ **A Súmula 632 do STF entendeu como constitucional a fixação do prazo de decadência**

"As tentativas precedentes de se considerar inconstitucional a instituição desse prazo esbarrara no entendimento jurisprudencial que o entendeu válido, cristalizado o mesmo no Enunciado da Súmula 632 do STF, que dispõe que "é constitucional lei que fixa o prazo de decadência para a impetração de mandado de segurança."

▶ **Do juízo de retratação da decisão (lato sensu) que indefere a petição inicial do mandado de segurança**

"A razão de ser dessa peculiaridade do regime jurídico da apelação se encontra no momento em que é proferida a sentença contra a qual se poderá recorrer, visto que se trata de uma fase procedimental na qual o processo ainda é uma relação jurídica travada somente por autor e juiz, visto que ainda não houve a sua triangularização. " (KLIPPEL, Rodrigo e NEFFA JUNIOR, José Antônio. Comentários à lei de mandado de segurança. (Lei nº 12.016/09): Artigo por artigo, doutrina e jurisprudência, Editora Lumen Juris, Rio de Janeiro, 2010, p. 194).

> § 1º Do indeferimento da inicial pelo juiz de primeiro grau caberá apelação e, quando a competência para o julgamento do mandado de segurança couber originariamente a um dos tribunais, do ato do relator caberá agravo para o órgão competente do tribunal que integre.

▶ **Recurso.**

"Ao ler-se o § 1º do art. 10, vê-se que se trata de um complemento importante ao caput do mesmo artigo. Enquanto o primeiro (caput) fala da decisão de indeferimento da petição inicial, tanto nos mandados de segurança de competência do juízo monocrático quanto dos manda193 dos de segurança de competência dos tribunais, o segundo (§ 1º) regula o recurso cabível contra esse pronunciamento." (KLIPPEL, Rodrigo e NEFFA JUNIOR, José Antônio. Comentários à lei de mandado de segurança. (Lei nº 12.016/09): Artigo por artigo, doutrina e jurisprudência, Editora Lumen Juris, Rio de Janeiro, 2010, p. 192/193).

▶ **Contra o indeferimento total da inicial caberá recurso de apelação**

"(...). Pela própria forma como foi escrito o art. 10, caput, observa-se que o legislador não foi analítico o suficiente ao imaginar quais seriam as formas pelas quais se poderia indeferir a petição inicial, regulando somente as que são mais comuns. Em primeiro grau, tratou do indeferimento de toda a petição inicial, a ser feito por sentença e recorrível por apelação, olvidando-se do indeferimento parcial. Daí ter dito que contra essa decisão cabe apelação." (KLIPPEL, Rodrigo e NEFFA JUNIOR, José Antônio. Comentários à lei de mandado de segurança. (Lei nº 12.016/09): Artigo por artigo, doutrina e jurisprudência, Editora Lumen Juris, Rio de Janeiro, 2010, p. 193).

▶ **Salvo situações excepcionais e demonstrado o risco de dano irreparável ou de difícil reparação, não terá efeito suspensivo a apelação de sentença denegatória de mandado de segurança.**

"Salvo situações excepcionais e demonstrado o risco de dano irreparável ou de difícil reparação, não terá efeito suspensivo a apelação de sentença denegatória de mandado de segurança ((AgRg no AREsp 368.657/SP, rel. Min. Herman Benjamin, 2.ª T., j. 06.05.2014, DJe 18.06.2014) ou de sentença concessiva da segurança." (STJ – AgRg no AREsp 423.066/MG, rel. Min. Mauro Campbell Marques, 2.ª T., j. 18.02.2014, DJe 25.02.2014).

▶ **Contra a decisão monocrática do relator caberá recurso de agravo interno**

"Já em sede de mandado de segurança de competência originária de tribunal, somente tratou do indeferimento pelo relator, deixando de lado a possibilidade de que o relator leve ao colegiado seu entendimento, a fim de que se profira sobre o tema, desde logo, juízo colegiado, evitando a interposição de um recurso – o agravo interno – e agilizando a tramitação do writ. Por isso ter-se ocupado somente com a decisão monocrática do relator e ter dito que, contra ela, é cabível agravo interno." (KLIPPEL, Rodrigo, Comentários a Nova Lei do Mandado de Segurança. ed. Ano. Editora pg. 193).

▶ **Agravo inominado. Cabimento**

A Lei do MS prevê a possibilidade de agravo da decisão do relator, no tribunal, que indefere o mandado de segurança originário (art. 10, § 1.º), de modo que se possa levar o conhecimento da matéria ao colegiado. A lei, no entanto, nada fala sobre a decisão que nega ou concede a liminar, vigorando o entendimento do STF, enunciado na Súmula 622, de que tal decisão é irrecorrível: "Não cabe agravo regimental contra decisão do relator que concede ou indefere liminar em mandado de segurança". Quer nos parecer, no entanto, que a Súmula está mais dirigida ao próprio STF, de forma que, se o regimento interno de algum tribunal porventura prever o instituto, este poderá ser utilizado.

▶ **Recursos especial e extraordinário. Recurso ordinário em mandado de segurança**

Das decisões da corte local em sede recursal poderá caber, conforme o caso, recurso especial ou extraordinário (ou de revista, no caso da seara trabalhista), a depender da natureza infraconstitucional ou constitucional da discussão (no de revista, ambas as matérias podem ser levadas ao TST).

▶ **Quando a competência for originária de tribunal estadual ou regional federal caberá recurso ordinário para o STJ contra decisão denegatória**

No entanto, se a competência for originária de tribunal estadual ou regional federal, e a decisão for denegatória, o recurso cabível é o ordinário em mandado de segurança, para o STJ, nos termos do art. 105, II, b, da CF/198853.

▶ **Em se tratando de competência originária de Tribunal Superior caberá Recurso Ordinário ao STF contra decisão denegatória**

Já se a competência for originária de tribunal superior (STM, STJ, TST ou TSE), e a decisão for igualmente denegatória da segurança, o recurso ordinário será dirigido ao STF (art. 102, II, a, da CF/1988).

▶ A não concessão da segurança também é causa específica de recurso dos TREs para o TSE

A não concessão da segurança também é causa específica de recurso dos TREs para o TSE (art. 121, § 4.º, V, da CF/1988), embora a Constituição não esclareça se se trata de competência originária ou não daqueles.

▶ É cabível a improcedência liminar do pedido (art. 332 do CPC) no Mandado de Segurança?

"O Superior Tribunal de Justiça não admite, como visto no subitem anterior, que a petição inicial do mandado de segurança seja indeferida por razões de mérito. Tal entendimento não se aplica aos casos de improcedência liminar do pedido, previstos no art. 332 do CPC. Configurada uma das hipóteses descritas em tal dispositivo, poderá ser proferida sentença imediata de improcedência. A regra não é incompatível com o mandado de segurança. Aliás, os requisitos ali previstos não se restringem a qualquer tipo de procedimento... "... a improcedência liminar do pedido aplica-se às demandas propostas em face da Fazenda Pública, não havendo qualquer incompatibilidade com o mandado de segurança. O art. 332 do CPC prevê os casos de improcedência liminar do pedido. Nesses casos, o juiz, antes mesmo da citação do demandado, já julga improcedente o pedido formulado pelo demandante na sua petição inicial. Trata-se de decisão de mérito, que produz coisa julgada, podendo ser desconstituída por ação rescisória. Tal dispositivo, não custa insistir, aplica-se ao mandado de segurança. Para que se julgue liminarmente improcedente o pedido, é preciso que a causa dispense a fase instrutória. Os fatos devem estar todos comprovados por documentos, não sendo necessária a produção de qualquer outro meio de prova. O mandado de segurança é cabível quando a prova é documental pré-constituída. Logo, atende-se plenamente à hipótese de incidência do art. 332 do CPC." (CUNHA, Leonardo Carneiro. A Fazenda Pública em Juízo, 14ª. ed. rev., atual e ampl. – Rio de Janeiro: Forense, 2017, p. 572/573)

O enunciado 15 do I Fórum Nacional do Poder Público – Brasília/DF: "Aplica-se ao mandado de segurança o julgamento de improcedência liminar do pedido".

▶ As hipóteses previstas nos incisos do art. 332 do CPC relacionam-se com o sistema de precedentes regulado no Código de Processo Civil.

"As hipóteses previstas nos incisos do art. 332 do CPC relacionam-se com o sistema de precedentes regulado no Código de Processo Civil. Estabelecido o entendimento do tribunal, o precedente firmado haverá de ser aplicado, rendendo ensejo às consequências dessa sua aplicação e atraindo a adoção de algumas regras, entre as quais se destaca a improcedência liminar do pedido. Nos termos do art. 332 do CPC, o juiz pode julgar liminarmente improcedente o pedido, quando este contrariar enunciado de súmula do STF ou do STJ (inciso I), ou quando contrariar acórdão proferido pelo STF ou pelo STJ em julgamento de recursos repetitivos (inciso II), ou quando contrariar entendimento firmado em incidente de resolução de demandas repetitivas ou de assunção de competência (inciso III), ou quando contrariar enunciado de súmula de tribunal de justiça sobre direito local (inciso IV)." (CUNHA, Leonardo Carneiro. A Fazenda Pública em Juízo, 14ª. ed. rev., atual e ampl. – Rio de Janeiro: Forense, 2017, p. 573)

> § 2º O ingresso de litisconsorte ativo não será admitido após o despacho da petição inicial.

▶ **Ingresso posterior de litisconsorte ativo.**

"O § 2º do art. 10 da Lei 12.016/2009 não admite o ingresso de litisconsorte ativo após o despacho da petição inicial. A contrario sensu, enquanto não despachada a petição inicial, pode haver o ingresso de litisconsorte ativo. Quer isso dizer que a legislação de regência do mandado de segurança passou a permitir o chamado litisconsórcio ativo ulterior, mas antes de haver despacho do juiz." (CUNHA, Leonardo Carneiro. A Fazenda Pública em Juízo, 14ª. ed. rev., atual e ampl. – Rio de Janeiro: Forense, 2017, p. 574)

▶ **O litisconsórcio ativo ulterior unitário é sempre possível.**

"Impõe-se, desde logo, observar que a regra se refere ao litisconsórcio ativo ulterior simples, não dizendo respeito ao unitário. Isso porque o litisconsórcio ativo ulterior unitário é sempre possível, em qualquer fase do processo, podendo o litisconsorte ulterior ingressar como assistente litisconsorcial." (CUNHA, Leonardo Carneiro. A Fazenda Pública em Juízo, 14ª. ed. rev., atual e ampl. – Rio de Janeiro: Forense, 2017, p. 574)

▶ **Restrição expressa a figura do litisconsorte ativo com o fito de obstar fraude processual.**

Não se admite em mandado de segurança a figura do assistente, por outro lado, é admissível o litisconsórcio, tanto ativo, quanto passivo. A Lei atual, com o fito de obstar fraude processual, restringiu expressamente a figura do litisconsorte ativo ulterior, só admitindo o ingresso de litisconsorte ativo até o despacho da petição inicial (art. 10, § 2.º). Esse litisconsórcio, evidentemente, é de natureza facultativa, visto que, se fosse necessário, sua formação, ainda que ulterior, seria obrigatória.

> ▶ **No mesmo sentido:** "A jurisprudência não aceita a formação de litisconsórcio ativo ulterior depois de despachada a petição inicial, sobretudo quando já concedida tutela provisória, pois haveria, aí, uma ofensa à garantia do juiz natural e à regra da livre distribuição." (CUNHA, Leonardo Carneiro. A Fazenda Pública em Juízo, 14ª. ed. rev., atual e ampl. – Rio de Janeiro: Forense, 2017, p. 574)

▶ **Litisconsórcio ulterior no Mandado de Segurança Vs Princípio do Juiz Natural.**

"O referido dispositivo admite o ingresso do litisconsorte ulterior simples enquanto não despachada a petição inicial. Tal regra vem de encontro à garantia do juiz natural. Sob uma perspectiva subjetiva, a garantia do juiz natural assegura que não se deve permitir à parte a escolha do juiz que deva presidir, processar e julgar sua causa. O § 2º do art. 10 da Lei 12.016/2009 permite, em última análise, a escolha do juiz pelo litisconsorte ulterior. É que, impetrado um mandado de segurança para determinado juízo, outros sujeitos que se encontrem em situação similar à do impetrante vão, antes de despachada a petição inicial, ingressar ali no processo, por lhes ser conveniente aquele juiz, que ostenta postura ou mantém entendimento mais adequado ou conveniente à defesa daquela tese. Em princípio, seria inconstitucional o § 2º do art. 10 da Lei 12.016/2009 por não estar de acordo com a garantia constitucional do juiz natural. Caso, todavia, a hipótese deduzida no mandado de segurança seja apta a acarretar uma multiplicidade de demandas, isto é, se a matéria versada na causa for daquelas que se repete aos montes, a caracterizar o caso como uma demanda repetitiva, cumpre admitir o litisconsórcio ativo facultativo ulterior, em prol da isonomia, da racionalidade de julgamentos, da duração razoável do processo e da efetividade do processo. O processo deve adequar-se às situações repetitivas. Há problemas que atingem, em massa, uma grande quantidade de pessoas, as quais ingressam em juízo na busca do reconhecimento de seu direito, acarretando um significativo número paralelo de causas que versam sobre o mesmo tema." (CUNHA, Leonardo Carneiro. A Fazenda Pública em Juízo, 14ª. ed. rev., atual e ampl. – Rio de Janeiro: Forense, 2017, p. 575)

▶ **A técnica de agregação ou reunião de causas para as demandas referentes à litigância em massa.**

"A litigância de massa é uma realidade dos tempos atuais. É preciso adaptar as regras processuais a essa realidade, com a criação de mecanismos específicos que permitam um tratamento conjunto dos processos, bem como conceber instrumentos que possibilitem um tratamento diferencial de demandas repetitivas, de acordo com suas características. Um desses mecanismos consiste na técnica de agregação ou reunião de causas, para que haja a prática comum de atos processuais, sendo aproveitados para todos os processos reunidos. No âmbito das causas repetitivas, convém considerar que há, entre as demandas, uma espécie de conexão por afinidade, a atrair a reunião delas, em prol da economia processual, da racionalidade no seu julgamento e da isonomia. O § 2º do art. 10 da Lei 12.016/2009 insere-se nesse contexto, devendo ser aplicado em mandado de segurança que verse sobre questão repetitiva. Em tal hipótese, é recomendável racionalizar o procedimento, permitindo que a situação de várias pessoas concentre-se na mesma causa, garantindo-se, assim, a efetividade do processo, a duração razoável e a isonomia, com a consequência de otimizar e racionalizar a prestação jurisdicional." (CUNHA, Leonardo Carneiro. A Fazenda Pública em Juízo, 14ª. ed. rev., atual e ampl. – Rio de Janeiro: Forense, 2017, p. 575)

▶ **O assistente litisconsorcial é, nos termos do art. 124 do CPC, litisconsorte do assistido, exatamente porque o direito postulado em juízo lhe pertence, tanto que, mesmo que não ingresse no processo, será, de todo modo, alcançado pela coisa julgada material que vier a se formar no caso.**

"O assistente litisconsorcial é, nos termos do art. 124 do CPC, litisconsorte do assistido, exatamente porque o direito postulado em juízo lhe pertence, tanto que, mesmo que não ingresse no processo, será, de todo modo, alcançado pela coisa julgada material que vier a se formar no caso. O § 2º do art. 10 da Lei 12.016/2009 não alcança, enfim, o litisconsórcio ulterior unitário, pois este é, e sempre foi admitido, em qualquer fase do processo, mediante o ingresso do terceiro pela assistência litisconsorcial. O dispositivo está a referir-se, como dito, ao litisconsórcio ativo ulterior simples." (CUNHA, Leonardo Carneiro. A Fazenda Pública em Juízo, 14ª. ed. rev., atual e ampl. – Rio de Janeiro: Forense, 2017, p. 575)

◉ *Súmula 631 do STF: "Extingue-se o processo de mandado de segurança se o impetrante não promove, no prazo assinado, a citação do litisconsorte passivo necessário".*

▶ **O litisconsórcio ativo como uma observância ao princípio do juiz natural.**

"O objetivo do legislador foi claro: evitar a escolha do órgão julgador e potencializar o princípio constitucional do juiz natural. Não é mesmo admissível que o interessado possa escolher qual será o juiz da causa, principalmente considerando que o escolheria em razão de decisão já proferida, e da qual poderia se beneficiar." (GOMES, Luiz Manuel, Et all. A nova Lei do Mandado de Segurança. ed. Ano. Editora pg. 109).

▶ **Parte da doutrina entende que não há violação ao princípio do juiz natural por se tratar de um critério administrativo de repartição de processos entre juízes**

"O argumento do Poder Público, secundado pelo Ministério Público, e, afinal, aceito pelos tribunais, de que a admissão de litisconsorte, depois do despacho (rectius, decisão) na petição inicial, violaria o princípio do juízo natural, que seria dado pela distribuição da petição inicial, não se sustenta pelos argumentos em que se alicerça. A distribuição não passa de m critério (administrativo) de repartição de processos entre os juízes (CPC, art. 251), porque, se houver apenas um, a distribuição só se fará para determinar o escrivão (CPC, art. 252)', também se houver mais de um." (J. E. Carreira Alvim. Comentários à Nova Lei do Mandado de Segurança – Lei 12.016/09 . ed. Ano. Editora. p. 226)

▶ **Limitação do § 2º incoerente com os demais dispositivos da lei**

"Se não houvesse recurso da decisão liminar, em mandado de segurança, como já ocorreu no passado, poder-se-ia pensar em tais maquinações, para obstacularizar o acesso mais rápido à justiça, mas, quando a própria lei do mandado de segurança concede o agravo de instrumento para impugnar tais decisões, tanto as que denegam quanto as que concedem a liminar, perderam sentido as limitações impostas ao litisconsórcio posterior; mesmo porque, se algum for concedido de forma irregular, bastará ao Poder

Público agravar da decisão (art. 7º, § 1º), ou então, pedir a suspensão da liminar (art. 15)." (J. E. Carreira Alvim. Comentários à Nova Lei do Mandado de Segurança – Lei 12.016/09 . ed. Ano. Editora. p. 227)

▶ **Proibição de litisconsórcio ativo depois de prestadas as informações como única forma justificável de limitação**

"A única restrição que poderia ser tolerada seria a proibição de litisconsórcio ativo depois de prestadas as informações, porque aí se imporia novo pedido de informações, com nova intimação da pessoa jurídica interessada, com o comprometimento da celeridade processual que deve ser a tônica do processo mandamental, o que poderia justificar a preservação da ofensa ao "princípio do juízo natural". Neste sentido, era o magistério de Hely Lopes Meirelles, para quem, com as informações, encerra-se a fase instrutória do processo de mandado de segurança e fecha-se a possibilidade do ingresso de litisconsortes no feito, mas, ainda assim, com a ressalva de ambas as partes o permitirem ou o juiz determinar a integração da lide por litisconsorte necessário. A proibição de ingresso de litisconsortes, após o despacho da petição inicial, alcança apenas os litisconsortes ativos, porque, em se tratando de litisconsórcio passivo, o seu ingresso na lide se faz necessário, sob pena de anulação de todo o processo, como acontece com a falta de intimação da parte beneficiada pela decisão impugnada, no mandado de segurança contra ato judicial, ou, para quem admite o litisconsórcio (ou situação a este equiparada) entre as partes impetradas, com a falta de notificação da autoridade coatora ou da pessoa jurídica interessada." (J. E. Carreira Alvim. Comentários à Nova Lei do Mandado de Segurança – Lei 12.016/09 . ed. Ano. Editora. p. 228)

▶ **É cabível o ingresso de amicus no mandado de segurança**

"A atuação do amicus curiae, dada sua limitada esfera de poderes (e, consequentemente, sua restrita interferência procedimental), é cabível inclusive em procedimentos especiais em que se veda genericamente a intervenção de terceiros – sobretudo naqueles que são regulados por leis anteriores ao CPC/2015. O veto deve ser interpretado como aplicável apenas às formas de intervenção em que o terceiro se torna parte ou assume subsidiariamente os poderes da parte. Assim, cabe ingresso de amicus em processo do juizado especial, bem como no mandado de segurança" (TALAMINI, Eduardo. Partes e terceiros no mandado de segurança. Revista Dialética de Direito Processual, v. 80, 2009, n. 8, p. 51; FPPC, enunciado 249).

▶ **Ausência de legitimidade recursal do amicus curiae.**

"Em regra, o amicus curiae não detém legitimidade para interpor recursos no processo de que participa. Tal limitação explica-se pela natureza de sua intervenção: não assume, nem subsidiariamente, os poderes processuais inerentes às partes. Há duas exceções explícitas: (a) pode sempre opor embargos declaratórios, o que se justifica pela função meramente integrativa e esclarecedora desse recurso; (b) pode recorrer dos julgamentos de demandas e recursos repetitivos (FPPC, enunciado 391), o que se explica pela especial condição do amicus curiae nessas hipóteses, em que seu interesse assume um papel relevante, ainda que não exclusivo. Mas não é de se descartar que surjam outras situações gravosas para o amicus. Pense-se na hipótese em que o juiz atribui ao terceiro ônus e deveres que vão além da sua condição de amicus curiae, ou o condena por litigância de má-fé. Se não cabe recurso nessas hipóteses, impõe-se admitir o emprego do mandado de segurança (CF/1988, art. 5.º, LXIX, e Lei 12.016/2009, art. 5.º, II)." (TALAMINI, Eduardo, Breves comentários ao Novo Código de Processo Civil – Edição 2016, p.)

Art. 11. Feitas as notificações, o serventuário em cujo cartório corra o feito juntará aos autos cópia autêntica dos ofícios endereçados ao coator e ao órgão de representação judicial da pessoa jurídica interessada, bem como a prova da entrega a estes ou da sua recusa em aceitá-los ou dar recibo e, no caso do art. 4º desta lei, a comprovação da remessa.

PROVIDÊNCIAS A CARGO DO SERVENTUÁRIO
Procedimento Judicial

▶ **Deverá ser juntada aos autos não somente cópia autêntica do ofício dirigido à autoridade indicada como coatora, mas também a prova de sua entrega ou da recusa em recebê-lo ou dar recibo.**

"O art. 11 da Lei n. 12.016/2009, atualizando o antigo art. 9º da Lei n. 1.533/1951, regula as providências que serão tomadas pelo cartório (ou secretaria) do juízo em que tem tramitação o mandado de segurança a partir das comunicações a que se referem os incisos I e II do art. 7º da Lei n. 12.016/2009 (v. n. 13 e 14, supra). Deverá ser juntada aos autos não somente cópia autêntica do ofício dirigido à autoridade indicada como coatora, mas também a prova de sua entrega ou da recusa em recebê-lo ou dar recibo. O mesmo deve se dar com relação à ciência da impetração ao órgão de representação judicial da entidade a que pertence a autoridade coatora. Apesar do silêncio da nova lei, o próprio escrivão pode dar por autênticas essas cópias, valendo-se da prerrogativa dos arts. 364 e 365, I, do Código de Processo Civil. Sendo as comunicações feitas com uso das alternativas previstas nos §§ 1º e 3º do art. 4º da Lei n. 12.016/2009 (v. n. 5, supra), o escrivão comprovará, nos autos do mandado de segurança, o respectivo envio. Como a Lei n. 12.016/2009 nada diz a respeito do tema, mantendo a lacuna anterior, e esse é um problema recorrente do novel diploma legislativo, é importante entender que é a partir do instante procedimental previsto no seu art. 11 que devem fluir os prazos para manifestação da autoridade coatora, da entidade a que pertence e, bem assim, de eventuais litisconsortes (v. n. 13 e 14, supra)." (BUENO. Cassio Scarpinella. A Nova Lei do Mandado de Segurança: Comentários sistemáticos à Lei 12.016, de 7-8-2009, 2ª edição, Editora Saraiva, São Paulo, 2010, p. 99)

▶ **Providências a cargo do serventuário do cartório**

"(...) trata-se de uma notificação para intervir, se quiser, o que significa que, intervenha ou não, o mandado de segurança estará em condições de cumprir a sua missão constitucional, mas, no fundo, se trata de uma notificação com efeitos citatórios, porque a intervenção da pessoa jurídica interessada é para fazer a defesa do ato acoimado de ilegal ou abusivo de poder." (J. E. Carreira Alvim. Comentários à Nova Lei do Mandado de Segurança – Lei 12.016/09. ed. Ano. Editora. p. 230)

▶ **O objetivo do artigo 11 é marcar o início do prazo para apresentar as informações**

"(...) conclui-se que não haveria outro sentido para o presente dispositivo quando determina a juntada aos autos, pelo serventuário, de cópia da notificação da autoridade coatora e do comprovante de entrega desta, senão o de marcar o início do prazo para apresentar as informações. Do contrário, se se pensasse que o início do prazo se daria com a própria notificação, desnecessária seria a determinação dessa juntada, bastando aguardar o retorno do comprovante de entrega da notificação para aferir a tempestividade das informações. No caso, há que se ressaltar, ainda, o princípio pelo qual não há norma legal inútil, o que sustenta, por si só, a posição defendida."

▶ **Marco inicial do prazo de 10 dias para a autoridade coatora apresentar suas informações.**

"Neste contexto, sendo a notificação realizada por oficial de justiça ou pelo correio, o serventuário deverá juntar aos autos cópia do mandado ou do aviso de recebimento de correspondência encaminhada pelo correio. Se, por sua vez, a notificação for realizada por telegrama, radiograma ou outro meio autêntico, o que se juntará é o comprovante de remessa da notificação." (GOMES, Luiz Manuel, Et all. A nova Lei do Mandado de Segurança. ed. Ano. Editora pg. 112).

▶ **A notificação da autoridade coatora e a intimação do órgão de representação judicial da pessoa jurídica situada no polo passivo da impetração consideram-se realizadas ainda que os seus destinatários tenham deixado de dar recibo nos ofícios respectivos.**

"Note-se que a notificação da autoridade coatora e a intimação do órgão de representação judicial da pessoa jurídica situada no polo passivo da impetração consideram-se realizadas ainda que os seus destinatários tenham deixado de dar recibo nos ofícios respectivos, ou mesmo quando tenham recusado o recebimento. Daí a disposição do art. 11 da Lei nº 12.016/2009 indicar que serão juntos aos autos por copias autenticas não apenas tais ofícios, mas a prova de sua entrega ou da recusa em aceitá-los ou dar recibo." (LOPES, Mauro Luís Rocha. Comentários à nova lei do mandado de segurança. Niterói, RJ: Impetus, 2009, p. 65).

▶ **Anulação de ato administrativo. Resistência no procedimento do mandado de segurança quanto ao início do prazo**

"Sendo necessária a participação de todos os órgãos emanadores de determinado ato administrativo para sua revogação, o mesmo se exige no caso de anulação, devendo tais órgãos ou autoridades ser notificados quando tal ato for impugnado pela via mandamental. Nesse contexto, a regra segundo a qual o prazo se inicia da juntada aos autos do último mandado devidamente cumprido, prevista no inciso III do art. 241

do CPC, encontra residência no procedimento do mandado de segurança." (GOMES, Luiz Manuel, Et all. A nova Lei do Mandado de Segurança. ed. Ano. Editora pg. 114).

> **Art. 12.** Findo o prazo a que se refere o inciso I do caput do art. 7º desta lei, o juiz ouvirá o representante do Ministério Público, que opinará, dentro do prazo improrrogável de 10 (dez) dias.

PARTICIPAÇÃO DO MINISTÉRIO PÚBLICO NO MANDADO DE SEGURANÇA

▶ **Participação do MP no processo de mandado de segurança**

Em regra a participação do MP é obrigatória no mandado de segurança (art. 12), que deve se manifestar no prazo de dez dias, mas, não se manifestando, o feito vai a julgamento independentemente de tal manifestação.

▶ **É obrigatória a intimação do Ministério Público em qualquer mandado de segurança, como dá a entender o art. 12 da Lei 12.016/2009 do CPC?**

"Daí a indagação a ser respondida: é obrigatória a intimação do Ministério Público em qualquer mandado de segurança, como dá a entender o art. 12 da Lei 12.016/2009 do CPC? No mandado de segurança, a intervenção do Ministério Público se faz obrigatória, ante a referência expressa feita pelo art. 12 da Lei 12.016/2009. Não há razão para o Ministério Público intervir em qualquer mandado de segurança, assim como não há razão para intervir em qualquer ação rescisória, reclamação, conflito de competência ou procedimento de jurisdição voluntária. O art. 12 da Lei 12.016/2009 deve ser interpretado em harmonia com o sistema processual civil: caso o mandado de segurança se subsuma a uma das hipóteses gerais de intervenção previstas no art. 178 do CPC, a intervenção ministerial impõe-se; apenas nesses casos; se o writ não se subsome, o Ministério Público não será intimado a intervir. Assim, por exemplo, um mandado de segurança relativo a uma questão tributária, de pouca expressão financeira, sem repercussão social e sem que se enquadre como uma questão repetitiva, não exige a intervenção do Ministério Público. A interpretação literal do art. 12 da Lei 12.016/2009 retira-o do contexto do novo sistema processual civil e ecoa uma norma jurídica construída em outro tempo. É preciso atribuir-lhe um sentido coerente com a nova ordem processual e em conformidade com o perfil constitucional do Ministério Público. Intervindo como fiscal da ordem jurídica, o Ministério Público tem vista dos autos depois das partes, sendo intimado de todos os atos do processo, podendo juntar documentos e certidões, produzir provas, requerer as medidas processuais pertinentes e recorrer (CPC, art. 179)." (CUNHA, Leonardo Carneiro. A Fazenda Pública em Juízo, 14ª. ed. rev., atual e ampl. – Rio de Janeiro: Forense, 2017, p. 544)

◉ **É desnecessária a oitiva do Ministério Público no Mandado de Segurança se o Tribunal já tiver jurisprudência consolidada sobre o tema discutido.**

"Em regra, é indispensável a intimação do Ministério Público para opinar nos processos de mandado de segurança, conforme previsto no art. 12 da Lei nº 12.016/2009.

No entanto, a oitiva do Ministério Público é desnecessária quando se tratar de controvérsia acerca da qual o tribunal já tenha firmado jurisprudência. Assim, não há qualquer vício na ausência de remessa dos autos ao Parquet que enseje nulidade processual se já houver posicionamento sólido do Tribunal. Nesses casos, é legítima a apreciação de pronto pelo relator. Esse foi o entendimento do STF. 2ª Turma." (STJ – RMS 32.482/DF, rel. orig. Min. Teori Zavaski, red. p/ o ac. Min. Edson Fachin, julgado em 21/8/2018, veiculado pelo Informativo 912.)

> ◙ **No mesmo sentido:** "A Segunda Turma concluiu julgamento de recurso ordinário em mandado de segurança em que se discutiu: a) a nulidade de acórdão proferido pelo Superior Tribunal de Justiça (STJ), em sede de mandado de segurança, sem a oitiva do Ministério Público, na forma do art. 12 (1) da Lei 12.016/2009; e b) a validade do art. 6º (2) da Resolução 12/2009 do STJ (revogada), que ensejava a irrecorribilidade da decisão de relator proferida em reclamação ajuizada contra decisão de turma recursal dos juizados especiais (Informativo 809). De início, a Turma, por maioria, rejeitou a preliminar de nulidade. O colegiado entendeu que a oitiva do Ministério Público Federal é desnecessária quando se tratar de controvérsia acerca da qual o tribunal já tenha firmado jurisprudência. Inexiste, portanto, qualquer vício na ausência de remessa dos autos ao "parquet" que enseje nulidade processual, se houver posicionamento sólido da Corte. Nessa hipótese, considerou legítima a apreciação de pronto pelo relator. É nesse sentido o entendimento pacífico do Supremo Tribunal Federal. Vencidos os ministros Teori Zavaski e Celso de Mello, que reputaram obrigatória a prévia oitiva do Ministério Público quando o órgão ministerial não for o impetrante do mandado de segurança. No mérito, a Turma negou provimento ao recurso ordinário por não considerar o mandado de segurança mecanismo adequado para o controle abstrato de constitucionalidade de leis e atos normativos, no caso, o do art. 6º da Resolução 12/2009 do STJ. (1) Lei 12.016/2009: "Art. 12. Findo o prazo a que se refere o inciso I do caput do art. 7º desta Lei, o juiz ouvirá o representante do Ministério Público, que opinará, dentro do prazo improrrogável de 10 (dez) dias. Parágrafo único. Com ou sem o parecer do Ministério Público, os autos serão conclusos ao juiz, para a decisão, a qual deverá ser necessariamente proferida em 30 (trinta) dias." (2) Resolução 12/2009 do STJ: "Art. 6º. As decisões proferidas pelo relator são irrecorríveis." (STJ – RMS 32.482/DF, rel. orig. Min. Teori Zavaski, red. p/ o ac. Min. Edson Fachin, julgamento em 21.8.2018. (Rcl-32482) (Informativo 912, Segunda T)

▶ **O Ministério Público, no mandado de segurança, não pode juntar documentos, certidões ou produzir provas.**

"Ocorre, porém, que o mandado de segurança se destina à proteção de direito líquido e certo, significando dizer que não se permite, na ação constitucional, a dilação probatória. Desse modo, não há como o Ministério Público, no mandado de segurança, juntar documentos e certidões, ou produzir provas. No mandado de segurança, o Ministério Público terá vista dos autos depois das partes, manifestando-se sobre o pedido do impetrante e sendo intimado de todos os atos do processo. Aliás, o próprio art. 12 da Lei

12.016/2009 põe a descoberto a necessidade de se ouvir o membro do Ministério Público, entremostrando que sua atividade, no writ, concentra-se na emissão de parecer acerca da postulação submetida à análise judicial." (CUNHA, Leonardo Carneiro. A Fazenda Pública em Juízo, 14ª. ed. rev., atual e ampl. – Rio de Janeiro: Forense, 2017, p. 544/545)

▶ **Os novos prazos para a manifestação do Ministério Público e para o juiz proferir sua decisão**

"A manifestação do representante do parquet em mandados de segurança deve ria se dar no prazo de cinco dias, consoante o revogado art. 10 da Lei 1.533/1951. Pela nova disposição legal, o prazo foi dobrado, devendo o representante ministerial opinar no prazo improrrogável de 10 dias. À sua vez, o prazo para o magistrado proferir sua decisão, antes também de cinco dias, passou a ser de 30 dias, nos termos do dispositivo ora sob comento." (GOMES, Luiz Manuel, Et all. A nova Lei do Mandado de Segurança. ed. Ano. Editora pg. 116).

▶ **A manifestação do Ministério Público veiculada por meio de seu parecer deve dar-se no lapso temporal improrrogável de 10 (dez) dias, sendo certo, então, que esse é um prazo próprio.**

"A essa altura, cumpre observar que o art. 12 da Lei 12.016/2009 fixa o prazo improrrogável de 10 (dez) dias para a manifestação do Ministério Público no mandado de segurança. Diante da previsão legal, não há de prevalecer mais o entendimento segundo o qual seria necessária a efetiva manifestação do Ministério Público. A manifestação de seu parecer deve dar-se no lapso temporal improrrogável de 10 (dez) dias, sendo certo, então, que esse é um prazo próprio. Tal regra concretiza a garantia constitucional de que o processo deve ter duração razoável, evitando um prolongamento indesejável no trâmite do mandado de segurança. Daí por que se estabeleceu que o prazo de 10 (dez) dias previsto no referido dispositivo ostenta o cariz de prazo próprio, sendo suficiente a simples intimação do Ministério Público; não se deve, pois, exigir sua efetiva manifestação." (CUNHA, Leonardo Carneiro. A Fazenda Pública em Juízo, 14ª. ed. rev., atual e ampl. – Rio de Janeiro: Forense, 2017, p. 545)

▶ **A adequação da Lei à realidade forense.**

"Na prática, tais prazos dificilmente – para não dizer quase nunca eram cumpridos. O artigo 12 da nova Lei tratou de adequar o tempo previsto para a prática dos atos mencionados no seu caput à realidade, tornando-os, pelo menos em tese, exequíveis, na esperança de que passassem a ser observados pelo Ministério Público e pelo juiz." (KLIPPEL, Rodrigo e NEFFA JUNIOR, José Antônio. Comentários à lei de mandado de segurança. (Lei nº 12.016/09): Artigo por artigo, doutrina e jurisprudência, Editora Lumen Juris, Rio de Janeiro, 2010, p. 206).

▶ **Eficácia do aumento de prazos sob outro ponto de vista**

"Apesar de ter aumentado os prazos para o Ministério Público e para o juiz, num aparente detrimento da celeridade processual, na prática, o procedimento não será tão afetado, porque, assim como os prazos da antiga lei não eram cumpridos, também não o serão os fixados pela nova Lei; e o legislador não desconhecia isso, preferindo continuar acreditando que os novos prazos fixados serão realmente acatados." (J. E. Carreira Alvim. Comentários à Nova Lei do Mandado de Segurança – Lei 12.016/09. ed. Ano. Editora. p. 234)

▶ **A nova redação é considerada inconstitucional para alguns autores**

"Uma questão, automaticamente, se levanta. Não estaria a nova norma na contramão dos auspícios dos jurisdicionados por uma prestação jurisdicional célere, ao conferir maiores prazos para a manifestação do Ministério Público e para o juiz proferir sua decisão? Relevante discutir, também, a constitucionalidade do dispositivo, que, em comparação com a norma revogada, propicia uma prestação jurisdicional mais demorada, frente ao inciso LXXVIII do art. 5.º da CF, que garantiu que "a todos, no âmbito judicial e administrativo, são assegurados a razoável duração do processo e os meios que garantam a celeridade de sua tramitação. A resposta pronta, em face de uma interpretação literal, seria positiva, ou seja, a nova norma confere maior morosidade à tramitação dos mandados de segurança e, por isso, seria inconstitucional." (GOMES, Luiz Manuel, Et all. A nova Lei do Mandado de Segurança. ed. Ano. Editora p. 117).

▶ **Obrigatoriedade do art.12 ao MP apenas quando houver evidência o interesse público primário**

"É corrente, todavia, nos quadros do Ministério Público a concepção de que a referida norma não enseja a atuação do parquet em todos os processos de mandado de segurança, mas apenas naqueles em que estiver evidenciado o interesse público primário a justificar a sua intervenção. Torna-se razoável a tese, quando se verifica que o mandado de segurança é ação de conhecimento, ainda que de rito especial. Se, por exemplo, em ação anulatória de débito fiscal promovida por contribuinte em face da Fazenda Pública, a intervenção do Ministério Público é despicienda – sendo o interesse público na causa de caráter meramente secundário ou patrimonial —, do mesmo modo desnecessária far-se-ia a oitiva do órgão ministerial em mandado de segurança impetrado com o mesmo objetivo." (LOPES, Mauro Luís Rocha. Comentários à nova lei do mandado de segurança. Niterói, RJ: Impetus, 2009, p. 75).

▶ **Consequência da não observância do MP ao prazo determinado pelo artigo 12.**

"Se o prazo para emitir parecer não for cumprido pelo Ministério Público, pode o juiz, de ofício ou a requerimento das partes, fazê-lo intimar para devolver os autos ao cartório ou secretaria da vara, no prazo que fixar, sob pena de busca e apreensão; em que pese atuar ele no processo na qualidade de fiscal da lei." (ALVIN, J E Carreira, Comentários à nova lei do Mandado de Segurança, ed. Juruá, Paraná, p. 235)

▶ **Posição do STF em julgamento do ADI. Validade da decisão proferida sem a manifestação ministeria, no caso de omissão indevida do *parquet***

"Parquet: Manifestação Prescindível. Julgado improcedente o pedido formulado em ação direta de inconstitucionalidade ajuizada pelo Procurador-Geral da República contra dispositivos do Regimento Interno do Tribunal de Justiça do Estado de Pernambuco (na redação dada pelas Resoluções 112/98 e 107/98, ambas do TJ/PE), que disciplinam regras para o julgamento das ações de habeas corpus e mandados de segurança no âmbito do próprio Tribunal. Quanto ao art. 46-A ("A critério do desembargador relator, quando da remessa dos autos de mandados de segurança e de habeas corpus à Procuradoria-Geral de Justiça, poderão ser extraídas cópias autenticadas dos autos, que permanecerão no gabinete, as quais serão utilizadas para o julgamento do feito, nas hipóteses em que, findo o prazo legal para a emissão de parecer pelo Ministério Público, não tenham sido devolvidas") e à cláusula final constante do art. 161 ("Prestadas ou não as informações pela autoridade impetrada, findo o prazo legal, os autos serão remetidos à Procuradoria-Geral de Justiça, para parecer, observado o disposto no art. 46 – A"), o Tribunal afastou a alegada ofensa à competência privativa da União para legislar sobre direito processual (CF, arts. 22, inciso 1 c/c 48, caput\ por entender que não foram estabelecidas regras novas de processo, mas apenas de procedimento, atendendo ao disposto no art. 96, inciso I, alínea a, da CF, que atribui competência privativa aos tribunais para elaborar seus regimentos internos. Entendeu-se, ainda, que as normas impugnadas não afastaram a regra legal de intimação do Ministério Público para pronunciar-se, o qual continua a ser intimado nos casos de intervenção obrigatória" (ADI 1.936-PE, rel. Min. Gilmar Mendes, 21/8/02).

◙ **Indeferimento da petição inicial por ausência de requisitos processuais ou de condições da ação, não há necessidade de se ouvir previamente o Ministério Público Federal**

"O indeferimento da petição inicial de ação mandamental, sem que haja pronunciamento sobre o mérito do mandamus, prescinde da intervenção do Ministério Público, que somente é obrigatória quando já estabelecida a relação processual ou nos casos de pré-julgamento liminar do mérito do pedido deduzido na peça vestibular" (TRF da 1ª Região, AMS 38000341001/MG, 6ª Turma, Des. Fed. Antonio Prudente, DJ 23/10/02, p. 221).

> Parágrafo único. Com ou sem o parecer do ministério público, os autos serão conclusos ao juiz, para a decisão, a qual deverá ser necessariamente proferida em 30 (trinta) dias.

▶ **Prazo para a prolação da sentença no mandado de segurança**

"A menção contida no parágrafo primeiro de que a sentença deverá ser necessariamente proferida em 30 dias, apenas reflete o anseio do legislador de que os juízes se empenhem em julgar os mandados de segurança o quanto antes, fazendo dessa ação um mecanismo ágil e eficiente de proteção ao direito líquido e certo dos jurisdicionados contra ilegalidades ou abuso de poder por parte de autoridade pública. Se assim não fosse, não haveria qualquer razão para a alteração desse prazo pela Lei 12.016/09."

(KLIPPEL, Rodrigo e NEFFA JUNIOR, José Antônio. Comentários à lei de mandado de segurança. (Lei nº 12.016/09): Artigo por artigo, doutrina e jurisprudência, Editora Lumen Juris, Rio de Janeiro, 2010, p. 212/213).

> **Art. 13.** Concedido o mandado, o juiz transmitirá em ofício, por intermédio do oficial do juízo, ou pelo correio, mediante correspondência com aviso de recebimento, o inteiro teor da sentença à autoridade coatora e à pessoa jurídica interessada.

A EXECUÇÃO DA SENTENÇA NO MANDADO DE SEGURANÇA

▶ **A intimação da sentença denegatória da segurança cumpre o objetivo prático de dar à autoridade coatora e à pessoa jurídica ciência de que o impetrante perdeu a demanda.**

"A intimação da sentença denegatória da segurança cumpre o objetivo prático de dar à autoridade coatora e à pessoa jurídica ciência de que o impetrante perdeu a demanda, para a adoção das providências acaso necessárias, se tiver havido concessão de liminar. Pode ser que o impetrante esteja no gozo de medida liminar, pelo que a denegação da segurança importa na cessação de eficácia da medida; salvo se, apesar de denegada a segurança, o juiz, expressamente, mantiver a sua eficácia; caso em que prevalecerá até que venha a ser reformada pelo tribunal." (ALVIN, J E Carreira, Comentários à nova lei do Mandado de Segurança, ed. Juruá, Paraná, p. 239)

▶ **A sentença proferida no mandado de segurança contém cariz injuntivo ou mandamental, encerrando uma ordem expedida contra uma autoridade ou agente público para cumprimemto imediato.**

"A sentença que concede a segurança contém um plus, relativamente às demais sentenças, pois, enquanto, nestas, as partes são, simplesmente, intimadas da sua prolação (CPC, art. 506, III) -, para fins de execução {rectius, cumprimento) e eventuais recursos -, a mandamental, por conter uma ordem ou comando dirigido à autoridade impetrada e à pessoa jurídica interessada, é transmitida por ofício, em seguida à sua prolação, para que seja imediatamente cumprida." (ALVIN, J E Carreira, Comentários à nova lei do Mandado de Segurança, ed. Juruá, Paraná, p. 239)

▶ **Dada sua feição mandamental, a sentença de procedência no Mandado de Segurança deve ser executada imediatamente.**

"A sentença proferida no mandado de segurança contém cariz injuntivo ou mandamental, encerrando uma ordem expedida contra uma autoridade ou agente público. Dada sua feição mandamental, tal sentença deve ser executada imediatamente, ainda que desafiada por recurso próprio, a não ser nas hipóteses em que se veda a concessão de liminar e se exige o prévio trânsito em julgado para o cumprimento, tal como já demonstrado no item 11.2.3 supra (Lei 12.016/2009, art. 14, § 3º). Em outras palavras, a sentença, no mandado de segurança, é tipicamente mandamental, impondo uma ordem a ser cumprida pela autoridade coatora. Somente a autoridade coatora pode cumprir a ordem. Daí ser mandamental a sentença, cabendo ao juiz impor medidas coercitivas para forçar o cumprimento da decisão (CPC, art. 139, IV). A execução da sentença, nesse caso, faz-se pela adoção de medidas coercitivas, e não sub-rogatórias, pois tal execução depende da vontade da autoridade A comunicação da sentença à autoridade coatora e pessoa jurídica interessada." (CUNHA, Leonardo Carneiro. A Fazenda Pública em Juízo, 14ª. ed. rev., atual e ampl. – Rio de Janeiro: Forense, 2017, p. 582)

▶ **Fixação de multas (astreintes) com o objetivo de compelir a Autoridade Coatora a cumprir a ordem mandamental.**

"As obrigações de fazer e não fazer sempre foram questionadas durante toda história da ciência processual, pois vigorava até pouco tempo o respeito absoluto à vontade humana, situação que sempre se resolvia em perdas e danos. Conforme os ensinamentos do jovem autor baiano FREDIE DIDIER JR. isso se dava basicamente porque o ordenamento jurídico do fim do século XIX e da primeira metade do século XX era amplamente influenciado pelo pensamento do chamado Estado Liberal, que partia de duas premissas: (a) a de que não se pode obrigar ninguém fazer o que não quer, preservando-se ao máximo a liberdade do indivíduo (era a chamada incoercibilidade ou intangibilidade da vontade humana, nemo praecise potest cogi ad factum) e (b) a de que toda prestação poderia ser convertida em dinheiro." (DIDIER JR. Fredie, Curso De Direito Processual Civil. vol.2. Ed. Bahia: Juspodvim. 2007.)

▶ **No mesmo sentido:** "Com a profundidade de sempre CÂNDIDO RANGEL DINAMARCO expõe que as medidas previstas no dispositivo supramencionado são as medidas de coerção que consistem em pressões sobre a vontade do obrigado para que este as cumpra. Mediante elas o Estado-juiz procura persuadir o inadimplente, impondo-lhe situações tão onerosas e inconvenientes que em algum momento seja para ele mais vantajoso cumprir do que permanecer no inadimplemento. Trata-se de verdadeiras coações, no sentido em que esse vocábulo é empregado na lei civil, porque infundem no espírito do obrigado o fundado temor de um insuportável, ou ao menos muito indesejável, agravamento (CC, art.151); como ocorre todas as vezes em que alguém decide sob coação, a decisão de pagar não se forma de modo inteiramente livre, porque a verdadeira vontade era não pagar." (DINAMARCO, Cândido Rangel. Instituições de Direito Processual Civil, vol IV. São Paulo: Malheiros, 2004. p. 47.)

▶ **No mesmo sentido:** "Importante ressalva conclusiva do processualista paulista é que essa atitude é, contudo, uma coação (ou coerção) de absoluta legitimidade ética e jurídica, uma vez que se destina a remover uma conduta antiética e se realiza com o objeto de dar efetividade a um valor muito elevado, que é o acesso à justiça." (DINAMARCO, Cândido Rangel. Instituições de Direito Processual Civil, vol IV. São Paulo: Malheiros, 2004. p. 47.)

▶ **No mesmo sentido:** "Pondera TEORI ALBINO ZAVASCKI "não se limitou o legislador, porém, a dotar o sistema processual de meios para promover a satisfação específica do titular do direito. Preocupou-se, também, em fazer com que tal prestação seja entregue em tempo adequado, mesmo que antes da sentença, caso isso se mostre necessário a manter a integridade do direito reclamado." (ZAVASCKI, Teori Albino. Antecipação de tutela e obrigações de fazer e de não fazer. Revista jurídica nº 237, p. 2005, p. 20.)

▶ **A aplicação de multa com o objetivo de coagir o destinatário a decisão emanada do Poder Judiciário além de ser uma das formas mais utilizadas na praxe forense é uma das mais valiosas para a efetiva satisfação da execução da obrigação de dar e de fazer.**

"a forma de coerção psicológica do executado, atuando de forma a pressioná-lo a cumprir a obrigação especifica. Essa multa possui natureza processual, importante que se advirta, e não pode ser encarada como forma de punir o devedor e embora seja muito mais útil nos casos de prestação infungível, não deve ser descartada a sua utilização quando se tratar de prestação fungível, porque o que se busca, aprioristicamente, é a tutela especifica em sentido estrito." (RODRIGUES, Marcelo Abelha. Manual de Execução Civil, 2ª ed. Rio Janeiro: Forense Universitária. 2007, p. 228)

▶ **A multa deve servir de estimulante positivo no cumprimento voluntário da obrigação, e não negativo (quando desproporcional).**

Valiosas são as palavras do mestre JOSÉ CARLOS BARBOSA MOREIRA para quem a multa deve servir de estimulante positivo no cumprimento voluntário da obrigação, e não negativo (quando desproporcional). Com isso se quer dizer que o juiz deve ter muita sensibilidade, muito cuidado ao aplicar a multa, de modo a conseguir o justo ponto de equilíbrio entre o interesse na efetividade da execução e a necessidade de não onerar o devedor além da medida do razoável.

▶ **Foi ponto controverso na doutrina e na jurisprudência se a aplicação desta multa com o objetivo de forçar o destinatário da decisão ao seu cumprimento poderia ser aplicada ao Estado, quando o mesmo fosse o polo passivo da ação.**

"Discorrendo sobre o tema, VICENTE GRECO FILHO manifesta entendimento no sentido de serem inviáveis a cominação e a imposição de multa contra pessoa jurídica de direito público. Os meios executivos contra a fazenda são outros. Contra esta a multa não tem nenhum efeito cominatório, porque não é o administrador renitente que irá pagá-la, mas os cofres públicos, ou seja, o povo. Não tendo efeito cominatório não tem sentido sua utilização como meio executivo." (GREGO FILHO, Vicente. Direito processual civil brasileiro. v.3, 17ª ed. Saraiva. São Paulo, 2005, p. 69.)

▶ **Cumpre ao poder público responsabilizar o servidor renitente nas esferas administrativa, civil e criminal, se for o caso, cabendo-lhe ressarcir o erário quando verificar a conduta dolosa ou culposa**

"EDUARDO TALAMINI adverte que em tais casos, cumpre ao poder público responsabilizar o servidor renitente nas esferas administrativa, civil e criminal, se for o caso, cabendo-lhe ressarcir o erário quando verificar a conduta dolosa ou culposa."

(TALAMINI, Eduardo. Tutela relativa aos deveres de fazer e não fazer, 2ª ed, São Paulo: RT, 2003, p. 247.)

◉ **Percebe-se facilmente assim que restou vitorioso o argumento no sentido de que a referida penalidade pelo descumprimento da obrigação de dar ou fazer se aplica também ao Estado.**

"PROCESSUAL CIVIL. AGRAVO DE INSTRUMENTO. OBRIGAÇÃO DE FAZER. MULTA DO ART. 644 DO CPC. ASTREINTES. FIXAÇÃO PELO JUIZ DE OFÍCIO OU A REQUERIMENTO DA PARTE, EM SEDE DE EXECUÇÃO CONTRA A FAZENDA PÚBLICA. POSSIBILIDADE. PRECEDENTES. AGRAVO DESPROVIDO. RECURSO ESPECIAL. FAZENDA PÚBLICA. FORNECIMENTO DE ATENDIMENTO HOSPITALAR E CIRURGIA PARA EXTRAÇÃO DE PEDRAS NO RIM. OBRIGAÇÃO DE FAZER. FIXAÇÃO DE MULTA DIÁRIA. CABIMENTO. PRECEDENTES. ANTECIPAÇÃO DE TUTELA CONTRA A FAZENDA PÚBLICA. POSSIBILIDADE. A hipótese dos autos cuida da imposição de multa diária ao Estado do Rio Grande do Sul pelo não-cumprimento de obrigação de fornecer atendimento hospitalar ao autor e realizar cirurgia para extração de pedras no seu rim esquerdo. Dessarte, na espécie, deve ser aplicado o raciocínio adotado por esta colenda Corte no que se refere às obrigações de fazer pela Fazenda Pública, ou seja, de que "o juiz, de ofício ou a requerimento da parte, pode fixar as denominadas astreintes contra a Fazenda Pública, com o objetivo de forçá-la ao adimplemento da obrigação de fazer no prazo estipulado" (AGREsp 554.776/SP, Rel. Min. Paulo Medina, DJ 6.10.2003). Assim, de acordo com a r. decisão de primeiro grau, condeno o Estado do Rio Grande do Sul a fornecer o medicamento hospitalar e a cirurgia imprescindível ao autor, sob pena de imposição da multa diária, fixada em R$ 100, 00 (cem reais). Saliente-se, por fim, que não se sustém o entendimento da Corte de origem no sentido de que a condenação da Fazenda ao pagamento de multa diária é medida inócua. Com efeito, não se desconhece que cabe ao Estado responsabilizar civil, penal e/ou administrativamente o agente público que deixa de cumprir obrigação proveniente de determinação judicial. Recurso especial provido, para condenar o Estado do Rio Grande do Sul a fornecer atendimento hospitalar ao autor e realizar cirurgia para extração de pedras no seu rim esquerdo, sob pena de imposição da multa diária de R$ 100, 00 (cem reais)." (STJ – REsp 738511 – RS – 2ª T. – Rel. Min. Franciulli Netto – DJU 21.03.2006, p. 117)

▶ **Nem sempre a simples suspensão do ato impugnado será suficiente para que a liminar assegure a efetividade da sentença definitiva do mandado de segurança.**

"Nem sempre a simples suspensão do ato impugnado será suficiente para que a liminar assegure a efetividade da sentença definitiva do mandado de segurança. Muitas vezes, providências positivas, como aquelas autorizadas pelos arts. 536, § 1º e 537, CPC/2015, terão de ser adotadas, para que a segurança cumpra, com fidelidade, a sua função constitucional." (THEODORO JÚNIOR, Humberto. Lei do Mandado de Segurança comentada artigo por artigo. Rio de Janeiro: Gen/Editora Forense, 2ª edição, 2019. p. 259).

▶ **O artigo 13 visa a celeridade mandamental. Inaplicabilidade para decisão denegatória**

"O escopo do dispositivo em exame é permitir que a decisão de concessão da segurança seja cumprida o mais rápido possível, de modo a surtir, o quanto antes, os seus efeitos. Daí porque a norma não se aplica às situações nas quais a segurança tenha sido denegada, quando se aplicarão as normas ordinárias de comunicação dos atas processuais." (KLIPPEL, Rodrigo e NEFFA JUNIOR, José Antônio. Comentários à lei de mandado de segurança. (Lei nº 12.016/09): Artigo por artigo, doutrina e jurisprudência, Editora Lumen Juris, Rio de Janeiro, 2010, p. 217).

▶ **Outra visão acerca da utilização da regra a uma decisão denegatória.**

"Na prática, essa medida é tomada não apenas quando o juiz concede a segurança, mas também, quando a denega, porque, ao ser proferida a sentença, e antes de datá-la e assiná-la, ele a encerra com a expressão "Publique-se; intimem-se; oficiem-se", expressão esta que, decomposta significa "dar a público o conhecimento do teor da sentença" (Publique-se); "dar ciência às partes do teor da sentença" (Intimem-se); e "transmitir à autoridade coatora e à pessoa jurídica o inteiro teor da sentença por ofício (Oficiem-se). A publicação da sentença vem prevista no art. 463 do CPC, ocorrendo com a juntada da sentença aos autos do processo, mediante termo, pelo escrivão ou chefe de secretaria; e nada tem a ver com a sua publicação pela imprensa, que corresponde à intimação da sentença às partes (art. 506, III)." (J. E. Carreira Alvim. Comentários à Nova Lei do Mandado de Segurança – Lei 12.016/09. ed. Ano. Editora. p. 237, 238)

▶ **Objetivo prático da intimação da sentença denegatória**

"A intimação da sentença denegatória da segurança cumpre o objetivo prático de dar à autoridade coatora e à pessoa jurídica ciência de que o impetrante perdeu a demanda, para a adoção das providências acaso necessárias, se tiver havido concessão de liminar. Pode ser que o impetrante esteja no gozo de medida liminar, pelo que a denegação da segurança importa na cessação de eficácia da medida; salvo se, apesar de denegada a segurança, o juiz, expressamente, mantiver a sua eficácia; caso em que prevalecerá até que venha a ser reformada pelo tribunal."

▶ **Consequência da não observância da norma do artigo 13.**

"Descumprindo a ordem constante da sentença de concessão da segurança, incorrerá a autoridade que a descumpriu em crime de desobediência, conforme previsão expressa no artigo 26 da Lei 12.016/09, que assim prescreve: Art. 26. Constitui crime de desobediência, nos termos do art. 330 do Decreto-Lei nº 2.848, de 7 de dezembro de 1940, o não cumprimento das decisões proferidas em mandado de segurança, sem prejuízo das sanções administrativas e da aplicação da Lei nº 1.079, de 10 de abril de 1950, quando cabíveis." (KLIPPEL, Rodrigo e NEFFA JUNIOR, José Antônio. Comentários à lei de mandado de segurança. (Lei nº 12.016/09): Artigo por artigo, doutrina e jurisprudência, Editora Lumen Juris, Rio de Janeiro, 2010, p. 217).

◉ **O reconhecimento da repercussão geral pelo STF não implica, necessariamente, a suspensão de mandado de segurança em trâmite no STJ, mas unicamente o sobrestamento de eventual recurso extraordinário interposto em face de acórdão proferido pelo STJ ou por outros tribunais.**

"PROCESSUAL CIVIL. AGRAVO INTERNO NO MANDADO DE SEGURANÇA. CÓDIGO DE PROCESSO CIVIL DE 2015. APLICABILIDADE. ANISTIA. REPERCUSSÃO GERAL RECONHECIDA. NÃO AFETAÇÃO DOS RECURSOS EM TRÂMITE NO STJ. SOBRESTAMENTO. NÃO OBRIGATORIEDADE. ANISTIA. ANULAÇÃO DA PORTARIA. NECESSIDADE DE IMPUGNAÇÃO FORMAL E DIRETA À VALIDADE DO ATO. OCORRÊNCIA DE DECADÊNCIA. ART. 54 DA LEI 9.784/99. ARGUMENTOS INSUFICIENTES PARA DESCONSTITUIR A DECISÃO ATACADA. APLICAÇÃO DE MULTA. ART. 1.021, § 4º, DO CÓDIGO DE PROCESSO CIVIL DE 2015. DESCABIMENTO. I – Consoante o decidido pelo Plenário desta Corte na sessão realizada em 09.03.2016, o regime recursal será determinado pela data da publicação do provimento jurisdicional impugnado. In casu, aplica-se o Código de Processo Civil de 2015. II – A jurisprudência desta Corte é pacífica no sentido de que o reconhecimento de repercussão geral, no âmbito do Supremo Tribunal Federal, em regra, não impõe o sobrestamento do trâmite dos recursos nesta Corte. III – Esta Corte tem entendimento segundo o qual atos administrativos abstratos, como as notas e os pareceres da Advocacia-Geral da União, não configuram atos de autoridade tendentes à revisão das anistias e são ineficazes para gerar a interrupção do fluxo decadencial, nos termos do art. 54, § 2º, da Lei n. 9.784/99. IV – O art. 54 da Lei 9.784/99 prevê um prazo decadencial de 5 anos, a contar da data da vigência do ato administrativo viciado, para que a Administração anule os atos que gerem efeitos favoráveis aos seus destinatários. Após o transcurso do referido prazo decadencial quinquenal sem que ocorra o desfazimento do ato, prevalece a segurança jurídica em detrimento da legalidade da atuação administrativa V – Em regra, descabe a imposição da multa, prevista no art. 1.021, § 4º, do Código de Processo Civil de 2015, em razão do mero improvimento do Agravo Interno em votação unânime, sendo necessária a configuração da manifesta inadmissibilidade ou improcedência do recurso a autorizar sua aplicação, o que não ocorreu no caso. VI – Agravo Interno improvido." (AgInt no MS 19.248/DF, Rel. Ministra REGINA HELENA COSTA, PRIMEIRA SEÇÃO, julgado em 08/08/2018, DJe 14/08/2018)"

Parágrafo único. Em caso de urgência, poderá o juiz observar o disposto no art. 4° desta lei.

▶ **Comunicação da sentença em caso de urgência**

"Da mesma forma que a impetração da segurança pode se dar por telegrama, radiograma, fax ou por outro meio eletrônico de autenticidade comprovada (art. 4°, caput, podendo ser também por esta forma a notificação da autoridade coatora (art. 4°, § 1°) e a ciência da pessoa jurídica interessada, também por esses meios podem essas pessoas ser intimadas para cumprir a ordem.

▶ **Novamente impõe a urgência como requisito para a utilização dos meios alternativos de intimação da sentença**

"Pode-se dizer, todavia, que este dispositivo representa efetivo retrocesso porque incorre no mesmo erro do art. 4°, que consiste em impor a urgência como requisito para a utilização dos meios alternativos de intimação da sentença. Tal exigência não constava na correspondente regra revogada. Em muitos casos, sequer fará sentido verificar se tal requisito está, ou não, preenchido. No âmbito da legislação específica sobre o tema, por exemplo, não se exige a presença da urgência para que a intimação da Fazenda Pública se realize por meio eletrônico, na forma do art. 9" da Lei 11.419/06 que constitui lei especial neste ponto, não afetada pelo dispositivo em análise. Assim, até para evitar controvérsias, teria sido melhor que a nova lei tivesse apenas remetido esta questão para a legislação específica sobre o tema, em vez de regular o assunto no âmbito do mandado de segurança de forma incompleta e insatisfatória." (ROQUE, André Vasconcelos. DUARTE, Francisco Carlos. Mandado de Segurança. Ed. Ano. Editora. pg. 110)

◙ **Não há perda do objeto em mandado de segurança cuja pretensão é o fornecimento de leite especial necessário à sobrevivência de menor ao fundamento de que o produto serve para lactentes e o impetrante perdeu essa qualidade em razão do tempo decorrido para a solução da controvérsia.**

"DIREITOS HUMANOS E PROCESSUAL CIVIL. AGRAVO REGIMENTAL EM RECURSO EM MANDADO DE SEGURANÇA. FORNECIMENTO DE MEDICAÇÃO GRATUITA. DEVER DO ESTADO. DIREITO FUNDAMENTAL À VIDA E À SAÚDE. AUSÊNCIA DE PERDA DE OBJETO. AGRAVO REGIMENTAL INTERPOSTO PELO ESTADO DO RIO DE JANEIRO A QUE SE NEGA PROVIMENTO. 1. A efetivação da tutela in casu está relacionada à preservação da saúde do indivíduo, de modo que a ponderação das normas constitucionais deve privilegiar a proteção do bem maior, que é a vida, e prover a máxima efetividade dos Direitos Humanos. 2. Infere-se dos documentos que instruem a inicial que a menor sofre de alergia alimentar, necessitando do uso de leite especial para a sobrevivência. Especificamente em relação a esse tema, o STJ ao julgar o REsp. 900.487/RS, da relatoria do eminente Ministro HUMBERTO MARTINS, já decidiu que a negativa de fornecimento de um medicamento de uso imprescindível ou, no caso, de leite especial de que a criança necessita, cuja ausência gera risco à vida ou grave risco à saúde, é ato que, per si, viola a Constituição Federal, pois vida e saúde são bens jurídicos constitucionalmente tutelados em primeiro plano. 3. O ESTADO DO RIO DE JANEIRO alega a perda de objeto da demanda, porquanto o que se pretendeu no mandamus foi a concessão de ordem para o fornecimento de leite especial para criança nascida em 2002, hoje em idade que não mais necessita do alimento. 4. Contudo, o pedido inicial é de proteção à vida, havendo, à época da impetração, pedido útil pelo Impetrante. Como é direito fundamental da pessoa e dever do Poder Público garantir a saúde e a vida, não há falar que o pleito tornou-se infrutífero haja vista o decorrer do tempo até a solução da demanda. 5. Desse modo, não é possível afastar a responsabilidade do Estado mediante a alegação de perda de objeto, cabendo ao Ente demandado judicialmente prover a prestação dos serviços necessários à saúde do Recorrente, sob pena de ofensa ao direito fundamental à saúde.

Cumpre destacar, ainda que, a necessidade, ou não, do fornecimento de leite especial para a criança deverá ser apurada em fase de execução, quando será oportunizado ao agravado comprovar nas suas alegações. 6. Agravo Regimental interposto pelo ESTADO DO RIO DE JANEIRO a que se nega provimento, mantendo-se incólume a decisão recorrida." (AgRg no RMS 26.647/RJ, Rel. Ministro NAPOLEÃO NUNES MAIA FILHO, PRIMEIRA TURMA, julgado em 02/02/2017, DJe 22/03/2017)"

Art. 14. Da sentença, denegando ou concedendo o mandado, cabe apelação.

DOS RECURSOS EM SEDE DE MANDADO DE SEGURANÇA

▶ **O relatório, como o próprio nome indica, destaca-se no preâmbulo da sentença, no qual o juiz deve consignar, além da identificação das partes e da natureza da demanda, o cerne das respectivas postulações, a síntese do objeto litigioso, com a especificação do pedido, o relato de eventuais incidentes, o resumo das provas porventura produzidas e tudo o mais que for reputado pertinente para a compreensão da controvérsia.**

"O relatório, como o próprio nome indica, destaca-se no preâmbulo da sentença, no qual o juiz deve consignar, além da identificação das partes e da natureza da demanda, o cerne das respectivas postulações, a síntese do objeto litigioso, com a especificação do pedido, o relato de eventuais incidentes, o resumo das provas porventura produzidas e tudo o mais que for reputado pertinente para a compreensão da controvérsia. No desenvolvimento do relatório, o juiz apenas expõe todos os pontos mais relevantes do processo, não devendo emitir qualquer juízo de valor ou enfrentar alguma questão controvertida. Não é possível aprioristicamente sugerir qual o conteúdo ideal do relatório. Depende sempre da experiência, disposição e do zelo do juiz e, ainda, do estilo adotado na narração dos episódios do processo. Relatórios longos são sempre desaconselháveis. A descrição objetiva e simplificada, contendo o necessário, será sem dúvida a melhor opção." (CRUZ E TUCCI, José Rogério. 2ª edição, Editora Revista dos Tribunais, São Paulo 2018. p. 100, (Coleção Comentários ao Código de Processo Civil); (arts. 485 ao 538) Volume. 8 / direção Luiz Guilherme Marinoni; coordenação Sérgio Cruz Arenhart e Daniel Mitidiero)

▶ **O dever de motivação dos atos decisórios está consagrado, pela lei e pela moderna doutrina processual, na esfera dos direitos fundamentais, como pressuposto do direito de defesa e da imparcialidade e independência do juiz.**

"e é preciso que esse fundamento se manifeste, para que se possa saber se o império da lei foi na verdade assegurado. A não ser assim, a garantia torna-se ilusória: caso se reconheça ao julgador a faculdade de silenciar os motivos pelos quais concede ou rejeita a proteção na forma pleiteada, nenhuma certeza pode haver de que o mecanismo assecuratório está funcionando corretamente, está deveras preenchendo a finalidade para a qual foi criado." (BARBOSA MOREIRA, José Carlos, A motivação das decisões judiciais como garantia inerente ao Estado de Direito, p. 118.)

▶ **Os destinatários da motivação não são somente as partes, os seus advogados e o juiz da impugnação, mas também a opinião pública entendida em seu complexo.**

"que a garantia da motivação representa a derradeira manifestação do contraditório, no sentido de que o dever imposto ao juiz de enunciar os fundamentos de seu convencimento traduz-se no de considerar os resultados do contraditório e, ao mesmo tempo, de certificar que o iter procedimental se desenvolveu mediante a marca da (possível) participação dos interessados." (COLESANTI, Vittorio. Principio del contraddittorio e procedimenti speciali, p. 612.)

▶ **Findo o relatório, o juiz passará a externar a justificação de seu convencimento na motivação do *decisum*. É precisamente na fundamentação da sentença que o juiz examinará as questões de fato e de direito, fixando com tais premissas, a conclusão que se projetará na parte dispositiva.**

"Os fundamentos ou motivos dos atos decisórios em geral pressupõem um labor intelectual, de conteúdo crítico, lógico e metalógico (intuitivo), que engloba um conjunto de reflexões de fato e de direito do qual o juiz extrai o julgamento. A exteriorização das razões de decidir revela, desse modo, o prisma pelo qual o juiz interpretou a lei e os fatos da causa, devendo aquelas, consequentemente, vir expostas com clareza, lógica e precisão, visando à perfeita compreensão de todos os pontos controvertidos, bem como do resultado da demanda. Assim, com a exposição criteriosa dos elementos fáticos e do direito, na análise das questões preliminares e prejudiciais, sejam de natureza processual, sejam de ordem substancial e, quando possível, do exame acerca do mérito, o magistrado apresenta os motivos determinantes da decisão. A despeito de não ter traçado a distinção entre as espécies de provimentos decisórios, a novel legislação, no que respeita o dever de motivação, a exemplo do regime anteriormente adotado, preocupa-se mais com a forma do que com o conteúdo. O CPC, ao estabelecer os elementos essenciais da sentença, não repetiu a regra do art. 165 do diploma revogado, que, para os demais pronunciamentos judiciais, autorizava expressamente fundamentação mais concisa. A locução "demais decisões" englobava, em princípio, as interlocutórias e as sentenças ou acórdãos terminativos. Não obstante, não é preciso prescrever que, de fato, as decisões menos relevantes, proferidas no curso do processo, admitem motivação mais singela. Esta possibilidade, contudo, não significa ausência de fundamentação, mas, sim, motivação suficiente na medida da importância do *thema decidendum*, considerando-se, sempre, a situação concreta. É de entender-se, portanto, que as decisões interlocutórias, as sentenças terminativas (i.e., "sem resolução do mérito"), os acórdãos interlocutórios e, ainda, as decisões monocráticas que admitem ou negam seguimento a recurso, comportam fundamentação mais singela, sem embargo da excepcional possibilidade de o juiz ou tribunal deparar-se com episódio que imponha motivação complexa." (CRUZ E TUCCI, José Rogério. 2ª edição, Editora Revista dos Tribunais, São Paulo 2018. p. 102, (Coleção Comentários ao Código de Processo Civil; (arts. 485 ao 538) Volume. 8 / direção Luiz Guilherme Marinoni; coordenação Sérgio Cruz Arenhart e Daniel Mitidiero)

▶ **As sentenças e os acórdãos definitivos devem preencher, rigorosamente, a moldura traçada no art. 489, ou seja, conter, no plano estrutural, os elementos essenciais neste exigidos.**

"Partindo-se, pois, da regra geral insculpida no art. 11, fácil é concluir que, a rigor, o CPC não admite pronunciamento judicial, de natureza decisória, despida de adequada fundamentação. Reproduzindo, portanto, o disposto no art. 458, II, do antigo diploma processual, o novo impõe o dever de motivação como pressuposto de validade dos atos decisórios. De resto, segundo entendimento doutrinário e jurisprudencial generalizado, prestigiando o citado mandamento constitucional, a falta de exteriorização da ratio decidendi do pronunciamento judicial acarreta a sua invalidade. E nulas, do mesmo modo, serão as decisões administrativas dos tribunais, sempre que não fundamentadas, aplicando-se-lhes a cominação prevista no inc. IX do art. 93 da Constituição Federal e expressamente reiterada no já apontado art. 11 do CPC. Resulta, ainda, importante esclarecer que o art. 10 veda, com todas as letras, o "fundamento surpresa", ao estabelecer que "O juiz não pode decidir, em grau algum de jurisdição, com base em fundamento a respeito do qual não se tenha dado às partes oportunidade de se manifestar, ainda que se trate de matéria sobre a qual deva decidir de ofício"." (CRUZ E TUCCI, José Rogério. 2ª edição, Editora Revista dos Tribunais, São Paulo 2018. p. 103, (Coleção Comentários ao Código de Processo Civil; (arts. 485 ao 538) Volume. 8 / direção Luiz Guilherme Marinoni; coordenação Sérgio Cruz Arenhart e Daniel Mitidiero)

▶ **A motivação da sentença, concebida como um "ensaio de persuasão", tem por fim imediato demonstrar ao próprio órgão jurisdicional, antes mesmo do que às partes, a ratio scripta que legitima o decisório, cujo teor se encontrava projetado em seu raciocínio. O juiz, portanto, é o primeiro destinatário da motivação.**

"Quanto ao aspecto subjetivo, visa ainda a motivação a persuadir o litigante sucumbente, mostrando-lhe que o resultado do processo não é fruto de sorte ou capricho, mas de verdadeira atuação da lei. E isto porque, consoante precisa observação de Calamandrei, "o homem tem sentido a necessidade, para aceitar a justiça dos homens, de razões humanas", sendo que a fundamentação constitui, pois, aquela parte da sentença que se presta a demonstrar que o julgamento é justo e por que é justo. Sob o ponto de vista técnico, a alusão às razões de decidir, por outro lado, importa permitir o controle crítico da sentença, para a exata determinação do conteúdo da vontade do juiz e, consequentemente, para a verificação dos limites do julgado. A motivação revela, sob esse prisma, eventual falha cometida pelo magistrado. Constitui, por isso – como aduz Calamandrei – relevante garantia de justiça, quando logra reproduzir fielmente, como num trabalho topográfico, o iter lógico que o juiz percorreu para encontrar o *decisum*, porquanto se estiver equivocado, é possível aferir-se, nas razões, em que altura do percurso o seu autor se desgovernou. Como é de observar-se, somente tendo ciência dos fundamentos do decidido é que o interessado poderá interpor recurso de modo adequado. Assim também, nesse caso, o órgão ad quem pode controlar com maior rigor a legalidade e a justiça dos atos decisórios submetidos a reexame. A motivação da sentença, ainda no plano técnico, resulta deveras importante como fator de uniformização da jurisprudência, servindo de tal sorte como valioso subsídio a todos os operadores do direito que contribuem para o aprimoramento e a aplicação do direito. Além destas finalidades de conotação endoprocessual, firmou-se o entendimento de que o problema da justificação do dever de motivar coloca-se, como acima enfatizado, no quadro dos direitos fundamentais, "que devem presidir a disciplina da atividade estatal, *in genere*, e da atividade jurisdicional, *in specie*." (CRUZ E TUCCI, José Rogério. 2ª edição, Editora Revista dos Tribunais, São Paulo 2018. p. 105, (Coleção Comentários ao Código de Processo Civil; (arts. 485 ao 538) Volume. 8 / direção Luiz Guilherme Marinoni; coordenação Sérgio Cruz Arenhart e Daniel Mitidiero)

▶ **Decisões consideradas nulas por defeito de motivação**

"Acrescente-se, ainda, que, por outra perspectiva, o novo CPC contém original e importante regra no § 1.º do art. 489, que arrola determinadas situações – frequentes, diga-se de passagem –, nas quais a própria lei se adianta, antevendo ofensa ao disposto no inc. II do dispositivo ora comentado, que impõe fundamentação. Desse modo, preocupado ainda uma vez com o mandamento constitucional do dever de motivação, o novel diploma, de forma até pedagógica, estabelece os vícios mais comuns que comprometem a higidez do ato decisório, "seja ele interlocutório, sentença ou acórdão". (...) Na verdade, as aludidas novas determinações legais acerca do dever de motivação, inseridas no CPC aprovado, reforçam a ideia de que a moderna concepção de "processo justo" não compadece qualquer resquício de discricionariedade judicial, até porque, longe de ser simplesmente " la bouche de la loi ", o juiz proativo de época moderna deve estar comprometido e envidar esforço, tanto quanto possível, para a observância, assegurada aos litigantes, da garantia do devido processo legal!" (CRUZ E TUCCI, José Rogério. 2ª edição, Editora Revista dos Tribunais, São Paulo 2018. p. 107, (Coleção Comentários ao Código de Processo Civil; (arts. 485 ao 538) Volume. 8 / direção Luiz Guilherme Marinoni; coordenação Sérgio Cruz Arenhart e Daniel Mitidiero)

▶ **Nulidade decorrente de mera reprodução de fundamento legal (art. 489, § 1.º, I)**

"Não atenderá ao requisito de motivação suficiente o pronunciamento judicial que simplesmente reproduz texto legal, deixando de interpretá-lo à luz da controvérsia que se apresenta ao julgador. O processo hermenêutico de subsunção é imprescindível para que, de um lado, possa ser adequadamente interpretada a convicção do julgador e, ainda, de outro, ser feito o controle crítico do ato decisório. Considerando, pois, a previsão normativa ora focada, é ainda válida – apenas para esse fim – lançar mão da ideia de que, sob o ponto de vista formal, a sentença pode ser equiparada a um silogismo, sendo a premissa maior a lei; a menor, o contexto fático-jurídico; e, por fim, a conclusão explicitada no dispositivo." (CRUZ E TUCCI, José Rogério. 2ª edição, Editora Revista dos Tribunais, São Paulo 2018. p. 107, (Coleção Comentários ao Código de Processo Civil; (arts. 485 ao 538) Volume. 8 / direção Luiz Guilherme Marinoni; coordenação Sérgio Cruz Arenhart e Daniel Mitidiero)

▶ **Nulidade decorrente da fundamentação genérica em "conceitos jurídicos indeterminados" (art. 489, § 1.º, II)**

"O art. 489, § 1.º, II, do CPC, nas hipóteses de incidência de conceitos (rectius : termos) indeterminados – e, por certo, de cláusulas gerais e princípios jurídicos –, exige a exposição de raciocínio hermenêutico-axiológico mais pormenorizado, embasado muitas vezes pelo recurso à ponderação, para justificar a escolha, dentre as opções possíveis (lembre-se do juiz Hércules na problemática alvitrada por Dworkin), daquela mais adequada para a situação concreta. A esse respeito, escrevi, anos atrás, que o "novo Código Civil agasalhou expressamente, nos arts. 113, 421 e 422, o princípio da boa-fé objetiva. Cumpre notar, todavia, que, antes da positivação desse regramento, impunha-se ao julgador que o acolhia extensa motivação da sentença para justificar a adoção de preceito não contemplado em nosso ordenamento jurídico". Assim, por exemplo, quando o juiz se nortear pelo princípio da proporcionalidade, tem ele o mister de explicitar, tanto quando possível de forma objetiva, a razão pela qual aquele fundamento, nas fronteiras do caso concreto, determina a procedência ou improcedência do pedido." (CRUZ E TUCCI, José Rogério. 2ª edição, Editora Revista dos Tribunais, São Paulo 2018. p. 108, (Coleção Comentários ao Código de Processo Civil; (arts. 485 ao 538) Volume. 8 / direção Luiz Guilherme Marinoni; coordenação Sérgio Cruz Arenhart e Daniel Mitidiero)

▶ **Nulidade decorrente de fundamentação padronizada (art. 489, § 1.º, III)**

"No mesmo sentido, já agora a teor do art. 489, § 1.º, III, ao juiz é vedado valer-se de pseudofundamentação, vale dizer, "fundamentação artificial", aparentemente padronizada, apta a justificar qualquer ato decisório. Se de fato essa norma legal vingar, desde que observada com rigor, verifica-se facilmente que inúmeros provimentos judiciais, frequentes em nossa atual praxe judiciária, estarão eivados de inequívoca nulidade. (...) Igualmente, serão, ainda, "reprovados" alguns atos decisórios do Superior Tribunal de Justiça, visto que, à guisa de fundamentação, reportam-se ou simplesmente transcrevem a ementa de precedentes. Vigente o novo CPC, estarão, também, acoimadas de inarredável nulidade decisões que forem lançadas com a seguinte matriz: "(...) Trata-se de recurso especial no qual se alega ofensa a dispositivos de lei federal e dissídio jurisprudencial. O recurso não reúne condições de admissibilidade. Quanto à alegada vulneração aos dispositivos arrolados, observe-se não ter sido demonstrada sua ocorrência, eis que as exigências legais na solução das questões de fato e de direito da lide foram atendidas pelo acórdão ao declinar as premissas nas quais assentada a decisão. Ademais, o acórdão, ao decidir da forma impugnada, assim o fez em decorrência de convicção formada pela Turma Julgadora diante das provas e das circunstâncias fáticas próprias do processo sub judice, sendo certo, por esse prisma, aterem-se as razões do recurso a uma perspectiva de reexame desses elementos." (CRUZ E TUCCI, José Rogério. 2ª edição, Editora Revista dos Tribunais, São Paulo 2018. p. 109, (Coleção Comentários ao Código de Processo Civil; (arts. 485 ao 538) Volume. 8 / direção Luiz Guilherme Marinoni; coordenação Sérgio Cruz Arenhart e Daniel Mitidiero)

▶ **Nulidade decorrente de motivação insuficiente (art. 489, § 1.º, IV)**

"Tenha-se, outrossim, presente que a primeira parte do art. 141 do CPC preceitua que "O juiz decidirá o mérito nos limites propostos pelas partes (...)", ou seja, terá de ser enfrentada toda a argumentação, de direito e de fato, expendida pelas partes. Caso contrário, vale dizer, se a sentença deixar de considerar alguma questão, que potencialmente poderia ensejar diferente desfecho do processo, não será suficiente a respectiva *ratio decidendi*, porque conterá vício que inquina de nulidade o ato decisório. (...) Assim, para que a motivação atenda às exigências legais, deverá abordar toda a matéria suscitada pelos litigantes, desde que juridicamente relevante para justificar a decisão. É evidente que, pela perspectiva lógica, não será necessário enfrentar os argumentos cuja apreciação estiver prejudicada pelo acolhimento de determinada preliminar. Desse modo, se, por exemplo, for acolhida a arguição de prescrição, o juiz não estará obrigado a examinar e decidir outras questões controvertidas que foram deduzidas pelas partes. Nesta hipótese, a sentença não poderá ser considerada viciada." (CRUZ E TUCCI, José Rogério. 2ª edição, Editora Revista dos Tribunais, São Paulo 2018. p. 110/11, (Coleção Comentários ao Código de Processo Civil; (arts. 485 ao 538) Volume. 8 / direção Luiz Guilherme Marinoni; coordenação Sérgio Cruz Arenhart e Daniel Mitidiero)

▶ **Nulidade decorrente de invocação impertinente de súmula ou precedente (art. 489, § 1.º, V)**

"A hipótese do inc. V reitera o que já está, de certo modo, previsto no precedente art. 489, § 1.º, III. Coíbe-se aqui a mera referência a súmula ou precedente judicial no corpo da sentença, sem que o juiz demonstre, de forma cabal, a sua pertinência com o objeto da controvérsia. Em perfeita simetria com esta regra, dispõe o § 1.º do art. 927 que, na dinâmica da observância das decisões arroladas em seus vários incisos, os juízes e tribunais deverão considerar as regras dos arts. 10 e 489, § 1.º, isto é, ressaltar que a súmula ou precedente invocado se identifica com o cerne da tese debatida no processo. Daí, porque, o juiz ou tribunal não poderá fundamentar o seu respectivo decisum baseando-se exclusivamente em precedentes pronunciamentos pretorianos, sem qualquer argumentação adicional, deixando de revelar fundamentação própria, conexa com o objeto do processo sob julgamento." (CRUZ E TUCCI, José Rogério. 2ª edição, Editora Revista dos Tribunais, São Paulo 2018. p. 111, (Coleção Comentários ao Código de Processo Civil; (arts. 485 ao 538) Volume. 8 / direção Luiz Guilherme Marinoni; coordenação Sérgio Cruz Arenhart e Daniel Mitidiero)

▶ **Nulidade decorrente do desrespeito injustificado a súmula, jurisprudência ou precedente (art. 489, § 1.º, VI)**

"Por fim, nota-se que o art. 489, § 1.º, VI, é vocacionado à proteção da confiança, quando impede que o juiz, ao proferir a sentença, despreze súmula ou precedente, colacionado como reforço argumentativo por uma das partes, não tomando o cuidado de explicar que o julgado paradigma não se aplica ao caso concreto, ou mesmo, que já se encontra superado pela obsolescência. Entendo que, por força do importante aforismo, *iura novit curia*, mesmo que a tese jurisprudencial, embora relevante, não seja invocada pela parte interessada, a decisão desponta eivada de nulidade, se o juiz desprezá-la de forma injustificada." (CRUZ E TUCCI, José Rogério. 2ª edição, Editora Revista dos Tribunais, São Paulo 2018. p. 111, (Coleção Comentários ao Código de Processo Civil; (arts. 485 ao 538) Volume. 8 / direção Luiz Guilherme Marinoni; coordenação Sérgio Cruz Arenhart e Daniel Mitidiero)

▶ **Nulidade decorrente de motivação** *aliunde* **ou** *per relationem*

"Ressalte-se que esta hipótese continua sem previsão legal expressa, embora facilmente inferida do sistema adotado pelo CPC. Os motivos do julgamento devem ser declinados de modo explícito, uma vez que constitui função própria e exclusiva do juiz da causa a de interpretar a lei, aplicá-la aos fatos da causa e, em conclusão, proferir a decisão. Assim, como já tive oportunidade de afirmar 129, deixará de cumprir o seu dever funcional o julgador que se limitar a decidir, sem revelar como interpretou e aplicou a lei ao caso concreto, ou, mesmo, a fazer simples remissão a fundamentos expendidos em razões, pareceres, decisões, ou seja, em atos processuais produzidos em outro processo (motivação aliunde). O art. 663 do atual CPC português, seguindo tendência já adotada no art. 15 do Decreto-lei 108/2006, autoriza ao tribunal, à guisa de motivação, simplesmente invocar precedente judicial que já tenha apreciado a matéria, juntando cópia da íntegra do respectivo acórdão. A doutrina, contudo, levanta dúvida sobre a constitucionalidade desta regra, que se apresenta como verdadeiro obstáculo a que as partes acompanhem o itinerário racional do pronunciamento judicial diante da questão concreta. Observo que o novo diploma brasileiro, a esse respeito, perdeu a oportunidade de repudiar o disparatado permissivo, de motivação per relationem, constante do art. 252 do Regimento Interno do Tribunal de Justiça de São Paulo, assim redigido: "Nos recursos em geral, o relator poderá limitar-se a ratificar os fundamentos da decisão recorrida, quando, suficientemente motivada, houver de mantê-la". Há, nessa indesejável técnica, manifesta ofensa à garantia consagrada no art. 93, IX, da Constituição Federal, embora (de certo modo) abonada pelo Superior Tribunal de Justiça." (CRUZ E TUCCI, José Rogério. 2ª edição, Editora Revista dos Tribunais, São Paulo 2018. p. 112/113, (Coleção Comentários ao Código de Processo Civil; (arts. 485 ao 538) Volume. 8 / direção Luiz Guilherme Marinoni; coordenação Sérgio Cruz Arenhart e Daniel Mitidiero)

▶ **Exigência de justificação na hipótese de colisão de normas (art. 489, § 2.º)**

"Ao ensejo da prolação da sentença, em algumas circunstâncias específicas, o juiz terá de enfrentar o problema do conflito ou colisão de normas incidentes no caso concreto. Geralmente, considerando-se a hierarquia das leis, se houver incompatibilidade entre dois textos legais (antinomia), a questão pode ser resolvida à luz de três critérios hermenêuticos, quais sejam: a) o cronológico (lex posterior derogat priori); b) o hierárquico (lex superior derogat inferiori); e, ainda, c) o da especialidade (lex specialis derogat generali). Todavia, a colisão de princípios, que se torna sempre mais intrincada e difícil, deve ser dirimida pela dimensão de peso e importância, aplicando-se o princípio da proporcionalidade. Desse modo, assinala, com precisão, Leonardo Carneiro da Cunha, 132 ocorrendo embate de princípios, sempre será necessário que o juiz esclareça, na fundamentação de sua decisão, qual o caminho para a solução do problema, "justificando a razão da utilização de determinado princípio em detrimento de outro, a capacidade de ponderação das normas envolvidas, os critérios gerais empregados para definir o peso e a prevalência de uma norma sobre a outra e a relação existente entre esses critérios, o procedimento e o método que serviram de avaliação e comprovação do grau de promoção de uma norma e grau de restrição da outra, bem como os fatos considerados relevantes para a ponderação e com base em que critérios eles foram juridicamente avaliados." (CRUZ E TUCCI, José Rogério. 2ª edição, Editora Revista dos Tribunais, São Paulo 2018. p. 113/114, (Coleção Comentários ao Código de Processo Civil; (arts. 485 ao 538) Volume. 8 / direção Luiz Guilherme Marinoni; coordenação Sérgio Cruz Arenhart e Daniel Mitidiero)

▶ **Consequências da sentença considerada desmotivada**

"A própria lei – art. 93, IX, da CF – determina, de modo expresso, que a desatenção ao disposto no art. 489, II, do CPC, implica nulidade do pronunciamento judicial. Cuidando desse tema, há alguns anos, afirmei que a ausência ou insuficiência de motivação, por ferir norma cogente, enseja a nulidade absoluta da sentença. Todavia, com o declarado escopo de imprimir maior celeridade processual, sem desprezar as garantias do devido processo legal, o novo art. 1.013, § 3.º, reproduz a orientação do antigo § 3.º ao art. 515 do CPC/1973, autorizando, com todas as letras, o tribunal a proferir julgamento do mérito, desde que seja possível, mesmo quando reconhecer a carência de motivação. Nesse caso, passa a incidir, pois, a regra da convalidação prevista no art. 277 do CPC/2015. Dispõe, a propósito, o inc. IV do § 3.º do art. 1.013: "A apelação devolverá ao tribunal o conhecimento da matéria impugnada: (...) § 3.º Se o processo estiver em condições de imediato julgamento, o tribunal deve decidir desde logo o mérito quando: (...) IV – decretar a nulidade de sentença por falta de fundamentação". Dando ênfase à instrumentalidade, sob a égide do CPC em vigor, continua ampliada a extensão do efeito devolutivo da apelação, permitindo que o juízo recursal extravase o âmbito do dispositivo da sentença de primeiro grau e, por via de consequência, o objeto da impugnação. Com isso, a apelação, regrada na novel codificação, deixa de ter natureza de revisio prioris instantiae e passa a ser concebida como um novum iudicium, no qual ao órgão jurisdicional superior é lícito o mais amplo reexame da causa, em todos os seus aspectos de fato e de direito, de modo a julgá-la ex novo : "tem-se, então, na consagrada expressão de Binding, uma Zweite Erstinstanz " (segunda primeira instância). Devolvida a cognição da controvérsia ao tribunal *ad quem*, a causa poderá ser julgada pelo mérito em segundo grau. Bastará, para tanto, que o thema decidendum tenha necessária e efetivamente sido debatido sob o crivo do contraditório e que – na dicção do texto legal – esteja "em condições de imediato julgamento" (art. 1.013, § 3.º), isto é, não exija a produção de qualquer outra prova. Seja como for, com a orientação que agora vem ainda mais dilatada, o recurso de apelação perde a sua função substitutiva, tendo-se em vista que nem sempre o novo julgamento se identificará com o objeto da sentença recorrida. Não é preciso dizer que, caso não tenha sido conferida oportunidade para o réu se manifestar sobre questão não examinada em primeiro grau, dúvida não pode haver de que esta técnica do julgamento da apelação, acolhida no art. 1.013 do CPC, vulnera o princípio fundamental do due process of law . Habilitando o tribunal a proferir decisão acerca de tema que não foi objeto de debate no procedimento recursal, a referida regra afrontaria direito das partes, sobretudo do litigante que vier a experimentar derrota. É evidente, pois, que a citada regra processual não deverá ser aplicada quando inviável o "julgamento imediato". Nesse caso, decretada a nulidade da sentença por falta de motivação, os autos serão remetidos ao juízo de primeiro grau para que outra decisão seja proferida." (CRUZ E TUCCI, José Rogério. 2ª edição, Editora Revista dos Tribunais, São Paulo 2018. p. 113/114, (Coleção Comentários ao Código de Processo Civil; (arts. 485 ao 538) Volume. 8 / direção Luiz Guilherme Marinoni; coordenação Sérgio Cruz Arenhart e Daniel Mitidiero)

▶ **O epílogo da sentença, denominado "dispositivo", é o elemento mais importante do pronunciamento judicial.**

"O epílogo da sentença, denominado "dispositivo", é o elemento mais importante do pronunciamento judicial. É aquele no qual o Estado, exteriorizando a vontade da lei, declara a tutela jurisdicional invocada pelos demandantes. Neste seguimento final da decisão, "o juiz resolverá as questões principais que as partes lhe submeterem" (art. 489, III), apresentando a conclusão das operações lógicas desenvolvidas na motivação. Tratando-se de sentença de natureza definitiva, é no dispositivo que "O juiz resolverá o mérito acolhendo ou rejeitando, no todo ou em parte, os pedidos formulados pelas partes" (art. 490). Enquanto a ausência ou a insuficiência da motivação acarreta a nulidade da sentença, a falta de dispositivo implica inexistência do ato decisório. Cumpre registrar que, em certas situações, diante da complexidade da demanda, torna-se difícil delimitar a motivação e a parte dispositiva da sentença, uma vez que, encerrado o relatório, poderá haver decisões atinentes a questões prévias, que não se encontram propriamente no dispositivo. O dispositivo, outrossim, pode conter vários capítulos dependendo da amplitude das questões controvertidas, vale dizer, capítulos de natureza processual, aqueles que se pronunciam sobre a possibilidade do exame do mérito (presença ou ausência dos requisitos de admissibilidade do julgamento de mérito), e aqueles que concernem ao próprio objeto litigioso do processo, em especial, à antecipação da tutela. A cisão lógica do dispositivo de uma decisão judicial em capítulos "é de extrema utilidade, porque repercute nos mais variados temas do direito processual, tal como na atribuição do custo financeiro do processo, na teoria dos recursos, na liquidação e efetivação das decisões que certificam direito a uma prestação e na própria teoria da decisão judicial." (CRUZ E TUCCI, José Rogério. 2ª edição, Editora Revista dos Tribunais, São Paulo 2018. p. 116, (Coleção Comentários ao Código de Processo Civil; (arts. 485 ao 538) Volume. 8 / direção Luiz Guilherme Marinoni; coordenação Sérgio Cruz Arenhart e Daniel Mitidiero)

▶ **Desnecessidade da norma. Aplicação subsidiária ao CPC**

"Na sistemática atual, todavia, desnecessário era reproduzir a mesma norma. De todo modo, inquestionável a aplicação subsidiária do Código de Processo Civil no que se toca à disciplina do recurso de apelação, naquilo que não contrariar o regime especial do mandamus. Assim, a apelação deverá ser interposta perante o juízo de primeiro grau, expondo os fundamentos de fato e de direito e contendo o pedido de nova decisão (CPC, art. 514) no prazo legal de quinze dias (CPC, art. 508). Admite-se sua interposição na modalidade adesiva (CPC, art. 500, inc. II). Na falta de norma específica, ao contrário do que ocorre em relação ao prazo de dez dias para as informações, sempre contado de forma simples, a Fazenda Pública e o Parquet terão prazo em dobro para recorrer (CPC, art. 188). O conhecimento do apelo estará sujeito ao preenchimento de determinadas condições de admissibilidade que, segundo festejada doutrina sobre o tema, dividem-se nos chamados requisitos extrínsecos (tempestividade, regularidade formal, preparo) e intrínsecos (cabimento, legitimidade, interesse recursal, ausência de fato impeditivo ou extintivo ao poder de recorrer)." (ROQUE, André Vasconcelos. DUARTE, Francisco Carlos. Mandado de Segurança. Ed. Ano. Editora. pg. 117)

▶ **Privilégio da duplificação do prazo para a interposição do recurso**

"No entanto, como o Código só contempla a Fazenda Pública, que compreende a União, os Estados, o Distrito Federal, os Municípios e respectivas autarquias e fundações pública, apenas esses entes e entidades gozam do privilégio da duplicação do prazo para recurso, que não se estende aos demais legitimados para responder ao mandamus, por delegação ou no exercício de atribuições próprias do Poder Público, como as empresas públicas, sociedades de economia mista, concessionárias de serviço público, partidos políticos etc." (J. E. Carreira Alvim. Comentários à Nova Lei do Mandado de Segurança – Lei 12.016/09. ed. Ano. Editora. p. 244)

◙ *Súmula 392 do STF: O prazo para recorrer de acórdão concessivo de segurança conta-se da publicação oficial de suas conclusões, e não da anterior ciência à autoridade para cumprimento da decisão.*

▶ **Legitimados para recorrer da sentença**

"Legitimados para recorrer da sentença, no mandado de segurança, de pendendo do resultado do julgamento, são o impetrante, a impetrada (pessoa jurídica interessada), a autoridade coatora (parte informante), o Ministério Público, os litisconsortes ou assistentes litisconsorciais e eventuais terceiros prejudicados." (J. E. Carreira Alvim. Comentários à Nova Lei do Mandado de Segurança – Lei 12.016/09. ed. Ano. Editora. p. 245)

◙ *Súmula nº 99/STJ: O Ministério Público tem legitimidade para recorrer no processo em que oficiou como fiscal da lei, ainda que não haja recurso da parte.*

▶ **Outros recursos cabíveis**

"Além do recurso de apelação, têm cabimento, no mandado de segurança, os embargos de declaração (CPC, art. 535), o agravo de instrumento (LMS, art. 7º, § 1º), o reexame necessário (art. 14, § 1º), o recurso ordinário constitucional – se denegatória a decisão, nos mandados de segurança de competência originária dos tribunais (CF art. 102, II, a e 105, II, "b") o recurso extraordinário, se concessiva a decisão (CF, art. 102, III, "a" a "d") e o recurso especial, também se concessiva a decisão (CF, art. 105, m, "a" a "c") ." (J. E. Carreira Alvim. Comentários à Nova Lei do Mandado de Segurança – Lei 12.016/09. ed. Ano. Editora. p. 245/246)

> § 1º Concedida a segurança, a sentença estará sujeita obrigatoriamente ao duplo grau de jurisdição.

▶ **Remessa necessária em mandado de segurança.**

A sentença que conceder a segurança está sujeita à remessa necessária, somente transitando em julgado depois de reexaminada pelo tribunal. Nos termos do CPC/2015, haverá remessa necessária se a sentença for proferida contra a União, o Estado, o Distrito Federal, o Município e suas respectivas autarquias e fundações. O § 1.º do art. 14 da Lei 12.016/2009 estabelece que, concedida a segurança, haverá remessa necessária. Lá no mandado de segurança, não importa a condição da parte que ocupa o polo passivo da demanda; haverá remessa necessária se houver a concessão da segurança. O mandado de segurança pode ser impetrado contra agente integrante de entidade particular ou de pessoa jurídica de direito privado que exerça atividade pública por delegação. Também cabe, em algumas situações, mandado de segurança contra ato de agente ou funcionário de empresa pública ou sociedade de economia mista (Súmula STJ, 333). No mandado de segurança, haverá remessa necessária, não porque a sentença foi proferida contra a União, o Estado, o Município, o Distrito Federal ou qualquer outro ente público, mas porque se trata de sentença concessiva da segurança. Concedida a segurança, ainda que se trate de sentença contra empresa pública ou sociedade de economia mista, haverá a remessa necessária. Numa demanda de procedimento comum, não há remessa necessária de sentença proferida contra um ente privado, mas, no mandado de segurança, proferida sentença de procedência.

▶ **A regra se aplica, tão somente, aos casos de competência originária dos juízos de primeira instância, não se cogitando de reexame necessário nos mandados de segurança de competência originária de tribunais.**

"A regra se aplica, tão somente, aos casos de competência originária dos juízos de primeira instância, não se cogitando de reexame necessário nos mandados de segurança de competência originária de tribunais." (CÂMARA, Alexandre Freitas. Manual do Mandado de Segurança, 2ª Edição. Atlas, São Paulo, 2014. p. 262)

▶ **O reexame necessário não tem natureza recursal, sendo uma verdadeira condição de eficácia da sentença.**

"O reexame necessário, como é sabido, não tem natureza recursal, sendo uma verdadeira condição de eficácia da sentença.2 Impõe-se, porém, observar uma peculiaridade no reexame necessário da sentença concessiva do mandado de segurança, quando se compara esse fenômeno ao reexame necessário de outras sentenças, o que se dá nos termos do art. 475 do CPC." (CÂMARA, Alexandre Freitas. Manual do Mandado de Segurança, 2ª Edição. Atlas, São Paulo, 2014. p. 263)

▶ **No regime codificado as sentenças que se sujeitam a reexame necessário não produzem efeitos senão depois de confirmadas pelo Tribunal ao passo que a sentença que concede a segurança pode ser executada provisoriamente. Por outras palavras: não obstante sujetta a reexame necessário, é ela plenamente eficaz ainda antes de ser confirmada pelo tribunal ad quem.**

"O reexame necessário, como é sabido, não tem natureza recursal, sendo uma verdadeira condição de eficácia da sentença. Impõe-se, porém, observar uma peculiaridade no reexame necessário da sentença concessiva do mandado de segurança, quando se compara esse fenômeno ao reexame necessário de outras sentenças, o que se dá nos termos do art. 475 do CPC. É que no regime codificado as sentenças que se sujeitam a reexame necessário não produzem efeitos senão depois de confirmadas pelo tribunal. Decorre daí o acerto da afirmação, feita em doutrina especializada sobre o tema, de que o reexame necessário é uma condição suspensiva da eficácia da sentença. No caso da sentença que concede a segurança, porém, não é assim. É que, nos exatos termos do § 3º do art. 14 da Lei nº 12.016/2009, a sentença que concede a segurança pode ser executada provisoriamente. Significa isso dizer que, não obstante sujetta a reexame necessário, é ela plenamente eficaz ainda antes de ser confirmada pelo tribunal ad quem. Deve-se considerar, então, que o reexame necessário da sentença concessiva do mandado de segurança é verdadeira condição resolutiva de eficácia da senten – ça. É que a sentença produzirá efeitos desde o momento em que prolatada, mas deixará de produzi-los se for reformada ou anulada pelo tribunal, o que inverte a lógica do regime estabelecido pelo art. 475 do CPC. Só não será assim, registre-se, naqueles casos em que a apelação tenha de ser recebida com efeito suspensivo, já que inadmissível a execução provisória (como se viu em passagem anterior des – te estudo), hipóteses nas quais o reexame necessário funcionará, também, como condição suspensiva de eficácia da sentença concessiva da segurança." (CÂMARA, Alexandre Freitas. Manual do Mandado de Segurança, 2ª Edição. Atlas, São Paulo, 2014. p. 263)

▶ **Mesmo sujeita ao reexame necessário é possível que a sentença seja executada provisotiamente.**

"A sentença de primeira instância, quando concessiva do mandado, fica sujeita a reexame necessário pelo tribunal, podendo, todavia, como de praxe em quaisquer hipóteses, ser executada provisoriamente. Consequentemente, se a pessoa de direito público vencida não apelar, ou se seu recurso não for admissível, v.g., porque intempestivo ou não atender a qualquer formalidade, não fica prejudicada a remessa ex officio." (FUX, Luiz. Mandado de Segurança. Ed. Ano. Editora. p. 117)

▶ **No mesmo sentido:** "O princípio do duplo grau de jurisdição significa que a sentença contra o Poder Público não passa em julgado, enquanto não vier a ser reexaminada pelo tribunal de apelação, a quem devem os autos do processo ser remetidos. haja ou não, apelação voluntária; mesmo no mandado de segurança, em que, apesar da execução (rectius, cumprimento) provisória, segue a sentença o seu calvário do duplo grau." (J. E. Carreira Alvim. Comentários à Nova Lei do Mandado de Segurança – Lei 12.016/09. ed. Ano. Editora. p. 247)

▶ **No mesmo sentido:** "A sentença de concessão de segurança estará sujeita ao duplo grau de jurisdição, isto é, mesmo não havendo o recurso voluntário de apelação, o juiz remeterá os autos do processo ao tribunal para que se cumpra a obrigatoriedade do duplo grau. Se houver recurso voluntário subscrito pela impetrada, este já perfaz o duplo grau se for abrangente de toda a matéria. A análise está limitada à verificação da eficácia da validade e da executividade da sentença (...)." (OLIVEIRA, Francisco Antônio. Mandado de Segurança e Controle Jurisdicional. Ed. Ano. Editora. pg. 339)

◙ **No mesmo sentido:** "A decisão proferida, enquanto não submetida ao segundo grau de jurisdição, subsistirá em estado de latência, e não transitará em julgado materialmente. Nesse sentido, dispõe o enunciado da Súmula 423, do STF: 'Não transita em julgado a sentença por ter omitido o recurso ex offício, que se considera interposto ex lege.' Isso não significa que a decisão proferida não seja eficaz, apenas a sua eficácia plena está condicionada à remessa. A remessa oficial não se submete aos parâmetros do § 2°, do art. 475, do CPC, mesmo porque, a lei é omissa a esta parte, não devendo o intérprete ir além. De resto, a jurisprudência do STJ comanda: A remessa necessária de sentença concessiva de mandado de segurança é disciplinada pelo parágrafo único, do art. 12, da Lei n. I.533/51 (cancelada), regra especial que deve prevalecer sobre a regra processual civil (art. 475, II, do CPC, de natureza genérica)." (STJ, Resp 279.217-PR, j. 2.8.01, rei. Min. Jorge Scartezzini, DJU 29.10.01)

▶ **Remessa necessária diante de concessão da ordem**

"A remessa necessária somente se impõe, nos termos da lei especial, em caso de concessão da ordem. Sentenças de improcedência ou de extinção do writ sem resolução de mérito não ensejam tal providência, nem mesmo se o impetrante for pessoa jurídica de direito público. A previsão legal específica afasta as regras gerais estabelecidas no Código de Processo Civil. Além disso, se o mandado for concedido em parte, a remessa necessária estará restrita à parte da sentença favorável ao impetrante, não se admitindo a reformatio in pejius contra a Fazenda Pública." (ROQUE, André Vasconcelos. DUARTE, Francisco Carlos. Mandado de Segurança. Ed. Ano. Editora. pg. 103)

▶ **Trata-se de uma condição suspensiva de eficácia da decisão**

"A "voluntariedade" que marca os recursos distingue-os daquelas causas em função das quais a lei impõe uma dupla aferição jurisdicional antes de toma-las eficazes. Referimo-nos aos casos denominados duplo grau obrigatório de jurisdição. Nestes, a sentença não produz efeito, tampouco transita em julgado, senão depois de apreciada a causa pelo tribunal; por isso, o juiz deve ordenar a remessa a instancia superior haja ou na impugnação voluntaria (art. 475 e parágrafo único do CPC). Não se tratando de recurso, mas de condição suspensiva de eficácia da decisão, o regime jurídico que se empresta a remessa obrigatória não e o aplicável aos recursos; por isso não são necessários preparos, regularidade formal ou qualquer manifestação da parte em favor da qual foi instituído o duplo grau, permitindo-lhe, inclusive e sem prejuízo, oferecer recurso voluntario simultaneamente." (FUX, Luiz. Mandado de Segurança, Ed. GEN, Rio de Janeiro, p. 112)

▶ **Não há de se falar em reexame necessário das decisões concessivas de Mandado de Segurança impetrado diretamente nos Tribunais**

"Não há previsão para reexame necessário das decisões concessivas de mandado de segurança impetrado diretamente nos tribunais, de modo que, neste caso, somente serão admissíveis os recursos previstos na Constituição e na legislação processual, que são os embargos de declaração, recurso extraordinário e recurso especial. Tal conclusão se reforça pelo fato de que as competências do Supremo Tribunal Federal e do Superior Tribunal de Justiça estão exaustivamente previstas na Carta Magna, que não contempla a apreciação de reexame necessário de decisões dos tribunais inferiores." (ROQUE, André Vasconcelos. DUARTE, Francisco Carlos. Mandado de Segurança. Ed. Ano. Editora. pg. 103).

▶ **O reexame obrigatório da sentença concessiva do Mandado de Segurança deve ser processado no Tribunal com idêntico rito aquele previsto para o recurso de apelação.**

"O reexame obrigatório da sentença concessiva do Mandado de Segurança deve ser processado no tribunal com idêntico rito aquele previsto para o recurso de apelação, isto é, com relator, defesa oral, entre outros. Isto porque, o referido instituto equivale a apelação voluntária que a pessoa de direito público vencida poderia opor." (FUX, Luiz. Mandado de Segurança, Ed. GEN, Rio de Janeiro, p. 117)

▶ **Hipóteses de dispensa da remessa necessária no mandado de segurança.**

"Segundo entende o STJ, as hipóteses de dispensa da remessa necessária não se aplicam ao mandado de segurança, ao argumento de que há de prevalecer a norma especial em detrimento da geral. Como a lei do mandado de segurança não prevê qualquer hipótese de dispensa, deve haver sempre remessa necessária da sentença que concede a ordem, não se aplicando o CPC/2015 (STJ, REsp 1.274.066/PR, 2.ª T., j. 01.12.2011, rel. Min. Mauro Campbell Marques, DJe 09.12.2011; STJ, AgRg no REsp 1.373.905/RJ, 2.ª T., j. 06.06.2013, rel. Min. Herman Benjamin, DJe 12.06.2013). Muito embora prevaleça no STJ o entendimento contrário, parece mais adequado entender que as hipóteses de dispensa da remessa necessária também se aplicam ao mandado de segurança, com a ressalva das situações previstas no § 3.º do art. 496 do CPC/2015 para os casos em que não há sentença líquida ou não se tem como aferir o valor do direito discutido. Se, numa demanda submetida ao procedimento comum, não há remessa necessária naquelas hipóteses, por que haveria num mandado de segurança? Ora, sabe-se que a única diferença entre uma demanda de rito comum e o mandado de segurança está na restrição probatória deste último, que se revela cabível apenas quando os fatos estiverem provados por documentos, de forma pré-constituída. Para que se mantenha unidade no sistema, é preciso, então, que se entenda que aquelas hipóteses de dispensa do reexame necessário alcancem também a sentença proferida no mandado de segurança. Não atende ao princípio da razoabilidade deixar de estender as hipóteses de dispensa do reexame necessário ao mandado de segurança. Demais disso, a previsão constitucional do mandado de segurança, ao fixar como requisito de sua admissibilidade o direito líquido e certo, pressupõe e exige um procedimento célere e expedito para o controle dos atos públicos. Daí por que se afina com a envergadura constitucional do mandado de segurança entender que os §§ 3.º e 4.º do art. 496 do CPC/2015 a ele se aplicam, de sorte que, naqueles casos, não há reexame necessário." (LEONARDO FARIA SCHENK, Breves comentários ao Novo Código de Processo Civil, RT – Edição 2016, p. 1402)

> § 2º Estende-se à autoridade coatora o direito de recorrer.

▶ **Direito de a Autoridade coatora recorrer.**

"A legitimação para recorrer, hodiernamente é extensiva não só a pessoa jurídica de direito público, mas também à autoridade coatora, como restou claro do disposto no § 2º do art. 14 da Lei n. 12.016, verbis: "§ 2º Estende-se a autoridade coatora o direito de recorrer". De resto, aplica-se, também a regra do art. 499 do CPC habilitando o Ministério Público que atua como custos legis e o terceiro interessado a impugnarem a decisão mandamental através de todos os recursos previstos na lei." (FUX, Luiz. Mandado de Segurança, Ed. GEN, Rio de Janeiro, p. 114)

▶ **Legitimidade recursal à autoridade coatora na condição de terceiro prejudicado na sentença**

"(...) O primeiro aspecto é que, pela nova legislação, assegura-se expressamente legitimidade recursal à autoridade coatora, mas não na qualidade de representante da pessoa jurídica interessada, tal como se verifica com a notificação regulada no art. 7", inc. I, mas sim em nome próprio, na condição de terceiro prejudicado pela sentença." (ROQUE, André Vasconcelos. DUARTE, Francisco Carlos. Mandado de Segurança. Ed. Ano. Editora. pg. 105)

▶ **Legitimidade recursal da autoridade coatora antes da Lei 12.016/09**

"Antes da Lei 12.016/09, havia controvérsia a respeito da legitimidade recursal da autoridade coatora no mandado de segurança. Havia quem sustentasse que o agente coator apontado na impetração tinha atribuição unicamente para receber a notificação em nome da pessoa jurídica interessada, mas não, para interpor recurso, na medida em que a sentença concessiva da ordem produziria efeitos contra a entidade à qual estava vinculado, não já em desfavor da autoridade. Afinal, o réu no mandado de segurança era a pessoa jurídica impetrada, incumbindo ao agente público somente representá-la por ocasião da notificação, derrogando-se a regra geral do art. 12 do CPC . Por outro lado, havia quem defendesse a legitimidade ampla da autoridade coatora, pois quem se manifestou na lide desde as informações não poderia ser alijado do processo na sua fase recursal' . Em posição intermediária, estavam aqueles que reconheciam a legitimidade do agente público somente se demonstrasse alguma forma de prejuízo em seu próprio patrimônio com a sentença concessiva da ordem, tal como, por exemplo, a possibilidade de ação de regresso do Estado fundada no art. 37, § 6º, da Constituição. Neste caso, o recurso da autoridade coatora destina-se principalmente a afastar sua responsabilidade pessoal, defendendo-se a legalidade do ato impugnado de forma reflexa." (ROQUE, André Vasconcelos. DUARTE, Francisco Carlos. Mandado de Segurança. Ed. Ano. Editora. pg. 105, 106)

▶ **A necessidade da presença do advogado.**

"A redação do 2°, do art. 14 da Lei de Segurança é lacônico, quando diz: "Estende-se à autoridade coatora o direito de recorrer". Isso poderá levar ao entendimento de que a autoridade coatora poderia recorrer sem a presença do advogado. E foi justamente essa possibilidade de entendimento pelos tribunais que levou o Conselho Federal da Ordem dos Advogados do Brasil a contestar referido artigo por meio da ADI 4403: O Conselho sustenta na ação que o art. 14, § 2°, da lei permite que a pessoa física, sozinha, sem formação jurídica e inscrição nos quadros da OAB interponha recurso contra decisão proferida em mandado de segurança, "em manifesta ofensa à indlspensabilidade do advogado na administração da justiça", prevista no art. 133 da Constituição Federal. Embora a ação tenha sido distribuída ao Ministro Ricardo Lewandowski, o Conselho pede que a ação seja analisada pelo Ministro Marco Aurélio, por prevenção, pelo fato de ser o relator da ADI 4296 ajuizada anteriormente pelo Conselho para impugnar outros dispositivos da mesma lei, sendo ambas conexas." (OLIVEIRA, Francisco Antônio. Mandado de Segurança e Controle Jurisdicional. Ed. Ano. Editora. p. 92)

◙ **Contagem dos prazos em casos de embargos de declaração em Mandado de Segurança.**

"EMBARGOS DE DECLARAÇÃO. MANDADO DE SEGURANÇA. FAZENDA PÚBLICA. PRAZOS EM DOBRO. INTIMAÇÃO PESSOAL. INTEMPESTIVIDADE. OCORRÊNCIA. EMBARGOS NÃO CONHECIDOS. 1. De acordo com o CPC/2015, a contagem dos prazos deve ser feita nos dias úteis. A Fazenda Pública, que goza da prerrogativa de intimação pessoal e da contagem em dobro dos prazos para recorrer, não se isenta de comprovar a existência de feriado local que, uma vez ocorrido, pode implicar na prorrogação do prazo recursal. 2. No caso dos autos, houve o feriado de Corpus Christi (15/6/2017), considerado por esta Corte como feriado local, o qual não prescinde de comprovação da paralisação do expediente forense, ainda que o recurso seja interposto pela Fazenda Pública. Precedentes. 3. Levando-se em consideração que a intimação eletrônica da União se deu em 2/6/2017 (sexta-feira) e a contagem do prazo de 10 dias iniciou-se em 5/6/2017 (segunda-feira), observa-se que seu término aconteceu em 16/6/2017. Todavia, os embargos somente foram protocolizados no dia 19/6/2017, fora, portanto, do prazo legal. 4. Embargos não conhecidos." (EDcl no MS 11.382/DF, Rel. Ministro ROGERIO SCHIETTI CRUZ, TERCEIRA SEÇÃO, julgado em 13/06/2018, DJe 18/06/2018)

◙ **No mesmo sentido:**"...Embora haja questionamentos sobre a constitucionalidade do art. 14, § 1°, da Lei 12.016/2009, que estende à autoridade impetrada o direito de recorrer (ADI 4.403, rel. min. Edson Fachin), para os fins desta análise liminar, apoio-me na presunção de constitucionalidade do dispositivo e deixo de problematizar a ilegitimidade do ora recorrente. Nada obstante isso, o recurso não deve ser conhecido, por ausência de interesse recursal. A decisão recorrida considerou presente a plausibilidade jurídica das alegações da inicial (fumus boni iuris), mas ausente a urgência da medida liminar pleiteada (periculum in mora). Assim, indeferida a medida liminar pleiteada, a decisão recorrida não tem aptidão para afetar a esfera jurídica da parte recorrente. Nesse sentido, o art. 499 do CPC prevê que "O recurso pode ser interposto pela parte vencida, pelo terceiro prejudicado e pelo Ministério Público" (...)." [MS 33.729 MC-AgR, voto do rel. min. Roberto Barroso, j. 3-9-2015, P, DJE de 4-2-2016.]

§ 3º A sentença que conceder o mandado de segurança pode ser executada provisoriamente, salvo nos casos em que for vedada a concessão da medida liminar.

▶ **Execução provisória. Afronta a natureza jurídica mandamental**

"O legislador, nesse § 3º, afronta a natureza jurídica do mando de segurança como ação constitucional mandamental e a coloca na mesma horizontalidade de uma ação ordinária ao falar em execução provisória." (OLIVEIRA, Francisco Antônio. Mandado de Segurança e Controle Jurisdicional. Ed. Ano. Editora. p. 354)

▶ **Efeitos em que o recurso interposto contra a sentença proferida em mandado de segurança deverá ser recebido pelo juiz na generalidade dos casos**

"No que tange à disciplina dos efeitos do recurso interposto contra a sentença em mandado de segurança, a nova legislação não apresentou nenhuma evolução. Não existe dúvida de que todo e qualquer recurso interposto contra sentença concessiva da ordem, pelo menos em princípio, não terá efeito suspensivo. Nem mesmo a previsão de remessa necessária impede que a sentença já produza efeitos favoráveis ao impetrante enquanto não for anulada ou reformada pelas instâncias superiores. A autoridade apontada como coatora e a pessoa jurídica interessada devem obediência à ordem emanada do julgado, mesmo na pendência de recurso efetivamente interposto É natural que assim seja visto que o mandado de segurança preza pela sua celeridade, pela proteção de situações de urgência, que não podem aguardar o trânsito em julgado." (ROQUE, André Vasconcelos. DUARTE, Francisco Carlos. Mandado de Segurança. Ed. Ano. Editora. pg. 107, 108)

> ● *Súmula 405 do STF Denegado o mandado de segurança pela sentença, ou no julgamento do agravo, dela interposto, fica sem efeito a liminar concedida, retroagindo os efeitos da decisão contrária.*

▶ **O impetrante não ficará sem amparo. Não se admite a concessão automática de efeito suspensivo à apelação interposta contra sentença denegatória**

"Não se admite a concessão automática de efeito suspensivo à apelação interposta contra a sentença denegatória de mandado de segurança por falta de previsão legal específica, não incidindo a regra geral prevista no art.520 do CPC, mas a legislação processual comum, que neste aspecto pode ser aplicada subsidiariamente, permite a sua obtenção casuística pelo juiz. Trata-se da concessão do efeito suspensivo ope judieis, a partir da verificação de determinados elementos, no caso concreto, que autorizem tal medida, admitida em prestigio ao amplo e efetivo acesso à justiça." (ROQUE, André Vasconcelos. DUARTE, Francisco Carlos. Mandado de Segurança. Ed. Ano. Editora. pg. 108)

> § 4º O pagamento de vencimentos e vantagens pecuniárias assegurados em sentença concessiva de mandado de segurança a servidor público da administração direta ou autárquica federal, estadual e municipal somente será efetuado relativamente às prestações que se vencerem a contar da data do ajuizamento da inicial.

▶ **Não é necessário ajuizar ação autônoma cobrando valores que venceram durante processo do mandado de segurança.**

Não é necessário ajuizar ação autônoma cobrando valores que venceram durante processo do mandado de segurança. Neste caso, a própria decisão concessiva do mandado de segurança poderá ser executada e o autor receberá a quantia atrasada por meio de precatório ou RPV (caso esteja dentro do limite considerado com de pequeno valor).

▶ **No mesmo sentido:** "(...) o pagamento de vencimentos e vantagens pecuniárias asseguradas em sentença concessiva de mandado de segurança a servidor público da administração direta ou autárquica federal, estadual e municipal somente será efetuado relativamente às prestações que se vencerem a contar da data do ajuizamento da inicial. Isso se dá em função de a decisão proferida em sede de segurança ter efeito a partir da petição inicial, não abrangendo efeito pretérito (ex tmc). Os valores pretéritos, se existirem, deverão ser requeridos por meio de ação ordinária de cobrança." (OLIVEIRA, Francisco Antônio. Mandado de Segurança e Controle Jurisdicional. Ed. Ano. Editora. pg. 268)

◙ **No mesmo sentido:** "AGRAVO INTERNO NO RECURSO ESPECIAL. PROCESSUAL CIVIL. AÇÃO RESCISÓRIA. MANDADO DE SEGURANÇA. SERVIDOR PÚBLICO. REINTEGRAÇÃO. EFEITOS. TERMO INICIAL. DATA DA IMPETRAÇÃO DO MANDAMUS. PRECEDENTES DO STJ. 1. Segundo a atual e predominante jurisprudência do Superior Tribunal de Justiça, "os efeitos financeiros, por ocasião da concessão da segurança, devem retroagir à data de sua impetração, devendo os valores pretéritos ser cobrados em ação própria." (EDcl MS 21.822/DF, Rel. Ministro OG FERNANDES, PRIMEIRA SEÇÃO, julgado em 23/08/2017, DJe 30/08/2017). 2. Agravo interno a que se nega provimento." (STJ – AgInt no REsp 1481406/GO, Rel. Ministro SÉRGIO KUKINA, PRIMEIRA TURMA, julgado em 17/04/2018, DJe 24/04/2018)"

◙ **No mesmo sentido:** "EMBARGOS DE DECLARAÇÃO NO MANDADO DE SEGURANÇA. CONCESSÃO DA ORDEM A FIM DE ANULAR ATO DEMISSIONAL DO IMPETRANTE. EFEITOS FINANCEIROS. PAGAMENTO DE PARCELAS VENCIDAS APÓS A IMPETRAÇÃO DO MANDADO DE SEGU-

RANÇA. 1. Esta Corte Superior possui entendimento de que os efeitos financeiros, por ocasião da concessão da segurança, devem retroagir à data de sua impetração, devendo os valores pretéritos ser cobrados em ação própria. Precedentes. 2. Embargos de declaração acolhidos, sem efeitos modificativos, apenas para fazer constar do acórdão embargado que são devidos os efeitos financeiros do mandamus correspondentes às parcelas vencidas a partir da impetração." (STJ – EDcl no MS 21.822/DF, Rel. Ministro OG FERNANDES, PRIMEIRA SEÇÃO, julgado em 23/08/2017, DJe 30/08/2017)

◉ **O pagamento dos valores devidos pela Fazenda Pública entre a data da impetração do mandado de segurança e a efetiva implementação da ordem concessiva deve observar o regime de precatórios previsto no artigo 100 da Constituição Federal.**

"RECURSO EXTRAORDINÁRIO. CONSTITUCIONAL E PROCESSUAL. MANDADO DE SEGURANÇA. VALORES DEVIDOS ENTRE A DATA DA IMPETRAÇÃO E A IMPLEMENTAÇÃO DA ORDEM CONCESSIVA. SUBMISSÃO AO REGIME DE PRECATÓRIOS. REAFIRMAÇÃO DE JURISPRUDÊNCIA. RECURSO EXTRAORDINÁRIO PROVIDO. O pagamento dos valores devidos pela Fazenda Pública entre a data da impetração do mandado de segurança e a efetiva implementação da ordem concessiva deve observar o regime de precatórios previsto no artigo 100 da Constituição Federal." (STF – RE 889173 RG, Relator(a): Min. LUIZ FUX, julgado em 07/08/2015, PROCESSO ELETRÔNICO REPERCUSSÃO GERAL – MÉRITO DJe-160 DIVULG 14-08-2015 PUBLIC 17-08-2015)

◉ "Em trecho do voto, o Relator Luiz Fux faz as seguintes ponderaçoções: Com efeito, é assente a jurisprudência desta Corte no sentido de que os pagamentos devidos pela Fazenda Pública estão adstritos ao sistema de precatórios, nos termos do que dispõe o artigo 100 da Constituição Federal, o que abrange, inclusive, as verbas de caráter alimentar, não sendo suficiente a afastar essa sistemática o simples fato de o débito ser proveniente de sentença concessiva de mandado de segurança." (RE 889173 RG, Relator(a): Min. LUIZ FUX, julgado em 07/08/2015, PROCESSO ELETRÔNICO REPERCUSSÃO GERAL – MÉRITO DJe-160 DIVULG 14-08-2015 PUBLIC 17-08-2015)

◉ **Quanto às prestações que venceram antes do ajuizamento do Mandado de Segurança deve o autor ajuizar demanda própria para cobrá-la.**

"(...) 1. Cinge-se a controvérsia a definir o termo inicial de produção de efeitos financeiros de sentença concessiva de Segurança. (...) 4. O legislador fez clara opção por manter a sistemática consolidada nas Súmulas 269/STF ("O mandado de segurança não é substitutivo de ação de cobrança") e 271/STF ("Concessão de mandado de segurança não produz efeitos patrimoniais em relação a período pretérito, os quais devem ser reclamados administrativamente ou pela via judicial própria"). 5. Em que pese a existência de corrente contrária, merece prevalecer a jurisprudência amplamente dominante, em consonância com as Súmulas 269/STF e 271/STF, por se tratar da única forma de preservar a vigência do art. 14, § 4º, da Lei 12.016/2009. (...)" (STJ. Corte Especial. EREsp 1087232/ES, Rel. Min. Herman Benjamin, julgado em 07/12/2016.)

◙ **Súmula 269 do STF: O mandado de segurança não é substitutivo de ação de cobrança.**

◙ **Súmula 271 do STF: Concessão de mandado de segurança não produz efeitos patrimoniais, em relação a período pretérito, os quais devem ser reclamados administrativamente ou pela via judicial própria.**

▶ **Impossibilidade de suprimento de recursos para pagamento, na falta de crédito**

"Não cabe mais, na esfera mandamental, na hipótese de falta de crédito, o pedido de suprimento de recursos para pagamento ao impetrante, como mandava o revogado § 2º do art. 1º da Lei 5.021/66 -, no que o prejudicado, aqui, foi, sem dúvida, o impetrante -, pelo que, nessa hipótese, a única saída é o precatório requisitório, na forma do art. 100 da Constituição, via execução de sentença contra a Fazenda Pública." (J. E. Carreira Alvim. Comentários à Nova Lei do Mandado de Segurança – Lei 12.016/09. ed. Ano. Editora. p. 264)

◙ **Parcelas anteriores à impetração.**

"PROCESSUAL CIVIL. TRIBUTÁRIO. VALORES INDEVIDAMENTE PAGOS A TÍTULO DE CONTRIBUIÇÃO PREVIDENCIÁRIA. SENTENÇA DECLARATÓRIA DO DIREITO DE CRÉDITO CONTRA A FAZENDA PARA FINS DE COMPENSAÇÃO. SUPERVENIENTE IMPOSSIBILIDADE DE COMPENSAR. EFICÁCIA EXECUTIVA DA SENTENÇA DECLARATÓRIA, PARA HAVER A REPETIÇÃO DO INDÉBITO POR MEIO DE PRECATÓRIO. 1. No atual estágio do sistema do processo civil brasileiro não há como insistir no dogma de que as sentenças declaratórias jamais têm eficácia executiva. O art. 4º, parágrafo único, do CPC considera "admissível a ação declaratória ainda que tenha ocorrido a violação do direito", modificando, assim, o padrão clássico da tutela puramente declaratória, que a tinha como tipicamente preventiva. Atualmente, portanto, o Código dá ensejo a que a sentença declaratória possa fazer juízo completo a respeito da existência e do modo de ser da relação jurídica concreta. 2. Tem eficácia executiva a sentença declaratória que traz definição integral da norma jurídica individualizada. Não há razão alguma, lógica ou jurídica, para submetê-la, antes da execução, a um segundo juízo de certificação, até porque a nova sentença não poderia chegar a resultado diferente do da anterior, sob pena de comprometimento da garantia da coisa julgada, assegurada constitucionalmente. E instaurar um processo de cognição sem oferecer às partes e ao juiz outra alternativa de resultado que não um, já prefixado, representaria atividade meramente burocrática e desnecessária, que poderia receber qualquer outro qualificativo, menos o de jurisdicional. 3. A sentença declaratória que, para fins de compensação tributária, certifica o direito de crédito do contribuinte que recolheu indevidamente o tributo, contém juízo de certeza e de definição exaustiva a respeito de todos os elementos da relação jurídica questionada e, como tal, é título executivo para a ação visando à satisfação, em dinheiro, do valor devido. 4. Recurso especial a que se nega provimento." (STJ – REsp: 588202 PR 2003/0169447-1, Relator: Ministro TEORI ALBINO ZAVASCKI, Data de Julgamento: 10/02/2004, T1 – PRIMEIRA TURMA, Data de Publicação: --> DJ 25/02/2004 p. 123)

Art. 15. Quando, a requerimento de pessoa jurídica de direito público interessada ou do ministério público e para evitar grave lesão à ordem, à saúde, à segurança e à economia públicas, o presidente do tribunal ao qual couber o conhecimento do respectivo recurso suspender, em decisão fundamentada, a execução da liminar e da sentença, dessa decisão caberá agravo, sem efeito suspensivo, no prazo de 5 (cinco) dias, que será levado a julgamento na sessão seguinte à sua interposição.

§ 1º Indeferido o pedido de suspensão ou provido o agravo a que se refere o *caput* deste artigo, caberá novo pedido de suspensão ao presidente do tribunal competente para conhecer de eventual recurso especial ou extraordinário.

§ 2º É cabível também o pedido de suspensão a que se refere o § 1º deste artigo, quando negado provimento a agravo de instrumento interposto contra a liminar a que se refere este artigo.

§ 3º A interposição de agravo de instrumento contra liminar concedida nas ações movidas contra o poder público e seus agentes não prejudica nem condiciona o julgamento do pedido de suspensão a que se refere este artigo.

§ 4º O presidente do tribunal poderá conferir ao pedido efeito suspensivo liminar se constatar, em juízo prévio, a plausibilidade do direito invocado e a urgência na concessão da medida.

§ 5º As liminares cujo objeto seja idêntico poderão ser suspensas em uma única decisão, podendo o presidente do tribunal estender os efeitos da suspensão a liminares supervenientes, mediante simples aditamento do pedido original.

DA SUSPENSÃO DE SEGURANÇA NO MANDADO DE SEGURANÇA

▶ **O aludido pedido cabe sempre que for concedido provimento de urgência em desfavor da Fazenda Pública, ou mesmo quando proferida sentença que de pronto produz efeitos, dado o fato de somente poder ser impugnada via recurso não dotado de efeito suspensivo.**

"Inicialmente, convém destacar que não obstante a nomenclatura 'suspensão de segurança' transmitir a ideia de que seu cabimento estaria restrito ao ambiente do mandado de segurança, hoje, tal noção não é adequada. Isto porque, apesar de o instituto em comento ter sido idealizado para a ação de mandado de segurança, objetivando suspender os efeitos de sentença ou liminar proferidas neste tipo de demanda, modernamente, o aludido pedido cabe sempre que for concedido provimento de urgência em desfavor da Fazenda Pública, ou mesmo quando proferida sentença que de pronto produz efeitos, dado o fato de somente poder ser impugnada via recurso não dotado de efeito suspensivo." (TOVAR, Leonardo Zehuri. O pedido de suspensão de segurança: uma sucinta sistematização. Revista de Processo. vol. 224. p. 209. São Paulo: Ed. RT, out. 2013.)

▶ **Reprodução das mesmas restrições contempladas na legislação revogada. Desconformidade com o processo civil atual**

"Assim, mesmo que se considere a medida de suspensão de decisão compatível com a Constituição em razão da supremacia do interesse público sobre o particular, não se pode deixar de criticar a Lei 12.016/09 por simplesmente reproduzir as mesmas restrições contempladas na legislação revogada, sem refletir a respeito do atual estágio do processo civil brasileiro. Para que admitir, por exemplo, que o Poder Público postule a suspensão de uma medida liminar diretamente ao presidente do Tribunal se tal medida já poderia ser requerida no próprio agravo de instrumento? Apenas para que as pessoas jurídicas de direito público tenham uma arma a mais que os particulares na defesa de seus interesses? Por que não confiar a tutela dos relevantes interesses públicos em jogo aos órgãos jurisdicionais competentes para o julgamento dos recursos que venham a ser interpostos pelo Poder Público, em vez de concentrar tal atribuição no presidente do Tribunal? Por que toda essa desconfiança do legislador?" (ROQUE, André Vasconcelos. DUARTE, Francisco Carlos. Mandado de Segurança. Ed. Ano. Editora. pg. 117)

▶ **A suspensão de segurança foi originalmente concebida para servir apenas aos processos de mandado de segurança, mas acabou sendo exportada para outras leis e procedimentos processuais em que a Fazenda Pública, na condição de ré, se vê atingida por decisões judiciais mandamentais.**

"Em tempo, é de se dizer que a suspensão de segurança foi originalmente concebida para servir apenas aos processos de mandado de segurança, mas acabou sendo exportada para outras leis e procedimentos processuais em que a Fazenda Pública, na condição de ré, se vê atingida por decisões judiciais mandamentais. Estas outras leis e procedimentos foram a ação civil pública, a ação popular, a ação cautelar, o habeas data, a tutela antecipada, a tutela específica etc. Esta 'outra' suspensão de segurança conserva mesmo nome do original, embora se preste a situações diversas do mandado de segurança. E, regra geral, estes outros casos são regulados pelo art. 4.º da Lei 8.437/1992, que, também, não escapou de mutações sensíveis introduzidas pela MedProv 2.180-35.263." (TOVAR, Leonardo Zehuri. O pedido de suspensão de segurança: uma sucinta sistematização. Revista de Processo. vol. 224. p. 209. São Paulo: Ed. RT, out. 2013.)

▶ **A suspensão da segurança é instrumento bastante efetivo para o administrador, porquanto perdura até decisão final.**

"A suspensão da segurança é instrumento bastante efetivo para o administrador, porquanto perdura até decisão final." (COELHO GONÇALVES, Helena de Toledo. As inovações do mandado de segurança. Revista de Processo. vol. 191. p. 145. São Paulo: Ed. RT, jan. 2011.)

▶ **A suspensão de segurança é uma técnica processual cuja finalidade é suspender a eficácia de uma decisão judicial contrária ao Poder Público,**

A suspensão de segurança é uma técnica processual cuja finalidade é suspender a eficácia de uma decisão judicial contrária ao Poder Público, nas hipóteses em que a manutenção dos efeitos da decisão possa gerar grave lesão à ordem, à saúde, à segurança ou à economia públicas. Suspender os efeitos da decisão significa impedir que a mesma seja um fator de transformação da realidade; impedir que modifique o mundo do ser; obstar que seja cumprido o teor do pronunciamento.

▶ **O pedido de suspensão não possui natureza de recurso.**

"Analisando o conteúdo jurídico do referido pedido de suspensão, denota-se que o mesmo não possui natureza de recurso, porquanto nele não se encontra o efeito substitutivo requerido pelo art. 512 do CPC, bem como também pelo fato de não ser elencado como tal, fato que contraria o princípio da taxatividade. Não se pode, ainda, cogitar que a suspensão de segurança seja um sucedâneo recursal, mesmo porque este 'faz as vezes de um recurso, porquanto se destina a obter a reforma ou a anulação de uma decisão naquele mesmo processo', ao passo que aquele 'não se reveste de caráter revisional'." (TOVAR, Leonardo Zehuri. O pedido de suspensão de segurança: uma sucinta sistematização. Revista de Processo. vol. 224. p. 209. São Paulo: Ed. RT, out. 2013.)

> ◙ **No mesmo sentido:** "[a] via processual da suspensão de medida cautelar ou da concessão de segurança não se destina a refutar ou a reformar o provimento cautelar deferido, mas apenas a sustar os seus efeitos" (STF – AgRg na Suspensão de Segurança 2.255/AM)

> ◙ **o mesmo sentido:** "o pedido de suspensão de segurança não possui natureza jurídica de recurso, sendo defeso ao ente público dele se utilizar como simples via de atalho para reforma de decisão que lhe é desfavorável." (STJ – AgRg na Suspensão de Segurança 1.540/CE)

> ▶ **o mesmo sentido:** "O pedido de suspensão de segurança ao presidente do tribunal tem natureza meramente administrativa, tendo sido concebido como mais uma medida protetora do Poder Público, com o propósito de neutralizar a eficácia da medida liminar ou da sentença, nas ações em geral, intentadas pelo súdito na sua batalha contra o soberano, e não apenas em mandado de segurança, com o que fragiliza todo o sistema de tutela jurídica, que deveria ser o norte das prescrições legais." (J. E. Carreira Alvim. Comentários à Nova Lei do Mandado de Segurança – Lei 12.016/09. ed. Ano. Editora. p. 272)

▶ **Os pressupostos ensejadores do pedido de suspensão nao se confundem com aqueles previstos para a concessão do efeito ativo/passivo no agravo de instrumento.**

"Divergências à parte, os pressupostos ensejadores do pedido de suspensão nao se confundem com aqueles previstos para a concessão do efeito ativo/pas sivo no agravo de instrumento (art. 527, III, do CPC). O pedido de suspensão se justifica pela proteção do interesse público. O seu pilar de sustentação é centrado na noção basilar de supremacia do interesse público sobre o interesse particular. Este autêntico postulado que informa o direito público corresponde ao que Bandeira de Mello denomina de presunção de legitimidade dos atos emanados do poder público, ou seja, os atos da administração pública são cobertos por um manto especial que lhes confere presunção iuris tantum de legalidade." (MEDINA, José Miguel Garcia ARAÚJO, Fábio Caldas de. Mandado de Segurança individual e coletivo. Comentários à Lei 12.016/2009. 2ª edição revista, atualizada e ampliada, edição: 2009, p. 164)

▶ **Entendendo ser um incidente processual.**

"Coerentemente com o que temos dito ao longo deste trabalho, principalmente quando cuidamos na primeira parte da natureza jurídica dos incidentes processuais, é claro que defendemos a idéia de que o requerimento de suspensão de execução de decisão judicial não é nem ação e nem recurso, figurando-se, sim, como típico instituto representante dos incidentes processuais, que se manifesta por intermédio de uma questão incidente por sua vez provocada por uma defesa impeditiva arguida por parte da Fazenda Pública. Não obstante valer para o incidente de suspensão as palavras que já escrevemos sobre a natureza jurídica dos incidentes processuais, vale repisar que este incidente não tem cheiro nem cor de recurso, por lhe faltar inúmeros aspectos atinentes a esse instituto. Assim, estão ausentes a tempestividade, o preparo, a tipicidade, a devolutividade, a legitimidade, a competência etc. Nunca é demais repetir que o pedido de suspensão requerido ao presidente do tribunal não pretende a reforma ou anulação da decisão, o que significa dizer que, mesmo depois de concedida medida, o conteúdo da decisão permanecerá incólume." (RODRIGUES, Marcelo Abelha. Suspensão de Segurança: Sustação da eficácia de decisão judicial proferida contra o Poder Público, 3ª edição revista, atualizada e ampliada, 2005, p. 87/88).

> **No mesmo sentido:** "A natureza jurídica da suspensão de segurança, exceto a suspensão da suspensão negada – incidente processual: adere-se à pioneira manifestação do processualista capixaba Marcelo Abelha Rodrigues, para quem a suspensão de segurança é um incidente processual, como também o são a impugnação ao valor da causa, as exceções de incompetência, de suspeição e de impedimento, a impugnação à assistência judi – ciária gratuita, etc." (KLIPPEL, Rodrigo, Comentários a Nova Lei do Mandado de Segurança. ed. Ano. Editora pg. 254).

▶ **Entendendo ser uma forma de recurso.**

"A suspensão de segurança é verdadeiro recurso contra as liminares, sendo por isso matéria de competência legislativa da União, de forma que resta extrapolada a competência regimental, sendo inconstitucionais os dispositivos que tratam deste assunto. Dos requisitos para ser configurada como recurso estão presentes: previsão legal, cabimento de decisão judicial não transitada em julgada, no mesmo processo, eis que não instaura nova lide." (COELHO GONÇALVES, Helena de Toledo. As inovações do mandado de segurança. Revista de Processo. vol. 191. p. 145. São Paulo: Ed. RT, jan. 2011.)

▶ **Entendendo que é um sucedâneo recursal.**

"O pedido de suspensão não é um recurso. Basta examinar os caracteres essenciais que marcam esta figura jurídica – como ausência de tempestividade, preparo e tipicidade específica – para concluir que sua natureza está moldada para um sucedâneo recursal, mas não para um recurso. As discussões doutrinárias comprovam que a suspensão não se amolda facilmente dentro de uma categoria, constituindo um *tertium genus*, uma autêntica medida de exceção, que visa eliminar a eficácia mandamental da decisão judicial. Fato que reforça a natureza de sucedâneo recursal refere-se à redação do atual § 4.º do art. 15, pela qual o Presidente do Tribunal poderá analisar a matéria de direito que embasa o pedido de suspensão "se constatar, em juízo prévio, a plausibilidade do direito invocado e a urgência na concessão da medida." (MEDINA, José Miguel Garcia ARAÚJO, Fábio Caldas de. Mandado de Segurança individual e coletivo. Comentários à Lei 12.016/2009. 2ª edição revista, atualizada e ampliada, edição: 2009, p. 164)

▶ **Pressupostos para a formulação do pedido de suspensão de segurança.**

"Os pressupostos para a formulação do pedido de suspensão estão delineados no corpo do art. 15: a) grave lesão à ordem; b) ã saúde; c) à segurança; d) à economia pública. São conceitos indeterminados, dentro de cada uma das esferas aludidas. O presidente do Tribunal deverá averiguar se a liminar ou a sentença concessiva preenche algum dos suportes fáticos elencados. A decisão não poderá ter fundamentação genérica, uma vez que a suspensão é medida excepcional. Por este motivo, a decisão terá de ser rigorosamente fundamentada, sendo lícito averiguar os fundamentos de fato e de direito mencionados como causa para a suspensão (art. 15, § 4.º). O pedido de suspensão não tem como objetivo rever a matéria que será objeto do recurso típico a ser manejado pela parte, fato que por si só limita o cabimento do pedido de suspensão para as hipóteses legalmente determinadas." (MEDINA, José Miguel Garcia ARAÚJO, Fábio Caldas de. Mandado de Segurança individual e coletivo. Comentários à Lei 12.016/2009. 2ª edição revista, atualizada e ampliada, edição: 2009, p. 165)

▶ **Legitimidade para pleitear a suspensão de segurança.**

"O requerimento para o pedido de suspensão será realizado pela pessoa jurídica de direito público ou pelo Ministério Público. A pessoa jurídica será representada pelo procurador judicial, a quem caberá formular o pedido na instância competente. A autoridade coatora não tem legitimidade para formular o pedido de suspensão." (MEDINA, José Miguel Garcia ARAÚJO, Fábio Caldas de. Mandado de Segurança individual e coletivo. Comentários à Lei 12.016/2009. 2ª edição revista, atualizada e ampliada, edição: 2009, p. 166)

▶ **Outros legitimados para requerer a suspensão da decisão**

"Embora sejam expressamente legitimados para requerer a suspensão da decisão liminar ou da sentença a pessoa jurídica de direito público interessada – nestas compreendidas as autarquias e fundações públicas – ou o Ministério Público, esta legitimação se estende também aos partidos políticos, pessoas naturais e jurídicas, inclusive empresas públicas, sociedades de economia mista e concessionárias de serviço público, no que disser respeito com as atribuições do Poder Público." (J. E. Carreira Alvim. Comentários à Nova Lei do Mandado de Segurança – Lei 12.016/09. ed. Ano. Editora. p. 271)

▶ **A inclusão da legitimidade do Ministério Público**

"No entanto, o dispositivo passou a prever expressamente a legitimidade do Ministério Público para tal providência, o que se afigura bastante razoável. Afinal, se o órgão ministerial atua no mandamus na qualidade de fiscal da lei e se a medida de suspensão foi concebida para a tutela do interesse público primário, nada mais lógico que o Parquet seja legitimado a utilizar também está via processual, na defesa da ordem, saúde, segurança e economia públicas Geralmente, porém, sua atuação nesta esfera será subsidiária, pois os órgãos responsáveis pela representação judicial da pessoa jurídica interessada serão intimados da decisão judicial em momento anterior e provavelmente terão lançado mão do pedido de suspensão antes que o órgão ministerial tenha tal oportunidade." (ROQUE, André Vasconcelos. DUARTE, Francisco Carlos. Mandado de Segurança. Ed. Ano. Editora. pg. 117)

▶ **Não se toca por via da suspensão de segurança no conteúdo do que foi decidido, mas apenas nos seus efeitos.**

"(...) quando se ataca uma decisão por via de um recurso, pretende-se que o seu conteúdo seja revisto e assim reformado ou anulado, e há casos em que o legislador prevê que a mera recorribilidade já é motivo para impedir que a decisão produza efeitos, caso em que a interposição do recurso prolongará o estado de ineficácia já previsto pelo legislador (...). Não se toca, pois, por via da suspensão de segurança no conteúdo do que foi decidido, senão apenas os seus efeitos. Com isso se quer dizer que o mérito deste incidente processual não é revisar ou reexaminar decisões judiciais, mas tão somente impedir a produção de seus efeitos. Por isso, o Presidente do Tribunal não poderá, em hipótese alguma, exceder aos limites do mérito do pedido de suspensão de segurança, devendo cingir-se à análise da existência ou não do risco de grave lesão ao alegado interesse público. Qualquer desbordamento ou análise sobre o teor da decisão judicial é mais do que o ferimento à regra dispositiva da adstrição do pedido ao julgado, mas uma forma absurda de usurpar a competência recursal para análise dos errores in procedendo e in judicando da referida decisão judicial." (RODRIGUES, Marcelo Abelha. Apresentação e crítica de alguns aspectos que tornam a suspensão de segurança um remédio judicial execrável. Interesse Público. n. 45. p. 39-56. esp. p. 42. Belo Horizonte: Fórum, set.-out. 2007.)

▶ **Competência do presidente do Tribunal para apreciar o pedido de suspensão da segurança.**

"Quem tem competência para deferir o pedido de suspensão da decisão ou sentença é o presidente do tribunal ao qual couber o conhecimento (e julgamento) do respectivo recurso, ou quem lhe faça as vezes, substituindo-o nas suas ausências ocasionais ou impedimentos, devendo a sua decisão ser fundamentada, o que teria sido desnecessário dizer, em face do disposto no inc. DC do art. 93, que ordena que sejam fundamentadas todas as decisões do Poder Judiciário -, independentemente da sua natureza administrativa ou jurisdicional -, embora tenha que ser lembrada, a todo momento, aos julgadores, de ser essa exigência indispensável." (J. E. Carreira Alvim. Comentários à Nova Lei do Mandado de Segurança – Lei 12.016/09. ed. Ano. Editora. p. 274)

▶ **Possibilidade de renovações de pedidos em casos de indeferimento.**

"Quanto à competência para apreciação, apesar de o legislador estabelecer expressamente que ela somente recai no Presidente do Tribunal recursal, assim entendida a Corte imediatamente superior ao magistrado que profere a decisão, a jurisprudência tem estendido a possibilidade de o pedido ser renovado para a instância superior até o Presidente do STF, em caso de decisões denegatórias. Em outras palavras, caso o postulante tenha indeferida a medida de contracautela no Tribunal inferior, poderá renovar o pedido para o Presidente do STJ. Se este também não conceder a suspensão, haverá ainda a garantia de pugnar idêntica pretensão para o Presidente do STF. Foi exatamente isso que ocorreu no caso em estudo, que será a seguir tratado. Tal permissão subverte complemente a lógica do razoável, pois permite a eternização dos pedidos. Aliás, vai de encontro ao próprio entendimento consolidado do STF na Súmula 691, que expressa: 'não compete ao Supremo Tribunal Federal conhecer de habeas corpus impetrado contra decisão do Relator que, em habeas corpus requerido a tribunal superior, indefere a liminar.'" (MATTOS, Diogo Castor de; CAMBI, Eduardo. A inconstitucionalidade do instituto da suspensão de sentença por decisão monocrática do presidente do Tribunal – O estudo do caso do pedágio entre Jacarezinho/PR e Ourinhos/SP. Revista de Processo. vol. 234. p. 211. São Paulo: Ed. RT, ago. 2014.)

▶ **Recurso cabível do deferimento da suspensão da segurança.**

Quanto ao recurso, por expressa previsão legal, cabe agravo regimental da decisão que concede a suspensão.

▶ **Da decisão que indefere cabe renovação do pedido para o Presidente do Tribunal Superior**

Da decisão que indefere, nos termos das Súmulas 506/STF291 e 217/STJ, 292 prevalece atualmente o posicionamento de que não cabe agravo interno, sendo possível tão somente a renovação do pedido para o Presidente do Tribunal Superior.

▶ **Sem embargo do mecanismo de suspensão, a liminar concedida fica sujeita a ataque por via do agravo de instrumento, não prejudicando este o conhecimento e o julgamento do pedido de suspensão (art. 15, § 3.º, da Lei 12.016/2009)**

A negativa quanto à concessão da medida liminar pode ensejar, também, a interposição de agravo de instrumento em que se busque o chamado "efeito suspensivo ativo", que nada mais é do que a concessão da liminar em segunda instância, quando negada na primeira.

▶ **Caso o agravo de instrumento interposto contra a decisão liminar seja improvido, nada obsta que o pedido de suspensão seja formulado perante o Presidente do Tribunal**

"Como não se trata propriamente de um recurso, a suspensão não tem prazo para ser requerida. Portanto, caso o agravo de instrumento interposto contra a decisão liminar seja improvido, nada obsta que o pedido de suspensão seja formulado perante o Presidente do Tribunal (art. 15, § 1.º).Na verdade, os pressupostos ensejadores são diversos." (MEDINA, José Miguel Garcia ARAÚJO, Fábio Caldas de. Mandado de Segurança individual e coletivo. Comentários à Lei 12.016/2009. 2ª edição revista, atualizada e ampliada, edição: 2009, p. 167)

▶ **É possível que o Poder Público, simultaneamente, interponha agravo de instrumento contra a decisão interlocutória que defira antecipação de tutela que lhe seja desfavorável**

"Se é possível a interposição simultânea, pode o Poder Público ou o parquet, que também é legitimado a pleitear a medida, optar, primeiro, por atacar a decisão judicial pela via recursal, deixando a suspensão de segurança como uma espécie de "segunda via" ou "plano B"."(KLIPPEL, Rodrigo, Comentários a Nova Lei do Mandado de Segurança. ed. Ano. Editora pg. 278).

▶ **O efeito da suspensão da liminar suspensão irá vigorar até o trânsito em julgado da decisão concessória da segurança.**

> *Súmula 626 do STF: A suspensão da liminar em mandado de segurança, salvo determinação em contrário da decisão que a deferir, vigorará até o trânsito em julgado da decisão definitiva de concessão da segurança ou, havendo recurso, até sua manutenção pelo Supremo Tribunal Federal, desde que o objeto da liminar deferida, coincida, total ou parcialmente, com o da impetração".*

▶ **Não é de boa técnica processual que uma decisão proferida em cognição sumária, monocraticamente pelo Presidente do Tribunal, em sede de juízo político, se sobreponha aos futuros veredictos produzidos em cognição exauriente pelas instâncias inferiores.**

"Não é de boa técnica processual que uma decisão proferida em cognição sumária, monocraticamente pelo Presidente do Tribunal, em sede de juízo político, se sobreponha aos futuros veredictos produzidos em cognição exauriente pelas instâncias inferiores. Não suficiente, a extensão dos efeitos até o trânsito julgado em um sistema judicial notoriamente moroso, como o brasileiro, com manifesto prejuízo à garantia constitucional da razoável duração do processo (art. 5.º, LXXVIII, da CF/1988)." (MATTOS, Diogo Castor de; CAMBI, Eduardo. A inconstitucionalidade do instituto da suspensão de sentença por decisão monocrática do presidente do Tribunal – O estudo do caso do pedágio entre Jacarezinho/PR e Ourinhos/SP. Revista de Processo. vol. 234. p. 211. São Paulo: Ed. RT, ago. 2014.)

▶ **O requerimento de suspensão de segurança não é nem ação e nem recurso, figurando-se, sim, como típico instituto representante dos incidentes processuais.**

"O requerimento de suspensão de segurança não é nem ação e nem recurso, figurando-se, sim, como típico instituto representante dos incidentes processuais, que se manifesta por intermédio de uma questão incidente por sua vez provo – cada por uma defesa impeditiva argüida por parte da Fazenda Pública." (RODRIGUES, Marcelo Abelha. Suspensão de segurança. 2ª ed. São Paulo: RT, 2005, p. 95)

▶ O pedido de suspensão possui contornos mais amplos que o efeito suspensivo recursal

"Também não se pode confundir o pedido de suspensão com o efeito suspensivo concedido ope judieis a um recurso, na forma do art.558 do CPC. Existe, por certo, uma zona de superposição. Mas não se exige, para ser deferida a medida de suspensão, que se demonstre a relevância da fundamentação das razões recursais. Na verdade, nem mesmo se exige a interposição de qualquer recurso para este fim, desde que não ocorra o trânsito em julgado da decisão final no writ. Por este aspecto, o pedido de suspensão possui contornos mais amplos que o efeito suspensivo recursal." (ROQUE, André Vasconcelos. DUARTE, Francisco Carlos. Mandado de Segurança. Ed. Ano. Editora. pg. 127)

▶ O § 3° e o Princípio da Preclusão

"Essa regra é de difícil, para não dizer de impossível, entendimento, num sistema estruturado com base no princípio da preclusão, porque, tratando-se de uma decisão interlocutória, como é a que concede a medida liminar, a falta de interposição de agravo de instrumento provoca a preclusão, ou seja, a decisão se toma imutável, vindo a ser absorvida pela sentença de mérito, se coincidir com esta, ou por esta, superada, se lhe for contrária; mas, na dicção do § 3° do art. 15, mesmo que o agravo de instrumento interposto pelo Poder Público venha a ser desprovido pelo tribunal, não prejudica nem condiciona o julgamento do pedido de suspensão da medida liminar pelo mesmo tribunal. Aqui ocorre um fato inusitado, porque a competência para o julgamento do agravo de instrumento é da turma ou câmara do tribunal, enquanto o julgamento do agravo interno interposto da decisão do presidente do tribunal que conceder a suspensão é do órgão especial ou do plenário desse mesmo tribunal, conforme dispuser o regimento interno." (J. E. Carreira Alvim. Comentários à Nova Lei do Mandado de Segurança – Lei 12.016/09. ed. Ano. Editora. p. 277, 278)

▶ Não é obrigatório a interposição de agravo de instrumento para evidenciar interesse processual na suspensão da liminar

"Outra circunstância inusitada, é que o pedido de suspensão administrativa não é condicionado pela interposição do agravo de instrumento, não sendo obrigatória a interposição deste, para, só então, evidenciar o interesse processual na suspensão da liminar, até porque, se o fosse, esse pedido deveria ser feito ao relator do agravo, nos termos do art. 558^"^ do CPC, mediante o pedido de suspensão de cumprimento da decisão, esvaziando qualquer pretensão em pedido idêntico a um órgão que nada tem a ver com o agravo, como o presidente do tribunal." (J. E. Carreira Alvim. Comentários à Nova Lei do Mandado de Segurança – Lei 12.016/09. ed. Ano. Editora. p. 278)

▶ Liminar concedida nas ações movidas contra o Poder Público e seus agentes: essa disposição se aplicaria apenas nas ações mandamentais ou em qualquer ação?

"Falando o § 3° do art. 15 em liminar concedida nas ações movidas contra o Poder Público e seus agentes, fica a questão de determinar se essa disposição se aplicaria apenas nas ações mandamentais ou em qualquer ação, qualquer que seja a sua natureza. Em princípio, deveria aplicar-se apenas nas ações mandamentais, porque a Lei 12.016/09 disciplina o mandado de segurança individual ou coletivo, mas, como qualquer lei, também dá outras providências, essa norma pode se enquadrar nessas outras providências, aplicando-se a qualquer ação; mesmo porque, se assim não se entender, tem se como norma de reserva o disposto no § 4º do art. 4º da Lei 8.437/92, incluído pela Medida Provisória 2.180-35/01, que continua em vigor – vez que não foi revogada pela Lei 12.016/09 – segundo o qual, a interposição do agravo de instrumento contra liminar nas ações movidas contra o Poder Público e seus agentes não prejudica nem condiciona o julgamento do pedi do de suspensão a que se refere este artigo." (J. E. Carreira Alvim. Comentários à Nova Lei do Mandado de Segurança – Lei 12.016/09. ed. Ano. Editora. p. 279)

◉ **Possibilidade de interposição simultânea de agravo de instrumento e suspensão de segurança.**

"Possibilidade de interposição simultânea de agravo de instrumento e suspensão de segurança "1. A possibilidade de suspensão da eficácia de tutela liminar, por ato do Presidente do Tribunal ao qual couber o conhecimento do respectivo recurso, é medida excepcional, com finalidade bastante específica: paralisar, suspender ou neutralizar os efeitos daquela medida. Tal instituto não tem natureza recursal, tanto que seu cabimento pode ocorrer simultaneamente com o Agravo de Instrumento, contra a mesma decisão, sem afetar o princípio processual da unirrecorribilidade." (STJ, 3ª Seção, AGRMS 200800829845, reL Min. Napoleão Nunes Maia Filho, DJU 18.9.2008) "1. É cabível agravo de instrumento de decisão de Juiz singular que defere liminar, em mandado de segurança, quando o fundamento for a inexistência do "fumus boni juris" ou do "periculum in mora"; porém, se o objetivo for evitar lesão à ordem, à saúde, à segurança e à economia públicas, o recurso adequado será a suspensão da execução prevista no art. 4º da Lei 4.348/64." (STJ, 2ª Turma, RESP 199900408438, reL Min. Francisco Peçanha Martins, DJU 19.6.2000)

◉ **Possibilidade de interposição simultânea de apelação e suspensão de segurança.**

"Possibilidade de interposição simultânea de apelação e suspensão de segurança "2. Ainda não decidida a Apelação interposta, sendo competente para dela conhecer o TRF da 5ª Região, o exame do pedido de suspensão de segurança compete privativamente ao Presidente daquela Corte, não se inaugurando a competência do Presidente do Superior Tribunal de Justiça para tanto. 3. A interposição de Agravo de Instrumento não prejudica nem condiciona o julgamento de pedido de suspensão (Lei 8437/92, art. 4º, § 6º)." (STJ, Corte Especial, AGRRCL 200501978476, reI. Min. Edson Vidigal, DJU 10.4.2006)

▶ **Possibilidade de remessa ao MP antes mesmo de instaurar o contraditório**

" (...)deve-se afirmar que é possível obter a antecipação dos efeitos da tutela em sede de suspensão de segurança, o que significa pleitear que o presidente do tribunal competente, dada a patente urgência do caso, analise o pedido de sustação de eficácia da decisão judicial antes mesmo de instaurar o contraditório à parte contrária e de remeter os autos ao parquet para que emita seu parecer." (KLIPPEL, Rodrigo, Comentários a Nova Lei do Mandado de Segurança. ed. Ano. Editora pg. 283).

▶ **A suspensão de segurança coletiva**

"o que se chama aqui de suspensão coletiva se trata da expansão da eficácia da decisão de suspensão de segurança deferida no curso de um determinado processo para outros, cujo objeto seja idêntico." (KLIPPEL, Rodrigo, Comentários a Nova Lei do Mandado de Segurança. ed. Ano. Editora pg. 284).

▶ **Objeto idêntico**

"Ao se deparar com a expressão objeto idêntico, quando referida a duas ou mais demandas, pode-se interpretar que as mesmas discutem, exatamente, o mesmo bem jurídico, ou seja, que possuem o mesmo pedido mediato." (KLIPPEL, Rodrigo, Comentários a Nova Lei do Mandado de Segurança. ed. Ano. Editora pg. 284).

▶ **A suspensão coletiva visa a impedir que decisões contraditórias sejam proferidas em situações juridicamente idênticas.**

"(...)além de englobar decisões proferidas em processos distintos relativas ao mesmo bem da vida, a locução em análise também indica aqueles processos que versem a mesma uestão jurídica, o que poderia ser chamado, com apoio do art. 46, IV do CPC, de afinidade de questões. A suspensão coletiva, nessa segunda hipótese, visa a impedir que decisões contraditórias sejam proferidas em situações juridicamente idênticas, o que é uma constante na nossa sociedade (basta pensar nas milhares de ações ajuizadas com o fim de se obter expurgos dos malfadados planos de estabilização econômica), evitando que o princípio da isonomia seja violado pelo Poder Judiciário, o que se consegue pelo impedimento a que decida de modo distinto demandas particulares e divisíveis que dependem da apreciação da mesma questão de direito e/ou de fato." (KLIPPEL, Rodrigo, Comentários a Nova Lei do Mandado de Segurança. ed. Ano. Editora pg. 285).

◉ **A extensão dos efeitos de qualquer decisão judicial pressupõe, obrigatoriamente, a existência de perfeita identidade fática e jurídica entre as hipóteses sob exame, situação constatada no caso dos autos.**

"Suspensão de segurança coletiva e afinidade de questões "PEDIDO DE EXTENSÃO DOS EFEITOS DE SUSPENSÃO DE LIMIN AR. IDENTIDADE FÁTICA E JURÍDICA (...) 1. A extensão dos efeitos de qualquer decisão judicial pressupõe, obrigatoriamente, a existência de perfeita identidade fática e jurídica entre as hipóteses sob exame, situação constatada no caso dos autos." (STJ, Corte Especial, AgRg no AgRg na STA 69, reI. Min. Edson Vidigal, DJU 6.12.2004)

▶ **Do equívoco redacional do § 5° do art. 15, pois emprega a expressão "aditamento do pedido original", sendo que o correto seria "aditamento da decisão original" aludindo-se a quem proferiu a decisão.**

" No particular, não nutro antipatia por essa norma, porque, se o presidente do tribunal tiver realmente um legítimo e constitucional poder para suspender a eficácia da medida liminar ou sentença, como vêm entendendo os tribunais superiores, nada mais razoável (e econômico) que estender a eficácia de liminares anteriormente concedidas, a pedidos de suspensão supervenientes, com idêntico objeto, mediante simples aditamento, em vez de fazer um verdadeiro transplante de uma decisão para a outra. O equívoco do § 5º do art. 15 reside apenas no emprego da expressão "aditamento do pedido original", porque o pedido quem faz é quem pede a suspensão, devendo a referência ser entendida como "aditamento da decisão original", alusivo a quem profere a decisão, que é o presidente do tribunal." (J. E. Carreira Alvim. Comentários à Nova Lei do Mandado de Segurança – Lei 12.016/09. ed. Ano. Editora. p. 281)

RECURSOS EM MANDADO DE SEGURANÇA

▶ **Agravo de instrumento e apelação**

Sem embargo do mecanismo de suspensão, a liminar concedida fica sujeita a ataque por via do agravo de instrumento, não prejudicando este o conhecimento e o julgamento do pedido de suspensão (art. 15, § 3.º, da Lei 12.016/2009). A negativa quanto à concessão da medida liminar pode ensejar, também, a interposição de agravo de instrumento em que se busque o chamado "efeito suspensivo ativo", que nada mais é do que a concessão da liminar em segunda instância, quando negada na primeira. Quanto à sentença, o recurso cabível é sempre o de apelação (art. 14 da Lei 12.016/2009), mantendo a legislação atual o anacrônico instituto da remessa de ofício para as hipóteses de concessão, apenas concessão, da segurança (art. 14, § 1.º).

▶ **Recursos especial e extraordinário. Recurso ordinário em mandado de segurança**

Das decisões da corte local em sede recursal poderá caber, conforme o caso, recurso especial ou extraordinário (ou de revista, no caso da seara trabalhista), a depender da natureza infraconstitucional ou constitucional da discussão (no de revista, ambas as matérias podem ser levadas ao TST). No entanto, se a competência for originária de tribunal estadual ou regional federal, e a decisão for denegatória, o recurso cabível é o ordinário em mandado de segurança, para o STJ, nos termos do art. 105, II, b, da CF/1988 . Já se a competência for originária de tribunal superior (STM, STJ, TST ou TSE), e a decisão for igualmente denegatória da segurança, o recurso ordinário será dirigido ao STF (art. 102, II, a, da CF/1988). A não concessão da segurança também é causa específica de recurso dos TREs para o TSE (art. 121, § 4.º, V, da CF/1988), embora a Constituição não esclareça se se trata de competência originária ou não daqueles .

▶ **Embargos infringentes. Não cabimento**

O CPC/73 previa, em seu art. 530, a possibilidade de interposição de um recurso chamado embargos infringentes contra os acórdãos não unânimes que tenham apreciado o mérito da demanda em julgamento de apelação. Com a reforma introduzida pela Lei 10.352/2001, o recurso só passou a ser cabível quando reformada a sentença apelada. O art. 25 da Lei 12.016/2009 repele expressamente a utilização desse recurso no processo de mandado de segurança, mantendo, assim, a natureza especial do rito também em sede recursal. O CPC/2015, de qualquer modo, já não prevê mais este recurso.

▶ **Agravo inominado. Cabimento**

A Lei do MS prevê a possibilidade de agravo da decisão do relator, no tribunal, que indefere o mandado de segurança originário (art. 10, § 1.º), de modo que se possa levar o conhecimento da matéria ao colegiado. A lei, no entanto, nada fala sobre a decisão que nega ou concede a liminar, vigorando o entendimento do STF, enunciado na Súmula 622, de que tal decisão é irrecorrível: "Não cabe agravo regimental contra decisão do relator que concede ou indefere liminar em mandado de segurança". Quer nos parecer, no entanto, que a Súmula está mais dirigida ao próprio STF, de forma que, se o regimento interno de algum tribunal porventura prever o instituto, este poderá ser utilizado.

Art. 16. Nos casos de competência originária dos tribunais, caberá ao relator a instrução do processo, sendo assegurada a defesa oral na sessão do julgamento do mérito ou do pedido liminar. (Redação dada pela Lei 13.676, de 2018)

Os mandados de segurança que se processam originariamente nos Tribunais são definidos, em relação ao STF, ao STJ e aos Tribunais Federais, pela Constituição Federal. Vejamos o rito de processamento do MS nos Tribunais Superiores com base em seus regimentos internos.

DO MANDADO DE SEGURANÇA DE COMPETÊNCIA ORIGINÁRIA DOS TRIBUNAIS

Supremo Tribunal Federal

Art. 200. Conceder-se-á mandado de segurança para proteger direito líquido e certo não amparado por habeas corpus, quando a autoridade responsável pela ilegalidade ou abuso de poder estiver sob a jurisdição do Tribunal.

Parágrafo único. O direito de pedir segurança extingue-se após cento e vinte dias da ciência, pelo interessado, do ato impugnado.

Art. 201. Não se dará mandado de segurança quando estiver em causa:

I – ato de que caiba recurso administrativo com efeito suspensivo, indepen – dente de caução;

II – despacho ou decisão judicial, de que caiba recurso, ou que seja suscetível de correição;

III – ato disciplinar, salvo se praticado por autoridade incompetente ou com inobservância de formalidade essencial.

Art. 202. A petição inicial, que deverá preencher os requisitos dos arts. 282 e 283 do Código de Processo Civil, será apresentada em duas vias, e os documentos que instruírem a primeira deverão ser reproduzidos, por cópia, na segunda, salvo o disposto no art. 114 deste Regimento.

Art. 203. O Relator mandará notificar a autoridade coatora para prestar informações no prazo previsto em lei.

§ 1º Quando relevante o fundamento e do ato impugnado puder resultar a ineficácia da medida, caso deferida, o Relator determinar-lhe-á a suspensão, salvo nos casos vedados em lei.

§ 2º A notificação será instruída com a segunda via da inicial e cópias dos documentos, bem como do despacho concessivo da liminar, se houver.

Art. 204. A medida liminar vigorará pelo prazo de noventa dias, contado de sua efetivação e prorrogável por mais trinta dias, se o acúmulo de serviço o justificar.

Parágrafo único. Se, por ação ou omissão, o beneficiário da liminar der causa à procrastinação do julgamento do pedido, poderá o Relator revogar a medida.

Art. 205. Recebidas as informações ou transcorrido o respectivo prazo, sem o seu oferecimento, o Relator, após vista ao Procurador-Geral, pedirá dia para julgamento, ou, quando a matéria for objeto de jurisprudência consolidada do Tribunal, julgará o pedido.

Parágrafo único. O julgamento de mandado de segurança contra ato do Presidente do Supremo Tribunal Federal ou do Conselho Nacional da Magistratura será presidido pelo Vice-Presidente ou, no caso de ausência ou impedimento, pelo Ministro mais antigo dentre os presentes à sessão. Se lhe couber votar, nos termos do art. 146, I a III, e seu voto produzir empate, observar-se-á o seguinte:

I – não havendo votado algum Ministro, por motivo de ausência ou licença que não deva durar por mais de três meses, aguardar-se-á o seu voto;

II – havendo votado todos os Ministros, salvo os impedidos ou licenciados por período remanescente superior a três meses, prevalecerá o ato impugnado.

Art. 206. A concessão ou a denegação de segurança na vigência de medida liminar serão imediatamente comunicadas à autoridade apontada como coatora.

Capítulo III
Da Suspensão de Segurança

Art. 297. Pode o Presidente, a requerimento do Procurador-Geral, ou da pessoa jurídica de direito público interessada, e para evitar grave lesão à ordem, à saúde, à segurança e à economia pública, suspender, em despacho fundamentado, a execução de liminar, ou da decisão concessiva de mandado de segurança, proferida em única ou última instância, pelos tribunais locais ou federais.

§ 1º O Presidente pode ouvir o impetrante, em cinco dias, e o Procurador-Geral, quando não for o requerente, em igual prazo.

§ 2º Do despacho que conceder a suspensão caberá agravo regimental.

§ 3º A suspensão de segurança vigorará enquanto pender o recurso, ficando sem efeito, se a decisão concessiva for mantida pelo Supremo Tribunal Federal ou transitar em julgado.

Superior Tribunal de Justiça

Seção II
Das Atribuições do Presidente

Art. 21. São atribuições do Presidente:

XIII – decidir:

c) durante o recesso do Tribunal ou nas férias coletivas dos seus membros, os pedidos de liminar em mandado de segurança, podendo, ainda, determinar liberdade provisória ou sustação de ordem de prisão, e demais medidas que reclamem urgência;

Seção II
Do Relator

Art. 34. São atribuições do relator:

XIX – decidir o mandado de segurança quando for inadmissível, prejudicado ou quando se conformar com tese fixada em julgamento de recurso repetitivo ou de repercussão geral, a entendimento firmado em incidente de assunção de competência, a súmula do Superior Tribunal de Justiça ou do Supremo Tribunal Federal, a jurisprudência dominante acerca do tema ou as confrontar;

Capítulo II
Da Distribuição

Art. 79. Na distribuição de ação rescisória e de revisão criminal, será observado o critério estabelecido no artigo anterior.

Parágrafo único. A distribuição do mandado de segurança contra ato do próprio Tribunal far-se-á de preferência a Ministro que não haja participado da decisão impugnada.

Capítulo III
Dos Atos e Formalidades

Seção I
Disposições Gerais

Art. 83. Suspendem-se as atividades judicantes do Tribunal nos feriados, nas férias coletivas e nos dias em que o Tribunal o determinar.

§ 1º Nas hipóteses previstas neste artigo, poderá o Presidente ou seu substituto legal decidir pedidos de liminar em mandado de segurança e habeas corpus, determinar liberdade provisória ou sustação de ordem de prisão, e demais medidas que reclamem urgência.

Capítulo II
Do Mandado de Segurança

Art. 211. O mandado de segurança, de competência originária do Tribunal, terá seu processo iniciado por petição em duplicata que preencherá os requisitos legais e conterá a indicação precisa da autoridade a quem se atribua o ato impugnado.

§ 1º A segunda via da inicial será instruída com cópias de todos os documentos, autenticadas pelo requerente e conferidas pela Secretaria do Tribunal.

§ 2º Se o requerente afirmar que o documento necessário à prova de suas alegações se acha em repartição ou estabelecimento público, ou em poder de autoridade que lhe recuse certidão, o relator requisitará, preliminarmente, por ofício, a exibição do documento, em original ou cópia autenticada, no prazo de dez dias. Se a autoridade indicada pelo requerente for a coatora, a requisição se fará no próprio instrumento da notificação.

§ 3º Nos casos do parágrafo anterior, a Secretaria do Tribunal mandará extrair tantas cópias do documento quantas se tornarem necessárias à instrução do processo.

Art. 212. Se for manifesta a incompetência do Tribunal, ou manifestamente incabível a segurança, ou se a petição inicial não atender aos requisitos legais, ou excedido o prazo estabelecido no artigo 18 da Lei n. 1.533, de 1951, poderá o relator indeferir, desde logo, o pedido.

Art. 213. Ao despachar a inicial, o relator mandará ouvir a autoridade apontada coatora, mediante ofício, acompanhado da segunda via da petição, instruída com as cópias dos documentos, a fim de que preste informações, no prazo de dez dias.

§ 1º Se o relator entender relevante o fundamento do pedido, e do ato impugnado puder resultar a ineficácia da medida, caso deferida, ordenará a respectiva suspensão liminar até o julgamento.

§ 2º Havendo litisconsortes, a citação far-se-á, também, mediante ofício, para o que serão apresentadas tantas cópias quantos forem os citados. O ofício será remetido pelo correio, através de carta registrada, com aviso de recepção, a fim de ser juntado aos autos.

§ 3º A Secretaria juntará aos autos cópia autenticada de ofício e prova de sua remessa ao destinatário.

Art. 214. Transcorrido o prazo de dez dias do pedido de informações, com ou sem estas, serão os autos encaminhados ao Ministério Público que emitirá parecer no prazo de cinco dias.

Parágrafo único. Devolvidos os autos, o relator, em cinco dias, pedirá dia para julgamento, ou, se a matéria for objeto de jurisprudência consolidada do Superior Tribunal de Justiça ou do Supremo Tribunal Federal, poderá decidir monocraticamente.

Art. 215. Os processos de mandado de segurança terão prioridade sobre todos os feitos, salvo habeas corpus.

Seção II
Do Recurso Ordinário em Mandado de Segurança

Art. 247. Aplicam-se ao recurso ordinário em mandado de segurança, quanto aos requisitos de admissibilidade e ao procedimento no Tribunal recorrido, as regras do art. 1.028 do Código de Processo Civil.

Art. 248. Distribuído o recurso, a Secretaria fará os autos com vista ao Ministério Público pelo prazo de cinco dias.

Parágrafo único. Conclusos os autos ao relator, este pedirá dia para julgamento.

Capítulo I
Da Suspensão de Segurança, de Liminar e de Sentença

Art. 271. Poderá o Presidente do Tribunal, a requerimento da pessoa jurídica de direito público interessada ou do Procurador-Geral da República, e para evitar grave lesão à ordem, à saúde, à segurança e à economia públicas, suspender, em despacho fundamentado, a execução de liminar ou de decisão concessiva de mandado de segurança, proferida, em única ou última instância, pelos Tribunais Regionais Federais ou pelos Tribunais dos Estados e do Distrito Federal.

Igualmente, em caso de manifesto interesse público ou de flagrante ilegitimidade e para evitar grave lesão à ordem, à saúde, à segurança e à economia públicas, poderá o Presidente do Tribunal suspender, em despacho fundamentado, a requerimento do Ministério Público ou da pessoa jurídica de direito público interessada, a execução da liminar nas ações movidas contra o Poder Público ou seus agentes que for concedida ou mantida pelos Tribunais Regionais Federais ou pelos Tribunais dos Estados e do Distrito Federal, inclusive em tutela antecipada, bem como suspender a execução de sentença proferida em processo de ação cautelar inominada, em processo de ação popular e em ação civil pública, enquanto não transitada em julgado.

§ 1º O Presidente poderá ouvir o impetrante, em cinco dias, e, o Procurador – Geral, quando este não for o requerente, em igual prazo.

§ 2º Da decisão a que se refere este artigo caberá agravo regimental, no prazo de cinco dias, para a Corte Especial.

§ 3º A suspensão vigorará enquanto pender o recurso, ficando sem efeito se a decisão concessiva for mantida pelo Superior Tribunal de Justiça ou transitar em julgado.

▶ **Defesa oral do pedido de liminar em Mandado de Segurança.**

Sustentação oral está prevista no art. 973 do CPC/2015. Segundo o referido artigo "Na sessão de julgamento, depois da exposição da causa pelo relator, o presidente dará a palavra, sucessivamente, ao recorrente, ao recorrido e, nos casos de sua intervenção, ao membro do Ministério Público, pelo prazo improrrogável de 15 (quinze) minutos para cada um, a fim de sustentarem suas razões, nas seguintes hipóteses, nos termos da parte final do caput do art. 1.021: I – no recurso de apelação; II – no recurso ordinário; III – no recurso especial; IV – no recurso extraordinário; V – nos embargos de divergência; VI – na ação rescisória, no mandado de segurança e na reclamação; VIII – no agravo de instrumento interposto contra decisões interlocutórias que versem sobre tutelas provisórias de urgência ou da evidência; IX – em outras hipóteses previstas em lei ou no regimento interno do tribunal. (...) § 3º Nos processos de competência originária previstos no inciso VI, caberá sustentação oral no agravo interno interposto contra decisão de relator que o extinga. Quanto ao julgamento de mérito os Tribunais sempre admitiram a sustentação oral na sessão de julgamento do mandado de segurança. Com a edição da Lei nº 13.676/2018, que altera a Lei nº 12.016/2009, passou-se a permitir a defesa oral do pedido de liminar na sessão de julgamento do mandado de segurança. Tal situação pode ser decorrente do ajuizamento de um agravo interno contra decisão que negou inicialmente a liminar do MS ou até mesmo quando da apreciação inicial do pleito da liminar do MS caso o Desembargador entenda que o caso é muito relevante e resolve não decidir monocraticamente, levando o julgamento para o colegiado apreciar.

> ▶ <u>**No mesmo sentido:**</u> "Essa regra constitui mais um excesso, que poderia ter sido dispensado, porque, independentemente dela, nas ações de competência originária dos tribunais, os processos sempre foram instruídos pelo relator, e sempre foi, também, garantida a defesa oral na sessão de julgamento; aliás, isso está escrito nos regimentos internos de todos os tribunais." (J. E. Carreira Alvim. Comentários à Nova Lei do Mandado de Segurança – Lei 12.016/09. ed. Ano. Editora. p. 282)

▶ **Critérios para averiguação de competência.**

"Segundo clássica doutrina, a competência para se processar e julgar o mandado de segurança é definida pela (i) qualificação da autoridade como federal ou local e pela (ii) graduação hierárquica da autoridade.

▶ **No mesmo sentido:** Dessa forma, justamente em função do cargo que a autoridade ocupa, poderão seus atos ser impugnados ante órgãos judiciários de hierarquia mais elevada, o que caracteriza uma prerrogativa que se justifica como concretização da idéia de checks and balances que governa o sistema republicano. É o que ocorre, por exemplo, com os writs contra atos do Presidente da República (alínea d, inciso L art. 102 da CF) ou do Comandante da Marinha (alínea b, inciso I, art. 105 da CF), que deverão ser impetrados perante o Supremo Tribunal Federal e o Superior Tribunal de Justiça, respectivamente." (KLIPPEL, Rodrigo e NEFFA JUNIOR, José Antônio. Comentários à lei de mandado de segurança. (Lei nº 12.016/09): Artigo por artigo, doutrina e jurisprudência, Editora Lumen Juris, Rio de Janeiro, 2010, p. 289).

▶ **No mesmo sentido:** "Quando o *mandamus* for impetrado contra duas autoridades, a competência será fixada em função daquela de maior graduação hierárquica." (KLIPPEL, Rodrigo e NEFFA JUNIOR, José Antônio. Comentários à lei de mandado de segurança. (Lei nº 12.016/09): Artigo por artigo, doutrina e jurisprudência, Editora Lumen Juris, Rio de Janeiro, 2010, p. 289).

▶ **No mesmo sentido:** "Este dispositivo toma prejudicado o entendimento manifestado na Súmula 622 do STF; "Não cabe agravo regimental contra decisão do relator que concede ou indefere liminar em mandado de segurança." (GOMES, Luiz Manuel, Et all. A nova Lei do Mandado de Segurança. ed. Ano. Editora pg. 149).

Parágrafo único. Da decisão do relator que conceder ou denegar a medida liminar caberá agravo ao órgão competente do tribunal que integre.

▶ **O Agravo Interno**

"O agravo interno (diz-se "interno" porque não se endereça a outro tribunal, mas àquele de que o relator é órgão) é previsto não apenas para a decisão do relator sobre a liminar de suspensão do ato impugnado (art. 16, parágrafo único), mas também para o ato de indeferimento liminar da própria segurança (art. 10, I). Há, ainda, autorização do mesmo tipo de agravo nos casos de suspensão dos efeitos da liminar ou da segurança (art. 15). O art. 16, parágrafo único, da Lei nº 12.016 não explicita qual o prazo em que o agravo interno poderá ser interposto. Aplica-se, portanto, a regra geral para suprimento de lacunas legislativas, em torno de prazos, ou seja, não havendo previsão legal, será de cinco dias o prazo para a prática de ato processual a cargo da parte (CPC, art. 218, § 3º). Na contagem do prazo em questão, admite-se a duplicação prevista nos arts. 180 e 229 do CPC/2015, para a Fazenda Pública e o Ministério Público, assim como para os litisconsortes com diferentes procuradores. É razoável que assim se pense, porque o prazo do agravo interno, *in casu*, não é regido por regra especial da Lei do Mandado de Segurança, mas por aplicação subsidiária do CPC." (THEODORO JÚNIOR, Humberto. Lei do Mandado de Segurança comentada artigo por artigo. Rio de Janeiro: Gen/Editora Forense, 2ª edição, 2019. p. 352).

> **Diante da inovação normativa da Lei nº 12.016, reconheceu o próprio Supremo Tribunal Federal que sua Súmula nº 622 não mais subsiste.**

"Diante da inovação normativa da Lei nº 12.016, reconheceu o próprio Supremo Tribunal Federal que sua Súmula nº 622 não mais subsiste. Resta agora categoricamente assegurado, em lei, o direito de recorrer da decisão do relator, nos mandados de segurança de competência originária de tribunal, tanto quando defira como quando indefira a liminar." (THEODORO JÚNIOR, Humberto. Lei do Mandado de Segurança comentada artigo por artigo. Rio de Janeiro: Gen/Editora Forense, 2ª edição, 2019. p. 351/352).

> ◉ **No mesmo sentido:** "Mandado de segurança – Liminar – Recurso. Ante a nova Lei do Mandado de Segurança, explicitou-se o cabimento de recurso contra decisão monocrática que implique o deferimento ou o indeferimento da liminar, havendo o Plenário declarado, na apreciação do Agravo Regimental na Medida Cautelar no Mandado de Segurança nº 28.177/DF, a insubsistência do Verbete nº 622." (STF, Pleno, AgRg no MS 25.563/DF, Rel. Min. Marco Aurélio, ac. 09.12.2010, DJe 10.02.2011).

> **Os efeitos do Agravo Interno**

"Uma das questões mais interessantes acerca do agravo interno, em termos de prática processual, diz respeito aos efeitos de tal recurso. Em primeiro lugar, o mesmo propicia a realização do juízo de retratação, o que é conhecido como efeito regressivo. No que tange ao seu efeito devolutivo, atua da mesma forma que um recurso de agravo de instrumento, permitindo, inclusive, que questões de ordem pública que não sejam objeto de suas razões sejam reconhecidas pelo julgador, visto incidirem quanto a ele os §§ 1º e 2º do art. 515 do cpc." (KLIPPEL, Rodrigo e NEFFA JUNIOR, José Antônio. Comentários à lei de mandado de segurança. (Lei nº 12.016/09): Artigo por artigo, doutrina e jurisprudência, Editora Lumen Juris, Rio de Janeiro, 2010, p. 293/294).

Art. 17. Nas decisões proferidas em mandado de segurança e nos respectivos recursos, quando não publicado, no prazo de 30 (trinta) dias, contado da data do julgamento, o acórdão será substituído pelas respectivas notas taquigráficas, independentemente de revisão.

NOTAS TAQUIGRÁFICAS

> **A razão de ser da medida decorre da sumariedade da ação e da imperiosidade de sua tramitação e conclusão dentro da maior brevidade possível.**

"A razão de ser da medida decorre da sumariedade da ação e da imperiosidade de sua tramitação e conclusão dentro da maior brevidade possível. É sabido que, no sistema processual vigente, não se consegue a eficácia dos julgamentos de colegiado, na maioria das vezes, sem que o acórdão seja submetido à publicação em sessão do tribunal e na imprensa oficial. Assim, a burocracia e deficiência do serviço forense pode protelar e até anular a autoridade e oportunidade do julgamento do mandado de segurança. Não se trata apenas da expedição da ordem deferida contra a autoridade coatora, pois esta, a Lei nº 12.016 permite seja expedida de imediato, sem depender da solenidade da publicação (art. 13, e seu parágrafo único); mas de qualquer ato que a parte queira praticar em função daquilo que restou decidido no acórdão do tribunal, como, vg., os embargos de declaração, o levantamento de caução, o manejo de recurso contra o deferimento ou o indeferimento da segurança etc." (THEODORO JÚNIOR, Humberto. Lei do Mandado de Segurança comentada artigo por artigo. Rio de Janeiro: Gen/Editora Forense, 2ª edição, 2019. p. 255).

▶ **A norma visa assegurar a duração razoável no Mandado de Segurança**

"Com o propósito de assegurar a duração razoável do mandado de segurança nos Tribunais, a nova lei passou a dispor que, caso o acórdão não seja publicado no Diário Oficial no prazo máximo de trinta dias, deverá ser promovida a sua substituição pelas notas taquigráficas da sessão de julgamento, independentemente de revisão, que deverão ser encaminhadas à publicação, a fim de que as partes sejam intimadas de seu conteúdo e para que se inicie o prazo de interposição de eventuais recursos." (ROQUE, André Vasconcelos. DUARTE, Francisco Carlos. Mandado de Segurança. Ed. Ano. Editora. pg. 134)

▶ **Notas taquigráficas**

"As notas taquigráficas são resumos elaborados por meio de sinais e escritas abreviadas e simplificadas que registram os julgamentos colegiados proferidos pelos tribunais. Essas notas, segundo o novel artigo 17, substituirão os acórdãos que não forem publicados no prazo de 30 (trinta) dias contado da data do julgamento dos mandados de segurança ou dos respectivos recursos." (KLIPPEL, Rodrigo, Comentários a Nova Lei do Mandado de Segurança. ed. Ano. Editora pg. 295).

▶ **Para se valer da medida autorizada pelo art. 17 da Lei nº 12.016 com mais proveito a parte interessada deverá requerer a tradução das referidas notas ou gravações e sua juntada ao processo, para, em seguida, fundar-se nelas a fim de extrair o efeito desejado.**

"Entretanto, é bom advertir para o fato de que as notas taquigráficas não são, via de regra, juntadas imediatamente aos autos. Acham-se elaboradas, como é comum, em linguagem cifrada ou constam, no todo ou em parte, de outras formas de gravação eletrônica, sendo tais registros conservados nas secretarias para servir de base à redação do acórdão. Portanto, para se valer da medida autorizada pelo art. 17 da Lei nº 12.016, a parte interessada deverá requerer a tradução das referidas notas ou gravações e sua juntada ao processo, para, em seguida, fundar-se nelas a fim de extrair o efeito desejado." (THEODORO JÚNIOR, Humberto. Lei do Mandado de Segurança comentada artigo por artigo. Rio de Janeiro: Gen/Editora Forense, 2ª edição, 2019. p. 255).

▶ **A norma só contempla acórdão proferido em mandado de segurança originário e nos respectivos recursos**

"A norma só contempla acórdão proferido em mandado de segurança originário e nos respectivos recursos, quer dizer, nos recursos interpostos contra acórdão em mandado de segurança, originário ou não." (J. E. Carreira Alvim. Comentários à Nova Lei do Mandado de Segurança – Lei 12.016/09. ed. Ano. Editora. p. 285)

▶ **A simples publicação do resultado do julgamento não substitui a efetiva intimação das partes quanto ao conteúdo da decisão.**

"A simples publicação do resultado do julgamento não substitui a efetiva intimação das partes quanto ao conteúdo da decisão, seja ela feita por publicação do inteiro teor do acórdão ou das notas taquigráficas, pois nesses casos a parte se sujeita ao juízo de intempestividade por prematuridade do eventual recurso interposto contra a decisão. Ademais, no caso de publicação de notas taquigráficas, a intimação deverá ser clara no sentido de que está sendo feita em substituição à publicação do acórdão propriamente dito, iniciando-se assim o prazo recursal(...)." (GOMES, Luiz Manuel, Et all. A nova Lei do Mandado de Segurança. ed. Ano. Editora pg. 150).

> ◙ *Súmula nº 392 do STF: O prazo para recorrer de acórdão concessivo de segurança conta-se da publicação oficial de suas conclusões, e não da anterior ciência à autoridade para cumprimento da decisão.*

▶ **Voto oral e a utilidade prática das notas taquigráficas**

"Outro aspecto a ser considerado é que nem todo julgador tem o hábito de fazer o seu relatório e voto, ou apenas o voto, por escrito, havendo os que o fazem oralmente, na sessão de julgamento, e, quando isso acontece, especialmente nas sessões de turmas ou câmaras, não haverá nem acórdão, nem notas taquigráficas, se não houver taquigrafia, e, menos ainda, notas destaquigrafadas, mas, uma fita gravada, havendo serviço de som, que precisará ser degravada, para ser registrada em caracteres latinos, e, assim, substituir o acórdão." (J. E. Carreira Alvim. Comentários à Nova Lei do Mandado de Segurança – Lei 12.016/09. ed. Ano. Editora. p. 286)

▶ **Incumbe ao presidente do órgão colegiado realizar a substituição do acórdão pelas notas taquigráficas**

"Salvo melhor juízo, entendemos que ao presidente do órgão colegiado incumbe tornar tal providência, visto ter sido ele o responsável por indicar o relator do acórdão, que descumpriu seu mister. Trata-se de uma providência que não tem natureza jurisdicional, mas sim administrativa, devendo, pois, incumbir ao presidente, a quem se deverá dirigir expediente no sentido de se cumprir o regramento contido no presente artigo." (KLIPPEL, Rodrigo, Comentários a Nova Lei do Mandado de Segurança. ed. Ano. Editora pg. 295).

Art. 18. Das decisões em mandado de segurança proferidas em única instância pelos tribunais cabe recurso especial e extraordinário, nos casos legalmente previstos, e recurso ordinário, quando a ordem for denegada.

DOS RECURSOS EM QUE A COMPETÊNCIA PARA JULGAR O MANDADO DE SEGURANÇA É ORIGINÁRIA DOS TRIBUNAIS

▶ **Recursos especial e extraordinário em mandado de segurança**

▶ Das decisões da corte local em sede recursal poderá caber, conforme o caso, recurso especial ou extraordinário (ou de revista, no caso da seara trabalhista), a depender da natureza infraconstitucional ou constitucional da discussão (no de revista, ambas as matérias podem ser levadas ao TST). No entanto, se a competência for originária de tribunal estadual ou regional federal, e a decisão for denegatória, o recurso cabível é o ordinário em mandado de segurança, para o STJ, nos termos do art. 105, II, b, da CF/1988. Já se a competência for originária de tribunal superior (STM, STJ, TST ou TSE), e a decisão for igualmente denegatória da segurança, o recurso ordinário será dirigido ao STF (art. 102, II, a, da CF/1988). Em outras palavras: quando a ordem for denegada em mandado de segurança julgado em única instância, ou seja, quando se tratar de mandado de segurança originário, caberá recurso ordinário para o STF, se for decisão de tribunal superior, e ao STJ, se for decisão dos TRFs e dos tribunais de Justiça estaduais e do Distrito Federal, e, se a ordem for concedida, caberá eventualmente recurso especial para o STJ ou extraordinário para o STF, ou ambos, conforme a hipótese.

▶ **Competência nos Juizados Especiais**

"Em se tratando de mandado de segurança nos Juizados Especiais, não há falar em interposição de recurso ordinário, pois referidos órgãos não podem ser considerados "tribunais" para o sentido exigido na Constituição Federal e na Lei 12.016/2009." (GOMES, Luiz Manuel, Et all. A nova Lei do Mandado de Segurança. ed. Ano. Editora pg. 153).

▶ **Concessão parcial da ordem. Exceção do princípio da unirrecorribilidade. Inadmissibilidade do recurso adesivo.**

"Se houver concessão parcial da ordem, então será admissível o recurso ordinário do impetrante, em relação à parte denegatória, e recursos especial ou extraordinário pelo impetrado, quanto à parcela do julgado que acolheu a pretensão. Trata-se de exceção ao princípio da unirrecorribilidade, segundo o qual, qualquer decisão judicial, pelo menos em princípio, deve ser impugnada somente por um único recurso. Não se admite, no entanto, a interposição na modalidade adesiva ao recurso ordinário, porque o impetrado não pode recorrer ordinariamente e não pode manejar recursos extraordinários adesivos, que seriam ontologicamente distintos do recurso principal." (ROQUE, André Vasconcelos. DUARTE, Francisco Carlos. Mandado de Segurança. Ed. Ano. Editora. pg. 137)

▶ **Efeito suspensivo. Execução provisória da sentença.**

"Quanto ao efeito suspensivo, embora normalmente o recurso ordinário deva ser recebido no duplo efeito em razão de seu regime análogo ao da apelação, é preciso levar em consideração a norma específica prevista no art. 14, § 3º, da lei vigente, que permite a execução provisória da sentença em mandado de segurança. Tal dispositivo também se aplica aos writs impetrados originalmente nos tribunais. Assim como se verifica com a apelação, a simples interposição de recurso ordinário não é capaz de revigorar liminar eventualmente concedida ao impetrante, ressalvando-se, todavia, a possibilidade de concessão excepcional de efeito suspensivo *ope judicis* com fundamento no art. 558, parágrafo único, do CPC ou o exercício do poder geral de cautela na fase recursal, com amparo no art. 800, parágrafo único, do CPC." (ROQUE, André Vasconcelos. DUARTE, Francisco Carlos. Mandado de Segurança. Ed. Ano. Editora. pg. 138)

▶ **Paralelo entre o recurso ordinário constitucional e a apelação**

"O recurso ordinário constitucional cumpre o papel que a apelação desempenha quando o mandado de segurança é impetrado em face do juízo singular. Por ser um recurso utilizado em situação análoga à apelação, segue a mesma regra quanto aos seus efeitos, seja o devolutivo, o suspensivo, o substitutivo ou o obstativo." (KLIPPEL, Rodrigo e NEFFA JUNIOR, José Antônio. Comentários à lei de mandado de segurança. (Lei nº 12.016/09): Artigo por artigo, doutrina e jurisprudência, Editora Lumen Juris, Rio de Janeiro, 2010, p. 185).

◉ **É inviável se conhecer de petição interposta como apelação contra decisão que indefere a inicial do mandado de segurança, a teor do § 1º do art. 10 da Lei 12.016/2009, art. 1.021 do CPC e art. 259 do RISTJ**

"PROCESSUAL CIVIL. PETIÇÃO INTERPOSTA COMO APELAÇÃO DE DECISÃO QUE INDEFERE A INICIAL DO MANDADO DE SEGURANÇA. PRINCÍPIO DA FUNGIBILIDADE. INAPLICABILIDADE. 1. É inviável se conhecer de petição interposta como apelação contra decisão que indefere a inicial do mandado de segurança, a teor do § 1º do art. 10 da Lei 12.016/2009, art. 1.021 do CPC e art. 259 do RISTJ. Precedentes. 2. Ainda que se admitisse a utilização do princípio da fungibilidade no presente caso e se recebesse a apelação como agravo interno, o impetrante não logrou demonstrar a existência de direito líquido e certo, a ser amparado por mandado de segurança.3. Petição não conhecida." (STJ – PET no MS 23.731/SP, Rel. Ministro RAUL ARAÚJO, CORTE ESPECIAL, julgado em 21/11/2018, DJe 28/11/2018)

◉ **O recurso ordinário contra acórdão do Tribunal denegatório de mandado de segurança deve ser recebido, também, no efeito suspensivo.**

"Recurso ordinário constitucional contra acórdão denegatório de segurança: presença de efeito suspensivo "l. O recurso ordinário contra acórdão do Tribunal denegatório de mandado de segurança deve ser recebido, também, no efeito suspensivo." (STJ, 2ª Turma, AGRMC 199800273999, rel. Min. Francisco Peçanha Martins, DJU 21.2.2000) I – A teor do sistema consagrado no Código de Processo Civil, o Recurso Ordinário em Mandado de Segurança, tem eficácia suspensiva (CPC, arts. 520 e 540)." (STJ, 1ª Turma, AGRMC 199600475440, rel. Min. Humberto Gomes de Barros, DJU 16.12.1996)

◉ **Súmulas pertinentes ao artigo 18**

◉ *Súmula nº 272/STF: Não se admite como ordinário recurso extraordinário de decisão denegatória de mandado de segurança.*

◉ **Súmula nº 281/STF:** *É inadmissível o recurso extraordinário, quando couber na justiça de origem, recurso ordinário da decisão impugnada.*

◉ **Súmula nº 299/STF:** *O recurso ordinário e o extraordinário interpostos no mesmo processo de mandado de segurança, ou de "habeas corpus", serão julgados conjuntamente pelo tribunal pleno.*

◉ **Súmula nº 319/STF:** *O prazo do recurso ordinário para o Supremo Tribunal Federal, em "habeas corpus" ou mandado de segurança, é de cinco dias (Súmula superada).*

◉ **Súmulas nº 392/STF:** *O prazo para recorrer de acórdão concessivo de segurança conta-se da publicação oficial de suas conclusões, e não da anterior ciência à autoridade para cumprimento da decisão.*

Art. 19. A sentença ou o acórdão que denegar mandado de segurança, sem decidir o mérito, não impedirá que o requerente, por ação própria, pleiteie os seus direitos e os respectivos efeitos patrimoniais.

DA POSSIBILIDADE DE AJUIZAMENTO DE DEMANDA PELO PROCEDIMENTO COMUM

▶ **O Código de Processo Civil de 1973 procurou ser rigoroso na relação entre "mérito" e "coisa julgada material".**

"O Código de Processo Civil de 1973 procurou ser rigoroso na relação entre "mérito" e "coisa julgada material". Só faz coisa julgada material a decisão de mérito, que, para o sistema do Código, é sinônimo de lide. É o que está claramente evidenciado no seu art. 468: "A sentença, que julgar total ou parcialmente a lide, tem força de lei nos limites da lide e das questões decididas". Assim sendo, somente as sentenças que apreciam o mérito – a "lide", de acordo com o sistema do Código – fazem coisa julgada material. Não as demais. Por coisa julgada material deve ser entendida a qualidade de imutabilidade que se agrega ao comando da decisão. Isto é: a impossibilidade de rediscussão daquela mesma matéria em nova ação perante qualquer juízo (art. 467 do Código de Processo Civil). Sentenças que julgam o mérito, no contexto que interessa ao desenvolvimento do presente trabalho, evidenciado pelo parágrafo anterior, são aquelas arroladas no art. 269 do Código de Processo Civil. De maior interesse para os presentes comentários é a do inciso I: "quando o juiz acolher ou rejeitar o pedido do autor." (BUENO. Cassio Scarpinella. A Nova Lei do Mandado de Segurança: Comentários sistemáticos à Lei 12.016, de 7-8-2009, 2ª edição, Editora Saraiva, São Paulo, 2010, p. 151)

As sentenças que extinguem o processo sem resolução de mérito não fazem coisa julgada material e, consequentemente, não adquirem foros de imutabilidade.

"Diferentemente, todas as sentenças que tenham como conteúdo uma das matérias do art. 267 extinguem o processo sem resolução de mérito. Não fazem coisa julgada material e, consequentemente, não adquirem foros de imutabilidade ao longo do tempo, não vinculando as partes e nem o próprio Estado-juiz. A importância dessa distinção é fundamental para compreender o alcance do art. 19 da Lei n. 12.016/2009, que, nesta perspectiva, não se afasta muito do § 6º do art. 6º da mesma Lei n. 12.016/2009 (v. n. 12, supra). Havendo apreciação do mérito do mandado de segurança, reconhecendo-se ou não a existência do direito afirmado violado ou ameaçado pelo impetrante (a existência, ou não, da ilegalidade ou da abusividade do ato coator), a decisão respectiva faz coisa julgada material. E faz inclusive porque a decisão a ser proferida toma como base o desenvolvimento de "cognição exauriente" pelo magistrado. Decidindo-se o mérito do mandado de segurança, seja para reconhecer a lesão ou a ameaça reclamada pelo impetrante, seja para negá-la, não há mais possibilidade de a mesma questão, esgotadas as vias recursais (transitada materialmente em julgado a decisão final, portanto), vir a ser reapreciada perante o Judiciário, em mandado de segurança ou em qualquer outro "processo". Ultrapassado o prazo de dois anos para a propositura de eventual "ação rescisória" (desde que a decisão final do mandado de segurança contenha um ou mais dos vícios do art. 485 do Código de Processo Civil), fecha-se, por completo, a possibilidade de rediscussão daquela pretensão. Essa impossibilidade de rediscussão da matéria perante qualquer juízo por intermédio de qualquer outra "ação" é o que caracteriza a coisa julgada material, nítida decisão política de não permitir a indefinição da solução dos litígios. 51. Coisa julgada em mandado de segurança O art. 19 da Lei n. 12.016/2009, ao excepcionar a "ação própria" para discutir eventuais direitos do impetrante toda vez que a sentença ou o acórdão denegatório do mandado de segurança não lhe apreciar o mérito, é ressalva clássica entre nós, que já se fazia presente na primeira previsão constitucional do mandado de segurança, como se pode ler do art. 113, n. 33, da Constituição de 1934: "Dar-se-á mandado de segurança para defesa de direito, certo e incontestável, ameaçado ou violado por ato manifestamente inconstitucional ou ilegal de qualquer autoridade." (BUENO. Cassio Scarpinella. A Nova Lei do Mandado de Segurança: Comentários sistemáticos à Lei 12.016, de 7-8-2009, 2ª edição, Editora Saraiva, São Paulo, 2010, p. 154/155)

▶ **Extensão da sentença**

"A regra do art. 19, disciplinando a extensão da sentença, no mandado de segurança da competência do juízo de primeiro grau, e do acórdão, no mandado de segurança originário, da competência dos tribunais, estabeleceu que a sentença ou acórdão que denegar a segurança, sem decidir o mérito, não impedirá que o requerente, por ação própria, pleiteie os seus direitos e os respectivos efeitos patrimoniais." (J. E. Carreira Alvim. Comentários à Nova Lei do Mandado de Segurança – Lei 12.016/09. ed. Ano. Editora. p. 290)

▶ **A necessidade de observar qual o tipo de vício processual que conduziu à extinção do processo sem resolução de mérito, a fim de se aplicar o teor do art. 19**

"Deve-se tomar muito cuidado com a interpretação do art. 19 da Lei 12.016/09, pois o mesmo não pode ser aplicado "ao pé da letra", pelo simples fato de que há vícios processuais que podem ser detectados no curso do mandado de segurança, levando à extinção do processo sem resolução de mérito e que inviabilizam a tutela jurisdicional por meio de qualquer outro procedimento jurisdicional, enquanto há outras questões processuais que, realmente, somente impedem o uso do rito do mandado de segurança, o que deixa as portas abertas para que se peça ao Estado-juiz a proteção contra a ameaça ou a lesão de direito por vias outras, como o procedimento comum." (KLIPPEL, Rodrigo e NEFFA JUNIOR, José Antônio. Comentários à lei de mandado de segurança. (Lei nº 12.016/09): Artigo por artigo, doutrina e jurisprudência, Editora Lumen Juris, Rio de Janeiro, 2010, p. 299/300).

▶ **O mandado de segurança não é a ação adequada para a reparação de prejuízos ou danos já ocorridos**

O mandado de segurança não é a ação adequada para a reparação de prejuízos ou danos já ocorridos, se voltando, primordialmente, para a cessação ou prevenção destes, quando decorrente ou em perigo por ato ou omissão ilegais de autoridade. Sendo assim, não se admite a cobrança de parcelas em atraso ou reparações financeiras por meio dessa ação, salvo, no primeiro caso, quando vencidas posteriormente à data de ingresso da ação.

▶ **Efeitos patrimoniais pretéritos à impetração do Mandado de Segurança deverão ser cobrados por meio de demanda ajuizada pelo rito comum**

"Sendo assim, caso um ato ilegal do Poder Público tenha reflexos no patrimônio do impetrante, gerando-lhe perdas, somente as que surgirem a partir da impetração do mandamus poderão ser, por meio dele, reparadas. Desse modo, todos os prejuízos gerados pela autoridade coatora, mas que antecedem ao ingresso no Judiciário por meio do writ em análise, deverão ser cobrados por meio de demanda ajuizada pelo rito comum." (KLIPPEL, Rodrigo e NEFFA JUNIOR, José Antônio. Comentários à lei de mandado de segurança. (Lei nº 12.016/09): Artigo por artigo, doutrina e jurisprudência, Editora Lumen Juris, Rio de Janeiro, 2010, p. 301).

▶ **Ação inominada aludida pelo dispositivo a quo**

◉ Inadmissibilidade do Mandado de Segurança para a obtenção de efeitos patrimoniais pretéritos "(...) o mandado de segurança não é a via adequada para se pleitear a produção de efeitos patrimoniais pretéritos, nos termos da Súmula 271/STF: 'Concessão de mandado de segurança não produz efeitos patrimoniais em relação a período pretérito, os quais devem ser reclamados administrativamente ou pela via judicial própria'. Ademais, 'o mandado de segurança não é substitutivo de ação de cobrança' (Súmula 269/STF); portanto, a via do mandado de segurança não comporta a devolução de valor pago indevidamente." (STJ, 1ª Turma, ROMS 200601522492, rel. Min. Denise Arruda, DJU 17.12.2008) No mesmo sentido: STJ, Sª Turma, ROMS 200701839136, rel. Min. Laurita Vaz, DJU 9.2.2009

◉ **Súmulas pertinentes ao artigo 19**

   ◉ *Súmula 269 do STF:O mandado de segurança não é substitutivo de ação de cobrança.*

◙ **Súmula 271 do STF: Concessão de mandado de segurança não produz efeitos patrimoniais em relação a período pretérito, os quais devem ser reclamados administrativamente ou pela via judicial própria.**

◙ **Súmula nº 304/STF: Decisão denegatória de mandado de segurança, não fazendo coisa julgada contra o impetrante, não impede o uso da ação própria.**

Art. 20. Os processos de mandado de segurança e os respectivos recursos terão prioridade sobre todos os atos judiciais, salvo habeas corpus.

DA PRIORIDADE DE TRAMITAÇÃO DO MANDADO DE SEGURANÇA

▶ **Prioridade de julgamento**

O MS tem prioridade de julgamento garantido na Lei, salvo em relação ao habeas corpus (art. 20, caput).

▶ **A norma destacou a importância do Mandado de Segurança no contexto jurídico brasileiro**

"O que ela apresenta de interessante é a oportunidade de, por meio dela, se destacar a importância do mandado de segurança no contexto do ordenamento jurídico brasileiro (e em especial do processual), o que deve ser uma premissa utilizada na hora de se interpretar as normas que o regulam, como, por exemplo, as de suspensão de segurança – que restringem a eficácia desse remédio, o que deve ser interpretado restritivamente, portanto." (KLIPPEL, Rodrigo e NEFFA JUNIOR, José Antônio. Comentários à lei de mandado de segurança. (Lei nº 12.016/09): Artigo por artigo, doutrina e jurisprudência, Editora Lumen Juris, Rio de Janeiro, 2010, p. 305).

▶ **A prioridade de tramitação na prática**

"Essa prioridade, na prática, tem sido dada modus in rebus, porque a intentio legis sempre esbarra na realidade dos fatos, com uma justiça assoberbada de processos, mormente com partes idosas, ou portadoras de doenças graves, que também têm prioridade (CPC, art. 1.211 I-A), sendo praticamente difícil saber quem tem prioridade sobre quem, sendo essas prioridades priorizadas na medida em que são reclamadas. Aliás, pela forma como andam as coisas, daqui a pouco, a lei fará alusão a especiais modalidades de prioridade, como a superprioridade, depois a hiperprioridade, e assim por diante, buscando saídas mais honrosas para uma justiça engastalhada, que não permite priorizar ninguém." (J. E. Carreira Alvim. Comentários à Nova Lei do Mandado de Segurança – Lei 12.016/09. ed. Ano. Editora. p. 292)

▶ **"A expressão "todos os atos judiciais" deve ser entendida a preferência não só para o julgamento do mandado, mas também, para o seu processamento, mesmo porque, se não se priorizar o processamento, não será priorizado o julgamento.**

"A expressão "todos os atos judiciais" deve ser entendida a preferência não só para o julgamento do mandado, mas também, para o seu processamento, mesmo porque, se não se priorizar o processamento, não será priorizado o julgamento. Assim, a conclusão dos autos em seguida à distribuição, a apreciação de eventual pedido de liminar, a determinação para que sejam notificadas as impetradas (autoridade coatora e pessoa jurídica interessada), a citação (rectius, intimação) de eventuais litisconsortes necessários, a juntada dos comprovantes das notificações e intimações, a juntada das informações prestadas pela autoridade coatora e a defesa apresentada pela pessoa jurídica interessada, a remessa dos autos ao Ministério Público para receber o seu parecer, e, por fim, a conclusão dos autos para sentença; tudo isso deve ser feito com absoluta prioridade sobre os demais processos, salvo os de habeas corpus."

§ 1º Na instância superior, deverão ser levados a julgamento na primeira sessão que se seguir à data em que forem conclusos ao relator.

▶ "Assim sendo, na instância superior, deverão ser levados a julgamento na primeira sessão que se seguir à data cm que forem conclusos ao relator, sendo certo que o prazo para a conclusão não poderá exceder de 5 (cinco) dias." (FUX, Luiz. Mandado de Segurança, Ed. GEN, Rio de Janeiro, p. 115)

▶ **Dificuldade dos Tribunais em cumprir na prática o disposto do § 1º do artigo 20**

"Também a norma do § 1 º do art. 20 nunca foi cumprida, na prática, pelo menos nos médios e grandes tribunais, pois dificilmente são levados a julgamento na primeira sessão, que se segue à data em que são conclusos ao relator, nem tem o presidente do órgão colegiado do tribunal controle sobre as datas que os processos de mandado de segurança ou os respectivos recursos são conclusos ao relator, e muito menos, poder para impor a observância da determinação legal." (J. E. Carreira Alvim. Comentários à Nova Lei do Mandado de Segurança – Lei 12.016/09. ed. Ano. Editora. p. 294)

▶ **Trata-se de prazo impróprio ou de prazo que deve ser respeitado sob pena de incidência de alguma sanção?**

"Uma vez feitas essas observações, faz-se um questionamento que é onipresente quando se estuda qualquer espécie de prazo dirigido a magistrados: trata-se de prazo impróprio ou de prazo que deve ser respeitado sob pena de incidência de alguma sanção? Não existe qualquer previsão de sanção pelo descumprimento da regra, o que faz com que perca sua força e caia no lugar comum dos prazos dirigidos a julgadores, que não são premidos a segui-los, utilizando-os como meros indicativos de seu modo de agir." (KLIPPEL, Rodrigo e NEFFA JUNIOR, José Antônio. Comentários à lei de mandado de segurança. (Lei nº 12.016/09): Artigo por artigo, doutrina e jurisprudência, Editora Lumen Juris, Rio de Janeiro, 2010, p. 307).

▶ **Eliminação da revisão nas apelações interpostas em mandado de segurança**

"Outra consequência da introdução deste dispositivo é a eliminação da revisão nas apelações interpostas em mandado de segurança, já que não haverá tempo hábil para remessa dos autos ao revisor, o que também pode comprometer a qualidade do julgamento, principalmente nas questões mais complexas, especialmente em sede de mandado de segurança coletivo." (GOMES, Luiz Manuel, Et al. A nova Lei do Mandado de Segurança. ed. Ano. Editora pg. 173).

§ 2º O prazo para a conclusão dos autos não poderá exceder de 5 (cinco) dias.

▶ **A norma do § 2º do art. 20 não se destina ao relator, mas ao serventuário (escrivão do cartório ou chefe de secretaria)**

"A norma do § 2º do art. 20 não se destina ao relator, mas ao serventuário (escrivão do cartório ou chefe de secretaria), que tem sob sua parda e responsabilidade os autos do processo (CPC, art. 141, IV, "a")85, e que, tratando-se de mandado de segurança ou de seus respectivos recursos, é agora de cinco dias." (J. E. Carreira Alvim. Comentários à Nova Lei do Mandado de Segurança – Lei 12.016/09. ed. Ano. Editora. p. 294, 295)

▶ **Falta de previsão legislativa para o não cumprimento do prazo**

"Embora sejam plenamente compreensíveis os atrasos decorrentes da carga excessiva de trabalho atribuída aos magistrados, principalmente dos tribunais superiores, aqui o legislador disse menos do que deveria ter dito, na medida em que não previu nenhum tipo de sanção para o eventual descumprimento dos prazos estabelecidos para os juízes nesta lei, tornando tais dispositivos de caráter meramente retórico. De qualquer forma, nada obsta a que o prejudicado ofereça representação contra o magistrado perante a Corregedoria Geral competente ou mesmo ao Conselho Nacional de Justiça. No mais, resta a responsabilização dos magistrados por perdas e danos, a qual deverá observar a regra prevista no art. 133 do CPC." (GOMES, Luiz Manuel, Et al. A nova Lei do Mandado de Segurança. ed. Ano. Editora pg. 173, 174).

Art. 21. O mandado de segurança coletivo pode ser impetrado por partido político com representação no congresso nacional, na defesa de seus interesses legítimos relativos a seus integrantes ou à finalidade partidária, ou por organização sindical, entidade de classe ou associação legalmente constituída e em funcionamento há, pelo menos, 1 (um) ano, em defesa de direitos líquidos e certos da totalidade, ou de parte, dos seus membros ou associados, na forma dos seus estatutos e desde que pertinentes às suas finalidades, dispensada, para tanto, autorização especial.

DO MANDADO DE SEGURANÇA COLETIVO

▶ **O mandado de segurança, segundo a Constituição de 1988, pode ser manejado não só singularmente, mas também de forma coletiva**

"Dentro da linha de economia processual e da tutela aos direitos coletivos ou de grupo, o mandado de segurança, segundo a Constituição de 1988, pode ser manejado não só singularmente, mas também de forma coletiva. O regime processual do mandado de segurança coletivo, previsto na Constituição entre os direitos fundamentais, acha-se regulado pela Lei nº 12.016, arts. 21 e 22. Não se trata, porém, de simples remédio para defesa de interesses coletivos. Baseando-se na liquidez e certeza do direito ofendido pelo abuso de autoridade, é preciso que o writ coletivo se volte para a tutela de concretos direitos subjetivos, demonstráveis por prova pré-constituída, ainda que pertençam a grupos ou categorias de pessoas e se apresentem como transindividuais e indivisíveis (Lei nº 12.016, art. 21, parágrafo único). É, assim, uma "espécie de mandado de segurança, voltado à tutela de direito transindividual líquido e certo violado ou ameaçado por ato ilegal ou abusivo de autoridade pública ou de quem exerça função pública" (THEODORO JÚNIOR, Humberto. Lei do Mandado de Segurança comentada artigo por artigo. Rio de Janeiro: Gen/Editora Forense, 2ª edição, 2019. p. 382).

▶ **As demandas coletivas, ao contrário do que se supõe, não têm, de regra, por fundamento um direito subjetivo coletivo, mas, quase sempre, um interesse legítimo, que com aquele não se identifica.**

"Embora sem desenvolver o tema, Liebman já afirmava que o direito de agir é concedido para a tutela de um direito ou interesse legitimo, cabendo somente a quem tenha necessidade da tutela, qual seja: a) quando o direito ou interesse legítimo não foi satisfeito quando deveria tê-lo sido; ou b) quan do foi contestado, ou tomado incerto e, por isso, gravemente ameaçado. Ao registrar que a ação tem por objetivo a tutela do direito ou interesse legítimo, não pretendeu, por certo, tratá-los como sinônimos, referindo-se na verdade à tutela de um direito ou à tutela de um interesse legítimo, pois só assim a sua linguagem faz sentido no direito peninsular. Não têm sido frugívoros os esforços feitos no Brasil para distinguir entre direito subjetivo e interesse legítimo, havendo mesmo quem coloque este último como um tertium genus, entre os interesses simples e os direi tos subjetivos." (ALVIN, Carreira. Comentários à nova lei de mandado de segurança. Ed. Juruá, Paraná, p. 298)

▶ **Para parcela da doutrina os interesses legítimos se distanciariam daqueles dois extremos, na medida em que seriam mais do que os interesses simples, e menos do que os direitos subjetivos.**

"Não há, propriamente, uma diferença essencial, e, sim, uma diferença em termos de intensidade quanto á proteção estatal; enquanto os direitos subjetivos se beneficiam de uma proteção máxima, e os interesses simples são praticamente "desconhecidos ", os interesses legítimos se apresentam a meio caminho: embora não se constituam em prerrogativas ou títulos jurídicos oponíveis erga omnes, se beneficiam de uma proteção limitada, ao menos no sentido de não poderem ser ignorados ou preteridos." (MAN-

CUSO, Rodolfo de Camargo. Interesses difusos, conceito e legitimação para agir. 4. ed. São Paulo: RT, 1997, p. 64.)

▶ **A distância que separa os direitos subjetivos dos interesses legítimos é tão grande, que não existe razão plausível para que a doutrina continue fazendo tanta confusão entre esses dois fenômenos jurídicos.**

"A meu juízo, a distância que separa os direitos subjetivos dos interesses legítimos é tão grande, que não existe razão plausível para que a doutrina continue fazendo tanta confusão entre esses dois fenômenos jurídicos, con fundindo inclusive os tribunais, que vêm negando tutela a interesses legíti mos por não saber distingui-los dos direitos subjetivos. Registra Renato Alessi, na Itália, que o direito subjetivo constitui uma situação jurídica caracterizada por uma garantia legislativa de utilidade substancial e direta para o seu titular, enquanto o interesse legítimo constitui uma situação marcada por uma garantia instrumental da legalidade do com portamento administrativo. Se se quiser destacar o lado subjetivo da noção de interesse legítimo, deve-se dizer que este interesse é o reflexo subjetivo da garantia e do comportamento administrativo. Para Zanobini, também italiano, a diferença entre o direito subjetivo e o interesse legítimo pode ser encontrada, tomando-se como referencial a norma de direito objetivo, de modo que o direito subjetivo é "um interesse reconhecido pela ordem jurídica como próprio e exclusivo do seu titular, e, como tal, por ela protegido de forma direta e imediatd\ enquanto o interes se legítimo configura-se como "um interesse individual intimamente ligado a um interesse público e protegido pelo ordenamento somente através da tutela jurídica deste último", de modo que "os particulares participam de tais interesses coletivos não ut singuli, mas uti universi, e não têm nenhum meio para pedir (isoladamente) a sua proteção e tutela. Portanto, o direito subjetivo é o interesse protegido diretamente pela norma jurídica, reconhecendo-o a um titular determinado, enquanto, no inte resse legítimo, o objeto da tutela não é um direito subjetivo, mas, uma situa ção jurídica traduzida num interesse público, de forma que, tutelando esse interesse jurídico, a norma jurídica protege, reflexamente, eventuais direitos individuais a ele coligados." (ALVIN, Carreira. Comentários à nova lei de mandado de segurança. Ed. Juruá, Paraná, p. 298/299)

▶ **O objeto de mandado de segurança coletivo deve corresponder a direito que pertença a uma coletividade.**

O objeto de mandado de segurança coletivo deve corresponder a direito que pertença a uma coletividade ou categoria representada por partido político, por organização sindical, por entidade de classe ou por associação legalmente constituída e em funcionamento há pelo menos um ano (CF, art. 5º, LXX, a e b), embora não se exija que a tutela envolva sempre a totalidade da categoria ou do grupo (Lei nº 12.016, art. 21, caput).

▶ **O mandado de segurança coletivo é, em suma, o mesmo mandado de segurança concebido primitivamente para a proteção dos direitos individuais.**

"O mandado de segurança coletivo é, em suma, o mesmo mandado de segurança concebido primitivamente para a proteção dos direitos individuais. Só que, na perspectiva da tutela coletiva, visa a proteger os direitos individuais que sejam comuns a toda uma coletividade, por meio de instituição de uma legitimação anômala atribuída a entidades que possam pleitear, em nome próprio, a defesa de direito de outrem. O caso é, nessa ordem, uma substituição processual (CPC/2015, art. 18, in fine). Atende-se, também, ao princípio da economia processual, resolvendo numa única decisão um grande número de pretensões individuais. Segundo o parágrafo único do art. 21 da Lei nº 12.016, os direitos protegidos pelo mandado de segurança coletivo são os coletivos e os individuais homogêneos, o que, dessa maneira, o aproxima do mesmo gênero a que pertencem a ação civil pública, a ação popular e a ação coletiva de defesa dos consumidores. Verifique as citações para exatidão antes de usar." (THEODORO JÚNIOR, Humberto. Lei do Mandado de Segurança comentada artigo por artigo. Rio de Janeiro: Gen/Editora Forense, 2ª edição, 2019. p. 321/322).

▶ **O Mandado de Segurança coletivo pode ser impetrado em defesa de pretensão que interesse a toda uma categoria ou classe de pessoas, ou apenas a uma parte dessa categoria ou classe.**

Esse, a propósito, é o entendimento do STF, consolidado no enunciado 630 de sua Súmula de jurisprudência, que está assim redigida: "A entidade de classe tem legitimação para o mandado de segurança ainda quando a pretensão veiculada interesse apenas a uma parte da respectiva categoria".

▶ **Não é necessária a autorização dos associados para que a entidade de classe impetre mandado de segurança coletivo.**

Não é necessária a autorização dos associados para que a entidade de classe impetre mandado de segurança coletivo. Aliás, o enunciado 629 da Súmula do STF assim estabelece: "A impetração de mandado de segurança coletivo por entidade de classe em favor dos associados independe da autorização destes".

▶ **O Mandado de Segurança coletivo destina-se a tutelar os direitos coletivos e individuais homogêneos. E os difusos?**

   ▶ **Entendendo pela não possibilidade do uso do Mandado de Segurança para defesa de direitos difusos.**

"O parágrafo único do art. 21 da Lei 12.016/2009 restringe, contudo, o uso do mandado de segurança coletivo, estabelecendo que os direitos por ele protegidos são, apenas, os coletivos e os individuais homogêneos, não se referindo aos difusos. Tal restrição é tida como correta por Hely Lopes Meirelles, Arnoldo Wald e Gilmar Ferreira Mendes, que entendem não caber o mandado de segurança coletivo para defesa de direitos difusos, devendo estes ser tutelados pela ação civil pública. (MEIRELLES, Hely Lopes; WALD, Arnoldo; MENDES, Gilmar Ferreira. Mandado de segurança e ações constitucionais. 32. ed. com a colaboração de Rodrigo Garcia da Fonseca. São Paulo: Malheiros, 2009. p. 123-124. No mesmo sentido: THEODORO JÚNIOR, Humberto. O mandado de segurança segundo a Lei n. 12.016, de 07 de agosto de 2009. Rio de Janeiro: Forense, 2009. p. 47-48. Também nesse sentido: MEDINA, José Miguel Garcia; ARAÚJO, Fábio Caldas de. Mandado de segurança individual e coletivo. São Paulo: RT, 2009. n.

21.3, p. 208.)" (CUNHA, Leonardo Carneiro. A Fazenda Pública em Juízo, 14. ed. rev., atual e ampl. – Rio de Janeiro: Forense, 2017, p. 522)

▶ **Entendendo pela possibilidade do uso do Mandado de Segurança para defesa de direitos difusos.**

"Contrariamente ao que sugere o texto legal e não obstante a opinião de tais importantes doutrinadores, não deve haver limitações ou restrições ao uso de ações coletivas. Havendo um direito transindividual que mereça ser protegido, tutelado, prevenido, reparado, será cabível a ação coletiva, aí incluído o mandado de segurança. Como manifestação dessa garantia de acesso à justiça, é forçoso admitir todas as espécies de demandas e provimentos capazes de propiciar a adequada e efetiva tutela dos direitos transindividuais. E é decorrência do acesso à justiça a efetividade da tutela preventiva e repressiva de quaisquer danos provocados a direitos transindividuais, mediante o uso de todos os meios adequados. Em razão do acesso à justiça, não deve haver limitações ou restrições ao uso de ações coletivas. Sempre que um direito transindividual for ameaçado ou lesado será cabível a ação coletiva. A garantia de acesso à justiça marca o processo coletivo, valendo dizer que o mandado de segurança coletivo afigura-se cabível para a defesa de qualquer direito coletivo, seja ele difuso, coletivo ou individual homogêneo. Impõe-se, enfim, conferir ao parágrafo único do art. 21 da Lei 12.016/2009 uma interpretação conforme a Constituição para entender que o mandado de segurança coletivo também se destina à proteção de direitos difusos." (CUNHA, Leonardo Carneiro. A Fazenda Pública em Juízo, 14. ed. rev., atual e ampl. – Rio de Janeiro: Forense, 2017, p. 523)

▶ "O art. 5º, LXX, da Constituição Federal não faz qualquer limitação, devendo extrair-se da norma sua máxima efetividade, de sorte a admitir que o mandado de segurança coletivo sirva não somente à proteção dos direitos coletivos e individuais homogêneos, mas igualmente aos difusos. Já se viu que, para impetrar mandado de segurança, é preciso que o direito seja líquido e certo, ou seja, a prova há de ser documental pré-constituída. Isso não impede a tutela, pela via do mandado de segurança, de direito difuso. Havendo prova documental pré-constituída da ilegalidade ou abusividade de algum ato público que cause dano a um direito difuso, não há razão para impedir o controle judicial, provocado pelo mandado de segurança coletivo." (CUNHA, Leonardo Carneiro. A Fazenda Pública em Juízo, 14. ed. rev., atual e ampl. – Rio de Janeiro: Forense, 2017, p. 524)

▶ **No mesmo sentido:** O referido autor cita ainda como referências quanto a este posicionamento os seguintes doutrinadores. ALVIM, Eduardo Arruda; ALVIM, Angélica Arruda. Coisa julgada no mandado de segurança coletivo e a Lei n. 12.016/2009. In: MOREIRA, Alberto Camiña; ALVAREZ, Anselmo Prieto; BRUSCHI, Gilberto Gomes (coords.). Panorama atual das tutelas individual e coletiva: estudos em homenagem ao professor Sérgio Shimura. São Paulo: Saraiva, 2011. p. 303; BUENO, Cassio Scarpinella. A nova lei do mandado de segurança. São Paulo: Saraiva, 2009. n. 57, p. 127-132; FERRARESI, Eurico. Do mandado de segurança. Rio de Janeiro: Forense, 2009. p. 112-115; GOMES JÚ-

NIOR, Luiz Manoel; FAVRETO, Rogério. Comentários à nova lei do mandado de segurança. Em coautoria com Luana Pedrosa de Figueiredo Cruz, Luís Otávio Sequeira de Cerqueira e Sidney Palharini Júnior. São Paulo: RT, 2009. p. 191-193; REDONDO, Bruno Garcia; OLIVEIRA, Guilherme Peres de; CRAMER, Ronaldo. Mandado de segurança: comentários à Lei 12.016/2009. São Paulo: Método, 2009. p. 152.

▶ **No mesmo sentido:** "Afirma-se, portanto que pode o mandado de segurança coletivo tutelar o direito difuso (compreendido na categoria de direitos coletivos lato sensu), não sendo cabível qualquer distinção decorrente da natureza do direito material afirmado, por complexo que seja, visto ser a expressão "direito líquido e certo" de cunho eminentemente processual, referente à prova pré-constituída e não à qualidade do direito objetivo deduzido em juízo. O direito, quando existe, é sempre líquido e certo, v.g., o direito ao meio ambiente equilibrado. Havendo prova (suficiente) da ilegalidade ou abuso de poder (que se afirma) é possível a apreciação pelo juiz para a concessão ou denegação da segurança (julgamento de mérito)." (ZANETI JR., Hermes. Mandado de segurança coletivo: aspectos processuais controversos. Porto Alegre: Sergio Antônio Fabris Editor, 2001. n. 1.5.6, p. 81)

◉ **Atos em tese acham-se pré-excluídos do âmbito de atuação e incidência do mandado de segurança, aplicando-se, em consequência, às ações mandamentais de caráter coletivo.**

"Os princípios básicos que regem o mandado de segurança individual informam e condicionam, no plano jurídico processual, a utilização do writ mandamental coletivo. Atos em tese acham-se pré-excluídos do âmbito de atuação e incidência do mandado de segurança, aplicando-se, em consequência, às ações mandamentais de caráter coletivo, a Súmula 266/STF." (STF, MS 21615/RJ, Pleno, Rel. Min. Néri da Silveira, Dj 13/3/98, p. 4).

◉ **A ação de mandado de segurança – ainda que se trate do writ coletivo, não admite, em função de sua própria natureza, qualquer dilação probatória.**

"A ação de mandado de segurança – ainda que se trate do writ coletivo, que se submete às mesmas exigências e aos mesmos princípios básicos inerentes ao mandamus individual-não admite, em função de sua própria natureza, qualquer dilação probatória. É da essência do processo de mandado de segurança a característica de somente admitir prova literal pré-constituída, ressalvadas as situações excepcionais previstas em lei (Lei nº 1.533/51, art. 62 e seu parágrafo único)." (STF, MS 2109 8 /D F, ia Turma, Rel. Min. Celso de Mello, D] 27 /3/92, p. 3.802)

▶ **Inovação da Lei 12.096/09 em consagrar o Mandado de Segurança Coletivo**

"Uma das grandes novidades da Lei 12.016/09 foi a disciplina do mandado de segurança coletivo que, embora consagrado pela Carta Magna de 1988, ainda não havia sido objeto de regulação infraconstitucional. Durante aproximadamente vinte anos, não sem certa hesitação, a jurisprudência vinha aplicando ao mandado de segurança coletivo algumas normas do mandamus individual, sobretudo em seu aspecto procedimental, e outras, referentes às ações coletivas, especialmente aquelas inseridas no âmbito da Lei da Ação Civil Pública e do Código de Defesa do Consumidor." (ROQUE, André Vasconcelos. DUARTE, Francisco Carlos. Mandado de Segurança. Ed. Ano. Editora. pg. 152)

▶ **Objetivo da introdução do Mandado de Segurança Coletivo**

"A introdução do mandado de segurança coletivo no cenário nacional teve os seguintes objetivos: a) permitir que a entidade coletiva obtenha a tutela do direito dos aglutinados, fortalecendo as instituições classistas; b) facilitar acesso à Justiça, permitindo que pessoas coletivas, mais aparelhadas e menos sujeitas a retaliações, patrocinem os interesses de seus membros; e c) evitar a multiplicidade de demandas idênticas e a possibilidade de decisões conflitantes, em evidente economia processual." (LOPES, Mauro Luís Rocha. Comentários à Nova Lei do Mandado de Segurança. ed. Ano. Editora pg. 147).

▶ **Crítica à sintética previsão da Lei 12.016/09 acerca do Mandado de Segurança Coletivo**

"Num momento em que se discute um Anteprojeto de Código Brasileiro de Processos Coletivos, disciplinando inclusive o mandado de segurança coletivo, parece estranho que tenha sido incorporado à nova Lei 12.016/09, em sintéticos dois artigos (21 e 22), a não ser que, por detrás dessa estratégia, esteja o propósito disfarçado de, mais uma vez, privilegiar o Poder Público, tamanhas são as restrições impostas em seu favor, no mandado de segurança individual, ao contrário do tratamento que lhe dispensam as demais ações coletivas".

▶ **Legitimados para impetrar o Mandado de Segurança Coletivo previsto na Constituição Federal**

"O mandado de segurança coletivo vem, sob essa denominação, identificado, na Constituição, pelos legitimados a impetrá-lo, dispondo o inc. LXX do art. 5º que o mandado de segurança coletivo pode ser impetrado: a) por partido político com representação no Congresso Nacional; e b) por organização sindical, entidade de classe ou associação legalmente constituída e em funcionamento há pelo menos um ano, em defesa dos interesses de seus membros ou associados." (J. E. Carreira Alvim. Comentários à Nova Lei do Mandado de Segurança – Lei 12.016/09. ed. Ano. Editora. p. 297)

▶ **Necessidade de haver um interesse legítimo**

"Se o ente legitimado (partido político, organização sindical, entidade de classe ou associação), em vez de fundamentar a impetração num interesse legítimo, o fizer em defesa de um direito subjetivo seu, contra ato ilegal ou abusivo de poder, o mandado será individual e não, coletivo." (J. E. Carreira Alvim. Comentários à Nova Lei do Mandado de Segurança – Lei 12.016/09. ed. Ano. Editora. p. 322)

▶ O interesse legítimo e o sistema dual de jurisdição

"Não é da tradição da ordem jurídica brasileira a convivência com o interesse legítimo, porque este conceito é dominante apenas nos países que adotam o sistema da dualidade de jurisdições ou do "contencioso administrativo" (a exemplo da França e da Itália), uma modalidade de justiça feita pela própria Administração, nas suas relações com os administrados, e que não se confunde com a justiça ministrada pelo Poder Judiciário. Como no Brasil, o contencioso administrativo foi, sempre, uma intenção e não uma verdadeira realidade, nunca se soube, realmente, como funciona, e nem qual o papel que nele desempenha o interesse legítimo." (J. E. Carreira Alvim. Comentários à Nova Lei do Mandado de Segurança – Lei 12.016/09. ed. Ano. Editora. p. 297)

▶ A importante diferenciação entre direito subjetivo e direito legítimo

"(...) o direito subjetivo é o interesse protegido diretamente pela norma jurídica, reconhecendo-o a um titular determinado, enquanto, no interesse legítimo, o objeto da tutela não é um direito subjetivo, mas, uma situação jurídica traduzida num interesse público, de forma que, tutelando esse interesse jurídico, a norma jurídica protege, reflexamente, eventuais direitos individuais a ele coligados." (J. E. Carreira Alvim. Comentários à Nova Lei do Mandado de Segurança – Lei 12.016/09. ed. Ano. Editora. p. 299)

◉ Os partidos políticos só podem impetrar mandado de segurança coletivo em assuntos integrantes de seus fins sociais em nome de filiados seus, quando devidamente autorizados pela lei ou por seus estatutos

"A exemplo dos sindicatos e das associações, também, os partidos políticos só podem impetrar mandado de segurança coletivo em assuntos integrantes de seus fins sociais em nome de filiados seus, quando devidamente autorizados pela lei ou por seus estatutos. Não pode ele vir a juízo defender direitos subjetivos de cidadãos a ele não filiados ou interesses difusos e sim direito de natureza política como, por exemplo, os previstos nos artigos 14 a 16 da Constituição Federal Impossibilidade de dar a um partido político legitimidade para vir a juízo defender 50 milhões de aposentados, que não são, em sua totalidade, filiados ao partido e que não autorizaram o mesmo a impetrar mandado de segurança em nome dele." (STJ, EDMS 197 /DF, 1ª Seção, Rei. Min. Garcia Vieira, D] 15/10/90, p. 11.182).

◉ Ilegitimidade do partido político impugnar aumento de tributo através do Mandado de Segurança Coletivo

"Uma exigência tributária configura interesse de grupo ou classe de pessoas, só podendo ser impugnada por eles próprios, de forma individual ou coletiva. Precedente: RE nº 213.631, rei. Min. limar Galvão, DJ 7 /4/00. O partido político não está, pois, autorizado a valer-se do mandado de segurança coletivo para, substituindo todos os cidadãos na defesa de interesses individuais, impugnar majoração de tributo." (RE 196184/ AM, Dj 18/2/05, p. 06).

▶ Finalidade partidária

"Como a Lei nº 12.016/2009, ao regulamentar, em seu art. 21, o texto constitucional do art. 5º, inciso LXX, atribuiu aos partidos políticos a possibilidade de impetrar mandamus coletivo não apenas na defesa de direitos de seus integrantes, mas para proteger interesses relacionados à finalidade partidária, certamente terá sua constitucionalidade submetida a controle pelo Supremo Tribunal Federal, que já demonstrou tendência a restringir o objeto do mandado de segurança a cargo dos partidos políticos à exclusiva defesa dos interesses de seus filiados." (LOPES, Mauro Luís Rocha. Comentários à nova lei do mandado de segurança. Niterói, RJ: Impetus, 2009, p. 151).

▶ A extinção do partido político superveniente à impetração do writ

"Partindo-se da premissa de que o partido defende interesses coletivos de seus membros (e, portanto, seus) ligados à finalidade partidária e/ou interesses individuais homogêneos referentes ao seus filiados, caso deixe de existir a entidade de classe, não mais substiria a legitimidade, nem se podendo falar, aqui, de sucessão processual já que os interesses que eram defendidos não são difusos, mas sim de uma agremiação que não mais possui personalidade jurídica." (KLIPPEL, Rodrigo e NEFFA JUNIOR, José Antônio. Comentários à lei de mandado de segurança. (Lei nº 12.016/09): Artigo por artigo, doutrina e jurisprudência, Editora Lumen Juris, Rio de Janeiro, 2010, p. 315).

▶ A perda da representatividade do partido político no congresso nacional superveniente à impetração do writ

"No caso de perda da representação no Congresso Nacional, tem-se que o raciocínio é o mesmo, devendo-se concluir pela ilegitimidade ativa ad causam superveniente." (KLIPPEL, Rodrigo e NEFFA JUNIOR, José Antônio. Comentários à lei de mandado de segurança. (Lei nº 12.016/09): Artigo por artigo, doutrina e jurisprudência, Editora Lumen Juris, Rio de Janeiro, 2010, p. 316).

▶ A fusão de partidos políticos ou a troca de nomes

"Nos dois casos em tela é possível a sucessão processual, o que fará com que o novo partido que tenha surgido da fusão daquele que impetrou o mandado de segurança coletivo e de outro se mantenha legitimado para a demanda, desde que haja a demonstração de que os interesses anteriormente tutelados persistem, o que, devido às limitações do mandamus, deverá ser passível de análise somente por meio de provas documentais." (KLIPPEL, Rodrigo e NEFFA JUNIOR, José Antônio. Comentários à lei de mandado de segurança. (Lei nº 12.016/09): Artigo por artigo, doutrina e jurisprudência, Editora Lumen Juris, Rio de Janeiro, 2010, p. 316).

▶ As peculiaridades do Mandado de Segurança Coletivo

"O mandado de segurança coletivo tem como grandes peculiaridades o seu (i) objeto de tutela, que são direitos metaindividuais; (ii) a legitimidade para protegê-los em juízo, deferida a representantes adequados de uma categoria de pessoas (partidos políticos, sindicatos, associações) e (iii) o regime da coisa julgada, em especial quanto aos seus limites subjetivos (...)." (KLIPPEL, Rodrigo e NEFFA JUNIOR, José Antônio. Comentários à lei de mandado de segurança. (Lei nº 12.016/09): Artigo por artigo, doutrina e jurisprudência, Editora Lumen Juris, Rio de Janeiro, 2010, p. 311).

▶ **Requisitos para a comprovação do direito líquido e certo no Mandado de Segurança Coletivo**

"Quando a entidade de classe impetra o mandado de segurança coletivo, afirma que uma ou algumas pessoas determinadas praticaram ação ou omissão ilegal ou abusiva. Sendo assim, para se ter direito líquido e certo, o primeiro ponto é conseguir comprovar, somente pela via documental, a (i) ocorrência da ação ou da omissão e (ii) sua ilegalidade. Cumprida essa etapa, deve-se demonstrar também (ili) que tais atos feriram o patrimônio jurídico de certas pessoas, o que se deve fazer, de igual modo, somente pela via documental." (KLIPPEL, Rodrigo e NEFFA JUNIOR, José Antônio. Comentários à lei de mandado de segurança. (Lei nº 12.016/09): Artigo por artigo, doutrina e jurisprudência, Editora Lumen Juris, Rio de Janeiro, 2010, p. 312).

▶ **Aludir a "direitos líquidos e certos" como sinônimo de direito subjetivo material é um equívoco**

"Ao aludir a "direitos líquidos e certos", o art. 21 da LMS ressuscitou outra impropriedade, ao tratar o direito líquido e certo como sinônimo de direito subjetivo material, quando essa concepção já foi, há muito, sepultada pela doutrina processual, ao assentar que a liquidez e a certeza "do direito" não se prendem, como afirma a lei, ao direito subjetivo, mas à forma como o fato em que se embasa se apresenta no processo, demonstrados mediante prova documental e pré-constituída, pondo o juiz em condições de extrair dele as consequências jurídicas que resultam da lei." (J. E. Carreira Alvim. Comentários à Nova Lei do Mandado de Segurança – Lei 12.016/09. ed. Ano. Editora. p. 315)

▶ **Aspecto subjetivo do prejuízo causado pelo ato coator**

"O impetrante coletivo deve demonstrar ao órgão judicial que o ato coator atinge a esfera jurídica de certas pessoas, o que, por vezes, nem depende de prova documental para ser aferido e que, em outras situações, pode sim exigir a prova documental de que, dentre a categoria substituída, existem pessoas potencialmente lesadas pelo ato. É o caso concreto que irá determinar se existe, ou não, necessidade de prova documental do aspecto subjetivo ativo do direito tutelado. De toda sorte, deve-se demonstrar que o ato coator atinge a certas pessoas. A ausência dessa demonstração – que deve ser possível de se aferir somente com base na prova documental, decretaria a ausência de direito líquido e certo e, até mesmo, a impossibilidade de se aferir a legitimidade ad causam da entidade coletiva." (KLIPPEL, Rodrigo, Comentários a Nova Lei do Mandado de Segurança. ed. Ano. Editora pg. 312).

▶ **A legitimidade do Ministério Público para a impetração do mandado de segurança coletivo.**

"A partir do momento em que a Carta Constitucional se preocupou exclusivamente, ao regulamentar o mandado de segurança coletivo, com a questão da legitimidade ad causam ativa e não a deferiu para o parquet, não há que se falar em autorização legal para que a instituição utilize-se deste procedimento legal, devendo fazer valer os alegados direitos subjetivos que poderiam, em tese, ser protegidos pelo mandamus, por meio dos demais procedimentos coletivos que estão postos à sua disposição. Seria contrariar a Constituição defender uma atribuição que a mesma não conferiu, ao delimitar expressamente quais seriam os legitimados para impetrar o writ na forma coletiva." (KLIPPEL, Rodrigo e NEFFA JUNIOR, José Antônio. Comentários à lei de mandado de segurança. (Lei nº 12.016/09): Artigo por artigo, doutrina e jurisprudência, Editora Lumen Juris, Rio de Janeiro, 2010, p. 320).

▶ **No mesmo sentido:** "O Ministério Público detém atribuições próprias, previstas em dispositivos constitucionais expressos, entre as quais se destaca a defesa dos interesses sociais e individuais indisponíveis (CF, art. 127), cumprindo-lhe, ademais, a defesa dos direitos difusos e coletivos (CF, art. 129, III). Quer isso dizer que ao Ministério Público se confere a possibilidade de impetrar mandado de segurança coletivo. A legitimidade ad causam é, como se sabe, examinada concretamente, devendo ser confrontada com a situação concreta submetida ao crivo do Judiciário. A depender do objeto litigioso do processo, pode-se saber se a parte é efetivamente legítima para a causa. Ora, se o litígio versa sobre direito difuso ou coletivo, não restam dúvidas de que o Ministério Público ostenta legitimidade ativa. E, havendo prova documental pré-constituída que objetive comprovar a ilegalidade ou abusividade de um ato público, não há razão para impedir a impetração do writ coletivo pelo Ministério Público." (CUNHA, Leonardo Carneiro. A Fazenda Pública em Juízo, 14. ed. rev., atual e ampl. – Rio de Janeiro: Forense, 2017, p. 525)

▶ **No mesmo sentido:** "O caráter exemplificativo do inc. LXX do art. 5º da Constituição vem sendo sufragado por boa parte da doutrina e da jurisprudência, admitindo, por exemplo, a impetração de mandado de segurança coletivo pelo Ministério Público, como forma eficaz de tutelar interesses e direitos metaindividuais, dando-se máxima aplicação assim, às suas funções institucionais, definidas nos arts. 127, caput, e 129 da Constituição e corretamente indicadas no art. 6º, VI, da Lei Complementar 75/93970, para o Ministério Público da União (compreendendo o do Distrito Federal), e no art. 32, I, da Lei 8.625/93971, para o Ministério Público dos Estados".

▶ É absolutamente irrazoável defender que as demais associações civis e o Ministério Público (outros legitimados à tutela coletiva não previstos no texto constitucional) não têm capacidade processual para valer-se do procedimento do mandado de segurança.

"É absolutamente irrazoável defender que as demais associações civis e o Ministério Público (outros legitimados à tutela coletiva não previstos no texto constitucional) não têm capacidade processual para valer-se do procedimento do mandado de segurança. Podem valer-se de qualquer procedimento previsto em lei (art. 83 do CDC), mas logo em relação ao mandado de segurança, que é direito fundamental, lhes faltaria capacidade processual. Perceba: podem levar a juízo a afirmação de um direito coletivo por meio de um procedimento comum, mas não podem fazê-lo por meio do procedimento especial do mandado de segurança. Partindo da premissa de que um direito fundamental pode sofrer restrições por lei infraconstitucional, desde essa restrição encontre fundamento constitucional, pergunta-se: qual a justificativa constitucional para a restrição do direito fundamental de acesso à justiça por meio do mandado de segurança ao Ministério Público, associações civis e outros legitimados não mencionados no inciso LXX do art. 5º da CF/88? Nenhuma." (DIDIER JR., Fredie; ZANETI JR., Hermes. O mandado de segurança coletivo e a Lei n. 12.016/2009. In: ALVIM, Eduardo Arruda; RAMOS, Glauco Gumerato; MELO, Gustavo de Medeiros; ARAÚJO, José Henrique Mouta (org.). O novo mandado de segurança. Belo Horizonte: Fórum, 2010).

▶ **Organização sindical**

"A organização sindical é "um sistema confederativo, caracterizado pela autonomia relativa perante o Estado, a representação por categoria e por profissão, a unicidade e a bilateralidade do agrupamento", ou um "agrupamento estável de várias pessoas de uma profissão que convencionaram colocar por meio de uma organização interna, suas atividades e parte de seus recursos, em comum, para assegurar a defesa e a representação da respectiva profissão, com vistas a melhorar suas condições de trabalho"; compreendendo, no Brasil, tanto a organização de trabalhadores quanto as patronais." (J. E. Carreira Alvim. Comentários à Nova Lei do Mandado de Segurança – Lei 12.016/09. ed. Ano. Editora. p. 315)

▶ **Duplo assento constitucional da legitimação do sindicato: Art. 8º, inc. III e art. 5º, inc. LXX, alínea "b**

"Em se tratando de mandado de segurança coletivo, a legitimação do sindicato tem um duplo assento constitucional, brotando tanto do art. 8º, inc. III, quanto do art. 5º, inc. LXX, alínea "b", da Constituição, independentemente de qualquer autorização expressa se a tutela do interesse coletivo (rectius, legítimo) ou dos interesses individuais da categoria (rectius, dos sindicalizados) constar como um dos seus objetivos, dos seus estatutos ou atos constitutivos. Nesse caso, de tutela de interesses individuais dos sindicalizados, o sindicato atua, antes, como órgão de representação dos seus filiados (representação processual), do que como substituto processual, bastando-lhe comprovar em juízo a filiação do titular do direito." (J. E. Carreira Alvim. Comentários à Nova Lei do Mandado de Segurança – Lei 12.016/09. ed. Ano. Editora. p. 317)

▶ **Legitimação da entidade de classe e do sindicato para ajuizar o Mandado de Segurança coletivo**

"A meu ver, tanto a entidade de classe, quanto o sindicato, tanto em função do disposto no inc. LXX do art. 5° da Constituição, quanto do prescrito pelo seu art. 8°, têm legitimação para ajuizar mandado de segurança coletivo em defesa de interesse legítimo (ou essencialmente coletivo), dependendo da natureza do objeto do mandamus e dos objetivos constantes dos estatutos e atos constitutivos. Nada impede, por exemplo, que um mesmo interesse legítimo seja objeto de mandado de segurança coletivo impetrado por uma entidade de classe e por um sindicato, como, por exemplo, para afastar uma exigência ilegal ou inconstitucional da Fazenda Pública relativamente a determinado tributo, pedindo a sua anulação." (J. E. Carreira Alvim. Comentários à Nova Lei do Mandado de Segurança – Lei 12.016/09. ed. Ano. Editora. p. 320)

◙ "PROCESSO CIVIL. MANDADO DE SEGURANÇA COLETIVO. LEGITIMIDADE ATIVA. SUPERINTENDENTE DA RECEITA FEDERAL. LEGITIMIDADE PASSIVA PARA A CAUSA. QUESTÃO DE ORDEM PÚBLICA E SEU RECONHECIMENTO DE OFÍCIO PELA CORTE REGIONAL. § 3° DO ART. 267 DO CPC. 1. O Sindicato tem legitimidade para impetrar Mandado de Segurança Coletivo. 2. Se o Acórdão examinou o mérito, sem discutir a legitimidade das partes é de se entender que não enxergou ilegitimidade, tanto mais, quando a parte que argui a própria ilegitimidade, deixou de fazê-lo em recurso oportuno." (REsp. 304188/RS, rei. Min. Humberto Gomes de Barros, Primeira Turma, Jul. em 18.11.2003, DJ, 15.12.2003, p. 184)

◙ "RECURSO ORDINÁRIO. DIREITO PROCESSUAL CIVIL. MANDADO DE SEGURANÇA COLETIVO IMPETRADO POR ENTIDADE SINDICAL EM BENEFÍCIO DE PARCELA DOS SINDICALIZADOS. LEGITIMIDADE ATIVA. 1. A legitimidade dos sindicatos para a impetração de Mandado de Segurança coletivo deve ser afirmada sempre que o interesse violado ou ameaçado por ato abusivo de autoridade pública seja de natureza coletiva e titularizado por membros da entidade sindical. 2. E tal interesse, protegido com o Mandado de Segurança e a legitimação extraordinária, é aquele, como na lição de Camelutti, em que a determinação da posição favorável à satisfação da necessidade de um homem implica a determinação da posição favorável de outros homens, relativamente a um mesmo bem, o que exclui, por óbvias razões, a exigência de que tenham como titulares todos os membros do sindicato, podendo, como pode aperfeiçoar-se em apenas uma parte de seus membros. 3. Daí por que o interesse coletivo de uma parcela dos membros da entidade sindical produz, sem margem para controvérsia, sua legitimidade para a impetração de Mandado de Segurança coletivo. 4. Precedentes. 5. Recurso provido." (RMS 7104/AM, rei. Min. Hamilton Carvalhido, Sexta Turma, j. em 19.08.2003, DJ, 22.09.2003 p. 384).

▶ **Tratando genérica e abstratamente de quem poderia impetrar o writ coletivo, o texto constitucional versa sobre capacidade processual, e não sobre a legitimidade ativa para a causa.**

"Tratando genérica e abstratamente de quem poderia impetrar o writ coletivo, o texto constitucional versa sobre capacidade processual, e não sobre a legitimidade ativa para a causa. Esta última há de ser aferida a partir da situação litigiosa afirmada no mandado de segurança coletivo. Concretamente, e cotejando a condição da parte com o objeto do processo, deve-se verificar se há legitimidade para a causa. Diante disso, o que se conclui é que não apenas os partidos políticos, as associações e sindicatos e o Ministério Público podem impetrar mandado de segurança coletivo. Também podem impetrá-lo os demais legitimados à tutela coletiva. Em outras palavras, além daqueles previstos no art. 21 da Lei 12.016/2009, podem impetrar mandado de segurança coletivo a Defensoria Pública e os demais entes públicos; enfim, o mandado de segurança coletivo pode ser impetrado por qualquer dos legitimados para as ações coletivas." (CUNHA, Leonardo Carneiro. A Fazenda Pública em Juízo, 14. ed. rev., atual e ampl. – Rio de Janeiro: Forense, 2017, p. 526)

▶ **A necessidade de pré-constituição da associação a pelo menos 1 (um) ano.**

"Um dos requisitos constitucionais para o preenchimento da legitimidade ativa ad causam para o mandado de segurança coletivo é o da pré-constituição e funcionamento há pelo menos 1 (um) ano." (KLIPPEL, Rodrigo e NEFFA JUNIOR, José Antônio. Comentários à lei de mandado de segurança. (Lei nº 12.016/09): Artigo por artigo, doutrina e jurisprudência, Editora Lumen Juris, Rio de Janeiro, 2010, p. 318).

▶ **Exigência de pré-constituição somente se aplica às associações.**

"A exigência de estar constituída, e em funcionamento há, pelo menos um ano só se aplica às associações, pelo que as organizações sindicais e entidades de classe se legitimam à impetração de mandado de segurança coletivo, no dia imediato em que se completar a sua constituição, com a aprovação dos seus estatutos, e a eleição e posse de seus dirigentes." (J. E. Carreira Alvim. Comentários à Nova Lei do Mandado de Segurança – Lei 12.016/09. ed. Ano. Editora. p. 321)

▶ **Objetivo da exigência de pré-constituição das associações**

"A exigência, quanto ao funcionamento das associações há, pelo menos, um (1) ano, tem o objetivo de evitar que se criem associações de fachada, com o único propósito de ajuizar determinada ação coletiva. Aliás, bastaria a lei exigir apenas o funcionamento da associação pelo prazo de, no mínimo, um (1) ano, o que faria pressupor a sua constituição, porque, se não estiver legalmente constituída não poderá funcionar legalmente, senão, apenas de fato. Nesse caso, ter-se-ia uma associação de facto e não uma associação de iure." (J. E. Carreira Alvim. Comentários à Nova Lei do Mandado de Segurança – Lei 12.016/09. ed. Ano. Editora. p. 321)

Parágrafo único. Os direitos protegidos pelo mandado de segurança coletivo podem ser:

I – coletivos, assim entendidos, para efeito desta lei, os transindividuais, de natureza indivisível, de que seja titular grupo ou categoria de pessoas ligadas entre si ou com a parte contrária por uma relação jurídica básica;

II – individuais homogêneos, assim entendidos, para efeito desta lei, os decorrentes de origem comum e da atividade ou situação específica da totalidade ou de parte dos associados ou membros do impetrante.

▶ **Proteção de direitos coletivos e de direitos individuais homogêneos**

A Constituição Federal de 1988 inovou em relação ao ordenamento jurídico anterior ao criar o instituto do mandado de segurança coletivo. O art. 21, parágrafo único, da Lei 12.016/2009, ao determinar o âmbito de abrangência desse último instituto, estabeleceu que este tanto pode visar à proteção de direitos coletivos, "assim entendidos, para efeito desta Lei, os transindividuais, de natureza indivisível, de que seja titular grupo ou categoria de pessoas ligadas entre si ou com a parte contrária por uma relação jurídica básica", quanto pode visar à proteção de direitos individuais homogêneos, "assim entendidos, para efeito desta Lei, os decorrentes de origem comum e da atividade ou situação específica da totalidade ou de parte dos associados ou membros do impetrante".

▶ **Direitos transindividuais do inciso I**

"Embora o inc. I do parágrafo único do art. 21 diga que os direitos que podem ser protegidos pelo mandado de segurança coletivo são os coletivos, assim entendidos, para efeito desta Lei, os transindividuais, de natureza indivisível, de que seja titular grupo ou categoria de pessoas ligadas entre si ou com a parte contrária por uma relação jurídica básica, na verdade não traduz com exatidão o que pretende exprimir. O que pode ser qualificado como transindividual e indivisível não é o direito subjetivo, mas o interesse legítimo -, enquanto um fenômeno jurídico que afeta os titulares dos interesses individuais somente como partes de uma coletividade, porque os interesses individuais são, além de individuais, divisíveis, só podendo ser reclamados pelos seus titulares, na exata medida em que realmente o sejam." (J. E. Carreira Alvim. Comentários à Nova Lei do Mandado de Segurança – Lei 12.016/09. ed. Ano. Editora. p. 332)

▶ **Artigo 81 do Código de Defesa do Consumidor e o Mandado de Segurança coletivo**

Vê-se, assim, que o legislador tomou por base os conceitos já existentes no art. 81 do Código de Defesa do Consumidor, deixando de fora do âmbito do mandado de segurança coletivo apenas os interesses difusos, uma vez que de conteúdo mais abrangente do que o direito de uma categoria de pessoas apenas.

▶ **Distinção entre a previsão do CDC e o inciso I do parágrafo único do art. 21 da LMS**

"Enquanto o art. 81, parágrafo único, inc. II, do CDC, alude a "grupo, categoria ou classe" de pessoas, o inc. I do parágrafo único do art. 21 da LMS alude apenas a "grupo ou categoria de pessoas", sem aludir a "classes"; e, além disso, enquanto, aquele fala em "relação jurídica base", este último fala em "relação jurídica básica", significando estas últimas, no fundo, a mesma coisa." (J. E. Carreira Alvim. Comentários à Nova Lei do Mandado de Segurança – Lei 12.016/09. ed. Ano. Editora. p. 333)

▶ **Atribuição do interesse legítimo à titularidade do grupo, categoria ou classe de pessoas, no CDC e na Lei do Mandado de Segurança**

"Outra perspectiva equivocada, tanto do Código de Defesa do Consumidor, quanto da nova Lei do Mandado de Segurança, que se inspirou no mesmo figurino, é atribuir o interesse legítimo à titularidade do grupo, categoria ou classe de pessoas, o que faz supor serem eles sujeitos de direito, ou, mais precisamente do direito coletivo, quando, na verdade, eles são meros indicativos da entidade legitimada (organização sindical, entidade de classe ou associação) para ajuizar a ação coletiva (inclusive o mandado de segurança). Assim, se o interesse jurídico for pertinente uma categoria de servidores públicos, poderá atuar como titular da ação (não do direito) a Associação dos Servidores Civis do Brasil (ASCB), porque os servidores públicos são os titulares dos interesses individuais indiretamente tutelados pela sentença coletiva." (J. E. Carreira Alvim. Comentários à Nova Lei do Mandado de Segurança – Lei 12.016/09. ed. Ano. Editora. p. 333)

▶ **Inciso II. Aos direitos individuais coletivos não se aplicam as qualificações de transindividuais nem indivisíveis**

"Os direitos individuais homogêneos não são coletivos na sua substância, ou essencialmente coletivos, porque a eles não se aplicam as qualificações de transindividuais nem indivisíveis, sendo, ao contrário, considerados coletivos apenas para efeito de sua defesa em juízo, de forma conjunta, pelo que apenas acidentalmente podem dizer-se coletivos." (J. E. Carreira Alvim. Comentários à Nova Lei do Mandado de Segurança – Lei 12.016/09. ed. Ano. Editora. p. 335)

▶ **Defesa do direito individual homogêneo**

"Para fins de mandado de segurança coletivo, em defesa de direito individual homogêneo, além da origem comum do direito, deve também a sua defesa resultar da atividade da entidade impetrante, ou da situação específica da totalidade dos seus membros ou associados, ou de apenas parte deles." (J. E. Carreira Alvim. Comentários à Nova Lei do Mandado de Segurança – Lei 12.016/09. ed. Ano. Editora. p. 335)

▶ **Trata o inc. II do parágrafo único do art. 21 de situações jurídicas distintas, mas que, na prática, se identificam**

"Trata o inc. II do parágrafo único do art. 21 de situações jurídicas distintas, mas que, na prática, se identificam porque a atividade da impetrante condiciona a situação específica dos membros ou associados, e a situação específica destes é compatível com a atividade daquela. Assim, uma Associação de Pais e Mestres só pode ter como membros os pais de alunos e professores, e por objetivo a defesa dos seus interesses, que constitui o objetivo da sua atividade, só podendo defender coletivamente os interesses que se liguem às atividades de ensino e pesquisa. Assim, pode a Associação discutir grade curricular, carga horária, preço de mensalidades, salário de professores, e tudo o mais que se relacione com a atividade educacional, e, correlatamente, todos os objetivos constantes dos seus atos constitutivos ou estatutários. Mas a ação coletiva que vier a ser ajuizada por essa Associação beneficiará também os pais de alunos e professores que não sejam associados, porque a sentença nela proferida tem eficácia ultra partes (CDC, art. 103, II). Aliás, não teria sentido que uma sentença coletiva, obtida numa ação coletiva, ou mesmo num mandado de segurança coletivo, beneficiasse apenas os associados da Associação autora ou impetrante, por exemplo, limitando o coeficiente de correção das mensalidades escolares, e não beneficiasse os pais de alunos não associados, que continuariam sujeitos aos coeficientes maiores aplicados pela instituição de ensino." (J. E. Carreira Alvim. Comentários à Nova Lei do Mandado de Segurança – Lei 12.016/09. ed. Ano. Editora. p. 336)

▶ **Diferença do Mandado de Segurança coletivo e individual na prática**

Na prática, a diferença entre um mandado de segurança coletivo, visando à proteção de direitos individuais homogêneos, e um mandado de segurança individual com pluralidade de impetrantes estará fundada principalmente na própria identidade daquele que propõe remédio constitucional, uma associação ou sindicato, no primeiro caso, embora representando um número de pessoas determinadas ou determináveis, e estas próprias pessoas, embora em conjunto, no segundo caso, mas sem a intermediação daquelas entidades, que participarão, quando muito, apenas prestando assistência jurídica.

◉ **Súmulas pertinentes ao artigo 21**

◉ *Súmula nº 629/STF. A impetração de mandado de segurança coletivo por entidade de classe em favor dos associados independe da autorização destes.*

◉ *Súmula nº 630/STF. A entidade de classe tem legitimação para o mandado de segurança ainda quando a pretensão veiculada interesse apenas a uma parte da respectiva categoria.*

Art. 22. No mandado de segurança coletivo, a sentença fará coisa julgada limitadamente aos membros do grupo ou categoria substituídos pelo impetrante.

DA COISA JULGADA E DA LITISPENDÊNCIA NO MANDADO DE SEGURANÇA

▶ O art. 22, caput, da Lei n. 12.016/2009 cuida dos limites subjetivos da coisa julgada (material) do mandado de segurança coletivo, isto é, disciplina quem fica sujeito à imutabilidade da decisão de mérito (v. n. 50, supra) que vier a ser proferida naquela sede.

"O art. 22, caput, da Lei n. 12.016/2009 cuida dos limites subjetivos da coisa julgada (material) do mandado de segurança coletivo, isto é, disciplina quem fica sujeito à imutabilidade da decisão de mérito (v. n. 50, supra) que vier a ser proferida naquela sede, uma vez julgados e findos os recursos porventura cabíveis e interpostos, tanto quanto superado o reexame necessário de que trata o art. 14, § 1º, da Lei n. 12.016/2009 (v. n. 32, supra). A regra, ao estatuir que, "No mandado de segurança coletivo, a sentença fará coisa julgada limitadamente aos membros do grupo ou categoria substituídos pelo impetrante", é coerente com os dois incisos do parágrafo único do art. 21 (v. ns. 54 e 55, supra). Na exata medida em que, pela letra da lei, os únicos "direitos" passíveis de tutela jurisdicional pelo mandado de segurança coletivo são os coletivos e os individuais homogêneos, é compreensível que a coisa julgada, uma vez formada, restrinja-se aos "membros do grupo ou categoria substituídos pelo impetrante". Por definição, os direitos daquela tipologia pertencem a pessoas determinadas ou determináveis. Pelas razões expostas pelo n. 57, supra, contudo, é caso de entender o mandado de segurança coletivo como medida jurisdicional apta à tutela dos chamados direitos difusos, a despeito do silêncio da lei. Assim, admitida a impetração para tais fins – que tem tudo para ser a corriqueira em se de tratando de impetração de iniciativa dos partidos políticos —, é forçoso concluir que a coisa julgada dirá respeito a todos aqueles que estavam sujeitos ao ato questionado independentemente de se entender, como quer a lei, tratar-se de direitos coletivos ou individuais homogêneos. A interpretação do dispositivo aqui examinado, em última análise, deve guardar estreita relação com a compreensão de quem é, em que condições e para que legitimado para a impetração coletiva. Não, como é possível extrair dele, o contrário. A formação da coisa julgada aos substituídos é consequência da legitimidade adequada do impetrante; não sua causa." (BUENO. Cassio Scarpinella. A Nova Lei do Mandado de Segurança: Comentários sistemáticos à Lei 12.016, de 7-8-2009, 2ª edição, Editora Saraiva, São Paulo, 2010, p. 158/159)

▶ **O mandado de segurança coletivo se dá seguindo o regime da substituição processual e que a coisa julgada formada em tal ação se faz perante os substituídos (i.e., os membros da impetrante).**

"Para a Lei nº 12.016, "no mandado de segurança coletivo, a sentença fará coisa julgada limitadamente aos membros do grupo ou categoria substituídos pelo impetrante" (art. 22). A propósito da forma com que a coisa julgada opera sobre os direitos individuais de cada membro do grupo ou categoria envolvidos com o mandado coletivo, existem duas correntes de pensamento: (i) a dos que aceitam que os efeitos da coisa julgada coletiva em face dos substituídos apenas ocorrem quando a sentença lhes for benéfica, ou seja, quando o pedido for acolhido; e (ii) a dos que entendem que, no mandado coletivo, a coisa julgada se impõe a todos os integrantes da classe ou grupo interessado, seja a sentença de procedência ou de improcedência da impetração. Para os defensores da tese, malgrado o texto expresso do art. 22 – que aplica aos legitimados ativos do mandado de segurança coletivo o regime da substituição processual e, por isso mesmo, dispõe que a coisa julgada operará sobre "os membros do grupo ou categoria substituídos pelo impetrante" –, ainda continuaria aplicável ao mandamus coletivo o sistema de coisa julgada limitada aos efeitos benéficos da sentença. Ou seja, no caso de denegação da segurança coletiva, a exemplo do previsto no art. 103 do CDC, para a ação civil pública, não restariam impedidos os integrantes do grupo ou categoria de aforar ações individuais, inclusive mandados de segurança individuais. Para os que se colocam em posição oposta, a tese defendida pelos primeiros tinha fundamento quando a lei era omissa, de sorte que a lacuna normativa havia de ser suprida pela aplicação analógica do Código de Defesa do

Consumidor. Agora que a Lei Especial do Mandado de Segurança cuidou de forma expressa do tema, e adotou regime próprio para a coisa julgada no mandado coletivo, é inadmissível que essa disciplina específica seja desprezada, mediante aplicação de regra de lei diversa, que, efetivamente, não teria sido acolhida pela nova legislação do mandado de segurança." (THEODORO JÚNIOR, Humberto. Lei do Mandado de Segurança comentada artigo por artigo. Rio de Janeiro: Gen/Editora Forense, 2ª edição, 2019. p. 436/437).

▶ **O alcance subjetivo da sentença do mandado coletivo se define mediante indagação de a benefício de quem teria sido ele impetrado. Daí que "aqueles que, segundo resulte da causa de pedir e do pedido, sejam abrangidos pela impetração, é que serão alcançados pelo que nela for decidido.**

"No modo de ver da segunda corrente, o que a própria lei afirma, de maneira clara e irrecusável, é que a atuação do impetrante do mandado de segurança coletivo se dá seguindo o regime da substituição processual e que a coisa julgada formada em tal ação se faz perante os substituídos (i.e., os membros da impetrante). Ora, é justamente este o mecanismo tradicionalmente atribuído a essa modalidade de legitimação extraordinária, caracterizada pela permissão legal a que alguém litigue em nome próprio na defesa de direito de outrem. Desdobrando a tese, destacam que os direitos coletivos ou individuais homogêneos defendidos pelos organismos sindicais ou associações não lhes pertencem, mas, sim, aos associados ou membros da categoria em cuja defesa atuam. A procedência ou improcedência da ação mandamental, por isso, teria de estender seus efeitos perante os titulares respectivos. Poderia ser diferente, se a lei própria tivesse adotado, para o mandado coletivo, a mesma regra antes aplicada às ações coletivas reguladas pelo Código de Defesa do Consumidor. Mas não foi isso que o legislador fez. Tendo em vista, portanto, o regime diferenciado instituído pelo art. 22 da Lei nº 12.016/2009, a regra vigente para o mandado de segurança não se confundiria com a do art. 103 do CDC, e tampouco poderia ser substituída por esta. Segundo o dispositivo próprio da Lei do Mandado de Segurança, o alcance subjetivo da sentença do mandado coletivo se define mediante indagação de a benefício de quem teria sido ele impetrado. Daí que "aqueles que, segundo resulte da causa de pedir e do pedido, sejam abrangidos pela impetração, é que serão alcançados pelo que nela for decidido. E isso tanto na hipótese em que o mandamus seja julgado procedente, quanto naquelas em que a decisão haja sido de improcedência." (THEODORO JÚNIOR, Humberto. Lei do Mandado de Segurança comentada artigo por artigo. Rio de Janeiro: Gen/Editora Forense, 2ª edição, 2019. p. 438).

▶ **Redação do artigo 22 inspirado no inc. II do art. 103 do Código de Defesa do Consumidor**

"O art. 22 da Lei 12.016/09 inspirou-se na primeira parte do inc. II do art. 103 do Código de Defesa do Consumidor, segundo o qual, nas ações coletivas, a sentença fará coisa julgada ultra partes, mas limitadamente ao grupo, categoria ou classe." (J. E. Carreira Alvim. Comentários à Nova Lei do Mandado de Segurança – Lei 12.016/09. ed. Ano. Editora. p. 340)

▶ **Há um beneficiamento e não uma substituição processual**

"Os membros do grupo ou categoria não são substituídos pelos entes legitimados, como supõe o art. 22 da LMS, mas beneficiados pela sentença por que são indiretamente tutelados pela norma jurídica, na medida em que esta concede a proteção jurídica ao interesse legitimo de forma direta e frontal." (J. E. Carreira Alvim. Comentários à Nova Lei do Mandado de Segurança – Lei 12.016/09. ed. Ano. Editora. p. 341)

> § 1º O mandado de segurança coletivo não induz litispendência para as ações individuais, mas os efeitos da coisa julgada não beneficiarão o impetrante a título individual se não requerer a desistência de seu mandado de segurança no prazo de 30 (trinta) dias a contar da ciência comprovada da impetração da segurança coletiva.

▶ **A ausência de litispendência entre o mandado de segurança coletivo e o mandado de segurança individual, assegurada pela regra, é medida que deve ser aplaudida.**

"É providência que viabiliza um maior e mais amplo acesso à justiça tanto no âmbito coletivo como no individual. É a segura diretriz que já decorria, suficientemente, do precitado art. 104 do Código do Consumidor. Prescrever que a decisão a ser proferida no mandado de segurança coletivo beneficia os substituídos é, também, regra que se afina com a diretriz que decorre da adequada interpretação dos §§ 1º e 2º do art. 103 do Código do Consumidor. Contudo, exigir que o impetrante individual, para se beneficiar da decisão proferida em sede coletiva, desista de seu mandado de segurança no prazo de trinta dias a contar da comprovada ciência da impetração do mandado de segurança em sua forma coletiva, além de atritar com o modelo que vem sendo consagrado (e festejado) no direito brasileiro, é medida que atrita, a olhos vistos, com o "modelo constitucional do direito processual civil". É imaginar a situação em que uma associação de classe tenha impetrado mandado de segurança coletivo para questionar o mesmo ato (ou omissão) que já é objeto de diversos mandados de segurança individuais. Os impetrantes, individualmente considerados, desistem de seus mandados de segurança. Oportunamente, pelas mais variadas razões, processuais e materiais, o mandado de segurança coletivo é julgado em sentido contrário à pretensão do legitimado ativo. Pela letra da nova lei, todos os impetrantes individuais estarão irremediavelmente sujeitos àquela decisão, mesmo que contrária a seus interesses, porque, para (tentar) se beneficiar de seus efeitos, foram obrigados a desistir de suas próprias impetrações. Poder-se-ia discordar da conclusão do parágrafo anterior com o argumento de que o tratamento favorável ao impetrante, em todo e em qualquer caso, atrita com os princípios do contraditório e da ampla defesa. A crítica, contudo, não prevaleceu em nossa doutrina. Em se tratando de mandado de segurança coletivo ela tem, com o devido respeito, menos razão ainda para ser aceita: o mandado de segurançaé, por si só, direito e garantia, individual e coletiva, que não pode ser apequenada pela lei, ainda mais da forma como pretende o dispositivo em comento." (BUENO. Cassio Scarpinella. A Nova Lei do Mandado de Segurança: Comentários sistemáticos à Lei 12.016, de 7-8-2009, 2ª edição, Editora Saraiva, São Paulo, 2010, p. 160/161)

▶ **A melhor interpretação para o caput do art. 22 da Lei n. 12.016/2009 é no sentido de que ele não prevê, a despeito de respeitável entendimento contrário, hipótese de coisa julgada pro et contra, isto é, capaz de impedir o acesso individual dos substituídos no Judiciário diante de uma decisão que rejeite, no mérito, o pedido formulado em sede de mandado de segurança coletivo.**

"A melhor interpretação para o caput do art. 22 da Lei n. 12.016/2009 é no sentido de que ele não prevê, a despeito de respeitável entendimento contrário, hipótese de coisa julgada pro et contra, isto é, capaz de impedir o acesso individual dos substituídos no Judiciário diante de uma decisão que rejeite, no mérito, o pedido formulado em sede de mandado de segurança coletivo, seja para beneficiar os que não agiram em juízo ou para prejudicá-los. Inegável, destarte, a superioridade da solução dada à hipótese pelo art. 104 do Código do Consumidor: pode o impetrante individual requerer a suspensão de seu processo para que se beneficie da decisão a ser proferida no âmbito coletivo. Nunca, contudo, desistir dele, perdendo a possibilidade, dada pelo sistema, de se beneficiar ou pela impetração coletiva ou pela impetração individual, já que é o próprio dispositivo em exame que assegura não haver litispendência entre os dois processos. A opção feita pelo referido dispositivo do Código do Consumidor é a que mais bem se afina com o "modelo constitucional", na medida em que incentiva, a um só tempo, o acesso coletivo à Justiça, sem criar o receio de que a má atuação do legitimado coletivo possa, por si só, prejudicar aqueles que não agiram em juízo ou, pior, que agiram mas que, mercê da impetração coletiva, optaram por desistir de seus próprios mandados de segurança individuais. A melhor interpretação para a regra, nesse sentido, é de entendê-la, a despeito de sua redação, no sentido de que o impetrante individual pode aguardar o desfecho do mandado de segurança coletivo para prosseguir em seu processo sem ser forçado, para se beneficiar de uma eventual decisão favorável a ser proferida naquela sede, a desistir de sua iniciativa, providência que, de resto, é irreversível no plano processual. Deve prevalecer sobre o texto da nova regra, que agride o "modelo constitucional", o que decorre, de maneira segura, do sistema de proteção coletiva vigente no direito processual civil brasileiro. Até porque a Lei n. 12.016/2009, no particular, não revogou nenhum dos dispositivos que, a respeito do tema, regem aquele sistema." (BUENO. Cassio Scarpinella. A Nova Lei do Mandado de Segurança: Comentários sistemáticos à Lei 12.016, de 7-8-2009, 2ª edição, Editora Saraiva, São Paulo, 2010, p. 161/162)

▶ **Coisa julgada secundum eventum probationis**

"Em suma, devido a uma peculiaridade do procedimento mandamental – a exigência do direito líquido e certo (prova pré-constituída) – entendemos que a regra da coisa julgada secundum eventum probationis é incompatível com ele. Nos casos em que ela seria utilizada, devese optar pela imprestabilidade do writ e não por permitir que dele surja uma decisão meritória de improcedência fundada no ônus da prova. Ou a prova é suficiente e o magistrado se convence da legalidade do ato coator ou a prova é insuficiente para sua análise e o procedimento mandamental é inadequado à tutela que se requer." (KLIPPEL, Rodrigo e NEFFA JUNIOR, José Antônio. Comentários à lei de mandado de segurança. (Lei nº 12.016/09): Artigo por artigo, doutrina e jurisprudência, Editora Lumen Juris, Rio de Janeiro, 2010, p. 348).

▶ **Regra para os limites subjetivos da coisa julgada**

"a) a coisa julgada, em sede coletiva, atinge aos substitutos processuais – tanto os que participaram do processo quanto aqueles que se quedam inertes; b) a coisa julgada, em sede coletiva, vincula os substituídos, muito embora, sobre este tema seja necessário demonstrar algumas particularidades da tutela coletiva em comparação com a tutela jurisdicional individual." (KLIPPEL, Rodrigo e NEFFA JUNIOR, José Antônio. Comentários à lei de mandado de segurança. (Lei nº 12.016/09): Artigo por artigo, doutrina e jurisprudência, Editora Lumen Juris, Rio de Janeiro, 2010, p. 337).

▶ **Vinculação da coisa Julgada**

"(...) deve-se concluir que o art. 22, caput da Lei 12.016/09 encampa a concepção demonstrada nas alíneas "a" e "b" acima, no sentido de que tanto o substituto quanto o grupo que tenha sido substituído serão atingidos pela coisa julgada. Sendo assim, para que se defina o alcance do instituto será necessário, no caso concreto, identificar, com precisão, o grupo ou categoria de pessoas cujas posições jurídicas foram protegidas pelo (s) substituto (s) processuais, sendo certo que, pela lei, esse grupo ou categoria terá uma relação jurídica prévia com o substituto, sendo pessoas associadas a ele, seus membros ou afiliados. A eles a coisa julgada vinculará." (KLIPPEL, Rodrigo e NEFFA JUNIOR, José Antônio. Comentários à lei de mandado de segurança. (Lei nº 12.016/09): Artigo por artigo, doutrina e jurisprudência, Editora Lumen Juris, Rio de Janeiro, 2010, p. 337).

▶ **Não havendo comunicação e ocorrendo duas coisas julgadas (coletiva favorável e individual desfavorável), deve prevalecer a coletiva**

"A nossa posição é de que, não havendo comunicação e ocorrendo duas coisas julgadas (coletiva favorável e individual desfavorável), deve prevalecer a coletiva, justamente para privilegiar a tutela geral do grupo, categoria ou classe, evitando decisões com conteúdos contraditórios, que trazem elevado descrédito ao Poder Judiciário." (GOMES, Luiz Manuel, Et al. A nova Lei do Mandado de Segurança. ed. Ano. Editora pg. 216).

▶ **A expressão litisconsorte utilizada pelo legislador deve ser entendida como assistente**

"A nosso ver, a expressão litisconsorte utilizada pelo legislador deve ser entendida como assistente, já que o titular do direito individual não pode atuar como litisconsorte em demanda coletiva, já que não possui a necessária legitimidade." (GOMES, Luiz Manuel, Et al. A nova Lei do Mandado de Segurança. ed. Ano. Editora pg. 217).

▶ **A homologação da desistência independe de anuência da parte ré ou da autoridade coatora**

"É de se notar que a homologação da desistência do mandado de segurança independe de anuência da parte ré ou da autoridade coatora, como já mencionado em capítulo próprio do livro. Outrossim, já que nem sempre se pode aferir o exato instante em que a parte impetrante do mandado de segurança individual toma conhecimento da impetração do writ coletivo no qual se persegue idêntica tutela, convém que o juiz lhe dê expressa e inequívoca ciência do fato e assine, nos autos, o propalado período de trinta dias para a eventual manifestação de desistência da ação individual, providência que vem sendo adotada na prática judiciária para evitar dúvidas acerca do termo inicial do prazo de que trata o art. 22, § 1º, in fine, da Lei n º 12.016/2009 (ciência comprovada da impetração da segurança coletiva." (LOPES, Mauro Luís Rocha. Comentários à nova lei do mandado de segurança. Niterói, RJ: Impetus, 2009, p. 65).

▶ **A utilização de duas ações de Mandados de Segurança**

"A técnica usada pelo CDC é mais ajustada ao fenômeno da litispendência do que a usada pela LMS, pois, se a ação coletiva não induz litispendência para (rectius, relativamente às) ações individuais, como soa o art. 104 daquele Código, permite-se, contudo, ao autor, se quiser se beneficiar da sentença coletivizada, requerer a suspensão da sua ação individual, no prazo de trinta dias, a contar da ciência nos autos da ação coletiva. Assim dispondo, ter-se-ão duas ações em juízo, a coletiva e a individual, embora só a primeira continue a sua tramitação, ficando a segunda, suspensa até que venha aquela a ser decidida com força de coisa julgada material." (J. E. Carreira Alvim. Comentários à Nova Lei do Mandado de Segurança – Lei 12.016/09. ed. Ano. Editora. p. 343)

▶ **Interpretação mais restritiva do § 1 º do art. 22.**

"Mas, o que diz o § 1 º do art. 22 da LMS é coisa inteiramente diversa, que, ao contrário do que pretende, afirma que o mandado de segurança coletivo não induz litispendência para as ações individuais, mas, se o impetrante do mandamus individual não requerer a desistência dele, no prazo de trinta dias a contar da ciência comprovada da impetração da segurança coletiva-, não será beneficiado pelos efeitos da coisa julgada no mandado de segurança coletivo." (J. E. Carreira Alvim. Comentários à Nova Lei do Mandado de Segurança – Lei 12.016/09. ed. Ano. Editora. p. 343)

▶ **Sobre a constitucionalidade a respeito da desistência disposta no § 1 º do art. 22**

"O que se tem em mãos é uma norma jurídica inconstitucional (pois viola o princípio de acesso à justiça, previsto no art. 5º, XXXV da CF) que, como tal, deve ter sua invalidade reconhecida tanto em controle difuso quanto em controle concentrado de constitucionalidade, o que fará com que, na ausência de norma específica, se aplique ao caso o regramento contido no já lembrado art. 104 do CDC, com as devidas e necessárias adaptações." (KLIPPEL, Rodrigo e NEFFA JUNIOR, José Antônio. Comentários à lei de mandado de segurança. (Lei nº 12.016/09): Artigo por artigo, doutrina e jurisprudência, Editora Lumen Juris, Rio de Janeiro, 2010, p. 354).

▶ **Aplica-se a desistência somente aos mandados de segurança que tenham como proteção uma situação particular.**

"O seu caráter restritivo de direitos – acima assinalado – também faz com que somente se aplique a regra em comento se o indivíduo tiver ajuizado mandado de segurança para a proteção de sua situação particular, devendo, pois, dele desistir caso se defina pelo opt in. Diz-se isso para se demonstrar que, caso a demanda ajuizada pelo indivíduo siga o rito comum, não precisará ser extinta por desistência, técnica essa que somente engloba os mandamus individuais. De outra sorte, a demanda individual deverá ser, somente, suspensa, aplicando-se do art. 104 do CDC." (KLIPPEL, Rodrigo e NEFFA JUNIOR, José Antônio. Comentários à lei de mandado de segurança. (Lei nº 12.016/09): Artigo por artigo, doutrina e jurisprudência, Editora Lumen Juris, Rio de Janeiro, 2010, p. 355).

▶ **Ação individual de Mandado de Segurança possui interesse diverso da ação coletiva de Mandado de Segurança**

"Na verdade, os fundamentos jurídicos do mandado de segurança coletivo e do individual são inteiramente diversos, apoiando-se o aquele no interesse legítimo, enquanto este se apoia no direito subjetivo, não havendo nenhuma razão, nem lógica e nem prática, para condicionar a eficácia da sentença coletivizada à desistência do mandado de segurança individual." (J. E. Carreira Alvim. Comentários à Nova Lei do Mandado de Segurança – Lei 12.016/09. ed. Ano. Editora. p. 343)

▶ **O fato de ter sido proferida sentença no mandado de segurança coletivo não impede a desistência do mandado individual**

"A questão que se põe é determinar, se, não tendo o impetrante individual tido ciência da segurança coletiva, antes da sentença que conceder a segurança, poderá desistir da sua impetração para se beneficiar da sentença coletivizada, já prolatada, enquanto o seu mandamus individual ainda está em curso. Não tenho dúvida de que o fato de ter sido proferida sentença no mandado de segurança coletivo não impede a desistência do mandado individual, o que será de interesse do próprio Estado-juiz, que homologará a desistência, extinguindo o processo (CPC, art. 267, VIII e.e. art. 158, parágrafo único)." (J. E. Carreira Alvim. Comentários à Nova Lei do Mandado de Segurança – Lei 12.016/09. ed. Ano. Editora. p. 344)

▶ **Duas situações que ocorrem na harmonização entre a sentença coletiva, obtida em mandado de segurança coletivo, e a sentença individual, obtida em mandado de segurança individual**

"A harmonização entre a sentença coletiva, obtida em mandado de segurança coletivo, e a sentença individual, obtida em mandado de segurança individual, impõe distinguir duas situações: a) o impetrante do mandado de segurança individual, tendo ciência da impetração coletiva, pela Associação, versando a mesma vantagem, insiste no seu mandamus, vindo a segurança coletiva a ser concedida e denegada a segurança individual; b) o impetrante do mandado de segurança individual, tendo ciência da impetração coletiva, desiste da impetração individual, vindo a segurança coletiva a ser concedida.

No mesmo sentido: Na hipótese supra "a", pelo fato de não ter desistido da segurança individual, o impetrante fará jus à vantagem reconhecida pela sentença no mandado de segurança coletivo, mas apenas a partir da prolação da sentença coletivizada, que normando a situação funcional de todos os membros da categoria dos servidores públicos civis, norma rá também a do impetrante não desistente, em que pese ter-lhe sido denegada a segurança individual, porque ele também é servidor público. Nesse caso, nada receberá de atrasados por não ter desistido da segurança individual, que foi julgada improcedente. Na hipótese supra "b", pelo fato de ter desistido da segurança individual, o impetrante fará jus à vantagem reconhecida pela sentença no mandado de segurança coletivo, com direito ao recebimento das parcelas em atraso, retroativamente à data da propositura da ação, observado o prazo prescricional. Neste caso, o impetrante desistiu do mandado de segurança individual, beneficiando-se da sentença coletivizada em toda a sua extensão." (J. E. Carreira Alvim. Comentários à Nova Lei do Mandado de Segurança – Lei 12.016/09. ed. Ano. Editora. p. 347)

---

§ 2º No mandado de segurança coletivo, a liminar só poderá ser concedida após a audiência do representante judicial da pessoa jurídica de direito público, que deverá se pronunciar no prazo de 72 (setenta e duas) horas.

▶ **Em se tratando de mandado de segurança coletivo, a liminar só pode ser deferida após a audiência (oitiva) do representante judicial da pessoa jurídica de direito público, que terá o prazo de 72 horas para se manifestar (art. 22, § 2.º).**

◉ **o mesmo sentido:** "AÇÃO CIVIL PÚBLICA. CONCESSÃO DE LIMINAR SEM A OITIVA DO PODER PÚBLICO. IMPOSSIBILIDADE. ART. 2• DA LEI N. 8.437 /92. "No processo de Mandado de Segurança coletivo e de ação civil pública, a concessão de medida liminar somente pode ocorrer, setenta e duas horas após a intimação do Estado (Lei n.8.437/1992, art. 2º) -Liminar concedida sem respeito a este prazo é nula." (REsp. 88.583/ SP, rei. Min. HUMBERTO GOMES DE BARROS, DJ, 18.11.1996, p. 44.847)-Agravo regimental improvido (AgRg no AgRg no REsp. 303206/RS, rei. Min. Francisco Falcão, Primeira Turma, j. em 28.08.2001, DJ, 18.02.2002 p. 256).

▶ **Utilização da expressão: "pessoa jurídica de direito público", que não inclui as pessoas jurídicas privadas no exercício de atribuições do Poder Público**

"No § 2º do art. 22, em vez de pessoa jurídica interessada, fala em pessoa jurídica de direito público, que não inclui as pessoas jurídicas privadas no exercício de atribuições do Poder Público, devendo a interpretação ser feita de forma restrita, porque o legislador não desconhecia a diversa natureza jurídica dessas pessoas, e, no entanto, aludiu apenas às de direito público (União, Estados, Distrito Federal, Municípios, respectivas autarquias e fundações públicas)." (J. E. Carreira Alvim. Comentários à Nova Lei do Mandado de Segurança – Lei 12.016/09. ed. Ano. Editora. p. 348)

▶ **O prazo de 72 horas é meramente recomendatório**

"O prazo de 72 horas é um prazo meramente recomendatório, pois, mesmo que a manifestação da pessoa jurídica pública seja extemporânea, deve o juiz considerá-la, para formar a sua convicção, sobre a concessão ou denegação da liminar, não estando, porém, adstrito a ela, podendo concedê-la ou denegá-la conforme o seu convencimento." (J. E. Carreira Alvim. Comentários à Nova Lei do Mandado de Segurança – Lei 12.016/09. ed. Ano. Editora. p. 349)

> **Art. 23.** O direito de requerer mandado de segurança extinguir-se-á decorridos 120 (cento e vinte) dias, contados da ciência, pelo interessado, do ato impugnado.

DA DECADÊNCIA AO DIREITO DO MANEJO DO MANDADO DE SEGURANÇA

▶ **Prazo decadencial para a propositura da ação**

A Lei atual manteve a regra que estabelece prazo para a impetração (art. 23), considerada a data da ciência da lesão ou violação do direito líquido e certo, fixando-o em 120 dias. As tentativas precedentes de se considerar inconstitucional a instituição desse prazo esbarraram no entendimento jurisprudencial que o entendeu válido, cristalizado o mesmo no Enunciado da Súmula 632 do STF, que dispõe que "é constitucional lei que fixa o prazo de decadência para a impetração de mandado de segurança".

◉ *Súmula 632 do STF – É constitucional lei que fixa o prazo de decadência para a impetração de mandado de segurança.*

▶ "Na impetração contra ato comissivo, o prazo de cento e vinte dias começa a fluir a partir do dia em que o impetrante tiver tomado ciência do ato lesionador do seu direito líquido e certo, com força executória para produzir efeitos; o que afasta da impetração o ato pendente de recurso na via administrativa, independentemente de caução (art. 5°, 1), caso em que o interessado sequer teria interesse processual para sustentar a ação judicia." (J. E. Carreira Alvim. Comentários à Nova Lei do Mandado de Segurança – Lei 12.016/09. ed. Ano. Editora. p. 361).

◉ **Nas relações de trato sucessivo, a contagem do prazo decadencial para o ajuizamento da ação mandamental se renova mês a mês.**

"Nas relações de trato sucessivo, a contagem do prazo decadencial para o ajuizamento da ação mandamental se renova mês a mês." (STJ, 3ª Seção, MS 199900212690, rel. Min. Gilson Dipp, DJU, 31.3.2003)

◉ **No mesmo sentido:** "Nas obrigações de trato sucessivo o direito à impetração do mandamus se renova a cada repetição do ato lesivo, por isso inocorre, no caso, a decadência desse direito." (STJ, 2ª Turma, RESP 200701632440, rel. Min. Eliana Calmon, DJU 3.9.2009)

◉ **Se o ato é irrecorrível ou apenas passível de recurso sem efeito suspensivo, contar-se-á o prazo da publicação ou da intimação pessoal do interessado.**

"Se o ato é irrecorrível ou apenas passível de recurso sem efeito suspensivo, contar-se-á o prazo da publicação ou da intimação pessoal do interessado; se admite recurso com efeito suspensivo, contar-se-á do término do prazo para o recurso (se não for interposto) ou da intimação do julgamento final do recurso (se interposto regularmente)." (STJ, 1ª Turma, RESP 200501399510, rel. Min, Luiz Fux, DJU 15.3.2007)

◉ **Se o ato admite a interposição de recurso com efeito suspensivo, contar-se-á do término do prazo para o recurso (se não for interposto) ou da intimação do julgamento final do recurso (se interposto regularmente)**

"Se o ato é irrecorrível ou apenas passível de recurso sem efeito suspensivo, contar-se-á o prazo da publicação ou da intimação pessoal do interessado; se admite recurso com efeito suspensivo, contar-se-á do término do prazo para o recurso (se não for interposto) ou da intimação do julgamento final do recurso (se interposto regularmente)." (STJ, 1ª Turma, RESP 200501399510, rel. Min, Luiz Fux, DJU 15.3.2007)

◉ **Pedido de reconsideração deduzido após o julgamento de recurso recebido sob o efeito suspensivo não impede o início da contagem do prazo decadencial para a impetração do Mandado de Segurança.**

"ADMINISTRATIVO E PROCESSUAL CIVIL. AGRAVO INTERNO NO MANDADO DE SEGURANÇA. PEDIDO DE RECONSIDERAÇÃO. INTERRUPÇÃO DO PRAZO DECADENCIAL. NÃO OCORRÊNCIA. SÚMULA 430/STF. DECADÊNCIA RECONHECIDA. AGRAVO INTERNO IMPROVIDO. I. Agravo interno interposto contra decisão monocrática que julgara Mandado de Segurança, publicada na vigência do CPC/2015. II. De acordo com os autos, a parte agravante formulou pedido administrativo, no sentido de que fossem retificados os dados geodésicos da poligonal objeto dos direitos minerários que lhe foram conferidos. Após indeferimento do pedido, a parte agravante interpôs recurso, improvido, pelo Ministro de Estado de Minas e Energia, autoridade ora impetrada, em decisão publicada em 24/06/2016. Dessa decisão, a parte agravante formulou pedido de reconsideração, que, recebido sem atribuição de efeito suspensivo, foi indeferido, pela autoridade impetrada, em despacho publicado em 30/03/2017. III. Nesse contexto, tendo o presente mandamus sido impetrado apenas em 20/04/2017, forçoso reconhecer a decadência do direito de pedir segurança. IV. Nos termos da jurisprudência do Superior Tribunal de Justiça, "o pedido de reconsideração ou recurso administrativo destituído de efeito suspensivo não tem o condão de suspender ou interromper o curso do prazo decadencial, conforme a Súmula 430/STF: 'Pedido de reconsideração na via administrativa não interrompe o prazo para o mandado de segurança'" (STJ, AgRg no MS 18137/DF, Rel. Ministro HERMAN BENJAMIN, PRIMEIRA SEÇÃO, DJe de 29/11/2016). Nesse sentido: STJ, AgRg no MS 21.562/DF, Rel. Ministra REGINA HELENA COSTA, PRIMEIRA SEÇÃO, DJe de 16/11/2015; AgRg no MS 19.420/DF, Rel. Ministro ARNALDO ESTEVES LIMA, PRIMEIRA SEÇÃO, DJe de 02/08/2013; MS 18.521/DF, Rel. Ministro MAURO CAMPBELL MARQUES, PRIMEIRA SEÇÃO, DJe de 20/11/2012. V. Agravo interno improvido. (AgInt no MS 23.479/DF, Rel. Ministra ASSUSETE MAGALHÃES, PRIMEIRA SEÇÃO, julgado em 26/09/2018, DJe 03/10/2018)

> ◉ *Súmula 430: Pedido de reconsideração na via administrativa não interrompe o prazo para o mandado de segurança.*

◉ **A interposição de recurso administrativo destituído de efeito suspensivo, a teor do art. 61 da Lei n. 9.784/99, não tem o condão de interromper a fluência da decadência.**

"III – A interposição de recurso administrativo destituído de efeito suspensivo, a teor do art. 61 da Lei n. 9.784/99, não tem o condão de interromper a fluência da decadência, nos termos da Súmula n. 430/STF. Precedentes. IV – O Agravante não apresenta, no regimental, argumentos suficientes para desconstituir a decisão agravada. V – Agravo Regimental improvido." (STJ – AgRg no MS 21.971/DF, Rel. Ministra REGINA HELENA COSTA, PRIMEIRA SEÇÃO, julgado em 27/09/2017, DJe 03/10/2017)

◉ **Mesmo que seja possível o manejo de recurso na via administrativa, caso o ele não venha a ser recebido em seu efeito suspensivo, o ato combatido é plenamente operante, como, por exemplo, em situação de demissão de servidor público.**

"PROCESSUAL CIVIL E ADMINISTRATIVO. MANDADO DE SEGURANÇA. SERVIDOR PÚBLICO FEDERAL. PROCESSO ADMINISTRATIVO DISCIPLINAR. DEMISSÃO. SERVIDOR PÚBLICO. PRÁTICA DAS INFRAÇÕES DO ARTIGO 116, INCISOS I, II E III, ART. 132, INC. IV E ART. 127, INC. III DA LEI N. 8112/90, COMBINADO AINDA COM O ARTIGO 136 E 137, CAPUT E PARÁGRAFO ÚNICO DA LEI N. 8.112/90. POSSIBILIDADE DE CUMPRIMENTO DA PENA ANTE A AUSÊNCIA DE EFEITO SUSPENSIVO AO RECURSO OU RECONSIDERAÇÃO. ALEGAÇÃO DE PRESIDENTE DA COMISSÃO QUE NÃO DETÉM "NÍVEL SUPERIOR". INOBSERVÂNCIA DO DEVIDO PROCESSO LEGAL. AUSÊNCIA DE NULIDADE. PENALIDADE DE DEMISSÃO. AUSÊNCIA DE DIREITO LÍQUIDO E CERTO A RECEBER PENALIDADE DIVERSA DA APLICADA. 1. No processo administrativo disciplinar, "não sendo concedido efeito suspensivo ao recurso administrativo ou ao pedido de reconsideração, não há irregularidade na aplicação da pena de demissão imposta após regular processo administrativo disciplinar" (RMS 17.839/SP, Rel. Min. Arnaldo Esteves Lima DJ 13/03/2006). 2. Consoante dispõe o art. 149 da Lei 8.112/1990, somente se exige que o Presidente da Comissão Processante seja ocupante de cargo efetivo superior ou de mesmo nível, ou ter nível de escolaridade igual ou superior ao do indiciado. 3. Segurança denegada." (STJ – MS 21.120/DF, Rel. Ministro BENEDITO GONÇALVES, PRIMEIRA SEÇÃO, julgado em 22/02/2018, DJe 01/03/2018)

◉ **A interposição de embargos de declaração contra decisão administrativa impugnada pela via do mandado de segurança não tem o condão de interromper o fluxo do prazo decadencial de 120 dias para impetração do mandamus.**

"A interposição de embargos de declaração contra decisão administrativa impugnada pela via do mandado de segurança não tem o condão de interromper o fluxo do prazo decadencial de 120 dias para impetração do mandamus, notadamente quando se trata de prazo que não se suspende, nem se interrompe e do recurso integrativo – desprovido dos vícios previstos na lei processual civil – exsurge nítida feição modificativa." (RMS 39.107/SE, Rel. Ministro Gurgel de Faria, Primeira Turma, DJe 30/6/2016).

◉ **Aplicação da regra do CPC ao prazo decadencial para impetração de mandado de segurança**

"A 1.ª Turma do STJ decidiu que o prazo legal para a impetração de mandado de segurança tem natureza processual, razão pela qual se lhe aplica a norma do Código de Processo Civil que posterga o início do lapso para o primeiro dia útil seguinte ao da ciência do ato impugnado, a teor do art. 224 do CPC/15. A decisão foi proferida nos autos de Recurso Ordinário interposto contra acórdão que denegou mandado de segurança em razão do transcurso do prazo para impetração. Em seu voto, o Min. Gurgel Faria considerou que, tendo sido postada a Carta que deu ciência ao impetrante do ato administrativo em 22.12.2009, na melhor das hipóteses o impetrante teria tomado ciência do ato no dia posterior, 23.12.2009. Dessa forma, a contagem do prazo teria iniciado em 24.12.2009, tornando tempestiva a impetração do writ em 22.04.2010, último dia do prazo previsto na Lei 12.016/2009" (STJ – RMS 36.054/MG, Rel. Ministro Gurgel De Faria, 1.ª T., j. 10.05.2016, DJe 02.06.2016).

▶ **Prorrogação do prazo.**

"Sendo de decadência, o prazo não se suspende nem se interrompe pela superveniência de feriado: é inexorável. Caso o dia final do prazo (dies ad quem) termine num sábado, o impetrante deverá ajuizar o MS até o sábado, inclusive, procurando o juiz de plantão para despachar a petição inicial. Não poderá deduzir a impetração na segunda-feira seguinte." (NERY Jr. Nelson. Leis Civil e Processuais Civis Comentadas, 4ª Ed. Revista dos Tribunais, 2015, p. 1689)

> ◉ **Em sentido contrário:** "l. O Superior Tribunal de Justiça tem entendido que o prazo para a impetração do mandado de segurança, apesar de ser decadencial, prorroga-se quando o termo final recair em feriado forense." (STJ, 3ª Seção, MS 200401769558, rel. Min. Arnaldo Esteves Lima, DJU 13.8.2007) "Embora seja decadencial o prazo para o ajuizamento do mandado de segurança, recaindo o 'dies ad quem' em feriado forense, fica prorrogado o prazo final, para o primeiro dia útil seguinte." (STJ, 5ª Turma, ROMS 199200325955, rel. Min. Cid Flaquer Scartezzini, DJU 9.2.1998)

▶ **A fluência do prazo só se inicia na data em que o ato a ser impugnado se torna operante ou exequível – vale dizer, capaz de produzir lesão ao direito do impetrante.**

"A fluência do prazo só se inicia na data em que o ato a ser impugnado se torna operante ou exequível – vale dizer, capaz de produzir lesão ao direito do impetrante. Até então, se é insuscetível de causar dano ao destinatário, é inatacável por mandado de segurança, porque este visa, precipuamente, a impedir ou fazer cessar os efeitos do ato lesivo a direito individual ou coletivo. Ora, enquanto o ato não estiver apto a produzir seus efeitos, não pode ser impugnado judicialmente. Até mesmo a segurança preventiva só pode ser pedida ante um ato perfeito e exequível, mas ainda não executado. Enquanto o ato estiver em formação, ou com efeitos suspensos, ou depender de formalidades complementares para a sua operatividade, não se nos antolha passível de invalidação por mandado de segurança. Quando a lei diz que o direito de requerer mandado de segurança extinguir-se-á 120 dias após a ciência do ato impugnado (art. 23 da Lei 12.016/2009), está pressupondo o ato completo, operante e exequível." (Hely Lopes Meirelles, Arnoldo Wald e Gilmar Ferreira Mendes: Mandado de segurança e ações constitucionais, 36. ed., 2014, p. 64).

▶ **No mesmo sentido:** "A contagem do prazo de 120 (cento e vinte) dias para a impetração do mandado de segurança tem início a partir de quando se torna operante ou exequível o ato impugnado, ou seja, a partir de quando seja capaz de gerar lesão ao direito do impetrante. Enquanto o ato for insuscetível de causar lesão, não tem início o referido prazo extintivo da ação constitucional." (Leonardo Carneiro da Cunha. A Fazenda Pública em juízo. 14. ed., 2017, p. 569).

◉ **O termo inicial para a formalização de mandado de segurança pressupõe a ciência do impetrante, nos termos dos artigos 3º e 26 da Lei nº 9.784/1999, quando o ato impugnado surgir no âmbito de processo administrativo do qual seja parte.**

"PRAZO – DECADÊNCIA – MANDADO DE SEGURANÇA – TERMO INICIAL. O termo inicial para a formalização de mandado de segurança pressupõe a ciência do impetrante, nos termos dos artigos 3º e 26 da Lei nº 9.784/1999, quando o ato impugnado surgir no âmbito de processo administrativo do qual seja parte. MANDADO DE SEGURANÇA – DILAÇÃO PROBATÓRIA – PRESCINDIBILIDADE. Instruído o processo com documentos suficientes ao exame da pretensão veiculada na petição inicial, descabe suscitar a inadequação da via mandamental." (STJ – RMS 32487, Relator(a): Min. MARCO AURÉLIO, Primeira Turma, julgado em 07/11/2017, PROCESSO ELETRÔNICO DJe-263 DIVULG 20-11-2017 PUBLIC 21-11-2017)

▶ **O prazo decadencial para impetração de mandado de segurança contra ato omissivo da Administração, em regra, renova-se mês a mês, por envolver obrigação de trato sucessivo.**

No caso de omissão do Poder Público, no entanto, a sistemática é diversa, ante a ausência de ato apto a ser impugnado judicialmente. Assim, como regra geral, enquanto não proferido o ato lesivo ao direito do interessado, não há início a contagem do prazo decadencial do mandado de segurança, uma vez que "o ato omissivo tem efeitos que se protraem no tempo, e, enquanto não cessada a omissão, não se inicia o prazo decadencial".

◙ **Mandado de Segurança impetrado para anular execução ainda em curso.**

"Não há decadência do direito de ação de segurança, com o objetivo de anular execução ainda em curso, por título executivo judicialmente desconstituído, por vício de nulidade, sob a invocação de que ultrapassados cento e vinte dias de determinados atos da execução." (STJ, RMS 1291, rel. Min. Dias Trindade, j. 10.12.1991, v.u., DJU 17.2.1992, p. 1354 e BolAASP 1737/101)

◙ **Se houver prazo fixado em lei ou regulamento para a prática do ato, haverá omissão ilegal da autoridade, sendo possível a impetração do mandado de segurança para compeli-la a decidir o requerimento administrativo. Nessa hipótese o prazo decadencial se inicia a partir do final do prazo legal ou regularmente estabelecido para a prática do ato pela autoridade pública.**

"...3. Consoante jurisprudência do STJ, o mandado de segurança não constitui o meio processual adequado para provar um fato. Exige prova pré-constituída como condição essencial à verificação do direito líquido e certo, de modo que a dilação probatória se mostra incompatível com a natureza dessa ação constitucional. 4. Segurança denegada." (MS 12.723/DF, Rel. Ministro CELSO LIMONGI (DESEMBARGADOR CONVOCADO DO TJ/SP), TERCEIRA SEÇÃO, julgado em 12/08/2009, DJe 28/08/2009)

◙ **Se não houver prazo para a prática do ato a jurisprudência tem aceitado a impetração do mandado de segurança para compelir a autoridade a apreciar o pedido, nas hipóteses em que a delonga na apreciação se mostre desarrazoada.**

"ADMINISTRATIVO. PROCEDIMENTO DISCIPLINAR. PEDIDO DE RECONSIDERAÇÃO. DIREITO DE PETIÇÃO. AUSÊNCIA DE MANIFESTAÇÃO PELA AUTORIDADE IMPETRADA. ATO OMISSIVO. 1. Trata-se de Mandado de Segurança, com pedido liminar, impetrado por Ramiro José Teixeira e Silva contra ato omissivo do Ministro de Estado da Saúde, em que o impetrante alega que apresentou pedido de reconsideração em procedimento disciplinar e que não houve manifestação acerca de seu requerimento. 2. Cuida-se, portanto, de pretensão de provocar a manifestação da autoridade impetrada sobre pedido de reconsideração administrativo apresentado, consubstanciando, dessa forma, o exercício do direito constitucional de petição (art. 5º, XXXIII e XXXIV, da CF). 3. Tendo a omissão sido confirmada, a ordem deve ser concedida para que a autoridade coatora se manifeste sobre o pedido de reconsideração apresentado pelo impetrante, objeto do presente writ, no prazo de 30 dias, afastando-se a pretensão de imposição de reintegração em caso de descumprimento. 4. Segurança parcialmente concedida." (STJ – MS 18.835/DF, Rel. Ministro HERMAN BENJAMIN, PRIMEIRA SEÇÃO, julgado em 08/06/2016, DJe 01/09/2016)

▶ **Omissões de caráter sucessivo e autônomo**

"Em outros casos, haverá omissão de caráter sucessivo e autônomo, como ocorre nos seguintes casos: (i) não aplicação de critérios legais de cálculo dos proventos ou vencimentos de servidor público; (ii) omissão do Poder Público em conceder ao servidor os "quintos" remuneratórios; (iii) redução do valor do auxílio invalidez; (iv) redução do valor do adicional de insalubridade; (v) redução do valor de vantagem nos proventos ou remuneração do servidor; ou (vi) descontos efetuados indevidamente nos vencimentos do servidor público a título de imposto de renda. Em tais situações, existe uma omissão do Poder Público que gera, autônoma e renovadamente, consequências gravosas ao interessado, sendo hipótese de renovação constante do prazo decadencial para a impetração do mandado de segurança contra a omissão pública. Assim, por exemplo, no caso de omissão na concessão do quinto remuneratório, a cada pagamento de vencimentos a menor é cometida nova ilegalidade que se renova mensalmente de forma independente, de modo que o prazo para a impetração do mandado de segurança se renova a cada ilegalidade praticada. Com efeito, ao estipular que "O prazo decadencial para impetração mandado de segurança contra ato omissivo da Administração renova-se mês a mês, por envolver obrigação de trato sucessivo", o enunciado da tese faz parecer que todos os atos omissivos da Administração representam obrigação de trato sucessivo, o que, no entanto, conforme foi visto acima, não parece se confirmar." (Teses Jurídicas dos Tribunais Superiores – Direito Administrativo – Tomo III – Edição 2017.Coordenadores: Maria Sylvia Zanella Di Pietro e Irene Patrícia Nohara. Comentários de Guilherme Jardim Jurksaitis, p. 170)

◙ **No mesmo sentido:** "ADMINISTRATIVO. AGRAVO REGIMENTAL NO RECURSO ESPECIAL. MANDADO DE SEGURANÇA. PREJUDICIAL DE DECADÊNCIA. NÃO OCORRÊNCIA. RELAÇÃO DE TRATO SUCESSIVO. LEI LOCAL. NATUREZA JURÍDICA. EXAME. IMPOSSIBILIDADE. SÚMULA 280/STF. AGRAVO REGIMENTAL IMPROVIDO. I. De acordo com a jurisprudência, "em se tratando de impetração contra ato omissivo da Administração, que envolve obrigação de trato sucessivo, o prazo para o ajuizamento da ação mandamental se renova mês a mês" (STJ, AgRg no AREsp 333.890/CE, Rel. Ministro Sérgio Kukina, 1ª Turma, DJe 29/10/2013). Em igual sentido: "Tratando-se de ato omissivo da Administração Pública, de forma continuada, consistente na ausência do pagamento de reajuste, benefício ou vantagem que o servidor entende devido, o prazo decadencial para impetrar o Mandado de Segurança se renova a cada mês. Assim, a relação envolve prestação de trato sucessivo, pois não houve a negativa do próprio direito reclamado pelo impetrante, afastada a decadência, nos termos da Súmula 85 desta Corte" (STJ, AgRg no REsp 1.338.443/PE, Rel. Ministro Castro Meira, 2ª Turma, DJe 25/03/2013). II. Na hipótese dos autos, o recorrente entende que o prazo para impetrar o Mandado de Segurança não se renovaria mensalmente, porquanto a legislação local, que concedera os reajustes, teria caráter de norma de efeitos concretos. Contudo, aferir se a Lei Estadual 9.703/2012 seria lei de efeitos concretos é providência vedada, em sede de Recurso Especial, ante o óbice da Súmula 280/STF. III. Agravo regimental improvido." (AgRg no AREsp 593.738/PB, Rel. Ministra Assusete Magalhães, 2ª Turma, julgado em 20/08/2015, DJe 03/09/2015).

▶ **Quando se trata de mandado de segurança preventivo não há prazo algum a ser considerado.**

"Tendo em vista a finalidade do MS preventivo, de obter-se mandado inibitório, de ordem de não fazer à autoridade coatora, não fica sujeito ao prazo da norma comentada e pode ser impetrado a qualquer tempo, enquanto permanecer o estado de ameaça, isto é, enquanto não verificada a efetiva ofensa ao direito do impetrante. Ocorrida a lesão, com a prática do ato comissivo, ilegal ou abusivo, abre-se oportunidade para a impetração do MS repressivo, este sim sujeito ao inconstitucional prazo de decadência previsto na norma sob comentário." (NERY Jr. Nelson. Leis Civil e Processuais Civis Comentadas, 4ª Ed. Revista dos Tribunais, 2015, p. 1689)

▣ **no mesmo sentido:** "(....) 3. MANDADO DE SEGURANÇA. Caráter preventivo. Impetração contra iminente nomeação de juiz para Tribunal Regional do Trabalho. Ato administrativo complexo. Decreto ainda não assinado pelo Presidente da República. Decadência não consumada. Preliminar repelida. Em se tratando de mandado de segurança preventivo contra iminente nomeação de juiz para Tribunal Regional do Trabalho, que é ato administrativo complexo, cuja perfeição se dá apenas com o decreto do Presidente da República, só com a edição desse principia a correr o prazo de decadência para impetração(...).)(MS 24414, Relator(a): Min. CEZAR PELUSO, Tribunal Pleno, julgado em 03/09/2003, DJ 21-11-2003 PP-00009 EMENT VOL-02133-03 PP-00440)

▣ **no mesmo sentido:** "II – Ao mandado de segurança preventivo não se aplica o prazo decadencial de 120 dias previsto no art. 18 da Lei 1.533/51. Precedentes: REsp nº 694.429/SP, Rel. Min. CASTRO MEIRA, DJ de 25/08/06; AgRg no Ag nº 557.498/RJ, Rel. Min. FRANCISCO PEÇANHA MARTINS, DJ de 16/05/05 e REsp nº 485.581/RS, Rel. Min. LUIZ FUX, DJ de 23/06/03." (STJ, 1ª Turma, AGRESP 200802390954, rel. Min. Francisco Falcão, DJU 27.4.2009)

▶ **Pedido de reconsideração na via administrativa não interrompe o prazo para o mandado de segurança**

Por fim, a simples propositura de pedido de reconsideração, na esfera administrativa, por ser o exercício de uma mera faculdade, não provoca a suspensão ou interrupção do prazo, que continua a fluir normalmente.

▣ **no mesmo sentido:** "Importante verificar que a apresentação de pedido de reconsideração na esfera administrativa não possui o condão de interromper o prazo decadencial para a impetração do mandado de segurança, conforme entendimento expresso na Súmula 430 do Supremo Tribunal Federal: "Pedido de reconsideração na via administrativa não interrompe o prazo para o mandado de segurança". Tal entendimento foi recentemente aplicado pelo Pleno da Suprema Corte, quando do julgamento do Agravo Regimental no MS 28.793/DF, Rel. Min. Teori Zavascki, j. 30/04/2014. A lógica de tal entendimento está no fato de que "[a] rejeição a pedido de reconsideração é mero desdobramento do ato coator anterior, e não uma nova violação a direito líquido e certo." (STJ – RMS 24.654, Rel. Min. Nancy Andrighi, 3ª Turma, j. 04/12/2007, DJe 19/12/2007). (BUENO, Cassio Scarpinella. A nova Lei do mandado de segurança. 2. ed., 2010, p. 34-37.)

▣ **no mesmo sentido:** "Decadência. Mandado de segurança. O mandado de segurança há de ser impetrado no prazo assinado em lei, não o reabrindo pedido de reconsideração formalizado anos após o ato atacado ter vindo à balha [sic]."

(STF, 1.ª T., RMS 30.990, Rel. Min. Marco Aurélio, j. 8.5.2012, DJE 5.6.2012. No mesmo sentido: 2.ª T., MS 30.981-AgR, rel. Min. Gilmar Mendes, j. 14.8.2012, DJE 27.8.2012.

▶ **Prazo para a impetração contra ato omissivo**

"Na impetração contra ato omissivo, não existe prazo decadencial, mesmo porque a lesão ao direito líquido e certo, nesse caso é permanente, renovando-se diariamente para fins de impetração de mandado de segurança. A omissão, em si mesma considerada, registra Scarpinella Bueno, inibe a fluência do prazo para a impetração do mandado de segurança, como, por exemplo, na omissão em creditar juros e correção monetária em contas ativas de cadernetas de poupança. Afirma esse jurista que a omissão estará, porém, sujeita a prazo decadencial, se a lei estabelecer um prazo para a Administração Pública praticar determinado ato, caso em que de seu silêncio haverá ilegalidade ou abusividade de poder, justificando a impetração, tendo influência para esse fim o prazo de cento e vinte dias. Vejo com reserva essa afirmação, porque, sendo a Administração Pública sinônimo de administração legal, não pode ela beneficiar-se da própria torpeza-, ou da torpeza dos seus agentes -, deixando de fazer aquilo que a lei lhe ordena, e, quando cobrada, dizer que o interessado perdeu o direito de reclamar da sua omissão." (J. E. Carreira Alvim. Comentários à Nova Lei do Mandado de Segurança – Lei 12.016/09. ed. Ano. Editora. p. 362)

◉ **O termo inicial do prazo decadencial para a impetração de mandado de segurança no qual se discuta regra editalícia que tenha fundamentado eliminação em concurso público é a data em que o candidato toma ciência do ato administrativo que determina sua exclusão do certame, e não a da publicação do edital.**

"EMBARGOS DE DIVERGÊNCIA – CONCURSO PÚBLICO – MANDADO DE SEGURANÇA – PRAZO DECADENCIAL – TERMO A QUO – ACOLHIMENTO DA DIVERGÊNCIA. 1. – O termo a quo do prazo decadencial para a impetração de mandado de segurança em que se impugna regra prevista no edital de concurso público, conta-se a partir do momento em que o candidato toma ciência do ato administrativo que, fundado em regra editalícia, determina a sua eliminação do certame. Precedentes." (EREsp 1.266.278/MS, Relatora Ministra ELIANA CALMON, CORTE ESPECIAL, DJe 10/05/2013) e não a partir da data do edital, como julgado pelo Acórdão ora Embargado. 2. – Embargos de Divergência acolhidos, prejudicada a remessa à 3ª Seção. (STJ – EREsp 1124254/PI, Rel. Ministro SIDNEI BENETI, CORTE ESPECIAL, julgado em 01/07/2014, DJe 12/08/2014)

> ◉ **no mesmo sentido:** "O momento inicial do prazo decadencial do mandado de segurança, no tocante às regras do edital que tratam do limite de idade, nasce quando da eliminação do candidato do certame, porque somente a partir desse momento, as regras editalícias passam a afetar o direito subjetivo do candidato, legitimando-o para a impetração do writ." (STJ – AgRg nos EDcl no REsp 1.274.587/BA, Rel. Min. HUMBERTO MARTINS, Segunda Turma, DJe 19/12/11)

◙ **O término da validade do concurso marca o termo a quo da contagem do prazo decadencial para a impetração de mandado de segurança dirigido contra ato omissivo da autoridade coatora, que se furtou em nomear o candidato no cargo para o qual fora aprovado.**

"ADMINISTRATIVO. CONCURSO PÚBLICO. NÃO NOMEAÇÃO DE CANDIDATO APROVADO. DECADÊNCIA. TERMO INICIAL. CIÊNCIA DO ATO LESIVO. TÉRMINO DO PRAZO DE VALIDADE DO CONCURSO. RECURSO ADMINISTRATIVO. EFEITO SUSPENSIVO NÃO DEMONSTRADO NOS AUTOS. SÚMULA 430/STF. 1. Na origem, a agravante impetrou mandado de segurança, com o objetivo de ser nomeada no cargo de Assistente Social do Tribunal de Justiça do Estado de São Paulo, em virtude da sua aprovação dentro do número de vagas previsto no edital do concurso. 2. Cinge-se a controvérsia acerca do termo a quo para a contagem do prazo decadencial para a impetração de mandado de segurança, se a data em que se expirou o concurso público ou a em que a impetrante obteve resposta ao recurso administrativo interposto com o fito de ser nomeada para o cargo. 3. O término da validade do concurso marca o termo a quo da contagem do prazo decadencial para a impetração de mandado de segurança dirigido contra ato omissivo da autoridade coatora, que se furtou em nomear o candidato no cargo para o qual fora aprovado. Precedentes.4. O pedido de reconsideração ou recurso administrativo destituído de efeito suspensivo não tem o condão de suspender ou interromper o curso do prazo de 120 dias estabelecido no art. 23 da Lei nº 12.016/09, revelando-se inservível para a contagem da decadência, a teor da Súmula 430 do Supremo Tribunal Federal: "Pedido de reconsideração na via administrativa não interrompe o prazo para o mandado de segurança". 5. Agravo regimental não provido." (STJ – AgRg no RMS 36.299/SP, Rel. Ministro CASTRO MEIRA, SEGUNDA TURMA, julgado em 26/06/2012, DJe 21/08/2012)

◙ **No mesmo sentido:** "PROCESSUAL CIVIL E ADMINISTRATIVO. AGRAVO REGIMENTAL NO RECURSO EM MANDADO DE SEGURANÇA. CONCURSO PÚBLICO. NOMEAÇÃO DE CANDIDATA. ATO OMISSIVO. EXAURIMENTO DO PRAZO DE VALIDADE DO CONCURSO. TERMO INICIAL PARA IMPETRAÇÃO DO MANDAMUS. DECADÊNCIA NÃO CONFIGURADA. 1. Em se tratando de mandado de segurança objetivando atacar omissão da Administração Pública em efetivar a nomeação de candidata aprovada em concurso público, o transcurso do prazo decadencial para impetração do writ tem como termo inicial o exaurimento do prazo de validade do certame. Precedentes. 2. Na ausência de fundamento relevante que infirme as razões consideradas no julgado agravado, deve ser mantida a decisão por seus próprios fundamentos. 3. Agravo regimental desprovido." (STJ – AgRg no RMS 21.165/MG, Rel. Ministra LAURITA VAZ, QUINTA TURMA, julgado em 12/08/2008, DJe 08/09/2008)

◙ **No mesmo sentido:** "o STF – MANDADO DE SEGURANÇA. CONCURSO PÚBLICO. FISCAL DO TRABALHO. DECADÊNCIA. DIREITOS ASSEGURADOS AOS CONCORRENTES: NÃO-EXCLUSÃO E NÃO-PRETERIÇÃO. CONCURSO REALIZADO EM DUAS ETAPAS. PARTICIPAÇÃO NA SEGUNDA ETAPA (TREINAMENTO) ASSEGURADA POR MEDIDA PRECÁRIA. INEXISTÊNCIA DE DIREITO LÍQUIDO E CERTO À NOMEAÇÃO. 1. O prazo decadencial para se impetrar mandado de segurança com o objetivo de obter nomeação de servidor público se inicia a partir do término do prazo de validade do concurso. 2. O que a aprovação em concurso assegura ao candidato é uma salvaguarda, uma expectativa de direito à não-exclusão, e à não-preterição por outro concorrente com classificação inferior à sua, ao longo do prazo de validade do certame. 3. A participação em segunda etapa de concurso público, assegurada por força de medida liminar em que não se demonstra concessão definitiva da segurança pleiteada, não é apta a caracterizar o direito líquido e certo. 4. Recurso improvido." (STJ – RMS 24551, Relator(a): Min. ELLEN GRACIE, Segunda Turma, julgado em 07/10/2003, DJ 24-10-2003 PP-00030 EMENT VOL-02129-02 PP-00488)

◉ **O termo inicial do prazo para impetração do mandado de segurança contra a aplicação de sanção disciplinar administrativa ocorre quando a penalidade é publicada no Diário Oficial.**

"...2. O termo inicial do prazo para impetração do mandado de segurança contra a aplicação de sanção disciplinar administrativa ocorre quando a penalidade é publicada no Diário Oficial. 3. A irresignação administrativa do recorrente não teve efeito suspensivo à decisão administrativa disciplinar. Por essa razão, a incidência da Súm. n. 430/STF, declarada pelo Tribunal de origem, não deve ser reformada. Nesse sentido: AgInt no RMS 50.726/SP, Rel.Ministro BENEDITO GONÇALVES, PRIMEIRA TURMA, julgado em 21/11/2017, DJe 28/11/2017. 4. Agravo interno não provido." (AgInt no RMS 56.618/SP, Rel. Ministro MAURO CAMPBELL MARQUES, SEGUNDA TURMA, julgado em 02/10/2018, DJe 22/10/2018)

▶ **Decadência no Mandado de Segurança não impede a utilização das vias ordinárias.**

"O sistema processual oferece outros caminhos alternativos para o jurisdicionado que podem garantir a obtenção de comando mandamental equivalente ao resultado que obteria com o MS. Referimo-nos à tutela provisória do CPC 294 e ss. e à específica para as obrigações de fazer e não fazer do CPC 497 e ss. Preenchidos os requisitos constantes dessas normas legais, o autor pode obter providência jurisdicional mandamental ou inibitória de eficácia imediata em qualquer ação civil que se processe pelo procedimento comum ordinário. O autor não necessitaria, portanto, do MS ou, por outra, poderia alcançar o mesmo resultado do mandado de segurança por um meio processual ordinário. Soa-nos, portanto, um tanto despicienda a discussão sobre a decadência do direito material à segurança, instituída por lei ordinária. A nosso juízo, o balizamento do MS está, com todos os requisitos para sua impetração, exclusiva e exaustivamente delineado pela CF 5.º LXIX e LXX. Não se pode admitir que a Constituição dê com uma mão e o legislador ordinário tire com a outra, nem interpretar-se instrumento constitucional que confere garantia ao cidadão contra atos ilegais e abusivos de autoridade, dando-lhe alcance menor do que instituto do processo civil tradicional, previsto para situações de urgência em ação de rito ordinário. Os valores não podem ser invertidos. Frise-se que outro argumento em favor da não limitação temporal, por lei ordinária, do exercício do mandado de segurança parece deva ser ponderado. A história e as estatísticas, ainda que estas últimas sejam resultado de procedimentos empíricos, demonstram que o Poder Público, em todos os seus desdobramentos (União Federal, Estados, Distrito Federal, Municípios, autarquias, empresas públicas, sociedades de economia mista e fundações públicas), é o maior desrespeitador dos direitos fundamentais das pessoas no Brasil, causando-lhes gravames por atos ilegais e/ou abusivos. Com esse quadro de nossa realidade, afigura-se-nos ter sido pouco conveniente a edição do STF 632. Mesmo que não vinculantes, as súmulas simples editadas por tribunais superiores gozam de imenso prestígio e são normalmente acatadas pelos magistrados brasileiros. Diante de tudo isso, parece-nos, portanto, mais consentâneo com o espírito da Constituição entender-se não ser aplicável a limitação temporal de cento e vinte dias para o exercício da garantia constitucional do mandado de segurança, estatuída na LMS 23. V. Nery. Princípios11, n. 19.1, pp. 195/199." (NERY Jr. Nelson. Leis Civil e Processuais Civis Comentadas, 4ª Ed. Revista dos Tribunais, 2015, p. 1688)

◙ **No mesmo sentido:** "Caracterizada a decadência, consoante art. 18, da Lei 1.533/51, extingue-se o direito ao uso da via mandamental, mas não o próprio direito subjetivo ao bem da vida tido por violado, que pode ser perseguido na via ordinária". (STJ, 5ª Turma, RESP 200201430710, rel. Min. Jorge Scartezzini, DJU 4.8.2003). No mesmo teor: STJ, 5ª Turma, RESP 200301937673, rel. Min. Jorge Scartezzini, DJU 2.8.2004 "l. Nos termos do art. 18 da Lei nº 1.533/51, o direito de requerer mandado de segurança extinguir-se-á decorridos cento e vinte dias da ciência, pelo interessado, do ato impugnado. (...) 3. Mandado de segurança julgado extinto devido à decadência, ressalvadas as vias ordinárias." (STJ, 3ª Seção, MS 200601414244, rel. Min. Nilson Naves, DJU 29.6.2007)

◙ **Decadência no Mandado de Segurança e extinção sem julgamento de mérito"**

"2. Ultrapassado o prazo previsto no art. 18 da Lei nº 1.533/51, opera-se, irremediavelmente, a decadência, devendo o mandado de segurança ser extinto, sem julgamento do mérito, ressalvando-se aos Recorrentes o direito de impugnar o ato pelas vias ordinárias." (STJ, ROMS 200500994686, 6ª Turma, rel. Min. Paulo Medina, DJU 23.10.2006) " 2 – Decadência reconhecida, com a consequente extinção deste mandamus, pois, no caso concreto, a impetração se deu quando já havia decorrido o prazo legal. Todavia, a decadência extingue o direito ao uso da ação mandamental, mas não líquida com o próprio direito subjetivo ao bem da vida tido por violado, que pode ser perseguido na via ordinária. 3 – Recurso conhecido, nos termos acima expostos e, neste aspecto, provido para reconhecer a ocorrência do lapso decadencial e, em consequência, julgar extinto o writ, sem julgamento do mérito." (STJ, 5ª Turma, RESP 200201310506, rel. Min. Jorge Scartezzini, DJU 2.8.2004).

◙ **Decadência no Mandado de Segurança: matéria de ordem pública. Possibilidade de reconhecimento de ofício e a qualquer tempo.**

"l. A decadência do direito à impetração pode ser reconhecida de ofício e a qualquer tempo, mesmo em recurso ordinário, por tratar-se de matéria de ordem pública." (STJ, 2ª Turma, ROMS 200501201436, rel. Min. Castro Meira, DJU 21.11.2005)

"2. A decadência, matéria de ordem pública, pode ser reconhecida de ofício em sede de recurso ordinário." (STJ, 6ª Turma, ROMS 200000545244, rel. Min. Maria Thereza de Assis Moura, DJU 29.10.2007).

◉ **É posição pacífica da jurisprudência desta Suprema Corte que o prazo decadencial para ajuizamento do mandado de segurança, mesmo que tenha ocorrido perante juízo absolutamente incompetente, há de ser aferido pela data em que foi originariamente protocolizado.**

"AGRAVO REGIMENTAL EM MANDADO DE SEGURANÇA. TRIBUNAL DE CONTAS DA UNIÃO. IMPETRAÇÃO EM JUÍZO INCOMPETENTE DENTRO DO PRAZO DECADENCIAL DE 120 DIAS. NÃO OCORRÊNCIA DA CONSUMAÇÃO DA DECADÊNCIA. AGRAVO NÃO PROVIDO. 1. A questão suscitada na peça recursal trata, especificamente, de matéria de ordem pública, consistente na alegada incidência da decadência do mandamus. 2. É posição pacífica da jurisprudência desta Suprema Corte que o prazo decadencial para ajuizamento do mandado de segurança, mesmo que tenha ocorrido perante juízo absolutamente incompetente, há de ser aferido pela data em que foi originariamente protocolizado. Decadência não configurada. Precedentes. 3. Agravo regimental não provido." (MS 26792 AgR, Relator(a): Min. DIAS TOFFOLI, Primeira Turma, julgado em 04/09/2012, ACÓRDÃO ELETRÔNICO DJe-190 DIVULG 26-09-2012 PUBLIC 27-09-2012)

◉ **Com o decurso, in albis, do prazo decadencial de 120 dias, a que se refere o art. 23 da Lei 12.016/2009, extingue-se, de pleno direito, a prerrogativa de impetrar mandado de segurança.**

"MANDADO DE SEGURANÇA – EMBARGOS DE DECLARAÇÃO RECEBIDOS COMO RECURSO DE AGRAVO – ATO COATOR EMANADO DO CONSELHO NACIONAL DO MINISTÉRIO PÚBLICO – IMPETRAÇÃO DEDUZIDA QUANDO JÁ ESGOTADO O PRAZO DECADENCIAL DE CENTO E VINTE (120) DIAS – CONSEQUENTE EXTINÇÃO DO DIREITO DE IMPETRAR MANDADO DE SEGURANÇA (LEI Nº 12.016/2009, ART. 23) – CONSTITUCIONALIDADE DESSA NORMA LEGAL (SÚMULA 623/STF) – PRECEDENTES – RECURSO DE AGRAVO IMPROVIDO. MANDADO DE SEGURANÇA – PRAZO DECADENCIAL – CONSUMAÇÃO – EXTINÇÃO DO DIREITO DE IMPETRAR O "WRIT" – CONSTITUCIONALIDADE. – Com o decurso, "in albis", do prazo decadencial de 120 dias, a que se refere o art. 23 da Lei nº 12.016/2009, extingue-se, de pleno direito, a prerrogativa de impetrar mandado de segurança. Precedentes. MANDADO DE SEGURANÇA E TERMO INICIAL DO PRAZO DE SUA IMPETRAÇÃO. – O termo inicial do prazo decadencial de cento e vinte (120) dias começa a fluir, para efeito de impetração do mandado de segurança, a partir da data em que o ato do Poder Público, formalmente divulgado no Diário Oficial, revela-se apto a gerar efeitos lesivos na esfera jurídica do interessado. Precedentes. A CONSUMAÇÃO DO PRAZO DECADENCIAL – QUE SÓ ATINGE O DIREITO DE IMPETRAR O MANDADO DE SEGURANÇA – NÃO GERA A PERDA DO DIREITO MATERIAL AFETADO PELO ATO ALEGADAMENTE ABUSIVO DO PODER PÚBLICO. – O ato estatal eivado de ilegalidade ou de abuso de poder não se convalida nem adquire consistência jurídica pelo simples decurso, "in albis", do prazo decadencial a que se refere o art. 23 da Lei nº 12.016/2009. A extinção do direito de impetrar mandado de segurança, resultante da consumação do prazo decadencial, embora impeça a utilização processual desse instrumento constitucional, não importa em correspondente perda do direito material, ameaçado ou violado, de que seja titular a parte interessada, que, sempre, poderá – respeitados os demais prazos estipulados em lei – questionar, em juízo, a validade jurídica dos atos emanados do Poder Público que lhe sejam lesivos. Precedente." (MS 29108 ED, Relator(a): Min. CELSO DE MELLO, Tribunal Pleno, julgado em 11/05/2011, PROCESSO ELETRÔNICO DJe-119 DIVULG 21-06-2011 PUBLIC 22-06-2011)

◉ **Súmulas pertinentes ao artigo 23**

◉ *Súmula nº 430/STF: Pedido de reconsideração na via administrativa não interrompe o prazo para o mandado de segurança.*

◉ *Súmula nº 631/STF: Extingue-se o processo de mandado de segurança se o impetrante não promove, no prazo assinado, a citação do litisconsorte passivo necessário.*

◉ *Súmula nº 632/STF: É constitucional lei que fixa o prazo de decadência para a impetração de mandado de segurança.*

Art. 24. Aplicam-se ao mandado de segurança os arts. 46 a 49 da Lei 5.869, de 11 de janeiro de 1973 – Código de Processo Civil.

DO LITISCONSÓRCIO NO MANDADO DE SEGURANÇA

▶ **Novo Código de processo Civil. Artigos correspondentes.**

Com a vigência do Novo CPC são aplicados à Lei do mandado de segurança os seguintes artigos correspondentes: art. 113, 114, 115, 116, 117 e 118.

◉ **No mesmo sentido:** "Aplicação do CPC ao Mandado de Segurança. "3. Aplicável o CPC ao mandado de segurança, por força do seu art. 272 (...)" (STJ, 5ª Turma, ROMS 199200211569, rel. Min. Edson Vidigal, DJU 9.11.2008) "(...) nada impede e até se faz necessário que seja aplicado o Código de Processo Civil, pois é certo que tal diploma se aplica subsidiariamente às normas do mandado de segurança". (STJ, 6ª Turma, RESP 199900043952, rel. Min. Maria Thereza de Assis Moura, DJU 26.3.2007). "II – A sistemática recursal prevista no Código de Processo Civil é aplicável subsidiariamente a todo o ordenamento jurídico, inclusive aos processos regidos por leis especiais, sempre que não houver disposição especial em contrário." (STJ, Corte Especial, ERESP 200300528899, rel. Min. Fernando Gonçalves, DJU 7.8.2006).

▶ **O Litisconsórcio**

"O litisconsórcio é produto de uma cumulação subjetiva, resultante da presença de duas ou mais partes no polo ativo, ou passivo, ou em ambos, num mesmo processo; ou seja, o nexo entre duas ou mais pessoas num mesmo processo." (J. E. Carreira Alvim. Comentários à Nova Lei do Mandado de Segurança – Lei 12.016/09. ed. Ano. Editora. p. 366)

▶ **Haverá litisconsórcio quando houver comunhão de direitos ou de obrigações entre duas ou mais pessoas. (vide art.113, I do NCPC)**

"(...) pode formar-se litisconsórcio quando, entre duas ou mais pessoas (físicas ou jurídicas), houver comunhão de direitos ou de obrigações relativamente à lide mandamental. Assim, se várias pessoas forem titulares de direito líquido e certo contra o Poder Público -, como, por exemplo, um consórcio de empresas-, podem, em virtude da comunhão de direitos, impetrar mandado de segurança, em litisconsórcio ativo, para excluir determinada exigência editalícia, por ser ilegal ou abusiva de poder. O litisconsórcio em razão de comunhão de obrigações relativamente à lide mandamental é a regra, no mandado de segurança, impondo-se seja a ação ajuizada, em litisconsórcio necessário, em face da autoridade coatora e da pessoa jurídica interessada, com a possibilidade de participação da parte beneficiada pelo ato (no mandado de segurança contra ato judicial), ou de terceiro que possa ser afetado pela sentença que vier a ser proferida no mandamus, nas demais hipóteses." (J. E. Carreira Alvim. Comentários à Nova Lei do Mandado de Segurança – Lei 12.016/09. ed. Ano. Editora. p. 366)

▶ **Haverá litisconsórcio entre as causas caso houver conexão pelo pedido ou pela causa de pedir (vide art. 113, II NCPC)**

" (...) o fundamento de ordem particular da conexão, e que aconselha a reunião de ações, é justamente tomar os processos mais céleres e menos onerosos -no que coincide com o motivo determinante do desmembramento -havendo, ainda, um fundamento de ordem pública, que é o de evitar sentenças contraditórias; e o meio natural de impedir que as sentenças sejam contraditórias é reunir as várias ações perante o mesmo juízo, e até no mesmo processo, para que uma única seja a decisão." (J. E. Carreira Alvim. Comentários à Nova Lei do Mandado de Segurança – Lei 12.016/09. ed. Ano. Editora. p. 373)

▶ **Haverá litisconsórcio quando ocorrer afinidade de questões por ponto comum de fato ou de direito (vide art. 113, III NCPC)**

"Assim, dois ou mais concessionárias de serviço público impetram mandado de segurança contra o poder concedente, alegando ter havido erro nos cálculos que resultaram na fixação de determinada taxa (ponto comum de fato); dois ou mais contribuintes impetram segurança contra a Fazenda Pública, pleiteando a declaração de inexistência de determinada relação jurídica tributária (ponto comum de direito)." (J. E. Carreira Alvim. Comentários à Nova Lei do Mandado de Segurança – Lei 12.016/09. ed. Ano. Editora. p. 368)

▶ **O juiz poderá limitar o litisconsórcio facultativo quanto ao número de litigantes na fase de conhecimento, na liquidação de sentença ou na execução, quando este comprometer a rápida solução do litígio ou dificultar a defesa ou o cumprimento da sentença. (vide art. 113. § 1º do NCPC).**

"Na prática diuturna do foro, o que a lei chama de "limitação" denomina-se "desmembramento", o que significa desmembrar o processo e os autos, inaugurando tantas relações jurídicas processuais (processos) quantos forem os grupos de autores (ou réus) admitidos a litigar em juízo." (J. E. Carreira Alvim. Comentários à Nova Lei do Mandado de Segurança – Lei 12.016/09. ed. Ano. Editora. p. 374)

"Além de preservar o princípio do juízo natural, o desmembramento mantém todos os processos, por força da prevenção e da conexão, na competência de um mesmo juízo (aquele a quem fora distribuído o processo original), evitando que a pulverização por grupos de autores determine sentenças contraditórias(...)." (J. E. Carreira Alvim. Comentários à Nova Lei do Mandado de Segurança – Lei 12.016/09. ed. Ano. Editora. p. 375)

▶ **O requerimento de limitação interrompe o prazo para manifestação ou resposta, que recomeçará da intimação da decisão que o solucionar (vide art. 113. § 2º do NCPC).**

"Como a lei estabelece que o mero pedido de limitação de litisconsórcio já interrompe o prazo para resposta, o abuso de direito (processual) deve, nesses casos, ser severamente reprimido. A subsistência da interrupção dependerá de vir, ou não, a ser o pedido deferido pelo juiz; se o juiz indeferi-lo, retoma o processo o seu curso." (J. E. Carreira Alvim. Comentários à Nova Lei do Mandado de Segurança – Lei 12.016/09. ed. Ano. Editora. p. 377)

▶ **Não se confunde a figura do litisconsórcio -passivo ou ativo – com as hipóteses de mandado de segurança coletivo**

"Por outro lado, aproveitando a menção do dispositivo em comento, é importante ressaltar, nesse sentido, que o litisconsórcio, no mandado de segurança, pode ocorrer tanto no polo ativo quanto no polo passivo, não se confundido, por outro lado, com as hipóteses de mandado de segurança coletivo, em que a natureza do direito material é diversa." (GOMES, Luiz Manuel, Et al. A nova Lei do Mandado de Segurança. ed. Ano. Editora pg. 227).

◉ **Importante relembrar sobre a proibição do litisconsorte ativo ulterior**

"A admissão de litisconsorte ativo após o deferimento da medida liminar contraria o princípio do juiz natural, convertido em norma legal pelo artigo 251 do CPC; a regra evita que a parte escolha o juiz da causa, bem assim os inconvenientes daí decorrentes, até de ordem moral." (STJ, REsp. 87641/RS, 2ª Turma, Rel. Min. Ari Pargendler, D] 6/4/98, p. 75).

▶ **No mandado de segurança, a relação jurídica não se forma sem a observância do litisconsórcio passivo necessário**

"No mandado de segurança, a relação jurídica não se forma sem a observância do litisconsórcio passivo necessário, na medida em que, além da autoridade coatora, que deve ser notificada para prestar informações (LMS, art. 7º, 1), deve ser também cientificada a pessoa jurídica interessada, para ingressar no feito (LMS, art. 7º, II), além daqueles que tiverem, de alguma forma, interesse jurídico relacionado com o alegado direito líquido e certo." (J. E. Carreira Alvim. Comentários à Nova Lei do Mandado de Segurança – Lei 12.016/09. ed. Ano. Editora. p. 366)

▶ **Possibilidade de haver litisconsórcio entre a autoridade coatora e a pessoa jurídica de direito público. Posicionamento do STJ.**

"Um dos questionamentos que se fazem é sobre a possibilidade de haver litisconsórcio entre a autoridade coatora e a pessoa jurídica de direito público. o Superior Tribunal de Justiça tem se manifestado pela inexistência de litisconsórcio necessário neste caso, pois entende que, se o mandado de segurança deve ser impetrado contra quem tem poderes para desfazer o ato coator, e se não há dúvida que a autoridade pertence aos quadros da pessoa jurídica impetrada, não haveria necessidade de se formar o litisconsórcio. O outro argumento, também apresentado, é de que a intervenção da autoridade coatora cessaria com o ato de prestar informações. Em todo caso, o STJ tem entendido pela desnecessidade de litisconsórcio." (GOMES, Luiz Manuel, Et al. A nova Lei do Mandado de Segurança. ed. Ano. Editora pg. 228).

▶ **A Súmula 631 do STF em consonância com o CPC, determina, para alguns autores, a formação do litisconsórcio passivo necessário entre a pessoa jurídica de direito público de que a autoridade coatora é agente e o sujeito beneficiado pelo ato coator.**

"A Súmula 631 do STF, em consonância com o art. 47, parágrafo único, do CPC, determina a formação do litisconsórcio passivo necessário entre a pessoa jurídica de direito público de que a autoridade coatora é agente e o sujeito beneficiado pelo ato coator. Destarte, acaso o impetrante não requeira, na petição inicial, a citação do litisconsorte beneficiário do ato coator, deve fazê-lo no prazo determinado pelo juiz, sob pena de extinção do processo." (FUX, Luiz. Mandado de Segurança, Ed. GEN, Rio de Janeiro, p. 350)

▶ **No mandado de segurança, é impossível a ocorrência de hipótese de litisconsórcio ativo necessário**

"No mandado de segurança, é impossível a ocorrência de hipótese de litisconsórcio ativo necessário, pois não há casos em que dois impetrantes devam necessariamente demandar em conjunto, como acontece, no processo civil, com os cônjuges (marido e mulher), dependendo da natureza da demanda, a exemplo das ações reais imobiliárias (...)." (J. E. Carreira Alvim. Comentários à Nova Lei do Mandado de Segurança – Lei 12.016/09. ed. Ano. Editora. p. 372)

◉ **Súmulas pertinentes ao artigo 24**

> ◉ *Súmula nº 631/STF: Extingue-se o processo de mandado de segurança se o impetrante não promove, no prazo assinado, a citação do litisconsorte passivo necessário.*

> ◉ *Súmula nº 701/STF: No mandado de segurança impetrado pelo Ministério Público contra decisão proferida em processo penal, é obrigatória a citação do réu como litisconsorte passivo.*

> **Art. 25.** Não cabem, no processo de mandado de segurança, a interposição de embargos infringentes e a condenação ao pagamento dos honorários advocatícios, sem prejuízo da aplicação de sanções no caso de litigância de má-fé.

DO NÃO CABIMENTO DE EMBARGOS INFRINGENTES E SUCUMBÊNCIA NO MANDADO DE SEGURANÇA

▶ O CPC/73 previa, em seu art. 530, a possibilidade de interposição de um recurso chamado embargos infringentes contra os acórdãos não unânimes que tenham apreciado o mérito da demanda em julgamento de apelação. Com a reforma introduzida pela Lei 10.352/2001, o recurso só passou a ser cabível quando reformada a sentença apelada. O art. 25 da Lei 12.016/2009 repele expressamente a utilização desse recurso no processo de mandado de segurança, mantendo, assim, a natureza especial do rito também em sede recursal. O CPC/2015, de qualquer modo, já não prevê mais este recurso.

▶ **Despesas processuais e honorários advocatícios**

As despesas com a propositura da ação, como as custas judiciais, são reguladas nos respectivos regimentos de custas, federal ou estaduais, não havendo previsão constitucional de isenção, diferentemente do que ocorre para o habeas corpus e o habeas data. Não há, no entanto, condenação em honorários advocatícios de sucumbência no mandado de segurança, tendo a Lei, em seu art. 25, normatizado o que já vinha sendo entendido na jurisprudência.

◉ **A regra do art. 85, § 11, do CPC/2015, ou seja, que prevê os honorários recursais, não se aplica ao Mandado de Segurança.**

"PROCESSUAL CIVIL. RECURSO ORDINÁRIO EM MANDADO DE SEGURANÇA. ENUNCIADO ADMINISTRATIVO 3/STJ. ACÓRDÃO DENEGATÓRIO DE MANDADO DE SEGURANÇA. AUSÊNCIA DE IMPUGNAÇÃO À MOTIVAÇÃO ADOTADA NA ORIGEM. DESATENDIMENTO DO ÔNUS DA DIALETICIDADE. 1. No recurso ordinário interposto contra acórdão denegatório de mandado de segurança também se impõe à parte recorrente o ônus de impugnar especificadamente os fundamentos adotados no acórdão, pena de não conhecimento por descumprimento da dialeticidade. 2. O art. 25 da Lei 12.016/2009 estabelece regra de descabimento de condenação em honorários advocatícios "no processo mandamental", expressão que reúne a ideia de ação e do procedimento subjacente, com a petição inicial, as informações da autoridade coatora, a intervenção do Ministério Público, a prolação de provimento judicial e, ainda, os recursos consequentes, de maneira a afastar a incidência do regime do art. 85, § 11, do CPC/2015. 3. Recurso ordinário em mandado de segurança não conhecido." (RMS 52.024/RJ, Rel. Ministro MAURO CAMPBELL MARQUES, SEGUNDA TURMA, julgado em 06/10/2016, DJe 14/10/2016)

◉ Trechos importantes do voto do relator:

"Com efeito, a impossibilidade de condenação em honorários sucumbenciais no processo mandamental remonta a uma jurisprudência bastante sedimentada sobretudo no Supremo Tribunal Federal, cujo enunciado da Súmula 512 ("Não cabe condenação em honorários de advogado na ação de mandado de segurança") foi aprovado em sessão plenária de 03/12/1969, vale dizer, há quase cinquenta anos. Também neste Superior Tribunal de Justiça, embora bastante mais recente, há mais de vinte anos editamos a Súmula 105, quase reproduzindo a redação do enunciado do Supremo: "Na ação de mandado de segurança não se admite condenação em honorários advocatícios". Como se observa em relato feito por Hely Lopes Meirelles, Arnoldo Wald e Gilmar Ferreira Mendes ("in" Mandado de segurança e ações constitucionais, 32. ed., São Paulo: Ed. Malheiros, 2009, p. 135 e seguintes), a edição da Lei 12.016/2009 levou em conta consideráveis avanços jurisprudenciais e também apontamentos doutrinários sobre o "writ", isso provavelmente justificando a prescrição do art. 25 acerca do descabimento de condenação em honorários. Por óbvio, a interpretação desse preceito sempre pontuou o julgamento da ação de mandado de segurança, isso sob um regime em que inexistia a conjectura dos honorários recursais. O advento do novo CPC/2015, contudo, parece-me forçar um novo olhar sobre o comando normativo, a fim de readequá-lo ao novo paradigma que nos orienta, que é justamente esse da necessidade de fixação de honorários de sucumbência também quando do julgamento de recurso. A interpretação que faço do art. 85, § 11, do CPC/2015, leva-me a considerar que se o julgamento da ação de mandado de segurança não pode, por força do art. 25 da Lei 12.016/2009, abranger provimento sobre a estipulação de honorários, não é de nenhuma forma razoável cogitar disso na fase recursal. Primeiramente, digo isso porque o recurso é um desdobramento da tramitação processual que inicia com a petição inicial, assim por que não há lógica em que no processamento da ação propriamente dita – onde a jurisdição desenvolve-se com mais verticalidade e as partes, por intermédio de seus patronos, atuam mais destacadamente – inexista condenação em honorários, mas na fase recursal consequente isso seja possível. Além disso, o texto do art. 25 da Lei 12.016/2009 é claro ao estabelecer que os honorários advocatícios não cabem no processo mandamental, expressão que reúne a ideia de ação e do procedimento subjacente, com a petição inicial, as informações da autoridade coatora, a intervenção do Ministério Público, a prolação de provimento judicial e, ainda, os recursos. Concluo, portanto, pelo afastamento do regime do art. 85, § 11, do CPC/2015, em virtude da disciplina do art. 25 da Lei 12.016/2009 e das Súmulas 512/STF e 105/STJ. Por fim, ressalto que o descabimento de honorários em processo mandamental, quer na ação, quer em recurso, precede, no presente caso, a circunstância de a ora recorrente ser beneficiária da gratuidade de justiça, é dizer, deixo de condená-la em honorários recursais porque estes são impróprios no processo mandamental, sendo irrelevante que a parte impetrante seja ou não beneficiária da gratuidade de justiça, até porque em tal hipótese a condenação seria possível, apenas a sua exigibilidade ficando suspensa." (RMS 52.024/RJ, Rel. Ministro MAURO CAMPBELL MARQUES, SEGUNDA TURMA, julgado em 06/10/2016, DJe 14/10/2016)

◉ **No mesmo sentido:** "estabelece regra de descabimento de condenação em honorários advocatícios no 'processo mandamental', expressão que reúne a ideia de ação e do procedimento subjacente, com a petição inicial, as informações da autoridade coatora, a intervenção do Ministério Público, a prolação de provimento judicial e, ainda, os recursos consequentes, de maneira a afastar a incidência do regime do art. 85, § 11, do CPC/2015." (STJ – RMS 51.721/ES, rel. Min. Mauro Campbell Marques, 2.ª T., j. 06.10.2016, DJe 14.10.2016).

◙ **Súmulas pertinentes ao artigo 25**

◙ *Súmula nº 294/STF. São inadmissíveis embargos infringentes contra decisão do Supremo Tribunal Federal em mandado de segurança.*

◙ *Súmula nº 512/STF. Não cabe condenação em honorários de advogado na ação de mandado de segurança.*

◙ *Súmula nº 597/STF. Não cabem embargos infringentes de acórdão que, em mandado de segurança decidiu, por maioria de votos, a apelação.*

◙ *Súmula nº 105/STJ. Na ação de mandado de segurança não se admite condenação em honorários advocatícios.*

◙ *Súmula nº 169/STJ. São inadmissíveis embargos infringentes no processo de mandado de segurança.*

Art. 26. Constitui crime de desobediência, nos termos do art. 330 do Decreto-lei 2.848, de 7 de dezembro de 1940, o não cumprimento das decisões proferidas em mandado de segurança, sem prejuízo das sanções administrativas e da aplicação da Lei 1.079, de 10 de abril de 1950, quando cabíveis.

DO NÃO CUMPRIMENTO DA DECISÃO PROFERIDA EM MANDADO DE SEGURANÇA

▶ **Utilização de coerção indireta para o cumprimento das decisões proferidas em Mandado de Segurança**

"Houve época em que a única forma de se cumprir a sentença proferida em mandado de segurança era pela via de coerção indireta, pois, até então, supunha-se que o juiz não podia substituir por uma atividade sua a atividade da autoridade coatora, quando esta, por alguma razão se recusava a adequar a conduta administrativa à ordem contida na sentença." (J. E. Carreira Alvim. Comentários à Nova Lei do Mandado de Segurança – Lei 12.016/09. ed. Ano. Editora. p. 395)

◙ **A previsão de multa caracteriza a atipicidade da conduta**

"HABEAS CORPUS. PREFEITO MUNICIPAL. CRIME DE DESOBEDIÊNCIA DE ORDEM JUDICIAL PROFERIDA EM MANDADO DE SEGURANÇA COM PREVISÃO DE MULTA DIÁRIA PELO SEU EVENTUAL DESCUMPRIMENTO. TRANCAMENTO DA AÇÃO PENAL. ATIPICIDADE DA CONDUTA. PRECEDENTES DO STJ. ORDEM CONCEDIDA. 1. Consoante firme jurisprudência desta Corte, para a configuração do delito de desobediência de ordem judicial é indispensável que inexista a previsão de sanção de natureza civil, processual civil ou administrativa, salvo quando a norma admitir expressamente a referida cumulação. 2. Se a decisão proferida nos autos do Mandado de Segurança, cujo descumprimento justificou o oferecimento da denúncia, previu multa diária pelo seu descumprimento, não há que se falar em crime, merecendo ser trancada a Ação Penal, por atipicidade da conduta. Precedentes do STJ. 3. Parecer do MPF pela denegação da ordem. 4. Ordem concedida, para determinar o trancamento da Ação Penal 1000.6004. 2056. ajuizada contra o paciente." (HC 92655/ES, rei. Min. Napoleão Nunes Maia Filho, Quinta Turma, j. em 18.12.2007, DJ, 25.02.2008, p. 352).

◙ **A recusa da autoridade coatora em cumprir a ordem judicial pode, por força de atipia relativa (se restar entendido, como dedução evidente, a de satisfação de interesse ou sentimento pessoal), configurar, também, o delito de prevaricação**

"PENAL. HABEAS CORPUS. DESOBEDIÊNCIA. FUNCIONÁRIO PÚBLICO. MANDADO DE SEGURANÇA. ATIPIA. ATIPICIDADE RELATIVA. I – A autoridade coatora, mormente quando destinatária específica e de atuação necessária, que deixa de cumprir ordem judicial proveniente de Mandado de Segurança pode ser sujeito ativo do delito de desobediência (art. 330 do CP). A determinação, aí, não guarda relação com a vinculação – interna – de cunho funcional-administrativo e o seu descumprimento ofende, de forma penalmente reprovável, o princípio da autoridade (objeto da tutela jurídica). Il – A recusa da autoridade coatora em cumprir a ordem judicial pode, por força de atipia relativa (se restar entendido, como dedução evidente, a de satisfação de interesse ou sentimento pessoal), configurar, também, o delito de prevaricação (art. 319 do CP). Só a atipia absoluta, de plano detectável, é que ensejaria o reconhecimento da falta de justa causa. Writ indeferido." (HC 12008/CE, rei. Min. Felix Fischer, Quinta Turma, j. em 06.03.2001, DJ, 02.04.2001 p. 313).

◙ **Não tem o juiz poderes para expedir ordem de prisão fora das hipóteses de depositário infiel e de devedor de alimentos**

"POSSIBILIDADE DE PRISÃO EM DECORRÊNCIA DE DESCUMPRIMENTO DE ORDEM JUDICIAL. NO EXERCÍCIO DA JURISDIÇÃO CÍVEL, NÃO TEM O JUIZ PODERES PARA EXPEDIR ORDEM DE PRISÃO FORA DAS HIPÓTESES DE DEPOSITÁRIO INFIEL E DE DEVEDOR DE ALIMENTOS (ART. 5., LXVII, CF). Precedentes do STJ: RESp. 21.021, RHC 2.789. Habeas corpus deferido (HC 4031/DF, rei. Min. José Dantas, Quinta Turma, j. em 18.12.1995, DJ, 26.02.1996, p. 4.029). Habeas corpus preventivo – Crime de desobediência -Autoridade incompetente. – Sendo a autoridade impetrada, incompetente para atender o pedido feito em mandado de segurança, por ilegitimidade passiva "ad causam", não se há de falar em crime de desobediência, pela impossibilidade material de atendimento a ordem judicial. – Ordem concedida para expedição de salvo conduto em favor do paciente." (HC 3.983/ DF, rei. Min. Cid Flaquer Scartezzini, Quinta Turma, j. em 08.11.1995, DJ, 04.12.1995, p. 42.118).

▶ **Há também, a possibilidade da utilização de técnicas sub-rogatórias**

"(...) o próprio Judiciário é quem praticará os atos necessários ao cumprimento da obrigação a que tem direito o demandante, ante a inoperância do devedor (no caso do mandado de segurança, a autoridade coatora, que é a representante do Poder Público que tem o poder de realizar a atitude devida)." (KLIPPEL, Rodrigo e NEFFA JUNIOR, José Antônio. Comentários à lei de mandado de segurança. (Lei nº 12.016/09): Artigo por artigo, doutrina e jurisprudência, Editora Lumen Juris, Rio de Janeiro, 2010, p. 388).

▶ **As técnicas coercitivas e sub-rogatórias, acima definidas, não se aplicam indistintamente para o cumprimento de qualquer tipo de obrigação, como é o caso das obrigações infungíveis, de caráter personalíssimo**

"As técnicas coercitivas e sub-rogatórias, acima definidas, não se aplicam indistintamente para o cumprimento de qualquer tipo de obrigação, visto que as infungíveis, de caráter personalíssimo (que são maioria em se tratando de obrigações de fazer e de não fazer das autoridades coatoras), não podem ser efetivadas por meio de técnicas sub-rogatórias. Sendo assim, para sua realização sobram as técnicas coercitivas ou indiretas, sendo a principal delas a multa por descumprimento(...)".(KLIPPEL, Rodrigo e NEFFA JUNIOR, José Antônio. Comentários à lei de mandado de segurança. (Lei nº 12.016/09): Artigo por artigo, doutrina e jurisprudência, Editora Lumen Juris, Rio de Janeiro, 2010, p. 389).

▶ **O sujeito passivo da multa cominada como meio coercitivo para o cumprimento da decisão infungível proferida pelo órgão jurisdicional.**

"Antes de emitir qualquer opinião sobre a relevante dúvida, é importante demonstrar os efeitos de se defender qualquer um dos entendimentos possíveis, quais sejam, os de que (i) a multa será devida pela pessoa física no exercício da função pública, saindo de seu patrimônio pessoal (autoridade coatora) ou que (ii) a multa será devida pela pessoa jurídica a que se vincula a autoridade, sendo executada, a depender de quem seja tal pessoa jurídica, por meio da técnica dos precatórios ou da técnica comum executiva." (KLIPPEL, Rodrigo e NEFFA JUNIOR, José Antônio. Comentários à lei de mandado de segurança. (Lei nº 12.016/09): Artigo por artigo, doutrina e jurisprudência, Editora Lumen Juris, Rio de Janeiro, 2010, p. 390).

▶ **Multa devida pela pessoa jurídica a que se vincula a autoridade. Ineficácia. Possibilidade de reverter negativamente contra o Estado**

"Basicamente, a situação é a seguinte: definir que é a pessoa jurídica que deve arcar com os custos da incidência da multa é tomá-la inútil como meio efetivo de coerção, visto que a mesma somente poderá se reverter negativamente contra o Estado muito tempo depois, talvez valendo até a pena para o Poder Público descumprir o que o Judiciário determinar (caso faça um juízo de valor estritamente relacionado ao benefício econômico em não respeitar o comando decisório do Estado-juiz).

> ▶ **No mesmo sentido:** A efetividade da sanção pecuniária, como forma de garantir a efetividade da decisão mandamental, será muito maior caso seja o patrimônio da pessoa física aquele acionado se a mesma incidir (ou seja, em caso de descumprimento). Qualquer um pensará duas vezes antes de assumir um risco ao seu próprio patrimônio, desrespeitando provimento judicial." (KLIPPEL, Rodrigo e NEFFA JUNIOR, José Antônio. Comentários à lei de mandado de segurança. (Lei nº 12.016/09): Artigo por artigo, doutrina e jurisprudência, Editora Lumen Juris, Rio de Janeiro, 2010, p. 390).

▶ **Multa devida pela pessoa física. Mais eficaz.**

"Quem pratica o ato omissivo ou comissivo de desrespeitar a decisão judicial assume um risco pessoal e não institucional, devendo, pois, ter sua esfera· particular sancionada. Embora seja realmente difícil separar quais atitudes de um administrador são tomadas em caráter pessoal ou institucional, a própria teoria geral do estado impõe-nos um raciocínio de que, no caso em tela, a motivação seria particular e, portanto, os efeitos deletérios dela advindos devem ser arcados pelo patrimônio da pessoa." (KLIPPEL, Rodrigo e NEFFA JUNIOR, José Antônio. Comentários à lei de mandado de segurança. (Lei nº 12.016/09): Artigo por artigo, doutrina e jurisprudência, Editora Lumen Juris, Rio de Janeiro, 2010, p. 390).

▶ **Na esfera Tributária, o disposto no artigo 26 é mais uma garantia para o contribuinte**

"**Importante** alteração, para coibir que o administrador se esquive de cumprir a decisão judicial. Na esfera tributária, é mais uma garantia importante para o contribuinte. Nos casos em que haja necessidade de liminar para concessão de certidão de regularidade fiscal, não há argumento mais efetivo e coercitivo do que o previsto no presente dispositivo." (QUINTANILHA, Gabriel Sant'Anna. PEREIRA, Felipe Carvalho. Mandado de segurança no direito tributário – 2. ed. – São Paulo : Saraiva, 2017)

Art. 27. Os regimentos dos tribunais e, no que couber, as leis de organização judiciária deverão ser adaptados às disposições desta lei no prazo de 180 (cento e oitenta) dias, contado da sua publicação.

ADAPTAÇÃO DOS REGIMENTOS INTERNOS

▶ **A necessidade de adaptação dos Regimentos internos dos tribunais e das leis de organização judiciária devido ao advento da nova lei do mandado de segurança**

"Devido a essas inovações, é possível que haja um descompasso entre que a nova regulamentação legal sobre o mandamus diz e aquilo que os Regimentos internos dos tribunais e as leis de organização judiciária dispõem, o que toma necessário adequar esses últimos (regimentos internos e leis de organização judiciária) à primeira (Lei 12.016/09)." (KLIPPEL, Rodrigo e NEFFA JUNIOR, José Antônio. Comentários à lei de mandado de segurança. (Lei nº 12.016/09): Artigo por artigo, doutrina e jurisprudência, Editora Lumen Juris, Rio de Janeiro, 2010, p. 400).

▶ **Prazo de 180 (cento e oitenta) dias, contado da sua publicação**

"O disposto no art. 27 da Lei Mandamental mais não faz do que mandar que os regimentos dos tribunais e, no que couber, as leis de organização judiciária deverão ser adaptados às disposições desta Lei no prazo de cento e oitenta dias (180), contado da sua publicação, que se deu em 10.08.2009, com termo ad quem previsto para 07.02.2010. No caso, cento e oitenta dias não correspondem exatamente a seis meses." (J. E. Carreira Alvim. Comentários à Nova Lei do Mandado de Segurança – Lei 12.016/09. ed. Ano. Editora. p. 398)

▶ **A Lei 12.016/2009 acabou tratando, também, do mandado de segurança originário**

"A Lei 12.016/2009, mais do que disciplinar o mandado de segurança individual e coletivo em 1º grau, acabou tratando, também, do mandado de segurança originário, isto é, aquele impetrado diretamente nos Tribunais de 2º grau (TJ, TRF, TRE e TRT) e superiores (STF, STJ, TSE e TST), como se vê dos arts. 16, 17, 18 e 20 da citada lei, já comentados nesta obra." (GAJARDONI, Fernando da Fonseca. SILVA, Márcio Henrique Mendes da Silva. FERREIRA, Olavo Vianna Alves. Comentários a nova lei de mandado de segurança (Lei 12.016, de 7 de agosto e 2009) Ed. Método, 2009. São Paulo pg. 139)

Art. 28. Esta lei entra em vigor na data de sua publicação.

DA VIGÊNCIA DA LEI

▶ **Regra da Irretroatividade**

"O Brasil adota a regra da irretroatividade com assento constitucional, não podendo a lei retroagir com prejuízo do direito adquirido, do ato jurídico perfeito e da coisa julgada (art. 5.º, inciso XXXVI, CF)." (GAJARDONI, Fernando da Fonseca. SILVA, Márcio Henrique Mendes da Silva. FERREIRA, Olavo Vianna Alves. Comentários a nova lei de mandado de segurança (Lei 12.016, de 7 de agosto e 2009) Ed. Método, 2009. São Paulo pg. 140)

▶ **A lei processual nova deve respeitar o ato jurídico perfeito**

"A lei processual nova deve respeitar o ato jurídico perfeito e os seus efeitos, pois seria insuficiente se o ato permanecesse íntegro, mas suas consequências fossem desprezadas. Com base nessa ideia suplementar, completa-se o quadro da aplicação da lei processual dizendo-se que: como a lei processual nova deve respeitar o ato jurídico perfeito, seu conteúdo e efeitos, caso a realização de um ato processual futuro seja um direito subjetivo garantido por ato anterior, perfeito e acabado, não pode a lei nova simplesmente impedir a prática do ato vindouro, visto que, nesse caso, desrespeitaria a Constituição Federal e a LICC, violando ato jurídico perfeito e direito subjetivo processual dele nascido." (KLIPPEL, Rodrigo e NEFFA JUNIOR, José Antônio. Comentários à lei de mandado de segurança. (Lei nº 12.016/09): Artigo por artigo, doutrina e jurisprudência, Editora Lumen Juris, Rio de Janeiro, 2010, p. 408).

Art. 29. Revogam-se as Leis 1.533, de 31 de dezembro de 1951, 4.166, de 4 de dezembro de 1962, 4.348, de 26 de junho de 1964, 5.021, de 9 de junho de 1966; o art. 3º da Lei 6.014, de 27 de dezembro de 1973, o art. 1º da Lei 6.071, de 3 de julho de 1974, o art. 12 da Lei 6.978, de 19 de janeiro de 1982, e o art. 2º da Lei 9.259, de 9 de janeiro de 1996.

DAS NORMAS REVOGADAS

▶ **A falta de revogação expressa da Lei 2.770/56 permite que continuem vigendo as suas regras, que não são incompatíveis com as da Lei 12.016/09**

"A regra do art. 29 se limita a revogar expressamente as leis que continham o maior manancial de preceitos aplicáveis ao mandado de segurança, com restrições à concessão de medidas liminares e à execução provisória de sentença em favor dos impetrantes e contra o Poder Público. No entanto, por um cochilo, não se referiu à Lei 2.770, de 04.05.1956, que "Suprime a concessão de medidas liminares nas ações e procedimentos judiciais de qualquer natureza que visem a liberação de bens, mercadorias ou coisas de procedência estrangeira, e dá outras providências." (J. E. Carreira Alvim. Comentários à Nova Lei do Mandado de Segurança – Lei 12.016/09. ed. Ano. Editora. p. 400)

▶ **Não foram revogadas disposições específicas das Leis 8.437/1992 e 9.494/1997**

"Não foram revogadas disposições específicas das Leis 8.437/1992 e 9.494/1997, uma vez que, apesar de também aplicáveis ao mandado de segurança, afetam outros tipos de procedimentos judiciais." (GAJARDONI, Fernando da Fonseca. SILVA, Márcio Henrique Mendes da Silva. FERREIRA, Olavo Vianna Alves. Comentários a nova lei de mandado de segurança (Lei 12.016, de 7 de agosto e 2009) Ed. Método, 2009. São Paulo pg. 142)

O MANDADO DE SEGURANÇA NOS JUIZADOS ESPECIAIS.

▶ **A sistemática nos Juizados Especiais.**

"No sistema dos Juizados Especiais a previsão de recurso é apenas contra a sentença (LJE, art. 41). Como visto anteriormente, a Lei 9.099/95 não contempla a possibilidade de agravo de instrumento ou de aplicação subsidiária do Código de Processo Civil para criar recursos não estabelecidos no procedimento dos Juizados Especiais." (LIMA. José Edvaldo Albuquerque de A eficácia do mandado de segurança nos juizados especiais 1ª edição, SP: Mundo Jurídico, 2015, 156/158).

▶ **O intuito do legislador constituinte**

"O que aconteceu é que em 1988 o Poder judiciário disciplinou no artigo 98 a criação dos juizados especiais, dando-lhes competência para conciliar, julgar e executar causas cíveis com nível de complexidade e também as infrações penais com pouco potencial ofensivo.Com base nisso e com o intuito de auxiliar a justiça comum no Brasil, o Presidente da República, à época sancionou a Lei número 9.099, em setembro de 1995, instituindo e regulamentando os juizados especiais cíveis e criminais. A real intenção era que a justiça comum fosse desafogada e que a imagem do Poder judiciário fosse melhorada, objetivando simplificar o processo e procurando acelerar a prestação jurisdicional, como podemos notar no artigo 2º da Lei 9.099/95, "O processo orientar-se-á pelos critérios a oralidade, simplicidade, informalidade, economia processual e celeridade, buscando, sempre que possível a conciliação ou a transação." (LIMA. José Edvaldo Albuquerque de A eficácia do mandado de segurança nos juizados especiais 1ª edição, SP: Mundo Jurídico, 2015, 156/158).

▶ **O legislador ordinário acabou por atropelar princípios constitucionais, criando, ainda, inúmeros problemas de ordem processual àquele que recorre ao procedimento sumaríssimo dos juizados.**

"Observe-se que não está em discussão a importância do juizado especial, buscando uma prestação jurisdicional mais eficiente por parte do Estado, mas sim, proporcionar aos cidadãos, uma maior proteção aos seus direitos. Além disso, deparamo-nos com o artigo 98-, inc. I da Constituição Federal "o legislador ordinário acabou por atropelar princípios constitucionais, criando, ainda, inúmeros problemas de ordem processual àquele que recorre ao procedimento sumaríssimo dos juizados." (LIMA. José Edvaldo Albuquerque de A eficácia do mandado de segurança nos juizados especiais 1ª edição, SP: Mundo Jurídico, 2015, 156/158).

▶ **A restrição de diversos recursos abriu as portas para a possibilidade do uso do mandado de segurança.**

"Assim, se restringiu muitos recursos para não travar o andamento do processo, torná-lo mais célere e menos onerosos para a parte menos favorecida que é justamente a que mais procura o Juizado Especial. Ocorre que a quantidade de Mandado de Segurança impetrado nos Juizados Especiais vem se tornando uma das causas de travamento do processo com real benefício aos poderosos economicamente em detrimento do pobre que não possui condições para constituir um valoroso advogado." (LIMA. José Edvaldo Albuquerque de A eficácia do mandado de segurança nos juizados especiais 1ª edição, SP: Mundo Jurídico, 2015, 156/158)

▶ **Infelizmente a ação mandamental tem sido utilizada indiscriminadamente em substituição ao agravo de instrumento.**

"Dessa forma, no sistema dos Juizados Especiais, deve – se restringir o uso do mandado de segurança apenas aos casos em que este se mostre necessário para evitar dano real, resultante de ato judicial ilegal {dano ex iure)." (LIMA. José Edvaldo Albuquerque de A eficácia do mandado de segurança nos juizados especiais 1ª edição, SP: Mundo Jurídico, 2015, 156/158)

▶ **O Superior Tribunal de Justiça tem entendimento consolidado pelo cabimento do mandado de segurança contra decisões interlocutórias proferidas nos Juizados Especiais, considerando-se que o procedimento sumaríssimo adota a irrecorribilidade imediata de tais decisões.**

"O Superior Tribunal de Justiça tem entendimento consolidado pelo cabimento do mandado de segurança contra decisões interlocutórias proferidas nos Juizados Especiais, considerando-se que o procedimento sumaríssimo adota a irrecorribilidade imediata de tais decisões. Consolidou inclusive o entendimento de que cabe ao Colégio Recursal julgar os mandados de segurança contra decisão de juiz monocrático ou do próprio Colégio Recursal, salvo quando a impugnação tiver como objeto decisão que determina a competência dos Juizados Especiais em detrimento da Justiça Comum, quando a competência para o mandado de segurança será do Tribunal de Justiça." (NEVES, Daniel Amorim Assumpção. Ações Constitucionais, 2ª edição, Ed. GEN, São Paulo, 2013, p. 122)

▶ **Exceção à regra do cabimento de Mandado de Segurança contra decisão interlocutória proferidas em âmbito de Juizados Especiais Federais.**

"A exceção ficaria por conta do art. 5º da Lei 10.259/2001, que, ao prever o cabimento de recurso contra decisão de tutela de urgência no âmbito dos Juizados Especiais Federais, afasta o cabimento do mandado de segurança, até porque o melhor entendimento é que essa decisão interlocutória seja recorrível por agravo de instrumento. Para parcela da doutrina, que defende que as Leis 9.099/1995 e 10.259/2001 formam o microssistema dos Juizados Especiais, mesmo no âmbito estadual seria admissível o agravo de instrumento por aplicação da norma mencionada, mas, nesse caso, o Colégio Recursal deverá aplicar o princípio da fungibilidade caso a parte ingresse com mandado de segurança." (NEVES, Daniel Amorim Assumpção. Ações Constitucionais, 2ª edição, Ed. GEN, São Paulo, 2013, p. 122)

◉ **O Tribunal Regional Federal é competente para julgar Mandados de Segurança quando o objeto for discutir os limites da competência absoluta do Juizado Especial.**

"CONSTITUCIONAL E ADMINISTRATIVO. MANDADO DE SEGURANÇA IMPETRADO CONTRA DECISÃO DE TURMA RECURSAL. DISCUSSÃO SOBRE OS LIMITES DA COMPETÊNCIA DO JUIZADO ESPECIAL FEDERAL. 1. Cuida-se de Recurso Ordinário contra decisão do Tribunal Regional Federal da 1ª Região que declinou da sua competência para apreciar Mandado de Segurança em que o INSS discute os limites de competência dos Juizados Especiais Federais para processar e julgar demanda cujo valor exorbita o patamar máximo estipulado em lei. 2. O acórdão hostilizado apreciou matéria diversa da pretensão deduzida na inicial, pois a hipótese de Mandado de Segurança voltado contra o mérito da decisão judicial não se confunde com a espécie dos autos, em que o INSS se utiliza do writ para discutir os limites da competência absoluta do Juizado Especial. 3. "A Corte Especial do STJ, no julgamento do RMS 17.524/BA, firmou o posicionamento de que é possível a impetração de Mandado de Segurança com a finalidade de promover controle da competência dos Juizados Especiais." (RMS 26.665/DF, Rel. Ministro Herman Benjamin, Segunda Turma, DJe 21/8/2009). 4. Decisão recorrida que se mostra contrária à orientação firmada pelo Superior Tribunal de Justiça. Competência do Tribunal Regional Federal da 1ª Região para processar e julgar o Mandado de Segurança ajuizado pelo INSS. 5. Recurso Ordinário provido." (RMS 37.959/BA, Rel. Ministro HERMAN BENJAMIN, SEGUNDA TURMA, julgado em 17/10/2013, DJe 06/12/2013)

◉ **Turma Recursal dos Juizados Especiais é competente para julgar Mandados de Segurança impetrados contra atos de seus próprios membros.**

"PROCESSUAL CIVIL. RECURSO ORDINÁRIO EM MANDADO DE SEGURANÇA. ATO DE MEMBRO DE TURMA RECURSAL DEFININDO COMPETÊNCIA PARA JULGAMENTO DE DEMANDA. CONTROLE PELO TRIBUNAL DE JUSTIÇA. IMPETRAÇÃO DO WRIT. POSSIBILIDADE. 1. A questão posta nos autos cinge-se ao cabimento do Recurso em Mandado de Segurança para os Tribunais de Justiça controlarem atos praticados pelos membros ou presidente das Turmas Recursais dos Juizados Especiais Cíveis e Criminais. 2. O entendimento do Superior Tribunal de Justiça é pacífico no sentido de que a Turma Recursal dos Juizados Especiais deve julgar

Mandados de Segurança impetrados contra atos de seus próprios membros. 3. Em que pese a jurisprudência iterativa citada, na hipótese sub judice, o Mandado de Segurança não visa à revisão meritória de decisão proferida pela Justiça especializada, mas versa sobre a competência dos Juizados Especiais para conhecer da lide.4. Inexiste na Lei 9.099/1996 previsão quanto à forma de promover o controle da competência dos órgãos judicantes ali referidos. 5. As decisões que fixam a competência dos Juizados Especiais – e nada mais que estas – não podem ficar absolutamente desprovidas de controle, que deve ser exercido pelos Tribunais de Justiça e Tribunais Regionais Federais e pelo Superior Tribunal de Justiça.6. A Corte Especial do STJ, no julgamento do RMS 17.524/BA, firmou o posicionamento de que é possível a impetração de Mandado de Segurança com a finalidade de promover controle da competência dos Juizados Especiais.7. Recurso Ordinário provido." (RMS 26.665/DF, Rel. Ministro HERMAN BENJAMIN, SEGUNDA TURMA, julgado em 26/05/2009, DJe 21/08/2009)

◉ **Súmula 376/STJ: Compete a Turma Recursal processar e julgar o mandado de segurança contra ato de juizado especial.**

◉ **A jurisprudência tem admitido o ajuizamento de mandado de segurança destinado a impugnar decisão judicial transitada em julgado destinado a provocar o controle da competência dos Juizados Especiais Cíveis.**

"PROCESSO CIVIL. COMPETÊNCIA DOS JUIZADOS ESPECIAIS. CONTRO-LE. MANDADO DE SEGURANÇA PERANTE O TRIBUNAL DE JUSTIÇA. CA-BIMENTO. IMPETRAÇÃO. PRAZO. EXCEÇÃO À REGRA GERAL. 1. É cabível a impetração de mandado de segurança perante o Tribunal de Justiça para realizar o controle da competência dos Juizados Especiais, ressalvada a autonomia dos Juizados quanto ao mérito das demandas. Precedentes.2. O mandado de segurança contra decisão judicial deve, via de regra, ser impetrado antes do trânsito em julgado desta sob pena de caracterizar a incabível equiparação do mandamus à ação rescisória.3. Como exceção à regra geral, porém, admite-se a impetração de mandado de segurança frente aos Tribunais de Justiça dos Estados para o exercício do controle da competência dos Juizados Especiais, ainda que a decisão a ser anulada já tenha transitado em julgado. 4. Recurso ordinário em mandado de segurança provido." (STJ, RMS 32850/BA, rel. Min. Nancy Andrighi, j. em 1.12.2011.)

▶ **Em sentido contrário:** "Não parece adequado o entendimento doutrinário que defende o cabimento de mandado de segurança contra decisão transitada em julgado nos Juizados Especiais, como forma de evitar a perpetuação de graves vícios e injustiças. A opção do legislador foi clara ao prever no art. 59 da Lei 9.099/1995 o não cabimento de ação rescisória no âmbito dos Juizados Especiais, preferindo prestigiar a segurança jurídica advinda da coisa julgada à justiça que poderia ser perseguida por meio de tal espécie de ação. Simplesmente defender o cabimento de mandado de segurança como forma de superar a expressa vedação legal significa contrariar de forma manifesta a vontade do legislador, que, adequada ou equivocada, deve ser respeitada, já que não cabe ao intérprete "mudar a lei na marra", mas simplesmente interpretá-la dentro dos limites de razoabilidade. A proposta, quando muito, deve ser feita de lege ferenda, e atualmente ainda teria de superar o art. 5º, III, Lei 12.016/2009." (NEVES, Daniel Amorim Assumpção. Ações Constitucionais, 2ª edição, Ed. GEN, São Paulo, 2013, p. 124

TABELA COMPARATIVA ENTRE A LEI 1.533/51 E A LEI 12.016/09

QUADRO COMPARATIVO DA REFORMA DO MANDADO DE SEGURANÇA

LEI Nº 1.533/51	LEI Nº 12.016/09
Art. 1º – Conceder-se-á mandado de segurança para proteger direito líquido e certo, não amparado por habeas-corpus, sempre que, ilegalmente ou com abuso do poder, alguém sofrer violação ou houver justo receio de sofre-la por parte de autoridade, seja de que categoria for e sejam quais forem as funções que exerça.	Art. 1º Conceder-se-á mandado de segurança para proteger direito líquido e certo, não amparado por **habeas corpus** ou ***habeas data***, sempre que, ilegalmente ou com abuso *de* poder, *qualquer pessoa física ou jurídica* sofrer violação ou houver justo receio de sofrê-la por parte de autoridade, seja de que categoria for e sejam quais forem as funções que exerça. (Correspondência **parcial** com o art. 1º revogado)
§ 1º – Consideram-se autoridades, para os efeitos desta lei, os representantes ou administradores das entidades autárquicas e das pessoas naturais ou jurídicas com funções delegadas do Poder Público, somente no que entender com essas funções. (Redação dada pela Lei nº 9.259, de 1996)	§ 1º Equiparam-se às autoridades, para os efeitos desta Lei, os representantes ou órgãos de partidos políticos e os administradores de entidades autárquicas, bem como os dirigentes de pessoas jurídicas ou as pessoas naturais no exercício de atribuições do poder público, somente no que disser respeito a essas atribuições. (Correspondência **parcial** com o § 1º revogado)
§ 2º – Quando o direito ameaçado ou violado couber a varias pessoas, qualquer delas poderá requerer o mandado de segurança.	§ 2º Não cabe mandado de segurança contra os atos de gestão comercial praticados pelos administradores de empresas públicas, de sociedade de economia mista e de concessionárias de serviço público. (Alteração **total** da redação)
	§ 3º Quando o direito ameaçado ou violado couber a várias pessoas, qualquer delas poderá requerer o mandado de segurança. (correspondência com o revogado § 2º)
Art. 2º – Considerar-se-á federal a autoridade coatora se as conseqüências de ordem patrimonial do ato contra o qual se requer o mandado houverem de ser suportadas pela união federal ou pelas entidades autárquicas federais.	Art. 2º Considerar-se-á federal a autoridade coatora se as consequências de ordem patrimonial do ato contra o qual se requer o mandado houverem de ser suportadas pela *União ou entidade por ela controlada*. (correspondência **parcial** com art. 2º revogado)

QUADRO COMPARATIVO DA REFORMA DO MANDADO DE SEGURANÇA

LEI Nº 1.533/51	LEI Nº 12.016/09
Art. 3º – O titular de direito líquido e certo decorrente de direito, em condições idênticas, de terceiro, poderá impetrar mandado de segurança a favor do direito originário, se o seu titular não o fizer, em prazo razoável, apesar de para isso notificado judicialmente.	Art. 3º O titular de direito líquido e certo decorrente de direito, em condições idênticas, de terceiro poderá impetrar mandado de segurança a favor do direito originário, se o seu titular não o fizer, *no prazo de 30 (trinta) dias, quando notificado judicialmente*. (correspondência **parcial** com o revogado art. 3º)
	Parágrafo único. O exercício do direito previsto no **caput** deste artigo submete-se ao prazo fixado no art. 23 desta Lei, contado da notificação. (sem correspondência com a Lei revogada)
Art. 4º – Em caso de urgência, é permitido, observados os requisitos desta lei, impetrar o mandado de segurança por telegrama ou radiograma ao juiz competente, que poderá determinar seja feita pela mesma forma a notificação a autoridade coatora.	Art. 4º Em caso de urgência, é permitido, observados os *requisitos legais*, impetrar mandado de segurança por *telegrama, radiograma, fax ou outro meio eletrônico de autenticidade comprovada*. (correspondência parcial com o revogado art. 4º)
	§ 1º Poderá o juiz, em caso de urgência, notificar a autoridade por telegrama, radiograma ou outro meio que assegure a autenticidade do documento e a imediata ciência pela autoridade. (sem correspondência com a Lei revogada)
	§ 2º O texto original da petição deverá ser apresentado nos 5 (cinco) dias úteis seguintes. (sem correspondência com a Lei revogada)
	§ 3º Para os fins deste artigo, em se tratando de documento eletrônico, serão observadas as regras da Infra-Estrutura de Chaves Públicas Brasileira – ICP-Brasil. (sem correspondência com a Lei revogada)
Art. 5º – Não se dará mandado de segurança quando se tratar:	Art. 5º Não *se concederá* mandado de segurança quando se tratar: (alteração **parcial** de conteúdo)
I – de ato de que caiba recurso administrativo com efeito suspensivo, independente de caução.	I – de ato *do qual* caiba recurso administrativo com efeito suspensivo, *independentemente* de caução; (correspondência **parcial** com o inciso I, do art. 5º da Lei revogada)
II – de despacho ou decisão judicial, quando haja recurso previsto nas leis processuais ou possa ser modificado por via de correção.	II – de decisão judicial da qual caiba recurso com efeito suspensivo; (alteração **total** da redação do dispositivo)
III – de ato disciplinar, salvo quando praticado por autoridade incompetente ou com inobservância de formalidade essencial.	III – *de decisão judicial transitada em julgado*. (alteração **total** da redação do dispositivo)
	Parágrafo único. (VETADO)

QUADRO COMPARATIVO DA REFORMA DO MANDADO DE SEGURANÇA

LEI Nº 1.533/51	LEI Nº 12.016/09
Art. 6º – A petição inicial, que deverá preencher os requisitos dos artigos 158 e 159 do Código do Processo Civil, será apresentada em duas vias e os documentos, que instruírem a primeira, deverão ser reproduzidos, por cópia, na segunda. Parágrafo único. No caso em que o documento necessário a prova do alegado se acha em repartição ou estabelecimento publico, ou em poder de autoridade que recuse fornece-lo por certidão, o juiz ordenará, preliminarmente, por oficio, a exibição desse documento em original ou em cópia autêntica e marcará para cumprimento da ordem o prazo de dez dias. Se a autoridade que tiver procedido dessa maneira for a própria coatora, a ordem far-se-á no próprio instrumento da notificação. O escrivão extrairá cópias do documento para juntá-las à segunda via da petição. (Redação dada pela Lei nº 4.166, de 1962)	Art. 6º A petição inicial, que deverá preencher os requisitos estabelecidos pela lei processual, será apresentada em 2 (duas) vias com os documentos que instruírem a primeira reproduzidos na segunda e indicará, além da autoridade coatora, a pessoa jurídica que esta integra, à qual se acha vinculada ou da qual exerce atribuições. (alteração **parcial** do dispositivo) § 1º No caso em que o documento necessário à prova do alegado se ache em repartição ou estabelecimento público ou em poder de autoridade que se recuse a fornecê-lo por certidão *ou de terceiro*, o juiz ordenará, preliminarmente, por ofício, a exibição desse documento em original ou em cópia autêntica e marcará, para o cumprimento da ordem, o prazo de *10 (dez) dias*. O escrivão extrairá cópias do documento para juntá-las à segunda via da petição. (correspondência **parcial** com o revogado parágrafo único) § 2º Se a autoridade que tiver procedido dessa maneira for a própria coatora, a ordem far-se-á no próprio instrumento da notificação. § 3º Considera-se autoridade coatora aquela que tenha praticado o ato impugnado ou da qual emane a ordem para a sua prática. § 4º (VETADO) § 5º Denega-se o mandado de segurança nos casos previstos pelo art. 267 da Lei nº 5.869, de 11 de janeiro de 1973 – Código de Processo Civil. § 6º O pedido de mandado de segurança poderá ser renovado dentro do prazo decadencial, se a decisão denegatória não lhe houver apreciado o mérito. (sem correspondência com a lei revogada)
Art. 7º – Ao despachar a inicial, o juiz ordenará: I – que se notifique o coator do conteúdo da petição entregando-lhe a segunda via apresentada pelo requerente com as cópias dos documentos a fim de que no prazo de quinze dias preste as informações que achar necessárias. (Redação dada pela Lei nº 4.166, de 1962) (Prazo: vide Lei nº 4.348, de 1964) II – que se suspenda o ato que deu motivo ao pedido quando for relevante o fundamento e do ato impugnado puder resultar a ineficácia da medida, caso seja deferida.	Art. 7º Ao despachar a inicial, o juiz ordenará: I – que se notifique o coator do conteúdo da petição inicial, enviando-lhe a segunda via apresentada com as cópias dos documentos, a fim de que, no prazo de 10 (dez) dias, preste as informações; II – que se dê ciência do feito ao órgão de representação judicial da pessoa jurídica interessada, enviando-lhe cópia da inicial sem documentos, para que, querendo, ingresse no feito;

QUADRO COMPARATIVO DA REFORMA DO MANDADO DE SEGURANÇA

LEI Nº 1.533/51	LEI Nº 12.016/09
	III – que se suspenda o ato que deu motivo ao pedido, quando houver fundamento relevante e do ato impugnado puder resultar a ineficácia da medida, caso seja finalmente deferida, sendo facultado exigir do impetrante caução, fiança ou depósito, com o objetivo de assegurar o ressarcimento à pessoa jurídica. § 1º Da decisão do juiz de primeiro grau que conceder ou denegar a liminar caberá agravo de instrumento, observado o disposto na Lei nº 5.869, de 11 de janeiro de 1973 – Código de Processo Civil. § 2º Não será concedida medida liminar que tenha por objeto a compensação de créditos tributários, a entrega de mercadorias e bens provenientes do exterior, a reclassificação ou equiparação de servidores públicos e a concessão de aumento ou a extensão de vantagens ou pagamento de qualquer natureza. § 3º Os efeitos da medida liminar, salvo se revogada ou cassada, persistirão até a prolação da sentença. § 4º Deferida a medida liminar, o processo terá prioridade para julgamento. § 5º As vedações relacionadas com a concessão de liminares previstas neste artigo se estendem à tutela antecipada a que se referem os arts. 273 e 461 da Lei nº 5.869, de 11 janeiro de 1973 – Código de Processo Civil.
Art. 8º – A inicial será desde logo indeferida quando não for caso de mandado de segurança ou lhe faltar algum dos requisitos desta lei. Parágrafo único. De despacho de indeferimento caberá o recurso previsto no art. 12.	Art. 8º Será decretada a perempção ou caducidade da medida liminar **ex officio** ou a requerimento do Ministério Público quando, concedida a medida, o impetrante criar obstáculo ao normal andamento do processo ou deixar de promover, por mais de 3 (três) dias úteis, os atos e as diligências que lhe cumprirem. (nova redação)
Art. 9º – Feita a notificação, o serventuário em cujo cartório corra o feito juntará aos autos cópia autêntica do ofício endereçado ao coator, bem como a prova da entrega a este ou da sua recusa em aceitá-lo ou dar recibo.	Art. 9º As autoridades administrativas, no prazo de 48 (quarenta e oito) horas da notificação da medida liminar, remeterão ao Ministério ou órgão a que se acham subordinadas e ao Advogado-Geral da União ou a quem tiver a representação judicial da União, do Estado, do Município ou da entidade apontada como coatora cópia autenticada do mandado notificatório, assim como indicações e elementos outros necessários às providências a serem tomadas para a eventual suspensão da medida e defesa do ato apontado como ilegal ou abusivo de poder.

QUADRO COMPARATIVO DA REFORMA DO MANDADO DE SEGURANÇA

LEI Nº 1.533/51	LEI Nº 12.016/09
Art. 10 – Findo o prazo a que se refere o item I do art. 7º e ouvido o representante do Ministério Público dentro em cinco dias, os autos serão conclusos ao juiz, independente de solicitação da parte, para a decisão, a qual deverá ser proferida em cinco dias, tenham sido ou não prestadas as informações pela autoridade coatora	Art. 10. A inicial será desde logo indeferida, por decisão motivada, quando não for o caso de mandado de segurança ou lhe faltar algum dos requisitos legais ou quando decorrido o prazo legal para a impetração. (correspondência com o art. 8 da Lei revogada) § 1º Do indeferimento da inicial pelo juiz de primeiro grau caberá apelação e, quando a competência para o julgamento do mandado de segurança couber originariamente a um dos tribunais, do ato do relator caberá agravo para o órgão competente do tribunal que integre. § 2º O ingresso de litisconsorte ativo não será admitido após o despacho da petição inicial.
Art. 11 – Julgado procedente o pedido, o juiz transmitirá em ofício, por mão do oficial do juízo ou pelo correio, mediante registro com recibo de volta, ou por telegrama, radiograma ou telefonema, conforme o requerer o peticionário, o inteiro teor da sentença a autoridade coatora. Parágrafo único. Os originais, no caso de transmissão telegráfica, radiofônica ou telefônica, deverão ser apresentados a agência expedidora com a firma do juiz devidamente reconhecida.	Art. 11. Feitas as notificações, o serventuário em cujo cartório corra o feito juntará aos autos cópia autêntica dos ofícios endereçados ao coator e ao órgão de representação judicial da pessoa jurídica interessada, bem como a prova da entrega a estes ou da sua recusa em aceitá-los ou dar recibo e, no caso do art. 4º desta Lei, a comprovação da remessa.
Art. 12 – Da sentença, negando ou concedendo o mandado cabe apelação. (Redação dada pela Lei nº 6.014, de 1973) Parágrafo único. A sentença, que conceder o mandado, fica sujeita ao duplo grau de jurisdição, podendo, entretanto, ser executada provisoriamente. (Redação dada pela Lei nº 6.071, de 1974)	Art. 12. Findo o prazo a que se refere o inciso I do **caput** do art. 7º desta Lei, o juiz ouvirá o representante do Ministério Público, que opinará, dentro do prazo improrrogável de 10 (dez) dias. (correspondência parcial com o art. 10 da Lei revogada) Parágrafo único. Com ou sem o parecer do Ministério Público, os autos serão conclusos ao juiz, para a decisão, a qual deverá ser necessariamente proferida em 30 (trinta) dias. (dispositivo inédito)
Art. 13 – Quando o mandado for concedido e o Presidente do Tribunal, ao qual competir o conhecimento do recurso, ordenar ao juiz a suspensão da execução da sentença, desse seu ato caberá agravo para o Tribunal a que presida. (Redação dada pela Lei nº 6.014, de 1973)	Art. 13. Concedido o mandado, o juiz transmitirá em ofício, por intermédio do oficial do juízo, ou pelo correio, mediante correspondência com aviso de recebimento, o inteiro teor da sentença à autoridade coatora e à pessoa jurídica interessada. (correspondência parcial com o art. 11 da Lei revogada) Parágrafo único. Em caso de urgência, poderá o juiz observar o disposto no art. 4º desta Lei

QUADRO COMPARATIVO DA REFORMA DO MANDADO DE SEGURANÇA

LEI Nº 1.533/51	LEI Nº 12.016/09
Art. 14 – Nos casos de competência do Supremo Tribunal Federal e dos demais tribunais caberá ao relator a instrução do processo.	Art. 14. Da sentença, denegando ou concedendo o mandado, cabe apelação. (correspondência parcial com o art. 12 da Lei revogada) § 1º Concedida a segurança, a sentença estará sujeita obrigatoriamente ao duplo grau de jurisdição. § 2º Estende-se à autoridade coatora o direito de recorrer. § 3º A sentença que conceder o mandado de segurança pode ser executada provisoriamente, salvo nos casos em que for vedada a concessão da medida liminar. § 4º O pagamento de vencimentos e vantagens pecuniárias assegurados em sentença concessiva de mandado de segurança a servidor público da administração direta ou autárquica federal, estadual e municipal somente será efetuado relativamente às prestações que se vencerem a contar da data do ajuizamento da inicial. * §§ 1º ao 4º são inéditos.
Art. 15 – A decisão do mandado de segurança não impedirá que o requerente, por ação própria, pleiteie os seus direitos e os respectivos efeitos patrimoniais	Art. 15. Quando, a requerimento de pessoa jurídica de direito público interessada ou do Ministério Público e para evitar grave lesão à ordem, à saúde, à segurança e à economia públicas, o presidente do tribunal ao qual couber o conhecimento do respectivo recurso suspender, em decisão fundamentada, a execução da liminar e da sentença, dessa decisão caberá agravo, sem efeito suspensivo, no prazo de 5 (cinco) dias, que será levado a julgamento na sessão seguinte à sua interposição. § 1º Indeferido o pedido de suspensão ou provido o agravo a que se refere o **caput** deste artigo, caberá novo pedido de suspensão ao presidente do tribunal competente para conhecer de eventual recurso especial ou extraordinário. § 2º É cabível também o pedido de suspensão a que se refere o § 1º deste artigo, quando negado provimento a agravo de instrumento interposto contra a liminar a que se refere este artigo. § 3º A interposição de agravo de instrumento contra liminar concedida nas ações movidas contra o poder público e seus agentes não prejudica nem condiciona o julgamento do pedido de suspensão a que se refere este artigo.

QUADRO COMPARATIVO DA REFORMA DO MANDADO DE SEGURANÇA

LEI Nº 1.533/51	LEI Nº 12.016/09
	§ 4º O presidente do tribunal poderá conferir ao pedido efeito suspensivo liminar se constatar, em juízo prévio, a plausibilidade do direito invocado e a urgência na concessão da medida.
	§ 5º As liminares cujo objeto seja idêntico poderão ser suspensas em uma única decisão, podendo o presidente do tribunal estender os efeitos da suspensão a liminares supervenientes, mediante simples aditamento do pedido original.
	* Redação do dispositivo inédita, que acrescentou o pedido de suspensão de liminar à Lei do Mandado de Segurança.
Art. 16 – O pedido de mandado de segurança poderá ser renovado se a decisão denegatória não lhe houver apreciado o mérito.	Art. 16. Nos casos de competência originária dos tribunais, caberá ao relator a instrução do processo, sendo assegurada a defesa oral na sessão do julgamento. (correspondência parcial com o art. 14 da Lei revogada)
	Parágrafo único. Da decisão do relator que conceder ou denegar a medida liminar caberá agravo ao órgão competente do tribunal que integre.
Art. 17 – Os processos de mandado de segurança terão prioridade sobre todos os atos judiciais, salvo habeas-corpus. Na instância superior deverão ser levados a julgamento na primeira sessão que se seguir a data em que, feita a distribuição, forem conclusos ao relator.	Art. 17. Nas decisões proferidas em mandado de segurança e nos respectivos recursos, quando não publicado, no prazo de 30 (trinta) dias, contado da data do julgamento, o acórdão será substituído pelas respectivas notas taquigráficas, independentemente de revisão. (redação inédita)
Parágrafo único. O prazo para conclusão não poderá exceder de vinte e quatro horas, a contar da distribuição.	
Art. 18 – O direito de requerer mandado de segurança extinguir-se-á decorridos cento e vinte dias contados da ciência, pela interessado, do ato impugnado.	Art. 18. Das decisões em mandado de segurança proferidas em única instância pelos tribunais cabe recurso especial e extraordinário, nos casos legalmente previstos, e recurso ordinário, quando a ordem for denegada.
Art. 19 – Aplicam-se ao processo do mandado de segurança os artigos do Código de Processo Civil que regulam o litisconsórcio. (Redação dada pela Lei nº 6.071, de 1974)	Art. 19. A sentença ou o acórdão que denegar mandado de segurança, sem decidir o mérito, não impedirá que o requerente, por ação própria, pleiteie os seus direitos e os respectivos efeitos patrimoniais. (correspondência parcial com o art. 15 da Lei revogada)
Art. 20 – Revogam-se os dispositivos do Código do Processo Civil sobre o assunto e mais disposições em contrario.	Art. 20. Os processos de mandado de segurança e os respectivos recursos terão prioridade sobre todos os atos judiciais, salvo **habeas corpus**.

QUADRO COMPARATIVO DA REFORMA DO MANDADO DE SEGURANÇA

LEI Nº 1.533/51	LEI Nº 12.016/09
	§ 1º Na instância superior, deverão ser levados a julgamento na primeira sessão que se seguir à data em que forem conclusos ao relator. § 2º O prazo para a conclusão dos autos não poderá exceder de 5 (cinco) dias. * Redação alterada: prazo para conclusão dos autos.
Art. 21 – Esta lei entrará em vigor na data da sua publicação.	Art. 21. O mandado de segurança coletivo pode ser impetrado por partido político com representação no Congresso Nacional, na defesa de seus interesses legítimos relativos a seus integrantes ou à finalidade partidária, ou por organização sindical, entidade de classe ou associação legalmente constituída e em funcionamento há, pelo menos, 1 (um) ano, em defesa de direitos líquidos e certos da totalidade, ou de parte, dos seus membros ou associados, na forma dos seus estatutos e desde que pertinentes às suas finalidades, dispensada, para tanto, autorização especial. Parágrafo único. Os direitos protegidos pelo mandado de segurança coletivo podem ser: I – coletivos, assim entendidos, para efeito desta Lei, os transindividuais, de natureza indivisível, de que seja titular grupo ou categoria de pessoas ligadas entre si ou com a parte contrária por uma relação jurídica básica; II – individuais homogêneos, assim entendidos, para efeito desta Lei, os decorrentes de origem comum e da atividade ou situação específica da totalidade ou de parte dos associados ou membros do impetrante. * Redação inédita. Art. 22. No mandado de segurança coletivo, a sentença fará coisa julgada limitadamente aos membros do grupo ou categoria substituídos pelo impetrante. § 1º O mandado de segurança coletivo não induz litispendência para as ações individuais, mas os efeitos da coisa julgada não beneficiarão o impetrante a título individual se não requerer a desistência de seu mandado de segurança no prazo de 30 (trinta) dias a contar da ciência comprovada da impetração da segurança coletiva. § 2º No mandado de segurança coletivo, a liminar só poderá ser concedida após a audiência do representante judicial da pessoa jurídica de direito público, que deverá se pronunciar no prazo de 72 (setenta e duas) horas. * Incorporou-se à lei as disposições da Lei 8437/92 acerca da suspensão de segurança.

QUADRO COMPARATIVO DA REFORMA DO MANDADO DE SEGURANÇA

LEI Nº 1.533/51	LEI Nº 12.016/09
	Art. 23. O direito de requerer mandado de segurança extinguir-se-á decorridos 120 (cento e vinte) dias, contados da ciência, pelo interessado, do ato impugnado. (correspondência com o art. 18 da Lei revogada)
	Art. 24. Aplicam-se ao mandado de segurança os arts. 46 a 49 da Lei nº5.869, de 11 de janeiro de 1973 – Código de Processo Civil.
	* Correspondência com o art. 19 da Lei revogada.
	Art. 25. Não cabem, no processo de mandado de segurança, a interposição de embargos infringentes e a condenação ao pagamento dos honorários advocatícios, sem prejuízo da aplicação de sanções no caso de litigância de má-fé.
	* Redação inédita.
	Art. 26. Constitui crime de desobediência, nos termos do art. 330 do Decreto-Lei nº2.848, de 7 de dezembro de 1940, o não cumprimento das decisões proferidas em mandado de segurança, sem prejuízo das sanções administrativas e da aplicação da Lei nº 1.079, de 10 de abril de 1950, quando cabíveis.
	* Redação inédita.
	Art. 27. Os regimentos dos tribunais e, no que couber, as leis de organização judiciária deverão ser adaptados às disposições desta Lei no prazo de 180 (cento e oitenta) dias, contado da sua publicação.
	* Redação inédita.
	Art. 28. Esta Lei entra em vigor na data de sua publicação.
	Art. 29. Revogam-se as Leis nºs 1.533, de 31 de dezembro de 1951, 4.166, de 4 de dezembro de 1962, 4.348, de 26 de junho de 1964, 5.021, de 9 de junho de 1966; o art. 3º da Lei nº 6.014, de 27 de dezembro de 1973, o art. 1º da Lei nº6.071, de 3 de julho de 1974, o art. 12 da Lei nº 6.978, de 19 de janeiro de 1982, e o art. 2º da Lei nº 9.259, de 9 de janeiro de 1996.
Rio de Janeiro, 31 de dezembro de 1951; 130º da Independência e 63º da República.	Brasília, 7 de agosto de 2009; 188º da Independência e 121º da República.

REPERCURSSÕES GERAIS ENVOLVENDO O TEMA MANDADO DE SEGURANÇA

◙ **TESE 0077 – Não cabe mandado de segurança das decisões interlocutórias exaradas em processos submetidos ao rito da Lei 9.099/1995. RE 576847, 20/05/2009.**

"RECURSO EXTRAORDINÁRIO. PROCESSO CIVIL. REPERCUSSÃO GERAL RECONHECIDA. MANDADO DE SEGURANÇA. CABIMENTO. DECISÃO LIMINAR NOS JUIZADOS ESPECIAIS. LEI N. 9.099/95. ART. 5º, LV DA CONSTITUIÇÃO DO BRASIL. PRINCÍPIO CONSTITUCIONAL DA AMPLA DEFESA. AUSÊNCIA DE VIOLAÇÃO. 1. Não cabe mandado de segurança das decisões interlocutórias exaradas em processos submetidos ao rito da Lei n. 9.099/95. 2. A Lei n. 9.099/95 está voltada à promoção de celeridade no processamento e julgamento de causas cíveis de complexidade menor. Daí ter consagrado a regra da irrecorribilidade das decisões interlocutórias, inarredável. 3. Não cabe, nos casos por ela abrangidos, aplicação subsidiária do Código de Processo Civil, sob a forma do agravo de instrumento, ou o uso do instituto do mandado de segurança. 4. Não há afronta ao princípio constitucional da ampla defesa (art. 5º, LV da CB), vez que decisões interlocutórias podem ser impugnadas quando da interposição de recurso inominado. Recurso extraordinário a que se nega provimento." (RE 576847, Relator(a): Min. EROS GRAU, Tribunal Pleno, julgado em 20/05/2009, REPERCUSSÃO GERAL – MÉRITO DJe-148 DIVULG 06-08-2009 PUBLIC 07-08-2009 RTJ VOL-00211-01 PP-00558 EMENT VOL-02368-10 PP-02068 LEXSTF v. 31, n. 368, 2009, p. 310-314)

◙ **TESE 0159 – Compete às Turmas Recursais o julgamento de mandado de segurança utilizado como substitutivo recursal contra decisão de juiz federal no exercício de jurisdição do Juizado Especial Federal. RE 586789, 16/11/2011.**

"CONSTITUCIONAL. PROCESSUAL CIVIL. COMPETÊNCIA PARA O EXAME DE MANDADO DE SEGURANÇA UTILIZADO COMO SUBSTITUTIVO RECURSAL CONTRA DECISÃO DE JUIZ FEDERAL NO EXERCÍCIO DE JURISDIÇÃO DO JUIZADO ESPECIAL FEDERAL. TURMA RECURSAL. RECURSO EXTRAORDINÁRIO DESPROVIDO. I – As Turmas Recursais são órgãos recursais ordinários de última instância relativamente às decisões dos Juizados Especiais, de forma que os juízes dos Juizados Especiais estão a elas vinculados no que concerne ao reexame de seus julgados. II – Competente a Turma Recursal para processar e julgar recursos contra decisões de primeiro grau, também o é para processar e julgar o mandado de segurança substitutivo de recurso. III – Primazia da simplificação do processo judicial e do princípio da razoável duração do processo. IV – Recurso extraordinário desprovido." (RE 586789, Relator(a): Min. RICARDO LEWANDOWSKI, Tribunal Pleno, julgado em 16/11/2011, REPERCUSSÃO GERAL – MÉRITO ACÓRDÃO ELETRÔNICO DJe-039 DIVULG 24-02-2012 PUBLIC 27-02-2012 RTJ VOL-00223-01 PP-00590)

◙ **TESE 0530 – É lícito ao impetrante desistir da ação de mandado de segurança, independentemente de aquiescência da autoridade apontada como coatora ou da entidade estatal interessada ou, ainda, quando for o caso, dos litisconsortes passi-**

vos necessários, a qualquer momento antes do término do julgamento, mesmo após eventual sentença concessiva do 'writ' constitucional, não se aplicando, em tal hipótese, a norma inscrita no art. 267, § 4º, do CPC/1973. RE 669367, 02/05/2013.

"RECURSO EXTRAORDINÁRIO. REPERCUSSÃO GERAL ADMITIDA. PROCESSO CIVIL. MANDADO DE SEGURANÇA. PEDIDO DE DESISTÊNCIA DEDUZIDO APÓS A PROLAÇÃO DE SENTENÇA. ADMISSIBILIDADE. "É lícito ao impetrante desistir da ação de mandado de segurança, independentemente de aquiescência da autoridade apontada como coatora ou da entidade estatal interessada ou, ainda, quando for o caso, dos litisconsortes passivos necessários" (MS 26.890-AgR/DF, Pleno, Ministro Celso de Mello, DJe de 23.10.2009), "a qualquer momento antes do término do julgamento" (MS 24.584-AgR/DF, Pleno, Ministro Ricardo Lewandowski, DJe de 20.6.2008), "mesmo após eventual sentença concessiva do 'writ' constitucional, (...) não se aplicando, em tal hipótese, a norma inscrita no art. 267, § 4º, do CPC" (RE 255.837-AgR/PR, 2ª Turma, Ministro Celso de Mello, DJe de 27.11.2009). Jurisprudência desta Suprema Corte reiterada em repercussão geral (Tema 530 – Desistência em mandado de segurança, sem aquiescência da parte contrária, após prolação de sentença de mérito, ainda que favorável ao impetrante). Recurso extraordinário provido." (RE 669367, Relator(a): Min. LUIZ FUX, Relator(a) p/ Acórdão: Min. ROSA WEBER, Tribunal Pleno, julgado em 02/05/2013, ACÓRDÃO ELETRÔNICO REPERCUSSÃO GERAL – MÉRITO DJe-213 DIVULG 29-10-2014 PUBLIC 30-10-2014)

◉ **TESE 0722** – Compete à justiça federal comum processar e julgar mandado de segurança quando a autoridade apontada como coatora for autoridade federal, considerando-se como tal também os dirigentes de pessoa jurídica de direito privado investidos de delegação concedida pela União. RE 726035, 25/04/2014.

"EMENTA: RECURSO EXTRAORDINÁRIO. PROCESSUAL CIVIL E CONSTITUCIONAL. CONCURSO PÚBLICO. MANDADO DE SEGURANÇA. SOCIEDADE DE ECONOMIA MISTA. AUTORIDADE FEDERAL. COMPETÊNCIA. JUSTIÇA FEDERAL. RECURSO EXTRAORDINÁRIO DESPROVIDO. REPERCUSSÃO GERAL RECONHECIDA. REAFIRMADA A JURISPRUDÊNCIA DOMINANTE SOBRE A MATÉRIA." (RE 726035 RG, Relator(a): Min. LUIZ FUX, julgado em 24/04/2014, PROCESSO ELETRÔNICO REPERCUSSÃO GERAL – MÉRITO DJe-083 DIVULG 02-05-2014 PUBLIC 05-05-2014)

◉ **TESE 0831** – O pagamento dos valores devidos pela Fazenda Pública entre a data da impetração do mandado de segurança e a efetiva implementação da ordem concessiva deve observar o regime de precatórios previsto no artigo 100 da Constituição Federal. RE 889173, 08/08/2015.

"EMENTA: EMBARGOS DE DECLARAÇÃO NA REPERCUSSÃO GERAL NO RECURSO EXTRAORDINÁRIO. CONSTITUCIONAL E PROCESSUAL. MANDADO DE SEGURANÇA. VALORES DEVIDOS ENTRE A DATA DA IMPETRAÇÃO E A IMPLEMENTAÇÃO DA ORDEM CONCESSIVA. SUBMISSÃO AO REGIME DE PRECATÓRIOS. REPERCUSSÃO GERAL RECONHECIDA. REAFIRMAÇÃO DE JURISPRUDÊNCIA. OMISSÃO. INEXISTÊNCIA. EFEITOS INFRINGENTES. IMPOS-

SIBILIDADE. 1. Não houve omissão quanto aos limites da coisa julgada, pois, in casu, a decisão que concedeu a segurança nada disse a respeito da necessidade ou não de observância do regime de precatórios para o pagamento dos valores relativos a período anterior à implementação da ordem concessiva. Tal discussão foi inaugurada por ocasião do cumprimento da referida decisão. 2. O pagamento dos valores devidos pela Fazenda Pública entre a data da impetração do mandado de segurança e a efetiva implementação da ordem concessiva deve observar o disposto no artigo 100 da Constituição Federal. 3. Embargos de declaração DESPROVIDOS." (RE 889173 RG-ED, Relator(a): Min. LUIZ FUX, Tribunal Pleno, julgado em 05/10/2018, PROCESSO ELETRÔNICO DJe-226 DIVULG 23-10-2018 PUBLIC 24-10-2018)

RECURSOS REPETITIVOS DO SUPERIOR TRIBUNAL DE JUSTIÇA.

◉ Tema/Repetitivo 118 – É necessária a efetiva comprovação do recolhimento feito a maior ou indevidamente para fins de declaração do direito à compensação tributária em sede de mandado de segurança.

◉ Tema/Repetitivo 162 – É cabível a interposição de agravo de instrumento contra decisão de magistrado de primeira instância que indefere ou concede liminar em mandado de segurança.

◉ Tema/Repetitivo 258 – É incabível o mandado de segurança para convalidar a compensação tributária realizada pelo contribuinte.

◉ Tema/Repetitivo 271 – Os efeitos da suspensão da exigibilidade pela realização do depósito integral do crédito exequendo, quer no bojo de ação anulatória, quer no de ação declaratória de inexistência de relação jurídico-tributária, ou mesmo no de mandado de segurança, desde que ajuizados anteriormente à execução fiscal, têm o condão de impedir a lavratura do auto de infração, assim como de coibir o ato de inscrição em dívida ativa e o ajuizamento da execução fiscal, a qual, acaso proposta, deverá ser extinta.

◉ Tema/Repetitivo 430 – No pertinente a impetração de ação mandamental contra lei em tese, a jurisprudência desta Corte Superior embora reconheça a possibilidade de mandado de segurança invocar a inconstitucionalidade da norma como fundamento para o pedido, não admite que a declaração de inconstitucionalidade, constitua, ela própria, pedido autônomo.

SÚMULAS DO SUPREMO TRIBUNAL FEDERAL
SOBRE MANDADO DE SEGURANÇA

◉ **SÚMULA 101** – O mandado de segurança não substitui a ação popular.

◉ **SÚMULA 248** – É competente, originariamente, o Supremo Tribunal Federal, para mandado de segurança contra ato do Tribunal de Contas da União.

◉ SÚMULA 248 – É competente, originariamente, o Supremo Tribunal Federal, para mandado de segurança contra ato do Tribunal de Contas da União.

◉ SÚMULA 267 – Não cabe mandado de segurança contra ato judicial passível de recurso ou correição.

◉ SÚMULA 268 – Não cabe mandado de segurança contra decisão judicial com trânsito em julgado.

◉ SÚMULA 269 – O mandado de segurança não é substitutivo de ação de cobrança.

◉ SÚMULA 270 – Não cabe mandado de segurança para impugnar enquadramento da L. 3.780, de 12.7.60, que envolva exame de prova ou de situação funcional complexa.

◉ SÚMULA 271 – Concessão de mandado de segurança não produz efeitos patrimoniais em relação a período pretérito, os quais devem ser reclamados administrativamente ou pela via judicial própria.

◉ SÚMULA 272 – Não se admite como ordinário recurso extraordinário de decisão denegatória de mandado de segurança.

◉ SÚMULA 294 – São inadmissíveis embargos infringentes contra decisão do Supremo Tribunal Federal em mandado de segurança.

◉ SÚMULA 299 – O recurso ordinário e o extraordinário interpostos no mesmo processo de mandado de segurança, ou de habeas corpus, serão julgados conjuntamente pelo Tribunal Pleno.

◉ SÚMULA 304 – Decisão denegatória de mandado de segurança, não fazendo coisa julgada contra o impetrante, não impede o uso da ação própria.

◉ SÚMULA 319 – O prazo do recurso ordinário para o Supremo Tribunal Federal, em habeas corpus ou mandado de segurança, é de cinco dias.

◉ SÚMULA 330 – O Supremo Tribunal Federal não é competente para conhecer de mandado de segurança contra atos dos Tribunais de Justiça dos Estados.

◉ SÚMULA 405 – Denegado o mandado de segurança pela sentença, ou no julgamento do agravo, dela interposto, fica sem efeito a liminar concedida, retroagindo os efeitos da decisão contrária.

◉ SÚMULA 429 – A existência de recurso administrativo com efeito suspensivo não impede o uso do mandado de segurança contra omissão da autoridade.

◉ SÚMULA 430 – Pedido de reconsideração na via administrativa não interrompe o prazo para o mandado de segurança.

◉ SÚMULA 433 – É competente o Tribunal Regional do Trabalho para julgar mandado de segurança contra ato de seu presidente em execução de sentença trabalhista.

◉ SÚMULA 474 – Não há direito líquido e certo, amparado pelo mandado de segurança, quando se escuda em lei cujos efeitos foram anulados por outra, declarada constitucional pelo Supremo Tribunal Federal.

◉ SÚMULA 506 – O agravo a que se refere o art. 4º da Lei nº 4.348, de 26.6.64, cabe, somente, do despacho do Presidente do Supremo Tribunal Federal que defere a suspensão da liminar, em mandado de segurança; não do que a denega.

◉ SÚMULA 510 – Praticado o ato por autoridade, no exercício de competência delegada, contra ela cabe o mandado de segurança ou a medida judicial.

◉ SÚMULA 512 – Não cabe condenação em honorários de advogado na ação de mandado de segurança.

◉ SÚMULA 597 – Não cabem embargos infringentes de acórdão que, em mandado de segurança decidiu, por maioria de votos, a apelação.

◉ SÚMULA 622 – Não cabe agravo regimental contra decisão do relator que concede ou indefere liminar em mandado de segurança.

◉ SÚMULA 623 – Não gera por si só a competência originária do Supremo Tribunal Federal para conhecer do mandado de segurança com base no art. 102, I, n, da Constituição, dirigir-se o pedido contra deliberação administrativa do tribunal de origem, da qual haja participado a maioria ou a totalidade de seus membros.

◉ SÚMULA 624 – Não compete ao Supremo Tribunal Federal conhecer originariamente de mandado de segurança contra atos de outros tribunais.

◉ SÚMULA 625 – Controvérsia sobre matéria de direito não impede concessão de mandado de segurança.

◉ SÚMULA 626 – A suspensão da liminar em mandado de segurança, salvo determinação em contrário da decisão que a deferir, vigorará até o trânsito em julgado da decisão definitiva de concessão da segurança ou, havendo recurso, até a sua manutenção pelo Supremo Tribunal Federal, desde que o objeto da liminar deferida coincida, total ou parcialmente, com o da impetração.

◉ SÚMULA 627 – No mandado de segurança contra a nomeação de magistrado da competência do Presidente da República, este é considerado autoridade coatora, ainda que o fundamento da impetração seja nulidade ocorrida em fase anterior do procedimento.

◉ SÚMULA 628 – Integrante de lista de candidatos a determinada vaga da composição de tribunal é parte legítima para impugnar a validade da nomeação de concorrente.

◙ **SÚMULA 629** – A impetração de mandado de segurança coletivo por entidade de classe em favor dos associados independe da autorização destes.

◙ **SÚMULA 630** – A entidade de classe tem legitimação para o mandado de segurança ainda quando a pretensão veiculada interesse apenas a uma parte da respectiva categoria.

◙ **SÚMULA 631** – Extingue-se o processo de mandado de segurança se o impetrante não promove, no prazo assinado, a citação do litisconsorte passivo necessário.

◙ **SÚMULA 632** – É constitucional lei que fixa o prazo de decadência para a impetração de mandado de segurança.

◙ **SÚMULA 701** – No mandado de segurança impetrado pelo Ministério Público contra decisão proferida em processo penal, é obrigatória a citação do réu como litisconsorte passivo.

SÚMULAS DO SUPERIOR TRIBUNAL DE JUSTIÇA

◙ **SÚMULA 105.** Na ação de mandado de segurança não se admite condenação em honorários advocatícios.

◙ **SÚMULA 202.** A impetração de segurança por terceiro, contra ato judicial, não se condiciona à interposição de recurso.

◙ **SÚMULA 213.** O mandado de segurança constitui ação adequada para a declaração do direito à compensação tributária.

◙ **SÚMULA 333.** Cabe mandado de segurança contra ato praticado em licitação promovida por sociedade de economia mista ou empresa pública.

◙ **SÚMULA 376.** Compete a turma recursal processar e julgar o mandado de segurança contra ato de juizado especial.

◙ **SÚMULA 460.** É incabível o mandado de segurança para convalidar a compensação tributária realizada pelo contribuinte.

NORMAS DO CPC QUE SE APLICAM AO MANDADO DE SEGURANÇA

‡ As normas fundamentais do processo civil arroladas nos artigos 1º a 12, até porque muitas delas encontram correspondência com normas insertas na constituição federal que tratam do acesso à justiça, a razoável duração do processo, a publicidade do julgamento proferido pelos juízes e tribunais e o dever de fundamentação das decisões judiciais.

PARTE GERAL

LIVRO I
DAS NORMAS PROCESSUAIS CIVIS

Título ÚNICO
DAS NORMAS FUNDAMENTAIS E DA APLICAÇÃO DAS NORMAS PROCESSUAIS

Capítulo I
Das Normas Fundamentais do Processo Civil

Art. 1º O processo civil será ordenado, disciplinado e interpretado conforme os valores e as normas fundamentais estabelecidos na Constituição da República Federativa do Brasil, observando-se as disposições deste Código.

Art. 2º O processo começa por iniciativa da parte e se desenvolve por impulso oficial, salvo as exceções previstas em lei.

Art. 3º Não se excluirá da apreciação jurisdicional ameaça ou lesão a direito.

§ 1º É permitida a arbitragem, na forma da lei.

§ 2º O Estado promoverá, sempre que possível, a solução consensual dos conflitos.

§ 3º A conciliação, a mediação e outros métodos de solução consensual de conflitos deverão ser estimulados por juízes, advogados, defensores públicos e membros do Ministério Público, inclusive no curso do processo judicial.

Art. 4º As partes têm o direito de obter em prazo razoável a solução integral do mérito, incluída a atividade satisfativa.

Art. 5º Aquele que de qualquer forma participa do processo deve comportar-se de acordo com a boa-fé.

Art. 6º Todos os sujeitos do processo devem cooperar entre si para que se obtenha, em tempo razoável, decisão de mérito justa e efetiva.

Art. 7º É assegurada às partes paridade de tratamento em relação ao exercício de direitos e faculdades processuais, aos meios de defesa, aos ônus, aos deveres e à aplicação de sanções processuais, competindo ao juiz zelar pelo efetivo contraditório.

Art. 8º Ao aplicar o ordenamento jurídico, o juiz atenderá aos fins sociais e às exigências do bem comum, resguardando e promovendo a dignidade da pessoa humana e observando a proporcionalidade, a razoabilidade, a legalidade, a publicidade e a eficiência.

Art. 9º Não se proferirá decisão contra uma das partes sem que ela seja previamente ouvida.

Parágrafo único. O disposto no caput não se aplica:

I – à tutela provisória de urgência;

II – às hipóteses de tutela da evidência previstas no art. 311, incisos II e III;

III – à decisão prevista no art. 701.

Art. 10. O juiz não pode decidir, em grau algum de jurisdição, com base em fundamento a respeito do qual não se tenha dado às partes oportunidade de se manifestar, ainda que se trate de matéria sobre a qual deva decidir de ofício.

Art. 11. Todos os julgamentos dos órgãos do Poder Judiciário serão públicos, e fundamentadas todas as decisões, sob pena de nulidade.

Parágrafo único. Nos casos de segredo de justiça, pode ser autorizada a presença somente das partes, de seus advogados, de defensores públicos ou do Ministério Público.

Art. 12. Os juízes e os tribunais atenderão, preferencialmente, à ordem cronológica de conclusão para proferir sentença ou acórdão. (Redação dada pela Lei nº 13.256, de 2016) (Vigência)

§ 1º A lista de processos aptos a julgamento deverá estar permanentemente à disposição para consulta pública em cartório e na rede mundial de computadores.

§ 2º Estão excluídos da regra do caput:

I – as sentenças proferidas em audiência, homologatórias de acordo ou de improcedência liminar do pedido;

II – o julgamento de processos em bloco para aplicação de tese jurídica firmada em julgamento de casos repetitivos;

III – o julgamento de recursos repetitivos ou de incidente de resolução de demandas repetitivas;

IV – as decisões proferidas com base nos arts. 485 e 932;

V – o julgamento de embargos de declaração;

VI – o julgamento de agravo interno;

VII – as preferências legais e as metas estabelecidas pelo Conselho Nacional de Justiça;

VIII – os processos criminais, nos órgãos jurisdicionais que tenham competência penal;

IX – a causa que exija urgência no julgamento, assim reconhecida por decisão fundamentada.

§ 3º Após elaboração de lista própria, respeitar-se-á a ordem cronológica das conclusões entre as preferências legais.

§ 4º Após a inclusão do processo na lista de que trata o § 1º, o requerimento formulado pela parte não altera a ordem cronológica para a decisão, exceto quando implicar a reabertura da instrução ou a conversão do julgamento em diligência.

§ 5º Decidido o requerimento previsto no § 4º, o processo retornará à mesma posição em que anteriormente se encontrava na lista.

§ 6º Ocupará o primeiro lugar na lista prevista no § 1º ou, conforme o caso, no § 3º, o processo que:

I – tiver sua sentença ou acórdão anulado, salvo quando houver necessidade de realização de diligência ou de complementação da instrução;

II – se enquadrar na hipótese do art. 1.040, inciso II.

As regras concernentes as condições da ação (art. 17 a 20 do CPC/2015), como a legitimidade ad causam, ativa e passiva

Art. 17. Para postular em juízo é necessário ter interesse e legitimidade.

Art. 18. Ninguém poderá pleitear direito alheio em nome próprio, salvo quando autorizado pelo ordenamento jurídico.

Parágrafo único. Havendo substituição processual, o substituído poderá intervir como assistente litisconsorcial.

Art. 19. O interesse do autor pode limitar-se à declaração:

I – da existência, da inexistência ou do modo de ser de uma relação jurídica;

II – da autenticidade ou da falsidade de documento.

Art. 20. É admissível a ação meramente declaratória, ainda que tenha ocorrido a violação do direito.

† **A legitimidade extraordinária (art. 18 do CPC) no mandado de segurança coletivo (art. 5º, inc. LXX, alínea B, da CRFB/88 e art. 21 DA LEI Nº 12.016/2009) e no mandado de segurança individual (art. 3º da lei nº 12.106/2009);**

LIVRO II
DA FUNÇÃO JURISDICIONAL

Título I
DA JURISDIÇÃO E DA AÇÃO

Art. 18. Ninguém poderá pleitear direito alheio em nome próprio, salvo quando autorizado pelo ordenamento jurídico.

† **Os pressupostos de desenvolvimento válido e regular do processo, como o preenchimento dos requisitos da petição inicial (arts. 319, 320, 330 e 331 do CPC, art. 6º E 10 da lei nº 12.016/2009.**

Capítulo II
Da Petição Inicial

Seção I
Dos Requisitos da Petição Inicial

Art. 319. A petição inicial indicará:

I – o juízo a que é dirigida;

II – os nomes, os prenomes, o estado civil, a existência de união estável, a profissão, o número de inscrição no Cadastro de Pessoas Físicas ou no Cadastro Nacional da Pessoa Jurídica, o endereço eletrônico, o domicílio e a residência do autor e do réu;

III – o fato e os fundamentos jurídicos do pedido;

IV – o pedido com as suas especificações;

V – o valor da causa;

VI – as provas com que o autor pretende demonstrar a verdade dos fatos alegados;

VII – a opção do autor pela realização ou não de audiência de conciliação ou de mediação.

§ 1º Caso não disponha das informações previstas no inciso II, poderá o autor, na petição inicial, requerer ao juiz diligências necessárias a sua obtenção.

§ 2º A petição inicial não será indeferida se, a despeito da falta de informações a que se refere o inciso II, for possível a citação do réu.

§ 3º A petição inicial não será indeferida pelo não atendimento ao disposto no inciso II deste artigo se a obtenção de tais informações tornar impossível ou excessivamente oneroso o acesso à justiça.

Art. 320. A petição inicial será instruída com os documentos indispensáveis à propositura da ação.

Art. 330. A petição inicial será indeferida quando:

I – for inepta;

II – a parte for manifestamente ilegítima;

III – o autor carecer de interesse processual;

IV – não atendidas as prescrições dos arts. 106 e 321.

§ 1º Considera-se inepta a petição inicial quando:

I – lhe faltar pedido ou causa de pedir;

II – o pedido for indeterminado, ressalvadas as hipóteses legais em que se permite o pedido genérico;

III – da narração dos fatos não decorrer logicamente a conclusão;

IV – contiver pedidos incompatíveis entre si.

§ 2º Nas ações que tenham por objeto a revisão de obrigação decorrente de empréstimo, de financiamento ou de alienação de bens, o autor terá de, sob pena de inépcia, discriminar na petição inicial, dentre as obrigações contratuais, aquelas que pretende controverter, além de quantificar o valor incontroverso do débito.

§ 3º Na hipótese do § 2º, o valor incontroverso deverá continuar a ser pago no tempo e modo contratados.

Art. 331. Indeferida a petição inicial, o autor poderá apelar, facultado ao juiz, no prazo de 5 (cinco) dias, retratar-se.

§ 1º Se não houver retratação, o juiz mandará citar o réu para responder ao recurso.

§ 2º Sendo a sentença reformada pelo tribunal, o prazo para a contestação começará a correr da intimação do retorno dos autos, observado o disposto no art. 334.

§ 3º Não interposta a apelação, o réu será intimado do trânsito em julgado da sentença.

A capacidade de ser parte e de estar no processo (art. 70 a 76 e arts. 103 a 112 do CPC/2015

Capítulo III
Dos Procuradores

Art. 103. A parte será representada em juízo por advogado regularmente inscrito na Ordem dos Advogados do Brasil.

Parágrafo único. É lícito à parte postular em causa própria quando tiver habilitação legal.

Art. 104. O advogado não será admitido a postular em juízo sem procuração, salvo para evitar preclusão, decadência ou prescrição, ou para praticar ato considerado urgente.

§ 1º Nas hipóteses previstas no caput, o advogado deverá, independentemente de caução, exibir a procuração no prazo de 15 (quinze) dias, prorrogável por igual período por despacho do juiz.

§ 2º O ato não ratificado será considerado ineficaz relativamente àquele em cujo nome foi praticado, respondendo o advogado pelas despesas e por perdas e danos.

Art. 105. A procuração geral para o foro, outorgada por instrumento público ou particular assinado pela parte, habilita o advogado a praticar todos os atos do processo, exceto receber citação, confessar, reconhecer a procedência do pedido, transigir, desistir, renunciar ao direito sobre o qual se funda a ação, receber, dar quitação, firmar compromisso e assinar declaração de hipossuficiência econômica, que devem constar de cláusula específica.

§ 1º A procuração pode ser assinada digitalmente, na forma da lei.

§ 2º A procuração deverá conter o nome do advogado, seu número de inscrição na Ordem dos Advogados do Brasil e endereço completo.

§ 3º Se o outorgado integrar sociedade de advogados, a procuração também deverá conter o nome dessa, seu número de registro na Ordem dos Advogados do Brasil e endereço completo.

§ 4º Salvo disposição expressa em sentido contrário constante do próprio instrumento, a procuração outorgada na fase de conhecimento é eficaz para todas as fases do processo, inclusive para o cumprimento de sentença.

Art. 106. Quando postular em causa própria, incumbe ao advogado:

I – declarar, na petição inicial ou na contestação, o endereço, seu número de inscrição na Ordem dos Advogados do Brasil e o nome da sociedade de advogados da qual participa, para o recebimento de intimações;

II – comunicar ao juízo qualquer mudança de endereço.

§ 1º Se o advogado descumprir o disposto no inciso I, o juiz ordenará que se supra a omissão, no prazo de 5 (cinco) dias, antes de determinar a citação do réu, sob pena de indeferimento da petição.

§ 2º Se o advogado infringir o previsto no inciso II, serão consideradas válidas as intimações enviadas por carta registrada ou meio eletrônico ao endereço constante dos autos.

Art. 107. O advogado tem direito a:

I – examinar, em cartório de fórum e secretaria de tribunal, mesmo sem procuração, autos de qualquer processo, independentemente da fase de tramitação, assegurados a obtenção de cópias e o registro de anotações, salvo na hipótese de segredo de justiça, nas quais apenas o advogado constituído terá acesso aos autos;

II – requerer, como procurador, vista dos autos de qualquer processo, pelo prazo de 5 (cinco) dias;

III – retirar os autos do cartório ou da secretaria, pelo prazo legal, sempre que neles lhe couber falar por determinação do juiz, nos casos previstos em lei.

§ 1º Ao receber os autos, o advogado assinará carga em livro ou documento próprio.

§ 2º Sendo o prazo comum às partes, os procuradores poderão retirar os autos somente em conjunto ou mediante prévio ajuste, por petição nos autos.

§ 3º Na hipótese do § 2º, é lícito ao procurador retirar os autos para obtenção de cópias, pelo prazo de 2 (duas) a 6 (seis) horas, independentemente de ajuste e sem prejuízo da continuidade do prazo.

§ 4º O procurador perderá no mesmo processo o direito a que se refere o § 3º se não devolver os autos tempestivamente, salvo se o prazo for prorrogado pelo juiz.

Capítulo IV
Da Sucessão das Partes e dos Procuradores

Art. 108. No curso do processo, somente é lícita a sucessão voluntária das partes nos casos expressos em lei.

Art. 109. A alienação da coisa ou do direito litigioso por ato entre vivos, a título particular, não altera a legitimidade das partes.

§ 1º O adquirente ou cessionário não poderá ingressar em juízo, sucedendo o alienante ou cedente, sem que o consinta a parte contrária.

§ 2º O adquirente ou cessionário poderá intervir no processo como assistente litisconsorcial do alienante ou cedente.

§ 3º Estendem-se os efeitos da sentença proferida entre as partes originárias ao adquirente ou cessionário.

Art. 110. Ocorrendo a morte de qualquer das partes, dar-se-á a sucessão pelo seu espólio ou pelos seus sucessores, observado o disposto no art. 313, §§ 1º e 2º.

Art. 111. A parte que revogar o mandato outorgado a seu advogado constituirá, no mesmo ato, outro que assuma o patrocínio da causa.

Parágrafo único. Não sendo constituído novo procurador no prazo de 15 (quinze) dias, observar-se-á o disposto no art. 76.

Art. 112. O advogado poderá renunciar ao mandato a qualquer tempo, provando, na forma prevista neste Código, que comunicou a renúncia ao mandante, a fim de que este nomeie sucessor.

§ 1º Durante os 10 (dez) dias seguintes, o advogado continuará a representar o mandante, desde que necessário para lhe evitar prejuízo

§ 2º Dispensa-se a comunicação referida no caput quando a procuração tiver sido outorgada a vários advogados e a parte continuar representada por outro, apesar da renúncia.

Título I
DAS PARTES E DOS PROCURADORES

Capítulo I
Da Capacidade Processual

Art. 70. Toda pessoa que se encontre no exercício de seus direitos tem capacidade para estar em juízo.

Art. 71. O incapaz será representado ou assistido por seus pais, por tutor ou por curador, na forma da lei.

Art. 72. O juiz nomeará curador especial ao:

I – incapaz, se não tiver representante legal ou se os interesses deste colidirem com os daquele, enquanto durar a incapacidade;

II – réu preso revel, bem como ao réu revel citado por edital ou com hora certa, enquanto não for constituído advogado.

Parágrafo único. A curatela especial será exercida pela Defensoria Pública, nos termos da lei.

Art. 73. O cônjuge necessitará do consentimento do outro para propor ação que verse sobre direito real imobiliário, salvo quando casados sob o regime de separação absoluta de bens.

§ 1º Ambos os cônjuges serão necessariamente citados para a ação:

I – que verse sobre direito real imobiliário, salvo quando casados sob o regime de separação absoluta de bens;

II – resultante de fato que diga respeito a ambos os cônjuges ou de ato praticado por eles;

III – fundada em dívida contraída por um dos cônjuges a bem da família;

IV – que tenha por objeto o reconhecimento, a constituição ou a extinção de ônus sobre imóvel de um ou de ambos os cônjuges.

§ 2º Nas ações possessórias, a participação do cônjuge do autor ou do réu somente é indispensável nas hipóteses de composse ou de ato por ambos praticado.

§ 3º Aplica-se o disposto neste artigo à união estável comprovada nos autos.

Art. 74. O consentimento previsto no art. 73 pode ser suprido judicialmente quando for negado por um dos cônjuges sem justo motivo, ou quando lhe seja impossível concedê-lo.

Parágrafo único. A falta de consentimento, quando necessário e não suprido pelo juiz, invalida o processo.

Art. 75. Serão representados em juízo, ativa e passivamente:

I – a União, pela Advocacia-Geral da União, diretamente ou mediante órgão vinculado;

II – o Estado e o Distrito Federal, por seus procuradores;

III – o Município, por seu prefeito ou procurador;

IV – a autarquia e a fundação de direito público, por quem a lei do ente federado designar;

V – a massa falida, pelo administrador judicial;

VI – a herança jacente ou vacante, por seu curador;

VII – o espólio, pelo inventariante;

VIII – a pessoa jurídica, por quem os respectivos atos constitutivos designarem ou, não havendo essa designação, por seus diretores;

IX – a sociedade e a associação irregulares e outros entes organizados sem personalidade jurídica, pela pessoa a quem couber a administração de seus bens;

X – a pessoa jurídica estrangeira, pelo gerente, representante ou administrador de sua filial, agência ou sucursal aberta ou instalada no Brasil;

XI – o condomínio, pelo administrador ou síndico.

§ 1º Quando o inventariante for dativo, os sucessores do falecido serão intimados no processo no qual o espólio seja parte.

§ 2º A sociedade ou associação sem personalidade jurídica não poderá opor a irregularidade de sua constituição quando demandada.

§ 3º O gerente de filial ou agência presume-se autorizado pela pessoa jurídica estrangeira a receber citação para qualquer processo.

§ 4º Os Estados e o Distrito Federal poderão ajustar compromisso recíproco para prática de ato processual por seus procuradores em favor de outro ente federado, mediante convênio firmado pelas respectivas procuradorias.

Art. 76. Verificada a incapacidade processual ou a irregularidade da representação da parte, o juiz suspenderá o processo e designará prazo razoável para que seja sanado o vício.

§ 1º Descumprida a determinação, caso o processo esteja na instância originária:

I – o processo será extinto, se a providência couber ao autor;

II – o réu será considerado revel, se a providência lhe couber;

III – o terceiro será considerado revel ou excluído do processo, dependendo do polo em que se encontre.

§ 2º Descumprida a determinação em fase recursal perante tribunal de justiça, tribunal regional federal ou tribunal superior, o relator:

I – não conhecerá do recurso, se a providência couber ao recorrente;

II – determinará o desentranhamento das contrarrazões, se a providência couber ao recorrido.

Capítulo III
Dos Procuradores

Art. 103. A parte será representada em juízo por advogado regularmente inscrito na Ordem dos Advogados do Brasil.

Parágrafo único. É lícito à parte postular em causa própria quando tiver habilitação legal.

Art. 104. O advogado não será admitido a postular em juízo sem procuração, salvo para evitar preclusão, decadência ou prescrição, ou para praticar ato considerado urgente.

§ 1º Nas hipóteses previstas no caput, o advogado deverá, independentemente de caução, exibir a procuração no prazo de 15 (quinze) dias, prorrogável por igual período por despacho do juiz.

§ 2º O ato não ratificado será considerado ineficaz relativamente àquele em cujo nome foi praticado, respondendo o advogado pelas despesas e por perdas e danos.

Art. 105. A procuração geral para o foro, outorgada por instrumento público ou particular assinado pela parte, habilita o advogado a praticar todos os atos do processo, exceto receber citação, confessar, reconhecer a procedência do pedido, transigir, desistir, renunciar ao direito sobre o qual se funda a ação, receber, dar quitação, firmar compromisso e assinar declaração de hipossuficiência econômica, que devem constar de cláusula específica.

§ 1º A procuração pode ser assinada digitalmente, na forma da lei.

§ 2º A procuração deverá conter o nome do advogado, seu número de inscrição na Ordem dos Advogados do Brasil e endereço completo.

§ 3º Se o outorgado integrar sociedade de advogados, a procuração também deverá conter o nome dessa, seu número de registro na Ordem dos Advogados do Brasil e endereço completo.

§ 4º Salvo disposição expressa em sentido contrário constante do próprio instrumento, a procuração outorgada na fase de conhecimento é eficaz para todas as fases do processo, inclusive para o cumprimento de sentença.

Art. 106. Quando postular em causa própria, incumbe ao advogado:

I – declarar, na petição inicial ou na contestação, o endereço, seu número de inscrição na Ordem dos Advogados do Brasil e o nome da sociedade de advogados da qual participa, para o recebimento de intimações;

II – comunicar ao juízo qualquer mudança de endereço.

§ 1º Se o advogado descumprir o disposto no inciso I, o juiz ordenará que se supra a omissão, no prazo de 5 (cinco) dias, antes de determinar a citação do réu, sob pena de indeferimento da petição.

§ 2º Se o advogado infringir o previsto no inciso II, serão consideradas válidas as intimações enviadas por carta registrada ou meio eletrônico ao endereço constante dos autos.

Art. 107. O advogado tem direito a:

I – examinar, em cartório de fórum e secretaria de tribunal, mesmo sem procuração, autos de qualquer processo, independentemente da fase de tramitação, assegurados a obtenção de cópias e o registro de anotações, salvo na hipótese de segredo de justiça, nas quais apenas o advogado constituído terá acesso aos autos;

II – requerer, como procurador, vista dos autos de qualquer processo, pelo prazo de 5 (cinco) dias;

III – retirar os autos do cartório ou da secretaria, pelo prazo legal, sempre que neles lhe couber falar por determinação do juiz, nos casos previstos em lei.

§ 1º Ao receber os autos, o advogado assinará carga em livro ou documento próprio.

§ 2º Sendo o prazo comum às partes, os procuradores poderão retirar os autos somente em conjunto ou mediante prévio ajuste, por petição nos autos.

§ 3º Na hipótese do § 2º, é lícito ao procurador retirar os autos para obtenção de cópias, pelo prazo de 2 (duas) a 6 (seis) horas, independentemente de ajuste e sem prejuízo da continuidade do prazo.

§ 4º O procurador perderá no mesmo processo o direito a que se refere o § 3º se não devolver os autos tempestivamente, salvo se o prazo for prorrogado pelo juiz.

Capítulo IV
Da Sucessão das Partes e dos Procuradores

Art. 108. No curso do processo, somente é lícita a sucessão voluntária das partes nos casos expressos em lei.

Art. 109. A alienação da coisa ou do direito litigioso por ato entre vivos, a título particular, não altera a legitimidade das partes.

§ 1º O adquirente ou cessionário não poderá ingressar em juízo, sucedendo o alienante ou cedente, sem que o consinta a parte contrária.

§ 2º O adquirente ou cessionário poderá intervir no processo como assistente litisconsorcial do alienante ou cedente.

§ 3º Estendem-se os efeitos da sentença proferida entre as partes originárias ao adquirente ou cessionário.

Art. 110. Ocorrendo a morte de qualquer das partes, dar-se-á a sucessão pelo seu espólio ou pelos seus sucessores, observado o disposto no art. 313, §§ 1º e 2º.

Art. 111. A parte que revogar o mandato outorgado a seu advogado constituirá, no mesmo ato, outro que assuma o patrocínio da causa.

Parágrafo único. Não sendo constituído novo procurador no prazo de 15 (quinze) dias, observar-se-á o disposto no art. 76.

Art. 112. O advogado poderá renunciar ao mandato a qualquer tempo, provando, na forma prevista neste Código, que comunicou a renúncia ao mandante, a fim de que este nomeie sucessor.

§ 1º Durante os 10 (dez) dias seguintes, o advogado continuará a representar o mandante, desde que necessário para lhe evitar prejuízo

§ 2º Dispensa-se a comunicação referida no caput quando a procuração tiver sido outorgada a vários advogados e a parte continuar representada por outro, apesar da renúncia.

As normas concernentes aos deveres das partes e de seus procuradores, como o dever de lealdade e boa-fé e a responsabilidade pela prática de litigância de má-fé (arts. 77 a 81 do CPC/2015, art. 25 da lei nº 12.016/2009.

DOS DEVERES DAS PARTES E DE SEUS PROCURADORES

Seção I
Dos Deveres

Art. 77. Além de outros previstos neste Código, são deveres das partes, de seus procuradores e de todos aqueles que de qualquer forma participem do processo:

I – expor os fatos em juízo conforme a verdade;

II – não formular pretensão ou de apresentar defesa quando cientes de que são destituídas de fundamento;

III – não produzir provas e não praticar atos inúteis ou desnecessários à declaração ou à defesa do direito;

IV – cumprir com exatidão as decisões jurisdicionais, de natureza provisória ou final, e não criar embaraços à sua efetivação;

V – declinar, no primeiro momento que lhes couber falar nos autos, o endereço residencial ou profissional onde receberão intimações, atualizando essa informação sempre que ocorrer qualquer modificação temporária ou definitiva;

VI – não praticar inovação ilegal no estado de fato de bem ou direito litigioso.

§ 1º Nas hipóteses dos incisos IV e VI, o juiz advertirá qualquer das pessoas mencionadas no caput de que sua conduta poderá ser punida como ato atentatório à dignidade da justiça.

§ 2º A violação ao disposto nos incisos IV e VI constitui ato atentatório à dignidade da justiça, devendo o juiz, sem prejuízo das sanções criminais, civis e processuais cabíveis, aplicar ao responsável multa de até vinte por cento do valor da causa, de acordo com a gravidade da conduta.

§ 3º Não sendo paga no prazo a ser fixado pelo juiz, a multa prevista no § 2º será inscrita como dívida ativa da União ou do Estado após o trânsito em julgado da decisão que a fixou, e sua execução observará o procedimento da execução fiscal, revertendo-se aos fundos previstos no art. 97.

§ 4º A multa estabelecida no § 2º poderá ser fixada independentemente da incidência das previstas nos arts. 523, § 1º, e 536, § 1º.

§ 5º Quando o valor da causa for irrisório ou inestimável, a multa prevista no § 2º poderá ser fixada em até 10 (dez) vezes o valor do salário-mínimo.

§ 6º Aos advogados públicos ou privados e aos membros da Defensoria Pública e do Ministério Público não se aplica o disposto nos §§ 2º a 5º, devendo eventual responsabilidade disciplinar ser apurada pelo respectivo órgão de classe ou corregedoria, ao qual o juiz oficiará.

§ 7º Reconhecida violação ao disposto no inciso VI, o juiz determinará o restabelecimento do estado anterior, podendo, ainda, proibir a parte de falar nos autos até a purgação do atentado, sem prejuízo da aplicação do § 2º.

§ 8º O representante judicial da parte não pode ser compelido a cumprir decisão em seu lugar.

Art. 78. É vedado às partes, a seus procuradores, aos juízes, aos membros do Ministério Público e da Defensoria Pública e a qualquer pessoa que participe do processo empregar expressões ofensivas nos escritos apresentados.

§ 1º Quando expressões ou condutas ofensivas forem manifestadas oral ou presencialmente, o juiz advertirá o ofensor de que não as deve usar ou repetir, sob pena de lhe ser cassada a palavra.

§ 2º De ofício ou a requerimento do ofendido, o juiz determinará que as expressões ofensivas sejam riscadas e, a requerimento do ofendido, determinará a expedição de certidão com inteiro teor das expressões ofensivas e a colocará à disposição da parte interessada.

Seção II
Da Responsabilidade das Partes por Dano Processual

Art. 79. Responde por perdas e danos aquele que litigar de má-fé como autor, réu ou interveniente.

Art. 80. Considera-se litigante de má-fé aquele que:

I – deduzir pretensão ou defesa contra texto expresso de lei ou fato incontroverso;

II – alterar a verdade dos fatos;

III – usar do processo para conseguir objetivo ilegal;

IV – opuser resistência injustificada ao andamento do processo;

V – proceder de modo temerário em qualquer incidente ou ato do processo;

VI – provocar incidente manifestamente infundado;

VII – interpuser recurso com intuito manifestamente protelatório.

Art. 81. De ofício ou a requerimento, o juiz condenará o litigante de má-fé a pagar multa, que deverá ser superior a um por cento e inferior a dez por cento do valor corrigido da causa, a indenizar a parte contrária pelos prejuízos que esta sofreu e a arcar com os honorários advocatícios e com todas as despesas que efetuou.

§ 1º Quando forem 2 (dois) ou mais os litigantes de má-fé, o juiz condenará cada um na proporção de seu respectivo interesse na causa ou solidariamente aqueles que se coligaram para lesar a parte contrária.

§ 2º Quando o valor da causa for irrisório ou inestimável, a multa poderá ser fixada em até 10 (dez) vezes o valor do salário-mínimo.

§ 3º O valor da indenização será fixado pelo juiz ou, caso não seja possível mensurá-lo, liquidado por arbitramento ou pelo procedimento comum, nos próprios autos.

As normas referentes as despesas, honorários e multas e a gratuidade de justiça previstas nos artigos 82 a 102 do CPC/2015, ressalvado o mandado de segurança ao qual não cabe a condenação ao pagamento de honorários advocatícios (art. 25 da lei nº 12.016/2009 e súmula nº 105 do STJ e nº 512 do STF).

Art. 82. Salvo as disposições concernentes à gratuidade da justiça, incumbe às partes prover as despesas dos atos que realizarem ou requererem no processo, antecipando-lhes o pagamento, desde o início até a sentença final ou, na execução, até a plena satisfação do direito reconhecido no título.

§ 1º Incumbe ao autor adiantar as despesas relativas a ato cuja realização o juiz determinar de ofício ou a requerimento do Ministério Público, quando sua intervenção ocorrer como fiscal da ordem jurídica.

§ 2º A sentença condenará o vencido a pagar ao vencedor as despesas que antecipou.

Art. 83. O autor, brasileiro ou estrangeiro, que residir fora do Brasil ou deixar de residir no país ao longo da tramitação de processo prestará caução suficiente ao pagamento das custas e dos honorários de advogado da parte contrária nas ações que propuser, se não tiver no Brasil bens imóveis que lhes assegurem o pagamento.

§ 1º Não se exigirá a caução de que trata o caput:

I – quando houver dispensa prevista em acordo ou tratado internacional de que o Brasil faz parte;

II – na execução fundada em título extrajudicial e no cumprimento de sentença;

III – na reconvenção.

§ 2º Verificando-se no trâmite do processo que se desfalcou a garantia, poderá o interessado exigir reforço da caução, justificando seu pedido com a indicação da depreciação do bem dado em garantia e a importância do reforço que pretende obter.

Art. 84. As despesas abrangem as custas dos atos do processo, a indenização de viagem, a remuneração do assistente técnico e a diária de testemunha.

Art. 86. Se cada litigante for, em parte, vencedor e vencido, serão proporcionalmente distribuídas entre eles as despesas.

Parágrafo único. Se um litigante sucumbir em parte mínima do pedido, o outro responderá, por inteiro, pelas despesas e pelos honorários.

Art. 87. Concorrendo diversos autores ou diversos réus, os vencidos respondem proporcionalmente pelas despesas e pelos honorários.

§ 1º A sentença deverá distribuir entre os litisconsortes, de forma expressa, a responsabilidade proporcional pelo pagamento das verbas previstas no caput.

§ 2º Se a distribuição de que trata o § 1º não for feita, os vencidos responderão solidariamente pelas despesas e pelos honorários.

Art. 88. Nos procedimentos de jurisdição voluntária, as despesas serão adiantadas pelo requerente e rateadas entre os interessados.

Art. 89. Nos juízos divisórios, não havendo litígio, os interessados pagarão as despesas proporcionalmente a seus quinhões.

Art. 90. Proferida sentença com fundamento em desistência, em renúncia ou em reconhecimento do pedido, as despesas e os honorários serão pagos pela parte que desistiu, renunciou ou reconheceu.

§ 1º Sendo parcial a desistência, a renúncia ou o reconhecimento, a responsabilidade pelas despesas e pelos honorários será proporcional à parcela reconhecida, à qual se renunciou ou da qual se desistiu.

§ 2º Havendo transação e nada tendo as partes disposto quanto às despesas, estas serão divididas igualmente.

§ 3º Se a transação ocorrer antes da sentença, as partes ficam dispensadas do pagamento das custas processuais remanescentes, se houver.

§ 4º Se o réu reconhecer a procedência do pedido e, simultaneamente, cumprir integralmente a prestação reconhecida, os honorários serão reduzidos pela metade.

Art. 91. As despesas dos atos processuais praticados a requerimento da Fazenda Pública, do Ministério Público ou da Defensoria Pública serão pagas ao final pelo vencido.

§ 1º As perícias requeridas pela Fazenda Pública, pelo Ministério Público ou pela Defensoria Pública poderão ser realizadas por entidade pública ou, havendo previsão orçamentária, ter os valores adiantados por aquele que requerer a prova.

§ 2º Não havendo previsão orçamentária no exercício financeiro para adiantamento dos honorários periciais, eles serão pagos no exercício seguinte ou ao final, pelo vencido, caso o processo se encerre antes do adiantamento a ser feito pelo ente público.

Art. 92. Quando, a requerimento do réu, o juiz proferir sentença sem resolver o mérito, o autor não poderá propor novamente a ação sem pagar ou depositar em cartório as despesas e os honorários a que foi condenado.

Art. 93. As despesas de atos adiados ou cuja repetição for necessária ficarão a cargo da parte, do auxiliar da justiça, do órgão do Ministério Público ou da Defensoria Pública ou do juiz que, sem justo motivo, houver dado causa ao adiamento ou à repetição.

Art. 94. Se o assistido for vencido, o assistente será condenado ao pagamento das custas em proporção à atividade que houver exercido no processo.

Art. 95. Cada parte adiantará a remuneração do assistente técnico que houver indicado, sendo a do perito adiantada pela parte que houver requerido a perícia ou rateada quando a perícia for determinada de ofício ou requerida por ambas as partes.

§ 1º O juiz poderá determinar que a parte responsável pelo pagamento dos honorários do perito deposite em juízo o valor correspondente.

§ 2º A quantia recolhida em depósito bancário à ordem do juízo será corrigida monetariamente e paga de acordo com o art. 465, § 4º.

§ 3º Quando o pagamento da perícia for de responsabilidade de beneficiário de gratuidade da justiça, ela poderá ser:

I – custeada com recursos alocados no orçamento do ente público e realizada por servidor do Poder Judiciário ou por órgão público conveniado;

II – paga com recursos alocados no orçamento da União, do Estado ou do Distrito Federal, no caso de ser realizada por particular, hipótese em que o valor será fixado conforme tabela do tribunal respectivo ou, em caso de sua omissão, do Conselho Nacional de Justiça.

§ 4º Na hipótese do § 3º, o juiz, após o trânsito em julgado da decisão final, oficiará a Fazenda Pública para que promova, contra quem tiver sido condenado ao pagamento das despesas processuais, a execução dos valores gastos com a perícia particular ou com a utilização de servidor público ou da estrutura de órgão público, observando-se, caso o responsável pelo pagamento das despesas seja beneficiário de gratuidade da justiça, o disposto no art. 98, § 2º.

§ 5º Para fins de aplicação do § 3º, é vedada a utilização de recursos do fundo de custeio da Defensoria Pública.

Art. 96. O valor das sanções impostas ao litigante de má-fé reverterá em benefício da parte contrária, e o valor das sanções impostas aos serventuários pertencerá ao Estado ou à União.

Art. 97. A União e os Estados podem criar fundos de modernização do Poder Judiciário, aos quais serão revertidos os valores das sanções pecuniárias processuais destinadas à União e aos Estados, e outras verbas previstas em lei.

Seção IV
Da Gratuidade da Justiça

Art. 98. A pessoa natural ou jurídica, brasileira ou estrangeira, com insuficiência de recursos para pagar as custas, as despesas processuais e os honorários advocatícios tem direito à gratuidade da justiça, na forma da lei.

§ 1º A gratuidade da justiça compreende:

I – as taxas ou as custas judiciais;

II – os selos postais;

III – as despesas com publicação na imprensa oficial, dispensando-se a publicação em outros meios;

IV – a indenização devida à testemunha que, quando empregada, receberá do empregador salário integral, como se em serviço estivesse;

V – as despesas com a realização de exame de código genético – DNA e de outros exames considerados essenciais;

VI – os honorários do advogado e do perito e a remuneração do intérprete ou do tradutor nomeado para apresentação de versão em português de documento redigido em língua estrangeira;

VII – o custo com a elaboração de memória de cálculo, quando exigida para instauração da execução;

VIII – os depósitos previstos em lei para interposição de recurso, para propositura de ação e para a prática de outros atos processuais inerentes ao exercício da ampla defesa e do contraditório;

IX – os emolumentos devidos a notários ou registradores em decorrência da prática de registro, averbação ou qualquer outro ato notarial necessário à efetivação de decisão judicial ou à continuidade de processo judicial no qual o benefício tenha sido concedido.

§ 2º A concessão de gratuidade não afasta a responsabilidade do beneficiário pelas despesas processuais e pelos honorários advocatícios decorrentes de sua sucumbência.

§ 3º Vencido o beneficiário, as obrigações decorrentes de sua sucumbência ficarão sob condição suspensiva de exigibilidade e somente poderão ser executadas se, nos 5 (cinco) anos subsequentes ao trânsito em julgado da decisão que as certificou, o credor demonstrar que deixou de existir a situação de insuficiência de recursos que justificou a concessão de gratuidade, extinguindo-se, passado esse prazo, tais obrigações do beneficiário.

§ 4º A concessão de gratuidade não afasta o dever de o beneficiário pagar, ao final, as multas processuais que lhe sejam impostas.

§ 5º A gratuidade poderá ser concedida em relação a algum ou a todos os atos processuais, ou consistir na redução percentual de despesas processuais que o beneficiário tiver de adiantar no curso do procedimento.

§ 6º Conforme o caso, o juiz poderá conceder direito ao parcelamento de despesas processuais que o beneficiário tiver de adiantar no curso do procedimento.

§ 7º Aplica-se o disposto no art. 95, §§ 3º a 5º, ao custeio dos emolumentos previstos no § 1º, inciso IX, do presente artigo, observada a tabela e as condições da lei estadual ou distrital respectiva.

§ 8º Na hipótese do § 1º, inciso IX, havendo dúvida fundada quanto ao preenchimento atual dos pressupostos para a concessão de gratuidade, o notário ou registrador, após praticar o ato, pode requerer, ao juízo competente para decidir questões notariais ou registrais, a revogação total ou parcial do benefício ou a sua substituição pelo parcelamento de que trata o § 6º deste artigo, caso em que o beneficiário será citado para, em 15 (quinze) dias, manifestar-se sobre esse requerimento.

Art. 99. O pedido de gratuidade da justiça pode ser formulado na petição inicial, na contestação, na petição para ingresso de terceiro no processo ou em recurso.

§ 1º Se superveniente à primeira manifestação da parte na instância, o pedido poderá ser formulado por petição simples, nos autos do próprio processo, e não suspenderá seu curso.

§ 2º O juiz somente poderá indeferir o pedido se houver nos autos elementos que evidenciem a falta dos pressupostos legais para a concessão de gratuidade, devendo, antes de indeferir o pedido, determinar à parte a comprovação do preenchimento dos referidos pressupostos.

§ 3º Presume-se verdadeira a alegação de insuficiência deduzida exclusivamente por pessoa natural.

§ 4º A assistência do requerente por advogado particular não impede a concessão de gratuidade da justiça.

§ 5º Na hipótese do § 4º, o recurso que verse exclusivamente sobre valor de honorários de sucumbência fixados em favor do advogado de beneficiário estará sujeito a preparo, salvo se o próprio advogado demonstrar que tem direito à gratuidade.

§ 6º O direito à gratuidade da justiça é pessoal, não se estendendo a litisconsorte ou a sucessor do beneficiário, salvo requerimento e deferimento expressos.

§ 7º Requerida a concessão de gratuidade da justiça em recurso, o recorrente estará dispensado de comprovar o recolhimento do preparo, incumbindo ao relator, neste caso, apreciar o requerimento e, se indeferi-lo, fixar prazo para realização do recolhimento.

Art. 100. Deferido o pedido, a parte contrária poderá oferecer impugnação na contestação, na réplica, nas contrarrazões de recurso ou, nos casos de pedido superveniente ou formulado por terceiro, por meio de petição simples, a ser apresentada no prazo de 15 (quinze) dias, nos autos do próprio processo, sem suspensão de seu curso.

Parágrafo único. Revogado o benefício, a parte arcará com as despesas processuais que tiver deixado de adiantar e pagará, em caso de má-fé, até o décuplo de seu valor a título de multa, que será revertida em benefício da Fazenda Pública estadual ou federal e poderá ser inscrita em dívida ativa.

Art. 101. Contra a decisão que indeferir a gratuidade ou a que acolher pedido de sua revogação caberá agravo de instrumento, exceto quando a questão for resolvida na sentença, contra a qual caberá apelação.

§ 1º O recorrente estará dispensado do recolhimento de custas até decisão do relator sobre a questão, preliminarmente ao julgamento do recurso.

§ 2º Confirmada a denegação ou a revogação da gratuidade, o relator ou o órgão colegiado determinará ao recorrente o recolhimento das custas processuais, no prazo de 5 (cinco) dias, sob pena de não conhecimento do recurso.

Art. 102. Sobrevindo o trânsito em julgado de decisão que revoga a gratuidade, a parte deverá efetuar o recolhimento de todas as despesas de cujo adiantamento foi dispensada, inclusive as relativas ao recurso interposto, se houver, no prazo fixado pelo juiz, sem prejuízo de aplicação das sanções previstas em lei.

Parágrafo único. Não efetuado o recolhimento, o processo será extinto sem resolução de mérito, tratando-se do autor, e, nos demais casos, não poderá ser deferida a realização de nenhum ato ou diligência requerida pela parte enquanto não efetuado o depósito.

As normas do CPC/2015 referentes ao litisconsórcio (arts. 113 A 118 C/C ART. 1.046, § 4º) são aplicáveis ao mandado de segurança por expressa autorização contida no artigo 24 da lei Nº 12.016/2009, destacando-se que o § 2º do artigo 10 da lei nº 12.016/2009 veda o ingresso do litisconsorte após o despacho da petição inicial.

Título II
DO LITISCONSÓRCIO

Art. 113. Duas ou mais pessoas podem litigar, no mesmo processo, em conjunto, ativa ou passivamente, quando:

I – entre elas houver comunhão de direitos ou de obrigações relativamente à lide;

II – entre as causas houver conexão pelo pedido ou pela causa de pedir;

III – ocorrer afinidade de questões por ponto comum de fato ou de direito.

§ 1º O juiz poderá limitar o litisconsórcio facultativo quanto ao número de litigantes na fase de conhecimento, na liquidação de sentença ou na execução, quando este comprometer a rápida solução do litígio ou dificultar a defesa ou o cumprimento da sentença.

§ 2º O requerimento de limitação interrompe o prazo para manifestação ou resposta, que recomeçará da intimação da decisão que o solucionar.

Art. 114. O litisconsórcio será necessário por disposição de lei ou quando, pela natureza da relação jurídica controvertida, a eficácia da sentença depender da citação de todos que devam ser litisconsortes.

Art. 115. A sentença de mérito, quando proferida sem a integração do contraditório, será:

I – nula, se a decisão deveria ser uniforme em relação a todos que deveriam ter integrado o processo;

II – ineficaz, nos outros casos, apenas para os que não foram citados.

Parágrafo único. Nos casos de litisconsórcio passivo necessário, o juiz determinará ao autor que requeira a citação de todos que devam ser litisconsortes, dentro do prazo que assinar, sob pena de extinção do processo.

Art. 116. O litisconsórcio será unitário quando, pela natureza da relação jurídica, o juiz tiver de decidir o mérito de modo uniforme para todos os litisconsortes.

Art. 117. Os litisconsortes serão considerados, em suas relações com a parte adversa, como litigantes distintos, exceto no litisconsórcio unitário, caso em que os atos e as omissões de um não prejudicarão os outros, mas os poderão beneficiar.

Art. 118. Cada litisconsorte tem o direito de promover o andamento do processo, e todos devem ser intimados dos respectivos atos.

Art. 1.046. Ao entrar em vigor este Código, suas disposições se aplicarão desde logo aos processos pendentes, ficando revogada a Lei no 5.869, de 11 de janeiro de 1973.

§ 4º As remissões a disposições do Código de Processo Civil revogado, existentes em outras leis, passam a referir-se às que lhes são correspondentes neste Código.

※ **As normas do código de processo civil de 2015 referentes aos poderes, deveres e responsabilidade do juiz bem como o impedimento e a suspeição (arts. 139 a 148 do CPC/2015), bem como as normas referentes aos auxiliares da justiça (arts. 149 a 175 do CPC/2015).**

Art. 139. O juiz dirigirá o processo conforme as disposições deste Código, incumbindo-lhe:

I – assegurar às partes igualdade de tratamento;

II – velar pela duração razoável do processo;

III – prevenir ou reprimir qualquer ato contrário à dignidade da justiça e indeferir postulações meramente protelatórias;

IV – determinar todas as medidas indutivas, coercitivas, mandamentais ou sub-rogatórias necessárias para assegurar o cumprimento de ordem judicial, inclusive nas ações que tenham por objeto prestação pecuniária;

V – promover, a qualquer tempo, a autocomposição, preferencialmente com auxílio de conciliadores e mediadores judiciais;

VI – dilatar os prazos processuais e alterar a ordem de produção dos meios de prova, adequando-os às necessidades do conflito de modo a conferir maior efetividade à tutela do direito;

VII – exercer o poder de polícia, requisitando, quando necessário, força policial, além da segurança interna dos fóruns e tribunais;

VIII – determinar, a qualquer tempo, o comparecimento pessoal das partes, para inquiri-las sobre os fatos da causa, hipótese em que não incidirá a pena de confesso;

IX – determinar o suprimento de pressupostos processuais e o saneamento de outros vícios processuais;

X – quando se deparar com diversas demandas individuais repetitivas, oficiar o Ministério Público, a Defensoria Pública e, na medida do possível, outros legitimados a que se referem o art. 5º da Lei no 7.347, de 24 de julho de 1985, e o art. 82 da Lei no 8.078, de 11 de setembro de 1990, para, se for o caso, promover a propositura da ação coletiva respectiva.

Parágrafo único. A dilação de prazos prevista no inciso VI somente pode ser determinada antes de encerrado o prazo regular.

Art. 140. O juiz não se exime de decidir sob a alegação de lacuna ou obscuridade do ordenamento jurídico.

Parágrafo único. O juiz só decidirá por equidade nos casos previstos em lei.

Art. 141. O juiz decidirá o mérito nos limites propostos pelas partes, sendo-lhe vedado conhecer de questões não suscitadas a cujo respeito a lei exige iniciativa da parte.

Art. 142. Convencendo-se, pelas circunstâncias, de que autor e réu se serviram do processo para praticar ato simulado ou conseguir fim vedado por lei, o juiz proferirá decisão que impeça os objetivos das partes, aplicando, de ofício, as penalidades da litigância de má-fé.

Art. 143. O juiz responderá, civil e regressivamente, por perdas e danos quando:

I – no exercício de suas funções, proceder com dolo ou fraude;

II – recusar, omitir ou retardar, sem justo motivo, providência que deva ordenar de ofício ou a requerimento da parte.

Parágrafo único. As hipóteses previstas no inciso II somente serão verificadas depois que a parte requerer ao juiz que determine a providência e o requerimento não for apreciado no prazo de 10 (dez) dias.

Capítulo II
Dos Impedimentos e da Suspeição

Art. 144. Há impedimento do juiz, sendo-lhe vedado exercer suas funções no processo:

I – em que interveio como mandatário da parte, oficiou como perito, funcionou como membro do Ministério Público ou prestou depoimento como testemunha;

II – de que conheceu em outro grau de jurisdição, tendo proferido decisão;

III – quando nele estiver postulando, como defensor público, advogado ou membro do Ministério Público, seu cônjuge ou companheiro, ou qualquer parente, consanguíneo ou afim, em linha reta ou colateral, até o terceiro grau, inclusive;

IV – quando for parte no processo ele próprio, seu cônjuge ou companheiro, ou parente, consanguíneo ou afim, em linha reta ou colateral, até o terceiro grau, inclusive;

V – quando for sócio ou membro de direção ou de administração de pessoa jurídica parte no processo;

VI – quando for herdeiro presuntivo, donatário ou empregador de qualquer das partes;

VII – em que figure como parte instituição de ensino com a qual tenha relação de emprego ou decorrente de contrato de prestação de serviços;

VIII – em que figure como parte cliente do escritório de advocacia de seu cônjuge, companheiro ou parente, consanguíneo ou afim, em linha reta ou colateral, até o terceiro grau, inclusive, mesmo que patrocinado por advogado de outro escritório;

IX – quando promover ação contra a parte ou seu advogado.

§ 1º Na hipótese do inciso III, o impedimento só se verifica quando o defensor público, o advogado ou o membro do Ministério Público já integrava o processo antes do início da atividade judicante do juiz.

§ 2º É vedada a criação de fato superveniente a fim de caracterizar impedimento do juiz.

§ 3º O impedimento previsto no inciso III também se verifica no caso de mandato conferido a membro de escritório de advocacia que tenha em seus quadros advogado que individualmente ostente a condição nele prevista, mesmo que não intervenha diretamente no processo.

Art. 145. Há suspeição do juiz:

I – amigo íntimo ou inimigo de qualquer das partes ou de seus advogados;

II – que receber presentes de pessoas que tiverem interesse na causa antes ou depois de iniciado o processo, que aconselhar alguma das partes acerca do objeto da causa ou que subministrar meios para atender às despesas do litígio;

III – quando qualquer das partes for sua credora ou devedora, de seu cônjuge ou companheiro ou de parentes destes, em linha reta até o terceiro grau, inclusive;

IV – interessado no julgamento do processo em favor de qualquer das partes.

§ 1º Poderá o juiz declarar-se suspeito por motivo de foro íntimo, sem necessidade de declarar suas razões.

§ 2º Será ilegítima a alegação de suspeição quando:

I – houver sido provocada por quem a alega;

II – a parte que a alega houver praticado ato que signifique manifesta aceitação do arguido.

Art. 146. No prazo de 15 (quinze) dias, a contar do conhecimento do fato, a parte alegará o impedimento ou a suspeição, em petição específica dirigida ao juiz do processo, na qual indicará o fundamento da recusa, podendo instruí-la com documentos em que se fundar a alegação e com rol de testemunhas.

§ 1º Se reconhecer o impedimento ou a suspeição ao receber a petição, o juiz ordenará imediatamente a remessa dos autos a seu substituto legal, caso contrário, determinará a autuação em apartado da petição e, no prazo de 15 (quinze) dias, apresentará suas razões, acompanhadas de documentos e de rol de testemunhas, se houver, ordenando a remessa do incidente ao tribunal.

§ 2º Distribuído o incidente, o relator deverá declarar os seus efeitos, sendo que, se o incidente for recebido:

I – sem efeito suspensivo, o processo voltará a correr;

II – com efeito suspensivo, o processo permanecerá suspenso até o julgamento do incidente.

§ 3º Enquanto não for declarado o efeito em que é recebido o incidente ou quando este for recebido com efeito suspensivo, a tutela de urgência será requerida ao substituto legal.

§ 4º Verificando que a alegação de impedimento ou de suspeição é improcedente, o tribunal rejeitá-la-á.

§ 5º Acolhida a alegação, tratando-se de impedimento ou de manifesta suspeição, o tribunal condenará o juiz nas custas e remeterá os autos ao seu substituto legal, podendo o juiz recorrer da decisão.

§ 6º Reconhecido o impedimento ou a suspeição, o tribunal fixará o momento a partir do qual o juiz não poderia ter atuado.

§ 7º O tribunal decretará a nulidade dos atos do juiz, se praticados quando já presente o motivo de impedimento ou de suspeição.

Art. 147. Quando 2 (dois) ou mais juízes forem parentes, consanguíneos ou afins, em linha reta ou colateral, até o terceiro grau, inclusive, o primeiro que conhecer do processo impede que o outro nele atue, caso em que o segundo se escusará, remetendo os autos ao seu substituto legal.

Art. 148. Aplicam-se os motivos de impedimento e de suspeição:

I – ao membro do Ministério Público;

II – aos auxiliares da justiça;

III – aos demais sujeitos imparciais do processo.

§ 1º A parte interessada deverá arguir o impedimento ou a suspeição, em petição fundamentada e devidamente instruída, na primeira oportunidade em que lhe couber falar nos autos.

§ 2º O juiz mandará processar o incidente em separado e sem suspensão do processo, ouvindo o arguido no prazo de 15 (quinze) dias e facultando a produção de prova, quando necessária.

§ 3º Nos tribunais, a arguição a que se refere o § 1º será disciplinada pelo regimento interno.

§ 4º O disposto nos §§ 1º e 2º não se aplica à arguição de impedimento ou de suspeição de testemunha.

A Lei nº 12.016/2009 ressalva que feitas as notificações, o serventuário em cujo cartório corra o feito juntará aos autos cópia autêntica dos ofícios endereçados ao coator e ao órgão de representação judicial da pessoa jurídica interessada, bem como a prova da entrega a estes ou da sua recusa em aceitá-los ou dar recibo e, no caso do art. 4º, a comprovação da remessa (art. 11); As normas referentes aos atos do processo (art. 188 a 294 do CPC/2015)

Seção I
Dos Atos em Geral

Art. 188. Os atos e os termos processuais independem de forma determinada, salvo quando a lei expressamente a exigir, considerando-se válidos os que, realizados de outro modo, lhe preencham a finalidade essencial.

Art. 189. Os atos processuais são públicos, todavia tramitam em segredo de justiça os processos:

I – em que o exija o interesse público ou social;

II – que versem sobre casamento, separação de corpos, divórcio, separação, união estável, filiação, alimentos e guarda de crianças e adolescentes;

III – em que constem dados protegidos pelo direito constitucional à intimidade;

IV – que versem sobre arbitragem, inclusive sobre cumprimento de carta arbitral, desde que a confidencialidade estipulada na arbitragem seja comprovada perante o juízo.

§ 1º O direito de consultar os autos de processo que tramite em segredo de justiça e de pedir certidões de seus atos é restrito às partes e aos seus procuradores.

§ 2º O terceiro que demonstrar interesse jurídico pode requerer ao juiz certidão do dispositivo da sentença, bem como de inventário e de partilha resultantes de divórcio ou separação.

Art. 190. Versando o processo sobre direitos que admitam autocomposição, é lícito às partes plenamente capazes estipular mudanças no procedimento para ajustá-lo às especificidades da causa e convencionar sobre os seus ônus, poderes, faculdades e deveres processuais, antes ou durante o processo.

Parágrafo único. De ofício ou a requerimento, o juiz controlará a validade das convenções previstas neste artigo, recusando-lhes aplicação somente nos casos de nulidade ou de inserção abusiva em contrato de adesão ou em que alguma parte se encontre em manifesta situação de vulnerabilidade.

Art. 191. De comum acordo, o juiz e as partes podem fixar calendário para a prática dos atos processuais, quando for o caso.

§ 1º O calendário vincula as partes e o juiz, e os prazos nele previstos somente serão modificados em casos excepcionais, devidamente justificados.

§ 2º Dispensa-se a intimação das partes para a prática de ato processual ou a realização de audiência cujas datas tiverem sido designadas no calendário.

Art. 192. Em todos os atos e termos do processo é obrigatório o uso da língua portuguesa.

Parágrafo único. O documento redigido em língua estrangeira somente poderá ser juntado aos autos quando acompanhado de versão para a língua portuguesa tramitada por via diplomática ou pela autoridade central, ou firmada por tradutor juramentado.

Seção II
Da Prática Eletrônica de Atos Processuais

Art. 193. Os atos processuais podem ser total ou parcialmente digitais, de forma a permitir que sejam produzidos, comunicados, armazenados e validados por meio eletrônico, na forma da lei.

Parágrafo único. O disposto nesta Seção aplica-se, no que for cabível, à prática de atos notariais e de registro.

Art. 194. Os sistemas de automação processual respeitarão a publicidade dos atos, o acesso e a participação das partes e de seus procuradores, inclusive nas audiências e sessões de julgamento, observadas as garantias da disponibilidade, independência da plataforma computacional, acessibilidade e interoperabilidade dos sistemas, serviços, dados e informações que o Poder Judiciário administre no exercício de suas funções.

Art. 195. O registro de ato processual eletrônico deverá ser feito em padrões abertos, que atenderão aos requisitos de autenticidade, integridade, temporalidade, não repúdio, conservação e, nos casos que tramitem em segredo de justiça, confidencialidade, observada a infraestrutura de chaves públicas unificada nacionalmente, nos termos da lei.

Art. 196. Compete ao Conselho Nacional de Justiça e, supletivamente, aos tribunais, regulamentar a prática e a comunicação oficial de atos processuais por meio eletrônico e velar pela compatibilidade dos sistemas, disciplinando a incorporação progressiva de novos avanços tecnológicos e editando, para esse fim, os atos que forem necessários, respeitadas as normas fundamentais deste Código.

Art. 197. Os tribunais divulgarão as informações constantes de seu sistema de automação em página própria na rede mundial de computadores, gozando a divulgação de presunção de veracidade e confiabilidade.

Parágrafo único. Nos casos de problema técnico do sistema e de erro ou omissão do auxiliar da justiça responsável pelo registro dos andamentos, poderá ser configurada a justa causa prevista no art. 223, caput e § 1º.

Art. 198. As unidades do Poder Judiciário deverão manter gratuitamente, à disposição dos interessados, equipamentos necessários à prática de atos processuais e à consulta e ao acesso ao sistema e aos documentos dele constantes.

Parágrafo único. Será admitida a prática de atos por meio não eletrônico no local onde não estiverem disponibilizados os equipamentos previstos no caput.

Art. 199. As unidades do Poder Judiciário assegurarão às pessoas com deficiência acessibilidade aos seus sítios na rede mundial de computadores, ao meio eletrônico de prática de atos judiciais, à comunicação eletrônica dos atos processuais e à assinatura eletrônica.

Seção III
Dos Atos das Partes

Art. 200. Os atos das partes consistentes em declarações unilaterais ou bilaterais de vontade produzem imediatamente a constituição, modificação ou extinção de direitos processuais.

Parágrafo único. A desistência da ação só produzirá efeitos após homologação judicial.

Art. 201. As partes poderão exigir recibo de petições, arrazoados, papéis e documentos que entregarem em cartório.

Art. 202. É vedado lançar nos autos cotas marginais ou interlineares, as quais o juiz mandará riscar, impondo a quem as escrever multa correspondente à metade do salário-mínimo.

Seção IV
Dos Pronunciamentos do Juiz

Art. 203. Os pronunciamentos do juiz consistirão em sentenças, decisões interlocutórias e despachos.

§ 1º Ressalvadas as disposições expressas dos procedimentos especiais, sentença é o pronunciamento por meio do qual o juiz, com fundamento nos arts. 485 e 487, põe fim à fase cognitiva do procedimento comum, bem como extingue a execução.

§ 2º Decisão interlocutória é todo pronunciamento judicial de natureza decisória que não se enquadre no § 1º.

§ 3º São despachos todos os demais pronunciamentos do juiz praticados no processo, de ofício ou a requerimento da parte.

§ 4º Os atos meramente ordinatórios, como a juntada e a vista obrigatória, independem de despacho, devendo ser praticados de ofício pelo servidor e revistos pelo juiz quando necessário.

Art. 204. Acórdão é o julgamento colegiado proferido pelos tribunais.

Art. 205. Os despachos, as decisões, as sentenças e os acórdãos serão redigidos, datados e assinados pelos juízes.

§ 1º Quando os pronunciamentos previstos no caput forem proferidos oralmente, o servidor os documentará, submetendo-os aos juízes para revisão e assinatura.

§ 2º A assinatura dos juízes, em todos os graus de jurisdição, pode ser feita eletronicamente, na forma da lei.

§ 3º Os despachos, as decisões interlocutórias, o dispositivo das sentenças e a ementa dos acórdãos serão publicados no Diário de Justiça Eletrônico.

Seção V
Dos Atos do Escrivão ou do Chefe de Secretaria

Art. 206. Ao receber a petição inicial de processo, o escrivão ou o chefe de secretaria a autuará, mencionando o juízo, a natureza do processo, o número de seu registro, os nomes das partes e a data de seu início, e procederá do mesmo modo em relação aos volumes em formação.

Art. 207. O escrivão ou o chefe de secretaria numerará e rubricará todas as folhas dos autos.

Parágrafo único. À parte, ao procurador, ao membro do Ministério Público, ao defensor público e aos auxiliares da justiça é facultado rubricar as folhas correspondentes aos atos em que intervierem.

Art. 208. Os termos de juntada, vista, conclusão e outros semelhantes constarão de notas datadas e rubricadas pelo escrivão ou pelo chefe de secretaria.

Art. 209. Os atos e os termos do processo serão assinados pelas pessoas que neles intervierem, todavia, quando essas não puderem ou não quiserem firmá-los, o escrivão ou o chefe de secretaria certificará a ocorrência.

§ 1º Quando se tratar de processo total ou parcialmente documentado em autos eletrônicos, os atos processuais praticados na presença do juiz poderão ser produzidos e armazenados de modo integralmente digital em arquivo eletrônico inviolável, na forma da lei, mediante registro em termo, que será assinado digitalmente pelo juiz e pelo escrivão ou chefe de secretaria, bem como pelos advogados das partes.

§ 2º Na hipótese do § 1º, eventuais contradições na transcrição deverão ser suscitadas oralmente no momento de realização do ato, sob pena de preclusão, devendo o juiz decidir de plano e ordenar o registro, no termo, da alegação e da decisão.

Art. 210. É lícito o uso da taquigrafia, da estenotipia ou de outro método idôneo em qualquer juízo ou tribunal.

Art. 211. Não se admitem nos atos e termos processuais espaços em branco, salvo os que forem inutilizados, assim como entrelinhas, emendas ou rasuras, exceto quando expressamente ressalvadas.

Capítulo II
Do Tempo e do Lugar Dos atos Processuais

Seção I
Do Tempo

Art. 212. Os atos processuais serão realizados em dias úteis, das 6 (seis) às 20 (vinte) horas.

§ 1º Serão concluídos após as 20 (vinte) horas os atos iniciados antes, quando o adiamento prejudicar a diligência ou causar grave dano.

§ 2º Independentemente de autorização judicial, as citações, intimações e penhoras poderão realizar-se no período de férias forenses, onde as houver, e nos feriados ou dias úteis fora do horário estabelecido neste artigo, observado o disposto no art. 5º, inciso XI, da Constituição Federal.

§ 3º Quando o ato tiver de ser praticado por meio de petição em autos não eletrônicos, essa deverá ser protocolada no horário de funcionamento do fórum ou tribunal, conforme o disposto na lei de organização judiciária local.

Art. 213. A prática eletrônica de ato processual pode ocorrer em qualquer horário até as 24 (vinte e quatro) horas do último dia do prazo.

Parágrafo único. O horário vigente no juízo perante o qual o ato deve ser praticado será considerado para fins de atendimento do prazo.

Art. 214. Durante as férias forenses e nos feriados, não se praticarão atos processuais, excetuando-se:

I – os atos previstos no art. 212, § 2o;

II – a tutela de urgência.

Art. 215. Processam-se durante as férias forenses, onde as houver, e não se suspendem pela superveniência delas:

I – os procedimentos de jurisdição voluntária e os necessários à conservação de direitos, quando puderem ser prejudicados pelo adiamento;

II – a ação de alimentos e os processos de nomeação ou remoção de tutor e curador;

III – os processos que a lei determinar.

Art. 216. Além dos declarados em lei, são feriados, para efeito forense, os sábados, os domingos e os dias em que não haja expediente forense.

Seção II
Do Lugar

Art. 217. Os atos processuais realizar-se-ão ordinariamente na sede do juízo, ou, excepcionalmente, em outro lugar em razão de deferência, de interesse da justiça, da natureza do ato ou de obstáculo arguido pelo interessado e acolhido pelo juiz.

Capítulo III
Dos Prazos

Seção I
Disposições Gerais

Art. 218. Os atos processuais serão realizados nos prazos prescritos em lei.

§ 1º Quando a lei for omissa, o juiz determinará os prazos em consideração à complexidade do ato.

§ 2º Quando a lei ou o juiz não determinar prazo, as intimações somente obrigarão a comparecimento após decorridas 48 (quarenta e oito) horas.

§ 3º Inexistindo preceito legal ou prazo determinado pelo juiz, será de 5 (cinco) dias o prazo para a prática de ato processual a cargo da parte.

§ 4º Será considerado tempestivo o ato praticado antes do termo inicial do prazo.

Art. 219. Na contagem de prazo em dias, estabelecido por lei ou pelo juiz, computar-se-ão somente os dias úteis.

Parágrafo único. O disposto neste artigo aplica-se somente aos prazos processuais.

Art. 220. Suspende-se o curso do prazo processual nos dias compreendidos entre 20 de dezembro e 20 de janeiro, inclusive.

§ 1º Ressalvadas as férias individuais e os feriados instituídos por lei, os juízes, os membros do Ministério Público, da Defensoria Pública e da Advocacia Pública e os auxiliares da Justiça exercerão suas atribuições durante o período previsto no caput.

§ 2º Durante a suspensão do prazo, não se realizarão audiências nem sessões de julgamento.

Art. 221. Suspende-se o curso do prazo por obstáculo criado em detrimento da parte ou ocorrendo qualquer das hipóteses do art. 313, devendo o prazo ser restituído por tempo igual ao que faltava para sua complementação.

Parágrafo único. Suspendem-se os prazos durante a execução de programa instituído pelo Poder Judiciário para promover a autocomposição, incumbindo aos tribunais especificar, com antecedência, a duração dos trabalhos.

Art. 222. Na comarca, seção ou subseção judiciária onde for difícil o transporte, o juiz poderá prorrogar os prazos por até 2 (dois) meses.

§ 1º Ao juiz é vedado reduzir prazos peremptórios sem anuência das partes.

§ 2º Havendo calamidade pública, o limite previsto no caput para prorrogação de prazos poderá ser excedido.

Art. 223. Decorrido o prazo, extingue-se o direito de praticar ou de emendar o ato processual, independentemente de declaração judicial, ficando assegurado, porém, à parte provar que não o realizou por justa causa.

§ 1º Considera-se justa causa o evento alheio à vontade da parte e que a impediu de praticar o ato por si ou por mandatário.

§ 2º Verificada a justa causa, o juiz permitirá à parte a prática do ato no prazo que lhe assinar.

Art. 224. Salvo disposição em contrário, os prazos serão contados excluindo o dia do começo e incluindo o dia do vencimento.

§ 1º Os dias do começo e do vencimento do prazo serão protraídos para o primeiro dia útil seguinte, se coincidirem com dia em que o expediente forense for encerrado antes ou iniciado depois da hora normal ou houver indisponibilidade da comunicação eletrônica.

§ 2º Considera-se como data de publicação o primeiro dia útil seguinte ao da disponibilização da informação no Diário da Justiça eletrônico.

§ 3º A contagem do prazo terá início no primeiro dia útil que seguir ao da publicação.

Art. 225. A parte poderá renunciar ao prazo estabelecido exclusivamente em seu favor, desde que o faça de maneira expressa.

Art. 226. O juiz proferirá:

I – os despachos no prazo de 5 (cinco) dias;

II – as decisões interlocutórias no prazo de 10 (dez) dias;

III – as sentenças no prazo de 30 (trinta) dias.

Art. 227. Em qualquer grau de jurisdição, havendo motivo justificado, pode o juiz exceder, por igual tempo, os prazos a que está submetido.

Art. 228. Incumbirá ao serventuário remeter os autos conclusos no prazo de 1 (um) dia e executar os atos processuais no prazo de 5 (cinco) dias, contado da data em que:

I – houver concluído o ato processual anterior, se lhe foi imposto pela lei;

II – tiver ciência da ordem, quando determinada pelo juiz.

§ 1º Ao receber os autos, o serventuário certificará o dia e a hora em que teve ciência da ordem referida no inciso II.

§ 2º Nos processos em autos eletrônicos, a juntada de petições ou de manifestações em geral ocorrerá de forma automática, independentemente de ato de serventuário da justiça.

Art. 229. Os litisconsortes que tiverem diferentes procuradores, de escritórios de advocacia distintos, terão prazos contados em dobro para todas as suas manifestações, em qualquer juízo ou tribunal, independentemente de requerimento.

§ 1º Cessa a contagem do prazo em dobro se, havendo apenas 2 (dois) réus, é oferecida defesa por apenas um deles.

§ 2º Não se aplica o disposto no caput aos processos em autos eletrônicos.

Art. 230. O prazo para a parte, o procurador, a Advocacia Pública, a Defensoria Pública e o Ministério Público será contado da citação, da intimação ou da notificação.

Art. 231. Salvo disposição em sentido diverso, considera-se dia do começo do prazo:

I – a data de juntada aos autos do aviso de recebimento, quando a citação ou a intimação for pelo correio;

II – a data de juntada aos autos do mandado cumprido, quando a citação ou a intimação for por oficial de justiça;

III – a data de ocorrência da citação ou da intimação, quando ela se der por ato do escrivão ou do chefe de secretaria;

IV – o dia útil seguinte ao fim da dilação assinada pelo juiz, quando a citação ou a intimação for por edital;

V – o dia útil seguinte à consulta ao teor da citação ou da intimação ou ao término do prazo para que a consulta se dê, quando a citação ou a intimação for eletrônica;

VI – a data de juntada do comunicado de que trata o art. 232 ou, não havendo esse, a data de juntada da carta aos autos de origem devidamente cumprida, quando a citação ou a intimação se realizar em cumprimento de carta;

VII – a data de publicação, quando a intimação se der pelo Diário da Justiça impresso ou eletrônico;

VIII – o dia da carga, quando a intimação se der por meio da retirada dos autos, em carga, do cartório ou da secretaria.

§ 1º Quando houver mais de um réu, o dia do começo do prazo para contestar corresponderá à última das datas a que se referem os incisos I a VI do caput.

§ 2º Havendo mais de um intimado, o prazo para cada um é contado individualmente.

§ 3º Quando o ato tiver de ser praticado diretamente pela parte ou por quem, de qualquer forma, participe do processo, sem a intermediação de representante judicial, o dia do começo do prazo para cumprimento da determinação judicial corresponderá à data em que se der a comunicação.

§ 4º Aplica-se o disposto no inciso II do caput à citação com hora certa.

Art. 232. Nos atos de comunicação por carta precatória, rogatória ou de ordem, a realização da citação ou da intimação será imediatamente informada, por meio eletrônico, pelo juiz deprecado ao juiz deprecante.

Seção II
Da Verificação dos Prazos e das Penalidades

Art. 233. Incumbe ao juiz verificar se o serventuário excedeu, sem motivo legítimo, os prazos estabelecidos em lei.

§ 1º Constatada a falta, o juiz ordenará a instauração de processo administrativo, na forma da lei.

§ 2º Qualquer das partes, o Ministério Público ou a Defensoria Pública poderá representar ao juiz contra o serventuário que injustificadamente exceder os prazos previstos em lei.

Art. 234. Os advogados públicos ou privados, o defensor público e o membro do Ministério Público devem restituir os autos no prazo do ato a ser praticado.

§ 1º É lícito a qualquer interessado exigir os autos do advogado que exceder prazo legal.

§ 2º Se, intimado, o advogado não devolver os autos no prazo de 3 (três) dias, perderá o direito à vista fora de cartório e incorrerá em multa correspondente à metade do salário-mínimo.

§ 3º Verificada a falta, o juiz comunicará o fato à seção local da Ordem dos Advogados do Brasil para procedimento disciplinar e imposição de multa.

§ 4º Se a situação envolver membro do Ministério Público, da Defensoria Pública ou da Advocacia Pública, a multa, se for o caso, será aplicada ao agente público responsável pelo ato.

§ 5º Verificada a falta, o juiz comunicará o fato ao órgão competente responsável pela instauração de procedimento disciplinar contra o membro que atuou no feito.

Art. 235. Qualquer parte, o Ministério Público ou a Defensoria Pública poderá representar ao corregedor do tribunal ou ao Conselho Nacional de Justiça contra juiz ou relator que injustificadamente exceder os prazos previstos em lei, regulamento ou regimento interno.

§ 1º Distribuída a representação ao órgão competente e ouvido previamente o juiz, não sendo caso de arquivamento liminar, será instaurado procedimento para apuração da responsabilidade, com intimação do representado por meio eletrônico para, querendo, apresentar justificativa no prazo de 15 (quinze) dias.

§ 2º Sem prejuízo das sanções administrativas cabíveis, em até 48 (quarenta e oito) horas após a apresentação ou não da justificativa de que trata o § 1º, se for o caso, o corregedor do tribunal ou o relator no Conselho Nacional de Justiça determinará a intimação do representado por meio eletrônico para que, em 10 (dez) dias, pratique o ato.

§ 3º Mantida a inércia, os autos serão remetidos ao substituto legal do juiz ou do relator contra o qual se representou para decisão em 10 (dez) dias.

Título II
DA COMUNICAÇÃO DOS ATOS PROCESSUAIS

Capítulo I
Disposições Gerais

Art. 236. Os atos processuais serão cumpridos por ordem judicial.

§ 1º Será expedida carta para a prática de atos fora dos limites territoriais do tribunal, da comarca, da seção ou da subseção judiciárias, ressalvadas as hipóteses previstas em lei.

§ 2º O tribunal poderá expedir carta para juízo a ele vinculado, se o ato houver de se realizar fora dos limites territoriais do local de sua sede.

§ 3º Admite-se a prática de atos processuais por meio de videoconferência ou outro recurso tecnológico de transmissão de sons e imagens em tempo real.

Art. 237. Será expedida carta:

I – de ordem, pelo tribunal, na hipótese do § 2º do art. 236;

II – rogatória, para que órgão jurisdicional estrangeiro pratique ato de cooperação jurídica internacional, relativo a processo em curso perante órgão jurisdicional brasileiro;

III – precatória, para que órgão jurisdicional brasileiro pratique ou determine o cumprimento, na área de sua competência territorial, de ato relativo a pedido de cooperação judiciária formulado por órgão jurisdicional de competência territorial diversa;

IV – arbitral, para que órgão do Poder Judiciário pratique ou determine o cumprimento, na área de sua competência territorial, de ato objeto de pedido de cooperação judiciária formulado por juízo arbitral, inclusive os que importem efetivação de tutela provisória.

Parágrafo único. Se o ato relativo a processo em curso na justiça federal ou em tribunal superior houver de ser praticado em local onde não haja vara federal, a carta poderá ser dirigida ao juízo estadual da respectiva comarca.

Capítulo IV
Das Intimações

Art. 269. Intimação é o ato pelo qual se dá ciência a alguém dos atos e dos termos do processo.

§ 1º É facultado aos advogados promover a intimação do advogado da outra parte por meio do correio, juntando aos autos, a seguir, cópia do ofício de intimação e do aviso de recebimento.

§ 2º O ofício de intimação deverá ser instruído com cópia do despacho, da decisão ou da sentença.

§ 3º A intimação da União, dos Estados, do Distrito Federal, dos Municípios e de suas respectivas autarquias e fundações de direito público será realizada perante o órgão de Advocacia Pública responsável por sua representação judicial.

Art. 270. As intimações realizam-se, sempre que possível, por meio eletrônico, na forma da lei.

Parágrafo único. Aplica-se ao Ministério Público, à Defensoria Pública e à Advocacia Pública o disposto no § 1º do art. 246.

Art. 271. O juiz determinará de ofício as intimações em processos pendentes, salvo disposição em contrário.

Art. 272. Quando não realizadas por meio eletrônico, consideram-se feitas as intimações pela publicação dos atos no órgão oficial.

§ 1º Os advogados poderão requerer que, na intimação a eles dirigida, figure apenas o nome da sociedade a que pertençam, desde que devidamente registrada na Ordem dos Advogados do Brasil.

§ 2º Sob pena de nulidade, é indispensável que da publicação constem os nomes das partes e de seus advogados, com o respectivo número de inscrição na Ordem dos Advogados do Brasil, ou, se assim requerido, da sociedade de advogados.

§ 3º A grafia dos nomes das partes não deve conter abreviaturas.

§ 4º A grafia dos nomes dos advogados deve corresponder ao nome completo e ser a mesma que constar da procuração ou que estiver registrada na Ordem dos Advogados do Brasil.

§ 5º Constando dos autos pedido expresso para que as comunicações dos atos processuais sejam feitas em nome dos advogados indicados, o seu desatendimento implicará nulidade.

§ 6º A retirada dos autos do cartório ou da secretaria em carga pelo advogado, por pessoa credenciada a pedido do advogado ou da sociedade de advogados, pela Advocacia Pública, pela Defensoria Pública ou pelo Ministério Público implicará intimação de qualquer decisão contida no processo retirado, ainda que pendente de publicação.

§ 7º O advogado e a sociedade de advogados deverão requerer o respectivo credenciamento para a retirada de autos por preposto.

§ 8º A parte arguirá a nulidade da intimação em capítulo preliminar do próprio ato que lhe caiba praticar, o qual será tido por tempestivo se o vício for reconhecido.

§ 9º Não sendo possível a prática imediata do ato diante da necessidade de acesso prévio aos autos, a parte limitar-se-á a arguir a nulidade da intimação, caso em que o prazo será contado da intimação da decisão que a reconheça.

Art. 273. Se inviável a intimação por meio eletrônico e não houver na localidade publicação em órgão oficial, incumbirá ao escrivão ou chefe de secretaria intimar de todos os atos do processo os advogados das partes:

I – pessoalmente, se tiverem domicílio na sede do juízo;

II – por carta registrada, com aviso de recebimento, quando forem domiciliados fora do juízo.

Art. 274. Não dispondo a lei de outro modo, as intimações serão feitas às partes, aos seus representantes legais, aos advogados e aos demais sujeitos do processo pelo correio ou, se presentes em cartório, diretamente pelo escrivão ou chefe de secretaria.

Parágrafo único. Presumem-se válidas as intimações dirigidas ao endereço constante dos autos, ainda que não recebidas pessoalmente pelo interessado, se a modificação temporária ou definitiva não tiver sido devidamente comunicada ao juízo, fluindo os

prazos a partir da juntada aos autos do comprovante de entrega da correspondência no primitivo endereço.

Art. 275. A intimação será feita por oficial de justiça quando frustrada a realização por meio eletrônico ou pelo correio.

§ 1º A certidão de intimação deve conter:

I – a indicação do lugar e a descrição da pessoa intimada, mencionando, quando possível, o número de seu documento de identidade e o órgão que o expediu;

II – a declaração de entrega da contrafé;

III – a nota de ciente ou a certidão de que o interessado não a apôs no mandado.

§ 2º Caso necessário, a intimação poderá ser efetuada com hora certa ou por edital.

Título III
DAS NULIDADES

Art. 276. Quando a lei prescrever determinada forma sob pena de nulidade, a decretação desta não pode ser requerida pela parte que lhe deu causa.

Art. 277. Quando a lei prescrever determinada forma, o juiz considerará válido o ato se, realizado de outro modo, lhe alcançar a finalidade.

Art. 278. A nulidade dos atos deve ser alegada na primeira oportunidade em que couber à parte falar nos autos, sob pena de preclusão.

Parágrafo único. Não se aplica o disposto no caput às nulidades que o juiz deva decretar de ofício, nem prevalece a preclusão provando a parte legítimo impedimento.

Art. 279. É nulo o processo quando o membro do Ministério Público não for intimado a acompanhar o feito em que deva intervir.

§ 1º Se o processo tiver tramitado sem conhecimento do membro do Ministério Público, o juiz invalidará os atos praticados a partir do momento em que ele deveria ter sido intimado.

§ 2º A nulidade só pode ser decretada após a intimação do Ministério Público, que se manifestará sobre a existência ou a inexistência de prejuízo.

Art. 280. As citações e as intimações serão nulas quando feitas sem observância das prescrições legais.

Art. 281. Anulado o ato, consideram-se de nenhum efeito todos os subsequentes que dele dependam, todavia, a nulidade de uma parte do ato não prejudicará as outras que dela sejam independentes.

Art. 282. Ao pronunciar a nulidade, o juiz declarará que atos são atingidos e ordenará as providências necessárias a fim de que sejam repetidos ou retificados.

§ 1º O ato não será repetido nem sua falta será suprida quando não prejudicar a parte.

§ 2º Quando puder decidir o mérito a favor da parte a quem aproveite a decretação da nulidade, o juiz não a pronunciará nem mandará repetir o ato ou suprir-lhe a falta.

Art. 283. O erro de forma do processo acarreta unicamente a anulação dos atos que não possam ser aproveitados, devendo ser praticados os que forem necessários a fim de se observarem as prescrições legais.

Parágrafo único. Dar-se-á o aproveitamento dos atos praticados desde que não resulte prejuízo à defesa de qualquer parte.

Título IV
DA DISTRIBUIÇÃO E DO REGISTRO

Art. 284. Todos os processos estão sujeitos a registro, devendo ser distribuídos onde houver mais de um juiz.

Art. 285. A distribuição, que poderá ser eletrônica, será alternada e aleatória, obedecendo-se rigorosa igualdade.

Parágrafo único. A lista de distribuição deverá ser publicada no Diário de Justiça.

Art. 286. Serão distribuídas por dependência as causas de qualquer natureza:

I – quando se relacionarem, por conexão ou continência, com outra já ajuizada;

II – quando, tendo sido extinto o processo sem resolução de mérito, for reiterado o pedido, ainda que em litisconsórcio com outros autores ou que sejam parcialmente alterados os réus da demanda;

III – quando houver ajuizamento de ações nos termos do art. 55, § 3º, ao juízo prevento.

Parágrafo único. Havendo intervenção de terceiro, reconvenção ou outra hipótese de ampliação objetiva do processo, o juiz, de ofício, mandará proceder à respectiva anotação pelo distribuidor.

Art. 287. A petição inicial deve vir acompanhada de procuração, que conterá os endereços do advogado, eletrônico e não eletrônico.

Parágrafo único. Dispensa-se a juntada da procuração:

I – no caso previsto no art. 104;

II – se a parte estiver representada pela Defensoria Pública;

III – se a representação decorrer diretamente de norma prevista na Constituição Federal ou em lei.

Art. 288. O juiz, de ofício ou a requerimento do interessado, corrigirá o erro ou compensará a falta de distribuição.

Art. 289. A distribuição poderá ser fiscalizada pela parte, por seu procurador, pelo Ministério Público e pela Defensoria Pública.

Art. 290. Será cancelada a distribuição do feito se a parte, intimada na pessoa de seu advogado, não realizar o pagamento das custas e despesas de ingresso em 15 (quinze) dias.

Título V
DO VALOR DA CAUSA

Art. 291. A toda causa será atribuído valor certo, ainda que não tenha conteúdo econômico imediatamente aferível.

Art. 292. O valor da causa constará da petição inicial ou da reconvenção e será:

I – na ação de cobrança de dívida, a soma monetariamente corrigida do principal, dos juros de mora vencidos e de outras penalidades, se houver, até a data de propositura da ação;

II – na ação que tiver por objeto a existência, a validade, o cumprimento, a modificação, a resolução, a resilição ou a rescisão de ato jurídico, o valor do ato ou o de sua parte controvertida;

III – na ação de alimentos, a soma de 12 (doze) prestações mensais pedidas pelo autor;

IV – na ação de divisão, de demarcação e de reivindicação, o valor de avaliação da área ou do bem objeto do pedido;

V – na ação indenizatória, inclusive a fundada em dano moral, o valor pretendido;

VI – na ação em que há cumulação de pedidos, a quantia correspondente à soma dos valores de todos eles;

VII – na ação em que os pedidos são alternativos, o de maior valor;

VIII – na ação em que houver pedido subsidiário, o valor do pedido principal.

§ 1º Quando se pedirem prestações vencidas e vincendas, considerar-se-á o valor de umas e outras.

§ 2º O valor das prestações vincendas será igual a uma prestação anual, se a obrigação for por tempo indeterminado ou por tempo superior a 1 (um) ano, e, se por tempo inferior, será igual à soma das prestações.

§ 3º O juiz corrigirá, de ofício e por arbitramento, o valor da causa quando verificar que não corresponde ao conteúdo patrimonial em discussão ou ao proveito econômico perseguido pelo autor, caso em que se procederá ao recolhimento das custas correspondentes.

Art. 293. O réu poderá impugnar, em preliminar da contestação, o valor atribuído à causa pelo autor, sob pena de preclusão, e o juiz decidirá a respeito, impondo, se for o caso, a complementação das custas.

LIVRO V
DA TUTELA PROVISÓRIA

Título I
DISPOSIÇÕES GERAIS

Art. 294. A tutela provisória pode fundamentar-se em urgência ou evidência.

Normas que tratam da formação (ART. 312 DO CPC/2015), suspensão (ART. 313 E 315 DO CPC/2015) do processo.

Art. 312. Considera-se proposta a ação quando a petição inicial for protocolada, todavia, a propositura da ação só produz quanto ao réu os efeitos mencionados no art. 240 depois que for validamente citado.

Título II
DA SUSPENSÃO DO PROCESSO

Art. 313. Suspende-se o processo:

I – pela morte ou pela perda da capacidade processual de qualquer das partes, de seu representante legal ou de seu procurador;

II – pela convenção das partes;

III – pela arguição de impedimento ou de suspeição;

IV – pela admissão de incidente de resolução de demandas repetitivas;

V – quando a sentença de mérito:

a) depender do julgamento de outra causa ou da declaração de existência ou de inexistência de relação jurídica que constitua o objeto principal de outro processo pendente;

b) tiver de ser proferida somente após a verificação de determinado fato ou a produção de certa prova, requisitada a outro juízo;

VI – por motivo de força maior;

VII – quando se discutir em juízo questão decorrente de acidentes e fatos da navegação de competência do Tribunal Marítimo;

VIII – nos demais casos que este Código regula.

IX – pelo parto ou pela concessão de adoção, quando a advogada responsável pelo processo constituir a única patrona da causa; (Incluído pela Lei nº 13.363, de 2016)

X – quando o advogado responsável pelo processo constituir o único patrono da causa e tornar-se pai. (Incluído pela Lei nº 13.363, de 2016)

§ 1º Na hipótese do inciso I, o juiz suspenderá o processo, nos termos do art. 689.

§ 2º Não ajuizada ação de habilitação, ao tomar conhecimento da morte, o juiz determinará a suspensão do processo e observará o seguinte:

I – falecido o réu, ordenará a intimação do autor para que promova a citação do respectivo espólio, de quem for o sucessor ou, se for o caso, dos herdeiros, no prazo que designar, de no mínimo 2 (dois) e no máximo 6 (seis) meses;

II – falecido o autor e sendo transmissível o direito em litígio, determinará a intimação de seu espólio, de quem for o sucessor ou, se for o caso, dos herdeiros, pelos meios de divulgação que reputar mais adequados, para que manifestem interesse na sucessão processual e promovam a respectiva habilitação no prazo designado, sob pena de extinção do processo sem resolução de mérito.

§ 3º No caso de morte do procurador de qualquer das partes, ainda que iniciada a audiência de instrução e julgamento, o juiz determinará que a parte constitua novo mandatário, no prazo de 15 (quinze) dias, ao final do qual extinguirá o processo sem resolução de mérito, se o autor não nomear novo mandatário, ou ordenará o prosseguimento do processo à revelia do réu, se falecido o procurador deste.

§ 4º O prazo de suspensão do processo nunca poderá exceder 1 (um) ano nas hipóteses do inciso V e 6 (seis) meses naquela prevista no inciso II.

§ 5º O juiz determinará o prosseguimento do processo assim que esgotados os prazos previstos no § 4º.

§ 6º No caso do inciso IX, o período de suspensão será de 30 (trinta) dias, contado a partir da data do parto ou da concessão da adoção, mediante apresentação de certidão de nascimento ou documento similar que comprove a realização do parto, ou de termo judicial que tenha concedido a adoção, desde que haja notificação ao cliente. (Incluído pela Lei nº 13.363, de 2016)

§ 7º No caso do inciso X, o período de suspensão será de 8 (oito) dias, contado a partir da data do parto ou da concessão da adoção, mediante apresentação de certidão de nascimento ou documento similar que comprove a realização do parto, ou de termo judicial que tenha concedido a adoção, desde que haja notificação ao cliente. (Incluído pela Lei nº 13.363, de 2016)

Art. 314. Durante a suspensão é vedado praticar qualquer ato processual, podendo o juiz, todavia, determinar a realização de atos urgentes a fim de evitar dano irreparável, salvo no caso de arguição de impedimento e de suspeição.

Art. 315. Se o conhecimento do mérito depender de verificação da existência de fato delituoso, o juiz pode determinar a suspensão do processo até que se pronuncie a justiça criminal.

§ 1º Se a ação penal não for proposta no prazo de 3 (três) meses, contado da intimação do ato de suspensão, cessará o efeito desse, incumbindo ao juiz cível examinar incidentemente a questão prévia.

§ 2º Proposta a ação penal, o processo ficará suspenso pelo prazo máximo de 1 (um) ano, ao final do qual aplicar-se-á o disposto na parte final do § 1º.

✝ **Normas que tratam da extinção do processo (art. 316 e 317 do CPC/2015), observadas as peculiaridades previstas na lei que rege o MS principalmente no que tange ao ato de citação, que no mandado de segurança, por exemplo, é substituído pela notificação da autoridade coatora com ciência ao órgão de representação judicial da pessoa jurídica interessada (Art. 7º, inc. I e II do CPC/2015)**

Título III
DA EXTINÇÃO DO PROCESSO

Art. 316. A extinção do processo dar-se-á por sentença.

Art. 317. Antes de proferir decisão sem resolução de mérito, o juiz deverá conceder à parte oportunidade para, se possível, corrigir o vício.

✝ **Os provimentos provisórios são atualmente tratados no CPC/2015 sob o rótulo genérico de tutela provisória (Art. 294 A 311), que se divide em tutela de urgência (art. 300 A 310), de natureza antecipada e cautelar, e tutela de evidência (Art. 311), contendo disposições gerais aplicáveis a ambos os tipos de provimentos provisórios (Art. 294 a 299).**

Art. 294. A tutela provisória pode fundamentar-se em urgência ou evidência.

Parágrafo único. A tutela provisória de urgência, cautelar ou antecipada, pode ser concedida em caráter antecedente ou incidental.

Art. 295. A tutela provisória requerida em caráter incidental independe do pagamento de custas.

Art. 296. A tutela provisória conserva sua eficácia na pendência do processo, mas pode, a qualquer tempo, ser revogada ou modificada.

Parágrafo único. Salvo decisão judicial em contrário, a tutela provisória conservará a eficácia durante o período de suspensão do processo.

Art. 297. O juiz poderá determinar as medidas que considerar adequadas para efetivação da tutela provisória.

Parágrafo único. A efetivação da tutela provisória observará as normas referentes ao cumprimento provisório da sentença, no que couber.

Art. 298. Na decisão que conceder, negar, modificar ou revogar a tutela provisória, o juiz motivará seu convencimento de modo claro e preciso.

Art. 299. A tutela provisória será requerida ao juízo da causa e, quando antecedente, ao juízo competente para conhecer do pedido principal.

Parágrafo único. Ressalvada disposição especial, na ação de competência originária de tribunal e nos recursos a tutela provisória será requerida ao órgão jurisdicional competente para apreciar o mérito.

Título II
DA TUTELA DE URGÊNCIA

Capítulo I
Disposições Gerais

Art. 300. A tutela de urgência será concedida quando houver elementos que evidenciem a probabilidade do direito e o perigo de dano ou o risco ao resultado útil do processo.

§ 1º Para a concessão da tutela de urgência, o juiz pode, conforme o caso, exigir caução real ou fidejussória idônea para ressarcir os danos que a outra parte possa vir a sofrer, podendo a caução ser dispensada se a parte economicamente hipossuficiente não puder oferecê-la.

§ 2º A tutela de urgência pode ser concedida liminarmente ou após justificação prévia.

§ 3º A tutela de urgência de natureza antecipada não será concedida quando houver perigo de irreversibilidade dos efeitos da decisão.

Art. 301. A tutela de urgência de natureza cautelar pode ser efetivada mediante arresto, sequestro, arrolamento de bens, registro de protesto contra alienação de bem e qualquer outra medida idônea para asseguração do direito.

Art. 302. Independentemente da reparação por dano processual, a parte responde pelo prejuízo que a efetivação da tutela de urgência causar à parte adversa, se:

I – a sentença lhe for desfavorável;

II – obtida liminarmente a tutela em caráter antecedente, não fornecer os meios necessários para a citação do requerido no prazo de 5 (cinco) dias;

III – ocorrer a cessação da eficácia da medida em qualquer hipótese legal;

IV – o juiz acolher a alegação de decadência ou prescrição da pretensão do autor.

Parágrafo único. A indenização será liquidada nos autos em que a medida tiver sido concedida, sempre que possível.

Capítulo II
Do Procedimento da Tutela Antecipada Requerida em Caráter Antecedente

Art. 303. Nos casos em que a urgência for contemporânea à propositura da ação, a petição inicial pode limitar-se ao requerimento da tutela antecipada e à indicação do pedido de tutela final, com a exposição da lide, do direito que se busca realizar e do perigo de dano ou do risco ao resultado útil do processo.

§ 1º Concedida a tutela antecipada a que se refere o caput deste artigo:

I – o autor deverá aditar a petição inicial, com a complementação de sua argumentação, a juntada de novos documentos e a confirmação do pedido de tutela final, em 15 (quinze) dias ou em outro prazo maior que o juiz fixar;

II – o réu será citado e intimado para a audiência de conciliação ou de mediação na forma do art. 334;

III – não havendo autocomposição, o prazo para contestação será contado na forma do art. 335.

§ 2º Não realizado o aditamento a que se refere o inciso I do § 1º deste artigo, o processo será extinto sem resolução do mérito.

§ 3º O aditamento a que se refere o inciso I do § 1º deste artigo dar-se-á nos mesmos autos, sem incidência de novas custas processuais.

§ 4º Na petição inicial a que se refere o caput deste artigo, o autor terá de indicar o valor da causa, que deve levar em consideração o pedido de tutela final.

§ 5º O autor indicará na petição inicial, ainda, que pretende valer-se do benefício previsto no caput deste artigo.

§ 6º Caso entenda que não há elementos para a concessão de tutela antecipada, o órgão jurisdicional determinará a emenda da petição inicial em até 5 (cinco) dias, sob pena de ser indeferida e de o processo ser extinto sem resolução de mérito.

Art. 304. A tutela antecipada, concedida nos termos do art. 303, torna-se estável se da decisão que a conceder não for interposto o respectivo recurso.

§ 1º No caso previsto no caput, o processo será extinto.

§ 2º Qualquer das partes poderá demandar a outra com o intuito de rever, reformar ou invalidar a tutela antecipada estabilizada nos termos do caput.

§ 3º A tutela antecipada conservará seus efeitos enquanto não revista, reformada ou invalidada por decisão de mérito proferida na ação de que trata o § 2º.

§ 4º Qualquer das partes poderá requerer o desarquivamento dos autos em que foi concedida a medida, para instruir a petição inicial da ação a que se refere o § 2º, prevento o juízo em que a tutela antecipada foi concedida.

§ 5º O direito de rever, reformar ou invalidar a tutela antecipada, previsto no § 2º deste artigo, extingue-se após 2 (dois) anos, contados da ciência da decisão que extinguiu o processo, nos termos do § 1º.

§ 6º A decisão que concede a tutela não fará coisa julgada, mas a estabilidade dos respectivos efeitos só será afastada por decisão que a revir, reformar ou invalidar, proferida em ação ajuizada por uma das partes, nos termos do § 2º deste artigo.

Capítulo III
Do Procedimento da Tutela Cautelar Requerida em Caráter Antecedente

Art. 305. A petição inicial da ação que visa à prestação de tutela cautelar em caráter antecedente indicará a lide e seu fundamento, a exposição sumária do direito que se objetiva assegurar e o perigo de dano ou o risco ao resultado útil do processo.

Parágrafo único. Caso entenda que o pedido a que se refere o caput tem natureza antecipada, o juiz observará o disposto no art. 303.

Art. 306. O réu será citado para, no prazo de 5 (cinco) dias, contestar o pedido e indicar as provas que pretende produzir.

Art. 307. Não sendo contestado o pedido, os fatos alegados pelo autor presumir-se-ão aceitos pelo réu como ocorridos, caso em que o juiz decidirá dentro de 5 (cinco) dias.

Parágrafo único. Contestado o pedido no prazo legal, observar-se-á o procedimento comum.

Art. 308. Efetivada a tutela cautelar, o pedido principal terá de ser formulado pelo autor no prazo de 30 (trinta) dias, caso em que será apresentado nos mesmos autos em que deduzido o pedido de tutela cautelar, não dependendo do adiantamento de novas custas processuais.

§ 1º O pedido principal pode ser formulado conjuntamente com o pedido de tutela cautelar.

§ 2º A causa de pedir poderá ser aditada no momento de formulação do pedido principal.

§ 3º Apresentado o pedido principal, as partes serão intimadas para a audiência de conciliação ou de mediação, na forma do art. 334, por seus advogados ou pessoalmente, sem necessidade de nova citação do réu.

§ 4º Não havendo autocomposição, o prazo para contestação será contado na forma do art. 335.

Art. 309. Cessa a eficácia da tutela concedida em caráter antecedente, se:

I – o autor não deduzir o pedido principal no prazo legal;

II – não for efetivada dentro de 30 (trinta) dias;

III – o juiz julgar improcedente o pedido principal formulado pelo autor ou extinguir o processo sem resolução de mérito.

Parágrafo único. Se por qualquer motivo cessar a eficácia da tutela cautelar, é vedado à parte renovar o pedido, salvo sob novo fundamento.

Art. 310. O indeferimento da tutela cautelar não obsta a que a parte formule o pedido principal, nem influi no julgamento desse, salvo se o motivo do indeferimento for o reconhecimento de decadência ou de prescrição.

Título III
DA TUTELA DA EVIDÊNCIA

Art. 311. A tutela da evidência será concedida, independentemente da demonstração de perigo de dano ou de risco ao resultado útil do processo, quando:

I – ficar caracterizado o abuso do direito de defesa ou o manifesto propósito protelatório da parte;

II – as alegações de fato puderem ser comprovadas apenas documentalmente e houver tese firmada em julgamento de casos repetitivos ou em súmula vinculante;

III – se tratar de pedido reipersecutório fundado em prova documental adequada do contrato de depósito, caso em que será decretada a ordem de entrega do objeto custodiado, sob cominação de multa;

IV – a petição inicial for instruída com prova documental suficiente dos fatos constitutivos do direito do autor, a que o réu não oponha prova capaz de gerar dúvida razoável.

Parágrafo único. Nas hipóteses dos incisos II e III, o juiz poderá decidir liminarmente.

‡ **O artigo 1.059 do CPC/2015 dispõe que é aplicável a tutela provisória requerida contra a Fazenda Pública o disposto no artigo 1º a 4º da Lei nº 8.437/92 e no artigo 7º, § 2º da Lei nº 12.016/2009.**

LIVRO COMPLEMENTAR
DISPOSIÇÕES FINAIS E TRANSITÓRIAS

Art. 1.059. À tutela provisória requerida contra a Fazenda Pública aplica-se o disposto nos arts. 1º a 4º da Lei no 8.437, de 30 de junho de 1992, e no art. 7º, § 2º, da Lei no 12.016, de 7 de agosto de 2009.

‡ **O mandado de segurança possui rito próprio aplicando-se a eles os requisitos da petição inicial previstos no artigo 319 a 331 do código de processo civil de 2015, por expressa autorização contida no artigo 6º e 10 da lei nº 12.016/2009.**

DA PETIÇÃO INICIAL

Seção I
Dos Requisitos da Petição Inicial

Art. 319. A petição inicial indicará:

I – o juízo a que é dirigida;

II – os nomes, os prenomes, o estado civil, a existência de união estável, a profissão, o número de inscrição no Cadastro de Pessoas Físicas ou no Cadastro Nacional da Pessoa Jurídica, o endereço eletrônico, o domicílio e a residência do autor e do réu;

III – o fato e os fundamentos jurídicos do pedido;

IV – o pedido com as suas especificações;

V – o valor da causa;

VI – as provas com que o autor pretende demonstrar a verdade dos fatos alegados;

VII – a opção do autor pela realização ou não de audiência de conciliação ou de mediação.

§ 1º Caso não disponha das informações previstas no inciso II, poderá o autor, na petição inicial, requerer ao juiz diligências necessárias a sua obtenção.

§ 2º A petição inicial não será indeferida se, a despeito da falta de informações a que se refere o inciso II, for possível a citação do réu.

§ 3º A petição inicial não será indeferida pelo não atendimento ao disposto no inciso II deste artigo se a obtenção de tais informações tornar impossível ou excessivamente oneroso o acesso à justiça.

Art. 320. A petição inicial será instruída com os documentos indispensáveis à propositura da ação.

Art. 321. O juiz, ao verificar que a petição inicial não preenche os requisitos dos arts. 319 e 320 ou que apresenta defeitos e irregularidades capazes de dificultar o julgamento de mérito, determinará que o autor, no prazo de 15 (quinze) dias, a emende ou a complete, indicando com precisão o que deve ser corrigido ou completado.

Parágrafo único. Se o autor não cumprir a diligência, o juiz indeferirá a petição inicial.

Seção II
Do Pedido

Art. 322. O pedido deve ser certo.

§ 1º Compreendem-se no principal os juros legais, a correção monetária e as verbas de sucumbência, inclusive os honorários advocatícios.

§ 2º A interpretação do pedido considerará o conjunto da postulação e observará o princípio da boa-fé.

Art. 323. Na ação que tiver por objeto cumprimento de obrigação em prestações sucessivas, essas serão consideradas incluídas no pedido, independentemente de declaração expressa do autor, e serão incluídas na condenação, enquanto durar a obrigação, se o devedor, no curso do processo, deixar de pagá-las ou de consigná-las.

Art. 324. O pedido deve ser determinado.

§ 1º É lícito, porém, formular pedido genérico:

I – nas ações universais, se o autor não puder individuar os bens demandados;

II – quando não for possível determinar, desde logo, as consequências do ato ou do fato;

III – quando a determinação do objeto ou do valor da condenação depender de ato que deva ser praticado pelo réu.

§ 2º O disposto neste artigo aplica-se à reconvenção.

Art. 325. O pedido será alternativo quando, pela natureza da obrigação, o devedor puder cumprir a prestação de mais de um modo.

Parágrafo único. Quando, pela lei ou pelo contrato, a escolha couber ao devedor, o juiz lhe assegurará o direito de cumprir a prestação de um ou de outro modo, ainda que o autor não tenha formulado pedido alternativo.

Art. 326. É lícito formular mais de um pedido em ordem subsidiária, a fim de que o juiz conheça do posterior, quando não acolher o anterior.

Parágrafo único. É lícito formular mais de um pedido, alternativamente, para que o juiz acolha um deles.

Art. 327. É lícita a cumulação, em um único processo, contra o mesmo réu, de vários pedidos, ainda que entre eles não haja conexão.

§ 1º São requisitos de admissibilidade da cumulação que:

I – os pedidos sejam compatíveis entre si;

II – seja competente para conhecer deles o mesmo juízo;

III – seja adequado para todos os pedidos o tipo de procedimento.

§ 2º Quando, para cada pedido, corresponder tipo diverso de procedimento, será admitida a cumulação se o autor empregar o procedimento comum, sem prejuízo do emprego das técnicas processuais diferenciadas previstas nos procedimentos especiais a que se sujeitam um ou mais pedidos cumulados, que não forem incompatíveis com as disposições sobre o procedimento comum.

§ 3º O inciso I do § 1º não se aplica às cumulações de pedidos de que trata o art. 326.

Art. 328. Na obrigação indivisível com pluralidade de credores, aquele que não participou do processo receberá sua parte, deduzidas as despesas na proporção de seu crédito.

Art. 329. O autor poderá:

I – até a citação, aditar ou alterar o pedido ou a causa de pedir, independentemente de consentimento do réu;

II – até o saneamento do processo, aditar ou alterar o pedido e a causa de pedir, com consentimento do réu, assegurado o contraditório mediante a possibilidade de manifestação deste no prazo mínimo de 15 (quinze) dias, facultado o requerimento de prova suplementar.

Parágrafo único. Aplica-se o disposto neste artigo à reconvenção e à respectiva causa de pedir.

Seção III
Do Indeferimento da Petição Inicial

Art. 330. A petição inicial será indeferida quando:

I – for inepta;

II – a parte for manifestamente ilegítima;

III – o autor carecer de interesse processual;

IV – não atendidas as prescrições dos arts. 106 e 321.

§ 1º Considera-se inepta a petição inicial quando:

I – lhe faltar pedido ou causa de pedir;

II – o pedido for indeterminado, ressalvadas as hipóteses legais em que se permite o pedido genérico;

III – da narração dos fatos não decorrer logicamente a conclusão;

IV – contiver pedidos incompatíveis entre si.

§ 2º Nas ações que tenham por objeto a revisão de obrigação decorrente de empréstimo, de financiamento ou de alienação de bens, o autor terá de, sob pena de inépcia, discriminar na petição inicial, dentre as obrigações contratuais, aquelas que pretende controverter, além de quantificar o valor incontroverso do débito.

§ 3º Na hipótese do § 2º, o valor incontroverso deverá continuar a ser pago no tempo e modo contratados.

Art. 331. Indeferida a petição inicial, o autor poderá apelar, facultado ao juiz, no prazo de 5 (cinco) dias, retratar-se.

§ 1º Se não houver retratação, o juiz mandará citar o réu para responder ao recurso.

§ 2º Sendo a sentença reformada pelo Tribunal, o prazo para a contestação começará a correr da intimação do retorno dos autos, observado o disposto no art. 334.

§ 3º Não interposta a apelação, o réu será intimado do trânsito em julgado da sentença.

As causas de improcedência liminar do pedido arroladas no artigo 332 do CPC/2015 em razão da inexistência da fase probatória no rito do MS.

Capítulo III
Da Improcedência Liminar do Pedido

Art. 332. Nas causas que dispensem a fase instrutória, o juiz, independentemente da citação do réu, julgará liminarmente improcedente o pedido que contrariar:

I – enunciado de súmula do Supremo Tribunal Federal ou do Superior Tribunal de Justiça;

II – acórdão proferido pelo Supremo Tribunal Federal ou pelo Superior Tribunal de Justiça em julgamento de recursos repetitivos;

III – entendimento firmado em incidente de resolução de demandas repetitivas ou de assunção de competência;

IV – enunciado de súmula de tribunal de justiça sobre direito local.

§ 1º O juiz também poderá julgar liminarmente improcedente o pedido se verificar, desde logo, a ocorrência de decadência ou de prescrição.

§ 2º Não interposta a apelação, o réu será intimado do trânsito em julgado da sentença, nos termos do art. 241.

§ 3º Interposta a apelação, o juiz poderá retratar-se em 5 (cinco) dias.

§ 4º Se houver retratação, o juiz determinará o prosseguimento do processo, com a citação do réu, e, se não houver retratação, determinará a citação do réu para apresentar contrarrazões, no prazo de 15 (quinze) dias.

As normas referentes a força probante dos documentos (art. 405 a 429 do CPC/2015) e dos documentos eletrônicos (art. 439 a 441 do CPC/2015)

Seção VII
Da Prova Documental

Subseção I
Da Força Probante dos Documentos

Art. 405. O documento público faz prova não só da sua formação, mas também dos fatos que o escrivão, o chefe de secretaria, o tabelião ou o servidor declarar que ocorreram em sua presença.

Art. 406. Quando a lei exigir instrumento público como da substância do ato, nenhuma outra prova, por mais especial que seja, pode suprir-lhe a falta.

Art. 407. O documento feito por oficial público incompetente ou sem a observância das formalidades legais, sendo subscrito pelas partes, tem a mesma eficácia probatória do documento particular.

Art. 408. As declarações constantes do documento particular escrito e assinado ou somente assinado presumem-se verdadeiras em relação ao signatário.

Parágrafo único. Quando, todavia, contiver declaração de ciência de determinado fato, o documento particular prova a ciência, mas não o fato em si, incumbindo o ônus de prová-lo ao interessado em sua veracidade.

Art. 409. A data do documento particular, quando a seu respeito surgir dúvida ou impugnação entre os litigantes, provar-se-á por todos os meios de direito.

Parágrafo único. Em relação a terceiros, considerar-se-á datado o documento particular:

I – no dia em que foi registrado;

II – desde a morte de algum dos signatários;

III – a partir da impossibilidade física que sobreveio a qualquer dos signatários;

IV – da sua apresentação em repartição pública ou em juízo;

V – do ato ou do fato que estabeleça, de modo certo, a anterioridade da formação do documento.

Art. 410. Considera-se autor do documento particular:

I – aquele que o fez e o assinou;

II – aquele por conta de quem ele foi feito, estando assinado;

III – aquele que, mandando compô-lo, não o firmou porque, conforme a experiência comum, não se costuma assinar, como livros empresariais e assentos domésticos.

Art. 411. Considera-se autêntico o documento quando:

I – o tabelião reconhecer a firma do signatário;

II – a autoria estiver identificada por qualquer outro meio legal de certificação, inclusive eletrônico, nos termos da lei;

III – não houver impugnação da parte contra quem foi produzido o documento.

Art. 412. O documento particular de cuja autenticidade não se duvida prova que o seu autor fez a declaração que lhe é atribuída.

Parágrafo único. O documento particular admitido expressa ou tacitamente é indivisível, sendo vedado à parte que pretende utilizar-se dele aceitar os fatos que lhe são favoráveis e recusar os que são contrários ao seu interesse, salvo se provar que estes não ocorreram.

Art. 413. O telegrama, o radiograma ou qualquer outro meio de transmissão tem a mesma força probatória do documento particular se o original constante da estação expedidora tiver sido assinado pelo remetente.

Parágrafo único. A firma do remetente poderá ser reconhecida pelo tabelião, declarando-se essa circunstância no original depositado na estação expedidora.

Art. 414. O telegrama ou o radiograma presume-se conforme com o original, provando as datas de sua expedição e de seu recebimento pelo destinatário.

Art. 415. As cartas e os registros domésticos provam contra quem os escreveu quando:

I – enunciam o recebimento de um crédito;

II – contêm anotação que visa a suprir a falta de título em favor de quem é apontado como credor;

III – expressam conhecimento de fatos para os quais não se exija determinada prova.

Art. 416. A nota escrita pelo credor em qualquer parte de documento representativo de obrigação, ainda que não assinada, faz prova em benefício do devedor.

Parágrafo único. Aplica-se essa regra tanto para o documento que o credor conservar em seu poder quanto para aquele que se achar em poder do devedor ou de terceiro.

Art. 417. Os livros empresariais provam contra seu autor, sendo lícito ao empresário, todavia, demonstrar, por todos os meios permitidos em direito, que os lançamentos não correspondem à verdade dos fatos.

Art. 418. Os livros empresariais que preencham os requisitos exigidos por lei provam a favor de seu autor no litígio entre empresários.

Art. 419. A escrituração contábil é indivisível, e, se dos fatos que resultam dos lançamentos, uns são favoráveis ao interesse de seu autor e outros lhe são contrários, ambos serão considerados em conjunto, como unidade.

Art. 420. O juiz pode ordenar, a requerimento da parte, a exibição integral dos livros empresariais e dos documentos do arquivo:

I – na liquidação de sociedade;

II – na sucessão por morte de sócio;

III – quando e como determinar a lei.

Art. 421. O juiz pode, de ofício, ordenar à parte a exibição parcial dos livros e dos documentos, extraindo-se deles a suma que interessar ao litígio, bem como reproduções autenticadas.

Art. 422. Qualquer reprodução mecânica, como a fotográfica, a cinematográfica, a fonográfica ou de outra espécie, tem aptidão para fazer prova dos fatos ou das coisas representadas, se a sua conformidade com o documento original não for impugnada por aquele contra quem foi produzida.

§ 1º As fotografias digitais e as extraídas da rede mundial de computadores fazem prova das imagens que reproduzem, devendo, se impugnadas, ser apresentada a respectiva autenticação eletrônica ou, não sendo possível, realizada perícia.

§ 2º Se se tratar de fotografia publicada em jornal ou revista, será exigido um exemplar original do periódico, caso impugnada a veracidade pela outra parte.

§ 3º Aplica-se o disposto neste artigo à forma impressa de mensagem eletrônica.

Art. 423. As reproduções dos documentos particulares, fotográficas ou obtidas por outros processos de repetição, valem como certidões sempre que o escrivão ou o chefe de secretaria certificar sua conformidade com o original.

Art. 424. A cópia de documento particular tem o mesmo valor probante que o original, cabendo ao escrivão, intimadas as partes, proceder à conferência e certificar a conformidade entre a cópia e o original.

Art. 425. Fazem a mesma prova que os originais:

I – as certidões textuais de qualquer peça dos autos, do protocolo das audiências ou de outro livro a cargo do escrivão ou do chefe de secretaria, se extraídas por ele ou sob sua vigilância e por ele subscritas;

II – os traslados e as certidões extraídas por oficial público de instrumentos ou documentos lançados em suas notas;

III – as reproduções dos documentos públicos, desde que autenticadas por oficial público ou conferidas em cartório com os respectivos originais;

IV – as cópias reprográficas de peças do próprio processo judicial declaradas autênticas pelo advogado, sob sua responsabilidade pessoal, se não lhes for impugnada a autenticidade;

V – os extratos digitais de bancos de dados públicos e privados, desde que atestado pelo seu emitente, sob as penas da lei, que as informações conferem com o que consta na origem;

VI – as reproduções digitalizadas de qualquer documento público ou particular, quando juntadas aos autos pelos órgãos da justiça e seus auxiliares, pelo Ministério Público e seus auxiliares, pela Defensoria Pública e seus auxiliares, pelas procuradorias, pelas repartições públicas em geral e por advogados, ressalvada a alegação motivada e fundamentada de adulteração.

§ 1º Os originais dos documentos digitalizados mencionados no inciso VI deverão ser preservados pelo seu detentor até o final do prazo para propositura de ação rescisória.

§ 2º Tratando-se de cópia digital de título executivo extrajudicial ou de documento relevante à instrução do processo, o juiz poderá determinar seu depósito em cartório ou secretaria.

Art. 426. O juiz apreciará fundamentadamente a fé que deva merecer o documento, quando em ponto substancial e sem ressalva contiver entrelinha, emenda, borrão ou cancelamento.

Art. 427. Cessa a fé do documento público ou particular sendo-lhe declarada judicialmente a falsidade.

Parágrafo único. A falsidade consiste em:

I – formar documento não verdadeiro;

II – alterar documento verdadeiro.

Art. 428. Cessa a fé do documento particular quando:

I – for impugnada sua autenticidade e enquanto não se comprovar sua veracidade;

II – assinado em branco, for impugnado seu conteúdo, por preenchimento abusivo.

Parágrafo único. Dar-se-á abuso quando aquele que recebeu documento assinado com texto não escrito no todo ou em parte formá-lo ou completá-lo por si ou por meio de outrem, violando o pacto feito com o signatário.

Art. 429. Incumbe o ônus da prova quando:

I – se tratar de falsidade de documento ou de preenchimento abusivo, à parte que a arguir;

II – se tratar de impugnação da autenticidade, à parte que produziu o documento.

As causas de extinção do processo sem resolução do mérito, arroladas no artigo 485 do CPC/2015 (art. 267 do CPC/73)

Capítulo XIII
Da Sentença e da Coisa Julgada

Seção I
Disposições Gerais

Art. 485. O juiz não resolverá o mérito quando:

I – indeferir a petição inicial;

II – o processo ficar parado durante mais de 1 (um) ano por negligência das partes;

III – por não promover os atos e as diligências que lhe incumbir, o autor abandonar a causa por mais de 30 (trinta) dias;

IV – verificar a ausência de pressupostos de constituição e de desenvolvimento válido e regular do processo;

V – reconhecer a existência de perempção, de litispendência ou de coisa julgada;

VI – verificar ausência de legitimidade ou de interesse processual;

VII – acolher a alegação de existência de convenção de arbitragem ou quando o juízo arbitral reconhecer sua competência;

VIII – homologar a desistência da ação;

IX – em caso de morte da parte, a ação for considerada intransmissível por disposição legal; e

X – nos demais casos prescritos neste Código.

§ 1º Nas hipóteses descritas nos incisos II e III, a parte será intimada pessoalmente para suprir a falta no prazo de 5 (cinco) dias.

§ 2º No caso do § 1º, quanto ao inciso II, as partes pagarão proporcionalmente as custas, e, quanto ao inciso III, o autor será condenado ao pagamento das despesas e dos honorários de advogado.

§ 3º O juiz conhecerá de ofício da matéria constante dos incisos IV, V, VI e IX, em qualquer tempo e grau de jurisdição, enquanto não ocorrer o trânsito em julgado.

§ 4º Oferecida a contestação, o autor não poderá, sem o consentimento do réu, desistir da ação.

§ 5º A desistência da ação pode ser apresentada até a sentença.

§ 6º Oferecida a contestação, a extinção do processo por abandono da causa pelo autor depende de requerimento do réu.

§ 7º Interposta a apelação em qualquer dos casos de que tratam os incisos deste artigo, o juiz terá 5 (cinco) dias para retratar-se.

Os elementos e efeitos da sentença e a coisa julgada previstos nos artigos 489 a 495 e 502 a 508 do CPC/2015.

Seção II
Dos Elementos e dos Efeitos da Sentença

Art. 489. São elementos essenciais da sentença:

I – o relatório, que conterá os nomes das partes, a identificação do caso, com a suma do pedido e da contestação, e o registro das principais ocorrências havidas no andamento do processo;

II – os fundamentos, em que o juiz analisará as questões de fato e de direito;

III – o dispositivo, em que o juiz resolverá as questões principais que as partes lhe submeterem.

§ 1º Não se considera fundamentada qualquer decisão judicial, seja ela interlocutória, sentença ou acórdão, que:

I – se limitar à indicação, à reprodução ou à paráfrase de ato normativo, sem explicar sua relação com a causa ou a questão decidida;

II – empregar conceitos jurídicos indeterminados, sem explicar o motivo concreto de sua incidência no caso;

III – invocar motivos que se prestariam a justificar qualquer outra decisão;

IV – não enfrentar todos os argumentos deduzidos no processo capazes de, em tese, infirmar a conclusão adotada pelo julgador;

V – se limitar a invocar precedente ou enunciado de súmula, sem identificar seus fundamentos determinantes nem demonstrar que o caso sob julgamento se ajusta àqueles fundamentos;

VI – deixar de seguir enunciado de súmula, jurisprudência ou precedente invocado pela parte, sem demonstrar a existência de distinção no caso em julgamento ou a superação do entendimento.

§ 2º No caso de colisão entre normas, o juiz deve justificar o objeto e os critérios gerais da ponderação efetuada, enunciando as razões que autorizam a interferência na norma afastada e as premissas fáticas que fundamentam a conclusão.

§ 3º A decisão judicial deve ser interpretada a partir da conjugação de todos os seus elementos e em conformidade com o princípio da boa-fé.

Art. 490. O juiz resolverá o mérito acolhendo ou rejeitando, no todo ou em parte, os pedidos formulados pelas partes.

Art. 491. Na ação relativa à obrigação de pagar quantia, ainda que formulado pedido genérico, a decisão definirá desde logo a extensão da obrigação, o índice de correção

monetária, a taxa de juros, o termo inicial de ambos e a periodicidade da capitalização dos juros, se for o caso, salvo quando:

I – não for possível determinar, de modo definitivo, o montante devido;

II – a apuração do valor devido depender da produção de prova de realização demorada ou excessivamente dispendiosa, assim reconhecida na sentença.

§ 1º Nos casos previstos neste artigo, seguir-se-á a apuração do valor devido por liquidação.

§ 2º O disposto no caput também se aplica quando o acórdão alterar a sentença.

Art. 492. É vedado ao juiz proferir decisão de natureza diversa da pedida, bem como condenar a parte em quantidade superior ou em objeto diverso do que lhe foi demandado.

Parágrafo único. A decisão deve ser certa, ainda que resolva relação jurídica condicional.

Art. 493. Se, depois da propositura da ação, algum fato constitutivo, modificativo ou extintivo do direito influir no julgamento do mérito, caberá ao juiz tomá-lo em consideração, de ofício ou a requerimento da parte, no momento de proferir a decisão.

Parágrafo único. Se constatar de ofício o fato novo, o juiz ouvirá as partes sobre ele antes de decidir.

Art. 494. Publicada a sentença, o juiz só poderá alterá-la:

I – para corrigir-lhe, de ofício ou a requerimento da parte, inexatidões materiais ou erros de cálculo;

II – por meio de embargos de declaração.

Art. 495. A decisão que condenar o réu ao pagamento de prestação consistente em dinheiro e a que determinar a conversão de prestação de fazer, de não fazer ou de dar coisa em prestação pecuniária valerão como título constitutivo de hipoteca judiciária.

§ 1º A decisão produz a hipoteca judiciária:

I – embora a condenação seja genérica;

II – ainda que o credor possa promover o cumprimento provisório da sentença ou esteja pendente arresto sobre bem do devedor;

III – mesmo que impugnada por recurso dotado de efeito suspensivo.

§ 2º A hipoteca judiciária poderá ser realizada mediante apresentação de cópia da sentença perante o cartório de registro imobiliário, independentemente de ordem judicial, de declaração expressa do juiz ou de demonstração de urgência.

§ 3º No prazo de até 15 (quinze) dias da data de realização da hipoteca, a parte informá-la-á ao juízo da causa, que determinará a intimação da outra parte para que tome ciência do ato.

§ 4º A hipoteca judiciária, uma vez constituída, implicará, para o credor hipotecário, o direito de preferência, quanto ao pagamento, em relação a outros credores, observada a prioridade no registro.

§ 5º Sobrevindo a reforma ou a invalidação da decisão que impôs o pagamento de quantia, a parte responderá, independentemente de culpa, pelos danos que a outra parte tiver sofrido em razão da constituição da garantia, devendo o valor da indenização ser liquidado e executado nos próprios autos.

╪ No tocante ao mandado de segurança o artigo 7º, inc. III, § 1º a 5º e o artigo 22, § 2º da Lei nº 12.016/2009 dispõem sobre a possibilidade de provimento de natureza liminar para suspender o ato emanado da autoridade coatora com vício de legalidade ou com abuso de poder, sem prejuízo da aplicação da tutela de urgência antecipada e cautelar e da tutela de evidência (art. 311, inc. I e II do CPC/2015).

Art. 311. A tutela da evidência será concedida, independentemente da demonstração de perigo de dano ou de risco ao resultado útil do processo, quando:

I – ficar caracterizado o abuso do direito de defesa ou o manifesto propósito protelatório da parte;

II – as alegações de fato puderem ser comprovadas apenas documentalmente e houver tese firmada em julgamento de casos repetitivos ou em súmula vinculante;

╪ As normas relativas a tutela específica das obrigações de fazer previstas nos artigos 497 a 501 do CPC/2015.

Seção IV
Do Julgamento das Ações Relativas às Prestações de Fazer, de Não Fazer e de Entregar Coisa

Art. 497. Na ação que tenha por objeto a prestação de fazer ou de não fazer, o juiz, se procedente o pedido, concederá a tutela específica ou determinará providências que assegurem a obtenção de tutela pelo resultado prático equivalente.

Parágrafo único. Para a concessão da tutela específica destinada a inibir a prática, a reiteração ou a continuação de um ilícito, ou a sua remoção, é irrelevante a demonstração da ocorrência de dano ou da existência de culpa ou dolo.

Art. 498. Na ação que tenha por objeto a entrega de coisa, o juiz, ao conceder a tutela específica, fixará o prazo para o cumprimento da obrigação.

Parágrafo único. Tratando-se de entrega de coisa determinada pelo gênero e pela quantidade, o autor individualizá-la-á na petição inicial, se lhe couber a escolha, ou, se a escolha couber ao réu, este a entregará individualizada, no prazo fixado pelo juiz.

Art. 499. A obrigação somente será convertida em perdas e danos se o autor o requerer ou se impossível a tutela específica ou a obtenção de tutela pelo resultado prático equivalente.

Art. 500. A indenização por perdas e danos dar-se-á sem prejuízo da multa fixada periodicamente para compelir o réu ao cumprimento específico da obrigação.

Art. 501. Na ação que tenha por objeto a emissão de declaração de vontade, a sentença que julgar procedente o pedido, uma vez transitada em julgado, produzirá todos os efeitos da declaração não emitida.

‡ As normas atinentes a coisa julgada (art. 502 a 508 do CPC/2015) com a ressalva dos efeitos produzidos pela sentença proferida no mandado de segurança coletivo (art. 22 da lei nº 12.016/2009)

Seção V
Da Coisa Julgada

Art. 502. Denomina-se coisa julgada material a autoridade que torna imutável e indiscutível a decisão de mérito não mais sujeita a recurso.

Art. 503. A decisão que julgar total ou parcialmente o mérito tem força de lei nos limites da questão principal expressamente decidida.

§ 1º O disposto no caput aplica-se à resolução de questão prejudicial, decidida expressa e incidentemente no processo, se:

I – dessa resolução depender o julgamento do mérito;

II – a seu respeito tiver havido contraditório prévio e efetivo, não se aplicando no caso de revelia;

III – o juízo tiver competência em razão da matéria e da pessoa para resolvê-la como questão principal.

§ 2º A hipótese do § 1º não se aplica se no processo houver restrições probatórias ou limitações à cognição que impeçam o aprofundamento da análise da questão prejudicial.

Art. 504. Não fazem coisa julgada:

I – os motivos, ainda que importantes para determinar o alcance da parte dispositiva da sentença;

II – a verdade dos fatos, estabelecida como fundamento da sentença.

Art. 505. Nenhum juiz decidirá novamente as questões já decididas relativas à mesma lide, salvo:

I – se, tratando-se de relação jurídica de trato continuado, sobreveio modificação no estado de fato ou de direito, caso em que poderá a parte pedir a revisão do que foi estatuído na sentença;

II – nos demais casos prescritos em lei.

Art. 506. A sentença faz coisa julgada às partes entre as quais é dada, não prejudicando terceiros.

Art. 507. É vedado à parte discutir no curso do processo as questões já decididas a cujo respeito se operou a preclusão.

Art. 508. Transitada em julgado a decisão de mérito, considerar-se-ão deduzidas e repelidas todas as alegações e as defesas que a parte poderia opor tanto ao acolhimento quanto à rejeição do pedido.

⸸ No que diz respeito aos recursos disciplinados nos artigos 994 a 1.043 do código de processo civil de 2015, destaca-se que a Lei nº 12.016/2009 dispõe expressamente que da sentença que concede ou denega o mandado de segurança e da sentença que indefere a petição inicial cabe apelação (art. 14 e art. 10, § 1º) que é regulada nos artigos 1.009 a 1.014 do CPC/2015, sendo assegurado o direito de recorrer a autoridade coatora (art. 14, § 2º).

Título II
DOS RECURSOS

Capítulo I
Disposições Gerais

Art. 994. São cabíveis os seguintes recursos:

I – apelação;

II – agravo de instrumento;

III – agravo interno;

IV – embargos de declaração;

V – recurso ordinário;

VI – recurso especial;

VII – recurso extraordinário;

VIII – agravo em recurso especial ou extraordinário;

IX – embargos de divergência.

Art. 995. Os recursos não impedem a eficácia da decisão, salvo disposição legal ou decisão judicial em sentido diverso.

Parágrafo único. A eficácia da decisão recorrida poderá ser suspensa por decisão do relator, se da imediata produção de seus efeitos houver risco de dano grave, de difícil ou impossível reparação, e ficar demonstrada a probabilidade de provimento do recurso.

Art. 996. O recurso pode ser interposto pela parte vencida, pelo terceiro prejudicado e pelo Ministério Público, como parte ou como fiscal da ordem jurídica.

Parágrafo único. Cumpre ao terceiro demonstrar a possibilidade de a decisão sobre a relação jurídica submetida à apreciação judicial atingir direito de que se afirme titular ou que possa discutir em juízo como substituto processual.

Art. 997. Cada parte interporá o recurso independentemente, no prazo e com observância das exigências legais.

§ 1º Sendo vencidos autor e réu, ao recurso interposto por qualquer deles poderá aderir o outro.

§ 2º O recurso adesivo fica subordinado ao recurso independente, sendo-lhe aplicáveis as mesmas regras deste quanto aos requisitos de admissibilidade e julgamento no tribunal, salvo disposição legal diversa, observado, ainda, o seguinte:

I – será dirigido ao órgão perante o qual o recurso independente fora interposto, no prazo de que a parte dispõe para responder;

II – será admissível na apelação, no recurso extraordinário e no recurso especial;

III – não será conhecido, se houver desistência do recurso principal ou se for ele considerado inadmissível.

Art. 998. O recorrente poderá, a qualquer tempo, sem a anuência do recorrido ou dos litisconsortes, desistir do recurso.

Parágrafo único. A desistência do recurso não impede a análise de questão cuja repercussão geral já tenha sido reconhecida e daquela objeto de julgamento de recursos extraordinários ou especiais repetitivos.

Art. 999. A renúncia ao direito de recorrer independe da aceitação da outra parte.

Art. 1.000. A parte que aceitar expressa ou tacitamente a decisão não poderá recorrer.

Parágrafo único. Considera-se aceitação tácita a prática, sem nenhuma reserva, de ato incompatível com a vontade de recorrer.

Art. 1.001. Dos despachos não cabe recurso.

Art. 1.002. A decisão pode ser impugnada no todo ou em parte.

Art. 1.003. O prazo para interposição de recurso conta-se da data em que os advogados, a sociedade de advogados, a Advocacia Pública, a Defensoria Pública ou o Ministério Público são intimados da decisão.

§ 1º Os sujeitos previstos no caput considerar-se-ão intimados em audiência quando nesta for proferida a decisão.

§ 2º Aplica-se o disposto no art. 231, incisos I a VI, ao prazo de interposição de recurso pelo réu contra decisão proferida anteriormente à citação.

§ 3º No prazo para interposição de recurso, a petição será protocolada em cartório ou conforme as normas de organização judiciária, ressalvado o disposto em regra especial.

§ 4º Para aferição da tempestividade do recurso remetido pelo correio, será considerada como data de interposição a data de postagem.

§ 5º Excetuados os embargos de declaração, o prazo para interpor os recursos e para responder-lhes é de 15 (quinze) dias.

§ 6º O recorrente comprovará a ocorrência de feriado local no ato de interposição do recurso.

Art. 1.004. Se, durante o prazo para a interposição do recurso, sobrevier o falecimento da parte ou de seu advogado ou ocorrer motivo de força maior que suspenda o curso do processo, será tal prazo restituído em proveito da parte, do herdeiro ou do sucessor, contra quem começará a correr novamente depois da intimação.

Art. 1.005. O recurso interposto por um dos litisconsortes a todos aproveita, salvo se distintos ou opostos os seus interesses.

Parágrafo único. Havendo solidariedade passiva, o recurso interposto por um devedor aproveitará aos outros quando as defesas opostas ao credor lhes forem comuns.

Art. 1.006. Certificado o trânsito em julgado, com menção expressa da data de sua ocorrência, o escrivão ou o chefe de secretaria, independentemente de despacho, providenciará a baixa dos autos ao juízo de origem, no prazo de 5 (cinco) dias.

Art. 1.007. No ato de interposição do recurso, o recorrente comprovará, quando exigido pela legislação pertinente, o respectivo preparo, inclusive porte de remessa e de retorno, sob pena de deserção.

§ 1º São dispensados de preparo, inclusive porte de remessa e de retorno, os recursos interpostos pelo Ministério Público, pela União, pelo Distrito Federal, pelos Estados, pelos Municípios, e respectivas autarquias, e pelos que gozam de isenção legal.

§ 2º A insuficiência no valor do preparo, inclusive porte de remessa e de retorno, implicará deserção se o recorrente, intimado na pessoa de seu advogado, não vier a supri-lo no prazo de 5 (cinco) dias.

§ 3º É dispensado o recolhimento do porte de remessa e de retorno no processo em autos eletrônicos.

§ 4º O recorrente que não comprovar, no ato de interposição do recurso, o recolhimento do preparo, inclusive porte de remessa e de retorno, será intimado, na pessoa de seu advogado, para realizar o recolhimento em dobro, sob pena de deserção.

§ 5º É vedada a complementação se houver insuficiência parcial do preparo, inclusive porte de remessa e de retorno, no recolhimento realizado na forma do § 4º.

§ 6º Provando o recorrente justo impedimento, o relator relevará a pena de deserção, por decisão irrecorrível, fixando-lhe prazo de 5 (cinco) dias para efetuar o preparo.

§ 7º O equívoco no preenchimento da guia de custas não implicará a aplicação da pena de deserção, cabendo ao relator, na hipótese de dúvida quanto ao recolhimento, intimar o recorrente para sanar o vício no prazo de 5 (cinco) dias.

Art. 1.008. O julgamento proferido pelo tribunal substituirá a decisão impugnada no que tiver sido objeto de recurso.

Capítulo II
Da Apelação

Art. 1.009. Da sentença cabe apelação.

§ 1º As questões resolvidas na fase de conhecimento, se a decisão a seu respeito não comportar agravo de instrumento, não são cobertas pela preclusão e devem ser suscitadas em preliminar de apelação, eventualmente interposta contra a decisão final, ou nas contrarrazões.

§ 2º Se as questões referidas no § 1º forem suscitadas em contrarrazões, o recorrente será intimado para, em 15 (quinze) dias, manifestar-se a respeito delas.

§ 3º O disposto no caput deste artigo aplica-se mesmo quando as questões mencionadas no art. 1.015 integrarem capítulo da sentença.

Art. 1.010. A apelação, interposta por petição dirigida ao juízo de primeiro grau, conterá:

I – os nomes e a qualificação das partes;

II – a exposição do fato e do direito;

III – as razões do pedido de reforma ou de decretação de nulidade;

IV – o pedido de nova decisão.

§ 1º O apelado será intimado para apresentar contrarrazões no prazo de 15 (quinze) dias.

§ 2º Se o apelado interpuser apelação adesiva, o juiz intimará o apelante para apresentar contrarrazões.

§ 3º Após as formalidades previstas nos §§ 1º e 2º, os autos serão remetidos ao tribunal pelo juiz, independentemente de juízo de admissibilidade.

Art. 1.011. Recebido o recurso de apelação no tribunal e distribuído imediatamente, o relator:

I – decidi-lo-á monocraticamente apenas nas hipóteses do art. 932, incisos III a V;

II – se não for o caso de decisão monocrática, elaborará seu voto para julgamento do recurso pelo órgão colegiado.

Art. 1.012. A apelação terá efeito suspensivo.

§ 1º Além de outras hipóteses previstas em lei, começa a produzir efeitos imediatamente após a sua publicação a sentença que:

I – homologa divisão ou demarcação de terras;

II – condena a pagar alimentos;

III – extingue sem resolução do mérito ou julga improcedentes os embargos do executado;

IV – julga procedente o pedido de instituição de arbitragem;

V – confirma, concede ou revoga tutela provisória;

VI – decreta a interdição.

§ 2º Nos casos do § 1º, o apelado poderá promover o pedido de cumprimento provisório depois de publicada a sentença.

§ 3º O pedido de concessão de efeito suspensivo nas hipóteses do § 1º poderá ser formulado por requerimento dirigido ao:

I – tribunal, no período compreendido entre a interposição da apelação e sua distribuição, ficando o relator designado para seu exame prevento para julgá-la;

II – relator, se já distribuída a apelação.

§ 4º Nas hipóteses do § 1º, a eficácia da sentença poderá ser suspensa pelo relator se o apelante demonstrar a probabilidade de provimento do recurso ou se, sendo relevante a fundamentação, houver risco de dano grave ou de difícil reparação.

Art. 1.013. A apelação devolverá ao tribunal o conhecimento da matéria impugnada.

§ 1º Serão, porém, objeto de apreciação e julgamento pelo tribunal todas as questões suscitadas e discutidas no processo, ainda que não tenham sido solucionadas, desde que relativas ao capítulo impugnado.

§ 2º Quando o pedido ou a defesa tiver mais de um fundamento e o juiz acolher apenas um deles, a apelação devolverá ao tribunal o conhecimento dos demais.

§ 3º Se o processo estiver em condições de imediato julgamento, o tribunal deve decidir desde logo o mérito quando:

I – reformar sentença fundada no art. 485;

II – decretar a nulidade da sentença por não ser ela congruente com os limites do pedido ou da causa de pedir;

III – constatar a omissão no exame de um dos pedidos, hipótese em que poderá julgá-lo;

IV – decretar a nulidade de sentença por falta de fundamentação.

§ 4º Quando reformar sentença que reconheça a decadência ou a prescrição, o tribunal, se possível, julgará o mérito, examinando as demais questões, sem determinar o retorno do processo ao juízo de primeiro grau.

§ 5º O capítulo da sentença que confirma, concede ou revoga a tutela provisória é impugnável na apelação.

Art. 1.014. As questões de fato não propostas no juízo inferior poderão ser suscitadas na apelação, se a parte provar que deixou de fazê-lo por motivo de força maior.

Capítulo III
Do Agravo de Instrumento

Art. 1.015. Cabe agravo de instrumento contra as decisões interlocutórias que versarem sobre:

I – tutelas provisórias;

II – mérito do processo;

III – rejeição da alegação de convenção de arbitragem;

IV – incidente de desconsideração da personalidade jurídica;

V – rejeição do pedido de gratuidade da justiça ou acolhimento do pedido de sua revogação;

VI – exibição ou posse de documento ou coisa;

VII – exclusão de litisconsorte;

VIII – rejeição do pedido de limitação do litisconsórcio;

IX – admissão ou inadmissão de intervenção de terceiros;

X – concessão, modificação ou revogação do efeito suspensivo aos embargos à execução;

XI – redistribuição do ônus da prova nos termos do art. 373, § 1o;

XII – (VETADO);

XIII – outros casos expressamente referidos em lei.

Parágrafo único. Também caberá agravo de instrumento contra decisões interlocutórias proferidas na fase de liquidação de sentença ou de cumprimento de sentença, no processo de execução e no processo de inventário.

Art. 1.016. O agravo de instrumento será dirigido diretamente ao tribunal competente, por meio de petição com os seguintes requisitos:

I – os nomes das partes;

II – a exposição do fato e do direito;

III – as razões do pedido de reforma ou de invalidação da decisão e o próprio pedido;

IV – o nome e o endereço completo dos advogados constantes do processo.

Art. 1.017. A petição de agravo de instrumento será instruída:

I – obrigatoriamente, com cópias da petição inicial, da contestação, da petição que ensejou a decisão agravada, da própria decisão agravada, da certidão da respectiva intimação ou outro documento oficial que comprove a tempestividade e das procurações outorgadas aos advogados do agravante e do agravado;

II – com declaração de inexistência de qualquer dos documentos referidos no inciso I, feita pelo advogado do agravante, sob pena de sua responsabilidade pessoal;

III – facultativamente, com outras peças que o agravante reputar úteis.

§ 1º Acompanhará a petição o comprovante do pagamento das respectivas custas e do porte de retorno, quando devidos, conforme tabela publicada pelos tribunais.

§ 2º No prazo do recurso, o agravo será interposto por:

I – protocolo realizado diretamente no tribunal competente para julgá-lo;

II – protocolo realizado na própria comarca, seção ou subseção judiciárias;

III – postagem, sob registro, com aviso de recebimento;

IV – transmissão de dados tipo fac-símile, nos termos da lei;

V – outra forma prevista em lei.

§ 3º Na falta da cópia de qualquer peça ou no caso de algum outro vício que comprometa a admissibilidade do agravo de instrumento, deve o relator aplicar o disposto no art. 932, parágrafo único.

§ 4º Se o recurso for interposto por sistema de transmissão de dados tipo fac-símile ou similar, as peças devem ser juntadas no momento de protocolo da petição original.

§ 5º Sendo eletrônicos os autos do processo, dispensam-se as peças referidas nos incisos I e II do caput, facultando-se ao agravante anexar outros documentos que entender úteis para a compreensão da controvérsia.

Art. 1.018. O agravante poderá requerer a juntada, aos autos do processo, de cópia da petição do agravo de instrumento, do comprovante de sua interposição e da relação dos documentos que instruíram o recurso.

§ 1º Se o juiz comunicar que reformou inteiramente a decisão, o relator considerará prejudicado o agravo de instrumento.

§ 2º Não sendo eletrônicos os autos, o agravante tomará a providência prevista no caput, no prazo de 3 (três) dias a contar da interposição do agravo de instrumento.

§ 3º O descumprimento da exigência de que trata o § 2º, desde que arguido e provado pelo agravado, importa inadmissibilidade do agravo de instrumento.

Art. 1.019. Recebido o agravo de instrumento no tribunal e distribuído imediatamente, se não for o caso de aplicação do art. 932, incisos III e IV, o relator, no prazo de 5 (cinco) dias:

I – poderá atribuir efeito suspensivo ao recurso ou deferir, em antecipação de tutela, total ou parcialmente, a pretensão recursal, comunicando ao juiz sua decisão;

II – ordenará a intimação do agravado pessoalmente, por carta com aviso de recebimento, quando não tiver procurador constituído, ou pelo Diário da Justiça ou por carta com aviso de recebimento dirigida ao seu advogado, para que responda no prazo de 15 (quinze) dias, facultando-lhe juntar a documentação que entender necessária ao julgamento do recurso;

III – determinará a intimação do Ministério Público, preferencialmente por meio eletrônico, quando for o caso de sua intervenção, para que se manifeste no prazo de 15 (quinze) dias.

Art. 1.020. O relator solicitará dia para julgamento em prazo não superior a 1 (um) mês da intimação do agravado.

Capítulo IV
Do Agravo Interno

Art. 1.021. Contra decisão proferida pelo relator caberá agravo interno para o respectivo órgão colegiado, observadas, quanto ao processamento, as regras do regimento interno do tribunal.

§ 1º Na petição de agravo interno, o recorrente impugnará especificadamente os fundamentos da decisão agravada.

§ 2º O agravo será dirigido ao relator, que intimará o agravado para manifestar-se sobre o recurso no prazo de 15 (quinze) dias, ao final do qual, não havendo retratação, o relator levá-lo-á a julgamento pelo órgão colegiado, com inclusão em pauta.

§ 3º É vedado ao relator limitar-se à reprodução dos fundamentos da decisão agravada para julgar improcedente o agravo interno.

§ 4º Quando o agravo interno for declarado manifestamente inadmissível ou improcedente em votação unânime, o órgão colegiado, em decisão fundamentada, condenará o agravante a pagar ao agravado multa fixada entre um e cinco por cento do valor atualizado da causa.

§ 5º A interposição de qualquer outro recurso está condicionada ao depósito prévio do valor da multa prevista no § 4º, à exceção da Fazenda Pública e do beneficiário de gratuidade da justiça, que farão o pagamento ao final.

Capítulo V
Dos Embargos de Declaração

Art. 1.022. Cabem embargos de declaração contra qualquer decisão judicial para:

I – esclarecer obscuridade ou eliminar contradição;

II – suprir omissão de ponto ou questão sobre o qual devia se pronunciar o juiz de ofício ou a requerimento;

III – corrigir erro material.

Parágrafo único. Considera-se omissa a decisão que:

I – deixe de se manifestar sobre tese firmada em julgamento de casos repetitivos ou em incidente de assunção de competência aplicável ao caso sob julgamento;

II – incorra em qualquer das condutas descritas no art. 489, § 1º.

Art. 1.023. Os embargos serão opostos, no prazo de 5 (cinco) dias, em petição dirigida ao juiz, com indicação do erro, obscuridade, contradição ou omissão, e não se sujeitam a preparo.

§ 1º Aplica-se aos embargos de declaração o art. 229.

§ 2º O juiz intimará o embargado para, querendo, manifestar-se, no prazo de 5 (cinco) dias, sobre os embargos opostos, caso seu eventual acolhimento implique a modificação da decisão embargada.

Art. 1.024. O juiz julgará os embargos em 5 (cinco) dias.

§ 1º Nos tribunais, o relator apresentará os embargos em mesa na sessão subsequente, proferindo voto, e, não havendo julgamento nessa sessão, será o recurso incluído em pauta automaticamente.

§ 2º Quando os embargos de declaração forem opostos contra decisão de relator ou outra decisão unipessoal proferida em tribunal, o órgão prolator da decisão embargada decidi-los-á monocraticamente.

§ 3º O órgão julgador conhecerá dos embargos de declaração como agravo interno se entender ser este o recurso cabível, desde que determine previamente a intimação do recorrente para, no prazo de 5 (cinco) dias, complementar as razões recursais, de modo a ajustá-las às exigências do art. 1.021, § 1º.

§ 4º Caso o acolhimento dos embargos de declaração implique modificação da decisão embargada, o embargado que já tiver interposto outro recurso contra a decisão originária tem o direito de complementar ou alterar suas razões, nos exatos limites da modificação, no prazo de 15 (quinze) dias, contado da intimação da decisão dos embargos de declaração.

§ 5º Se os embargos de declaração forem rejeitados ou não alterarem a conclusão do julgamento anterior, o recurso interposto pela outra parte antes da publicação do julgamento dos embargos de declaração será processado e julgado independentemente de ratificação.

Art. 1.025. Consideram-se incluídos no acórdão os elementos que o embargante suscitou, para fins de pré-questionamento, ainda que os embargos de declaração sejam inadmitidos ou rejeitados, caso o tribunal superior considere existentes erro, omissão, contradição ou obscuridade.

Art. 1.026. Os embargos de declaração não possuem efeito suspensivo e interrompem o prazo para a interposição de recurso.

§ 1º A eficácia da decisão monocrática ou colegiada poderá ser suspensa pelo respectivo juiz ou relator se demonstrada a probabilidade de provimento do recurso ou, sendo relevante a fundamentação, se houver risco de dano grave ou de difícil reparação.

§ 2º Quando manifestamente protelatórios os embargos de declaração, o juiz ou o tribunal, em decisão fundamentada, condenará o embargante a pagar ao embargado multa não excedente a dois por cento sobre o valor atualizado da causa.

§ 3º Na reiteração de embargos de declaração manifestamente protelatórios, a multa será elevada a até dez por cento sobre o valor atualizado da causa, e a interposição de qualquer recurso ficará condicionada ao depósito prévio do valor da multa, à exceção da Fazenda Pública e do beneficiário de gratuidade da justiça, que a recolherão ao final.

§ 4º Não serão admitidos novos embargos de declaração se os 2 (dois) anteriores houverem sido considerados protelatórios.

Capítulo VI
Dos Recursos para o Supremo Tribunal Federal e para o Superior Tribunal de Justiça

Seção I
Do Recurso Ordinário

Art. 1.027. Serão julgados em recurso ordinário:

I – pelo Supremo Tribunal Federal, os mandados de segurança, os habeas data e os mandados de injunção decididos em única instância pelos tribunais superiores, quando denegatória a decisão;

II – pelo Superior Tribunal de Justiça:

a) os mandados de segurança decididos em única instância pelos tribunais regionais federais ou pelos tribunais de justiça dos Estados e do Distrito Federal e Territórios, quando denegatória a decisão;

b) os processos em que forem partes, de um lado, Estado estrangeiro ou organismo internacional e, de outro, Município ou pessoa residente ou domiciliada no País.

§ 1º Nos processos referidos no inciso II, alínea "b", contra as decisões interlocutórias caberá agravo de instrumento dirigido ao Superior Tribunal de Justiça, nas hipóteses do art. 1.015.

§ 2º Aplica-se ao recurso ordinário o disposto nos arts. 1.013, § 3º, e 1.029, § 5º.

Art. 1.028. Ao recurso mencionado no art. 1.027, inciso II, alínea "b", aplicam-se, quanto aos requisitos de admissibilidade e ao procedimento, as disposições relativas à apelação e o Regimento Interno do Superior Tribunal de Justiça.

§ 1º Na hipótese do art. 1.027, § 1º, aplicam-se as disposições relativas ao agravo de instrumento e o Regimento Interno do Superior Tribunal de Justiça.

§ 2º O recurso previsto no art. 1.027, incisos I e II, alínea "a", deve ser interposto perante o tribunal de origem, cabendo ao seu presidente ou vice-presidente determinar a intimação do recorrido para, em 15 (quinze) dias, apresentar as contrarrazões.

§ 3º Findo o prazo referido no § 2º, os autos serão remetidos ao respectivo tribunal superior, independentemente de juízo de admissibilidade.

Seção II
Do Recurso Extraordinário e do Recurso Especial

Subseção I
Disposições Gerais

Art. 1.029. O recurso extraordinário e o recurso especial, nos casos previstos na Constituição Federal, serão interpostos perante o presidente ou o vice-presidente do tribunal recorrido, em petições distintas que conterão:

I – a exposição do fato e do direito;

II – a demonstração do cabimento do recurso interposto;

III – as razões do pedido de reforma ou de invalidação da decisão recorrida.

§ 1º Quando o recurso fundar-se em dissídio jurisprudencial, o recorrente fará a prova da divergência com a certidão, cópia ou citação do repositório de jurisprudência, oficial ou credenciado, inclusive em mídia eletrônica, em que houver sido publicado o acórdão divergente, ou ainda com a reprodução de julgado disponível na rede mundial de computadores, com indicação da respectiva fonte, devendo-se, em qualquer caso, mencionar as circunstâncias que identifiquem ou assemelhem os casos confrontados.

§ 2º Quando o recurso estiver fundado em dissídio jurisprudencial, é vedado ao tribunal inadmiti-lo com base em fundamento genérico de que as circunstâncias fáticas são diferentes, sem demonstrar a existência da distinção.

§ 2º (Revogado). (Redação dada pela Lei nº 13.256, de 2016) (Vigência)

§ 3º O Supremo Tribunal Federal ou o Superior Tribunal de Justiça poderá desconsiderar vício formal de recurso tempestivo ou determinar sua correção, desde que não o repute grave.

§ 4º Quando, por ocasião do processamento do incidente de resolução de demandas repetitivas, o presidente do Supremo Tribunal Federal ou do Superior Tribunal de Justiça receber requerimento de suspensão de processos em que se discuta questão federal constitucional ou infraconstitucional, poderá, considerando razões de segurança jurídica ou de excepcional interesse social, estender a suspensão a todo o território nacional, até ulterior decisão do recurso extraordinário ou do recurso especial a ser interposto.

§ 5º O pedido de concessão de efeito suspensivo a recurso extraordinário ou a recurso especial poderá ser formulado por requerimento dirigido:

I – ao tribunal superior respectivo, no período compreendido entre a interposição do recurso e sua distribuição, ficando o relator designado para seu exame prevento para julgá-lo;

I – ao tribunal superior respectivo, no período compreendido entre a publicação da decisão de admissão do recurso e sua distribuição, ficando o relator designado para seu exame prevento para julgá-lo; (Redação dada pela Lei nº 13.256, de 2016) (Vigência)

II – ao relator, se já distribuído o recurso;

III – ao presidente ou ao vice-presidente do tribunal recorrido, no período compreendido entre a interposição do recurso e a publicação da decisão de admissão do recurso, assim como no caso de o recurso ter sido sobrestado, nos termos do art. 1.037. (Redação dada pela Lei nº 13.256, de 2016) (Vigência)

Art. 1.030. Recebida a petição do recurso pela secretaria do tribunal, o recorrido será intimado para apresentar contrarrazões no prazo de 15 (quinze) dias, findo o qual os autos serão conclusos ao presidente ou ao vice-presidente do tribunal recorrido, que deverá: (Redação dada pela Lei nº 13.256, de 2016) (Vigência)

I – negar seguimento: (Incluído pela Lei nº 13.256, de 2016) (Vigência)

a) a recurso extraordinário que discuta questão constitucional à qual o Supremo Tribunal Federal não tenha reconhecido a existência de repercussão geral ou a recurso extraordinário interposto contra acórdão que esteja em conformidade com entendimento do Supremo Tribunal Federal exarado no regime de repercussão geral; (Incluída pela Lei nº 13.256, de 2016) (Vigência)

b) a recurso extraordinário ou a recurso especial interposto contra acórdão que esteja em conformidade com entendimento do Supremo Tribunal Federal ou do Superior Tribunal de Justiça, respectivamente, exarado no regime de julgamento de recursos repetitivos; (Incluída pela Lei nº 13.256, de 2016) (Vigência)

II – encaminhar o processo ao órgão julgador para realização do juízo de retratação, se o acórdão recorrido divergir do entendimento do Supremo Tribunal Federal ou do Superior Tribunal de Justiça exarado, conforme o caso, nos regimes de repercussão geral ou de recursos repetitivos; (Incluído pela Lei nº 13.256, de 2016) (Vigência)

III – sobrestar o recurso que versar sobre controvérsia de caráter repetitivo ainda não decidida pelo Supremo Tribunal Federal ou pelo Superior Tribunal de Justiça, conforme se trate de matéria constitucional ou infraconstitucional; (Incluído pela Lei nº 13.256, de 2016) (Vigência)

IV – selecionar o recurso como representativo de controvérsia constitucional ou infraconstitucional, nos termos do § 6º do art. 1.036; (Incluído pela Lei nº 13.256, de 2016) (Vigência)

V – realizar o juízo de admissibilidade e, se positivo, remeter o feito ao Supremo Tribunal Federal ou ao Superior Tribunal de Justiça, desde que: (Incluído pela Lei nº 13.256, de 2016)

a) o recurso ainda não tenha sido submetido ao regime de repercussão geral ou de julgamento de recursos repetitivos; (Incluída pela Lei nº 13.256, de 2016) (Vigência)

b) o recurso tenha sido selecionado como representativo da controvérsia; ou (Incluída pela Lei nº 13.256, de 2016) (Vigência)

c) o tribunal recorrido tenha refutado o juízo de retratação. (Incluída pela Lei nº 13.256, de 2016) (Vigência)

§ 1º Da decisão de inadmissibilidade proferida com fundamento no inciso V caberá agravo ao tribunal superior, nos termos do art. 1.042. (Incluído pela Lei nº 13.256, de 2016) (Vigência)

§ 2º Da decisão proferida com fundamento nos incisos I e III caberá agravo interno, nos termos do art. 1.021. (Incluído pela Lei nº 13.256, de 2016) (Vigência)

Art. 1.031. Na hipótese de interposição conjunta de recurso extraordinário e recurso especial, os autos serão remetidos ao Superior Tribunal de Justiça.

§ 1º Concluído o julgamento do recurso especial, os autos serão remetidos ao Supremo Tribunal Federal para apreciação do recurso extraordinário, se este não estiver prejudicado.

§ 2º Se o relator do recurso especial considerar prejudicial o recurso extraordinário, em decisão irrecorrível, sobrestará o julgamento e remeterá os autos ao Supremo Tribunal Federal.

§ 3º Na hipótese do § 2º, se o relator do recurso extraordinário, em decisão irrecorrível, rejeitar a prejudicialidade, devolverá os autos ao Superior Tribunal de Justiça para o julgamento do recurso especial.

Art. 1.032. Se o relator, no Superior Tribunal de Justiça, entender que o recurso especial versa sobre questão constitucional, deverá conceder prazo de 15 (quinze) dias para que o recorrente demonstre a existência de repercussão geral e se manifeste sobre a questão constitucional.

Parágrafo único. Cumprida a diligência de que trata o caput, o relator remeterá o recurso ao Supremo Tribunal Federal, que, em juízo de admissibilidade, poderá devolvê-lo ao Superior Tribunal de Justiça.

Art. 1.033. Se o Supremo Tribunal Federal considerar como reflexa a ofensa à Constituição afirmada no recurso extraordinário, por pressupor a revisão da interpretação de lei federal ou de tratado, remetê-lo-á ao Superior Tribunal de Justiça para julgamento como recurso especial.

Art. 1.034. Admitido o recurso extraordinário ou o recurso especial, o Supremo Tribunal Federal ou o Superior Tribunal de Justiça julgará o processo, aplicando o direito.

Parágrafo único. Admitido o recurso extraordinário ou o recurso especial por um fundamento, devolve-se ao tribunal superior o conhecimento dos demais fundamentos para a solução do capítulo impugnado.

Art. 1.035. O Supremo Tribunal Federal, em decisão irrecorrível, não conhecerá do recurso extraordinário quando a questão constitucional nele versada não tiver repercussão geral, nos termos deste artigo.

§ 1º Para efeito de repercussão geral, será considerada a existência ou não de questões relevantes do ponto de vista econômico, político, social ou jurídico que ultrapassem os interesses subjetivos do processo.

§ 2º O recorrente deverá demonstrar a existência de repercussão geral para apreciação exclusiva pelo Supremo Tribunal Federal.

§ 3º Haverá repercussão geral sempre que o recurso impugnar acórdão que:

I – contrarie súmula ou jurisprudência dominante do Supremo Tribunal Federal;

II – tenha sido proferido em julgamento de casos repetitivos;

II – (Revogado); (Redação dada pela Lei nº 13.256, de 2016) (Vigência)

III – tenha reconhecido a inconstitucionalidade de tratado ou de lei federal, nos termos do art. 97 da Constituição Federal.

§ 4º O relator poderá admitir, na análise da repercussão geral, a manifestação de terceiros, subscrita por procurador habilitado, nos termos do Regimento Interno do Supremo Tribunal Federal.

§ 5º Reconhecida a repercussão geral, o relator no Supremo Tribunal Federal determinará a suspensão do processamento de todos os processos pendentes, individuais ou coletivos, que versem sobre a questão e tramitem no território nacional.

§ 6º O interessado pode requerer, ao presidente ou ao vice-presidente do tribunal de origem, que exclua da decisão de sobrestamento e inadmita o recurso extraordinário que tenha sido interposto intempestivamente, tendo o recorrente o prazo de 5 (cinco) dias para manifestar-se sobre esse requerimento.

§ 7º Da decisão que indeferir o requerimento referido no § 6º ou que aplicar entendimento firmado em regime de repercussão geral ou em julgamento de recursos repetitivos caberá agravo interno. (Redação dada pela Lei nº 13.256, de 2016) (Vigência)

§ 8º Negada a repercussão geral, o presidente ou o vice-presidente do tribunal de origem negará seguimento aos recursos extraordinários sobrestados na origem que versem sobre matéria idêntica.

§ 9º O recurso que tiver a repercussão geral reconhecida deverá ser julgado no prazo de 1 (um) ano e terá preferência sobre os demais feitos, ressalvados os que envolvam réu preso e os pedidos de habeas corpus.

§ 11. A súmula da decisão sobre a repercussão geral constará de ata, que será publicada no diário oficial e valerá como acórdão.

Subseção II
Do Julgamento dos Recursos Extraordinário e Especial Repetitivos

Art. 1.036. Sempre que houver multiplicidade de recursos extraordinários ou especiais com fundamento em idêntica questão de direito, haverá afetação para julgamento de acordo com as disposições desta Subseção, observado o disposto no Regimento Interno do Supremo Tribunal Federal e no do Superior Tribunal de Justiça.

§ 1º O presidente ou o vice-presidente de tribunal de justiça ou de tribunal regional federal selecionará 2 (dois) ou mais recursos representativos da controvérsia, que serão encaminhados ao Supremo Tribunal Federal ou ao Superior Tribunal de Justiça para fins de afetação, determinando a suspensão do trâmite de todos os processos pendentes, individuais ou coletivos, que tramitem no Estado ou na região, conforme o caso.

§ 2º O interessado pode requerer, ao presidente ou ao vice-presidente, que exclua da decisão de sobrestamento e inadmita o recurso especial ou o recurso extraordinário que tenha sido interposto intempestivamente, tendo o recorrente o prazo de 5 (cinco) dias para manifestar-se sobre esse requerimento.

§ 3º Da decisão que indeferir este requerimento caberá agravo, nos termos do art. 1.042.

§ 3º Da decisão que indeferir o requerimento referido no § 2º caberá apenas agravo interno. (Redação dada pela Lei nº 13.256, de 2016)

§ 4º A escolha feita pelo presidente ou vice-presidente do tribunal de justiça ou do tribunal regional federal não vinculará o relator no tribunal superior, que poderá selecionar outros recursos representativos da controvérsia.

§ 5º O relator em tribunal superior também poderá selecionar 2 (dois) ou mais recursos representativos da controvérsia para julgamento da questão de direito independentemente da iniciativa do presidente ou do vice-presidente do tribunal de origem.

§ 6º Somente podem ser selecionados recursos admissíveis que contenham abrangente argumentação e discussão a respeito da questão a ser decidida.

Art. 1.037. Selecionados os recursos, o relator, no tribunal superior, constatando a presença do pressuposto do caput do art. 1.036, proferirá decisão de afetação, na qual:

I – identificará com precisão a questão a ser submetida a julgamento;

II – determinará a suspensão do processamento de todos os processos pendentes, individuais ou coletivos, que versem sobre a questão e tramitem no território nacional;

III – poderá requisitar aos presidentes ou aos vice-presidentes dos tribunais de justiça ou dos tribunais regionais federais a remessa de um recurso representativo da controvérsia.

§ 1º Se, após receber os recursos selecionados pelo presidente ou pelo vice-presidente de tribunal de justiça ou de tribunal regional federal, não se proceder à afetação, o relator, no tribunal superior, comunicará o fato ao presidente ou ao vice-presidente que os houver enviado, para que seja revogada a decisão de suspensão referida no art. 1.036, § 1º.

§ 2º É vedado ao órgão colegiado decidir, para os fins do art. 1.040, questão não delimitada na decisão a que se refere o inciso I do caput. (Revogado pela Lei nº 13.256, de 2016)

§ 3º Havendo mais de uma afetação, será prevento o relator que primeiro tiver proferido a decisão a que se refere o inciso I do caput.

§ 4º Os recursos afetados deverão ser julgados no prazo de 1 (um) ano e terão preferência sobre os demais feitos, ressalvados os que envolvam réu preso e os pedidos de habeas corpus.

§ 5º Não ocorrendo o julgamento no prazo de 1 (um) ano a contar da publicação da decisão de que trata o inciso I do caput, cessam automaticamente, em todo o território nacional, a afetação e a suspensão dos processos, que retomarão seu curso normal. (Revogado pela Lei nº 13.256, de 2016)

§ 6º Ocorrendo a hipótese do § 5º, é permitido a outro relator do respectivo tribunal superior afetar 2 (dois) ou mais recursos representativos da controvérsia na forma do art. 1.036.

§ 7º Quando os recursos requisitados na forma do inciso III do caput contiverem outras questões além daquela que é objeto da afetação, caberá ao tribunal decidir esta em primeiro lugar e depois as demais, em acórdão específico para cada processo.

§ 8º As partes deverão ser intimadas da decisão de suspensão de seu processo, a ser proferida pelo respectivo juiz ou relator quando informado da decisão a que se refere o inciso II do caput.

§ 9º Demonstrando distinção entre a questão a ser decidida no processo e aquela a ser julgada no recurso especial ou extraordinário afetado, a parte poderá requerer o prosseguimento do seu processo.

§ 10. O requerimento a que se refere o § 9º será dirigido:

I – ao juiz, se o processo sobrestado estiver em primeiro grau;

II – ao relator, se o processo sobrestado estiver no tribunal de origem;

III – ao relator do acórdão recorrido, se for sobrestado recurso especial ou recurso extraordinário no tribunal de origem;

IV – ao relator, no tribunal superior, de recurso especial ou de recurso extraordinário cujo processamento houver sido sobrestado.

§ 11. A outra parte deverá ser ouvida sobre o requerimento a que se refere o § 9º, no prazo de 5 (cinco) dias.

§ 12. Reconhecida a distinção no caso:

I – dos incisos I, II e IV do § 10, o próprio juiz ou relator dará prosseguimento ao processo;

II – do inciso III do § 10, o relator comunicará a decisão ao presidente ou ao vice-presidente que houver determinado o sobrestamento, para que o recurso especial ou o recurso extraordinário seja encaminhado ao respectivo tribunal superior, na forma do art. 1.030, parágrafo único.

§ 13. Da decisão que resolver o requerimento a que se refere o § 9º caberá:

I – agravo de instrumento, se o processo estiver em primeiro grau;

II – agravo interno, se a decisão for de relator.

Art. 1.038. O relator poderá:

I – solicitar ou admitir manifestação de pessoas, órgãos ou entidades com interesse na controvérsia, considerando a relevância da matéria e consoante dispuser o regimento interno;

II – fixar data para, em audiência pública, ouvir depoimentos de pessoas com experiência e conhecimento na matéria, com a finalidade de instruir o procedimento;

III – requisitar informações aos tribunais inferiores a respeito da controvérsia e, cumprida a diligência, intimará o Ministério Público para manifestar-se.

§ 1º No caso do inciso III, os prazos respectivos são de 15 (quinze) dias, e os atos serão praticados, sempre que possível, por meio eletrônico.

§ 2º Transcorrido o prazo para o Ministério Público e remetida cópia do relatório aos demais ministros, haverá inclusão em pauta, devendo ocorrer o julgamento com preferência sobre os demais feitos, ressalvados os que envolvam réu preso e os pedidos de habeas corpus.

§ 3º O conteúdo do acórdão abrangerá a análise de todos os fundamentos da tese jurídica discutida, favoráveis ou contrários.

§ 3º O conteúdo do acórdão abrangerá a análise dos fundamentos relevantes da tese jurídica discutida. (Redação dada pela Lei nº 13.256, de 2016)

Art. 1.039. Decididos os recursos afetados, os órgãos colegiados declararão prejudicados os demais recursos versando sobre idêntica controvérsia ou os decidirão aplicando a tese firmada.

Parágrafo único. Negada a existência de repercussão geral no recurso extraordinário afetado, serão considerados automaticamente inadmitidos os recursos extraordinários cujo processamento tenha sido sobrestado.

Art. 1.040. Publicado o acórdão paradigma:

I – o presidente ou o vice-presidente do tribunal de origem negará seguimento aos recursos especiais ou extraordinários sobrestados na origem, se o acórdão recorrido coincidir com a orientação do tribunal superior;

II – o órgão que proferiu o acórdão recorrido, na origem, reexaminará o processo de competência originária, a remessa necessária ou o recurso anteriormente julgado, se o acórdão recorrido contrariar a orientação do tribunal superior;

III – os processos suspensos em primeiro e segundo graus de jurisdição retomarão o curso para julgamento e aplicação da tese firmada pelo tribunal superior;

IV – se os recursos versarem sobre questão relativa a prestação de serviço público objeto de concessão, permissão ou autorização, o resultado do julgamento será comunicado ao órgão, ao ente ou à agência reguladora competente para fiscalização da efetiva aplicação, por parte dos entes sujeitos a regulação, da tese adotada.

§ 1º A parte poderá desistir da ação em curso no primeiro grau de jurisdição, antes de proferida a sentença, se a questão nela discutida for idêntica à resolvida pelo recurso representativo da controvérsia.

§ 2º Se a desistência ocorrer antes de oferecida contestação, a parte ficará isenta do pagamento de custas e de honorários de sucumbência.

§ 3º A desistência apresentada nos termos do § 1º independe de consentimento do réu, ainda que apresentada contestação.

Art. 1.041. Mantido o acórdão divergente pelo tribunal de origem, o recurso especial ou extraordinário será remetido ao respectivo tribunal superior, na forma do art. 1.036, § 1º.

§ 1º Realizado o juízo de retratação, com alteração do acórdão divergente, o tribunal de origem, se for o caso, decidirá as demais questões ainda não decididas cujo enfrentamento se tornou necessário em decorrência da alteração.

§ 2º Quando ocorrer a hipótese do inciso II do caput do art. 1.040 e o recurso versar sobre outras questões, caberá ao presidente do tribunal, depois do reexame pelo órgão de origem e independentemente de ratificação do recurso ou de juízo de admissibilidade, determinar a remessa do recurso ao tribunal superior para julgamento das demais questões.

§ 2º Quando ocorrer a hipótese do inciso II do caput do art. 1.040 e o recurso versar sobre outras questões, caberá ao presidente ou ao vice-presidente do tribunal recorrido, depois do reexame pelo órgão de origem e independentemente de ratificação do recurso, sendo positivo o juízo de admissibilidade, determinar a remessa do recurso ao tribunal superior para julgamento das demais questões. (Redação dada pela Lei nº 13.256, de 2016)

Seção III
Do Agravo em Recurso Especial e em Recurso Extraordinário

Art. 1.042. Cabe agravo contra decisão de presidente ou de vice-presidente do tribunal que:

Art. 1.042. Cabe agravo contra decisão do presidente ou do vice-presidente do tribunal recorrido que inadmitir recurso extraordinário ou recurso especial, salvo quando fundada na aplicação de entendimento firmado em regime de repercussão geral ou em julgamento de recursos repetitivos. (Redação dada pela Lei nº 13.256, de 2016)

I – indeferir pedido formulado com base no art. 1.035, § 6º, ou no art. 1.036, § 2º, de inadmissão de recurso especial ou extraordinário intempestivo;

I – (Revogado); (Redação dada pela Lei nº 13.256, de 2016)

II – inadmitir, com base no art. 1.040, inciso I, recurso especial ou extraordinário sob o fundamento de que o acórdão recorrido coincide com a orientação do tribunal superior;

II – (Revogado); (Redação dada pela Lei nº 13.256, de 2016)

III – inadmitir recurso extraordinário, com base no art. 1.035, § 8º, ou no art. 1.039, parágrafo único, sob o fundamento de que o Supremo Tribunal Federal reconheceu a inexistência de repercussão geral da questão constitucional discutida.

III – (Revogado). (Redação dada pela Lei nº 13.256, de 2016)

§ 1º Sob pena de não conhecimento do agravo, incumbirá ao agravante demonstrar, de forma expressa:

§ 1º (Revogado): (Redação dada pela Lei nº 13.256, de 2016)

I – a intempestividade do recurso especial ou extraordinário sobrestado, quando o recurso fundar-se na hipótese do inciso I do caput deste artigo;

I – (Revogado); (Redação dada pela Lei nº 13.256, de 2016)

II – a existência de distinção entre o caso em análise e o precedente invocado, quando a inadmissão do recurso:

II – (Revogado): (Redação dada pela Lei nº 13.256, de 2016)

a) especial ou extraordinário fundar-se em entendimento firmado em julgamento de recurso repetitivo por tribunal superior;

a) (Revogada); (Redação dada pela Lei nº 13.256, de 2016)

b) extraordinário fundar-se em decisão anterior do Supremo Tribunal Federal de inexistência de repercussão geral da questão constitucional discutida.

b) (Revogada). (Redação dada pela Lei nº 13.256, de 2016)

§ 2º A petição de agravo será dirigida ao presidente ou vice-presidente do tribunal de origem e independe do pagamento de custas e despesas postais.

§ 2º A petição de agravo será dirigida ao presidente ou ao vice-presidente do tribunal de origem e independe do pagamento de custas e despesas postais, aplicando-se a ela o regime de repercussão geral e de recursos repetitivos, inclusive quanto à possibilidade de sobrestamento e do juízo de retratação. (Redação dada pela Lei nº 13.256, de 2016)

§ 3º O agravado será intimado, de imediato, para oferecer resposta no prazo de 15 (quinze) dias.

§ 4º Após o prazo de resposta, não havendo retratação, o agravo será remetido ao tribunal superior competente.

§ 5º O agravo poderá ser julgado, conforme o caso, conjuntamente com o recurso especial ou extraordinário, assegurada, neste caso, sustentação oral, observando-se, ainda, o disposto no regimento interno do tribunal respectivo.

§ 6º Na hipótese de interposição conjunta de recursos extraordinário e especial, o agravante deverá interpor um agravo para cada recurso não admitido.

§ 7º Havendo apenas um agravo, o recurso será remetido ao tribunal competente, e, havendo interposição conjunta, os autos serão remetidos ao Superior Tribunal de Justiça.

§ 8º Concluído o julgamento do agravo pelo Superior Tribunal de Justiça e, se for o caso, do recurso especial, independentemente de pedido, os autos serão remetidos ao Supremo Tribunal Federal para apreciação do agravo a ele dirigido, salvo se estiver prejudicado.

Seção IV
Dos Embargos de Divergência

Art. 1.043. É embargável o acórdão de órgão fracionário que:

I – em recurso extraordinário ou em recurso especial, divergir do julgamento de qualquer outro órgão do mesmo tribunal, sendo os acórdãos, embargado e paradigma, de mérito;

II – em recurso extraordinário ou em recurso especial, divergir do julgamento de qualquer outro órgão do mesmo tribunal, sendo os acórdãos, embargado e paradigma, relativos ao juízo de admissibilidade; (Revogado pela Lei nº 13.256, de 2016)

III – em recurso extraordinário ou em recurso especial, divergir do julgamento de qualquer outro órgão do mesmo tribunal, sendo um acórdão de mérito e outro que não tenha conhecido do recurso, embora tenha apreciado a controvérsia;

IV – nos processos de competência originária, divergir do julgamento de qualquer outro órgão do mesmo tribunal. (Revogado pela Lei nº 13.256, de 2016)

§ 1º Poderão ser confrontadas teses jurídicas contidas em julgamentos de recursos e de ações de competência originária.

§ 2º A divergência que autoriza a interposição de embargos de divergência pode verificar-se na aplicação do direito material ou do direito processual.

§ 3º Cabem embargos de divergência quando o acórdão paradigma for da mesma turma que proferiu a decisão embargada, desde que sua composição tenha sofrido alteração em mais da metade de seus membros.

§ 4º O recorrente provará a divergência com certidão, cópia ou citação de repositório oficial ou credenciado de jurisprudência, inclusive em mídia eletrônica, onde foi publicado o acórdão divergente, ou com a reprodução de julgado disponível na rede mundial de computadores, indicando a respectiva fonte, e mencionará as circunstâncias que identificam ou assemelham os casos confrontados.

§ 5º É vedado ao tribunal inadmitir o recurso com base em fundamento genérico de que as circunstâncias fáticas são diferentes, sem demonstrar a existência da distinção. (Revogado pela Lei nº 13.256, de 2016)

Art. 1.044. No recurso de embargos de divergência, será observado o procedimento estabelecido no regimento interno do respectivo tribunal superior.

§ 1º A interposição de embargos de divergência no Superior Tribunal de Justiça interrompe o prazo para interposição de recurso extraordinário por qualquer das partes.

§ 2º Se os embargos de divergência forem desprovidos ou não alterarem a conclusão do julgamento anterior, o recurso extraordinário interposto pela outra parte antes da publicação do julgamento dos embargos de divergência será processado e julgado independentemente de ratificação.

✝ **Sobre o cabimento do recurso especial e extraordinário das decisões proferidas em única ou última instância (art. 102, inc. III e art. 105, inc. III da CRFB/88 e art. 1.029 a 1.035 do CPC/2015), nos casos legalmente previstos, e o recurso ordinário (art. 102, inc. II, al. "a" e art. 105, inc. II, al. "b" da CRFB/88 e art. 1.027 e 1.028 do CPC/2015) quando a ordem for denegada (art. 18), bem como do agravo de instrumento da decisão do juiz que conceder ou denegar liminar (ART. 7º, § 1º).**

Constituição Federal

Art. 102. Compete ao Supremo Tribunal Federal, precipuamente, a guarda da Constituição, cabendo-lhe:

II – julgar, em recurso ordinário:

a) o habeas corpus, o mandado de segurança, o habeas data e o mandado de injunção decididos em única instância pelos Tribunais Superiores, se denegatória a decisão;

III – julgar, mediante recurso extraordinário, as causas decididas em única ou última instância, quando a decisão recorrida:

a) contrariar dispositivo desta Constituição;

b) declarar a inconstitucionalidade de tratado ou lei federal;

c) julgar válida lei ou ato de governo local contestado em face desta Constituição.

d) julgar válida lei local contestada em face de lei federal.

Código de Processo Civil

Seção I
Do Recurso Ordinário

Art. 1.027. Serão julgados em recurso ordinário:

I – pelo Supremo Tribunal Federal, os mandados de segurança, os habeas data e os mandados de injunção decididos em única instância pelos tribunais superiores, quando denegatória a decisão;

II – pelo Superior Tribunal de Justiça:

a) os mandados de segurança decididos em única instância pelos tribunais regionais federais ou pelos tribunais de justiça dos Estados e do Distrito Federal e Territórios, quando denegatória a decisão;

§ 2º Aplica-se ao recurso ordinário o disposto nos arts. 1.013, § 3º, e 1.029, § 5º.

§ 2º O recurso previsto no art. 1.027, incisos I e II, alínea "a", deve ser interposto perante o tribunal de origem, cabendo ao seu presidente ou vice-presidente determinar a intimação do recorrido para, em 15 (quinze) dias, apresentar as contrarrazões.

§ 3º Findo o prazo referido no § 2º, os autos serão remetidos ao respectivo tribunal superior, independentemente de juízo de admissibilidade.

Seção II
Do Recurso Extraordinário e do Recurso Especial

Subseção I
Disposições Gerais

Art. 1.029. O recurso extraordinário e o recurso especial, nos casos previstos na Constituição Federal, serão interpostos perante o presidente ou o vice-presidente do tribunal recorrido, em petições distintas que conterão:

I – a exposição do fato e do direito;

II – a demonstração do cabimento do recurso interposto;

III – as razões do pedido de reforma ou de invalidação da decisão recorrida.

§ 1º Quando o recurso fundar-se em dissídio jurisprudencial, o recorrente fará a prova da divergência com a certidão, cópia ou citação do repositório de jurisprudência, oficial ou credenciado, inclusive em mídia eletrônica, em que houver sido publicado o acórdão divergente, ou ainda com a reprodução de julgado disponível na rede mundial de computadores, com indicação da respectiva fonte, devendo-se, em qualquer caso, mencionar as circunstâncias que identifiquem ou assemelhem os casos confrontados.

§ 2º (Revogado). (Redação dada pela Lei nº 13.256, de 2016) (Vigência)

§ 3º O Supremo Tribunal Federal ou o Superior Tribunal de Justiça poderá desconsiderar vício formal de recurso tempestivo ou determinar sua correção, desde que não o repute grave.

§ 4º Quando, por ocasião do processamento do incidente de resolução de demandas repetitivas, o presidente do Supremo Tribunal Federal ou do Superior Tribunal de Justiça receber requerimento de suspensão de processos em que se discuta questão federal constitucional ou infraconstitucional, poderá, considerando razões de segurança jurídica ou de excepcional interesse social, estender a suspensão a todo o território nacional, até ulterior decisão do recurso extraordinário ou do recurso especial a ser interposto.

§ 5º O pedido de concessão de efeito suspensivo a recurso extraordinário ou a recurso especial poderá ser formulado por requerimento dirigido:

I – ao tribunal superior respectivo, no período compreendido entre a interposição do recurso e sua distribuição, ficando o relator designado para seu exame prevento para julgá-lo;

I – ao tribunal superior respectivo, no período compreendido entre a publicação da decisão de admissão do recurso e sua distribuição, ficando o relator designado para seu exame prevento para julgá-lo; (Redação dada pela Lei nº 13.256, de 2016) (Vigência)

II – ao relator, se já distribuído o recurso;

III – ao presidente ou ao vice-presidente do tribunal recorrido, no período compreendido entre a interposição do recurso e a publicação da decisão de admissão do recurso, assim como no caso de o recurso ter sido sobrestado, nos termos do art. 1.037. (Redação dada pela Lei nº 13.256, de 2016) (Vigência)

Art. 1.030. Recebida a petição do recurso pela secretaria do tribunal, o recorrido será intimado para apresentar contrarrazões no prazo de 15 (quinze) dias, findo o qual os autos serão conclusos ao presidente ou ao vice-presidente do tribunal recorrido, que deverá: (Redação dada pela Lei nº 13.256, de 2016) (Vigência)

I – negar seguimento: (Incluído pela Lei nº 13.256, de 2016) (Vigência)

a) a recurso extraordinário que discuta questão constitucional à qual o Supremo Tribunal Federal não tenha reconhecido a existência de repercussão geral ou a recurso extraordinário interposto contra acórdão que esteja em conformidade com entendimento do Supremo Tribunal Federal exarado no regime de repercussão geral; (Incluída pela Lei nº 13.256, de 2016) (Vigência)

b) a recurso extraordinário ou a recurso especial interposto contra acórdão que esteja em conformidade com entendimento do Supremo Tribunal Federal ou do Superior Tribunal de Justiça, respectivamente, exarado no regime de julgamento de recursos repetitivos; (Incluída pela Lei nº 13.256, de 2016) (Vigência)

II – encaminhar o processo ao órgão julgador para realização do juízo de retratação, se o acórdão recorrido divergir do entendimento do Supremo Tribunal Federal ou do Superior Tribunal de Justiça exarado, conforme o caso, nos regimes de repercussão geral ou de recursos repetitivos; (Incluído pela Lei nº 13.256, de 2016) (Vigência)

III – sobrestar o recurso que versar sobre controvérsia de caráter repetitivo ainda não decidida pelo Supremo Tribunal Federal ou pelo Superior Tribunal de Justiça, conforme se trate de matéria constitucional ou infraconstitucional; (Incluído pela Lei nº 13.256, de 2016) (Vigência)

IV – selecionar o recurso como representativo de controvérsia constitucional ou infraconstitucional, nos termos do § 6º do art. 1.036; (Incluído pela Lei nº 13.256, de 2016) (Vigência)

V – realizar o juízo de admissibilidade e, se positivo, remeter o feito ao Supremo Tribunal Federal ou ao Superior Tribunal de Justiça, desde que: (Incluído pela Lei nº 13.256, de 2016)

a) o recurso ainda não tenha sido submetido ao regime de repercussão geral ou de julgamento de recursos repetitivos; (Incluída pela Lei nº 13.256, de 2016) (Vigência)

b) o recurso tenha sido selecionado como representativo da controvérsia; ou (Incluída pela Lei nº 13.256, de 2016) (Vigência)

c) o tribunal recorrido tenha refutado o juízo de retratação. (Incluída pela Lei nº 13.256, de 2016) (Vigência)

§ 1º Da decisão de inadmissibilidade proferida com fundamento no inciso V caberá agravo ao tribunal superior, nos termos do art. 1.042. (Incluído pela Lei nº 13.256, de 2016) (Vigência)

§ 2º Da decisão proferida com fundamento nos incisos I e III caberá agravo interno, nos termos do art. 1.021. (Incluído pela Lei nº 13.256, de 2016) (Vigência)

Art. 1.031. Na hipótese de interposição conjunta de recurso extraordinário e recurso especial, os autos serão remetidos ao Superior Tribunal de Justiça.

§ 1º Concluído o julgamento do recurso especial, os autos serão remetidos ao Supremo Tribunal Federal para apreciação do recurso extraordinário, se este não estiver prejudicado.

§ 2º Se o relator do recurso especial considerar prejudicial o recurso extraordinário, em decisão irrecorrível, sobrestará o julgamento e remeterá os autos ao Supremo Tribunal Federal.

§ 3º Na hipótese do § 2º, se o relator do recurso extraordinário, em decisão irrecorrível, rejeitar a prejudicialidade, devolverá os autos ao Superior Tribunal de Justiça para o julgamento do recurso especial.

Art. 1.032. Se o relator, no Superior Tribunal de Justiça, entender que o recurso especial versa sobre questão constitucional, deverá conceder prazo de 15 (quinze) dias para que o recorrente demonstre a existência de repercussão geral e se manifeste sobre a questão constitucional.

Parágrafo único. Cumprida a diligência de que trata o caput, o relator remeterá o recurso ao Supremo Tribunal Federal, que, em juízo de admissibilidade, poderá devolvê-lo ao Superior Tribunal de Justiça.

Art. 1.033. Se o Supremo Tribunal Federal considerar como reflexa a ofensa à Constituição afirmada no recurso extraordinário, por pressupor a revisão da interpretação de lei federal ou de tratado, remetê-lo-á ao Superior Tribunal de Justiça para julgamento como recurso especial.

Art. 1.034. Admitido o recurso extraordinário ou o recurso especial, o Supremo Tribunal Federal ou o Superior Tribunal de Justiça julgará o processo, aplicando o direito.

Parágrafo único. Admitido o recurso extraordinário ou o recurso especial por um fundamento, devolve-se ao tribunal superior o conhecimento dos demais fundamentos para a solução do capítulo impugnado.

Art. 1.035. O Supremo Tribunal Federal, em decisão irrecorrível, não conhecerá do recurso extraordinário quando a questão constitucional nele versada não tiver repercussão geral, nos termos deste artigo.

§ 1º Para efeito de repercussão geral, será considerada a existência ou não de questões relevantes do ponto de vista econômico, político, social ou jurídico que ultrapassem os interesses subjetivos do processo.

§ 2º O recorrente deverá demonstrar a existência de repercussão geral para apreciação exclusiva pelo Supremo Tribunal Federal.

§ 3º Haverá repercussão geral sempre que o recurso impugnar acórdão que:

I – contrarie súmula ou jurisprudência dominante do Supremo Tribunal Federal;

II – (Revogado); (Redação dada pela Lei nº 13.256, de 2016) (Vigência)

III – tenha reconhecido a inconstitucionalidade de tratado ou de lei federal, nos termos do art. 97 da Constituição Federal.

§ 4º O relator poderá admitir, na análise da repercussão geral, a manifestação de terceiros, subscrita por procurador habilitado, nos termos do Regimento Interno do Supremo Tribunal Federal.

§ 5º Reconhecida a repercussão geral, o relator no Supremo Tribunal Federal determinará a suspensão do processamento de todos os processos pendentes, individuais ou coletivos, que versem sobre a questão e tramitem no território nacional.

§ 6º O interessado pode requerer, ao presidente ou ao vice-presidente do tribunal de origem, que exclua da decisão de sobrestamento e inadmita o recurso extraordinário que tenha sido interposto intempestivamente, tendo o recorrente o prazo de 5 (cinco) dias para manifestar-se sobre esse requerimento.

§ 7º Da decisão que indeferir o requerimento referido no § 6º ou que aplicar entendimento firmado em regime de repercussão geral ou em julgamento de recursos repetitivos caberá agravo interno. (Redação dada pela Lei nº 13.256, de 2016) (Vigência)

§ 8º Negada a repercussão geral, o presidente ou o vice-presidente do tribunal de origem negará seguimento aos recursos extraordinários sobrestados na origem que versem sobre matéria idêntica.

§ 9º O recurso que tiver a repercussão geral reconhecida deverá ser julgado no prazo de 1 (um) ano e terá preferência sobre os demais feitos, ressalvados os que envolvam réu preso e os pedidos de habeas corpus.

§ 10. (Revogado). (Redação dada pela Lei nº 13.256, de 2016)

§ 11. A súmula da decisão sobre a repercussão geral constará de ata, que será publicada no diário oficial e valerá como acórdão.

Constituição Federal

Art. 105. Compete ao Superior Tribunal de Justiça:

I – processar e julgar, originariamente:

b) os mandados de segurança e os habeas data contra ato de Ministro de Estado, dos Comandantes da Marinha, do Exército e da Aeronáutica ou do próprio Tribunal; (Redação dada pela Emenda Constitucional nº 23, de 1999)

III – julgar, em recurso especial, as causas decididas, em única ou última instância, pelos Tribunais Regionais Federais ou pelos tribunais dos Estados, do Distrito Federal e Territórios, quando a decisão recorrida:

a) contrariar tratado ou lei federal, ou negar-lhes vigência;

b) julgar válido ato de governo local contestado em face de lei federal; (Redação dada pela Emenda Constitucional nº 45, de 2004)

c) der a lei federal interpretação divergente da que lhe haja atribuído outro tribunal.

Código de Processo Civil

⸸ **São cabíveis, também, o agravo de instrumento nas hipóteses do artigo 1.015, inc. I, II, V, VII, VIII, e IX, o agravo interno contra decisão monocrática do relator (art. 1.021 do CPC/2015), o agravo interno em recurso especial e extraordinário (art. 1.042do CPC/2015) e os embargos de declaração (art. 1.022 a 1.026 do CPC/2015)**

AGRAVO DE INSTRUMENTO

Art. 1.015. Cabe agravo de instrumento contra as decisões interlocutórias que versarem sobre:

I – tutelas provisórias;

II – mérito do processo;

V – rejeição do pedido de gratuidade da justiça ou acolhimento do pedido de sua revogação;

VII – exclusão de litisconsorte;

VIII – rejeição do pedido de limitação do litisconsórcio;

IX – admissão ou inadmissão de intervenção de terceiros;

DO AGRAVO INTERNO

Art. 1.021. Contra decisão proferida pelo relator caberá agravo interno para o respectivo órgão colegiado, observadas, quanto ao processamento, as regras do regimento interno do tribunal.

§ 1º Na petição de agravo interno, o recorrente impugnará especificadamente os fundamentos da decisão agravada.

§ 2º O agravo será dirigido ao relator, que intimará o agravado para manifestar-se sobre o recurso no prazo de 15 (quinze) dias, ao final do qual, não havendo retratação, o relator levá-lo-á a julgamento pelo órgão colegiado, com inclusão em pauta.

§ 3º É vedado ao relator limitar-se à reprodução dos fundamentos da decisão agravada para julgar improcedente o agravo interno.

§ 4º Quando o agravo interno for declarado manifestamente inadmissível ou improcedente em votação unânime, o órgão colegiado, em decisão fundamentada, condenará o agravante a pagar ao agravado multa fixada entre um e cinco por cento do valor atualizado da causa.

§ 5º A interposição de qualquer outro recurso está condicionada ao depósito prévio do valor da multa prevista no § 4º, à exceção da Fazenda Pública e do beneficiário de gratuidade da justiça, que farão o pagamento ao final.

DO AGRAVO EM RECURSO ESPECIAL E EM RECURSO EXTRAORDINÁRIO

Art. 1.042. Cabe agravo contra decisão do presidente ou do vice-presidente do tribunal recorrido que inadmitir recurso extraordinário ou recurso especial, salvo quando fundada na aplicação de entendimento firmado em regime de repercussão geral ou em julgamento de recursos repetitivos.

§ 2º A petição de agravo será dirigida ao presidente ou ao vice-presidente do tribunal de origem e independe do pagamento de custas e despesas postais, aplicando-se a ela o regime de repercussão geral e de recursos repetitivos, inclusive quanto à possibilidade de sobrestamento e do juízo de retratação. (Redação dada pela Lei nº 13.256, de 2016)

§ 3º O agravado será intimado, de imediato, para oferecer resposta no prazo de 15 (quinze) dias.

§ 4º Após o prazo de resposta, não havendo retratação, o agravo será remetido ao tribunal superior competente.

§ 5º O agravo poderá ser julgado, conforme o caso, conjuntamente com o recurso especial ou extraordinário, assegurada, neste caso, sustentação oral, observando-se, ainda, o disposto no regimento interno do tribunal respectivo.

§ 6º Na hipótese de interposição conjunta de recursos extraordinário e especial, o agravante deverá interpor um agravo para cada recurso não admitido.

§ 7º Havendo apenas um agravo, o recurso será remetido ao tribunal competente, e, havendo interposição conjunta, os autos serão remetidos ao Superior Tribunal de Justiça.

§ 8º Concluído o julgamento do agravo pelo Superior Tribunal de Justiça e, se for o caso, do recurso especial, independentemente de pedido, os autos serão remetidos ao Supremo Tribunal Federal para apreciação do agravo a ele dirigido, salvo se estiver prejudicado.

DOS EMBARGOS DE DECLARAÇÃO

Art. 1.022. Cabem embargos de declaração contra qualquer decisão judicial para:

I – esclarecer obscuridade ou eliminar contradição;

II – suprir omissão de ponto ou questão sobre o qual devia se pronunciar o juiz de ofício ou a requerimento;

III – corrigir erro material.

Parágrafo único. Considera-se omissa a decisão que:

I – deixe de se manifestar sobre tese firmada em julgamento de casos repetitivos ou em incidente de assunção de competência aplicável ao caso sob julgamento;

II – incorra em qualquer das condutas descritas no art. 489, § 1º.

Art. 1.023. Os embargos serão opostos, no prazo de 5 (cinco) dias, em petição dirigida ao juiz, com indicação do erro, obscuridade, contradição ou omissão, e não se sujeitam a preparo.

§ 1º Aplica-se aos embargos de declaração o art. 229.

§ 2º O juiz intimará o embargado para, querendo, manifestar-se, no prazo de 5 (cinco) dias, sobre os embargos opostos, caso seu eventual acolhimento implique a modificação da decisão embargada.

Art. 1.024. O juiz julgará os embargos em 5 (cinco) dias.

§ 1º Nos tribunais, o relator apresentará os embargos em mesa na sessão subsequente, proferindo voto, e, não havendo julgamento nessa sessão, será o recurso incluído em pauta automaticamente.

§ 2º Quando os embargos de declaração forem opostos contra decisão de relator ou outra decisão unipessoal proferida em tribunal, o órgão prolator da decisão embargada decidi-los-á monocraticamente.

§ 3º O órgão julgador conhecerá dos embargos de declaração como agravo interno se entender ser este o recurso cabível, desde que determine previamente a intimação do recorrente para, no prazo de 5 (cinco) dias, complementar as razões recursais, de modo a ajustá-las às exigências do art. 1.021, § 1º.

§ 4º Caso o acolhimento dos embargos de declaração implique modificação da decisão embargada, o embargado que já tiver interposto outro recurso contra a decisão originária tem o direito de complementar ou alterar suas razões, nos exatos limites da modificação, no prazo de 15 (quinze) dias, contado da intimação da decisão dos embargos de declaração.

§ 5º Se os embargos de declaração forem rejeitados ou não alterarem a conclusão do julgamento anterior, o recurso interposto pela outra parte antes da publicação do julgamento dos embargos de declaração será processado e julgado independentemente de ratificação.

Art. 1.025. Consideram-se incluídos no acórdão os elementos que o embargante suscitou, para fins de pré-questionamento, ainda que os embargos de declaração sejam inadmitidos ou rejeitados, caso o tribunal superior considere existentes erro, omissão, contradição ou obscuridade.

Art. 1.026. Os embargos de declaração não possuem efeito suspensivo e interrompem o prazo para a interposição de recurso.

§ 1º A eficácia da decisão monocrática ou colegiada poderá ser suspensa pelo respectivo juiz ou relator se demonstrada a probabilidade de provimento do recurso ou, sendo relevante a fundamentação, se houver risco de dano grave ou de difícil reparação.

§ 2º Quando manifestamente protelatórios os embargos de declaração, o juiz ou o tribunal, em decisão fundamentada, condenará o embargante a pagar ao embargado multa não excedente a dois por cento sobre o valor atualizado da causa.

§ 3º Na reiteração de embargos de declaração manifestamente protelatórios, a multa será elevada a até dez por cento sobre o valor atualizado da causa, e a interposição de qualquer recurso ficará condicionada ao depósito prévio do valor da multa, à exceção da Fazenda Pública e do beneficiário de gratuidade da justiça, que a recolherão ao final.

§ 4º Não serão admitidos novos embargos de declaração se os 2 (dois) anteriores houverem sido considerados protelatórios.

☦ São aplicáveis ao mandado de segurança o dever de observância pelos juízes e tribunais das decisões do supremo tribunal federal em controle concentrado de constitucionalidade; dos enunciados de súmula vinculante; dos acórdãos em incidente de assunção de competência ou de resolução de demandas repetitivas e em julgamento de recursos extraordinário e especial repetitivos; dos enunciados das súmulas do supremo tribunal federal em matéria constitucional e do superior tribunal de justiça em matéria infraconstitucional e da orientação do plenário ou do órgão especial aos quais estiverem vinculados (art. 927 c/c art. 489, § 1º do CPC/2015).

Art. 927. Os juízes e os tribunais observarão:

I – as decisões do Supremo Tribunal Federal em controle concentrado de constitucionalidade;

II – os enunciados de súmula vinculante;

III – os acórdãos em incidente de assunção de competência ou de resolução de demandas repetitivas e em julgamento de recursos extraordinário e especial repetitivos;

IV – os enunciados das súmulas do Supremo Tribunal Federal em matéria constitucional e do Superior Tribunal de Justiça em matéria infraconstitucional;

V – a orientação do plenário ou do órgão especial aos quais estiverem vinculados.

§ 1º Os juízes e os tribunais observarão o disposto no art. 10 e no art. 489, § 1º, quando decidirem com fundamento neste artigo.

§ 2º A alteração de tese jurídica adotada em enunciado de súmula ou em julgamento de casos repetitivos poderá ser precedida de audiências públicas e da participação de pessoas, órgãos ou entidades que possam contribuir para a rediscussão da tese.

§ 3º Na hipótese de alteração de jurisprudência dominante do Supremo Tribunal Federal e dos tribunais superiores ou daquela oriunda de julgamento de casos repetitivos, pode haver modulação dos efeitos da alteração no interesse social e no da segurança jurídica.

§ 4º A modificação de enunciado de súmula, de jurisprudência pacificada ou de tese adotada em julgamento de casos repetitivos observará a necessidade de fundamentação adequada e específica, considerando os princípios da segurança jurídica, da proteção da confiança e da isonomia.

§ 5º Os tribunais darão publicidade a seus precedentes, organizando-os por questão jurídica decidida e divulgando-os, preferencialmente, na rede mundial de computadores.

Art. 489. São elementos essenciais da sentença:

I – o relatório, que conterá os nomes das partes, a identificação do caso, com a suma do pedido e da contestação, e o registro das principais ocorrências havidas no andamento do processo;

II – os fundamentos, em que o juiz analisará as questões de fato e de direito;

III – o dispositivo, em que o juiz resolverá as questões principais que as partes lhe submeterem.

§ 1º Não se considera fundamentada qualquer decisão judicial, seja ela interlocutória, sentença ou acórdão, que:

I – se limitar à indicação, à reprodução ou à paráfrase de ato normativo, sem explicar sua relação com a causa ou a questão decidida;

II – empregar conceitos jurídicos indeterminados, sem explicar o motivo concreto de sua incidência no caso;

III – invocar motivos que se prestariam a justificar qualquer outra decisão;

IV – não enfrentar todos os argumentos deduzidos no processo capazes de, em tese, infirmar a conclusão adotada pelo julgador;

V – se limitar a invocar precedente ou enunciado de súmula, sem identificar seus fundamentos determinantes nem demonstrar que o caso sob julgamento se ajusta àqueles fundamentos;

VI – deixar de seguir enunciado de súmula, jurisprudência ou precedente invocado pela parte, sem demonstrar a existência de distinção no caso em julgamento ou a superação do entendimento.

‡ São aplicáveis os artigos 929 a 946 do código de processo civil de 2015 que dispõem sobre a ordem dos processos no tribunal, observando-se as disposições do artigo 15 da lei nº 12.016/2009 sobre a suspensão dos efeitos da liminar e da sentença no mandado de segurança pelo presidente do Tribunal.

DA ORDEM DOS PROCESSOS E DOS PROCESSOS DE COMPETÊNCIA ORIGINÁRIA DOS TRIBUNAIS

Capítulo I
Disposições Gerais

Art. 926. Os tribunais devem uniformizar sua jurisprudência e mantê-la estável, íntegra e coerente.

§ 1º Na forma estabelecida e segundo os pressupostos fixados no regimento interno, os tribunais editarão enunciados de súmula correspondentes a sua jurisprudência dominante.

§ 2º Ao editar enunciados de súmula, os tribunais devem ater-se às circunstâncias fáticas dos precedentes que motivaram sua criação.

Art. 927. Os juízes e os tribunais observarão:

I – as decisões do Supremo Tribunal Federal em controle concentrado de constitucionalidade;

II – os enunciados de súmula vinculante;

III – os acórdãos em incidente de assunção de competência ou de resolução de demandas repetitivas e em julgamento de recursos extraordinário e especial repetitivos;

IV – os enunciados das súmulas do Supremo Tribunal Federal em matéria constitucional e do Superior Tribunal de Justiça em matéria infraconstitucional;

V – a orientação do plenário ou do órgão especial aos quais estiverem vinculados.

§ 1º Os juízes e os tribunais observarão o disposto no art. 10 e no art. 489, § 1º, quando decidirem com fundamento neste artigo.

§ 2º A alteração de tese jurídica adotada em enunciado de súmula ou em julgamento de casos repetitivos poderá ser precedida de audiências públicas e da participação de pessoas, órgãos ou entidades que possam contribuir para a rediscussão da tese.

§ 3º Na hipótese de alteração de jurisprudência dominante do Supremo Tribunal Federal e dos tribunais superiores ou daquela oriunda de julgamento de casos repetitivos, pode haver modulação dos efeitos da alteração no interesse social e no da segurança jurídica.

§ 4º A modificação de enunciado de súmula, de jurisprudência pacificada ou de tese adotada em julgamento de casos repetitivos observará a necessidade de fundamentação adequada e específica, considerando os princípios da segurança jurídica, da proteção da confiança e da isonomia.

§ 5º Os tribunais darão publicidade a seus precedentes, organizando-os por questão jurídica decidida e divulgando-os, preferencialmente, na rede mundial de computadores.

Art. 928. Para os fins deste Código, considera-se julgamento de casos repetitivos a decisão proferida em:

I – incidente de resolução de demandas repetitivas;

II – recursos especial e extraordinário repetitivos.

Parágrafo único. O julgamento de casos repetitivos tem por objeto questão de direito material ou processual.

Capítulo II
Da Ordem dos Processos no Tribunal

Art. 929. Os autos serão registrados no protocolo do tribunal no dia de sua entrada, cabendo à secretaria ordená-los, com imediata distribuição.

Parágrafo único. A critério do tribunal, os serviços de protocolo poderão ser descentralizados, mediante delegação a ofícios de justiça de primeiro grau.

Art. 930. Far-se-á a distribuição de acordo com o regimento interno do tribunal, observando-se a alternatividade, o sorteio eletrônico e a publicidade.

Parágrafo único. O primeiro recurso protocolado no tribunal tornará prevento o relator para eventual recurso subsequente interposto no mesmo processo ou em processo conexo.

Art. 931. Distribuídos, os autos serão imediatamente conclusos ao relator, que, em 30 (trinta) dias, depois de elaborar o voto, restituí-los-á, com relatório, à secretaria.

Art. 932. Incumbe ao relator:

I – dirigir e ordenar o processo no tribunal, inclusive em relação à produção de prova, bem como, quando for o caso, homologar autocomposição das partes;

II – apreciar o pedido de tutela provisória nos recursos e nos processos de competência originária do tribunal;

III – não conhecer de recurso inadmissível, prejudicado ou que não tenha impugnado especificamente os fundamentos da decisão recorrida;

IV – negar provimento a recurso que for contrário a:

a) súmula do Supremo Tribunal Federal, do Superior Tribunal de Justiça ou do próprio tribunal;

b) acórdão proferido pelo Supremo Tribunal Federal ou pelo Superior Tribunal de Justiça em julgamento de recursos repetitivos;

c) entendimento firmado em incidente de resolução de demandas repetitivas ou de assunção de competência;

V – depois de facultada a apresentação de contrarrazões, dar provimento ao recurso se a decisão recorrida for contrária a:

a) súmula do Supremo Tribunal Federal, do Superior Tribunal de Justiça ou do próprio tribunal;

b) acórdão proferido pelo Supremo Tribunal Federal ou pelo Superior Tribunal de Justiça em julgamento de recursos repetitivos;

c) entendimento firmado em incidente de resolução de demandas repetitivas ou de assunção de competência;

VI – decidir o incidente de desconsideração da personalidade jurídica, quando este for instaurado originariamente perante o tribunal;

VII – determinar a intimação do Ministério Público, quando for o caso;

VIII – exercer outras atribuições estabelecidas no regimento interno do tribunal.

Parágrafo único. Antes de considerar inadmissível o recurso, o relator concederá o prazo de 5 (cinco) dias ao recorrente para que seja sanado vício ou complementada a documentação exigível.

Art. 933. Se o relator constatar a ocorrência de fato superveniente à decisão recorrida ou a existência de questão apreciável de ofício ainda não examinada que devam ser considerados no julgamento do recurso, intimará as partes para que se manifestem no prazo de 5 (cinco) dias.

§ 1º Se a constatação ocorrer durante a sessão de julgamento, esse será imediatamente suspenso a fim de que as partes se manifestem especificamente.

§ 2º Se a constatação se der em vista dos autos, deverá o juiz que a solicitou encaminhá-los ao relator, que tomará as providências previstas no caput e, em seguida, solicitará a inclusão do feito em pauta para prosseguimento do julgamento, com submissão integral da nova questão aos julgadores.

Art. 934. Em seguida, os autos serão apresentados ao presidente, que designará dia para julgamento, ordenando, em todas as hipóteses previstas neste Livro, a publicação da pauta no órgão oficial.

Art. 935. Entre a data de publicação da pauta e a da sessão de julgamento decorrerá, pelo menos, o prazo de 5 (cinco) dias, incluindo-se em nova pauta os processos que não tenham sido julgados, salvo aqueles cujo julgamento tiver sido expressamente adiado para a primeira sessão seguinte.

§ 1º Às partes será permitida vista dos autos em cartório após a publicação da pauta de julgamento.

§ 2º Afixar-se-á a pauta na entrada da sala em que se realizar a sessão de julgamento.

Art. 936. Ressalvadas as preferências legais e regimentais, os recursos, a remessa necessária e os processos de competência originária serão julgados na seguinte ordem:

I – aqueles nos quais houver sustentação oral, observada a ordem dos requerimentos;

II – os requerimentos de preferência apresentados até o início da sessão de julgamento;

III – aqueles cujo julgamento tenha iniciado em sessão anterior; e

IV – os demais casos.

Art. 937. Na sessão de julgamento, depois da exposição da causa pelo relator, o presidente dará a palavra, sucessivamente, ao recorrente, ao recorrido e, nos casos de sua intervenção, ao membro do Ministério Público, pelo prazo improrrogável de 15 (quinze) minutos para cada um, a fim de sustentarem suas razões, nas seguintes hipóteses, nos termos da parte final do caput do art. 1.021:

I – no recurso de apelação;

II – no recurso ordinário;

III – no recurso especial;

IV – no recurso extraordinário;

V – nos embargos de divergência;

VI – na ação rescisória, no mandado de segurança e na reclamação;

VII – (VETADO);

VIII – no agravo de instrumento interposto contra decisões interlocutórias que versem sobre tutelas provisórias de urgência ou da evidência;

IX – em outras hipóteses previstas em lei ou no regimento interno do tribunal.

§ 1º A sustentação oral no incidente de resolução de demandas repetitivas observará o disposto no art. 984, no que couber.

§ 2º O procurador que desejar proferir sustentação oral poderá requerer, até o início da sessão, que o processo seja julgado em primeiro lugar, sem prejuízo das preferências legais.

§ 3º Nos processos de competência originária previstos no inciso VI, caberá sustentação oral no agravo interno interposto contra decisão de relator que o extinga.

§ 4º É permitido ao advogado com domicílio profissional em cidade diversa daquela onde está sediado o tribunal realizar sustentação oral por meio de videoconferência ou outro recurso tecnológico de transmissão de sons e imagens em tempo real, desde que o requeira até o dia anterior ao da sessão.

Art. 938. A questão preliminar suscitada no julgamento será decidida antes do mérito, deste não se conhecendo caso seja incompatível com a decisão.

§ 1º Constatada a ocorrência de vício sanável, inclusive aquele que possa ser conhecido de ofício, o relator determinará a realização ou a renovação do ato processual, no próprio tribunal ou em primeiro grau de jurisdição, intimadas as partes.

§ 2º Cumprida a diligência de que trata o § 1º, o relator, sempre que possível, prosseguirá no julgamento do recurso.

§ 3º Reconhecida a necessidade de produção de prova, o relator converterá o julgamento em diligência, que se realizará no tribunal ou em primeiro grau de jurisdição, decidindo-se o recurso após a conclusão da instrução.

§ 4º Quando não determinadas pelo relator, as providências indicadas nos §§ 1º e 3º poderão ser determinadas pelo órgão competente para julgamento do recurso.

Art. 939. Se a preliminar for rejeitada ou se a apreciação do mérito for com ela compatível, seguir-se-ão a discussão e o julgamento da matéria principal, sobre a qual deverão se pronunciar os juízes vencidos na preliminar.

Art. 940. O relator ou outro juiz que não se considerar habilitado a proferir imediatamente seu voto poderá solicitar vista pelo prazo máximo de 10 (dez) dias, após o qual o recurso será reincluído em pauta para julgamento na sessão seguinte à data da devolução.

§ 1º Se os autos não forem devolvidos tempestivamente ou se não for solicitada pelo juiz prorrogação de prazo de no máximo mais 10 (dez) dias, o presidente do órgão fracionário os requisitará para julgamento do recurso na sessão ordinária subsequente, com publicação da pauta em que for incluído.

§ 2º Quando requisitar os autos na forma do § 1º, se aquele que fez o pedido de vista ainda não se sentir habilitado a votar, o presidente convocará substituto para proferir voto, na forma estabelecida no regimento interno do tribunal.

Art. 941. Proferidos os votos, o presidente anunciará o resultado do julgamento, designando para redigir o acórdão o relator ou, se vencido este, o autor do primeiro voto vencedor.

§ 1º O voto poderá ser alterado até o momento da proclamação do resultado pelo presidente, salvo aquele já proferido por juiz afastado ou substituído.

§ 2º No julgamento de apelação ou de agravo de instrumento, a decisão será tomada, no órgão colegiado, pelo voto de 3 (três) juízes.

§ 3º O voto vencido será necessariamente declarado e considerado parte integrante do acórdão para todos os fins legais, inclusive de pré-questionamento.

Art. 942. Quando o resultado da apelação for não unânime, o julgamento terá prosseguimento em sessão a ser designada com a presença de outros julgadores, que serão convocados nos termos previamente definidos no regimento interno, em número suficiente para garantir a possibilidade de inversão do resultado inicial, assegurado às partes e a eventuais terceiros o direito de sustentar oralmente suas razões perante os novos julgadores.

§ 1º Sendo possível, o prosseguimento do julgamento dar-se-á na mesma sessão, colhendo-se os votos de outros julgadores que porventura componham o órgão colegiado.

§ 2º Os julgadores que já tiverem votado poderão rever seus votos por ocasião do prosseguimento do julgamento.

§ 3º A técnica de julgamento prevista neste artigo aplica-se, igualmente, ao julgamento não unânime proferido em:

I – ação rescisória, quando o resultado for a rescisão da sentença, devendo, nesse caso, seu prosseguimento ocorrer em órgão de maior composição previsto no regimento interno;

II – agravo de instrumento, quando houver reforma da decisão que julgar parcialmente o mérito.

§ 4º Não se aplica o disposto neste artigo ao julgamento:

I – do incidente de assunção de competência e ao de resolução de demandas repetitivas;

II – da remessa necessária;

III – não unânime proferido, nos tribunais, pelo plenário ou pela corte especial.

Art. 943. Os votos, os acórdãos e os demais atos processuais podem ser registrados em documento eletrônico inviolável e assinados eletronicamente, na forma da lei, devendo ser impressos para juntada aos autos do processo quando este não for eletrônico.

§ 1º Todo acórdão conterá ementa.

§ 2º Lavrado o acórdão, sua ementa será publicada no órgão oficial no prazo de 10 (dez) dias.

Art. 944. Não publicado o acórdão no prazo de 30 (trinta) dias, contado da data da sessão de julgamento, as notas taquigráficas o substituirão, para todos os fins legais, independentemente de revisão.

Parágrafo único. No caso do caput, o presidente do tribunal lavrará, de imediato, as conclusões e a ementa e mandará publicar o acórdão.

Art. 946. O agravo de instrumento será julgado antes da apelação interposta no mesmo processo.

Parágrafo único. Se ambos os recursos de que trata o caput houverem de ser julgados na mesma sessão, terá precedência o agravo de instrumento.

⸸ **São aplicáveis subsidiariamente ao mandado de segurança os dispositivos do código de processo civil de 2015 que tratam do conflito de competência (arts. 951 a 959), pois pode ocorrer que dois ou mais juízes se declarem competentes ou incompetentes para julgar qualquer das ações constitucionais, bem como pode surgir controvérsia sobre a necessidade de reunião de processos (conexão e continência) para julgamento conjunto (art. 66 do CPC/2015)**

DO CONFLITO DE COMPETÊNCIA

Art. 951. O conflito de competência pode ser suscitado por qualquer das partes, pelo Ministério Público ou pelo juiz.

Parágrafo único. O Ministério Público somente será ouvido nos conflitos de competência relativos aos processos previstos no art. 178, mas terá qualidade de parte nos conflitos que suscitar.

Art. 952. Não pode suscitar conflito a parte que, no processo, arguiu incompetência relativa.

Parágrafo único. O conflito de competência não obsta, porém, a que a parte que não o arguiu suscite a incompetência.

Art. 953. O conflito será suscitado ao tribunal:

I – pelo juiz, por ofício;

II – pela parte e pelo Ministério Público, por petição.

Parágrafo único. O ofício e a petição serão instruídos com os documentos necessários à prova do conflito.

Art. 954. Após a distribuição, o relator determinará a oitiva dos juízes em conflito ou, se um deles for suscitante, apenas do suscitado.

Parágrafo único. No prazo designado pelo relator, incumbirá ao juiz ou aos juízes prestar as informações.

Art. 955. O relator poderá, de ofício ou a requerimento de qualquer das partes, determinar, quando o conflito for positivo, o sobrestamento do processo e, nesse caso, bem como no de conflito negativo, designará um dos juízes para resolver, em caráter provisório, as medidas urgentes.

Parágrafo único. O relator poderá julgar de plano o conflito de competência quando sua decisão se fundar em:

I – súmula do Supremo Tribunal Federal, do Superior Tribunal de Justiça ou do próprio tribunal;

II – tese firmada em julgamento de casos repetitivos ou em incidente de assunção de competência.

Art. 956. Decorrido o prazo designado pelo relator, será ouvido o Ministério Público, no prazo de 5 (cinco) dias, ainda que as informações não tenham sido prestadas, e, em seguida, o conflito irá a julgamento.

Art. 957. Ao decidir o conflito, o tribunal declarará qual o juízo competente, pronunciando-se também sobre a validade dos atos do juízo incompetente.

Parágrafo único. Os autos do processo em que se manifestou o conflito serão remetidos ao juiz declarado competente.

Art. 958. No conflito que envolva órgãos fracionários dos tribunais, desembargadores e juízes em exercício no tribunal, observar-se-á o que dispuser o regimento interno do tribunal.

Art. 959. O regimento interno do tribunal regulará o processo e o julgamento do conflito de atribuições entre autoridade judiciária e autoridade administrativa.

‡ **Da ação rescisória (arts. 966 a 975), tendo em conta que as decisões de mérito proferidas nas ações constitucionais fazem coisa julgada (art. 502 do CPC/2015, art. 22 da lei nº 12.016/2009.**

Capítulo VII
Da Ação Rescisória

Art. 966. A decisão de mérito, transitada em julgado, pode ser rescindida quando:

I – se verificar que foi proferida por força de prevaricação, concussão ou corrupção do juiz;

II – for proferida por juiz impedido ou por juízo absolutamente incompetente;

III – resultar de dolo ou coação da parte vencedora em detrimento da parte vencida ou, ainda, de simulação ou colusão entre as partes, a fim de fraudar a lei;

IV – ofender a coisa julgada;

V – violar manifestamente norma jurídica;

VI – for fundada em prova cuja falsidade tenha sido apurada em processo criminal ou venha a ser demonstrada na própria ação rescisória;

VII – obtiver o autor, posteriormente ao trânsito em julgado, prova nova cuja existência ignorava ou de que não pôde fazer uso, capaz, por si só, de lhe assegurar pronunciamento favorável;

VIII – for fundada em erro de fato verificável do exame dos autos.

§ 1º Há erro de fato quando a decisão rescindenda admitir fato inexistente ou quando considerar inexistente fato efetivamente ocorrido, sendo indispensável, em ambos os casos, que o fato não represente ponto controvertido sobre o qual o juiz deveria ter se pronunciado.

§ 2º Nas hipóteses previstas nos incisos do caput, será rescindível a decisão transitada em julgado que, embora não seja de mérito, impeça:

I – nova propositura da demanda; ou

II – admissibilidade do recurso correspondente.

§ 3º A ação rescisória pode ter por objeto apenas 1 (um) capítulo da decisão.

§ 4º Os atos de disposição de direitos, praticados pelas partes ou por outros participantes do processo e homologados pelo juízo, bem como os atos homologatórios praticados no curso da execução, estão sujeitos à anulação, nos termos da lei.

§ 5º Cabe ação rescisória, com fundamento no inciso V do caput deste artigo, contra decisão baseada em enunciado de súmula ou acórdão proferido em julgamento de casos repetitivos que não tenha considerado a existência de distinção entre a questão discutida no processo e o padrão decisório que lhe deu fundamento. (Incluído pela Lei nº 13.256, de 2016) (Vigência)

§ 6º Quando a ação rescisória fundar-se na hipótese do § 5º deste artigo, caberá ao autor, sob pena de inépcia, demonstrar, fundamentadamente, tratar-se de situação particularizada por hipótese fática distinta ou de questão jurídica não examinada, a impor outra solução jurídica. (Incluído pela Lei nº 13.256, de 2016) (Vigência)

Art. 967. Têm legitimidade para propor a ação rescisória:

I – quem foi parte no processo ou o seu sucessor a título universal ou singular;

II – o terceiro juridicamente interessado;

III – o Ministério Público:

a) se não foi ouvido no processo em que lhe era obrigatória a intervenção;

b) quando a decisão rescindenda é o efeito de simulação ou de colusão das partes, a fim de fraudar a lei;

c) em outros casos em que se imponha sua atuação;

IV – aquele que não foi ouvido no processo em que lhe era obrigatória a intervenção.

Parágrafo único. Nas hipóteses do art. 178, o Ministério Público será intimado para intervir como fiscal da ordem jurídica quando não for parte.

Art. 968. A petição inicial será elaborada com observância dos requisitos essenciais do art. 319, devendo o autor:

I – cumular ao pedido de rescisão, se for o caso, o de novo julgamento do processo;

II – depositar a importância de cinco por cento sobre o valor da causa, que se converterá em multa caso a ação seja, por unanimidade de votos, declarada inadmissível ou improcedente.

§ 1º Não se aplica o disposto no inciso II à União, aos Estados, ao Distrito Federal, aos Municípios, às suas respectivas autarquias e fundações de direito público, ao Ministério Público, à Defensoria Pública e aos que tenham obtido o benefício de gratuidade da justiça.

§ 2º O depósito previsto no inciso II do caput deste artigo não será superior a 1.000 (mil) salários-mínimos.

§ 3º Além dos casos previstos no art. 330, a petição inicial será indeferida quando não efetuado o depósito exigido pelo inciso II do caput deste artigo.

§ 4º Aplica-se à ação rescisória o disposto no art. 332.

§ 5º Reconhecida a incompetência do tribunal para julgar a ação rescisória, o autor será intimado para emendar a petição inicial, a fim de adequar o objeto da ação rescisória, quando a decisão apontada como rescindenda:

I – não tiver apreciado o mérito e não se enquadrar na situação prevista no § 2º do art. 966;

II – tiver sido substituída por decisão posterior.

§ 6º Na hipótese do § 5º, após a emenda da petição inicial, será permitido ao réu complementar os fundamentos de defesa, e, em seguida, os autos serão remetidos ao tribunal competente.

Art. 969. A propositura da ação rescisória não impede o cumprimento da decisão rescindenda, ressalvada a concessão de tutela provisória.

Art. 970. O relator ordenará a citação do réu, designando-lhe prazo nunca inferior a 15 (quinze) dias nem superior a 30 (trinta) dias para, querendo, apresentar resposta, ao fim do qual, com ou sem contestação, observar-se-á, no que couber, o procedimento comum.

Art. 971. Na ação rescisória, devolvidos os autos pelo relator, a secretaria do tribunal expedirá cópias do relatório e as distribuirá entre os juízes que compuserem o órgão competente para o julgamento.

Parágrafo único. A escolha de relator recairá, sempre que possível, em juiz que não haja participado do julgamento rescindendo.

Art. 972. Se os fatos alegados pelas partes dependerem de prova, o relator poderá delegar a competência ao órgão que proferiu a decisão rescindenda, fixando prazo de 1 (um) a 3 (três) meses para a devolução dos autos.

Art. 973. Concluída a instrução, será aberta vista ao autor e ao réu para razões finais, sucessivamente, pelo prazo de 10 (dez) dias.

Parágrafo único. Em seguida, os autos serão conclusos ao relator, procedendo-se ao julgamento pelo órgão competente.

Art. 974. Julgando procedente o pedido, o tribunal rescindirá a decisão, proferirá, se for o caso, novo julgamento e determinará a restituição do depósito a que se refere o inciso II do art. 968.

Parágrafo único. Considerando, por unanimidade, inadmissível ou improcedente o pedido, o tribunal determinará a reversão, em favor do réu, da importância do depósito, sem prejuízo do disposto no § 2º do art. 82.

Art. 975. O direito à rescisão se extingue em 2 (dois) anos contados do trânsito em julgado da última decisão proferida no processo.

§ 1º Prorroga-se até o primeiro dia útil imediatamente subsequente o prazo a que se refere o caput, quando expirar durante férias forenses, recesso, feriados ou em dia em que não houver expediente forense.

§ 2º Se fundada a ação no inciso VII do art. 966, o termo inicial do prazo será a data de descoberta da prova nova, observado o prazo máximo de 5 (cinco) anos, contado do trânsito em julgado da última decisão proferida no processo.

§ 3º Nas hipóteses de simulação ou de colusão das partes, o prazo começa a contar, para o terceiro prejudicado e para o Ministério Público, que não interveio no processo, a partir do momento em que têm ciência da simulação ou da colusão.

† Do incidente de argüição de inconstitucionalidade (arts. 948 a 950), quando houver discussão incidente sobre a inconstitucionalidade de lei ou de ato normativo nas ações constitucionais de competência originária dos tribunais ou quando em grau recursal; e do incidente de resolução de demandas repetitivas (arts. 976 a 987 do CPC/2015), pois pode ocorrer nas ações constitucionais a efetiva repetição de processos que contenham controvérsia sobre a mesma questão de direito e que representem risco de ofensa à isonomia e a segurança jurídica, sendo que a tese jurídica adotada no incidente será aplicada a todos os processos individuais e coletivos que versem sobre idêntica questão de direito e que tramitem na área de jurisdição do respectivo tribunal, inclusive àqueles que tramitem nos juizados especiais do respectivo estado ou região (art. 985, inc. I, do CPC/2015).

DO INCIDENTE DE ARGUIÇÃO DE INCONSTITUCIONALIDADE

Art. 948. Arguida, em controle difuso, a inconstitucionalidade de lei ou de ato normativo do poder público, o relator, após ouvir o Ministério Público e as partes, submeterá a questão à turma ou à câmara à qual competir o conhecimento do processo.

Art. 949. Se a arguição for:

I – rejeitada, prosseguirá o julgamento;

II – acolhida, a questão será submetida ao plenário do tribunal ou ao seu órgão especial, onde houver.

Parágrafo único. Os órgãos fracionários dos tribunais não submeterão ao plenário ou ao órgão especial a arguição de inconstitucionalidade quando já houver pronunciamento destes ou do plenário do Supremo Tribunal Federal sobre a questão.

Art. 950. Remetida cópia do acórdão a todos os juízes, o presidente do tribunal designará a sessão de julgamento.

§ 1º As pessoas jurídicas de direito público responsáveis pela edição do ato questionado poderão manifestar-se no incidente de inconstitucionalidade se assim o requererem, observados os prazos e as condições previstos no regimento interno do tribunal.

§ 2º A parte legitimada à propositura das ações previstas no art. 103 da Constituição Federal poderá manifestar-se, por escrito, sobre a questão constitucional objeto de apreciação, no prazo previsto pelo regimento interno, sendo-lhe assegurado o direito de apresentar memoriais ou de requerer a juntada de documentos.

§ 3º Considerando a relevância da matéria e a representatividade dos postulantes, o relator poderá admitir, por despacho irrecorrível, a manifestação de outros órgãos ou entidades.

DO INCIDENTE DE RESOLUÇÃO DE DEMANDAS REPETITIVAS

Art. 976. É cabível a instauração do incidente de resolução de demandas repetitivas quando houver, simultaneamente:

I – efetiva repetição de processos que contenham controvérsia sobre a mesma questão unicamente de direito;

II – risco de ofensa à isonomia e à segurança jurídica.

§ 1º A desistência ou o abandono do processo não impede o exame de mérito do incidente.

§ 2º Se não for o requerente, o Ministério Público intervirá obrigatoriamente no incidente e deverá assumir sua titularidade em caso de desistência ou de abandono.

§ 3º A inadmissão do incidente de resolução de demandas repetitivas por ausência de qualquer de seus pressupostos de admissibilidade não impede que, uma vez satisfeito o requisito, seja o incidente novamente suscitado.

§ 4º É incabível o incidente de resolução de demandas repetitivas quando um dos tribunais superiores, no âmbito de sua respectiva competência, já tiver afetado recurso para definição de tese sobre questão de direito material ou processual repetitiva.

§ 5º Não serão exigidas custas processuais no incidente de resolução de demandas repetitivas.

Art. 977. O pedido de instauração do incidente será dirigido ao presidente de tribunal:

I – pelo juiz ou relator, por ofício;

II – pelas partes, por petição;

III – pelo Ministério Público ou pela Defensoria Pública, por petição.

Parágrafo único. O ofício ou a petição será instruído com os documentos necessários à demonstração do preenchimento dos pressupostos para a instauração do incidente.

Art. 978. O julgamento do incidente caberá ao órgão indicado pelo regimento interno dentre aqueles responsáveis pela uniformização de jurisprudência do tribunal.

Parágrafo único. O órgão colegiado incumbido de julgar o incidente e de fixar a tese jurídica julgará igualmente o recurso, a remessa necessária ou o processo de competência originária de onde se originou o incidente.

Art. 979. A instauração e o julgamento do incidente serão sucedidos da mais ampla e específica divulgação e publicidade, por meio de registro eletrônico no Conselho Nacional de Justiça.

§ 1º Os tribunais manterão banco eletrônico de dados atualizados com informações específicas sobre questões de direito submetidas ao incidente, comunicando-o imediatamente ao Conselho Nacional de Justiça para inclusão no cadastro.

§ 2º Para possibilitar a identificação dos processos abrangidos pela decisão do incidente, o registro eletrônico das teses jurídicas constantes do cadastro conterá, no mínimo, os fundamentos determinantes da decisão e os dispositivos normativos a ela relacionados.

§ 3º Aplica-se o disposto neste artigo ao julgamento de recursos repetitivos e da repercussão geral em recurso extraordinário.

Art. 980. O incidente será julgado no prazo de 1 (um) ano e terá preferência sobre os demais feitos, ressalvados os que envolvam réu preso e os pedidos de habeas corpus.

Parágrafo único. Superado o prazo previsto no caput, cessa a suspensão dos processos prevista no art. 982, salvo decisão fundamentada do relator em sentido contrário.

Art. 981. Após a distribuição, o órgão colegiado competente para julgar o incidente procederá ao seu juízo de admissibilidade, considerando a presença dos pressupostos do art. 976.

Art. 982. Admitido o incidente, o relator:

I – suspenderá os processos pendentes, individuais ou coletivos, que tramitam no Estado ou na região, conforme o caso;

II – poderá requisitar informações a órgãos em cujo juízo tramita processo no qual se discute o objeto do incidente, que as prestarão no prazo de 15 (quinze) dias;

III – intimará o Ministério Público para, querendo, manifestar-se no prazo de 15 (quinze) dias.

§ 1º A suspensão será comunicada aos órgãos jurisdicionais competentes.

§ 2º Durante a suspensão, o pedido de tutela de urgência deverá ser dirigido ao juízo onde tramita o processo suspenso.

§ 3º Visando à garantia da segurança jurídica, qualquer legitimado mencionado no art. 977, incisos II e III, poderá requerer, ao tribunal competente para conhecer do recurso extraordinário ou especial, a suspensão de todos os processos individuais ou coletivos em curso no território nacional que versem sobre a questão objeto do incidente já instaurado.

§ 4º Independentemente dos limites da competência territorial, a parte no processo em curso no qual se discuta a mesma questão objeto do incidente é legitimada para requerer a providência prevista no § 3º deste artigo.

§ 5º Cessa a suspensão a que se refere o inciso I do caput deste artigo se não for interposto recurso especial ou recurso extraordinário contra a decisão proferida no incidente.

Art. 983. O relator ouvirá as partes e os demais interessados, inclusive pessoas, órgãos e entidades com interesse na controvérsia, que, no prazo comum de 15 (quinze) dias, poderão requerer a juntada de documentos, bem como as diligências necessárias para a elucidação da questão de direito controvertida, e, em seguida, manifestar-se-á o Ministério Público, no mesmo prazo.

§ 1º Para instruir o incidente, o relator poderá designar data para, em audiência pública, ouvir depoimentos de pessoas com experiência e conhecimento na matéria.

§ 2º Concluídas as diligências, o relator solicitará dia para o julgamento do incidente.

Art. 984. No julgamento do incidente, observar-se-á a seguinte ordem:

I – o relator fará a exposição do objeto do incidente;

II – poderão sustentar suas razões, sucessivamente:

a) o autor e o réu do processo originário e o Ministério Público, pelo prazo de 30 (trinta) minutos;

b) os demais interessados, no prazo de 30 (trinta) minutos, divididos entre todos, sendo exigida inscrição com 2 (dois) dias de antecedência.

§ 1º Considerando o número de inscritos, o prazo poderá ser ampliado.

§ 2º O conteúdo do acórdão abrangerá a análise de todos os fundamentos suscitados concernentes à tese jurídica discutida, sejam favoráveis ou contrários.

Art. 985. Julgado o incidente, a tese jurídica será aplicada:

I – a todos os processos individuais ou coletivos que versem sobre idêntica questão de direito e que tramitem na área de jurisdição do respectivo tribunal, inclusive àqueles que tramitem nos juizados especiais do respectivo Estado ou região;

II – aos casos futuros que versem idêntica questão de direito e que venham a tramitar no território de competência do tribunal, salvo revisão na forma do art. 986.

§ 1º Não observada a tese adotada no incidente, caberá reclamação.

§ 2º Se o incidente tiver por objeto questão relativa a prestação de serviço concedido, permitido ou autorizado, o resultado do julgamento será comunicado ao órgão, ao ente ou à agência reguladora competente para fiscalização da efetiva aplicação, por parte dos entes sujeitos a regulação, da tese adotada.

Art. 986. A revisão da tese jurídica firmada no incidente far-se-á pelo mesmo tribunal, de ofício ou mediante requerimento dos legitimados mencionados no art. 977, inciso III.

Art. 987. Do julgamento do mérito do incidente caberá recurso extraordinário ou especial, conforme o caso.

§ 1º O recurso tem efeito suspensivo, presumindo-se a repercussão geral de questão constitucional eventualmente discutida.

§ 2º Apreciado o mérito do recurso, a tese jurídica adotada pelo Supremo Tribunal Federal ou pelo Superior Tribunal de Justiça será aplicada no território nacional a todos os processos individuais ou coletivos que versem sobre idêntica questão de direito.

⸸ **A prioridade de tramitação do artigo 1.048 do CPC/2015 para às ações de mandado de segurança, em qualquer juízo ou tribunal, em que figure como parte ou** interessado pessoa com idade igual ou superior a 60 (sessenta) anos, sem prejuízo da prioridade estipulada no artigo 20 da lei Nº 12.016/2009.

Art. 1.048. Terão prioridade de tramitação, em qualquer juízo ou tribunal, os procedimentos judiciais:

I – em que figure como parte ou interessado pessoa com idade igual ou superior a 60 (sessenta) anos ou portadora de doença grave, assim compreendida qualquer das enumeradas no art. 6º, inciso XIV, da Lei no 7.713, de 22 de dezembro de 1988;

EXCERTOS DE TODOS OS REGIMENTOS INTERNOS DE TODOS OS TRIBUNAIS PÁTRIOS DISPONDO SOBRE O PROCESSAMENTO DO MANDADO DE SEGURANÇA.

TRIBUNAIS SUPERIORES

• Supremo Tribunal Federal

Art. 200. Conceder-se-á mandado de segurança para proteger direito líquido e certo não amparado por habeas corpus, quando a autoridade responsável pela ilegalidade ou abuso de poder estiver sob a jurisdição do Tribunal.

Parágrafo único. O direito de pedir segurança extingue-se após cento e vinte dias da ciência, pelo interessado, do ato impugnado.

Art. 201. Não se dará mandado de segurança quando estiver em causa:

I – ato de que caiba recurso administrativo com efeito suspensivo, indepen – dente de caução;

II – despacho ou decisão judicial, de que caiba recurso, ou que seja suscetível de correição;

III – ato disciplinar, salvo se praticado por autoridade incompetente ou com inobservância de formalidade essencial.

Art. 202. A petição inicial, que deverá preencher os requisitos dos arts. 282 e 283 do Código de Processo Civil, será apresentada em duas vias, e os documentos que instruírem a primeira deverão ser reproduzidos, por cópia, na segunda, salvo o disposto no art. 114 deste Regimento.

Art. 203. O Relator mandará notificar a autoridade coatora para prestar informações no prazo previsto em lei.

§ 1º Quando relevante o fundamento e do ato impugnado puder resultar a ineficácia da medida, caso deferida, o Relator determinar-lhe-á a suspensão, salvo nos casos vedados em lei.

§ 2º A notificação será instruída com a segunda via da inicial e cópias dos documentos, bem como do despacho concessivo da liminar, se houver.

Art. 204. A medida liminar vigorará pelo prazo de noventa dias, contado de sua efetivação e prorrogável por mais trinta dias, se o acúmulo de serviço o justificar.

Parágrafo único. Se, por ação ou omissão, o beneficiário da liminar der causa à procrastinação do julgamento do pedido, poderá o Relator revogar a medida.

Art. 205. Recebidas as informações ou transcorrido o respectivo prazo, sem o seu oferecimento, o Relator, após vista ao Procurador-Geral, pedirá dia para julgamento, ou, quando a matéria for objeto de jurisprudência consolidada do Tribunal, julgará o pedido.

Parágrafo único. O julgamento de mandado de segurança contra ato do Presidente do Supremo Tribunal Federal ou do Conselho Nacional da Magistratura será presidido pelo Vice-Presidente ou, no caso de ausência ou impedimento, pelo Ministro mais antigo dentre os presentes à sessão. Se lhe couber votar, nos termos do art. 146, I a III, e seu voto produzir empate, observar-se-á o seguinte:

I – não havendo votado algum Ministro, por motivo de ausência ou licença que não deva durar por mais de três meses, aguardar-se-á o seu voto;

II – havendo votado todos os Ministros, salvo os impedidos ou licenciados por período remanescente superior a três meses, prevalecerá o ato impugnado.

Art. 206. A concessão ou a denegação de segurança na vigência de medida liminar serão imediatamente comunicadas à autoridade apontada como coatora.

Capítulo III
Da Suspensão De Segurança

Art. 297. Pode o Presidente, a requerimento do Procurador-Geral, ou da pessoa jurídica de direito público interessada, e para evitar grave lesão à ordem, à saúde, à segurança e à economia pública, suspender, em despacho fundamentado, a exe – cução de liminar, ou da decisão concessiva de mandado de segurança, proferida em única ou última instância, pelos tribunais locais ou federais.

§ 1º O Presidente pode ouvir o impetrante, em cinco dias, e o Procurador-Geral, quando não for o requerente, em igual prazo.

§ 2º Do despacho que conceder a suspensão caberá agravo regimental.

§ 3º A suspensão de segurança vigorará enquanto pender o recurso, ficando sem efeito, se a decisão concessiva for mantida pelo Supremo Tribunal Federal ou transitar em julgado.

RESOLUÇÃO 629, DE 14 DE DEZEMBRO DE 2018

Dispõe sobre as Tabelas de Custas e a Tabela de Porte de Remessa e Retorno dos Autos e dá outras providências.

O PRESIDENTE DO SUPREMO TRIBUNAL FEDERAL, no uso da atribuição que lhe confere o art. 363, I, do Regimento Interno do Tribunal, e tendo em vista o disposto processo administrativo eletrônico 009248/2016;

R E S O L V E:

Art. 1º As Tabelas de Custas do Supremo Tribunal Federal vigoram com os seguintes valores:

TABELA "A"

RECURSOS INTERPOSTOS EM OUTRAS INSTÂNCIAS

Valor em R$

I – Recurso em Mandado de Segurança 198,95

II – Recurso Extraordinário 198,95

TABELA "B"

FEITOS DE COMPETÊNCIA ORIGINÁRIA

I – Ação Cível (Ação Cível Originária – Ação Originária, art. 102, I, n, CF – Petição – Ação Cautelar – Suspensão de Liminar – Tutela   Valor em R$

Provisória Antecedente – Suspensão de Tutela Provisória)....................... 400,12

II – Ação Penal Privada 198,95

III – Ação Rescisória 400,12

IV – Embargos de Divergência ou Infringentes. 100,35

V – Mandado de Segurança:

a) um impetrante 198,95

b) mais de um impetrante (cada excedente) 100,35

VI – Reclamação sobre os processos a que se refere esta Tabela e a Anterior, salvo quanto se tratar de reclamação por usurpação de competência   100,35

VII – Revisão Criminal dos processos de Ação Penal Privada 198,95

● **Superior Tribunal de Justiça**

Seção II
Das Atribuições do Presidente

Art. 21. São atribuições do Presidente:

XIII – decidir:

c) durante o recesso do Tribunal ou nas férias coletivas dos seus membros, os pedidos de liminar em mandado de segurança, podendo, ainda, determinar liberdade provisória ou sustação de ordem de prisão, e demais medidas que reclamem urgência;

Seção II
Do Relator

Art. 34. São atribuições do relator:

XIX – decidir o mandado de segurança quando for inadmissível, prejudicado ou quando se conformar com tese fixada em julgamento de recurso repetitivo ou de repercussão geral, a entendimento firmado em incidente de assunção de competência, a súmula do Superior Tribunal de Justiça ou do Supremo

Tribunal Federal, a jurisprudência dominante acerca do tema ou as confrontar;

Capítulo II
Da Distribuição

Art. 79. Na distribuição de ação rescisória e de revisão criminal, será observado o critério estabelecido no artigo anterior.

Parágrafo único. A distribuição do mandado de segurança contra ato do próprio Tribunal far-se-á de preferência a Ministro que não haja participado da decisão impugnada.

Capítulo III
Dos Atos e Formalidades

Seção I
Disposições Gerais

Art. 83. Suspendem-se as atividades judicantes do Tribunal nos feriados, nas férias coletivas e nos dias em que o Tribunal o determinar.

§ 1º Nas hipóteses previstas neste artigo, poderá o Presidente ou seu substituto legal decidir pedidos de liminar em mandado de segurança e habeas corpus, determinar liberdade provisória ou sustação de ordem de prisão, e demais medidas que reclamem urgência.

Capítulo II
Do Mandado de Segurança

Art. 211. O mandado de segurança, de competência originária do Tribunal, terá seu processo iniciado por petição em duplicata que preencherá os requisitos legais e conterá a indicação precisa da autoridade a quem se atribua o ato impugnado.

§ 1º A segunda via da inicial será instruída com cópias de todos os documentos, autenticadas pelo requerente e conferidas pela Secretaria do Tribunal.

§ 2º Se o requerente afirmar que o documento necessário à prova de suas alegações se acha em repartição ou estabelecimento público, ou em poder de autoridade que lhe recuse certidão, o relator requisitará, preliminarmente, por ofício, a exibição do documento, em original ou cópia autenticada, no prazo de dez dias. Se a autoridade indicada pelo requerente for a coatora, a requisição se fará no próprio instrumento da notificação.

§ 3º Nos casos do parágrafo anterior, a Secretaria do Tribunal mandará extrair tantas cópias do documento quantas se tornarem necessárias à instrução do processo.

Art. 212. Se for manifesta a incompetência do Tribunal, ou manifestamente incabível a segurança, ou se a petição inicial não atender aos requisitos legais, ou excedido o prazo estabelecido no artigo 18 da Lei n. 1.533, de 1951, poderá o relator indeferir, desde logo, o pedido.

Art. 213. Ao despachar a inicial, o relator mandará ouvir a autoridade apontada coatora, mediante ofício, acompanhado da segunda via da petição, instruída com as cópias dos documentos, a fim de que preste informações, no prazo de dez dias.

§ 1º Se o relator entender relevante o fundamento do pedido, e do ato impugnado puder resultar a ineficácia da medida, caso deferida, ordenará a respectiva suspensão liminar até o julgamento.

§ 2º Havendo litisconsortes, a citação far-se-á, também, mediante ofício, para o que serão apresentadas tantas cópias quantos forem os citados. O ofício será remetido pelo correio, através de carta registrada, com aviso de recepção, a fim de ser juntado aos autos.

§ 3º A Secretaria juntará aos autos cópia autenticada de ofício e prova de sua remessa ao destinatário.

Art. 214. Transcorrido o prazo de dez dias do pedido de informações, com ou sem estas, serão os autos encaminhados ao Ministério Público que emitirá parecer no prazo de cinco dias.

Parágrafo único. Devolvidos os autos, o relator, em cinco dias, pedirá dia para julgamento, ou, se a matéria for objeto de jurisprudência consolidada do Superior Tribunal de Justiça ou do Supremo Tribunal Federal, poderá decidir monocraticamente.

Art. 215. Os processos de mandado de segurança terão prioridade sobre todos os feitos, salvo habeas corpus.

Seção II
Do Recurso Ordinário em Mandado de Segurança

Art. 247. Aplicam-se ao recurso ordinário em mandado de segurança, quanto aos requisitos de admissibilidade e ao procedimento no Tribunal recorrido, as regras do art. 1.028 do Código de Processo Civil.

Art. 248. Distribuído o recurso, a Secretaria fará os autos com vista ao Ministério Público pelo prazo de cinco dias.

Parágrafo único. Conclusos os autos ao relator, este pedirá dia para julgamento.

Capítulo I
Da Suspensão de Segurança, de Liminar e de Sentença

Art. 271. Poderá o Presidente do Tribunal, a requerimento da pessoa jurídica de direito público interessada ou do Procurador-Geral da República, e para evitar grave lesão à ordem, à saúde, à segurança e à economia públicas, suspender, em despacho fundamentado, a execução de liminar ou de decisão concessiva de mandado de segurança, proferida, em única ou última instância, pelos Tribunais Regionais Federais ou pelos Tribunais dos Estados e do Distrito Federal.

Igualmente, em caso de manifesto interesse público ou de flagrante ilegitimidade e para evitar grave lesão à ordem, à saúde, à segurança e à economia públicas, poderá o Presidente do Tribunal suspender, em despacho fundamentado, a requerimento do Ministério Público ou da pessoa jurídica de direito público interessada, a execução da liminar nas ações movidas contra o Poder Público ou seus agentes que for concedida ou mantida pelos Tribunais Regionais Federais ou pelos Tribunais dos Estados e do Distrito Federal, inclusive em tutela antecipada, bem como suspender a execução de sentença proferida em processo de ação cautelar inominada, em processo de ação popular e em ação civil pública, enquanto não transitada em julgado.

§ 1º O Presidente poderá ouvir o impetrante, em cinco dias, e, o Procurador – Geral, quando este não for o requerente, em igual prazo.

§ 2º Da decisão a que se refere este artigo caberá agravo regimental, no prazo de cinco dias, para a Corte Especial.

§ 3º A suspensão vigorará enquanto pender o recurso, ficando sem efeito se a decisão concessiva for mantida pelo Superior Tribunal de Justiça ou transitar em julgado.

• TRIBUNAL SUPERIOR DO TRABALHO

Da Convocação Extraordinária

Art. 21. Durante o período de férias, o Presidente do Tribunal, ou seu substituto, poderá convocar, com antecedência de 48 (quarenta e oito) horas, sessão extraordinária para julgamento de dissídio coletivo, mandado de segurança e ação declaratória alusiva a greve e que requeiram apreciação urgente.

Seção III
Das Atribuições do Presidente

Art. 41. Compete ao Presidente do Tribunal, além de outras atribuições previstas na Constituição da República, em lei ou neste Regimento:

XXVII designar as sessões ordinárias e extraordinárias do Tribunal Pleno, do Órgão Especial e das Seções Especializadas, podendo convocar, durante as férias coletivas, com antecedência de 48 (quarenta e oito) horas, sessões extraordinárias para julgamento de dissídio coletivo, mandado de segurança e ação declaratória alusiva a greve ou a situação de relevante interesse público que requeiram apreciação urgente;

XXX – decidir, durante o recesso forense, as férias coletivas e os feriados, os pedidos de liminar em mandado de segurança, em tutelas provisórias de urgência e outras medidas que reclamem urgência;

Seção III
Da Competência do Órgão Especial

Art. 76. Compete ao Órgão Especial:

I – em matéria judiciária:

b) julgar mandado de segurança impetrado contra atos do Presidente ou de qualquer Ministro do Tribunal, ressalvada a competência das Seções Especializadas;

c) julgar os recursos interpostos contra decisões dos Tribunais Regionais do Trabalho em mandado de segurança de interesse de magistrados e servidores da Justiça do Trabalho;

f) julgar os recursos ordinários interpostos contra decisões proferidas em mandado de segurança impetrado contra ato do Presidente de Tribunal Regional em precatório;

Título IV
DO MINISTÉRIO PÚBLICO DO TRABALHO

IV – por determinação legal, os mandados de segurança em grau originário ou recursal, as ações civis públicas em que o Ministério Público não for autor, os dissídios coletivos originários, caso não exarado parecer na instrução, e os processos em que forem parte índio, comunidades e organizações indígenas, além de outros processos em que a lei impuser a intervenção do Ministério Público.

§ 1º À Procuradoria-Geral do Trabalho serão encaminhados de imediato, após autuação e distribuição, os processos nos quais figuram como parte pessoa jurídica de direito público, Estado estrangeiro ou organismo internacional, e os recursos ordinários em mandado de segurança.

Da Distribuição
Seção I
Das Disposições Gerais

Art. 107. Os Ministros permanecerão vinculados aos processos recebidos em distribuição, ainda que ocorram afastamentos temporários menores que 30 (trinta) dias, ressalvadas as hipóteses de mandado de segurança, habeas corpus, reclamações, dissídio coletivo, tutela provisória e de outras medidas que reclamem solução inadiável. Nesses casos, ausente o relator por mais de 3 (três) dias, o processo poderá ser redistribuído, a critério do Presidente do Tribunal, mediante posterior compensação, desde que expressamente requerida a medida pelo interessado em petição fundamentada.

Sustentação oral

Art. 161. Ressalvado o disposto no art. 147, § 11, deste Regimento, a sustentação oral será feita de uma só vez, ainda que arguida matéria preliminar ou prejudicial.

§ 5º Não haverá sustentação oral em:

IV – agravos internos previstos neste Regimento, salvo se interpostos contra decisão do relator que extinga a ação rescisória, o mandado de segurança e a reclamação ou que denegue seguimento ao recurso de revista que não demonstrar transcendência;

Seção III
Do Mandado de Segurança

Art. 224. Cabe mandado de segurança contra ato do Presidente ou de qualquer dos membros ou órgãos da Corte, observadas para o julgamento as regras referentes à competência dos órgãos judicantes do Tribunal.

Art. 225. O mandado de segurança coletivo pode ser impetrado por organização sindical, entidade de classe ou associação legalmente constituída e em funcionamento há, pelo menos, 1 (um) ano, em defesa de direitos líquidos e certos da totalidade ou de parte dos seus membros ou associados, na forma dos seus estatutos e desde que pertinentes às suas finalidades, dispensada, para tanto, autorização especial.

Parágrafo único. Os direitos protegidos pelo mandado de segurança coletivo podem ser:

I – coletivos, assim entendidos os transindividuais, de natureza indivisível, de que seja titular grupo ou categoria de pessoas ligadas entre si ou com a parte contrária por uma relação jurídica básica;

II – individuais homogêneos, assim entendidos os decorrentes de origem comum e da atividade ou situação específica da totalidade ou de parte dos membros ou associados do impetrante.

Art. 226. No mandado de segurança coletivo, a decisão fará coisa julgada limitadamente aos membros do grupo ou categoria substituídos pelo impetrante.

§ 1º O mandado de segurança coletivo não induz litispendência para as ações individuais, mas os efeitos da coisa julgada não beneficiarão o impetrante a título individual se não requerer a desistência de seu mandado de segurança no prazo de 30 (trinta) dias a contar da ciência comprovada da impetração da segurança coletiva

§ 2º No mandado de segurança coletivo, a liminar só poderá ser concedida após a audiência do representante judicial da pessoa jurídica de direito público, que deverá se pronunciar no prazo de 72 (setenta e duas) horas, salvo em casos de manifesta urgência.

Art. 227. O mandado de segurança, de competência originária do Tribunal, terá seu processo iniciado por petição, que preencherá os requisitos legais, inclusive a necessidade de autenticação dos documentos que instruem a ação mandamental, sendo facultada ao advogado a declaração de autenticidade dos referidos documentos, sob sua responsabilidade pessoal, na forma do art. 830 da CLT, devendo conter, ainda, a indicação precisa da autoridade a quem se atribua o ato impugnado.

§ 1º Afirmado pelo requerente que o documento necessário à prova de suas alegações se encontra em órgão ou estabelecimento público ou em poder de autoridade que lhe recuse certidão, ele solicitará ao relator que seja requisitada, por ofício, a exibição do documento, em original ou cópia autenticada, no prazo de 5 (cinco) dias úteis. Se a autoridade indicada pelo requerente for a coatora, far-se-á a requisição no próprio instrumento da intimação.

§ 2º Para os fins deste artigo, em se tratando de documento eletrônico, serão observadas as regras que disciplinam o processo eletrônico na Justiça do Trabalho.

Art. 228. Em caso de urgência, é permitido, observados os requisitos legais, impetrar mandado de segurança por telegrama, radiograma, fax ou outro meio eletrônico de autenticidade comprovada.

§ 1º Poderá o juiz, em caso de urgência, notificar a autoridade por telegrama, radiograma ou outro meio que assegure a autenticidade do documento e a imediata ciência pela autoridade.

§ 2º O texto original da petição deverá ser apresentado nos 5 (cinco) dias úteis seguintes.

§ 3º Para os fins deste artigo, em se tratando de documento eletrônico, serão observadas as regras que disciplinam o processo eletrônico na Justiça do Trabalho.

Art. 229. Distribuído o feito na forma regimental, o relator mandará ouvir a autoridade dita coatora, mediante ofício acompanhado da segunda via da petição, instruída com as cópias dos documentos, a fim de que preste informações no prazo legal.

§ 1º A petição inicial poderá, de plano, ser indeferida pelo relator, quando não for a hipótese de mandado de segurança, ou quando não atendidos os requisitos do art. 227 deste Regimento, devendo os autos ser remetidos ao Juízo competente, se manifesta a incompetência do Tribunal, dispensadas as informações da autoridade dita coatora.

§ 2º Salvo nos casos vedados em lei, o relator poderá ordenar a suspensão liminar do ato que deu motivo ao pedido, quando for relevante o fundamento e do ato impugnado puder resultar a ineficácia da medida, caso seja deferida.

§ 3º Deferida a medida liminar, o processo terá prioridade para julgamento.

§ 4º Da decisão do relator que conceder ou denegar a medida liminar caberá agravo interno ao órgão colegiado competente do Tribunal do qual o magistrado seja integrante.

§ 5º Se, por ação ou omissão, o beneficiário da liminar der causa à procrastinação do julgamento do pedido, poderá o relator revogar a medida.

Art. 230. Transcorrido o prazo legal para as informações, o relator determinará a remessa dos autos à Procuradoria-Geral do Trabalho, que opinará, dentro do prazo improrrogável de 10 (dez) dias.

Parágrafo único. Com ou sem o parecer do Ministério Público, os autos serão conclusos ao relator para a instrução do processo, se necessária, e para que este o encaminhe para inclusão na próxima pauta de julgamento ou, quando a matéria for objeto de jurisprudência consolidada do Tribunal, julgue monocraticamente o pedido.

Art. 231. A concessão ou a denegação da segurança, na vigência da medida liminar, será imediatamente comunicada, por intermédio da Secretaria do órgão julgador, à autoridade apontada como coatora e à pessoa jurídica interessada, mediante ofício ou pelo correio, através de correspondência com aviso de recebimento.

Parágrafo único. Em caso de urgência, poderá ser observado o disposto no art. 228 deste Regimento.

Da Suspensão de Segurança

Art. 308. O Presidente do Tribunal, na forma da lei, a requerimento do Ministério Público do Trabalho ou da pessoa jurídica de direito público interessada, e para evitar grave lesão à ordem, à saúde, à segurança e à economia públicas, pode suspender, por decisão fundamentada, a execução de liminar ou de decisão concessiva de mandado de segurança, proferida em última instância pelos Tribunais Regionais do Trabalho.

§ 1º O Presidente, se necessário, poderá ouvir o impetrante, em 5 (cinco) dias úteis, e o Ministério Público do Trabalho, quando não for o requerente, em igual prazo.

§ 2º Da decisão que conceder ou denegar a suspensão, caberá agravo interno sem efeito suspensivo, no prazo de 8 (oito) dias úteis, que será relatado pelo Presidente, na primeira sessão do Órgão Especial seguinte à sua interposição.

§ 3º A suspensão de segurança, nos casos de ações movidas contra o Poder Público, vigorará enquanto pender o recurso, ficando sem efeito se a decisão concessiva for mantida pelo Tribunal ou se transitar em julgado.

• TRIBUNAL SUPERIOR ELEITORAL

Art. 8º São atribuições do Tribunal:

m) decidir originariamente de habeas corpus, ou de mandado de segurança, em matéria eleitoral, relativos aos atos do presidente da República, dos ministros de estado e dos tribunais regionais;

Art. 13. Compete ao procurador-geral:

c) oficiar, no prazo de cinco dias, em todos os recursos encaminhados ao Tribunal, e nos pedidos de mandado de segurança;

Art. 16. A distribuição será feita entre todos os ministros.

§ 6º O julgamento de recurso anterior, no mesmo processo, ou de mandado de segurança, medida cautelar, habeas corpus, reclamação ou representação, a ele relativos, torna prevento o relator do primeiro, independentemente da natureza da questão nele decidida, para os recursos ou feitos posteriores.

Capítulo III
Do Mandado de Segurança

Lei nº 12.016/2009: "Disciplina o mandado de segurança individual e coletivo e dá outras providências".

Art. 33. Para proteger direito líquido e certo fundado na legislação eleitoral, e não amparado por habeas corpus, conceder-se-á mandado de segurança.

Art. 34. No processo e julgamento do mandado de segurança, quer nos pedidos de competência do Tribunal, (art. 8º, letra l), quer nos recursos das decisões denegatórias dos tribunais regionais, observar-se-ão, no que forem aplicáveis, as disposições da Lei nº 1.533, de 31 de dezembro de 1951, e o Regimento Interno do Supremo Tribunal Federal.

• TRIBUNAL SUPERIOR MILITAR

Seção II
Das Atribuições do Presidente

Art. 6º São atribuições do Presidente:

XVI – decidir, durante o recesso do Tribunal ou nos períodos de férias coletivas dos Ministros, os pedidos de liminar em Habeas Corpus e em Mandado de Segurança, podendo, ainda, em qualquer caso, determinar liberdade provisória ou sustação de ordem de prisão, e demais medidas que reclamem urgência;

Capítulo III
Dos Atos e Formalidades

Seção I
Disposições Gerais

Art. 46. Os processos, ressalvados os de natureza administrativa de que trata o art. 35, somente poderão ser julgados a partir do quinto dia útil após a data da publicação da pauta no Diário da Justiça Eletrônico.

§ 1º Independe de publicação em pauta no Diário da Justiça Ele – trônico o julgamento de Agravo Interno, de Conflito de Competência ou de Atribuições, de Desaforamento, de Embargos de Declaração, de Habeas Corpus, de Habeas Data, de Mandado de Segurança e de Reclamação.

Título III
DA INSTRUÇÃO E DO JULGAMENTO

Capítulo I
Das Garantias Constitucionais

Seção II
Do Mandado de Segurança

Art. 94. Conceder-se-á mandado de segurança para proteger direto líquido e certo, não amparado por Habeas Corpus ou Habeas Data, contra ato do Tribunal, do Presidente e de autoridade judiciária ou admi – nistrativa vinculada à Justiça Militar, sempre que, ilegalmente ou com abuso de poder, qualquer pessoa física ou jurídica sofrer violação ou houver justo receio de sofrê-la.

Parágrafo único. O direito de requerer mandado de segurança ex – tinguir-se-á decorridos 120 (cento e vinte) dias, contados da ciência, pelo interessado, do ato impugnado.

Art. 95. A petição inicial deverá preencher os requisitos estabele – cidos em lei e ser instruída com os documentos apresentados pelo impe – trante, indicando a autoridade coatora, a pessoa jurídica que integra, es – teja vinculada ou na qual exerce suas atribuições.

§ 1º No caso em que o documento necessário à prova do alegado se ache em repartição ou estabelecimento público ou em poder de auto – ridade que se recuse a fornecê-lo por certidão ou de terceiro, o Relator ordenará, preliminarmente, por ofício, a exibição desse documento em original ou em cópia autêntica e marcará, para o cumprimento da ordem, o prazo de 10 (dez) dias.

§ 2º A inicial será desde logo indeferida, por decisão motivada, quando não for o caso de mandado de segurança ou lhe faltar algum dos requisitos legais ou quando decorrido o prazo legal para a impetração.

§ 3º Do indeferimento da Inicial pelo Relator, caberá o Agravo In – terno previsto no art. 118 deste Regimento Interno.

§ 4º Denegar-se-á o Mandado de Segurança nos casos previstos pelo art. 485 da Lei nº 13.105, de 16 de março de 2015 – Código de Pro – cesso Civil.

Art. 96. Distribuída a Petição, o Relator ordenará:

I – que se notifique o coator do conteúdo da petição inicial e dos do – cumentos que a instruírem, por via eletrônica ou, excepcionalmente, com o envio de cópias, a fim de que, no prazo de dez dias, preste as informações;

II – que se dê ciência do feito ao órgão de representação judicial da pessoa jurídica interessada, por via eletrônica ou pelo envio de peças;

III – a citação do réu, como litisconsorte passivo, no Mandado de Se – gurança, em matéria criminal impetrado pelo Ministério Público Militar.

Art. 97. Recebidas as informações solicitadas ou transcorrido o respectivo prazo, o Relator, após a vista dos autos ao Procurador-Geral da Justiça Militar, por dez dias, colocá-los-á em mesa para julgamento na primeira sessão do Tribunal, que se seguir, dispensada a publicação no Diário da Justiça Eletrônico.

Art. 98. Aplicam-se ao disposto nesta Seção as disposições da Par – te Geral, Livro III, Título II, da Lei nº 13.105, de 16 de março de 2015 – Código de Processo Civil e da Lei nº 12.016, de 7 de agosto de 2009.

TRIBUNAIS REGIONAIS FEDERAIS

• TRIBUNAL REGIONAL FEDERAL DA 1ª REGIÃO

Sustentação Oral

Art. 45. Não haverá sustentação oral no julgamento de remessa necessária, de embargos declaratórios e de arguição de suspeição.

§ 2º No agravo interno, caberá sustentação oral contra decisão que extinga o processo em ação rescisória, mandado de segurança e reclamação.

Prevenção do Relator

Art. 170. A prevenção do relator e do órgão julgador para todos os recursos posteriores, tanto na ação quanto na execução, referentes ao mesmo processo, será determinada pela distribuição de:

I – mandado de segurança;

Redistribuição quando o relator estiver licenciado, afastado ou ausente por menos de 30 dias

Art. 171. Em mandado de segurança, habeas corpus e conflito de competência, proceder-se-á à redistribuição, se o requerer o interessado, quando o relator estiver licenciado, afastado ou ausente por menos de 30 dias, compensando-se a distribuição.

Do Mandado de Segurança

Art. 229. Os mandados de segurança de competência originária do Tribunal serão processados e julgados pela Corte Especial ou pelas seções de acordo com o disposto nos arts. 10 e 12.

Art. 230. O mandado de segurança de competência originária do Tribunal terá seu processo iniciado por petição, acompanhada de tantas vias quantas forem as autoridades apontadas como coatoras, indicadas com precisão, de – vendo, ainda, preencher os demais requisitos legais.

§ 1º A segunda e, se for o caso, as demais vias da inicial deverão estar instruídas com cópias de todos os documentos, autenticadas pelo requerente e conferidas pela Secretaria do Tribunal

§ 2º Havendo litisconsortes passivos, a petição inicial e os documentos serão apresentados com as vias necessárias para a respectiva citação.

§ 3º Se o requerente comprovar que o documento necessário à prova de suas alegações se acha em repartição ou estabelecimento público, em poder de autoridade que lhe recuse certidão, o relator requisitará, preliminarmente, a exibição do documento, em original ou cópia autenticada, no prazo de dez dias. Se a autoridade indicada pelo requerente for a coatora, a requisição far-se-á no próprio instrumento da notificação.

§ 4º Nos casos do § 3º, a Secretaria do Tribunal mandará extrair tantas cópias do documento quantas se tornarem necessárias à instrução do processo.

Art. 231. O relator poderá denegar a segurança, desde logo, se for evidente a incompetência do Tribunal, manifestamente incabível a segurança, se a peti – ção inicial não atender os requisitos legais ou for excedido o prazo de cento e vinte dias, estabelecido no art. 23 da Lei 12.016/2009.

A parte que se considerar prejudicada pela decisão do relator poderá interpor agravo interno.

Art. 232. Ao despachar a inicial, o relator ordenará:

I – que se notifique a autoridade apontada como coatora, remetendo-lhe via da petição, instruída com as cópias dos documentos, requisitando infor – mações, no prazo de dez dias;

II – que se dê ciência do feito ao órgão de representação judicial da pes – soa jurídica interessada, enviando-se-lhe cópia da inicial, fornecida pelo im – petrante, sem documentos, para que, querendo, ingresse no feito.

§ 1º O relator poderá liminarmente ordenar que se suspenda o ato que deu motivo ao pedido, quando for relevante seu fundamento e dele puder re – sultar ineficácia da medida, caso seja a final deferida.

§ 2º Se a inicial indicar litisconsorte, sua citação far-se-á por oficial de justiça ou mediante ofício, que lhe será remetido pelo correio, por meio de carta registrada com aviso de recebimento, para ser juntado aos autos.

§ 3º A Secretaria do Tribunal juntará aos autos cópia autenticada do ofí – cio e prova do recebimento pelo destinatário, como também cópia do manda – do, quando a citação for feita por oficial de justiça.

§ 4º O prazo para manifestação do litisconsorte é de dez dias.

§ 5º A inicial será, desde logo, indeferida, quando não for caso de man – dado de segurança ou quando decorrido o prazo de 120 dias para sua impe – tração. Desta decisão caberá agravo interno.

Art. 233. Transcorrido o prazo do pedido de informações ou, se for o caso, de manifestação do litisconsorte, os autos serão encaminhados ao Ministério Público Federal, que emitirá parecer no prazo de dez dias.

Devolvidos os autos, com ou sem parecer, o relator de – terminará a inclusão do feito em pauta para julgamento ou, quando a matéria for objeto de jurisprudência consolidada do Tribunal, julgará o pedido.

Art. 234. Os processos de mandado de segurança terão prioridade sobre os demais, salvo os de habeas corpus.

§ 1º O acórdão denegará o mandado de segurança, ainda que não decida o mérito.

§ 2º Não cabe no mandado de segurança a condenação em honorários advocatícios.

Do Recurso Ordinário em Mandado de Segurança

Art. 315. Caberá recurso ordinário para o Superior Tribunal de Justiça (art. 105, II, "b", da Constituição Federal) das decisões do Tribunal denegatórias de mandado de segurança em única instância.

Parágrafo único – O recurso será interposto no prazo de 15 dias, nos pró – prios autos em que se houver proferido a decisão de que se recorreu, com as razões do pedido de reforma, assegurado à contraparte prazo igual para resposta.

Art. 316. Interposto o recurso, os autos serão remetidos ao tribunal superior, independentemente de juízo de admissibilidade.

Da Suspensão de Liminar e de Sentença

Art. 321. Poderá o presidente do Tribunal, a requerimento do Ministério Pú – blico Federal ou de pessoa jurídica de direito público interessada e para evitar grave lesão à ordem, à saúde, à segurança e à economia públicas, suspender, em decisão fundamentada, a execução de liminar ou de sentença concessiva de mandado de segurança proferidas por juiz federal de primeira instância (art. 15 da Lei 12.016/2009).

§ 1º O presidente poderá conferir ao pedido efeito suspensivo liminar, se constatar, em juízo prévio, a plausibilidade do direito invocado e a urgência na concessão da medida, devendo, ainda, ouvir o impetrante em cinco dias e, em igual prazo, o Ministério Público Federal, na hipótese de não ter sido requerente da medida.

§ 2º As liminares cujos objetos sejam idênticos poderão ser suspensas em uma única decisão, podendo o presidente do Tribunal estender os efeitos da suspensão a liminares supervenientes, caso haja aditamento do pedido original.

§ 3º Da decisão de que trata este artigo caberá, no prazo de cinco dias, agravo, sem efeito suspensivo, que será levado a julgamento na sessão seguin – te a sua interposição.

Art. 322. Na ação civil pública, o presidente do Tribunal poderá suspender a execução de medida liminar (art. 12, § 1º, da Lei 7.347/1985), o mesmo po – dendo ocorrer nas hipóteses de que tratam o art. 4º da Lei 8.437/1992 e o art. 1º da Lei 9.494/1997. Poderá, ainda, suspender a execução de sentenças nas hipóteses do § 1º do art. 4º da Lei 8.437/1992.

§ 1º O presidente poderá conferir ao pedido efeito suspensivo liminar, se constatar, em juízo prévio, a plausibilidade do direito invocado e a urgência na concessão da medida, devendo, ainda, ouvir o autor e o Ministério Público Federal em 72 horas.

§ 2º As liminares cujos objetos sejam idênticos poderão ser suspensas em uma única decisão, podendo o presidente do Tribunal estender os efeitos da suspensão a liminares supervenientes, caso haja aditamento do pedido original.

§ 3º Das decisões referidas no caput e no § 2º deste artigo caberá, no prazo de cinco dias, agravo (art. 4º, § 3º, da Lei 8.437/1992), que será levado a julgamento na sessão seguinte a sua interposição.

Art. 435. Cabem embargos infringentes, no prazo de 15 dias, quando o acór – dão não unânime houver reformado, em grau de apelação, sentença de mérito ou houver julgado procedente ação rescisória. Se o desacordo for parcial, os embargos serão restritos à matéria objeto da divergência.

Parágrafo único – Das decisões proferidas em apelação em mandado de segurança, mandado de injunção e habeas data não cabem embargos infrin – gentes.

• TRIBUNAL REGIONAL FEDERAL DA 2ª REGIÃO

Seção II
Das Atribuições do Presidente

Art. 22. São atribuições do Presidente:

XVII – decidir sobre:

b) os pedidos de suspensão da execução de medida liminar em processos de mandado de segurança e de ação civil pública, ou das sentenças proferidas nos primeiros, além das demais hipóteses previstas em lei;

c) os pedidos de liminar em mandado de segurança, durante o recesso do tribunal, podendo, ainda, determinar liberdade provisória ou sustação de ordem de prisão e demais medidas que reclamem urgência;

Seção III
Das Atribuições do Vice-Presidente

Art. 23. Ao Vice-Presidente incumbe substtuir o Presidente, nas férias, licenças, ausências e impedimentos.

§ 2º. ao vice-presidente incumbe ainda:

I – decidir sobre a admissibilidade de recurso extraordinário, recurso especial, recurso ordinário de habeas corpus e recurso ordinário em mandado de segurança, com respectvos agravos, e resolver os incidentes suscitados;

Capítulo II
Da Distribuição

Art. 77. A distribuição de mandado de segurança, de habeas data e de recurso torna preventa a competência do Relator para todos os recursos posteriores, tanto na ação quanto na execução referentes ao mesmo processo; a distribuição de habeas corpus, de inquérito e de sindicância, bem como a realizada para efeito da concessão de fança ou de decretação de prisão preventva ou de qualquer diligência anterior à denúncia ou queixa, prevenirá para a ação penal, para a execução penal e para os habeas corpus impetrados em razão da mesma ação penal de origem.

§ 1º. Se o relator deixar o Tribunal ou transferir-se de Seção ou de Turma, a prevenção será do órgão julgador.

§ 2º. Vencido o relator, a prevenção referir-se-á ao Desembargador Federal designado para lavrar o acórdão, limitando-se tal prevenção às questões relatvas exclusivamente ao feito julgado, não perdendo o relator originário a relatoria dos demais feitos a ele relacionados.

§ 3º. Serão distribuídos ao Relator prevento os feitos que se relacionarem por conexão, contnência ou acessoriedade.

§ 4º. A prevenção, se não for reconhecida, de ofcio, poderá ser argüida por qualquer das partes ou pelo órgão do Ministério Público, até o início do julgamento.

Capítulo III
Dos Atos e Formalidades

Seção I
Disposições gerais

Art. 82. Suspendem-se as atvidades judicantes do Tribunal durante o recesso e nos dias em que o Tribunal determinar.

§ 1º. Durante o recesso e desde que reclamem urgência, poderá o Presidente ou seu substtuto legal decidir os pedidos de liminar em mandado de segurança e processos cautelares, determinar liberdade provisória ou sustação da ordem de prisão.

§ 2º. Os Desembargadores indicarão seus endereços e telefones, para eventual convocação durante as férias.

Seção II
Dos Acórdãos, Decisões, Notas Taquigráfcas e Registros Fonográfcos

Art. 95. As conclusões das decisões do Plenário, do Órgão especial, das Seções Especializadas e das Turmas constarão de acórdão, no qual o Relator se reportará ao voto e às notas taquigráfcas ou registros fonográfcos o julgamento, que dele farão parte integrante, juntamente com a ementa.

§ 2º. Em caso de mandado de segurança e nos respectvos recursos, decorridos 30 dias da data de julgamento sem que tenha sido apresentado em Secretaria o respectvo acórdão, cabe ao Diretor do órgão certfcar nos autos o ocorrido e remeter à publicação na imprensa ofcial notas taquigráfcas ou registros fonográfcos, independentemente de revisão.

Sustentação oral

Art. 140. Não haverá sustentação oral no julgamento de embargos declaratórios e incidentes de suspeição, incompetência ou impedimento.

§ 1º. Será permitda a sustentação oral em agravos internos interpostos contra decisões monocrátcas proferidas em ação rescisória, mandado de segurança originário e na reclamação,quando houver extinção do processo respectvo.

Capítulo II
Do Mandado de Segurança Individual ou Coletvo e do Habeas Data

Art. 178. O mandado de segurança e o habeas data serão processados e julgados:

I – pelo Órgão especial, no caso do art. 12, IV e VI;

II – pelas Seções Especializadas, no caso do art. 14, III;

III – pelas turmas, nos demais casos.

Art. 179. A petção inicial do mandado de segurança será apresentada em duplicata, devendo também a segunda via ser instruída com cópia de todos os documentos.

§ 1º. Em caso de litsconsórcio passivo, serão fornecidas tantas cópias quantos forem os litsconsortes, além de uma cópia da inicial sem documentos, para que seja dada ciência do feito ao órgão de representação judicial da pessoa jurídica que a autoridade coatora integra ou se acha vinculada ou na qual exerce atribuições.

§ 2º. recebidos os autos com decisão do relator, deve a Secretaria, além de expedir ofcio requisitando as informações, dar ciência ao órgão de representação judicial da pessoa jurídica interessada.

Art. 180. Ao Plenário, ao Órgão Especial, às Seções Especializadas e às Turmas Especializadas, nos processos da respectva competência, incumbe, ainda:

Parágrafo único. Tendo havido o julgamento, deve a Secretaria do órgão respectvo cumprir o disposto no art. 95 deste Regimento.

Art. 181. Aplicar-se-ão no processamento do habeas data, no que couber, as normas estabelecidas neste capítulo.

Art. 182. O mandado de segurança e os respectvos recursos bem como o habeas data terão prioridade sobre todos os feitos judiciais, salvo o habeas corpus.

Capítulo IV
Do Agravo Interno

Art. 223.A parte que se considerar agravada por decisão do Presidente ou do Vice-Presidente do Tribunal, do Plenário e do Órgão Especial, de Seção Especializada ou de Turma, ou por decisão monocrátca de Relator, poderá requerer, dentro de 15 (quinze) dias, a apresentação do feito em mesa, para que o Plenário, o Órgão Especial, a Seção ou a Turma, conforme o caso, sobre ela se pronuncie, confrmando-a ou reformando-a.

§ 1º. Não cabe agravo interno da decisão que inadmite recursos extraordinário, especial, ordinário em habeas corpus e ordinário em mandado de segurança.

II – inadmite recursos extraordinário, especial, ordinário em habeas corpus e ordinário em mandado de segurança;

Capítulo I
Da Suspensão de Segurança e Liminar em Ação Civil Pública

Art. 225. Poderá o Presidente do Tribunal, a requerimento do Ministério Público Federal, ou de pessoa jurídica de direito público interessada, e para evitar grave lesão à ordem, à saúde, à segurança e à economia públicas, suspender, em despacho fundamentado, a execução de liminar, ou de sentença concessiva de mandado de segurança ou de liminar em ação civil pública, proferida por Juiz de Primeiro Grau, bem como nos demais casos previstos em lei.

Parágrafo único. Da decisão caberá agravo interno, no prazo legal.

• TRIBUNAL REGIONAL FEDERAL DA 3ª REGIÃO

Seção II
Das Atribuições do Presidente

Art. 21 – São atribuições do Presidente:

XVII – decidir:

c) os pedidos de suspensão da execução de medida liminar ou de sentença, em mandado de segurança;

d) durante o recesso no Tribunal, os pedidos de liminar em mandado de segurança, podendo, ainda, determinar liberdade provisória ou sustação de ordem de prisão, além de medidas urgentes de caráter jurisdicional ou administrativo, sujeitas estas últimas ao referendo do órgão competente;

Capítulo III
Dos Atos e Formalidades

Seção I
Disposições Gerais

Art. 71 – Suspendem-se as atividades judicantes do Tribunal durante o recesso judiciário e nos dias em que o Tribunal determinar.

§ 1º – Durante o recesso, poderá o Presidente, ou seu substituto legal, decidir pedidos de liminar em mandado de segurança, determinar liberdade provisória ou sustação de ordem de prisão e demais medidas urgentes.

Capítulo II
Do Mandado de Segurança, do Mandado de Injunção e do "Habeas Data

Art. 189 – Os mandados de segurança, os mandados de injunção e os "habeas data" de competência originária do Tribunal serão processados e julgados pelo Tribunal Pleno, ou, ainda, pelas Seções, na hipótese de mandado de segurança contra ato de Juiz.

Art. 190 – O mandado de segurança de competência originária do Tribunal terá seu processo iniciado por petição em duplicata, que preencherá os requisitos legais e conterá a indicação precisa da autoridade a quem se atribuir o ato impugnado.

§ 1º – A segunda via da inicial será instruída com cópias de todos os documentos, autenticadas pelo requerente e conferidas pela Secretaria do Tribunal.

§ 2º – Se o requerente afirmar que o documento necessário à prova de suas alegações se acha em repartição, em órgão público ou em poder de autoridade que lhe recuse certidão, o Relator requisitará, preliminarmente, por ofício, no prazo de 10 (dez) dias, a exibição do documento, em original ou cópia autenticada. Se a autoridade indicada pelo requerente for a coatora, a requisição se fará no próprio instrumento de notificação.

§ 3º – Nos casos do parágrafo anterior, a Secretaria do Tribunal, ou da Seção, conforme o caso, mandará extrair tantas cópias do documento quantas se tornarem necessárias à instrução do processo.

Art. 191 – Se for incabível a segurança ou se a petição inicial não atender aos requisitos legais, assim como se for ultrapassado o prazo estabelecido no art. 18 da Lei nº 1.533/51, o Relator indeferirá liminarmente o pedido.

§ 1º – Em caso de incompetência do Tribunal, o Relator determinará o encaminhamento dos autos ao órgão jurisdicional competente.

§ 2º – A parte que se considerar agravada pela decisão do Relator poderá interpor agravo regimental

Art. 192 – Despachada a inicial, o Relator solicitará informações à autoridade apontada coatora, no prazo de 10 (dez) dias, mediante ofício acompanhado de segunda via da petição, instruída com cópia dos documentos.

§ 1º – Se o Relator entender relevante o fundamento do pedido e do ato impugnado puder resultar a ineficácia da medida, caso deferida, poderá ordenar a respectiva suspensão liminar do ato apontado como coator até o julgamento, na forma estabelecida em lei.

§ 2º – Se a inicial indicar litisconsorte, a citação deste far-se-á, também, mediante ofício, que será remetido pelo correio, através de carta registrada, com aviso de recepção, a fim de ser juntado aos autos.

§ 3º – A Secretaria do Tribunal juntará aos autos cópia autenticada do ofício e prova de sua remessa ao destinatário.

Art. 193 – Transcorrido o prazo de 10 (dez) dias do pedido de informações, com ou sem estas, serão os autos encaminhados ao Ministério Público Federal, que emitirá parecer no prazo de 5 (cinco) dias.

Parágrafo único – Devolvidos os autos, o Relator, em 5 (cinco) dias, pedirá dia para julgamento.

Art. 194 – Os processos de mandado de segurança, de mandado de injunção e de "habeas data" terão prioridade sobre todos os atos judiciais, exceto sobre os de "habeas corpus".

Capítulo I
Dos Recursos em Matéria Cível

Seção I
Da Apelação Cível

Seção II
Da Apelação em Mandado de Segurança, Mandado de Injunção, "Habeas Data" e da Remessa "Ex Officio"

Art. 228 – Distribuída a apelação, será aberta vista ao Ministério Público Federal, pelo prazo de 20 (vinte) dias, para o seu parecer. Após, os autos serão conclusos ao Relator, que pedirá dia para julgamento.

Art. 229 – No processamento e julgamento da apelação em mandado de segurança, em mandado de injunção e em "habeas data", nos casos previstos nesta Seção, observar-se-ão, no que couber, as normas atinentes à apelação cível.

Art. 230 – Serão autuados sob o título "Remessa ex officio" os processos que sobem ao Tribunal, em cumprimento às exigências do duplo grau de jurisdição, na forma da lei processual; serão indicados o Juízo remetente e as partes interessadas.

§ 1º – Quando houver, simultaneamente, remessas "ex officio" e apelação voluntária, o processo será autuado como apelação cível ou apelação em mandado de segurança, em mandado de injunção ou em "habeas data", conforme o caso, constando também da capa referência ao Juízo remetente.

§ 2º – Distribuída a remessa "ex officio", será aberta vista ao Ministério Público Federal, se for o caso, para seu parecer, no prazo de 20 (vinte) dias. Em seguida, os autos serão conclusos ao Relator, que pedirá dia para o julgamento.

Título VIII
DOS RECURSOS EM GERAL

Capítulo I
Dos Recursos contra Decisões do Plenário, das Seções e das Turmas

Art. 247 – Das decisões do Plenário, das Seções, das Turmas ou de seus Presidentes e dos Relatores, são admissíveis os seguintes recursos

IV – para o Superior Tribunal de Justiça:

b) agravo de instrumento da decisão que nega seguimento a recurso ordinário em mandado de segurança ou "habeas corpus", bem como a recurso especial, na forma do Regimento Interno do Superior Tribunal de Justiça;

d) recurso ordinário da decisão denegatória de mandado de segurança, na forma estabelecida na Constituição Federal, na Lei Processual e no Regimento Interno do Superior Tribunal de Justiça

Capítulo I
Da Suspensão de Segurança

Art. 279 – O Presidente do Tribunal, a requerimento do Ministério Público Federal ou de pessoa jurídica de direito público interessada, para evitar grave lesão à ordem, à saúde, à segurança e à economia públicas, poderá suspender, em despacho fundamentado, a execução de liminar ou de sentença concessiva de mandado de segurança proferida por Juiz Federal (Lei nº 4.348/64, art. 4º).

§ 1º – O Presidente poderá ouvir o impetrante, em 5 (cinco) dias, e, em igual prazo, o órgão do Ministério Público Federal, na hipótese de não ter sido requerente da medida.

§ 2º – Da decisão a que se refere este artigo, se concessiva da suspensão, no prazo de 10 (dez) dias, caberá agravo que se processará na forma de agravo regimental.

• TRIBUNAL REGIONAL FEDERAL DA 4ª REGIÃO

Seção II
Das Atribuições do Presidente

Art. 23. São atribuições do Presidente:

c) durante o recesso do Tribunal, os pedidos de liminar em mandado de segurança, podendo, ainda, determinar liberdade provisória ou sustação de ordem de prisão e demais medidas que reclamem urgência;

Seção III
Das Atribuições do Vice-Presidente

§ 2º Ao Vice-Presidente cabe, ainda:

I – por delegação do Presidente:

a) decidir sobre a admissibilidade de recurso extraordinário, recurso especial, recurso ordinário de habeas corpus, recurso ordinário em mandado de segurança e respectivos agravos, bem como resolver os incidentes suscitados;

Capítulo II
Da Distribuição

Art. 85. A distribuição do mandado de segurança contra ato do próprio Tribunal, far-se-á de preferência a Desembargador que não haja participado da guerreada decisão.

Capítulo III
Dos Atos e Formalidades

Seção I
Disposições Gerais

Art. 92. Nos sábados, domingos e feriados, nos dias em que não houver expediente normal, e fora do horário do expediente, haverá plantão no Tribunal, mediante rodízio dos Desembargadores, em escala aprovada pelo Plenário.

§ 1º Durante o plantão somente poderão ser apreciadas matérias urgentes para evitar perecimento de direito tais como habeas corpus, mandado de segurança, ou para decretar medidas cautelares de natureza penal, ou atender pedido de busca e apreensão de pessoas, bens e valores, desde que objetivamente demonstrada sua imprescindibilidade.

Capítulo IV
Das Sessões da Corte Especial

Art. 186. Terão prioridade no julgamento da Corte Especial:

II – o mandado de segurança e o habeas data

Capítulo V
Das Sessões das Seçõe

Art. 191. Terão prioridade no julgamento da Seção:

IV – o mandado de segurança e o habeas data;

Capítulo II
Do Mandado de Segurança e do Habeas Data

Art. 222. O mandado de segurança, de competência originária do Tribunal, terá seu processo iniciado por petição em duplicata que preencherá os requisitos legais e conterá a indicação precisa da autoridade a quem se atribua o ato impugnado.

§ 1º A segunda via da inicial será instruída com cópias de todos os documentos, conferidas pela Secretaria do Tribunal.

§ 2º Se o requerente afirmar que o documento necessário à prova de suas alegações se acha em repartição ou estabelecimento público, ou em poder de autoridade que lhe recuse certidão, o Relator requisitará, preliminarmente, por ofício, a exibição do documento, em original ou cópia autenticada, no prazo de dez dias. Se a autoridade indicada pelo requerente for a coatora, a requisição se fará no próprio instrumento da notificação.

§ 3º Nos casos do parágrafo anterior, a Secretaria do Tribunal mandará extrair tantas cópias do documento quantas se tornarem necessárias à instrução do processo.

Art. 223. Se for evidente a incompetência do Tribunal, ou manifestamente incabível a segurança, ou se a petição inicial não atender aos requisitos legais, ou excedido o prazo estabelecido no artigo 23 da Lei nº 12.016, de 07/08/2009, poderá o Relator indeferir, desde logo, o pedido.

Parágrafo único. Da decisão de indeferimento liminar, cabe agravo regimental.

Art. 224. Ao despachar a inicial, o Relator mandará ouvir a autoridade apontada coatora, mediante ofício, acompanhado da segunda via da petição, instruída com as cópias dos documentos, a fim de que preste informações, no prazo de dez dias.

§ 1º Se o Relator entender relevante o fundamento do pedido, e se do ato impugnado puder resultar a ineficácia da medida, caso deferida, ordenará a respectiva suspensão liminar até o julgamento.

§ 2º Havendo litisconsortes, a citação far-se-á, também, mediante ofício, para o que serão apresentadas tantas cópias quantos forem os citados. O ofício será remetido pelo correio, por meio de carta registrada, com aviso de recepção, a fim de ser anexado aos autos.

§ 3º A Secretaria juntará aos autos cópia do ofício e prova de sua remessa ao destinatário.

Art. 225. Transcorrido o prazo de dez dias do pedido de informações, com ou sem estas, serão os autos encaminhados ao Ministério Público que emitirá Parecer no prazo de cinco dias.

Parágrafo único. Devolvidos os autos, o Relator, em cinco dias, pedirá dia para julgamento.

Art. 226. Os processos de mandado de segurança terão prioridade nas sessões de julgamento.

Art. 227. No habeas data, serão observadas as normas da legislação de regência.

Dos Recursos

Capítulo I
Dos Recursos em Matéria Cível

Seção I
Da Apelação em Mandado de Segurança e Habeas Data

Art. 255. Aplicam-se às apelações em mandado de segurança e habeas data, no que pertine aos requisitos de admissibilidade e ao procedimento, as regras do Código de Processo Civil.

Art. 256. Distribuído o recurso, os autos serão remetidos ao Ministério Público pelo prazo de dez dias.

Parágrafo único. Conclusos os autos ao Relator, este pedirá dia para julgamento.

Seção IV
Do Recurso Ordinário em Mandado de Segurança

Art. 300. Caberá recurso ordinário para o Superior Tribunal de Justiça (CF, art. 105, II, "b") das decisões do Tribunal denegatórias de mandado de segurança em única instância.

Parágrafo único. O recurso será interposto no prazo de quinze dias, nos próprios autos em que se houver proferido a decisão de que se recorreu, com as razões do pedido de reforma, assegurado à contraparte prazo igual para resposta.

Art. 301. Interposto o recurso, os autos serão conclusos ao Presidente do Tribunal que decidirá a respeito de seu recebimento.

Art. 302. Ordenada a remessa, por despacho do Presidente, o recurso subirá dentro de quarenta e oito horas

Dos Processos Incidentes
Capítulo I
Da Suspensão de Segurança, de Liminar e de Sentença

Art. 314. Poderá o Presidente do Tribunal, a requerimento do Ministério Público ou de pessoa jurídica de direito público interessada e para evitar grave lesão à ordem, à saúde, à segurança e à economia públicas, suspender, em decisão fundamentada, a execução de liminar ou de sentença concessiva de mandado de segurança proferida por Juiz Federal (Lei 12.016, de 07 de agosto de 2009, art. 15)

§ 1º Dessa decisão caberá agravo à Corte Especial, sem efeito suspensivo, no prazo de cinco dias, que será levado a julgamento na sessão seguinte à sua interposição.

§ 2º Indeferido o pedido de suspensão ou provido o agravo a que se refere o parágrafo primeiro, caberá novo pedido de suspensão ao Presidente do Tribunal competente para conhecer de eventual recurso especial ou extraordinário.

§ 3º É cabível também o pedido de suspensão a que se refere o parágrafo anterior quando negado provimento a agravo de instrumento interposto contra a liminar a que se refere este artigo.

§ 4º A interposição de agravo de instrumento contra liminar concedida nas ações movidas contra o poder público e seus agentes não prejudica nem condiciona o julgamento do pedido de suspensão a que se refere este artigo.

§ 5º O Presidente do Tribunal poderá conferir ao pedido efeito suspensivo liminar se constatar, em juízo prévio, a plausibilidade do direito invocado e a urgência na concessão da medida.

§ 6º As liminares cujo objeto seja idêntico poderão ser suspensas em uma única decisão, podendo o Presidente do Tribunal estender os efeitos da suspensão a liminares supervenientes, mediante simples aditamento do pedido original.

Art. 315. Na ação civil pública, o presidente do Tribunal poderá suspender a execução de medida liminar (Lei 7.347/85, art. 12, § 1º), o mesmo podendo ocorrer nas hipóteses de que tratam o art. 4º da Lei 8.437/92 e o art. 1º da Lei 9.494/97. Poderá, ainda, suspender a execução de sentenças nas hipóteses do § 1º da Lei 8.437/92.

§ 1º O Presidente poderá conferir ao pedido efeito suspensivo liminar se constatar, em juízo prévio, a plausibilidade do direito invocado e a urgência na concessão da medida, podendo, ainda, ouvir o autor e o Ministério Público Federal em setenta e duas horas.

§ 2º As liminares cujo objeto seja idêntico poderão ser suspensas em uma única decisão, podendo o Presidente do Tribunal estender os efeitos da suspensão a liminares supervenientes, caso haja aditamento do pedido original.

§ 3º Das decisões referidas no caput e no § 2º caberá agravo à Corte Especial, no prazo de cinco dias (Lei 8.437/92, art. 4º, § 3º), que será levado a julgamento na sessão seguinte à sua interposição.

• TRIBUNAL REGIONAL FEDERAL DA 5ª REGIÃO

Capítulo II
Do Mandado de Segurança, do Mandado de Injunção e do Habeas Data

Art. 169. O mandado de segurança de competência originária terá início por petição, com os requisitos legais e indicação precisa da autoridade a quem se atribua o ato impugnado.

§ 1º. As cópias da inicial serão instruídas com cópias de todos os documentos, autenticadas pelo requerente e conferidas pela Secretaria do Tribunal.

§ 2º. Se o requerente afirmar que o documento necessário à prova de suas alegações se acha em repartição ou estabelecimento público, ou em poder de autoridade que lhe recuse certidão, o Relator requisitará, preliminarmente, por ofício, a exibição do documento, em original ou cópia autenticada, no prazo de dez dias. Se a autoridade indicada pelo requerente for a coatora, a requisição se fará no próprio instrumento da notificação.

§ 3º. Nos casos do parágrafo anterior, a Secretaria do Tribunal mandará extrair tantas cópias do documento quantas se tornarem necessárias à instrução do processo.

Art. 170. Em sendo incabível a segurança ou se a petição inicial não atender aos requisitos legais, ou se excedido o prazo estabelecido no art. 23, da Lei n.º 12.016, de 07 de agosto de 2009, poderá o Relator, desde logo, extinguir o processo sem exame do mérito.

Parágrafo único. A parte que se considerar agravada pela decisão do Relator poderá interpor agravo interno.

Art. 171. Despachada a inicial, o Relator notificará a autoridade impetrada, mediante ofício, acompanhado da segunda via da petição, instruída com as cópias dos documentos, a fim de que preste informações, no prazo de 10(dez) dias.

§ 1º. Se o Relator entender relevante o fundamento do pedido, e do ato impugnado puder resultar a ineficácia da medida, caso deferida, poderá conceder liminar, na forma estabelecida em lei.

§ 2º. Se a inicial indicar litisconsorte, a citação deste far-se-á também, mediante ofício, que será remetido pelo correio, através de carta registrada, com aviso de recepção, a fim de ser anexado aos autos.

Art. 172. Transcorrido o prazo de 10 (dez) dias do pedido de informações, com ou sem essas, serão os autos encaminhados ao Ministério Público Federal, que emitirá parecer no prazo de 10 (dez) dias.

Parágrafo único. Devolvidos os autos, o Relator, em 05 (cinco) dias, pedirá dia para julgamento.

Art. 173. Aplica-se ao mandado de injunção e ao habeas data o procedimento estabelecido nos artigos anteriores, no que couber.

Art. 202. Tratando-se de apelação em mandado de segurança, em mandado de injunção ou em habeas data, será ela, após distribuída sob o título respectivo, conclusa, no prazo de 24 (vinte e quatro) horas, ao Relator, pedirá sua inclusão na pauta de julgamento da primeira sessão seguinte.

Capítulo II
Dos recursos para o Superior Tribunal de Justiça

Seção I
Do recurso ordinário em mandado de segurança

Art. 228. Das decisões do Tribunal, denegatórias de mandado de segurança, em única instância, caberá recurso ordinário para o Superior Tribunal de Justiça.

Parágrafo único. O recurso será interposto no prazo de 15 (quinze) dias, nos próprios autos em que se houver proferido a decisão recorrida, com as razões do pedido de reforma, assegurado igual prazo para a resposta.

Art. 229.Findo o prazo, os autos serão remetidos ao respectivo tribunal superior, independentemente de juízo de admissibilidade.

Título VIII
DOS PROCESSOS INCIDENTES

Capítulo I
Das suspensões de segurança, de liminar e de tutela antecipada

Art. 240. Poderá o Presidente do Tribunal, a requerimento de pessoa jurídica de direito público interessada ou do Ministério Público Federal, e para evitar grave lesão à ordem, à saúde, à segurança e à economia públicas, suspender, em decisão fundamentada, a execução de liminar e de sentença concessiva de mandado de segurança (art. 4º, da Lei nº 4.348, de 26 de junho de 1964).

Parágrafo único. Da decisão que conceder ou negar o pedido de suspensão, caberá agravo interno, no prazo de 15 (quinze) dias.

Art. 241. Poderá o Presidente do Tribunal, suspender, em decisão fundamentada, a execução de liminar deferida nas ações de natureza cautelar, nas ações populares e nas ações civis públicas, movidas contra o Poder Público ou seus agentes, a requerimento da pessoa jurídica de direito público interessada ou do Ministério Público Federal, em caso de manifesto interesse público ou de flagrante ilegitimidade, e para evitar grave lesão à ordem, à saúde, à segurança e à economia públicas (art. 4º, da Lei nº 8.437, de 30 de junho de 1992).

§ 1º. Recebendo o pedido de suspensão, o Presidente do Tribunal poderá ouvir o autor da ação e o Ministério Público, em 72 (setenta e duas) horas.

§ 2º. Da decisão que conceder ou negar o pedido de suspensão, caberá agravo interno, no prazo de 15 (quinze) dias.

§ 3º. O Presidente do Tribunal poderá conferir ao pedido efeito suspensivo liminar, se constatar, em juízo prévio, a plausibilidade do direito invocado e a urgência na concessão da medida.

§ 4º. A interposição de agravo de instrumento contra liminar nas ações promovidas contra o Poder Público e seus agentes não prejudica, nem condiciona, o julgamento do pedido de suspensão.

§ 5º. As liminares com objetos idênticos poderão ser suspensas em uma única decisão, podendo, o Presidente do Tribunal, estender os efeitos da suspensão a liminares supervenientes, mediante simples aditamento do pedido original.

Art. 242. Poderá o Presidente do Tribunal, suspender, em decisão fundamentada, a execução de tutela antecipada deferida nas ações movidas contra o Poder Público ou seus agentes, atendidos os mesmos requisitos e observadas as mesmas regras de processamento constantes do artigo anterior (Lei nº 9.494, de 10 de setembro de 1997).

AUTORIDADES QUE POSSUEM PRERROGATIVA DE FORO EM MANDADOS DE SEGURANÇA

◆ SUPREMO TRIBUNAL FEDERAL

Art. 102. Compete ao Supremo Tribunal Federal, precipuamente, a guarda da Constituição, cabendo-lhe:

I – processar e julgar, originariamente:

d) o habeas corpus, sendo paciente qualquer das pessoas referidas nas alíneas anteriores; o mandado de segurança e o habeas data contra atos do Presidente da República, das Mesas da Câmara dos Deputados e do Senado Federal, do Tribunal de Contas da União, do Procurador-Geral da República e do próprio Supremo Tribunal Federal;

◆ SUPERIOR TRIBUNAL DE JUSTIÇA

Art. 105. Compete ao Superior Tribunal de Justiça:

I – Processar e julgar, originariamente:

b) os mandados de segurança e os habeas data contra ato de Ministro de Estado, dos Comandantes da Marinha, do Exército e da Aeronáutica ou do próprio Tribunal;

AUTORIDADES QUE POSSUEM PRERROGATIVA DE FORO NOS MANDADOS DE SEGURANÇA EM ÂMBITO ESTADUAL COM BASE EM SUAS RESPECTIVAS CONSTITUIÇÕES ESTADUAIS

◆ TRIBUNAL DE JUSTIÇA DO ACRE

Art. 95. Em matéria judiciária, compete ao Tribunal de Justiça do Estado, funcionando em plenário:

I – processar e julgar, originariamente:

d) os mandatos de segurança contra os atos do governador do Estado, do presidente da Assembleia Legislativa Estadual, dos membros de sua Mesa Diretora, do presidente e dos conselheiros do Tribunal de Contas do Estado, do procurador-geral da Justiça, do procurador-geral do Estado, dos secretários de Estado e do próprio Tribunal, do seu presidente, do vice-presidente e do corregedor-geral de Justiça;

◆ TRIBUNAL DE JUSTIÇA DE ALAGOAS

Art. 133. Compete ao Tribunal de Justiça, precipuamente, a guarda da Constituição do Estado de Alagoas, cabendo-lhe, privativamente:

IX – processar e julgar, originariamente: e) os mandados de segurança e os habeas corpus contra atos do Governador, da Assembleia Legislativa ou respectiva Mesa, do próprio Tribunal de Justiça, do Tribunal de Contas ou de seus respectivos Presidentes ou Vice-Presidentes, do Corregedor-Geral da Justiça, do Procurador-Geral do Estado, dos Juízes de Direito, do Procurador-Geral de Justiça, do Defensor Público-Geral do Estado e do Corregedor-Geral da Defensoria Pública;

◆ TRIBUNAL DE JUSTIÇA DO AMAZONAS

Art. 72. Compete, ainda, ao Tribunal de Justiça:

I – processar e julgar, originariamente:

c) o habeas data e o mandado de segurança contra os atos do Governador do Estado, do Vice-Governador, dos Prefeitos Municipais, do Presidente e Membros da Mesa Diretora da Assembleia Legislativa do Estado, do Presidente da Câmara Municipal e de sua Mesa Diretora, do Presidente e dos Conselheiros do Tribunal de Contas do Estado, do Procurador-Geral da Justiça, do Corregedor-Geral do Ministério Público, do Procurador-Geral do Estado, do Defensor Público-Geral do Estado, de Secretários de Estado e do próprio Tribunal, do seu Presidente, do seu Vice – Presidente e do Corregedor-Geral de Justiça;

◆ TRIBUNAL DE JUSTIÇA DO AMAPÁ

Art. 133. Compete privativamente ao Tribunal de Justiça, além das competências elencadas no inciso I do art. 96 da Constituição Federal:

II – processar e julgar, originariamente:

c) o mandado de segurança contra atos do Governador, Mesa e da Presidência da Assembléia, do próprio Tribunal ou de algum de seus membros, dos Secretários de Estado, do Presidente ou dos Conselheiros do Tribunal de Contas, do Procurador Geral de Justiça, dos Prefeitos Municipais e do Presidente da Câmara Municipal da Capital;

◆ TRIBUNAL DE JUSTIÇA DA BAHIA

Art. 123 – Compete ao Tribunal de Justiça, além das atribuições previstas nesta Constituição:

I – processar e julgar, originariamente:

b) os mandados de segurança contra atos do governador do Estado, da Mesa da Assembléia Legislativa, do próprio Tribunal ou de seus membros, dos secretários de Estado, dos presidentes dos Tribunais de Contas, do procurador geral de Justiça, do procurador geral do Estado e do prefeito da Capital;

Art. 124 – O Tribunal de Alçada terá sede e composição definidas na Lei de Organização Judiciária, sendo seus membros nomeados e promovidos na forma prevista nesta Constituição e em lei complementar.

Parágrafo único – Compete ao Tribunal de Alçada:

I – processar e julgar, originariamente:

c) o mandado de segurança contra ato de seus juizes ou do próprio Tribunal;

◆ TRIBUNAL DE JUSTIÇA DO CEARÁ

Art. 108. Compete ao Tribunal de Justiça:

VII – processar e julgar, originariamente:

b) os mandados de segurança e os habeas data contra atos do Governador do Estado, da Mesa e Presidência da Assembleia Legislativa, do próprio Tribunal ou de algum de seus órgãos, dos Secretários de Estado, do Tribunal de Contas do Estado ou de algum de seus órgãos, do Tribunal de Contas dos Municípios ou de algum de seus órgãos, do Procurador-Geral de Justiça, no exercício de suas atribuições administrativas, ou na qualidade de presidente dos órgãos colegiados do Ministério Público, do Procurador-Geral do Estado, do Chefe da Casa Militar, do Chefe do Gabinete do Governador, do Controlador e do Ouvidor Geral do Estado, do Defensor Público-Geral do Estado, do Comandante Geral da Polícia Militar e do Comandante Geral do Corpo de Bombeiros Militar;

◆ TRIBUNAL DE JUSTIÇA DO DISTRITO FEDERAL

◆ TRIBUNAL DE JUSTIÇA DO ESPÍRITO SANTO.

Art. 109. Compete, ainda, ao Tribunal de Justiça:

I – processar e julgar, originariamente:

b) os mandados de segurança e os habeas-data contra ato do Governador do Estado, do Presidente da Assembleia Legislativa, dos membros da sua Mesa, do Presidente e dos Conselheiros do Tribunal de Contas do Estado, do Procurador Geral de Justiça, do Procurador-Geral do Estado, de Secretário de Estado e do próprio Tribunal, do seu Presidente, do seu Vice-Presidente e do Corregedor-Geral da Justiça;

◆ TRIBUNAL DE JUSTIÇA DE GOIAS.

Art. 46 Compete privativamente ao Tribunal de Justiça:

VIII – processar e julgar originariamente:

o) o mandado de segurança e o "habeas data" impetrados contra atos do Governador do Estado, da Mesa Diretora, ou do Presidente da Assembleia Legislativa, do próprio Tribunal de Justiça, de seu Presidente ou membro integrante, de juiz de primeiro grau, dos Tribunais de Contas do Estado e dos Municípios, do Procurador-Geral de Justiça, do Procurador-Geral do Estado, dos Secretários de Estado, do Comandante Geral da Polícia Militar e do Comandante Geral do Corpo de Bombeiros Militar;

◆ TRIBUNAL DE JUSTIÇA DO MARANHÃO.

Art. 81. Compete ao Tribunal de Justiça processar e julgar, originariamente:

VI – o habeas corpus e o mandado de segurança contra atos do Governador do Estado, da Mesa da Assembleia Legislativa, do Tribunal de Contas do Estado, dos Procuradores-Gerais, dos Secretários de Estado e do próprio Tribunal de Justiça;

◆ TRIBUNAL DE JUSTIÇA DE MINAS GERAIS.

Art. 106 – Compete ao Tribunal de Justiça, além das atribuições

previstas nesta Constituição:

I – processar e julgar originariamente, ressalvada a competência das justiças especializadas:

c) o mandado de segurança contra ato do Governador do Estado, da Mesa e da Presidência da Assembleia Legislativa, do próprio Tribunal ou de seus órgãos diretivos e colegiados, de Juiz de Direito, nas causas de sua competência recursal, de Secretário de Estado, do Presidente do Tribunal de Contas, do Procurador-Geral de Justiça, do Advogado-Geral do Estado e contra ato da Presidência de Câmara Municipal ou de suas comissões, quando se tratar de processo de perda de mandato de Prefeito;

♦ TRIBUNAL DE JUSTIÇA DO MATO GROSSO DO SUL.

Art. 114. Compete ao Tribunal de Justiça:

II – processar e julgar, originariamente:

b) os mandados de segurança contra atos do Governador, dos Secretários de Estado, da Mesa da Assembléia Legislativa, do Tribunal de Contas, incluídos os dos seus Presidentes, do próprio Tribunal de Justiça, seus membros e turmas, incluídos os dos seus Presidentes, do Conselho Superior da Magistratura, dos Juízes de primeiro grau, do Corregedor-Geral de Justiça, do Corregedor-Geral do Ministério Público, do Procurador-Geral de Justiça, do Defensor Público-Geral do Estado, do Corregedor-Geral da Defensoria Pública e do Procurador-Geral do Estado;

♦ TRIBUNAL DE JUSTIÇA DO MATO GROSSO.

Art. 96 Compete privativamente ao Tribunal de Justiça:

I – processar e julgar, originariamente:

g) o mandado de segurança e o habeas data contra os atos do Governador do Estado, da Mesa da Assembleia Legislativa, do próprio Tribunal de Justiça, do Tribunal de Contas, dos Secretários de Estado, do Procurador – -Geral de Justiça, do Procurador-Geral do Estado, do Defensor Público-Geral, do Comandante-Geral da Polícia Militar e do Diretor-Geral da Polícia Civil;

♦ TRIBUNAL DE JUSTIÇA DO PARÁ

Art. 161. Além das outras atribuições previstas nesta Constituição, compete ao Tribunal de Justiça:

I – processar e julgar , originariamente:

c) os mandados de segurança contra atos do Governador do Estado, da Mesa e do Presidente da Assembléia Legislativa, do próprio Tribunal ou de seus órgãos diretivos e colegiados, dos Secretários de Estado, do Tribunal de Contas do Estado e do Tribunal de Contas dos Municípios, inclusive de seus Presidentes, do Procurador-Geral de Justiça, dos Juízes de Direito, do Procurador-Geral do Estado;

♦ TRIBUNAL DE JUSTIÇA DA PARAÍBA.

Art. 104. Compete ao Tribunal de Justiça:

XIII – processar e julgar:

d) os mandados de segurança e habeas data contra atos e omissões do Governador do Estado, dos Secretários de Estado, da Assembleia Legislativa e de seus órgãos, do Tribunal de Contas e de seus órgãos, e do Tribunal de Contas dos Municípios e de seus órgãos;

♦ TRIBUNAL DE JUSTIÇA DE PERNAMBUCO.

Art. 61. Compete ao Tribunal de Justiça:

I – processar e julgar originariamente:

f) os mandados de segurança e os habeas data contra atos do próprio Tribunal, inclusive do seu Presidente, do Conselho da Magistratura, do Corregedor-Geral da Justiça, do Governador, da Mesa da Assembleia Legislativa, do Tribunal de Contas, inclusive do seu Presidente, do Procurador-Geral da Justiça, do Conselho Superior do Ministério Público, do Defensor Público-Geral do Estado, do Prefeito e da Mesa da Câmara de Vereadores da Capital;

◆ TRIBUNAL DE JUSTIÇA DO PIAUÍ.

Art. 123. Compete ao Tribunal de Justiça:

III – processar e julgar, originariamente:

f) o habeas data e o mandado de segurança contra atos:

1. Do Governador ou do Vice-Governador;

2. Dos Secretários de Estado, do Comandante-Geral da Polícia Militar e do Comandante-Geral do Corpo de Bombeiros Militar e o Delegado-Geral da Polícia Civil;

3. Da Assembleia Legislativa, da sua Mesa Diretora, do seu Presidente ou de qualquer Deputado Estadual;

4. Do Tribunal de Contas do Estado, do seu Presidente ou de qualquer Conselheiro;

5. Do Tribunal de Justiça, de seu Presidente ou de qualquer Desembargador;

6. Dos Juizes de direito;

7. Do Ministério Público, de seu Procurador-Geral, dos promotores ou procuradores de justiça;

8. Do Procurador-Geral do Estado e do Defensor Público-Geral do Estado, ou dos integrantes de suas respectivas carreiras.

◆ TRIBUNAL DE JUSTIÇA DO PARANÁ.

Art. 101. Compete privativamente ao Tribunal de Justiça, através de seus órgãos:

VII – processar e julgar, originariamente:

b) os mandados de segurança contra atos do Governador do Estado, da Mesa e da Presidência da Assembléia Legislativa, do próprio Tribunal ou de algum de seus órgãos, de Secretário de Estado, do Presidente do Tribunal de Contas, do Procurador-Geral de Justiça, do Procurador-Geral do Estado e do Defensor-Geral da Defensoria Pública;

◆ TRIBUNAL DE JUSTIÇA DO RIO DE JANEIRO.

Art. 161 – Compete ao Tribunal de Justiça:

IV – processar e julgar originariamente:

e) mandado de segurança e o habeas data contra atos:

1 – do Governador;

2 – do próprio Tribunal;

3 – da Mesa Diretora e do Presidente da Assembleia Legislativa;

4 – do Tribunal de Contas do Estado;

5 – dos Secretários de Estado;

6 – dos Procuradores-Gerais da Justiça, do Estado e da Defensoria Pública;

7 – do Prefeito da Capital e dos Municípios com mais de 200.000 eleitores.

◆ TRIBUNAL DE JUSTIÇA DO RIO GRANDE DO NORTE.

Art. 71. O Tribunal de Justiça tem sede na Capital e Jurisdição em todo o território estadual, competindo-lhe, precipuamente, a guarda desta Constituição, com observância da Constituição Federal, e:

I – processar e julgar, originariamente:

e) os mandados de segurança e os "habeas-data" contra atos do Governador da Assembléia Legislativa, seu Presidente, Mesa ou Comissão, do próprio Tribunal, suas Câmaras ou Turmas, e respectivos Presidentes, bem como de qualquer de seus membros, do Tribunal de Contas, suas Câmaras, e respectivos Presidentes, dos Juizes de Primeiro Grau, ressalvada a competência dos Colegiados Regionais de Recursos, do Conselho de Justiça Militar, dos Secretários de Estado, Procuradores – Gerais e Comandantes da Polícia Militar;

◆ TRIBUNAL DE JUSTIÇA DE RONDÔNIA.

Art. 87. Compete ao Tribunal de Justiça:

IV – processar e julgar originariamente:

f) o mandado de segurança e o "habeas-data" contra atos: 1) do Governador; 2) dos membros do Tribunal, inclusive de seu Presidente; 3) da Mesa Diretora e do Presidente da Assembleia Legislativa; 4) do Tribunal de

Contas do Estado; 5) do Corregedor-Geral de Justiça; 6) do Procurador-Geral do Estado, do Procurador-Geral de Justiça e do Defensor Público-Geral; 7) do Conselho da Magistratura; 8) dos Juízes de Direito e Juízes Substitutos; 9) dos Secretários de Estado;

◆ TRIBUNAL DE JUSTIÇA DE RORAIMA.

Art. 77. Compete ao Tribunal de Justiça do Estado:

X – processar e julgar originariamente;

m) mandados de segurança e de injunção e os "habeas-data" contra atos e omissões do Governador do Estado, da Mesa e da Presidência da Assembleia Legislativa, dos Secretários de Estado, do Presidente do Tribunal de Contas, do Procurador-Geral de Justiça, do Procurador-Geral do Estado, do Corregedor-Geral de Justiça, do titular da Defensoria Pública, do Conselho da Magistratura, dos Juízes de Direito e Juízes Substitutos, do próprio Tribunal, inclusive seu Presidente;

◆ TRIBUNAL DE JUSTIÇA DO RIO GRANDE DO SUL.

Art. 95 – Ao Tribunal de Justiça, além do que lhe for atribuído nesta Constituição e na lei, compete:

XII – processar e julgar:

b) os mandados de segurança, os "habeas data" e os mandados de injunção contra atos ou omissões do Governador do Estado, da Assembléia Legislativa e seus órgãos, dos Secretários de Estado, do Tribunal de Contas do Estado e seus órgãos, dos Juízes de primeira instância, dos membros do Ministério Público e do Procurador-Geral do Estado;

◆ TRIBUNAL DE JUSTIÇA DE SANTA CATARINA.

Art. 83. Compete privativamente ao Tribunal de Justiça:

XI – processar e julgar, originariamente:

c) os mandados de segurança e de injunção e os "habeas-data" contra atos e omissões do Governador do Estado, da Mesa e da Presidência da Assembleia Legislativa, do próprio Tribunal ou de algum de seus órgãos, dos Secretários de Estado, do Presidente do Tribunal de Contas, do Procurador-Geral de Justiça e dos juízes de primeiro grau;

◆ TRIBUNAL DE JUSTIÇA DE SERGIPE.

Art. 106. Compete, ainda, ao Tribunal de Justiça:

I – processar e julgar originariamente

e) o mandado de segurança contra atos do Governador do Estado, dos Prefeitos Municipais, dos Secretários de Estado, do juiz de direito, do Procurador Geral de Justiça, do Procurador Geral do Estado, do Presidente da Assembléia Legislativa, do Presidente de Comissão Parlamentar de Inquérito, de membro da Mesa Diretora da Assembléia Legislativa, do Tribunal de Contas, de Desembargador Relator e Corregedor;

◆ TRIBUNAL DE JUSTIÇA DE SÃO PAULO.

Artigo 74 – Compete ao Tribunal de Justiça, além das atribuições previstas nesta Constituição, processar e julgar originariamente:

III – os mandados de segurança e os "habeas data" contra atos do Governador, da Mesa e da Presidência da Assembléia, do próprio Tribunal ou de algum de seus membros, dos Presidentes dos Tribunais de Contas do Estado e do Município de São Paulo, do Procurador-Geral de Justiça, do Prefeito e do Presidente da Câmara Municipal da Capital;

◆ TRIBUNAL DE JUSTIÇA DO TOCANTINS.

Art. 48. Compete privativamente ao Tribunal de Justiça:

§ 1º Compete ao Tribunal de Justiça, além de outras atribuições previstas nesta Constituição, processar e julgar, originariamente:

VIII – o mandado de segurança e o habeas data contra atos do Governador do Estado, dos Secretários de Estado, da Mesa da Assembleia Legislativa, dos membros do Tribunal de Contas do Estado, do Procurador-Geral do Estado, dos Comandantes-Gerais da Polícia Militar e do Corpo de Bombeiros Militar, do Procurador-Geral de Justiça e do próprio Tribunal de Justiça;

MANDADO DE SEGURANÇA E SUA APLICAÇÃO REAL NO DIREITO PÚBLICO

MANDADOS DE SEGURANÇAS RELACIONADOS A CONCURSOS PÚBLICOS

◉ Autoridade coatora em concurso público

"ADMINISTRATIVO E PROCESSUAL CIVIL. AGRAVO INTERNO NO RECURSO EM MANDADO DE SEGURANÇA. CONCURSO PÚBLICO. ILEGITIMIDADE PASSIVA DO SECRETÁRIO DE GESTÃO E PLANEJAMENTO DO ESTADO DE GOIÁS. AGRAVO INTERNO DO PARTICULAR DESPROVIDO. 1. Cuida-se de Mandado de Segurança impetrado contra ato do Secretário de Gestão e Planejamento do Estado de Goiás relacionado ao concurso público para provimento de cargos da Polícia Militar do Estado de Goiás. 2. Na hipótese em exame, o Governador do Estado de Goiás é a autoridade competente para proceder a nomeação dos candidatos aprovados no certame. 3. Portanto, a indicação do Secretário de Gestão e Planejamento do Estado de Goiás como autoridade coatora não foi correta, notadamente porque não poderia ele nomear os candidatos, pois não detinha competência para a prática do ato. Precedentes: AgInt no RMS 53.615/GO, Rel. Min. BENEDITO GONÇALVES, DJe 5.12.2017; AgInt no RMS 52.389/GO, Rel. Min. FRANCISCO FALCÃO, DJe 26.10.2017. 4. Agravo Interno do Particular desprovido." (AgInt no RMS 54.261/GO, Rel. Ministro NAPOLEÃO NUNES MAIA FILHO, PRIMEIRA TURMA, julgado em 09/10/2018, DJe 15/10/2018)

◉ "ADMINISTRATIVO E PROCESSUAL CIVIL. AGRAVO INTERNO NOS EMBARGOS DECLARATÓRIOS NO RECURSO ORDINÁRIO EM MANDADO DE SEGURANÇA. CONCURSO PÚBLICO PARA SOLDADO DA POLÍCIA MILITAR DO ESTADO DE GOIÁS. NOMEAÇÃO DE CANDIDATOS. COMPETÊNCIA DO GOVERNADOR DO ESTADO. ART. 37, XII, DA CONSTITUIÇÃO DO ESTADO DE GOIÁS. INEXISTÊNCIA DE ATO NORMATIVO DE DELEGAÇÃO DE COMPETÊNCIA AO SECRETÁRIO DE GESTÃO E PLANEJAMENTO DO ESTADO. ART. 7º DA LEI ESTADUAL 17.257/2011 E DECRETO ESTADUAL DE 12/11/2015. ILEGITIMIDADE PASSIVA DA ÚNICA AUTORIDADE APONTADA COMO COATORA. DELEGAÇÃO DE COMPETÊNCIA NÃO COMPROVADA. DENEGAÇÃO DA SEGURANÇA. PRECEDENTES DO STJ. AGRAVO INTERNO IMPROVIDO. I. Agravo interno aviado contra decisão monocrática que julgou recurso interposto contra acórdão publicado na vigência do CPC/2015. II. Trata-se de Mandado de Segurança, impetrado contra suposto ato ilegal do Secretário de Gestão e Planejamento do Estado de Goiás, em face do concurso público para o cargo de Soldado de 2ª Classe – Região Metropolitana de Goiás, da Polícia Militar do Estado de Goiás, regulado pelo Edital 01/2012, objetivando a nomeação e posse definitiva do impetrante no cargo de Soldado de 2ª Classe da Região Metropolitana de Goiânia/GO. O Tribunal de origem julgou extinto o processo, sem julgamento do mérito, nos termos do art. 485, VI, do CPC/2015, ante a ilegitimidade passiva da autoridade apontada coatora. III. Nos termos do art. 37, XII, da Constituição do Estado de Goiás, compete ao Governador do Estado "prover e extinguir os cargos públicos estaduais, na forma da lei (Redação dada pela Emenda Constitucional nº 46/2010)". IV. O art. 7º da Lei estadual 17.257/2011 estabelece a competência do Secretário de Estado de Gestão e Planejamento, não se incluindo, entre suas atribuições, a nomeação de servidores. V. No Decreto estadual publicado em 12/11/2015, invocado pela parte impetrante, o Governador do Estado de Goiás delegou, "ao Secretário de Estado de Gestão e Planejamento, (...) competência para proceder, mediante portaria, a correções de erros materiais pertinentes a classificações, nomes, cargos e CPFs/MF do pessoal" constante do Anexo do referido Decreto, não se inserindo, nesse ato normativo, qualquer delegação de competência, à autoridade ora apontada coatora, para proceder à nomeação dos candidatos aprovados no certame em tela. **VI. O art. 14, § 1º, da Lei 9.784/99 estabelece que "o ato de delegação especificará as matérias e poderes transferidos, os limites da atuação do delegado, a duração e os objetivos da delegação e o recurso cabível, podendo conter ressalva de exercício da atribuição delegada", não apontando a parte recorrente, nessa perspectiva, qualquer ato de delegação do Governador do Estado de Goiás ao Secretário de Estado de Gestão e Planejamento, que lhe atribua competência para proceder à nomeação pretendida na presente impetração. VII. Nessa linha, orienta-se a jurisprudência do STJ no sentido de que, "diferentemente do sustentado pelo recorrente, a autoridade impetrada não possui poderes para levar a efeito as convocações dos aprovados no concurso para a Polícia Militar do Estado de Goiás, porque a delegação recebida do Governador de Estado pelo Secretário de Gestão e Planejamento se restringe ao cometimento de correções de erros materiais. Portanto, esta autoridade não detém poderes para nomear os candidatos aprovados no certame**. Nem mesmo o art. 7º, I, 'h', da Lei 17.257/2011 concedeu-lhe tal prerrogativa" (STJ, RMS 54.873/GO, Rel. Ministro HERMAN BENJAMIN, SEGUNDA TURMA, DJe de 19/12/2017). No mesmo sentido: STJ, AgInt no RMS 53.557/GO, Rel. Ministro FRANCISCO FALCÃO, SEGUNDA TURMA, DJe de 26/03/2018; AgInt no RMS 51.527/GO, Rel. Ministro SÉRGIO KUKINA, PRIMEIRA TURMA, DJe de 04/11/2016; AgInt no RMS 53.615/GO, Rel. Ministro BENEDITO GONÇALVES, PRIMEIRA TURMA, DJe de 05/12/2017; RMS 53.962/GO, Rel. Ministro OG FERNANDES, SEGUNDA TURMA, DJe de 17/08/2017. VIII. Agravo interno improvido." (AgInt nos EDcl no RMS 51.559/GO, Rel. Ministra ASSUSETE MAGALHÃES, SEGUNDA TURMA, julgado em 16/08/2018, DJe 27/08/2018)

"ADMINISTRATIVO E PROCESSUAL CIVIL. AGRAVO INTERNO NO RECURSO EM MANDADO DE SEGURANÇA. CONCURSO PÚBLICO. ILEGITIMIDADE PASSIVA DO SECRETÁRIO DE GESTÃO E PLANEJAMENTO DO ESTADO DE GOIÁS. AGRAVO INTERNO DO PARTICULAR DESPROVIDO. 1. Cuida-se de Mandado de Segurança impetrado contra ato do Secretário de Gestão e Planejamento do Estado de Goiás relacionado ao concurso público para provimento de cargos da Polícia Militar do Estado de Goiás. 2. Na hipótese em exame, o Governador do Estado de Goiás é a autoridade competente para proceder a nomeação dos candidatos aprovados no certame. 3. Portanto, a indicação do Secretário de Gestão e Planejamento do Estado de Goiás como autoridade coatora não foi correta, notadamente porque não poderia ele nomear os candidatos, pois não detinha competência para a prática do ato. Precedentes: AgInt no RMS 53.615/GO, Rel. Min. BENEDITO GONÇALVES, DJe 5.12.2017; AgInt no RMS 52.389/GO, Rel. Min. FRANCISCO FALCÃO, DJe 26.10.2017. 4. Agravo Interno do Particular desprovido." (AgInt no RMS 54.261/GO, Rel. Ministro NAPOLEÃO NUNES MAIA FILHO, PRIMEIRA TURMA, julgado em 09/10/2018, DJe 15/10/2018)

"ADMINISTRATIVO E PROCESSUAL CIVIL. AGRAVO INTERNO NOS EMBARGOS DECLARATÓRIOS NO RECURSO ORDINÁRIO EM MANDADO DE SEGURANÇA. CONCURSO PÚBLICO PARA SOLDADO DA POLÍCIA MILITAR DO ESTADO DE GOIÁS. NOMEAÇÃO DE CANDIDATOS. COMPETÊNCIA DO GOVERNADOR DO ESTADO. ART. 37, XII, DA CONSTITUIÇÃO DO ESTADO DE GOIÁS. INEXISTÊNCIA DE ATO NORMATIVO DE DELEGAÇÃO DE COMPETÊNCIA AO SECRETÁRIO DE GESTÃO E PLANEJAMENTO DO ESTADO. ART. 7º DA LEI ESTADUAL 17.257/2011 E DECRETO ESTADUAL DE 12/11/2015. ILEGITIMIDADE PASSIVA DA ÚNICA AUTORIDADE APONTADA COMO COATORA. DELEGAÇÃO DE COMPETÊNCIA NÃO COMPROVADA. DENEGAÇÃO DA SEGURANÇA. PRECEDENTES DO STJ. AGRAVO INTERNO IMPROVIDO. I. Agravo interno aviado contra decisão monocrática que julgou recurso interposto contra acórdão publicado na vigência do CPC/2015. II. Trata-se de Mandado de Segurança, impetrado contra suposto ato ilegal do Secretário de Gestão e Planejamento do Estado de Goiás, em face do concurso público para o cargo de Soldado de 2ª Classe – Região Metropolitana de Goiás, da Polícia Militar do Estado de Goiás, regulado pelo Edital 01/2012, objetivando a nomeação e posse definitiva do impetrante no cargo de Soldado de 2ª Classe da Região

Metropolitana de Goiânia/GO. O Tribunal de origem julgou extinto o processo, sem julgamento do mérito, nos termos do art. 485, VI, do CPC/2015, ante a ilegitimidade passiva da autoridade apontada coatora. III. Nos termos do art. 37, XII, da Constituição do Estado de Goiás, compete ao Governador do Estado "prover e extinguir os cargos públicos estaduais, na forma da lei (Redação dada pela Emenda Constitucional nº 46/2010)". IV. O art. 7º da Lei estadual 17.257/2011 estabelece a competência do Secretário de Estado de Gestão e Planejamento, não se incluindo, entre suas atribuições, a nomeação de servidores. V. No Decreto estadual publicado em 12/11/2015, invocado pela parte impetrante, o Governador do Estado de Goiás delegou, "ao Secretário de Estado de Gestão e Planejamento, (...) competência para proceder, mediante portaria, a correções de erros materiais pertinentes a classificações, nomes, cargos e CPFs/MF do pessoal" constante do Anexo do referido Decreto, não se inserindo, nesse ato normativo, qualquer delegação de competência, à autoridade ora apontada coatora, para proceder à nomeação dos candidatos aprovados no certame em tela. VI. O art. 14, § 1º, da Lei 9.784/99 estabelece que "o ato de delegação especificará as matérias e poderes transferidos, os limites da atuação do delegado, a duração e os objetivos da delegação e o recurso cabível, podendo conter ressalva de exercício da atribuição delegada", não apontando a parte recorrente, nessa perspectiva, qualquer ato de delegação do Governador do Estado de Goiás ao Secretário de Estado de Gestão e Planejamento, que lhe atribua competência para proceder à nomeação pretendida na presente impetração. VII. Nessa linha, orienta-se a jurisprudência do STJ no sentido de que, "diferentemente do sustentado pelo recorrente, a autoridade impetrada não possui poderes para levar a efeito as convocações dos aprovados no concurso para a Polícia Militar do Estado de Goiás, porque a delegação recebida do Governador de Estado pelo Secretário de Gestão e Planejamento se restringe ao cometimento de correções de erros materiais. Portanto, esta autoridade não detém poderes para nomear os candidatos aprovados no certame. Nem mesmo o art. 7º, I, 'h', da Lei 17.257/2011 concedeu-lhe tal prerrogativa" (STJ, RMS 54.873/GO, Rel. Ministro HERMAN BENJAMIN, SEGUNDA TURMA, DJe de 19/12/2017). No mesmo sentido: STJ, AgInt no RMS 53.557/GO, Rel. Ministro FRANCISCO FALCÃO, SEGUNDA TURMA, DJe de 26/03/2018; AgInt no RMS 51.527/GO, Rel. Ministro SÉRGIO KUKINA, PRIMEIRA TURMA, DJe de 04/11/2016; AgInt no RMS 53.615/GO, Rel. Ministro BENEDITO GONÇALVES, PRIMEIRA TURMA, DJe de 05/12/2017; RMS 53.962/GO, Rel. Ministro OG FERNANDES, SEGUNDA TURMA, DJe de 17/08/2017. VIII. Agravo interno improvido." (AgInt nos EDcl no RMS 51.559/GO, Rel. Ministra ASSUSETE MAGALHÃES, SEGUNDA TURMA, julgado em 16/08/2018, DJe 27/08/2018)

"PROCESSUAL CIVIL E ADMINISTRATIVO. MANDADO DE SEGURANÇA. CONCURSO PÚBLICO. PEDIDO QUE VISA A NOMEAÇÃO. LEGITIMIDADE DO GOVERNADOR DE ESTADO. PLEITO OBJETIVANDO O RECONHECIMENTO DE ILEGALIDADE EM FASE DO CONCURSO. LITISCONSÓRCIO PASSIVO NECESSÁRIO ENTRE OS SECRETÁRIOS DE ESTADO ENVOLVIDOS NO CERTAME. 1. Cinge-se a controvérsia em delimitar a autoridade considerada coatora para fins de concessão de ordem para a consecução das seguintes finalidades (fls. 6-7, e-STJ): "1. Que se digne Vossa Excelência a deferir o pedido de antecipação de tutela, no sentido de determinar à autoridade coatora que tome todas as medidas administrativas para garantir à impetrante que comprove sua capacidade laboral por meio do procedimento estabelecido no art. 6º do Decreto nº 47.000/2016 em isonomia com os candidatos menos classificados, até ulterior decisão deste Douto Juízo. 2. Que seja concedida a segurança para que a impetrante seja nomeada para o cargo no qual foi aprovada se for declarada apta no processo administrativo estabelecido pelo art. 6º do Decreto nº 47.000/2016, desde que preenchidos os demais requisitos para a nomeação". 2. A autoridade coatora, para fins de impetração de Mandado de Segurança, é aquela que pratica ou ordena, de forma concreta e específica, o ato ilegal, ou, ainda, aquela que detém competência para corrigir a suposta ilegalidade. Inteligência do art. 6º, § 3.º, da Lei 12.016/2009. 3. Com efeito, a jurisprudência do STJ entende que, no caso de nomeação de servidores públicos, não havendo delegação do ato, o Mandado de Segurança deve ser dirigido contra o Governador de Estado. Precedente: AgInt no RMS

53.615/GO, Rel. Ministro Benedito Gonçalves, Primeira Turma, julgado em 28/11/2017, DJe 5/12/2017. 4. No caso, com fundamento na Constituição do Estado de Minas Gerais, art. 90, inciso III, a competência para provimento de cargos do Poder Executivo é privativa do Governador. Logo, inviável o pedido que visa à nomeação, pois o writ se voltou tão somente contra o Secretário de Estado de Planejamento e Gestão do Estado de Minas Gerais. 5. Quanto ao pedido que busca o reconhecimento de ilegalidade do edital do concurso, mais especificamente no ponto que trata do requisito da aptidão física e mental, observa-se caso de litisconsórcio passivo necessário, uma vez que o concurso foi lançado em conjunto pelos Secretários de Estado de Planejamento e Gestão e de Educação. 6. Logo, o processo deve retornar ao Tribunal a quo para que seja possibilitada a correção do polo passivo, conforme fundamentação, a fim de ser processada a ação mandamental somente quanto ao pedido que objetiva suprir o requisito da aptidão física e mental. 7. Recurso Ordinário parcialmente provido." (RMS 56.712/MG, Rel. Ministro HERMAN BENJAMIN, SEGUNDA TURMA, julgado em 19/04/2018, DJe 23/05/2018)

"PROCESSUAL CIVIL. ADMINISTRATIVO. AGRAVO INTERNO NO RECURSO ORDINÁRIO EM MANDADO DE SEGURANÇA. CÓDIGO DE PROCESSO CIVIL DE 2015. APLICABILIDADE. CONCURSO PÚBLICO. LEGITIMIDADE PASSIVA NA AÇÃO MANDAMENTAL. AUTORIDADE DE QUEM EMANA O ATO IMPUGNADO. TEORIA DA ENCAMPAÇÃO. AUSÊNCIA DE REQUISITOS PARA APLICAÇÃO. ARGUMENTOS INSUFICIENTES PARA DESCONSTITUIR A DECISÃO ATACADA. AGRAVO INTERNO CONTRA DECISÃO FUNDAMENTADA NAS SÚMULAS 83 E 568/STJ (PRECEDENTE JULGADO SOB O REGIME DA REPERCUSSÃO GERAL, SOB O RITO DOS RECURSOS REPETITIVOS OU QUANDO HÁ JURISPRUDÊNCIA PACÍFICA SOBRE O TEMA). MANIFESTA IMPROCEDÊNCIA. APLICAÇÃO DE MULTA. ART. 1.021, § 4º, DO CÓDIGO DE PROCESSO CIVIL DE 2015. CABIMENTO. I – Consoante o decidido pelo Plenário desta Corte na sessão realizada em 09.03.2016, o regime recursal será determinado pela data da publicação do provimento jurisdicional impugnado. In casu, aplica-se o Código de Processo Civil de 2015. II – O tribunal de origem adotou entendimento pacífico nesta Corte, segundo o qual possui legitimidade para figurar no polo passivo de ação mandamental, a autoridade de quem emana o ato impugnado. III – Este Tribunal Superior orienta-se no sentido de que a aplicação da teoria da encampação, a qual mitiga a indicação errônea da autoridade coatora em mandado de segurança, tem lugar quando presentes os seguintes requisitos: (i) vínculo hierárquico entre a autoridade que prestou as informações e aquela que determinou a prática do ato; (ii) manifestação sobre o mérito nas informações prestadas, e; (iii) ausência de modificação na competência constitucionalmente estabelecida. IV – In casu, não cabe a aplicação da teoria da encampação, porquanto a ilegitimidade passiva do Sr. Prefeito Municipal de São Paulo afasta a competência originária do Tribunal de Justiça do Estado de São Paulo para o processar e julgar o feito, nos termos do art. 74, III, da Constituição do Estado de São Paulo. V – Não apresentação de argumentos suficientes para desconstituir a decisão recorrida. VI – Em regra, descabe a imposição da multa prevista no art. 1.021, § 4º, do Código de Processo Civil de 2015 em razão do mero improvimento do Agravo Interno em votação unânime, sendo necessária a configuração da manifesta inadmissibilidade ou improcedência do recurso a autorizar sua aplicação. VII – Considera-se manifestamente improcedente e enseja a aplicação da multa prevista no art. 1.021, § 4º, do Código de Processo Civil de 2015 nos casos em que o Agravo Interno foi interposto contra decisão fundamentada em precedente julgado sob o regime da Repercussão Geral, sob o rito dos Recursos Repetitivos ou quando há jurisprudência pacífica da 1ª Seção e de ambas as Turmas da 1ª Seção acerca do tema (Súmulas ns. 83 e 568/STJ). VIII – Agravo Interno improvido, com aplicação de multa de 5% (cinco por cento) sobre o valor atualizado da causa." (AgInt no RMS 54.264/SP, Rel. Ministra REGINA HELENA COSTA, PRIMEIRA TURMA, julgado em 17/04/2018, DJe 25/04/2018)

"PROCESSUAL CIVIL. AGRAVO INTERNO NO MANDADO DE SEGURANÇA. CONCURSO PÚBLICO. ILEGITIMIDADE PASSIVA DO MINISTRO DE ESTADO. INCOMPETÊNCIA DESTA CORTE. 1. É entendimento desta Corte que a legitimidade para figurar no polo passivo do mandamus é da autoridade que tenha praticado o ato impugnado ou da qual emane a ordem para a sua prática, e, por conseguinte, a que detenha possibilidade de rever o ato denominado ilegal, omisso ou praticado com abuso de poder. 2. Isso considerado, verifica-se que a autoridade indicada como coatora não é parte legítima para figurar no presente feito, seja porque não é de sua autoria o edital apontado como omisso, ou porque a atribuição de eventual correção dos atos tidos como ilegais, que constitui aparentemente a verdadeira pretensão do impetrante, também não seria de sua competência. 3. Agravo interno não provido." (AgInt no MS 23.393/DF, Rel. Ministro BENEDITO GONÇALVES, PRIMEIRA SEÇÃO, julgado em 09/08/2017, DJe 16/08/2017)

"ADMINISTRATIVO E PROCESSUAL CIVIL. AGRAVO INTERNO NO MANDADO DE SEGURANÇA. CONCURSO PÚBLICO. PLEITO DE NOMEAÇÃO, POSSE E EXERCÍCIO EM CARGO PÚBLICO DO QUADRO DE PESSOAL DO BANCO CENTRAL DO BRASIL. IMPETRAÇÃO CONTRA ATO OMISSIVO DO MINISTRO DE ESTADO DO PLANEJAMENTO, ORÇAMENTO E GESTÃO E DO CHEFE DO DEPARTAMENTO DE GESTÃO DE PESSOAS DO BACEN. LEGITIMIDADE PASSIVA DO MINISTRO DE ESTADO DO PLANEJAMENTO, ORÇAMENTO E GESTÃO. ENTENDIMENTO FIRMADO POR AMBAS AS TURMAS DO SUPREMO TRIBUNAL FEDERAL, EM HIPÓTESES IDÊNTICAS AO PRESENTE MANDAMUS. REALINHAMENTO DA JURISPRUDÊNCIA DO STJ. COMPETÊNCIA DO SUPERIOR TRIBUNAL DE JUSTIÇA. ART. 105, I, B, DA CF/88. ANTERIOR CASSAÇÃO DA DECISÃO AGRAVADA, QUE DETERMINARA A REMESSA DOS AUTOS À JUSTIÇA FEDERAL, SEÇÃO JUDICIÁRIA DO DISTRITO FEDERAL. AGRAVO INTERNO PREJUDICADO. I. Agravo interno interposto, pelo Banco Central do Brasil, contra decisão monocrática que julgara Mandado de Segurança, publicada na vigência do CPC/2015. II. Trata-se de Mandado de Segurança impetrado contra suposto ato omissivo ilegal do Ministro de Estado do Planejamento, Orçamento e Gestão e do Chefe do Departamento de Gestão de Pessoas do Banco Central do Brasil, consubstanciado na ausência de nomeação, posse e exercício dos impetrantes no cargo de Analista do Banco Central do Brasil – Área 2/Brasília, para o qual foram aprovados em concurso público regido pelo Edital 1/2013-BCB/DEPES, de 15/08/2013, fora do número de vagas previstas no Edital do certame. A decisão agravada, com fundamento em diversos precedentes da Primeira Seção do STJ, firmados em casos idênticos ao presente, julgou extinto o processo, sem exame do mérito, em relação ao Ministro de Estado do Planejamento, Orçamento e Gestão, determinando a remessa dos autos à Justiça Federal, Seção Judiciária do Distrito Federal, para que aprecie a demanda, em relação à autoridade impetrada que remanesce no feito, nos termos do art. 64, § 3º, do CPC/2015. III. No caso, nada obstante os argumentos expendidos pela parte agravante, no sentido de que o preenchimento dos cargos vagos de Analista do BACEN dependeria de autorização do Ministro de Estado do Planejamento, Orçamento e Gestão, a Primeira Seção do Superior Tribunal de Justiça, ao julgar casos idênticos ao presente, vinha reiteradamente entendendo que os pedidos formulados na inicial do mandamus – nomeação, posse e o exercício nos cargos em tela – não guardavam relação direta com as atribuições do Ministro de Estado do Planejamento, Orçamento e Gestão. IV. O Superior Tribunal de Justiça, julgando casos idênticos, vinha, assim, reconhecendo a ilegitimidade passiva ad causam do Ministro de Estado do Planejamento, Orçamento e Gestão para figurar no polo passivo de ação mandamental impetrada com o intuito de ensejar a nomeação em cargos relativos ao quadro de pessoal do Banco Central do Brasil, por se tratar de ato que não se insere dentre as suas atribuições. Assim sendo, firmou-se a jurisprudência da Primeira Seção do STJ no sentido de que, afastada a legitimidade passiva da autoridade que atraiu a competência originária do STJ, a teor do art. 105, I, b, da CF/88, os autos deveriam ser remetidos à Justiça Federal, Seção Judiciária do Distrito Federal, para que apreciasse a demanda, em relação à autoridade impetrada que remanesce no feito, nos termos do art. 64, § 3º, do CPC/2015. V. Realinhamento da jurisprudência da Primeira Seção do Superior Tribunal de Justiça, para acompanhar entendimento firmado por ambas as Turmas do Supremo Tribunal Federal que, dando provimento a recursos ordinários em mandados de segurança, em processos idênticos ao presente, afasta a ilegitimidade passiva do Ministro de Estado do Planejamento, Orçamento e Gestão e determina o prosseguimento dos mandados de segurança impetrados perante o STJ. VI. Entende o Supremo Tribunal Federal, com fundamento nos arts. 10 e 11 do Decreto 6.944/2009 e no edital do certame em tela, que "a efetivação de eventual direito subjetivo da parte ora recorrente à sua nomeação depende de autorização prévia do Ministro de Estado do Planejamento, Orçamento e Gestão, o que legitima a sua figuração no polo passivo do mandado de segurança em que deduzido o presente recurso ordinário, circunstância essa que fixa a competência do Superior Tribunal de Justiça para processar e julgar o 'writ' ". (STF, RMS 34.044/DF, Rel. Ministro CELSO DE MELLO, DJe de 14/04/2016). Nesse mesmo sentido: STF, RMS 34.452 AgR/DF, Rel. Ministro CELSO DE MELLO, SEGUNDA TURMA, DJe de 28/03/2017; RMS 34.075 AgR/DF, Rel. Ministro DIAS TOFFOLI, SEGUNDA TURMA, DJe de 02/12/2016; RMS 34.247 AgR/DF, Rel. Ministro ROBERTO BARROSO, PRIMEIRA TURMA, DJe de 19/12/2016. E ainda: STF, RMS 34.153/DF, Rel. Ministro LUIZ FUX, DJe de 1º/08/2016. VII. Decisão agravada – que extinguira o processo, sem julgamento do mérito, em relação ao Ministro de Estado do Planejamento, Orçamento e Gestão, com a remessa dos autos à Justiça Federal, Seção Judiciária do Distrito Federal – cassada, com o provimento do Agravo interno de Leandro Dias Carneiro e outro, ante a legitimidade passiva do Ministro de Estado para o mandamus, com determinação de que o feito tenha seguimento regular, perante o STJ. VII. Insurgência do BACEN, quanto à anterior determinação de remessa dos autos à Justiça Federal, Seção Judiciária do Distrito Federal, prejudicada. VI. Agravo interno prejudicado." (AgInt no MS 22.165/DF, Rel. Ministra ASSUSETE MAGALHÃES, PRIMEIRA SEÇÃO, julgado em 24/05/2017, DJe 13/06/2017)

"DIREITO ADMINISTRATIVO E PROCESSO CIVIL. RECURSO EM MANDADO DE SEGURANÇA. CONCURSO PÚBLICO. LEGITIMIDADE PASSIVA DO MINISTRO DA AGRICULTURA E ILEGITIMIDADE PASSIVA DO MINISTRO DO PLANEJAMENTO. CANDIDATO CLASSIFICADO FORA DO NÚMERO DE VAGAS PREVISTAS NO EDITAL. SURGIMENTO DE NOVAS VAGAS. PRETERIÇÃO NÃO DEMONSTRADA. MERA EXPECTATIVA DE DIREITO À NOMEAÇÃO. AUSÊNCIA DE DIREITO LÍQUIDO E CERTO. 1. Em se tratando de impetração contra ato omissivo, deve ser considerada autoridade coatora aquela que deveria ter praticado o ato buscado ou da qual deveria emanar a ordem para a sua prática (Lei n. 12.016/2009, artigo 6º, § 3º). 2. Aprovado o candidato fora do número de vagas previsto no edital do concurso público, não há falar em direito de nomeação para o cargo a que concorreu em relação a eventuais vagas que surgirem no prazo de validade do certame, por se tratar de ato discricionário da Administração Pública. Precedentes do STJ. 3. Mandado de segurança denegado." (MS 22.140/DF, Rel. Ministro BENEDITO GONÇALVES, PRIMEIRA SEÇÃO, julgado em 10/05/2017, DJe 19/05/2017)

◙ **A Teoria do Fato Consumado não se aplica aos concursos públicos, ressalvadas situações excepcionalíssimas como a aposentação do servidor que ingressou sub judice e que não teve seu processo finalizado.**

"ADMINISTRATIVO. CONCURSO PÚBLICO. MANDADO DE SEGURANÇA PLEITEANDO PARTICIPAÇÃO NA SEGUNDA ETAPA. POSTERIOR AÇÃO ORDINÁRIA BUSCANDO NOMEAÇÃO. A DENEGAÇÃO DA SEGURANÇA NO MANDADO DE SEGURANÇA PREJUDICA A PROCEDÊNCIA DA AÇÃO ORDINÁRIA. EXCEPCIONALIDADE DO CASO CONCRETO DIANTE DA APOSENTADORIA DA IMPETRANTE. HISTÓRICO DA DEMANDA 1. A impetrante prestou concurso para o cargo de Fiscal do Trabalho, a ser realizado em duas etapas: provas e curso de formação. Não tendo sido considerada aprovada na primeira etapa, impetrou Mandado de Segurança em que obteve provimento que lhe permitiu continuar no concurso e realizar a segunda. Terminado o curso de formação, ingressou com Ação Ordinária pedindo a nomeação para o cargo, tendo obtido decisão favorável, exercido o cargo por vários anos e se aposentado. Todavia, o TRF da 3ª Região terminou por denegar a segurança, após o que, em seguida a processo administrativo em que lhe foi assegurado o direito ao contraditório e à ampla defesa, foi editada portaria tornando sem efeito sua nomeação para o cargo e, consequentemente, sua aposentadoria. CANDIDATO NOMEADO PARA CARGO PÚBLICO COM AMPARO EM MEDIDA JUDICIAL PRECÁRIA NÃO TEM DI-

REITO A NELE PERMANECER SE A DECISÃO FINAL LHE É DESFAVORÁVEL 2. Ao contrário do que sustenta a impetrante, a existência da Ação Ordinária, que acabou por transitar em julgado favoravelmente a ela, não lhe asseguraria o direito de permanecer no cargo, pois esta Ação era dependente do resultado do Mandado de Segurança anterior, em que buscava sua aprovação no concurso. 3. Transitada em julgado a decisão desfavorável no Mandado de Segurança pela qual ela buscou realizar a 2ª etapa do concurso, considera-se que ela não foi aprovada, e perde o objeto a pretensão de nomeação tratada na Ação Ordinária. 4. O Supremo Tribunal Federal, em julgado realizado sob a égide da repercussão geral, deu pela inaplicabilidade da teoria do fato consumado para manutenção em cargo público de candidato não aprovado em concurso (STF, RE 608.482, Relator Min. Teori Zavascki, Tribunal Pleno, julgado em 7/8/2014, Repercussão Geral – Mérito, DJe-213 p. 30/10/2014). 5. Assim, se a impetrante estivesse exercendo o cargo, não haveria nenhuma irregularidade no seu afastamento deste depois do trânsito em julgado da decisão judicial desfavorável a ela que lhe permitiu prosseguir no concurso após a primeira etapa. SITUAÇÃO EXCEPCIONALÍSSIMA DE CONSOLIDAÇÃO FÁTICO-JURÍDICA NO CASO CONCRETO – APOSENTADORIA. 6. Não obstante a compreensão acima exarada, constata-se que a impetrante, nomeada sob amparo de decisão judicial liminar, exerceu o cargo até o momento de sua aposentadoria, ocorrida vários anos antes da decisão final do Mandado de Segurança originalmente impetrado por ela para prosseguir no concurso. 7. Embora o vínculo de trabalho fosse precário, o vínculo previdenciário, após as contribuições previdenciárias ao regime próprio, consolidou-se com a reunião dos requisitos para a concessão de aposentadoria. 8. A legislação federal estabelece a cassação da aposentadoria apenas nos casos de demissão do servidor público e de acumulação ilegal de cargos (arts. 133, § 6º, e 134 da Lei 8.112/1990), não havendo, portanto, respaldo legal para impor a mesma penalização quando o exercício do cargo é amparado por decisões judiciais precárias e o servidor se aposenta por tempo de contribuição durante esse exercício após legítima contribuição ao sistema. 9. Precedente específico: MS 18.002/DF, relator Min. Herman Benjamin, Primeira Seção, julgado em 21/11/2016 (acórdão aguardando publicação) CONCLUSÃO 10. Segurança parcialmente concedida para manter a aposentadoria da impetrante." (MS 20.558/DF, Rel. Ministro HERMAN BENJAMIN, PRIMEIRA SEÇÃO, julgado em 22/02/2017, DJe 31/03/2017)

◉ **A contratação de temporários ou qualquer forma de suprir de forma ilegal a necessidade de contratação de mão de obra advinda de candidatos aprovados dentro do número de vagas em concurso público em vigor confere aos mesmos o direito de pleitear via mandado de segurança suas nomeações em decorrência da preterição.**

"ADMINISTRATIVO. CONCURSO PÚBLICO. APROVAÇÃO DENTRO DO NÚMERO DE VAGAS DO EDITAL. NOMEAÇÃO DENTRO DA VALIDADE DO CONCURSO. DIREITO LÍQUIDO E CERTO, SALVO SITUAÇÕES EXCEPCIONAIS. CONTRATAÇÃO DE SERVIDOR EM CARÁTER TEMPORÁRIO. MESMA FUNÇÃO DO CARGO DEFINITIVO. PRETERIÇÃO CONFIGURADA. 1. Trata-se de Mandado de Segurança impetrado, com fundamento no art. 105, I, "b", da Constituição da República, contra o Ministro de Estado do Planejamento, Orçamento e Gestão e o Ministro de Estado da Saúde, que não teriam nomeado e empossado Nilton César Mendes Pereira no cargo de Analista de Gestão em Pesquisa e Investigação Biomédica em Saúde Pública. 2. O impetrante foi aprovado em primeiro lugar para o cargo de Analista de Gestão em Pesquisa e Investigação Biomédica em Saúde Pública, área de atuação específica Processamento Técnico, Disseminação da Informação, Editoração e Impacto da Produção Científica (fl.93), tendo o edital 68/2010 previsto cinco vagas para o referido cargo (fl. 23). 3. Não obstante deva ser considerado que ocorreu a nomeação dos candidatos menos bem classificados um ano após a nomeação do impetrante por medida liminar no presente processo, há necessidade do pronunciamento judicial para legitimação da nomeação precária, sob pena de o ingresso do impetrante no cargo carecer de base jurídica. 4. O Supremo Tribunal Federal decidiu, em julgado exarado sob o rito da Repercussão Geral, que os candidatos aprovados dentro do número de vagas previstas no Edital de abertura de concurso público para provimento de cargos têm direito subjetivo à nomeação e que a Administração tem o dever de nomear até o prazo final de validade do concurso, salvo situações excepcionais devidamente motivadas. A propósito: RE 598.099 (Repercussão Geral), Rel. Ministro Gilmar Mendes, Tribunal Pleno, DJe 3.10.2011. 5. Na presente hipótese, o impetrante foi aprovado dentro de número de vagas, mas o Mandado de Segurança foi impetrado no curso de validade do concurso público, o que afasta o direito líquido e certo à nomeação com base no entendimento exarado pelo STF. 6. Por outro lado, o STJ possui entendimento sedimentado de que a contratação de servidor em caráter temporário em detrimento de candidato aprovado em concurso público para provimento definitivo gera o direito líquido e certo à nomeação deste. Nesse sentido: MS 20.658/DF, Rel. Ministro Og Fernandes, Primeira Seção, DJe 30.9.2015; MS 17.413/DF, Rel. Ministra Eliana Calmon, Rel. p/ Acórdão Ministro Mauro Campbell Marques, Primeira Seção, DJe 18.12.2015); MS 18.881/DF, Rel. Ministro Napoleão Nunes Maia Filho, Primeira Seção, DJe 5.12.2012; e MS 19.227/DF. Rel. Ministro Arnaldo Esteves Lima, Primeira Seção, DJe 30.04.2013. 7. O impetrante comprovou que ele próprio está exercendo, como terceirizado, as mesmas funções do cargo para o qual foi aprovado em primeiro lugar (fls. 96 e seguintes). 8. Segurança Concedida. Agravo Regimental da União prejudicado." (MS 18.685/DF, Rel. Ministro HERMAN BENJAMIN, PRIMEIRA SEÇÃO, julgado em 08/02/2017, DJe 09/08/2017)

◙ **Mesmo aprovado em cadastro de reserva, caso se prove que há necessidade, existência de cargos e não ocorrência de óbice financeiro, a expectativa de direito do candidato se convola em direito subjetivo que pode ser amparado por Mandado de Segurança.**

"ADMINISTRATIVO. MANDADO DE SEGURANÇA. CONCURSO PÚBLICO. ANALISTA DE FINANÇAS E CONTROLE (AFC). CANDIDATO APROVADO EM CADASTRO DE RESERVA. EXISTÊNCIA DE VAGAS. RE 873.311/PI. REPERCUSSÃO GERAL. DEMONSTRAÇÃO INEQUÍVOCA, POR ÓRGÃO DA PRÓPRIA ADMINISTRAÇÃO, DA NECESSIDADE DE NOMEAÇÃO. NÃO OCORRÊNCIA DE ÓBICE ORÇAMENTÁRIO. PREVISÃO EDITALÍCIA DE DISTRIBUIÇÃO DE VAGAS POR ÁREA/CAMPO DE ATUAÇÃO. MODIFICAÇÃO DA PROPORÇÃO NA DISTRIBUIÇÃO DAS VAGAS EXCEDENTES. PRINCÍPIOS DA LEGALIDADE, DA ISONOMIA E DA VINCULAÇÃO AO EDITAL. VIOLAÇÃO. DIREITO LÍQUIDO E CERTO. ORDEM CONCEDIDA. 1. O Supremo Tribunal Federal, no julgamento, pelo regime da repercussão geral, do RE 837.311/PI, relator Ministro Luiz Fux, fixou a respeito da temática referente a direito subjetivo à nomeação por candidatos aprovados fora das vagas previstas em edital a seguinte tese: "O surgimento de novas vagas ou a abertura de novo concurso para o mesmo cargo, durante o prazo de validade do certame anterior, não gera automaticamente o direito à nomeação dos candidatos aprovados fora das vagas previstas no edital, ressalvadas as hipóteses de preterição arbitrária e imotivada por parte da administração, caracterizada por comportamento tácito ou expresso do Poder Público capaz de revelar a inequívoca necessidade de nomeação do aprovado durante o período de validade do certame, a ser demonstrada de forma cabal pelo candidato. Assim, o direito subjetivo à nomeação do candidato aprovado em concurso público exsurge nas seguintes hipóteses: 1 – Quando a aprovação ocorrer dentro do número de vagas dentro do edital; 2 – Quando houver preterição na nomeação por não observância da ordem de classificação; 3 – Quando surgirem novas vagas, ou for aberto novo concurso durante a validade do certame anterior, e ocorrer a preterição de candidatos de forma arbitrária e imotivada por parte da administração nos termos acima". 2. No caso, o comportamento da Administração denota a inequívoca necessidade de nomeação do Impetrante (a qual decorre do próprio pleito do Excelentíssimo Senhor Ministro de Estado Chefe da Controladoria-Geral da União perante o Ministério do Planejamento, Orçamento e Gestão), não havendo sido demonstrado impedimento orçamentário, o que, se ocorrente, redundaria em um dos óbices para a nomeação do candidato aprovado fora do limite inicial de vagas. 3. O segundo ponto da controvérsia gira em torno da obrigatoriedade, ou não, no que se ao referido ato de ampliação da convocação dos aprovados, da obediência à mesma proporção na distribuição das vagas previstas no Edital do certame, entre as áreas de especialidades e locais de lotação. 4. É incontroverso que, para as vagas adicionais, não houve a mesma proporcionalidade que presidiu a distribuição inicial das vagas, nos termos do anexo do Edital de Abertura, no que diz respeito ao total de vagas por Área/Campo de Atuação. 5. A ampliação do número de vagas, após a homologação do concurso, deve observar a proporção estabelecida no edital de abertura. A não observância da proporcionalidade, no que diz respeito ao total de vagas por Área/Campo de Atuação, atenta contra alguns dos princípios-chave que regem os concursos públicos: legalidade, isonomia e vinculação ao edital. 6. A discricionariedade diz respeito à convocação dos candidatos excedentes, não aos critérios de distribuição previstos no Edital. Pensar diferente seria inverter a legalidade, admitindo-se que tudo que não seja expressamente proibido será permitido à Administração, quando, em verdade, ela somente pode agir "quando e na forma" em que a lei permite. 7. Todos foram candidatos ao mesmo concurso público e fizeram suas opções (pela área de atuação e local de lotação) levando em consideração as normas editalícias. A alteração da proporção no momento da nomeação dos excedentes mudou as "regras do jogo", o que beneficiou determinados candidatos em detrimento de outros. 8. Houve, ainda, ofensa ao princípio da vinculação ao edital, pois o Edital de Abertura foi claro ao estabelecer determinada proporcionalidade quanto à distribuição por Área/Campo de atuação. Precedentes: MS n. 20.778/DF, Rel. Ministro Og Fernandes, Primeira Seção, DJe 18/6/2015; MS n. 13.583/DF, Rel. Ministro Og Fernandes, Terceira Seção, DJe 22/3/2013; EDcl no AgRg no REsp n. 1.285.589/CE, Rel. Ministro Benedito Gonçalves, Rel. p/ Acórdão Ministro Napoleão Nunes Maia, Primeira Turma, DJe 1º/7/2013. 9. Segurança concedida." (MS 21.283/DF, Rel. Ministro OG FERNANDES, PRIMEIRA SEÇÃO, julgado em 14/12/2016, DJe 19/12/2016)

"ADMINISTRATIVO E PROCESSUAL CIVIL. SERVIDOR PÚBLICO. EXONERAÇÃO COM BASE EM DECISÃO JUDICIAL. PROCEDIMENTO ADMINISTRATIVO. CONTRADITÓRIO E AMPLA DEFESA. DESNECESSIDADE. SITUAÇÃO CONSOLIDADA NO CASO CONCRETO. IDENTIFICAÇÃO DA CONTROVÉRSIA 1. Trata-se de Mandado de Segurança impetrado, com fundamento no art. 105, I, "b", da Constituição da República, contra ato do Ministro de Estado da Fazenda (Portaria MF 548/2011 – DOU 12.12.2011) que exonerou o impetrante com base em decisão de improcedência da ação não transitada em julgado, em que anteriormente havia sido garantida a participação do ora impetrante no concurso público de Auditor Fiscal da Receita Federal. 2. Nos autos principais, o Tribunal Regional Federal da 3ª Região (AC 2004.03.99.009403-3) declarou o pedido do ora impetrante improcedente, contra o que foram interpostos Recursos Especial e Extraordinário. O Recurso Especial tomou o número 1.260.653 e dele não se conheceu (Relator Ministro Mauro Campbell Marques, Segunda Turma). Já o Recurso Extraordinário não foi admitido na origem e o ora impetrante apresentou Agravo de Instrumento (AI 798.142), o qual teve provimento negado pelo Supremo Tribunal Federal. 3. Não obstante a decisão de improcedência da ação principal ter transitado em julgado posteriormente ao ajuizamento da presente ação, o que se debate na presente hipótese é se a autoridade impetrada poderia, com base em decisão judicial não transitada em julgado, exonerar o impetrante sem proporcionar previamente o contraditório e a ampla defesa. CONTRADITÓRIO E AMPLA DEFESA E O CUMPRIMENTO ADMINISTRATIVO DE DECISÃO JUDICIAL 4. A presente hipótese revela situação em que a controvérsia relativa à nomeação de candidato estava judicializada, de forma que o cumprimento do que decidido na esfera judicial é de execução imediata, não havendo falar em violação dos princípios do contraditório e da ampla defesa pela Administração, pois tais pilares constitucionais foram observados no curso da ação judicial. Não há falar em exercício da autotutela administrativa, pois, como já frisado, o ato administrativo não resulta da revisão, pela Administração, dos seus próprios atos, mas de simplesmente efetivar comando judicial. Em relação a esse tema há precedente específico desta Primeira Seção em sentido contrário ao que exposto, que merece, com todas as vênias, ser superado (MS 15.469/DF, Rel. Ministro Castro Meira, Rel. p/ Acórdão Ministro Arnaldo Esteves Lima, Primeira Seção, DJe 20.9.2011). 5. Deve ser considerado o fato superveniente de que houve o trânsito em julgado da ação que julgou improcedente a ação apresentada pelo ora impetrante e que fundamentou o ato apontado como coator. Não há como exigir que a Administração proporcione novo contraditório e ampla defesa quando se trata de simplesmente cumprir decisão judicial transitada em julgado, sem prejuízo da possibilidade de amplo controle de legalidade do citado ato administrativo. SITUAÇÃO EXCEPCIONALÍSSIMA DE CONSOLIDAÇÃO FÁTICO-JURÍDICA NO CASO CONCRETO – APOSENTADORIA. 6. Apesar da compreensão acima exarada, o impetrante foi nomeado, já sob amparo de decisão judicial liminar, em 23.9.2003 permanecendo sob essa condição até o momento de sua aposentadoria (23.12.2013). 7. Não obstante o vínculo de trabalho fosse precário, o vínculo previdenciário, após as contribuições previdenciárias ao regime próprio, consolidou-se com a reunião dos requisitos para a concessão de aposentadoria. 8. A legislação federal apenas estabelece a cassação da aposentadoria nos casos de demissão do servidor público e de acumulação ilegal de cargos (arts. 133, § 6º, e 134 da Lei 8.112/1990), não havendo, portanto, respaldo legal para impor a mesma penalização quando o exercício do cargo é amparado por decisões judiciais precárias e o servidor se aposenta por tempo de contribuição durante esse exercício após legítima contribuição ao sistema. 9. Segurança parcialmente concedida para manter a aposentadoria do impetrante. Agravo Regimental da União prejudicado." (MS 18.002/DF, Rel. Ministro HERMAN BENJAMIN, PRIMEIRA SEÇÃO, julgado em 23/11/2016, DJe 08/05/2017)

◉ **A ampliação do número de vagas, após a homologação do concurso, deve observar a proporção estabelecida no edital de abertura quanto às áreas de especialidades e locais de lotação.**

"ADMINISTRATIVO. MANDADO DE SEGURANÇA. CONCURSO PÚBLICO. ANALISTA DE FINANÇAS E CONTROLE (AFC). POSTERIOR NOMEAÇÃO DE CANDIDATOS FORA DAS VAGAS PREVISTAS. AUTORIZAÇÃO DO MPOG. PREVISÃO EDITALÍCIA DE DISTRIBUIÇÃO DE VAGAS POR ÁREA/CAMPO DE ATUAÇÃO. MODIFICAÇÃO DA PROPORÇÃO NA DISTRIBUIÇÃO DAS VAGAS EXCEDENTES. PRINCÍPIOS DA LEGALIDADE, DA ISONOMIA E DA VINCULAÇÃO AO EDITAL. VIOLAÇÃO. DIREITO LÍQUIDO E CERTO. ORDEM CONCEDIDA. 1. O ponto nodal da controvérsia gira em torno da obrigatoriedade ou não, em relação ao referido ato de ampliação da convocação dos aprovados, da obediência à mesma proporção na distribuição das vagas previstas no Edital do certame, entre as áreas de especialidades e locais de lotação. 2. É incontroverso que, para as vagas adicionais, não houve a mesma proporcionalidade que presidiu a distribuição inicial das vagas, nos termos do anexo do Edital de Abertura, no que diz respeito ao total de vagas por Área/Campo de Atuação. 3. A ampliação do número de vagas, após a homologação do concurso, deve observar a proporção estabelecida no edital de abertura. A não observância da proporcionalidade, no que diz respeito ao total de vagas por Área/Campo de Atuação, atenta contra alguns dos princípios-chave que regem os concursos públicos: legalidade, isonomia e vinculação ao edital. 4. A discricionariedade diz respeito à convocação dos candidatos excedentes, não aos critérios de distribuição previstos no Edital. Pensar diferente seria inverter a Legalidade, admitindo-se que tudo que não seja expressamente proibido será permitido à Administração, quando, em verdade, a Administração somente pode agir "quando e na forma" em que a lei permite. 5. Todos foram candidatos ao mesmo concurso público e fizeram suas opções (pela área de atuação e local de lotação) levando em consideração as normas editalícias. A alteração da proporção no momento da nomeação dos excedentes mudou as "regras do jogo", o que beneficiou determinados candidatos em detrimento de outros. 6. Houve, ainda, ofensa ao princípio da vinculação ao edital, pois o Edital de Abertura foi claro ao estabelecer determinada proporcionalidade quanto à distribuição por Área/Campo de atuação. Precedentes: MS 20.778/DF, Rel. Ministro Og Fernandes, Primeira Seção, DJe 18/06/2015; MS 13.583/DF, Rel. Ministro Og Fernades, Terceira Seção, DJe 22/03/2013; EDcl no AgRg no REsp 1.285.589/CE, Rel. Ministro Benedito Gonçalves, Rel. p/ Acórdão Ministro Napoleão Nunes Maia, Primeira Turma, DJe 01/07/2013. 7. Segurança concedida." (MS 21.297/DF, Rel. Ministro HERMAN BENJAMIN, PRIMEIRA SEÇÃO, julgado em 28/09/2016, DJe 17/10/2016)

◉ **Atestado pela Administração Pública o recebimento de todos os documentos necessários à inscrição definitiva no concurso público, viola o direito líquido e** certo do impetrante o ato administrativo subsequente que o exclui da disputa, por supostamente não ter apresentado certidão de antecedentes criminais eleitorais.

"ADMINISTRATIVO. MANDADO DE SEGURANÇA. CONCURSO PÚBLICO. PROCURADOR DA FAZENDA NACIONAL. CONTINUIDADE NO CERTAME POR FORÇA DE MEDIDA LIMINAR. INSCRIÇÃO DEFINITIVA. DECLARAÇÃO DA ADMINISTRAÇÃO ATESTANDO O RECEBIMENTO DE TODOS OS DOCUMENTOS NECESSÁRIOS. DIREITO LÍQUIDO E CERTO DEMONSTRADO. SEGURANÇA CONCEDIDA. 1. A teor do art. 1º, parágrafo único, da Lei n. 8.682/1993, goza o ocupante do cargo de Advogado-Geral da União, todos os direitos, deveres e prerrogativas de Ministro de Estado. 2. Inconteste a "legitimidade passiva ad causam do Advogado-Geral da União, sobre quem recai a responsabilidade não só pela nomeação dos candidatos aprovados, como também pela revisão de todo e qualquer ato superveniente à homologação do resultado do concurso, conforme decidido pelo Conselho Superior da AGU em sua nonagésima reunião ordinária, realizada em 13/10/2008" (MS 13.237/DF, Rel. Ministro MARCO AURÉLIO BELLIZZE, TERCEIRA SEÇÃO, DJe 24/4/2013). 3. Na espécie em exame, por meio de tutela judicial precária, o candidato teve garantida sua inscrição e participação no concurso público, no qual foi aprovado em todas as fases, sendo classificado em 44º lugar. Posteriormente, teve sua vaga reservada por meio de sentença transitada em julgado. 4. Apesar de transcorridos dezesseis anos desta impetração, mantém-se hígido o binômio necessidade-utilidade caracterizador do interesse de agir, uma vez que somente a concessão da tutela pretendida tem como consolidar a inscrição e a participação do impetrante no concurso, com vistas à tomada de posse de vaga judicialmente reservada. 5. Atestado pela Administração Pública o recebimento de todos os documentos necessários à inscrição definitiva no concurso público, viola o direito líquido e certo do impetrante o ato administrativo subsequente que o exclui da disputa, por supostamente não ter apresentado certidão de antecedentes criminais eleitorais. 6. Segurança concedida para, anulando o ato impugnado, assegurar ao impetrante o seu direito líquido e certo de continuar participando do concurso público para provimento do cargo de Procurador da Fazenda Nacional de 2ª Categoria. Custas ex lege. Sem condenação ao pagamento de honorários advocatícios, nos termos da Súmula 105/STJ." (MS 10.909/DF, Rel. Ministro RIBEIRO DANTAS, TERCEIRA SEÇÃO, julgado em 09/12/2015, DJe 18/12/2015)

◙ **Possibilidade, conforme o contexto, de determinação de nomeação de candidato aprovado em 1º lugar para a única vaga existente antes do fim do prazo de validade do certame.**

"MANDADO DE SEGURANÇA. ADMINISTRATIVO. CONCURSO PÚBLICO. CANDIDATA APROVADA EM PRIMEIRO LUGAR. PREVISÃO EDITALÍCIA DE UMA VAGA. DIREITO SUBJETIVO À NOMEAÇÃO. LIMINAR QUE DETERMINOU A NOMEAÇÃO ANTES DE ESCOADO O PRAZO QUE DETINHA A ADMINISTRAÇÃO. POSTERIOR CONSUMAÇÃO DO PRAZO, NADA OBSTANTE. NECESSIDADE DE CONVALIDAÇÃO. PARECER DO MINISTÉRIO PÚBLICO FEDERAL PELA CONCESSÃO DA ORDEM. ORDEM CONCEDIDA. 1. Ainda que o concurso em relação ao qual a autora logrou aprovação não tivesse expirado quando da impetração ou do deferimento da medida liminar, máxime diante da prorrogação de sua validade por dois anos, é certo que tal prazo há muito já se esvaiu no momento em que se analisa o mérito deste mandamus, bem como já nomeada e empossada se encontra a impetrante, aprovada em primeiro lugar no certame cujo edital previa uma vaga. 2. Nos termos da jurisprudência que prevalece nesta Corte, o aprovado dentro do número de vagas tem direito subjetivo à nomeação, dentro do prazo de validade do certame. 3. Ordem concedida para ratificar a medida liminar, reconhecendo-se o direito subjetivo da impetrante a se manter no cargo a que nomeada por força da referida decisão, de Analista de Gestão em Pesquisa e Investigação Biomédica em Saúde Pública, especialidade Odontologia Clínica. 4. Prejudicada a análise do Agravo Regimental interposto contra a concessão da medida liminar." (MS 18.718/DF, Rel. Ministro NAPOLEÃO NUNES MAIA FILHO, PRIMEIRA SEÇÃO, julgado em 28/10/2015, DJe 16/11/2015)

◙ **Surgimento de vagas aliado à contratação de temporários na vigência de concurso com candidatos aprovados conferem a eles o direito de pleitear via Mandado de Segurança suas nomeações.**

"ADMINISTRATIVO. CONCURSO PÚBLICO. SERVIDOR APROVADO FORA DO NÚMERO DE VAGAS. SURGIMENTO DE NOVAS VAGAS. NOMEAÇÃO DE TEMPORÁRIOS. DIREITO À NOMEAÇÃO. 1. Trata-se de mandado de segurança, com pedido de liminar, impetrado ao propósito de determinar ao Exmo. Sr. Ministro de Estado da Ciência e Tecnologia a prorrogação do concurso para provimento de cargos de Assistente em Ciência e Tecnologia 1 – Tema VII, Apoio Administrativo e Apoio Técnico/MCTI/AC, bem como a reserva de vagas – e posterior aproveitamento, ao final da demanda – a José Alan Alves de Macedo e outros. 2. "A legitimidade passiva da Ministra de Estado do Planejamento, Orçamento e Gestão também encontra-se devidamente configurada, uma vez que, nos termos do art. 10 do Decreto n. 6.944, de 21/8/2009, c/c a Portaria/MPOG 350, de 4/8/2010, cabe ao titular daquela Pasta autorizar o provimento dos cargos relativos ao concurso público ora sob análise" (MS 19.227/DF, Rel. Ministro Arnaldo Esteves Lima, Primeira Seção, DJe 30/4/2013). 3. A jurisprudência do STJ também reconhece que a classificação e aprovação do candidato, ainda que fora do número mínimo de vagas previstas no edital do concurso, confere-lhe o direito subjetivo à nomeação para o respectivo cargo se, durante o prazo de validade do concurso, surgirem as novas vagas, seja por criação de lei ou por força de vacância. Ressalta-se que há a aplicação de tal entendimento mesmo que não haja previsão editalícia para o preenchimento das vagas que vierem a surgir durante o prazo de validade do certame. (AgRg no RMS 20.658/DF, Rel. Min. Herman Benjamin, DJe 10/9/2015). 4. Excepciona-se esse entendimento, contudo, se houver efetiva demonstração pelo ente público da impossibilidade de contratar em virtude de situações excepcionais e imprevisíveis e para respeitar os limites de gastos com folha de pessoal, nos termos da legislação de regência, o que não ocorreu na espécie. 5. A contratação de servidor em caráter temporário para vaga em que há candidato aprovado em cadastro de reserva também gera o direito à nomeação. 6. Documentalmente comprovada a existência de vagas do Ministério de Estado do Planejamento, Orçamento e Gestão, bem como a contratação de servidores temporários, justifica-se a nomeação dos impetrantes. 6. Ordem concedida para determinar que seja autorizada a nomeação e efetivada a posse dos impetrantes." (MS 20.658/DF, Rel. Ministro OG FERNANDES, PRIMEIRA SEÇÃO, julgado em 23/09/2015, DJe 30/09/2015)

◙ **O direito de remoção do servidor em regra precede o direito de escolha de lotação de candidato aprovado em concurso público posterior.**

"PROCESSUAL CIVIL E ADMINISTRATIVO. MANDADO DE SEGURANÇA INDIVIDUAL. SERVIDOR PÚBLICO FEDERAL. AGENTE DE INSPEÇÃO SANITÁRIA E ABASTECIMENTO DO MINISTÉRIO DA AGRICULTURA, PECUÁRIA E ABASTECIMENTO. HABILITAÇÃO EM CONCURSO DE REMOÇÃO A PEDIDO. INÉRCIA DA ADMINISTRAÇÃO EM EXPEDIR O ATO DE REMOÇÃO. NOMEAÇÃO DE CANDIDATOS HABILITADOS EM CONCURSO PÚBLICO PARA MESMA VAGA A QUE A IMPETRANTE FOI HABILITADA EM CONCURSO DE REMOÇÃO. PRETERIÇÃO DO DIREITO DO SERVIDOR À REMOÇÃO. PRESENÇA DO DIREITO LÍQUIDO E CERTO. PRECEDENTE DESSA 1ª SEÇÃO DO STJ. SEGURANÇA PARCIALMENTE CONCEDIDA. 1. Pretende a impetrante, servidora pública federal, ocupante do cargo público de Agente de Inspeção Sanitária e Industrial de Produtos de Origem Animal do Quadro de Pessoal do Ministério da Agricultura, Pecuária e Abastecimento – MAPA, lotada na cidade de Barretos – SP, a concessão da segurança a fim de determinar a sua remoção para a cidade de Paranaguá – PR, em razão de sua aprovação em 1° lugar no concurso de remoção a pedido para uma de duas vagas destinadas aos Agentes de Inspeção Sanitária e Industrial de Produtos de Origem Animal para a cidade de Paranaguá – PR, regulado pela Portaria MAPA 353, de 16/04/2014 e homologado pela Portaria 112, de 11/06/2014, da Secretária Executiva substituta do Ministério da Agricultura, Pecuária e Abastecimento, sem que até a presente data a autoridade coatora procedesse à expedição do ato administrativo necessário para tanto, ainda mais considerando que, neste ínterim, a autoridade coatora nomeou candidato aprovado em concurso público de provas e títulos para o mesmo cargo público e para a exata vaga para a qual foi aprovada a impetrante no procedimento de remoção, o que violaria o seu direito líquido e certo de ser removida para uma das duas vagas disponibilizadas para os ocupantes do cargo de de Agente de Inspeção Sanitária e Industrial de Produtos de Origem Animal disponível na cidade de Paranaguá – PR, ainda mais quando a autoridade coatora deveria promover as remoções homologadas antes de qualquer ato de nomeação de novos aprovados em concurso público. 2. Reconhecimento da legitimidade passiva ad causam do Exmo. Senhor Ministro da Agricultura, Pecuária e Abastecimento. A despeito da previsão contida na Portaria 353, de 16/04/2014 e no Edital 01, de 17/04/2014, a impetrante não se insurge contra a demora na promoção do seu ato de remoção, mas sim contra o próprio ato do Ministro de Estado da Agricultura, Pecuária e Abastecimento que, a despeito da existência de concurso de remoção interno devidamente homologado em data anterior, proveu, nos termos do ato apontado como coator, cargo público de Agente de Inspeção Sanitária e Industrial de Produtos de Origem Animal do Quadro de Pessoal do Ministério da Agricultura, Pecuária e Abastecimento – MAPA, com lotação em uma das duas vagas disponíveis na cidade de Paranaguá – PR, ensejando, segundo alega, a preterição do seu direito à remoção para à mesma localidade. 3. É firme o entendimento no âmbito do Superior Tribunal de Justiça no sentido de que a manifestação da Administração ao oferecer vaga a ser ocupada por critério de remoção (art. 36, III, "c", da Lei 8.112/1990) acaba revelando que tal preenchimento é de interesse público, pois tem por objetivo adequar o quantitativo de servidores às necessidades dos órgãos e unidades administrativas. Precedentes: AgRg no RMS 46.636/GO, Rel. Ministro Herman Benjamin, Segunda Turma, julgado em 19/03/2015, DJe 06/04/2015; REsp 1294497/RN, Rel. Ministro Mauro Campbell Marques, Segunda Turma, julgado em 07/02/2012, DJe 14/02/2012. 4. Desse modo, uma vez preenchidos os requisitos autorizadores, a Administração tem o dever jurídico de promover a remoção do servidor habilitado previamente em concurso de remoção interno, conforme já decidiu a 3ª Seção do STJ no julgamento do MS 14.236/DF, rel. Min. Napoleão Nunes Maia Filho, onde restou firmado que "a teor do art. 36 da Lei 8.112/90, nas hipóteses dos incisos I e II do art. 36 da Lei 8.112/90, a concessão de remoção é ato discricionário da Administração, ao passo que, nos casos enquadrados no inciso III, o instituto passa a ser direito subjetivo do Servidor, de modo que, uma vez preenchidos os requisitos, a Administração tem o dever jurídico de promover o deslocamento horizontal do Servidor dentro do mesmo quadro de pessoal" (julgado em 12/08/2009, DJe 28/08/2009). 5. No caso de concomitância de concurso interno de remoção e de concurso público de provas e títulos, deve ser dada preferência aos servidores de carreira no caso da existência de cargos vagos, de maneira a conceder-lhes a primazia no preenchimento destes, bem como promovendo-se, de igual modo, a movimentação funcional, sendo que, somente depois de ofertados os cargos vagos à remoção dos servidores é que deve a Administração Pública contabilizar quantos remanesceram sem provimento e a quais unidades administrativas pertencem, podendo remaneja-los e, então, oferta-los em concurso público de admissão. 6. "Realizado o concurso de remoção, em virtude de processo seletivo promovido (art. 36, III, "c", da Lei n. 8.112/90), afasta-se a Administração de qualquer juízo de discricionariedade, devendo-se efetivar as remoções homologadas antes de qualquer ato de nomeação de novos aprovados em concurso público de provas e títulos, sobretudo quando tal nomeação se dá para a mesma região da remoção. 2. A Administração, ao oferecer vaga a ser ocupada por critério de remoção, acaba revelando que tal preenchimento é de interesse público, pois tem por objetivo adequar o quantitativo de servidores às necessidades dos órgãos e unidades administrativas. Precedentes do STJ. 3. Vislumbra-se, portanto, direito líquido e certo a amparar a pretensão mandamental. 4. Segurança concedida" (MS 21.631/DF, Rel. Ministro Og Fernandes, Primeira Seção do STJ, julgado em 24/06/2015, DJe 01/07/2015). 7. Do exame das provas pré-constituídas acostadas nos autos, observa-se que a nomeação da interessada Jéssica Silvério Miranda, em 03/10/2015, para o cargo público de Agente de Inspeção Sanitária e Industrial de Produtos de Origem Animal – mesmo cargo público ocupado pela impetrante -, com lotação na cidade de Paranaguá – PR – mesma localidade para a qual a impetrante foi aprovada em concurso interno de remoção -, ensejou a violação do direito líquido e certo da impetrante, na medida em que não foi priorizada sua remoção, ensejando, dessa forma, a sua preterição. 8. Segurança concedida em parte, a fim de determinar que a autoridade coatora promova os atos necessários à remoção da impetrante para a cidade de Paranaguá – PR, no prazo máximo de 30 (trinta) dias." (MS 21.403/DF, Rel. Ministro MAURO CAMPBELL MARQUES, PRIMEIRA SEÇÃO, julgado em 09/09/2015, DJe 16/09/2015)

◙ **Os candidatos aprovados em concurso que não se classificaram dentro do número de vagas previsto no edital têm mera expectativa de direito à nomeação, expectativa essa que se converte em direito subjetivo líquido certo, em caso de preterição, ou se forem abertas vagas novas no prazo de validade do certame, bem como se surgir a abertura de lugar preenchível no quadro, decorrente, por exemplo, de aposentadorias, exonerações, demissões, óbitos ou outros eventos.**

"ADMINISTRATIVO. MANDADO DE SEGURANÇA. CONCURSO PÚBLICO PARA O CARGO DE AGENTE ADMINISTRATIVO DO MINISTÉRIO DO TRABALHO E EMPREGO. NOMEAÇÃO. CANDIDATO APROVADO FORA DO NÚMERO DE VAGAS. SURGIMENTO DE NOVAS VAGAS DENTRO DO PRAZO DE VALIDADE DO CONCURSO. DIREITO LÍQUIDO E CERTO À NOMEAÇÃO. PARECER DO MINISTÉRIO PÚBLICO PELA CONCESSÃO DA ORDEM. ORDEM CONCEDIDA. 1. De acordo com a jurisprudência consolidada desta Corte, os candidatos aprovados em concurso que não se classificaram dentro do número de vagas previsto no edital têm mera expectativa de direito à nomeação, expectativa essa que se converte em direito subjetivo líquido certo, em caso de preterição, ou se forem abertas vagas novas no prazo de validade do certame, bem como se surgir a abertura de lugar preenchível no quadro, decorrente, por exemplo, de aposentadorias, exonerações, demissões, óbitos ou outros eventos. 2. In casu, após a homologação do certame, ocorreram as nomeações dos 10 candidatos aprovados dentro de número de vagas inicialmente previstos no edital, ocorrendo, em junho de 2009, a nomeação de outros 11 candidatos classificados fora do número de vagas ofertado inicialmente. Sendo a impetrante a candidata seguinte na lista convocatória. Conforme comprovado pelos documentos de fls. 130/166, surgiram 18 vagas no cargo pretendido durante o prazo de validade do certame, em decorrência de nomeações tornadas sem efeitos e aposentadorias, o que torna líquido e certo o direito da impetrante. 3. Ordem concedida para determinar a investidura da impetrante no cargo de Agente Administrativo do MTE, observada rigorosamente a ordem de classificação." (MS 20.001/DF, Rel. Ministro NAPOLEÃO NUNES MAIA FILHO, PRIMEIRA SEÇÃO, julgado em 09/09/2015, DJe 16/09/2015)

◙ **As remoções homologadas devem se efetivar antes de qualquer ato de nomeação de novos aprovados em concurso público de provas e títulos, sobretudo quando tal nomeação se dá para a mesma região da remoção**

"MANDADO DE SEGURANÇA. ADMINISTRATIVO. SERVIDOR PÚBLICO. CONCURSO DE REMOÇÃO. INTERESSE PÚBLICO. 1. Realizado o concurso de remoção, em virtude de processo seletivo promovido (art. 36, III, "c", da Lei n. 8.112/90), afasta-se a Administração de qualquer juízo de discricionariedade, devendo-se efetivar as remoções homologadas antes de qualquer ato de nomeação de novos aprovados em concurso público de provas e títulos, sobretudo quando tal nomeação se dá para a mesma região da remoção. 2. A Administração, ao oferecer vaga a ser ocupada por critério de remoção, acaba revelando que tal preenchimento é de interesse público, pois tem por objetivo adequar o quantitativo de servidores às necessidades dos órgãos e unidades administrativas. Precedentes do STJ. 3. Vislumbra-se, portanto, direito líquido e certo a amparar a pretensão mandamental. 4. Segurança concedida." (MS 21.631/DF, Rel. Ministro OG FERNANDES, PRIMEIRA SEÇÃO, julgado em 24/06/2015, DJe 01/07/2015)

◙ **A ampliação do número de vagas, após a homologação do concurso, deve observar a proporção estabelecida no edital de abertura.**

"ADMINISTRATIVO. MANDADO DE SEGURANÇA. CONCURSO PÚBLICO. ANALISTA DE FINANÇAS E CONTROLE (AFC). POSTERIOR NOMEAÇÃO DE CANDIDATOS FORA DAS VAGAS PREVISTAS. AUTORIZAÇÃO DO MPOG. PREVISÃO EDITALÍCIA DE DISTRIBUIÇÃO DE

VAGAS POR ÁREA/CAMPO DE ATUAÇÃO. MODIFICAÇÃO DA PROPORÇÃO NA DISTRIBUIÇÃO DAS VAGAS EXCEDENTES. PRINCÍPIOS DA LEGALIDADE, ISONOMIA E VINCULAÇÃO AO EDITAL. VIOLAÇÃO. DIREITO LÍQUIDO E CERTO. ORDEM CONCEDIDA. 1. O ponto nodal da controvérsia gira em torno da obrigatoriedade ou não, em relação ao referido ato de ampliação da convocação dos aprovados, da obediência à mesma proporção na distribuição das vagas previstas no Edital do certame, entre as áreas de especialidades e locais de lotação. 2. É incontroverso que, para as vagas adicionais, não houve a mesma proporcionalidade que presidiu a distribuição inicial das vagas, nos termos do anexo do Edital de Abertura, no que diz respeito ao total de vagas por Área/Campo de Atuação. 3. A ampliação do número de vagas, após a homologação do concurso, deve observar a proporção estabelecida no edital de abertura. A não observância da proporcionalidade, no que diz respeito ao total de vagas por Área/Campo de Atuação, atenta contra alguns dos princípios-chave que regem os concursos públicos: legalidade, isonomia e vinculação ao edital. 4. A discricionariedade diz respeito à convocação dos candidatos excedentes, não aos critérios de distribuição previstos no Edital. Pensar diferente seria inverter a Legalidade, admitindo-se que tudo que não seja expressamente proibido, será permitido à Administração, quando, em verdade, a Administração somente pode agir "quando e na forma" em que a lei permite. 5. Todos foram candidatos ao mesmo concurso público e fizeram suas opções (pela área de atuação e local de lotação) levando em consideração as normas editalícias. A alteração da proporção no momento da nomeação dos excedentes mudou as "regras do jogo", o que beneficiou determinados candidatos em detrimento de outros. 6. Houve, ainda, ofensa ao princípio da vinculação ao edital, pois o Edital de Abertura foi claro ao estabelecer determinada proporcionalidade quanto à distribuição por Área/Campo de atuação. Precedente. 7. Segurança concedida." (MS 20.778/DF, Rel. Ministro OG FERNANDES, PRIMEIRA SEÇÃO, julgado em 10/06/2015, DJe 18/06/2015)

◙ **Candidato sub judice, apostilamento, desistência das ações e boa fé.**

"ADMINISTRATIVO. MANDADO DE SEGURANÇA. CONCURSO PÚBLICO. CARGO DE AGENTE DE POLÍCIA FEDERAL. INGRESSO POR DECISÃO LIMINAR. REGULARIZAÇÃO DA SITUAÇÃO FUNCIONAL AUTORIZADA PELO DESPACHO MINISTERIAL N. 312/2003. PREENCHIMENTO DOS REQUISITOS NELE CONTIDOS. PRINCÍPIOS DA RAZOABILIDADE E DA BOA-FÉ. SEGURANÇA CONCEDIDA. AGRAVO REGIMENTAL PREJUDICADO. 1. Mandado de segurança impetrado por Agente de Polícia Federal nomeado no cargo por força de liminar concedida nos autos da Medida Cautelar n. 97.00.15367-3, ajuizada perante a 29ª Vara Federal da Seção Judiciária do Rio de Janeiro. 2. Superveniência do Despacho Ministerial n. 312/2003, determinando ao Diretor-Geral do Departamento de Polícia Federal proceder ao apostilamento de todos os servidores do Órgão que estivessem em exercício por força de decisão judicial não transitada em julgado e que tivessem concluído o tempo de estágio probatório. 3. Regulamento respectivo (Portaria n. 2.369/2003-DGP/DPF) que exigia do servidor sub judice a desistência das ações aforadas contra a União, com assunção dos ônus processuais e renúncia de eventuais direitos e ações baseadas nos mesmos fatos. 4. Manifestada a desistência das ações pelo impetrante, não poderia a Administração invocar a inexistência de provimento judicial capaz de garantir a sua permanência no cargo à época do pedido de apostilamento, sob pena de afronta ao princípio da boa-fé. Precedentes. 5. Hipótese na qual o impetrante obteve provimento judicial liminar determinando a sua nomeação para o cargo pretendido, que manteve a sua eficácia preservada até a manifestação de desistência/renúncia. 6. Segurança concedida. Prejudicado o agravo regimental de fls. 176-192." (MS 13.756/DF, Rel. Ministro ROGERIO SCHIETTI CRUZ, TERCEIRA SEÇÃO, julgado em 13/05/2015, DJe 19/05/2015)

◙ **Abuso do poder de regulamentar do edital e combate via Mandado de Segurança.**

"PROCESSUAL CIVIL. ADMINISTRATIVO. MILITAR. AERONÁUTICA. CONCURSO DE ADMISSÃO. ESTÁGIO DE ADAPTAÇÃO. EDITAL. RESTRIÇÕES FIXADAS EM ATENÇÃO ÀS REGRAS DA PORTARIA 627/2009 DO COMANDANTE DA AERONÁUTICA. EFEITOS CONCRETOS. EXTRAPOLAÇÃO DO DECRETO 2.996/99 E DA LEI 6.880/80. PRECEDENTES

DO STJ. DIREITO LÍQUIDO E CERTO EXISTENTE. 1. Mandado de segurança impetrado contra o ato de indeferimento de inscrição no processo seletivo ao Estágio de Adaptação ao Oficialato da Aeronáutica 2011 (EAOA 2011), o qual seguiu as diretrizes fixadas na Portaria n. 627/GC-3/2009 do Comandante daquela força militar. 2. A promoção dos militares federais é determinada pelos ditames fixados na Lei n. 6.880/80 (Estatuto dos Militares), que prevê a necessidade de critérios claros para organização dos sistemas de progressão nas carreiras. O parágrafo único do art. 59 da Lei n. 6.880/80 atribui poder regulamentar aos comandantes das forças militares para regulamentarem a matéria com atenção aos parâmetros legais e fixados em decretos. 3. O EAOA – Estágio de Adaptação ao Oficialato da Aeronáutica é um meio de acesso de suboficiais para graus mais altos na hierarquia militar, na rubrica de merecimento, e é regrado pelo Decreto n. 2.996/99, com as alterações dadas pelo Decreto n. 4.576/2003. 4. No caso concreto, o edital do processo seletivo ao EAOA – Estágio de Adaptação ao Oficialato da Aeronáutica 2011 fixou critérios de inscrição que não possuem amparo no Decreto n. 2.996/99 (alíneas 'j' e 'q' do item 3.1.1) e, assim, não podem servir como meio de restrição, pois extrapola o poder regulamentar, como já decidiram as duas Turmas de Direito Público do Superior Tribunal de Justiça (AgRg no REsp 1.203.702/PR, Rel. Min. Arnaldo Esteves Lima, Primeira Turma, DJe 22.11.2010; REsp 1.203.434/PR, Rel. Min. Humberto Martins, Segunda Turma, DJe 11.11.2010). Segurança concedida." (MS 16.193/DF, Rel. Ministro HUMBERTO MARTINS, PRIMEIRA SEÇÃO, julgado em 13/05/2015, DJe 19/05/2015)

◙ **O período de trânsito pode ser computado como de efetivo exercício em local de difícil provimento.**

"ADMINISTRATIVO. MANDADO DE SEGURANÇA. SERVIDOR PÚBLICO. PROCURADOR FEDERAL. CONCURSO DE PROMOÇÃO. EXERCÍCIO DO CARGO EM LOCAL DE DIFÍCIL PROVIMENTO. POSSIBILIDADE DE SE COMPUTAR O PERÍODO DE TRÂNSITO. SEGURANÇA PARCIALMENTE CONCEDIDA. 1. Dirigida a impetração contra ato do Advogado-Geral da União, que, em recurso administrativo, manteve o indeferimento do pleito do impetrante, rejeita-se a preliminar de ilegitimidade passiva. 2. É desnecessária a citação dos demais participantes do certame, considerando que o eventual reconhecimento do pedido não afetará suas esferas jurídicas. 3. O termo inicial do exercício em unidade considerada de difícil provimento deve coincidir com a vigência da norma que a classifica como tal. 4. De acordo com a jurisprudência da Terceira Seção, o período de trânsito pode ser computado como de efetivo exercício em local de difícil provimento. Ressalva do ponto de vista do Relator. 5. São consideradas atividades relevantes, para fins de promoção por merecimento na carreira de Procurador Federal, apenas aquelas especificadas no art. 11 da Portaria PGF n. 1.432, de 30 de dezembro de 2008, no qual não consta o desempenho de função na Presidência da República. 6. Ademais, o Decreto n. 5.135/2004 não estabelece critérios objetivos para a atribuição de pontos em decorrência do desempenho de função na Presidência da República, de modo que o acolhimento da pretensão mandamental, nesse ponto, implicaria adentrar o mérito administrativo, sobre o qual o Poder Judiciário não exerce ingerência. 7. Segurança parcialmente concedida." (MS 14.850/DF, Rel. Ministro ROGERIO SCHIETTI CRUZ, TERCEIRA SEÇÃO, julgado em 08/04/2015, DJe 22/04/2015)

◙ **É parte legítima para figurar no pólo passivo o Ministro de Estado do Planejamento, Orçamento e Gestão, porquanto a regra contida no art. 1º do Decreto 6.077/07, a qual cabe à aquela autoridade deferir o retorno dos servidores e empregados públicos anistiados, encontra-se em harmonia com a disposto na Lei 10.683/03.**

"DIREITO ADMINISTRATIVO E PROCESSUAL CIVIL. MANDADO DE SEGURANÇA. LEI 8.878/94. ANISTIA. RETORNO DE EMPREGADO ORIGINÁRIO DE EXTINTA EMPRESA PÚBLICA AO SERVIÇO. ILEGITIMIDADE PASSIVA DO MINISTRO DE ESTADO DO PLANEJAMENTO, ORÇAMENTO E GESTÃO. REJEIÇÃO. AUSÊNCIA DE ILEGALIDADE OU ABUSIVIDADE. CONTRATO INICIAL REGIDO PELA CLT. REINGRESSO PELO REGIME ORIGINÁRIO. MODIFICAÇÃO PARA O REGIME JURÍDICO ÚNICO. LEI 8.112/90. IMPOSSIBILIDADE. SEGURANÇA DENEGADA. 1. É parte legítima para figurar no pólo passivo o Ministro de Estado do Planejamento, Orçamento e Gestão, porquanto a regra contida no art. 1º do Decreto 6.077/07, a qual cabe à aquela autoridade deferir o retorno dos servidores e empregados públicos anistiados, encontra-se em harmonia com a disposto na Lei 10.683/03, que estabelece lhe competir a coordenação e gestão dos sistemas de planejamento, orçamento federal e de pessoal civil. 2. De acordo com o art. 2º, caput, da Lei 8.878/1994, nos casos de anistia, o retorno ao serviço dar-se-á, exclusivamente, no cargo ou emprego anteriormente ocupado ou, quando for o caso, naquele resultante da respectiva transformação e restringe-se aos que formulem requerimento fundamentado e acompanhado da documentação pertinente no prazo improrrogável de sessenta dias, contado da instalação da comissão a que se refere o art. 5º, assegurando-se prioridade de análise aos que já tenham encaminhado documentação à Comissão Especial constituída pelo Decreto de 23 de junho de 1993. 3. A jurisprudência desta Corte Superior sedimentou que o regresso de celetistas anistiados deve respeitar o mesmo regime jurídico anteriormente havido, sob pena de violação do princípio do concurso público (CF, art. 37, II), não lhes sendo aplicáveis os arts. 243 da Lei 8.112/1990 e 19 do ADCT, que discorrem sobre estabilidade excepcional ou anômala para servidores da administração pública direta, autárquica e fundacional. 4. Ordem denegada." (MS 8.457/DF, Rel. Ministro NEFI CORDEIRO, TERCEIRA SEÇÃO, julgado em 25/03/2015, DJe 10/04/2015)

◙ **O Advogado Geral da União é autoridade legítima para figurar no polo passivo de demanda em que a parte se insurge em relação à homologação do certame, publicada pelo AGU no âmbito de sua competência (fls. 119) (arts. 4º, XVI, da LC 73/93 e 12, § 1º, I, da Lei 10.480/02), bem como requer o reconhecimento do seu direito à nomeação ao cargo de PFN, cuja responsabilidade é também daquela autoridade.**

"ADMINISTRATIVO E PROCESSUAL CIVIL. MANDADO DE SEGURANÇA. CONCURSO PÚBLICO. PROCURADOR DA FAZENDA NACIONAL. SINDICÂNCIA DE VIDA PREGRESSA. LEGITIMIDADE PASSIVA DO ADVOGADO-GERAL DA UNIÃO. DESCLASSIFICAÇÃO EM FACE DA EXISTÊNCIA DE INQUÉRITO POLICIAL. OFENSA AO PRINCÍPIO DA PRESUNÇÃO DE INOCÊNCIA. 1. Hipótese em que a impetrante foi excluída do certame na fase de sindicância pregressa por ter respondido a inquérito policial, por exercício irregular da advocacia (assinatura do "livro de advogados" em cadeia pública enquanto ainda era estagiária), o qual restou arquivado em razão de prescrição. 2. O Advogado Geral da União é autoridade legítima para figurar no polo passivo da demanda, posto que a parte se insurge em relação à homologação do certame, publicada pelo AGU no âmbito de sua competência (fls. 119) (arts. 4º, XVI, da LC 73/93 e 12, § 1º, I, da Lei 10.480/02), bem como requer, em última análise, o reconhecimento do seu direito à nomeação ao cargo de PFN, cuja responsabilidade é também daquela autoridade (arts. 4º, XVII e 49, § 2º, da LC 73/93, 12, § 4º, da Lei 10.480/02 e 2, III, do Dec. 4.734/03). Precedente: MS 13.237/DF, Rel. Min. Marco Aurélio Belizze, Terceira Seção, DJe 24/04/2013. 3. A tese trazida na impetração encontra amparo na jurisprudência deste STJ e também a do STF, que se orientam, em remansosa maioria, pela vulneração ao princípio constitucional da presunção de inocência quando, em fase de investigação social de concurso público, houver a eliminação de candidato em decorrência da simples instauração de inquérito policial ou do curso de ação penal, sem trânsito em julgado. Precedentes: AgRg no RMS 39.580/PE, Rel. Min. Mauro Campbell Marques, Segunda Turma, DJe 18/02/2014; AgRg no RMS 24.283/RO, Rel. Min. Jorge Mussi, Quinta Turma, DJe 08/06/2012; AgRg no RMS 28.825/AC, Rel. Min. Maria Thereza de Assis Moura, Sexta Turma, DJe 21/03/2012; AgRg no RMS 29.627/AC, Rel. Min. Adilson Vieira Macabu (Des. Convocado do TJ/RJ), Quinta Turma, DJe 09/08/2012; AgRg no REsp 1.173.592/MG, Rel. Min. Gilson Dipp, Quinta Turma, DJe 06/12/2010; RMS 32657/RO, Rel. Min. Arnaldo Esteves Lima, Primeira Turma, DJe 14/10/2010. 4. Soma-se a isso que, do que se tem nos autos, não se vislumbra que a candidata possua um padrão de comportamento social ou moral reprovável, a ponto de impossibilitá-la do exercício do cargo para o qual concorreu e foi devidamente aprovada, mormente porque os fatos a ela imputados ocorreram em 2002; o inquérito policial tramitou por vários anos sem a apresentação de denúncia por parte do Ministério Público, acabando arquivado em 2008 em face da prescrição em perspectiva (fls. 68/71); as omissões acerca das condutas adotadas diante da abertura do inquérito policial não tem o condão de configurar grave desvio de conduta; e não há prova da alegada falsidade ideológica, tampouco informação de reincidência ou cometimento de qualquer outra conduta desabonadora no decorrer desses anos (consoante certidões de "nada consta" de diversos órgãos públicos – fls. 78/99). 5. Segurança concedida, para, reconhecida a nulidade do ato administrativo que desligou a candidata do certame em questão, determinar seja a mesma considerada aprovada, com a posterior nomeação e posse no cargo de PFN. Prejudicado o agravo regimental." (MS 20.209/DF, Rel. Ministro BENEDITO GONÇALVES, PRIMEIRA SEÇÃO, julgado em 08/10/2014, DJe 16/10/2014)

◉ **Os militares, quando candidatos em outros concursos públicos, possuem direito à agregação para que seja possibilitada a participação nos cursos de formação, quando fazem parte do certame.**

"ADMINISTRATIVO. CONSTITUCIONAL. PROCESSUAL CIVIL. CONCURSO PÚBLICO. MILITAR. APROVAÇÃO PARA O CURSO DE FORMAÇÃO. AGREGAÇÃO. DIREITO. LEITURA DO ART. 80 E 82, XII DA LEI 6.880/80. POSSIBILIDADE. PRINCÍPIO DA ISONOMIA. PRECEDENTES DO STJ. EXISTÊNCIA DO DIREITO LÍQUIDO E CERTO. 1. Cuida-se de mandado de segurança preventivo impetrado por militar, candidato em concurso público para outro cargo, que alega estar na iminência de ser excluído do Exército em razão da negativa – fixada em portaria do Comandante da Força – de possibilidade de outorga da agregação para realização do curso de formação do certame. 2. A leitura sistemática do art. 80 e do inciso XII, do art. 82 – ambos da Lei Federal n. 6.880/80 – permite o pleiteado direito à agregação e se traduz na necessidade de isonomia, ou seja, da efetiva aplicação do princípio constitucional da igualdade de condições que deve ser outorgado para todos os candidatos. Afinal, caso fosse dado entendimento diverso, o militar seria prejudicado em detrimento dos demais concorrentes. 3. A jurisprudência do Superior Tribunal de Justiça está firmada no sentido de que os militares, quando candidatos em outros concursos públicos, possuem direito à agregação para que seja possibilitada a participação nos cursos de formação, quando fazem parte do certame. Precedentes: AgRg no REsp 1.404.735/RN, Rel. Ministro Humberto Martins, Segunda Turma, DJe 10.2.2014; AgRg no AREsp 172.343/RO, Rel. Ministro Herman Benjamin, Segunda Turma, DJe 1º.8.2012; AgRg no AREsp 134.481/BA, Rel. Ministro Humberto Martins, Segunda Turma, DJe 2.5.2012; AgRg no REsp 1.007.130/RJ, Rel. Ministra Maria Thereza de Assis Moura, Sexta Turma, DJe 21.2.2011; e REsp 840.171/RJ, Rel. Ministra Maria Thereza de Assis Moura, Sexta Turma, DJe 17.12.2010. Segurança concedida." (MS 17.400/DF, Rel. Ministro HUMBERTO MARTINS, PRIMEIRA SEÇÃO, julgado em 24/09/2014, DJe 29/09/2014)

"MANDADO DE SEGURANÇA. SERVIDOR PÚBLICO FEDERAL ESTÁVEL. ESTÁGIO PROBATÓRIO EM OUTRO CARGO PÚBLICO DE REGIME JURÍDICO DISTINTO. RECONDUÇÃO AO CARGO ANTERIORMENTE OCUPADO. POSSIBILIDADE. 1. Da leitura dos dispositivos relacionados à vacância (art. 33) e à recondução (art. 29) de servidor público na Lei n. 8.112/1990, verifica-se que a redação da norma não faz referência ao regime jurídico do novo cargo em que empossado o agente público. 2. O servidor público federal somente faz jus a todos os benefícios e prerrogativas do cargo após adquirir a estabilidade, cujo prazo – após a alteração promovida pela EC n. 19/2008, passou a ser de 3 anos – repercute no do estágio probatório. 3. O vínculo jurídico com o serviço público originário somente se encerra com a aquisição da estabilidade no novo regime jurídico. 4. A Administração tem a obrigação de agir com dever de cuidado perante o administrado, não lhe sendo lícito infligir a ele nenhuma obrigação ou dever que não esteja previsto em lei e que não tenha a finalidade ou motivação de atender ao interesse público, corolário da ponderação dos princípios constitucionais da supremacia do interesse público, da legalidade, da finalidade, da moralidade, da boa-fé objetiva e da razoabilidade. 5. Não se deve impor ao servidor público federal abrir mão do cargo no qual se encontra estável, quando empossado em outro cargo público inacumulável de outro regime jurídico, antes de alcançada a nova estabilidade, por se tratar de situação temerária, diante da possibilidade de não ser o agente público aprovado no estágio probatório referente ao novo cargo. 6. Para evitar essa situação – que em nada atende ao interesse público, mas que representa um prejuízo incomensurável ao cidadão que, ao optar por tomar posse em cargo de outro regime jurídico, não logra aprovação no estágio probatório ou desiste antes do encerramento do período de provas, ficando sem quaisquer dos cargos -, deve prevalecer a orientação de que o vínculo permanece até a nova estabilidade, permitindo a aplicação dos institutos da vacância e da recondução. 7. A doutrina de José dos Santos Carvalho Filho é no sentido de admitir a possibilidade de o servidor público federal estável, após se submeter a estágio probatório em cargo de outro regime, requerer sua recondução ao cargo federal, antes do encerramento do período de provas, ou seja, antes de adquirida a estabilidade no novo regime. 8. O servidor público federal, diante de uma interpretação sistemática da Lei n. 8.112/1990, mormente em face do texto constitucional, tem direito líquido e certo à vacância quando tomar posse em cargo público, independentemente do regime jurídico do novo cargo, não podendo, em razão disso, ser exonerado antes da estabilidade no novo cargo. 9. Uma vez reconhecido o direito à vacância (em face da posse em novo cargo não acumulável), deve ser garantido ao agente público, se vier a ser inabilitado no estágio probatório ou se dele desistir, a recondução ao cargo originariamente investido. 10. O direito de o servidor, aprovado em concurso público, estável, que presta novo concurso e, aprovado, é nomeado para cargo outro, retornar ao cargo anterior ocorre enquanto estiver sendo submetido ao estágio probatório no novo cargo: Lei 8.112/90, art. 20, § 2º. É que, enquanto não confirmado no estágio do novo cargo, não estará extinta a situação anterior (MS n. 24.543/DF, Ministro Carlos Velloso, Tribunal Pleno, DJU 12/9/2003). 11. No âmbito interno da Advocacia-Geral da União, controvérsia análoga foi resolvida administrativamente, com deferimento da pretensão de recondução. 12. O Consultor-Geral da União proferiu despacho no sentido do deferimento da recondução, por entender ser despicienda a análise do regime jurídico do novo cargo em que o agente público federal está se submetendo a estágio probatório, remetendo a questão ao Advogado-Geral da União para, após aprovação, encaminhar ao Presidente da República para alterar a orientação normativa, de modo a vincular toda a Administração Pública Federal. 13. A ação judicial proposta pela Procuradora Federal requerente no processo administrativo objeto do despacho acima referido foi julgada parcialmente procedente, e a apelação interposta pela Advocacia-Geral da União para o Tribunal Regional Federal da 1ª Região não foi apreciada, tendo em conta o pedido de desistência feito pela União (recorrente). 14. Diante da nova interpretação a respeito dos institutos da vacância (pela posse em cargo público inacumulável) e da recondução, previstas na Lei n. 8.112/1990, considerando-se, inclusive, que há orientação normativa no âmbito da Advocacia-Geral da União admitindo o direito à recondução de agente público federal que tenha desistido de estágio probatório de cargo estadual inacumulável, aprovada pela Presidência da República, é nítido o direito líquido e certo do ora impetrante. 15. Segurança concedida." (MS 12.576/DF, Rel. Ministro SEBASTIÃO REIS JÚNIOR, TERCEIRA SEÇÃO, julgado em 26/02/2014, DJe 03/04/2014)

◙ **Mesmo com base em decisão judicial proferida após mais de quinze anos da data da posse o do exercício do candidato no crago, o ato que torna sem efeito sua nomeação em decorrência da reversão do julgado que lhe favorecia deve ser precedido de processo administrativo que assegure a ampla defesa e o contraditório.**

"ADMINISTRATIVO. PROCESSUAL CIVIL. AUDITOR FISCAL DO TRABALHO. CONCURSO PÚBLICO. ANULAÇÃO DE ATO DE NOMEAÇÃO E POSSE APÓS MAIS DE QUINZE ANOS DE EXERCÍCIO NO CARGO. AUSÊNCIA DE INTIMAÇÃO DO SERVIDOR. VIOLAÇÃO AOS PRINCÍPIOS DA AMPLA DEFESA E DO CONTRADITÓRIO. PRECEDENTES. 1. Cuida-se de writ impetrado contra ato administrativo da lavra do Ministro do Trabalho e Emprego que tornou sem efeito a nomeação da impetrante para o cargo de auditor-fiscal do trabalho, após mais de quinze anos da data da posse o do exercício; a motivação do ato impugnado é o cumprimento de decisão judicial na qual houve a reversão de provimento favorável quando da realização do concurso público. 2. A Primeira Seção já apreciou o tema e acordou que é necessária a atenção aos princípios da ampla defesa e do contraditório no âmbito dos processos administrativos que ensejam restrição de direito, em casos idênticos ao presentes nos autos, de servidores relacionados com o mesmo concurso público. Precedentes: MS 15.472/DF, Rel. Ministro Benedito Gonçalves, DJe 30.3.2012; MS 15.475/DF, Rel. Ministro Herman Benjamin, DJe 30.8.2011; e MS 15.469/DF, Rel. Ministro Castro Meira, Rel. p/ Acórdão Ministro Arnaldo Esteves Lima, DJe 20.9.2011. 3. Em linha de conseqüência, não cabe apreciar a aplicação da teoria do fato consumado ao caso neste momento, uma vez que a realização do regular exercício de defesa no processo administrativo pode resultar em decisão diversa da que deu ensejo ao ato coator, como bem indicado em caso similar. Precedente: MS 15.474/DF, Rel. Ministro Arnaldo Esteves Lima, Primeira Seção, DJe 17.4.2013. Segurança concedida em parte. Agravo regimental prejudicado." (MS 15.473/DF, Rel. Ministro HUMBERTO MARTINS, PRIMEIRA SEÇÃO, julgado em 11/09/2013, DJe 23/09/2013)

No mesmo sentido: "ADMINISTRATIVO. MANDADO DE SEGURANÇA. SERVIDOR PÚBLICO. CONTINUIDADE NO CERTAME POR FORÇA DE MEDIDA LIMINAR. APROVAÇÃO. POSSE E EXERCÍCIO HÁ MAIS DE QUATORZE ANOS. ANULAÇÃO DO ATO DE NOMEAÇÃO. PROCESSO ADMINISTRATIVO. CONTRADITÓRIO E AMPLA DEFESA. NECESSIDADE. SÚMULA VINCULANTE Nº 3/STF. SEGURANÇA CONCEDIDA. 1. Mandado de segurança impetrado contra ato que, catorze anos após a nomeação e posse da Impetrante no cargo de Auditor-Fiscal do Trabalho e quatro anos após o trânsito em julgado de decisão que denegou a ordem em mandado de segurança em que fora deferida liminar para participação na segunda etapa do concurso público, tornou sem efeito a sua nomeação sem que lhe fosse assegurado o direito ao contraditório e à ampla defesa. 2. Consoante inteligência da Súmula 473/STF, a Administração, com fundamento no seu poder de autotutela, pode anular seus próprios atos, desde que ilegais. Ocorre que, quando tais atos produzem efeitos na esfera de interesses individuais, mostra-se necessária a prévia instauração de processo administrativo, garantindo-se a ampla defesa e o contraditório, nos termos do art. 5º, LV, da Constituição Federal, 2º da Lei 9.784/99 e 35, II, da Lei 8.935/94. 3. Considerando-se a existência, na esfera da Administração Pública Federal, de situação similar envolvendo concurso público para o Departamento de Polícia Federal, onde se encontrou, após anos de investiduras por via judicial, adequada solução administrativa para as respectivas situações funcionais, mostra-se inviável reconhecer, de antemão, uma suposta inutilidade de reabertura do processo administrativo contra a Impetrante, sem que lhe sejam assegurados o contraditório e ampla defesa. 4. Segurança concedida para anular o ato impugnado, restaurando-se o status quo ante, por afronta aos princípios constitucionais da ampla defesa e do contraditório, Custas ex lege. Sem condenação ao pagamento de honorários advocatícios, nos termos da Súmula 105/STJ." (MS 15.474/DF, Rel. Ministro ARNALDO ESTEVES LIMA, PRIMEIRA SEÇÃO, julgado em 13/03/2013, DJe 17/04/2013)

"ADMINISTRATIVO. MANDADO DE SEGURANÇA. AUDITOR FISCAL DO TRABALHO. NOMEAÇÃO TORNADA SEM EFEITO EM PROCESSO ADMINISTRATIVO. SEGURANÇA CONCEDIDA. 1. Trata-se de mandado de segurança atacando ato do Ministro de Estado do Trabalho e Emprego (Portaria n. 1.626, de 2010) que tornou sem efeito a nomeação da impetrante para o cargo de Fiscal do Trabalho (reestruturado para o cargo de Auditor Fiscal do Trabalho, nos termos da Lei 10.593/02), catorze anos após a sua investidura. Alega a impetrante que o ato impugnado foi praticado sem que lhe fosse dada a oportunidade de exercício do contraditório e da ampla defesa. 2. A Primeira Seção, no julgamento de casos análogos (MS 15.471/DF e MS 15.477/DF, ambos da Relatoria da Min. Eliana Calmon, publicados no DJe de 02/08/2013), alterou o seu posicionamento sobre a controvérsia dos autos para conceder a ordem em definitivo. É o entendimento a ser aplicado no caso concreto. 3. Segurança concedida para anular o ato impugnado (Portaria n. 1.626, publicada no DOU de 16/07/2010) e garantir à impetrante, em definitivo, a permanência no cargo para o qual foi nomeada." (MS 15.476/DF, Rel. Ministro MAURO CAMPBELL MARQUES, PRI-

MEIRA SEÇÃO, julgado em 14/08/2013, DJe 23/08/2013)

◙ Aplicação excepcional da Teoria do Fato consumado em Concurso Público.

"ADMINISTRATIVO. MANDADO DE SEGURANÇA. SERVIDOR PÚBLICO. CONCURSO PÚBLICO: CONTINUIDADE NO CERTAME POR FORÇA DE LIMINAR. APROVAÇÃO, POSSE E EXERCÍCIO DESDE 1996. ANULAÇÃO DO ATO DE NOMEAÇÃO. PRECEDENTES DA PRIMEIRA SEÇÃO. SITUAÇÃO JURÍDICA CONSOLIDADA – RECONHECIMENTO EXCEPCIONAL – SEGURANÇA CONCEDIDA. 1. Candidato a concurso público, aprovado, nomeado e empossado por força de liminar em mandado de segurança. 2. Com a segurança denegada por sentença transitada em julgado, catorze anos depois da posse e quatro anos do trânsito em julgado, foi tornada sem efeito a nomeação sem processo, defesa ou contraditório. 3. A Primeira Seção, por ocasião do julgamento do Mandado de Segurança nº 15.470/DF (Rel. Ministro LUIZ FUX, Rel. p/ Acórdão Ministro ARNALDO ESTEVES LIMA, PRIMEIRA SEÇÃO, julgado em 14/03/2011, DJe 24/05/2011), em situação análoga, entendeu ser necessário para tornar sem efeito a nomeação, procedimento administrativo assegurando-se ampla defesa e contraditório. Afastada a Teoria do Fato Consumado. Precedentes. 4. Avanço maior da jurisprudência para contemplar, em definitivo, mas de de forma excepcionalíssima, a situação fática consolidada. 5. Segurança concedida, para anular o ato administrativo." (MS 15.471/DF, Rel. Ministra ELIANA CALMON, PRIMEIRA SEÇÃO, julgado em 26/06/2013, DJe 02/08/2013)

◙ Somente por lei é possível fazer restrição de idade em concurso público.

"ADMINISTRATIVO. CONCURSO PÚBLICO. ADMISSÃO E MATRÍCULA. OFICIAIS DO SERVIÇO DE SAÚDE DO EXÉRCITO. LIMITE DE IDADE. RESERVA LEGAL. PRECEDENTE DO SUPREMO TRIBUNAL FEDERAL. MODULAÇÃO DOS EFEITOS. 1. O art. 142, § 3º, X, da Constituição da República, atribui exclusivamente à lei a definição dos requisitos para o ingresso nas Forças Armadas. 2. A Lei nº 6.880/80, que dispõe sobre o Estatuto dos Militares, consigna que o ingresso nas Forças Armadas é facultado a todos os brasileiros, mediante incorporação, matrícula ou nomeação, desde que preencham os requisitos estabelecidos em lei e nos regulamentos da Marinha, do Exército e da Aeronáutica. 3. No julgamento do RE 600.885/RS, o Supremo Tribunal Federal considerou não recepcionada pela CF/88 a expressão "nos regulamentos da Marinha, do Exército e da Aeronáutica", contida no artigo 10 da Lei nº 6.880/80, tornando imperiosa a observância da reserva legal para fixação de limite de idade para ingresso nas Forças Armadas. Assentou-se, ainda, que os efeitos da não recepção do aludido preceito do Estatuto dos Militares deveriam ser modulados em cada caso concreto, sob pena de maltrato ao princípio da segurança jurídica, sendo válidos os "limites de idade fixados em editais e regulamentos fundados no art. 10 da Lei n. 6.880/1980 até 31 de dezembro de 2011", "ressalvados eventuais direitos judicialmente reconhecidos". 4. Ao acolher os aclaratórios opostos pela União, o Pretório Excelso, além de prorrogar o prazo da modulação dos efeitos da não recepção da expressão "nos regulamentos da Marinha, do Exército e da Aeronáutica" até o dia 31/12/2011, ressalvou que a modulação não alcançaria os candidatos que houvessem ajuizado ações sobre o mesmo tema. 5. In casu, a ação mandamental foi ajuizada em 2 de agosto de 2011, após o primeiro acórdão proferido pela Suprema Corte, mas antes da sua integração pela via dos embargos de declaração, os quais foram julgados em 29 de junho de 2012 (DJe de 12/12/12) e que prorrogou o prazo da modulação dos efeitos até o dia 31 de dezembro de 2012. 6. Nesse contexto, é aplicável a exceção mencionada no decisum, pois, malgrado o edital do certame tenha sido publicado no Diário Oficial da União na data de 11/7/11 – portanto, dentro do prazo de validade estipulado pelo Pretório Excelso, ou seja, até 31/12/12 -, referida circunstância não se aplica aos candidatos que tenham ingressado em juízo para pleitear o afastamento do limite de idade por ausência de previsão legal, como é a hipótese dos autos. 7. Devem ser afastados os efeitos da cláusula que prevê a exigência de idade máxima de 36 (trinta e seis) anos – prevista no art. 4º, § 2º, III, do Edital para "Concurso de Admissão e Matricula, em 2012, nos Cursos de Formação de Oficiais do Serviço de Saúde do Exército (CFO/S SAU)" – DOU de 11/07/11 – para considerar válida a inscrição do impetrante. 8. Segurança concedida. Agravo regimental prejudicado." (MS 17.452/DF, Rel. Ministro CASTRO MEIRA, PRIMEIRA SEÇÃO, julgado em 12/06/2013, DJe 21/06/2013)

◉ **A existência de terceirizados exercendo as mesma funções do cargo em que os cadnidatos foram aprovados conferem aos mesmos o direito à nomeção em decorrência de ilegal preterição.**

"MANDADO DE SEGURANÇA. CONCURSO PÚBLICO. LEGITIMIDADE DA AUTORIDADE COATORA. LITISPENDÊNCIA. CANDIDATOS CLASSIFICADO DENTRO DO NÚMERO DE VAGAS PREVISTAS NO EDITAL. DIREITO LÍQUIDO E CERTO À NOMEAÇÃO DENTRO DO PRAZO DE VALIDADE DO CONCURSO. CARGO OCUPADO EM CARÁTER PRECÁRIO. COMPROVAÇÃO. 1. Trata-se de mandado de segurança impetrado em face da Sra. Ministra de Estado do Planejamento, Orçamento e Gestão e do Sr. Ministro de Estado da Saúde em razão de ato consubstanciado na não-convocação dos impetrantes para nomeação e posse no cargo de Técnico em Pesquisa e Investigação Biomédica, área de atuação criação e manejo de primatas, no Instituto Evandro Chagas e Centro Nacional de Primatas. 2. Os candidatos informam que ficaram colocados em 1º, 1º lugar na condição de portador de deficiência, 2º, 3º, 4º, 5º, 6º, 7º, 10º, 13º, 14º, 16º, 20º, 21º, 23º, 24º, 25º, 28º e 29º lugar, respectivamente, no concurso público para provimento do referido cargo que tinha 33 vagas, ou seja, foram aprovados em posição classificatória compatível com as vagas previstas em edital, o que confere a eles a nomeação e posse. 3. A Ministra de Estado do Planejamento, Orçamento e Gestão possui legitimidade para figurar no pólo passivo, uma vez que a ausência de nomeação está relacionada com o ato omissivo reputado como coator: a inércia em autorizar a nomeação, que é ato próprio da referida autoridade. 4. O impetrante Dojean Froes Araújo, 1º lugar no referido cargo, apresentou mandado de segurança n° 2992-86.2012.4.01.3400, em curso perante o MM. Juízo da 20a Vara Federal do Distrito Federal, com a mesma causa de pedir e pedido (petição inicial – fl. 301/314) aduzidos na presente ação; razão pela qual, em relação ao referido impetrante, deve ser extinto o feito, sem resolução do mérito, nos moldes do artigo 267, inciso V, do CPC (litispendência). 5. Esta Corte Superior adota entendimento segundo o qual a regular aprovação em concurso público em posição classificatória compatível com as vagas previstas em edital confere ao candidato direito subjetivo a nomeação e posse dentro do período de validade do certame. Porém, tal expectativa de direito é transformada em direito subjetivo à nomeação do candidato aprovado se, no decorrer do prazo de validade do edital, houver a contratação precária de terceiros para o exercício dos cargos vagos, salvo situações excepcionais plenamente justificadas pela Administração, de acordo com o interesse público. 6. Os impetrantes demonstram a existência de terceirizados exercendo as mesma funções do cargo para que foram aprovados, uma vez que pela documentação apresentada, há como concluir que os 26 tratadores de animais contratados exercem a mesma função do cargo em questão com lista de candidatos aprovados. 7. É incontroverso a existência de vagas para o referido cargo, no período de vigência do certame, a qual foram ocupadas, em caráter precário, por meio de contratação de terceirizados. Nesse ponto, não há falar em discricionariedade da Administração Pública para determinar a convocação de candidatos aprovados, a qual deve ser limitada à conveniência e oportunidade da convocação dos aprovados. 8. Como os candidatos TARCIRIO COELHO DA SILVA, RAFAEL FURTADO DOS SANTOS, DANIEL RODRIGUES PAUXIS, DELMA GOMES GUIMARÃES, RICARDO KIOCHI DA SILVA SAKURAI, THATIANA ANDRADE DE FIGUEIREDO, OBADIAS DOS REIS SILVA, DEISEANE GAIA FONTES, POTIRA FERNANDES E SILVA, DÉBORA RENATA DOS REIS ROLIM , JOSÉ SELMA TEIXEIRA DE MELO, LILIAN CRISTINA SANTOS SINFRONIO DA SILVA, ADRIANA DOS SANTOS BRANDÃO, LORENA DOS SANTOS MANIVA, ANA KAROLYNA FERREIRA PEREIRA, GILBERTO CÉSAR MACEDO CABEÇA, LINDOMAX LIMA PEREIRA E MARCONE HELMER DA SILVA ficaram colocados em 1º lugar na condição de portador de deficiência, 2º, 3º, 4º, 5º, 6º, 7º, 10º, 13º, 14º, 16º, 20º, 21º, 23º, 24º, 25º, 28º e 29º lugar, para o cargo que tem 33 vagas, ou seja, foram aprovados em posição classificatória compatível com as vagas previstas em edital, possuem direito a nomeação e posse, cumpridas as exigências do edital. 9. Segurança concedida. Extinção do processo sem resolução do mérito, nos moldes do artigo 267, inciso V, do CPC, em relação ao impetrante DOJEAN FROES ARAÚJO." (MS 19.221/DF, Rel. Ministro MAURO CAMPBELL MARQUES, PRIMEIRA SEÇÃO, julgado em 10/04/2013, DJe 18/04/2013)

"MANDADO DE SEGURANÇA. CONCURSO PÚBLICO. LEGITIMIDADE DA AUTORIDADE COATORA. CANDIDATO CLASSIFICADO DENTRO DO NÚMERO DE VAGAS PREVISTAS NO EDITAL. DIREITO LÍQUIDO E CERTO À NOMEAÇÃO DENTRO DO PRAZO DE VALIDADE DO CONCURSO. CARGO OCUPADO EM CARÁTER PRECÁRIO. COMPROVAÇÃO. 1. Trata-se de mandado de segurança impetrado por André Monteiro Diniz em face da Sra. Ministra de Estado do Planejamento, Orçamento e Gestão e do Sr. Ministro de Estado da Saúde em razão de ato consubstanciado na não-convocação do impetrante para nomeação e posse no cargo de Analista de Gestão em Pesquisa e Investigação Biomédica em Saúde Pública, área de atuação específica de Tradução Técnico-Científica, no Instituto Evandro Chagas e Centro Nacional de Primatas. 2. O impetrante ficou colocado em 2º lugar no concurso público para provimento do referido cargo, que tinha 2 vagas, ou seja, foi aprovado em posição classificatória compatível com as vagas previstas em edital. 3. A Ministra de Estado do Planejamento, Orçamento e Gestão possui legitimidade para figurar no pólo passivo, uma vez que a ausência de nomeação está relacionada com o ato omissivo reputado como coator: a inércia em autorizar a nomeação, que é ato próprio da referida autoridade. 4. Esta Corte Superior adota entendimento segundo o qual a regular aprovação em concurso público em posição classificatória compatível com as vagas previstas em edital confere ao candidato direito subjetivo a nomeação e posse dentro do período de validade do certame. Porém, tal expectativa de direito é transformada em direito subjetivo à nomeação do candidato aprovado se, no decorrer do prazo de validade do edital, houver a contratação precária de terceiros para o exercício dos cargos vagos, salvo situações excepcionais plenamente justificadas pela Administração, de acordo com o interesse público. 5. O ora impetrante demonstra que está contratado como bolsista no Instituto Evandro Chagas, exercendo as mesma funções do cargo para que foi aprovado, conforme certidão expedida pela referida instituição juntada as fls. 93. 6. É incontroverso a existência de vaga para o referido cargo, no período de vigência do certame, a qual foi ocupada, em caráter precário, por meio de contratação de bolsista. Portanto, é manifesto que a contratação do ora impetrante como bolsista para exercer a mesma função de candidato aprovado em certame dentro do prazo de validade, transforma a mera expectativa em direito líquido e certo, em flagrante preterição a ordem de classificação dos candidatos aprovados em concurso público. 7. Como o candidato ficou colocado em 2º lugar no concurso público para provimento do referido cargo, que tinha 2 vagas, ou seja, foi aprovado em posição classificatória compatível com as vagas previstas em edital, tem direito a nomeação e posse. 8. Segurança concedida." (MS 18.632/DF, Rel. Ministro MAURO CAMPBELL MARQUES, PRIMEIRA SEÇÃO, julgado em 10/04/2013, DJe 18/04/2013)

◉ O término da validade do concurso marca o termo a quo da contagem do prazo decadencial para a impetração de mandado de segurança dirigido contra ato omissivo da autoridade coatora, que se furtou em nomear o candidato no cargo para o qual fora aprovado.

"ADMINISTRATIVO. MANDADO DE SEGURANÇA. CONCURSO PÚBLICO. CONTADOR DO QUADRO DE PESSOAL DA ADVOCACIA--GERAL DA UNIÃO. LEGITIMIDADE PASSIVA AD CAUSAM. EXISTÊNCIA. CANDIDATO APROVADO FORA DO NÚMERO DE VAGAS OFERTADAS NO EDITAL. SURGIMENTO DE NOVAS VAGAS EM NÚMERO SUFICIENTE PARA ALCANÇAR A CLASSIFICAÇÃO DO IMPETRANTE. PRAZO PARA IMPETRAÇÃO. FIM DA VALIDADE DO CERTAME. NOTIFICAÇÃO DOS DEMAIS CANDIDATOS MELHORES CLASSIFICADOS QUE O IMPETRANTE. DESNECESSIDADE. CONTRATAÇÃO DE NOVOS SERVIDORES. NECESSIDADE DA ADMINISTRAÇÃO. COMPROVAÇÃO. REQUISIÇÃO DE SERVIDORES/EMPREGADOS PÚBLICOS. ABUSO. EXISTÊNCIA. RETROAÇÃO DOS EFEITOS DA NOMEAÇÃO À DATA DE EXPIRAÇÃO DA VALIDADE DO CONCURSO (29/6/12). IMPOSSIBILIDADE. AUSÊNCIA DE DIREITO ADQUIRI-

DO A REGIME JURÍDICO. MANDAMUS UTILIZADO COMO SUCEDÂNEO DE AÇÃO DE COBRANÇA. ANTECIPAÇÃO DOS EFEITOS DA TUTELA. REQUISITOS. PRESENÇA. SEGURANÇA PARCIALMENTE CONCEDIDA. 1. Para fins de impetração de mandado de segurança, entende-se por Autoridade "a pessoa física investida de poder de decisão dentro da esfera de competência que lhe é atribuída pela norma legal" (MEIRELLES, Hely Lopes et al. Mandado de Segurança e ações constitucionais. 34ª ed. São Paulo: Malheiros, 2012, p. 33). 2. O "término da validade do concurso marca o termo a quo da contagem do prazo decadencial para a impetração de mandado de segurança dirigido contra ato omissivo da autoridade coatora, que se furtou em nomear o candidato no cargo para o qual fora aprovado" (AgRg no RMS 36.299/SP, Rel. Min. CASTRO MEIRA, Segunda Turma, DJe 21/8/12). 3. Nos termos do art. 131, caput, da CRFB/88 c.c. 4º, I e XVII, e 49, § 2º, da Lei Complementar 73/93, é do Advogado-Geral da União a competência para promover a investidura de servidores em cargos públicos do quadro de pessoal da Advocacia-Geral da União, sendo irrelevante que a tenha delegado ao Secretário-Geral de Administração daquele órgão público pois, por estar autorizada pela referida lei complementar, torna-se inaplicável a regra contida no art. 14, § 1º, da Lei Ordinária 9.784/99. 4. A legitimidade passiva da Ministra de Estado do Planejamento, Orçamento e Gestão também encontra-se devidamente configurada, uma vez que, nos termos do art. 10 do Decreto 6.944, de 21/8/09, c.c. a Portaria/MPOG 350, de 4/8/10, cabe ao titular daquela Pasta autorizar o provimento dos cargos relativos ao concurso público ora sob análise. 5. Segundo o art. 3º, caput, da Lei 12.016/09, "O titular de direito líquido e certo decorrente de direito, em condições idênticas, de terceiro poderá impetrar mandado de segurança a favor do direito originário, se o seu titular não o fizer, no prazo de 30 (trinta) dias, quando notificado judicialmente" (Grifo nosso). 6. A regra contida no referido dispositivo é inaplicável à hipótese dos autos, uma vez que o eventual direito à nomeação do Impetrante não decorre do direito de terceiros. O direito dos candidatos à nomeação decorre do fato de terem sido aprovados no concurso público, na forma do art. art. 37, II, da Constituição Federal (redação da EC 19/98). 6. A ordem classificatória dos candidatos aprovados no concurso publico corresponde a um critério utilizado pela Administração para organizar as nomeações, de modo a privilegiar aqueles em melhor posição relativa. Isso não significa que o direito à nomeação do candidato pior classificado dependa do direito daquele melhor classificado, o que significaria dizer, por exemplo, que, se o primeiro colocado não tomar posse por não ter a formação acadêmica exigida para o cargo público, ficariam impedidos os demais candidatos, o que não ocorre, como se sabe. 7. A regra contida no art. 3º da Lei 12.016/09 cuida de situações como aquelas narradas por FIRLY NASCIMENTO FILHO (In "Mandado de Segurança Individual e Coletivo: A Lei nº 12.016/2009 Comentada". Org. Aluísio Gonçalves de Castro Mendes. Niterói, RJ: Impetus, 2010, p. 23), citando exemplos trazidos por Hugo de Brito Machado e Nelson e Rosa Nery, envolvendo ações judiciais movidas por contribuintes de fato questionando uma dada exação, tida como ilegal ou inconstitucional, ou do locatário a postular a ilegalidade ou inconstitucionalidade do IPTU, diante da inércia do locador. 8. Destarte, mostra-se irrelevante que o Impetrante ocupe a 7ª posição na lista de candidatos aprovados que aguardam nomeação para o cargo de Contador do quadro de pessoal da Advocacia-Geral da União, mormente se considerado que o número de vagas para o referido cargo público é superior aos sete candidatos. 9. É firme a jurisprudência desta Corte, respaldada pelo Supremo Tribunal Federal, "no sentido de que os candidatos classificados em concurso público fora do número de vagas previstas no edital possuem mera expectativa de direito à nomeação, apenas adquirindo esse direito caso haja comprovação do surgimento de novas vagas durante o prazo de validade do concurso público, bem como o interesse da Administração Pública em preenche-la" (RMS 37.598/DF, Rel. Min. BENEDITO GONÇALVES, Primeira Turma, DJe 24/9/12 – Grifo nosso). 10. Hipótese em que restou comprovado nos autos que, durante a validade do concurso público, surgiram 18 (dezoito) novas vagas do cargo de Contador no quadro de pessoal da Advocacia-Geral da União e, ainda, que a deficiência de pessoal naquele órgão, confessada pelo próprio Advogado-Geral da União, tem sido suprida, de forma abusiva e, portanto, ilegal, mediante a requisição de 37 (trinta e sete) Contadores oriundos de outros órgãos, dos quais pelo menos 10 (dez) ocorreram após a realização do mencionado certame. Nesse sentido, mutatis mutandis: (MS 18.881/DF, Rel. Min. NAPOLEÃO NUNES MAIA FILHO, Primeira Seção, DJe 5/12/12. 11. "Os servidores públicos não têm direito adquirido à manutenção da forma de cálculo da remuneração, dado que não há direito adquirido a regime jurídico. Tampouco cabe falar em ofensa à garantia da irredutibilidade de vencimentos se preservado o valor nominal do total da remuneração do servidor" (AI 632.930 AgR, Rel. Min. LUIZ FUX, STF, Primeira Turma, DJe 20/2/13). Por conseguinte, se o próprio servidor público, apesar de investido em seu cargo, não pode amparar-se em um suposto direito líquido e certo a regime jurídico, muito menos aquele que sequer foi nomeado e empossado no cargo efetivo. 12. Nos termos da Súmula 269/STF, é vedada a utilização do mandado de segurança como sucedâneo de ação de cobrança. 13. Consoante entendimento jurisprudencial compartilhado pelo Supremo Tribunal Federal e pelo Superior Tribunal de Justiça, nas hipóteses de nomeação de candidatos aprovados em concurso público por força de decisão judicial, mostra-se inviável a retroação dos efeitos quanto ao período compreendido entre a data em que deveriam ter sido nomeados e a efetiva investidura no serviço público, para fins de pagamento de vencimentos atrasados ou, mesmo, de indenização. Nesse sentido: EREsp 1.117.974/RS, Rel. p/ Ac. Min. TEORI ALBINO ZAVASCKI, Corte Especial, DJe 19/12/11; REsp 508.477/PR, Rel. Min. LAURITA VAZ, Quinta Turma, DJ 6/8/07. 14. A vedação contida nos arts. 1º, § 3º, da Lei 8.437/92 e 1º da Lei 9.494/97, quanto à concessão de antecipação de tutela contra a Fazenda Pública nos casos de aumento ou extensão de vantagens a servidor público, não se aplica nas hipóteses em que o autor busca sua nomeação e posse em cargo efetivo, em razão da sua aprovação no concurso público. Nesse sentido: AgRg no REsp 1.234.859/AM, Rel. Min. TEORI ALBINO ZAVASCKI, Primeira Turma, DJe 10/2/12. 15. "A jurisprudência do Superior Tribunal de Justiça firmou-se no sentido de que a vedação de execução provisória de sentença contra a Fazenda Pública restringe-se às hipóteses previstas no art. 2º-B da Lei 9.494/97, o que não é o caso dos autos, pois não há determinação de pagamentos pretéritos, mas apenas o pagamento pelo efetivo serviço prestado" (AgRg no REsp 1.259.941/DF, Rel. Min. HERMAN BENJAMIN, Segunda Turma, DJe 19/12/12). 16. Hipóteses em que se mostra possível a antecipação dos efeitos da tutela, uma vez que os requisitos do art. 273 do CPC encontram-se atendidos na espécie, a saber: (i) demonstração da verossimilhança do direito pleiteado, nos termos da fundamentação; (ii) a demora na nomeação do Impetrante impõe-lhe danos de difícil reparação, em virtude de não poder trabalhar e, por conseguinte, receber a devida contraprestação remuneratória pelo exercício do cargo; (iii) inexiste perigo de irreversibilidade do provimento antecipado, porquanto o exercício provisório do cargo público, por força de antecipação dos efeitos da tutela, não assegura o direito à nomeação definitiva caso o pedido principal seja julgado improcedente. 17. Segurança parcialmente concedida a fim de reconhecer o direito do Impetrante de ser nomeado no cargo de Contador do quadro de pessoal da Advocacia-Geral da União, com todos os efeitos funcionais, pecuniários e previdenciários contados a partir da respectiva posse. Pedido de antecipação dos efeitos da tutela deferido, a fim de determinar às Autoridades Impetradas que, no âmbito de suas respectivas competências, promovam todas as medidas necessárias à imediata nomeação e posse do Impetrante, uma vez atendidas por este último as exigências legais para investidura do mencionado cargo público. Sem condenação em honorários advocatícios, nos termos da Súmula 105/STJ." (MS 19.227/DF, Rel. Ministro ARNALDO ESTEVES LIMA, PRIMEIRA SEÇÃO, julgado em 13/03/2013, DJe 30/04/2013)

◙ **Quando na prova objetiva for possível apontar duas respostas igualmente certas, circunstância que, nos termos do edital, resultaria na anulação da questão e na atribuição da respectiva pontuação a todos os candidatos, a decisão da banca examinadora de alterar o gabarito, ao invés de anular a questão, importa em violação das regras do edital, o que autoriza, excepcionalmente, o exame da controvérsia pelo Poder Judiciário.**

"ADMINISTRATIVO. CONCURSO PÚBLICO. PROCURADOR DA FAZENDA NACIONAL. PROVA OBJETIVA. CANDIDATA ELIMINADA NA PRIMEIRA FASE EM RAZÃO DE NÃO ALCANÇAR A NOTA DE CORTE. ALTERAÇÃO DO GABARITO PRELIMINAR. ALEGAÇÃO DE QUE A MODIFICAÇÃO DECORRERIA DE ERRO DA BANCA EXAMINADORA. IMPETRANTE BENEFICIADA POR DUAS LIMINARES: UMA, PARA QUE PUDESSE PARTICIPAR DAS FASES SUBSEQUENTES, NAS QUAIS OBTEVE ÊXITO; OUTRA, PARA QUE FOSSE NOMEADA, RESPEITADA A ORDEM DE CLASSIFICAÇÃO. JULGAMENTO DO MANDADO DE SEGURANÇA PELO RELATOR ORIGINAL, QUE SE TRANSFERIU DE SEÇÃO. IMPOSSIBILIDADE. SUBSTITUIÇÃO PELO MINISTRO QUE O SUCEDEU NO ÓRGÃO JULGADOR. LEGITIMIDADE PASSIVA AD CAUSAM. IMPETRAÇÃO QUE TEM POR OBJETIVO NÃO APENAS A OBTENÇÃO DOS PONTOS DA QUESTÃO IMPUGNADA, MAS, PRINCIPALMENTE, O RECONHECIMENTO DO DIREITO À INVESTIDURA NO CARGO. ATO DE NOMEAÇÃO. ATRIBUIÇÃO DO ADVOGADO-GERAL DA UNIÃO. EXTINÇÃO DO PROCESSO SEM RESOLUÇÃO DE MÉRITO EM RELAÇÃO AO DIRETOR-GERAL DA ESAF. LITISCONSÓRCIO. NULIDADE NÃO CONFIGURADA. NOMEAÇÃO DE TODOS OS CANDIDATOS APROVADOS. AUSÊNCIA DE PREJUÍZO. INTERPOSIÇÃO DE RECURSO CONTRA O GABARITO DEFINITIVO. VEDAÇÃO PELO EDITAL DE ABERTURA. SITUAÇÃO QUE NÃO CONFIGURA CERCEAMENTO DE DEFESA. PRECEDENTES. QUESTÃO DE PROVA OBJETIVA PARA A QUAL HAVIA DUAS RESPOSTAS IGUALMENTE CERTAS. HIPÓTESE DE ANULAÇÃO DA QUESTÃO, COM ATRIBUIÇÃO DOS PONTOS A TODOS OS CANDIDATOS, NOS TERMOS DO EDITAL. ALTERAÇÃO DO GABARITO AO INVÉS DE ANULAÇÃO. MEDIDA QUE IMPORTA EM DESCUMPRIMENTO DO EDITAL. EXCEPCIONALIDADE DO CASO, A PERMITIR O EXAME DA CONTROVÉRSIA PELO PODER JUDICIÁRIO. PRESERVAÇÃO DA PECULIAR SITUAÇÃO DA IMPETRANTE, QUE EXERCE O CARGO HÁ MAIS DE TRÊS ANOS. PRINCÍPIO DA SEGURANÇA JURÍDICA. INVESTIDURA QUE, TORNADA DEFINITIVA, NÃO ACARRETARÁ NENHUM PREJUÍZO À ADMINISTRAÇÃO, NEM AOS OUTROS CANDIDATOS APROVADOS, TODOS JÁ NOMEADOS. 1. Inviável a manutenção do mandado de segurança com o relator original que se transferiu de Seção, porquanto, nessa situação, tem lugar a substituição pelo Ministro que o sucedeu no órgão julgador, conforme previsão do Regimento Interno do Superior Tribunal de Justiça. 2. Impetração que tem por objetivo não apenas a obtenção dos pontos da questão impugnada; mas, principalmente, o reconhecimento do direito à investidura no cargo público, em razão do êxito alcançado nas etapas subsequentes do certame. Legitimidade passiva ad causam do Advogado-Geral da União, sobre quem recai a responsabilidade não só pela nomeação dos candidatos aprovados, como também pela revisão de todo e qualquer ato superveniente à homologação do resultado do concurso, conforme decidido pelo Conselho Superior da AGU em sua nonagésima reunião ordinária, realizada em 13/10/2008. 3. A circunstância de não ter havido a formação do litisconsórcio passivo não é causa de nulidade do processo, considerando que todos os 864 candidatos aprovados já foram nomeados, o que afasta a possibilidade de que a decisão do mandado de segurança lhes cause algum prejuízo. 4. O fato de o edital do concurso expressamente vedar a possibilidade de interposição de novos recursos por candidatos prejudicados pela alteração do gabarito preliminar da prova objetiva não contraria os princípios do contraditório e da ampla defesa. Precedentes. 5. Para a pergunta impugnada pela impetrante era possível apontar não uma, mas duas respostas igualmente certas, circunstância que, nos termos do edital, resultaria na anulação da questão e na atribuição da respectiva pontuação a todos os candidatos. A decisão da banca examinadora de alterar o gabarito, ao invés de anular a questão, importou em violação das regras do edital, o que autoriza, excepcionalmente, o exame da controvérsia pelo Poder Judiciário. 6. Caso em que a situação da impetrante, que exerce, por força de liminar, o cargo de Procurador da Fazenda Nacional há mais de três anos, deve ser preservada, em caráter excepcional, seja em respeito ao princípio da segurança jurídica, seja porque nenhum prejuízo advirá dessa confirmação para a administração. 7. Processo extinto sem resolução de mérito em relação ao Diretor-Geral da Escola de Administração Fazendária, em razão de sua ilegitimidade. 8. Segurança concedida para tornar definitiva a investidura da impetrante no cargo de Procurador da Fazenda Nacional, prejudicados os agravos regimentais." (MS 13.237/DF, Rel. Ministro MARCO AURÉLIO BELLIZZE, TERCEIRA SEÇÃO, julgado em 12/12/2012, DJe 24/04/2013)

◉ Número de vagas dinâmico. "Vagas que surgirem dentro do prazo de validade do concurso" e direito à nomeação.

"ADMINISTRATIVO. MANDADO DE SEGURANÇA. CONCURSO PÚBLICO PARA O CARGO DE PROCURADOR DO BANCO CENTRAL DO BRASIL. EDITAL 1/2009, ITEM 2.4. NÚMERO ABERTO DE VAGAS A PREENCHER. OFERTA DE 20 VAGAS, ALÉM DAS QUE SURGIREM E VIEREM A SER CRIADAS DURANTE O PRAZO DE VALIDADE DO CONCURSO. CRIAÇÃO DE 100 VAGAS PELA LEI 12.253/2010. APROVAÇÃO DENTRO DO NÚMERO DE VAGAS. DIREITO LÍQUIDO E CERTO À NOMEAÇÃO. PARECER DO MINISTÉRIO PÚBLICO PELA DENEGAÇÃO DA ORDEM. ORDEM CONCEDIDA, NO ENTANTO. 1. O princípio da moralidade impõe obediência às regras insculpidas no instrumento convocatório pelo Poder Público, de sorte que a oferta de vagas vincula a Administração, segundo, ainda, o princípio da legalidade. 2. A partir da veiculação expressa da necessidade de prover determinado número de cargos, através da publicação de edital de concurso, a nomeação e posse de candidato aprovado dentro das vagas ofertadas é direito subjetivo líquido e certo, tutelado na via excepcional do Mandado de Segurança. 3. Tem-se por ilegal o ato omissivo da Administração que não assegura a nomeação de candidato aprovado e classificado até o limite de vagas previstas no edital, por se tratar de ato vinculado. 4. In casu, os impetrantes foram classificados nas 59a. e 60a. posições para o cargo de Procurador do Banco Central do Brasil, cujo Edital previu originária e expressamente a existência de 20 vagas, além das que surgirem e vierem a ser criadas durante o prazo de validade do concurso (23.4.2012); tendo sido criadas mais 100 vagas para o referido cargo pela Lei 12.253/2010, impõe-se reconhecer o direito líquido e certo dos impetrantes à nomeação e posse no cargo para o qual foram devidamente habilitados dentro do número de vagas oferecidas pela Administração. 5. Ordem concedida para determinar a investidura dos Impetrantes no cargo de Procurador do Banco Central para o qual foram aprovados, observada rigorosamente a ordem de classificação." (MS 18.570/DF, Rel. Ministro NAPOLEÃO NUNES MAIA FILHO, PRIMEIRA SEÇÃO, julgado em 08/08/2012, DJe 21/08/2012)

◉ O encerramento do certame, o término do curso de formação ou a homologação do resultado final do concurso público não acarretam perda do objeto de mandado de segurança impetrado em face de suposta ilegalidade ou abuso de poder praticados durante uma de suas etapas.

"AGRAVO REGIMENTAL EM RECURSO ORDINÁRIO EM MANDADO DE SEGURANÇA. EXAME PSICOTÉCNICO. CRITÉRIOS SIGILOSOS. AUSÊNCIA DE PUBLICIDADE DOS MOTIVOS. EXCLUSÃO. ILEGALIDADE. PRINCÍPIO DA AMPLA DEFESA E DO CONTRADITÓRIO. CERTAME ENCERRADO. PERDA DE OBJETO. INOCORRÊNCIA. INEXISTÊNCIA DE ARGUMENTOS APTOS A ENSEJAR A MODIFICAÇÃO DA DECISÃO AGRAVADA.Agravo regimental improvido. (AgRg no RMS 31.067/SC, Rel. Ministro SEBASTIÃO REIS JÚNIOR, SEXTA TURMA, julgado em 14/08/2012, DJe 22/08/2012)

PROCESSUAL CIVIL. RECURSO ORDINÁRIO EM MANDADO DE SEGURANÇA. CONCURSO PÚBLICO. EXAME PSICOTÉCNICO. EXCLUSÃO. ALEGADA ILEGALIDADE. CURSO DE FORMAÇÃO. ENCERRAMENTO. PERDA DE OBJETO. INOCORRÊNCIA. 1. Pedido de concessão de benefício de assistência judiciária gratuita que deve ser deferido, considerando tratar-se de recorrente pessoa física que, via simples petição alegando hipossuficiência econômico-financeira, assim o requer. 2. A inicial do mandado de segurança veicula o seguinte pedido (fl. 26, e-STJ): "e) Que seja julgado procedente o pedido, para conceder a segurança postulada, de modo que, confirmando-se a liminar, seja declarada a nulidade do ato administrativo que excluiu a impetrante do certame e, por conseguinte, declarar sua aprovação, eis que o concurso público se utilizou de critérios subjetivos para avaliá-lo;". 3. Vê-se, portanto, que, embora encerrado o curso de formação, permanece o interesse de agir na presente demanda, uma vez que permanece no mundo jurídico o ato que, de forma alegadamente ilegal, excluiu a impetrante do certame na fase de exame psicotécnico – o qual veio a ser submetido ao crivo do Judiciário. 4. O encerramento desta via mandamental por pura e simples falta de interesse de agir terá, por consequência, a exclusão da candidata do certame, justamente o ponto nodal da controvérsia sobre o qual se requer a manifestação judicial. Precedentes. 5. Recurso ordinário em mandado de segurança provido. Pedido de benefício de justiça gratuita deferido." (RMS 32.100/DF, Rel. Ministro MAURO CAMPBELL MARQUES, SEGUNDA TURMA, julgado em 04/11/2010, DJe 12/11/2010)

◙ A exigência de exame psicotécnico no concurso público tem que ter previsão legal.

▶ É pressuposto para a exigência do psicotécnico que ele tenha previsão em lei. Isso está claramente enunciado no artigo 37, incisos I e II da Carta Constitucional. Art. 37. A administração pública direta e indireta de qualquer dos Poderes da União, dos Estados, do Distrito Federal e dos Municípios obedecerá aos princípios de legalidade, impessoalidade, moralidade, publicidade e eficiência e, também, ao seguinte: I – os cargos, empregos e funções públicas são acessíveis aos brasileiros que preencham os requisitos estabelecidos em lei, assim como aos estrangeiros, na forma da lei; II – a investidura em cargo ou emprego público depende de aprovação prévia em concurso público de provas ou de provas e títulos, de acordo com a natureza e a complexidade do cargo ou emprego, na forma prevista em lei, ressalvadas as nomeações para cargo em comissão declarado em lei de livre nomeação e exoneração. A exigência de concurso público para acesso a cargos ou empregos públicos não é baseada no regime jurídico profissional de seus respectivos servidores. Trata-se de exigência constitucional, cujo fundamento é o sacramental princípio da indisponibilidade do interesse público, isonomia, impessoalidade, moralidade, dentre outros. Reforçando as garantias dos cidadãos contra as investidas ilegais do Poder Público ficou assentado expressamente no texto constitucional que os requisitos de acesso aos cargos e empregos públicos devem ter previsão em lei, ou seja, não pode o edital criar os requisitos de acesso ao cargo, como, por exemplo, a exigência de exame psicotécnico. Isso explica por que o Decreto-Lei 2.320 de 26 de janeiro de 1987, que dispõe sobre o ingresso nas categorias funcionais da Carreira da Polícia Federal, enuncia em seus dispositivos (artigos 6º, 7º e 8º) os requisitos exigidos para o ingresso no cargo, tendo inclusive, de forma expressa em seu artigo 8º, inciso III, exigindo como requisito para a matrícula que o candidato possua "temperamento adequado ao exercício das atividades inerentes à categoria funcional a que concorrer, apurado em exame psicotécnico".

◙ Sob nenhuma circunstância o edital pode impor em um concurso o exame psicotécnico como fase ou critério de aprovação do candidato.

▶ Sob nenhuma circunstância o edital pode impor em um concurso o exame psicotécnico como fase ou critério de aprovação do candidato, sem que haja previsão legal para isso. Acompanhemos o seguinte raciocínio: o edital é um ato administrativo, portanto de inferior hierarquia em relação à lei e à Constituição Federal. Assim, quando se diz que o edital é a "lei interna do concurso", que o "edital vincula as partes" essa afirmativa somente é correta se o instrumento convocatório estiver em conformidade com a lei e a Constituição Federal, sob pena de subversão e inversão do sistema hierárquico existente entre as espécies normativas.

◙ "2. In casu, é patente a ilegalidade do exame psicotécnico sub examine, verificada, aliás, em várias oportunidades. São elas: a) ausência de previsão legal, b) caráter subjetivo c) caráter irrecorrível – quando o edital previu apenas seletivo. (...) AgRg no RMS 13794 / RN ; 2001/0128194-6, Relatora: Ministra Laurita Vaz, Quinta Turma, 06/04/2006, DJ, 02.05.2006, p. 339".

◙ No mesmo sentido: "1. Admite-se a exigência de aprovação em exame psicotécnico para provimento de certos cargos públicos, com vistas à avaliação pessoal, intelectual e profissional do candidato. No entanto, exige-se a presença de certos pressupostos, a saber: a) previsão legal, sendo insuficiente mera exigência no edital; b) não seja realizado segundo critérios subjetivos do avaliador, que resultem em discriminação dos candidatos; c) seja passível de recurso pelo candidato. REsp 384019 / RS ; 2001/0155914-1 Relator: Ministro Arnaldo Esteves Lima, Quinta Turma, 06/06/2006, DJ 26.06.2006, p. 185."

● Necessidade de previsão legal, objetividade quantos aos critérios de avaliação e de publicidade do resultado. Repercussão geral reconhecida com mérito julgado

● "Antiga é a jurisprudência desta Corte no sentido de que a exigência de avaliação psicológica ou teste psicotécnico, como requisito ou condição necessária ao acesso a determinados cargos públicos de carreira, somente é possível, nos termos da CF, se houver lei em sentido material (ato emanado do Poder Legislativo) que expressamente a autorize, além de previsão no edital do certame. Ademais, o exame psicotécnico necessita de um grau mínimo de objetividade e de publicidade dos atos em que se procede. A inexistência desses requisitos torna o ato ilegítimo, por não possibilitar o acesso à tutela jurisdicional para a verificação de lesão de direito individual pelo uso desses critérios." [AI 758.533 QO-RG, voto do rel. min. Gilmar Mendes, j. 23-6-2010, P, DJE de 13-8-2010, Tema 338.]

● É ilegal o psicotécnico previsto apenas no edital ou decreto.

● "PROCESSO Concurso público – Polícia Militar – Oficial – Exame psicotécnico – Inaptidão – Impossibilidade: – Não basta a previsão do exame psicotécnico no edital e no decreto que regulamenta o concurso, pois somente lei formal pode sujeitar o candidato e sua realização deve observar rigorosamente todos os atos normativos editados para assegurar o resultado seguro." (TJSP; Apelação / Remessa Necessária 1024382-90.2014.8.26.0053; Relator (a): Teresa Ramos Marques; Órgão Julgador: 10ª Câmara de Direito Público; Foro Central – Fazenda Pública/Acidentes – 7ª Vara de Fazenda Pública; Data do Julgamento: 18/09/2017; Data de Registro: 20/09/2017).

● "APELAÇÃO. AÇÃO ORDINÁRIA. CONCURSO PÚBLICO. EXAME PSICOLÓGICO. SOLDADO PM 2ª CLASSE. Tutela antecipada concedida a permitir a participação do autor nas demais etapas do concurso. Decreto Estadual nº 41.113/96 que, a pretexto de regulamentar a LCE nº 672/92 inovou na ordem jurídica, exigindo exame psicológico para habilitação do candidato. Requisito não previsto na lei regulamentada. Impossibilidade. Decreto que extrapolou os limites da competência normativa. Necessária observância do princípio da legalidade e do disposto no artigo 37, I, da CF. Inteligência da Súmula Vinculante nº 44. Entendimento consolidado no STF no sentido de que só se pode submeter candidato de concurso público a exame psicológico ou psicotécnico mediante previsão em lei em sentido estrito, ou seja, aquela proveniente do Poder Legislativo. Diante da inexistência de lei paulista fixando tal requisito, impossível prever exame psicológico apenas em decreto e edital do certame. Reexame necessário e recurso de apelação não providos." (TJSP; Apelação / Remessa Necessária 0015563-94.2014.8.26.0664; Relator (a): Marcelo Semer; Órgão Julgador: 10ª Câmara de Direito Público; Foro de Votuporanga – 1ª Vara Cível; Data do Julgamento: 17/10/2016; Data de Registro: 18/10/2016)

● O termo a quo para a contagem do prazo decadencial para a impetração do mandado de segurança que se insurge contra resultado obtido em exame psicotécnico é a publicação do ato administrativo que determina a eliminação do candidato e não a publicação do edital do certame.

● "ADMINISTRATIVO. PROCESSUAL CIVIL. MANDADO DE SEGURANÇA. CONCURSO PÚBLICO. EXAME PSICOTÉCNICO. INTERPOSIÇÃO PELA ALÍNEA "B" DO PERMISSIVO CONSTITUCIONAL. VIOLAÇÃO DO ART. 535 DO CÓDIGO DE PROCESSO CIVIL. AUSÊNCIA DE ACLARATÓRIOS NOS AUTOS. INCIDÊNCIA DA SÚMULA 284/STF. ART. 5º DA LEI 8112/90. SÚMULA 182/STF. VIOLAÇÃO DE DIREITO LOCAL. SÚMULA 280/STF. DECADÊNCIA. TERMO A QUO. ATO DA ELIMINAÇÃO DO CONCURSO.

1. Não se pode conhecer do recurso quanto à interposição pela alínea "b" da Constituição Federal de 1988, porquanto o insurgente em nenhum momento demonstra ter a r. decisão recorrida julgado válido ato de governo local contestado em face de lei federal, esbarra no óbice da súmula nº 284/STF. 2. Nessa mesma linha, deve-se destacar que, não obstante ter sido alegada violação do art. 535 do CPC, a análise dos autos demonstra que não foram

opostos embargos de declaração, faltando-lhe pertinência no ponto. Assim, inviável a análise da violação suscitada, nos termos da Súmula 284/STF. 3. Não há como apreciar o mérito da controvérsia com base na dita malversação do artigo art. 5º da Lei nº 8.112/90, uma vez que não foi objeto de debate pela instância ordinária, o que inviabiliza o conhecimento do especial no ponto por ausência de prequestionamento. Incide ao caso a súmula 282 do STF. 4. Quanto à suposta violação do art. 8º, VI, da Lei Complementar Estadual nº 68/92, ressalto que não é possível tal análise na via recursal eleita a teor da Súmula 280/STF, por aplicação analógica. 5. A jurisprudência desta Corte superior é no sentido de que o termo a quo para a contagem do prazo decadencial para a impetração do mandado de segurança que se insurge contra resultado obtido em exame psicotécnico é a publicação do ato administrativo que determina a eliminação do candidato e, não, a publicação do edital do certame. 6. Agravo regimental não provido." (AgRg no AREsp 202.442/RO, Rel. Ministro MAURO CAMPBELL MARQUES, SEGUNDA TURMA, julgado em 09/10/2012, DJe 16/10/2012)

◉ **Não é possível criar requisito de acesso ao cargo por meio do edital.**

◉ "APELAÇÃO CÍVEL CONCURSO PÚBLICO CARGO DE CIRURGIÃO DENTISTA DESCLASSIFICAÇÃO DO APELANTE – EXIGÊNCIA DE ESPECIALIDADE REQUISITO NÃO PREVISTO NA LEI INSTITUIDORA DO CARGO OU REGULAMENTADORA DA PROFISSÃO IMPOSSIBILIDADE PRINCÍPIO DA LEGALIDADE CF, ART. 37, INC. I – RECURSO CONHECIDO E PROVIDO. 1) Embora o Edital nº 001/2011, em seu Anexo I, indique como escolaridade exigida para a função de cirurgião dentista/buco-maxilo, além de curso superior completo em Odontologia e registro no Conselho Regional de Classe, o título de especialista na área a que concorre (fl. 39), esta última exigência não encontra ressonância na legislação federal e municipal que disciplina a matéria. 2) A Lei Municipal nº 1.824/1995, que estabelece o plano de carreira e vencimentos dos servidores do Município da Serra, ao instituir o cargo de Técnico de Nível Superior, predestinou-o a executar atividades de exigência de formação especializada em nível superior nos termos da legislação e das normas relacionadas a sua atividade profissional, no âmbito da administração pública municipal, responsabilizando-se tecnicamente pelo serviço inerente a sua função, ao passo que a Lei Federal nº 5.081/1966, que regulamenta o exercício da Odontologia em território nacional, assegura aos cirurgiões-dentistas habilitados em curso superior e inscritos no Conselho Regional de Odontologia sob cuja jurisdição se achar o local de sua atividade, a prerrogativa de praticar todos os atos pertinentes a Odontologia, decorrentes de conhecimentos adquiridos em curso regular ou em cursos de pós-graduação (art. 6º, inciso I). 3) O cargo público, como nos esclarece José dos Santos Carvalho Filho, é o lugar dentro da organização funcional da Administração Direta e de suas autarquias e fundações públicas que, ocupado por servidor público, tem funções específicas e remuneração fixadas em lei ou diploma a ela equivalente. 4) Essa necessidade dos requisitos de acesso aos cargos públicos virem expressamente previstos em lei, além de ínsita ao princípio republicano, é expressão direta dos princípios da legalidade e da impessoalidade, pois se a res é pública e a todos pertencem, em idêntica proporção, somente aos titulares do poder, através de seus legítimos representantes, é dado estabelecer as condições de ingresso no serviço público, sob pena de se outorgar ao administrador discricionariedade incompatível com as vigas mestras de nossa ordem constitucional e com a previsão contida no art. 37, inc. I, de nossa Carta Maior. 5) Não estivessem os requisitos de acesso previamente delineados em lei da entidade a quem pertença o cargo, o administrador estaria liberto de peias jurídicas para estabelecê-los no edital do certame, podendo, ainda que a pretexto de escolher o candidato mais qualificado, recrudescer de tal forma as exigências que o universo de possíveis candidatos restasse plenamente identificável, em descompasso com o princípio da impessoalidade. 6) Como a legislação que regulamenta a matéria não contempla a exigência que justificou a desclassificação do apelante para o cargo no qual ele restou aprovado, falece o instrumento convocatório do certame ou qualquer outro ato normativo subalterno da prerrogativa de instituir validamente dita exigência, sob pena de invadir competência privativa alheia, reservada ao legislador ordinário. Precedentes desta egrégia Corte. 7)

Uma vez que a exigência administrativa não encontra suporte na lei instituidora do cargo e nem naquela que regulamento o exercício da profissão no território nacional, não se tem dúvidas em proclamar sua nulidade, na esteira da orientação deste egrégio Tribunal, determinando a nomeação do apelante, aprovado dentro do número de vagas disponibilizado pelo Edital nº 001/2011. 8) Recurso conhecido e provido. 1. in Manual de Direito Administrativo. 31ª ed., São Paulo: Atlas, 2017, p 406." (TJES, Classe: Apelação, 048120017511, Relator : ELIANA JUNQUEIRA MUNHOS FERREIRA, Órgão julgador: TERCEIRA CÂMARA CÍVEL , Data de Julgamento: 24/04/2018, Data da Publicação no Diário: 04/05/2018)

◉ A exigência de Prova Física deve possuir previsão legal

▶ As provas físicas ou exame de aptidão física tem a finalidade de avaliar a capacidade do candidato para suportar, física e organicamente, as exigências de esforços físicos que terá que fazer para o bom desempenho das tarefas típicas da categoria funcional que pretende ingressar. Essa fase deve possuir caráter exclusivamente eliminatório, pois o candidato somente prosseguirá nas demais fases do concurso se demonstrar que tem as condições físicas mínimas estabelecidas para o exercício do cargo ou emprego público oferecido e, uma vez aprovado nessa fase, sua classificação permanecerá a mesma, independentemente do desempenho apresentado no exame. Devido a essa finalidade específica, o teste de aptidão física deve ser aplicado por examinador com formação profissional compatível com a natureza dos testes a serem aplicados. Cita-se o caso da prova física em um concurso para ingresso na Polícia Militar. Normalmente as leis que regulamentam a carreira possuem a previsão de que dentre as provas que os candidatos irão se submeter existe a avaliação física. A previsão legal existe, porém cabe ao gestor decidir, pautado em parâmetros razoáveis e proporcionais, quais os exercícios físicos serão exigidos e qual será a quantidade mínima necessária à aprovação na atividade. Ocorre que muitas vezes o gestor ao realizar um concurso exige requisitos restritivos de acesso ao cargo público sem a correspondente previsão legal. Neste caso, a violação ao princípio da legalidade possui norma ainda mais específica, a que se encontra insculpida no artigo 37, inciso I, da Constituição Federal.

◉ "RECURSO ORDINÁRIO EM MANDADO DE SEGURANÇA. CONCURSO PÚBLICO PARA O CARGO DE SOLDADO DA POLÍCIA MILITAR. PROVA DE APTIDÃO FÍSICA. PERTINÊNCIA COM AS FUNÇÕES A SEREM EXERCIDAS. MOTIVAÇÃO DO ATO DE REPROVAÇÃO. LEGALIDADE. RECURSO DESPROVIDO. 1. Admite-se a exigência de aprovação em exame físico para preenchimento de cargo público, desde que claramente previsto em lei, guarde pertinência com a função a ser exercida e seja pautado em critérios objetivos, possibilitando ao candidato o conhecimento da fundamentação do resultado. Precedentes. 2. Todos os critérios utilizados para avaliar a aptidão física do candidato para o cargo foram expressa e previamente especificados no Edital regente do certame, que trouxe, inclusive, tabelas explicativas da correlação entre o tempo despendido para a realização do exercício da forma exigida e sua pontuação. 3. Além disso, a Administração juntou documento assinado pela própria impetrante, informando-a os motivos que ensejaram sua reprovação, com a descrição do tempo/número de exercícios praticados pela candidata e correspondente pontuação, sendo certo que a soma não atinge o mínimo exigido para a habilitação." (RMS 25.703/MS, Relator Ministro Napoleão Nunes Maia Filho, Quinta Turma, julgado em 02/06/2009.)

◉ A negativa de acesso às razões do indeferimento de recurso administrativo interposto com vistas a impugnar nota obtida em prova discursiva fere os princípios da publicidade.

◉ "A negativa de acesso às razões do indeferimento de recurso administrativo interposto com vistas a impugnar nota obtida em prova discursiva fere os princípios da publicidade e da motivação, bem como o direito à informação, que visam possibilitar a revisão do ato administrativo, assegurando o pleno exercício do direito ao contraditório e à ampla defesa. TRF01 – APL: 00324304420084013400."

◉ É ilegal a apresentação, por parte da Banca Examinadora, de resposta padrão aos recursos interpostos questionando questão objetiva.

▶ Apesar da obrigatoriedade de fundamentação, tem sido muito comum as bancas examinadoras apresentarem decisões genéricas e sem qualquer motivação, aplicáveis a todo e qualquer recurso que tenha sido interposto, não tendo vinculação com as respostas dadas pelo candidato na prova discursiva e nem com a impugnação recursal. Isso é de fácil constatação: basta comparar decisões de recursos de dois candidatos que apresentaram respostas diferentes à questão discursiva e utilizaram fundamentos distintos em seus recursos. Mesmo diante das diversidades que envolvem os dois casos é comum a Banca Examinadora repetir o mesmo texto de julgamento para indeferir os recursos. É essencial que o candidato lesado faça essa comparação em juízo, pois assim ficará comprovada a ausência de fundamentação da decisão que indeferiu o recurso.

◉ **Incorre, portanto, em ilegalidade a Banca Examinadora que indefere recurso contra correção de prova sem apresentar fundamentação vinculada à impugnação específica apresentada pelo candidato.**

▶ Comprovada a falta de fundamentação das respostas ao recurso interposto por qualquer candidato, é imprescindível que seja decretada a nulidade dessa decisão administrativa pelo Poder Judiciário e que se determine a realização de um novo julgamento do recurso ou uma reavaliação da prova discursiva. Nesse ponto existem duas alternativas: a primeira é determinar que a mesma Banca Examinadora faça novo julgamento do recurso. Mas essa reavaliação da prova discursiva e do julgamento do recurso pela mesma banca seria duvidosa e desprovida de segurança e de garantias de que a banca realmente atuará em consonância com os princípios que norteiam a administração pública. A Banca Examinadora pode simplesmente manter a nota que foi atribuída ao candidato, cometendo os mesmos atos ilegais e sob o argumento de que o Poder Judiciário não pode se imiscuir no mérito administrativo acaba criando um ponto cego imune a qualquer espécie de controle judicial. Não há nenhum sentido em determinar que a mesma Banca Examinadora faça um segundo novo julgamento do recurso administrativo que anteriormente teve uma decisão genérica e padronizada.

◉ "No caso de motivação insuficiente, como o é a motivação-padrão dissociada da matéria arguida no recurso, o candidato terá, em tese, direito a novo julgamento, mas determinação nesse sentido, ao mesmo examinador, é praticamente inócua. Será "chover no molhado", pois o examinador "manterá o seu critério e, evidentemente, o justificará, por isto ou por aquilo", na expressão do Ministro Ribeiro Costa, no julgamento, em 16.10.1963, do MS 11.712 (RDA 80/128)." (TRF 1ª Região, AC 200233000258740, Relator: Desembargador Federal João Batista Moreira, Quinta Turma, 10/02/2005).

◉ **É ilegal o ato de não liberação da gravação do áudio da prova oral para o candidato apresentar recurso.**

◉ "(...)2. A negativa de disponibilização da prova oral fere o princípio constitucional da publicidade, além de retirar a possibilidade de revisão dos atos da banca examinadora, violando, assim, o disposto no art. 5º, XXXV da Constituição Federal, pois impede que o Judiciário exerça o controle jurisdicional sobre possível lesão a direito do candidato. 3. Não adianta haver a abertura de prazo para recurso administrativo, sem que o candidato disponha de meios que efetivem esse direito e possa comprovar suas alegações. É evidente que o candidato precisa ter acesso a sua prova, bem como aos motivos que levaram a sua reprovação, para que possa contestar-lhe os critérios, quando for o caso..." (Juiz Federal Alexandre Jorge Fontes Laranjeira (em substituição), TRF1 – Quinta Turma, e-DJF1 data:02/09/2011."

◉ **É ilegal a falta de motivação nos descontos da nota na prova oral.**

◉ "A reprovação do autor na prova prático-oral de concurso público para ingresso no quadro técnico do corpo auxiliar da marinha do Brasil, com início no posto de primeiro Tenente, padece da falta de motivos suficientes e adequados ou, no mínimo, da falta de motivação suficiente, pública e convincente de sua inaptidão, contrariando o disposto no art. 50 da Lei 9.784/1999. TRF01 – PROC: 109487920044013400."

◉ **É ilegal qualquer regra do edital que impossibilidade o candidato de recorrer na fase de prova oral.**

▶ O candidato tem direito a recurso ilimitado da correção da prova, podendo se valer de advogado, juntar provas como parte de seu exercício pleno do direito à ampla defesa e ao contraditório. Esse direito está respaldado pelos princípios da ampla defesa e do contraditório, na jurisprudência e na doutrina. Os princípios do contraditório e da ampla defesa, previstos no art. 5º, inciso LV, da Constituição Federal, revelam-se aplicáveis aos concursos públicos, entre outras fases, no momento da interposição de recursos contra o resultado das provas discursivas. Para que esse direito seja exercido é necessário que os candidatos tenham vista da prova. Esse é o momento que o candidato tem para apresentar suas razões contra a correção que a Banca Examinadora fez da prova discursiva e para solicitar seu reexame. Cabe à banca analisar cuidadosamente os recursos e divulgar detalhadamente as razões de sua decisão. Qualquer disposição editalícia que vede a vista das provas e a interposição de recursos fere o princípio do contraditório e da ampla defesa. Com efeito, regra prevista no edital com esse conteúdo não se coaduna com o estado democrático de direito, cuja essência denota a submissão, também do Estado, às disposições normativas e ao controle da sociedade. A Constituição Federal é o instrumento balizador dessa nova conformação político-jurídica e todas as normas, ainda que não propriamente leis em sentido estrito, como é o caso dos editais de concursos públicos, devem-lhe observância irrestrita. O edital que veda vista de provas e interposição de recursos também viola o princípio da publicidade, pois a Constituição não se coaduna com o sigilo, que apenas é admitido em situações excepcionais – e o concurso público não está entre essas excepcionalidades, vez que é marcado pela ampla publicidade.

◉ "3. In casu, não está em discussão critério de avaliação escolhido pelo administrador, no âmbito de sua discricionariedade, ou seja, não se está questionando acerca da formulação ou da correção de questões pela Banca Examinadora. Está em debate a adoção, no edital, de procedimento de imposição de sigilo e de irrecorribilidade, em confronto direto com a Norma Constitucional, o que autoriza o controle jurisdicional do ato administrativo. Não se olvide que mesmo os atos administrativos discricionários são passíveis de controle pelo Poder Judiciário, quando inconstitucionais, ilegais e abusivos, não ofendendo, tal ilação, o princípio da separação dos poderes. "Contravindo aos bem lançados argumentos recursais, a jurisprudência do STJ entende, em hipótese semelhante a destes autos, ser possível a intervenção do Poder Judiciário nos atos regulatórios (editais) que regem os concursos públicos." (STJ, AgRg no REsp 673.461/SC, Rel. Ministro Celso Limongi (Desembargador convocado do TJ/SP), Sexta Turma, julgado em 18/02/2010, DJe 08/03/2010)."

◉ No mesmo sentido: "CONSTITUCIONAL E ADMINISTRATIVO. RECURSO ORDINÁRIO EM MANDADO DE SEGURANÇA. CONCURSO PÚBLICO. PRINCÍPIOS DA PUBLICIDADE, DA AMPLA DEFESA E DO CONTRADITÓRIO. OBSERVÂNCIA. VISTA DA PROVA QUE ELIMINOU A CANDIDATA DO CERTAME. CONCESSÃO DA ORDEM.1. Tendo em vista a necessária observância aos princípios norteadores de toda atividade administrativa, mormente os da publicidade – que se desdobra no direito de acesso a informação perante os órgãos públicos –, da ampla defesa e do contraditório, o candidato em concurso público deve ter acesso à prova realizada com a indicação dos erros cometidos que culminaram no seu alijamento do certame. 2. Recurso ordinário provido. ROMS 200802080781, LAURITA VAZ, STJ – QUINTA TURMA, DJE DATA:19/12/2008".

▶ É certo que o edital do concurso público é lei entre as partes, de modo que a inscrição no certame implica concordância com as regras nele contidas. Contudo, essa diretriz não prevalece se as disposições do edital violarem os princípios que regem a atividade administrativa. Portanto, é evidente a nulidade de regra editalícia que vede a vista da prova e a interposição de recurso, devendo o Poder Judiciário afastar a sua aplicação diante do caso concreto, possibilitando que o candidato tenha acesso à sua prova discursiva, bem como à grade de correção, autorizando que o mesmo apresente recurso administrativo.

◉ "Prejudicada a questão relativa à disposição contida no subitem 7.3 do edital. Não serão admitidos recursos contra as provas dissertativas (redação), nem contra as provas práticas orais, disposição essa que, aliás, afronta visivelmente o art. 5º, LV, da constituição e o art. 56 da Lei 9.784/1999. TRF01 – PROC: 109487920044013400."

◉ É ilegal o julgamento imotivado dos recursos interpostos na fase de provas orais.

▶ O candidato não pode receber uma resposta padrão para seu recurso. Devem ser analisados todos os pontos por ele levantados. Tal direito é amparado nos princípios da motivação, razoabilidade, impessoalidade e segurança jurídica, além de ter embasamento na jurisprudência e na doutrina. Após a divulgação do resultado das provas objetivas e discursivas, qualquer candidato que se sentir insatisfeito ou de alguma forma prejudicado com a correção da prova deve ter oportunidade de apresentar recurso administrativo. O recurso deve conter os fundamentos que embasam a pretensão do recorrente. Ao apreciá-lo, a Banca Examinadora deve fundamentar adequadamente tanto o deferimento quanto o indeferimento, se for o caso. A fundamentação de todos os recursos administrativos interpostos pelos candidatos é indispensável, pois a apresentação de uma resposta específica acerca do recurso é um ato vinculado. Caso a Banca Examinadora atue de outra forma, estará violando os princípios do contraditório, da ampla defesa e, sobretudo, o princípio da motivação previsto no art. 2º e 50, inciso V, da Lei Federal 9.784/99, que regula o processo administrativo no âmbito da administração pública federal. Como deixou bem claro o desembargador-relator, determinar que a mesma banca faça um novo julgamento do recurso será "chover no molhado", porque ela "manterá o seu critério e, evidentemente, o justificará, por isto ou por aquilo". Uma decisão administrativa que aprecie recurso de forma genérica deve, portanto, ser anulada. Como é muito duvidoso e inseguro determinar que a mesma Banca Examinadora reavalie a prova discursiva e realize novo julgamento do recurso, a solução mais adequada é determinar a realização de perícia para que seja atribuída ao candidato a nota realmente merecida por ele na prova discursiva.

◉ "A negativa de acesso às razões do indeferimento de recurso administrativo interposto com vistas a impugnar nota obtida em prova discursiva fere os princípios da publicidade e da motivação, bem como o direito à informação, que visam possibilitar a revisão do ato administrativo, assegurando o pleno exercício do direito ao contraditório e à ampla defesa. TRF01 – APL: 00324304420084013400. "

◉ A legitimidade passiva para responder a ação referente à anulação de questão de prova oral é do Poder Público e da Banca Examinadora em litisconsórcio passivo.

◉ "PROCESSUAL CIVIL. CONCURSO PÚBLICO. LITISCONSÓRCIO PASSIVO NECESSÁRIO. SENTENÇA DE EXTINÇÃO MANTIDA. 1. A ação civil pública que questiona termos de edital de concurso promovido pelo TJDFT e organizado pela CESP/UnB tem, como litisconsortes passivos necessários, a União e a Fundação Universidade de Brasília. 2. A organizadora do concurso está adstrita às exigências feitas pelo órgão contratante, promovendo o concurso público, nos termos e na forma requerida por aquele. Portanto, os efeitos de um provimento judicial de mérito, certamente, atingem a ambos. Por isso trata-se de litisconsórcio passivo necessário, pois a natureza da relação jurídica controvertida e a eficácia da sentença de mérito dependem da presença de todas as partes na relação processual. 3. Tendo a parte autora deixado de promover a citação da FUB, mesmo após determinação judicial nesse sentido, a extinção do processo deve ser mantida. 4. Apelação conhecida e não provida." (AC 2008.34.00.002225-6/DF, Rel. Desembargador Federal Kassio Nunes Marques, Conv. Juiz Federal Leonardo Augusto De Almeida Aguiar, Sexta Turma,e-DJF1 p. de 30/04/2018)

◉ Governador é parte ilegítima em MS contra ato de concurso estadual no qual o candidato quer pontuação

◉ "RECURSO ORDINÁRIO EM MANDADO DE SEGURANÇA. ADMINISTRATIVO. CONCURSO PÚBLICO. QUESTÃO. ANULAÇÃO. RECLASSIFICAÇÃO. AUTORIDADE COATORA. GOVERNADOR. ILEGITIMIDADE.

1. O que se busca com o presente mandado de segurança é a atribuição da pontuação referente a questão 79, em razão de sua anulação, e a consequente reclassificação dos recorrentes. Daí, sim, para terem direito à nomeação.

2. A autoridade coatora, para fins de impetração de mandado de segurança, é aquela que pratica ou ordena, de forma concreta e específica, o ato ilegal, ou, ainda, aquela que detém competência para corrigir a suposta ilegalidade. Inteligência do art. 6.º, § 3.º, da Lei n.º 12.016/2009.

3. No presente caso, constatada a ilegalidade da não concessão da pontuação da questão anulada, a autoridade competente para proceder à reclassificação dos recorrentes seria a banca examinadora responsável pelo certame, uma vez que é ela a executora direta da ilegalidade atacada. O Governador do Estado teria competência para nomeação e o empossamento dos candidatos, mas não para corrigir a alegada reclassificação que daria o direito à posse.

4. Agravo regimental não provido."

(AgRg no RMS 37.924/GO, Rel. Ministro MAURO CAMPBELL MARQUES, SEGUNDA TURMA, julgado em 09/04/2013, DJe 16/04/2013)

◙ No sentido que o poder público ou autoridade coatora pertencente ao Poder Público:

◙ "ADMINISTRATIVO E PROCESSUAL CIVIL. AGRAVO INTERNO NO RECURSO EM MANDADO DE SEGURANÇA. CONCURSO PÚBLICO. AUDITOR DE CONTROLE EXTERNO DO TCM/GO. CRITÉRIOS DE CORREÇÃO DA PROVA DISCURSIVA. ILEGALIDADES CONFIGURADAS. NÃO INCURSÃO NO MÉRITO ADMINISTRATIVO. JULGAMENTO EXTRA-PETITA. NÃO OCORRÊNCIA. PLEITO INICIAL. INTERPRETAÇÃO LÓGICO-SISTEMÁTICA. LITISCONSÓRCIO PASSIVO NECESSÁRIOS. DESNECESSIDADE. LEGITIMIDADE PASSIVA DO PRESIDENTE DO TCM/GO... (...) 3. O Presidente do TCM/GO é parte legítima para figurar no polo passivo dos autos, porquanto recai sobre essa autoridade os efeitos de eventual concessão da segurança relacionada com a nomeação da impetrante. Precedentes: AgInt no RMS 53.615/GO, Rel. Min. Benedito Gonçalves, Primeira Turma, DJe 5/12/2017; REsp 1.676.237/SP, Rel. Min. Herman Benjamin, Segunda Turma, DJe 19/12/2017; RMS 54.873/GO, Rel. Ministro Herman Benjamin, Segunda Turma, DJe 19/12/2017." (AgInt no RMS 43.692/GO, Rel. Ministro BENEDITO GONÇALVES, PRIMEIRA TURMA, julgado em 15/03/2018, DJe 03/04/2018).

◙ No sentido que a competência é só da Banca Examinadora:

◙ "ADMINISTRATIVO. PROCESSUAL CIVIL. AGRAVO INTERNO NOS EMBARGOS DE DECLARAÇÃO NO AGRAVO EM RECURSO ESPECIAL. ENUNCIADO ADMINISTRATIVO 3/STJ. CONCURSO PÚBLICO. PRETENSÃO DE RECORREÇÃO DE PROVA DISCURSIVA E DE REANÁLISE DE TÍTULOS. ATRIBUIÇÃO. EXECUTORA DO CERTAME. ILEGITIMIDADE "AD CAUSAM" DO ENTE PÚBLICO CONTRATANTE. 1. Em matéria de concurso público, a definição de quem deve compor o pólo passivo da demanda instaurada por pretensão do candidato há de considerar a causa de pedir e o pedido feitos, de modo que, a depender dessa formulação e do bem da vida buscado é que surgirá quem deverá suportar o ônus da demanda. 2. Na hipótese de concurso público cuja regulação editalícia atribui a elaboração, execução e correção de prova discursiva, e a análise da prova de títulos, ao ente privado contratado para a organização e execução do certame, carece de legitimidade "ad causam" o ente público que o contratou para o desempenho desse mister. 3. Agravo interno não provido." (AgInt nos EDcl no AREsp 1074569/DF, Rel. Ministro MAURO CAMPBELL MARQUES, SEGUNDA TURMA, julgado em 12/12/2017, DJe 18/12/2017.

◙ A competência para julgamento de Mandado de Segurança em ação questionamento a fase de títulos vai variar de acordo com os pedidos e a prerrogativa de foro da autoridade coatora.

◙ "PROCESSUAL CIVIL. MANDADO DE SEGURANÇA. ENUNCIADO ADMINISTRATIVO 3/STJ. SELEÇÃO SIMPLIFICADA. CONTRATAÇÃO TEMPORÁRIA. AVALIAÇÃO DOCUMENTAL PARA FINS DE COMPROVAÇÃO DE EXPERIÊNCIA PROFISSIONAL. INADEQUAÇÃO COM AS REGRAS EDITALÍCIAS. INDEFERIMENTO. IMPUTAÇÃO DO ATO A MINISTRO DE ESTADO. ILEGITIMIDADE "AD CAUSAM". DENEGAÇÃO DA ORDEM. 1. Em matéria de concurso público, a definição da autoridade impetrada de ação mandamental depende da regulação específica do certame e da atribuição a si para a prática de determinado ato no contexto da disputa. 2. Assim, cumprindo a execução do concurso, no concernente à avaliação de títulos para fins de comprovação da experiência profissional, a uma entidade contratada para a organização do certame, a pretensão mandamental eventualmente deduzida contra o resultado deverá indicar a pessoa que o praticou e que, portanto, tem aptidão para o seu desfazimento. 3. A circunstância de o Ministro de Estado ser a autoridade máxima do órgão recrutador não lhe confere por si só a responsabilidade pela avaliação supostamente irregular dos títulos apresentados pelo candidato, o que lhe retira a legitimidade para causa da ação mandamental. 4. Mandado de segurança denegado." (MS 22.856/DF, Rel. Ministro MAURO CAMPBELL MARQUES, PRIMEIRA SEÇÃO, julgado em 09/05/2018, DJe 15/05/2018

◉ **É ilegal qualquer regra do edital que proíba a interposição de recurso na fase de prova discursiva.**

▶ Esse tipo de disposição editalícia também viola o princípio da publicidade, pois a Constituição não se coaduna com o sigilo, que apenas é admitido em situações excepcionai, e o concurso público não está entre essas excepcionalidades, vez que é marcado pela ampla publicidade.

▶ "Ressalta-se, que, nesse modelo, a prova discursiva possui dois momentos de recurso: um contra o(s) padrão(ões) de resposta da(s) questão(ões) e outro contra a própria nota atribuída ao candidato. O edital deve esclarecer que, no segundo momento, o candidato não pode mais questionar o padrão de resposta definitivo, pois já teve essa oportunidade antes. A estratégia de divulgar o(s) padrão(ões) de resposta da(s) questão(ões) discursiva(s) e disponibilizar recurso contra ele(s) tem um ligeiro impacto negativo no cronograma do concurso, mas confere à fase de prova discursiva uma alta segurança jurídica. Normalmente, o impacto no cronograma é de cerca de uma semana, podendo ser um pouco maior em alguns casos, como nos concursos da magistratura, por exemplo, em que se exige que os recursos sejam julgados em sessão pública. O risco de não se adotar esse procedimento decorre do fato de que a única oportunidade que o candidato terá de questionar o padrão de resposta esperado (que ele, inclusive, normalmente desconhece) será na fase de recurso contra o resultado provisório da fase. Nesse caso, na hipótese de a banca examinadora concordar com os argumentos do(s) candidato(s) e deferir o seu recurso, ela obrigatoriamente terá de recorrigir todas as provas novamente, o que ensejará retrabalho e reajuste no cronograma do concurso. Essa estratégia também confere maior transparência ao certame concursal, na medida em que os padrões de resposta das questões discursivas são publicitados, o que atualmente não é prática-padrão em concursos públicos." (Ricardo Bastos, p.37/38)

◉ "A jurisprudência do STF e deste STJ é unânime em reconhecer a legalidade da exigência, em editais de concurso, da aprovação em exames psicotécnicos, sobretudo para o ingresso na carreira policial, desde que realizados em moldes nitidamente objetivos, possibilitando aos candidatos 'não recomendados' o conhecimento do resultado e a interposição de eventual recurso." (STJ, REsp 241.356/CE, Rel. Ministro EDSON VIDIGAL, QUINTA TURMA, julgado em 29/06/2000, DJ 28/08/2000, p. 113)."

◉ **É ilegal o julgamento imotivado dos recursos interpostos na fase de provas discursivas.**

▶ O candidato não pode receber uma resposta padrão para seu recurso. Devem ser analisados todos os pontos por ele levantados. Tal direito é amparado nos princípios da motivação, razoabilidade, impessoalidade e segurança jurídica, além de ter embasamento na jurisprudência e na doutrina. Após a divulgação do resultado das provas discursivas, qualquer candidato que se sentir insatisfeito ou de alguma forma prejudicado com a correção da prova deve ter oportunidade de apresentar recurso administrativo. O recurso deve conter os fundamentos que embasam a pretensão do recorrente. Ao apreciá-lo, a Banca Examinadora deve fundamentar adequadamente tanto o deferimento quanto o indeferimento, se for o caso. A fundamentação de todos os recursos administrativos interpostos pelos candidatos é indispensável, pois a apresentação de uma resposta específica acerca do recurso é um ato vinculado. Caso a Banca Examinadora atue de outra forma, estará violando os princípios do contraditório, da ampla defesa e, sobretudo, o princípio da motivação previsto no art. 2º e 50, inciso V, da Lei Federal 9.784/99, que regula o processo administrativo no âmbito da Administração Pública Federal.

◉ "ADMINISTRATIVO. AGRAVO REGIMENTAL NO RECURSO ESPECIAL. MANDADO DE SEGURANÇA IMPETRADO NA CORTE DE ORIGEM. CONCURSO PÚBLICO PARA DELEGADO DA POLÍCIA CIVIL DO DISTRITO FEDERAL. NEGATIVA DE ACESSO AOS CRITÉRIOS UTILIZADOS NA CORREÇÃO DA PROVA SUBJETIVA. AUSÊNCIA DE MOTIVAÇÃO DA BANCA EXAMINADORA ACERCA DOS RECURSOS ADMINISTRATIVOS CONTRA REFERIDA PROVA. VIOLAÇÃO AO ART. 50 DA LEI 9.784/99. RECURSOS ESPECIAIS PROVIDOS. AGRAVO REGIMENTAL DESPROVIDO. 1. A motivação, nos recursos administrativos referentes a concursos públicos, é obrigatória e irrecusável, nos termos do que dispõe o art. 50, I, III e V, §§ 1º. e 3º. da Lei 9.784/99, não existindo, neste ponto, discricionariedade alguma por parte da Administração. 2. Com relação ao Impetrante JOÃO GUILHERME MEDEIROS CARVALHO salta aos olhos a total ausência de motivação na correção das provas discursivas e nos respectivos recursos administrativos. Há apenas suposições, externadas pelos ilustres relator e revisor do feito em segundo grau, de que os apelos administrativos do Impetrante foram examinados e devidamente motivados, não tendo sido apresentadas, entretanto, motivações idôneas e circunstanciadas, nos moldes preconizados pelo já mencionado art. 50 da Lei 9.784/99. 3. Quanto aos demais litisconsortes (JANE KLÉBIA DO NASCIMENTO SILVA PAIXÃO E OUTROS), constata-se a ausência de qualquer elemento que pudesse ter o condão de indicar os critérios utilizados pelo examinador para aferição das notas na prova subjetiva, bem como a sucinta, lacônica e estereotipada abordagem feita na revisão das provas. 4. Afirmativas que não traduzem reexame do material fático, mas sim valoração do conjunto probatório trazido aos autos quando da impetração do Mandado de Segurança. 5. Agravo Regimental desprovido." (STJ – AgRg no REsp 1062902/DF, Rel. Ministro NAPOLEÃO NUNES MAIA FILHO, QUINTA TURMA, julgado em 09/06/2009, DJe 03/08/2009)

◉ "A negativa de acesso às razões do indeferimento de recurso administrativo interposto com vistas a impugnar nota obtida em prova discursiva fere os princípios da publicidade e da motivação, bem como o direito à informação, que visam possibilitar a revisão do ato administrativo, assegurando o pleno exercício do direito ao contraditório e à ampla defesa. TRF01 – APL: 00324304420084013400. "

◉ **É ilegal o procedimento da Banca Examinadora de responder de forma padronizada todos os recursos da prova discursiva. A decisão deve ser individualizada.**

▶ Apesar da obrigatoriedade de fundamentação, tem sido muito comum as bancas examinadoras apresentarem decisões genéricas e sem qualquer motivação, aplicáveis a todo e qualquer recurso que tenha sido interposto, não tendo vinculação com as respostas dadas pelo candidato na prova discursiva e nem com a impugnação recursal. Isso é de fácil constatação: basta comparar decisões de recursos de dois candidatos que apresentaram respostas diferentes à questão discursiva e utilizaram fundamentos distintos nos recursos. Mesmo diante das diversidades que envolvem os dois casos é comum a Banca Examinadora repetir o mesmo texto de julgamento para indeferir os recursos. É essencial que o candidato lesado faça essa comparação em juízo, pois assim ficará comprovada a ausência de fundamentação da decisão que indeferiu o recurso.

◉ **Incorre, portanto, em ilegalidade, a Banca Examinadora que indefere recurso interposto contra correção de prova sem apresentar fundamentação vinculada à impugnação específica apresentada pelo candidato.**

▶ Comprovada a falta de fundamentação das respostas ao recurso interposto por qualquer candidato é imprescindível que seja decretada a nulidade dessa decisão administrativa pelo Poder Judiciário e que se determine a realização de um novo julgamento do recurso ou uma reavaliação da prova discursiva. Nesse ponto existem duas alternativas: a primeira é determinar que a mesma Banca Examinadora faça novo julgamento do recurso. Mas essa reavaliação da prova discursiva e do julgamento do recurso pela mesma banca seria duvidosa e desprovida de segurança e de garantias de que a banca realmente atuará em consonância com os princípios que norteiam a administração pública. A Banca Examinadora pode simplesmente manter a nota que foi atribuída ao candidato, cometendo os mesmos atos ilegais e sob o argumento de que o Poder Judiciário não pode se imiscuir no mérito administrativo acaba criando um ponto cego imune a qualquer espécie de controle judicial. Não há nenhum sentido em determinar que a mesma Banca Examinadora faça um segundo novo julgamento do recurso administrativo que anteriormente teve uma decisão genérica e padronizada.

◙ "No caso de motivação insuficiente, como o é a motivação-padrão dissociada da matéria arguida no recurso, o candidato terá, em tese, direito a novo julgamento, mas determinação nesse sentido, ao mesmo examinador, é praticamente inócua. Será "chover no molhado", pois o examinador "manterá o seu critério e, evidentemente, o justificará, por isto ou por aquilo", na expressão do Ministro Ribeiro Costa, no julgamento, em 16.10.1963, do MS 11.712 (RDA 80/128). TRF 1ª Região, AC 200233000258740, Relator: Desembargador Federal João Batista Moreira, Quinta Turma, 10/02/2005)."

◙ **Direito de não ser eliminado por idade sem que haja previsão legal.**

▶ Também decorre dos princípios da legalidade, da razoabilidade, do amplo acesso aos cargos públicos e ainda da doutrina e da jurisprudência. Referindo-se ao princípio da legalidade aplicável aos concursos públicos o artigo 37, inciso I, da Constituição Federal é claro ao enunciar que os cargos, empregos e funções públicas são acessíveis aos brasileiros que preencham os requisitos estabelecidos em lei, assim como aos estrangeiros, na forma da lei. As regras são as mesmas para o ingresso nas Forças Armadas, de acordo com o art. 142, parágrafo 3º, inciso X, da Constituição Federal. Com a aplicação do referido princípio constitucional aos concursos públicos, a administração pública só pode impor, como requisito para a aprovação em concurso público, as exigências que estejam previamente estabelecidas em lei, e apenas lei em sentido formal – ato normativo emanado do Poder Legislativo. Por isso, todos os requisitos de admissibilidade a cargos, empregos e funções públicas devem estar previstos em lei. Embora o edital seja a "lei" interna do concurso, cujas regras obrigam candidatos e administração pública, é imperioso sempre ressalvar que as disposições editalícias não devem distanciar-se dos preceitos legais e muito menos da Constituição Federal.

◙ "A fixação do limite de idade via edital não tem o condão de suprir a exigência constitucional de que tal requisito seja estabelecido por lei. Agravo regimental a que se nega provimento. RE 559823 AgR, Relator: Ministro Joaquim Barbosa, Segunda Turma, julgado em 27/11/2007."

◙ "I – Somente por lei se pode sujeitar candidato a limite de idade para habilitação a cargo público. II – Com a negativa de provimento ao recurso especial pelo Superior Tribunal de Justiça tornaram-se definitivos os fundamentos infraconstitucionais que amparam o acórdão recorrido. Incidência da Súmula 283 do STF. III – Agravo regimental improvido. AgRg-AI 589.906-6 (801), 1ª Turma, Relator: Ministro Ricardo Lewandowski, DJ, 23.05.2008."

◙ **Direito a não ser eliminado por idade quando a previsão legal existente é desarrazoada.**

▶ Salvo nos casos em que a limitação de idade possa ser justificada pela natureza das atribuições do cargo a ser preenchido, não pode a lei, em face do disposto nos artigos 7º, inciso XXX, e 39, § 3º, da Constituição Federal, impor limite de idade para a inscrição em concurso público. Também é certo que não há qualquer caráter discriminatório no estabelecimento de idade mínima e de idade máxima para o ingresso no serviço público, desde que o critério etário obedeça ao princípio da razoabilidade e seja estabelecido por lei e de acordo com as atribuições do cargo ou emprego a ser preenchido. O Supremo Tribunal Federal assentou a regra geral da inviabilidade do requisito de idade, mas ressalvou as hipóteses em que a limitação pudesse justificar-se em virtude da natureza das atribuições do cargo a ser preenchido. A jurisprudência do Supremo Tribunal Federal firmou-se no sentido de que a norma constitucional proíbe tratamento normativo discriminatório, em razão da idade, para efeito de ingresso no serviço público (CF, art. 39, par. 2., c/c art. 7., XXX), não se reveste de caráter absoluto, sendo legitima, em consequência, a estipulação de exigência de ordem etária quando esta decorrer da natureza e do conteúdo ocupacional do cargo público a ser provido. Os limites de idade a serem estabelecidos devem pautar-se pela razoabilidade. Não se pode realmente admitir para cargos nos quais o preparo físico é fundamental pessoas de quarenta ou cinquenta anos. Por outro lado, se a atividade a ser desenvolvida é predominantemente intelectual, não há porque vedar o ingresso de pessoas nessa faixa etária.

◉ "CONSTITUCIONAL. ADMINISTRATIVO. CONCURSO PÚBLICO. LIMITE DE IDADE. PRINCÍPIO DA RAZOABILIDADE. CF/1988, ART. 7, XXX. O preceito inscrito no art. 7, XXX, da Carta Magna, que veda a adoção de critério discriminatório para acesso aos cargos públicos, inclusive por motivo de idade, deve ser concebido com razoabilidade, sem rigor absoluto, devendo ser considerada a natureza das funções, se exigem ou não vigor físico dos seus titulares, bem como a situação do candidato em face do serviço público. Afronta o mencionado princípio constitucional a fixação do limite de idade em 35 anos para inscrição no concurso para provimento do cargo de agente fiscal de tributos estaduais. RMS 5793/RS, Relator Ministro Vicente Leal, Sexta Turma, julgado em 23/09/1996."

◉ No mesmo sentido o entendimento do STF: "AGRAVO REGIMENTAL. CONCURSO PÚBLICO. MÉDICO DA POLÍCIA MILITAR. EXIGÊNCIA DE IDADE MÁXIMA. VEDAÇÃO. AUSÊNCIA DE RAZOABILIDADE. A lei pode limitar o acesso a cargos públicos, desde que as exigências sejam razoáveis e não violem o art. 7º, XXX, da Constituição. Entretanto, não se pode exigir, para o exercício do cargo de médico da Polícia Militar, que o candidato seja jovem e tenha vigor físico, uma vez que tais atributos não são indispensáveis ao exercício das atribuições do cargo. Agravo regimental a que se nega provimento. AI 486439 AgR, Relator Ministro Joaquim Barbosa, Segunda Turma, julgado em 19/08/2008."

◉ "...O limite de idade para a inscrição em concurso público só se legitima em face do art. 7º, XXX, da Constituição, quando possa ser justificado pela natureza das atribuições do cargo a ser preenchido.(...) (TJES, Classe: Remessa Necessária, 024100220904, Relator : TELEMACO ANTUNES DE ABREU FILHO, Órgão julgador: QUARTA CÂMARA CÍVEL, Data de Julgamento: 18/06/2018, Data da Publicação no Diário: 23/07/2018)

◉ **Súmula 683 do STF: O limite de idade para a inscrição em concurso público só se legitima em face do art. 7º, XXX, da Constituição, quando possa ser justificado pela natureza das atribuições do cargo a ser preenchido.**

◉ **Súmula 14 do STF: Os requisitos do edital para o ingresso em cargo, emprego ou função pública devem ter por fundamento lei em sentido formal e material. Editais de concurso público não podem estabelecer restrição a pessoas com tatuagem, salvo situações excepcionais em razão de conteúdo que viole valores constitucionais.**

◉ **Não é admissível, por ato administrativo, restringir, em razão da idade, inscrição em concurso para cargo público. Repercussão Geral Conhecida.**

◉ [STF – Repercussão Geral: RE 898.450, rel. min. Luiz Fux, j. 17-8-2016, P, DJE de 31-5-2017, Tema 838.]

◉ **Edital que prevê a possibilidade de participação apenas de concorrentes do sexo masculino sem justificativa é ilegal.**

"Recurso extraordinário. 2. Concurso público. Polícia Militar do Estado de Mato Grosso do Sul. 3. Edital que prevê a possibilidade de participação apenas de concorrentes do sexo masculino. Ausência de fundamento. 4. Violação ao art. 5º, I, da Constituição Federal. 5. Recurso extraordinário provido." (RE 528684, Relator(a): Min. GILMAR MENDES, Segunda Turma, julgado em 03/09/2013, ACÓRDÃO ELETRÔNICO DJe-232 DIVULG 25-11-2013 PUBLIC 26-11-2013)

◉ **Direito de não ser eliminado por motivo de altura, salvo em casos excepcionais.**

▶ A regra é o amplo acesso aos cargos públicos e, por isso, tanto a idade quanto a altura, não podem, em regra, gerar a eliminação do candidato. Para que a eliminação seja possível são necessários dois requisitos cumulativos, são eles: que haja previsão legal e que a limitação seja razoável.

▶ "Por outro lado, mesmo que prevista em lei, a exigência deve adequar-se às funções que serão exercidas pelo candidato, caso aprovado. Certas funções, apesar de comporem o quadro de carreiras de instituições militares, não se amoldam a esta exigência. E o caso, por exemplo, de escrivães e delegados de polícia, membros do corpo médico (médicos, dentistas, enfermeiros, técnicos de enfermagem e outros auxiliares) das Forças Armadas. Os seguintes precedentes, ambos da 2 a Turma do Supremo Tribunal Federal, demonstram os parâmetros que têm sido empregados neste controle: "Concurso Público – Fator Altura. Caso a caso, há de perquirir-se a sintonia da exigência, no que implica fator de tratamento diferenciado com a função a ser exercida. No âmbito da polícia, ao contrário do que ocorre com o agente em si, não se tem como constitucional a exigência de altura mínima, considerados homens e mulheres, de um metro e sessenta para a habilitação ao cargo de escrivão, cuja natureza é estritamente escriturária, muito embora de nível elevado. " "Concurso Público – Agente de Polícia – Altura Mínima – Viabilidade. Em se tratando de concurso público para agente de polícia, mostra-se razoável a exigência de que o candidato tenha altura mínima de l,60m. Previsto o requisito não só na lei de regência, como também no edital de concurso, não concorre a primeira condição do mandado de segurança, que é a existência de direito líquido e certo." (Regime Jurídico dos Concursos Públicos. Francisco Lobello de Oliveira Rocha, Ed. Dialética 2006, p. 82/83)

◉ "AGRAVO REGIMENTAL. RECURSO ORDINÁRIO EM MANDADO DE SEGURANÇA. CONCURSO PÚBLICO. POLÍCIA MILITAR ESTADUAL. ESTATURA MÍNIMA. AUSÊNCIA DE PREVISÃO LEGAL. EDITAL. ILEGALIDADE. 1. A carreira militar possui regime jurídico próprio e requisitos distintos de ingresso, razão pela qual esta Corte de Justiça tem entendido pela legitimidade da previsão em edital de estatura mínima, sem que se possa falar em violação do princípio da isonomia em razão da natureza da atividade exercida, desde que haja previsão legal específica. 2. "In casu, inexiste previsão legal de altura mínima, para ingresso na Polícia Militar do Estado de Santa Catarina, uma vez que não basta, para viabilizar a adoção do critério discriminatório, a exigência genérica de "capacidade física", prevista na Lei Estadual n.º 6.218/83." (RMS 20.637/SC, Rel. Ministra LAURITA VAZ, QUINTA TURMA, julgado em 16/02/2006, DJ 20/03/2006, p. 311). 3. Agravo regimental improvido". STJ, AgRg no RMS 30.786/SC, Rel. Ministra MARIA THEREZA DE ASSIS MOURA, SEXTA TURMA, DJe de 28/05/2012."

◉ "ADMINISTRATIVO. AGRAVO REGIMENTAL NO AGRAVO DE INSTRUMENTO. CONCURSO PÚBLICO. GUARDA MUNICIPAL. CANDIDATO QUE NÃO POSSUI A ALTURA MÍNIMA REQUERIDA NO EDITAL DO CERTAME. LIMITAÇÃO NÃO PREVISTA NA LEGISLAÇÃO ORDINÁRIA. EXIGÊNCIA EDITALÍCIA QUE NÃO PREVALECE. AGRAVO REGIMENTAL DESPROVIDO. 1. A jurisprudência desta Corte e do Supremo Tribunal Federal está em que é necessária Lei para que seja exigido limite mínimo de altura em Concurso Público, não bastando a previsão editalícia. 2. Agravo Regimental desprovido." (STJ, AgRg no Ag 1161475/SP, Rel. Ministro NAPOLEÃO NUNES MAIA FILHO, QUINTA TURMA, DJe de 13/09/2010.)

◉ "RECURSO EXTRAORDINÁRIO COM AGRAVO (LEI Nº 12.322/2010)– CONCURSO PÚBLICO – GUARDA MUNICIPAL – ALTURA MÍNIMA – EXIGÊNCIA PREVISTA APENAS NO EDITAL – AUSÊNCIA DE PREVISÃO EM LEI FORMAL – OFENSA AOS PRINCÍPIOS CONSTITUCIONAIS DA LEGALIDADE E DA RAZOABILIDADE – DECISÃO QUE SE AJUSTA À JURISPRUDÊNCIA PREVALECENTE NO SUPREMO TRIBUNAL FEDERAL – CONSEQUENTE INVIABILIDADE DO RECURSO QUE A IMPUGNA – SUBSISTÊNCIA DOS FUNDAMENTOS QUE DÃO SUPORTE À DECISÃO RECORRIDA – RECURSO DE AGRAVO IMPROVIDO." (STF – ARE: 715061 RJ , Relator: Min. CELSO DE MELLO, Data de Julgamento: 14/05/2013, Segunda Turma, Data de Publicação: ACÓRDÃO ELETRÔNICO DJe-117 DIVULG 18-06-2013 PUBLIC 19-06-2013).

◉ **A aplicação de prova física no concurso tem que ter previsão legal.**

▶ Se ampara nos princípios da legalidade e do amplo acesso aos cargos públicos e na jurisprudência. Da mesma forma que o psicotécnico, só é possível exigir prova física se houver previsão legal. E mais, deve a mesma ser pertinente ao exercício da função, porém este tópico será alisado em outro direito. Assim, o gestor não tem a discricionariedade de decidir se vai ou não inserir a prova física no concurso que bem entender. Isso é uma restrição ao princípio do amplo acesso aos cargos públicos e, por isso, tem que ter pertinência e previsão legal.

◉ "ADMINISTRATIVO. RECURSO ORDINÁRIO EM MANDADO DE SEGURANÇA. CONCURSO PÚBLICO. POLÍCIA TÉCNICO-CIENTÍFICA. AUXILIAR DE AUTÓPSIA. EXAME DE APTIDÃO FÍSICA. AUSÊNCIA DE PREVISÃO LEGAL. IMPOSSIBILIDADE. 1. Cinge-se a controvérsia à legalidade da exigência de aprovação em teste de aptidão física, em face das atividades inerentes ao cargo de Auxiliar de Autópsia, para o qual o recorrente concorreu. 2. As disposições do edital inserem-se no âmbito do poder discricionário da Administração, o qual não está, porém, isento de apreciação pelo Poder Judiciário, se comprovada ilegalidade ou inconstitucionalidade nos juízos de oportunidade e conveniência, como na espécie, em que não há previsão legal para a exigência do teste de aptidão física. 3. O exame de aptidão física em concurso público apenas poderá ser exigido se for amparado em lei, por força do que estabelece o II do art. 37 da Constituição Federal de 1988. Precedentes. 4. Agravo regimental não provido." (STJ – AgRg no RMS: 34676 GO 2011/0124462-8, Relator: Ministro CASTRO MEIRA, Data de Julgamento: 09/04/2013, T2 – SEGUNDA TURMA, Data de Publicação: DJe 15/04/2013)

◉ "DIREITO ADMINISTRATIVO. RECURSO ORDINÁRIO EM MANDADO DE SEGURANÇA. CONCURSO PÚBLICO. POLÍCIA CIVIL DO ESTADO DE SANTA CATARINA. TESTE DE CAPACIDADE FÍSICA. AUSÊNCIA DE PREVISÃO LEGAL. RECURSO PROVIDO. 1. O início do curso de formação não implica perda do objeto da demanda na qual o candidato busca a anulação do ato que o excluiu do certame. 2. O edital de concurso público não pode limitar o que a lei não restringiu. Ou seja, somente pode haver exigência de teste de capacidade física se houver previsão na lei que criou o cargo. Precedentes do STF e do STJ. 3. Hipótese em que não há previsão na Lei Estadual 6.843/86 (Estatuto da Polícia Civil do Estado de Santa Catarina) para o teste de aptidão física a que foi submetida a recorrente, pelo que descabida sua exigência. 4. Recurso ordinário provido." (STJ – RMS: 23111 SC 2006/0246918-3, Relator: Ministro ARNALDO ESTEVES LIMA, Data de Julgamento: 18/03/2008, T5 – QUINTA TURMA, Data de Publicação: DJ 19.05.2008 p. 1)

◉ "REMESSA NECESSÁRIA E APELAÇÃO CÍVEL. CONCURSO PÚBLICO. AGENTE PENITENCIÁRIO E AGENTE DE ESCOLTA E VIGILÂNCIA PENITENCIÁRIO. TESTE DE APTIDÃO FÍSICA. AUSÊNCIA DE PREVISÃO LEGAL. EXIGÊNCIA EDITALÍCIA ILEGAL. PRESCRIÇÃO. INOCORRÊNCIA. 1. É ilegal a exigência do Teste de Capacidade Física e a Avaliação Psicológica porque não eram previstos nas Leis Complementares Estaduais nn. 363/2006 e 369/2006, sendo ainda inaplicável as disposições da Lei Complementar n. 46/1994. 2. Não há falar em transcurso do prazo prescricional porque não há nos autos a comprovação da data em que teria sido publicado o edital com a relação dos candidatos aptos e inaptos na prova de capacidade física, razão pela qual, não é possível aferir o termo inicial do prazo prescricional. 3. – De acordo com o disposto no inciso II do artigo 373 do Código de Processo Civil, incumbiria ao réu o ônus da prova quanto à existência de fato impeditivo, modificativo ou extintivo do direito do autor. 4. Recurso desprovido. Sentença mantida." (TJES, Classe: Apelação / Remessa Necessária, 024140234675, Relator : DAIR JOSÉ BREGUNCE DE OLIVEIRA, Órgão julgador: TERCEIRA CÂMARA CÍVEL , Data de Julgamento: 27/02/2018, Data da Publicação no Diário: 09/03/2018)

◉ É ilegal regra do edital que proíba recurso quanto à eliminação do candidato por motivo de altura.

◉ "PROCESSUAL CIVIL. ADMINISTRATIVO. CONCURSO PÚBLICO. INGRESSO EM CARREIRA MILITAR. EXIGÊNCIA DE ALTURA MÍNIMA. PREVISÃO APENAS EM EDITAL. AUSÊNCIA DE PREVISÃO LEGAL ESPECÍFICA. IMPOSSIBILIDADE. I – É razoável, dada a natureza e as peculiaridades do cargo, exigir-se altura mínima para o ingresso em carreira militar, devendo esse requisito, contudo, encontrar previsão legal e não apenas editalícia. II – A jurisprudência dos Tribunais Superiores é pacífica no sentido de que é constitucional a exigência de altura mínima para o ingresso em carreiras militares, desde que haja previsão legal específica, o que não ocorre no presente caso. Precedentes: AgRg no RMS 45.887/GO, Rel. Ministro ARI PARGENDLER, PRIMEIRA TURMA, DJe 10/09/2014; RMS 44.597/SC, Rel. Ministro MAURO CAMPBELL MARQUES, SEGUNDA TURMA, DJe 18/02/2014; EDcl no RMS 34.394/MS, Rel. Ministro BENEDITO GONÇALVES, PRIMEIRA TURMA, DJe 24/09/2012. III – Agravo interno improvido." (AgInt no REsp 1590450/PE, Rel. Ministro FRANCISCO FALCÃO, SEGUNDA TURMA, julgado em 19/10/2017, DJe 26/10/2017)

◉ "ADMINISTRATIVO. AGRAVO INTERNO NO AGRAVO EM RECURSO ESPECIAL. CONCURSO PÚBLICO. ELIMINAÇÃO DE CANDIDATO MOTIVADA POR NÃO DETER ALTURA MÍNIMA. IMPOSSIBILIDADE DE EXIGÊNCIA DE LIMITE DE ALTURA PREVISTA SOMENTE EM EDITAL, REQUERENDO-SE LEI EM SENTIDO FORMAL. AGRAVO INTERNO DO MUNICÍPIO DO RIO DE JANEIRO A QUE SE NEGA PROVIMENTO. 1. É firme a jurisprudência desta Corte de que só é legítima a exigência de limite mínimo de altura para ingresso em Concurso Público se fixada por lei em sentido formal. Nesse sentido, o recente precedente: AgInt no RMS 44.934/SC, Rel. Min. BENEDITO GONÇALVES, DJe 17.5.2017, e ainda, AgRg nos EDcl no REsp. 1.274.587/BA, Rel. Min. HUMBERTO MARTINS, DJe 19.12.2011. 2. Agravo Interno do Município do Rio de Janeiro a que se nega provimento." (AgInt no AREsp 428.222/RJ, Rel. Ministro NAPOLEÃO NUNES MAIA FILHO, PRIMEIRA TURMA, julgado em 20/06/2017, DJe 28/06/2017)

◉ **Na ausência de lei (omissão legislativa) significa que o administrador não pode agir.**

▶ **Conclui-se disso que a ausência de lei (omissão legislativa) significa que o administrador não pode agir**, mesmo que tal conduta não seja proibida. Em resumo: a atividade só pode ser realizada se expressamente prevista em lei como permitida ou obrigatória.

◉ **Exclusão do certame na fase de entrevista com a Comissão de Avaliação. Suposto desatendimento ao quesito de cor ou raça. Inadmissibilidade. Lei Federal nº 12.990/14 que, ao estabelecer a reserva de vagas aos candidatos negros, adotou como regra o critério da autodeclaração**

"MANDADO DE SEGURANÇA. CONCURSO PÚBLICO. ESCREVENTE TÉCNICO JUDICIÁRIO. SISTEMA DE RESERVA DE VAGAS (COTAS RACIAIS). Impetrante classificada na lista de vagas reservadas aos candidatos negros. Exclusão do certame na fase de entrevista com a Comissão de Avaliação. Suposto desatendimento ao quesito de cor ou raça. Inadmissibilidade. Lei Federal nº 12.990/14 que, ao estabelecer a reserva de vagas aos candidatos negros, adotou como regra o critério da autodeclaração. Controle externo que, embora legítimo, não impede que se questione a avaliação procedida pela Comissão de Avaliação, quando equivocada ou ausente fundamentação razoável. Critérios subsidiários de heteroidentificação que devem respeitar a dignidade da pessoa humana e garantir o contraditório e a ampla defesa. In casu, decisões impugnadas desprovidas de indicação mínima dos motivos que levaram a considerar que a impetrante não tem fenótipo pardo. Violação à tese fixada pelo STF no julgamento da ADC nº 41/DF, bem como aos arts. 8º e 9º da Lei Estadual nº 10.177/98. Documentos juntados aos autos são indicadores suficientes de que a impetrante atende ao quesito de cor ou raça do Edital, enquadrando-se na condição de pessoa parda. Eventual dúvida sobre o fenótipo que, se ainda existir, deve ser dirimida a favor da autodeclaração. Direito líquido e certo demonstrado. Segurança concedida." (TJSP; Mandado de Segurança 2001689-21.2018.8.26.0000; Relator (a): Heloísa Martins Mimessi; Órgão Julgador: 5ª Câmara de Direito Público; Tribunal de Justiça de São Paulo – N/A; Data do Julgamento: 12/11/2018; Data de Registro: 13/11/2018)

◉ **Excesso de formalismo na fase de títulos.**

"MANDADO DE SEGURANÇA – CONCURSO PÚBLICO – 1ª RAJ DO TRIBUNAL DE JUSTIÇA – EXAME DE TÍTULOS – Pretensão de reconhecimento do título de MESTRE em psicologia, com a consequente retificação de sua nota final no concurso. COMPETÊNCIA – Concurso promovido pelo E. Tribunal – Competência originária das Câmaras – Precedentes do DD. Órgão Especial. MÉRITO – Concurso público de provas e títulos – Inteligência do artigo 37, II, da CF – Edital que possui força de lei – Não cumprimento de previsões que afronta aos princípios que regem a Administração Pública. Edital de Abertura do Concurso Público – Previsão de que os títulos deverão ser comprovados por documentos que contenham as informações necessárias ao perfeito enquadramento e consequente valoração – Impetrante que apresentou Certificado de Conclusão de Mestrado Acadêmico em Psicologia e Histórico Escolar da pós-graduação – Título devidamente demonstrado – Documentos que estão em papel timbrado da instituição, com nome, cargo/função e assinatura do responsável e data do documento. Não constante "a data de homologação do respetivo título ou da ata de defesa" – Prova pré-constituída que aponta excesso de formalismo na exigência – Fato não impeditivo ao reconhecimento do título – Razoabilidade. Ordem concedida." (TJSP; Mandado de Segurança 2059535-93.2018.8.26.0000; Relator (a): Leonel Costa; Órgão Julgador: 8ª Câmara de Direito Público; Tribunal de Justiça de São Paulo – N/A; Data do Julgamento: 12/09/2018; Data de Registro: 12/09/2018)

⦿ Ilegalidade de eliminação de candidato cotista racial inobservando o critério da autodeclaração.

"MANDADO DE SEGURANÇA – CONCURSO PÚBLICO – A impetrante se inscreveu no concurso para o cargo de Escrevente Técnico Judiciário da 1.ª RAJ nas vagas reservadas aos candidatos negros – Após entrevista realizada, a Comissão de Avaliação considerou que a candidata não se enquadrava na condição de pessoa preta ou parda com base no fenótipo e a excluiu do certame – O edital é disciplinado pela Lei n.º 12.990/14 e pelas Resoluções TJSP n.º 719/15 e 769/17 – Todas utilizam, como critério de avaliação, a metodologia do IBGE para pessoas pretas e pardas – Por sua vez, o IBGE utiliza a autodeclaração como método de pesquisa – Dessa forma, compreende-se que a autodeclaração é suficiente – Ademais, no edital, não há critérios objetivos para a Comissão avaliar a cor da pele do candidato – A impetrante trouxe aos autos declaração prestada por dermatologista, no sentido de que possui o fenótipo pardo – As fotografias juntadas não infirmam a declaração da candidata – SEGURANÇA CONCEDIDA." (TJSP; Mandado de Segurança 2010882-60.2018.8.26.0000; Relator (a): Osvaldo de Oliveira; Órgão Julgador: 12ª Câmara de Direito Público; Tribunal de Justiça de São Paulo – N/A; Data do Julgamento: 14/08/2018; Data de Registro: 14/08/2018)

⦿ Títulos e desproporcionaliadede

"MANDADO DE SEGURANÇA – CONCURSO PÚBLICO – EDITAL – CLASSIFICAÇÃO – REAVALIAÇÃO DOS TÍTULOS APRESENTADOS À BANCA EXAMINADORA – Concurso Público para o provimento do cargo de psicólogo judiciário – candidata que ficou em 63º lugar na classificação final – pretensão de reavaliar os títulos apresentados à Administração para fins de ser reclassificada – possibilidade de reavaliação de parte dos títulos apresentados – desproporcionalidade do ato administrativo – anulação que se faz possível pelo Poder Judiciário – cumprimento dos requisitos previstos no edital tão somente no que tange ao título que comprova a experiência profissional da candidata – acréscimo de mais 0,5 pontos na nota final da candidata – Segurança concedida em parte. Mandado de segurança provido em parte." (TJSP; Mandado de Segurança 0009942-32.2018.8.26.0000; Relator (a): Paulo Barcellos Gatti; Órgão Julgador: 4ª Câmara de Direito Público; Tribunal de Justiça de São Paulo – N/A; Data do Julgamento: 30/07/2018; Data de Registro: 03/08/2018)

⦿ Decisão de eliminção imotivada e violação ao princípio da motivação, ampla defesa e contraditório.

"MANDADO DE SEGURANÇA – Concurso público para o cargo de escrevente técnico judiciário – Exclusão da impetrante da lista especial – Inscrição em vagas reservadas rejeitada – Decisões administrativas imotivadas – Impossibilidade de exercício do contraditório – Não observância da tese fixada no julgamento da ADC nº 41 – Documentos juntados com a petição inicial que se mostram suficientes – Segurança concedida." (TJSP; Mandado de Segurança 2236381-96.2017.8.26.0000; Relator (a): Luís Francisco Aguilar Cortez; Órgão Julgador: 1ª Câmara de Direito Público; Tribunal de Justiça de São Paulo – N/A; Data do Julgamento: 18/05/2018; Data de Registro: 18/05/2018)

◙ **Ausência da devida publicidade na convocação de candidato para fase seguinte.**

"MANDADO DE SEGURANÇA – Candidato aprovado em concurso público para o provimento de vagas de Escrevente Técnico Judiciário – Desclassificação do certame – Ausência da devida publicidade na convocação para perícia médica – Ofensa a direito líquido e certo caracterizada – Necessidade de publicação de todas as convocações no Diário Oficial e também no "site" da VUNESP – Previsão expressa no edital do certame – Inobservância – Violação aos princípios da vinculação ao edital e da publicidade – Boa-fé do candidato caracterizada – Ordem concedida." (TJSP; Mandado de Segurança 2245517-20.2017.8.26.0000; Relator (a): Maria Olívia Alves; Órgão Julgador: 6ª Câmara de Direito Público; Tribunal de Justiça de São Paulo – N/A; Data do Julgamento: 09/04/2018; Data de Registro: 11/04/2018)

◙ **Há violação ao princípio da publicidade quando há um longo lapso temporal entre as fases do concurso.**

◙ "APELAÇÃO CÍVEL – MANDADO DE SEGURANÇA – CONCURSO PUBLICO – LIMINAR DEFERIDA – SATISFATIVA – EXTINÇÃO DO PROCESSO SEM JULGAMENTO DO MÉRITO – PERDA SUPERVENIENTE DO INTERESSE – INOCORRÊNCIA – NECESSIDADE DE PROVIMENTO DEFINITIVO – COISA JULGADA – COGNIÇÃO EXAURIENTE – TEORIA DA CAUSA MADURA – SENTENÇA REFORMADA – CONVOCAÇÃO DE CANDIDATO APÓS TRÊS ANOS DA HOMOLOGAÇÃO DO RESULTADO FINAL – NOTIFICAÇÃO VIA IMPRENSA OFICIAL – PRINCÍPIO DA PUBLICIDADE E RAZOABILIDADE – INTIMAÇÃO PESSOAL DA CANDIDATA – RECURSO PROVIDO – SEGURANÇA CONCEDIDA. 1 – A concessão de medida liminar satisfativa não conduz à extinção do processo sem resolução de mérito pela perda superveniente de interesse processual, porquanto o provimento judicial lastreado em cognição sumária não se sobressai àquele proferido em cognição exauriente. Ademais disso, é de curial sabença que a sentença terminativa faz retornarem as partes à situação em que se encontravam no momento anterior ao ajuizamento da ação, consoante se extrai, mutatis mutandis, do entendimento sedimentado no enunciado sumular nº 405 do Supremo Tribunal Federal, que dispõe que denegado o mandado de segurança pela sentença, ou no julgamento do agravo, dela interposto, fica sem efeito a liminar concedida, retroagindo os efeitos da decisão contrária. 2 – A jurisprudência pátria tem entendido de forma pacífica que, não obstante exista previsão editalícia de que as comunicações serão realizadas por meio da imprensa oficial, não é razoável exigir que o candidato aprovado fora do número de vagas acompanhe tais veículos diariamente, durante todo o prazo de validade do concurso. 3 – Decorridos mais de três anos da homologação do resultado final do concurso, a notificação do candidato para apresentar-se perante a Administração Pública deve ser realizada pessoalmente, sendo irrazoável esperar que acompanhe convocação através da imprensa oficial por lapso temporal tão extenso. 4 – Recurso provido. Segurança concedida." (TJES, Classe: Apelação, 021150010904, Relator : MANOEL ALVES RABELO, Órgão julgador: QUARTA CÂMARA CÍVEL , Data de Julgamento: 13/06/2016, Data da Publicação no Diário: 22/06/2016)

◙ **A reserva de vagas para deficientes é uma forma de materializar o princípio da isonomia material.**

◙ "MANDADO DE SEGURANÇA CONCURSO PÚBLICO CANDIDATO PORTADOR DE NECESSIDADES ESPECIAIS RESERVA DE VAGAS DETERMINAÇÃO CONSTITUCIONAL AÇÃO AFIRMATIVA VOLTADA A RECOMPOR MATERIALMENTE O PRINCÍPIO DA ISONOMIA NOMEAÇÃO DE CANDIDATOS DA LISTA GERAL NÚMERO SUFICIENTE PARA ALCANÇAR A CLASSIFICAÇÃO DO IMPETRANTE NA LISTA DOS PNE AUSÊNCIA DE NOMEAÇÃO VIOLAÇÃO A DIREITO LÍQUIDO E CERTO ORDEM CONCEDIDA. 1) Em nosso ordenamento jurídico, o dever de promover a inclusão social daqueles que, porventura do destino, são portadores de alguma espécie de deficiência, deriva de nosso próprio texto constitucional que, no intuito de compensar, através de ações de conteúdo afirmativo, as dificuldades que afetam os indivíduos componentes desse grupo vulnerável, legitima o tratamento diferenciado em favor deles, determinando expressamente em seu art. 37, inc. VIII, a reserva de percentual de cargos e empregos públicos a serem providos por seus integrantes. 2) Indigitada medida afirmativa, acomodada no conceito de sociedade fraterna inscrito no preâmbulo de nossa Constituição, tem a finalidade de recompor materialmente o sentido de igualdade que anima as instituições republicanas, viabilizando aos portadores de deficiência física a faculdade de participarem do mercado de trabalho de forma digna, para que possam manter-se e ser mantenedores daqueles que deles dependem, a despeito da nítida desvantagem que a vida lhes impôs. 3) De acordo com o art. 37 do Decreto nº 3.298/1999, que regulamentou a Política Nacional para a Integração da Pessoa Portadora de Deficiência instituída pela Lei nº 7.853/1989, deve ser reservado o percentual mínimo de cinco por cento das vagas disponibilizadas em concurso público para os investidos de tal condição, elevando-se até o primeiro número inteiro subsequente, quando a aplicação de tal percentual resultar em número fracionado. 4) Dita previsão, reiterada pelo edital do concurso em voga, torna líquido e certo o direito do impetrante, uma vez que nomeados candidatos suficientes para alcançar sua classificação na lista dos portadores de necessidades especiais, sem que sua nomeação fosse realizada. 5) Segurança concedida." (TJES, Classe: Mandado de Segurança, 100170031551, Relator: ELIANA JUNQUEIRA MUNHOS FERREIRA – Relator Substituto : VICTOR QUEIROZ SCHNEIDER, Órgão julgador: TRIBUNAL PLENO, Data de Julgamento: 22/03/2018, Data da Publicação no Diário: 24/04/2018)

◉ Em decorrência da garantia da liberdade religiosa a realização de concurso em horário diverso não configura violação à isonomia, à igualdade e à moralidade.

"REMESSA NECESSÁRIA – MANDADO DE SEGURANÇA – DIREITO CONSTITUCIONAL À LIBERDADE RELIGIOSA – REALIZAÇÃO DE CONCURSO EM HORÁRIO DIVERSO – NÃO CONFIGURA VIOLAÇÃO À ISONOMIA, À IGUALDADE E À MORALIDADE – GARANTIA DA LIBERDADE RELIGIOSA – REMESSA CONHECIDA – SENTENÇA MANTIDA. 1. O texto constitucional em seu art. 5º, VI, garante a liberdade de consciência religiosa, de modo que a realização do exame em horário diverso daquele previsto em edital não configura violação à isonomia ou alguma forma de benefício ao candidato. 2. Possibilitar que os impetrantes façam a prova prática do concurso em questão ou no sábado após as 18 horas ou no domingo, em virtude de suas crenças religiosas, nada mais é que a garantia da liberdade de consciência religiosa. 3. Não se verifica nenhuma forma de vantagem aos impetrantes ao ser concedida a segurança para realizarem o certame em horário diverso daquele previsto em edital. 4. Remessa conhecida. Sentença mantida." (TJES, Classe: Remessa Necessária, 038160013637, Relator : ELISABETH LORDES, Órgão julgador: TERCEIRA CÂMARA CÍVEL , Data de Julgamento: 10/04/2018, Data da Publicação no Diário: 20/04/2018)

◉ Não existe óbice à sindicabilidade judicial de regras do certame em situações excepcionais, notadamente para controle de legalidade e de constitucionalidade.

◉ "REMESSA NECESSÁRIA. MANDADO DE SEGURANÇA COLETIVO. CLÁUSULA DE EDITAL. PROCESSO SELETIVO. SINDICABILIDADE JUDICIAL. 1. – Malgrado o edital seja considerado a lei do concurso, não existe óbice à sindicabilidade judicial de regras do certame em situações excepcionais, notadamente para controle de legalidade e de constitucionalidade. 2. – O colendo Superior Tribunal de Justiça já assentou que é válido o controle das regras e das exigências dispostas em edital de concurso público pelo Poder Judiciário, a fim de adequá-los aos princípios constitucionais, como a razoabilidade e a proporcionalidade (AgRg no AREsp 470.620/CE, Rel. Ministro Napoleão Nunes Maia Filho, Primeira Turma, julgado em 05-08-2014, DJe 19-08-2014). No mesmo sentido: STJ, AI 832901 AgR, Relator Min. Dias Toffoli, Primeira Turma, julgado em 17-09-2013, processo eletrônico, Dje-227, Divulg 18-11-2013, Public 19-11-2013. 3. – No caso, a cláusula 2.13 do edital do processo seletivo simplificado n. 005/2014 estabeleceu que não será permitida a inscrição de candidato que ocupe cargo efetivo, integrante da carreira de magistério de que trata a Lei nº. 1820/98 (fl. 79). Tal previsão afronta a ordem constitucional porque o art. 37, inc. XVI, alínea a, da Constituição Federal estabelece que é vedada a acumulação remunerada de cargos públicos, exceto, quando houver compatibilidade de horários, observado em qualquer caso o disposto no inciso XI: a de dois cargos de professor. 4. – Sentença mantida." (TJES, Classe: Remessa Necessária, 021140131265, Relator: DAIR JOSÉ BREGUNCE DE OLIVEIRA – Relator Substituto: RODRIGO FERREIRA MIRANDA, Órgão julgador: TERCEIRA CÂMARA CÍVEL , Data de Julgamento: 12/12/2017, Data da Publicação no Diário: 19/12/2017)

◉ Manifesta incompatibilidade entre o enunciado da questão e a exigência constante do espelho de correção.

◉ "PROCESSO CIVIL E ADMINISTRATIVO RECURSO EXTRAORDINÁRIO JUÍZO DE RETRATAÇÃO – MANDADO DE SEGURANÇA – CONCURSO PÚBLICO PARA PROMOTOR DE JUSTIÇA SUBSTITUTO – ANULAÇÃO DE QUESTÃO – MANIFESTA INCOMPATIBILIDADE ENTRE O ENUNCIADO DA QUESTÃO E A EXIGÊNCIA CONSTANTE DO ESPELHO DE CORREÇÃO – EXISTÊNCIA DE VÍCIO DE ILEGALIDADE ADEQUAÇÃO AO RE 632.853 ENTENDIMENTO MANTIDO. 1. Procede-se a novo exame da matéria analisada no v. acórdão desta ação mandamental em razão do julgamento do RE 632.853. 2. O fundamento de que a formulação de questões e os critérios de avaliação pela Banca Examinadora, por serem atos administrativos discricionários, não estão sujeitos ao crivo judicial não pode rechaçar toda e qualquer insurgência que eventualmente venha a ser trazida à apreciação do Poder Judiciário. Decerto, é preciso distinguir com acuidade e precisão uma situação da outra, sob pena de se aplicar de forma generalizada e superficial um entendimento que obstaria, já de antemão, o exame da legalidade dos atos administrativos. . Basta a leitura perfunctória da situação hipotética apresentada pela Banca3 Examinadora, a partir da qual os concorrentes do certame deveriam elaborar a peça processual adequada, para se concluir que não se afigura possível, nem tampouco razoável, exigir que os candidatos reconhecessem a existência das agravantes previstas nos arts. 62, incisos I e IV, ambos do Código Penal, exigências constantes do padrão de resposta trazida no Espelho de Correção da Prova. 4. A extirpar qualquer dúvida quanto à apontada teratologia das exigências contidas nos nº 1 e 2 do item 2.8 do Espelho de Correção da Prova, registre-se que, a partir das provas juntadas aos autos pelas próprias autoridades apontadas coatoras, foi possível verificar que nenhum dos candidatos submetidos à Prova Discursiva do certame logrou êxito em reconhecer a ocorrência das agravantes em comento. 5. O caso vertente carrega em si excepcionalidade diante das patentes absurdez, teratologia e, via de consequência, ilegalidade da exigência da Banca Examinadora, de sorte que não tem cabimento o raciocínio no sentido de que o Poder Judiciário está procedendo ao exame do mérito administrativo. 6. Quanto aos itens 2.9 parte 2 e 2.10 do Espelho de Correção de Prova, entende-se que, embora a tese defendida pela Impetrante de fato encontre guarida na melhor doutrina processual, não se afiguram absolutamente desarrazoadas as exigências ali constantes. Os citados itens envolvem questionamentos em torno da profundidade e da completude da fundamentação exigida na prova prática, o que, indubitavelmente, constitui juízo exclusivo da Administração, de sorte que não restou configurada, nos mencionados itens, ofensa aos princípios da legalidade e da razoabilidade. 7. Acórdão mantido, em sede de juízo de retratação." (TJES, Classe: Mandado de Segurança, 100100027109, Relator: SÉRGIO BIZZOTTO PESSOA DE MENDONÇA – Relator Substituto: CLAUDIA VIEIRA DE OLIVEIRA ARAUJO, Órgão julgador: CÂMARAS CRIMINAIS REUNIDAS, Data de Julgamento: 14/05/2018, Data da Publicação no Diário: 19/06/2018).

◉ A exigência e pontuação dos títulos deve ser amparada pelos princípios a razoabilidade e proporcionalidade

◉ "APELAÇÃO CÍVEL EM REMESSA NECESSÁRIA. MANDADO DE SEGURANÇA. CONCURSO PÚBLICO. PROFESSOR. NUMERAÇÃO DAS CÓPIAS DOS DOCUMENTOS ENTREGUES À ADMINISTRAÇÃO. MERA FORMALIDADE. RIGOR EXCESSIVO. DESPROPORCIONALIDADE DA ATRIBUIÇÃO DE NOTA ZERO. RECURSO DESPROVIDO. SENTENÇA MANTIDA. 1) O princípio da vinculação ao edital não é absoluto, de tal forma que impeça o judiciário de interpretar-lhe, buscando-lhe o sentido e a compreensão e escoimando-o de cláusulas desnecessárias ou que extrapolem os ditames da lei de regência e cujo excessivo rigor possa afastar, da concorrência, possíveis proponentes, ou que o transmude de um instrumento de defesa do interese público em conjunto de regras prejudiciais ao que, com ele, objetiva a administração. Precedentes do STJ. 2) Os editais de concursos públicos não estão acima da Constituição Federal ou das leis que preconizam os princípios da impessoalidade, do devido processo administrativo, da motivação, da razoabilidade e proporcionalidade. Precedentes do STJ. 3) Recurso desprovido. Sentença mantida." (TJES, Classe: Apelação / Remessa Necessária, 056160006377, Relator Designado: JOSÉ PAULO CALMON NOGUEIRA DA GAMA, Órgão julgador: SEGUNDA CÂMARA CÍVEL, Data de Julgamento: 24/04/2018, Data da Publicação no Diário: 23/05/2018)

◉ A idade máxima de 30 (trinta) anos já não guarda sintonia com o princípio da proporcionalidade para a situação em exame, porquanto é inevitável reconhecer que nos dias atuais pessoas com idade mais elevada do que esta, inclusive, demonstram perfeita capacidade de exercer as atribuições dos cargos referidos

◉ "PROCESSO CIVIL. AGRAVO DE INSTRUMENTO. CONCURSO PÚBLICO. MANDADO DE SEGURANÇA. DECADÊNCIA. LEGITIMIDADE. LIMITE ETÁRIO. RAZOABILIDADE E PROPORCIONALIDADE. RECURSO PROVIDO. 1. – Nos termos da jurisprudência do colendo Superior Tribunal de Justiça, a norma editalícia, genérica e abstrata, que prevê a apresentação de documentos que comprovem a idade limite, somente terá eficácia para alterar a posição jurídica do candidato quando for materializada e individualizada, afastando-o do certame. O termo a quo para a fluência do prazo decadencial é o ato administrativo que determina a eliminação do candidato, e não a publicação do edital. (AgRg no AREsp 88389/BA (2011/0285567-6), Rel. Min. Humberto Martins, Segunda Turma, data do julgamento: 28-02-2012, data da publicação no DJe 05-03-2012). Preliminar de decadência rejeitada. 2. – A autoridade coatora, para fins de impetração de mandado de segurança, é aquela que pratica ou ordena, de forma concreta e específica, o ato ilegal ou, ainda, aquela que detém competência para corrigir a suposta ilegalidade, a teor do § 3º do art. 6º da Lei nº 12.016/2009. Desta feita, a legitimidade passiva no mandamus é fixada pela autoridade que tem poder de realizar o ato lesivo, na ação preventiva, ou aquela que pode desfazer o ato lesivo, na ação repressiva (Agravo de instrumento n. 0026089-97.2016.8.08.0035, Relª. Desª. Eliana Junqueira Munhos Ferreira, Órgão julgador: Terceira Câmara Cível, data do julgamento: 08-08-2017, data da publicação no Diário: 18-08-2017). Alegação de ilegitimidade passiva Fundação Professor Carlos Augusto Bittencourt rejeitada. 3. – Não há como negar a probabilidade do direito da agravante de prosseguir no concurso público para o cargo de Agente Comunitário de Segurança do Município da Serra, do qual ela foi eliminada porque contava mais de 29 (vinte e note anos) de idade na data de início das inscrições, especialmente porque este egrégio Tribunal de Justiça já decidiu: ... 2.1. A idade de até 30 (trinta) anos estipulada no inciso III, do parágrafo único, do art. 5º da LC Estadual nº 455/2008, para a admissão nos cargos de Agente Penitenciário e de Agente de Escolta e Vigilância, da Administração Pública Estadual, realmente não se revela consentânea com a Constituição Federal, diante do postulado da proporcionalidade, que, nas palavras do decano da Suprema Corte, Min. Celso de Mello, acha-se vocacionado a inibir e a neutralizar os abusos do Poder Público no exercício de suas funções, qualificando-se como parâmetro de aferição da própria constitucionalidade material dos atos estatais.' (RTJ 176/578-580, Plenário). 2.2. Deveras, apesar de não ser possível desconsiderar as atribuições desses cargos, as quais certamente exigem vigor físico, demonstram-se relevantes os outros diversos fatores de ponderação avaliados neste caso, quais sejam, o tempo de aproveitamento do servidor no exercício de suas funções; a inquestionável realidade de que os avanços da medicina e a consequente elevação da qualidade de vida das pessoas permitem a clara constatação de que a vitalidade do ser humano vem se prolongando a cada dia. Logo, a idade máxima de 30 (trinta) anos já não guarda sintonia com o princípio da proporcionalidade para a situação em exame, porquanto é inevitável reconhecer que nos dias atuais pessoas com idade mais elevada do que esta, inclusive, demonstram perfeita capacidade de exercer as atribuições dos cargos referidos, sem prejuízo, inclusive, de desempenhá-las por considerável lapso temporal, atendendo, com isto, os interesses da Administração em otimizar economicamente a utilização da mão de obra por ela contratada para tal. ... (Incidente de inconstitucionalidade no agravo de instrumento n. 0091972-09.2010.8.08.0000, Relª. Designada Desª. Substituta Maria Cristina de Souza Ferreira, Órgão Julgador: Tribunal Pleno, data do julgamento: 01-11-2012, data da publicação no Diário: 21-11-2012). 4. – Recurso provido. Vistos, relatados e discutidos estes autos, acordam os Desembargadores que integram a colenda Terceira Câmara Cível do egrégio Tribunal de Justiça do Estado do Espírito Santo, de conformidade com a ata do julgamento e as notas taquigráficas em, à unanimidade, rejeitar a preliminar de decadência suscitada pelo Ministério Público e a alegação de ilegitimidade passiva da Fundação Professor Carlos Augusto Bittencourt e dar provimento ao recurso, nos termos do voto do Relator. Vitória-ES., 29 de maio de 2018. P RESIDENTE RELATOR." (TJES, Classe: Agravo de Instrumento, 048169005120, Relator : DAIR JOSÉ BREGUNCE DE OLIVEIRA, Órgão julgador: TERCEIRA CÂMARA CÍVEL , Data de Julgamento: 29/05/2018, Data da Publicação no Diário: 08/06/2018)

◙ **A eliminação de candidato em concurso público por motivo de disfunção visual passível de correção é ilegal.**

◙ "REMESSA EX OFFICIO. MANDADO DE SEGURANÇA. CONCURSO PÚBLICO. SOLDADO COMBATENTE DA PMES. ELIMINAÇÃO DE CANDIDATO COM DISFUNÇÃO VISUAL PASSÍVEL DE CORREÇÃO. VIOLAÇÃO AO PRINCÍPIO DA RAZOABILIDADE. 1. – A eliminação de candidato em concurso público por motivo de disfunção visual passível de correção é ilegal, por violar o princípio da razoabilidade. 2. – Sentença mantida." (TJES, Classe: Remessa Necessária, 024140018789, Relator: DAIR JOSÉ BREGUNCE DE OLIVEIRA – Relator Substituto: RODRIGO FERREIRA MIRANDA, Órgão julgador: TERCEIRA CÂMARA CÍVEL , Data de Julgamento: 06/02/2018, Data da Publicação no Diário: 11/05/2018)

◙ **O Laudo onde consta a eliminação do candidato por motivo de saúde deve ser devidamente motivado.**

◙ "REMESSA NECESSÁRIA E APELAÇÃO CÍVEL EM MANDADO DE SEGURANÇA – ADMINISTRATIVO, CONSTITUCIONAL E PROCESSUAL CIVIL – PRELIMINARES REJEITADAS – MÉRITO – CONCURSO PÚBLICO – EXAME DE SAÚDE – INABILITAÇÃO – MOTIVAÇÃO DEFICIENTE – NOVA AVALIAÇÃO – RECURSO CONHECIDO E DESPROVIDO – REMESSA CONHECIDA. SENTENÇA REFORMADA. 1 – O prazo para a impugnação do resultado obtido em fase de concurso começa a fluir a partir da data da sua publicação e não da publicação do edital que inaugurou o certame. 2 – Não há que se falar em inadequação da via eleita eis que não está em questão a existência ou não de uma certa condição clínica, mas a legalidade quanto à exclusão de concurso público por ato amparado em lacônico parecer da junta militar de saúde. 3 – O ato de exclusão de candidato de concurso público deve ser motivado e permitir seu direito de revisão do exame. 4 – Considerando que a apelada foi reavaliada pela junta militar de saúde e considerada apta para o serviço militar deve a sentença ser mantida. 4 – Recurso conhecido e desprovido. 5 – Remessa conhecida. sentença confirmada. vistos, relatados e discutidos estes autos, acordam os desembargadores que integram a primeira câmara cível do egrégio tribunal de justiça do estado do espírito santo, na conformidade da ata e notas taquigráficas, à unanimidade, rejeitar as preliminares arguídas. no mérito, por igual votação, negar provimento ao recurso, nos termos do voto do relator. em sede de remessa necessária, confirmar a sentença." (APELAÇÃO VOLUNTÁRIA Nº 0020872-53.2009.8.08.0024 (024090208729), RELATOR SUBS. LYRIO REGIS DE SOUZA LYRIO, JULGADO EM 30/10/2012 E LIDO EM 13/11/2012).

◙ "É cediço que um dos requisitos de validade do ato administrativo (exceto se discricionário) é a motivação, porque é através dela que se tornam conhecidos os motivos que levaram o administrador a praticar o ato. 2. – Consoante venerando precedente do colendo Superior refoge à razoabilidade a eliminação do candidato que não obteve acesso aos fundamentos de sua reprovação, impedindo-o de efetuar o controle da decisão administrativa, máxime quando o próprio edital autoriza a correção visual pelo simples uso de óculos ou lentes corretivas (RMS 35.265/SC, Rel. Ministro Castro Meira, Segunda Turma, julgado em 27-11-2012, DJe 06-12-2012). 3. – Na hipótese, a Administração Pública deixou de disponibilizar ao candidato os motivos pelos quais ele foi considerado inapto no exame de saúde, em concurso público. Reconhecida a nulidade do ato administrativo e determinada a repetição do exame de saúde, tendo em vista seu caráter eliminatório e que aos candidatos deve ser assegurada igualdade de tratamento. (...)" (TJES, Classe: Apelação / Remessa Necessária, 024130305816, Relator: DAIR JOSÉ BREGUNCE DE OLIVEIRA, Órgão julgador: TERCEIRA CÂMARA CÍVEL , Data de Julgamento: 20/03/2018, Data da Publicação no Diário: 28/03/2018)

◙ **É ilegal na prova de aptidão física a adoção de tabela de pontuação diferenciada por idade para fins de quantificação dos pontos dos candidatos.**

◙ "DIREITO ADMINISTRATIVO – CONCURSO PÚBLICO AGENTE DE ESCOLTA RASURA EM DOCUMENTO NÃO ALTERAÇÃO DA COMPREENSÃO DO CONTEÚDO TESTE DE APTIDÃO FÍSICA REPROVAÇÃO PONTUAÇÃO ESCALONADA POR IDADE DESPROPORCIONAL CRITÉRIO DE AVALIAÇÃO – PONTUAÇÃO MÁXIMA PREVISTA RECURSO PARCIALMENTE PROVIDO. 1. O Superior Tribunal de Justiça já assentou seu entendimento no sentido de cabe ao Poder Judiciário, em sede de impugnação às normas e resultados de concurso público, rever os atos praticados sob o aspecto da legalidade. 2. No presente caso, a tabela de pontuação diferenciada por idade prevista no edital para a quantificação dos pontos obtidos pelos candidatos no Teste de Aptidão Física (TAF) é ilegal, eis que além de incompatível com a natureza e a complexidade do cargo, também não atende aos Princípios Constitucionais da Proporcionalidade e da Razoabilidade. 3. O documento rasurado no caso em exame demonstra a existência de pequenas rasuras que não impedem a devida compreensão das informações ali contidas, isto é, que o candidato em questão se tratava do próprio apelante. 4. Não havendo justificativa quanto ao tratamento desigual aos candidatos que desempenharão as mesmas funções, infere-se que o candidato acima de 41 (quarenta e um) anos está tão qualificado fisicamente para as funções do cargo quanto o candidato de 25 (vinte e cinco) anos, porquanto ambos exercerão as mesmas funções. 5. A banca examinadora deve atribuir ao candidato a pontuação máxima prevista no edital, ou seja, a pontuação referente ao candidato com idade superior a 41 (quarenta e um) anos, o que afasta a necessidade de reaplicação do teste de aptidão física. Precedentes deste Tribunal. 6. Recurso parcialmente provido. ACÓRDÃO Vistos, relatados e discutidos estes autos, ACORDA a Colenda Segunda Câmara Cível, na conformidade da ata da sessão, à unanimidade de votos, DAR PARCIAL PROVIMENTO ao recurso, nos termos do voto do relator. Vitória (ES), 24 de abril de 2018. PRESIDENTE RELATOR." (TJES, Classe: Apelação, 024130422801, Relator : CARLOS SIMÕES FONSECA, Órgão julgador: SEGUNDA CÂMARA CÍVEL, Data de Julgamento: 24/04/2018, Data da Publicação no Diário: 04/05/2018).

Extrapola os limites da razoabilidade a exigência de CEP e telefone para localização de fontes que visem informar a respeito da vida pregressa do candidato se, por outros meios, puder a delegatária empreender as buscas à completude da **fase de investigação social.**

◙ "MANDADO DE SEGURANÇA – CONCURSO PÚBLICO – LEGITIMIDADE – PRESIDENTE DO EGRÉGIO TRIBUNAL DE JUSTIÇA – NORMA EDITALÍCIA -PRELIMINAR REJEITADA – COMPETÊNCIA RESIDUAL DA JUSTIÇA ESTADUAL – INEXISTÊNCIA DE VINCULAÇÃO COM O ART. 109, I DA CRF – PRELIMINAR REJEITADA CONCURSO PÚBLICO – NORMA DO EDITAL – EXIGÊNCIA DE CEP E TELEFONE – AUSÊNCIA DE RAZOABILIDADE – POSSIBILIDADE DE LOCALIZAÇÃO POR OUTROS MEIOS – SEGURANÇA CONCEDIDA – PROCESSO EXTINTO COM RESOLUÇÃO DE MÉRITO 1) Versando a impetração contra ato perpetrado pelo Presidente da Comissão do Concurso, cuja legitimidade é reconhecida, e atacando regra disposta no Edital do certame, firma-se a competência junto a justiça estadual para apreciar o mérito do mandamus. Preliminares rejeitadas. 2) É cabível a análise pelo judiciário de ato administrativo que extrapola a razoabilidade e proporcionalidade, sem que se configure revolvimento do mérito do ato administrativo ou violação do princípio da separação dos poderes. 3) Extrapola os limites da razoabilidade a exigência de CEP e telefone para localização de fontes que visem informar à respeito da vida pregressa do candidato se, por outros meios, puder a delegatária empreender as buscas à completude da fase de investigação social. 4) Segurança concedida. 5) Extinção do feito com resolução de mérito na forma do art. 269, I, do CPC. Vistos, relatados e discutidos os presentes autos, em que são partes os acima mencionados. Acorda o Tribunal Pleno do Egrégio Tribunal de Justiça, na conformidade da ata e notas taquigráficas da sessão que integram este julgado, à unanimidade, conceder a segurança nos termos do voto do Eminente Relator." (TJES, Classe: Mandado de Segurança, 100140027739, Relator : WALACE PANDOLPHO KIFFER, Órgão julgador: TRIBUNAL PLENO, Data de Julgamento: 09/04/2015, Data da Publicação no Diário: 27/04/2015)

◉ **O candidato aprovado dentro do número de vagas previstas no edital tem direito público subjetivo à nomeação.**

"REMESSA NECESSÁRIA. CONCURSO PÚBLICO. MAGISTÉRIO ESTADUAL. CANDIDATO APROVADO DENTRO DO NÚMERO DE VAGAS PREVISTAS NO EDITAL. DIREITO SUBJETIVO À NOMEAÇÃO. A candidata aprovada dentro do número de vagas previstas no edital tem direito público subjetivo à nomeação, Ver íntegra da ementa ressalvada recusa motivada da Administração. Manutenção da sentença. Precedentes do STF, STJ e deste TJRS. Sentença mantida em remessa necessária." (Reexame Necessário Nº 70079660924, Terceira Câmara Cível, Tribunal de Justiça do RS, Relator: Eduardo Delgado, Julgado em 11/12/2018)

◉ **Comprovação da habilitação mínima exigida na forma do edital e direito à nomeação.**

"REMESSA NECESSÁRIA. CONCURSO PÚBLICO. MANDADO DE SEGURANÇA. PROFESSOR EDUCAÇÃO INFANTIL. EDITAL Nº 107/2018. HABILITAÇÃO MÍNIMA. LEI MUNICIPAL Nº 6.569/2018. GRADUAÇÃO EM PEDAGOGIA, COM HABILITAÇÃO PARA AS SÉRIES INICIAIS. ATESTADO. SUFICIÊNCIA. DIREITO LÍQUIDO E CERTO À CONTRATAÇÃO. Evidenciado o direito líquido e certo da impetrante de admissão no cargo de professora de educação infantil do município de Pelotas, tendo em vista a comprovação da habilitação mínima exigida na forma do edital. Sentença mantida em remessa necessária." (Reexame Necessário Nº 70079816765, Terceira Câmara Cível, Tribunal de Justiça do RS, Relator: Eduardo Delgado, Julgado em 26/11/2018)

◉ **Candidato aprovado em primeiro lugar e dentro do número de vagas. Direito à nomeação.**

"REMESSA NECESSÁRIA. CONCURSO PÚBLICO. MANDADO DE SEGURANÇA. MUNICÍPIO DE SAPUCAIA DO SUL. CARGO DE TÉCNICO EM NUTRIÇAO E DIETÉTICA. APROVAÇÃO EM 1º LUGAR, CLASSIFICAÇÃO DENTRO DO NÚMERO DE VAGAS (27) DISPONIBILIZADAS PELO EDITAL. VALIDADE DO CONCURSO EXPIRADA. EXPECTIVA DE DIREITO QUE SE CONVOLA EM DIREITO SUBJETIVO A NOMEAÇÃO. OFENSA A DIREITO LÍQUIDO E CERTO EVIDENCIADA. POSSE CONDICIONADA AO PREENCHIMENTO DOS REQUISITOS DE INVESTIDURA PREVISTOS NO EDITAL PARA IN VESTIDURA NO CARGO. TAXA ÚNICA DE SERVIÇOS JUDICIAIS. ISENÇÃO. LEI ESTADUAL Nº 14.634/2014. Reformada, em parte, a sentença em remessa necessária. Unânime." (Reexame Necessário Nº 70078683315, Quarta Câmara Cível, Tribunal de Justiça do RS, Relator: Alexandre Mussoi Moreira, Julgado em 31/10/2018)

◉ **Constitui documento hábil para comprovação da escolaridade exigida na hipótese de nomeação em concurso público o Certificado de Conclusão de Curso expedido até que seja emitido definitivamente o respectivo diploma.**

"REEXAME NECESSÁRIO. MANDADO DE SEGURANÇA. CONCURSO PÚBLICO. CERTIFICADO DE CONCLUSÃO DE CURSO. HABILITAÇÃO NECESSÁRIA PARA A POSSE. POSSIBILIDADE. 1. Optando o impetrante pela estreita via do mandado de segurança, deverá estar ciente da necessidade de demonstrar a existência de direito líquido e certo e a sua ameaça, a teor do art. 1º da Lei nº 12.016/09. 2. Constitui documento hábil para comprovação da escolaridade exigida na hipótese de nomeação em concurso público o Certificado de Conclusão de Curso expedido até que seja emitido definitivamente o respectivo diploma. 3. Sentença de concessão da segurança na origem. SENTENÇA CONFIRMADA EM REEXAME NECESSÁRIO." (Reexame Necessário Nº 70078154671, Quarta Câmara Cível, Tribunal de Justiça do RS, Relator: Antônio Vinícius Amaro da Silveira, Julgado em 31/10/2018)

◉ **A nomeação e posterior exoneração do 1º colocado, ainda dentro do prazo do certame, evidencia a necessidade de serviço permanente por parte da Administração, vinculando esta ao preenchimento das respectivas vagas e gerando direito subjetivo à nomeação do candidato classificado na posição imediatamente inferior àquele.**

"REMESSA NECESSÁRIA. CONCURSO PÚBLICO. MUNICÍPIO DE IBARAMA. DIREITO SUBJETIVO À NOMEAÇÃO. NECESSIDADE DE PREENCHIMENTO DA VAGA. 1. O direito subjetivo a nomeação em concurso público de candidato classificado fora do número de vagas exige a demonstração de comportamento tácito ou expresso do Poder Público capaz de revelar a inequívoca necessidade de nomeação do aprovado durante o período de validade do certame, nos termos do RE nº 837.311. 2. A nomeação e posterior exoneração do 1º colocado, ainda dentro do prazo do certame, evidencia a necessidade de serviço permanente por parte da Administração, vinculando esta ao preenchimento das respectivas vagas e gerando direito subjetivo à nomeação do candidato classificado na posição imediatamente inferior àquele. SENTENÇA PARCIALMENTE REFORMADA EM REMESSA NECESSÁRIA." (Reexame Necessário Nº 70079146403, Quarta Câmara Cível, Tribunal de Justiça do RS, Relator: Francesco Conti, Julgado em 31/10/2018)

◉ **Inobservância ao cronograma estabelecido no edital. Afronta aos princípios da publicidade e da vinculação ao edital.**

"REEXAME NECESSÁRIO. MANDADO DE SEGURANÇA. CONCURSO PÚBLICO. PROCESSO SELETIVO SIMPLIFICADO. MUNICÍPIO DE JAGUARÃO. CARGO DE ENFERMEIRO. INOBSERVÂNCIA AO CRONOGRAMA ESTABELECIDO NO EDITAL. AFRONTA AOS PRINCÍPIOS DA PUBLICIDADE E DA VINCULAÇÃO AO EDITAL. 1. Optando a impetrante pela estreita via do mandado de segurança, deverá estar ciente da necessidade de demonstrar a existência de direito líquido e certo e a sua ameaça, a teor do art. 1º da Lei nº 12.016/09. 2. Conforme se depreende do cronograma publicado no edital de abertura do processo seletivo público para provimento de uma vaga temporária de enfermeiro, restou definida data para análise dos recursos administrativos, publicação do resultado final, e posteriormente a nomeação do candidato selecionado e análise dos documentos para a posse. 3. Hipótese em que a impetrante sequer foi cientificada acerca da desclassificação do certame, deixando de observar a previsão do edital. 4. Ofensa aos princípios da publicidade e da vinculação ao edital. 5. Sentença de concessão parcial da segurança na origem. SENTENÇA CONFIRMADA EM REEXAME NECESSÁRIO." (Reexame Necessário Nº 70077934008, Quarta Câmara Cível, Tribunal de Justiça do RS, Relator: Antônio Vinícius Amaro da Silveira, Julgado em 31/10/2018)

◉ **Inconstitucionalidade da proibição editalícia de ingresso no serviço público de candidatos com tatuagens no corpo.**

"REMESSA NECESSÁRIA. MANDADO DE SEGURANÇA. CONCURSO PÚBLICO. BRIGADA MILITAR. INCONSTITUCIONALIDADE DA PROIBIÇÃO EDITALÍCIA DE INGRESSO NO SERVIÇO PÚBLICO DE CANDIDATOS COM TATUAGENS NO CORPO. – REPERCUSSÃO GERAL NO STF Nº 898.450 -. HIPÓTESE DE NÃO CONHECIMENTO. ART. 496 § 4º, II, DO CPC. Tendo em vista a motivação da sentença no julgamento do RE 898.450/RG, no e. Supremo Tribunal Federal, na forma do art. 1.036, do CPC de 2015 – repercussão geral -, não merece trânsito a presente remessa necessária, com base no art. 496, § 4º, II, do CPC de 2015. Remessa necessária não conhecida." (Reexame Necessário Nº 70079070850, Terceira Câmara Cível, Tribunal de Justiça do RS, Relator: Eduardo Delgado, Julgado em 25/09/2018)

◉ **O art. 236, § 3°, da CF/88 dispõe que a investidura na titularidade de unidade de serviço notarial ou de registro deve se dar mediante aprovação em concurso público, independentemente de se tratar de provimento originário ou por remoção.**

"MANDADO DE SEGURANÇA. ATIVIDADE NOTARIAL E DE REGISTRO. PROVIMENTO POR REMOÇÃO. EXIGÊNCIA DE CONCURSO PÚBLICO (ART. 236, PARÁGRAFO 3°, DA CONSTITUIÇÃO FEDERAL). NORMA CONSTITUCIONAL DE EFICÁCIA PLENA. IRREGULARIDADE NA REMOÇÃO EFETIVADA SEM CONCURSO PÚBLICO APÓS A PROMULGAÇÃO DA CONSTITUIÇÃO FEDERAL. VACÂNCIA DA RESPECTIVA SERVENTIA DECLARADA PELO CNJ. REMUNERAÇÃO DO INTERINO LIMITADA AO TETO CONSTITUCIONAL. NECESSIDADE DE PRÉVIA E FORMAL DECONSTITUIÇÃO DO ATO DE REMOÇÃO, COM A RESPECTIVA DESIGNAÇÃO PARA FINS DE INTERINIDADE OU RECONDUÇÃO DO RESPONSÁVEL AO OFÍCIO DE ORIGEM. PRINCÍPIOS DA SEGURANÇA JURÍDICA E DA PROTEÇÃO DA CONFIANÇA. SEGURANÇA CONCEDIDA. 1. O art. 236, § 3°, da CF/88 dispõe que a investidura na titularidade de unidade de serviço notarial ou de registro deve se dar mediante aprovação em concurso público, independentemente de se tratar de provimento originário ou por remoção. 2. A Lei n° 7.356/1980 (Código de Organização Judiciária do Estado do Rio Grande do Sul) – que admite a remoção na atividade notarial e de registro independentemente de prévio concurso público, é incompatível com o art. 236, § 3°, da Constituição, conforme já se pronunciou o STF. 3. Impetrante que ingressou no cargo de titular de serventia extrajudicial, por meio de concurso público. Posteriormente, com base na Lei n° 7.356/1980 (Código de Organização Judiciária do Estado do Rio Grande do Sul), foi removida, a pedido, para outra serventia, o que implicou violação do art. 236, § 3°, da CF/88. 4. Afigura-se ilegítima a investidura da impetrante na serventia atual para a qual foi removida sem concurso público há mais de vinte anos motivo pelo qual ela responde pela respectiva unidade de serviço de forma precária, e interinamente, conforme os arts. 1° e 3° da Res. CNJ n° 80/2009. 5. Aplica-se o teto constitucional de remuneração ao responsável por serviço extrajudicial que não esteja classificado dentre os regularmente providos. Jurisprudência do STF. 6. Não obstante, em homenagem aos princípios da segurança jurídica e da proteção da confiança dos administrados, a aplicação do teto constitucional, no caso concreto, depende da instauração de procedimento administrativo individualizado, a fim de que seja formalmente desconstituída a remoção irregular e publicado o ato de designação para fins de interinidade sem prejuízo de eventual recondução da impetrante ao ofício de origem, para o qual se investiu mediante concurso público. CONCEDERAM A SEGURANÇA. UNÂNIME." (Mandado de Segurança N° 70077671154, Tribunal Pleno, Tribunal de Justiça do RS, Relator: Jorge Luís Dall'Agnol, Julgado em 12/11/2018)

◙ Nomeação de candidato antes do trânsito em julgado.

"REMESSA OBRIGATÓRIA. ADMINISTRATIVO. CONCURSO PÚBLICO. CANDIDATO APROVADO EM PRIMEIRA COLOCAÇÃO. DIREITO DE NÃO SER NOMEADA ATÉ O TRÂNSITO EM JULGADO DE AÇÃO JUDICIAL. PRINCIPIO DA RAZOABILIDADE. IMPROVIMENTO 1. Trata-se de remessa necessária determinada em sentença proferida nos autos do Mandado de Segurança objetivando a suspensão dos efeitos do ato de sua nomeação para o cargo de Professor Adjunto A, Classe A, Nível 1, na área de Equinocultura, instituído pelo Edital n° 18/2014, da Universidade Federal Rural do Rio de Janeiro (UFRRJ), até o trânsito em julgado do Mandado de Segurança n° 0042986 – 72.2015.4.02.5101. 2. In casu, a impetrante, acaso nomeada para o cargo para o qual logrou ser aprovada em primeira colocação, antes do transito em julgado da sentença proferida nos autos do mandado de segurança n° 0042986 – 72.2015.4.02.5101 deveria exonerar-se do cargo na UFBA para aceitar o cargo na UFRRJ, correndo o risco de perder ambos os cargos, caso a decisão desfavorável à segunda colocada fosse revertida. 3. Assim, sua pretensão de ter postergada a sua nomeação no concurso público para o qual logrou ser aprovada, ainda que não previsto no edital, mostra-se perfeitamente viável, e até mesmo razoável, face à urgência da situação narrada nos presentes autos. 4. No caso em tela, constata-se que a impetrante viria a sofrer evidente prejuízo caso haja eventual alteração na ordem de classificação do concurso prestado, no âmbito da UFRRJ, como consequência de eventual decisão favorável proferida nos autos do mandado de Segurança n° 0042986-72.2015.4.02.5101, impetrado pela segunda colocada, impugnando o resultado final do concurso. 5. Em que pese a Administração Pública possuir liberdade de estabelecer critérios diferenciados para o acesso ao cargo público, tal liberdade não tem o condão de afastar o administrador do dever de agir dentro dos princípios norteadores do Direito Administrativo, mormente o princípio da razoabilidade. 6. Remessa conhecida e improvida." (6ª TURMA ESPECIALIZADA, Rel. GUILHERME CALMON NOGUEIRA DA GAMA, Data de disponibilização: 26/09/2018)

◉ **Ilegalidade da Administração em não atribuir a pontuação do candidato referente à sua titulação acadêmica.**

"REMESSA NECESSÁRIA. ADMINSITRATIVO. MANDADO DE SEGURANÇA. ANÁLISE DE TÍTULOS. TITULAÇÃO ACADÊMICA. CRITÉRIOS PREVISTOS NO EDITAL. SENTENÇA MANTIDA. 1. Remessa necessária decorrente de sentença que julga procedente o mandado de segurança impetrado a fim de determinar que a autoridade coatora atribua os pontos à impetrante, referentes à prova de títulos em concurso público. 2. A impetrante concorre ao cargo de assistente em C&T – TI, cargo inserido na carreira de gestão, planejamento e infraestrutura, cuja área de atuação é a de apoio técnico administrativo e apresenta, na prova de títulos, diploma de pós-graduação em "Direito do Estado e Administrativo. 3. O caso em análise cinge-se em saber se houve violação ao instrumento convocatório, pela administração, ao não atribuir a pontuação do candidato referente à sua titulação acadêmica. 4. A Administração Pública, dentro da discricionariedade que lhe atribui a lei, deve definir regras e critérios de julgamento do concurso, de forma a melhor atingir o interesse público. Acrescenta-se que é necessário que o certame respeite o princípio da vinculação ao instrumento convocatório. (STJ, 2ª Turma, RMS 49887 – MG, Rel. Min. HERMAN BENJAMIN, DJe 15.12.2016). 5. Acerca da possibilidade de questionamento de provas de concurso em juízo, o Supremo Tribunal Federal, em julgamento com repercussão geral reconhecida, firma entendimento de que não compete ao Poder Judiciário substituir a banca examinadora para reapreciar o conteúdo das questões e os critérios de correção utilizados, salvo ocorrência de ilegalidade e inconstitucionalidade (STF, Plenário, RE 632.853, Rel. Min. GILMAR MENDES, DJe 7.5.2015). No mesmo sentido: STJ, 1ª Seção, REsp nº 1528448 / MG, Rel. Min. ASSUSETE MAGALHÃES, DJe 22.11.2017. 6. Precedente da 5ª Turma Especializada do TRF2: AC 0045188-22.2015.4.02.5101, e-DJF2R 28.6.2017. 7. A banca revisora do concurso, por meio do Memorando nº 101 – COGEP, opina pela alteração da nota, reconhecendo a identidade entre o curso realizado pela candidata e as atribuições do cargo a que ela concorre. 8. À vista dos esclarecimentos prestados, a União, ao ser intimada da sentença, deixa de manifestar inconformidade e esclarece que não pretende recorrer, em razão da perda do objeto da presente ação. 9. Remessa necessária não provida." (5ª TURMA ESPECIALIZADA, Rel. RICARDO PERLINGEIRO, Data de disponibilização: 06/09/2018)

◉ **A autoridade impetrada não pode realocar o quantitativo de vagas ofertado em concurso público, transferindo-o para outra localidade, ante a alegação de mudança nas necessidades da empresa.**

"ADMINISTRATIVO. MANDADO DE SEGURANÇA. REMESSA NECESSÁRIA. CANDIDATO APROVADO DENTRO DO NÚMERO DE VAGAS PREVISTO NO EDITAL. DIREITO À NOMEAÇÃO. REALOCAÇÃO DO QUANTITATIVO DE VAGAS. ILEGALIDADE. REMESSA DESPROVIDA. SENTENÇA MANTIDA. 1. Trata-se de Remessa Necessária, que considero interposta, em face da r. sentença, de fls. 324/327, que concedeu a segurança "para declarar ilegal qualquer 'realocação do quantitativo de vagas' destinadas à microrregião de Curitiba, mantendo as sete vagas originariamente ofertadas no ANEXO I do Edital 001/2015, bem como para determinar a contratação do impetrante dentro do prazo de validade do concurso, confirmando a liminar anteriormente deferida". 2. O autor foi aprovado, em 3º lugar, para o cargo de Nível Médio de Técnico de Operações e Equipamentos, em concurso público promovido pela empresa BB Tecnologia e Serviços, regido pelo Edital nº 01/2015, de 13 de julho de 2015, com lotação na cidade de Curitiba/PR (fl. 234). 3. Contudo, embora tenha sido aprovado dentro do número de vagas previsto no edital, foi informado que a empresa pretendia realocar o quantitativo de vagas em decorrência de mudanças em seu planejamento estratégico, conforme fls. 257/258. 4. Cinge-se, portanto, a controvérsia em determinar se a autoridade impetrada poderia realocar o quantitativo de vagas ofertado em concurso público, transferindo-o para outra localidade, ante a alegação de mudança nas necessidades da empresa. 5. Inicialmente, é importante destacar que a Administração Pública está submetida a regime jurídico-administrativo, pelo qual tem o dever de observar os diversos princípios constitucionais, dentre os quais o da legalidade, e da impessoalidade, que justifica a necessidade de concurso público para selecionar os melhores candidatos ao provimento de cargos e funções públicas. O edital, por sua vez, é o ato normativo editado para disciplinar o processamento do concurso público, que vincula a Administração e os candidatos. 6. Da detida análise dos autos, observo que, conforme documento de fl. 37, foram expressamente previstas 7 vagas para o cargo de Técnico de Operações – Equipamento, com lotação em Curitiba. Com efeito, verifico que a matéria em exame encontra-se em total conformidade com a orientação jurisprudencial do Supremo Tribunal Federal, ao apreciar o RE 598099, (tema 161: o candidato aprovado em concurso público dentro do número de vagas previstas no edital possui direito subjetivo à nomeação). 7. "Dentro do prazo de validade do concurso, a Administração poderá escolher o momento no qual se realizará a nomeação, mas não poderá dispor sobre a própria nomeação, a qual de acordo com o edital, passa a constituir um direito do concursando aprovado e, dessa forma, um dever imposto ao poder público. Uma vez publicado o edital do concurso com 1 número específico de vagas, o ato da Administração que declara os candidatos aprovados no certame cria um dever de nomeação para a própria Administração e, portanto, um direito à nomeação titularizado pelo candidato aprovado dentro desse número de vagas." 8. "O edital é a lei do concurso. Por conseguinte, vincula a Administração e o particular, que não pode alegar seu desconhecimento ou, após a inscrição, aceitando incondicionalmente as condições exigidas, pretender modificá-las. Como bem assenta o Excelso Pretório "as cláusulas constantes do edital de concurso obrigam candidatos e Administração Pública. Na feliz dicção de Hely Lopes Meirelles, o edital é lei interna da concorrência". (RE 192568/PI, Segunda Turma, Relator Ministro Marco Aurélio, DJ de 13.09.1996, pág. 33241). 9. Remessa necessária desprovida. Sentença mantida." (6ª TURMA ESPECIALIZADA, Rel. POUL ERIK DYRLUND, Data de disponibilização: 22/08/2018)

◉ **Ilegalidade do ato administrativo que o considerou o impetrante "inapto/incapaz" na Inspeção de Saúde por apresentar tatuagem visível ao uso do uniforme de serviço fim de que possa continuar participando do Curso de admissão ao corpo de Fuzileiros Navais da Marinha do Brasil.**

"REMESSA NECESSÁRIA. CONCURSO PÚBLICO. CURSO DE ADMISSÃO AO CORPO DE FUZILEIROS NAVAIS DA MARINHA DO BRASIL. REPROVAÇÃO EM EXAME MÉDICO. CANDIDATO COM TATUAGEM. IMPROVIMENTO 1. Trata-se de remessa necessária determinada em sentença proferida nos autos do Mandado de Segurança objetivando a declaração de ilegalidade do ato administrativo que o considerou o impetrante "inapto/incapaz", na Inspeção de Saúde, por apresentar tatuagem visível ao uso do uniforme de serviço, a fim de que possa continuar participando do Curso de admissão ao corpo de Fuzileiros Navais da Marinha do Brasil. 2. O Anexo B do Edital, que dispõe acerca dos padrões psicofísicos de admissão, estabelece no seu item f, relativo à Pele e Tecido celular subcutâneo como condição de inaptidão do candidato possuir tatuagens que contrariem o disposto nas normas de apresentação de pessoal de militares da Marinha do Brasil ou façam alusão à ideologia terrorista ou extremista contrária às instituições democráticas, à violência à criminalidade, à ideia ou ato libidinoso, à discriminação ou preconceito de raça, credo, sexo ou origem ou ainda à idéia ou ato ofensivo às Forças Armadas. 3. A eliminação do impetrante, na forma como prevista no edital do concurso colide com a tese adotada em sede de repercussão geral pelo C. Supremo Tribunal Federal, no julgamento do Recurso Extraordinário nº 898.450/SP que assentou a tese de que "editais de concurso público não podem estabelecer restrição a pessoas com tatuagem, salvo situações excepcionais em razão de conteúdo que viole valores constitucionais". Desta forma, eventual restrição a pessoas com tatuagem só seria possível se o conteúdo do desenho ou escrito violar valores constitucionais, veiculando ideologias terroristas ou extremistas contrárias às instituições democráticas, apologia à violência, criminalidade; discriminação ou preconceitos de raça, credo, sexo ou origem; atos libidinosos ou atos ofensivos às Forças Armadas, não sendo esta a hipótese dos autos. 4. Remessa necessária conhecida e improvida." (6ª TURMA ESPECIALIZADA, Rel. GUILHERME CALMON NOGUEIRA DA GAMA, Data de disponibilização: 17/07/2018)

◉ **Não existe justificativa legal para eliminação de candidato cotista racial que não compareceu perante a comissão de aferição da autodeclaração racial quando o mesmo é aprovado dentro do número de vagas da ampla concorrência.**

"ADMINISTRATIVO. REMESSA NECESSÁRIA. MANDADO DE SEGURANÇA. CONCURSO PÚBLICO. PROVIMENTO DE CARGO DE ENFERMEIRO GERAL DA UFRJ. APROVAÇÃO NAS ETAPAS OBJETIVA E PRÁTICA DENTRO DO NÚMERO DE VAGAS DE AMPLA CONCORRÊNCIA. ELIMINAÇÃO DO CERTAME POR NÃO COMPARECIMENTO PERANTE A COMISSÃO DE AFERIÇÃO DA AUTODECLARAÇÃO RACIAL. 1. Trata-se de Mandado de Segurança impetrado em face do Reitor da Universidade Federal do Rio de Janeiro, objetivando a concessão de ordem que suspenda o ato que eliminou o Impetrante do certame, em virtude do não comparecimento para aferição da veracidade de sua declaração racial, a fim de assegurar o regular prosseguimento do candidato no concurso público para o preenchimento do cargo C 301 – Enfermeiro Geral, nas vagas de livre concorrência. 2. Ao efetuar sua inscrição o candidato adere às normas previamente estabelecidas pelo edital do certame, que vinculam não só a Administração como os concorrentes, não sendo admissível conferir tratamento diferenciado, sob pena de violação aos princípios da isonomia, legalidade, publicidade e da transparência do processo seletivo, mormente porque todos os candidatos se submeteram às mesmas regras. 3. O Edital do concurso objeto do writ, em observância ao disposto no artigo 3º da Lei 12.990/2014 ("Os candidatos negros concorrerão concomitantemente às vagas reservadas e às vagas destinadas à ampla concorrência, de acordo com a sua classificação no concurso"), estabeleceu, no item 5.2, que "O candidato negro concorre em igualdade de condições com os demais candidatos às vagas de ampla concorrência e, ainda, às vagas reservadas aos negros do cargo/área de atuação para o qual se inscreveu ". 4. No caso em apreço o candidato, após lograr aprovação nas etapas objetiva e prática, foi eliminado do certame por não ter comparecido perante a Comissão encarregada para aferir a veracidade da autodeclaração racial, restando suficientemente comprovado nos autos que o não comparecimento deveu – se ao desconhecimento do candidato em relação a data designada, visto que nem o Edital nem o cronograma fixaram previamente uma data objetiva para a respectiva apresentação. Tal hipótese não se confunde com a previsão legal de eliminação decorrente de declaração falsa (art. 2º, parágrafo único, da Lei 12.990/2014). 5. Releva consignar que após o deferimento da liminar a Autoridade Impetrada informou que "a Comissão Executiva de Concursos da UFRJ resolve aplicar o disposto para todos os demais candidatos que se encontram na mesma situação, por meio do Edital nº 339 de 27 de junho de 2017, publicado no D.O.U. Nº 122 de 28 de junho de 2017, págs.75 a 85, o qual retifica o Edital nº 99/2017, alterando a previsão de eliminação dos candidatos que faltaram a verificação de autodeclaração de negro, passando a integrar às vagas de ampla concorrência, seguindo, conforme o caso, nas fases que lhe foram suprimidas", denotando o reconhecimento do pedido. 1 6. Merece ser prestigiada a sentença que, constatando que "o Edital do Certame não traz como causa de eliminação do concurso o não comparecimento perante a comissão para aferição da autodeclaração, bem como de que nem o § 3º, do art. 2ª, da Orientação Normativa nº 3/2016, do Ministério do Planejamento, Desenvolvimento e Gestão, nem o parágrafo único, do art. 2º, da Lei nº 2.990/2014, fixam como causa de eliminação o não comparecimento perante a comissão de aferição da autodeclaração", concluiu, com acerto, que "não existe justificativa legal para sua eliminação do certame e para afastar sua participação no concurso para concorrer às vagas destinadas a ampla concorrência", ressalvando que o Impetrante " não poderá concorrer às vagas reservadas". 7. Remessa ex officio desprovida." (8ª TURMA ESPECIALIZADA, Rel. MARCELO PEREIRA DA SILVA, Data de disponibilização: 21/06/2018) (Visualizar Inteiro Teor)

◙ **Há ausência de razoabilidade na conduta administrativa de impedir a matrícula do candidato quando a impossibilidade de entrega do certificado decorre de circunstâncias alheias à sua vontade.**

"REMESSA NECESSÁRIA. ADMINISTRATIVO. CURSO DE FORMAÇÃO DE SARGENTOS. DESCLASSIFICAÇÃO. NÃO APRESENTAÇÃO DE DOCUMENTO. MOTIVOS ALHEIOS À VONTADE. RAZOABILIDADE. 1. Remessa Necessária em face de decisão proferida pelo Juízo da 16ª Vara Federal do Rio de Janeiro que, em sede de mandado de segurança, julgou procedente o pedido concedendo a segurança para exigir a admissão e reintegração da candidata no Curso de Formação de Sargentos 2013-2014, se o único óbice existente fosse a não apresentação de documentação comprobatória de qualificação educacional. 2. Controvérsia cinge-se em saber se a Administração atuou de forma legítima ao desclassificar a candidata do certame para o Curso de Formação de Sargentos 2013-2014, por não ter apresentado tempestivamente o documento comprobatório de sua qualificação educacional, até a data limite estabelecida. 3. A Administração Pública, dentro da discricionariedade que a lei lhe atribui, deve definir regras e critérios de julgamento do concurso, de forma a melhor atingir o interesse público. Acrescenta-se que é necessário que o certame respeite o princípio da vinculação ao instrumento convocatório (STJ, 2ª Turma, RMS 49887 – MG, Rel. Min. HERMAN BENJAMIN, DJe 15/12/2016; TRF2, 5ª Turma Especializada, AC 2012.51.01.042881-1, E-DJF2R 30.3.2017). 4. Com efeito, não cabe ao poder judiciário interferir nos critérios de conveniência e oportunidade adotados pela administração na elaboração do concurso público e na definição dos requisitos necessários para o preenchimento de seus cargos, podendo, entretanto, haver controle jurisdicional quanto à observância dos princípios, valores e regras legais e constitucionais (TRF2, 5ª Turma Especializada, AC 0045188-22.2015.4.02.5101, E-DJF2R 28.6.2017). 5. É verdade que o edital é a lei do concurso público, que vincula não só a administração, como também, os candidatos concorrentes ao cumprimento das regras ali estabelecidas. Todavia, a exegese conferida às suas normas não pode ser completamente enrijecida, sob pena de prevalecer o excesso de formalismo em detrimento aos fins que se pretende alcançar com a prática do ato. (TRF2, 5ª Turma Especializada, REEX 0038737-75.2015.4.02.5102, Rel. Des. Fed. ALCIDES MARTINS, DJe 29.9.2017) 6. Caso em que a interessada demonstrou, através dos documentos acostados aos autos, que obteve a aprovação no concurso público de admissão à Formação de Sargentos 2013-2014 (área Saúde), e que possui a formação exigida para sua admissão, não tendo entregue o Certificado de conclusão de curso por motivos alheios à sua vontade. 7. Em casos análogos decidiu esta E. Turma que há ausência de razoabilidade na conduta administrativa de impedir a matrícula, quando a impossibilidade de entrega do certificado decorre de circunstâncias alheias à 1 vontade. (TRF2, 5ª Turma Especializada, AI 0001473-33.2017.4.02.0000, E-DJF2R 15.5.2017, TRF2, 7ª Turma Especializada, REEX 0020466-93.2016.4.02.5001, Rel. Des. Fed. JOSÉ ANTONIO NEIVA, E – DJF2R 3.10.2017, TRF2, 5ª Turma Especializada, AG 201302010081400, Rel. Des. Fed. ALUISIO GONCALVES DE CASTRO MENDES, E-DJF2R 24.9.2013; TRF2, 6ª Turma Especializada, REOAC 01017818020154025001, Rel. Des. Fed. GUILHERME CALMON NOGUEIRA DA GAMA, E-DJF2R 17.11.2015). 8. Cabe ressaltar que os desdobramentos correspondentes na esfera extrajudicial de uma decisão judicial, que reconhece o direito de permanecer em uma das fases do certame, eventualmente já concluído, são de responsabilidade das autoridades administrativas, observados os seus poderes vinculados e discricionários. Ressalva-se, entretanto, o direito do interessado de buscar outras vias de impugnação judicial e extrajudicial, que poderia compreender uma compensação financeira pela perda de uma chance, tal como já admitido pelo Superior Tribunal de Justiça no julgamento do REsp 1.308.719, sob relatoria do Min. Mauro Campbel Marques (2ª Turma, DJe 1.7.2013). 9. Nesse sentido, eventual indenização poderá vir a ser analisada pelo juízo da execução em caso de impossibilidade comprovada de cumprimento da tutela específica pela Administração Pública, na forma do art. 499 do CPC/15. (TRF2, Vice-Presidência, AC 0130794-52.2014.4.02.5101, E-DJF2R 26.9.2016) 10. Remessa Necessária não provida. Acórdão Vistos, relatados e discutidos estes autos, em que são partes as acima indicadas, decide a 5ª Turma

Especializada do Tribunal Regional Federal da 2ª Região, por unanimidade, negar provimento à Remessa Necessária, na forma do relatório e do voto constantes dos autos, que ficam fazendo parte do presente julgado. Rio de Janeiro, 19 de dezembro de 2017. Ricardo Perlingeiro Desembargador Federal." (5ª TURMA ESPECIALIZADA, Rel. RICARDO PERLINGEIRO, Data de disponibilização: 05/02/2018)

◙ **Termo de Compromisso de Estágio não se enquadra nas hipóteses de comprovação de experiência profissional (conforme o edital do concurso)**

"ADMINISTRATIVO. MANDADO DE SEGURANÇA. CONCURSO. FUNRIO. NÃO CONSIDERAÇÃO DOS ESTÁGIOS COMO EXPERIÊNCIA PROFISSIONAL. VINCULAÇÃO AO EDITAL. REMESSA NECESSÁRIA PROVIDA. 1. O Impetrante pretende que a autoridade coatora aceite os documentos relacionados às suas experiências profissionais, referentes aos estágios prestados após a conclusão da sua Graduação em Engenharia Mecânica. 2. Correto o entendimento exarado e o posicionamento adotado pela parte Impetrada, pois respeitou o edital do processo seletivo em comento, uma vez que o que Termo de Compromisso de Estágio não se enquadra nas hipóteses de comprovação de experiência profissional previstas na regra editalícia (item 9.23). 3. Inaplicável a Teoria do Fato Consumado ao caso, uma vez que a determinação de consideração da documentação apresentada (estágios em mestrado e doutorado) a fim de assegurar a participação do Impetrante na terceira etapa do concurso, por força de medida judicial provisória e urgente, não tem como efeito a constituição plena de direito por consolidação da situação fático-jurídica, uma vez que as Cortes Superiores, assim como este Tribunal, assentaram o entendimento, em casos análogos, de que a "Teoria do Fato Consumado" se aplica apenas em situações excepcionais, ante a precariedade de decisão liminar. 4. Acolher a pretensão do Impetrante violaria o Princípio da Isonomia com que são tratados todos os candidatos que concorreram ao certame. 5. Remessa Necessária Provida." (8ª TURMA ESPECIALIZADA, Rel. GUILHERME DIEFENTHAELER, Data de disponibilização: 06/02/2018) (Visualizar Inteiro Teor)

◙ **Não é razoável impedir a nomeação de candidato em concurso público de elevado nível de complexidade, como o de Analista Judiciário, por não ter a universidade impetrada lhe oportunizado a chance de antecipar a conclusão dos eu curso de Direito, quando o candidato já se encontra no 9º período.**

"ADMINISTRATIVO. MANDADO DE SEGURANÇA. ENSINO UNIVERSITÁRIO. ANTECIPAÇÃO DA CONCLUSÃO DO CURSO DE DIREITO. IMINÊNCIA DE NOMEAÇÃO EM CARGO PÚBLICO. REMESSA NECESSÁRIA. IMPROVIMENTO. 1-Nestes autos, a impetrante vindica ordem, a fim de autorizar a antecipação da conclusão do seu curso de Direito, com a consequente expedição do diploma, porquanto encontra-se no 9º período e está na iminência de ser nomeada para cargo público, em razão de sua aprovação em concurso. 2-Nos termos do disposto no § 2º do art. 47 da Lei nº 9.394/96, os alunos que tenham extraordinário aproveitamento nos estudos, demonstrado por meio de provas e outros instrumentos de avaliação específicos, aplicados por banca examinadora especial, poderão ter abreviada a duração dos seus cursos, de acordo com as normas dos sistemas de ensino. 3-A impetrante tem Coeficiente de Rendimento médio de 9,36 (nove inteiros e trinta e seis centésimos), evidenciando uma posição de destaque em sua trajetória universitária, não sendo razoável impedir sua nomeação em concurso público de elevado nível de complexidade, como o de Analista Judiciário por não ter a universidade impetrada lhe oportunizado a chance de antecipar a conclusão dos eu curso de Direito. 4-Por força da decisão liminar proferida em 18.07.2012 que autorizou a conclusão antecipada do curso de graduação da impetrante, há de ser mantida a sentença, até mesmo porque, decorridos mais de cinco anos da mesma e tendo a universidade impetrada noticiado que já expediu o respectivo diploma de Graduação em Direito, em favor da impetrante, é de se reconhecer a aplicação, na espécie, da teoria do fato consumado, haja vista que o decurso do tempo consolidou uma situação fática amparada por decisão judicial, sendo certo que tal situação é incapaz de gerar prejuízo à ordem jurídica ou à instituição de ensino impetrada. 5 -Remessa necessária improvida." (5ª TURMA ES-

PECIALIZADA, Rel. ALCIDES MARTINS, Data de disponibilização: 17/01/2018)

◙ **Mandado de segurança contra decisão que determinou a redistribuição dos autos a uma das Varas do Juizado Especial da Fazenda Pública em relação a questão de diferenças salariais que não se consegue aferir de plano o benefício patrimonial almejado diante da complexidade dos cálculos.**

"MANDADO DE SEGURANÇA – SERVIDORES PÚBLICOS ESTADUAIS – DIFERENÇAS SALARIAIS – VALOR DA CAUSA – Ato coator consistente em decisão judicial que determinou a redistribuição dos autos a uma das Varas do Juizado Especial da Fazenda Pública – Pleito de reforma – Cabimento – Teto de 60 (sessenta) salários mínimos, previsto no art. 2º, "caput", da Lei Fed. nº 12.153, de 22/12/2.009, que deve ser considerado tendo em conta a expressão econômica da causa em sua totalidade – Ação na qual os impetrantes pretendem o recebimento de diferenças salariais – Impossibilidade de se aferir, de plano, o benefício patrimonial almejado, diante da complexidade dos cálculos – Valor meramente estimativo – Quantificação que não obstante seja determinante à análise da competência, no caso específico, pode restringir o direito fundamental de acesso ao Judiciário – Precedentes deste TJ/SP – ORDEM CONCEDIDA, para afastar a determinação de remessa dos autos de nº 1045665-67.2017.8.26.0053 a uma das Varas do Juizado Especial da Fazenda Pública e para reconhecer a competência da 9ª Vara da Fazenda Pública da Comarca de São Paulo para processamento e julgamento da referida ação." (TJSP; Mandado de Segurança 2089534-91.2018.8.26.0000; Relator (a): Kleber Leyser de Aquino; Órgão Julgador: 3ª Câmara de Direito Público; Foro Central – Fazenda Pública/Acidentes – 9ª Vara de Fazenda Pública; Data do Julgamento: 21/08/2018; Data de Registro: 23/08/2018)

◙ **Não é defeso formular pedido ilíquido e não cabe impor prévia liquidação somente para efeito do valor da causa e do limite de alçada do Juizado Especial. Possibilidade do Mandado de Segurança.**

"MANDADO DE SEGURANÇA ORIGINÁRIO. Competência. Determinada redistribuição a uma das varas do Juizado Especial da Fazenda Publica. Demanda de servidores públicos estaduais por consideração do efetivo tempo de serviço até a data da aposentadoria para fins de progressão ao grau "B", em igualdade de condições com os servidores da ativa. Valor da causa acima de sessenta salários mínimos. Não é defeso formular pedido ilíquido e não cabe impor prévia liquidação somente para efeito do valor da causa e do limite de alçada do Juizado Especial, que deve considerar a somatória das postulações de todos os autores. Vetada disposição em contrário do artigo 2º, § 3º, da Lei 12153/2009. Segurança concedida para prosseguimento do feito na Vara da Fazenda Pública." (TJSP; Mandado de Segurança 2093837-51.2018.8.26.0000; Relator (a): Edson Ferreira; Órgão Julgador: 12ª Câmara de Direito Público; Foro Central – Fazenda Pública/Acidentes – 2ª Vara de Fazenda Pública; Data do Julgamento: 19/07/2018; Data de Registro: 19/07/2018)

◙ **Recálculo dos adicionais por tempo de serviço, remessa para os juizados e cabimento de Mandado de Segurança.**

"MANDADO DE SEGURANÇA ORIGINÁRIO. SERVIDORES PÚBLICOS ESTADUAIS. DEMANDA EM QUE SE DISCUTE RECÁLCULO DOS ADICIONAIS POR TEMPO DE SERVIÇO. DECISÃO QUE DECLINOU DA COMPETÊNCIA E DETERMINOU A REMESSA DOS AUTOS PARA UMA DAS VARAS DO JUIZADO ESPECIAL DA FAZENDA PÚBLICA. Direito postulado de natureza alimentar. Admissível atribuição do valor da causa por estimativa, a despeito da existência de litisconsórcio ativo. Decisão reformada. SEGURANÇA CONCEDIDA." (TJSP; Mandado de Segurança 2232306-14.2017.8.26.0000; Relator (a): Souza Nery; Órgão Julgador: 12ª Câmara de Direito Público; Foro Central – Fazenda Pública/Acidentes – 15ª Vara da Fazenda Pública; Data do Julgamento: 10/07/2018; Data de Registro: 11/07/2018)

◙ **A administração possui até o fim do prazo de validade do certame para nomear os candidatos aprovados dentro do número de vagas, porém este direito do candidato é antecipado se provar a contratação de servidor em caráter temporário em detrimento de candida-**

to aprovado em concurso público. No caso, o impetrante comprovou que ele próprio está exercendo, como terceirizado, as mesmas funções do cargo para o qual foi aprovado em primeiro lugar.

"ADMINISTRATIVO. CONCURSO PÚBLICO. APROVAÇÃO DENTRO DO NÚMERO DE VAGAS DO EDITAL. NOMEAÇÃO DENTRO DA VALIDADE DO CONCURSO. DIREITO LÍQUIDO E CERTO, SALVO SITUAÇÕES EXCEPCIONAIS. CONTRATAÇÃO DE SERVIDOR EM CARÁTER TEMPORÁRIO. MESMA FUNÇÃO DO CARGO DEFINITIVO. PRETERIÇÃO CONFIGURADA. 1. Trata-se de Mandado de Segurança impetrado, com fundamento no art. 105, I, "b", da Constituição da República, contra o Ministro de Estado do Planejamento, Orçamento e Gestão e o Ministro de Estado da Saúde, que não teriam nomeado e empossado Nilton César Mendes Pereira no cargo de Analista de Gestão em Pesquisa e Investigação Biomédica em Saúde Pública. 2. O impetrante foi aprovado em primeiro lugar para o cargo de Analista de Gestão em Pesquisa e Investigação Biomédica em Saúde Pública, área de atuação específica Processamento Técnico, Disseminação da Informação, Editoração e Impacto da Produção Científica (fl.93), tendo o edital 68/2010 previsto cinco vagas para o referido cargo (fl. 23). 3. Não obstante deva ser considerado que ocorreu a nomeação dos candidatos menos bem classificados um ano após a nomeação do impetrante por medida liminar no presente processo, há necessidade do pronunciamento judicial para legitimação da nomeação precária, sob pena de o ingresso do impetrante no cargo carecer de base jurídica. 4. O Supremo Tribunal Federal decidiu, em julgado exarado sob o rito da Repercussão Geral, que os candidatos aprovados dentro do número de vagas previstas no Edital de abertura de concurso público para provimento de cargos têm direito subjetivo à nomeação e que a Administração tem o dever de nomear até o prazo final de validade do concurso, salvo situações excepcionais devidamente motivadas. A propósito: RE 598.099 (Repercussão Geral), Rel. Ministro Gilmar Mendes, Tribunal Pleno, DJe 3.10.2011. 5. Na presente hipótese, o impetrante foi aprovado dentro de número de vagas, mas o Mandado de Segurança foi impetrado no curso de validade do concurso público, o que afasta o direito líquido e certo à nomeação com base no entendimento exarado pelo STF. 6. Por outro lado, o STJ possui entendimento sedimentado de que a contratação de servidor em caráter temporário em detrimento de candidato aprovado em concurso público para provimento definitivo gera o direito líquido e certo à nomeação deste. Nesse sentido: MS 20.658/DF, Rel. Ministro Og Fernandes, Primeira Seção, DJe 30.9.2015; MS 17.413/DF, Rel. Ministra Eliana Calmon, Rel. p/ Acórdão Ministro Mauro Campbell Marques, Primeira Seção, DJe 18.12.2015); MS 18.881/DF, Rel. Ministro Napoleão Nunes Maia Filho, Primeira Seção, DJe 5.12.2012; e MS 19.227/DF, Rel. Ministro Arnaldo Esteves Lima, Primeira Seção, DJe 30.04.2013. 7. O impetrante comprovou que ele próprio está exercendo, como terceirizado, as mesmas funções do cargo para o qual foi aprovado em primeiro lugar (fls. 96 e seguintes). 8. Segurança Concedida. Agravo Regimental da União prejudicado." (MS 18.685/DF, Rel. Ministro HERMAN BENJAMIN, PRIMEIRA SEÇÃO, julgado em 08/02/2017, DJe 09/08/2017)

◙ **Composição irregular de Comissão de Concurso Público.**

"MANDADO DE SEGURANÇA. CONCURSO DE JUIZ DE DIREITO SUBSTITUTO. Comissão organizada com a presença de juiz de direito nos lugares destinados a desembargadores, em face do impedimento destes. Atos do tribunal de justiça pelos quais, após a primeira prova, foram os juízes compelidos a ceder seus lugares a desembargadores, ao fundamento de haverem cessado as causas do impedimento. Manifesta nulidade dos mencionados atos, não apenas por inobservância do **quorum** regimental de aprovação, mas também por importarem modificação na composição de órgão definitivamente constituído. Legitimidade da irresignação manifestada pela seccional da OAB. Segurança concedida." (MS 21452, Relator(a): Min. ILMAR GALVÃO, Tribunal Pleno, julgado em 03/06/1992, DJ 14-08-1992 PP-12225 EMENT VOL-01670-01 PP-00137 RTJ VOL-00143-01 PP-00080)

◙ **Sistema de cotas raciais: critérios subsidiários de hetereoidentificação que devem respeitar a dignidade da pessoa humana e garantir o contraditório e a ampla defesa**

"MANDADO DE SEGURANÇA. CONCURSO PÚBLICO. ESCREVENTE TÉCNICO JUDICIÁRIO. SISTEMA DE RESERVA DE VAGAS (COTAS RACIAIS). Impetrante classificada na lista de vagas reservadas aos candidatos negros. Exclusão do certame na fase de entrevista com a Comissão de Avaliação. Suposto desatendimento ao quesito de cor ou raça. Inadmissibilidade. Lei Federal nº 12.990/14 que, ao estabelecer a reserva de vagas aos candidatos negros, adotou como regra o critério da autodeclaração. Controle externo que, embora legítimo, não impede que se questione a avaliação procedida pela Comissão de Avaliação, quando equivocada ou ausente fundamentação razoável. Critérios subsidiários de heteroidentificação que devem respeitar a dignidade da pessoa humana e garantir o contraditório e a ampla defesa. In casu, decisões impugnadas desprovidas de indicação mínima dos motivos que levaram a considerar que a impetrante não tem fenótipo pardo. Violação à tese fixada pelo STF no julgamento da ADC nº 41/DF, bem como aos arts. 8º e 9º da Lei Estadual nº 10.177/98. Documentos juntados aos autos são indicadores suficientes de que a impetrante atende ao quesito de cor ou raça do Edital, enquadrando-se na condição de pessoa parda. Eventual dúvida sobre o fenótipo que, se ainda existir, deve ser dirimida a favor da autodeclaração. Direito líquido e certo demonstrado. Segurança concedida." (TJSP; Mandado de Segurança 2001689-21.2018.8.26.0000; Relator (a): Heloísa Martins Mimessi; Órgão Julgador: 5ª Câmara de Direito Público; Tribunal de Justiça de São Paulo – N/A; Data do Julgamento: 12/11/2018; Data de Registro: 13/11/2018)

MANDADO DE SEGURANÇA EM TEMA DE SERVIDORES PÚBLICOS E PROCESSO ADMINISTRATIVO DISCIPLINAR.

◉ **Mandado de Segurança Originário – Impetração substitutiva de Agravo, diante de decisão não constante expressamente do rol do art. 1.015 do NCPC.**

"Mandado de Segurança Originário – Impetração substitutiva de Agravo, diante de decisão não constante expressamente do rol do art. 1.015 do NCPC – Conhecimento do recurso em analogia ao precedente do STJ consubstanciado no REsp nº 1.679.909 – Decisão que declinou da competência para processar e julgar o feito – Impossibilidade – Não obstante o valor da causa seja determinante à análise da competência, em casos de servidores públicos ativos, inativos ou pensionistas, essa quantificação pode restringir o direito fundamental do cidadão de acesso ao Judiciário – Jurisprudência do TJSP – Segurança concedida." (TJSP; Mandado de Segurança 2126579-32.2018.8.26.0000; Relator (a): Marrey Uint; Órgão Julgador: 3ª Câmara de Direito Público; Foro Central – Fazenda Pública/Acidentes – 15ª Vara de Fazenda Pública; Data do Julgamento: 14/08/2018; Data de Registro: 15/10/2018)

◉ **Decisão que conferiu licença para o servidor participar de fase de concurso público.**

"MANDADO DE SEGURANÇA – IMPETRAÇÃO CONTRA ATO DO E. PROCURADOR-GERAL DE JUSTIÇA, QUE INDEFERIU AFASTAMENTO, COM PREJUÍZO DA REMUNERAÇÃO, DE ANALISTA DO MINISTÉRIO PÚBLICO, EM RAZÃO DE APROVAÇÃO EM CONCURSO PÚBLICO DE PROVAS E TÍTULOS PARA O CARGO DE DELEGADO DE POLÍCIA DO ESTADO DO MATO GROSSO DO SUL – LIMINAR INICIALMENTE INDEFERIDA, OBJETO DE POSTERIOR RECONSIDERAÇÃO, PARA CONCEDER A LICENÇA NO PERÍODO COMPREENDIDO ENTRE OS DIAS 18 DE ABRIL DE 2018 E 27 DE JUNHO DE 2018 – DE FATO, NORMA DE REGÊNCIA DO REGIME JURÍDICO DOS SERVIDORES PÚBLICOS DO ESTADO DE SÃO PAULO, LEI NO 10.261/68, NÃO PREVÊ O AFASTAMENTO PLEITEADO – OCORRE QUE O LIVRE ACESSO A CARGOS, EMPREGOS E FUNÇÕES PÚBLICAS É DIREITO CONSTITUCIONALMENTE PREVISTO E, EM RAZÃO DA FORÇA NORMATIVA DA CONSTITUIÇÃO, POSSIBILITA A APLICAÇÃO ANALÓGICA DA LEI FEDERAL NO 8.112/90, QUE DISPÕE SOBRE OS SERVIDORES PÚBLICOS DA UNIÃO, E PREVÊ A HIPÓTESE SOB ANÁLISE – ART. 37, INC. I, DA CONSTITUIÇÃO DA REPÚBLICA – PRECEDENTES DESTE C. ÓRGÃO ESPECIAL – LIMINAR CONFIRMADA, CONCEDIDA A LICENÇA PARA O PERÍODO COMPREENDIDO ENTRE 18 DE ABRIL DE 2018 E 27 DE JUNHO DE 2018 – SEGURANÇA PARCIALMENTE

CONCEDIDA." (TJSP; Mandado de Segurança 2083912-31.2018.8.26.0000; Relator (a): Francisco Casconi; Órgão Julgador: Órgão Especial; Tribunal de Justiça de São Paulo – N/A; Data do Julgamento: 12/09/2018; Data de Registro: 13/09/2018)

◉ **Decisão judicial atacada que não se mostra impugnável via recurso dotado de efeito suspensivo. Possibilidade de manejo de Mandado de Segurança. Questão do valor da causa e competência para julgamento do feito.**

"MANDADO DE SEGURANÇA – SERVIDORES PÚBLICOS ESTADUAIS – REAJUSTES DE REMUNERAÇÃO – PRÊMIO DE INCENTIVO – INCIDÊNCIA NA BASE DE CÁLCULO DO ADICIONAL POR TEMPO DE SERVIÇO – VALOR DA CAUSA – COMPETÊNCIA DO JUIZADO ESPECIAL DA FAZENDA PÚBLICA – Decisão impugnada que, em ação ordinária, determinou a redistribuição do feito para uma das varas do Juizado Especial da Fazenda Pública da Comarca de São Paulo, ante o valor atribuído à causa, considerando-se, para tanto, o montante relativo a cada uma das pretensões dos litisconsortes ativos facultativos – desacerto – cabimento do mandado de segurança na hipótese – decisão judicial atacada que não se mostra impugnável via recurso dotado de efeito suspensivo (art. 5º, inciso II, da LF nº 12.016/2009) – in casu, o valor da causa deve ser analisado levando-se em conta a soma das pretensões de todos os demandantes (valor global) e não a pretensão de cada litisconsorte considerado individualmente – ressalva de que o § 3º, do art. 2º, da Lei Federal nº 12.153/09, que previa a consideração do valor por autor na demanda, fora objeto de veto presidencial – garantia de efetividade ao veto do Presidente da República imposto com amparo em prerrogativa prevista no próprio texto constitucional – decisão judicial cassada. Ordem de segurança concedida." (TJSP; Mandado de Segurança 2144787-64.2018.8.26.0000; Relator (a): Paulo Barcellos Gatti; Órgão Julgador: 4ª Câmara de Direito Público; Foro Central – Fazenda Pública/Acidentes – 1ª Vara de Fazenda Pública; Data do Julgamento: 27/08/2018; Data de Registro: 05/09/2018)

◉ **Direito líquido e certo da servidora à licença-maternidade e à estabilidade provisória desde a confirmação da gravidez até cinco meses após o parto.**

"MANDADO DE SEGURANÇA – Escrevente técnico judiciário nomeada para o cargo de Chefe de Seção Judiciário e, posteriormente, durante a gravidez, exonerada desse cargo – As trabalhadoras gestantes, tanto da iniciativa privada quanto do serviço público, têm direito à licença-maternidade e à estabilidade provisória desde a confirmação da gravidez até cinco meses após o parto, conforme disposição constitucional expressa (artigos 7º, XVIII, e 39, § 3º, da Constituição Federal e art. 10, II, b, do ADCT) – Direito líquido e certo da servidora à licença-maternidade e à estabilidade provisória desde a confirmação da gravidez até cinco meses após o parto – Ausência, no entanto, do direito de permanência no cargo em comissão, de livre provimento e exoneração, dado ser o vínculo de confiança para com o superior hierárquico, assegurada apenas a estabilidade provisória no cargo em comissão, com todas as vantagens pessoais daí decorrentes, e o consequente pagamento da quantia indenizatória equivalente à diferença entre os vencimentos efetivamente percebidos durante tal lapso temporal e aqueles efetivamente percebidos durante tal temporal e aqueles a que faria jus, caso tivesse permanecido no exercício de sua função inicial, atualizado monetariamente o montante, pagamento de forma integral, em parcela única – Precedentes do Órgão Especial e do C. Supremo Tribunal Federal – Concessão da segurança para esse fim. Segurança concedida." (TJSP; Mandado de Segurança 2117452-07.2017.8.26.0000; Relator (a): João Carlos Saletti; Órgão Julgador: Órgão Especial; Tribunal de Justiça de São Paulo – N/A; Data do Julgamento: 28/02/2018; Data de Registro: 01/03/2018)

◉ **Cabimento de MS para determinar à autoridade coatora que adote, no prazo de 60 (sessenta) dias, as providências necessárias ao cumprimento do art. 3º, IV, do Decreto 6.077/2007 referente à anistia concedida pela comissão especial interministerial.**

"ADMINISTRATIVO. MANDADO DE SEGURANÇA. SERVIDOR PÚBLICO DA EXTINTA LIGHT – SERVIÇOS DE ELETRICIDADE LTDA. DEMISSÃO DURANTE O GOVERNO COLLOR. ANISTIA CONCEDIDA PELA COMISSÃO ESPE-

CIAL INTERMINISTERIAL. LEI 8.878/94 E DECRETO 6.077/2007. LEGITIMIDADE PASSIVA DA AUTORIDADE COATORA. DEMORA NA EFETIVAÇÃO DO RETORNO DO ANISTIADO AO SERVIÇO PÚBLICO. ATO OMISSIVO. INCOMPETÊNCIA DO PODER JUDICIÁRIO PARA DETERMINAR A IMEDIATA PUBLICAÇÃO DA PORTARIA DE RETORNO DO ANISTIADO AO SERVIÇO PÚBLICO. PRINCÍPIO DA SEPARAÇÃO DOS PODERES. COMPETÊNCIA APENAS PARA DETERMINAR, À AUTORIDADE COATORA, QUE ADOTE AS MEDIDAS NECESSÁRIAS AO CUMPRIMENTO DO ART. 3º, IV, DO DECRETO 6.077/2007. DIREITO LÍQUIDO E CERTO EVIDENCIADO. SEGURANÇA PARCIALMENTE CONCEDIDA. I. Trata-se de Mandado de Segurança, impetrado em 12/09/2016, por Francisco José Marques Basile, contra ato ilegal omissivo do Ministro de Estado do Planejamento, Orçamento e Gestão – MPOG, consubstanciado na inércia em promover o seu retorno ao trabalho, mesmo após o reconhecimento da sua condição de anistiado, pela Comissão Especial Interministerial, em 23/07/2014, e o preenchimento dos requisitos legais autorizadores, nos moldes da Lei 8.878/90 e do Decreto 6.077/2007. II. Consoante estabelecem o art. 1º do Decreto 6.077/97 e o art. 2º da Orientação Normativa 4/2008, do MPOG/RH, caberá ao Poder Executivo, por meio de ato do Ministro de Estado do Planejamento, Orçamento e Gestão, deferir e providenciar a publicação, no Diário Oficial da União, do ato de retorno ao serviço dos servidores ou empregados cuja anistia tenha sido reconhecida, pelas Comissões instituídas pelos Decretos 1.498 e 1.499/95, 3.363/2000 e 5.115/2004. Preliminar de ilegitimidade passiva da autoridade coatora afastada. Nesse sentido: STJ, MS 22.599/DF, Rel. Ministro OG FERNANDES, PRIMEIRA SEÇÃO, DJe de 03/05/2017; MS 21.203/DF, Rel. Ministro MAURO CAMPBELL MARQUES, PRIMEIRA SEÇÃO, DJe de 24/02/2015. III. Nos termos do art. 3º do Decreto 6.077/2007, o reconhecimento da condição de anistiado, pela Comissão Especial Interministerial – CEI, constitui apenas um dos requisitos exigidos, pela norma de regência, para que se autorize a reintegração do anistiado ao serviço público, ato de natureza complexa, no qual, após o pronunciamento da comissão competente, sua perfectibilização encontra-se condicionada à conduta positiva do Ministro de Estado do Planejamento, Orçamento e Gestão, consistente em editar medida assegurando o efetivo retorno. IV. Assim sendo, o retorno do ex-servidor ao serviço público não depende apenas do reconhecimento da sua condição de anistiado, pela Comissão Especial Interministerial, mas do atendimento a outras condições relativas à disponibilidade orçamentária e financeira, estimativa do impacto orçamentário e financeiro e à edição de ato do Ministro de Estado do Planejamento, Orçamento e Gestão, determinando a efetiva reintegração ao serviço. V. No caso, a despeito de ter sido deferida ao impetrante, em 23/07/2014, a condição de anistiado, nos termos da Ata CEI 06/2014, na forma da Lei 8.878/94, verifica-se que, até o presente momento, não há informações de que a autoridade coatora tenha cumprido o seu mister, procedendo à edição e à publicação da portaria anistiadora, no Diário Oficial da União, a fim de conferir efeitos ao ato administrativo que concedeu a anistia. VI. O fato de a Eletrobrás recusar-se a prestar as informações sobre os custos com o retorno do anistiado e também a aceitar anistiado da extinta Light Serviços de Eletricidade S/A em seu quadro de empregados – como se sustenta – não é suficiente, por si só, para justificar a omissão, por lapso de quase 3 (três) anos, quando da impetração, redundando em violação a direito líquido e certo do impetrante de ter expedida e publicada a sua portaria anistiadora e poder retornar ao serviço público. Ademais, em documento encaminhado à Eletrobrás, em 24/07/2014, a Comissão Especial Interministerial esclarece que, caso não haja interesse no aproveitamento dos anistiados na aludida empresa, "solicitamos igual retorno com essa informação, caso em que esta Comissão disponibilizará para exercício em outros Órgãos da Administração Publica Federal, na forma disciplinada no Decreto acima mencionado". VII. Dependendo a expedição e a publicação da referida portaria da observância dos requisitos previstos no art. 3º do Decreto 6.077/2007, não compete ao Poder Judiciário avaliar ou afastar tais requisitos e determinar a imediata publicação da portaria de retorno do impetrante ao serviço, sob pena de violação do princípio da separação de poderes, competindo-lhe unicamente determinar, à autoridade coatora, que adote as medidas necessárias ao cumprimento do art. 3º, IV, do Decreto 6.077/2007, após o que, preenchidas as condições da legislação de regência, será possível a edição e a publicação da portaria vindicada. Precedentes da Primeira Seção do STJ (MS 22.599/DF, Rel. Ministro OG FERNANDES, DJe de 03/05/2017; MS 21.203/DF, Rel. Ministro MAURO CAMPBELL MARQUES, DJe de 24/02/2015; MS 20.332/DF, Rel. Ministro BENEDITO GONÇALVES, DJe de 30/09/2014; MS 15.210/DF, Rel. Ministro BENEDITO GONÇALVES, DJe de 17/06/2011; MS 15.211/DF, Rel. Ministro CASTRO MEIRA, DJe de 22/02/2011). VIII. Segurança parcialmente concedida, para determinar, à autoridade coatora, que adote, no prazo de 60 (sessenta) dias, as providências necessárias ao cumprimento do art. 3º, IV, do Decreto 6.077/2007 e do art. 2º da Orientação Normativa 4/2008, da Secretaria de Recursos Humanos do Ministério do Planejamento, Orçamento e Gestão." (MS 22.845/DF, Rel. Ministra ASSUSETE MAGALHÃES, PRIMEIRA SEÇÃO, julgado em 14/03/2018, DJe 20/03/2018)

◉ Demissão em cargo distinto do qual foi praticada a falta disciplinar. Ilegalidade e cabimento do Mandado de Segurança.

"ADMINISTRATIVO. MANDADO DE SEGURANÇA. SERVIDOR PÚBLICO. PROCESSO ADMINISTRATIVO DISCIPLINAR. PENALIDADE DE DEMISSÃO, COM BASE NO ART. 132, VI DA LEI 8.112/90, DO CARGO DE AGENTE EXECUTIVO DA COMISSÃO DE VALORES MOBILIÁRIOS-CVM (CARGO NÃO MAIS OCUPADO PELO SERVIDOR). PORTARIA, ORA IMPUGNADA, CUJO CONTEÚDO FOI A DEMISSÃO DO CARGO CONTEMPORANEAMENTE OCUPADO PELO IMPETRANTE NA ANP (ANALISTA ADMINISTRATIVO). PARECER DO MPF PELA CONCESSÃO PARCIAL DA ORDEM. ORDEM CONCEDIDA PARA DETERMINAR A IMEDIATA REINTEGRAÇÃO DO IMPETRANTE AO CARGO DE ANALISTA ADMINISTRATIVO, CLASSE A, PADRÃO III, NO QUADRO DE PESSOAL DA AGÊNCIA NACIONAL DO PETRÓLEO, GÁS NATURAL E BIOCOMBUSTÍVEIS. 1. Conforme bem ressaltado pelo ilustre Ministro SÉRGIO KUKINA, em esclarecedor voto vista ao qual adiro, de fato, recebendo os autos com a recomendação de demissão do cargo não mais ocupado pelo Servidor processado (Agente Executivo), o Ministro de Estado das Minas e Energia acabou por expedir a Portaria ora impugnada, cujo conteúdo foi a penalidade de demissão do cargo contemporaneamente ocupado pelo impetrante na ANP (Analista Administrativo). 2. Aí residiu o nuclear vício em que incidiu a autoridade impetrada, haja vista que, nesse contexto, o resultado do ato importou em violação de lei (art. 2º., parágrafo único, alínea c da Lei 4.717/1965), inquinando o ato sancionador de nulidade, por vício de objeto, pois não havia registro de nenhuma conduta desviante do então Servidor no exercício de suas atividades junto à ANP (sua falta funcional, repita-se, ocorrera anteriormente, enquanto no exercício do cargo de Agente Executivo da CVM – hipótese do art. 132, VI, da Lei 8.112/1990, ou seja, insubordinação grave em serviço). Por isso que tal demissão, à toda vista, revestiu-se de remarcada ilegalidade e abusividade, justificando, pelo menos quanto a esse aspecto, a concessão do writ. 3. Ordem concedida para determinar a anulação da Portaria demissional 639, de 17 de novembro de 2011, do Ministério das Minas e Energia (ato coator), com a imediata reintegração do impetrante ao cargo de Analista Administrativo, Classe A, padrão III, no Quadro de Pessoal da Agência Nacional do Petróleo, Gás Natural e Biocombustíveis, com efeitos funcionais desde seu desligamento. Os efeitos financeiros retroagirão à data da impetração, nos termos das Súmulas 269 e 271/STF." (MS 17.918/DF, Rel. Ministro NAPOLEÃO NUNES MAIA FILHO, PRIMEIRA SEÇÃO, julgado em 13/09/2017, DJe 02/02/2018)

◉ Não observância do prazo de 3 dias úteis entre a notificação do indiciado e a realização da prova ou diligência ordenada, nos termos do art. 41 da Lei 9.784/99, sendo evidenciado o prejuízo à defesa.

◉ "PROCESSUAL CIVIL E ADMINISTRATIVO. MANDADO DE SEGURANÇA INDIVIDUAL. AGENTES PENITENCIÁRIOS FEDERAIS. PROCESSO ADMINISTRATIVO DISCIPLINAR – PAD. PENA DE DEMISSÃO. INDEFERIMENTO MOTIVADO DE PROVAS. AUSÊNCIA DE CERCEAMENTO DE DEFESA. INTIMAÇÃO PARA OITIVA DE TESTEMUNHA. INOBSERVÂNCIA DOS 3 (TRÊS) DIAS ÚTEIS ENTRE A INTIMAÇÃO DOS INDICIADOS E A REALIZAÇÃO DO ATO. ART. 41 DA LEI N. 9.784/99. PREJUÍZO EVIDENCIADO. ORDEM CONCEDIDA PARCIALMENTE. I. Trata-se de mandado de segurança impetrado por oito agentes penitenciários federais contra atos praticados pelo Sr. Ministro de Estado da Justiça, que demitiu os Impetrantes do cargo, em razão de agressões praticadas contra internos da Penitenciária Federal de Catanduvas, conforme apurado no Processo Administrativo Disciplinar n. 08016.000526/2010-11. II. Nos termos do art. 156, §§ 1º e 2º, da Lei n. 8.112/1990, o indeferimento do pedido de produção de provas pela comissão disciplinar, desde que devidamente motivado, não causa a nulidade do processo administrativo. Precedentes. III. Esta Corte orienta-se no sentido de que, em processo disciplinar, deve-se respeitar o prazo de 3 dias úteis entre a notificação do indiciado e a realização da prova ou diligência ordenada, nos termos do art. 41 da Lei 9.784/99, sendo evidenciado o prejuízo à defesa. Precedentes. IV – Com efeito, devem ser anuladas as ouvidas de testemunha nas quais não tenha sido observado o prazo de 3 (três) dias úteis entre a intimação de cada um dos Impetrantes e a realização do ato, e, por consequência, considerados nulos os atos delas decorrentes. V. Ordem concedida parcialmente, para declarar a nulidade das ouvidas de testemunha nas quais não tenha sido observado o prazo de 3 (três) dias úteis entre a intimação de cada um dos Impetrantes e a realização do ato, e, por consequência, dos atos delas decorrentes, determinando a imediata reintegração dos Impetrantes, com todos os efeitos funcionais e financeiros, estes a partir da impetração." (MS 17.543/DF, Rel. Ministra REGINA HELENA COSTA, PRIMEIRA SEÇÃO, julgado em 10/05/2017, DJe 15/05/2017)

◉ **Indeferimento pela comissão processante do requerimento de produção de provas com base em fundamentação inidônea gerando cerceamento de defesa.**

◉ "CONSTITUCIONAL E ADMINISTRATIVO. MANDADO DE SEGURANÇA. POLICIAL RODOVIÁRIO FEDERAL. PROCESSO ADMINISTRATIVO DISCIPLINAR. FORMAÇÃO INSUFICIENTE DO CONJUNTO PROBATÓRIO. REQUERIMENTO DE PRODUÇÃO DE PROVAS. INDEFERIMENTO PELA COMISSÃO PROCESSANTE. FUNDAMENTAÇÃO INIDÔNEA. CERCEAMENTO DE DEFESA. OCORRÊNCIA. PENA DE DEMISSÃO APLICADA BASEADA NA DECLARAÇÃO PESSOAL E NO DEPOIMENTO DAS TESTEMUNHAS DE ACUSAÇÃO. PRINCÍPIO DA PROPORCIONALIDADE NÃO OBSERVADO. PRECEDENTES DESTA CORTE. SEGURANÇA CONCEDIDA. 1. Hipótese em que ao impetrante foi aplicada a penalidade de demissão, em virtude do cometimento de infração disciplinar, consistente em suposto pedido de propina para não lavrar auto de infração de trânsito. 2. A pena de demissão imposta a servidor público submetido a processo administrativo disciplinar deve encontrar fundamento em provas convincentes que demonstrem a prática da infração pelo acusado, razão pela qual a falta administrativa deve ser comprovada de maneira cabal e indubitável (RMS 19.498/SP, Rel. Ministra LAURITA VAZ, QUINTA TURMA, julgado em 23/02/2010). 3. No caso em apreço, verifica-se que a Comissão Processante concluiu pela ocorrência da conduta ilícita do impetrante, baseada apenas no depoimento da vítima, de seus irmãos e amigo, todas suas testemunhas. Lado outro, a referida comissão indeferiu os requerimentos pleiteados pela defesa, seja de ouvida de testemunha, seja na obtenção de prova material (esclarecimentos do Núcleo de Multas e Penalidades a respeito dos Autos de Infração realizados no dia dos fatos e a cópia do auto de infração), sob o fundamento de que os sucessivos pedidos e adiamentos poderiam levar a uma iminente prescrição da pretensão punitiva. 4. A imposição da sanção máxima no serviço público fundamentada em prova isolada – declaração pessoal e depoimento das testemunhas de acusação – sem nenhuma prova documental, mostra-se desarrazoada e vicia a própria motivação do ato administrativo, sendo, portanto, passível de anulação. 5. Além disso, a apenação aplicada foi desmesurada, não pelo valor supostamente recebido a título de propina (R$ 65,00), mas sim diante do insuficiente acervo probante exposto nos autos, que não formou evidência convincente, em face da pena imposta. Portanto, restam comprometidas a razoabilidade e proporcionalidade da referida sanção administrativa. Precedentes. 6. Cabe à Comissão Processante assegurar ao acusado ampla defesa, com a utilização de meios e recursos admitidos no direito, objetivando coletar provas de modo a permitir a completa elucidação dos fatos. 7. A imputação feita ao impetrante foi de solicitação e recebimento de propina no valor de R$ 65,00, para se furtar da obrigação funcional e legal de autuar o depoente, por não portar habilitação para conduzir veículo automotor. Todavia, mostra-se controvertido se efetivamente o impetrante teria obtido proveito pessoal que denotasse a ocorrência da conduta ilícita (improbidade administrativa e corrupção passiva), uma vez que houve a lavratura do auto de infração. 8. No caso em exame, evidencia-se a ocorrência de cerceamento de defesa na recusa da Comissão Processante em não apurar se todos os autos de infração emitidos no dia 7/5/2003 foram devidamente enviados e processados no Núcleo de Multas e Penalidades da Polícia Rodoviária Federal, ou se apenas os autos emitidos pelo acusado não tiveram o correto trâmite procedimental, visto que o impetrante apresentou a 2ª via do auto de infração por ele emitido, sendo que, em nosso ordenamento jurídico, presume-se a boa-fé. 9. Cumpre à Administração Pública, que formula a acusação, provar o que alega para a correta motivação do ato demissório, pois exigir do impetrante prova de fato negativo, ou seja, de que não forjou o auto de infração para escapar de eventual penalidade, é impor o ônus da prova que não lhe cabe. 10. Segurança concedida." (MS 15.096/DF, Rel. Ministro RIBEIRO DANTAS, TERCEIRA SEÇÃO, julgado em 10/10/2018, DJe 18/10/2018)

◉ **Em sede de processo administrativo disciplinar, o marco inicial da prescrição da pretensão punitiva estatal coincide com a data do conhecimento do fato pela autoridade com poderes para determinar a abertura do PAD, e não com a posterior data em que a autoridade vier a identificar o caráter ilícito do fato apurado.**

◉ "MANDADO DE SEGURANÇA. PROCESSO ADMINISTRATIVO DISCIPLINAR. SERVIDORA FEDERAL. PRESCRIÇÃO DA PRETENSÃO PUNITIVA. MARCO INICIAL. DATA DO CONHECIMENTO DO FATO E NÃO A DATA EM QUE A AUTORIDADE VIER A IDENTIFICAR O CARÁTER ILÍCITO DO FATO APURADO. INTELIGÊNCIA DO ART. 142 DA LEI N. 8.112/1990. ORDEM CONCEDIDA. 1. – Em sede de processo administrativo disciplinar, o marco inicial da prescrição da pretensão punitiva estatal coincide com a data do conhecimento do fato pela autoridade com poderes para determinar a abertura do PAD, e não com a posterior data em que a autoridade vier a identificar o caráter ilícito do fato apurado. Precedentes. 2. – No caso dos autos, entre a data da prática do ato posteriormente tido por ilícito (24 de janeiro de 1997) e a data de instauração da Comissão de Inquérito de cujos trabalhos resultou a demissão (27 de maio de 2011), transcorreram mais de catorze anos, pelo que é inafastável a conclusão de que os trabalhos da Comissão processante, base da demissão aplicada à autora, foram iniciados após o limite temporal imposto pelo art. 142, I, da Lei n. 8.112/1190. 3. – Ordem concedida para anular a demissão e determinar a reintegração da servidora." (MS 21.050/DF, Rel. Ministro SÉRGIO KUKINA, PRIMEIRA SEÇÃO, julgado em 26/09/2018, DJe 03/10/2018)

◉ **A autoridade julgadora pode aplicar sanção diversa daquela sugerida pela Comissão Processante, agravando ou abrandando a penalidade, ou até mesmo isentar o servidor da responsabilidade, desde que apresente a devida fundamentação.**

◉ "PROCESSUAL CIVIL. MANDADO DE SEGURANÇA. AGRAVAMENTO DA PENALIDADE IMPOSTA PELA COMISSÃO PROCESSANTE. AUSÊNCIA DE JUSTIFICAÇÃO. NÃO OBSERVÂNCIA DO QUE DISPÕE O ART. 168, PARÁGRAFO ÚNICO, DA LEI 8.112/90. 1. Trata-se de Agravo de Instrumento de decisão que concedeu parcialmente a segurança contra ato do Sr. Ministro de Estado do Planejamento, Orçamento e Gestão, anulando a Portaria que demitiu o impetrante do cargo de Analista em Tecnologia da Informação. 2. Alegou o impetrante, em Mandado de Segurança, ofensa aos princípios do devido processo legal, do contraditório e da ampla defesa. Sustentou que a pena de demissão foi desproporcional e que não houve fundamentação para agravamento da penalidade imposta pela Comissão Disciplinar processante, com violação ao art. 168, parágrafo único, da Lei 8.112/90. 3. **In casu** há discrepância entre o entendimento da Comissão Processante e o da autoridade coatora com relação à sanção a ser aplicada em razão dos fatos apurados. Enquanto a Comissão, após esmerada análise do processo, decidiu que o caso não se enquadraria na hipótese de improbidade administrativa, a autoridade coatora promoveu tal enquadramento sem apresentar justificativa. 4. Extrai-se das decisões cotejadas que os fatos são os mesmos, dessarte caberia à autoridade coatora, minimamente, indicar na sua decisão as razões pelas quais resolvera reconhecer a existência de improbidade administrativa e agravar a penalidade imposta ao impetrante. 5. Ao contrário do que alega a parte agravante, a autoridade coatora não fez menção sobre se houvera adotado, ou não, o Parecer da AGU, ou outro documento, para decidir pelo agravamento da pena (fl. 734/e-STJ). 6. O Superior Tribunal de Justiça possui pacífico entendimento de que, nos termos do artigo 168 da Lei 8.112/90, a autoridade julgadora pode aplicar sanção diversa daquela sugerida pela Comissão Processante, agravando ou abrandando a penalidade, ou até mesmo isentar o servidor da responsabilidade, desde que apresente a devida fundamentação, o que não ocorreu no caso dos autos. (MS 19.992/DF, Rel. Ministro Benedito Gonçalves, Primeira Seção, julgado em 26/2/2014, DJe 19/3/2014). 7. Agravo Interno não provido." (AgInt no MS 21.957/DF, Rel. Ministro HERMAN BENJAMIN, PRIMEIRA SEÇÃO, julgado em 14/12/2016, DJe 02/02/2017)

◉ **Por força dos princípios da proporcionalidade, da dignidade da pessoa humana e da não-culpabilidade, aplicáveis ao regime jurídico disciplinar, não há juízo de discricionariedade no ato administrativo que impõe sanção a Servidor Público, em razão de infração disciplinar.**

"MANDADO DE SEGURANÇA. PROCESSO ADMINISTRATIVO DISCIPLINAR. DEMISSÃO. NÃO DEMONSTRAÇÃO DA OBTENÇÃO DE QUALQUER VANTAGEM, BENESSE OU PREBENDA ILÍCITA. DEVOLUÇÃO DO VALOR NÃO DEPOSITADO A TÍTULO DE FIANÇA (R$ 620,00). CONFIGURADA AFRONTA AOS PRINCÍPIOS DA PROPORCIONALIDADE E DA RAZOABILIDADE. PENA DISSONANTE DAS PREMISSAS DO DIREITO SANCIONADOR. SEGURANÇA CONCEDIDA, PARA DETERMINAR A IMEDIATA REINTEGRAÇÃO DA SERVIDORA NO SEU CARGO DESDE A IMPETRAÇÃO DA SEGURANÇA. 1. Agente da Polícia Federal que não deposita o valor da fiança em Instituição financeira. Devolução integral do valor de R$ 620,00. Não demonstração das condutas a ele atribuídas. 2. Por força dos princípios da proporcionalidade, da dignidade da pessoa humana e da não-culpabilidade, aplicáveis ao regime jurídico disciplinar, não há juízo de discricionariedade no ato administrativo que impõe sanção a Servidor Público, em razão de infração disciplinar. 3. A falta de comprovação de má-fé ou dolo deve ser levado em consideração no caso sob apreço, em que o Servidor foi severamente punido, sem que tenha se caracterizado elemento doloso de malferir a legalidade, tampouco causar danos a terceiros ou beneficiar-se, tendo inclusive devolvido o valor de R$ 620,00, referente a duas fianças. revelando-se desproporcional e desarrazoada a pena de demissão impingida ao impetrante pela Autoridade Impetrada, diante dos meandros circunstanciais em que a conduta foi praticada, bem como suas razões e consequências. 4. Segurança concedida, para determinar reintegração da Servidor impetrante nos quadros funcionais, bem como o pagamento imediato das parcelas vencidas, desde a impetração da Segurança." (MS 22.390/DF, Rel. Ministro BENEDITO GONÇALVES, PRIMEIRA SEÇÃO, julgado em 13/09/2017, DJe 22/09/2017)

◉ **Cabimento de Mandado de Segurança para determinar à autoridade impetrada que proceda ao exame do pleito formulado pela Impetrante referente aos pedidos administrativos de transposição e apostilamento.**

"MANDADO DE SEGURANÇA. ADMINISTRATIVO. SERVIDOR PÚBLICO FEDERAL. ASSISTENTE JURÍDICO DA ADMINISTRAÇÃO DIRETA. TRANSPOSIÇÃO PARA A CARREIRA DA ADVOCACIA-GERAL DA UNIÃO, COM APOSTILAMENTO E MIGRAÇÃO DA FONTE PAGADORA. REJEITADAS AS PRELIMINARES DE LITISPENDÊNCIA, INÉPCIA DA INICIAL, INADEQUAÇÃO DA VIA ELEITA E AUSÊNCIA DE INTERESSE DE AGIR. PRINCÍPIO DA ISONOMIA. A APOSENTADORIA ANTERIOR À PUBLICAÇÃO DA MP 485/1994 NÃO AFASTA O DIREITO VINDICADO. SEGURANÇA PARCIALMENTE CONCEDIDA, EM CONFORMIDADE COM O PARECER MINISTERIAL, PARA DETERMINAR QUE A AUTORIDADE IMPETRADA PROCEDA AO EXAME DO PLEITO ADMINISTRATIVO FORMULADO PELO IMPETRANTE, À LUZ DOS REQUISITOS CONTIDOS NOS ARTS. 19 E 19-A DA LEI 9.028/1995 E INSTRUÇÕES NORMATIVAS PERTINENTES. 1. Não prosperam as preliminares de litispendência, inépcia da petição inicial, inadequação da via eleita e falta de interesse de agir; primeiro, porque, apesar de caracterizada a tríplice identidade, houve pedido de desistência na ação mandamental proposta perante a Seção Judiciária do Distrito Federal em data anterior à presente impetração; segundo, porque a tese jurídica deduzida pela Impetrante está adequadamente demonstrada, havendo perfeita correlação entre o pedido e os fatos narrados; terceiro, porque os autos foram instruídos com todos os documentos imprescindíveis à solução da controvérsia, não se vislumbrando qualquer necessidade de dilação probatória, sendo certo que eventual complexidade do direito invocado não afasta a possibilidade do seu exame na via mandamental; e, por fim, porque a discussão central do presente writ não se limita à paridade entre vencimentos e proventos, englobando vantagens e direitos extrapatrimoniais. 2. A questão controvertida já se encontra pacificada no âmbito da 1a. Seção desta Corte Superior, a qual concluiu que o direito à transposição dos Assistentes Jurídicos para a carreira da Advocacia-Geral da União, alcança inclusive aqueles servidores que já se encontravam na inatividade em 30.4.1994, quando foi publicada a MP 485, posteriormente convertida na Lei 9.028/1995, a par da isonomia consagrada na redação original do art. 40, § 4º. da Constituição da República, vigente à época, bem como do art. 189 da Lei 8.112/1990, garantindo tratamento paritário aos inativos, estendendo-lhes quaisquer benefícios ou vantagens concedidos aos servidores da ativa, incluindo aqueles decorrentes de transformação ou reclassificação do cargo em que se deu a aposentadoria. 3. Segurança parcialmente concedida para que, uma vez afastado o óbice que vem motivando os indeferimentos dos pedidos administrativos de transposição e apostilamento, determinar à autoridade impetrada que proceda ao exame do pleito formulado pela Impetrante, à luz dos requisitos contidos nos arts. 19 e 19-A da Lei 9.028/1995 e instruções normativas pertinentes." (MS 19.280/DF, Rel. Ministro NAPOLEÃO NUNES MAIA FILHO, PRIMEIRA SEÇÃO, julgado em 09/08/2017, DJe 02/02/2018)

◉ **Mandado de segurança. Gratificação de desempenho de atividade técnica de fiscalização agropecuária – GDATFA. Extensão aos servidores inativos na forma em que paga aos servidores em atividade. Gratificação de natureza jurídica híbrida. A paridade deve ser observada enquanto não forem estabelecidos os critérios que permitem a diferenciação.**

"MANDADO DE SEGURANÇA. SERVIDOR PÚBLICO. GRATIFICAÇÃO DE DESEMPENHO DE ATIVIDADE TÉCNICA DE FISCALIZAÇÃO AGROPECUÁRIA – GDATFA. EXTENSÃO AOS SERVIDORES INATIVOS NA FORMA EM QUE PAGA AOS SERVIDORES EM ATIVIDADE. GRATIFICAÇÃO DE NATUREZA JURÍDICA HÍBRIDA. A PARIDADE DEVE SER OBSERVADA ENQUANTO NÃO FOREM ESTABELECIDOS OS CRITÉRIOS QUE PERMITEM A DIFERENCIAÇÃO. PRECEDENTES ESPECÍFICOS DO STF E DO STJ. INCIDÊNCIA DA SÚMULA VINCULANTE 20. 1. Voltando-se a impetração contra a omissão sucessiva da autoridade de estender aos servidores inativos os patamares fixados para os ativos, referentes ao pagamento da GDATFA, não há falar em aplicação da Súmula 266/STF, por não se tratar de mandado de segurança impetrado contra lei em tese. 2. As normas que embasam a impetração estão diretamente relacionadas às atribuições tanto do Ministro do Planejamento, Orçamento e Gestão, quanto do Ministro da Agricultura, Pecuária e Abastecimento, os quais possuem competência de viabilizar a efetivação do postulado da isonomia, mediante a regulamentação e adequada aplicação da legislação, podendo, inclusive, sanar as apontadas ilegalidades. Por conseguinte, o Ministro da Agricultura, Pecuária e Abastecimento tem legitimidade passiva ad causam para figurar no polo passivo da impetração. 3. Nos termos do art. 105, I, "b", da Constituição Federal, compete ao Superior Tribunal de Justiça processar e julgar, originariamente, os mandados de segurança contra ato de Ministro de Estado, dos Comandantes da Marinha, do Exército e da Aeronáutica ou do próprio Tribunal [...] (AgRg no MS n. 20.625/SP, Ministro Ribeiro Dantas, Terceira Seção, DJe 1º/2/2016), motivo pelo qual o Coordenador-Geral de Recursos Humanos do Ministério da Agricultura, Pecuária e Abastecimento não tem legitimidade passiva ad causam no presente **mandamus**. 4. Há interesse de agir no writ, uma vez que a pretensão busca a extensão da GDATFA aos inativos, na forma em que paga aos ativos, sob pena de ofensa ao princípio da paridade, considerando que o texto constitucional garante que toda e qualquer gratificação genérica paga aos servidores em atividade, deve ser estendida aos inativos. 5. A GDATFA foi criada possuindo, em sua essência, uma nítida natureza **propter laborem**, decorrente da necessidade de o valor ser calculado adotando a avaliação de desempenho individual, cujos critérios estariam previstos em atos do Poder Público, conforme dispõe o art. 3º, parágrafo único, da Lei n. 10.484/2002, o que inviabilizaria, numa análise perfunctória, a sua extensão aos inativos e pensionistas. 6. O disposto no art. 5º, caput, e parágrafo único, da Lei n. 10.484/2002, expressamente impõe à Administração o pagamento da GDATFA aos seus servidores já aposentados e aos pensionistas, desde o momento da publicação da referida Lei. 7. É da exegese dos arts. 3º e 6º da Lei n. 10.484/2002 que até à edição de regulamento disciplinando os critérios de avaliação e de pagamento, a gratificação seria paga, de forma geral e independentemente de avaliação, no patamar de 40 (quarenta) pontos, aos servidores ocupantes de cargos efetivos ou cargos e funções comissionadas e de confiança a que ela fazem jus. 8. Com a edição da Medida Provisória n. 216, de 23 de setembro de 2004, posteriormente convertida na Lei n. 11.090, de 7 de janeiro de 2005, foi determinado que até a definição dos critérios de avaliação de desempenho das atividades de fiscalização agropecuária, a GDATFA deveria ser paga aos servidores da ativa no valor correspondente a 80 (oitenta) pontos, independentemente de avaliações, nos termos do art. 31 da referida MP. 9. Tal pontuação foi garantida a todos os servidores em atividade, indistintamente, até a edição do Decreto n. 7.133, de 19/3/2010, que regulamentou os procedimentos de apuração do desempenho individual e institucional, necessários para o cálculo da gratificação. Diante disso, a Terceira Seção concluiu, naquela assentada (MS n. 11.236/DF) que, no tocante aos servidores inativos dos cargos de Agente de Atividades Agropecuárias, bem como aos respectivos pensionistas, no período compreendido entre a publicação da MP n. 216, de 23/9/2004, até a edição do Decreto n. 7.133, de 19/3/2010, deve ser assegurado o direito de receberem a referida vantagem no valor correspondente a 80 (oitenta) pontos, em razão do caráter geral da gratificação, vinculada tão somente ao cargo. 10. Após o referido decreto, o pagamento deverá ser feito nos termos do art. 5º da Lei n. 10.484/2002, cuja disposição é no sentido de que a GDATFA é devida no valor de 50% (cinquenta por cento) do valor máximo do respectivo nível (redação conferida pela Lei n. 11.784, de 22/9/2008). 11. A quaestio iuris concernente à GDATFA também foi objeto de apreciação pelo Supremo Tribunal Federal, quando do julgamento do RE n. 665.406/AL, que resultou, inclusive, em tese confirmada com natureza de repercussão geral, no sentido de garantir a extensão aos inativos no mesmo patamar pago aos ativos, enquanto não fossem definidos os critérios de avaliação individual e institucional pela Administração Pública. 12. A Corte Suprema afirmou que o termo inicial do pagamento diferenciado das gratificações de desempenho entre servidores ativos e inativos é o da data da homologação das avaliações, não podendo a Administração retroagir os efeitos financeiros à data anterior, considerando ilegítima a portaria do MAPA que fazia retroagir a limitação aos efeitos financeiros da gratificação. 13. O entendimento sufragado pelo Pretório Excelso reconhece o direito dos servidores inativos ao recebimento da gratificação em comento no patamar em que efetivamente pago aos servidores em atividade, enquanto não houver critério definido pela Administração Pública para apuração da GDATFA de forma específica e diferenciada para os servidores ativos, que somente se deu com a Portaria MAPA n. 1.031/2010. 14. No presente caso, vejo que a impetrante representa os servidores inativos dos cargos de Agente de Inspeção Sanitária e Industrial de Produtos de Origem Animal e de Agente de Atividades Agropecuárias do Ministério da Agricultura, Pecuária e Abastecimento – MAPA, bem como de Auxiliar de Laboratório e Técnico de Laboratório do Quadro de Pessoal do MAPA, todos lotados na Comissão Executiva do Plano da Lavoura Cacaueira. 15. Em relação aos aposentados nos referidos cargos de agente, a GDATFA deve ser paga nos limites em que definidos pelo Supremo Tribunal Federal, ou seja, desde a edição da Lei n. 10.484/2002 até a data da homologação dos resultados das avaliações. 16. Considerando que o acórdão proferido nos autos do MS n. 11.236/DF está em conformidade com o entendimento Pretoriano, adoto os lapsos então definidos, com as adaptações que o presente caso requer, decorrentes dos cargos dos representados, também vinculados ao quadro de pessoal do MAPA. 17. No tocante aos ocupantes dos cargos de Técnico e Auxiliar de Laboratório do quadro de pessoal do MAPA, representados pela impetrante, os limites devem ser fixados considerando outros lapsos, notadamente por que tais cargos somente passaram a ser beneficiados com a previsão de pagamento da GDATFA após a edição da MP n. 295, de 29/5/2006, que expressamente determinou sua extensão. 18. Tratando-se de ação de mandado de segurança, a jurisprudência desta Corte de Justiça orienta-se no sentido de que os efeitos financeiros decorrentes da concessão da segurança devem retroagir à data de sua impetração, de modo que os valores atinentes ao período pretérito devem ser reclamados pela via judicial própria (EDcl no MS n. 14.959/DF, Ministro Nefi Cordeiro, Terceira Seção, DJe 5/3/2015). 19. Segurança parcialmente concedida para reconhecer aos representados da impetrante o direito líquido e certo de perceberem a GDATFA na forma em que paga aos servidores em atividade, até a data da homologação dos resultados das avaliações funcionais e institucionais, considerando-se os lapsos e critérios expostos na fundamentação do presente voto em relação ao cálculo da gratificação e que os efeitos financeiros decorrentes da concessão da segurança não podem retroagir à data anterior à impetração do **mandamus**, em respeito às Súmulas 269 e 271 do STF." (MS 12.216/DF, Rel. Ministro SEBASTIÃO REIS JÚNIOR, TERCEIRA SEÇÃO, julgado em 09/08/2017, DJe 16/08/2017)

◙ **Mandado de segurança. Processo Administrativo Disciplinar. Demissão aplicada por decisão ministerial não respaldada em prévia manifestação da comissão processante. Ilegalidade.**

"SANCIONADOR. MANDADO DE SEGURANÇA. TÉCNICO DO INSS. PROCESSO ADMINISTRATIVO DISCIPLINAR. DEMISSÃO APLICADA POR DECISÃO MINISTERIAL NÃO RESPALDADA EM PRÉVIA MANIFESTAÇÃO DA COMISSÃO PROCESSANTE. SERVIDORA PÚBLICA ACUSADA DE SE VALER DO CARGO PARA LOGRAR PROVEITO PESSOAL. NÃO DEMONSTRAÇÃO DA OBTENÇÃO DE QUALQUER VANTAGEM, BENESSE OU PREBENDA ILÍCITA. CONCESSÃO INDEVIDA DE APENAS 12 BENEFÍCIOS PREVIDENCIÁRIOS AO LONGO DE 27 ANOS DE SERVIÇO PRESTADOS DE MANEIRA EXEMPLAR, SENDO 12 NO PRÓPRIO INSS. DOLO OU MÁ-FÉ NA CONDUTA DA SERVIDORA NÃO COMPROVADOS. MERO ERRO PROCEDIMENTAL, CONSISTENTE NA VALORAÇÃO EQUIVOCADA DAS PROVAS MATERIAIS APRESENTADAS PELO SEGURADO PARA OBTENÇÃO DE BENEFÍCIO PREVIDENCIÁRIO. A EVENTUAL FRAUDE NA PRODUÇÃO DA DOCUMENTAÇÃO APRESENTADA NÃO PODE SER IMPUTADA Á SERVIDORA IMPETRANTE, QUE, ALIÁS, DETINHA CONCEITO FUNCIONAL IRREPREENSÍVEL. CONFIGURADA AFRONTA AOS PRINCÍPIOS DA INOCÊNCIA, DA PROPORCIONALIDADE E DA RAZOABILIDADE. PENA DISSONANTE DAS PREMISSAS DO DIREITO SANCIONADOR. SEGURANÇA CONCEDIDA, PARA DETERMINAR A IMEDIATA REINTEGRAÇÃO DA SERVIDORA NO SEU CARGO DESDE A IMPETRAÇÃO DA SEGURANÇA. RESSALVA DO PONTO DE VISTA DO RELATOR QUANTO AOS EFEITOS FINANCEIROS. 1. A atividade administrativa sancionadora, em face do seu conteúdo materialmente jurisdicional, deve se revestir, sob a pena de nulidade, do respeito religioso a todos os princípios regentes da processualística contemporânea. Não se dispensa do promovente da imputação o ônus de provar a ocorrência justificadora da sanção pretendida, ônus esse que abrange todos os elementos da conduta infracional, inclusive, a produção de lesão e a inspiração dolosa: sem isso o ato reputado infracional não existe no mundo empírico. 2. Por força dos princípios da proporcionalidade, da dignidade da pessoa humana e da não-culpabilidade, aplicáveis ao regime jurídico disciplinar, não há juízo de discricionariedade no ato administrativo que impõe sanção a Servidor Público, em razão de infração disciplinar. Dest'arte, o controle jurisdicional é amplo, de modo a conferir garantia a todos os Servidores contra eventual arbítrio, não se limitando, portanto, somente aos aspectos formais, como algumas correntes doutrinárias ainda defendem. 3. O Poder Judiciário pode e deve sindicar amplamente, em Mandado de Segurança, o ato administrativo que aplica a sanção de demissão a Servidor Público, para verificar (i) a efetiva ocorrência dos ilícitos imputados ao Servidor e (ii) mensurar a adequação da reprimenda à gravidade da infração disciplinar. 4. Cuida-se de Mandado de Segurança impetrado por Servidora do INSS, acusada de conceder equivocadamente 12 benefícios previdenciários, a Trabalhadores Rurais ou seus dependentes, contrariando a legislação previdenciária aplicável ao caso. 5. Da leitura dos depoimentos prestados pelos segurados supostamente beneficiados, verifica-se que as doze testemunhas ouvidas são categóricas em afirmar que sequer conheciam a Servidora, não tendo qualquer natureza de relacionamento com a imputada, relatando, tão somente, terem sido atendidos por ela na Agência do INSS. 6. Igualmente, verifica-se dos processos de revisão realizados pelo INSS que em todos os casos de deferimento do benefício, havia início de prova material e entrevista do Segurado, não ficando evidente nenhum erro flagrante ou teratológico; ressalte-se que a eventualidade de fraude na elaboração ou na produção dos documentos apresentados ao INSS, para a obtenção do benefício, não pode ser imputada à Servidora Previdenciária, até mesmo porque os seus vícios – a caso existentes – não eram identificáveis à primeira vista. A convicção íntima da autoridade sancionadora, por mais veemente que seja não basta para dar suporte a qualquer tipo de punição, pois, para tanto, se exige a prova perfeita da infração e do seu praticante. 7. Se, de um lado, é inegável que a impetrante efetivamente concedeu de maneira equivocada 12 benefícios previdenciários a Trabalhadores Rurais, de outro, a própria Comissão Processante reconheceu que não ficou comprovada a má-fé ou dolo na conduta da Servidora, além de pontuar que em 27 anos de carreira pública não havia qualquer ocorrência que desabonasse a sua conduta. É inaceitável as alegadas fraudes documentais, quaisquer que sejam, possam ser imputadas a quem efetivamente não as praticou, no caso, a Servidora do INSS, ora impetrante. 8. Registre-se, ainda, que em todos os 12 casos examinados pela Comissão Processante os benefícios concedidos irregularmente relacionavam-se a Trabalhadores Rurais, ou seja, beneficiários especiais do sistema previdenciário. 9. Ora, até mesmo a prática judiciária previdenciária nos mostra o quão subjetiva e controversa pode ser a análise do preenchimento dos requisitos para a caracterização do segurado especial. Não sendo difícil supor que a apresentação de determinados documentos poderia firmar a convicção da Servidora para concessão do benefício. 10. Todo esse cenário, sobretudo a falta de comprovação de má-fé ou dolo nas concessões administrativas, deve ser levado em consideração no caso sob apreço, em que a Servidora foi severamente punida, em razão de ter concedido equivocadamente 12 benefícios previdenciários. 11. Neste aspecto, merece destaque o fato de que em sua agência de trabalho havia apenas mais um Servidor, o que torna claro que a demanda de trabalho deveria ser muito grande, não sendo as inconsistências detectadas um desvio flagrante de conduta. Aponto, a título de esclarecimento, que à época dos fatos o Estado do Mato Grosso do Sul possuía apenas 18 agências do INSS (atualmente são 37), assim, não é difícil imaginar a demanda de serviço na agência em que a Servidora atuava. 12. Na hipótese dos autos, fica fácil perceber que a conduta da impetrante não estava caracterizada pelo elemento doloso de malferir a legalidade, tampouco causar danos a terceiros ou beneficiar-se, porquanto todas as testemunhas foram categóricas em afirmar que não lhe repassaram qualquer valor para a concessão do benefício. 13. Neste contexto, revela-se acintosamente desproporcional e desarrazoada a pena de demissão impingida à impetrante pela Autoridade Impetrada, dissonante dos princípios jurídicos que devem nortear a aplicação das normas do Direito Sancionador, diante dos meandros circunstanciais em que a conduta foi praticada, bem como suas razões e consequências. 14. Segurança concedida, para determinar reintegração da Servidora impetrante nos quadros funcionais, bem como o pagamento imediato das parcelas vencidas, desde a impetração da Segurança." (MS 15.783/DF, Rel. Ministro NAPOLEÃO NUNES MAIA FILHO, PRIMEIRA SEÇÃO, julgado em 24/05/2017, DJe 30/06/2017)

◙ **Ausência de razoabilidade do ato administrativo de indeferimento do pedido de afastamento estudo no exterior e consequente ilegalidade de demissão por abandono de cargo.**

"PROCESSUAL CIVIL E ADMINISTRATIVO. MANDADO DE SEGURANÇA. SERVIDOR PÚBLICO. PROCESSO ADMINISTRATIVO DISCIPLINAR. DEMISSÃO POR ABANDONO DE CARGO. ESTUDO NO EXTERIOR. AUSÊNCIA DE RAZOABILIDADE DO ATO ADMINISTRATIVO DE INDEFERIMENTO DO PEDIDO DE AFASTAMENTO. RECONHECIMENTO EM AÇÃO PRÓPRIA AJUIZADA PELO PACIENTE. MANUTENÇÃO DA DEMISSÃO. ILEGALIDA-

DE. SEGURANÇA CONCEDIDA. 1. É induvidoso que o controle dos atos administrativos é medida impositiva quando há a atuação do Estado em confronto com os princípios e os valores que norteiam o ordenamento jurídico, notadamente nas hipóteses em que a prática de determinado ato se distancia dos seus pressupostos intrínsecos ou, como assinala a literatura majoritária, dos seus elementos constitutivos. 2. A despeito das discrepâncias doutrinárias e jurisprudenciais acerca de quais elementos comporiam ou constituiriam o ato administrativo, mostra-se incontroverso, como pressuposto de fato e, para alguns, também de direito, que o motivo integra sua estrutura de validade. 3. Nessa perspectiva, se o motivo, pela própria natureza de discricionariedade, vier explicitado por meio de fundamentação, é possível a atuação jurisdicional quando tais fundamentos destoarem da razoabilidade e da própria realidade que circunscreve o ato administrativo. 4. Mostra-se açodada a determinação da Administração Pública para que seja demitido servidor quando o procedimento administrativo disciplinar é lastreado em substrato fático cuja ilegalidade reconhecida por ela é objeto de discussão judicial ainda pendente, o que se evidencia ainda mais se, ao término do processo, conclui o órgão jurisdicional ser legal o afastamento para estudos por parte do impetrante. 5. Nesse cenário, não há como coexistir a manutenção de decisões – uma no âmbito administrativo disciplinar e outra em processo judicial – absolutamente incompatíveis pela valoração da premissa fática. Reconhecida a legalidade do afastamento do servidor, para frequentar curso no exterior, mostra-se sem amparo jurídico o processo administrativo disciplinar que culminou com a demissão do paciente, que somente continua no exercício por força de liminar concedida neste mandado de segurança, ainda em 2006. 5. Mandado de segurança concedido a fim de determinar a reintegração definitiva do impetrante ao cargo de Auditor Fiscal da Receita Federal. Prejudicado o agravo regimental interposto pela União." (MS 11.382/DF, Rel. Ministro ROGERIO SCHIETTI CRUZ, TERCEIRA SEÇÃO, julgado em 24/05/2017, DJe 30/05/2017)

◉ **É cabível a impetração de Mandado de Segurança objetivando a estipulação de prazo para a Administração efetivar a reintegração do impetrante no serviço público.**

"ADMINISTRATIVO. MANDADO DE SEGURANÇA. ANISTIA. LEI N. 8.878/1994. SERVIDOR PÚBLICO. ATO OMISSIVO. INÉRCIA DA ADMINISTRAÇÃO EM EFETIVAR A REINTEGRAÇÃO DO IMPETRANTE NO SERVIÇO PÚBLICO. LEGITIMIDADE PASSIVA DO MINISTRO DE ESTADO DO PLANEJAMENTO, ORÇAMENTO E GESTÃO. INTELIGÊNCIA DO ART. 2º DO DECRETO N. 6.077/2007 E DO ART. 2º DA ORIENTAÇÃO NORMATIVA N. 04/2008, MPOG/RH. AUSÊNCIA DE EXAME DOS REQUISITOS DO ART. 3º, IV, DO DECRETO N. 6.077/2007. PRECEDENTES DA PRIMEIRA SEÇÃO DO SUPERIOR TRIBUNAL DE JUSTIÇA. SEGURANÇA CONCEDIDA EM PARTE. 1. Trata-se de mandado de segurança impetrado contra ato omissivo do Ministro de Estado do Planejamento, Orçamento e Gestão, consubstanciado na não efetivação do retorno do impetrante ao serviço público. 2. O Ministro de Estado do Planejamento, Orçamento e Gestão possui legitimidade passiva para responder ao mandado de segurança em que o impetrante objetiva, diante da inércia prolongada da administração, a expedição e publicação da portaria anistiadora, porquanto o art. 1º do Decreto n. 6.077/1997 e o art. 2º da Orientação Normativa n. 04/2008 do MPOG/RH dispõem que competirá à referida autoridade deferir e providenciar a publicação, no Diário Oficial da União, do ato de retorno ao serviço dos servidores ou empregados cuja anistia tenha sido reconhecida pelas Comissões instituídas pelos Decretos n. 1.498 e 1.499 de 1995, 3.363/2000 e 5.115/2004. 3. Segundo a dicção do art. 3º do Decreto n. 6.077/2007, o retorno ao serviço depende de ato da Comissão Especial Interministerial, constituída para análise dos pleitos de anistia, bem como de ato do Ministro de Estado do Planejamento, Orçamento e Gestão, a quem cabe deferir e providenciar a publicação no DOU do referido ato de retorno, desde que preenchidos os requisitos previstos no art. 3º do Decreto n. 6.077/2007: necessidade da administração; comprovação da existência de disponibilidade orçamentária e financeira; e estimativa do impacto orçamentário e financeiro no exercício em que deva ocorrer o retorno dos servidores ou empregados. 4. Na hipótese, embora tenha sido deferida ao impetrante, em 23/7/2014, a condição de anistiado, nos termos da Ata CEI 06/2014 e na forma da Lei n.

8.878/1994, até o presente momento não há informações de que a autoridade coatora tenha cumprido o seu mister, procedendo à edição e publicação da portaria anistiadora no Diário Oficial da União, de forma a conferir efeitos ao ato administrativo que concedeu a anistia. 5. Destaque-se que o fato de a Eletrobrás informar que os serviços prestados pela Light não foram assumidos pela Eletrobrás e que, nesse sentido, não poderiam enviar planilhas de impacto financeiro, tampouco a empresa teria interesse no aproveitamento dos anistiados listados no Ofício n. 711/CEI/2014, não é suficiente, por si só, para justificar a omissão por lapso de tempo de quase dois anos, o que se mostra desarrazoado, além de violar o direito líquido e certo do impetrante de ter expedida e publicada sua portaria anistiadora e poder retornar ao serviço público. 6. Tendo em vista que o Poder Judiciário não pode substituir a administração pública, não há como, desde já, avaliar o preenchimento dos requisitos orçamentários e financeiros estipulados na legislação e determinar a publicação da portaria, para, de imediato, determinar a readmissão do impetrante. Precedentes: MS 15.210/DF, Rel. Ministro Benedito Gonçalves, Primeira Seção, julgado em 8/6/2011, DJe 17/6/2011; MS 15.211/DF, Rel. Ministro Castro Meira, Primeira Seção, julgado em 9/2/2011, DJe 22/2/2011. 7. Segurança concedida parcialmente, a fim de determinar à autoridade coatora que adote as providências necessárias ao cumprimento do art. 3º, IV, do Decreto n. 6.077/2007, no prazo de sessenta dias." (MS 22.599/DF, Rel. Ministro OG FERNANDES, PRIMEIRA SEÇÃO, julgado em 26/04/2017, DJe 03/05/2017.

◉ **O Mandado de Segurança não é meio adequado para pleitear a produção de efeitos patrimoniais anteriores à impetração, porquanto não constitui ação de cobrança, consoante dispõem o § 4º do art. 14 da Lei 12.016/2009 e as Súmulas 269 e 271/STF.**

"ADMINISTRATIVO E PROCESSUAL CIVIL. MANDADO DE SEGURANÇA. SERVIDOR PÚBLICO FEDERAL. PRETENSÃO DE INTEGRAÇÃO AO QUADRO DE PESSOAL DA ADVOCACIA-GERAL DA UNIÃO. ART. 1º DA LEI 10.480/2002. PRESENÇA DOS REQUISITOS AUTORIZADORES. OMISSÃO DA AUTORIDADE COATORA EM PROCEDER À INTEGRAÇÃO. EFEITOS FINANCEIROS DESDE A IMPETRAÇÃO. INTELIGÊNCIA DO ART. 14, § 4º, DA LEI 12.016/2009 E DAS SÚMULAS 269 E 271/STF. GRATIFICAÇÃO DE DESEMPENHO DE ATIVIDADE DE APOIO TÉCNICO-ADMINISTRATIVO – GDAA. COMPENSAÇÃO COM EVENTUAIS GRATIFICAÇÕES DE ATIVIDADE, RECEBIDAS PELOS IMPETRANTES, EM RAZÃO DO VINCULO ESTATUTÁRIO ANTERIOR. POSSIBILIDADE. PRECEDENTES DO STJ. SEGURANÇA CONCEDIDA. AGRAVO REGIMENTAL PREJUDICADO. I. Trata-se de Mandado de Segurança, com pedido de liminar, impetrado contra suposto ato omissivo e ilegal do Advogado-Geral da União, consistente na não integração dos impetrantes ao Quadro de Pessoal da Advocacia-Geral da União, na forma prevista no art. 1º da Lei 10.480/2002, porquanto preencheriam os requisitos legais autorizadores. II. Na forma da jurisprudência desta Corte, "a despeito de ser vedado ao Poder Judiciário o exame do mérito dos atos discricionários da Administração, não se deve confundir tal proibição com a possibilidade do Poder Judiciário de aferir a legalidade dos atos da Administração, em especial quando a Administração Pública, a despeito da existência de norma determinando a integração dos servidores aos quadros da AGU, deixa de fazê-lo por lapso considerável de tempo" (STJ, MS 22.488/DF, Rel. Ministro MAURO CAMPBELL MARQUES, PRIMEIRA SEÇÃO, DJe de 08/08/2016). III. O Superior Tribunal de Justiça firmou a compreensão nos sentido de que "o direito à integração ao Quadro de Pessoal da Advocacia-Geral da União foi assegurado àqueles servidores ocupantes de cargo de provimento efetivo, de nível superior, intermediário ou auxiliar, integrantes do Plano de Classificação de Cargos – PCC, instituído pela Lei 5.645/1970, ou planos correlatos das autarquias e fundações públicas, não integrantes de carreiras estruturadas e que estavam em exercício na AGU na data de publicação da Lei 10.480/2002, o que se deu em 03 de julho de 2002" (STJ, MS 18.701/DF, Rel. Ministro MAURO CAMPBELL MARQUES, PRIMEIRA SEÇÃO, DJe de 30/09/2015). IV. Caso concreto em que, consoante declarações exaradas pelo Chefe do Serviço de Registro Funcional do Ministério dos Transportes, restou demonstrado que os impetrantes (a) ocupavam cargos públicos de Agente Administrativo, de Agente de Portaria e de Auxiliar Operacional de Serviços

Diversos, de provimento efetivo, de nível intermediário; (b) estavam submetidos ao Plano de Classificação de Cargos instituído pela Lei 5.645/70; (c) não integravam carreira estruturada; e (d) estavam em exercício na Consultoria Jurídica do Ministério dos Transportes na data de 03/07/2002, quando da publicação da Lei 10.480/2002, sendo certo que, conforme provam os documentos que instruem os autos e dispõe o art. 2º, II, b, da Lei Complementar 73/93, as Consultorias Jurídicas dos Ministérios são órgãos de execução da Advocacia-Geral da União. Assim, resta demonstrado o direito líquido e certo dos impetrantes à integração ao Quadro de Pessoal da Advocacia-Geral da União, na forma do art. 1º da Lei 10.480, de 02/07/2002. V. A Primeira Seção do STJ, em diversos precedentes, já reconheceu o direito ora postulado pelos impetrantes: MS 18.701/DF, Rel. Ministro MAURO CAMPBELL MARQUES, PRIMEIRA SEÇÃO, DJe de 30/09/2015; AgInt no MS 18.646/DF, Rel. Ministro HERMAN BENJAMIN, PRIMEIRA-SEÇÃO, DJe de 29/11/2016; MS 17.656/DF, Rel. Ministro HUMBERTO MARTINS, PRIMEIRA SEÇÃO, DJe de 05/03/2012; MS 18.645/DF, Rel. Ministro BENEDITO GONÇALVES, PRIMEIRA SEÇÃO, DJe de 07/05/2013; MS 15.970/DF, Rel. Ministro OLINDO MENEZES (Desembargador Federal Convocado do TRF/1ª Região), PRIMEIRA SEÇÃO, DJe de 14/09/2015; MS 8.777/DF, Rel. Ministro OG FERNANDES, TERCEIRA SEÇÃO, DJe de 08/04/2010. VI. O mandado de segurança não é meio adequado para pleitear a produção de efeitos patrimoniais anteriores à impetração, porquanto não constitui ação de cobrança, consoante dispõem o § 4º do art. 14 da Lei 12.016/2009 e as Súmulas 269 e 271/STF. VII. Pode a Administração proceder à compensação dos valores devidos aos impetrantes, a titulo de Gratificação de Desempenho de Atividade de Apoio Técnico-Administrativo – GDAA, prevista no art. 2º da Lei 10.480/2002, com eventuais gratificações de atividade, por eles recebidas, em razão do vínculo estatutário anterior. Precedentes. VIII. Segurança concedida. Agravo Regimental prejudicado." (MS 22.489/DF, Rel. Ministra ASSUSETE MAGALHÃES, PRIMEIRA SEÇÃO, julgado em 08/02/2017, DJe 20/02/2017)

- **Processo disciplinar. Inocência proclamada. Condenação em processo penal. Novo PAD. Fatos que embasaram a condenação compreendidos no processo administrativo anterior. Bis in idem. Segurança concedida**

"ADMINISTRATIVO. PROCESSO DISCIPLINAR. INOCÊNCIA PROCLAMADA. CONDENAÇÃO EM PROCESSO PENAL. NOVO PAD. FATOS QUE EMBASARAM A CONDENAÇÃO COMPREENDIDOS NO PROCESSO ADMINISTRATIVO ANTERIOR. BIS IN IDEM. SEGURANÇA CONCEDIDA. HISTÓRICO DA DEMANDA 1. O impetrante respondeu a Processo Administrativo-Disciplinar instaurado em 2002, em que foi absolvido por decisão prolatada no mesmo ano. Posteriormente, veio a ser condenado em processo criminal que teve curso na 3ª Vara Federal de Porto Velho/RO, com início Também em 2002, mas cuja sentença foi proferida em 2008. Em decorrência da condenação penal, cuja sentença transitou em julgado, em 2010 a Administração instaurou novo PAD, em que o servidor foi demitido. 2. O ex-servidor sustenta que não poderia ser condenado pelos mesmos fatos pelos quais já havia sido absolvido no PAD de 2002 e prescrição. A Administração, por sua vez, alega que não há bis in idem, pois o objeto do novo PAD não são as irregularidades apuradas no processo anterior, mas a condenação penal transitada em julgado que lhe foi imputada, além de que o fato apurado no processo criminal seria diverso daquele apurado no primeiro processo disciplinar. Quanto à prescrição, a Administração sustenta que seu termo inicial seria a data em que ela teve conhecimento da condenação penal transitada em julgado. O QUE SE PUNE NÃO É O FATO DO SERVIDOR SER CONDENADO CRIMINALMENTE, MAS AS CONDUTAS QUE LEVARAM A ESSA CONDENAÇÃO 3. O art. 132, I, da Lei 8.112/90 não determina que ser condenado por crime contra a Administração Pública é uma irregularidade administrativa, mas que as infrações praticadas contra a Administração que também constituam crime devem ser necessariamente punidas com a pena de demissão. 4. Entendimento em contrário levaria a que, por ter praticado uma determinada conduta, o servidor poderia receber uma penalidade administrativa e, após ser condenado penalmente, receber uma segunda punição administrativa. VEDAÇÃO ABSTRATA À EXISTÊNCIA DE BIS IN IDEM 5. O STJ entende que, julgado um Processo Administrativo Disciplinar instaurado contra servidor público federal, a revisão da conclusão só poderá acontecer em duas hipóteses: a) existência de vício insanável no PAD, que o torne nulo; e b) surgimento de fatos novos que justifiquem o abrandamento da penalidade ou a declaração da inocência do servidor. 6. O art. 174 da Lei 8.112/90 só prevê a revisão do PAD "quando se aduzirem fatos novos ou circunstâncias suscetíveis de justificar a inocência do punido ou a inadequação da penalidade aplicada" e o parágrafo único do art. 182 é explícito em que "da revisão do processo não poderá resultar agravamento de penalidade". 7. Nesse sentido: MS 17.370/DF, Rel. Ministro Arnaldo Esteves Lima, Primeira Seção, DJe 10/09/2013; MS 10.950/DF, Rel. Ministro Og Fernandes, Terceira Seção, DJe 01/06/2012. ALEGAÇÃO DE BIS IN IDEM NO CASO CONCRETO 8. Procede a alegação de bis in idem, pois as infrações pelas quais o servidor foi condenado criminalmente e que seriam a base da demissão aplicada no PAD instaurado em 2010 estavam compreendidas no objeto do PAD anterior, de 2002, em que o impetrante havia sido absolvido. 9. A própria Controladoria-Geral da União reconheceu a identidade de fatos, afirmando que "a leitura da sentença condenatória permitiu verificar que os acusados foram condenados pelos mesmos fatos apurados por meio do PAD nº 172/AER/CAC/2002". PRESCRIÇÃO 10. Ainda que não houvesse o bis in idem, teria ocorrido a prescrição. Sendo a a infração administrativa capitulada como crime, a prescrição rege-se pelas regras do Direito Penal e, no caso, seria de 8 anos, por aplicação do art. 109, IV, do Código Penal, já que a pena-base aplicada foi de 3 anos e 8 meses de reclusão. Tendo o primeiro PAD sido instaurado em 17.4.2002, nesta data ocorreu a interrupção do prazo prescricional que, todavia, voltou a correr após 140 dias (STF, RMS 23.436/DF), tendo termo final em 2010, antes da aplicação da penalidade, que só ocorreu em 2011. CONCLUSÃO 11. Segurança concedida para anular o ato de demissão do impetrante, com pagamento da remuneração devida desde a data do ajuizamento." (MS 17.994/DF, Rel. Ministro HERMAN BENJAMIN, PRIMEIRA SEÇÃO, julgado em 14/12/2016, DJe 17/04/2017)

◙ **Nulidade do despacho de indiciamento**

"...2. A jurisprudência do STJ se firmou no sentido de que "apenas quando do indiciamento do servidor, posteriormente à fase instrutória do processo administrativo disciplinar, deve haver a descrição detalhada dos fatos a serem apurados, sendo desnecessária tal providência na portaria inaugural, de modo que, ainda que tenha ocorrido a descrição da irregularidade pela Portaria Instauradora, tal fato impede a apuração de infrações disciplinares conexas ou o aprofundamento das investigações." (MS 16.121/DF, Rel. Ministro Mauro Campbell Marques, Primeira Seção, julgado em 25.2.2016, DJe 6.4.2016).

◙ **Divergência entre a comissão processante e a autoridade julgadora**

"... 4. A jurisprudência do Superior Tribunal de Justiça consolidou-se no sentido da possibilidade de a autoridade julgadora divergir da conclusão da comissão processante, para majorar ou diminuir a penalidade administrativa, desde que haja a devida fundamentação, como se afigura nos autos." Nesse sentido: MS 20.290/DF, Rel. Ministro Humberto Martins, Primeira Seção, DJe 23.9.2013; MS 13.364/DF, Rel. Ministro Napoleão Nunes Maia Filho, Terceira Seção, DJe 26.5.2008; MS 13.527/DF, Rel. Ministro Rogerio Schietti Cruz, Rel. p/ Acórdão Ministro Nefi Cordeiro, Terceira Seção, DJe 21.3.2016.

◙ **O acusado se defende dos fatos a ele imputados, não sendo eventual capitulação legal restrição para posterior reenquadramento jurídico.**

"...Também está assentado na jurisprudência do STJ, à luz do art. 161 da Lei 8.112/1990, que o acusado se defende dos fatos a ele imputados, não sendo eventual capitulação legal restrição para posterior reenquadramento jurídico." A propósito: MS 14.045/DF, Rel. Ministro Napoleão Nunes Maia Filho, Terceira Seção, julgado em 14.4.2010, DJe 29.4.2010; MS 15.810/DF, Rel. Ministro Humberto Martins, Primeira Seção, DJe 30.3.2012; MS 15.831/DF, Rel. Ministro Cesar Asfor Rocha, Primeira Seção, DJe 14.8.2012; MS 15.003/DF, Rel. Ministro Marco Aurélio Bellizze, Terceira Seção, DJe 11.4.2012; MS 7.955/DF, Rel. Ministro Edson Vidigal, Terceira Seção, julgado em 13.3.2002, DJ 22.4.2002, p. 159)

◙ **O Superior Tribunal de Justiça possui entendimento firmado de que, para se concluir pelo abandono de cargo e aplicar a pena de demissão, a Administração Pública deve verificar o *animus abando-***

nandi **do servidor, elemento indispensável para a caracterização do mencionado ilícito administrativo.**

"PROCESSUAL CIVIL E ADMINISTRATIVO. MANDADO DE SEGURANÇA. SERVIDOR PÚBLICO CIVIL. DEMISSÃO. ABANDONO DE CARGO. ANIMUS ABANDONANDI. AUSÊNCIA. PEDIDO DE LICENÇA-MÉDICA. PRORROGAÇÃO. 1. Trata-se de Mandado de Segurança impetrado, com fundamento no art. 105, I, "b", da Constituição da República, contra ato do Ministro de Estado da Justiça que demitiu o impetrante, Policial Rodoviário Federal, com base nos arts. 116, III e XI, e 132, II, da Lei 8.112/1990. 2. Sustenta o impetrante, no que diz respeito aos dias que não compareceu ao serviço, que não houve abandono de cargo, pois estava afastado para tratamento de saúde. 3. Em se tratando de ato demissionário consistente no abandono de emprego ou na inassiduidade ao trabalho, impõe-se averiguar o animus específico do servidor, a fim de avaliar o seu grau de desídia. 4. O Superior Tribunal de Justiça possui entendimento firmado de que, para se concluir pelo abandono de cargo e aplicar a pena de demissão, a Administração Pública deve verificar o animus abandonandi do servidor, elemento indispensável para a caracterização do mencionado ilícito administrativo. (RMS 13.108/SP, Rel. Ministro Felix Fischer, Quinta Turma, julgado em 2/12/2003, DJ 19/12/2003, p. 494). 5. No caso dos autos, é incontroverso que o impetrante apresentou à Administração Pública, especificamente à Divisão de Saúde e Assistência Social (DISAS/CGRH), três atestados médicos sucessivos, devidamente assinados por médico credenciado, com o escopo de justificar sua ausência ao serviço e obter prorrogação de sua licença médica, conforme certificado pelo próprio Chefe da referida Divisão (fls. 100; 188 e 295/e-STJ). 6. Outrossim, é incontroverso que o ora impetrante compareceu a pelo menos duas perícias médicas, designadas para os dias 14.9.2010 e 16.11.2010, conforme relatado no Parecer 022/2012/ACS/CAD/CONJUR-MJ/CGU/AGU (fls. 847-849/e-STJ). 7. Finalmente, o impetrante buscou ser diligente ao comunicar à Coordenação de Recursos Humanos da DPRF seu comparecimento à junta médica (fl. 430/e-STJ). 8. Nesse quadro, não se verifica o animus abandonandi, requisito necessário à aplicação da pena de demissão. 9. No que diz respeito à não apresentação dos atestados no prazo estabelecido no Decreto 7.003/2009, o servidor deve ser punido com a perda da remuneração equivalente aos dias das faltas, aplicando-se o disposto no art. 4º, §§ 4º e 5º, do referido Decreto, combinado com o art. 44, I, da Lei 8.112/91; enquanto que o não comparecimento do impetrante às perícias designadas para 18.11.2010 e 18.1.2011 são punidas com a pena suspensão, a teor do que dispõe o art. 130, § 1º, da Lei 8.112/91. Incabível, contudo, a pena de demissão. 10. Segurança concedida." (MS 18.936/DF, Rel. Ministro HERMAN BENJAMIN, PRIMEIRA SEÇÃO, julgado em 14/09/2016, DJe 23/09/2016)

◘ **Desnecessidade de procedimento administrativo para efetivar exoneração com base em decisão judicial.**

"ADMINISTRATIVO E PROCESSUAL CIVIL. SERVIDOR PÚBLICO. EXONERAÇÃO COM BASE EM DECISÃO JUDICIAL. PROCEDIMENTO ADMINISTRATIVO. CONTRADITÓRIO E AMPLA DEFESA. DESNECESSIDADE. SITUAÇÃO CONSOLIDADA NO CASO CONCRETO. IDENTIFICAÇÃO DA CONTROVÉRSIA 1. Trata-se de Mandado de Segurança impetrado, com fundamento no art. 105, I, "b", da Constituição da República, contra ato do Ministro de Estado da Fazenda (Portaria MF 548/2011 – DOU 12.12.2011) que exonerou o impetrante com base em decisão de improcedência da ação não transitada em julgado, em que anteriormente havia sido garantida a participação do ora impetrante no concurso público de Auditor Fiscal da Receita Federal. 2. Nos autos principais, o Tribunal Regional Federal da 3ª Região (AC 2004.03.99.009403-3) declarou o pedido do ora impetrante improcedente, contra o que foram interpostos Recursos Especial e Extraordinário. O Recurso Especial tomou o número 1.260.653 e dele não se conheceu (Relator Ministro Mauro Campbell Marques, Segunda Turma). Já o Recurso Extraordinário não foi admitido na origem e o ora impetrante apresentou Agravo de Instrumento (AI 798.142), o qual teve provimento negado pelo Supremo Tribunal Federal. 3. Não obstante a decisão de improcedência da ação principal ter transitado em julgado posteriormente ao ajuizamento da presente ação, o que se debate na presente hipótese é se a autoridade impetrada poderia, com base em decisão judicial não transitada em julgado, exonerar o impetrante sem proporcionar previamente o contraditório e a ampla defesa. CONTRADITÓRIO E AMPLA DEFESA E O CUMPRIMENTO ADMINISTRATIVO DE DECISÃO JUDICIAL 4. A presente hipótese revela situação em que a controvérsia relativa à nomeação de candidato estava judicializada, de forma que o cumprimento do que decidido na esfera judicial é de execução imediata, não havendo falar em violação dos princípios do contraditório e da ampla defesa pela Administração, pois tais pilares constitucionais foram observados no curso da ação judicial. Não há falar em exercício da autotutela administrativa, pois, como já frisado, o ato administrativo não resulta da revisão, pela Administração, dos seus próprios atos, mas de simplesmente efetivar comando judicial. Em relação a esse tema há precedente específico desta Primeira Seção em sentido contrário ao que exposto, que merece, com todas as vênias, ser superado (MS 15.469/DF, Rel. Ministro Castro Meira, Rel. p/ Acórdão Ministro Arnaldo Esteves Lima, Primeira Seção, DJe 20.9.2011). 5. Deve ser considerado o fato superveniente de que houve o trânsito em julgado da ação que julgou improcedente a ação apresentada pelo ora impetrante e que fundamentou o ato apontado como coator. Não há como exigir que a Administração proporcione novo contraditório e ampla defesa quando se trata de simplesmente cumprir decisão judicial transitada em julgado, sem prejuízo da possibilidade de amplo controle de legalidade do citado ato administrativo. SITUAÇÃO EXCEPCIONALÍSSIMA DE CONSOLIDAÇÃO FÁTICO-JURÍDICA NO CASO CONCRETO – APOSENTADORIA. 6. Apesar da compreensão acima exarada, o impetrante foi nomeado, já sob amparo de decisão judicial liminar, em 23.9.2003 permanecendo sob essa condição até o momento de sua aposentadoria (23.12.2013). 7. Não obstante o vínculo de trabalho fosse precário, o vínculo previdenciário, após as contribuições previdenciárias ao regime próprio, consolidou-se com a reunião dos requisitos para a concessão de aposentadoria. 8. A legislação federal apenas estabelece a cassação da aposentadoria nos casos de demissão do servidor público e de acumulação ilegal de cargos (arts. 133, § 6°, e 134 da Lei 8.112/1990), não havendo, portanto, respaldo legal para impor a mesma penalização quando o exercício do cargo é amparado por decisões judiciais precárias e o servidor se aposenta por tempo de contribuição durante esse exercício após legítima contribuição ao sistema. 9. Segurança parcialmente concedida para manter a aposentadoria do impetrante. Agravo Regimental da União prejudicado." (MS 18.002/DF, Rel. Ministro HERMAN BENJAMIN, PRIMEIRA SEÇÃO, julgado em 23/11/2016, DJe 08/05/2017)

◉ **Remoção para acompanhar cônjuge transferido ex-ofício.**

"ADMINISTRATIVO. MANDADO DE SEGURANÇA. SERVIDORA PÚBLICA DA UNIVERSIDADE FEDERAL DA BAHIA. REMOÇÃO PARA ACOMPANHAR CÔNJUGE, SERVIDOR DA MARINHA DO BRASIL, TRANSFERIDO EX OFFICIO. ART. 36, III, A DA LEI 8.112/90. REQUISITOS ATENDIDOS. PARECER DO MPF PELA CONCESSÃO DA ORDEM. ORDEM CONCEDIDA. 1. O Regime Jurídico dos Servidores Públicos Federais previu três situações que permitem o deslocamento do Servidor, a pedido, no âmbito do mesmo quadro funcional, independentemente do interesse da Administração: (a) para acompanhar cônjuge ou companheiro, também Servidor Público, que foi deslocado no interesse da Administração; (b) por motivo de saúde do Servidor, cônjuge, companheiro ou dependente que viva às suas expensas; e (c) em virtude de processo seletivo promovido, na hipótese em que o número de interessados for superior ao número de vagas. Fora essas hipóteses, a remoção fica a critério do interesse da Administração. 2. Tem-se, pois, que, a teor do art. 36 da Lei 8.112/90, nas hipóteses dos incisos I e II do art. 36 da Lei 8.112/90, a concessão de remoção é ato discricionário da Administração, ao passo que, nos casos enquadrados no inciso III, o instituto passa a ser direito subjetivo do Servidor, de modo que, uma vez preenchidos os requisitos, a Administração tem o dever jurídico de promover o deslocamento horizontal do Servidor dentro do mesmo quadro de pessoal. 3. No caso dos autos, restou comprovada a união estável estabelecida entre a Impetrante e seu companheiro (fls. 17), bem como o deslocamento deste último no interesse da Administração (fls. 19), não havendo razão para o indeferimento da remoção pretendida. 4. Ordem concedida, em conformidade com o parecer do Ministério Público Federal, para reconhecer o direito da Impetrante de ser removida definitivamente para acompanhar seu cônjuge, nos termos do art. 36, parág. único, inciso III, alínea a da Lei 8.112/90, confirmando a liminar anteriormente deferida." (MS 22.283/DF, Rel. Ministro NAPOLEÃO NUNES MAIA FILHO, PRIMEIRA SEÇÃO, julgado em 10/08/2016, DJe 22/08/2016)

◉ **A estabilidade no serviço público e o estágio probatório são institutos distintos, motivo porque incabível a exigência de cumprimento do prazo constitucional de três anos para que o servidor figure em lista de promoção na carreira.**

"CONSTITUCIONAL E ADMINISTRATIVO. MANDADO DE SEGURANÇA. PRELIMINARES. REJEIÇÃO. PROCURADOR FEDERAL. PROMOÇÃO E PROGRESSÃO NA CARREIRA. ESTÁGIO PROBATÓRIO E ESTABILIDADE. INSTITUTOS JURÍDICOS DISTINTOS. PRECEDENTES DESTA CORTE. SEGURANÇA CONCEDIDA. 1. Impetrado mandado de segurança contra o ato do Advogado-Geral da União que indeferiu recurso hierárquico interposto pela impetrante contra decisão da Procuradora-Geral Federal, sobressai a legitimidade passiva da autoridade impetrada. Preliminar rejeitada. 2. Não há utilização do mandamus como ação de cobrança, por se tratar de um ato administrativo decisório passível de impugnação por meio de mandado de segurança, constituindo os efeitos financeiros decorrentes do ato administrativo impugnado. Preliminar rejeitada. 3. Conforme orientação assentada na Terceira Seção deste Superior Tribunal de Justiça, a estabilidade no serviço público e o estágio probatório são institutos distintos, motivo porque incabível a exigência de cumprimento do prazo constitucional de três anos para que o servidor figure em lista de promoção na carreira. Precedentes. 4. Segurança concedida." (MS 12.508/DF, Rel. Ministro RIBEIRO DANTAS, TERCEIRA SEÇÃO, julgado em 24/02/2016, DJe 14/03/2016)

◉ **Cumulação de cargos e jornada de trabalho. Diante do silêncio da Lei nº 11.416/06 acerca da jornada de trabalho dos servidores do Poder Judiciário e existindo legislação que discipline a jornada de ocupantes de cargos públicos das áreas de medicina e odontologia, aplica-se a norma de caráter especial em detrimento da regra geral inserta no caput do artigo 19 da Lei nº 8.112/90.**

"Mandado de segurança. Tribunal de Contas da União (TCU). Jornada de trabalho de analistas judiciários das áreas de medicina e odontologia. Prevalência de norma especial sobre a geral. Previsão de jornada reduzida não alcança ocupantes de cargo em comissão ou função comissionada. Mandamus do qual se conhece. Ordem concedida. 1. Diante do silêncio da Lei nº 11.416/06 acerca da jornada de trabalho dos servidores do Poder Judiciário e existindo legislação que discipline a jornada de ocupantes de cargos públicos das áreas de medicina e odontologia, aplica-se a norma de caráter especial em detrimento da regra geral inserta no caput do artigo 19 da Lei nº 8.112/90. Inteligência do Decreto-Lei nº 1.445/76, c/c a Lei nº 9.436/97, revogada pela Lei nº 12.702/12 (relativamente aos servidores médicos), e do Decreto-Lei nº 2.140/1984 (relativamente aos servidores odontólogos). Precedentes. 2. Mandado de segurança do qual se conhece. Ordem concedida." (MS 33853, Relator(a): Min. DIAS TOFFOLI, Segunda Turma, julgado em 13/06/2017, PROCESSO ELETRÔNICO DJe-222 DIVULG 28-09-2017 PUBLIC 29-09-2017)

◉ **Mandado de segurança. Servidor público que exerceu a função por mais de 20 anos em cargo que exigia formação em curso superior. Cassação de aposentadoria. Impossibilidade. A comissão processante concluiu pela falta de má-fé do impetrante e sugeriu o arquivamento dos autos por incidência da decadência. Pena diversa ofende os princípios da proporcionalidade, razoabilidade e da segurança jurídica.**

"MANDADO DE SEGURANÇA. ADMINISTRATIVO. DEMISSÃO. SERVIDOR PÚBLICO QUE EXERCEU A FUNÇÃO POR MAIS DE 20 ANOS EM CARGO QUE EXIGIA FORMAÇÃO EM CURSO SUPERIOR. CASSAÇÃO DE APOSENTADORIA. IMPOSSIBILIDADE. A COMISSÃO PROCESSANTE CONCLUIU PELA FALTA DE MÁ-FÉ DO IMPETRANTE E SUGERIU O ARQUIVAMENTO DOS AUTOS POR INCIDÊNCIA DA DECADÊNCIA. PENA DIVERSA OFENDE OS PRINCÍPIOS DA PROPORCIONALIDADE, RAZOABILIDADE E DA SEGURANÇA JURÍ-

DICA. TESTEMUNHAS QUE APONTARAM O EXÍMIO TRABALHO EXERCIDO PELO IMPETRANTE NO DECORRER DOS ANOS EM QUE EXERCEU A FUNÇÃO. A TRANSIÇÃO DO REGIME CELETISTA PARA O REGIME ESTATUTÁRIO CONTRIBUIU PARA A CLASSIFICAÇÃO DO IMPETRANTE EM CARGO DIVERSO. O SUPERIOR HIERÁRQUICO DO IMPETRANTE, OUVIDO COMO TESTEMUNHA, AFIRMOU QUE O CURSO TÉCNICO DO IMPETRANTE SERIA EQUIVALENTE AO CURSO SUPERIOR. DECURSO DE MAIS DE 20 ANOS DESDE A INSTAURAÇÃO DO PAD E A NOMEAÇÃO DO SERVIDOR. DECADÊNCIA. ART. 54 DA LEI 9.784/99. ORDEM CONCEDIDA EM CONFORMIDADE COM O PARECER DO MPF. PREJUDICADO O AGRAVO REGIMENTAL INTERPOSTO CONTRA A DECISÃO LIMINAR ANTERIORMENTE DEFERIDA PELO EMINENTE MINISTRO LUIZ FUX. 1. O direito líquido e certo a que alude o art. 5º., LXIX da Constituição Federal é aquele cuja existência e delimitação são passíveis de demonstração documental, não lhe turvando o conceito a sua complexidade ou densidade. Dessa forma, deve o impetrante demonstrar, já com a petição inicial, no que consiste a ilegalidade ou a abusividade que pretende ver expungida e comprovar, de plano, os fatos ali suscitados, de modo que seja despicienda qualquer dilação probatória, incabível no procedimento da ação mandamental. 2. É lição constante (e antiga) dos tratadistas de Direito Civil que o instituto da decadência serve ao propósito da pacificação social, da segurança jurídica e da justiça, por isso, somente em situações de absoluta excepcionalidade, admite-se a revisão de situações jurídicas sobre as quais o tempo já estendeu o seu manto impenetrável; o Direito Público incorpora essa mesma orientação, com o fito de aquietar as relações do indivíduo com o Estado. 3. O art. 54 da Lei 9.784/99 prevê um prazo decadencial de 5 anos, a contar da data da vigência do ato administrativo viciado, para que a Administração anule os atos que gerem efeitos favoráveis aos seus destinatários. Após o transcurso do referido prazo decadencial quinquenal sem que ocorra o desfazimento do ato, prevalece a segurança jurídica em detrimento da legalidade da atuação administrativa. 4. O § 2º. do art. 54 da Lei 9.784/99 deve ser interpretado em consonância com a regra geral prevista no caput, sob pena de tornar inócuo o limite temporal mitigador do poder-dever da Administração de anular seus atos, motivo pelo qual não se deve admitir que os atos preparatórios para a instauração do processo de anulação do ato administrativo sejam considerados como exercício do direito de autotutela. 5. In casu, impõe-se reconhecer a ocorrência da decadência, já que o ex-Servidor, atualmente aposentado, (i) exerceu os serviços satisfatoriamente por mais de 20 anos; (ii) o seu superior hierárquico acreditava que o curso realizado pelo impetrante era equiparado a curso superior; e (iii), no ano de 1990, houve a transição do regime celetista para o regime estatutário, o que evidentemente, atrai alguma confusão para os seus operadores, como toda inovação legislativa. 6. Ordem concedida para reconhecer a ocorrência da decadência da Administração em anular a aposentadoria do impetrante, em conformidade com o parecer do MPF. Prejudicada a análise do Agravo Regimental interposto contra a decisão liminar anteriormente deferida pelo eminente Ministro LUIZ FUX." (MS 15.333/DF, Rel. Ministro NAPOLEÃO NUNES MAIA FILHO, PRIMEIRA SEÇÃO, julgado em 24/02/2016, DJe 08/03/2016)

◙ **Mandado de segurança individual. Processo administrativo disciplinar. Conversão de exoneração a pedido em destituição de cargo em comissão. Improbidade administrativa. Art. 132, VI, da lei 8.112/1990. Ausência de** animus abandonandi**. Existência de prévio pedido de exoneração. Inocorrência de ato de improbidade administrativa. Art. 11 da lei 8.429/1992.**

"PROCESSUAL CIVIL E ADMINISTRATIVO. MANDADO DE SEGURANÇA INDIVIDUAL. SERVIDOR PÚBLICO FEDERAL. PROCESSO ADMINISTRATIVO DISCIPLINAR. CONVERSÃO DE EXONERAÇÃO A PEDIDO EM DESTITUIÇÃO DE CARGO EM COMISSÃO. IMPROBIDADE ADMINISTRATIVA. ART. 132, VI, DA LEI 8.112/1990. AUSÊNCIA DE ANIMUS ABANDONANDI. EXISTÊNCIA DE PRÉVIO PEDIDO DE EXONERAÇÃO. INOCORRÊNCIA DE ATO DE IMPROBIDADE ADMINISTRATIVA. ART. 11 DA LEI 8.429/1992. AUSÊNCIA DOS REQUISITOS LEGAIS. SEGURANÇA CONCEDIDA. 1. Pretende a impetrante a concessão da segurança para anular o ato administrativo que lhe aplicou pena de conversão de exoneração em destituição de cargo em comissão, pela prática do ilícito capitulado no art. 132, IV ("improbidade administrativa") c/c 135, da Lei 8.112/1990 e do art. 11 da Lei 8.429/1992, ao fundamento de que o PAD seria nulo em razão da parcialidade dos membros da comissão processante, de que membro da comissão participou de sindicância preliminar, a prescrição da pretensão punitiva disciplinar, a atipicidade da conduta, em razão da ausência de animus abandonandi e tendo em vista que a ocorrência de erro da própria Administração, a ausência de atos de improbidade administrativa, frente à inexistência de dolo e prejuízo ao Erário público e a desproporcionalidade da penalidade aplicada. 2. A materialidade da infração disciplinar prevista no art. 127, III, da Lei 8.112/1990, pressupõe a ausência intencional por período superior a 30 dias e o animus abandonandi por parte do servidor, além de pressupor a consciência da ilicitude da conduta e a probabilidade de dano à Administração, sendo que, a existência de prévio pedido de licença ainda pendente de exame pela Administração, afasta a presença do animus abandonandi, requisito necessário à aplicação da pena de demissão por abandono de cargo. Precedentes. 3. Pelos documentos acostados aos autos, resta evidente que a impetrante formulou pedido de exoneração em 01/04/2008, tendo adotado as medidas necessárias à viabilizar o seu pedido de exoneração, conforme bem entendeu o Ministério Público Federal quando opinou pelo arquivamento do Procedimento Preparatório de ICP nº 1.16.0000.002661/2008-10, instaurado para apuração de eventual prática de atos de improbidade contra a impetrante, onde concluiu que "restou cabalmente demonstrado que a citada agente tomou todas as providências que lhe cabia no sentido de viabilizar sua exoneração, tendo protocolizado pedido formal nesse sentido, em data anterior à denúncia aqui debatida. Ademais, os registros inseridos em sede de SIAPE comprovam que a partir de 1º/04/2008 seu vínculo perante a Administração encontra-se desfeito, muito embora a correlata publicação, em sede de Diário Oficial, só tenha sido efetivamente veiculada aos 24/09/2008" (destaquei). 4. Outrossim, não se vislumbra a presença dos pressupostos para a caracterização de ato de improbidade administrativa, o qual, nos moldes do art. 11 Lei 8.429/1992, pressupõe que a conduta seja praticada por agente público ou a ele equiparado, atuando no exercício de seu munus público, além de ser ilícita, ajustada nas hipóteses dos incisos do art. 11 da Lei 8.429/1992; o elemento volitivo, consubstanciado no dolo de cometer a ilicitude e causar prejuízo ao Erário e a ofensa aos princípios da Administração Pública. 5. In casu, segundo narra a impetrante, após usufruir da licença-maternidade no período de 14/9/2007 a 11/01/2008, gozou de férias, vindo a solicitar verbalmente, ao seu chefe imediato, a sua exoneração, assim que regressou ao serviço, e vindo a fazê-lo formalmente em 01/04/2018, bem como tendo em vista que os valores recebidos pela impetrante nos meses de abril, maio e junho/2008 foram regularmente restituídos ao Erário, conforme documentos de fls. 169/170, estando ausente os pressupostos para a caracterização do ato de improbidade administrativa. 6. "A existência de prévio pedido de exoneração, bem como as diligências da impetrante no sentido de viabilizar a formalização de sua exoneração perante a Administração, afasta a presença do animus abandonandi, requisito necessário à configuração da infração disciplinar prevista no artigo 127, inciso III, da Lei nº 8.112/1990 [...]. Doutra banda, não estão presentes, na espécie, os requisitos necessários à caracterização do ato de improbidade administrativa imputado à impetrante, os quais, segundo dispõe o artigo 11 da Lei nº 8.429/1992, pressupõe qualquer ação ou omissão praticada por agente público ou a ele equiparado, atuando no exercício de seu munus público, que importe em ilicitude capaz de causar prejuízo ao Erário e ofensa aos princípios da Administração Pública. No ponto, conforme já registrado neste parecer, o próprio Ministério Público Federal determinou o arquivamento dos autos do Procedimento Preparatório de Inquérito Civil Público nº 1.16.0000.002661/2008-10, por ausência de elementos que caracterizassem a prática de ato de improbidade administrativa por parte da impetrante (fls. 173/175). [...] a ausência de dano ao patrimônio público e de enriquecimento ilícito da impetrante, tendo em vista o pedido de exoneração oportuno tempore e a devolução ao Erário dos valores percebidos indevidamente, à luz do contexto fático encartado nos autos, revelam a atipicidade do delito funcional que lhe foi imputado, e a consequente desproporcionalidade da sanção que lhe foi imposta, máxime porque não se vislumbra a má-fé que constitui elemento subjetivo necessário à caracterização do ato de improbidade administrativa" (Parecer do Ministério Público Federal, Subprocurador-Geral da República, Dr. Flávio Giron). 7. Segurança concedida. Liminar confirmada." (MS 21.042/DF, Rel. Ministro MAURO CAMPBELL MARQUES, PRIMEIRA SEÇÃO, julgado em 09/12/2015, DJe 17/12/2015)

◉ **O colendo Supremo Tribunal Federal, no julgamento do MS 23.262/DF, Rel. Min. DIAS TOFFOLI, DJe 30.10.2014, declarou incidentalmente a inconstitucionalidade do art. 170 da Lei 8.112/90, fundamento legal utilizado pela autoridade coatora para determinar o registro do fato desabonador nos assentamentos funcionais individuais do Impetrante.**

"MANDADO DE SEGURANÇA EXTINÇÃO DA PUNIBILIDADE EM RAZÃO DO RECONHECIMENTO, PELA PRÓPRIA ADMINISTRAÇÃO, DA PRESCRIÇÃO DA PRETENSÃO PUNITIVA ESTATAL. EXTINÇÃO DOS EFEITOS REFLEXOS. CERCEAMENTO DE DEFESA NÃO CONFIGURADO. PARECER DO MINISTÉRIO PÚBLICO PELA DENEGAÇÃO DA ORDEM. NO ENTANTO, ORDEM CONCEDIDA PARA DETERMINAR QUE A AUTORIDADE IMPETRADA SE ABSTENHA DE REALIZAR A ANOTAÇÃO PUNITIVA NOS ASSENTAMENTOS FUNCIONAIS DO IMPETRANTE. 1. O poder-dever de a Administração punir a falta cometida por seus Funcionários não se desenvolve ou efetiva de modo absoluto, de sorte que encontra limite temporal no princípio da segurança jurídica, de hierarquia constitucional, uma vez que os administrados não podem ficar indefinidamente sujeitos à instabilidade originada do poder disciplinar do Estado, além de que o acentuado lapso temporal transcorrido entre o cometimento da falta disciplinar e a aplicação da respectiva sanção esvazia a razão de ser da responsabilização do Servidor supostamente transgressor. 2. O art. 142 da Lei 8.112/90 (Regime Jurídico dos Servidores Públicos da União) funda-se na importância da segurança jurídica no domínio do Direito Público, instituindo o princípio da inevitável prescritibilidade das sanções disciplinares, prevendo o prazo de 5 anos para o Poder Público exercer seu jus puniendi na seara administrativa. 3. In casu, como verificado pela Comissão de Sindicância, ocorreu a extinção da pretensão sancionatória da Administração Pública para aplicar a pena de suspensão, pois decorreram mais de 2 anos do conhecimento das infrações e a instauração do PAD, incidindo, na espécie, o enunciado do art. 142 da Lei 8.112/1990. 4. A prescrição tem o condão de eliminar qualquer possibilidade de punição do Servidor pelos fatos apurados, inclusive futuras anotações funcionais em seus assentamentos, uma vez que, extinta a punibilidade, não há como subsistirem seus efeitos reflexos. Em outras palavras, a prescrição, antes da condenação, atinge o jus puniendi do Estado obstando o processo, já que extinta a punibilidade do fato. 5. O colendo Supremo Tribunal Federal, no julgamento do MS 23.262/DF, Rel. Min. DIAS TOFFOLI, DJe 30.10.2014, declarou incidentalmente a inconstitucionalidade do art. 170 da Lei 8.112/90, fundamento legal utilizado pela autoridade coatora para determinar o registro do fato desabonador nos assentamentos funcionais individuais do Impetrante. 6. Ordem concedida para determinar que a autoridade impetrada se abstenha de realizar a anotação punitiva nos assentamentos funcionais do Impetrante." (MS 19.593/DF, Rel. Ministro NAPOLEÃO NUNES MAIA FILHO, PRIMEIRA SEÇÃO, julgado em 28/10/2015, DJe 16/11/2015)

◉ **Ordem concedida para determinar que a autoridade impetrada se abstenha de realizar a anotação punitiva nos assentamentos funcionais do impetrante em decorrência da prescrição.**

"MANDADO DE SEGURANÇA EXTINÇÃO DA PUNIBILIDADE EM RAZÃO DO RECONHECIMENTO, PELA PRÓPRIA ADMINISTRAÇÃO, DA PRESCRIÇÃO DA PRETENSÃO PUNITIVA ESTATAL. EXTINÇÃO DOS EFEITOS REFLEXOS. CERCEAMENTO DE DEFESA NÃO CONFIGURADO. PARECER DO MINISTÉRIO PÚBLICO PELA DENEGAÇÃO DA ORDEM. ORDEM PARCIALMENTE CONCEDIDA PARA DETERMINAR QUE A AUTORIDADE IMPETRADA SE ABSTENHA DE REALIZAR A ANOTAÇÃO PUNITIVA NOS ASSENTAMENTOS FUNCIONAIS DO IMPETRANTE. 1. O poder-dever de a Administração punir a falta cometida por seus Funcionários não se desenvolve ou efetiva de modo absoluto, de sorte que encontra limite temporal no princípio da segurança jurídica, de hierarquia constitucional, uma vez que os administrados não podem ficar indefinidamente sujeitos à instabilidade originada do poder disciplinar do Estado, além de que o acentuado lapso temporal transcorrido entre o cometimento da falta disciplinar e a aplicação da respectiva sanção esvazia a razão de ser da responsabilização do Servidor supostamente transgressor. 2. O art. 142 da Lei 8.112/90 (Regime Jurídico dos Servidores Públicos da União) funda-se na importância da segurança jurídica no domínio do Direito Público, instituindo o princípio da inevitável prescritibilidade das sanções disciplinares, prevendo o prazo de cinco anos para o Poder Público exercer seu jus puniendi na seara administrativa. 3. In casu, como corretamente verificado pela Comissão de Sindicância, se os fatos foram conhecidos em 7.3.2008 e a Comissão de Sindicância foi instaurada em 31.3.2009, ocorreu a extinção da pretensão sancionatória da Administração Pública para aplicar a pena de advertência, pois decorreram mais de 180 dias do conhecimentos das infrações, incidindo, na espécie, o enunciado do art. 142 da Lei 8.112/1990. 4. A prescrição tem o condão de eliminar qualquer possibilidade de punição do Servidor pelos fatos apurados, inclusive futuras anotações funcionais em seus assentamentos, uma vez que extinta a punibilidade não há como subsistir seus efeitos reflexos. Em outras palavras, a prescrição antes da condenação atinge o jus puniendi do Estado obstando o processo, já que extinta a punibilidade do fato. 5. O colendo Supremo Tribunal Federal, no julgamento do MS 23.262/DF, Rel. Min. DIAS TOFFOLI, DJe 30.10.2014, declarou incidentalmente a inconstitucionalidade do art. 170 da Lei 8.112/90, fundamento legal utilizado pela autoridade coatora para determinar o registro do fato desabonador nos assentamentos funcionais individuais do Impetrante. 6. Não merece prosperar a alegação de cerceamento de defesa, uma vez que da simples leitura dos documentos acostados aos autos, verifica-se que o recorrente foi devidamente citado, oportunidade em que constitui defensor e, posteriormente, defensor dativo, teve amplo acesso aos autos e apresentou defesa, sem, no entanto, pugnar pela oitiva de testemunhas ou de solicitar a realização de eventuais diligências. 7. Ordem parcialmente concedida para determinar que a autoridade impetrada se abstenha de realizar a anotação punitiva nos assentamentos funcionais do Impetrante." (MS 15.116/DF, Rel. Ministro NAPOLEÃO NUNES MAIA FILHO, PRIMEIRA SEÇÃO, julgado em 28/10/2015, DJe 16/11/2015)

"ADMINISTRATIVO. PROCESSUAL CIVIL. DISCIPLINAR. SERVIDOR PÚBLICO FEDERAL. DEMISSÃO. PRORROGAÇÃO IRREGULAR DE CONTRATO. SERVIÇOS GRÁFICOS. INEXISTÊNCIA DE DANO AO ERÁRIO. PRESCRIÇÃO. NÃO OCORRÊNCIA. PARECERISTA JURÍDICO. ALEGAÇÃO DE IMPEDIMENTO. INSUBSISTENTE. PENA RECOMENDADA PELA COMISSÃO. AGRAVAMENTO. ART. 168 DA LEI 8.112/90. POSSIBILIDADE. CONTRARIEDADE ÀS PROVAS. NECESSIDADE DE DEMONSTRAÇÃO. NÃO REALIZAÇÃO. VIOLAÇÃO. PROPORCIONALIDADE. ART. 128 DA LEI 8.112/90. VIOLAÇÃO. PRESENÇA DO DIREITO LÍQUIDO E CERTO. 1. Mandado de segurança impetrado contra portaria na qual foi aplicada a penalidade de demissão ao servidor público o qual teria se valido do cargo em benefício de outrem (art. 117, IX, da Lei n. 8.112/90) e cometido ato de improbidade administrativa (art. 132, IV, da Lei n. 8.112/90); o impetrante e um conjunto de outros servidores foi penalizado em razão ter havido prorrogações sem base legal para contrato de prestação de serviços de atividades gráficas, no qual se frisou não ter havido superfaturamento e nem qualquer prejuízo ao erário. 2. Não há falar em prescrição. A primeira tese sobre o tema é de que a data de publicação coincidiria com o último dia do prazo para publicação do ato punitivo de demissão; contudo, o último dia do prazo administrativo é incluído na contagem, como se infere da leitura do art. 66 da Lei n. 9.784/99. 3. Não ocorreu a prescrição da pretensão punitiva no que pertine a aplicação da pena de demissão, uma vez que os fatos foram apurados em diversas comissões pretéritas desde 2007, cujos processos foram anulados; a anulação dos processo anteriores faz com que estes desapareçam do mundo jurídico e o marco inicial retorna ao ano de 2007, tendo sido a penalidade aplicada, no prazo, em 2012. Precedente: MS 12.677/DF, Rel. Ministro Humberto Martins, Primeira Seção, DJe 20.4.2012. 4. A atuação do parecerista jurídico que recomendou o agravamento da penalidade – no referido parecer e em outros processos anteriores – não denota qualquer juízo prévio quanto à culpabilidade do impetrante; sua atuação se apresenta como regular e relacionada ao limite próprio da consultoria jurídica junto aos órgãos da Administração Pública superior, não havendo falar em violação do art. 18 da Lei n. 9.784/99. 5. Da leitura atenta das provas dos autos se infere que a comissão processante, com base em amplo acervo probatório dos autos, produziu recomendação de aplicação da pena de suspensão (fls. 2335-2372), tendo havido divergência do parecer jurídico, o qual refez o enquadramento punitivo para aplicação da penalidade de demissão sem, todavia, demonstrar a violação às provas. 6. É certo que a autoridade pode modificar a pena a ser aplicada ao servidor público federal com base na recomendação de parecer jurídico, o qual demonstre que o julgamento realizado pela comissão processante tenha contrariado o acervo probatório coletado, pela interpretação do art. 168 da Lei n. 8.112/90. 7. No caso, a modificação do enquadramento da pena foi realizado sem que estivesse demonstrada a conduta ímproba ou de valimento do cargo em cotejo ao acervo de provas dos autos, bem como às conclusões da comissão processante (violando o art. 168 da Lei n. 8.112/90), além de ter ignorado os agravantes e os atenuantes e, portanto, violando a proporcionalidade (art. 128 da Lei n. 8.112/90). Precedente: MS 12.955/DF, Rel. Ministro Rogerio Schietti Cruz, Terceira Seção, DJe 19.5.2015. Segurança concedida. Agravo regimental prejudicado." (MS 19.126/DF, Rel. Ministro HUMBERTO MARTINS, PRIMEIRA SEÇÃO, julgado em 09/09/2015, DJe 16/09/2015)

◉ **O Auxiliar Local, admitido antes de 11 de dezembro de 1990, que presta serviços de forma ininterrupta ao Consulado Brasileiro no exterior faz jus ao enquadramento no Regime Jurídico dos Servidores Públicos Civis da União, consoante o disposto no art. 243 da Lei n. 8.112/90.**

"ADMINISTRATIVO. MANDADO DE SEGURANÇA. ATO OMISSIVO DO SR. MINISTRO DAS RELAÇÕES EXTERIORES. AUXILIAR LOCAL. PRESTAÇÃO DE SERVIÇO A ÓRGÃO PÚBLICO NO EXTERIOR. PRETENSÃO DE ENQUADRAMENTO COMO SERVIDOR PÚBLICO. CONTRATAÇÃO ANTERIOR À LEI QUE INSTITUIU O REGIME JURÍDICO ÚNICO. ARTIGO 243 DA LEI N. 8.112/90. DIREITO LÍQUIDO E CERTO CONFIGURADO. 1. Analisa-se no presente feito a possibilidade de a impetrante, contratado antes da vigência da Lei n. 8.112/90 (11 de dezembro de 1990), ter direito ao enquadramento no Regime Jurídico Único. 2. O Auxiliar Local, admitido antes de 11 de dezembro de 1990, que presta serviços de forma ininterrupta ao Consulado Brasileiro no exterior faz jus ao enquadramento no Regime Jurídico dos Servidores Públicos Civis da União, consoante o disposto no art. 243 da Lei n. 8.112/90. Precedentes: MS 15.491/DF, Rel. Ministro Benedito Gonçalves, Primeira Seção, DJe 07/06/2011; MS 14.382/DF, Rel. Min. Napoleão Nunes Maia Filho, Terceira Seção, DJe 06/04/2010; MS 12.279/DF, Rel. Min. Felix Fischer, Terceira Seção, DJe 25.02.2009; MS 12.766/DF, Rel. Min. Arnaldo Esteves, Terceira Seção, DJe 27.06.2008; MS 12.401/DF, Rel. Min. Laurita Vaz, Terceira Seção, DJe 25.10.2007, dentre outros. 3. No caso em análise, a impetrante foi admitida no Vice-Consulado do Brasil em Puerto Iguazú em 1º/7/1986, e vem prestando serviços de maneira ininterrupta. 5. Segurança concedida, a fim de determinar o enquadramento da impetrante como servidora estatutária, nos termos do art. 243 da Lei n. 8.112/90." (MS 20.795/DF, Rel. Ministro OG FERNANDES, PRIMEIRA SEÇÃO, julgado em 26/08/2015, DJe 14/09/2015)

◉ **Havendo notório envolvimento da autoridade hierárquica na fase investigativa – fato incontroverso no contexto destes autos -, que compromete a independência e a isenção dos trabalhos e afronta o disposto na legislação pertinente ao devido processo legal, à imparcialidade e ao juízo natural, imperioso o reconhecimento da nulidade do processo administrativo disciplinar.**

"MANDADO DE SEGURANÇA. DEMISSÃO DE AUDITOR-FISCAL DA RECEITA FEDERAL. PROCESSO ADMINISTRATIVO DISCIPLINAR. NULIDADE. MEMBRO DA COMISSÃO PROCESSANTE POSTERIORMENTE NOMEADO PARA O CARGO EM COMISSÃO DE CHEFE DO ESCRITÓRIO DA CORREGEDORIA-GERAL DA SECRETARIA DA RECEITA FEDERAL NA 2ª REGIÃO FISCAL. ASSUNÇÃO DA POSIÇÃO DE AUTORIDADE ADMINISTRATIVA HIERARQUICAMENTE SUPERIOR. COMPROMETIMENTO

DA INDEPENDÊNCIA E DA ISENÇÃO DOS TRABALHOS. OFENSA AOS PRINCÍPIOS DA IMPARCIALIDADE E DO DEVIDO PROCESSO LEGAL. ART. 150 DA LEI N. 8.112/1990. ABSOLVIÇÃO NOS JUÍZOS PENAL E CÍVEL. REPERCUSSÃO NA ESFERA ADMINISTRATIVA. POSSIBILIDADE. PENALIDADE DESCONSTITUÍDA. 1. Havendo notório envolvimento da autoridade hierárquica na fase investigativa – fato incontroverso no contexto destes autos -, que compromete a independência e a isenção dos trabalhos e afronta o disposto na legislação pertinente ao devido processo legal, à imparcialidade e ao juízo natural, imperioso o reconhecimento da nulidade do processo administrativo disciplinar, a teor do art. 150 da Lei n. 8.112/1990. 2. Nenhum servidor público acusado da prática de transgressão funcional poderá ser investigado, processado e julgado, nem terá contra si instaurado procedimento punitivo ou investigativo, senão por iniciativa da autoridade administrativa competente, sob pena de nulidade total do processo disciplinar, em caráter absoluto, ainda que franqueadas as garantias constitucionais do contraditório e da ampla defesa ao servidor processado. 3. O Judiciário pode reexaminar o ato administrativo disciplinar sob o aspecto amplo da legalidade e, para isso, é imperioso que examine o mérito do processo administrativo, que encerra o fundamento legal do ato, podendo verificar se a sanção imposta é legítima, adentrando no exame dos motivos da punição. 4. Resultando das provas dos autos – que são as mesmas produzidas no processo administrativo disciplinar, no processo criminal e na ação civil de improbidade – que o ato de demissão do servidor público carece de motivação compatível com o que se apurou, ante a ausência de elementos probatórios dos fatos a ele imputados, revela-se inválida a penalidade de demissão imposta, mesmo porque a Comissão de Processo Disciplinar partiu de um pressuposto equivocado, que seria valer-se do cargo para lograr proveito pessoal ou de outrem em detrimento da dignidade da função pública, e de improbidade administrativa, o que definitivamente não existiu. 5. Ordem concedida." (MS 11.766/DF, Rel. Ministro SEBASTIÃO REIS JÚNIOR, TERCEIRA SEÇÃO, julgado em 26/08/2015, DJe 11/09/2015)

◙ **A Gratificação de Incentivo à Fiscalização e Arrecadação detém qualidade abstrata e é deferida indistintamente a todos os servidores, inclusive aos inativos, razão pela qual não subsiste a alegação da autoridade coatora quanto à impossibilidade de seu adimplemento por necessidade de exercício da função.**

"ADMINISTRATIVO. MANDADO DE SEGURANÇA. ILEGITIMIDADE PASSIVA. NÃO VERIFICADA. SERVIDOR PÚBLICO. SUPRESSÃO DE VANTAGEM. AFASTAMENTO DA FUNÇÃO POR MOTIVO DE PROCESSO ADMINISTRATIVO DISCIPLINAR. CARÁTER GENÉRICO DA VANTAGEM E PERMISSÃO LEGAL DE PERCEPÇÃO NA HIPÓTESE. 1. Para efeito de definição da legitimidade passiva ad causam no mandado de segurança, autoridade coatora é aquele que pratica o ato vergastado e que detém, por isso mesmo, capacidade para seu desfazimento (AgRg no RMS 39.566/SC, Rel. Ministro Mauro Campbell Marques, Segunda Turma, DJe 4.12.2013). 2. Considerando o entendimento jurisprudencial no sentido de que a Gratificação de Incentivo à Fiscalização e Arrecadação detém qualidade abstrata e é deferida indistintamente a todos os servidores, inclusive aos inativos, não subsiste a alegação da autoridade coatora quanto à impossibilidade de seu adimplemento por necessidade de exercício da função. 3. Em sendo a legislação que trata da matéria (Lei n. 10.910/2004 e Decreto n. 5.916/2006) condescendente com a percepção da vantagem mesmo no caso do afastamento previsto no art. 147 da Lei n. 8.112/90, torna-se ilegal sua supressão. 4. Segurança concedida." (MS 12.553/DF, Rel. Ministro NEFI CORDEIRO, TERCEIRA SEÇÃO, julgado em 12/08/2015, DJe 20/08/2015)

◙ **Realizado o concurso de remoção, em virtude de processo seletivo promovido (art. 36, III, "c", da Lei n. 8.112/90), afasta-se a Administração de qualquer juízo de discricionariedade, devendo-se efetivar as remoções homologadas antes de qualquer ato de nomeação de novos aprovados em concurso público de provas e títulos, sobretudo quando tal nomeação se dá para a mesma região da remoção.**

"MANDADO DE SEGURANÇA. ADMINISTRATIVO. SERVIDOR PÚBLICO. CONCURSO DE REMOÇÃO. INTERESSE PÚBLICO. 1. Realizado o concurso de remoção, em virtude de processo seletivo promovido (art. 36, III, "c", da Lei n. 8.112/90), afasta-se a Administração de qualquer juízo de discricionariedade, devendo-se efetivar as remoções homologadas antes de qualquer ato de nomeação de novos aprovados em concurso público de provas e títulos, sobretudo quando tal nomeação se dá para a mesma região da remoção. 2. A Administração, ao oferecer vaga a ser ocupada por critério de remoção, acaba revelando que tal preenchimento é de interesse público, pois tem por objetivo adequar o quantitativo de servidores às necessidades dos órgãos e unidades administrativas. Precedentes do STJ. 3. Vislumbra-se, portanto, direito líquido e certo a amparar a pretensão mandamental. 4. Segurança concedida." (MS 21.631/DF, Rel. Ministro OG FERNANDES, PRIMEIRA SEÇÃO, julgado em 24/06/2015, DJe 01/07/2015)

◙ **O ato administrativo que impõe sanção a servidor público encontra-se vinculado aos princípios da proporcionalidade, dignidade da pessoa humana e culpabilidade. Dessa forma, o controle jurisdicional é amplo e não se limita somente aos aspectos formais do procedimento, inclusive por força no disposto na Lei n. 9.784/99.**

"MANDADO DE SEGURANÇA. SERVIDOR PÚBLICO. PROCESSO DISCIPLINAR INSTAURADO NO MINISTÉRIO DA AGRICULTURA. CONTRADITÓRIO E AMPLA DEFESA ASSEGURADOS. REMESSA DA INVESTIGAÇÃO AO MINISTÉRIO DA FAZENDA PARA JULGAMENTO DA SERVIDORA VINCULADA A ESTA PASTA. CONVALIDAÇÃO DO PROCEDIMENTO ANTERIOR. POSSIBILIDADE. CERCEAMENTO DE DEFESA. INOCORRÊNCIA. PRESCRIÇÃO. NÃO CARACTERIZAÇÃO. CASSAÇÃO DE APOSENTADORIA. DESPROPORCIONALIDADE DA PENA. RECONHECIMENTO. ORDEM CONCEDIDA. 1. Observados o contraditório e a ampla defesa, não prospera a alegação de cerceamento ao direito defensivo, até porque a nulidade do processo disciplinar condiciona-se à demonstração de efetivo prejuízo ao servidor. 2. Apurada a infração no âmbito do Ministério da Agricultura, observando-se o devido processo legal, e remetido os autos ao Ministério da Fazenda para o julgamento da servidora vinculada a este Órgão, não há cerceamento de defesa em se encampar o procedimento investigatório produzido pela outra Pasta. 3. Decorrido 1 (um) ano entre o conhecimento da infração disciplinar pela autoridade competente para instauração do processo administrativo e o seu julgamento, cuja reprimenda aplicada foi a cassação de aposentadoria, incogitável o reconhecimento da prescrição. 4. O ato administrativo que impõe sanção a servidor público encontra-se vinculado aos princípios da proporcionalidade, dignidade da pessoa humana e culpabilidade. Dessa forma, o controle jurisdicional é amplo e não se limita somente aos aspectos formais do procedimento, inclusive por força no disposto na Lei n. 9.784/99. Ao lado disto, a infração funcional que possa levar à aplicação da penalidade máxima deve estar respaldada em prova convincente, sob pena de comprometimento da razoabilidade. 5. Imposta a cassação de aposentadoria, pela prática de atos de improbidade administrativa previstos nos artigos 10 e 11 da Lei n. 8.429/92, sem, contudo, haver prova de ter a servidora agido, ao menos, com culpa grave, resta configurada a desproporcionalidade da pena. 6. Mandado de segurança a que se concede a ordem." (MS 13.944/DF, Rel. Ministro LEOPOLDO DE ARRUDA RAPOSO (DESEMBARGADOR CONVOCADO DO TJ/PE), TERCEIRA SEÇÃO, julgado em 10/06/2015, DJe 03/12/2015)

◙ **O menor sob guarda judicial de servidor público do qual dependa economicamente no momento do falecimento do responsável tem direito à pensão temporária de que trata o art. 217, II, b, da Lei 8.112/90.**

"CONSTITUCIONAL E PREVIDENCIÁRIO. MANDADO DE SEGURANÇA. PENSÃO POR MORTE. MENOR SOB GUARDA JUDICIAL DA FALECIDA. SERVIDORA PÚBLICA. PRINCÍPIO CONSTITUCIONAL DA PROTEÇÃO INTEGRAL A CRIANÇAS E ADOLESCENTES (CF, ART. 227). PREVALÊNCIA DO ESTATUTO DA CRIANÇA E DO ADOLESCENTE. CONCESSÃO DA ORDEM. 1. O menor sob guarda judicial de servidor público do qual dependa economicamente no momento do falecimento do responsável tem direito à pensão temporária de que trata o art. 217, II, b, da Lei 8.112/90. 2. O art. 5º da Lei 9.717/98 deve ser interpretado em conformidade com o princípio constitucional da proteção integral à criança e ao adolescente (CF, art. 227), como consectário do princípio fundamental da dignidade humana e base do Estado Democrático de Direito, bem assim com o Estatuto da Criança e do Adolescente (Lei 8.069/90, art. 33, § 3º). 3. Segurança concedida." (MS 20.589/DF, Rel. Ministro RAUL ARAÚJO, CORTE ESPECIAL, julgado em 03/06/2015, DJe 02/02/2016)

◉ **O Poder Judiciário pode e deve sindicar amplamente, em Mandado de Segurança, o ato administrativo que aplica a sanção de demissão a Servidor Público, para (i) verificar a efetiva ocorrência dos ilícitos imputados ao Servidor; (ii) apurar as suas consequências lesivas à Administração, caso se comprove a sua prática; e (iii) mensurar a adequação da reprimenda à gravidade da infração disciplinar, de modo que a sanção não fique aquém do recomendável pela gravidade do ato e nem vá além do necessário ou razoável para reprimir o comportamento do agente.**

"ADMINISTRATIVO. MANDADO DE SEGURANÇA. AGENTE ADMINISTRATIVO DO MINISTÉRIO DA JUSTIÇA. PAD. SERVIDOR PÚBLICO ACUSADO DE ADVOCACIA ADMINISTRATIVA, POR ALEGADO FAVORECIMENTO NO PROCESSO DE NATURALIZAÇÃO DE UM ESTRANGEIRO. PENA DE DEMISSÃO APLICADA PELA AUTORIDADE COATORA, APESAR DE AS INSTÂNCIAS SANCIONADORAS HAVEREM SE PRONUNCIADO PELA SUA ABSOLVIÇÃO. SERVIDOR QUE DETINHA CONCEITO FUNCIONAL IRREPREENSÍVEL. CONFIGURADA AFRONTA AOS PRINCÍPIOS DA PROPORCIONALIDADE E RAZOABILIDADE. RELATÓRIO POLICIAL QUE NÃO INDICIA O IMPETRANTE. SEGURANÇA CONCEDIDA, PARA ANULAR A PENA DE DEMISSÃO, DETERMINANDO A IMEDIATA REINTEGRAÇÃO DO SERVIDOR, COM O RESSARCIMENTO DE TODOS OS SEUS DIREITOS, SEM QUALQUER IMPEDIMENTO DA APLICAÇÃO DE OUTRA SANÇÃO, CASO NÃO TENHA TRANSCORRIDO O PRAZO PRESCRICIONAL E DESDE QUE SEJA OUTRA PENA DIVERSA DE DEMISSÃO. 1. O Superior Tribunal de Justiça firmou seu posicionamento no sentido de ser cabível a impetração de Mandado de Segurança contra ato administrativo que impôs sanção disciplinar de demissão ao Servidor, porquanto os atos administrativos comportam controle jurisdicional amplo, conferindo garantia a todos os Servidores contra eventual arbítrio, não se limitando, portanto, somente aos aspectos legais e formais, como algumas correntes doutrinárias ainda defendem. 2. Deve o Poder Judiciário examinar a razoabilidade e a proporcionalidade do ato, bem como a observância dos princípios da dignidade da pessoa humana, culpabilidade e da individualização da sanção; por força destes princípios, aplicáveis ao regime jurídico disciplinar, não há juízo de discricionariedade no ato administrativo que impõe sanção a Servidor Público em razão de infração disciplinar. 3. O Poder Judiciário pode e deve sindicar amplamente, em Mandado de Segurança, o ato administrativo que aplica a sanção de demissão a Servidor Público, para (i) verificar a efetiva ocorrência dos ilícitos imputados ao Servidor; (ii) apurar as suas consequencias lesivas à Administração, caso se comprove a sua prática; e (iii) mensurar a adequação da reprimenda à gravidade da infração disciplinar, de modo que a sanção não fique aquém do recomendável pela gravidade do ato e nem vá além do necessário ou razoável para reprimir o comportamento do agente. 4. O impetrante sofreu a pena de demissão imposta pela Portaria 1.085, expedida pelo Ministro da Justiça em 20.06.2014, por pretenso patrocínio dos interesses do libanês IMAD MOHAMMED ALAWIE, tendo em vista alegado auxílio ao estrangeiro, quando da realização da prova de leitura e escrita do idioma português, aplicada para o processo de sua naturalização; tal conduta ensejaria nas infrações previstas no art. 132, inciso IV da Lei 8.112/90 (improbidade administrativa), bem como no incisos XVI e XLVIII do art. 43 da Lei 4.878/65. 5. Malgrado as condutas descritas possam merecer reprimendas, pois ferem, em tese, princípios da Administração Pública, comprometendo a prestação do serviço público e a imagem das instituições públicas perante a sociedade, verifica-se, todavia, não serem graves o bastante para ensejar a pena de demissão, sob pena de ofensa aos princípios desproporcionalidade e da razoabilidade. 6. Neste caso, encerrado o inquérito, a Autoridade Policial indiciou, tão somente, o outro agente, cuja Ação Penal ainda tramita na 4a. Vara Federal da Seção Judiciária do Amazonas (fls. 245); na esfera penal, não se logrou êxito na comprovação quanto à participação do impetrante nos atos que caracterizaram as transgressões disciplinares imputadas ao seu colega, FERNANDO BENTES COIMBRA (fls. 255), sendo este o motivo pelo qual a Corregedoria-Geral da Polícia Federal também opinou pela absolvição do requerente (fls. 241/255). 7. Do mesmo modo, a Comissão de Inquérito concluiu no PAD, no Relatório Final (fls. 100), pela absolvição do impetrante por falta de prova de autoria quanto aos fatos apurados, o que foi mantido pela Superintendência Regional de Polícia Federal no Amazonas (fls. 220) e pela Corregedoria-Geral do Departamento de Polícia Federal (fls.241). 8. É inadequada a penalidade aplicada, mormente pela discrepância entre a sugestão da Comissão e das demais instâncias administrativas pela absolvição, seguindo, ademais, pelo desfecho criminal dos fatos apurados; além do que, não há, nos antecedentes funcionais do impetrante, qualquer registro de penalidades (fls. 226). 9. A autoridade coatora, ancorada em parecer da Consultoria Jurídica do Ministério da Justiça (fls. 256), sem suscitar fato novo, exacerbou, ao aplicar a penalidade demissória. 10. Neste contexto, revela-se efetivamente desproporcional e desarrazoada a pena de demissão impingida ao impetrante pela Autoridade Impetrada. 11. Segurança concedida, para para anular a Portaria 1.085 de 20/06/2014, determinando a imediata reintegração do Servidor, com o devido ressarcimento de todos os seus direitos, sem qualquer impedimento da aplicação de outra sanção, caso não tenha transcorrido o prazo prescricional e desde que seja outra pena diversa de demissão." (MS 21.138/DF, Rel. Ministro NAPOLEÃO NUNES MAIA FILHO, PRIMEIRA SEÇÃO, julgado em 27/05/2015, DJe 13/10/2015)

◙ **Transcorridos mais de cinco anos entre o reconhecimento do vínculo estatutário pela Administração Pública e a respectiva retificação para o regime celetista, deve-se reconhecer a decadência administrativa, nos termos do art. 54 da Lei 9.784/99.**

"ADMINISTRATIVO. MANDADO DE SEGURANÇA. SERVIDOR PÚBLICO ADMITIDO ANTES DA CF/88. EXTINTA SENACOOP. AFASTAMENTO. ANISTIA DA LEI 8.878/94. REENQUADRAMENTO COMO ESTATUTÁRIO. PORTARIA N. 614/2002. ANULAÇÃO. DE-CADÊNCIA ADMINISTRATIVA. PARECER VINCULANTE AGU JT-01. CARÁTER GERAL E INDETERMINADO. INTERRUPÇÃO DO MARCO DECADENCIAL. IMPOSSIBILIDADE. SEGURANÇA CONCEDIDA, EM PARTE. 1. Discute-se no mandado de segurança o ato do Ministro de Estado da Agricultura, Pecuária e Abastecimento que indeferiu o pedido de progressão funcional formulado pelo servidor da extinta SENACOOP e determinou o seu reenquadramento no regime celetista. 2. Transcorridos mais de cinco anos entre o reconhecimento do vínculo estatutário pela Administração Pública e a respectiva retificação para o regime celetista, deve-se reconhecer a decadência administrativa, nos termos do art. 54 da Lei 9.784/99. 3. De acordo com a jurisprudência do STJ, a edição de atos de cunho genérico e impessoal não é suficiente para interromper o prazo decadencial. Por isso, o Parecer Vinculante da AGU JT-01, de 31/12/07, não pode ser considerado como marco interruptivo da decadência, uma vez que traduziu orientação geral a respeito dos servidores anistiados pela Lei 8.878/94, nada dispondo sobre a situação concreta do impetrante. 4. No caso, a Administração reconheceu o vínculo estatutário do servidor por meio da Portaria n. 614, de 21/12/02. No entanto, apenas em 2013 é que esse ato foi efetivamente questionado, com a edição do Parecer n. 24 CGAG/CONJUR/MAPA/AGU-RG, o qual foi adotado pela autoridade coatora em 8/10/14, ao proferir a decisão combatida no mandamus. 5. Esta Corte Superior consolidou o entendimento de que a anistia prevista na Lei 8.878/94 apenas propiciou o direito à reintegração no serviço, não sendo devida qualquer remuneração, progressão ou promoção referente ao período de afastamento, consoante disposto no art. 6º do referido normativo. 6. Na espécie, o impetrante deve ser mantido no regime estatutário, com os direitos inerentes ao cargo no qual foi enquadrado a partir de seu efetivo retorno à atividade. 7. Segurança concedida, em parte. Prejudicado o agravo regimental interposto contra o deferimento da medida liminar." (MS 21.595/DF, Rel. Ministro OG FERNANDES, PRIMEIRA SEÇÃO, julgado em 13/05/2015, DJe 01/06/2015)

◙ **Inexistindo prova inequívoca de que a impetrante se valeu do cargo para lograr proveito pessoal ou de outrem, em detri-**

mento da dignidade da função pública, a ela não pode ser aplicada a pena de demissão, que se mostra desproporcional para um ato de desídia (art. 117, XV, da Lei n. 8.112/90). 7. Retroação dos efeitos funcionais à data do ato de demissão do serviço público, com efeitos financeiros a partir da impetração (Súmulas n. 269 e 271 do STF).

"ADMINISTRATIVO. MANDADO DE SEGURANÇA. SERVIDOR PÚBLICO. PROCESSO ADMINISTRATIVO DISCIPLINAR. PENA DE DEMISSÃO. INEXISTÊNCIA DE PROVA DA PRÁTICA DA INFRAÇÃO DISCIPLINAR. PRINCÍPIO DA PROPORCIONALIDADE INOBSERVADO. SEGURANÇA CONCEDIDA. 1. Nos termos do parágrafo único do art. 168 da Lei n. 8.112/90, "quando o relatório da comissão contrariar as provas dos autos, a autoridade julgadora poderá, motivadamente, agravar a penalidade proposta, abrandá-la ou isentar o servidor de responsabilidade". 2. Hipótese na qual a comissão processante sugeriu que à impetrante, por transgressão aos deveres funcionais previstos no art. 116, incisos I (exercer com zelo e dedicação as atribuições do cargo), II (ser leal às instituições a que servir) e III (observar as normas legais e regulamentares), da Lei n. 8.112/90, fosse aplicada a pena de suspensão por sessenta dias. 3. Conclusão diversa da autoridade impetrada assentada, apenas e tão somente, na ausência de recolhimento da contribuição previdenciária em período no qual, por algum motivo (não se sabe qual), a impetrante considerou existente para fins de concessão de benefício previdenciário. 4. Ausência de prova de que a impetrante agiu com o deliberado intuito de obter proveito em benefício próprio ou de terceiro, com infringência ao art. 117, IX, da Lei n. 8.112/90. 5. Existência de prova do restabelecimento administrativo dos benefícios previdenciários, além da efetiva constatação, pela comissão processante, de que havia sobrecarga de serviço, falta de servidores, precárias condições de trabalho, falta de treinamento e preparação dos servidores para o desempenho de suas atribuições e constantes problemas nos sistemas informatizados, que realmente colaboraram sobremaneira para as irregularidades nas concessões de aposentadorias. 6. Inexistindo prova inequívoca de que a impetrante se valeu do cargo para lograr proveito pessoal ou de outrem, em detrimento da dignidade da função pública, a ela não pode ser aplicada a pena de demissão, que se mostra desproporcional para um ato de desídia (art. 117, XV, da Lei n. 8.112/90). 7. Retroação dos efeitos funcionais à data do ato de demissão do serviço público, com efeitos financeiros a partir da impetração (Súmulas n. 269 e 271 do STF). 8. Segurança concedida." (MS 12.955/DF, Rel. Ministro ROGERIO SCHIETTI CRUZ, TERCEIRA SEÇÃO, julgado em 13/05/2015, DJe 19/05/2015)

◙ O período de trânsito pode ser computado como de efetivo exercício em local de difícil provimento.

"ADMINISTRATIVO. MANDADO DE SEGURANÇA. SERVIDOR PÚBLICO. PROCURADOR FEDERAL. CONCURSO DE PROMOÇÃO. EXERCÍCIO DO CARGO EM LOCAL DE DIFÍCIL PROVIMENTO. POSSIBILIDADE DE SE COMPUTAR O PERÍODO DE TRÂNSITO. SEGURANÇA PARCIALMENTE CONCEDIDA. 1. Dirigida a impetração contra ato do Advogado-Geral da União, que, em recurso administrativo, manteve o indeferimento do pleito do impetrante, rejeita-se a preliminar de ilegitimidade passiva. 2. É desnecessária a citação dos demais participantes do certame, considerando que o eventual reconhecimento do pedido não afetará suas esferas jurídicas. 3. O termo inicial do exercício em unidade considerada de difícil provimento deve coincidir com a vigência da norma que a classifica como tal. 4. De acordo com a jurisprudência da Terceira Seção, o período de trânsito pode ser computado como de efetivo exercício em local de difícil provimento. Ressalva do ponto de vista do Relator. 5. São consideradas atividades relevantes, para fins de promoção por merecimento na carreira de Procurador Federal, apenas aquelas especificadas no art. 11 da Portaria PGF n. 1.432, de 30 de dezembro de 2008, no qual não consta o desempenho de função na Presidência da República. 6. Ademais, o Decreto n. 5.135/2004 não estabelece critérios objetivos para a atribuição de pontos em decorrência do desempenho de função na Presidência da República, de modo que o acolhimento da pretensão mandamental, nesse ponto, implicaria adentrar o mérito administrativo, sobre o qual o Poder Judiciário não exerce ingerência. 7. Segurança parcialmente concedida." (MS 14.850/DF, Rel. Ministro ROGERIO SCHIETTI CRUZ, TERCEIRA SEÇÃO, julgado em 08/04/2015, DJe 22/04/2015)

◉ **Inobservância do devido processo legal em decorrência de colheita de depoimentos testemunhais realizados sem a intimação do indiciado. Ausência de interrogatório. Nulidades insanáveis.**

"MANDADO DE SEGURANÇA. SERVIDOR PÚBLICO. PROCESSO ADMINISTRATIVO DISCIPLINAR. PARCIALMENTE ANULADO. INQUÉRITO ADMINISTRATIVO. INOBSERVÂNCIA DO DEVIDO PROCESSO LEGAL. DEPOIMENTOS TESTEMUNHAIS REALIZADOS SEM A INTIMAÇÃO DO INDICIADO. AUSÊNCIA DE INTERROGATÓRIO. NULIDADES INSANÁVEIS. IMPOSSIBILIDADE DE APROVEITAMENTO DOS ATOS. SEGURANÇA CONCEDIDA. – O Processo Administrativo Disciplinar n 23079/002005/98-82 foi parcialmente anulado, tendo sido aproveitados os atos praticados até o relatório conclusivo circunstanciado, quais sejam instalação dos trabalhos, inquirição de testemunhas e juntada de provas, restando os demais atos invalidados. – Nos termos da Lei n. 8.112/90, o próprio inquérito administrativo, que integra o processo disciplinar, prevê a observância aos princípios do contraditório e da ampla defesa. – In casu, a comissão processante instaurou o inquérito e promoveu a tomada de depoimentos e diligências sem a devida intimação do servidor, o que ofende o previsto no art. 156 da Lei n. 8.112/90. O impetrante nem mesmo foi interrogado, consoante dispõe o art. 159 da Lei n. 8.112/90, sem contar que o mandado de citação para defesa foi assinado pela secretária da comissão, em desacordo com o previsto no art. 161, § 1º, da mesma lei. – Nesse contexto, não poderia a autoridade impetrada, ainda que visando à celeridade do processo administrativo, reaproveitar aqueles atos, uma vez que eivado de vícios acarretadores de ofensa à ampla defesa e ao contraditório. Segurança concedida a fim de reconhecer a nulidade do processo administrativo disciplinar n. 23079/002005/98-82 e, consequentemente, do ato demissório (Portaria n. 324, de 22.2.2001) para a devida reintegração do servidor nos quadros da Universidade Federal do Rio de Janeiro." (MS 7.466/DF, Rel. Ministro ERICSON MARANHO (DESEMBARGADOR CONVOCADO DO TJ/SP), TERCEIRA SEÇÃO, julgado em 25/03/2015, DJe 07/04/2015)

◉ **É cabível a impetração de Mandado de Segurança no caso de descumprimento de Portaria expedida por Ministro de Estado, tendo em vista não consubstanciar típica ação de cobrança, mas traduzir a pretensão de ver cumprido, em toda a sua extensão, o ato administrativo regularmente editado por autoridade competente.**

"MANDADO DE SEGURANÇA. ADMINISTRATIVO. SERVIDOR PÚBLICO. RECONHECIMENTO ADMINISTRATIVO DO DÉBITO. ABONO DE PERMANÊNCIA. ATO OMISSIVO REFERENTE AOS EFEITOS FINANCEIROS RETROATIVOS. CABIMENTO DO WRIT. LEGITIMIDADE PASSIVA DO MINISTRO DE ESTADO DO PLANEJAMENTO, ORÇAMENTO E GESTÃO. DECADÊNCIA E PRESCRIÇÃO NÃO CONFIGURADAS. RECONHECIDO O DIREITO DO IMPETRANTE AO RECEBIMENTO DOS VALORES DEVIDOS. ORDEM CONCEDIDA. 1. Conforme entendimento sedimentado pelo Pretório Excelso, é cabível a impetração de Mandado de Segurança no caso de descumprimento de Portaria expedida por Ministro de Estado, tendo em vista não consubstanciar típica ação de cobrança, mas traduzir a pretensão de ver cumprido, em toda a sua extensão, o ato administrativo regularmente editado por autoridade competente. 2. Ordem concedida para determinar o imediato pagamento dos valores devidos." (MS 17.475/DF, Rel. Ministro NAPOLEÃO NUNES MAIA FILHO, PRIMEIRA SEÇÃO, julgado em 25/03/2015, DJe 06/04/2015)

◉ **Aplicação da pena de demissão destoante do disposto no artigo 168 e seu parágrafo único da lei n. 8.112/90. Configuração da desproporcionalidade da pena aplicada.**

"ADMINISTRATIVO. MANDADO DE SEGURANÇA. SERVIDOR PÚBLICO FEDERAL DO MINISTÉRIO DA FAZENDA. RECEBIMENTO INDEVIDO DE DIÁRIAS. VALORES QUE NÃO SÃO VULTOSOS. CONCLUSÃO DA COMISSÃO PROCESSANTE PELA APLICAÇÃO DA PENA DE SUSPENSÃO. MODIFICAÇÃO PELA AUTORIDADE COATORA, QUE APLICOU A PENA DE DEMISSÃO. DESCONSIDERAÇÃO DOS AS-

PECTOS INSCULPIDOS NO ARTIGO 128 DA LEI N. 8.112/90. APLICAÇÃO DA PENA DE DEMISSÃO DESTOANTE DO DISPOSTO NO ARTIGO 168 E SEU PARÁGRAFO ÚNICO DA LEI N. 8.112/90. CONFIGURAÇÃO DA DESPROPORCIONALIDADE DA PENA APLICADA. SEGURANÇA CONCEDIDA." (MS 19.993/DF, Rel. Ministra MARGA TESSLER (JUÍZA FEDERAL CONVOCADA DO TRF 4ª REGIÃO), PRIMEIRA SEÇÃO, julgado em 11/03/2015, DJe 17/03/2015)

◉ **Abuso de poder da Autoridade em demitir servidor cuja permanência no serviço público estava amparada por decisão judicial e que impedia sua demissão.**

"DIREITO ADMINISTRATIVO E PROCESSUAL CIVIL. PROCESSO ADMINISTRATIVO DISCIPLINAR. MANDADO DE SEGURANÇA. SERVIDOR PÚBLICO FEDERAL. DEMISSÃO. PRELIMINAR DE INADEQUAÇÃO DA VIA MANDAMENTAL. REJEIÇÃO. ABUSO DE PODER CONFIGURADO. ATO DEMISSÓRIO QUE AFRONTOU ANTERIOR DECISÃO JUDICIAL. QUESTÃO DE ORDEM PÚBLICA CONHECIDA DE OFÍCIO. CONCESSÃO DA SEGURANÇA. 1. – O impetrante ocupou o cargo de Auditor Fiscal da Receita Federal do Brasil, do qual foi demitido mesmo tendo em seu favor, no âmbito de ação ordinária, antecipação de tutela que suspendia a aplicação dessa grave penalidade "até que haja explícito comando jurisdicional em contrário", erigindo-se esse impedimento judicial em questão de ordem pública conhecível de ofício. 2. – A exordial, desde logo, fez-se acompanhar da íntegra do PAD, não se antevendo, pois, a necessidade de dilação probatória acerca dos contornos da pretensão, pelo que se revela perfeitamente viável, no leito mandamental, a aferição da cogitada violação de direito líquido e certo e, por conseguinte, da validade da demissão impugnada. 3. – Ainda que, em tese, pudesse a autoridade impetrada reabrir – como de fato reabriu – a instrução probatória do processo disciplinar questionado em juízo, é incontroverso que não poderia novamente demitir o servidor, com base nesse mesmo PAD, sem que houvesse, repita-se, "explícito comando jurisdicional em contrário", sendo certo, ademais, que a sentença proferida nos autos da aludida ação ordinária (favorável ao impetrante) ainda pende de revisão decorrente de reexame necessário e de apelação manejada pela União. 4. – Dessarte, ao ignorar decisão judicial orientada em sentido contrário, a autoridade coatora incorreu em indisfarçável abuso de poder, do que resulta a invalidade do ato demissório assim produzido, com a consequente reintegração do impetrante ao cargo, acompanhada de efeitos pecuniários a contar da impetração. 5. – Segurança concedida." (MS 20.437/DF, Rel. Ministro SÉRGIO KUKINA, PRIMEIRA SEÇÃO, julgado em 25/02/2015, DJe 03/11/2015)

◉ **A descrição minuciosa dos fatos se faz necessária apenas quando do indiciamento do servidor, após a fase instrutória, na qual são efetivamente apurados, e não na portaria de instauração.**

"Administrativo. Mandado de segurança. Servidor público federal. Policial rodoviário. Processo administrativo disciplinar. Demissão. Ausência de indicação minuciosa dos fatos investigados e capitulação na portaria inaugural. Desnecessidade. Uso de prova emprestada. Interceptação telefônica. Possibilidade. Não oitiva de duas das testemunhas arroladas pela defesa. Omissão que não ostenta a propriedade de elidir as outras provas constantes do processo administrativo disciplinar. Legalidade. Formação de conjunto probatório suficiente. Respeito aos princípios do contraditório e ampla defesa. Direito líquido e certo não demonstrado.

1. Mandado de segurança contra ato do Sr. Ministro de Estado da Justiça, que implicou na demissão do impetrante dos quadros de pessoal do Departamento de Polícia Rodoviária Federal, em decorrência de apuração da prática das condutas descritas nos artigos 116, I, III, IX, XII; e 131, IV e XI da Lei n. 8.112/90, no âmbito de processo administrativo disciplinar.

2. Esta Corte Superior de Justiça possui entendimento consolidado no sentido de que a descrição minuciosa dos fatos se faz necessária apenas quando do indiciamento do servidor, após a fase instrutória, na qual são efetivamente apurados, e não na portaria de instauração ou na citação inicial do processo administrativo. Precedentes: RMS 23.974/ES, Rel. Min. Maria Thereza de Assis Moura, Sexta Turma, DJe 01/06/2011; RMS 24.138/PR, Rel. Min. Laurita Vaz, Quinta Turma, DJe

03/11/2009; MS 13.518/DF, Rel. Min. Napoleão Nunes Maia Filho, Terceira Seção, DJe 19/12/2008; MS 12.369/DF, Rel. Min. Feliz Fischer, Terceira Seção, DJ 10/09/2007.

3. É firme o entendimento desta Corte que, respeitado o contraditório e a ampla defesa, é admitida a utilização no processo administrativo de "prova emprestada" devidamente autorizada na esfera criminal. Precedentes: MS 10128/DF, Rel. Ministro Og Fernandes, Terceira Seção, DJe 22/02/2010, MS 13.986/DF, Rel. Ministro Napoleão Nunes Maia Filho, Terceira Seção, DJe 12/02/2010, MS 13.501/DF, Rel. Ministro Felix Fischer, Terceira Seção, DJe 09/02/2009, MS 12.536/DF, Rel. Ministra Laurita Vaz, Terceira Seção, DJe 26/09/2008, MS 10.292/DF, Rel. Ministro Paulo Gallotti, Terceira Seção, DJ 11/10/2007.

4. A não oitiva de apenas de duas das testemunhas arroladas pela defesa não ostenta a propriedade de infirmar todos os outros depoimentos, assim como as interceptações telefônicas, provas essas que levaram à comissão processante (fls. 669-808) e a Advocacia-Geral da União a sugerirem a aplicação da pena de demissão. Posteriormente o parecer da AGU foi acolhido pela autoridade impetrada (fl. 848).

5. No caso dos autos, considerando que: i) a conduta do servidor foi devidamente especificada no despacho de indiciamento, ii) a interceptação telefônica foi concretizada nos exatos termos da Lei 9.296/96, iii) as decisões judiciais que autorizaram e prorrogaram as escutas foram devidamente motivadas, e iv) o impetrante foi regularmente notificado da instauração do processo administrativo e para o ato do interrogatório e apresentou defesa, regular e oportunamente, é de se concluir que o PAD em questão observou todos os princípios processuais e os requisitos legais, não existindo nulidade a ser declarada.

6. O writ não reúne condições de prosperar, dado que o impetrante não logrou demonstrar a ilegalidade do ato apontado como coator, sendo certo que esta Corte já se manifestou no sentido da independência entre as instâncias penal e administrativa e da possibilidade de utilização de provas colhidas em outros processos. Precedentes: MS 15823/DF, Relator Ministro Benedito Gonçalves, Primeira Seção, DJe 18/8/2011; MS 15.786/DF, Relator Ministro Castro Meira, Primeira Seção, DJe 11/5/2011; e MS 15.207/DF, Relator Ministro Benedito Gonçalves, Primeira Seção, DJe 14/9/2010. 7. Segurança denegada." (STJ-MS 15.787/DF, Rel. Ministro Benedito Gonçalves, 1ª Seção, julgado em 09/05/2012, DJe 06/08/2012.)

No mesmo sentido: "Na linha da jurisprudência desta Corte, a portaria inaugural do processo disciplinar está livre de descrever detalhes sobre os fatos da causa, tendo em vista que somente ao longo das investigações é que os atos ilícitos, a exata tipificação e os seus verdadeiros responsáveis serão revelados." (STJ, MS nº 16.815/DF. Relator: Ministro Cesar Asfor Rocha, julgamento em 11.04.2012, DJE, 18.04.2012)

No mesmo sentido: A portaria instauradora não deverá mencionar o nome do servidor acusado, a conduta supostamente ilícita nem o respectivo enquadramento legal. **(Manual prático de processo administrativo disciplinar e sindicância Corregedoria-Geral da Advocacia da União**, 1ª edição, 2015, p.15).

◙ **Limitações da portaria instauradora.**

"Deve-se abster de indicar expressamente quais são os fatos sob apuração, bem como o nome dos investigados, a fim de se evitar limitação inadequada ao escopo apuratório e garantir o respeito à imagem dos acusados." (Manual de Processo Administrativo Disciplinar da Controladoria Geral da União, 2015, p.67)

◙ **No ato de designação da comissão de inquérito, não devem ser consignadas as infrações a serem apuradas, os dispositivos infringidos e os nomes dos possíveis responsáveis.**

"(...) No ato de designação da comissão de inquérito, não devem ser consignadas as infrações a serem apuradas, os dispositivos infringidos e os nomes dos possíveis responsáveis." (Parecer AGU GQ-12, de 7 de fevereiro de 1994, vinculante para os órgãos da Administração Federal, nos termos do art.40 da LC nº 73, de 10 de fevereiro de 1993, publicado no DOU de 10/02/1994, vol.2, p.35)

◙ **A quem compete a instauração do procedimento?**

"A instauração do processo administrativo disciplinar cabe à autoridade competente e ocorre com a publicação do ato que constituir a comissão (art. 151, inc. I, da Lei nº 8.112, de 1990)." **(Manual prático de processo administrativo disciplinar e sindicância Corregedoria-Geral da Advocacia da União**, 1ª edição, 2015, p.15).

◉ **Em regra, a instauração do PAD é instruída com documentos preliminares referentes à denúncia, representação e/ou outros expedientes relacionados ao caso.**

"Costumeiramente, antes da instauração do processo administrativo disciplinar, os respectivos autos são instruídos com documentos preliminares referentes à denúncia, representação e/ou outros expedientes relacionados ao caso. Contudo, o marco a ser considerado como ato de instauração do processo administrativo disciplinar ocorre efetivamente com a publicação da portaria instauradora." (**Manual prático de processo administrativo disciplinar e sindicância Corregedoria-Geral da Advocacia da União**, 1ª edição, 2015, p.15).

◉ **A instauração do processo é um poder dever da Administração.**

"A instauração de sindicância administrativa ou de processo administrativo disciplinar para apuração de irregularidades no serviço público constitui-se em direito-dever da Administração e, em tese, não agride o direito líquido e certo de servidor. Por isso, o artigo em estudo obriga a toda e qual quer autoridade administrativa que tiver ciência de irregularidade no serviço público a promover a sua imediata apuração." (BRANDÃO, Júlio César Lima. **Comentários ao Estatuto do Servidor Público Federal atualizado. Lei 8.112/90: Direitos, deveres, proibições, vantagens, seguridade social e aposentadoria.** 2ª edição, Ed. Juruá, 2012, p. 327)

◉ **É dever do servidor público comunicar à autoridade superior as irregularidades de que tiver ciência em razão do cargo.**

"é dever do servidor público comunicar à autoridade superior as irregularidades de que tiver ciência em razão do cargo, bem como representar contra ilegalidade, omissão ou abuso de poder." (BRANDÃO, Júlio César Lima. **Comentários ao Estatuto do Servidor Público Federal atualizado. Lei 8.112/90: Direitos, deveres, proibições, vantagens, seguridade social e aposentadoria.** 2ª edição, Ed. Juruá, 2012, p. 328)

◉ **A omissão da autoridade configura desídia. ilícito administrativo previsto no art. 117, XV, desta Lei além de condescendência criminosa, tipificada no art. 320 do Código Penal.**

"ADMINISTRATIVO. MANDADO DE SEGURANÇA. SERVIDOR PÚBLICO. PENA DE ADVERTÊNCIA. PRESCRIÇÃO DA PRETENSÃO PUNITIVA. OCORRÊNCIA. CONTAGEM DO PRAZO. TERMO A QUO. ART. 142, § 1.º, DA LEI N.º 8.112/90. DATA DO CONHECIMENTO DO FATO PELA ADMINISTRAÇÃO. 1. O art. 142, § 1.º, da Lei n.º 8.112/90 prescreve que: "O prazo de prescrição começa a correr da data em que o fato se tornou conhecido", portanto, na data em que a Administração tomou ciência dos fatos. 2. Por outro lado, conforme o disposto no art. 143 da Lei n.º 8.112/90, a autoridade administrativa que tomar conhecimento de irregularidades no serviço público deverá proceder à sua apuração ou comunicá-la à autoridade que tiver competência para promover os atos apuratórios, sob pena de responder pelo delito de condescendência criminosa. 3. Depreende-se da leitura dos autos, bem como das próprias informações prestadas pela autoridade coatora, que a Corregedora-Geral do INSS – Substituta, por meio do ofício que lhe fora encaminhado pelo Delegado de Polícia Federal, teve conhecimento inequívoco das irregularidades imputadas à impetrante em 1º/9/2005. 4. Verifica-se, ainda, que a portaria inaugural do procedimento disciplinar somente foi publicada em 24/3/2006, isto é, após o decurso de 206 (duzentos e seis) dias a contar da ciência, pela Administração, das irregularidades imputadas à impetrante. 5. Desse modo, configurada a ciência inequívoca dos fatos pela autoridade administrativa competente em 1º/9/2005, e sendo de 180 (cento e oitenta) dias o prazo para o exercício da pretensão punitiva do Estado, nos termos do art. 142, inc. III, da Lei n.º 8.112/90, operou-se, no caso dos autos, a prescrição, na medida em que o processo administrativo disciplinar que culminou com a aplicação da pena de advertência à impetrante somente foi instaurado em 24/3/2006. 6. Segurança que se concede para, reconhecida a ocorrência da prescrição, declarar a nulidade da Portaria n.º 41, do Ministério da Previdência Social, publicada no DOU de 31 de janeiro de 2007, que determinou a aplicação da pena de advertência à ora impetrante. Prejudicialidade do exame dos demais fundamentos da impetração." (MS 12.645/DF, Rel. Ministro OG FERNANDES, TERCEIRA SEÇÃO, julgado em 11/05/2011, DJe 20/05/2011).

◙ **Dupla competência para instauração de processo administrativo.**

Em âmbito do Poder Executivo Federal, o Ministro de Estado da Transparência e Controladoria-Geral da União pode instaurar procedimentos e processos administrativos a seu cargo, constituir comissões, e requisitar a instauração daqueles que venham sendo injustificadamente retardados pela autoridade responsável, conforme o artigo 67, II, da Lei 13.502/2017.

◙ **É possível a instauração de PAD com base em denúncia anônima, desde que devidamente motivada e com amparo em investigação ou sindicância.**

> ◙ **Súmula 611 do STJ: Desde que devidamente motivada e com amparo em investigação ou sindicância, é permitida a instauração de processo administrativo disciplinar com base em denúncia anônima, em face do poder-dever de autotutela imposto à Administração.**

◙ **Fundamento de abertura de PAD com base em denúncia anônima no poder-dever de autotutela imposto à Administração.**

"O principal argumento utilizado na jurisprudência para barrar a alegação de inconstitucionalidade do uso da denúncia anônima se encontra no poder de autotutela administrativa. A Administração pode e deve, em inúmeras circunstâncias, agir de ofício (ex officio), isto é, sem a necessidade de provocação." (Teses Jurídicas dos Tribunais Superiores: Direito Administrativo I, Coordenação Maria Sylvia Zanella Di Pietro e Irene Patrícia Nohara – São Paulo, Editora Revista dos Tribunais, 2017, vários autores. Tese: **É possível a instauração de processo administrativo com base em denúncia anônima**, NOHARA, Irene Patrícia, p.78)

(...)

"Pode-se partir do seguinte raciocínio: se a Administração Pública pode, caso se depare com indícios de materialidade e autoria do cometimento de uma infração disciplinar, instaurar de ofício, sem a necessidade de provocação, um processo administrativo disciplinar, ela não depende de provocação para agir. Logo, ao tomar conhecimento pela via da denúncia anônima do ilícito, ela deve apurar." (Teses Jurídicas dos Tribunais Superiores: Direito Administrativo I, Coordenação Maria Sylvia Zanella Di Pietro e Irene Patrícia Nohara – São Paulo, Editora Revista dos Tribunais, 2017, vários autores. Tese: É possível a instauração de processo administrativo com base em denúncia anônima, NOHARA, Irene Patrícia, p.79)

"[...] O acórdão ora recorrido se mostra em sintonia com a jurisprudência do STJ no sentido de que não há ilegalidade na instauração de processo administrativo com fundamento em denúncia anônima, por conta do poder-dever de autotutela imposto à Administração e, por via de consequência, ao administrador público. [...]" (AgRg no REsp 1307503 RR, Rel. Ministro MAURO CAMPBELL MARQUES, SEGUNDA TURMA, julgado em 06/08/2013, DJe 13/08/2013)

No mesmo sentido: "[...] É firme o entendimento no âmbito do STJ no sentido de que inexiste ilegalidade na instauração de sindicância investigativa e processo administrativo disciplinar com base em denúncia anônima, por conta do poder-dever de autotutela imposto à Administração (art.143 da Lei 8.112/1990), ainda mais quando a denúncia decorre de Ofício do próprio Diretor do Foro e é acompanhada de outros elementos de prova que denotariam a conduta irregular praticada pelo investigado, como no presente casu. Precedentes. [...]" (RMS 44298 PR, Rel. Ministro MAURO CAMPBELL MARQUES, SEGUNDA TURMA, julgado em 18/11/2014, DJe 24/11/2014)

"ADMINISTRATIVO – MANDADO DE SEGURANÇA – PROCESSO ADMINISTRATIVO DISCIPLINAR – UTILIZAÇÃO DE PROVA EM-

PRESTADA DE PROCEDIMENTO CRIMINAL – INTERCEPTAÇÃO TELEFÔNICA – AUTORIZAÇÃO E CONTROLE JUDICIAL – PROVA ADMITIDA – PENA DE DEMISSÃO – CONCLUSÃO DA COMISSÃO BASEADA NA PRODUÇÃO DE VÁRIAS PROVAS – SEGURANÇA DENEGADA.

1. A jurisprudência desta Corte pacificou-se no sentido de considerar possível se utilizar, no processo administrativo disciplinar, interceptação telefônica emprestada de procedimento penal, desde que devidamente autorizada pelo juízo criminal.

2. Não há desproporcionalidade excessivamente gravosa a justificar a intervenção do Poder Judiciário quanto ao resultado do Processo Administrativo Disciplinar originário, em que a autoridade administrativa concluiu pelo devido enquadramento dos fatos e aplicação da pena de demissão, nos moldes previstos pelo estatuto jurídico dos policiais civis da União.

3. Segurança denegada." MS 16.146/DF, Rel. Ministra Eliana Calmon, 1ª Seção, julgado em 22/05/2013, DJe 29/08/2013

◉ **Se uma prova já foi produzida em um processo criminal e interessa para a instrução de um processo administrativo, não haveria razões para não utilizar diretamente a prova produzida no âmbito processual penal.**

"Apesar de não haver autorização expressa em dispositivo legal permitindo a utilização da prova emprestada no âmbito dos processos disciplinares (ao menos não nos casos citados acima), o entendimento é o de que essa possibilidade surge como meio de "facilitar" a fase probatória dos processos administrativos. A lógica é, de fato, bastante simples: à primeira vista, se uma prova já foi produzida em um processo criminal e interessa para a instrução de um processo administrativo, não haveria razões para não utilizar diretamente a prova produzida no âmbito processual penal." (Teses Jurídicas dos Tribunais Superiores: Direito Administrativo I, Coordenação Maria Sylvia Zanella Di Pietro e Irene Patrícia Nohara – São Paulo, Editora Revista dos Tribunais, 2017, vários autores. Tese: É possível a utilização de prova emprestada no processo administrativo disciplinar, devidamente autorizada na esfera criminal, desde que produzida com observân-cia do contraditório e do devido processo legal. BACELLAR FILHO, Romeu Felipe. p. 59/60)

◉ **Todavia, a prova que se pretende emprestar deve ter sido produzida no processo criminal com a observância dos princípios do contraditório e da ampla defesa.**

"As decisões do Superior Tribunal de Justiça citadas acima fazem a ressalva de que, para ser admitida no processo administrativo disciplinar, a prova que se pretende emprestar deve ter sido produzida no processo criminal com a observância dos princípios do contraditório e da ampla defesa. Esse é o grande requisito exigido pela Corte Superior para atestar a legalidade desse mecanismo – aliado aos fatos de que o empréstimo da prova tenha sido autorizado pelo Juízo Criminal e que a prova trate dos mesmos fatos e pessoas investigadas no processo administrativo disciplinar. Nesse ponto, não há o que se questionar a jurisprudência do STJ, que, ao impor tal requisito, nada mais faz senão exigir o respeito aos direitos fundamentais descritos no art. 5º, LV, da Constituição Federal. Vale frisar que o constituinte, nesse dispositivo, elevou a disciplina do processo administrativo à hierarquia constitucional, afirmando que "aos litigantes, em processo judicial ou administrativo, e aos acusados em geral são assegurados o contraditório e ampla defesa, com os meios e recursos a ela inerentes." (Teses Jurídicas dos Tribunais Superiores: Direito Administrativo I, Coordenação Maria Sylvia Zanella Di Pietro e Irene Patrícia Nohara – São Paulo, Editora Revista dos Tribunais, 2017, vários autores. Tese: É possível a utilização de prova emprestada no processo administrativo disciplinar, devidamente autorizada na esfera criminal, desde que produzida com observância do contraditório e do devido processo legal. BACELLAR FILHO, Romeu Felipe. p. 59/60)

"ADMINISTRATIVO. CONSTITUCIONAL. MANDADO DE SEGURANÇA. DEMISSÃO DE SERVIDOR PÚBLICO. PROCESSO ADMINISTRATIVO DISCIPLINAR. ATO DE IMPROBIDADE. INDEPENDÊNCIA ENTRE AS SANÇÕES DISCIPLINARES E AQUELAS PREVISTAS NA LEI 8.429/92. UTILIZAÇÃO DE PROVA EMPRESTADA. POSSIBILIDADE. OBSERVÂNCIA À AMPLA DEFESA E AO CONTRADITÓRIO. PROVAS SUFICIENTES. EVOLUÇÃO PATRIMO-

NIAL INCOMPATÍVEL COM A RENDA AUFERIDA. ADEQUAÇÃO DA PENA. ART. 132, IV DA LEI 8.112/90. ORDEM DENEGADA.

1. À luz do disposto no art. 12 da Lei 8.429/90 e nos arts. 37, § 4º e 41 da CF/88, as sanções disciplinares previstas na Lei 8.112/90 são independentes em relação às penalidades previstas na LIA, daí porque não há necessidade de aguardar-se o trânsito em julgado da ação por improbidade administrativa para que seja editado o ato de demissão com base no art. 132, IV, do Estatuto do Servidor Público Federal. Precedente do STF: RMS 24.194/DF, Rel. Min. Luiz Fux, Primeira Turma, DJe 7/10/2011.

2. Inexiste vício na motivação da portaria inaugural do processo administrativo disciplinar, quando a autoridade competente explicita adequadamente as razões que ensejaram a instauração do feito. In casu, destacou-se a desproporcionalidade entre o patrimônio e a renda auferida pelo servidor público, assim como o fato de que essa evolução patrimonial decorreu de doações realizadas por pessoas aparentemente sem vínculo com o Auditor da Receita Federal.

3. De acordo com a jurisprudência pátria, é possível a utilização de prova emprestada no âmbito do processo administrativo disciplinar, desde que obedecidos os princípios do contraditório e da ampla defesa.

4. Na espécie, o servidor foi acompanhado durante todo o feito por defensor constituído, tendo sido regularmente notificado de cada fase processual, com oportunidade de requerer a produção de provas, contraditar os documentos juntados aos autos e pedir, por diversas vezes, dilação de prazos, sendo-lhe resguardado, em sua plenitude, o contraditório e o exercício do direito de defesa.

5. Consoante o princípio do pas de nullité sans grief, não se declara a nulidade sem a demonstração de efetivo prejuízo para a parte que a invoca. Logo, não havendo indícios de que as provas supostamente ilícitas embasaram o ato decisório e a aplicação da pena, deve-se afastar a pretensão anulatória.

6. Não se cogita de indevida quebra do sigilo bancário quando a aferição da evolução patrimonial vale-se das informações contidas nas próprias declarações de bens e de renda prestadas anualmente pelo servidor à Administração, nos termos do art. 1º da Lei 8.730/93.

7. A conclusão do processo disciplinar não está atrelada ao encerramento do procedimento fiscal. Isso porque são procedimentos distintos, regidos por normativos próprios e com finalidades específicas.

8. Eventual decadência do poder de constituir o crédito tributário não atinge o procedimento disciplinar, cujo marco prescritivo é contado a partir da ciência pela Administração dos fatos examinados.

9. O ato impugnado está adequadamente fundamentado e ampara-se em vasto acervo probatório, não se cogitando de falta de proporcionalidade e razoabilidade da sanção, considerando-se a gravidade da conduta (enriquecimento ilícito), a sua incompatibilidade com as atividades desempenhadas pelo Auditor da Receita Federal e o fato de que a demissão, nessa hipótese, é providência expressamente reclamada pelo art. 132, IV, da Lei 8.112/90, ressalvadas as vias ordinárias.

10. Ordem denegada." MS 15.848/DF, Rel. Ministro Castro Meira, 1ª Seção, julgado em 24/04/2013, DJe 16/08/2013

◙ **O STF pacificou o entendimento – seguido pelo STJ – de que as informações obtidas através de interceptação telefônica, autorizada em processo penal, podem ser utilizadas como prova emprestada em processos administrativos disciplinares.**

"Um dos casos que o STJ mais se viu obrigado a decidir nos julgados relacionados acima diz respeito à possibilidade de utilização de prova obtida através de interceptação telefônica, autorizada em processo penal, para fundamentar a condenação de um servidor em um processo administrativo disciplinar. O tema perpassa pela análise do inc. XII do art. 5º da Constituição Federal, que determina ser "inviolável o sigilo (...) das comunicações telefônicas, salvo (...) por ordem judicial, nas hipóteses e na forma que a lei estabelecer para fins de investigação criminal ou instrução processual penal".

Criticar a posição do STJ nesse ponto é, também, criticar a posição do Supremo Tribunal Federal, pois é na jurisprudência da Suprema Corte que os Ministros do STJ se baseiam para legitimar o empréstimo de provas obtidas através de interceptações telefônicas. Com efeito, apesar de o dispositivo constitucional ser bastante claro no sentido de que os dados apanhados de interceptações telefônicas só podem ser utilizados com o objetivo de investigação criminal ou de instruir processos penais, o STF nos seguintes julgados pacificou o entendimento – seguido pelo STJ – de que as informações obtidas por esses meios podem ser utilizadas como prova emprestada em processos administrativos disciplinares: QO no Inq 2.424/RJ, rel. Min. Cezar Peluso, DJU 24/08/2007; MS 24.803, rel. Min. Joaquim Barbosa, Tribunal Pleno, j. 29/10/2008, DJe 05/06/2009; RMS 24.124/DF, rel. Min. Luiz Fux, DJe 07/10/2011; HC 102.293/RS, rel. Min. Ayres Britto, 2ª T., DJe 19/12/2011." (Teses Jurídicas dos Tribunais Superiores: Direito Administrativo I, Coordenação Maria Sylvia Zanella Di Pietro e Irene Patrícia Nohara – São Paulo, Editora Revista dos Tribunais, 2017, vários autores. Tese: É possível a utilização de prova emprestada no processo administrativo disciplinar, devidamente autorizada na esfera criminal, desde que produzida com observância do contraditório e do devido processo legal. BACELLAR FILHO, Romeu Felipe. p. 62)

"ADMINISTRATIVO. MANDADO DE SEGURANÇA. SERVIDOR PÚBLICO FEDERAL. POLICIAL RODOVIÁRIO. PROCESSO ADMINISTRATIVO DISCIPLINAR. DEMISSÃO. AUSÊNCIA DE INDICAÇÃO MINUCIOSA DOS FATOS INVESTIGADOS E CAPITULAÇÃO NA PORTARIA INAUGURAL. DESNECESSIDADE. USO DE PROVA EMPRESTADA. INTERCEPTAÇÃO TELEFÔNICA. POSSIBILIDADE. NÃO OITIVA DE DUAS DAS TESTEMUNHAS ARROLADAS PELA DEFESA. OMISSÃO QUE NÃO OSTENTA A PROPRIEDADE DE ELIDIR AS OUTRAS PROVAS CONSTANTES DO PROCESSO ADMINISTRATIVO DISCIPLINAR. LEGALIDADE. FORMAÇÃO DE CONJUNTO PROBATÓRIO SUFICIENTE. RESPEITO AOS PRINCÍPIOS DO CONTRADITÓRIO E AMPLA DEFESA. DIREITO LÍQUIDO E CERTO NÃO DEMONSTRADO.

1. Mandado de segurança contra ato do Sr. Ministro de Estado da Justiça, que implicou na demissão do impetrante dos quadros de pessoal do Departamento de Polícia Rodoviária Federal, em decorrência de apuração da prática das condutas descritas nos artigos 116, I, III, IX, XII; e 131, IV e XI da Lei n. 8.112/90, no âmbito de processo administrativo disciplinar.

2. Esta Corte Superior de Justiça possui entendimento consolidado no sentido de que a descrição minuciosa dos fatos se faz necessária apenas quando do indiciamento do servidor, após a fase instrutória, na qual são efetivamente apurados, e não na portaria de instauração ou na citação inicial do processo administrativo. Precedentes: RMS 23.974/ES, Rel. Min. Maria Thereza de Assis Moura, Sexta Turma, DJe 01/06/2011; RMS 24.138/PR, Rel. Min. Laurita Vaz, Quinta Turma, DJe 03/11/2009; MS 13.518/DF, Rel. Min. Napoleão Nunes Maia Filho, Terceira Seção, DJe 19/12/2008; MS 12.369/DF, Rel. Min. Feliz Fischer, Terceira Seção, DJ 10/09/2007.

3. É firme o entendimento desta Corte que, respeitado o contraditório e a ampla defesa, é admitida a utilização no processo administrativo de "prova emprestada" devidamente autorizada na esfera criminal. Precedentes: MS 10128/DF, Rel. Ministro Og Fernandes, Terceira Seção, DJe 22/02/2010, MS 13.986/DF, Rel. Ministro Napoleão Nunes Maia Filho, Terceira Seção, DJe 12/02/2010, MS 13.501/DF, Rel. Ministro Felix Fischer, Terceira Seção, DJe 09/02/2009, MS 12.536/DF, Rel. Ministra Laurita Vaz, Terceira Seção, DJe 26/09/2008, MS 10.292/DF, Rel. Ministro Paulo Gallotti, Terceira Seção, DJ 11/10/2007.

4. A não oitiva de apenas de duas das testemunhas arroladas pela defesa não ostenta a propriedade de infirmar todos os outros depoimentos, assim como as interceptações telefônicas, provas essas que levaram à comissão processante (fls. 669-808) e a Advocacia-Geral da União a sugerirem a aplicação da pena de demissão. Posteriormente o parecer da AGU foi acolhido pela autoridade impetrada (fl. 848).

5. No caso dos autos, considerando que: i) a conduta do servidor foi devidamente especificada no despacho de indiciamento, ii) a interceptação telefônica foi concretizada nos exatos termos da Lei 9.296/96, iii) as decisões judiciais que autorizaram e prorrogaram as escutas foram devidamente motivadas, e iv) o impetrante foi regularmente notificado da instauração do processo administrativo e para o ato do interrogatório e apresentou defesa, regular e oportunamente, é de se concluir que

o PAD em questão observou todos os princípios processuais e os requisitos legais, não existindo nulidade a ser declarada.

6. O writ não reúne condições de prosperar, dado que o impetrante não logrou demonstrar a ilegalidade do ato apontado como coator, sendo certo que esta Corte já se manifestou no sentido da independência entre as instâncias penal e administrativa e da possibilidade de utilização de provas colhidas em outros processos. Precedentes: MS 15823/DF, Relator Ministro Benedito Gonçalves, Primeira Seção, DJe 18/8/2011; MS 15.786/DF, Relator Ministro Castro Meira, Primeira Seção, DJe 11/5/2011; e MS 15.207/DF, Relator Ministro Benedito Gonçalves, Primeira Seção, DJe 14/9/2010. 7. Segurança denegada." MS 15.787/DF, Rel. Ministro Benedito Gonçalves, 1ª Seção, julgado em 09/05/2012, DJe 06/08/2012.

◉ **O STJ já aceitou a utilização dos dados obtidos através de escuta telefônica realizada na fase de inquérito como prova emprestada em processos administrativos disciplinares.**

Salvou-se nesse julgamento o Ministro Napoleão Nunes Maia Filho, o qual, sendo voto vencido, asseverou que a migração de prova produzida no âmbito criminal para processos administrativos é possível "desde que não se trate de prova produzida com quebra de sigilo". Afinal, "é claro que a prova penal serve para qualquer processo, mas não a prova penal produzida em regime de excepcionalidade; é a prova comum ou a prova ordinária". A partir do momento em que se aceita a utilização, em processos administrativos disciplinares, de provas colhidas durante o inquérito, a situação fica ainda pior quando se imagina a possibilidade de servidores serem condenados exclusivamente com base nessa prova. O art. 155 do Código de Processo Penal veda expressamente essa prática, mas, diante de tantos absurdos presenciados na prática forense, não seria surpreendente uma comissão de processo administrativo disciplinar adotar essa prática.

◉ **A pena de demissão imposta a servidor público submetido a processo administrativo disciplinar deve encontrar fundamento em provas convincentes que demonstrem a prática da infração pelo acusado, razão pela qual a falta administrativa deve ser comprovada de maneira cabal e indubitável.**

"CONSTITUCIONAL E ADMINISTRATIVO. MANDADO DE SEGURANÇA. POLICIAL RODOVIÁRIO FEDERAL. PROCESSO ADMINISTRATIVO DISCIPLINAR. FORMAÇÃO INSUFICIENTE DO CONJUNTO PROBATÓRIO. REQUERIMENTO DE PRODUÇÃO DE PROVAS. INDEFERIMENTO PELA COMISSÃO PROCESSANTE. FUNDAMENTAÇÃO INIDÔNEA. CERCEAMENTO DE DEFESA. OCORRÊNCIA. PENA DE DEMISSÃO APLICADA BASEADA NA DECLARAÇÃO PESSOAL E NO DEPOIMENTO DAS TESTEMUNHAS DE ACUSAÇÃO. PRINCÍPIO DA PROPORCIONALIDADE NÃO OBSERVADO. PRECEDENTES DESTA CORTE. SEGURANÇA CONCEDIDA. 1. Hipótese em que ao impetrante foi aplicada a penalidade de demissão, em virtude do cometimento de infração disciplinar, consistente em suposto pedido de propina para não lavrar auto de infração de trânsito. 2. A pena de demissão imposta a servidor público submetido a processo administrativo disciplinar deve encontrar fundamento em provas convincentes que demonstrem a prática da infração pelo acusado, razão pela qual a falta administrativa deve ser comprovada de maneira cabal e indubitável (RMS 19.498/SP, Rel. Ministra LAURITA VAZ, QUINTA TURMA, julgado em 23/02/2010). 3. No caso em apreço, verifica-se que a Comissão Processante concluiu pela ocorrência da conduta ilícita do impetrante, baseada apenas no depoimento da vítima, de seus irmãos e amigo, todas suas testemunhas. Lado outro, a referida comissão indeferiu os requerimentos pleiteados pela defesa, seja de ouvida de testemunha, seja na obtenção de prova material (esclarecimentos do Núcleo de Multas e Penalidades a respeito dos Autos de Infração realizados no dia dos fatos e a cópia do auto de infração), sob o fundamento de que os sucessivos pedidos e adiamentos poderiam levar a uma iminente prescrição da pretensão punitiva. 4. A imposição da sanção máxima no serviço público fundamentada em prova isolada – declaração pessoal e depoimento das testemunhas de acusação – sem nenhuma prova documental, mostra-se desarrazoada e vicia a própria motivação do ato administrativo, sendo, portanto, passível de anulação. 5. Além disso, a apenação aplicada foi desmesurada, não pelo valor supostamente recebido a título de propina (R$ 65,00), mas sim diante do insuficiente acervo probante exposto nos autos, que não formou evidência convincente, em face da pena imposta. Portanto, restam comprometidas a razoabilidade e proporcionalidade da referida sanção administrativa. Precedentes. 6. Cabe à Comissão Processante assegurar ao acusado ampla defesa, com a utilização de meios e recursos admitidos no direito, objetivando coletar provas de modo a permitir a completa elucidação dos fatos. 7. A imputação feita ao impetrante foi de solicitação e recebimento de propina no valor de R$ 65,00, para se furtar da obrigação funcional e legal de autuar o depoente, por não portar habilitação para conduzir veículo automotor. Todavia, mostra-se controvertido se efetivamente o impetrante teria obtido proveito pessoal que denotasse a ocorrência da conduta ilícita (improbidade administrativa e corrupção passiva), uma vez que houve a lavratura do auto de infração. 8. No caso em exame, evidencia-se a ocorrência de cerceamento de defesa na recusa da Comissão Processante em não apurar se todos os autos de infração emitidos no dia 7/5/2003 foram devidamente enviados e processados no Núcleo de Multas e Penalidades da Polícia Rodoviária Federal, ou se apenas os autos emitidos pelo acusado não tiveram o correto trâmite procedimental, visto que o impetrante apresentou a 2ª via do auto de infração por ele emitido, sendo que, em nosso ordenamento jurídico, presume-se a boa-fé. 9. Cumpre à Administração Pública, que formula a acusação, provar o que alega para a correta motivação do ato demissório, pois exigir do impetrante prova de fato negativo, ou seja, de que não forjou o auto de infração para escapar de eventual penalidade, é impor o ônus da prova que não lhe cabe. 10. Segurança concedida." (MS 15.096/DF, Rel. Ministro RIBEIRO DANTAS, TERCEIRA SEÇÃO, julgado em 10/10/2018, DJe 18/10/2018)

◙ **Em sede de processo administrativo disciplinar o marco inicial da prescrição da pretensão punitiva estatal coincide com a data do conhecimento do fato pela autoridade com poderes para determinar a abertura do PAD e não com a posterior data em que a autoridade vier a identificar o caráter ilícito do fato apurado.**

"MANDADO DE SEGURANÇA. PROCESSO ADMINISTRATIVO DISCIPLINAR. SERVIDORA FEDERAL. PRESCRIÇÃO DA PRETENSÃO PUNITIVA. MARCO INICIAL. DATA DO CONHECIMENTO DO FATO E NÃO A DATA EM QUE A AUTORIDADE VIER A IDENTIFICAR O CARÁTER ILÍCITO DO FATO APURADO. INTELIGÊNCIA DO ART. 142 DA LEI N. 8.112/1990. ORDEM CONCEDIDA. 1. – Em sede de processo administrativo disciplinar, o marco inicial da prescrição da pretensão punitiva estatal coincide com a data do conhecimento do fato pela autoridade com poderes para determinar a abertura do PAD, e não com a posterior data em que a autoridade vier a identificar o caráter ilícito do fato apurado. Precedentes. 2. – No caso dos autos, entre a data da prática do ato posteriormente tido por ilícito (24 de janeiro de 1997) e a data de instauração da Comissão de Inquérito de cujos trabalhos resultou a demissão (27 de maio de 2011), transcorreram mais de catorze anos, pelo que é inafastável a conclusão de que os trabalhos da Comissão processante, base da demissão aplicada à autora, foram iniciados após o limite temporal imposto pelo art. 142, I, da Lei n. 8.112/1190. 3. – Ordem concedida para anular a demissão e determinar a reintegração da servidora." (MS 21.050/DF, Rel. Ministro SÉRGIO KUKINA, PRIMEIRA SEÇÃO, julgado em 26/09/2018, DJe 03/10/2018)

◙ **Por força dos princípios da proporcionalidade, da dignidade da pessoa humana e da não-culpabilidade, aplicáveis ao regime jurídico disciplinar, não há juízo de discricionariedade no ato administrativo que impõe sanção a Servidor Público, em razão de infração disciplinar.**

"MANDADO DE SEGURANÇA. PROCESSO ADMINISTRATIVO DISCIPLINAR. DEMISSÃO. NÃO DEMONSTRAÇÃO DA OBTENÇÃO DE QUALQUER VANTAGEM, BENESSE OU PREBENDA ILÍCITA. DEVOLUÇÃO DO VALOR NÃO DEPOSITADO A TÍTULO DE FIANÇA (R$ 620,00). CONFIGURADA AFRONTA AOS PRINCÍPIOS DA PROPORCIONALIDADE E DA RAZOABILIDADE. PENA DISSONANTE DAS PREMISSAS DO DIREITO SANCIONADOR. SEGURANÇA CONCEDIDA, PARA DETERMINAR A IMEDIATA REINTEGRAÇÃO DA SERVIDORA NO SEU CARGO DESDE A IMPETRAÇÃO DA SEGURANÇA. 1. Agente da Polícia Federal que não deposita o valor da fiança em Instituição financeira. Devolução integral do valor de R$ 620,00. Não demonstração das condutas a ele atribuídas. 2. Por força dos princípios da proporcionalidade, da dignidade da pessoa humana e da não-culpabilidade, aplicáveis ao regime jurídico disciplinar, não há juízo de discricionariedade no ato administrativo que impõe sanção a Servidor Público, em razão de infração disciplinar. 3. A falta de comprovação de má-fé ou dolo deve ser levado em consideração no caso sob apreço, em que o Servidor foi severamente punido, sem que tenha se caracterizado elemento doloso de malferir a legalidade, tampouco causar danos a terceiros ou beneficiar-se, tendo inclusive devolvido o valor de R$ 620,00, referente a duas fiança, revelando-se desproporcional e desarrazoada a pena de demissão impingida ao impetrante pela Autoridade Impetrada, diante dos meandros circunstanciais em que a conduta foi praticada, bem como suas razões e consequências. 4. Segurança concedida, para determinar reintegração da Servidor impetrante nos quadros funcionais, bem como o pagamento imediato das parcelas vencidas, desde a impetração da Segurança." (MS 22.390/DF, Rel. Ministro BENEDITO GONÇALVES, PRIMEIRA SEÇÃO, julgado em 13/09/2017, DJe 22/09/2017)

◉ **O Poder Judiciário pode e deve sindicar amplamente, em Mandado de Segurança, o ato administrativo que aplica a sanção de demissão a Servidor Público, para verificar (i) a efetiva ocorrência dos ilícitos imputados ao Servidor e (ii) mensurar a adequação da reprimenda à gravidade da infração disciplinar.**

"SANCIONADOR. MANDADO DE SEGURANÇA. TÉCNICO DO INSS. PROCESSO ADMINISTRATIVO DISCIPLINAR. DEMISSÃO APLICADA POR DECISÃO MINISTERIAL NÃO RESPALDADA EM PRÉVIA MANIFESTAÇÃO DA COMISSÃO PROCESSANTE. SERVIDORA PÚBLICA ACUSADA DE SE VALER DO CARGO PARA LOGRAR PROVEITO PESSOAL. NÃO DEMONSTRAÇÃO DA OBTENÇÃO DE QUALQUER VANTAGEM, BENESSE OU PREBENDA ILÍCITA. CONCESSÃO INDEVIDA DE APENAS 12 BENEFÍCIOS PREVIDENCIÁRIOS AO LONGO DE 27 ANOS DE SERVIÇO PRESTADOS DE MANEIRA EXEMPLAR, SENDO 12 NO PRÓPRIO INSS. DOLO OU MÁ-FÉ NA CONDUTA DA SERVIDORA NÃO COMPROVADOS. MERO ERRO PROCEDIMENTAL, CONSISTENTE NA VALORAÇÃO EQUIVOCADA DAS PROVAS MATERIAIS APRESENTADAS PELO SEGURADO PARA OBTENÇÃO DE BENEFÍCIO PREVIDENCIÁRIO. A EVENTUAL FRAUDE NA PRODUÇÃO DA DOCUMENTAÇÃO APRESENTADA NÃO PODE SER IMPUTADA Á SERVIDORA IMPETRANTE, QUE, ALIÁS, DETINHA CONCEITO FUNCIONAL IRREPREENSÍVEL. CONFIGURADA AFRONTA AOS PRINCÍPIOS DA INOCÊNCIA, DA PROPORCIONALIDADE E DA RAZOABILIDADE. PENA DISSONANTE DAS PREMISSAS DO DIREITO SANCIONADOR. SEGURANÇA CONCEDIDA, PARA DETERMINAR A IMEDIATA REINTEGRAÇÃO DA SERVIDORA NO SEU CARGO DESDE A IMPETRAÇÃO DA SEGURANÇA. RESSALVA DO PONTO DE VISTA DO RELATOR QUANTO AOS EFEITOS FINANCEIROS. 1. A atividade administrativa sancionadora, em face do seu conteúdo materialmente jurisdicional, deve se revestir, sob a pena de nulidade, do respeito religioso a todos os princípios regentes da processualística contemporânea. Não se dispensa do promovente da imputação o ônus de provar a ocorrência justificadora da sanção pretendida, ônus esse que abrange todos os elementos da conduta infracional, inclusive, a produção de lesão e a inspiração dolosa: sem isso o ato reputado infracional não existe no mundo empírico. 2. Por força dos princípios da proporcionalidade, da dignidade da pessoa humana e da não-culpabilidade, aplicáveis ao regime jurídico disciplinar, não há juízo de discricionariedade no ato administrativo que impõe sanção a Servidor Público, em razão de infração disciplinar. Dest'arte, o controle jurisdicional é amplo, de modo a conferir garantia a todos os Servidores contra eventual arbítrio, não se limitando, portanto, somente aos aspectos formais, como algumas correntes doutrinárias ainda defendem. 3. O Poder Judiciário pode e deve sindicar amplamente, em Mandado de Segurança, o ato administrativo que aplica a sanção de demissão a Servidor Público, para verificar (i) a efetiva ocorrência dos ilícitos imputados ao Servidor e (ii) mensurar a adequação da reprimenda à gravidade da infração disciplinar. 4. Cuida-se de Mandado de Segurança impetrado por Servidora do INSS, acusada de conceder equivocadamente 12 benefícios previdenciários, a Trabalhadores

Rurais ou seus dependentes, contrariando a legislação previdenciária aplicável ao caso. 5. Da leitura dos depoimentos prestados pelos segurados supostamente beneficiados, verifica-se que as doze testemunhas ouvidas são categóricas em afirmar que sequer conheciam a Servidora, não tendo qualquer natureza de relacionamento com a imputada, relatando, tão somente, terem sido atendidos por ela na Agência do INSS. 6. Igualmente, verifica-se dos processos de revisão realizados pelo INSS que em todos os casos de deferimento do benefício, havia início de prova material e entrevista do Segurado, não ficando evidente nenhum erro flagrante ou teratológico; ressalte-se que a eventualidade de fraude na elaboração ou na produção dos documentos apresentados ao INSS, para a obtenção do benefício, não pode ser imputada à Servidora Previdenciária, até mesmo porque os seus vícios – a caso existentes – não eram identificáveis à primeira vista. A convicção íntima da autoridade sancionadora, por mais veemente que seja não basta para dar suporte a qualquer tipo de punição, pois, para tanto, se exige a prova perfeita da infração e do seu praticante. 7. Se, de um lado, é inegável que a impetrante efetivamente concedeu de maneira equivocada 12 benefícios previdenciários a Trabalhadores Rurais, de outro, a própria Comissão Processante reconheceu que não ficou comprovada má-fé ou dolo na conduta da Servidora, além de pontuar que em 27 anos de carreira pública não havia qualquer ocorrência que desabonasse a sua conduta. É inaceitável as alegadas fraudes documentais, quaisquer que sejam, possam ser imputadas a quem efetivamente não as praticou, no caso, a Servidora do INSS, ora impetrante. 8. Registre-se, ainda, que em todos os 12 casos examinados pela Comissão Processante os benefícios concedidos irregularmente relacionavam-se a Trabalhadores Rurais, ou seja, beneficiários especiais do sistema previdenciário. 9. Ora, até mesmo a prática judiciária previdenciária nos mostra o quão subjetiva e controversa pode ser a análise do preenchimento dos requisitos para a caracterização do segurado especial. Não sendo difícil supor que a apresentação de determinados documentos poderia firmar a convicção da Servidora para concessão do benefício. 10. Todo esse cenário, sobretudo a falta de comprovação de má-fé ou dolo nas concessões administrativas, deve ser levado em consideração no caso sob apreço, em que a Servidora foi severamente punida, em razão de ter concedido equivocadamente 12 benefícios previdenciários. 11. Neste aspecto, merece destaque o fato de que em sua agência de trabalho havia apenas mais um Servidor, o que torna claro que a demanda de trabalho deveria ser muito grande, não sendo as inconsistências detectadas um desvio flagrante de conduta. Aponto, a título de esclarecimento, que à época dos fatos o Estado do Mato Grosso do Sul possuía apenas 18 agências do INSS (atualmente são 37), assim, não é difícil imaginar a demanda de serviço na agência em que a Servidora atuava. 12. Na hipótese dos autos, fica fácil perceber que a conduta da impetrante não estava caracterizada pelo elemento doloso de malferir a legalidade, tampouco causar danos a terceiros ou beneficiar-se, porquanto todas as testemunhas foram categóricas em afirmar que não lhe repassaram qualquer valor para a concessão do benefício. 13. Neste contexto, revela-se acintosamente desproporcional e desarrazoada a pena de demissão impingida à impetrante pela Autoridade Impetrada, dissonante dos princípios jurídicos que devem nortear a aplicação das normas do Direito Sancionador, diante dos meandros circunstanciais em que a conduta foi praticada, bem como suas razões e consequências. 14. Segurança concedida, para determinar reintegração da Servidora impetrante nos quadros funcionais, bem como o pagamento imediato das parcelas vencidas, desde a impetração da Segurança." (MS 15.783/DF, Rel. Ministro NAPOLEÃO NUNES MAIA FILHO, PRIMEIRA SEÇÃO, julgado em 24/05/2017, DJe 30/06/2017)

◙ **Se o motivo, pela própria natureza de discricionariedade, vier explicitado por meio de fundamentação, é possível a atuação jurisdicional quando tais fundamentos destoarem da razoabilidade e da própria realidade que circunscreve o ato administrativo.**

"PROCESSUAL CIVIL E ADMINISTRATIVO. MANDADO DE SEGURANÇA. SERVIDOR PÚBLICO. PROCESSO ADMINISTRATIVO DISCIPLINAR. DEMISSÃO POR ABANDONO DE CARGO. ESTUDO NO EXTERIOR. AUSÊNCIA DE RAZOABILIDADE DO ATO ADMINISTRATIVO DE INDEFERIMENTO DO PEDIDO

DE AFASTAMENTO. RECONHECIMENTO EM AÇÃO PRÓPRIA AJUIZADA PELO PACIENTE. MANUTENÇÃO DA DEMISSÃO. ILEGALIDADE. SEGURANÇA CONCEDIDA. 1. É induvidoso que o controle dos atos administrativos é medida impositiva quando há a atuação do Estado em confronto com os princípios e os valores que norteiam o ordenamento jurídico, notadamente nas hipóteses em que a prática de determinado ato se distancia dos seus pressupostos intrínsecos ou, como assinala a literatura majoritária, dos seus elementos constitutivos. 2. A despeito das discrepâncias doutrinárias e jurisprudenciais acerca de quais elementos comporiam ou constituiriam o ato administrativo, mostra-se incontroverso, como pressuposto de fato e, para alguns, também de direito, que o motivo integra sua estrutura de validade. 3. Nessa perspectiva, se o motivo, pela própria natureza de discricionariedade, vier explicitado por meio de fundamentação, é possível a atuação jurisdicional quando tais fundamentos destoarem da razoabilidade e da própria realidade que circunscreve o ato administrativo. 4. Mostra-se açodada a determinação da Administração Pública para que seja demitido servidor quando o procedimento administrativo disciplinar é lastreado em substrato fático cuja ilegalidade reconhecida por ela é objeto de discussão judicial ainda pendente, o que se evidencia ainda mais se, ao término do processo, conclui o órgão jurisdicional ser legal o afastamento para estudos por parte do impetrante. 5. Nesse cenário, não há como coexistir a manutenção de decisões – uma no âmbito administrativo disciplinar e outra em processo judicial – absolutamente incompatíveis pela valoração da premissa fática. Reconhecida a legalidade do afastamento do servidor, para frequentar curso no exterior, mostra-se sem amparo jurídico o processo administrativo disciplinar que culminou com a demissão do paciente, que somente continua no exercício por força de liminar concedida neste mandado de segurança, ainda em 2006. 5. Mandado de segurança concedido a fim de determinar a reintegração definitiva do impetrante ao cargo de Auditor Fiscal da Receita Federal. Prejudicado o agravo regimental interposto pela União." (MS 11.382/DF, Rel. Ministro ROGERIO SCHIETTI CRUZ, TERCEIRA SEÇÃO, julgado em 24/05/2017, DJe 30/05/2017)

◙ **Devem ser anuladas as ouvidas de testemunha nas quais não tenha sido observado o prazo de 3 (três) dias úteis entre a intimação de cada um dos Impetrantes e a realização do ato, e, por consequência, considerados nulos os atos delas decorrentes.**

"PROCESSUAL CIVIL E ADMINISTRATIVO. MANDADO DE SEGURANÇA INDIVIDUAL. AGENTES PENITENCIÁRIOS FEDERAIS. PROCESSO ADMINISTRATIVO DISCIPLINAR – PAD. PENA DE DEMISSÃO. INDEFERIMENTO MOTIVADO DE PROVAS. AUSÊNCIA DE CERCEAMENTO DE DEFESA. INTIMAÇÃO PARA OITIVA DE TESTEMUNHA. INOBSERVÂNCIA DOS 3 (TRÊS) DIAS ÚTEIS ENTRE A INTIMAÇÃO DOS INDICIADOS E A REALIZAÇÃO DO ATO. ART. 41 DA LEI N. 9.784/99. PREJUÍZO EVIDENCIADO. ORDEM CONCEDIDA PARCIALMENTE. I. Trata-se de mandado de segurança impetrado por oito agentes penitenciários federais contra atos praticados pelo Sr. Ministro de Estado da Justiça, que demitiu os Impetrantes do cargo, em razão de agressões praticadas contra internos da Penitenciária Federal de Catanduvas, conforme apurado no Processo Administrativo Disciplinar n. 08016.000526/2010-11. II. Nos termos do art. 156, §§ 1º e 2º, da Lei n. 8.112/1990, o indeferimento do pedido de produção de provas pela comissão disciplinar, desde que devidamente motivado, não causa a nulidade do processo administrativo. Precedentes. III. Esta Corte orienta-se no sentido de que, em processo disciplinar, deve-se respeitar o prazo de 3 dias úteis entre a notificação do indiciado e a realização da prova ou diligência ordenada, nos termos do art. 41 da Lei 9.784/99, sendo evidenciado o prejuízo à defesa. Precedentes. IV – Com efeito, devem ser anuladas as ouvidas de testemunha nas quais não tenha sido observado o prazo de 3 (três) dias úteis entre a intimação de cada um dos Impetrantes e a realização do ato, e, por consequência, considerados nulos os atos delas decorrentes. V. Ordem concedida parcialmente, para declarar a nulidade das ouvidas de testemunha nas quais não tenha sido observado o prazo de 3 (três) dias úteis entre a intimação de cada um dos Impetrantes e a realização do ato, e, por consequência, dos atos delas decorrentes, determinando a imediata reintegração dos Impetrantes, com todos os efeitos funcionais e financeiros, estes a partir da impetração." (MS 17.543/DF, Rel. Ministra REGINA HELENA COSTA, PRIMEIRA SEÇÃO, julgado em 10/05/2017, DJe 15/05/2017)

◉ O impetrante tem o direito de ter o seu recurso em pedido de revisão regularmente processado.

"MANDADO DE SEGURANÇA. JUIZ DO TRIBUNAL REGIONAL FEDERAL DA 1ª REGIÃO. PROCESSO DISCIPLINAR. APOSENTADORIA COMPULSÓRIA. PEDIDO DE REVISÃO. INDEFERIMENTO. RECURSO AO CONSELHO DA JUSTIÇA FEDERAL. POSSIBILIDADE. PODER HIERÁRQUICO E CORREICIONAL. PRINCÍPIO DO DUPLO GRAU DE JURISDIÇÃO. ORDEM CONCEDIDA. 1. Sendo o Conselho da Justiça Federal hierarquicamente superior aos Tribunais Regionais Federais em sede administrativa (poder hierárquico), com previsão de recurso àquele órgão das decisões disciplinares (artigo 5º, XI, da Lei n. 11.798/08), considerando, ainda, que o pedido de revisão é intrínseco ao processo disciplinar e à luz do princípio do duplo grau de jurisdição, garantido também aos litigantes em processo administrativo (artigo 5º, inciso LV, da Constituição Federal), é de rigor o reconhecimento do direito líquido e certo do impetrante em ter o seu recurso em pedido de revisão regularmente processado. 2. Ordem concedida para reconhecer a competência do Conselho da Justiça Federal para julgar o recurso interposto contra a decisão proferida em revisão disciplinar." (MS 20.816/DF, Rel. Ministro JORGE MUSSI, CORTE ESPECIAL, julgado em 03/05/2017, DJe 11/05/2017)

◉ Para se configurar a infração de se valer do cargo para lograr proveito pessoal ou de outrem, nos termos do art. 117, IX, da Lei nº 8.112/90, são indispensáveis o dolo, a vantagem oriunda de um comportamento ilegal e o nexo de causalidade entre a ilicitude do proveito obtido e o exercício funcional do servidor público

"PROCESSUAL CIVIL E ADMINISTRATIVO. MANDADO DE SEGURANÇA INDIVIDUAL. SERVIDOR PÚBLICO FEDERAL. POLICIAL RODOVIÁRIO FEDERAL. PROCESSO ADMINISTRATIVO DISCIPLINAR. PENA DE DEMISSÃO. ARTS. 116, II E III, E 117, IX, C/C ART. 132, IV, DA LEI 8.112/1990. VALER-SE DO CARGO PÚBLICO PARA LOGRAR PROVEITO PESSOAL. IMPROBIDADE ADMINISTRATIVA. AUSÊNCIA DE PROVA DA AUTORIA MATERIALIDADE DELITIVA. INADEQUAÇÃO DA VIA ELEITA. NECESSIDADE DE DILAÇÃO PROBATÓRIA. PRECEDENTES. REJEIÇÃO DO RELATÓRIO FINAL DA PRIMEIRA COMISSÃO. POSSIBILIDADE. PARÁGRAFO ÚNICO DO ART. 168 DA LEI 8.112/1990. ANULAÇÃO PARCIAL DO PAD EM RAZÃO DE NULIDADES INSANÁVEIS NO ATO DE INDICIAÇÃO. ART. 169 C/C 161 DA LEI 8.112/1990. AUSÊNCIA DE NULIDADE DO PAD. COMPETÊNCIA DA ADMINISTRAÇÃO PÚBLICA PARA IMPOR PENALIDADE A SERVIDOR PÚBLICO POR ATO DE IMPROBIDADE ADMINISTRATIVA. PRECEDENTES DO STF E DO STJ. DESNECESSIDADE DE ANTERIOR JULGAMENTO NA ESFERA PENAL. INCOMUNICABILIDADE DAS INSTÂNCIAS. PRECEDENTES. NÃO ENQUADRAMENTO DA CONDUTA NO ILÍCITO PREVISTO NOS ARTS. 116, II E III, E 117, IX C/C ART. 132, IV, DA LEI 8.112/1990. ANULAÇÃO DA PENA DEMISSÓRIA. SEGURANÇA PARCIALMENTE CONCEDIDA. 1. Pretende o impetrante, Policial Rodoviário Federal, a concessão da segurança para anular a Portaria 2.139, de 16/12/2014, do Exmo. Senhor Ministro de Estado da Justiça, que lhe impôs pena de demissão do cargo público anteriormente ocupado, pelo enquadramento nas infrações disciplinares previstas nos arts. 116, II e III, e 117, IX c/c 132, IV, da Lei 8.112/1990, ao fundamento da inexistência de prova ampla, cabal, convincente, indubitável e irretorquível acerca da suposta infração disciplinar; da inobservância do art. 168 da Lei 8.112/1990; da inobservância do disposto no art. 20 da Lei 8.429/1992, que condiciona a perda do cargo público à existência de decisão judicial transitada em julgado, bem como a incompetência da Administração Pública para punir servidor público por suposto ato de improbidade administrativa; a desproporcionalidade da penalidade aplicada e a ilegalidade da pena de demissão ante a inexistência de sentença penal condenatória transitada em julgado. 2. É firme o entendimento no âmbito do Supremo Tribunal Federal e desse Superior Tribunal de Justiça no sentido de que o mandado de segurança não é a via adequada para o exame da suficiência do conjunto fático-probatório constante do Processo Administrativo Disciplinar – PAD, a fim de verificar se o impetrante praticou ou não os atos que foram a ele imputados e que serviram de base para a imposição de penalidade administrativa, porquanto exige prova pré-constituída e inequívoca do direito líquido e certo invocado. Outrossim, o controle jurisdicional do PAD restringe-se ao exame da regularidade do procedimento e a legalidade do ato, à luz dos princípios do contraditório, da ampla defesa e do devido processo legal, sendo-lhe defesa qualquer incursão no mérito administrativo, a impedir a análise e valoração das provas constantes no processo disciplinar. Precedentes. 3. No sistema de apuração de infrações disciplinares atribuídas a servidores públicos regidos pela Lei 8.112/1990, a Comissão Processante não concentra as funções de acusar e julgar, de modo que a autoridade julgadora não está adstrita às conclusões da Comissão Processante, podendo agravar ou abrandar a penalidade, ou até mesmo isentar o servidor da responsabilidade, desde que apresente a devida fundamentação, nos moldes que reza o art. 168, caput e parágrafo único, da Lei 8.112/1990. Outrossim, pode a autoridade competente, verificando a ocorrência de vício insanável, determinar a anulação total ou parcial do PAD, ordenando a constituição de outra Comissão, para instaurar nova persecução disciplinar. Inteligência do art. 169 da Lei 8.112/1990. 4. Do exame das provas pré-constituídas acostadas aos autos, observa-se que a par do Relatório Final elaborado pela 1ª Comissão Processante, a Consultoria Jurídica do Ministério da Justiça opinou pela anulação parcial do PAD a partir do Despacho de Instrução e Indiciação, com a constituição de nova Comissão Processante, nos moldes do art. 169 da Lei 8.112/1990, ao fundamento de que não houve a adequada especificação dos fatos imputados ao impetrante com base nas provas dos autos, para fins de tipificação, conforme exige o art. 161 da Lei 8.112/1990. Desse modo, não se vislumbra qualquer nulidade no PAD por suposta inobservância do art. 168 da Lei 8.112/1990, posto que o Relatório Final da 1ª Comissão Processante não restou acolhido pela autoridade julgador por estar em descompasso com as provas dos autos e a correta especificação dos fatos irregularidades atribuídos ao impetrante, hipótese em que foi anulado parcialmente o PAD, a fim de que fosse feita nova indiciação, com a correta especificação das condutas delitivas, consoante exige o art. 161 da Lei 8.112/1990, assegurando-se ao impetrante o mais completo exercício do direito de defesa. 5. A indicação de nova capitulação jurídica para os fatos apurados pela Comissão Processante não macula o procedimento adotado, tendo em vista que o indiciado se defende dos fatos a ele imputados, não da sua classificação legal. Precedentes. 6. É firme o entendimento no âmbito do Supremo Tribunal Federal e do Superior Tribunal de Justiça acerca da competência da autoridade administrativa para impor pena de demissão a servidor público em razão da prática de ato de improbidade administrativa, independentemente de provimento jurisdicional, porquanto a penalidade administrativa não se confunde com a pena de perda da função pública prevista no art. 12 da Lei 8.429/1992, esta sim aplicável exclusivamente pela autoridade judiciária. Precedentes. 7. Por força do Princípio da Incomunicabilidade das Instâncias, esta Corte Superior já decidiu que a imposição de sanção disciplinar pela Administração Pública, quando comprovado que o servidor praticou ilícito administrativo, prescinde de anterior julgamento na esfera criminal. Precedentes. 8. Foi atribuída ao impetrante a infração funcional prevista no art. 116, II e III, e 117, IX, da Lei 8.112/1990, por ter sido flagrado, no dia 16/12/2010, na BR 476, Km 157, no município de Araucária/PR, dirigindo de forma perigosa veículo automotor Toyota Corolla de placa LRR-1132/PR, em visível estado de embriaguez (sonolência e falar arrastado), usando uniforme completo da Polícia Rodoviária Federal e portando armamento que lhe fora cautelado em função do cargo público, mesmo estando no gozo de férias regulares no período de 1º a 30/12/2010 e descoberto de qualquer Ordem de Serviço ou situação emergencial que justificasse tal agir, em desrespeito às atribuições do cargo público ora desempenhado, o descumprindo normas de trânsito e desrespeito à missão institucional e à imagem do Departamento de Polícia Rodoviária Federal/MJ, utilizando-se indevidamente do cargo público para fins diversos daqueles especificados em lei, conforme consta do relatório final do PAD acostado às fls. 346/381-e. 9. Em que se pese tratar de uma conduta deveras reprovável, especialmente por se referir a um Policial Rodoviário Federal, o qual deve dar o exemplo aos demais condutores, certo é que mesmo assim tal conduta, de forma isolada e sem outras agravantes, não se mostra apta, por si só, para justificar a pena de demissão e a ser enquadrada no tipo legal dos arts. 132, IV e do art. 117, IX, da Lei 8.112/1990, ainda mais quando não se vislumbra o uso do cargo público para beneficiar-se indevidamente a si ou a outrem, mas apenas uma conduta incompatível com a moralidade administrativa e a inobservância de normas regulamentares da Polícia Rodoviária Federal, condutas estas insuficientes a ensejar a pena capital, ainda mais quando a referida conduta sequer teve o condão de gerar qualquer prejuízo à imagem da Polícia Rodoviária Federal e ou vantagens ao impetrante ou se enquadrar como ato de improbidade administrativa, sendo praticadas, em verdade, para dar ares de verdade a uma mentira do impetrante para sua namorada, sendo que em nenhum momento restou evidenciado que o impetrante fez uso do uniforme completo da Policia Rodoviária Federal para furtar-se a eventual fiscalização de trânsito. 10. "Apoiar que houve valimento do cargo ou improbidade administrativa é desproporcional e sequer atende aos tipos previstos no artigo 117, inciso IX, e artigo 132, inciso IV, ambos da Lei 8.112/90. O uso do uniforme institucional foi utilizado para dar ares de verdade a uma mentira do acusado para sua namorada, não ferindo a dignidade da função pública e não se enquadrando em improbidade administrativa, que nada mais é do que uma forma qualificada de afronta ao princípio da moralidade. A farsa restringiu-se ao âmbito da vida privada do servidor. A mentira, por si só, não possuía o condão de denegrir a imagem da instituição ou de trazer prejuízos à Administração. Também não há nos autos indícios de que o acusado tenha se uniformizado com o intuito de não ser fiscalizado. Pelas declarações das testemunhas, o acusado colaborou com a fiscalização e não solicitou vantagens por ser policial. O uso do uniforme possuía outro intento e, para caracterizar as infrações demissionárias, seria necessário o ânimo subjetivo de valer-se do cargo" (Informação DICOR/CG n° 107/2014, Corregedoria-Geral da Polícia Rodoviária Federal) 11. "Com efeito, para se configurar a infração de se valer do cargo para lograr proveito pessoal ou de outrem, nos termos do art. 117, IX, da Lei n° 8.112/90, são indispensáveis o dolo, a vantagem oriunda de um comportamento ilegal e o nexo de causalidade entre a ilicitude do proveito obtido e o exercício funcional do servidor público, estes últimos não reconhecidos pela Comissão Processante. Não há relação de causalidade entre a conduta apurada e o exercício do cargo de Policial Rodoviário Federal, tendo em vista que o uniforme e os acessórios da corporação foram utilizados fora do serviço, no período de férias do servidor. O impetrante não se beneficiou ilicitamente do cargo de Policial Rodoviário Federal, uma vez que houve a apreensão do veículo e da pistola que portava e foram lavrados Boletim de Ocorrência e Auto de Infração e Termo de Constatação de Embria – guez – fls. 59/66. [...] A conduta do impetrante, em gozo de férias, de usar o uniforme funcional e os equipamentos individuais respectivos enquanto dirigia embriagado, não importa em enriquecimento ilícito ou lesão ao erário, não se enquadrando nas previsões dos arts. 9º e 10 da Lei de Improbidade Administrativa. [...] As infrações perpetradas pelo impetrante, embora contrárias aos deveres funcionais inerentes ao cargo de Policial Rodoviário Federal, não se amoldam ao conceito de ato de improbidade administrativa constante do art. 11 da Lei nº 8.429/92, que prevê a violação qualificada dos princípios da administração pública, na forma das condutas nele arroladas. Não se verifica, portanto, a prática de ato ímprobo, porque não foram comprovados, no processo disciplinar, a ocorrência de enriquecimento ilícito, prejuízo ao erário ou violação de princípios da Administração Pública. Dessa forma, a conduta em exame configura somente afronta aos deveres funcionais do servidor público, uma vez que houve desrespeito à obrigação de ser leal à instituição em que serve e respeitar as normas legais e regulamentares, nos termos do art. 116, II e III, da Lei nº 8.112/90, padrão de comportamento não observado pelo impetrante, que fez uso do uniforme e dos instrumentos de trabalho fora do exercício da função e após ingerir bebida alcoólica. [...] No caso, a conduta do impetrante não possui a mesma natureza nem revela a gravidade inerente aos casos previstos no art. 132 de mencionada lei, o qual elenca atitudes que não devem ser toleradas no âmbito do serviço público, tais como crimes contra a administração pública, abandono de cargo, improbidade administrativa, insubordinação grave, ofensa física em serviço, lesão aos cofres públicos e dilapidação do patrimônio nacional e corrupção. Por outro lado o servidor não auferiu nenhuma vantagem ilícita em virtude do cargo, não causou dano ao erário e sequer estava em serviço quando foi encontrado dirigindo sob o efeito de álcool e usando o uniforme da corporação. Não se verifica também a existência de circunstâncias agravantes que extrapolem o âmbito dos deveres infringidos, consistentes em ser leal às instituições a que serve e observar as normas legais e regulamentares. Saliente-se, ainda, que não possui antecedentes funcionais – fls. 247. Assim, a demissão, pena a ser imputada às infrações previstas no art. 132 da Lei 8.112/90, não se aplica nos casos de afronta aos deveres funcionais do servidor arrolados no art. 116, restringindo-se somente às violações de maior gravidade e que demonstrem um padrão de conduta incompatível com o exercício do cargo. [...] Concluo, pois, pela ilegalidade da Portaria nº 2.139/2014, que imputou a penalidade de demissão ao impetrante" (Parecer do Ministério Público Federal, Subprocuradora-Geral da República, Dra. Darcy Santana Vitobello). 12. Segurança parcialmente concedida. Liminar confirmada." (MS 21.544/DF, Rel. Ministro MAURO CAMPBELL MARQUES, PRIMEIRA SEÇÃO, julgado em 22/02/2017, DJe 07/03/2017)

◙ **Reconhececiemento da mora da autoridade impetrada quanto à análise do Pedido de Reconsideração do impetrante. Violação ao princípio da razoável duração do processo.**

"PROCESSUAL CIVIL. ADMINISTRATIVO. MANDADO DE SEGURANÇA. PRELIMINAR DE ILEGITIMIDADE PASSIVA AD CAUSAM REJEITADA. PEDIDO DE RECONSIDERAÇÃO INTERPOSTO EM PROCESSO ADMINISTRATIVO DISCIPLINAR FINDO, EM CUJO ÂMBITO FOI APLICADA A PENA DEMISSÓRIA A POLICIAL RODOVIÁRIO FEDERAL. DEMORA NA APRECIAÇÃO. VIOLAÇÃO AO PRINCÍPIO DA RAZOÁVEL DURAÇÃO DO PROCESSO. DIREITO LÍQUIDO E CERTO DO IMPETRANTE A UMA DECISÃO ADMINISTRATIVA DENTRO DO PRAZO LEGAL. LEI N. 9.784/1999. INEXISTÊNCIA DE DIREITO DO IMPETRANTE PARA RETORNAR AO CARGO, ENQUANTO NÃO ANALISADO O PEDIDO DE RECONSIDERAÇÃO. SEGURANÇA CONCEDIDA PARCIALMENTE. 1. Descabe a alegação da autoridade impetrada de ilegitimidade passiva ad causam, porque o fato de o pedido de reconsideração encontrar-se em setor específico do Ministério da Justiça não retira a responsabilidade de Sua Excelência, o Ministro de Estado, de velar pela rápida solução desse pedido revisional. Ademais, a atribuição para resolver, em definitivo, dito pleito administrativo é do próprio Ministro, razão pela qual a ele deve ser imputada qualquer demora havida no serviço interno, que lhe é vinculado. 2. "É dever da Administração Pública pautar seus atos dentro dos princípios constitucionais, notadamente pelo princípio da eficiência, que se concretiza também pelo cumprimento dos prazos legalmente determinados" (REsp 687.947/MS, Rel. Ministro Castro Meira, Segunda Turma, DJ 21/8/2006). 3. "Não é lícito à Administração Pública prorrogar indefinidamente a duração de seus processos, pois é direito do administrado ter seus requerimentos apreciados em tempo razoável, ex vi dos arts. 5º, LXXIII, da Constituição Federal e 2º da Lei n. 9.784/99" (MS 13.584/DF, Rel. Ministro Jorge Mussi, Terceira Seção, DJe 26/6/2009). 4. No caso, viola o direito líquido e certo do impetrante, no particular, a pendência de decisão no Pedido de Reconsideração n. 08000.016027/2015-11, interposto no âmbito do Ministério da Justiça desde 28/5/2015. 5. Descabe ao impetrante retornar ao exercício das funções do seu cargo (em relação ao qual foi aplicada pena demissória) enquanto pendia de análise o pedido de reconsideração (revisão), à míngua de previsão legal. 6. Concessão parcial da segurança, apenas para o fim de reconhecer a mora da autoridade impetrada quanto à análise do pedido administrativo do impetrante, cuja apreciação somente veio a ser comunicada ao Poder Judiciário na data anterior a este julgamento." (MS 22.037/DF, Rel. Ministro OG FERNANDES, PRIMEIRA SEÇÃO, julgado em 22/02/2017, DJe 02/03/2017)

◙ **Processo disciplinar. inocência proclamada. condenação em processo penal. novo pad. fatos que embasaram a condenação compreendidos no processo administrativo anterior. bis in idem. segurança concedida.**

"ADMINISTRATIVO. PROCESSO DISCIPLINAR. INOCÊNCIA PROCLAMADA. CONDENAÇÃO EM PROCESSO PENAL. NOVO PAD. FATOS QUE EMBASARAM A CONDENAÇÃO COMPREENDIDOS NO PROCESSO ADMINISTRATIVO ANTERIOR. BIS IN IDEM. SEGURANÇA CONCEDIDA. HISTÓRICO DA DEMANDA 1. O impetrante respondeu a Processo Administrativo-Disciplinar instaurado em 2002, em que foi absolvido por decisão prolatada no mesmo ano. Posteriormente, veio a ser condenado em processo criminal que teve curso na 3ª Vara Federal de Porto Velho/RO, com início também em 2002, mas cuja sentença foi proferida em 2008. Em decorrência da condenação penal, cuja sentença transitou em julgado, em 2010 a Administração instaurou novo PAD, em que o servidor foi demitido. 2. O ex-servidor sustenta que não poderia ser condenado pelos mesmos fatos pelos quais já havia sido absolvido no PAD de 2002 e prescrição. A Administração, por sua vez, alega que não há bis in idem, pois o objeto do novo PAD não são as irregularidades apuradas no processo anterior, mas a condenação penal transitada em julgado que lhe foi imputada, além de que o fato apurado no processo criminal seria diverso daquele apurado no primeiro processo disciplinar. Quanto à prescrição, a Administração sustenta que seu termo inicial seria a data em que ela teve conhecimento da condenação penal transitada em julgado. O QUE SE PUNE NÃO É O FATO DO SERVIDOR SER CONDENADO CRIMINALMENTE, MAS AS CONDUTAS QUE LEVARAM A ESSA CONDENAÇÃO 3. O art. 132, I, da Lei 8.112/90 não determina que ser condenado por crime contra a Administração Pública é uma irregularidade administrativa, mas que as infrações praticadas contra a Administração que também constituam crime devem ser necessariamente punidas com a pena de demissão. 4. Entendimento em contrário levaria a que, por ter praticado uma determinada conduta, o servidor poderia receber uma penalidade administrativa e, após ser condenado penalmente, receber uma segunda punição administrativa. VEDAÇÃO ABSTRATA À EXISTÊNCIA DE BIS IN IDEM 5. O STJ entende que, julgado um Processo Administrativo Disciplinar instaurado contra servidor público federal, a revisão da conclusão só poderá acontecer em duas hipóteses: a) existência de vício insanável no PAD, que o torne nulo; e b) surgimento de fatos novos que justifiquem o abrandamento da penalidade ou a declaração da inocência do servidor. 6. O art. 174 da Lei 8.112/90 só prevê a revisão do PAD "quando se aduzirem fatos novos ou circunstâncias suscetíveis de justificar a inocência do punido ou a inadequação da penalidade aplicada" e o parágrafo único do art. 182 é explícito em que "da revisão do processo não poderá resultar agravamento de penalidade". 7. Nesse sentido: MS 17.370/DF, Rel. Ministro Arnaldo Esteves Lima, Primeira Seção, DJe 10/09/2013; MS 10.950/DF, Rel. Ministro Og Fernandes, Terceira Seção, DJe 01/06/2012. ALEGAÇÃO DE BIS IN IDEM NO CASO CONCRETO 8. Procede a alegação de bis in idem, pois as infrações pelas quais o servidor foi condenado criminalmente e que seriam a base da demissão aplicada no PAD instaurado em 2010 estavam compreendidas no objeto do PAD anterior, de 2002, em que o impetrante havia sido absolvido. 9. A própria Controladoria-Geral da União reconheceu a identidade de fatos, afirmando que "a leitura da sentença condenatória permitiu verificar que os acusados foram condenados pelos mesmos fatos apurados por meio do PAD nº 172/AER/CAC/2002". PRESCRIÇÃO 10. Ainda que não houvesse o bis in idem, teria ocorrido a prescrição. Sendo a a infração administrativa capitulada como crime, a prescrição rege-se pelas regras do Direito Penal e, no caso, seria de 8 anos, por aplicação do art. 109, IV, do Código Penal, já que a pena-base aplicada foi de 3 anos e 8 meses de reclusão. Tendo o primeiro PAD sido instaurado em 17.4.2002, nesta data ocorreu a interrupção do prazo prescricional que, todavia, voltou a correr após 140 dias (STF, RMS 23.436/DF), tendo termo final em 2010, antes da aplicação da penalidade, que só ocorreu em 2011. CONCLUSÃO 11. Segurança concedida para anular o ato de demissão do impetrante, com pagamento da remuneração devida desde a data do ajuizamento." (MS 17.994/DF, Rel. Ministro HERMAN BENJAMIN, PRIMEIRA SEÇÃO, julgado em 14/12/2016, DJe 17/04/2017)

◉ **A atividade administrativa sancionadora, em face do seu conteúdo materialmente jurisdicional, deve se revestir, sob a pena de nulidade, do respeito religioso a todos os princípios regentes da processualística contemporânea. Não se dispensa do promovente da imputação o** ônus de provar a ocorrência justificadora da sanção pretendida, ônus esse que abrange todos os elementos da conduta infracional, inclusive, a produção de lesão e a inspiração dolosa: sem isso o ato reputado infracional não existe no mundo empírico.

"SANCIONADOR. MANDADO DE SEGURANÇA. TÉCNICO DO INSS. PROCESSO ADMINISTRATIVO DISCIPLINAR. DEMISSÃO APLICADA POR DECISÃO MINISTERIAL NÃO RESPALDADA EM PRÉVIA MANIFESTAÇÃO DA COMISSÃO PROCESSANTE. SERVIDORA PÚBLICA ACUSADA DE SE VALER DO CARGO PARA LOGRAR PROVEITO PESSOAL. NÃO DEMONSTRAÇÃO DA OBTENÇÃO DE QUALQUER VANTAGEM, BENESSE OU PREBENDA ILÍCITA. CONCESSÃO INDEVIDA DE APENAS 12 BENEFÍCIOS PREVIDENCIÁRIOS AO LONGO DE 27 ANOS DE SERVIÇO PRESTADOS DE MANEIRA EXEMPLAR, SENDO 12 NO PRÓPRIO INSS. DOLO OU MÁ-FÉ NA CONDUTA DA SERVIDORA NÃO COMPROVADOS. MERO ERRO PROCEDIMENTAL, CONSISTENTE NA VALORAÇÃO EQUIVOCADA DAS PROVAS MATERIAIS APRESENTADAS PELO SEGURADO PARA OBTENÇÃO DE BENEFÍCIO PREVIDENCIÁRIO. A EVENTUAL FRAUDE NA PRODUÇÃO DA DOCUMENTAÇÃO APRESENTADA NÃO PODE SER IMPUTADA À SERVIDORA IMPETRANTE, QUE, ALIÁS, DETINHA CONCEITO FUNCIONAL IRREPREENSÍVEL. CONFIGURADA AFRONTA AOS PRINCÍPIOS DA INOCÊNCIA, DA PROPORCIONALIDADE E DA RAZOABILIDADE. PENA DISSONANTE DAS PREMISSAS DO DIREITO SANCIONADOR. SEGURANÇA CONCEDIDA, PARA DETERMINAR A IMEDIATA REINTEGRAÇÃO DA SERVIDORA NO SEU CARGO DESDE A IMPETRAÇÃO DA SEGURANÇA. RESSALVA DO PONTO DE VISTA DO RELATOR QUANTO AOS EFEITOS FINANCEIROS. 1. A atividade administrativa sancionadora, em face do seu conteúdo materialmente jurisdicional, deve se revestir, sob a pena de nulidade, do respeito religioso a todos os princípios regentes da processualística contemporânea. Não se dispensa do promovente da imputação o ônus de provar a ocorrência justificadora da sanção pretendida, ônus esse que abrange todos os elementos da conduta infracional, inclusive, a produção de lesão e a inspiração dolosa: sem isso o ato reputado infracional não existe no mundo empírico. 2. Por força dos princípios da proporcionalidade, da dignidade da pessoa humana e da não-culpabilidade, aplicáveis ao regime jurídico disciplinar, não há juízo de discricionariedade no ato administrativo que impõe sanção a Servidor Público, em razão de infração disciplinar. Dest'arte, o controle jurisdicional é amplo, de modo a conferir garantia a todos os Servidores contra eventual arbítrio, não se limitando, portanto, somente aos aspectos formais, como algumas correntes doutrinárias ainda defendem. 3. O Poder Judiciário pode e deve sindicar amplamente, em Mandado de Segurança, o ato administrativo que aplica a sanção de demissão a Servidor Público, para verificar (i) a efetiva ocorrência dos ilícitos imputados ao Servidor e (ii) mensurar a adequação da reprimenda à gravidade da infração disciplinar. 4. Cuida-se de Mandado de Segurança impetrado por Servidora do INSS, acusada de conceder equivocadamente 12 benefícios previdenciários, a Trabalhadores Rurais ou seus dependentes, contrariando a legislação previdenciária aplicável ao caso. 5. Da leitura dos depoimentos prestados pelos segurados supostamente beneficiados, verifica-se que as doze testemunhas ouvidas são categóricas em afirmar que sequer conheciam a Servidora, não tendo qualquer natureza de relacionamento com a imputada, relatando, tão somente, terem sido atendidos por ela na Agência do INSS. 6. Igualmente, verifica-se dos processos de revisão realizados pelo INSS que em todos os casos de deferimento do benefício, havia início de prova material e entrevista do Segurado, não ficando evidente nenhum erro flagrante ou teratológico; ressalte-se que a eventualidade de fraude na elaboração ou na produção dos documentos apresentados ao INSS, para a obtenção do benefício, não pode ser imputada à Servidora Previdenciária, até mesmo porque os seus vícios – a caso existentes – não eram identificáveis à primeira vista. A convicção íntima da autoridade sancionadora, por mais veemente que seja não basta para dar suporte a qualquer tipo de punição, pois, para tanto, se exige a prova perfeita da infração e do seu praticante. 7. Se, de um lado, é inegável que a impetrante efetivamente concedeu de maneira equivocada 12 benefícios previdenciários a Trabalhadores Rurais, de outro, a própria Comissão Processante reconheceu que não ficou comprovada má-fé ou dolo na conduta da Servidora, além de pontuar que em 27 anos de carreira pública não havia qualquer ocorrência que desabonasse a sua conduta. É inaceitável as alegadas fraudes documentais, quaisquer que sejam, possam ser imputadas a quem efetivamente não as praticou, no caso, a Servidora do INSS, ora impetrante. 8. Registre-se, ainda, que em todos os 12 casos examinados pela Comissão Processante os benefícios concedidos irregularmente relacionavam-se a Trabalhadores Rurais, ou seja, beneficiários especiais do sistema previdenciário. 9. Ora, até mesmo a prática judiciária previdenciária nos mostra o quão subjetiva e controversa pode ser a análise do preenchimento dos requisitos para a caracterização do segurado especial. Não sendo difícil supor que a apresentação de determinados documentos poderia firmar a convicção da Servidora para concessão do benefício. 10. Todo esse cenário, sobretudo a falta de comprovação de má-fé ou dolo nas concessões administrativas, deve ser levado em consideração no caso sob apreço, em que a Servidora foi severamente punida, em razão de ter concedido equivocadamente 12 benefícios previdenciários. 11. Neste aspecto, merece destaque o fato de que em sua agência de trabalho havia apenas mais um Servidor, o que torna claro que a demanda de trabalho deveria ser muito grande, não sendo as inconsistências detectadas um desvio flagrante de conduta. Aponto, a título de esclarecimento, que à época dos fatos o Estado do Mato Grosso do Sul possuía apenas 18 agências do INSS (atualmente são 37), assim, não é difícil imaginar a demanda de serviço na agência em que a Servidora atuava. 12. Na hipótese dos autos, fica fácil perceber que a conduta da impetrante não estava caracterizada pelo elemento doloso de malferir a legalidade, tampouco causar danos a terceiros ou beneficiar-se, porquanto todas as testemunhas foram categóricas em afirmar que não lhe repassaram qualquer valor para a concessão do benefício. 13. Neste contexto, revela-se acintosamente desproporcional e desarrazoada a pena de demissão impingida à impetrante pela Autoridade Impetrada, dissonante dos princípios jurídicos que devem nortear a aplicação das normas do Direito Sancionador, diante dos meandros circunstanciais em que a conduta foi praticada, bem como suas razões e consequências. 14. Segurança concedida, para determinar reintegração da Servidora impetrante nos quadros funcionais, bem como o pagamento imediato das parcelas vencidas, desde a impetração da Segurança." (MS 15.783/DF, Rel. Ministro NAPOLEÃO NUNES MAIA FILHO, PRIMEIRA SEÇÃO, julgado em 24/05/2017, DJe 30/06/2017)

◉ **O poder-dever de a Administração punir a falta cometida por seus Funcionários não se desenvolve ou efetiva de modo absoluto, de sorte que encontra limite temporal no princípio da segurança jurídica, de hierarquia constitucional, uma vez que os administrados não podem ficar indefinidamente sujeitos à instabilidade originada do poder disciplinar do Estado, além de que o acentuado lapso temporal transcorrido entre o cometimento da falta disciplinar e a aplicação da respectiva sanção esvazia a razão de ser da responsabilização do Servidor supostamente transgressor.**

"MANDADO DE SEGURANÇA EXTINÇÃO DA PUNIBILIDADE EM RAZÃO DO RECONHECIMENTO, PELA PRÓPRIA ADMINISTRAÇÃO, DA PRESCRIÇÃO DA PRETENSÃO PUNITIVA ESTATAL. EXTINÇÃO DOS EFEITOS REFLEXOS. CERCEAMENTO DE DEFESA NÃO CONFIGURADO. PARECER DO MINISTÉRIO PÚBLICO PELA DENEGAÇÃO DA ORDEM. NO ENTANTO, ORDEM CONCEDIDA PARA DETERMINAR QUE A AUTORIDADE IMPETRADA SE ABSTENHA DE REALIZAR A ANOTAÇÃO PUNITIVA NOS ASSENTAMENTOS FUNCIONAIS DO IMPETRANTE. 1. O poder-dever de a Administração punir a falta cometida por seus Funcionários não se desenvolve ou efetiva de modo absoluto, de sorte que encontra limite temporal no princípio da segurança jurídica, de hierarquia constitucional, uma vez que os administrados não podem ficar indefinidamente sujeitos à instabilidade originada do poder disciplinar do Estado, além de que o acentuado lapso temporal transcorrido entre o cometimento da falta disciplinar e a aplicação da respectiva sanção esvazia a razão de ser da responsabilização do Servidor supostamente transgressor. 2. O art. 142 da Lei 8.112/90 (Regime Jurídico dos Servidores Públicos da União) funda-se na importância da segurança jurídica no domínio do Direito Público, instituindo o princípio da inevitável prescritibilidade das sanções disciplinares, prevendo o prazo de 5 anos para o Poder Público exercer seu jus puniendi na seara administrativa. 3. In casu, como verificado pela Comissão de Sindicância, ocorreu a extinção da pretensão sancionatória da Administração Pública para aplicar a pena de suspensão, pois decorreram mais de 2 anos do conhecimento das infrações e a instauração do PAD, incidindo, na espécie, o enunciado do art. 142 da Lei 8.112/1990. 4. A prescrição tem o condão de eliminar qualquer possibilidade de punição do Servidor pelos fatos apurados, inclusive futuras anotações funcionais em seus assentamentos, uma vez que, extinta a punibilidade, não há como subsistirem seus efeitos reflexos. Em outras palavras, a prescrição, antes da condenação, atinge o jus puniendi do Estado obstando o processo, já que extinta a punibilidade do fato. 5. O colendo Supremo Tribunal Federal, no julgamento do MS 23.262/DF, Rel. Min. DIAS TOFFOLI, DJe 30.10.2014, declarou incidentalmente a inconstitucionalidade do art. 170 da Lei 8.112/90, fundamento legal utilizado pela autoridade coatora para determinar o registro do fato desabonador nos assentamentos funcionais individuais do Impetrante. 6. Ordem concedida para determinar que a autoridade impetrada se abstenha de realizar a anotação punitiva nos assentamentos funcionais do Impetrante." (MS 19.593/DF, Rel. Ministro NAPOLEÃO NUNES MAIA FILHO, PRIMEIRA SEÇÃO, julgado em 28/10/2015, DJe 16/11/2015)

◙ **Atos preparatórios não são aptos a obstar o prazo decadencial para o exercício da autotutela. É necessária a impugnação formal e direta quanto à validade do ato, formulada por autoridade com poder de decisão sobre a anulação do ato.**

"MANDADO DE SEGURANÇA. ADMINISTRATIVO. ANISTIADO POLÍTICO, EX-INTEGRANTE DA AERONÁUTICA. AUTORIZAÇÃO PELO MINISTRO DE ESTADO DA JUSTIÇA DE ABERTURA DE PROCESSO DE ANULAÇÃO DA ANISTIA. DECURSO DE MAIS DE 5 ANOS DESDE A PUBLICAÇÃO DA PORTARIA ANISTIADORA ATÉ A PRETENSA REVISÃO DO ATO PELA ADMINISTRAÇÃO PÚBLICA. DECADÊNCIA. ART. 54 DA LEI 9.784/99. ATOS PREPARATÓRIOS NÃO SÃO APTOS A OBSTAR O PRAZO DECADENCIAL PARA O EXERCÍCIO DA AUTOTUTELA. NECESSIDADE DE IMPUGNAÇÃO FORMAL E DIRETA À VALIDADE DO ATO, FORMULADA POR AUTORIDADE COM PODER DE DECISÃO SOBRE A ANULAÇÃO DO ATO, ASSEGURADO AO INTERESSADO O EXERCÍCIO DA AMPLA DEFESA E DO CONTRADITÓRIO. PARECER MINISTERIAL PELA DENEGAÇÃO DA ORDEM. ORDEM CONCEDIDA, NO ENTANTO. 1. O direito líquido e certo a que alude o art. 5º., LXIX da Constituição Federal é aquele cuja existência e delimitação são passíveis de demonstração documental, não lhe turvando o conceito a sua complexidade ou densidade. Dessa forma, deve o impetrante demonstrar, já com a petição inicial, no que consiste a ilegalidade ou a abusividade que pretende ver expungida e comprovar, de plano, os fatos ali suscitados, de modo que seja despicienda qualquer dilação probatória, incabível no procedimento da ação mandamental. 2. Assim, o Mandado de Segurança é meio processual adequado para verificar se a medida impugnativa da autoridade administrativa pode ser considerada interruptiva do prazo decadencial para o exercício da autotutela, ainda que se tenha de examinar em profundidade a prova da sua ocorrência; o que não se admite, no trâmite do pedido de segurança, porém, é que essa demonstração se dê no curso do feito mandamental; mas se foi feita a demonstração documental e prévia da ilegalidade ou do abuso, não há razão jurídica para não se dar curso ao pedido de segurança e se decidi-lo segundo os cânones do Direito. 3. É lição constante (e antiga) dos tratadistas de Direito Civil que o instituto da decadência serve ao propósito da pacificação social, da segurança jurídica e da justiça, por isso que somente em situações de absoluta excepcionalidade se admite a revisão de situações jurídicas sobre as quais o tempo já estendeu o seu manto impenetrável; o Direito Público incorpora essa mesma orientação, com o fito de aquietar as relações do indivíduo com o Estado. 4. O art. 54 da Lei 9.784/99 prevê um prazo decadencial de 5 anos, a contar da data da vigência do ato administrativo viciado, para que a Administração anule os atos que gerem efeitos favoráveis aos seus destinatários. Após o transcurso do referido prazo decadencial quinquenal sem que ocorra o desfazimento do ato, prevalece a segurança jurídica em detrimento da legalidade da atuação administrativa. 5. Tratando-se de prazo decadencial, não há que se falar em suspensão ou interrupção do prazo.

Entretanto, a Lei 9.784/99 adotou um critério amplo para a configuração do exercício da autotutela, bastando uma medida de autoridade que implique impugnação do ato (art. 54, § 2º.). 6. O art. 1º., § 2º., III da mesma lei, define autoridade como sendo o servidor ou agente público dotado de poder de decisão. 7. Dessa forma, a impugnação que se consubstancia como exercício do dever de apurar os atos administrativos deve ser aquela realizada pela autoridade com poder de decidir sobre a anulação do ato. Além disso, somente os procedimentos que importem impugnação formal e direta à validade do ato, assegurando ao interessado o exercício da ampla defesa e do contraditório, é que afastam a configuração da inércia da Administração. 8. O § 2º. do art. 54 da Lei 9.784/99 deve ser interpretado em consonância com a regra geral prevista no caput, sob pena de tornar inócuo o limite temporal mitigador do poder-dever da Administração de anular seus atos, motivo pelo qual não se deve admitir que os atos preparatórios para a instauração do processo de anulação do ato administrativo sejam considerados como exercício do direito de autotutela. 9. In casu, impõe-se reconhecer a ocorrência da decadência, já que o impetrante é Anistiado Político, nos termos da Portaria 2.272, de 09.12.2003, do Ministro de Estado da Justiça (fls. 10), e o Despacho do Ministro da Justiça que autorizou a abertura de processo individual de anulação desse ato foi publicado em 19.08.2011 (fls. 9). 10. Ademais, nem se diga que a autorização para abertura de processo de anulação da anistia não representa, por si só, abalo à segurança jurídica, uma vez que concretamente representa fato prospectivo de lesão ao patrimônio jurídico subjetivo do anistiado, quando já transcorridos anos e anos de sua perfectibilização. 11. A corroborar o referido entendimento, entre outros, os MS 18.554/DF e MS 18.678/DF, ambos de minha relatoria, julgados em 11.12.2013, DJe 07.02.2014. 12. Ordem concedida para reconhecer a ocorrência da decadência da Administração em anular a anistia concedida ao impetrante." (MS 17.526/DF, Rel. Ministro NAPOLEÃO NUNES MAIA FILHO, PRIMEIRA SEÇÃO, julgado em 08/10/2014, DJe 16/10/2014)

◉ **O Poder Judiciário pode e deve sindicar amplamente, em Mandado de Segurança, o ato administrativo que aplica a sanção de demissão a Servidor Público para verificar a ocorrência dos ilícitos imputados ao Servidor e mensurar a adequação da reprimenda à gravidade da infração disciplinar.**

"ADMINISTRATIVO. MANDADO DE SEGURANÇA. AGENTE ADMINISTRATIVO DO MINISTÉRIO DA FAZENDA. PROCESSO ADMINISTRATIVO DISCIPLINAR. SERVIDORA PÚBLICO ACUSADA DE SE VALER DO CARGO PARA LOGRAR PROVEITO PESSOAL. EXCLUSÃO INDEVIDA DE RUBRICAS DE CONSIGNAÇÃO EM FOLHA DE PAGAMENTO. DEMISSÃO. SERVIDORA QUE DETINHA CONCEITO FUNCIONAL IRREPREENSÍVEL. CONFIGURADA AFRONTA AOS PRINCÍPIOS DA PROPORCIONALIDADE E RAZOABILIDADE. PENA DE SUSPENSÃO PREVISTA PELA COMISSÃO PROCESSANTE CONSENTÂNEA COM OS PRINCÍPIOS REGENTES DO DIREITO ADMINISTRATIVO SANCIONADOR. SEGURANÇA CONCEDIDA, PARA APLICAR A SANÇÃO PROPOSTA PELA COMISSÃO PROCESSANTE. 1. O simples fato de ter sido realizado fora do prazo previsto para sua conclusão não enseja a nulidade do ato administrativo, quando não ficar demonstrado que esta circunstância gerou prejuízos ao servidor ou administrado. 2. Como órgão jurídico do Ministério da Fazenda, ao contrário do que crê a impetrante, é exatamente da Procuradoria-Geral da Fazenda Nacional a competência para exarar opiniões jurídicas, na forma de parecer, em processo administrativo disciplinar sujeito ao exame do Ministro da Fazenda. Portanto, inexiste nulidade neste aspecto. 3. Por força dos princípios da proporcionalidade, da dignidade da pessoa humana e da culpabilidade, aplicáveis ao regime jurídico disciplinar, não há juízo de discricionariedade no ato administrativo que impõe sanção a Servidor Público em razão de infração disciplinar. Dest'arte, o controle jurisdicional é amplo, de modo a conferir garantia a todos os Servidores contra eventual arbítrio, não se limitando, portanto, somente aos aspectos formais, como algumas correntes doutrinárias ainda defendem. 4. O Poder Judiciário pode e deve sindicar amplamente, em Mandado de Segurança, o ato administrativo que aplica a sanção de demissão a Servidor Público, para verificar (i) a ocorrência dos ilícitos imputados ao Servidor e (ii) mensurar a adequação da reprimenda à gravidade da infração disciplinar. 5. Se de um lado é inegável que a impetrante efetivamente excluiu irregularmente rubricas de consignação na folha de pagamento de servidores lotados na Superintendência de Administração do Ministério da Fazenda no Pará, de outro, a própria Comissão Processante reconheceu que as consignatárias realizavam descontos abusivos, sendo este um dos motivos das indiciadas para efetuas as exclusões de consignações facultativas em suas folhas de pagamento; inclusive, cita acórdão do TCU Pleno 1505/2007, atestando esta realidade. 6. Assim, incontroversa a inexistência de prejuízo ao erário e a falta de organização no sistema dos consignados, fica fácil perceber que a conduta da impetrante não estava caracterizada pelo elemento doloso de malferir a legalidade, tampouco causar danos a terceiros ou beneficiar-se, porquanto a dívida subsistia apesar das exclusões nas folhas de pagamento. 7. Neste contexto, revela-se efetivamente desproporcional e desarrazoada a pena de demissão impingida à impetrante pela Autoridade Impetrada; em verdade, a decisão da Comissão Processante foi deveras prudente e consentânea com os princípios de direito que devem nortear o direito administrativo sancionador, diante dos meandros circunstanciais em que a conduta foi praticada, suas razões e consequências, concluindo pela pena de suspensão por 45 (quarenta e cinco) dias. 8. Segurança concedida, para aplicar a sanção proposta pela Comissão Processante, determinando a consequente reitegração da Servidora impetrante nos quadros funcionais, bem como o pagamento imediato das parcelas vencidas, desde a publicação da Portaria de Demissão até a data do efetivo retorno ao cargo público." (MS 20.776/DF, Rel. Ministro NAPOLEÃO NUNES MAIA FILHO, PRIMEIRA SEÇÃO, julgado em 08/10/2014, DJe 14/10/2014)

◉ **A desconstituição da eficácia de ato administrativo pelo Poder Público que repercuta no âmbito dos interesses individuais de servidores ou administrados exige, necessariamente, prévia instauração de processo administrativo, sob pena de grave violação do princípio do devido processo legal, bem como das garantias do contraditório e da ampla defesa.**

"PROCESSO CIVIL E ADMINISTRATIVO. MANDADO DE SEGURANÇA. MILITAR ANISTIADO. PORTARIA N. 1.555/2005. ANULAÇÃO DE ATO ADMINISTRATIVO ANTERIOR QUE ASSEGURAVA AO SERVIDOR O DIREITO DE PROMOÇÃO, NA INATIVIDADE, AO POSTO DE GENERAL DE BRIGADA. ERRO MATERIAL. INSTAURAÇÃO DE PROCESSO ADMINISTRATIVO. NECESSIDADE. AUSÊNCIA DO DEVIDO PROCESSO LEGAL. GARANTIA DO CONTRADITÓRIO E DA AMPLA DEFESA. 1. É pacífica a jurisprudência desta Corte no sentido de que a desconstituição da eficácia de ato administrativo pelo Poder Público que repercuta no âmbito dos interesses individuais de servidores ou administrados exige, necessariamente, prévia instauração de processo administrativo, sob pena de grave violação do princípio do devido processo legal, bem como das garantias do contraditório e da ampla defesa. Precedentes. 2. Na espécie, a Portaria n. 1.555/2005 tornou sem efeito ato administrativo anterior, que reconhecia ao militar inativo o direito de promoção ao posto de General de Brigada, ao fundamento de existência de erro material. 3. A Administração, entretanto, não cientificou nem mesmo proporcionou à parte interessada o direito de defesa, com a instauração do competente procedimento administrativo. 4. Nulidade configurada. 5. Segurança concedida." (MS 11.249/DF, Rel. Ministra MARILZA MAYNARD (DESEMBARGADORA CONVOCADA DO TJ/SE), Rel. p/ Acórdão Ministro SEBASTIÃO REIS JÚNIOR, TERCEIRA SEÇÃO, julgado em 24/09/2014, DJe 03/02/2015)

◉ **Quando a Administração Pública interpreta erroneamente uma lei resultando em pagamento indevido ao servidor cria-se uma falsa expectativa de que os valores recebidos são legais e definitivos, impedindo, assim, que ocorra desconto dos mesmos, ante a boa-fé do servidor público.**

"ADMINISTRATIVO. PAGAMENTO A MAIOR DE VERBA A SERVIDOR. ERRO DA ADMINISTRAÇÃO. BOA-FÉ OBJETIVA. PRESUNÇÃO DE LEGALIDADE E DEFINITIVIDADE DO PAGAMENTO. RESTITUIÇÃO DE VALORES. DESCABIMENTO NA HIPÓTESE. 1. Trata-se de Mandado de Segurança contra o Presidente do STJ. Alega a impetrante ser ré em processo administrativo que visa à reposição de juros de mora sobre reajuste pago indevidamente por erro na rotina de cálculos automáticos do Sistema de Administração de Recursos Humanos (SARH). Aduz que o pagamento a maior por erro da administração não enseja devolução pelo servidor de boa-fé. Pede seja revogada a decisão que determinou a cobrança. 2. A Primeira Seção consolidou o entendimento de que, tanto para verbas recebidas por antecipação de tutela posteriormente revogada (REsp 1.384.418/SC, depois confirmado sob o rito do art. 543-C do CPC no REsp 1.401.560/MT, estando pendente de publicação), quanto para verbas recebidas administrativamente pelo servidor público (REsp 1.244.182/PB), o beneficiário deve comprovar a sua patente boa-fé objetiva no recebimento das parcelas. 3. Na linha dos julgados precitados, o elemento configurador da boa-fé objetiva é a inequívoca compreensão, pelo beneficiado, do caráter legal e definitivo do pagamento. 4. "Quando a Administração Pública interpreta erroneamente uma lei, resultando em pagamento indevido ao servidor, cria-se uma falsa expectativa de que os valores recebidos são legais e definitivos, impedindo, assim, que ocorra desconto dos mesmos, ante a boa-fé do servidor público." (REsp 1.244.182/PB, Rel. Ministro Benedito Gonçalves, Primeira Seção, DJe 19.10.2012). 5. Descabe ao receptor da verba alegar que presumiu o caráter legal do pagamento em hipótese de patente cunho indevido, como, por exemplo, no recebimento de auxílio-natalidade (art. 196 da Lei 8.112/1990) por servidor público que não tenha filhos. 6. Na hipótese de pagamento por força de provimentos judiciais liminares, conforme os mencionados REsp 1.384.418/SC e REsp 1.401.560/MT (submetido ao regime do art. 543-C do CPC e da Resolução STJ 8/2008), não pode o servidor alegar boa-fé para não devolver os valores recebidos, em razão da própria precariedade da medida concessiva, e, por conseguinte, da impossibilidade de presumir a definitividade do pagamento. 7. In casu, todavia, o pagamento efetuado à impetrante decorreu de puro erro administrativo de cálculo, sobre o qual se imputa que ela tenha presumido, por ocasião do recebimento, a legalidade e a definitividade do pagamento, o que leva à conclusão de que os valores recebidos foram de boa-fé. 8. Segurança concedida. Agravo Regimental prejudicado." (MS 19.260/DF, Rel. Ministro HERMAN BENJAMIN, CORTE ESPECIAL, julgado em 03/09/2014, DJe 11/12/2014)

◉ **O ato administrativo que determina o retorno do servidor ao seu órgão de origem, mesmo ostentando natureza discricionária, exige a regular motivação, a fim de possibilitar o seu controle de legalidade. Inteligência dos arts. 2°, parágrafo único, inc. I, e 50, I e § 1°, todos da Lei 9.784/1999.**

"ADMINISTRATIVO. MANDADO DE SEGURANÇA. SERVIDOR PÚBLICO FEDERAL. AUDITOR-FISCAL DA RECEITA FEDERAL DO BRASIL. FIXAÇÃO DE EXERCÍCIO JUNTO AO MINISTÉRIO DA PREVIDÊNCIA SOCIAL. RETORNO À RECEITA FEDERAL DO BRASIL. POSSIBILIDADE. ATO PRECÁRIO. REVOGAÇÃO. ATO DISCRICIONÁRIO. MOTIVAÇÃO. NECESSIDADE. ARTS. 2° E 50 DA LEI 9.784/1999. INEXISTÊNCIA. ILEGALIDADE RECONHECIDA. SEGURANÇA CONCEDIDA. 1. Trata-se de mandado de segurança impetrado contra ato do Ministro de Estado da Previdência Social que determinou o retorno do impetrante, Auditor-Fiscal da Receita Federal do Brasil, à Secretaria da Receita Federal do Brasil. Sustenta o impetrante a arbitrariedade e ilegalidade do ato coator, por ausência de razoabilidade, proporcionalidade, motivação e por ser contrário aos interesses públicos. 2. O ato administrativo que determina o retorno do servidor ao seu órgão de origem, mesmo ostentando natureza discricionária, exige a regular motivação, a fim de possibilitar o seu controle de legalidade. Inteligência dos arts. 2°, parágrafo único, inc. I, e 50, I e § 1°, todos da Lei 9.784/1999. Precedentes do STJ. 3. Carecendo de motivação o ato coator, padece de ilegalidade. 4. Segurança concedida, ressalvado o direito da Administração de proferir nova decisão, devidamente motivada, para determinar o retorno do servidor ao órgão de origem." (MS 19.449/DF, Rel. Ministro MAURO CAMPBELL MARQUES, PRIMEIRA SEÇÃO, julgado em 27/08/2014, DJe 04/09/2014)

◉ **Reconhecida pela própria Administração a impossibilidade de aplicação da pena de demissão a servidor público que abandona o cargo por mais de 30 dias, tendo em vista a prescrição da pretensão punitiva, é vedada sua exoneração** ex officio, **reservada às hipóteses taxativamente previstas no art. 34, parágrafo único, I e II, da Lei n. 8.112/90.**

"ADMINISTRATIVO. MANDADO DE SEGURANÇA. SERVIDOR PÚBLICO. ABANDONO DO CARGO POR MAIS DE TRINTA DIAS. PRESCRIÇÃO DA PRETENSÃO PUNITIVA. EXONERAÇÃO EX OFFICIO. IMPOSSIBILIDADE. 1. Reconhecida pela própria Administração a impossibilidade de aplicação da pena de demissão a servidor público que abandona o cargo por mais de 30 dias, tendo em vista a prescrição da pretensão punitiva, é vedada sua exoneração ex officio, reservada às hipóteses taxativamente previstas no art. 34, parágrafo único, I e II, da Lei n. 8.112/90. Precedentes. 2. Tratando-se de mandado de segurança, os efeitos financeiros somente retroagem à data da impetração, nos moldes das Súmulas n. 269 e 271 do STF. 3. Segurança concedida." (MS 10.588/DF, Rel. Ministro ROGERIO SCHIETTI CRUZ, TERCEIRA SEÇÃO, julgado em 27/08/2014, DJe 02/09/2014)

◉ **Nos termos do art. 169 da Lei n. 8.112/1990 a constituição de outra comissão para a instauração de novo processo disciplinar só é cabível quando verificada a existência de vício insanável, devendo a autoridade julgadora declarar a nulidade total ou parcial do processo e ordenar a formação de ulterior comissão para instauração de novo processo.**

"MANDADO DE SEGURANÇA. SERVIDOR PÚBLICO FEDERAL. PROCESSO ADMINISTRATIVO DISCIPLINAR. JULGAMENTO. FALTA DE ELEMENTOS IDÔNEOS PARA CONCLUIR PELA EXISTÊNCIA DE IRREGULARIDADE. INSTAURAÇÃO DE NOVO PROCESSO. ART. 169 DA LEI N. 8.112/1990. IMPRESCINDIBILIDADE DA EXISTÊNCIA DE VÍCIO INSANÁVEL. 1. Nos termos do art. 169 da Lei n. 8.112/1990, a constituição de outra comissão para a instauração de novo processo disciplinar só é cabível quando verificada a existência de vício insanável, devendo a autoridade julgadora declarar a nulidade total ou parcial do processo e ordenar a formação de ulterior comissão, para instauração de novo processo. 2. A lei não confere à autoridade administrativa a faculdade de determinar a instauração de novo processo administrativo disciplinar ao entendimento, ainda que fundamentado, de ausência de provas suficientes para a formação de sua convicção. 3. Se as provas coligidas no processo originário não são suficientes para a formação da convicção do julgador, cabe a ele isentar o servidor da responsabilidade e encerrar o processo, pois deve prevalecer o princípio da presunção da inocência, que só pode ser elidido com a devida constatação da falta, pois a responsabilidade funcional deve ser objetivamente definida. Ela não se presume. 4. Na hipótese dos autos, a reprodução de outro processo administrativo disciplinar com o mesmo conteúdo e objeto, além de malferir o princípio da legalidade, impõe ao servidor, no mínimo, um constrangimento. Passível, pois, o controle do ato impugnado pelo Poder Judiciário. Precedentes. 5. Segurança concedida." (MS 15.004/DF, Rel. Ministro SEBASTIÃO REIS JÚNIOR, TERCEIRA SEÇÃO, julgado em 13/08/2014, DJe 22/08/2014)

◉ **No caso de demissão imposta a servidor público – na espécie, conversão de exoneração em destituição de cargo em comissão – submetido a processo administrativo disciplinar, não há falar em juízo de conveniência e oportunidade da Administração, visando restringir a atuação do Poder Judiciário à análise dos aspectos formais do processo disciplinar.**

"ADMINISTRATIVO. PROCESSO DISCIPLINAR. NULIDADES. NÃO CARACTERIZADAS. CONTROLE JURISDICIONAL. PRINCÍPIOS DA PROPORCIONALIDADE E RAZOABILIDADE. POSSIBILIDADE. PRECEDENTES. ALEGAÇÃO DE QUE O PARECER PRODUZIDO POR FISCAL DO TRABALHO DEIXOU DE PROMOVER EXAME COMPLETO DA QUESTÃO. NECESSIDADE DE DILAÇÃO PROBATÓRIA. IMPOSSIBILIDADE NA VIA ESTREITA DO WRIT OF MANDAMUS. DEFESA APRESENTADA CONTENDO TODAS AS TESES DE RESISTÊNCIA QUANTO AO FATO IMPUTADO. AUSÊNCIA DE COMPROVAÇÃO DE PREJUÍZO AO IMPETRANTE. PRINCÍPIO PAS DE NULLITÉ SANS GRIEF. CONDUTAS DEVIDAMENTE COMPROVADAS. RAZOABILIDADE E PROPORCIONALIDADE ENTRE OS FATOS E A PENA APLICADA CONFIGURADAS. TOMADA DE CONTAS ESPECIAL. PROCEDIMENTO ADEQUADO A APURAR SUPOSTA IRREGULARIDADE QUE CAUSE PREJUÍZO AO ERÁRIO. PRECEDENTES DO SUPREMO TRIBUNAL FEDERAL. RESSARCIMEN-

TO DE VALORES AO ERÁRIO. INEXISTÊNCIA DE CONCORDÂNCIA EXPRESSA DO SERVIDOR PÚBLICO. AJUIZAMENTO DE AÇÃO JUDICIAL. IMPRESCINDÍVEL. SEGURANÇA PARCIALMENTE CONCEDIDA. 1. No caso de demissão imposta a servidor público – na espécie, conversão de exoneração em destituição de cargo em comissão – submetido a processo administrativo disciplinar, não há falar em juízo de conveniência e oportunidade da Administração, visando restringir a atuação do Poder Judiciário à análise dos aspectos formais do processo disciplinar. 2. Nessas circunstâncias, o controle jurisdicional é amplo, no sentido de verificar se há motivação para o ato demissório, pois trata-se de providência necessária à correta observância dos aludidos postulados. 3. Por ser matéria carecedora de dilação probatória, desborda da via eleita verificar se o parecer produzido por Fiscal do Trabalho, de fato, deixou de abarcar a integralidade da questão, por não ter sido realizado o exame de todos documentos e dispositivos constitucionais e infraconstitucionais atinentes à espécie. 4. Eventual nulidade processual exige a respectiva comprovação do prejuízo à defesa, o que não ocorreu no presente caso. Assim, aplicável à espécie o princípio do pas de nullité sans grief. 5. O correto proceder do agente público, diante de pedido cujo deferimento implicaria, por certo, desembolso de verba pública, seria solicitar aos órgãos ou autoridades legalmente pertinentes – v.g.: Ministro de Estado do Desenvolvimento Agrário, Secretário de Reforma Agrária, Consultoria Jurídica daquele Ministério, ou mesmo a Advocacia Geral da União – parecer conclusivo sobre a questão, documento esse que serviria como alicerce jurídico apto a embasar a decisão a ser tomada. 6. Por expressa disposição legal contida no art. 128 da Lei n.º 8.112/90, a aplicação da penalidade na esfera administrativa deve considerar as circunstâncias objetivas do fato – natureza da infração e dano causado – e as subjetivas do infrator – atenuantes e antecedentes funcionais. 7. Mostra-se razoável e proporcional a imposição ao Impetrante da pena de conversão em destituição da exoneração de cargo em comissão, na medida em que as condutas a ele imputadas, para as quais está prevista a citada sanção, foram devidamente comprovadas nos autos do processo administrativo disciplinar; e que preponderaram as circunstâncias agravantes. 8. O ex-servidor, profissional experiente quanto à Administração Pública, vendo-se diante de pleito, no mínimo, controvertido e cujo eventual deferimento demandaria dispêndio de vultosa quantia pelo erário, deixou de conduzir a questão por intermédio dos canais competentes para tanto, tomando decisão calcada apenas no seu entendimento pessoal sobre a matéria, denotando esse proceder total descompasso com o trato que deve ser destinado à coisa pública. 9. Cabe ao agente público federal, tomando conhecimento eventuais irregularidades das quais resultem prejuízo ao erário, informar o Tribunal de Contas da União, para que sejam tomadas as providências pertinentes, sendo a Tomada de Contas Especial o procedimento adequado a apurar tais fatos e, caso necessário, determinar a aplicação de sanções aos responsáveis. 10. Nos termos do que dispõe o art. 46 da lei n.º 8.112/90, caso haja concordância do servidor público, é possível o ressarcimento de valores supostamente devidos por meio de descontos em folha de pagamento ou emissão de GRU. Caso contrário, é imprescindível a propositura de ação judicial específica, na qual seja estabelecido o alcance da responsabilidade civil e determinado o ressarcimento do dano causado ao erário. 11. Segurança parcialmente concedida." (MS 14.432/DF, Rel. Ministra LAURITA VAZ, TERCEIRA SEÇÃO, julgado em 13/08/2014, DJe 22/08/2014)

◉ **É ilegal a anulação de processo findo, com sanção já cumprida, ou seja, uma revisão com *reformatio in pejus*, após o encerramento do respectivo processo disciplinar.**

"MANDADO DE SEGURANÇA. ADMINISTRATIVO. SERVIDOR PÚBLICO FEDERAL. PROCESSO ADMINISTRATIVO DISCIPLINAR. CUMPRIMENTO DA PENA DE SUSPENSÃO POR TRINTA DIAS, CONVERTIDA EM MULTA (ART. 130, § 2º, DA LEI 8.112/90). POSTERIOR REVISÃO DO PROCESSO. APLICAÇÃO DA PENA DE DEMISSÃO PELOS MESMOS FATOS. OCORRÊNCIA DE REFORMATIO IN PEJUS. SEGURANÇA CONCEDIA. 1. Discussão acerca da possibilidade de anulação parcial de processo findo, com sanção já cumprida, para aplicação de penalidade de demissão pelos mesmos fatos. 2. Rejeito a tese da preliminar de decadência do direito à impetração suscitada pela autoridade coatora, referendada pelo Parquet, pois, entre a publicação da Portaria Retificadora, ocorrida em 15 de fevereiro de 2006 (e-STJ fl. 80), e a impetração do writ (26.4.2006) não transcorreu o prazo do art. 23 da Lei 12.016/2009. 3. O que se tem aqui é anulação de processo findo, com sanção já cumprida, ou seja, uma revisão com reformatio in pejus, a qual está em sentido contrário à jurisprudência do STJ que proíbe o agravamento da penalidade imposta a servidor, após o encerramento do respectivo processo disciplinar, com o julgamento definitivo pela autoridade competente, como no caso dos autos em que já tinha sido cumprida a pena de suspensão, convertida em multa, quando veio nova reprimenda (demissão). Dentre outros precedentes: MS 11.554/DF, Rel. Ministro Og Fernandes, Terceira Seção, DJe 01/10/2013; MS 17.370/DF, Rel. Ministro Arnaldo Esteves Lima, Primeira Seção, DJe 10/09/2013; MS 10.950/DF, Rel. Ministro Og Fernandes, Terceira Seção, DJe 01/06/2012. 4. Incide, na espécie, o verbete sumular n. 19/STF: "[é] inadmissível segunda punição de servidor público, baseada no mesmo processo em que se fundou a primeira". 5. Segurança concedida para anular as Portarias n. 1.511 e 1.512, publicadas no D.O.U de 15 de fevereiro de 2006, do Ministro da Integração Nacional, e, por conseguinte, determinar a reintegração dos impetrantes no cargo que ocupavam antes da demissão, com repercussão financeira a partir da impetração." (MS 11.749/DF, Rel. Ministro BENEDITO GONÇALVES, PRIMEIRA SEÇÃO, julgado em 11/06/2014, DJe 20/06/2014)

◙ **O rejulgamento do processo administrativo disciplinar com vistas a agravar a sanção inicialmente imposta ofende o devido processo legal e não encontra respaldo na Lei n. 8.112/1990, a qual somente admite a revisão do processo quando são apontados vícios insanáveis que conduzam à absolvição do servidor ou à mitigação da pena aplicada.**

"MANDADO DE SEGURANÇA. SERVIDOR PÚBLICO. PROCESSO ADMINISTRATIVO DISCIPLINAR. CONCLUSÃO PELA ABSOLVIÇÃO DAS IMPUTAÇÕES CONTIDAS NA INDICIAÇÃO. RETIFICAÇÃO PARCIAL DO JULGAMENTO. VIOLAÇÃO DO DEVER FUNCIONAL. PENA DE ADVERTÊNCIA. NÃO APONTADOS OS VÍCIOS. REFORMATIO IN PEJUS. IMPOSSIBILIDADE. – O rejulgamento do processo administrativo disciplinar, com vistas a agravar a sanção inicialmente imposta, ofende o devido processo legal e não encontra respaldo na Lei n. 8.112/1990, a qual somente admite a revisão do processo quando são apontados vícios insanáveis que conduzam à absolvição do servidor ou à mitigação da pena aplicada. – O servidor público não pode permanecer sujeito a rejulgamento do feito para fins de agravamento da sanção, quando sequer são apontados vícios no processo administrativo disciplinar. – In casu, a retificação do Processo Administrativo Disciplinar tomada pelo Ministro de Estado da Fazenda Interino não teve por escopo corrigir eventual vício insanável e nem beneficiar o impetrante, na medida em que, ao reexaminar o mérito das conclusões firmadas pela Comissão processante no sentido de sua absolvição, entendeu por configurada a violação do seu dever funcional, ressalte-se, apenas deixando de lhe aplicar a pena de advertência em virtude da ocorrência da prescrição. Segurança concedida." (MS 8.778/DF, Rel. Ministra MARILZA MAYNARD (DESEMBARGADORA CONVOCADA DO TJ/SE), TERCEIRA SEÇÃO, julgado em 14/05/2014, DJe 22/05/2014)

◙ **Não se deve impor ao servidor público federal abrir mão do cargo no qual se encontra estável, quando empossado em outro cargo público inacumulável de outro regime jurídico, antes de alcançada a nova estabilidade, por se tratar de situação temerária, diante da possibilidade de não ser o agente público aprovado no estágio probatório referente ao novo cargo.**

"MANDADO DE SEGURANÇA. SERVIDOR PÚBLICO FEDERAL ESTÁVEL. ESTÁGIO PROBATÓRIO EM OUTRO CARGO PÚBLICO DE REGIME JURÍDICO DISTINTO. RECONDUÇÃO AO CARGO ANTERIORMENTE OCUPADO. POSSIBILIDADE. 1. Da leitura dos dispositivos relacionados à vacância (art. 33) e à recondução (art. 29) de servidor público na Lei n. 8.112/1990, verifica-se que a redação da norma não faz referência ao regime jurídico do novo cargo em que empossado o agente público. 2. O servidor público federal somente faz jus a todos os benefícios e prerrogativas do cargo após adquirir a estabilidade, cujo prazo – após a alteração promovida pela EC n. 19/2008, passou a ser de 3 anos – repercute no do estágio probatório. 3. O vínculo jurídico com o serviço público originário somente se encerra com a aquisição da estabilidade no novo regime jurídico. 4. A Administração tem a obrigação de agir com dever de cuidado perante o administrado, não lhe sendo lícito infligir a ele nenhuma obrigação ou dever que não esteja previsto em lei e que não tenha a finalidade ou motivação de atender ao interesse público, corolário da ponderação dos princípios constitucionais da supremacia do interesse público, da legalidade, da finalidade, da moralidade, da boa-fé objetiva e da razoabilidade. 5. Não se deve impor ao servidor público federal abrir mão do cargo no qual se encontra estável, quando empossado em outro cargo público inacumulável de outro regime jurídico, antes de alcançada a nova estabilidade, por se tratar de situação temerária, diante da possibilidade de não ser o agente público aprovado no estágio probatório referente ao novo cargo. 6. Para evitar essa situação – que em nada atende ao interesse público, mas que representa um prejuízo incomensurável ao cidadão que, ao optar por tomar posse em cargo de outro regime jurídico, não logra aprovação no estágio probatório ou desiste antes do encerramento do período de provas, ficando sem quaisquer dos cargos -, deve prevalecer a orientação de que o vínculo permanece até a nova estabilidade, permitindo a aplicação dos institutos da vacância e da recondução. 7. A doutrina de José dos Santos Carvalho Filho é no sentido de admitir a possibilidade de o servidor público federal estável, após se submeter a estágio probatório em cargo de outro regime, requerer sua recondução ao cargo federal, antes do encerramento do período de provas, ou seja, antes de adquirida a estabilidade no novo regime. 8. O servidor público federal, diante de uma interpretação sistemática da Lei n. 8.112/1990, mormente em face do texto constitucional, tem direito líquido e certo à vacância quando tomar posse em cargo público, independentemente do regime jurídico do novo cargo, não podendo, em razão disso, ser exonerado antes da estabilidade no novo cargo. 9. Uma vez reconhecido o direito à vacância (em face da posse em novo cargo não acumulável), deve ser garantido ao agente público, se vier a ser inabilitado no estágio probatório ou se dele desistir, a recondução ao cargo originariamente investido. 10. O direito de o servidor, aprovado em concurso público, estável, que presta novo concurso e, aprovado, é nomeado para cargo outro, retornar ao cargo anterior ocorre enquanto estiver sendo submetido ao estágio probatório no novo cargo: Lei 8.112/90, art. 20, § 2º. É que, enquanto não confirmado no estágio do novo cargo, não estará extinta a situação anterior (MS n. 24.543/DF, Ministro Carlos Velloso, Tribunal Pleno, DJU 12/9/2003). 11. No âmbito interno da Advocacia-Geral da União, controvérsia análoga foi resolvida administrativamente, com deferimento da pretensão de recondução. 12. O Consultor-Geral da União proferiu despacho no sentido do deferimento da recondução, por entender ser despicienda a análise do regime jurídico do novo cargo em que o agente público federal está se submetendo a estágio probatório, remetendo a questão ao Advogado-Geral da União para, após aprovação, encaminhar ao Presidente da República para alterar a orientação normativa, de modo a vincular toda a Administração Pública Federal. 13. A ação judicial proposta pela Procuradora Federal requerente no processo administrativo objeto do despacho acima referido foi julgada parcialmente procedente, e a apelação interposta pela Advocacia-Geral da União para o Tribunal Regional Federal da 1ª Região não foi apreciada, tendo em conta o pedido de desistência feito pela União (recorrente). 14. Diante da nova interpretação a respeito dos institutos da vacância (pela posse em cargo público inacumulável) e da recondução, previstas na Lei n. 8.112/1990, considerando-se, inclusive, que há orientação normativa no âmbito da Advocacia-Geral da União admitindo o direito à recondução de agente público federal que tenha desistido de estágio probatório de cargo estadual inacumulável, aprovada pela Presidência da República, é nítido o direito líquido e certo do ora impetrante. 15. Segurança concedida." (MS 12.576/DF, Rel. Ministro SEBASTIÃO REIS JÚNIOR, TERCEIRA SEÇÃO, julgado em 26/02/2014, DJe 03/04/2014)

◙ **O direito sancionador impõe à Administração provar que as condutas imputadas ao servidor investigado se amoldam**

ao tipo descrito na norma repressora. O fato de a autoridade entender que a impetrante não conseguiu explicar a motivação das viagens a trabalho não é suficiente para fundamentar a aplicação da pena de demissão pelo uso de diárias e passagens.

"ADMINISTRATIVO. MANDADO DE SEGURANÇA. SERVIDOR PÚBLICO FEDERAL. USO INDEVIDO DE DIÁRIAS. PARECER DA COMISSÃO PROCESSANTE PELA APLICAÇÃO DA SANÇÃO DE SUSPENSÃO. MODIFICAÇÃO PELA AUTORIDADE COATORA. APLICAÇÃO DA PENA DE DEMISSÃO. IMPUTAÇÃO DE ATO DE IMPROBIDADE E DE VALIMENTO DO CARGO PARA LOGRAR PROVEITO PESSOAL. NÃO OBSERVÂNCIA DO QUE DISPÕE O ART. 168, PARÁGRAFO ÚNICO, DA LEI N. 8.112/90. AUSÊNCIA DE FUNDAMENTAÇÃO VÁLIDA. DEMISSÃO CALCADA NO DEPOIMENTO DA IMPETRANTE ANTE A FALTA DE ESCLARECIMENTOS SOBRE OS MOTIVOS DAS VIAGENS A SERVIÇO. 1. Mandado de segurança no qual se questiona a ilegalidade ou abusividade do ato demissório diante das condutas imputadas à impetrante de ter utilizado indevidamente de diárias de viagens realizadas a serviço. 2. Nos termos do artigo 168 da Lei n. 8.112/90 a autoridade julgadora pode aplicar sanção diversa daquela sugerida pela comissão processante, agravando ou abrandando a penalidade, ou até mesmo isentar o servidor da responsabilidade, desde que apresente a devida fundamentação, o que não ocorreu no caso dos autos. Precedente: MS 9.516/DF, Rel. Min. Hamilton Carvalhido, Rel. p/ Acórdão Min. Laurita Vaz, Terceira Seção, DJe 25/06/2008). 3. O direito sancionador impõe à Administração provar que as condutas imputadas ao servidor investigado se amoldam ao tipo descrito na norma repressora. O fato de a autoridade entender que a impetrante não conseguiu explicar a motivação das viagens a trabalho não é suficiente para fundamentar a aplicação da pena de demissão pelo uso de diárias e passagens. No caso, da fundamentação não se extrai um juízo de certeza sobre a culpa, tampouco acerca do dolo da impetrante em simular a necessidade de viagens, máxime porque o afastamento do servidor pressupõe prévia autorização da autoridade competente. 4. Ordem concedida para anular o ato de demissão, com a reintegração da impetrante no cargo, ressalvando o direito da Administração Pública de prosseguir na apuração dos fatos e aplicar a sanção cabível. Os efeitos funcionais devem retroagir à data do ato demissório. Já os efeitos financeiros incidem a partir da data da impetração, nos termos das Súmulas 269 e 271 do STF, ficando reservado o direito às diferenças remuneratórias às vias ordinárias. Sem honorários advocatícios (Súmula 105/STJ)." (MS 19.992/DF, Rel. Ministro BENEDITO GONÇALVES, PRIMEIRA SEÇÃO, julgado em 26/02/2014, DJe 19/03/2014)

▣ A negativa de conhecimento ao indiciado do conteúdo de documento de pujante e evidente força simbólica contra si enseja violação aos princípios do contraditório e da ampla defesa.

"ADMINISTRATIVO. SERVIDOR PÚBLICO FEDERAL. PROCESSO DISCIPLINAR. DEMISSÃO. OFÍCIO DO MINISTÉRIO PÚBLICO FEDERAL NOS AUTOS DO PAD. ROTULADO COMO SIGILOSO. DESQUALIFICAÇÃO DAS CONCLUSÕES DA COMISSÃO. AUSÊNCIA DE VISTA E DE POSSIBILIDADE DE CONTESTAÇÃO AO SERVIDOR. VIOLAÇÃO DO CONTRADITÓRIO E DA AMPLA DEFESA. 1. Cuida-se de mandado de segurança impetrado com o objetivo de anular processo administrativo disciplinar que culminou na demissão do impetrante do cargo de Auditor-Fiscal da Receita Federal por violação das disposições da Lei n. 8.112/90 e por improbidade administrativa; é alegado cerceamento ao direito de defesa, bem como desproporção na sanção aplicada. 2. O mandado de segurança é via adequada e cabível para a proteção contra violação de direito, desde que seja instruído com o acervo probatório pré-constituído para permitir a discussão das teses jurídicas postuladas, que é o caso dos autos. Preliminares rejeitadas. 3. O impetrante foi demitido com base em capitulação legal trazida pela Consultoria Jurídica do Ministério, firmada na Lei n. 8.429/92 e na Lei n. 8.112/90, após o Ministério Público Federal ter atravessado ofício aos autos, desqualificando o relatório final da Comissão Processante; o documento do MPF foi qualificado como sigiloso. 4. Ressai evidente que a ausência de oportunidade para contraditar o ofício sigiloso juntado violou o direito de defesa. O referido documento reavaliou o processo administrativo disciplinar, demandando providências da chefia da Corregedoria-Geral da Receita Federal no sentido de não observar o relatório da Comissão Processante, rotulado como equivocado e contraditório, e defendendo a demissão do impetrante como obrigatória. 5. A negativa de conhecimento ao indiciado do conteúdo de documento de pujante e evidente força simbólica contra si, determina que seja localizada a violação dos princípios do contraditório e da ampla defesa. 6. A segurança deve ser concedida em parte com o fim de anular a portaria demissional e para a devida reintegração do servidor, devendo ser mantido o ato de instauração do processo disciplinar, que deverá – novamente – prosseguir com a designação de nova comissão formada por membros que não participaram da anterior; deverá, ainda, expungido do processo o parecer sigiloso do Ministério Público Federal, ser proferido novo relatório final e nova deliberação da autoridade. Segurança concedida parcialmente." (MS 18.138/DF, Rel. Ministro HUMBERTO MARTINS, PRIMEIRA SEÇÃO, julgado em 12/02/2014, DJe 04/04/2014)

◙ **O termo inicial da prescrição punitiva estatal começa a fluir na exata data do conhecimento da irregularidade, praticada pelo servidor, por alguma autoridade do serviço público e não, necessariamente, pela autoridade competente para a instauração do processo administrativo disciplinar.**

"ADMINISTRATIVO. MANDADO DE SEGURANÇA. SERVIDORA PÚBLICA. INASSIDUIDADE HABITUAL. ART. 132, III, DA LEI 8.112/90. DEMISSÃO. PRESCRIÇÃO DA PRETENSÃO PUNITIVA DA ADMINISTRAÇÃO. OCORRÊNCIA. INÍCIO DA CONTAGEM DO PRAZO. ARTS. 116, VI, 142, § 1.º E 143, DA LEI N.º 8.112/90. DATA EM QUE O FATO SE TORNOU CONHECIDO PELA ADMINISTRAÇÃO, E NÃO NECESSARIAMENTE PELA AUTORIDADE COMPETENTE PARA A INSTAURAÇÃO DO PROCESSO ADMINISTRATIVO DISCIPLINAR. SEGURANÇA CONCEDIDA. 1. "De acordo com o art. 142, inciso I, § 1º, da Lei n.º 8.112/90, o prazo prescricional de cinco anos, para a ação disciplinar tendente à demissão ou cassação de aposentadoria do servidor, começa a correr da data em que a Administração toma conhecimento do fato àquele imputado". (STF, RMS 24.737/DF, Primeira Turma, Rel. Min. CARLOS BRITTO, DJ de 1/6/04) 2. O termo inicial da prescrição punitiva estatal começa a fluir na exata data do conhecimento da irregularidade, praticada pelo servidor, por alguma autoridade do serviço público e não, necessariamente, pela autoridade competente para a instauração do processo administrativo disciplinar. Precedente. 3 – A autoridade hierarquicamente superior à impetrante era seu chefe imediato, que teve ciência, de forma inequívoca e clara das faltas injustificadas da servidora. Logo, tão somente aquele que a acompanhava tinha o dever funcional de comunicar à autoridade competente para a devida apuração, sob pena, até, de falta funcional. 4. Admitida a ciência do ato pelo chefe imediato da impetrante, em 3/8/04 (data da última falta injustificada), e sendo de 5 (cinco) anos o prazo para o exercício da pretensão sancionadora do Estado, nos termos do art. 142, inciso I, da Lei 8.112/90, resta configurada a prescrição, uma vez que o processo administrativo disciplinar que culminou com a aplicação da pena de demissão da servidora foi instaurado apenas em 27/8/09. 5. Mandado de segurança concedido." (MS 20.162/DF, Rel. Ministro ARNALDO ESTEVES LIMA, PRIMEIRA SEÇÃO, julgado em 12/02/2014, DJe 24/02/2014)

◙ **No processo administrativo não deverão atuar os servidores que, na forma do art. 149, § 2º, da Lei 8.112/90 e 18 da Lei 9.784/99, forem considerados suspeitos ou impedidos.**

"ADMINISTRATIVO. MANDADO DE SEGURANÇA. SERVIDOR PÚBLICO. DEMISSÃO. PRESIDENTE DA COMISSÃO DE PROCESSO ADMINISTRATIVO. PARCIALIDADE. DEMONSTRAÇÃO. NULIDADE DO PAD. REINTEGRAÇÃO DO SERVIDOR. SEGURANÇA CONCEDIDA. 1. No processo administrativo não deverão atuar os servidores que, na forma do art. 149, § 2º, da Lei 8.112/90 e 18 da Lei 9.784/99 forem considerados suspeitos ou impedidos. 2. "Ainda que determinadas situações não estejam expressamente expostas nos mencionados dispositivos, a comprovação de imparcialidade dos membros da comissão processante vicia o processo administrativo pela inobservância da regra constante do art. 150 da Lei n. 8.112/90 ('A Comissão exercerá suas atividades com independência e imparcialidade, assegurado o sigilo necessário à elucidação do fato ou exigido pelo interesse da administração')" (EDcl no MS 17.873/DF, Rel. Min. MAURO CAMPBELL MARQUES, Primeira Seção, DJe 9/9/13). 3. Hipótese em que os fatos narrados na petição inicial – que, a rigor, não foram refutados pela Autoridade Impetrada, que se limitou a tentar classificá-los como juridicamente irrelevantes -, quando examinados em conjunto, levam à conclusão de que a imparcialidade do Presidente da Comissão Processante efetivamente restou maculada, uma vez que ele, mesmo antes da instauração do PAD contra o Impetrante, teve acesso – ainda que parcial – às provas, assim como manteve contato estreito com os policiais federais que atuaram no inquérito policial, fatos estes capazes de criar uma dúvida razoável quanto à sua imparcialidade para presidir o processo administrativo. 4. Segurança concedida para declarar a nulidade do PAD instaurado contra o Impetrante e, por conseguinte, da Portaria/MJ n. 2.227, de 10/6/13, publicada no dia 11/6/13, que o demitiu do cargo de Policial Rodoviário Federal do Quadro de Pessoal do Departamento de Polícia Rodoviária Federal do Ministério da Justiça, determinando sua imediata reintegração, como todas os direitos e vantagens inerentes ao referido cargo público. Custas ex lege. Sem condenação em honorários advocatícios, nos termos da Súmula 105/STJ." (MS 20.331/DF, Rel. Ministro ARNALDO ESTEVES LIMA, PRIMEIRA SEÇÃO, julgado em 13/11/2013, DJe 05/12/2013)

◙ **A remoção por motivo de saúde passa a ser direito subjetivo do servidor, de modo que, uma vez preenchidos os requisitos legais, a Administração tem o dever jurídico de promover o deslocamento horizontal do interessado dentro do mesmo quadro de pessoal.**

"ADMINISTRATIVO. MANDADO DE SEGURANÇA. SERVIDOR PÚBLICO. REMOÇÃO POR MOTIVO DE SAÚDE. CABIMENTO. PREENCHIMENTO DOS REQUISITOS. LAUDO MÉDICO. SITUAÇÃO PROVISÓRIA QUE NÃO MAIS SUBSISTE. 1. A jurisprudência deste Superior Tribunal é firme no sentido de que a remoção por motivo de saúde passa a ser direito subjetivo do servidor, de modo que, uma vez preenchidos os requisitos legais, a Administração tem o dever jurídico de promover o deslocamento horizontal do interessado dentro do mesmo quadro de pessoal. 2. Situação de risco à saúde que, embora existente no momento da concessão da liminar, não mais subsiste. 3. Segurança concedida, em parte, para ratificar a liminar anteriormente deferida." (MS 14.329/DF, Rel. Ministro OG FERNANDES, TERCEIRA SEÇÃO, julgado em 11/09/2013, DJe 03/02/2014)

◙ **Se a persecução administrativa disciplinar foi processada sem que tivesse ação penal em curso o prazo prescricional a ser adotado no processo administrativo disciplinar da impetrante é o previsto no art. 142, § 2º, da Lei n. 8.112/1990.**

"MANDADO DE SEGURANÇA. ADMINISTRATIVO. SERVIDOR PÚBLICO INATIVO. CASSAÇÃO DE APOSENTADORIA. PROCESSO ADMINISTRATIVO DISCIPLINAR. PRESCRIÇÃO. OCORRÊNCIA. APLICAÇÃO DO PRAZO CONSTANTE DA LEI N. 8.112/1990. LEI PENAL. NÃO APLICAÇÃO. AÇÃO PENAL INSTAURADA (DENÚNCIA) POSTERIORMENTE À CASSAÇÃO DO BENEFÍCIO. SENTENÇA PENAL ABSOLUTÓRIA. AÇÃO ORDINÁRIA PROCEDENTE PARA RESTABELECER O BENEFÍCIO. 1. No momento em que a denúncia foi recebida pelo Juiz na ação penal (3/9/2009), a aposentadoria da impetrante já havia sido cassada, inexistindo apuração criminal concomitante com a persecução administrativa, motivo pelo qual não se aplica o prazo prescricional penal. 2. Considerando-se que a persecução administrativa disciplinar foi processada sem que tivesse ação penal em curso, o prazo prescricional a ser adotado no processo administrativo disciplinar da impetrante é o previsto no art. 142, § 2º, da Lei n. 8.112/1990. 3. Diante da notoriedade dos fatos ocorridos no âmbito do posto do Instituto Nacional do Seguro Social – INSS em que a impetrante exercia cargo de chefia, bem como da incontestável ciência das irregularidades pelos órgãos de controle e fiscalização, que resultou, inclusive, no cancelamento do benefício de seu marido em 2001, a entidade deveria ter iniciado o processo administrativo disciplinar no prazo de 5 anos, em razão das falhas constatadas no processo administrativo de cassação, contados do cancelamento do referido benefício, nos termos do art. 142, I, da Lei n. 8.112/1990. 4. Não é razoável que um processo administrativo fique sobrestado por quase 5 anos (5/9/2002 a 6/3/2007) sem que a Administração Pública conclua seu processamento, sob pena de ofensa aos princípios constitucionais da razoabilidade, da eficiência e da razoável duração do processo administrativo (art. 5º, LXXVIII, da CF). 5. Não há como considerar a concessão da aposentadoria do marido da impetrante infração administrativa, capitulada no art. 117, IX, da Lei n. 8.112/1990 (valer-se do cargo para lograr proveito pessoal ou de outrem, em detrimento da dignidade da função pública), ao mesmo tempo em que o Tribunal Regional Federal da 4ª Região restabelece o referido benefício e absolve os servidores, motivo pelo qual deve ser anulada a portaria que cassou a aposentadoria da impetrante. 6. Segurança concedida." (MS 13.356/DF, Rel. Ministro SEBASTIÃO REIS JÚNIOR, TERCEIRA SEÇÃO, julgado em 11/09/2013, DJe 01/10/2013)

◉ É inadmissível segunda punição de servidor público baseada no mesmo processo em que se fundou a primeira.

"ADMINISTRATIVO. MANDADO DE SEGURANÇA. SERVIDOR PÚBLICO. PENAS DE SUSPENSÃO E DEMISSÃO. BIS IN IDEM E REFORMATIO IN PEJUS. OCORRÊNCIA. VEDAÇÃO. SÚMULA 19/STF. 1. A Terceira Seção do STJ inspirada na Súmula n. 19 do STF: "É inadmissível segunda punição de servidor público, baseada no mesmo processo em que se fundou a primeira" firmou compreensão de que, nos termos do disposto na Lei n. 8.112/1990, o Processo Administrativo Disciplinar somente poderá ser anulado quando constatada a ocorrência de vício insanável (art. 169, caput), ou revisto, quando apresentados fatos novos ou circunstâncias suscetíveis de justificar a inocência do servidor punido ou a inadequação da penalidade aplicada (art. 174, caput), sendo certo que a nova reprimenda não poderá ser mais gravosa (arts. 182, parágrafo único, da Lei n. 8.112/1990, c/c o art. 65, parágrafo único, da Lei n. 9.784/1999). 2. Na presente espécie, as informações apresentadas pela autoridade não indicaram vício insanável que fosse apto a anular o PAD, na forma do art. 169 da Lei n. 8.112/1990, detendo-se, apenas, no mérito das imputações feitas à servidora e na suposta inadequação da penalidade aplicada (suspensão). Mesmo assim, o processo foi anulado, o que ensejou nova punição (demissão), incorrendo-se no bis in idem, vedado, na seara administrativa, pela citada Súmula 19/STF. 3. Ademais, não foi trazido fato novo ou circunstância relevante para o abrandamento da pena (art. 174, caput, da Lei n. 8.112/1990), mas, em vez disso, a situação do servidor foi agravada, apesar da proibição da reformatio in pejus, contida nos arts. 182, parágrafo único, da Lei do RJU, e 65, parágrafo único, da Lei n. 9.784/1999, antes referenciados. 4. Tem-se, pois, patente ofensa ao devido processo legal, que gera a nulidade do rejulgamento do PAD, bem assim da segunda apenação imposta à impetrante. 5. Segurança concedida para anular o ato de demissão da impetrante." (MS 11.554/DF, Rel. Ministro OG FERNANDES, TERCEIRA SEÇÃO, julgado em 11/09/2013, DJe 01/10/2013)

◉ É necessária a atenção aos princípios da ampla defesa e do contraditório no âmbito dos processos administrativos que ensejam restrição de direito do servidor público.

"ADMINISTRATIVO. PROCESSUAL CIVIL. AUDITOR FISCAL DO TRABALHO. CONCURSO PÚBLICO. ANULAÇÃO DE ATO DE NOMEAÇÃO E POSSE APÓS MAIS DE QUINZE ANOS DE EXERCÍCIO NO CARGO. AUSÊNCIA DE INTIMAÇÃO DO SERVIDOR. VIOLAÇÃO AOS PRINCÍPIOS DA AMPLA DEFESA E DO CONTRADITÓRIO. PRECEDENTES. 1. Cuida-se de writ impetrado contra ato administrativo da lavra do Ministro do Trabalho e Emprego que tornou sem efeito a nomeação da impetrante para o cargo de auditor-fiscal do trabalho, após mais de quinze anos da data da posse o do exercício; a motivação do ato impugnado é o cumprimento de decisão judicial na qual houve a reversão de provimento favorável quando da realização do concurso público. 2. A Primeira Seção já apreciou o tema e acordou que é necessária a atenção aos princípios da ampla defesa e do contraditório no âmbito dos processos administrativos que ensejam restrição de direito, em casos idênticos ao presentes nos autos, de servidores relacionados com o mesmo concurso público. Precedentes: MS 15.472/DF, Rel. Ministro Benedito Gonçalves, DJe 30.3.2012; MS 15.475/DF, Rel. Ministro Herman Benjamin, DJe 30.8.2011; e MS 15.469/DF, Rel. Ministro Castro Meira, Rel. p/ Acórdão Ministro Arnaldo Esteves Lima, DJe 20.9.2011. 3. Em linha de conseqüência, não cabe apreciar a aplicação da teoria do fato consumado ao caso neste momento, uma vez que a realização do regular exercício de defesa no processo administrativo pode resultar em decisão diversa da que deu ensejo ao ato coator, como bem indicado em caso similar. Precedente: MS 15.474/DF, Rel. Ministro Arnaldo Esteves Lima, Primeira Seção, DJe 17.4.2013. Segurança concedida em parte. Agravo regimental prejudicado." (MS 15.473/DF, Rel. Ministro HUMBERTO MARTINS, PRIMEIRA SEÇÃO, julgado em 11/09/2013, DJe 23/09/2013)

◙ **O novo julgamento do processo administrativo disciplinar ofende o devido processo legal por não encontrar respaldo na Lei 8.112/90 que prevê sua revisão tão somente quando constatado vício insanável ou houver possibilidade de abrandamento da sanção disciplinar aplicada ao servidor público.**

"ADMINISTRATIVO. MANDADO DE SEGURANÇA. SERVIDOR PÚBLICO. PROCESSO ADMINISTRATIVO DISCIPLINAR – PAD. ANULAÇÃO DA PENA DE SUSPENSÃO, JÁ CUMPRIDA PELO SERVIDOR, E APLICAÇÃO DE PENA MAIS GRAVE, DE DEMISSÃO, POR ORIENTAÇÃO DA CONTROLADORIA-GERAL DA UNIÃO. BIS IN IDEM E REFORMATIO IN PEJUS. IMPOSSIBILIDADE. PEDIDO DE REINTEGRAÇÃO JULGADO PROCEDENTE. EFEITOS FUNCIONAIS. RETROAÇÃO À DATA DA DEMISSÃO. EFEITOS FINANCEIROS. RETROAÇÃO LIMITADA À DATA DA IMPETRAÇÃO. SEGURANÇA CONCEDIDA. 1. "A Autoridade coatora apontada, que impõe a pena de demissão, vincula-se aos fatos apurados e não à capitulação legal proposta pela Comissão Processante. Da mesma forma, o indiciado se defende dos fatos contra ele imputados, não importando a classificação legal inicial, mas sim a garantia da ampla defesa e do contraditório. Por isso, a modificação na tipificação das condutas pela Autoridade Administrativa não importa nem em nulidade do PAD, nem no cerceamento de defesa" (MS 13.364/DF, Rel. Min. NAPOLEÃO NUNES MAIA FILHO, Terceira Seção, DJe 26/5/08). 2. O novo julgamento do processo administrativo disciplinar ofende o devido processo legal, por não encontrar respaldo na Lei 8.112/90, que prevê sua revisão tão somente quando constatado vício insanável ou houver possibilidade de abrandamento da sanção disciplinar aplicada ao servidor público. 3. O processo disciplinar se encerra mediante o julgamento do feito pela autoridade competente. A essa decisão administrativa, à semelhança do que ocorre no âmbito jurisdicional, deve ser atribuída a nota fundamental de definitividade. O servidor público punido não pode remanescer sujeito a novo julgamento do feito para fins de agravamento da sanção, com a finalidade de seguir orientação normativa, quando sequer se apontam vícios no processo administrativo disciplinar. 4. "É inadmissível segunda punição de servidor público, baseada no mesmo processo em que se fundou a primeira" (Súmula 19/STF). 5. Hipótese em que a anulação, pelo Presidente da FUNASA, da pena de suspensão aplicada ao Impetrante, após seu cumprimento, não teve por escopo corrigir eventual vício insanável e/ou beneficiá-lo, na medida em que resultou da orientação firmada pela Corregedoria – Geral da União – CGU que, ao reexaminar o mérito das conclusões firmadas pela Comissão processante, entendeu necessária a aplicação de pena mais grave, de demissão. 6. Segurança concedida para anular a pena de demissão aplicada ao Impetrante e determinar à Autoridade Impetrada que o reintegre ao serviço público. Efeitos funcionais que devem retroagir à data da demissão do servidor. Os efeitos financeiros, todavia, devem retroagir à data da impetração, conforme as Súmulas 269 e 271/STF, reservando-se a cobrança das diferenças remuneratórias anteriores à impetração às vias ordinárias." (MS 17.370/DF, Rel. Ministro ARNALDO ESTEVES LIMA, PRIMEIRA SEÇÃO, julgado em 28/08/2013, DJe 10/09/2013)

◙ **Os Servidores Públicos Federais lotados nas Comissões Diplomáticas Brasileiras no Exterior, nominados de Auxiliares Locais, enquadravam-se na categoria de Empregados Públicos, antes da Lei 8.112/90, de sorte que estavam vinculados nos termos da Legislação Trabalhista Brasileira.**

"ADMINISTRATIVO. AUXILIAR LOCAL. PRESTAÇÃO DE SERVIÇO A ÓRGÃO PÚBLICO NO EXTERIOR. CONTRATO ANTERIOR À CONSTITUIÇÃO FEDERAL. ENQUADRAMEN-

TO NO REGIME JURÍDICO ÚNICO. ART. 243 DA LEI 8.112/90. ORDEM CONCEDIDA, EM HARMONIA COM O PARECER MINISTERIAL. 1. Os Servidores Públicos Federais lotados nas Comissões Diplomáticas Brasileiras no Exterior, nominados de Auxiliares Locais, enquadravam-se na categoria de Empregados Públicos, antes da Lei 8.112/90, de sorte que estavam vinculados nos termos da Legislação Trabalhista Brasileira. 2. Com o advento da Lei 7.501/86, que instituiu o Regime Jurídico dos Funcionários do Serviço Exterior, a categoria dos Auxiliares Locais (prestadores de serviço a órgão público no Exterior) foi legalmente definida, garantindo-se a estes a aplicação da legislação brasileira; posteriormente, o Decreto 93.325/86, ao aprovar o Regulamento de Pessoal do Serviço Exterior, reforçou a previsão de submissão às normas nacionais. 3. Assegurada a aplicação da legislação brasileira aos funcionários do Serviço Exterior, deve ser reconhecido o direito dessa categoria de Servidores ao enquadramento no novo Regime Estatutário, com a respectiva transmudação dos empregos públicos em cargos públicos, na forma do disposto no art. 243 da Lei 8.112/90 4. A alteração do art. 67 da Lei 7.501/86, trazida à lume pela Lei 8.745/93, (ou seja, posteriormente à transformação dos empregos em cargos públicos), sujeitando os Auxiliares Locais à incidência da legislação vigente no País onde se presta o serviço e não mais à legislação brasileira, não retroage a ponto de prejudicar eventuais direitos adquiridos, por força do comando inscrito no art. 5°., inciso XXXVI, da Carta Magna. 5. Na hipótese dos autos, o impetrante comprovou haver sido admitido em maio de 1975, como Auxiliar Técnico Local, para prestar serviço, por tempo indeterminado, junto à Comissão Aeronáutica Brasileira na Europa (CABE), sediada em Londres. 6. Com base nas premissas acima fixadas, deve ser reconhecido o direito líquido e certo do impetrante ao enquadramento ao Regime Estatutário, instituído pela Lei 8.112/90, como Servidor Público Civil da União, em cargo compatível com as funções por ele desempenhadas." (MS 20.397/DF, Rel. Ministro NAPOLEÃO NUNES MAIA FILHO, PRIMEIRA SEÇÃO, julgado em 25/10/2017, DJe 07/11/2017)

◉ Extensão da GDATFA aos inativos, na forma em que paga aos ativos, sob pena de ofensa ao princípio da paridade, considerando que o texto constitucional garante que toda e qualquer gratificação genérica paga aos servidores em atividade, deve ser estendida aos inativos.

"MANDADO DE SEGURANÇA. SERVIDOR PÚBLICO. GRATIFICAÇÃO DE DESEMPENHO DE ATIVIDADE TÉCNICA DE FISCALIZAÇÃO AGROPECUÁRIA – GDATFA. EXTENSÃO AOS SERVIDORES INATIVOS NA FORMA EM QUE PAGA AOS SERVIDORES EM ATIVIDADE. GRATIFICAÇÃO DE NATUREZA JURÍDICA HÍBRIDA. A PARIDADE DEVE SER OBSERVADA ENQUANTO NÃO FOREM ESTABELECIDOS OS CRITÉRIOS QUE PERMITEM A DIFERENCIAÇÃO. PRECEDENTES ESPECÍFICOS DO STF E DO STJ. INCIDÊNCIA DA SÚMULA VINCULANTE 20. 1. Voltando-se a impetração contra a omissão sucessiva da autoridade de estender aos servidores inativos os patamares fixados para os ativos, referentes ao pagamento da GDATFA, não há falar em aplicação da Súmula 266/STF, por não se tratar de mandado de segurança impetrado contra lei em tese. 2. As normas que embasam a impetração estão diretamente relacionadas às atribuições tanto do Ministro do Planejamento, Orçamento e Gestão, quanto do Ministro da Agricultura, Pecuária e Abastecimento, os quais possuem competência de viabilizar a efetivação do postulado da isonomia, mediante a regulamentação e adequada aplicação da legislação, podendo, inclusive, sanar as apontadas ilegalidades. Por conseguinte, o Ministro da Agricultura, Pecuária e Abastecimento tem legitimidade passiva ad causam para figurar no polo passivo da impetração. 3. Nos termos do art. 105, I, "b", da Constituição Federal, compete ao Superior Tribunal de Justiça processar e julgar, originariamente, os mandados de segurança contra ato de Ministro de Estado, dos Comandantes da Marinha, do Exército e da Aeronáutica ou do próprio Tribunal [...] (AgRg no MS n. 20.625/SP, Ministro Ribeiro Dantas, Terceira Seção, DJe 1º/2/2016), motivo pelo qual o Coordenador-Geral de Recursos Humanos do Ministério da Agricultura, Pecuária e Abastecimento não tem legitimidade passiva ad causam no presente mandamus. 4. Há interesse de agir no writ, uma vez que a pretensão busca a extensão da GDATFA aos inativos, na forma em que paga aos ativos, sob pena de ofensa ao princípio da paridade, considerando que o texto constitucional garante que toda e qualquer gratificação genérica paga aos servidores em atividade, deve ser estendida aos inativos. 5. A GDATFA foi criada possuindo, em sua essência, uma nítida natureza propter laborem, decorrente da necessidade de o valor ser calculado adotando a avaliação de desempenho individual, cujos critérios estariam previstos em atos do Poder Público, conforme dispõe o art. 3º, parágrafo único, da Lei n. 10.484/2002, o que inviabilizaria, numa análise perfunctória, a sua extensão aos inativos e pensionistas. 6. O disposto no art. 5º, caput, e parágrafo único, da Lei n. 10.484/2002, expressamente impõe à Administração o pagamento da GDATFA aos seus servidores já aposentados e aos pensionistas, desde o momento da publicação da referida Lei. 7. É da exegese dos arts. 3º e 6º da Lei n. 10.484/2002 que até à edição de regulamento disciplinando os critérios de avaliação e de pagamento, a gratificação seria paga, de forma geral e independentemente de avaliação, no patamar de 40 (quarenta) pontos, aos servidores ocupantes de cargos efetivos ou cargos e funções comissionadas e de confiança a que ela fazem jus. 8. Com a edição da Medida Provisória n. 216, de 23 de setembro de 2004, posteriormente convertida na Lei n. 11.090, de 7 de janeiro de 2005, foi determinado que até a definição dos critérios de avaliação de desempenho das atividades de fiscalização agropecuária, a GDATFA deveria ser paga aos servidores da ativa no valor correspondente a 80 (oitenta) pontos, independentemente de avaliações, nos termos do art. 31 da referida MP. 9. Tal pontuação foi garantida a todos os servidores em atividade, indistintamente, até a edição do Decreto n. 7.133, de 19/3/2010, que regulamentou os procedimentos de apuração do desempenho individual e institucional, necessários para o cálculo da gratificação. Diante disso, a Terceira Seção concluiu, naquela assentada (MS n. 11.236/DF) que, no tocante aos servidores inativos dos cargos de Agente de Atividades Agropecuárias, bem como aos respectivos pensionistas, no período compreendido entre a publicação da MP n. 216, de 23/9/2004, até a edição do Decreto n. 7.133, de 19/3/2010, deve ser assegurado o direito de receberem a referida vantagem no valor correspondente a 80 (oitenta) pontos, em razão do caráter geral da gratificação, vinculada tão somente ao cargo. 10. Após o referido decreto, o pagamento deverá ser feito nos termos do art. 5º da Lei n. 10.484/2002, cuja disposição é no sentido de que a GDATFA é devida no valor de 50% (cinquenta por cento) do valor máximo do respectivo nível (redação conferida pela Lei n. 11.784, de 22/9/2008). 11. A quaestio iuris concernente à GDATFA também foi objeto de apreciação pelo Supremo Tribunal Federal, quando do julgamento do RE n. 665.406/AL, que resultou, inclusive, em tese confirmada com natureza de repercussão geral, no sentido de garantir a extensão aos inativos no mesmo patamar pago aos ativos, enquanto não fossem definidos os critérios de avaliação individual e institucional pela Administração Pública. 12. A Corte Suprema afirmou que o termo inicial do pagamento diferenciado das gratificações de desempenho entre servidores ativos e inativos é o da data da homologação das avaliações, não podendo a Administração retroagir os efeitos financeiros à data anterior, considerando ilegítima a portaria do MAPA que fazia retroagir a limitação aos efeitos financeiros da gratificação. 13. O entendimento sufragado pelo Pretório Excelso reconhece o direito dos servidores inativos ao recebimento da gratificação em comento no patamar em que efetivamente pago aos servidores em atividade, enquanto não houver critério definido pela Administração Pública para apuração da GDATFA de forma específica e diferenciada para os servidores ativos, que somente se deu com a Portaria MAPA n. 1.031/2010. 14. No presente caso, vejo que a impetrante representa os servidores inativos dos cargos de Agente de Inspeção Sanitária e Industrial de Produtos de Origem Animal e de Agente de Atividades Agropecuárias do Ministério da Agricultura, Pecuária e Abastecimento – MAPA, bem como de Auxiliar de Laboratório e Técnico de Laboratório do Quadro de Pessoal do MAPA, todos lotados na Comissão Executiva do Plano da Lavoura Cacaueira. 15. Em relação aos aposentados nos referidos cargos de agente, a GDATFA deve ser paga nos limites em que definidos pelo Supremo Tribunal Federal, ou seja, desde a edição da Lei n. 10.484/2002 até a data da homologação dos resultados das avaliações. 16. Considerando que o acórdão proferido nos autos do MS n. 11.236/DF está em conformidade com o entendimento Pretoriano, adoto os lapsos então definidos, com as adaptações que o presente caso requer, decorrentes dos cargos dos representados, também vinculados ao quadro de pessoal do MAPA. 17. No tocante aos ocupantes dos cargos de Técnico e Auxiliar de Laboratório do quadro de pessoal do MAPA, representados pela impetrante, os limites devem ser fixados considerando outros lapsos, notadamente por que tais cargos somente passaram a ser beneficiados com a previsão de pagamento da GDATFA após a edição da MP n. 295, de 29/5/2006, que expressamente determinou sua extensão. 18. Tratando-se de ação de mandado de segurança, a jurisprudência desta Corte de Justiça orienta-se no sentido de que os efeitos financeiros decorrentes da concessão da segurança devem retroagir à data de sua impetração, de modo que os valores atinentes ao período pretérito devem ser reclamados pela via judicial própria (EDcl no MS n. 14.959/DF, Ministro Nefi Cordeiro, Terceira Seção, DJe 5/3/2015). 19. Segurança parcialmente concedida para reconhecer aos representados da impetrante o direito líquido e certo de perceberem a GDATFA na forma em que paga aos servidores em atividade, até a data da homologação dos resultados das avaliações funcionais e institucionais, considerando-se os lapsos e critérios expostos na fundamentação do presente voto em relação ao cálculo da gratificação e que os efeitos financeiros decorrentes da concessão da segurança não podem retroagir à data anterior à impetração do mandamus, em respeito às Súmulas 269 e 271 do STF." (MS 12.216/DF, Rel. Ministro SEBASTIÃO REIS JÚNIOR, TERCEIRA SEÇÃO, julgado em 09/08/2017, DJe 16/08/2017)

◙ Não obstante o vínculo de trabalho fosse precário do servidor (via liminar), o vínculo previdenciário, após as contribuições previdenciárias ao regime próprio, consolidou-se com a reunião dos requisitos para a concessão de aposentadoria.

"ADMINISTRATIVO E PROCESSUAL CIVIL. SERVIDOR PÚBLICO. EXONERAÇÃO COM BASE EM DECISÃO JUDICIAL. PROCEDIMENTO ADMINISTRATIVO. CONTRADITÓRIO E AMPLA DEFESA. DESNECESSIDADE. SITUAÇÃO CONSOLIDADA NO CASO CONCRETO. IDENTIFICAÇÃO DA CONTROVÉRSIA 1. Trata-se de Mandado de Segurança impetrado, com fundamento no art. 105, I, "b", da Constituição da República, contra ato do Ministro de Estado da Fazenda (Portaria MF 548/2011 – DOU 12.12.2011) que exonerou o impetrante com base em decisão de improcedência da ação não transitada em julgado, em que anteriormente havia sido garantida a participação do ora impetrante no concurso público de Auditor Fiscal da Receita Federal. 2. Nos autos principais, o Tribunal Regional Federal da 3ª Região (AC 2004.03.99.009403-3) declarou o pedido do ora impetrante improcedente, contra o que foram interpostos Recursos Especial e Extraordinário. O Recurso Especial tomou o número 1.260.653 e dele não se conheceu (Relator Ministro Mauro Campbell Marques, Segunda Turma). Já o Recurso Extraordinário não foi admitido na origem e o ora impetrante apresentou Agravo de Instrumento (AI 798.142), o qual teve provimento negado pelo Supremo Tribunal Federal. 3. Não obstante a decisão de improcedência da ação principal ter transitado em julgado posteriormente ao ajuizamento da presente ação, o que se debate na presente hipótese é se a autoridade impetrada poderia, com base em decisão judicial não transitada em julgado, exonerar o impetrante sem proporcionar previamente o contraditório e a ampla defesa. CONTRADITÓRIO E AMPLA DEFESA E O CUMPRIMENTO ADMINISTRATIVO DE DECISÃO JUDICIAL 4. A presente hipótese revela situação em que a controvérsia relativa à nomeação de candidato estava judicializada, de forma que o cumprimento do que decidido na esfera judicial é de execução imediata, não havendo falar em violação dos princípios do contraditório e da ampla defesa pela Administração, pois tais pilares constitucionais foram observados no curso da ação judicial. Não há falar em exercício da autotutela administrativa, pois, como já frisado, o ato administrativo não resulta da revisão, pela Administração, dos seus próprios atos, mas de simplesmente efetivar comando judicial. Em relação a esse tema há precedente específico desta Primeira Seção em sentido contrário ao que exposto, que merece, com todas as vênias, ser superado (MS 15.469/DF, Rel. Ministro Castro Meira, Rel. p/ Acórdão Ministro Arnaldo Esteves Lima, Primeira Seção, DJe 20.9.2011). 5. Deve ser considerado o fato superveniente de que houve o trânsito em julgado da ação que julgou improcedente a ação apresentada pelo ora impetrante e que fundamentou o ato apontado como coator. Não há como exigir que a Administração proporcione novo contraditório e ampla defesa quando se trata de simplesmente cumprir decisão judicial transitada em julgado, sem prejuízo da possibilidade de amplo controle de legalidade do citado ato administrativo. SITUAÇÃO EXCEPCIONALÍSSIMA DE CONSOLIDAÇÃO FÁTICO-JURÍDICA NO CASO CONCRETO – APOSENTADORIA. 6. Apesar da compreensão acima exarada, o impetrante foi nomeado, já sob amparo de decisão judicial liminar, em 23.9.2003 permanecendo sob essa condição até o momento de sua aposentadoria (23.12.2013). 7. Não obstante o vínculo de trabalho fosse precário, o vínculo previdenciário, após as contribuições previdenciárias ao regime próprio, consolidou-se com a reunião dos requisitos para a concessão de aposentadoria. 8. A legislação federal apenas estabelece a cassação da aposentadoria nos casos de demissão do servidor público e de acumulação ilegal de cargos (arts. 133, § 6º, e 134 da Lei 8.112/1990), não havendo, portanto, respaldo legal para impor a mesma penalização quando o exercício do cargo é amparado por decisões judiciais precárias e o servidor se aposenta por tempo de contribuição durante esse exercício após legítima contribuição ao sistema. 9. Segurança parcialmente concedida para manter a aposentadoria do impetrante. Agravo Regimental da União prejudicado." (MS 18.002/DF, Rel. Ministro HERMAN BENJAMIN, PRIMEIRA SEÇÃO, julgado em 23/11/2016, DJe 08/05/2017)

◙ **A teor do art. 36 da Lei 8.112/90, nas hipóteses dos incisos I e II do art. 36 da Lei 8.112/90, a concessão de remoção é ato discricionário da Administração, ao passo que, nos casos enquadrados no inciso III, o instituto passa a ser direito subjetivo do Servidor, de modo que, uma vez preenchidos os requisitos, a Administração tem o dever jurídico de promover o deslocamento horizontal do Servidor dentro do mesmo quadro de pessoal.**

"ADMINISTRATIVO. MANDADO DE SEGURANÇA. SERVIDORA PÚBLICA DA UNIVERSIDADE FEDERAL DA BAHIA. REMOÇÃO PARA ACOMPANHAR CÔNJUGE, SERVIDOR DA MARINHA DO BRASIL, TRANSFERIDO EX OFFICIO. ART. 36, III, A DA LEI 8.112/90. REQUISITOS ATENDIDOS. PARECER DO MPF PELA CONCESSÃO DA ORDEM. ORDEM CONCEDIDA. 1. O Regime Jurídico dos Servidores Públicos Federais previu três situações que permitem o deslocamento do Servidor, a pedido, no âmbito do mesmo quadro funcional, independentemente do interesse da Administração: (a) para acompanhar cônjuge ou companheiro, também Servidor Público, que foi deslocado no interesse da Administração; (b) por motivo de saúde do Servidor, cônjuge, companheiro ou dependente que viva às suas expensas; e (c) em virtude de processo seletivo promovido, na hipótese em que o número de interessados for superior ao número de vagas. Fora essas hipóteses, a remoção fica a critério do interesse da Administração. 2. Tem-se, pois, que, a teor do art. 36 da Lei 8.112/90, nas hipóteses dos incisos I e II do art. 36 da Lei 8.112/90, a concessão de remoção é ato discricionário da Administração, ao passo que, nos casos enquadrados no inciso III, o instituto passa a ser direito subjetivo do Servidor, de modo que, uma vez preenchidos os requisitos, a Administração tem o dever jurídico de promover o deslocamento horizontal do Servidor dentro do mesmo quadro de pessoal. 3. No caso dos autos, restou comprovada a união estável estabelecida entre a Impetrante e seu companheiro (fls. 17), bem como o deslocamento deste último no interesse da Administração (fls. 19), não havendo razão para o indeferimento da remoção pretendida. 4. Ordem concedida, em conformidade com o parecer do Ministério Público Federal, para reconhecer o direito da Impetrante de ser removida definitivamente para acompanhar seu cônjuge, nos termos do art. 36, parág. único, inciso III, alínea a da Lei 8.112/90, confirmando a liminar anteriormente deferida." (MS 22.283/DF, Rel. Ministro NAPOLEÃO NUNES MAIA FILHO, PRIMEIRA SEÇÃO, julgado em 10/08/2016, DJe 22/08/2016)

◙ **A estabilidade no serviço público e o estágio probatório são institutos distintos, motivo porque incabível a exigência de cumprimento do prazo constitucional de três anos para que o servidor figure em lista de promoção na carreira.**

"CONSTITUCIONAL E ADMINISTRATIVO. MANDADO DE SEGURANÇA. PRELIMI-

NARES. REJEIÇÃO. PROCURADOR FEDERAL. PROMOÇÃO E PROGRESSÃO NA CARREIRA. ESTÁGIO PROBATÓRIO E ESTABILIDADE. INSTITUTOS JURÍDICOS DISTINTOS. PRECEDENTES DESTA CORTE. SEGURANÇA CONCEDIDA. 1. Impetrado mandado de segurança contra o ato do Advogado-Geral da União que indeferiu recurso hierárquico interposto pela impetrante contra decisão da Procuradora-Geral Federal, sobressai a legitimidade passiva da autoridade impetrada. Preliminar rejeitada. 2. Não há utilização do mandamus como ação de cobrança, por se tratar de um ato administrativo decisório passível de impugnação por meio de mandado de segurança, constituindo os efeitos financeiros decorrentes do ato administrativo impugnado. Preliminar rejeitada. 3. Conforme orientação assentada na Terceira Seção deste Superior Tribunal de Justiça, a estabilidade no serviço público e o estágio probatório são institutos distintos, motivo porque incabível a exigência de cumprimento do prazo constitucional de três anos para que o servidor figure em lista de promoção na carreira. Precedentes. 4. Segurança concedida." (MS 12.508/DF, Rel. Ministro RIBEIRO DANTAS, TERCEIRA SEÇÃO, julgado em 24/02/2016, DJe 14/03/2016)

◙ **O direito líquido e certo a que alude o art. 5º, LXIX da Constituição Federal é aquele cuja existência e delimitação são passíveis de demonstração documental, não lhe turvando o conceito a sua complexidade ou densidade. Dessa forma, deve o impetrante demonstrar, já com a petição inicial, no que consiste a ilegalidade ou a abusividade que pretende ver expungida e comprovar, de plano, os fatos ali suscitados, de modo que seja despicienda qualquer dilação probatória, incabível no procedimento da ação mandamental. PAD. Direito líquido e certo comprovado.**

"MANDADO DE SEGURANÇA. ADMINISTRATIVO. DEMISSÃO. SERVIDOR PÚBLICO QUE EXERCEU A FUNÇÃO POR MAIS DE 20 ANOS EM CARGO QUE EXIGIA FORMAÇÃO EM CURSO SUPERIOR. CASSAÇÃO DE APOSENTADORIA. IMPOSSIBILIDADE. A COMISSÃO PROCESSANTE CONCLUIU PELA FALTA DE MÁ-FÉ DO IMPETRANTE E SUGERIU O ARQUIVAMENTO DOS AUTOS POR INCIDÊNCIA DA DECADÊNCIA. PENA DIVERSA OFENDE OS PRINCÍPIOS DA PROPORCIONALIDADE, RAZOABILIDADE E DA SEGURANÇA JURÍDICA. TESTEMUNHAS QUE APONTARAM O EXÍMIO TRABALHO EXERCIDO PELO IMPETRANTE NO DECORRER DOS ANOS EM QUE EXERCEU A FUNÇÃO. A TRANSIÇÃO DO REGIME CELETISTA PARA O REGIME ESTATUTÁRIO CONTRIBUIU PARA A CLASSIFICAÇÃO DO IMPETRANTE EM CARGO DIVERSO. O SUPERIOR HIERÁRQUICO DO IMPETRANTE, OUVIDO COMO TESTEMUNHA, AFIRMOU QUE O CURSO TÉCNICO DO IMPETRANTE SERIA EQUIVALENTE AO CURSO SUPERIOR. DECURSO DE MAIS DE 20 ANOS DESDE A INSTAURAÇÃO DO PAD E A NOMEAÇÃO DO SERVIDOR. DECADÊNCIA. ART. 54 DA LEI 9.784/99. ORDEM CONCEDIDA EM CONFORMIDADE COM O PARECER DO MPF. PREJUDICADO O AGRAVO REGIMENTAL INTERPOSTO CONTRA A DECISÃO LIMINAR ANTERIORMENTE DEFERIDA PELO EMINENTE MINISTRO LUIZ FUX. 1. O direito líquido e certo a que alude o art. 5º., LXIX da Constituição Federal é aquele cuja existência e delimitação são passíveis de demonstração documental, não lhe turvando o conceito a sua complexidade ou densidade. Dessa forma, deve o impetrante demonstrar, já com a petição inicial, no que consiste a ilegalidade ou a abusividade que pretende ver expungida e comprovar, de plano, os fatos ali suscitados, de modo que seja despicienda qualquer dilação probatória, incabível no procedimento da ação mandamental. 2. É lição constante (e antiga) dos tratadistas de Direito Civil que o instituto da decadência serve ao propósito da pacificação social, da segurança jurídica e da justiça, por isso, somente em situações de absoluta excepcionalidade, admite-se a revisão de situações jurídicas sobre as quais o tempo já estendeu o seu manto impenetrável; o Direito Público incorpora essa mesma orientação, com o fito de aquietar as relações do indivíduo com o Estado. 3. O art. 54 da Lei 9.784/99 prevê um prazo decadencial de 5 anos, a contar da data da vigência do ato administrativo viciado, para que a Administração anule os atos que gerem efeitos favoráveis aos seus destinatários. Após o transcurso do referido prazo decadencial quinquenal sem que ocorra o desfazimento do ato, prevalece a segurança jurídica em detrimento da legalidade da atuação administrativa. 4. O § 2º. do art. 54 da Lei 9.784/99 deve ser interpretado em consonância com a regra geral prevista no caput, sob pena de tornar inócuo o limite temporal mitigador do poder-dever da Administração de anular seus atos, motivo pelo qual não se deve admitir que os atos preparatórios para a instauração do processo de anulação do ato administrativo sejam considerados como exercício do direito de autotutela. 5. In casu, impõe-se reconhecer a ocorrência da decadência, já que o ex-Servidor, atualmente aposentado, (i) exerceu os serviços satisfatoriamente por mais de 20 anos; (ii) o seu superior hierárquico acreditava que o curso realizado pelo impetrante era equiparado a curso superior; e (iii), no ano de 1990, houve a transição do regime celetista para o regime estatutário, o que evidentemente, atrai alguma confusão para os seus operadores, como toda inovação legislativa. 6. Ordem concedida para reconhecer a ocorrência da decadência da Administração em anular a aposentadoria do impetrante, em conformidade com o parecer do MPF. Prejudicada a análise do Agravo Regimental interposto contra a decisão liminar anteriormente deferida pelo eminente Ministro LUIZ FUX." (MS 15.333/DF, Rel. Ministro NAPOLEÃO NUNES MAIA FILHO, PRIMEIRA SEÇÃO, julgado em 24/02/2016, DJe 08/03/2016)'

◉ **PAD. A existência de prévio pedido de exoneração, bem como as diligências da impetrante no sentido de viabilizar a formalização de sua exoneração perante a Administração, afasta a presença do animus abandonandi, requisito necessário à configuração da infração disciplinar prevista no artigo 127, inciso III, da Lei nº 8.112/1990.**

"PROCESSUAL CIVIL E ADMINISTRATIVO. MANDADO DE SEGURANÇA INDIVIDUAL. SERVIDOR PÚBLICO FEDERAL. PROCESSO ADMINISTRATIVO DISCIPLINAR. CONVERSÃO DE EXONERAÇÃO A PEDIDO EM DESTITUIÇÃO DE CARGO EM COMISSÃO. IMPROBIDADE ADMINISTRATIVA. ART. 132, VI, DA LEI 8.112/1990. AUSÊNCIA DE ANIMUS ABANDONANDI. EXISTÊNCIA DE PRÉVIO PEDIDO DE EXONERAÇÃO. INOCORRÊNCIA DE ATO DE IMPROBIDADE ADMINISTRATIVA. ART. 11 DA LEI 8.429/1992. AUSÊNCIA DOS REQUISITOS LEGAIS. SEGURANÇA CONCEDIDA. 1. Pretende a impetrante a concessão da segurança para anular o ato administrativo que lhe aplicou pena de conversão de exoneração em destituição de cargo em comissão, pela prática do ilícito capitulado no art. 132, IV ("improbidade administrativa") c/c 135, da Lei 8.112/1990 e do art. 11 da Lei 8.429/1992, ao fundamento de que o PAD seria nulo em razão da parcialidade dos membros da comissão processante, de que membro da comissão participou de sindicância preliminar, a prescrição da pretensão punitiva disciplinar, a atipicidade da conduta, em razão da ausência de animus abandonandi e tendo em vista que a ocorrência de erro da própria Administração, a ausência de atos de improbidade administrativa, frente à inexistência de dolo e prejuízo ao Erário público e a desproporcionalidade da penalidade aplicada. 2. A materialidade da infração disciplinar prevista no art. 127, III, da Lei 8.112/1990, pressupõe a ausência intencional por período superior a 30 dias e o animus abandonandi por parte do servidor, além de pressupor a consciência da ilicitude da conduta e a probabilidade de dano à Administração, sendo que, a existência de prévio pedido de licença ainda pendente de exame pela Administração, afasta a presença do animus abandonandi, requisito necessário à aplicação da pena de demissão por abandono de cargo. Precedentes. 3. Pelos documentos acostados aos autos, resta evidente que a impetrante formulou pedido de exoneração em 01/04/2008, tendo adotado as medidas necessárias à viabilizar o seu pedido de exoneração, conforme bem entendeu o Ministério Público Federal quando opinou pelo arquivamento do Procedimento Preparatório de ICP nº 1.16.0000.002661/2008-10, instaurado para apuração de eventual prática de atos de improbidade contra a impetrante, onde concluiu que "restou cabalmente demonstrado que a citada agente tomou todas as providências que lhe cabia no sentido de viabilizar sua exoneração, tendo protocolizado pedido formal nesse sentido, em data anterior à denúncia aqui debatida. Ademais, os registros inseridos em sede de SIAPE comprovam que a partir de 1°/04/2008 seu vínculo perante a Administração encontra-se desfeito, muito embora a correlata publicação, em sede de Diário Oficial, só tenha sido efetivamente veiculada aos 24/09/2008" (destaquei). 4.

Outrossim, não se vislumbra a presença dos pressupostos para a caracterização de ato de improbidade administrativa, o qual, nos moldes do art. 11 da Lei 8.429/1992, pressupõe que a conduta seja praticada por agente público ou a ele equiparado, atuando no exercício de seu munus público, além de ser ilícita, ajustada nas hipóteses dos incisos do art. 11 da Lei 8.429/1992; o elemento volitivo, consubstanciado no dolo de cometer a ilicitude e causar prejuízo ao Erário e a ofensa aos princípios da Administração Pública. 5. In casu, segundo narra a impetrante, após usufruir da licença-maternidade no período de 14/9/2007 a 11/01/2008, gozou de férias, vindo a solicitar verbalmente, ao seu chefe imediato, a sua exoneração, assim que regressou ao serviço, e vindo a fazê-lo formalmente em 01/04/2018, bem como tendo em vista que os valores recebidos pela impetrante nos meses de abril, maio e junho/2008 foram regularmente restituídos ao Erário, conforme documentos de fls. 169/170, estando ausente os pressupostos para a caracterização do ato de improbidade administrativa. 6. "A existência de prévio pedido de exoneração, bem como as diligências da impetrante no sentido de viabilizar a formalização de sua exoneração perante a Administração, afasta a presença do animus abandonandi, requisito necessário à configuração da infração disciplinar prevista no artigo 127, inciso III, da Lei nº 8.112/1990 [...]. Doutra banda, não estão presentes, na espécie, os requisitos necessários à caracterização do ato de improbidade administrativa imputado à impetrante, os quais, segundo dispõe o artigo 11 da Lei nº 8.429/1992, pressupõe qualquer ação ou omissão praticada por agente público ou a ele equiparado, atuando no exercício de seu munus público, que importe em ilicitude capaz de causar prejuízo ao Erário e ofensa aos princípios da Administração Pública. No ponto, conforme já registrado neste parecer, o próprio Ministério Público Federal determinou o arquivamento dos autos do Procedimento Preparatório de Inquérito Civil Público nº 1.16.0000.002661/2008-10, por ausência de elementos que caracterizassem a prática de ato de improbidade administrativa por parte da impetrante (fls. 173/175). [...] a ausência de dano ao patrimônio público e de enriquecimento ilícito da impetrante, tendo em vista o pedido de exoneração oportuno tempore e a devolução ao Erário dos valores percebidos indevidamente, à luz do contexto fático encartado nos autos, revelam a atipicidade do delito funcional que lhe foi imputado, e a consequente desproporcionalidade da sanção que lhe foi imposta, máxime porque não se vislumbra a má-fé que constitui elemento subjetivo necessário à caracterização do ato de improbidade administrativa" (Parecer do Ministério Público Federal, Subprocurador-Geral da República, Dr. Flávio Giron). 7. Segurança concedida. Liminar confirmada." (MS 21.042/DF, Rel. Ministro MAURO CAMPBELL MARQUES, PRIMEIRA SEÇÃO, julgado em 09/12/2015, DJe 17/12/2015)

◉ O STJ já se manifestou pela possibilidade de imediato retorno ao serviço público do servidor anistiado com fundamento na Lei n. 8.878/1994, quando constatada, tal como ocorre no caso vertente, omissão da autoridade impetrada em dar cumprimento ao ato de anistia.

"ADMINISTRATIVO. MANDADO DE SEGURANÇA. SERVIDOR PÚBLICO. ANISTIA. PRELIMINAR DE INADEQUAÇÃO DA VIA ELEITA. REJEIÇÃO. RETORNO AO SERVIÇO DE ANISTIADO. OMISSÃO DA AUTORIDADE IMPETRADA CONFIGURADA. SEGURANÇA PARCIALMENTE CONCEDIDA. 1. Nos autos há elementos suficientes para apreciar a suscitada violação de direito líquido e certo dos impetrantes, não havendo falar em ausência de prova pré-constituída. A inércia da Administração em ver reconhecido ou não o direito dos impetrantes, diante da existência de determinação legal, justifica a adequação do presente remédio processual. 2. Esta Corte Superior já se manifestou pela possibilidade de imediato retorno ao serviço público do servidor anistiado com fundamento na Lei n. 8.878/1994, quando constatada, tal como ocorre no caso vertente, omissão da autoridade impetrada em dar cumprimento ao ato de anistia. 3. Conforme documentação contida nos autos, datada de 23/4/2009, verifica-se que houve nota técnica da Secretaria de Orçamento Federal, órgão integrante do MPOG, conclusiva no sentido da existência de recursos orçamentários para a reintegração dos impetrantes oriundos do SNI, hoje ABIN, nos quadros da Administração Pública Federal. 4. A omissão apresenta-se configurada, porquanto, embora transcorrido mais de sete anos desde o deferimento do pedido de anistia dos impetrantes, e mais de seis anos desde a análise do impacto orçamentário da reintegração dos anistiados, não há nos autos, na presente data, notícia de qualquer decisão definitiva no sentido de autorizar o retorno aos cargos. 5. Segurança parcialmente concedida." (MS 15.001/DF, Rel. Ministro RIBEIRO DANTAS, TERCEIRA SEÇÃO, julgado em 11/11/2015, DJe 23/11/2015)

◉ **O Mandado de Segurança é meio processual adequado para verificar se a medida impugnativa da autoridade administrativa pode ser considerada interruptiva do prazo decadencial para o exercício da autotutela, ainda que se tenha de examinar em profundidade a prova da sua ocorrência; o que não se admite, no trâmite do pedido de segurança, porém, é que essa demonstração se dê no curso do feito mandamental; mas se foi feita a demonstração documental e prévia da ilegalidade ou do abuso, não há razão jurídica para não se dar curso ao pedido de segurança e se decidi-lo segundo os cânones do Direito**

"MANDADO DE SEGURANÇA. ADMINISTRATIVO. PORTARIA QUE CONCEDEU ANISTIA POLÍTICA ANULADA, DE OFÍCIO, PELA ADMINISTRAÇÃO, MAIS DE 5 ANOS APÓS A SUA PUBLICAÇÃO. DECADÊNCIA. ART. 54 DA LEI 9.784/99. ATOS PREPARATÓRIOS NÃO SÃO APTOS A OBSTAR O PRAZO DECADENCIAL PARA O EXERCÍCIO DA AUTOTUTELA. NECESSIDADE DE IMPUGNAÇÃO FORMAL E DIRETA À VALIDADE DO ATO, FORMULADA POR AUTORIDADE COM PODER DE DECISÃO SOBRE A ANULAÇÃO DO ATO, ASSEGURADO AO INTERESSADO O EXERCÍCIO DA AMPLA DEFESA E DO CONTRADITÓRIO. PARECER MINISTERIAL PELA DENEGAÇÃO DA ORDEM. ORDEM CONCEDIDA, NO ENTANTO. 1. O direito líquido e certo a que alude o art. 5º., LXIX da Constituição Federal é aquele cuja existência e delimitação são passíveis de demonstração documental, não lhe turvando o conceito a sua complexidade ou densidade. Dessa forma, deve o impetrante demonstrar, já com a petição inicial, no que consiste a ilegalidade ou a abusividade que pretende ver expungida e comprovar, de plano, os fatos ali suscitados, de modo que seja despicienda qualquer dilação probatória, incabível no procedimento da ação mandamental. 2. Assim, o Mandado de Segurança é meio processual adequado para verificar se a medida impugnativa da autoridade administrativa pode ser considerada interruptiva do prazo decadencial para o exercício da autotutela, ainda que se tenha de examinar em profundidade a prova da sua ocorrência; o que não se admite, no trâmite do pedido de segurança, porém, é que essa demonstração se dê no curso do feito mandamental; mas se foi feita a demonstração documental e prévia da ilegalidade ou do abuso, não há razão jurídica para não se dar curso ao pedido de segurança e se decidi-lo segundo os cânones do Direito. 3. É lição constante (e antiga) dos tratadistas de Direito Civil que o instituto da decadência serve ao propósito da pacificação social, da segurança jurídica e da justiça, por isso que somente em situações de absoluta excepcionalidade se admite a revisão de situações jurídicas sobre as quais o tempo já estendeu o seu manto impenetrável; o Direito Público incorpora essa mesma orientação, com o fito de aquietar as relações do indivíduo com o Estado. 4. O art. 54 da Lei 9.784/99 prevê um prazo decadencial de 5 anos, a contar da data da vigência do ato administrativo viciado, para que a Administração anule os atos que gerem efeitos favoráveis aos seus destinatários. Após o transcurso do referido prazo decadencial quinquenal sem que ocorra o desfazimento do ato, prevalece a segurança jurídica em detrimento da legalidade da atuação administrativa. 5. Tratando-se de prazo decadencial, não há que se falar em suspensão ou interrupção do prazo. Entretanto, a Lei 9.784/99 adotou um critério amplo para a configuração do exercício da autotutela, bastando uma medida de autoridade que implique impugnação do ato (art. 54, § 2º.). 6. O art. 1º., § 2º., III da mesma lei, define autoridade como sendo o servidor ou agente público dotado de poder de decisão. 7. Dessa forma, a impugnação que se consubstancia como exercício do dever de apurar os atos administrativos deve ser aquela realizada pela autoridade com poder de decidir sobre a anulação do ato. Além disso, somente os procedimentos que importem impugnação formal e direta à validade do ato, assegurando ao interessado o exercício da ampla defesa e do contraditório, é que afastam a configuração da inércia da Administração. 8. O § 2º. do art. 54 da Lei 9.784/99 deve ser interpretado em consonância com a regra geral prevista no caput, sob pena de tornar inócuo o limite temporal mitigador do poder-dever da Administração de anular seus atos, motivo pelo qual não se deve admitir que os atos preparatórios para a instauração do processo de anulação do ato administrativo sejam considerados como exercício do direito de autotutela. 9. In casu, impõe-se reconhecer a ocorrência da decadência, já que o impetrante é Anistiado Político, nos termos da Portaria 1.675, de 2.12.2002, do Ministro de Estado da Justiça, e sem nenhuma explicação ou justificativa para excepcionar a decadência ex ope temporis, a Administração tornou, de ofício, insubsistente o dito ato, de sua própria lavra, praticado há mais de 5 anos (anistia política do impetrante), fazendo-o pela Portaria 1.620, de 31.7.2012, do Ministro de Estado da Justiça (ato coator). 10. Ordem concedida para reconhecer a ocorrência da decadência da Administração em anular a anistia concedida ao impetrante." (MS 18.954/DF, Rel. Ministro NAPOLEÃO NUNES MAIA FILHO, PRIMEIRA SEÇÃO, julgado em 23/09/2015, DJe 07/10/2015)

◙ **No caso de concomitância de concurso interno de remoção e de concurso público de provas e títulos, deve ser dada preferência aos servidores de carreira no caso da existência de cargos vagos, de maneira a conceder-lhes a primazia no preenchimento destes, bem como promovendo-se, de igual modo, a movimentação funcional, sendo que, somente depois de ofertados os cargos vagos à remoção dos servidores é que deve a Administração Pública contabilizar quantos remanesceram sem provimento e a quais unidades administrativas pertencem, podendo remaneja-los e, então, oferta-los em concurso público de admissão.**

"PROCESSUAL CIVIL E ADMINISTRATIVO. MANDADO DE SEGURANÇA INDIVIDUAL. SERVIDOR PÚBLICO FEDERAL. AGENTE DE INSPEÇÃO SANITÁRIA E ABASTECIMENTO DO MINISTÉRIO DA AGRICULTURA, PECUÁRIA E ABASTECIMENTO. HABILITAÇÃO EM CONCURSO DE REMOÇÃO A PEDIDO. INÉRCIA DA ADMINISTRAÇÃO EM EXPEDIR O ATO DE REMOÇÃO. NOMEAÇÃO DE CANDIDATOS HABILITADOS EM CONCURSO PÚBLICO PARA MESMA VAGA A QUE A IMPETRANTE FOI HABILITADA EM CONCURSO DE REMOÇÃO. PRETERIÇÃO DO DIREITO DO SERVIDOR À REMOÇÃO. PRESENÇA DO DIREITO LÍQUIDO E CERTO. PRECEDENTE DESSA 1ª SEÇÃO DO STJ. SEGURANÇA PARCIALMENTE CONCEDIDA. 1. Pretende a impetrante, servidora pública federal, ocupante do cargo público de Agente de Inspeção Sanitária e Industrial de Produtos de Origem Animal do Quadro de Pessoal do Ministério da Agricultura, Pecuária e Abastecimento – MAPA, lotada na cidade de Barretos – SP, a concessão da segurança a fim de determinar a sua remoção para a cidade de Paranaguá – PR, em razão de sua aprovação em 1° lugar no concurso de remoção a pedido para uma de duas vagas destinadas aos Agentes de Inspeção Sanitária e Industrial de Produtos de Origem Animal para a cidade de Paranaguá – PR, regulado pela Portaria MAPA 353, de 16/04/2014 e homologado pela Portaria 112, de 11/06/2014, da Secretária Executiva substituta do Ministério da Agricultura, Pecuária e Abastecimento, sem que até a presente data a autoridade coatora procedesse à expedição do ato administrativo necessário para tanto, ainda mais considerando que, neste ínterim, a autoridade coatora nomeou candidato aprovado em concurso público de provas e títulos para o mesmo cargo público e para a exata vaga para a qual foi aprovada a impetrante no procedimento de remoção, o que violaria o seu direito líquido e certo de ser removida para uma das duas vagas disponibilizadas para os ocupantes do cargo de de Agente de Inspeção Sanitária e Industrial de Produtos de Origem Animal disponível na cidade de Paranaguá – PR, ainda mais quando a autoridade coatora deveria promover as remoções homologadas antes de qualquer ato de nomeação de novos aprovados em concurso público. 2. Reconhecimento da legitimidade passiva ad causam do Exmo. Senhor Ministro da Agricultura, Pecuária e Abastecimento. A despeito da previsão contida na Portaria 353, de 16/04/2014 e no Edital 01, de 17/04/2014, a impetrante não se insurge contra a demora na promoção do seu ato de remoção, mas sim contra o próprio ato do Ministro de Estado da Agricultura, Pecuária e Abastecimento que, a despeito da existência de concurso de remoção interno devidamente homologado em data anterior, proveu, nos termos do ato apontado como coator, cargo público de Agente de Inspeção Sanitária e Industrial de Produtos de Origem Animal do

Quadro de Pessoal do Ministério da Agricultura, Pecuária e Abastecimento – MAPA, com lotação em uma das duas vagas disponíveis na cidade de Paranaguá – PR, ensejando, segundo alega, a preterição do seu direito à remoção para à mesma localidade. 3. É firme o entendimento no âmbito do Superior Tribunal de Justiça no sentido de que a manifestação da Administração ao oferecer vaga a ser ocupada por critério de remoção (art. 36, III, "c", da Lei 8.112/1990) acaba revelando que tal preenchimento é de interesse público, pois tem por objetivo adequar o quantitativo de servidores às necessidades dos órgãos e unidades administrativas. Precedentes: AgRg no RMS 46.636/GO, Rel. Ministro Herman Benjamin, Segunda Turma, julgado em 19/03/2015, DJe 06/04/2015; REsp 1294497/RN, Rel. Ministro Mauro Campbell Marques, Segunda Turma, julgado em 07/02/2012, DJe 14/02/2012. 4. Desse modo, uma vez preenchidos os requisitos autorizadores, a Administração tem o dever jurídico de promover a remoção do servidor habilitado previamente em concurso de remoção interno, conforme já decidiu a 3ª Seção do STJ no julgamento do MS 14.236/DF, rel. Min. Napoleão Nunes Maia Filho, onde restou firmado que "a teor do art. 36 da Lei 8.112/90, nas hipóteses dos incisos I e II do art. 36 da Lei 8.112/90, a concessão de remoção é ato discricionário da Administração, ao passo que, nos casos enquadrados no inciso III, o instituto passa a ser direito subjetivo do Servidor, de modo que, uma vez preenchidos os requisitos, a Administração tem o dever jurídico de promover o deslocamento horizontal do Servidor dentro do mesmo quadro de pessoal" (julgado em 12/08/2009, DJe 28/08/2009). 5. No caso de concomitância de concurso interno de remoção e de concurso público de provas e títulos, deve ser dada preferência aos servidores de carreira no caso da existência de cargos vagos, de maneira a conceder-lhes a primazia no preenchimento destes, bem como promovendo-se, de igual modo, a movimentação funcional, sendo que, somente depois de ofertados os cargos vagos à remoção dos servidores é que deve a Administração Pública contabilizar quantos remanesceram sem provimento e a quais unidades administrativas pertencem, podendo remaneja-los e, então, oferta-los em concurso público de admissão. 6. "Realizado o concurso de remoção, em virtude de processo seletivo promovido (art. 36, III, "c", da Lei n. 8.112/90), afasta-se a Administração de qualquer juízo de discricionariedade, devendo-se efetivar as remoções homologadas antes de qualquer ato de nomeação de novos aprovados em concurso público de provas e títulos, sobretudo quando tal nomeação se dá para a mesma região da remoção. 2. A Administração, ao oferecer vaga a ser ocupada por critério de remoção, acaba revelando que tal preenchimento é de interesse público, pois tem por objetivo adequar o quantitativo de servidores às necessidades dos órgãos e unidades administrativas. Precedentes do STJ. 3. Vislumbra-se, portanto, direito líquido e certo a amparar a pretensão mandamental. 4. Segurança concedida" (MS 21.631/DF, Rel. Ministro Og Fernandes, Primeira Seção do STJ, julgado em 24/06/2015, DJe 01/07/2015). 7. Do exame das provas pré-constituídas acostadas nos autos, observa-se que a nomeação da interessada Jéssica Silvério Miranda, em 03/10/2015, para o cargo público de Agente de Inspeção Sanitária e Industrial de Produtos de Origem Animal – mesmo cargo público ocupado pela impetrante -, com lotação na cidade de Paranaguá – PR – mesma localidade para a qual a impetrante foi aprovada em concurso interno de remoção -, ensejou a violação do direito líquido e certo da impetrante, na medida em que não foi priorizada sua remoção, ensejando, dessa forma, a sua preterição. 8. Segurança concedida em parte, a fim de determinar que a autoridade coatora promova os atos necessários à remoção da impetrante para a cidade de Paranaguá – PR, no prazo máximo de 30 (trinta) dias." (MS 21.403/DF, Rel. Ministro MAURO CAMPBELL MARQUES, PRIMEIRA SEÇÃO, julgado em 09/09/2015, DJe 16/09/2015)

◉ **Considerando o entendimento jurisprudencial no sentido de que a Gratificação de Incentivo à Fiscalização e Arrecadação detém qualidade abstrata e é deferida indistintamente a todos os servidores, inclusive aos inativos, não subsiste a alegação da autoridade coatora quanto à impossibilidade de seu adimplemento por necessidade de exercício da função.**

"ADMINISTRATIVO. MANDADO DE SEGURANÇA. ILEGITIMIDADE PASSIVA. NÃO VERIFICADA. SERVIDOR PÚBLICO. SUPRESSÃO DE VANTAGEM. AFASTAMENTO DA FUNÇÃO POR MOTIVO DE PROCESSO ADMINISTRA-

TIVO DISCIPLINAR. CARÁTER GENÉRICO DA VANTAGEM E PERMISSÃO LEGAL DE PERCEPÇÃO NA HIPÓTESE. 1. Para efeito de definição da legitimidade passiva ad causam no mandado de segurança, autoridade coatora é aquele que pratica o ato vergastado e que detém, por isso mesmo, capacidade para seu desfazimento (AgRg no RMS 39.566/SC, Rel. Ministro Mauro Campbell Marques, Segunda Turma, DJe 4.12.2013). 2. Considerando o entendimento jurisprudencial no sentido de que a Gratificação de Incentivo à Fiscalização e Arrecadação detém qualidade abstrata e é deferida indistintamente a todos os servidores, inclusive aos inativos, não subsiste a alegação da autoridade coatora quanto à impossibilidade de seu adimplemento por necessidade de exercício da função. 3. Em sendo a legislação que trata da matéria (Lei n. 10.910/2004 e Decreto n. 5.916/2006) condescendente com a percepção da vantagem mesmo no caso do afastamento previsto no art. 147 da Lei n. 8.112/90, torna-se ilegal sua supressão. 4. Segurança concedida." (MS 12.553/DF, Rel. Ministro NEFI CORDEIRO, TERCEIRA SEÇÃO, julgado em 12/08/2015, DJe 20/08/2015)

MANDADO DE SEGURANÇA EM TEMA DE LICITAÇÃO

◉ **Administração Pública não pode rever a decisão que habilitou licitante em processo licitatório após o prazo decadencial de 05 (cinco) anos.**

"ADMINISTRATIVO. MANDADO DE SEGURANÇA. LICITAÇÃO. CONCESSÃO DE SERVIÇOS DE RADIODIFUSÃO. ANULAÇÃO DO ATO DE HOMOLOGAÇÃO DA CONCORRÊNCIA E ADJUDICAÇÃO DE SEU OBJETO. DECADÊNCIA ADMINISTRATIVA CONFIGURADA. PRECEDENTES. LIMINAR CONFIRMADA. PREJUDICADO O AGRAVO REGIMENTAL. 1. Mandado de segurança contra ato do Ministro das Comunicações, consubstanciado na anulação do ato de homologação da Concorrência 139/2001-SSR/MC e adjudicação de seu objeto em relação à impetrante. 2. Esta Corte Superior já se manifestou no sentido de que a Administração Pública não pode rever a decisão que habilitou licitante em processo licitatório após o prazo decadencial de 05 (cinco) anos, inteligência dos arts. 43, § 5º, da Lei 8.666/93 e 54, caput, da Lei 9.784/99, assim, a Administração encontra-se autorizada a rever conclusão tomada na fase de habilitação de processo licitatório, desde que o faça dentro do prazo decadencial de 05 (cinco) anos. Precedentes. 3. Segurança concedida." (MS 18.745/DF, Rel. Ministro NAPOLEÃO NUNES MAIA FILHO, PRIMEIRA SEÇÃO, julgado em 25/02/2015, DJe 05/03/2015)

◉ **O marco inicial da detração da penalidade de proibição de contratar com o poder público coincidirá com a inscrição no SICAF como decorrência de interpretação extraída de leitura sistemática do decreto regulamentador.**

"ADMINISTRATIVO. MANDADO DE SEGURANÇA. LICITAÇÃO. PROIBIÇÃO DE CONTRATAR COM O PODER PÚBLICO PELO PRAZO DE UM ANO. PENALIDADE IMPOSTA COM BASE NO ART. 7º DA LEI 10.520/02. DETRAÇÃO. TERMO INICIAL. PUBLICAÇÃO NO DIÁRIO OFICIAL OU REGISTRO NO SICAF. SUFICIÊNCIA DA DIVULGAÇÃO DOS ATOS NO ÓRGÃO OFICIAL DE IMPRENSA PARA PRODUÇÃO DE EFEITOS. SEGURANÇA CONCEDIDA. 1. Cinge-se a controvérsia em fixar o termo inicial para efeito de detração da penalidade prevista no art. 7º da Lei 10.520/02: se ele coincide com a publicação da decisão administrativa na imprensa oficial, ou com o registro das suas conclusões no banco de dados do Sistema de Cadastramento Unificado de Fornecedores – SICAF. 2. Embora preveja a sanção, a lei ordinária silencia quanto o início do fluxo do prazo para a contagem da detração. Coube ao Decreto 5.450/05, ao regulamentá-la, prever, em seus arts. 3º, § 2º, 25, § 1º, e 28, parágrafo único, que o credenciamento do licitante condiciona-se ao registro atualizado da sua situação cadastral no banco de dados do SICAF. 3. Com efeito, se a União impõe uma penalidade por um órgão da sua própria estrutura, a presunção é a de que o próprio ente federado esteja ciente de que, a partir daquela publicação, foi aplicada à determinada empresa uma sanção administrativa. 4. Por conseguinte, se a publicação se deu em órgão da imprensa oficial, nos termos do que prevê o art. 37, caput, da Constituição Federal, seria contraditório e artificial se supor que, a partir dali, não haveria ciência do ente federal, e, consequentemente, não seria capaz de dar início ao cômputo da detração. 5. A própria Lei 8.666/93, em seu art. 6°, XIII, estabelece, como linha de princípio, que os atos relativos aos procedimentos licitatórios federais serão divulgados no Diário Oficial da União. 6. A conclusão de que o marco inicial da detração coincidiria com a inscrição no SICAF é extraída de leitura sistemática do decreto regulamentador. A lei, todavia, ato normativo primário, nada explicitou sobre essa questão, o que se traduz, se não em violação, em vulneração ao princípio da legalidade estrita. 7. Reconhecimento de tempo total suficiente para declarar cumprida a penalidade imposta à impetrante. 8. Segurança concedida. Agravo regimental prejudicado." (MS 20.784/DF, Rel. Ministro SÉRGIO KUKINA, Rel. p/ Acórdão Ministro ARNALDO ESTEVES LIMA, PRIMEIRA SEÇÃO, julgado em 09/04/2014, DJe 07/05/2015)

◙ **O art. 43, § 5°, da Lei 8.666/93 dispõe que, ultrapassada a fase de habilitação dos concorrentes, não cabe desclassificá-los por motivo relacionado com a habilitação, salvo em razão de fatos supervenientes ou só conhecidos após o julgamento.**

"ADMINISTRATIVO – MANDADO DE SEGURANÇA – REVISÃO DO ATO DE HOMOLOGAÇÃO PROFERIDO EM PROCESSO LICITATÓRIO – ART. 43, § 5°, DA LEI 8.666/93 – AUSÊNCIA DE DADO SUPERVENIENTE – DECADÊNCIA ADMINISTRATIVA – ART. 54, CAPUT, DA LEI 9.784/99. 1. O art. 43, § 5°, da Lei 8.666/93 dispõe que, ultrapassada a fase de habilitação dos concorrentes, não cabe desclassificá-los por motivo relacionado com a habilitação, salvo em razão de fatos supervenientes ou só conhecidos após o julgamento. 2. Os documentos que ampararam a Administração a rever o ato de habilitação da impetrante já haviam sido expressamente examinados pela Comissão Especial de Licitação no ano de 2001, não tendo surgido qualquer dado superveniente que pudesse autorizar a alteração de entendimento do Ministério. Precedentes. 3. Nos termos do art. 43, § 5°, da lei 8.666/93 e do art. 54, caput, da Lei 9.784/99, a Administração encontra-se autorizada a rever conclusão tomada na fase de habilitação de processo licitatório, desde que o faça dentro do prazo decadencial de 05 (cinco) anos.

4. Segurança concedida." (MS 19.366/DF, Rel. Ministra ELIANA CALMON, PRIMEIRA SEÇÃO, julgado em 26/06/2013, DJe 02/08/2013)

◙ **Tendo concluído que a proponente preenchia os requisitos previstos no edital para a habilitação no certame, vincula-se a Administração a essa decisão, que somente poderá ser alterada, pelo instituto da autotutela, se constatado algum vício de legalidade, seja pela própria Administração, provocada ou ex officio, ou pelo Poder Judiciário.**

"ADMINISTRATIVO. MANDADO DE SEGURANÇA. LICITAÇÃO NA MODALIDADE DE CONCORRÊNCIA. SERVIÇO DE RADIODIFUSÃO SONORA EM FREQUÊNCIA MODULADA. ANULAÇÃO DA HABILITAÇÃO DA EMPRESA APÓS JÁ TER SIDO DEVIDAMENTE HABILITADA, COM HOMOLOGAÇÃO DO CERTAME E ADJUDICAÇÃO DO OBJETO EM FAVOR DA IMPETRANTE. ILEGALIDADE DO ATO. ART. 43, § 5°. DA LEI 8.666/93. AUSÊNCIA DE FATO SUPERVENIENTE. ORDEM CONCEDIDA, EM CONSONÂNCIA COM O PARECER MINISTERIAL. 1. A Lei 8.666/93 no seu art. 43, § 5°., dispõe que ultrapassada a fase de habilitação dos concorrentes, não cabe desclassificá-los por motivo relacionado com a habilitação, salvo em razão de fatos supervenientes ou só conhecidos após o julgamento. 2. De acordo com a documentação acostada aos autos, a impetrante apresentou todas as certidões exigidas no edital do certame (fls. 42/59). A documentação foi analisada e aprovada pela Comissão Especial de Licitação, que declarou a impetrante habilitada a participar do procedimento licitatório, inclusive manifestando-se sobre a questão que posteriormente, já a destempo, veio fundamentar a revisão do ato. 3. Vê-se, portanto, que a Comissão Especial de Licitação teve acesso a toda a documentação solicitada e a declarou idônea, tendo sido a impetrante legalmente habilitada no procedimento licitatório (13/09/2001), declarada vencedora do certame (21/12/2006), com posterior homologação do resultado da Licitação 36/2001-SSR/MC (11/05/2007) e adjudicação do seu objeto à impetrante. Não há qualquer fato superveniente ou somente conhecido após o julgamento que fundamente a desclassificação da impetrante. 4. Tendo concluído que a proponente preenchia os requisitos previstos no edital para a habilitação no certame, vincula-se a Administração a essa decisão, que somente poderá ser alterada, pelo instituto da autotutela, se constatado algum vício de legalidade, seja pela própria Administração, provocada ou ex officio, ou pelo Poder Judiciário. 5. Ocorre que, no presente caso, não se vislumbra ilegalidade no procedimento licitatório capaz de ensejar o exercício do poder de autotutela administrativa. Sendo certo que teve seu prosseguimento em conformidade com os ditames da lei e os princípios que regem a Administração Pública. 6. Ordem concedida para declarar nulo o ato coator e restabelecer a homologação anterior do certame, com a respectiva adjudicação do objeto à impetrante." (MS 15.743/DF, Rel. Ministro NAPOLEÃO NUNES MAIA FILHO, PRIMEIRA SEÇÃO, julgado em 04/02/2013, DJe 14/02/2013)

◉ **Não se pode falar de perda de objeto quanto à imposição de penalidade ao licitante na hipótese em que a revogação da licitação se deu, em parte, em função sua conduta.**

"PROCESSO CIVIL E ADMINISTRATIVO. MANDADO DE SEGURANÇA. LICITAÇÃO. PREGÃO. DIGITALIZAÇÃO DE PROCESSOS. CERTIFICADO DE CAPACIDADE TÉCNICA. CONSTATAÇÃO DE EXISTÊNCIA DE INFORMAÇÕES DISCREPANTES QUANTO A REQUISITO CONSTANTE DO EDITAL, DE EXPERIÊNCIA EM PRESTAÇÃO DE SERVIÇOS NAS DEPENDÊNCIAS DO ÓRGÃO CONTRATANTE. QUESTIONAMENTO SOBRE A VALIDADE DO REQUISITO E AO MODO DE REALIZAÇÃO DAS DILIGÊNCIAS DE APURAÇÃO. LICITAÇÃO POSTERIORMENTE REVOGADA. APLICAÇÃO DE PENALIDADE À LICITANTE. IMPUGNAÇÃO. 1. A competência exclusiva do Ministro de Estado ou Secretário Estadual ou Municipal, disciplinada no art. 87, § 3º, da Lei 8666/93, diz respeito exclusivamente à declaração de inidoneidade de empresa para contratar com a administração pública, não à mera suspensão temporária tratada pelo art. 87, inc. III. 2. Não se pode falar de perda de objeto quanto à imposição de penalidade ao licitante na hipótese em que a revogação da licitação se deu, em parte, em função sua conduta. 3. É razoável e, portanto, não é nula, a exigência, no edital, de prévia experiência, por parte da licitante, em digitalização de processos fora do seu estabelecimento, notadamente considerando a inconveniência do transporte de processos para a realização desse serviço fora do Tribunal. Vencida a relatora. 4. A apuração de irregularidade em atestado de capacidade técnica pode conduzir à imposição de penalidade. 5. Na hipótese em que, não obstante o atraso decorrente da conduta da impetrante, o serviço para o qual fora instaurado o pregão acabou por ser realizado de maneira independente, a aplicação da penalidade de suspensão de dois anos, com fundamento no art. 7º da Lei 10.250/2002, é exagerada, devendo ser reduzida. 6. Segurança concedida em parte, para fixar em um ano o período da suspensão temporária de participação da impetrante em licitação e impedimento de contratar com a Administração." (MS 14.991/DF, Rel. Ministra ELIANA CALMON, Rel. p/ Acórdão Ministra NANCY ANDRIGHI, CORTE ESPECIAL, julgado em 12/05/2011, DJe 21/06/2011)

◉ **Na hipótese em que, não obstante o atraso decorrente da conduta da impetrante, o serviço para o qual fora instaurado o pregão acabou por ser realizado de maneira independente, a aplicação da penalidade de suspensão de dois anos, com fundamento no art. 7º da Lei 10.250/2002, é exagerada, devendo ser reduzida para um ano.**

"PROCESSO CIVIL E ADMINISTRATIVO. MANDADO DE SEGURANÇA. LICITAÇÃO. PREGÃO. DIGITALIZAÇÃO DE PROCESSOS. CERTIFICADO DE CAPACIDADE TÉCNICA. CONSTATAÇÃO DE EXISTÊNCIA DE INFORMAÇÕES DISCREPANTES QUANTO A REQUISITO CONSTANTE DO EDITAL, DE EXPERIÊNCIA EM PRESTAÇÃO DE SERVIÇOS NAS DEPENDÊNCIAS DO ÓRGÃO CONTRATANTE. QUESTIONAMENTO SOBRE A VALIDADE DO REQUISITO E AO MODO DE REALIZAÇÃO DAS DILIGÊNCIAS DE APURAÇÃO. LICITAÇÃO POSTERIORMENTE REVOGADA. APLICAÇÃO DE PENALIDADE À LICITANTE. IMPUGNAÇÃO. 1. A subscrição de parecer sobre a penalidade a ser imposta a licitante por servidor que havia, antes, integrado a comissão que apurou a inidoneidade do atestado de capacidade técnica não invalida, por si só, o ato administrativo. Nessas hipóteses, há, quando muito, mera falta cometida pelo servidor, a ser apurada mediante procedimento autônomo. 2. Não se pode falar de perda de objeto quanto à imposição de penalidade ao licitante na hipótese em que a revogação da licitação se deu, em parte, em função de sua conduta. 3. É razoável e, portanto, não é nula, a exigência, no edital, de prévia experiência, por parte da licitante, em digitalização de processos fora do seu estabelecimento, notadamente considerando a inconveniência do transporte de processos para a realização desse serviço fora do Tribunal. Vencida a relatora. 4. A apuração de irregularidade em atestado de capacidade técnica pode conduzir à imposição de penalidade. 5. Na hipótese em que, não obstante o atraso decorrente da conduta da impetrante, o serviço para o qual fora instaurado o pregão acabou por ser realizado de maneira independente, a aplicação da penalidade de suspensão de dois anos, com fundamento no art. 7º da Lei 10.250/2002, é exagerada, devendo ser reduzida para um ano. 6. Segurança concedida em parte, para fixar em um ano o período da suspensão temporária de participação da impetrante em licitação e impedimento de contratar com a Administração." (MS 14.868/DF, Rel. Ministra ELIANA CALMON, Rel. p/ Acórdão Ministra NANCY ANDRIGHI, CORTE ESPECIAL, julgado em 12/05/2011, DJe 20/06/2011)

◉ **Há violação do direito líquido e certo ao contraditório e à ampla defesa da impetrante por ter sido anulada sua habilitação sem julgamento da manifestação tempestivamente apresentada.**

"ADMINISTRATIVO. PROCEDIMENTO LICITATÓRIO. SERVIÇO DE RADIOFUSÃO SONORA. HABILITAÇÃO ANULADA. MANIFESTAÇÃO TEMPESTIVA NÃO CONHECIDA. VIOLAÇÃO DO DIREITO AO CONTRADITÓRIO E À AMPLA DEFESA. 1. Trata-se de Mandado de Segurança contra despacho do Ministro de Estado das Comunicações, que, acolhendo parecer que reputou intempestiva a manifestação de defesa, anulou a habilitação da impetrante em procedimento licitatório direcionado à prestação de serviço de radiodifusão sonora no Município de Votuporanga/SP. 2. Está comprovado nos autos que a impetrante protocolizou seu argumento de justificativa em 31.7.2009 (fl. 127), portanto dentro do prazo de dez dias assinalado pela Comissão Especial de Licitação no Aviso publicado em 22.7.2009, o qual atende à norma do art. 44 da Lei 9.784/1999. 3. O ato impugnado viola direito líquido e certo ao contraditório e à ampla defesa da impetrante, por ter sido anulada sua habilitação sem julgamento da manifestação tempestivamente apresentada. 4. Segurança concedida." (MS 15.736/DF, Rel. Ministro HERMAN BENJAMIN, PRIMEIRA SEÇÃO, julgado em 14/03/2011, DJe 19/04/2011)

◉ **Ao restabelecer a sanção de inidoneidade para licitar – que havia sido suspensa anteriormente – sem sequer abrir vista dos autos à parte interessada para aduzir o que de direito, a autoridade coatora deixou de observar os princípios da ampla defesa e do contraditório, o que acarreta na nulidade desse ato.**

"ADMINISTRATIVO. MANDADO DE SEGURANÇA. FRAUDE EM LICITAÇÃO. SANÇÃO DE INIDONEIDADE PARA LICITAR. RESTABELECIMENTO. PRESCRIÇÃO DA PRETENSÃO PUNITIVA. NÃO-OCORRÊNCIA. AMPLA DEFESA E CONTRADITÓRIO. NÃO-OBSERVÂNCIA. SEGURANÇA CONCEDIDA. 1. Insurge-se no mandamus contra o restabelecimento de sanção de inidoneidade para licitar aplicada pelo Ministro de Estado das Comunicações, em virtude de suposta fraude à competitividade de certame licitatório instaurado no âmbito da Empresa Brasileira de Correios e Telégrafos – EBCT (Concorrência Pública nº 010/2000). O writ fundamenta-se, basicamente, nos seguintes argumentos: i) contrariedade ao devido processo legal e à ampla defesa, pois a revisão do decisum que suspendeu a aplicação da penalidade ocorreu sem o oferecimento de prévio contraditório e a oportunidade de defesa; ii) decurso do prazo prescricional da ação punitiva da administração pública, porquanto o ato tido por infracional fora firmado em 21.07.2000 e o processo administrativo instaurado apenas em 11.09.2008. 2. O termo inicial do prazo prescricional coincide com o momento da ocorrência da lesão ao direito, em consagração do princípio universal da actio nata. Assim, embora o termo de compromisso de subcontratação tenha sido o elemento utilizado pela impetrante para supostamente fraudar a competitividade da licitação, a realidade é que a fraude ao certame licitatório apenas aperfeiçoou-se a partir da celebração do contrato pela vencedora do procedimento. 3. De acordo com o art. 1º, § 2º, da Lei 9.873/99, quando o fato objeto da ação punitiva da Administração também constituir crime, a prescrição reger-se-á pelo prazo previsto na lei penal. No caso, a conduta supostamente praticada enquadra-se no tipo penal do art. 90 da Lei 8.666/93, que prevê a pena de detenção de 2 a 4 anos. Nessa hipótese, o art. 109, IV, do CP prevê que o prazo prescricional é de 8 anos. Dessa feita, considerando que a lesão ao direito ocorreu em 01.10.2000 (assinatura do contrato) e que o processo administrativo foi iniciado em 11.09.2008, deve-se afastar a alegativa de prescrição. 4. Ao mesmo passo que a Constituição impõe à administração pública a observância da legalidade, atribui aos litigantes em geral, seja em processos judiciais, seja administrativos, a obediência à garantia fundamental do contraditório e da ampla defesa (art. 5º, LV). Todavia, não se deve confundir o poder de agir de ofício, ou seja, de iniciar um procedimento independentemente de provocação das partes, com a tomada de decisões sem a prévia oitiva dos interessados. É nesse contexto, portanto, que se inserem os enunciados das Súmulas 346 e 473/STF. 5. O contraditório e a ampla defesa são valores intrinsecamente relacionados com o Estado Democrático de Direito e têm por finalidade oferecer a todos os indivíduos a segurança de que não serão prejudicados, nem surpreendidos com medidas interferentes na liberdade e no patrimônio, sem que haja a devida submissão a um prévio procedimento legal. Os aludidos preceitos, desse modo, assumem duas perspectivas: formal – relacionada à ciência e à participação no processo – e material – concernente ao exercício do poder de influência sobre a decisão a ser proferida no caso concreto. 6. Ao restabelecer a sanção de inidoneidade para licitar – que havia sido suspensa anteriormente – sem sequer abrir vista dos autos à parte interessada para aduzir o que de direito, a autoridade coatora deixou de observar os princípios da ampla defesa e do contraditório, o que acarreta na nulidade desse ato. Todavia, isso não impede a Administração Pública de, observado o devido processo legal, prosseguir na apreciação do processo administrativo instaurado. 7. Segurança concedida em parte." (MS 15.036/DF, Rel. Ministro CASTRO MEIRA, PRIMEIRA SEÇÃO, julgado em 10/11/2010, DJe 22/11/2010)

◉ **A competência para o julgamento de mandado de segurança é estabelecida em razão da função ou da categoria funcional da autoridade indicada como coatora.**

"CONFLITO DE COMPETÊNCIA. SOCIEDADE DE ECONOMIA MISTA FEDERAL. LICITAÇÃO. MANDADO DE SEGURANÇA. COMPETÊNCIA DA JUSTIÇA FEDERAL.1. A competência para o julgamento de mandado de segurança é estabelecida em razão da função ou da categoria funcional da autoridade indicada como coatora. No caso dos autos, a autoridade tida como coatora é o Chefe da Superintendência de Suprimento da Companhia Hidrelétrica do São Francisco – CHESF, sociedade de economia mista federal.2. "Ora, em se tratando de ato praticado em Licitação promovida por sociedade de economia mista federal, a autoridade que o pratica é federal (e não estadual, distrital ou municipal). Ainda que houvesse dúvida sobre o cabimento da impetração ou sobre a natureza da autoridade ou do ato por ela praticado, a decisão a respeito não se comporta no âmbito do conflito de competência, devendo ser tomada pelo Juiz Federal (Súmula 60/ TFR)" (CC nº 71843/PE, Rel. Min. Eliana Calmon, Rel. p/ acórdão Teori Albino Zavascki, DJe de 17.11.08). 3. Conflito conhecido para declarar a competência do Juízo Federal da 9ª Vara da Seção Judiciária de Pernambuco, o suscitado." (Superior Tribunal de Justiça, CC 98.289/PE, Rel. Min. Castro Meira, Primeira Seção, j. em 27.05.2009, DJe 10.06.2009).

É cabível a impetração de mandado de segurança contra ato praticado em sede de concurso público por dirigente de sociedade de economia mista.

"ADMINISTRATIVO. MANDADO DE SEGURANÇA. ATO DE DIRIGENTE DE SOCIEDADE DE ECONOMIA MISTA. CONCURSO PÚBLICO. ADEQUAÇÃO DA VIA ELEITA. ART. 1º, § 1º, DA LEI Nº 1.533/51. FUNÇÃO PÚBLICA DELEGADA. 1. É pacífico o entendimento desta Corte Superior no sentido de que é cabível a impetração de mandado de segurança contra ato praticado em sede de concurso público por dirigente de sociedade de economia mista, tendo em conta a delegação de função pública que ocorre no caso, fazendo incidir o art. 1º, § 1º, da Lei nº 1.533/51. Precedente. 2. Aplica-se, mutatis mutandis, da Súmula nº 333 do Superior Tribunal de Justiça ("Cabe mandado de segurança contra ato praticado em Licitação promovida por sociedade de economia mista ou empresa pública"). 3. Recurso especial provido." (Superior Tribunal de Justiça, REsp. 902.068/RJ, Rel. Min. Mauro Campbell Marques, Segunda Turma, j. em 07.10.2008, DJe 29.10.2008).

◙ **É cabível mandado de segurança para impugnar ato de comissão de Licitação de sociedade de economia mista.**

"PROCESSUAL CIVIL E ADMINISTRATIVO. MANDADO DE SEGURANÇA. CABIMENTO. ATO DE DIRIGENTE DE SOCIEDADE DE ECONOMIA MISTA RELATIVO À LICITAÇÃO REGIDA PELA LEI 8.666/93. 1. É cabível mandado de segurança para impugnar ato de comissão de Licitação de sociedade de economia mista. 2.Ao conceito de "autoridade", para fins da impetração, a Corte tem conferido um sentido amplo, abrangendo também os atos praticados pelos dirigentes de sociedade de economia mista quando sujeitos às normas de Direito Público, o que ocorre com a Licitação regida pela Lei 8.666/93. Precedentes: REsp 533.613/RS, 2ª T., Rel. Min. Franciulli Netto, DJ 03/11/2003; REsp 299.834/RJ, 1ª T., Rel. Min. Humberto Gomes de Barros, DJ 25/02/2002; REsp 202.157/PR, 1ª T., Rel. Min. Humberto Gomes de Barros, DJ 21/02/2000. 3. "Cumpre, ademais, que a violação do direito aplicável a estes fatos tenha procedido de autoridade pública. Esta conceito é amplo, Entende-se por autoridade pública tanto o funcionário público, quanto o servidor público ou o agente público em geral. Vale dizer: quem quer que haja praticado um ato funcionalmente administrativo. Daí que um dirigente de autarquia, de sociedade de economia mista, de empresa pública, de fundação pública, obrigados a atender, quando menos aos princípios da Licitação, são autoridades públicas, sujeitos passivos de mandado de segurança em relação aso atos de Licitação (seja quando esta receber tal nome, seja rotulada concorrência, convocação geral ou designações quejandas, não importando o nome que se dê ao certame destinado à obtenção de bens, obras ou serviços)' (Licitações, pág. 90)" (Celso Antônio Bandeira de Mello, citado pelo e. Min. Demócrito Reinaldo, no julgamento do RESP nº 100.168/DF, DJ de 15.05.1998). 4. Deveras, a COMPANHIA ESTADUAL DE ENERGIA ELÉTRICA – CEEE é sociedade de economia mista, motivo pelo qual conspiraria contra a ratio essendi do art. 37, da Constituição Federal e da Lei nº 8.666/93 considerar que um contrato firmado mediante prévio procedimento licitatório e que é indubitavelmente espécie de ato administrativo consubstanciar-se-ia mero ato de gestão. 5. O edital de Licitação subscrito por presidente de sociedade de economia mista com o objetivo de aquisição de um sistema de gravação digital de voz multicanal, equivale ato de império haja vista que se consubstancia em ato administrativo sujeito às normas de direito público. 6. Aliás, essa é a ratio essendi da jurisprudência pacífica da Turma que equipara, para fins de improbidade administrativa, atos de particular. 7. Recurso especial provido." (Superior Tribunal de Justiça, REsp 789.749/RS, Rel. Min. Luiz Fux, Primeira Turma, j. em 17.05.2007, DJ 04.06.2007 p. 310).

◙ **Quando se tratar da defesa de um ato pessoal do agente político, voltado contra o órgão público, não se pode admitir que, por conta do órgão público, corram as despesas com a contratação de advogado.**

"ADMINISTRATIVO. AGRAVO REGIMENTAL. AÇÃO CIVIL PÚBLICA. CONTRATAÇÃO DE ADVOGADO PRIVADO PARA IMPETRAÇÃO DE MANDADOS DE SEGURANÇA EM FAVOR DE AGENTE PÚBLICO. PAGAMENTO COM VERBAS DA MUNICIPALIDADE. ALEGADO INTERESSE PÚBLICO NAS CONTROVÉRSIAS. AUSÊNCIA DE PRÉVIA LICITAÇÃO. IMPROBIDADE CONFIGURADA. 1. Encontra-se sedimentada a orientação jurisprudencial deste Tribunal Superior no sentido de que "quando se tratar da defesa de um ato pessoal do agente político, voltado contra o órgão público, não se pode admitir que, por conta do órgão público, corram as despesas com a contratação de advogado" (AgRg no REsp 681.571/GO, Rel. Min. Eliana Calmon, Segunda Turma, DJU 29.6.2006). 2. Muito embora não se trate, no caso concreto, de oferecimento de defesa em ação civil pública – e sim de impetração de mandados de segurança – a lógica é a mesma, porque em ambas as hipóteses existe subversão do dinheiro público (ou pelo menos da legalidade) em proveito particular. O acórdão asseverou que as verbas usadas para quitar os honorários advocatícios foram verbas da municipalidade. 3. Não há que se falar, ainda, em incidência da Súmula nº 7 desta Corte Superior, pois esta instância superior apenas fez valorar os fatos pormenorizadamente narrados no acórdão combatido, a fim de concluir se se trata ou não de improbidade no caso concreto. 4. Por fim, a existência de dolo é evidente, uma vez que houve contratação de advogado privado (pelo agravante) subsidiada com dinheiro público, ao qual tinha acesso em razão da função que ocupava. 5. O acórdão da origem deixa claro que houve assinatura de contrato de prestação de serviços advocatícios entre a parte agravante (o advogado) e o Prefeito do Município interessado a fim de que fossem promovidos em juízo mandados de segurança de interesse particular do referido agente público. O dolo, portanto, é evidente, plenamente aferível logo a princípio pela própria assinatura do referido contrato de prestação de serviços com cláusula de honorários. 6. De mais a mais, para fins de enquadramento no art. 10 da Lei nº 8.429/92, basta a configuração da culpa, que, no caso, cuja caracterização não encontra qualquer dificuldade, em razão do necessário cuidado que todos os agentes públicos devem dispensar no trato do erário. 7. Frise-se, ainda a este título, que a contratação deveria ter sido precedida de Licitação, regra basilar de Direito Administrativo, cujo desconhecimento nenhum administrador pode alegar, notadamente em face de seu status constitucional. 8. Daí porque não cabe falar em ausência de prejuízo ao erário pela efetiva prestação dos serviços contratados. Em primeiro lugar, se houvesse Licitação, os serviços poderiam ter sido prestados a preço inferior. Além disso, e em segundo lugar, a lesão existe na medida em que foi gasto dinheiro público para financiamento de ações de interesse privado. 9. Agravo regimental não provido." (Superior Tribunal de Justiça, AgRg.no REsp 777.337/RS, Rel. Min. Mauro Campbell Marques, Segunda Turma, j. em 02.02.2010, DJe 18.02.2010).

◙ **Nas licitações o princípio da impessoalidade obsta que critérios subjetivos ou anti-isonômicos influam na escolha dos candidatos exercentes da prestação de serviços públicos.**

"PROCEDIMENTO LICITATÓRIO. VINCULAÇÃO AO EDITAL. PRINCÍPIO DA LEGALIDADE E IMPESSOALIDADE. 1.Procedimento licitatório realizado pela Justiça Federal de 1ª Instância – Seção Judiciária do Rio Grande do Sul, visando a contratação de empresa para a prestação de serviços de limpeza e conservação.2. A principiologia do novel art. 37 da Constituição Federal, impõe a todos quantos integram os Poderes da República nas esferas compreendidas na Federação, obediência aos princípios da moralidade, legalidade, impessoalidade, eficiência e publicidade. 3. O princípio da impessoalidade obsta que critérios subjetivos ou anti-isonômicos influam na escolha dos candidatos exercentes da prestação de serviços públicos. 4. A impessoalidade opera-se pro populo, impedindo discriminações, e contra o administrador, ao vedar-lhe a contratação dirigida intuitu personae. 5. Hipótese em que restou caracterizada a vantagem para a Administração Pública, consubstanciada no menor preço global a influir no desate do processo licitatório. Insto porque, in casu, verifica-se nas informações juntadas às fls. 428/431, que a empresa vencedora, em sua proposta, embora não tenha discriminado o valor de todos os itens necessários à execução do serviço, colocou-os sem ônus para a Administração, senão vejamos: "Caso haja necessidade, serão fornecidos outros materiais e equipamentos não elencados abaixo, conforme necessidade da unidade, sem ônus para a Administração." Consectariamente, resta caracterizada a vantagem para a Administração Pública, consubstanciada no menor preço global a influir no desate do processo licitatório. 6. Recurso ordinário desprovido." (Superior Tribunal de Justiça, RMS 16.697/RS, Rel. Min. Luiz Fux, Primeira Turma, j. em 22.03.2005, DJ 02.05.2005, p. 153).

◙ **Documentação enviada fora do prazo gera desclassificação do licitante.**

. "ADMINISTRATIVO. MANDADO DE SEGURANÇA. LICITAÇÃO. DOCUMENTAÇÃO ENVIADA FORA DO PRAZO. DESCLASSIFI-

CAÇÃO. – Conforme reconhecido pelo próprio apelante, foi por ele apresentado à Caixa Econômica Federal, por equívoco, atestado de capacidade técnica apócrifo, tendo, então, requerido a juntada do documento original fora do prazo. – Em cognição sumária, não há se falar em excesso de formalismo ou irrazoabilidade na conduta das autoridades coatoras, que desclassificaram o impetrante. Com efeito, os procedimentos licitatórios devem sempre prestigiar, dentre outros princípios, a isonomia (igualdade de condições e prazos para todos os participantes) e a impessoalidade, de modo a impedir a abertura de exceções em relação às regras e prazos constantes do edital." (Tribunal Regional Federal da 4ª Região, AC 500246341.2011.404.7000, Quarta Turma, Relator p/ Acórdão Luís Alberto D'azevedo Aurvalle, D.E. 01.08.2012).

◙ **Os autos de procedimentos administrativos licitatórios podem conter elementos protegidos sob a cláusula de sigilo (fiscal, industrial, concorrencial, bancário, por exemplo), de modo que não é possível à Administração Pública deferir, sem maiores esclarecimentos, os pedidos administrativos formulados.**

"ADMINISTRATIVO. RECURSO ORDINÁRIO EM MANDADO DE SEGURANÇA. DOCUMENTOS REQUISITADOS DA ADMINISTRAÇÃO PÚBLICA. INDEFERIMENTO. ART. 2º DA LEI 9.501/95. ILEGALIDADE. NÃO-CARACTERIZAÇÃO. (...) 7.É mais do que sabido que autos de procedimentos administrativos licitatórios podem conter elementos protegidos sob a cláusula de sigilo (fiscal, industrial, concorrencial, bancário, por exemplo), de modo que não é possível à Administração Pública deferir, sem maiores esclarecimentos, os pedidos administrativos formulados. 8.Não há direito líquido e certo a ser tutelado no caso concreto. 9.Recurso ordinário em mandado de segurança não provido." (Superior Tribunal de Justiça, RMS 33.000/RJ, Rel. Min. Mauro Campbell Marques, Segunda Turma, j. em 06.09.2011, DJe 14.09.2011).

◙ **A escolha do período a ser prorrogado, realizada de acordo com o disposto no contrato celebrado, insere-se no âmbito de discricionariedade da Administração.**

"MANDADO DE SEGURANÇA. TOMADA DE CONTAS ESPECIAL NO TRIBUNAL DE CONTAS DA UNIÃO. DETERMINAÇÃO DE RENOVAÇÃO DO PROCEDIMENTO DE LICITAÇÃO. PRORROGAÇÃO DO PRAZO DE VIGÊNCIA DO CONTRATO. DISCRICIONARIEDADE DA ADMINISTRAÇÃO PÚBLICA. INEXISTÊNCIA DE DIREITO LÍQUIDO E CERTO. SEGURANÇA DENEGADA. Ato do Tribunal de Contas da União que determinou à Administração Pública a realização de nova licitação. Prorrogação do vigente contrato por prazo suficiente para que fosse realizada nova licitação. A escolha do período a ser prorrogado, realizada de acordo com o disposto no contrato celebrado, insere-se no âmbito de discricionariedade da Administração. Segurança denegada." (Supremo Tribunal Federal, MS 24785, Rel. Min. Marco Aurélio, Rel. para acórdão Min. Joaquim Barbosa, Tribunal Pleno, j. em 08.09.2004).

◙ **Repudia-se o formalismo quando é inteiramente desimportante para a configuração do ato.**

"ADMINISTRATIVO – LICITAÇÃO – FORMALIDADES: CONSEQÜÊNCIAS. 1. Repudia-se o formalismo quando é inteiramente desimportante para a configuração do ato. 2. Falta de assinatura nas planilhas de proposta da licitação não invalida o certame, porque rubricadas devidamente. 3.Contrato já celebrado e cumprido por outra empresa concorrente, impossibilitando o desfazimento da licitação, sendo de efeito declaratório o mandado de segurança. 4.Recurso provido." (Superior Tribunal de Justiça, RMS 15.530/RS, Rel. Min. Eliana Calmon, Segunda Turma, j. em 14.10.2003, DJ 01.12.2003, p. 294).

◙ **A interpretação dos termos do Edital não pode conduzir a atos que acabem por malferir a própria finalidade do procedimento licitatório, restringindo o número de concorrentes e prejudicando a escolha da melhor proposta.**

"MANDADO DE SEGURANÇA. ADMINISTRATIVO. LICITAÇÃO. PROPOSTA TÉCNICA. INABILITAÇÃO. ARGÜIÇÃO DE FALTA DE ASSINATURA NO LOCAL PREDETERMINADO. ATO ILEGAL. EXCESSO DE FORMALISMO. PRINCÍPIO DA RAZOABILIDADE. 1. A interpretação dos termos do Edital não pode conduzir a atos que acabem por malferir a própria finalidade do procedimento licitatório, restringindo o número de concorrentes e prejudicando a escolha da melhor proposta. 2. O ato coator foi desproporcional e desarrazoado, mormente tendo em conta que não houve falta de assinatura, pura e simples, mas assinaturas e rubricas fora do local preestabelecido, o que não é suficiente para invalidar a proposta, evidenciando claro excesso de formalismo. Precedentes. 3. Segurança concedida." (Superior Tribunal de Justiça, MS 5.869/DF, Rel. Min. Laurita Vaz, Primeira Seção, j. em 11.09.2002, DJ 07.10.2002, p. 163).

● O mandado de segurança é meio processual idôneo para debater a legalidade de ato praticado em licitação conduzida por empresa pública federal.

"ADMINISTRATIVO. PROCESSUAL CIVIL. MANDADO DE SEGURANÇA. LICITAÇÃO. SOCIEDADE DE ADVOGADOS. CREDENCIAMENTO. AUTENTICAÇÃO DE PEÇAS. PREQUESTIONAMENTO. O mandado de segurança é meio processual idôneo para debater a legalidade de ato praticado em licitação conduzida por empresa pública federal. A ausência de autenticação de peças relativas a um dos itens do objeto do certame não reflete motivo suficiente para inabilitação quando ausente impugnação objetiva sobre o conteúdo da documentação e evidenciado já ter a sociedade prestado, por mais de uma década, serviços jurídicos à licitante. O prequestionamento quanto à legislação invocada fica estabelecido pelas razões de decidir. Apelação improvida." (Tribunal Regional Federal da 4ª Região, APELREEX 5003464-61.2011.404.7000, Quarta Turma, Relator p/ Acórdão Silvia Goraieb, D.E. 28.11.2011)

● A Administração Pública não pode descumprir as normas legais, tampouco as condições editalícias, tendo em vista o princípio da vinculação ao instrumento convocatório (Lei 8.666/93, art. 41).

"ADMINISTRATIVO. RECURSO ESPECIAL EM MANDADO DE SEGURANÇA. LICITAÇÃO. ALEGADA VIOLAÇÃO DO ART. 41 DA LEI 8.666/93. NÃO-OCORRÊNCIA. SESSÃO PÚBLICA DE RECEBIMENTO DOS ENVELOPES. ATRASO NÃO-VERIFICADO. DOUTRINA. PRECEDENTE. DESPROVIMENTO. 1. A Administração Pública não pode descumprir as normas legais, tampouco as condições editalícias, tendo em vista o princípio da vinculação ao instrumento convocatório (Lei 8.666/93, art. 41). 2. A recorrida não violou o edital, tampouco a regra constante do art. 41 da Lei 8.666/93, porquanto compareceu à sessão pública de recebimento de envelopes às 8h31min, ou seja, dentro do prazo de tolerância (cinco minutos) concedido pela própria comissão licitante. Com efeito, não houve atraso que justificasse o não-recebimento da documentação e da proposta. 3. Rigorismos formais extremos e exigências inúteis não podem conduzir a interpretação contrária à finalidade da lei, notadamente em se tratando de concorrência pública, do tipo menor preço, na qual a existência de vários interessados é benéfica, na exata medida em que facilita a escolha da proposta efetivamente mais vantajosa (Lei 8.666/93, art. 3º). 4. Recurso especial desprovido." (Superior Tribunal de Justiça, Resp. 797.179/MT, Rel. Min. Denise Arruda, Primeira Turma, j. em 19.10.2006, DJ 07.11.2006, p. 253).

● A ausência de reconhecimento de firma é mera irregularidade formal, passível de ser suprida em certame licitatório, em face dos princípios da razoabilidade e proporcionalidade.

"ADMINISTRATIVO. RECURSO ESPECIAL. FALTA DE RECONHECIMENTO DE FIRMA EM CERTAME LICITATÓRIO. 1. A ausência de reconhecimento de firma é mera irregularidade formal, passível de ser suprida em certame licitatório, em face dos princípios da razoabilidade e proporcionalidade. 2. Recurso especial improvido." (Superior Tribunal de Justiça, Resp. 542.333/RS, Rel. Min. Castro Meira, Segunda Turma, j. em 20.10.2005, DJ 07.11.2005, p. 191)

● Mera particularidade formal na composição de documento, sequer classificada como irregularidade, não possui o condão de prejudicar os pressupostos de legalidade do ato administrativo praticado, dentre os quais cite-se a impessoalidade, moralidade, publicidade e transparência.

"ADMINISTRATIVO. RECURSO ORDINÁRIO EM MANDADO DE SEGURANÇA. RUBRICA DE PERITO EM LAUDO TÉCNICO. SUPRIMENTO DOS EFEITOS DA ASSINATURA. INEXISTÊNCIA DE IRREGULARIDADE LEGAL. PREVALÊNCIA DA SUBSTÂNCIA DO ATO EM DETRIMENTO DA FORMA. NÃO OCORRÊNCIA DE LESÃO AOS PRINCÍPIOS DE LEGALIDADE, MORALIDADE, PUBLICIDADE E TRANSPARÊNCIAS DOS ATOS PÚBLICOS. RECURSO ORDINÁRIO DESPROVIDO. 1. Mandado de segurança com pedido de liminar impetrado por Encop Engenharia Ltda. contra ato do Secretário da Administração e dos Recursos Humanos do Governo do Estado do Rio Grande do Sul. Aduz a impetrante que foi declarada vencedora da Licitação, em razão de ter a SD Consultoria e Engenharia Ltda. apresentado orçamento e cronograma financeiro sem a assinatura do responsável técnico legalmente habilitado. Posteriormente, retificando-se o ato de desclassificação a SD Consultoria foi declarada vencedora. Informações da autoridade coatora relatando que seria rigor formal excessivo a manutenção da desclassificação de licitante pela troca de assinatura por rubrica. Contestação da SD Engenharia, defendendo a validade da rubrica aposta no documento, posto que a desclassificação por tal motivo resultaria no prosseguimento de apenas uma licitante, a impetrante, significando prejuízo muito maior ao objetivo da Licitação, que é a obtenção da condição mais vantajosa ao erário. Acórdão do TJRS denegando a segurança, por entender que o orçamento e o cronograma financeiro não sofrem qualquer questionamento quanto a sua fidedignidade, ferindo o objetivo do certame a desclassificação de licitante por mera aposição de rubrica no lugar de assinatura. Recurso ordinário da Encop Engenharia, sustentando que as rubricas do responsável técnico não foram reconhecidas em cartório, que o processo licitatório deve obedecer à forma estreita e rigorosa traçada pelo edital e que a Lei Federal nº 5.194/66, que regula o exercício das profissões de engenheiro, arquiteto e engenheiro-agrônomo, prevê a assinatura e o número do registro do profissional, nos orçamentos que este apresentar. Contra-razões do Estado do Rio Grande do Sul e da SD Consultoria pugnando pelo improvimento do recurso. Pareceres do Ministérios Públicos Estadual e Federal pelo improvimento do recurso ordinário. 2. Mera particularidade formal na composição de documento, sequer classificada como irregularidade, não possui o condão de prejudicar os pressupostos de legalidade do ato administrativo praticado, dentre os quais cite-se a impessoalidade, moralidade, publicidade e transparência. 3. Na espécie, restou sobejamente evidenciado que a aposição de rubrica e não de assinatura do perito, no trabalho técnico produzido, não resultou em qualquer irregularidade no certame licitatório, posto que ausente qualquer mácula nos procedimentos substanciais praticado pela Administração Pública. 4.Recurso ordinário em mandado de segurança desprovido." (Superior Tribunal de Justiça, RMS 18.254/RS, Rel. Min. José Delgado, Primeira Turma, j. em 19.05.2005, DJ 27.06.2005, p. 225).

◙ **A fim de resguardar o interesse público, é assegurado à Administração instituir, em procedimentos licitatórios, exigências referentes à capacidade técnica e econômica dos licitantes.**

"PROCESSO CIVIL E ADMINISTRATIVO. MANDADO DE SEGURANÇA. LICITAÇÃO. CARTA CONVITE. EXIGÊNCIA EDITALÍCIA COM FORMALISMO EXCESSIVO. DESCLASSIFICAÇÃO. AUSÊNCIA DE PLAUSIBILIDADE. 1.Recurso especial oposto contra acórdão que concedeu segurança postulada pela empresa recorrida por ter a recorrente desclassificando-a em procedimento de licitação carta convite, ao entendimento de que a CEF teria feito, em seu edital licitatório, exigência com um formalismo excessivo, consubstanciado que a licitante apresentasse, junto com sua proposta, catálogos técnicos ou prospectos do sistema de ar-condicionado, que foi objeto do certame. 2. A fim de resguardar o interesse público, é assegurado à Administração instituir, em procedimentos licitatórios, exigências referentes à capacidade técnica e econômica dos licitantes. No entanto, é ilegal a desclassificação, na modalidade carta convite, da proposta mais vantajosa ao argumento de que nesta não foram anexados os manuais dos produtos cotados, cuja especificação foi realizada pela recorrida.3. Recurso não provido." (Superior Tribunal de Justiça, REsp 657.906/CE, Rel. Min. José Delgado, Primeira Turma, j. em 04.11.2004, DJ 02.05.2005, p. 199).

◉ **Uma vez prevendo o Edital de Licitação, na modalidade Tomada de Preços, a exigência de apresentação de Certidão Negativa de Débitos Salariais, e tendo a impetrante apresentado tal documento com validade vencida, inexiste violação a direito líquido e certo na decisão da Comissão de Licitação que entendeu por inabilitá-la no certame.**

"APELAÇÃO CÍVEL. MANDADO DE SEGURANÇA. DIREITO ADMINISTRATIVO. LICITAÇÃO. CONTRATAÇÃO DE SERVIÇOS DE CONSTRUÇÃO DE QUADRA POLIESPORTIVA. EXIGÊNCIA CONSTANTE DO EDITAL, REFERENTE A JUNTADA DE CERTIDÃO NEGATIVA DE DÉBITOS SALARIAIS, DISPENSADA PARA COOPERATIVAS. AUSÊNCIA DE VIOLAÇÃO AO PRINCÍPIO DA ISONOMIA. INABILITAÇÃO DA IMPETRANTE EM RAZÃO DA NÃO APRESENTAÇÃO DA CERTIDÃO. AUSÊNCIA DE DIREITO LÍQUIDO E CERTO. Uma vez prevendo o Edital de Licitação, na modalidade Tomada de Preços, a exigência de apresentação de Certidão Negativa de Débitos Salariais, e tendo a impetrante apresentado tal documento com validade vencida, inexiste violação a direito líquido e certo na decisão da Comissão de Licitação que entendeu por inabilitá-la no certame. O art. 32, § 2º, da Lei nº 8.666/93 é expresso em dispensar nova apresentação da documentação referente à habilitação jurídica, regularidade fiscal, qualificação técnica e qualificação econômico-financeira quando a licitante já apresentara a documentação no pedido de Certificado de Registro Cadastral. Inviável a apresentação de Certificado de Registro Cadastral expedido por outro Município, havendo vedação específica no Edital para tanto. Não viola o princípio da isonomia a dispensa de Cooperativas para apresentação da Certidão Negativa de Débitos Salariais, porquanto, em se tratando de Cooperativa de Trabalho, a relação jurídica entre a pessoa jurídica e os cooperativados não é de emprego. Aliás, é ilegal a vedação de participação de Cooperativa em certame licitatório em razão dos benefícios e privilégios concedidos a esse tipo de pessoa jurídica. Possibilidade de participação de tais Cooperativas, desde que os serviços licitados sejam prestados em caráter coletivo e com absoluta autonomia dos cooperados em relação às respectivas Cooperativas e em relação ao tomador do serviço. Precedentes da Câmara. Segurança denegada. APELAÇÃO NÃO PROVIDA." (Tribunal de Justiça do Rio Grande do Sul, Apelação Cível nº 70021823257, Primeira Câmara Cível, Rel. Henrique Osvaldo Poeta Roenick, Julgado em 19/12/2007).

ÍNDICE ALFABÉTICO-REMISSIVO

A

» Administração Pública-juridicidade – *9*

» Adminsitração Pública-sua atuação só adquire licitude se o exercício do poder visar à satisfação do interesse público – *49*

» Afastamento da coisa julgada por MS-impossibilidade – *316*

» Afastamento da coisa julgada por MS-situações absolutamente excepcionais – *315*, *316*

» Ato coator

» Ato coator- ato omissivo com efeitos de origem reiterada – *182*

» Ato coator omissivo- situações em que o silêncio da Administração não dá qualquer sinal sobre o acatamento ou não do pleito do administrado – *186*

» Ato coator omissivo-ausência de nomeação de aprovados em concurso público – *185*

» Ato coator omissivo-situação em que a omissão possa significar o deferimento ou indeferimento de um pedido – *185*

» Ato coator omissivo-situação em que a omissão tem caráter continuado renovando-se o prazo para a impetração do MS – *186*

» Ato coator omissivo-situação em que implicitamente a omissão gera efeitos práticos imediatos – *185*

» Ato coator omissivo-situação excepcional em que o Judiciário, frente à omissão administrativa, já pode liminarmente autorizar ao impetrante o desenvolvimento precário da atividade – *187*

» Ato coator- omissões administrativas – *181*

» Ato coator- omissões administrativas podem ser equiparadas a atos de autoridade – *181*

» Ato coator- presunção de legitimidade do ato administrativo – *180*

» Ato coator- prova pré-constituída no Mandado de Segurança apta a refutar a presunção de legitimidade do ato administrativo coator – *179*

» Ato coator-ato administrativo – *177*

» Ato coator-ato adminstrativo – *177*

» Ato coator-ato omissivo (nomenclatura, omissão e efeitos da omissão) – *181*

» Ato coator-ato omissivo com efeitos de origem futura – *183*

» Ato coator-ato omissivo com efeitos de origem passada – *182*

» Ato coator-ato único de efeitos concretos. – *194*

» Ato coator-atributos do ato administrativo – *179*

» Ato coator-ausência de pagamento da reparação econômica pretérita – *183*

» Ato coator-ausência de pagamento da reparação econômica pretérita configura ato omissivo continuado – *184*

» Ato coator-autoridade coatora – *195*

» Ato coator-com efeitos de origem passada – *188*

» Ato coator-com efeitos de origem reiterada – *190*

» Ato coator-comissivo – *188*

» Ato coator-como fato administrativo – *178*

» Ato coator-distinção entre ato decisório e ato executório – *200*

- » Ato coator-distinção entre atos de império e atos de gestão para fins de cabimento de Mandado de Segurança – *254*
- » Ato coator-distinção quanto ao ato e efeitos do ato – *189*
- » Ato coator-limitação – *178*
- » Ato coator-momento para comprovar a existência e ilegalidade do ato – *181*
- » Ato coator-omissão com efeitos de origem futura também pode ser de caráter reiterado ou repetitivo – *183*
- » Ato coator-prazo decadencial para a impetração de mandado de segurança no qual se contesta o pagamento de pensão feito pela Administração em valor inferior ao devido – *192*
- » Ato coator-prazo decadencial para impetrar mandado de segurança contra redução do valor de vantagem – *190, 191*
- » Ato coator-princípio do contraditório – *180*
- » Ato coator-regime jurídico – *177*
- » Ato normativo do Supremo Tribunal Federal- inviabilidade de combate por meio de MS – *227*
- » Ato normativo-inviabilidade de combate por meio de MS – *225*
- » Ato omissivo- relacionado a prazo definido – *182*
  - » ato único de efeitos permanentes – *192*
  - » ato único de efeitos permanentes – *192*
- » Atos administrativos abstratos- inviabilidade de combate por meio de MS – *227*
- » Atos de gestão comercial-conceito – *253, 254*
- » Atos interna corporis-conceito – *228*
- » Atos interna corporis-MS-cabimento se o processo legislativo infringir disciplina constitucional – *238*
- » Atos processuais-Impulso Oficial – *5*
- » Autoridade coatora- atos complexos – *207*
- » Autoridade coatora- nos atos compostos a autoridade coatora será a que houver praticado o ato principal – *209*
- » Autoridade coatora- possibilidade de autorizar a emenda da petição inicial ou determinar a notificação, para prestar informações, da autoridade adequada – *201*
- » Autoridade coatora-a emenda à petição de Mandado de Segurança para retificação da autoridade coatora apenas será possível se não houver deslocamento de competência – *202*
- » Autoridade coatora-a errônea indicação da autoridade coatora não implica ilegitimidade ad causam passiva se aquela pertence à mesma pessoa jurídica de direito público – *203*
- » Autoridade coatora-a errônea indicação da autoridade coatora não implica ilegitimidade ad causam passiva se aquela pertence à mesma pessoa jurídica de direito público – *202*
- » Autoridade coatora-agente que atue como representante do Estado e no desempenho de função pública – *195*
- » Autoridade coatora-Ato composto – *209*
- » Autoridade coatora-ato praticado por autoridade no exercício de competência delegada – *197*
- » Autoridade coatora-atos de procedimento administrativo – *209*
- » Autoridade coatora-atos do Ministério Público – *211*
- » Autoridade coatora-atos praticados pelas sociedades de economia mista e/ou empresas públicas sob o regime jurídico administrativo – *210*
- » Autoridade coatora-conceito – *342*
- » Autoridade coatora-considera-se autoridade coatora aquela que tenha omitido ou praticado diretamente o ato impugnado – *196*
- » Autoridade coatora-correção do polo passivo – *200*
- » Autoridade Coatora-correção do polo passivo – *345*
- » Autoridade coatora-decisão de Conselho de Contribuintes – *210*
- » Autoridade Coatora-dificuldade de identificação em decorrência da complexa estrutura dos órgãos públicos – *344*

ÍNDICE ALFABÉTICO-REMISSIVO

» Autoridade coatora-delegação de serviço federal a funcionário estadual ou municipal – *211*

» Autoridade coatora-dificuldade de identificação em razão da complexa estrutura dos órgãos administrativos – *200*

» Autoridade coatora-distinção de autoridade pública do simples agente público – *199*

» Autoridade Coatora-distinção entre ato decisório e ato executório para fins de identificação da Autoridade Coatora – *343*

» Autoridade coatora-é possível que haja a emenda da petição do feito mandamental para retificar o polo passivo da demanda, desde que não haja alteração da competência judiciária – *201, 202*

» Autoridade coatora-é sempre aquela que decide, embora muitas vezes também execute sua própria decisão – *195*

» Autoridade coatora-em caso de avocação será coatora a autoridade superior que houver avocado a competência – *210*

» Autoridade coatora-em procedimentos administrativos será coatora a autoridade que preside o mesmo – *209*

» Autoridade coatora-em se tratando de impetração contra ato omissivo, deve ser considerada autoridade coatora aquela que deveria ter praticado o ato – *199*

» Autoridade Coatora-indicação da pessoa jurídica a qual a mesma pertence – *333*

» Autoridade Coatora-não é necessariamente quem simplesmente executa o ato – *343*

» Autoridade coatora-no sentido de ser todos os que atuaram na formação do ato complexo devem figurar no mandado de segurança como coatores – *207, 208*

» Autoridade coatora-nos atos administrativos complexos a autoridade coatora será a última que atuou na prática do ato – *207*

» Autoridade coatora-órgãos colegiados – *206*

» Autoridade Coatora-pode executar o ato, mas também possui poder de decisão – *343*

» Autoridade Coatora-poder de decisão – *342*

» Autoridade Coatora-poder de decisão – *342*

» Autoridade coatora-possibilidade de rever o ato denominado ilegal – *197*

» Autoridade Coatora-se não possuir atribuição para rever o ato não poderá ser considerada autoridade coatora – *344*

» Autoridade Coatora-sua presença em juízo não se dá para defender os interesses da pessoa jurídica, mas para prestar informações – *333*

» Autoridade coatora-súmula 510 – *199*

» Autoridade coatora-súmula 627 o STF – *207*

» Autoridade coatora-tem que atribuição para rever o ato – *196*

» Autoridades com prerrogativa de foro-STF – *267*

» Autoridades com prerrogativa de foro-STJ – *267*

» Autoridades com prerrogativa de foro-TRF – *267*

» Autoridades por equiparação-atos praticados por delegação do Poder Público – *251*

» Autoridades por equiparação-concessionária de energia elétrica – *251*

» Autoridades por equiparação-entidades educacionais – *252*

» Autoridades por equiparação-notários – *251*

» Autoridades por equiparação-representantes ou órgãos de partidos políticos – *250*

C

» Cabimento de MS-decisões interlocutórias proferidas nos Juizados Especiais, considerando-se que o procedimento sumaríssimo adota a irrecorribilidade imediata de tais decisões – *311*

» Cassação da liminar-cassar também é anular um ato decisório, retirando-lhe a eficácia – *386*
» Cognição jurisdicional-limites – *5*
» Coisa julgada administrativa-Mandado de Segurança – *317*
» Compertência-O Supremo Tribunal Federal não é competente para conhecer de mandado de segurança contra atos dos Tribunais de Justiça dos Estados – *318*
» Competência -não compete ao Supremo Tribunal Federal conhecer originariamente de mandado de segurança contra atos de outros tribunais
» Competência para julgamento do MS- Conflito de competência entre a justiça federal e trabalhista – *274*
» Competência para julgamento do MS- Foro Privilegiado X Foro Comum – *272*
» Competência para julgamento do MS- Súmula nº 736 do STF – *275*
» Competência para julgamento do MS-a regra da ratione autoritatis será útil para a determinação se a competência para julgar o Mandado de Segurança é da Justiça Federal ou Estadual – *266*·
» Competência para julgamento do MS-a regra ratione muneris liga-se à estipulação de eventual competência originária dos tribunais para julgamento de Mandados de Segurança contra ato de determinadas autoridades – *267*
» Competência para julgamento do MS- Análise da CF – *265*
» Competência para julgamento do MS-ato coator que envolve várias autoridades sujeitas a competências distintas – *273*
» Competência para julgamento do MS-ato coator que envolve várias autoridades sujeitas a competências distintas-o foro privilegiado de uma das autoridades prevalecerá sobre o foro comum das demais – *273*
» Competência para julgamento do MS-ato do presidente da Junta Comercial-Justiça Federal – *272*
» Competência para julgamento do MS- autoridades estaduais e, por vezes, municipais podem ter competência por prerrogativa determinada nas Constituições Estaduais – *267*
» Competência para julgamento do MS- competência privilegiada em função da autoridade e outra em relação a matéria sobre que versa o mandamus-prevalência do critério da categoria da autoridade – *273*
» Competência para julgamento do MS- juízes federais-Art. 109, VIII da CF – *266*
» Competência para julgamento do MS- Justiça do Trabalho Art. 114, IV da CF – *266*
» Competência para julgamento do MS- Justiça Federal x Justiça Estadual
» Competência para julgamento do MS-o que tem que ser analisado para identificar a competência – *266*
» Competência para julgamento do MS- possibilidade de aplicação do artigo 109, § 2º da CF – *268*
» Competência para julgamento do MS- possibilidade de aplicação do artigo 109, § 2º da CF-Autarquias – *269*
» Competência para julgamento do MS- possibilidade de aplicação do artigo 109, § 2º da CF-Autarquias-sinalização da jurisprudência – *269*
» Competência para julgamento do MS- registro de diploma perante o órgão público competente-Justiça Federal – *270*
» Competência para julgamento do MS-STF- Art. 102, I, d da CF – *265*
» Competência para julgamento do MS-STJ- Art. 105, I, b da CF – *266*
» Competência para julgamento do MS- Súmula nº 177 do STJ – *275*
» Competência para julgamento do MS- Súmula nº 206 do STJ – *275*
» Competência para julgamento do MS- Súmula nº 248 do STF – *274*
» Competência para julgamento do MS- Súmula nº 330 do STF – *274*
» Competência para julgamento do MS- Súmula nº 333 do STJ – *275*
» Competência para julgamento do MS- Súmula nº 41 do STJ – *275*

- » Competência para julgamento do MS-Súmula nº 433 do STF – *274*
- » Competência para julgamento do MS-Súmula nº 510 do STF – *275*
- » Competência para julgamento do MS-Súmula nº 511 do STF – *275*
- » Competência para julgamento do MS-Súmula nº 623 do STF – *275*
- » Competência para julgamento do MS-Súmula nº 624 do STF – *275*
- » Competência para julgamento do MS-Súmula nº 627 do STF – *275*
- » Competência para julgamento do MS-suspensão de fornecimento de energia elétrica-Justiça Federal – *270*
- » Competência para julgamento do MS-TJ-Art. 125, . § 1º da CF – *266*
- » Competência para julgamento do MS-TRF-Art. 108, I, c da CF – *266*
- » Competência para julgamento pelo rito comum-possibilidade de aplicação do artigo 109, § 2º da CF-Autarquias – *269*
- » Competência- Turma Recursal dos Juizados Especiais é competente para julgar Mandados de Segurança impetrados contra atos de seus próprios membros – *312*
- » Competência-compete a turma recursal processar e julgar o mandado de segurança contra ato de juizado especial – *319*
- » Competência-o Tribunal Regional Federal é competente para julgar Mandados de Segurança quando o objeto for discutir os limites da competência absoluta do Juizado Especial – *311*
- » Concurso público- alteração superveniente das regras do edital – *56*
- » Concurso público-a exigência de Prova Física deve possuir previsão legal – *53*
- » Concurso público-cotas raciais – *56*
- » Concurso público-interpretação das regras do edital – *57*
- » Concurso público-não pode o edital inovar e criar exigências sem respaldo legal – *52*
- » Concurso público-vedação de exigência de psicotécnico sem previsão em lei – *54*
- » Concurso público-vedação de exigência não prevista em lei – *53*
- » controle abstrato de constitucionalidade-não cabimento de MS – *225*
- » Controle da Administração Pública-Autotutela – *1*
- » Controle da Administração Pública-ideia geral – *1*
- » Controle da Administração Pública-momentos – *4*
- » Controle jurisdicional-alargamento – *11*
- » Controle jurisdicional-função típica – *8*
- » Controle jurisdicional-juridicidade – *8*
- » Controle Jurisdicional-Princípio da Inércia – *5*
- » Controle jurisdicional-quando não é cabível – *10*
  - » Culpa concorrente . Consulte Culpa concorrente
  - » Culpa de terceiro. Consulte Culpa de terceiro
  - » Culpa exclusiva do consumidor. Consulte Culpa exclusiva do consumidor

D

- » decadência
- » Decadência- ato coator com efeitos de origem reiterada – *190*
- » Decadência-distinção quanto ao ato e efeitos do ato para fins de contagem do prazo decadencial – *190*
- » Decadência-prazo decadencial para a impetração de mandado de segurança no qual se contesta o pagamento de pensão feito pela Administração em valor inferior ao devido – *192*
- » Decadência-prazo decadencial para impetrar mandado de segurança contra redução do valor de vantagem – *191*, *192*
- » Decdência-ato único de efeitos concretos e permanentes. – *194*

» Decisão judicial irrecorrível-cabimento de MS – *305, 307*

» Decisão judicial que caiba recurso com efeito suspensivo-falta de interesse de agir na impetração de MS – *299, 300*

» Decisão judicial que não prevê a interposição de recurso-cabimento de MS – *309, 310*

» Decisão judicial teratológica-Mandado de Segurança – *304, 305*

» Decisão que cause lesão grave , seja de difícil reparação e não esteja no rol de cabimento do agravo de instrumento-possibilidade de impetração de Mandado de Segurança – *303*

» DeficiÇencia da inicial do MS-necessidade de dar ao autor oportunidade para suprir a falha – *337*

» Denegação da segurança- O conceito de decisão denegatória não se coaduna com o atual estágio da legislação processual – *349*

» Denegação da segurança-as chamadas autênticassentençasdemérito, faz coisa julgada (material), tenha acolhido ou rejeitado, no todo ou em parte, o pedido do impetrante – *354*

» Denegação da segurança-expressão inadequada – *351*

» Denegação da segurança-haverá julgamento de mérito do mandado de segurança sempre que o mérito referente à própria existência do direito material alegado restar apreciado – *350*

» Denegação da segurança-nem sempre se dá em razão da inexistência de violação ou ameaça a direito líquido e certo – *351*

» Denegação da segurança-o juiz poderá julgar liminarmente improcedente o pedido se verificar, desde logo, a ocorrência de decadência ou de prescrição – *354*

» Denegação da segurança-o mandado de segurança pode ser denegado sem decidir o mérito e denegado com decisão de mérito – *352*

» Denegação da segurança-o termo denegar não traduz com exatidão o que pretende exprimir o § 5° do art. 6° da LMS – *349*

» Denegação da segurança-para a caracterização da sentença de mérito, seu conteúdo, e não sua forma, que importa, sendo cogente que o direito material seja enfrentado – *350*

» Denegação da segurança-pode abranger abranger tanto o julgamento do mérito, com a denegação da ordem, como a decisão terminativa, com o julgamento do mandado de segurança sem a resolução do mérito – *350*

» Denegação da segurança-questões preliminares que, segundo o art. 485 do CPC, conduzem à extinção do processo sem resolução de mérito – *353*

» Denegação da segurança-renovação da impetração – *355, 356*

» Denegação da segurança-se a falha detectada for sanável, não deverá ser pronunciada pelo juiz sem antes ensejar oportunidade ao impetrante de emendar ou completar a petição inicial – *353*

» Denegação da segurança-somente não se facultará o suprimento dos requisitos de procedibilidade faltantes quando os vícios da postulação forem irremediáveis – *353*

» Denegação da segurança-termo impreciso e ambíguo que dá margem a dúvidas sobre o objeto da decisão – *353*

» Desistência do MS-divergência no STJ – *355*

» Desistência do MS-entendimento do STJ que a desistência tem que ser antes da sentença – *355*

» Desistência do MS-entendimento mais recente do STJ seguindo o entendimento do Supremo Tribunal Federal – *355*

» Desistência do MS-possibilidade de homologação do pedido de desistência a qualquer tempo – *355*

» Determinação para que a autoridade coatora se pronuncie acerca da exibição de documento-cabimento de MS – *221*

» Direito de Petição-pode servir para acesso a informações pessoais do próprio requerente – *215*

» Direito líquido e certo- liga-se à comprovação documental e pré-constituída dos fatos alegados – *40*

ÍNDICE ALFABÉTICO-REMISSIVO

» Direito líquido e certo- não deve ser entendido como mérito do mandado de segurança – *39*

» Direito líquido e certo- requisito processual para a validade da instauração do MS – *40*

» Direito líquido e certo- Súmula 625 do STF – *23*

» Direito líquido e certo-a dificuldade de interpretação das normas em jogo não é óbice para a impetração do mandamus – *22*

» Direito líquido e certo-ausência leva à carência do mandado de segurança – *39*

» Direito líquido e certo-ausência não impede a impetração de novo MS – *39*

» Direito líquido e certo-como mérito do MS – *42*

» Direito líquido e certo-como mérito do MS – *42*

» Direito líquido e certo-comprovação dos fatos – *18*

» Direito líquido e certo-conceito processual – *21*

» Direito líquido e certo-condição da ação – *38*

» Direito líquido e certo-condição específica e constitucional do MS – *39*

» Direito líquido e certo-decorre de uma relação fáctico-jurídica – *19*

» Direito líquido e certo-dinâmica da liquidez e certeza do direito e o convencimento do julgador – *41*

» Direito líquido e certo-documentação que prova de plano o direito do impetrante – *21*

» Direito líquido e certo-é aquele incontestável – *19*

» Direito líquido e certo-é irrelevante a dificuldade da interpretação das normas legais aplicáveis ao caso – *22*

» Direito líquido e certo-é uma condição da ação criada no patamar constitucional – *40*

» Direito líquido e certo-está relacionlado ao interesse de agir no MS – *39*

» Direito líquido e certo-fatos incontroversos – *19*

» Direito líquido e certo-fatos provados documentalmente – *20*

» Direito líquido e certo-irrelevância das perplexidades no entendimento da lei – *41*

» Direito líquido e certo-maior facilidade de provar os fatos que ensejaram a demanda – *22*

» Direito líquido e certo-não é mérito do MS – *43*

» Direito líquido e certo-não existe quando o referido direito se escuda em lei cujos efeitos foram anulados por lei declarada inconstitucional pelo Supremo Tribunal Federal – *227*

» Direito líquido e certo-no MS a cognição é plena e exauriente secundum eventum probationis – *41*

» Direito líquido e certo-prova das afirmações sobre os fatos – *19*

» Direito líquido e certo-prova documental – *20*

» Direito líquido e certo-prova documental deve vir acompanhada na inicial – *20*

» Direito líquido e certo-prova pré-constituída – *20*

» Direito líquido e certo-referem-se aos fatos – *18*

» Direito líquido e certo-requisito essencial – *17*

» Direito líquido e certo-subtítulo – *18, 21*

» Direito líquido e certo-surgimento em dois momentos diferentes no procedimento do MS – *42*

» Discricionariedade administrativa-arbitrariedade – *10*

» Discricionariedade administrativa-boa-fé – *11*

» Discricionariedade administrativa-direitos fundamentais – *11*

» Discricionariedade administrativa-garantias fundamentais – *10*

» Discricionariedade-interpor o recurso administrativo ou impetrar o MS – *289*

E

» Edital de concurso público-vedação de exigência não prevista em lei – 53

» Efeito suspensivo ope legis e efeito suspensivo ope iudicis-cabimento do Mandado de Segurança – 301

» Efeito suspensivo-pode ser atribuído diretamente pela lei ou pela Autoridade Pública – 288

» Emenda da inicial do MS- é de ser feita ao autor, na pessoa de seu advogado – 337

» Esgostamento das vias administrativas-Mandado de segurança – 296

» Estabelecimento dos requisitos que condicionem ingresso no serviço público -necessidade de constar em lei formal – 51

  » Excludentes

» Exibição de dado-mandado de segurança ou habeas data

» Extinção da liminar-diferença entre revogação e cassação – 386

» Extinção do processo sem julgamento de mérito-ausência de coisa julgada material – 356, 357

  » fatos supervenientes – 34

» Gestão pública-além de guiar-se pela lei deve observar a jurisprudência, princípios gerais do direito e os costumes – 49

  » habeas corpus – 216

» Habeas Corpus- autoridade pública para fins de habeas corpus – 218

» Habeas Corpus- hipóteses de cabimento – 219

» Habeas Corpus- inadmissibilidade – 220

» Habeas Corpus- legitimidade ativa – 217

» Habeas Corpus- pode ser impetrado no caso de constrangimento ilegal atinente à prisão civil – 218

» Habeas Corpus-ausência de justa causa – 219

» Habeas Corpus-casuística – 218

» Habeas Corpus-conceito de Ada Pellegrini Grinover – 217

» Habeas Corpus-conceito de Auty Lopes Jr. – 217

» Habeas Corpus-conceito de Pontes de Miranda – 217

» Habeas Corpus-definição de seus componentes – 217

» Habeas Corpus-exemplos de ausência de justa causa – 219

» Habeas Corpus-formas especiais de impetração – 220

» Habeas Corpus-legitimidade passiva – 218

» Habeas Corpus-o writ pode ser impetrado quando houver constrangimento na locomoção do paciente – 219

» Habeas Corpus-pressupostos de admissibilidade – 219

» Habeas Corpus-qualquer pessoa pode impetrar o habeas corpus, independentemente de habilitação legal ou representação por um advogado – 219

» Habeas Corpus-quem não pode impetrar sob pena de responsabilidade penal pelo crime descrito no art. 321 do CP – 218

» Habeas Corpus-substitutivo de recurso – 217

» Habeas data-anotação nos assentamentos do interessado, de contestação ou explicação sobre dado verdadeiro – 212

» Habeas data-caráter público do banco de dados-conceito – 213

» Habeas data-competência para impetração – 215

» Habeas data-despesas processuais – 216

» Habeas data-é diferente do direito geral à informação do qual decorre o direito de petição junto à Administração Pública (art. 5.º, XXXIII, da CF/1988) – 214

» Habeas data-finalidade – 212

» Habeas data-medida liminar – 216

» Habeas Data-necessidade de fazer constar esclarecimentos relativos aos fins e razões do pedido – 222, 223

» Habeas data-necessidade de recusa à prestação de informações – 215

» Habeas data-o interessado deve requerer o acesso às informações ao órgão ou

- entidade depositária do registro ou banco de dados – *215*
- » Habeas data-para fins de acesso a informações incluídas em banco de dados do Sistema de Conta Corrente da Pessoa Jurídica SINCOR – *213*
- » Habeas data-petição inicial e despacho inicial – *216*
- » Habeas data-quando não cabe MS – *212*
- » Habeas data-recursos e preferência de julgamento – *216*
- » Habeas data-súmula 2 do STJ – *215*

I

- » Ilegalidade e abuso de poder-por violação aos princípios constitucionais e infraconstitucionais que regem a Administração Pública – *44*
- » Ilegalidade e abuso de poder-sentido amplo para fins de impetração do MS – *43*
- » Impetração do Mandado de Segurança- Apresentação do original da petição nos cinco dias úteis seguintes – *282, 283, 284*
- » Impetração do Mandado de Segurança- apresentação do original da petição nos cinco dias úteis seguintes – *282*
- » Impetração do Mandado de Segurança- documento eletrônico – *282*
- » Impetração do Mandado de Segurança- observância dos requisitos legais para que o emprego dessas modalidades de comunicação – *281*
- » Impetração do Mandado de Segurança- processo eletrônico – *282*
- » Impetração do Mandado de Segurança- telegrama – *283*
- » Impugnação de Decreto-inviabilidade de combate por meio de MS – *227*
- » Indeferimento da inical- caberá o recurso de agravo de instrumento – *404, 405*
- » Indeferimento da inical- fundamentação que se presta para justificar qualquer decisão – *394*
- » Indeferimento da inicial- deverá ser embatido por apelação caso o indeferimento seja total – *404*
- » Indeferimento da inicial- Não havendo retratação os autos serão encaminhados para o tribunal – *405*
- » Indeferimento da inicial- o juiz tem o dever de enfrentar todos os argumentos relevantes – *394*
- » Indeferimento da inicial-a decisão judicial deve ser interpretada a partir da conjugação de todos os seus elementos – *397*
- » Indeferimento da inicial-a primeira causa de indeferimento é a constatação do juízo de que o caso concreto não é caso de mandado de segurança – *402*
- » Indeferimento da inicial-apenas no caso de incompetência possuir natureza peremptória será ela capaz de colocar fim ao processo – *402*
- » Indeferimento da inicial-dispensa de exigibilidade da citação da parte contraria para responder no recurso de apelação – *405*
- » Indeferimento da inicial-elementos essenciais – *392*
- » Indeferimento da inicial-fundamentação – *392*
- » Indeferimento da inicial-havendo a retratação o procedimento retomará seu andamento regular – *405*
- » Indeferimento da inicial-impetração contra atos de gestão comercial – *403*
- » Indeferimento da inicial-mandados de segurança de competência dos Tribunais – *406*
- » Indeferimento da inicial-monocraticamente pelo Relator – *407*
- » Indeferimento da inicial-motivação da decisão – *403*
- » Indeferimento da inicial-necessidade de motivação da decisão – *401*
- » Indeferimento da inicial-o juiz tem o dever de enfrentar todos os argumentos relevantes – *395*

» Indeferimento da inicial-particularidade da apelação nesse caso consiste na sua subida imediata ao Tribunal sem intimação da parte contrária para responder ao recurso – *400, 401*

» Indeferimento da inicial-pedidos inaceitáveis pela via mandamental – *403*

» Indeferimento da inicial-relatório – *392*

» Indeferimento da inicial-sentença – *391*

» Indeferimento da inicial-só pode ocorrer antes da notificação da autoridade coatora e da intimação da pessoa jurídica de direito público – *400*

» Indeferimento da inicial-termos vagos – *393*

» Indeferimento da iniical-interposta a apelação é possível o juiz se retratar no prazo de 5 dias – *405*

» Informações- Enunciado 5 do I Fórum Nacional do Poder Público Brasília/DF-a dilação de prazos processuais prevista no art. 139, VI do CPC é compatível com o mandado de segurança – *360*

» Informações- equivalem à prova judiciária – *361*

» Informações- o que se requisita à autoridade coatora são informações acerca do conteúdo da petição inicial – *358*

» Informações-a notificação deve ser recebida, pessoalmente, pela autoridade coatora – *362*

» Informações-a notificação para prestar informações não se confunde com citação – *361*

» Informações-a ordem expedida pelo juiz à autoridade coatora para prestar as informações é mandamental – *362*

» Informações-advertência de que a falta de envio das mesmas no prazo legal implicará em descumprimento de ordem judicial – *363*

» Informações-citação – *358*

» Informações-correspondem à peça de defesa da pessoa jurídica e assumem, nitidamente, o caráter de contestação – *359*

» Informações-dilação do prazo – *360*

» Informações-é uma responsabilidade pessoal e intransferível da autoridade coatora – *362*

» Informações-início do prazo para prestar informações – *360*

» Informações-mesmo que não apresentadas não se presumem verdadeiros os fatos alegados pelo impetrante – *363*

» Informações-não há revelia ou confissão de fato em razão da não apresentação das informações – *364*

» Informações-não pode ser vista como a de um ato de defesa do sujeito passivo da ação – *361*

» Informações-não se pode falar em revelia ou preclusão em caso de inobservância do prazo pela autoridade coatora – *361*

» Informações-notificação da autoridade coatora – *358*

» Informações-os prazos processuais no mandado de segurança são contados em dias úteis – *360*

» Informações-prazo para a apresentação – *360*

» Informações-prorrogação do prazo para envio das informações – *365*

» Interposto recurso administrativo recebido no efeito suspensivo superveniente ao processamento de MS-extinção do MS por perda superveniente do interesse de agir – *293, 294*

» Juizados Especiais Civeis-admissibilidade do Mandado de Segurança como sucedâneo recursal nos processos que tramitam perante os Juizados Especiais Cíveis – *306*

L

» Legitimidade ativa para impetrar MS-Órgãos públicos sem personalidade jurídica, mas titulares de prerrogativas próprias ou direitos a defender – *257*

» Legitimidade ativa para impetrar MS-Órgãos públicos sem personalidade jurídica-Súmula 525 do STJ – *257*

» Legitimidade ativa para impetrar MS-agentes políticos que detenham prerrogativas funcionais específicas do cargo ou do mandato podem impetrar mandado de segurança contra ato de autoridade que tolher o desempenho de suas atribuições ou afrontar suas prerrogativas – *258*

» Legitimidade ativa para impetrar MS-estrangeiro não residente no Brasil também é parte legitimada a impetrar MS – *258*

» Legitimidade ativa para impetrar MS-Fazenda Pública – *257*

» Legitimidade ativa para impetrar MS-impetração por titular de direito líquido e certo decorrente de direito de terceiro – *258*

» Legitimidade ativa para impetrar MS-membro do Ministério Público que atua perante o Tribunal de Contas possui legitimidade e capacidade postulatória para impetrar mandado de segurança em defesa de suas prerrogativas institucionais contra acórdão prolatado pela respectiva Corte de Contas – *259*

» Legitimidade ativa para impetrar MS-Ministério Público – *257*

» Legitimidade ativa para impetrar MS-necessidade que alguém que sofra ou esteja na iminência de sofrer violação de direito seu em decorrência de ato abusivo ou ilegal – *256*

» Legitimidade ativa para impetrar MS-órgãos públicos despersonalizados, mas dotados de capacidade processual – *255*

» Legitimidade ativa para impetrar MS-possibilidade de o impetrante ser pessoa jurídica de direito público – *256*

» Legitimidade ativa para impetrar MS-qualquer pessoa física ou jurídica – *255*

» Legitimidade ativa para impetrar MS-quando o direito ameaçado ou violado couber a várias pessoas, qualquer delas poderá impetrar o MS – *259*

» Legitimidade ativa para impetrar MS-sucessão de partes no MS – *260*

» Legitimidade ativa para impetrar MS-sucessão de partes no MS-possibilidade em caso de sucessora de anistiado – *261*

» Legitimidade ativa para impetrar MS-sucessão de partes no MS-possibilidade na fase de execução-caso excepcional-habilitação de herdeiros – *260*

» Legitimidade ativa para impetrar MS-tanto pessoa física quanto jurídica pode se valer do MS – *256*

» Legitimidade passiva no MS-corrente que sustenta que a legitimidade passiva é da pessoa jurídica a que pertence a autoridade coatora – *262*

» Legitimidade passiva no MS-corrente que sustenta que a legitimidade passiva seria do próprio agente coator – *262*

» Legitimidade passiva no MS-corrente que sustenta que a um litisconsórcio passivo entre o agente coator e a pessoa jurídica a ele vinculada – *262*

» Legitimidade passiva no MS-corrente que sustenta que que o agente coator é mero informador no processo – *263*

» Legitimidade passiva no MS-divergência – *262*

» Legitimidade passiva no MS-inexistência de litisconsórcio entre a autoridade coatora e a pessoa jurídica da qual ela faz parte – *264*

» Legitimidade passiva no MS-não se pode falar em litisconsórcio entre quem é parte e quem não é parte no sentido jurídico – *265*

» Legitimidade passiva no MS-o ato praticado é do ente público e não do funcionário – *265*

» Legitimidade passiva no MS-tese predominante é que a legitimidade passiva é da pessoa jurídica de direito público a que pertence a apontada coatora – *263*

» Legitimidade-é que possibilita aferir o atendimento dos interesses da sociedade pela atuação da Administração – *49*

» Lei em tese- Súmula n.º 266 do STF – *227*

» Lei em tese-cabimento do MS para anular ato decorrente da mesma – *224*

- Lei em tese-inviabilidade de combate por meio de MS – *224, 226*
- Leis de efeitos concretos-incidência imediata-visão ampliativa da jurisprudência – *235*
- Letigimação de terceiro- A notificação deverá ocorrer em que prazo? – *277*
- Letigimação de terceiro- legitimação é extraordinária e só se configurará depois de notificado o real titular do direito de ação – *277*
- Letigimação de terceiro- Necessidade de realizar a notificação do legitimado originário – *278*
- Letigimação de terceiro- possibilidade de formação de coisa julgada perante o substituto e o substituído – *280*
- Letigimação de terceiro- Se o último dia para impetração cair em feriado forense? – *278*
- Letigimação de terceiro-a notificação é pela via judicial – *278*
- Letigimação de terceiro-a notificação não amplia o prazo decadencial para a impetração do mandamus – *278*
- Letigimação de terceiro-direito da parte é violado indiretamente – *277*
- Letigimação de terceiro-hipótese em que não haverá necessidade de notificação – *279*
- Letigimação de terceiro-o direito do substituto processual deve ser decorrente do direito do substituído – *280*
- Letigimação de terceiro-o substituído possui legitimidade para interferir, a qualquer tempo, no processo – *280*
- Letigimação de terceiro-prova – *279*
- Letigimação de terceiro-tutelar a expectativa legítima do terceiro de boa-fé – *276*
- Liberdade de locomoção-quando será objeto de tutela por HC ou MS? – *223*
- Liquidação antecipada do débito. Consulte Financiamento; Consulte Financiamento; Consulte Financiamento
- Litisconsórcio ativo- se o litisconsórcio ativo ulterior for unitário é sempre possível seu ingresso – *411*
- Litisconsórcio ativo ulterior-princípio do juiz natural – *412*
- Litisconsórcio ativo-momento de ingresso – *411*
- Litisconsórcio ativo-o objetivo é obstar fraude processual – *411*

M

- Mandado de gegurança-improcedência liminar do pedido – *410*
- Mandado de Segurança- contra decisão judicial com trânsito em julgado – *318*
  - Mandado de Segurança contra sociedade de economia mista – *273*
- Mandado de segurança- discussões de natureza regimental – *229*
- Mandado de Segurança- esgotamento da via administrativa-diferenciação de desnecessidade de pedido administrativo – *240*
- Mandado de Segurança- não cabe contra ato judicial passível de recurso ou correição – *318*
- Mandado de segurança- não cabe contra atos administrativos abstratos – *227*
- Mandado de segurança- não cabimento para questionar veto aposto pela presidente da República a proposta legislativa – *232*
- Mandado de Segurança- não é substitutivo de ação de cobrança – *318*
- Mandado de segurança preventivo-aproveitamento como repressivo – *26*
- Mandado de segurança preventivo-consumação do ato não gera a perda do objeto da ação – *26*
- Mandado de segurança preventivo-função inibitória – *24*
- Mandado de segurança preventivo-necessidade de ameaça real – *23*

- » Mandado de segurança preventivo-necessidade de demonstração de efetiva ameaça – *24*
- » Mandado de segurança preventivo-necessidade de demonstração de indicativos da tendência da autoridade pública praticar o ato. – *24*
- » Mandado de segurança preventivo-perigo potencial – *24*
- » Mandado de segurança preventivo-resposta desfavorável à consulta fiscal – *25*
- » Mandado de segurança preventivo-uso costumeiro em âmbito tributário – *25*
- » Mandado de segurança preventivo-vedação de impetração contra lei em tese – *24*
- » Mandado de Segurança-A existência de recurso administrativo com efeito suspensivo não impede o uso do mandado de segurança contra omissão da autoridade – *318*
- » Mandado de Segurança-a impetração de segurança por terceiro, contra ato judicial, não se condiciona a interposição de recurso – *318*
- » Mandado de Segurança-a realidade dos Tribunais – *36*
- » Mandado de segurança-ação de natureza especial – *15*
- » Mandado de segurança-ação popular-Súmula n.º 101 do STF – *231*
- » Mandado de segurança-alta eficácia da demanda – *16*
- » Mandado de segurança-aplicação efetiva – *16*
- » Mandado de segurança-ato de efeitos concretos edital de seleção – *236*
- » Mandado de segurança-ato de efeitos concretos-contagem do prazo decadencial para impetração do MS – *237*
- » Mandado de segurança-ato de efeitos concretos-Portaria Normativa que determinou o pagamento aos servidores públicos de reajuste menor do que lhes é devido – *237*
- » Mandado de Segurança-ato questionado por recurso administrativo- efeito nocivo – *287*
- » Mandado de Segurança-ato questionado por recurso recebido no efeito suspensivo – *286, 287*
- » Mandado de Segurança-ato questionado por recurso recebido no efeito suspensivo-ausência de efeito nocivo – *287*
- » Mandado de Segurança-cabimento-decisão que altera de ofício ou determina que o autor adeque o valor da causa – *313*
- » Mandado de segurança-celeridade – *15*
- » Mandado de Segurança-concurso público e a necessidade de o magistrado apreciar adequadamente os fundamentos e provas que instruem o mandamus – *36*
- » Mandado de Segurança-concurso público e a prova a ser apresentada – *35*
- » Mandado de Segurança-concurso público e nomeação – *35*
- » Mandado de Segurança-concurso público e o erro da generalização – *35*
- » Mandado de segurança-controle dos atos do Poder Público – *11*
- » Mandado de Segurança-decisão judicial que caiba recurso com efeito suspensivo-impossibilidade – *299, 300, 301*
- » Mandado de Segurança-decisão judicial transitada em julgado – *315*
- » Mandado de Segurança-desnecessidade, em regra, do esgotamento da via administrativa para a impetração do MS-exceção – *239*
- » Mandado de Segurança-desnecessidade, em regra, do esgotamento da via administrativa para a impetração do MS – *238*
- » Mandado de segurança-disciplina constitucional – *13*
- » Mandado de Segurança-distribuição dinâmica do ônus da prova – *314*
- » Mandado de Segurança-dúvida razoável sobre o cabimento de agravo de instrumento – *309*
- » Mandado de segurança-estatura constitucional – *13*

- » Mandado de segurança-exegese – *17*
- » Mandado de segurança-garantia constitucional – *14*
- » Mandado de Segurança-hipóteses de não cabimento – *248*
- » Mandado de segurança-impetração objetivando impedir a incidência da le i – *235*
- » Mandado de segurança-inadequação para aferir critérios adotados pelo Tribunal de Contas da União (TCU) em análise de superfaturamento de obra contratada com a Administração Pública – *232*
- » Mandado de segurança-inafastabilidade jurisdicional – *23*
- » Mandado de segurança-interpretação ampliativa – *16*
- » Mandado de segurança-leis de efeitos concretos – *233*
- » Mandado de segurança-leis de efeitos concretos – *236*
- » Mandado de segurança-leis de efeitos concretos-cabimento – *234*
- » Mandado de segurança-leis de efeitos concretos-conceito – *233*
- » Mandado de segurança-leis de efeitos concretos-direito tributário – *235*
- » Mandado de segurança-leis de efeitos concretos-incidênciaimediata-cabimento de MS – *234*
- » Mandado de segurança-método interpretativo – *15*
- » Mandado de segurança-modalidades – *23*
- » Mandado de segurança-não cabe contra lei em tese – *224*
- » Mandado de segurança-não cabemento contra atos interna corporis – *227*
- » Mandado de segurança-não cabimento para controle de impulso e elaboração da pauta de atividades internas das casas legislativas – *228*
- » Mandado de segurança-não cabimento para fazer controle abstrato de constitucionalidade – *225*
- » Mandado de segurança-não cabimento para interpretação de dispositivos regimentais da casa legislativa – *228*
- » Mandado de segurança-não é cabível o pleito para pagamento de juros e correção monetária – *233*
- » Mandado de segurança-não é cabível o pleito para pagamento de juros e correção monetária, sob pena de assumir contorno de ação de cobrança – *231*
- » Mandado de segurança-não é substitutivo de ação de cobrança – *231*
- » Mandado de segurança-não é sucedâneo de ação rescisória – *315*
- » Mandado de segurança-não é um substitutivo da ação rescisória – *315*
- » Mandado de segurança-não pode ser usado como sucedâneo de ação popular – *230*
- » Mandado de Segurança-não substitui a ação popular – *318*
- » Mandado de segurança-não substitui Ação Civil Pública – *230*
- » Mandado de Segurança-nomeação decorrente de manifesta necessidade da Administração – *37*
- » Mandado de Segurança-nomeação e novo concurso – *36*
- » Mandado de Segurançanomeação por necessidade e conveniência no provimento do cargo – *38*
- » Mandado de Segurança-nomeação por preterição
- » Mandado de Segurança-Petição inicial – *319*
- » Mandado de Segurança-plena possibilidade de uso para grande parte das demandas relacionadas à concurso público – *36*
- » Mandado de segurança-Poder Judiciário – *17*
- » Mandado de segurança-possibilidade de declaração incidental de inconstitucionalidade de lei ou ato normativo do Poder Público como prejudicial de mérito – *241, 242, 243*

» Mandado de segurança-processo administrativo disciplinar – *243*
» Mandado de Segurança-recurso administrativo condicionado à caução-Súmula Vinculante 21 do STF – *287*
» Mandado de segurança-remessa necessária – *439*
» Mandado de Segurança-Repercussão Geral – *540, 541*
» Mandado de Segurança-Repetitivo – *542*
» Mandado de segurança-similitude de pedidos com paralela ação ordinária-conexão – *338*
» Mandado de Segurança-Súmulas do STF – *542, 543, 544, 545*
» Mandado de Segurança-Súmulas do STJ – *545*
» Mandado de segurança-técnica processual diferenciada – *15*
» Mandado de segurança-tipos – *23*
» Mandado de segurança-transmudação de preventivo para repressivo – *25*
» Mandado de Segurança-tutela de evidência – *375*
» Mandado de segurança-via imprópria para cumprimento de decisão de outro MS – *231*
» Mandado de segurança-votação da lei e a respectiva sanção não constituem atos suscetíveis de controle – *229*
» Mandado de segurança-votação da lei e a respectiva sanção não constituem atos suscetíveis de controle por MS – *229*
» Mandados de Segurança em razão de omissão-o pedido será ordene a prática do ato omitido – *336*
» Medida liminar- requisitos são a relevância dos motivos em que se assenta o pedido da inicial e a possibilidade da ocorrência de lesão irreparável ao direito do impetrante – *368*
» Medida liminar-a exigência de caução deve ser adotada como expediente excepcional – *378*

» Medida liminar-a plausibilidade da pretensão deduzida em juízo deve se revelar prima facie – *369*
» Medida liminar-a prestação da contracautela não é medida obrigatória – *378*
» Medida liminar-a sentença denegatória cassa os efeitos da liminar – *379*
» Medida liminar-a tutela de evidência pode ser concedida em mandado de segurança – *373*
» Medida liminar-concessão – *367*
» Medida liminar-concessão de ofício – *377*
» Medida liminar-constitui-se em verdadeira ordem que o coator tem que acatar imediatamente – *375*
» Medida liminar-direito do impetrante – *376*
» Medida liminar-distinção da tutela antecipada – *372*
» Medida liminar-é deferida com base no juízo de probabilidade de que a afirmação provada não será demonstrada em contrário pelo réu – *373*
» Medida liminar-grau de cognição – *372*
» Medida liminar-inaplicabilidade da estabilização da tutela de urgência no rito do MS – *373*
» Medida liminar-momento processual – *372*
» Medida liminar-O que a determina o deferimento da liminar é a constatacãode que não sendo suspenso de imediato o ato impugnado a concessão da segurança pela sentença não seria capaz de proteger, com efetividade, o direito in natura – *370*
» Medida liminar-pode constituir-se em decisão mandamental ou impondo uma obrigação de fazer – *371*
» Medida liminar-possibilidade de o juiz condicionar a liminar a uma contracautela do impetrante – *378*
» Medida liminar-qualquer omissão ou resistência do coator será contornada pelos amplos poderes executivos de que é dotado o juiz – *375*
» Medida liminar-requer, além do risco de ineficácia da futura decisão definitiva da demanda, a elevada probabilidade de êxito

» da pretensão, tal como nela formulada – *367*
» Medida liminar-vedações legais à tutela de urgência não se aplicam à tutela de evidência – *375*
» Ministério Público-desnecessidade de sua oitiva no Mandado de Segurança se o Tribunal já tiver jurisprudência consolidada sobre o tema discutido – *417, 418*
» Ministério Público-é obrigatória sua participação? – *417*
» Ministério Público-não pode juntar documentos, certidões ou produzir provas – *418*
» Ministério Público-participação no MS – *417*
» Ministério Público-prazo para manifestação – *419*
» Ministério Público-prazo para manifestação-próprio – *419*
» Modalidades de Mandados de Segurança-preventivo e repressivo – *335*
» MS com liminar-prioridade de julgamento – *383*
» MS- não produz efeitos patrimoniais em relação a período pretérito-Súmula 271 do STF – *231*
» MS-ação de cobrança-Súmula 269 do STF – *231*

» Não cabimento de MS-vedac?aÞo a priori da concessaÞo de mandado de seguranc?a? – *286*
» NaÞo cabe mandado de seguranc?a contra ato judicial passiìvel de recurso ou correic?aÞo-restrição – *303*
» NaÞo cabe mandado de seguranc?a contra decisaÞo judicial com tra?nsito em julgado-Súmula 268 do STF – *315*
   » o que precisa-se provar? – *36*
» Órgão de representação judicial da pessoa jurídica-a cientificação da impetração do Mandado de Segurança será feita na pessoa de algum dos procuradores integrantes da pessoa jurídica da qual pertence a autoridade coatora – *366*
» Órgão de representação judicial da pessoa jurídica-a notificação e intimação independem de recibo nos ofícios – *366*
» Órgão de representação judicial da pessoa jurídica-assistência litisconsorcial – *365*
» Órgão de representação judicial da pessoa jurídica-prazo para manifestação – *366*
» Órgão de representação judicial da pessoa jurídica-se interesse na extração de cópias dos documentos deverá diligenciar para tanto – *365*
» Os requisitos de admissibilidade a cargos-previsão na lei – *51*

N

» Não cabimento de MS-condições negativas de procedibilidade – *284*
» Não Cabimento de MS-decisões interlocutórias proferidas nos Juizados Especiais Federais – *311*
» Não cabimento de MS-restrições de origem constitucional – *285*
» Não cabimento de MS-restrições de origem doutrinária e jurisprudencial – *285*
» Não cabimento de MS-restrições de origem infra-constitucional – *285*
» Não cabimento de MS-são inconstitucionais? – *285*

P

» PAD- MS-exame da proporcionalidade da penalidade – *248*
» PAD-cabimento de MS- Indeferimento pela comissão processante do requerimento de produção de provas com base em fundamentação inidônea gerando cerceamento de defesa – *244*
» PAD-cabimento de MS- Não observância do prazo de 3 dias úteis entre a notificação do indiciado e a realização da prova ou diligência ordenada – *244*
» PAD-cabimento de MS- prescrição – *246*

» PAD-cabimento de MS-agravamento da penalidade sem a devida fundamentação – *247*

» PAD-cabimento de MS-demissão em cargo distinto do qual foi praticada a falta disciplinar – *246*

» PAD-MS-não cabimento-proporcionalidade da pena nos casos de demissão por ato doloso de improbidade administrativa – *248*

» PAD-MS-não cabimento-análise das provas constantes no processo administrativo disciplinar a fim de adotar conclusão diversa daquela à qual chegou a autoridade administrativa competente – *249*

» Pedido de reconsideração-não interrompe o prazo decadencial do MS – *295*

» Pedido no MS-em todos os casos em que a obrigação questionada é de natureza continuada ou repetitiva, é muito importante que o pedido seja claro quanto à extensão do pleito – *336*

» Pedido no MS-impossibilidade de pedido que transforme o mandado de segurança em ação de cobrança – *336*

» Perempeção-conceito – *384*

» Perempeção-distinção do instituto da caducidade – *384*

» Perempeção-natureza de decisão interlocutória – *385*

» Perempeção-necessidade de intimação pessoal antes da aplicação da sanção – *384*

» Perempeção-o decreto de perempção ou decadência limita-se à extinção da medida liminar, não afetando a subsistência do processo – *385*

» Perempeção-requerimento pelo Ministério Público – *385*

» Petição inicial do Mandado de Segurança-aplicação dos arts. 319 e 320 e, ainda, dos arts. 103 e 106, todos do Código de Processo Civil – *331, 334*

» Petição inicial do Mandado de Segurança- haverá de ser acompanhada, necessariamente, da procuração outorgada pelo autor ao advogado que a subscreve – *335*

» Petição inicial do Mandado de Segurança-a declaração de ineficácia do ato de impetração da segurança, por falta de tempestiva exibição da procuração pelo advogado, acarreta extinção do processo sem resolução de mérito, por ausência de pressuposto processual – *335*

» Petição inicial do Mandado de Segurança-documentos indispensáveis que devem instruir a inicial – *333*

» Petição inicial do Mandado de Segurança-duas vias com cópia de todos os documentos – *334*

» Petição inicial do Mandado de Segurança-exceções a essa imediata e categórica exigência dos documentos do autor necessários à sustentação do seu pleito. – *334*

» Petição inicial do Mandado de Segurança-indicação do agente que praticou in concreto o ato impugnado e da pessoajurídica que a referida autoridade íntegra, ou à qual seachavinculada – *332*

» Petição inicial do Mandado de Segurança-não pode deixar de nomear a pessoa jurídica que, afinal, é quem suportará as consequências jurídico-patrimoniais do ato impugnado – *332*

» Petição inicial do Mandado de Segurança-os documentos indispensáveis no caso do mandado de segurança serão aqueles capazes de dar credibilidade ao argumento de liquidez e certeza do direito invocado pelo autor – *333*

» Petição inicial do Mandado de Segurança-para os demais réus, isto é, os litisconsortes passivos, a lei não exige a apresentação dos documentos duplicados. – *334*

» Petição inicial do Mandado de Segurança-valor da causa – *337*

» Petição inicial no CPC- Comunidade Argumentativa de Trabalho – *325*

» Petição inicial no CPC- Correlação entre pedido (e causa de pedir) e sentença – *325*

» Petição inicial no CPC- fundamentos jurídicos – *321*

» Petição inicial no CPC-Acesso às informações pessoais do réu – *331*

- » Petição inicial no CPC-audiência de conciliação ou mediação – *330*
- » Petição inicial no CPC-causa de pedir próxima e remota, ativa e passiva – *322*
- » Petição inicial no CPC-citação do réu – *331*
- » Petição inicial no CPC-deve conter o pedido com as suas especificações – *326, 327*
- » Petição inicial no CPC-documentos substanciais e fundamentais – *330*
- » Petição inicial no CPC-fundamentos de fato – *321*
- » Petição inicial no CPC-indicação do juízo ou tribunal a que é dirigida – *320*
- » Petição inicial no CPC-individuação do réu – *330*
- » Petição inicial no CPC-Iura novit curia . Da mihi factum dabo tibi ius – *324*
- » Petição inicial no CPC-nome e qualificação das partes – *321*
- » Petição inicial no CPC-normas jurídicas e relação com o caso – *324*
- » Petição inicial no CPC-nosso sistema processual adotou a teoria da substanciação do pedido – *327*
- » Petição inicial no CPC-ônus de alegar e dever de decidir – *326*
- » Petição inicial no CPC-outros requisitos – *331*
- » Petição inicial no CPC-pedido e tutela do direito – *328*
- » Petição inicial no CPC-pedido, sentença e o princípio da congruência – *328*
- » Petição inicial no CPC-pedidos imediato e mediato – *327*
- » Petição inicial no CPC-provas – *329*
- » Petição inicial no CPC-provas – *329*
- » Petição inicial no CPC-requisitos – *320*
- » Petição inicial no CPC-valor da causa – *328*
- » Poder Discricionário-limites – *9*
- » Princípio da impessoalidade- como única diretriz jurídica válida para os comportamentos estatais o interesse público – *60*
- » Princípio da impessoalidade- é decorrência do princípio de utilidade pública – *60*
- » Princípio da impessoalidade- impede e proíbe o subjetivismo na Administração Pública – *61*
- » Princípio da impessoalidade-a atividade administrativa deve ser destinada a todos os administrados – *60*
- » Princípio da impessoalidade-desvio de finalidade – *59*
- » Princípio da impessoalidade-eficácia impeditiva aos fatores pessoais e subjetivos como verdadeiros móveis e fins das atividades administrativas – *59*
- » Princípio da impessoalidade-imputação – *58*
- » Princípio da impessoalidade-normas de impedimento e suspeição – *59*
- » Princípio da impessoalidade-o fim, e não a vontade, domina todas as formas de administração – *61*
- » Princípio da impessoalidade-objetividade e a neutralidade da atividade administrativa – *60*
- » Princípio da impessoalidade-tem como conteúdo jurídico o despojamento da pessoa pública da vontade que lhe seja enxertada pelo agente público – *61*
- » Princípio da impessoalidade-veda qualquer conduta do gestor voltada para outro fim que não a satisfação do interesse coletivo – *58*
- » Princípio da juridicidade- nova tendência doutrinária que outorga significativa importância aos princípios gerais de direito – *50*
- » Princípio da juridicidade-expressão da vinculação da atuação da Administração Pública ao ordenamento jurídico unitária e inteiramente considerado – *50*
- » Princípio da legalidade administrativa
- » Princípio da legalidade administrativa-princípio da reserva de lei ou princípio da primazia da lei – *46*
- » Princípio da legalidade administrativa-proibição de criar obrigações ou impor

vedações aos administrados por atos administrativos – *46*

» Princípio da legalidade administrativa-variedade de níveis de reserva de lei – *47*

» Princípio da legalidade administrativa-agir quando e como a lei autoriza – *45*

» Princípio da legalidade administrativa-aplicação da lei de ofício – *45*

» Princípio da legalidade administrativa-as reservas de lei são diferenciáveis entre seus múltiplos aspectos – *47*

» Princípio da legalidade administrativa-ato coator – *44*

» Princípio da legalidade administrativa-atuação de acordo com a lei – *45*

» Princípio da legalidade administrativa-diferença entre legalidade e reserva de lei – *46*

» Princípio da legalidade administrativa-não se confunde com legitimidade – *48*

» Princípio da legalidade administrativa-os actos da Administração não devem contrariar as normas legais – *47*

» Princípio da legalidade administrativa-requisitos de acesso aos cargos públicos – *51*

» Princípio da legalidade administrativa-sentido – *45*

» Princípio da legalidade administrativa-sua evolução para o princípio da juridicidade – *49*

» Princípio da legalidade-competências discricionárias – *55*

  » proibição de inovar na ordem jurídica por simples atos administrativos – *46*

» Prova em poder da Autoridade coatora-notificação para juntá-la aos autos com as informações – *341*

» Prova física-concurso público – *54*

» Prova no Mandado de Segurança-no mandado de segurança a afirmação de existência do direito deve ser provada desde logo, ou melhor, mediante prova documental anexa à petição inicial. – *338*

» Prova pré-constituída

» Prova pré-constituída-a prova da existência do ato ilegal e abusivo deve ser demonstrada de plano – *29*

» Prova pré-constituída-ausência de documento essencial à demonstração do direito alegado impede o prosseguimento do feito – *28*

» Prova pré-constituída-cognição empreendida no mandado de segurança é plena e exauriente secundum eventum probationis – *30*

» Prova pré-constituída-deve ser apresentada no momento da impetração – *28*

» Prova pré-constituída-diferenciação entre prova documental e prova documentada – *30*

» Prova pré-constituída-impossibilidade de dilação probatória – *29*

» Prova pré-constituída-indifireça para fins de MS se o caso é de maior ou menor complexidade jurídica – *30*

» Prova pré-constituída-laudo médico particular – *33*

» Prova pré-constituída-momento da apresentação da prova – *28*

» Prova pré-constituída-não cabe MS se a prova não for pré-constituída – *28*

» Prova pré-constituída-não importa a complexidade ou densidade do que se questiona – *30*

» Prova pré-constituída-não se admite a juntada posterior de documentos no Mandado de Segurança – *29*

» Prova pré-constituída-não se admite a prova documentada – *31*

» Prova pré-constituída-o que é prova documental? – *31*

» Prova pré-constituída-o que é? – *30*

» Prova pré-constituída-os documentos devem acompanhar a petição inicial – *27*

» Prova pré-constituída-princípio do livre convencimento motivado do juiz – *32*

» Prova pré-constituída-prova documentada não demonstra direito líquido e certo – *31*

» Prova pré-constituída-prova documental – *31*

- » Prova pré-constituída-provas do direito do impetrante em poder da Autoridade Coatora – *29*
- » Prova pré-constituída-sistema de valoração da prova – *32*
- » Prova pré-constituída-Súmula n. 625 do STF – *30*
- » Prova pré-constituída-vedação de juntada de novos documentos ao longo da tramitação da ação – *27*
- » Prova pré-constituído-remédio constitucional de rito celere que impede a instrução probatória – *28*
- » Prova- recusa da autoridade coatora – *340*
- » Prova-documento necessário à prova do alegado se ache em repartição ou estabelecimento público ou em poder de autoridade que se recuse a fornecê-lo por certidão ou de terceiro – *339*
- » Prova-ônus do Impetrante – *341*
- » Psicotécnico e previsão legal- Súmula Vinculante 44 do Supremo Tribunal Federal – *55*
- » Psicotécnico-necessidade de previsão legal – *55*

R

- » Recurso administrativo com caução-cabimento de MS – *290*
- » Recurso administrativo com efeito suspensivo-Súmula 429 do STF – *290*
- » Recurso administrativo recebido apenas no efeito devolutivo-não interrupção do prazo decadencial do MS – *295*
- » recurso administrativo-efeito suspensivo – *288*
- » Recurso administrativo-meio de controle facultativo – *290*
- » recurso com efeito suspensivo deve ser compreendida como recurso que tem aptidão de vir a receber efeito suspensivo sentido – *301*
- » Recurso-aplicação subsidiária do Código de Processo Civil quanto à sistemática recursal – *380*
- » Recurso-decisão que defere ou indefere a liminar – *379*
- » Recurso-efeito suspensivo ativo – *379*
- » Recursos administrativos-efeitos em que pode ser recebidos – *288*
- » Recusa de certidões-cabimento de MS – *220, 221*
- » Remessa necessária-condição suspensiva de eficácia da decisão – *441*
- » Remessa necessária-hipóteses de dispensa – *442*
- » Remessa necessária-naÞo tem natureza recursal – *439*
- » Remessa necessária-possibilidade de executar provisotiamente a sentença – *440*
- » Remessa necessária-rito – *442*
- » Remessa necessária-se aplica, taÞo somente, aos casos de compete?ncia originaìria dos juìizos de primeira insta?ncia – *439*
- » Requisitos de admissibilidade a cargos-vedação à existência de critérios discriminatórios de idade, sexo e altura – *52*
- » Responsabilidade civil
- » Restrições ao Mandado de Segurança
- » Restrições Constitucionais ao MS- Habeas data – *212*
- » Revogação da liminar- é ato desconstitutivo praticado pela própria autoridade judicial – *386*
- » Revogação da liminar-Mandado de Segurança – *386*
- » Revogação da liminar-tácita – *386*

S

- » Sentença-prazo – *421*
  - » subtítulo – *192, 194*
  - » subtítulo – *220*
  - » subtítulo – *318*

» Suspensão da Segurança-cabimento –, *449, 450, 451, 452, 453, 454, 455, 456, 457, 458, 459*

T

» Teoria da encampação-conceito – *203*
» Teoria da encampação-é necessário existir subordinação hierárquica entre a autoridade efetivamente coatora e a apontada como tal pela inicial – *204*
» Teoria da encampação-é necessário que a autoridade indicada como coatora apresente defesa do mérito nas suas informações – *204*
» Teoria da encampação-não pode resultar na modificação de competência – *205*
» Teoria da encampação-pressupostos para sua aplicação – *203*
» Teoria da encampação-súmula 628 do STJ – *206*
» Título- necessidade de verificar se o autor exibe documentos adequados e suficientes para a comprovação do suporte fático de sua pretensão – *369*

» Título-relevância dos fundamentos do pedido não deve ser confundida com a mera aparência do bom direito (fumus boni iuris) – *368*
» tramitação conjunta de MS e recurso administrativo com efeito suspensivo-impossibilidade – *292*
» Turma Recursal dos Juizados Especiais é competente para julgar Mandados de Segurança impetrados contra atos de seus próprios membros-Súmula 376 do STJ – *313*
» Tutela de evidência-defesa inconsistente – *374*
» Tutela de evidência-enunciado 49 da I Jornada de Direito Processual Civil do Conselho da Justiça Federal-a tutela de evidência pode ser concedida em mandado de segurança – *375*
» Tutela de evidência-ideia – *373*
» Tutela de evidência-momento – *374*
» Tutela de evidência-precedentes – *374*
» Tutela de evidência-prova contrária – *374*
» Tutela provisória-as vedações à concessão da tutela provisória contra a Fazenda Pú
  » vedação de atuação contra ou praeter legem – *45*

BIBLIOGRAFIA

ALEXY, Robert. Teoría de los Derechos Fundamentales. Centro de Estudios Políticos y Constitucionales. Madrid, 2002.

ALVIN, J E Carreira, Comentários à nova lei do Mandado de Segurança, ed. Juruá, Paraná

ARRUDA ALVIM, Eduardo. Mandado de segurança. 2ª. ed. Rio de Janeiro: Ed. GZ, 2010

ASSUMPÇÃO, Hélcio Alves de. Mandado de segurança: a comprovação dos fatos como pressuposto específico de admissibilidade do writ. Revista de Direito do Ministério Público. Rio de Janeiro, 1995.

BANDEIRA DE MELLO, Celso Antônio. Curso de direito administrativo. 29ª. ed. São Paulo: Malheiros, 2012.

BARBI, Celso Agrícola. Do mandado de segurança, 11ª. Edição, Editpra GEN, 2008, São Paulo.

BARBI, Celso Agrícola. "Perspectiva do Mandado de Segurança", in RDA 75/429

BASTOS, Ricardo. Concurso público: etapa interna e externa passo a passo/Alessandro Dantas Coutinho, William Douglas e Ricardo Bastos. – Curitiba, PR: Negócios Públicos, 2015.

BINENBOJM, Gustavo. Uma Teoria do Direito Administrativo: Direitos Fundamentais, Democracia e Constitucionalização. 3ª ed. revista e atualizada -Rio de Janeiro: Renovar, 2014

BRITO DE MACÊDO, Potira Ferreira. O Mandado de Segurança e o prazo extintivo. Revista de Processo. vol. 199. p. 375. São Paulo: Ed. RT, set. 2011.

BUENO. Cassio Scarpinella. A Nova Lei do Mandado de Segurança: Comentários sistemáticos à Lei 12.016, de 7-8-2009, 2ª edição, Editora Saraiva, São Paulo 2010

BUENO, Cassio Scarpinella. Mandado de segurança: comentários às Leis ns. 1.533/51, 4.348/64 e 5.021/66. 2. ed. São Paulo: Saraiva, 2004.

CÂMARA, Alexandre Freitas. Manual do Mandado de Segurança, 2ª Edição. Atlas, São Paulo, 2014

CARDOZO, José Eduardo Martins. Princípios Constitucionais da Administração Pública. In: MORAES, Alexandre de coord. . Os 10 anos da Constituição Federal. São Paulo: Atlas, 1999.

CAVALCANTE, Mantovanni Colares. Mandado de Segurança. São Paulo: Dialética, 2002. n. 143 43-44.

CERQUEIRA, Luiz Otávio Sequeira de. Comentários à Lei do Mandado de Segurança: Lei 12.016, de 7 de agosto de 2009. Editora Revista dos Tribunais, 4ª edição, 2015

CORREIA, José Manuel Sérvulo. Legalidade e autonomia contratual nos contratos administrativos. Coimbra: Almedina, 2003. p. 18 reimp.

COUTINHO, Alessandro Dantas, KRUGER, Ronald Rodor. Manual de Direito Administrativo: Volume Único. 2ª edição, Editora Juspodivm, Salvador, 2018

COUTINHO, Alessandro Dantas. Algumas considerações sobre o princípio da legalidade e sua aplicação aos concursos públicos, LICICON – Revista de Licitações e Contratos. Instituto Negócios, Públicos: Curitiba, PR, ano VII, n.83 187-195, novembro 2014.

COUTINHO, Alessandro Dantas. Concurso público: os requisitos de acesso ao cargo público devem estar previstos na lei ou podem ser criados pelo edital? Concurso Público. LICICON – Revista de Licitações e Contratos. Editora Negócios Públicos: Curitiba, PR, ano VIII, n.96 145-152, dezembro de 2015.

COUTINHO, Alessandro Dantas. A importância da efetiva aplicação do princípio da publicidade nos Concursos Públicos e demais procedimentos seletivos. LICICON – Revista de Licitações e Contratos. Instituto Negócios Públicos: Curitiba, PR, ano VIII, n.85 273-284, janeiro 2015.

COUTINHO, Alessandro Dantas. O Concurso Público no ordenamento jurídico. LICICON – Revista de Licitações e Contratos. Instituto Negócios Públicos: Curitiba, PR, ano VII, n.81 188-206, setembro 2014.

COUTO E SILVA, Almiro do. Poder Discricionário no Direito Administrativo Brasileiro, Revista de Direito Administrativo nº 179/180

CRUZ E TUCCI, José Rogério. 2ª edição, Editora Revista dos Tribunais, São Paulo 2018. p. 105, Coleção Comentários ao Código de Processo Civil; arts. 485 ao 538 Volume. 8 / direção Luiz Guilherme Marinoni; coordenação Sérgio Cruz Arenhart e Daniel Mitidiero

CUNHA, Leonardo Carneiro. A Fazenda Pública em Juízo, 14ª. ed. rev., atual e ampl. – Rio de Janeiro: Forense, 2017 510

CUNHA, Leonardo Carneiro da. Recurso especial. Mandado de segurança. Inviabilidade de justificação de prova testemunhal como meio para demonstração de direito líquido e certo. Revista de Processo, São Paulo: RT, v. 126, ago. 2005 205-218.

DANTAS, Alessandro, FONTENELE, Francisco. Concurso Público: direitos fundamentais dos candidatos, – Rio de Janeiro: Forense; São Paulo: Método, 2014.

DELGADO, José Augusto. O princípio da moralidade administrativa e a Constituição Federal de 1988. Revista dos Tribunais, n. 680

DIDIER JR., Fredie; ZANETI JR., Hermes. O mandado de segurança coletivo e a Lei n. 12.016/2009. In: ALVIM, Eduardo Arruda; RAMOS, Glauco Gumerato; MELO, Gustavo de Medeiros; ARAÚJO, José Henrique Mouta org. . O novo mandado de segurança. Belo Horizonte: Fórum, 2010

DIDIER JR. Freddie. Art. 485. In: PASSO CABRAL, Antônio do. CRAMER, Ronaldo. Comentários ao novo Código de Processo Civil – Rio de Janeiro: Forense, 2015

DI PIETRO, Maria Sylvia Zanella. Direito Administrativo. 32. ed. São Paulo: Atlas, 2018.

DINAMARCO Cândido Rangel, Instituições de Direito Processual Civil, Vol. II, Editora Malheiros, São Paulo.

ENGISCH, Karl. Introdução ao Pensamento Jurídico, 6ª edição, Lisboa: Ed. Fundação Calouste Gulbenkian, 1988

FAGUNDES, Miguel Seabra. O controle dos atos administrativos pelo Poder Judiciário. 8. ed. Rio de Janeiro: Forense, 2010.

FERRAZ, Sergio. Mandado de Segurança. São Paulo: Malheiros, 2006.

FIGUEIREDO, Lúcia Valle. Mandado de segurança, Editora Malheiros, 2ª edição, 1997, São Paulo.

FIGUEIREDO, Lúcia Valle. A autoridade coatora e o sujeito passivo do Mandado de Segurança, Editora Revista dos Tribunais, 1991, São Paulo.

FUX, Luiz. Mandado de Segurança, Ed. GEN, Rio de Janeiro.

FIGUEIREDO CRUZ, Luana Pedrosa de. Comentários à Lei do mandado de segurança: Lei 12.016, de 7 de agosto de 2009. Editora Revista dos Tribunais, 4ª edição, 2015

FREITAS, Juarez. O controle dos atos administrativos e os princípios fundamentais. 3ª.ed. rev. e ampl. São Paulo: Malheiros, 2004

FREITAS, Juarez. O controle das políticas públicas e as prioridades constitucionais vinculantes. In: Constituição, Economia e Desenvolvimento: Revista da Academia Brasileira de Direito Constitucional. Curitiba, 2013, vol. 5, n.º 8, Jan-Jun.

FERRAZ, Luciano. Concurso público e direito à nomeação. In: MOTTA, Fabrício coord. Concurso público e Constituição. Belo Horizonte: Editora Fórum, 2005

FORTINI, Cristiana. Servidor público: estudos em homenagem ao professor Pedro Paulo de Almeida Dutra Locais do Kindle 9705-9708 . Editora Fórum. Edição do Kindle.

FUX, Luiz. Mandado de Segurança, Ed. GEN, Rio de Janeiro.

GAJARDONI, Fernando da Fonseca; FERREIRA, Olavo A. Vianna Alves. In: GAJARDONI, Fernando da Fonseca, et. al. Comentários à nova Lei de Mandado de Segurança. São Paulo: Método, 2009

GONÇALVES DE CASTRO, Aloísio, coordenação, Mandado de segurança individual e coletivo: Lei 12.016/2009 Comentada, 1ª Edição, Editora Revista dos Tribunais, 2014

GRECO FILHO, Vicente. Tutela constitucional das liberdades, Ed. Saraiva, São Paulo, 1989

KLIPPEL, Rodrigo e NEFFA JUNIOR, José Antônio. Comentários à lei de mandado de segurança. Lei nº 12.016/09 : Artigo por artigo, doutrina e jurisprudência, Editora Lumen Juris, Rio de Janeiro, 2010

LIMA, Ruy Cirne. Princípios de direito administrativo. 7ª. ed. São Paulo: Malheiros, 2007.

LOPES, Mauro Luís Rocha. Comentários à nova lei do mandado de segurança. Niterói, RJ: Impetus, 2009

MEIRELLES, Hely Lopes. Mandado de Segurança e Ações Constitucionais, Editora Malheiros, 36ª Edição, São Paulo, 2014

MARINONI, Luiz Guilherme. Tutela de urgência e tutela de evidência: soluções processuais diante do tempo da justiça. Editora Revista dos Tribunais, 1ª Ed. 2017

MARINONI, Luiz Guilherme. Curso de processo civil: teoria geral do processo. São Paulo: Ed. RT, 2006. vol. 1

MARINONI, Luiz Guilherme. Efetividade do processo e tutela de urgência. Porto Alegre: Sergio Antônio Fabris Editor, 1994.

MATTOS, Mauro Roberto Gomes de. Tratado de Direito Constitucional. MARTINS, Ives Gandra da Silva; MENDES, Gilmar Ferreira e NASCIMENTO, Carlos Valder do coords. . São Paulo: Saraiva, 2010. vol. I.

MEDINA, José Miguel Garcia ARAÚJO, Fábio Caldas de. Mandado de Segurança individual e coletivo. Comentários à Lei 12.016/2009. 2ª edição revista, atualizada e ampliada, edição: 2009

MARTINS Jr. WALLACE PAIVA, Tratado de Direito Administrativo – Volume 1, Editora Revista dos Tribunais, São Paulo, Edição 2015

MARTINS JUNIOR, Wallace Paiva. Princípio da Publicidade. In: NOHARA, Thiago Marrara coord. . Princípios de Direito Administrativo. São Paulo: Atlas, 2012.

MUKAI, Toshio. Da aplicabilidade do princípio da moralidade administrativa e do seu controle jurisdicional. Cadernos de Direito Constitucional e Ciência Política, nº. 04/213.

NEVES, Daniel Amorim Assumpção. Ações Constitucionais, 2ª edição, Ed. GEN, São Paulo, 2013

MACHADO Jr. Agapito. Concursos Públicos. Editora Atlas, 2008

MEDAUAR, Odete. Direito Administrativo Moderno. 21ª. Ed. Fórum, Belo Horizonte, 2018.

MARCONDES, Pedro Carlos Bitencourt. Servidor Público Teoria e Prática, Belo Horizonte, 2016

MENDES, Gilmar Ferreira; COELHO, Inocêncio Mártires; BRANCO, Paulo Gustavo Gonet. Curso de direito constitucional. 5ª. ed. São Paulo: Saraiva, 2010.

MORAES. Germana de Oliveira. Controle Jurisdicional da Administração Pública, Dialética, 2004.

NERY Jr. Nelson, Leis civis e processuais civis comentadas – 4ª edição, Editora Revista dos Tribunais, 2016

NERY JUNIOR, Nelson, ANDRADE NERY, Rosa Maria de. Código de Processo Civil comentado 17ª. Edição Editora Revista dos Tribunais, São Paulo, 2018

NUNES, José de Castro, Do mandado de segurança

OLIVEIRA, José Roberto Pimenta. Os princípios da razoabilidade e da proporcionalidade como normas conformadoras e limitadoras da Administração Pública. In: DALLARI, Adilson; NASCIMENTO, Carlos Valder do; MARTINS, Ives Gandra da Silva. coords. . Tratado de direito administrativo. São Paulo: Saraiva, 2013. vol. 1.

OLIVEIRA ROCHA, Francisco Lobello de. Regime Jurídico dos Concursos Públicos., Ed. Dialética 2006

OSÓRIO, Fábio Medina, Os limites da discricionariedade técnica e as provas objetivas nos concursos públicos de ingresso nas carreiras jurídicas, in Revista Diálogo Jurídico, n. 13, abril/maio de 2002, Salvador/BA.

PASSOS, Calmon. O princípio de não discriminação. Revista Dialogo Jurídico 6

PAZZAGLINI FILHO, Marino. Princípios constitucionais reguladores da administração pública. São Paulo: Atlas, 2000.

PINHEIRO DE QUEIROZ, Ronaldo. MAIA, Márcio Barbosa. O regime jurídico do concurso público e seu controle jurisdicional, Saraiva.

RIVERO, Jean. Curso de direito administrativo comparado. Trad. José Cretella Júnior. São Paulo: Ed. RT

RICCI, Jean-Claude. Droit Admnistratif General. 5e Edition. Paris: Hachette Supeieur, 2013.

ROCHA, Cármen Lúcia Antunes. Princípios constitucionais da administração pública. Belo Horizonte: Del Rey, 1994.

RODRIGUES, Marcelo Abelha. Suspensão de Segurança: Sustação da eficácia de decisão judicial proferida contra o Poder Público, 3ª edição revista, atualizada e ampliada, 2005.

SESIN, Domingo. Administración Pública. Actividad reglada, discrecional y técnica. Buenos Aires: Depalma, 1994.

SOARES, Marcos José Porto; ROSA. SANTOS, Thalita Andrea. Liquidez e certeza do direito como condições da ação mandamental. Revista dos Tribunais. vol. 943. p. 183. São Paulo: Ed. RT, maio 2014.

VELLOSO, Carlos Mário da Silva. Conceito de direito líquido e certo: Curso de mandado de segurança.

VITTA, Heraldo Garcia. Mandado de Segurança. São Paulo: Jurídica Brasileira, 2000.

TÁCITO, Caio. Temas de Direito Público estudos e pareceres . Rio de Janeiro: Renovar, 1997. 1.º vol.

THEODORO JÚNIOR, Humberto. Lei do Mandado de Segurança comentada artigo por artigo. Rio de Janeiro: Gen/Editora Forense, 2ª edição, 2019

WATANABE, Kazuo. Da cognição no processo civil. 2. ed. Campinas: Bookseller, 2000.

ZANETI JR., Hermes. Mandado de segurança coletivo: aspectos processuais controversos. Porto Alegre: Sergio Antônio Fabris Editor, 2001.